Ulrich Stein, Luís Greco, Christian Jäger
und Jürgen Wolter (Hrsg.)

Systematik in Strafrechtswissenschaft und Gesetzgebung

Schriften zum Strafrecht

Band 330

Systematik in Strafrechtswissenschaft und Gesetzgebung

Festschrift für Klaus Rogall zum 70. Geburtstag
am 10. August 2018

Herausgegeben von

Ulrich Stein, Luís Greco, Christian Jäger
und Jürgen Wolter

Duncker & Humblot · Berlin

Bibliografische Information der Deutschen Nationalbibliothek

Die Deutsche Nationalbibliothek verzeichnet diese Publikation in
der Deutschen Nationalbibliografie; detaillierte bibliografische Daten
sind im Internet über http://dnb.d-nb.de abrufbar.

Alle Rechte, auch die des auszugsweisen Nachdrucks, der fotomechanischen
Wiedergabe und der Übersetzung, für sämtliche Beiträge vorbehalten
© 2018 Duncker & Humblot GmbH, Berlin
Satz: 3w+p GmbH, Ochsenfurt-Hohestadt
Druck: Das Druckteam Berlin
Printed in Germany
ISSN 0558-9126
ISBN 978-3-428-15257-5 (Print)
ISBN 978-3-428-55257-3 (E-Book)
ISBN 978-3-428-85257-4 (Print & E-Book)

Gedruckt auf alterungsbeständigem (säurefreiem) Papier
entsprechend ISO 9706 ♾

Internet: http://www.duncker-humblot.de

Vorwort

Am 10. August 2018 vollendet Klaus Rogall sein 70. Lebensjahr. Geboren und aufgewachsen in Hagen (Westfalen), nahm er nach Abitur und Wehrdienst das Studium der Rechtswissenschaft an der Rheinischen Friedrich-Wilhelms-Universität in Bonn auf, wo schon bald sein akademischer Lehrer Hans-Joachim Rudolphi auf den in besonderem Maße begabten und engagierten Studenten aufmerksam wurde und ihn 1974 nach dessen Erster juristischer Staatsprüfung als wissenschaftlichen Mitarbeiter an seinen Lehrstuhl holte. Das Dissertationsthema zählte nach der damals geläufigen, inoffiziellen Einteilung zu den anspruchsvollen, die Gelegenheit geben, eine besondere wissenschaftliche Befähigung unter Beweis zu stellen. Klaus Rogall gelang innerhalb kurzer Zeit sein – zum großen Teil neben dem Referendardienst erarbeitetes, 1979 erschienenes – Erstlingswerk über den „Beschuldigten als Beweismittel gegen sich selbst", das bis heute zu den grundlegenden Arbeiten dieses Themenbereichs zählt. Schon 1977 folgten die Zweite juristische Staatsprüfung und danach ein weiteres Jahr als wissenschaftlicher Assistent.

Es schloss sich fast ein Jahrzehnt als Referent im Bundesministerium der Justiz an, eine Position, die u. a. mit einer Tätigkeit als Austauschbeamter im französischen Justizministerium und mit der Vertretung der deutschen Interessen bei internationalen Konferenzen verbunden war. Vor allem aber bedeutete sie eine intensive und maßgebliche Mitarbeit an Gesetzentwürfen zum Strafverfahrensrecht. Eine Abkehr von der Wissenschaft war dies keineswegs. Vielmehr verfasste Klaus Rogall in dieser Zeit „nebenbei" eine Monografie über Grundfragen des strafrechtlichen Schutzes der Privatheit, mit der er 1986 durch die Rechts- und Staatswissenschaftliche Fakultät der Universität Bonn habilitiert wurde. Im Jahr darauf trat er eine Professur an der Universität zu Köln an, um 1990 auf einen Lehrstuhl an der Freien Universität Berlin zu wechseln. Dem dortigen Fachbereich Rechtswissenschaft, dessen Geschicke er im akademischen Jahr 2006/2007 als Dekan leitete, blieb er trotz eines ehrenvollen Rufs an die Johannes Gutenberg-Universität Mainz im Jahre 1995 bis zu seinem Ruhestand (seit 2014) treu.

War schon die Zeit Klaus Rogalls im Justizministerium wissenschaftlich außerordentlich produktiv, so gilt dies erst recht für seine Zeit als Hochschullehrer. Thematisch knüpft ein Großteil seiner Publikationen an die Dissertation an und behandelt in wissenschaftlich anspruchsvollster Weise grundsätzliche wie spezielle Fragestellungen des strafprozessualen Beweisrechts, namentlich aus dem Kernbereich und dem Umfeld des Nemo-tenetur-Satzes, für deren Untersuchung die Dissertation nicht den erforderlichen Raum geboten hatte. In diese Probleme hat er durch seine Referententätigkeit besondere Einblicke aus der gesetzgeberischen Perspektive erlangt,

oder sie waren erst in den politisch turbulenten späten 1970er Jahren oder danach ins Blickfeld gekommen. Hinzu kamen, angeregt sicher nicht zuletzt durch seine Mitwirkung als Referent des Justizministeriums am Entwurf des Gesetzes zur Bekämpfung der Umweltkriminalität und durch seine spätere Mitgliedschaft in der Interministeriellen Arbeitsgruppe zur Reform des Umweltstrafrechts, eine umfangreiche Monografie über die Strafbarkeit von Amtsträgern im Umweltbereich (erschienen 1991) und in der Folgezeit eine Reihe weiterer Abhandlungen zum Umweltstrafrecht. Nicht unerwähnt bleiben darf die beachtliche Zahl von weiteren Aufsätzen zum materiellen Strafrecht, deren Themenbereich weit gespannt ist von den Straftheorien über Allgemeine Lehren wie Kausalität, Rechtfertigungs- und Entschuldigungsgründe bis hin zum Besonderen Teil, namentlich zu den Delikten gegen die Persönlichkeit, den Amtsdelikten und den Delikten der Korruption im Geschäftsleben. Und nicht zuletzt hat er umfangreich und in hohem Maße weiterführend über einen herkömmlich eher stiefmütterlich behandelten Bereich des Wirtschaftsstrafrechts (im weiteren, insbesondere auch verfassungsrechtlichen Sinne) gearbeitet, nämlich die Ahndbarkeit unternehmerischer Aufsichtspflichtverletzungen sowie die Organhaftung und die Haftung von Personenvereinigungen im Recht der Ordnungswidrigkeiten.

Schon die Gesamtheit der Monografien, Aufsätze, Entscheidungsbesprechungen und Rezensionen würde ein imponierendes wissenschaftliches Lebenswerk ausmachen – und doch steht gleichgewichtig daneben ein Kommentierungswerk, das seinesgleichen sucht und sich im Systematischen Kommentar zur StPO auf enorm umfangreiche Teile des Beweisrechts erstreckt, im Systematischen Kommentar zum StGB auf große und zentrale Teile der Allgemeinen Lehren, der Straftaten gegen Persönlichkeitswerte sowie gegen Interessen der Allgemeinheit und des Staates und schließlich im Karlsruher Kommentar zum OWiG auf verfassungsrechtliche und methodische Grundlagen des Rechts der Ordnungswidrigkeiten sowie wirtschaftsrechtlich relevante allgemeine und besondere Regelungen. Seine wissenschaftlich anspruchsvollen und gründlichen, in hohem Maße informativen, pointiert und mit klarer Erläuterung und Begründung der eigenen Position geschriebenen Kommentierungen haben dem Jubilar zu Recht höchste Anerkennung eingebracht.

Für uns Herausgeber, die wir mit Klaus Rogall allesamt durch Mitwirkung an den Systematischen Kommentaren und teils darüber hinaus auch als „Mitschüler" des gemeinsamen akademischen Lehrers Hans-Joachim Rudolphi in besonderer Weise verbunden sind, war das Bevorstehen des 70. Geburtstags selbstverständlicher Anlass, diese Festschrift ins Leben zu rufen (einige Einzelheiten zur Entstehung der Festschrift und zum Werdegang Klaus Rogalls haben wir anlassbezogen in die Einleitung des Beitrags von Jürgen Wolter verlegt). Autoren und Herausgeber haben sich zusammengefunden, weil es ihnen ein Anliegen ist, Klaus Rogall durch eine Festschrift zu ehren – den renommierten Strafrechtswissenschaftler, dem wir ein beeindruckendes Werk mit einer Fülle von Erkenntnissen und Anregungen verdanken, und zugleich den Weggefährten und Kollegen, den wir als stets verlässlichen, tatkräftigen, hilfsbereiten, zugewandten, Lebensfreude und Zuversicht ausstrahlenden Menschen kennen.

Titel und Inhaltsverzeichnis dieser Festschrift sind ein Spiegel des wissenschaftlichen Werkes unseres Jubilars. Ihre Beiträge erstrecken sich von den verfassungsrechtlichen Grundlagen und der Gesetzgebungslehre über das materielle Strafrecht einschließlich des Rechts der Ordnungswidrigkeiten bis hin zu (und mit einem wichtigen Schwerpunkt auf) dem Strafverfahrensrecht. Sie kommen aus der Feder in- und ausländischer Kollegen und zeugen davon, dass Klaus Rogall vom Beginn seines beruflichen Wirkens an zahlreiche und wichtige internationale Kontakte geknüpft und gepflegt hat. Natürlich soll der Titel an die äußerst umfang- und ertragreiche Mitwirkung Klaus Rogalls an den Systematischen Kommentaren sowie daran erinnern, dass zu seinem Lebenswerk nicht nur die Tätigkeit als akademischer Forscher und Lehrer, sondern auch die maßgebliche, wissenschaftlich fundierte Mitarbeit an Gesetzentwürfen und bei der Vorbereitung internationaler Abkommen gehört. Darüber hinaus aber ist es den Herausgebern wichtig hervorzuheben, dass die in einem tieferen, inhaltlichen Sinne verstandene „Systematik in Strafrechtswissenschaft und Gesetzgebung", d. h. die wertungsmäßige Konsistenz der Gesamtheit der Rechtsnormen, die bereits in der Rechtsetzung angelegt sein muss und durch methodengerechte Interpretation zu konkretisieren ist, stets ein großes Anliegen des Jubilars war und ist.

Blickt man am 70. Geburtstag Klaus Rogalls auf sein bisheriges wissenschaftliches Wirken zurück, so kann dies keinesfalls die Bilanz eines Wissenschaftlerlebens, sondern allenfalls eine Zwischenbilanz sein. Wer ihn kennt, wer seine bis heute ungebrochene Schaffenskraft und Freude an wissenschaftlicher Arbeit erlebt, wer seine Begeisterung für den aktiven Tennissport sieht, der ihm seit seiner Jugend den notwendigen Ausgleich zur Schreibtischarbeit gibt (er ist nach wie vor auf der Rangliste seiner Altersgruppe zu finden), für den gibt es keinen Zweifel, dass von Klaus Rogall noch manche wissenschaftliche Bereicherung zu erwarten ist. Ad multos annos!

Juni 2018
Ulrich Stein,
Luís Greco, Christian Jäger
und *Jürgen Wolter*

Inhaltsverzeichnis

I. Verfassungsrecht, Gesetzgebung und empirische Grundlagen des Strafrechts

Dieter Dölling und *Harald Dreßing*
Opferbelastungen in Ermittlungsverfahren 15

Kirstin Drenkhahn
Wirtschaftskriminalität als kriminologisches Forschungsfeld 27

Ulrich Eisenberg
Zur Funktion des § 70 Abs. 1 S. 1 GO-BT 43

Karl Heinz Gössel
Über Kunst und deren Freiheit im Grundgesetz der Bundesrepublik Deutschland 59

Klaus Hoffmann-Holland
Unerfüllbare Versprechen im (Jugend-)Strafrecht – ein Essay in vier Punkten .. 85

Christof Sangenstedt
Über die Herausforderungen „guter Umweltgesetzgebung" am Beispiel des Gesetzes zur Modernisierung des Rechts der Umweltverträglichkeitsprüfung .. 95

II. Allgemeiner Teil des Strafrechts und des Rechts der Ordnungswidrigkeiten

Wolfgang Frisch
Zur Verantwortlichkeit von Unternehmern und Unternehmensorganen für Straftaten ihrer Mitarbeiter. Zugleich ein Beitrag zur Lehre von der Täterschaft 121

Felix Herzog
Mörderische Raser? Zur Strafbarkeit von Teilnehmern an illegalen Autorennen mit tödlichem Ausgang 147

Andreas Hoyer
Neuer Wein in alten Schläuchen? 159

Christian Jäger
Tatbestandsmäßigkeit, Rechtswidrigkeit und Schuld – Drei Standorte im juristischen Dilemma „Leben gegen Leben" 171

Joachim Kretschmer
Humanitäres Handeln – ein strafrechtlicher Freiraum 193

Hans Kudlich und *Elisa Hoven*
„Wie sicher muss ich das wissen?" – Anforderungen an die kognitive Vorsatzkomponente beim unechten Unterlassungsdelikt 209

Ernst-Joachim Lampe
Unechte Unternehmungen, untaugliche Versuche 223

Axel Montenbruck
Strafgründe und Geständnis. Rechtsidee, unerträglicher Autonomiegewinn und Sühne, Nach- und Vortatverhalten als verkappte Gesamtstrafenbildung 235

Hero Schall
Strafaussetzung zur Bewährung bei illegalen Autorennen mit tödlichen Folgen? 251

Ulrich Stein
Bemerkungen zur sog. Risikoerhöhungslehre am Beispiel von § 130 OWiG ... 267

Wang Shizhou und *Li Qian*
Der Straftataufbau aus der Perspektive der Evolutionsforschung 281

Mark A. Zöller
Garantenpflicht nach eigenverantwortlicher Selbstgefährdung 299

III. Besonderer Teil des Strafrechts und des Rechts der Ordnungswidrigkeiten

Werner Beulke
Sicherungsbetrug im privatärztlichen Abrechnungswesen 311

Sabine Gless
Zur Verantwortung von Unternehmen für ihre Wertschöpfungskette 327

Erik Kraatz
Zur konzerndimensionalen Reichweite der Verletzung der Aufsichtspflicht in Betrieben und Unternehmen (§ 130 OWiG) 347

Yener Ünver
Überlegungen zu einem Entwurf über Leihmutterschaft 361

Petra Velten
Aporien beim Lebensschutz. Über Möglichkeit und Rechtfertigung eines rigorosen und formalisierten Schutzes 373

Heinrich Amadeus Wolff
   Das neue Ordnungswidrigkeitenrecht im Datenschutzrecht 401

Gereon Wolters
   Überlegungen zur Zeitgemäßheit einzelner Vorschriften im dreizehnten Abschnitt des Besonderen Teils des Strafgesetzbuchs 417

IV. Deutsches, ausländisches, supranationales und internationales Strafverfahrensrecht

Anna H. Albrecht
   Zur Rechtmäßigkeit legendierter Kontrollen 435

Theoharis Dalakouras
   Die Einstellung des Verfahrens: Prototyp alternativer Verfahrensausgänge in einer zunehmend globalisierten Strafprozesslehre? 457

Helmut Frister
   Die Entbindung von der ärztlichen Schweigepflicht durch den gesetzlichen Vertreter im Strafprozess 473

Luís Greco
   Warum gerade Beweisverbot? Ketzerische Bemerkungen zur Figur des Beweisverwertungsverbots 485

Volker Haas
   Zu den Anordnungsvoraussetzungen der Telekommunikationsüberwachung nach § 100a StPO und zu den Folgen ihrer Missachtung. Bemerkungen anlässlich eines Falls aus der Rechtspraxis 517

Frank Meyer
   Multiple Sanktionierung von Unternehmen und *ne bis in idem* 535

Klaus Miebach
   Gewinnung der Überzeugung des Richters bei der Täteridentifizierung 559

Wolfgang Mitsch
   Entführt, angeklagt, verurteilt – Bemerkungen zum Fall Bamberski/Krombach im Lichte des deutschen Strafprozessrechts 575

Carsten Momsen und *Sarah Lisa Washington*
   Verständigungsversuche, informelle Beweiswürdigung, informelle Verwertungsverbote. Zur Bindungswirkung nicht zustande gekommener Verfahrensabsprachen 593

Hans-Ullrich Paeffgen
Der Rechtsstaat verbirgt sich. Wo endet das Geheimhaltungsrecht des Verfassungsschutzes? Welchen Rang hat die „Vorwegnahme der Hauptsache", wenn es um Einsicht in Akten des Verfassungsschutzes geht und die Ereignisse jahrelang zurückliegen? Was gilt der Mensch im Staat? 611

Rudolf Rengier
Zur Gegenwart und Zukunft des beschleunigten Strafverfahrens 631

Claus Roxin
Die staatliche Selbstbelastungsprovokation 651

Hartmut Schneider
Die Eröffnungserklärung des Verteidigers in der strafprozessualen Hauptverhandlung. Rechtsprobleme des § 243 Abs. 5 S. 3 und 4 StPO – dargestellt an Hand eines szenischen Modells – 667

Bernd Schünemann
Stichworte zum Vierten Paradigma des Strafverfahrens 691

Gerhard Seher und *Beatrice Grothe-Meumann*
Zum zähen Ringen der Gerichte um den Umgang mit staatlich provozierten Straftaten 707

Tobias Singelnstein
Digitalisierung, Big Data und das Strafverfahren 725

Thomas Weigend
Zur Reichweite der Unschuldsvermutung 739

Wolfgang Wohlers
Der strafprozessuale Zugriff auf Unterlagen aus internen Untersuchungen 757

Jürgen Wolter
Normative und sachlogische Stufenverhältnisse im System der Entscheidungsregeln bei alternativer Tatfeststellung. Gesetzesbindung – Gesetzesvorrang – Gesetzesregelung 773

Feridun Yenisey
Die Berufung in der Türkei 803

Schriftenverzeichnis 819

Autorenverzeichnis 827

I. Verfassungsrecht, Gesetzgebung und empirische Grundlagen des Strafrechts

Opferbelastungen in Ermittlungsverfahren

Von *Dieter Dölling* und *Harald Dreßing*

I. Einleitung

Der verehrte Jubilar hat neben zahlreichen Beiträgen zum materiellen Strafrecht[1] vielfältige Veröffentlichungen zum Strafprozessrecht verfasst[2]. Deshalb soll im Folgenden ein Thema erörtert werden, welches das Strafverfahren betrifft. Es soll die Problematik behandelt werden, welchen Belastungen Opfer von Straftaten in Ermittlungsverfahren ausgesetzt sind und was getan werden kann, um unnötige Belastungen zu vermeiden. Die Stellung des Opfers im Strafverfahren hat in den letzten Jahrzehnten zunehmend Beachtung gefunden. Es sind zahlreiche Gesetze erlassen worden, durch welche die Position des Opfers im Strafprozess gestärkt worden ist.[3] Die konkrete Situation von Opfern in Ermittlungsverfahren ist aber bisher wenig untersucht worden. Die Weisser-Ring-Stiftung hat daher im Jahr 2014 ein Forschungsprojekt ausgeschrieben, das die Belastungen von Opfern in Ermittlungsverfahren untersuchen soll. Das Forschungsvorhaben wurde an ein interdisziplinäres Forschungskonsortium vergeben, das aus dem Institut für Kriminologie und dem Institut für Gerontologie der Universität Heidelberg, dem Zentralinstitut für Seelische Gesundheit Mannheim und dem Lehrstuhl für Kriminologie, Jugendstrafrecht und Strafvollzug

---

[1] Vgl. etwa *Rogall*, Die Strafbarkeit von Amtsträgern im Umweltbereich, 1991; *ders.*, Kommentierung der §§ 17, 19 bis 21, 33, 35 und 356 bis 358 StGB, in: Wolter (Hrsg.), SK-StGB, 9. Aufl. 2016 ff.

[2] Siehe z. B. *Rogall*, Der Beschuldigte als Beweismittel gegen sich selbst. Ein Beitrag zur Geltung des Satzes „Nemo tenetur se ipsum prodere" im Strafprozeß, 1992; *ders.*, Kommentierung der §§ 48 bis 93, 111a bis 111n und 133 bis 136a StPO, in: Wolter (Hrsg.), SK-StPO, 4. Aufl. 2014, 5. Aufl. 2016.

[3] Vgl. Erstes Gesetz zur Verbesserung der Stellung des Verletzten im Strafverfahren (Opferschutzgesetz) vom 18.12.1986, BGBl. I S. 2496; Gesetz zur Änderung der Strafprozeßordnung und der Bundesgebührenordnung für Rechtsanwälte (Gesetz zum Schutz von Zeugen bei Vernehmungen im Strafverfahren u. zur Verbesserung des Opferschutzes; Zeugenschutzgesetz – ZSchG) vom 30.4.1998, BGBl. I S. 820; Gesetz zur Verbesserung der Rechte von Verletzten im Strafverfahren (Opferrechtsreformgesetz – OpferRRG) vom 24.6.2004, BGBl. I S. 1354; Gesetz zur Stärkung der Rechte von Verletzten und Zeugen im Strafverfahren (2. Opferrechtsreformgesetz) vom 29.7.2009, BGBl. I S. 2280; Gesetz zur Intensivierung des Einsatzes von Videokonferenztechnik in gerichtlichen u. staatsanwaltschaftlichen Verfahren vom 25.4.2013, BGBl. I S. 935; Gesetz zur Stärkung der Rechte von Opfern sexuellen Missbrauchs (StORMG) vom 26.6.2013, BGBl. I S. 1805; Gesetz zur Stärkung der Opferrechte im Strafverfahren (3. Opferrechtsreformgesetz) vom 21.12.2015, BGBl. I S. 2525.

der Universität Gießen besteht. Im Folgenden wird über die Konzeption sowie die Methoden und die Befunde dieses Forschungsprojekts berichtet.[4]

II. Konzeption und Methoden des Forschungsprojekts

Da die Untersuchung auf 18 Monate begrenzt war, konzentrierte sie sich auf drei Deliktgruppen, bei denen vermutlich Opferbelastungen eine erhebliche Rolle spielen: Wohnungseinbruchdiebstahl, Sexualdelikte und Gewaltdelikte (§§ 224 bis 226a und 231 StGB, versuchte vorsätzliche Tötungsdelikte, §§ 249 bis 255 und 316a StGB sowie §§ 238, 239a und 239b StGB). Zur Erfassung des komplexen Phänomens der Opferbelastungen wurde neben einer Auswertung vorhandener Literatur[5] eine Kombination von Erhebungsmethoden eingesetzt: Es wurden Strafakten analysiert, die 251 Opfer betrafen,[6] und 87 qualitative Interviews mit Opfern und Angehörigen von Opfern geführt,[7] es fand eine quantitative Befragung von 320 Opfern statt[8] und es wurden fünf Gruppendiskussionen mit insgesamt 30 Personen durchgeführt, die als Experten für die Situation von Opfern in Ermittlungsverfahren angesehen werden können[9]. Hierbei handelte es sich um Polizeibeamtinnen und Polizeibeamte, Staatsanwältinnen, Rechtsanwältinnen und Rechtsanwälte, Mitarbeiterinnen und Mitarbeiter des Weissen Rings, eine Mitarbeiterin einer psychosozialen Beratungsstelle, eine Psychotherapeutin und einen Facharzt für Psychosomatische Medizin und Psychotherapie. Während bei den qualitativen Interviews keine bestimmten Fragen vorgegeben wurden, sondern den Opfern ein weiter Spielraum dafür eingeräumt wurde, das zu berichten, was sie als wichtig empfanden, wurde bei der quantitativen Befragung mit bestimmten Fragen und vorformulierten Antwortkategorien gearbeitet.[10]

---

[4] Vgl. zu dem Forschungsvorhaben: Institut für Kriminologie u. Institut für Gerontologie der Universität Heidelberg/Zentralinstitut für Seelische Gesundheit Mannheim/Lehrstuhl für Kriminologie, Jugendstrafrecht u. Strafvollzug der Universität Gießen: Forschungsprojekt Belastungen von Opfern in Ermittlungsverfahren. Forschungsbericht, Mainz 2017 (im Folgenden zitiert als Forschungsbericht).

[5] Die Literaturauswertung wurde durch das Heidelberger Institut für Kriminologie vorgenommen, siehe dazu *Kunz*, in: Forschungsbericht (Fn. 4), S. 10 ff.

[6] Die Aktenauswertung erfolgte durch das Heidelberger Institut für Kriminologie, vgl. *Dölling/Kunz*, in: Forschungsbericht (Fn. 4), S. 18 ff.

[7] Die qualitativen Interviews führte das Heidelberger Institut für Gerontologie, siehe *Kruse/Schmitt/Hinner*, in: Forschungsbericht (Fn. 4), S. 47 ff.

[8] Die quantitative Befragung wurde durch das Zentralinstitut für Seelische Gesundheit Mannheim durchgeführt, vgl. *Schary/Salize/Dreßing*, in: Forschungsbericht (Fn. 4), S. 102 ff.

[9] Die Gruppendiskussionen wurden vom Heidelberger Institut für Kriminologie organisiert, siehe *Dölling/Kunz*, in: Forschungsbericht (Fn. 4), S. 158 ff.

[10] Zur qualitativen und quantitativen empirischen Forschung siehe *Meier*, Kriminologie, 5. Aufl. 2016, S. 93 ff.

Um mögliche regionale Unterschiede zu erfassen, fanden die Erhebungen in verschiedenen Gebieten Deutschlands statt. Strafakten wurden bei den Staatsanwaltschaften Hamburg, Essen, Leipzig, Heidelberg und Mannheim analysiert. Die qualitativen Interviews wurden in denselben Orten und in Kempten durchgeführt. Die Interviewpartner wurden durch die Polizei und durch Rechtsanwälte vermittelt. Zwei Gruppendiskussionen fanden in Heidelberg statt, jeweils eine in Hannover, Bonn und München. Bei den Teilnehmern der quantitativen Befragung handelt es sich um 286 Opfer, die vom Weissen Ring betreut wurden, 16 Opfer, die Interviewpartner bei qualitativen Interviews gewesen waren, und 18 Opfer, die den ins Internet gestellten Fragebogen online ausfüllten. Obwohl die Untersuchung teilweise Strafverfahren betraf, die noch nicht abgeschlossen waren, werden die Begriffe Opfer oder Verletzter verwandt, weil an der Opfereigenschaft der betroffenen Personen kein Zweifel bestand. Das Projekt wurde vom 1. Juli 2015 bis zum 31. Dezember 2016 durchgeführt.

III. Befunde

Die quantitative Befragung der Opfer ergab, dass diese sich in einer *erheblich belastenden Situation* befanden. Die Befragung mit dem von der Weltgesundheitsorganisation (WHO) entwickelten WHO-5-Fragebogen zum Wohlbefinden (Wertebereich von 0 bis 25)[11] erbrachte für die Opfer Summenwerte, die weit unter den Durchschnittswerten der deutschen Bevölkerung lagen. Der Mittelwert für die befragten Opfer betrug 9,7 Punkte, während für die Normstichprobe aus der Gesamtbevölkerung ein mittlerer Summenwert von über 17 Punkten festgestellt wurde.[12] Bei einem Summenwert unterhalb von 13 wird eine spezifizierte Diagnostik im Hinblick auf eine depressive Störung als indiziert angesehen.[13] Die Summenwerte für die Opfer der verschiedenen Deliktarten sind in Tabelle 1 dargestellt.[14]

---

[11] Vgl. dazu *Brähler/Mühlan/Albani/Schmidt*, Diagnostica 53 (2007), S. 83 ff.
[12] *Schary/Salize/Dreßing*, in: Forschungsbericht (Fn. 4), S. 117 f.
[13] *Schary/Salize/Dreßing* (Fn. 12), S. 117.
[14] Quelle für die in den Tabellen enthaltenen Daten ist: *Schary/Salize/Dreßing*, in: Forschungsbericht (Fn. 4), S. 102 ff.

Tabelle 1
Wohlbefinden – WHO-5 Summenwerte nach Deliktarten

Deliktart	WHO-5 Wohlbefinden Summenwert	
	Häufigkeit	Mittelwert
Sexueller Missbrauch von Kindern/Schutzbefohlenen	9	9,2
Versuchter Totschlag/Mord	64	9,4
Sexuelle Nötigung/Vergewaltigung	62	9,5
Körperverletzung	142	10,3
Wohnungseinbruchdiebstahl	56	11,2
Raub/räuberische Erpressung	13	13,2

Zur Erfassung möglicher Traumareaktionen fand die deutsche Version der Impact of Event Scale IES-R[15] Anwendung. Wird auf dieser Skala ein Wert von über 0 erreicht, deutet dies darauf hin, dass möglicherweise eine Posttraumatische Belastungsstörung vorliegt.[16] Bei den befragten Opfern lag der Mittelwert bei 0,9 Punkten und somit im kritischen Bereich.[17] Die Werte für die Opfer der verschiedenen Deliktarten ergeben sich aus Tabelle 2.

Tabelle 2
Impact of Event Scale IES-R – Werte der Schätzformel nach Deliktarten

Deliktart	IES-R Schätzformel	
	Häufigkeit	Mittelwert
Wohnungseinbruchdiebstahl	56	0,5
Sexueller Missbrauch von Kindern/Schutzbefohlenen	9	0,5
Sexuelle Nötigung/Vergewaltigung	62	0,9
Körperverletzung	142	0,9
Versuchter Totschlag/Mord	64	0,9
Raub/räuberische Erpressung	13	1,1

Außerdem wurde die Widerstandsfähigkeit der Opfer mit der Sense of Coherence Scale SOC-29[18] erhoben. Die Skala enthält die Subskalen Verstehbarkeit, Handhabbarkeit und Sinnhaftigkeit. Der Mittelwert für die Opfer lag bei 125,8 Punkten, während der Mittelwert der Normstichprobe aus der Gesamtbevölkerung 145,7 Punkte beträgt.[19] Die Widerstandsfähigkeit ist also bei den Opfern deutlich niedriger als

---

[15] Siehe dazu *Maercker/Schützwohl*, Diagnostica 44 (1998), S. 130 ff.

[16] *Schary/Salize/Dreßing*, in: Forschungsbericht (Fn. 4), S. 104.

[17] *Schary/Salize/Dreßing*, in: Forschungsbericht (Fn. 4), S. 123.

[18] Vgl. dazu *Schumacher/Wilz/Gunzelmann/Brähler*, Medizinische Psychologie 50 (2000), S. 472 ff.

[19] *Schary/Salize/Dreßing*, in: Forschungsbericht (Fn. 4), S. 119.

bei der Gesamtbevölkerung. Die Werte für die Opfer der verschiedenen Deliktarten sind in Tabelle 3 zusammengestellt.

Tabelle 3
Widerstandsfähigkeit SOC-29 Summenwerte

Deliktart	SOC-29 Summenwert	
	Häufigkeit	Mittelwert
Sexuelle Nötigung/Vergewaltigung	62	120,9
Körperverletzung	142	124,6
Sexueller Missbrauch von Kindern/Schutzbefohlenen	9	127,4
Versuchter Totschlag/Mord	64	127,7
Wohnungseinbruchdiebstahl	56	133,6
Raub/räuberische Erpressung	13	138,0

Fraglich ist, inwieweit die starke psychische Belastung der Opfer auf der erlittenen Straftat beruht und inwieweit sie auf das Ermittlungsverfahren zurückzuführen ist. In der quantitativen Befragung erwiesen sich beide Faktoren als erheblich belastend. 69,1 % der Befragten gaben eine sehr starke und 20 % eine starke Belastung durch die Straftat an, 7,2 % eine mittlere und 1,9 % eine geringe Belastung, 0.6 % sahen sich als überhaupt nicht belastet an.[20] Die Einschätzung der Belastung nach Deliktart ist in Tabelle 4 darstellt.

Tabelle 4
Einschätzung der Belastung durch die Straftat nach Deliktart (in %)

Deliktart	Wie stark haben Sie sich durch die oben genannte zurückliegende Straftat belastet gefühlt?				
	überhaupt nicht	wenig	mittel	stark	sehr stark
Raub/räuberische Erpressung	0	7,7	0	30,8	61,5
Wohnungseinbruchdiebstahl	0	7,3	12,7	18,2	61,8
Sexuelle Nötigung/ Vergewaltigung	1,6	1,6	4,8	24,2	67,7
Körperverletzung	1,4	0	7,2	20,9	70,5
Sexueller Missbrauch von Kindern/Schutzbefohlenen	0	0	11,1	11,1	77,8
Versuchter Totschlag/Mord	0	0	4,7	12,5	82,8

Durch das Ermittlungsverfahren fühlten sich von den Opfern, in deren Verfahren noch ermittelt wurde, 62,2 % sehr stark und 18,9 % stark belastet. 10,8 % beurteilten sich als mittel und 5,4 % als wenig belastet. Kein Befragter sah sich als überhaupt

---

[20] *Schary/Salize/Dreßing*, in: Forschungsbericht (Fn. 4), S. 125. Soweit die Summe der mitgeteilten Prozentzahlen hier und im Folgenden nicht 100 % ergibt, betreffen die fehlenden Prozentwerte die Befragten, welche die jeweilige Frage nicht beantwortet haben.

nicht belastet an. Von den Opfern, in deren Verfahren nicht mehr ermittelt wurde, gaben 46,8 % eine sehr starke und 23,6 % eine starke Belastung an. 12,0 % fühlten sich mittel, 9,4 % wenig und 4,9 % überhaupt nicht belastet.[21] Das Belastungsempfinden nach Verfahrensstand ist in Tabelle 5 dargestellt, Tabelle 6 enthält eine Aufgliederung nach Deliktarten.

Tabelle 5
Belastungsempfinden hinsichtlich des Ermittlungsverfahrens nach Verfahrensstand

Wir stark haben Sie sich durch das Ermittlungsverfahren belastet gefühlt?	Wird in Ihrem Verfahren noch ermittelt?			
	ja		nein	
	Häufigkeit	%	Häufigkeit	%
überhaupt nicht	0	0,0	13	4,9
wenig	2	5,4	25	0,4
mittel	4	10,8	32	12,0
stark	7	18,9	63	23,6
sehr stark	23	62,2	125	46,8
keine Angabe	1	2,7	9	3,4

Tabelle 6
Belastungsempfinden hinsichtlich des Ermittlungsverfahrens nach Deliktart (in %)

Deliktart	Wie stark haben Sie sich durch das Ermittlungsverfahren belastet gefühlt?					
	überhaupt nicht	wenig	mittel	stark	sehr stark	keine Angabe
Wohnungseinbruchdiebstahl	12,7	23,6	23,6	14,5	14,5	10,9
Raub/räuberische Erpressung	0	25,0	16,7	25,0	33,3	0
Sexueller Missbrauch von Kindern/Schutzbefohlenen	0	0	0	37,5	50,0	12,5
Körperverletzung	3,7	6,6	9,6	25,7	52,2	2,2
Versuchter Totschlag/ Mord	1,6	9,4	9,4	20,3	57,8	1,6
Sexuelle Nötigung/ Vergewaltigung	0	0	8,1	27,4	61,3	3,2

Mit dem Belastungsempfinden der Opfer ist eine erhebliche *Unsicherheit* der Opfer über ihre Rechte im Strafverfahren und den Ablauf des Strafverfahrens verknüpft. Über ihre Rechte im Verfahren fühlten sich nach der quantitativen Befragung 23,8 % der Befragten überhaupt nicht und 26,9 % lückenhaft oder nur in Ansätzen informiert. 26,3 % sahen die Informationen als ausreichend und 12,2 % als sehr

---

[21] *Schary/Salize/Dreßing*, in: Forschungsbericht (Fn. 4), S. 139.

gut/umfassend an (vgl. Tabelle 7).[22] Hinsichtlich des Ablaufs des Verfahrens sahen sich 24,7 % der Opfer als überhaupt nicht informiert an, 27,5 % fühlten sich lückenhaft oder nur in Ansätzen informiert, 24,7 % bezeichneten die Informationen als ausreichend und 10,9 % als sehr gut/umfassend.[23] Über den jeweiligen Stand des Verfahrens fühlten sich 38,4 % der Opfer überhaupt nicht und 34,7 % gelegentlich informiert, 14,4 % gaben eine sehr gute/umfassende Information an.[24] Trotz der Normierung umfassender Informationspflichten in den §§ 406d und 406i bis 406k StPO ist es somit bisher nicht hinreichend gelungen, den Opfern den erforderlichen Kenntnisstand zu vermitteln.

Tabelle 7
Bewertung der Information über die Opferrechte im Strafverfahren durch die Opfer

Wie fühlen Sie sich über Ihre Rechte als Opfer im Strafverfahren durch die Strafverfolgungsbehörden informiert?	Häufigkeit	%
überhaupt nicht	76	23,8
lückenhaft/nur in Ansätzen	86	26,9
ausreichend	84	26,3
sehr gut/umfassend	39	12,2
keine Angabe	35	10,9

Erhebliche Belastungen können sich für Opfer aus in Ermittlungsverfahren stattfindenden *Vernehmungen* ergeben. Bei der Auswertung der Strafakten konnte nur für 141 der 284 in den Akten dokumentierten Vernehmungen und damit für 49,6 % die Dauer der Vernehmungen festgestellt werden. Von den 141 Vernehmungen dauerten 31,9 % bis zu 30 Minuten, 26,4 % von 31 bis 60 Minuten, 30,5 % 61 – 120 Minuten und 11,3 % über 120 Minuten.[25] 41,8 % der Vernehmungen hatten somit eine Länge von mehr als einer Stunde und stellten damit eine erhebliche Belastung für die Opfer dar. Bei der quantitativen Befragung stuften 27,8 % der Opfer die Dauer ihrer längsten Vernehmung als gut machbar, 30,9 % als lang, aber angemessen, und 28,4 % als zu lang und dadurch belastend ein (siehe Tabelle 8).[26] Je länger die jeweils längste Vernehmung dauerte, desto belastender empfanden die Opfer das Ermittlungsverfahren.[27] Nach der Aktenuntersuchung wurden 25 % der Opfer im Ermittlungsverfahren mehrfach vernommen.[28] Die Mehrfachvernehmungen wurden bei der im Rahmen der Aktenauswertung vorgenommenen Beurteilung ganz überwiegend als erforderlich

---

[22] *Schary/Salize/Dreßing*, in: Forschungsbericht (Fn. 4), S. 141.
[23] *Schary/Salize/Dreßing*, in: Forschungsbericht (Fn. 4), S. 141 f.
[24] *Schary/Salize/Dreßing*, in: Forschungsbericht (Fn. 4), S. 142.
[25] *Dölling/Kunz*, in: Forschungsbericht (Fn. 4), S. 24.
[26] *Schary/Salize/Dreßing*, in: Forschungsbericht (Fn. 4), S. 137.
[27] *Schary/Salize/Dreßing*, in: Forschungsbericht (Fn. 4), S. 144.
[28] *Dölling/Kunz*, in: Forschungsbericht (Fn. 4), S. 22.

angesehen.[29] In den qualitativen Interviews gaben Opfer mehrfach an, dass ihnen in späteren Vernehmungen die gleichen Fragen gestellt wurden wie in früheren. Die Opfer führten dies teilweise auf eine lückenhafte Dokumentation der Erstvernehmung zurück, zum Teil deuteten sie die wiederholten Fragen im Sinne von Zweifeln der Beamten an der Richtigkeit der Aussage.[30]

Tabelle 8
Bewertung der Dauer der längsten Vernehmung durch die Opfer

Wie empfanden Sie die Dauer Ihrer längsten Vernehmung?	Häufigkeit	%
gut machbar	89	27,8
lang, aber angemessen	99	30,9
zu lang und dadurch belastend	91	28,4
keine Angabe	41	12,8

Im Rahmen der Aktenauswertung ergaben sich bei 21 Vernehmungen von Opfern Anzeichen für ein problematisches Vorgehen der Vernehmungsperson.[31] Auch bei der quantitativen Befragung der Opfer finden sich Angaben, die auf ein teilweise problematisches Verhalten der Vernehmungspersonen hindeuten. So empfanden die Durchführung der Vernehmung 44,7 % der Befragten als freundlich, 35,9 % als höflich und 40 % als angemessen; 12,5 % bewerteten die Vernehmung als unfreundlich und 18,1 % als abwertend (vgl. Tabelle 9).[32] Auf die Frage nach dem subjektiven Gefühl während der Vernehmung gaben zwar 30,6 % an, sich gut aufgehoben gefühlt zu haben, und 52,5 % fühlen sich ernst genommen; 22,8 % fühlten sich jedoch verunsichert, 12,5 % angegriffen, 21,3 % in ihrer Glaubwürdigkeit angezweifelt und 15,9 % nicht ernst genommen (siehe Tabelle 10).[33] Bei diesen beiden Fragen waren Mehrfachnennungen möglich. Auch in den qualitativen Interviews berichteten Opfer, dass ihre Aussagen in Vernehmungen als nicht glaubhaft behandelt wurden.[34]

---

[29] *Dölling/Kunz*, in: Forschungsbericht (Fn. 4), S. 22.

[30] *Kruse/Schmitt/Hinner*, in: Forschungsbericht (Fn. 4), S. 57, 61, 62, 73, 76, 84, 98.

[31] *Dölling/Kunz*, in: Forschungsbericht (Fn. 4), S. 31 ff.

[32] *Schary/Salize/Dreßing*, in: Forschungsbericht (Fn. 4), S. 138.

[33] *Schary/Salize/Dreßing*, in: Forschungsbericht (Fn. 4), S. 138.

[34] *Kruse/Schmitt/Hinner*, in: Forschungsbericht (Fn. 4), S. 76, 88.

Tabelle 9
Bewertung der Durchführung der Vernehmungen durch die Opfer

Wie empfanden Sie die Art und Weise der Durchführung der Vernehmungen?	Häufigkeit	%
freundlich	143	44,7
höflich	115	35,9
angemessen	128	40,0
unfreundlich	40	12,5
abwertend	58	18,1

Tabelle 10
Gefühl der Opfer während der Vernehmungen

Wie fühlten Sie sich während der Vernehmungen?	Häufigkeit	%
gut aufgehoben	98	30,6
ernst genommen	168	52,5
verunsichert	73	22,8
angegriffen	40	12,5
in der Glaubwürdigkeit angezweifelt	68	21,3
nicht ernst genommen	51	15,9

Besondere Probleme ergaben sich bei der Vernehmung von Opfern, die nicht hinreichend deutsch sprechen. Nicht immer wurde zu Vernehmungen dieser Personen ein professioneller Dolmetscher herangezogen. Aus den analysierten Akten ging hervor, dass 15 Opfer über wenig oder keine Deutschkenntnisse verfügten. Bei der ersten Vernehmung dieser Opfer war in sieben Fällen kein Dolmetscher anwesend, in vier Fällen übersetzten Verwandte oder Bekannte des Opfers, und in vier Fällen erfolgte die Übersetzung durch einen professionellen Dolmetscher. Bei den weiteren Vernehmungen der Opfer wurden ganz überwiegend professionelle Dolmetscher herangezogen.[35] In den Gruppendiskussionen wiesen die Experten darauf hin, dass in Vernehmungen von Opfern teilweise trotz Notwendigkeit kein Dolmetscher anwesend ist.[36]

Probleme bestanden auch bei der Dokumentation der Opfervernehmungen. In den qualitativen Interviews gaben einige Opfer an, dass nach ihrem Eindruck in dem Vernehmungsprotokoll das von ihnen Gesagte nicht zutreffend wiedergegeben worden war.[37] In den Gruppendiskussionen wurde ausgeführt, dass manche Opfer nach langen Vernehmungen nicht in der Lage sind, Protokolle sorgfältig gegenzulesen und gegebenenfalls zu korrigieren.[38] Wie die Aktenanalyse ergab, werden Opferverneh-

---

[35] *Dölling/Kunz*, in: Forschungsbericht (Fn. 4), S. 25 ff.
[36] *Dölling/Kunz*, in: Forschungsbericht (Fn. 4), S. 167 f.
[37] *Kruse/Schmitt/Hinner*, in: Forschungsbericht (Fn. 4), S. 57, 62, 74, 84.
[38] *Dölling/Kunz*, in: Forschungsbericht (Fn. 4), S. 164.

mungen unterschiedlich dokumentiert. Bei 45,4 % der Vernehmungen wurde ein Wortprotokoll angefertigt, bei 4,9 % der Vernehmungen erfolgte eine Videoaufnahme.[39] Bei den übrigen Vernehmungen wurde das Protokoll durch die Vernehmungsperson formuliert. Am häufigsten waren Wortprotokolle mit einem Anteil von 72,2 % bei den Sexualdelikten.[40] Die Videovernehmungen fanden alle im Rahmen von Ermittlungsverfahren wegen Sexualstraftaten statt.[41]

Bei den *sonstigen Ermittlungsmaßnahmen* gegenüber den Opfern, wie z. B. Spurensicherungen, Sicherstellungen von Gegenständen und rechtsmedizinischen Untersuchungen, waren in der Aktenauswertung in der Regel keine Probleme ersichtlich. Es wurden zahlreiche solche Ermittlungsmaßnahmen durchgeführt.[42] Anzeichen für ein problematisches Vorgehen ergaben sich lediglich zwölfmal.[43] Auch in den qualitativen Interviews und den Gruppendiskussionen wurden Probleme bei sonstigen Ermittlungsmaßnahmen nur selten angesprochen.

Ein Problem kann der Schutz der *Privatsphäre* von Opfern in Ermittlungsverfahren darstellen. In den qualitativen Interviews äußerten Opfer sich teilweise besorgt darüber, ob ihre Privatsphäre hinreichend gewahrt wird und mitgeteilte personenbezogene Daten vertraulich behandelt werden.[44]

Nach der StPO können sich Opfer in Ermittlungsverfahren des *Beistands* von Rechtsanwälten oder anderen Vertrauenspersonen bedienen. Von dieser Möglichkeit wurde nach der Aktenuntersuchung nicht häufig Gebrauch gemacht. An 1,4 % der Vernehmungen nahm ein Rechtsanwalt als Rechtsbeistand eines nebenklageberechtigten Verletzten gemäß § 406g Abs. 1 StPO a.F./§ 406h Abs. 1 StPO n.F. teil. Ein Rechtsanwalt als Rechtsbeistand nach § 406f Abs. 1 StPO war bei keiner Vernehmung anwesend. Vertrauenspersonen i.S.v. § 406f Abs. 2 StPO nahmen an 8,5 % der Vernehmungen teil.[45] Eine sonstige Tätigkeit eines Rechtsanwalts des Verletzten im Ermittlungsverfahren, z. B. ein Antrag auf Akteneinsicht für den Verletzten nach § 406e StPO, war bei 12,0 % der Opfer zu verzeichnen.[46]

Als belastend kann sich auf Opfer die *Dauer des Verfahrens* auswirken. Nach der Aktenauswertung dauerten 69,3 % der Ermittlungsverfahren bis zu sechs Monaten, 16,7 % mehr als 6 bis 12 Monate, 10,8 % mehr als 12 bis 24 Monate und 1,6 % länger als 24 Monate.[47] Bei der quantitativen Befragung bewerteten 5,9 % der Opfer die Dauer des gesamten Verfahrens bis zur endgültigen Entscheidung als kurz, 13,8 %

---

[39] *Dölling/Kunz*, in: Forschungsbericht (Fn. 4), S. 29.
[40] *Dölling/Kunz*, in: Forschungsbericht (Fn. 4), S. 31.
[41] *Dölling/Kunz*, in: Forschungsbericht (Fn. 4), S. 28.
[42] Siehe die Darstellung bei *Dölling/Kunz*, in: Forschungsbericht (Fn. 4), S. 33 ff.
[43] *Dölling/Kunz*, in: Forschungsbericht (Fn. 4), S. 37.
[44] Vgl. *Kruse/Schmitt/Hinner*, in: Forschungsbericht (Fn. 4), S. 61, 76, 99.
[45] *Dölling/Kunz*, in: Forschungsbericht (Fn. 4), S. 38 f.
[46] *Dölling/Kunz*, in: Forschungsbericht (Fn. 4), S. 39 ff.
[47] *Dölling/Kunz*, in: Forschungsbericht (Fn. 4), S. 45.

als im Rahmen des Angemessenen liegend, 11,6 % als lang, aber machbar und 52,8 % als lang und dadurch belastend (vgl. Tabelle 11).[48] Nach Ansicht von 72 % der Befragten hätte das Verfahren schneller durchgeführt werden können. Je länger das Verfahren war, desto stärker war die subjektive Belastung der Opfer.[49]

Tabelle 11
Bewertung der Verfahrensdauer durch die Opfer

Wie empfanden Sie die Dauer des Verfahrens?	Häufigkeit	%
kurz	19	5,9
im Rahmen des Angemessenen	44	13,8
lang, aber machbar	37	11,6
lang und dadurch belastend	169	52,8
keine Angabe	51	15,9

IV. Schlussfolgerungen

Die Befunde zeigen, dass Opfer in Ermittlungsverfahren erheblichen Belastungen ausgesetzt sind. Polizei und Justiz müssen hierfür sensibilisiert sein, um mit Opferbelastungen angemessen umgehen zu können. Hierfür bedarf es entsprechender Maßnahmen in Aus- und Fortbildung. Unnötige Belastungen sind zu vermeiden, notwendige Belastungen sind den Opfern zu erläutern. Wenn Opfer wissen, warum Belastungen erforderlich sind, können sie diese besser bewältigen. So sollte Opfern die gegebenenfalls bestehende Notwendigkeit von Mehrfachvernehmungen erläutert werden und sollten Opfer darüber informiert werden, dass es die Aufgabe von Polizei und Justiz, den wahren Sachverhalt zu ermitteln, gebietet, die Glaubhaftigkeit von Opferangaben zu überprüfen. Der Wahrung der Interessen der Opfer in Ermittlungsverfahren können Opferschutzbeauftragte der Polizei dienen.[50] Diese müssen eine starke Stellung innerhalb der Polizeibehörde haben, damit sie wirksam Einfluss auf den Umgang der Polizei mit Opfern nehmen können. Für Opfer kann eine Traumatherapie angezeigt sein. Die Wahrheitsfindung im Strafverfahren sollte aber nicht durch Einflüsse der Therapie auf das Aussageverhalten der Opfer beeinträchtigt werden. Wie diese Problematik zu lösen ist, wurde in den Gruppendiskussionen kontrovers erörtert[51] und bedarf der weiteren Diskussion.

Opfer sind vielfach über ihre Rechte im Strafverfahren und den Ablauf des Strafverfahrens unsicher. Wie in den Gruppendiskussionen ausgeführt wurde, könnte eine

---

[48] *Schary/Salize/Dreßing*, in: Forschungsbericht (Fn. 4), S. 136.
[49] *Schary/Salize/Dreßing*, in: Forschungsbericht (Fn. 4), S. 144 f.
[50] Vgl. *Frese/Bley*, der kriminalist 2017, Heft 11, S. 8, 13 f.
[51] Siehe *Dölling/Kunz*, in: Forschungsbericht (Fn. 4), S. 174 f.

Abhilfemöglichkeit darin bestehen, dass Opfer frühzeitig einen Rechtsanwalt hinzuziehen, der über die für die Opferberatung erforderlichen Kenntnisse verfügt.[52] Dies könnte dadurch erreicht werden, dass ein Fachanwalt für Opferrechte eingeführt wird und den Opfern eine Liste mit diesen Anwälten ausgehändigt wird. Durch die Einführung eines Fachanwalts für Opferrechte könnte auch erreicht werden, dass von den in der StPO vorgesehenen Opferrechten häufiger Gebrauch gemacht wird. Die anwaltliche Tätigkeit für die Opfer muss angemessen vergütet werden und in der Kostenfrage muss Transparenz bestehen.

Die Dokumentation der Aussagen von Opfern in Vernehmungen könnte durch die häufigere Erstellung von Wortprotokollen und Ton- bzw. Videoaufzeichnungen von Vernehmungen verbessert werden. Hinsichtlich der Erhebung von Sachbeweisen ergaben sich in dem vorliegenden Forschungsprojekt zwar verhältnismäßig wenig Probleme. Eine Verbesserung für Opfer von Gewalt- und Sexualdelikten könnte aber dadurch geschaffen werden, dass zur Spurensicherung ein flächendeckendes Angebot für anonyme rechtsmedizinische Untersuchungen geschaffen wird. Opfer von Gewalt- und Sexualdelikten sind oft unsicher, ob sie eine Strafanzeige erstatten sollen.[53] Haben sie die Möglichkeit, zunächst die Tatspuren anonym sichern zu lassen, können sie in Ruhe über die Anzeigeerstattung entscheiden, ohne dass ein Verlust von Sachbeweismitteln droht. Das Angebot einer anonymen Spurensicherung muss hinreichend bekannt gemacht werden, damit es genutzt wird. Im Hinblick auf den Schutz der personenbezogenen Daten der Opfer wurde in den Gruppendiskussionen ein Lösungsansatz darin gesehen, die personenbezogenen Daten der Opfer in einem besonderen Datenschutzheft niederzulegen, in das die Beschuldigtenseite nur bei besonderem Interesse Einsicht erhält.[54]

Insgesamt hat das Forschungsprojekt gezeigt, dass Belastungen von Opfern in Ermittlungsverfahren ein erhebliches Problem darstellen und verstärkte Anstrengungen erforderlich sind, um mit diesem Problem angemessen umzugehen.

---

[52] *Dölling/Kunz*, in: Forschungsbericht (Fn. 4), S. 172 ff.

[53] Zum Anzeigeverhalten von Opfern nach Straftaten gegen die sexuelle Selbstbestimmung vgl. *Treibel/Dölling/Hermann*, Forensische Psychiatrie, Psychologie, Kriminologie 11 (2017), S. 355 ff.

[54] *Dölling/Kunz*, in: Forschungsbericht (Fn. 4), S. 170.

Wirtschaftskriminalität als kriminologisches Forschungsfeld

Von *Kirstin Drenkhahn*

I. Einleitung

In der Kriminologie, zumal in der deutschsprachigen, spielt Kriminalität in wirtschaftlichen Zusammenhängen oder durch Unternehmen bisher keine ausgeprägte Rolle.[1] Anders ist es in der deutschsprachigen Strafrechtsdogmatik – man hat fast den Eindruck, dass alle irgendwie zumindest ein bisschen Wirtschaftsstrafrecht machen. Natürlich ist dieser Eindruck nicht richtig, aber ein Blick z.B. in die Rezensionsliste der Zeitschrift für internationale Strafrechtsdogmatik von Anfang 2018 zeigt, dass die Themen Wirtschaftsstrafrecht, Unternehmen, Compliance, Insolvenz, Konzerne und Steuern viel Raum in der heutigen Forschungslandschaft einnehmen. Von 180 vorgeschlagenen Publikationen behandeln mehr als 50 irgendetwas mit Wirtschaft.

Der Jubilar Klaus Rogall, mit dem ich einige Jahre gemeinsam Prüfungen im Schwerpunktbereich abgenommen, Sitzungen, Besprechungen und Mittagessen absolviert und ein bisschen herumgeflachst habe, beschäftigt sich bekanntlich wissenschaftlich auch mit dem Wirtschaftsstrafrecht, während Wirtschaft, Unternehmen und ähnliche Begriffe in meinen Veröffentlichungen bisher nicht auftauchen. Vielleicht macht das diesen Beitrag zu einer schönen, da unerwarteten Geburtstagsüberraschung.

Worum soll es nun also gehen? Da es im Vergleich zu anderen Themenbereichen nicht nur relativ wenig kriminologische Forschung im deutschsprachigen Raum zu Wirtschaftskriminalität gibt,[2] gibt es auch nur wenige Grundlagentexte. Soweit ersichtlich gibt es bisher ein Lehrbuch zur Wirtschaftskriminologie, ein Handbuch

---

[1] s. auch *Boers*, in: Depenheuer/Paqué (Hrsg.), Einheit – Eigentum – Effizienz, 2012, S. 147 sowie *Huisman u.a.*, in: van Erp/Huisman/Vande Walle (Hrsg.), The Routledge Handbook of White-Collar and Corporate Crime in Europe, 2015, S. XXII (XXII), für den nicht-englischsprachigen Raum.

[2] Was nicht bedeuten soll, dass es gar keine Forschung gibt, vgl. nur die Beiträge in Bannenberg/Jehle (Hrsg.), Wirtschaftskriminalität, 2010 oder die Beiträge von *Boers u.a.*, *Bussmann*, *Klinkhammer*, *Kölbel* und *Walburg*, in: van Erp/Huisman/Vande Walle (Hrsg.) (Fn. 1).

ist angekündigt.³ Es erscheint daher lohnend, hier grundlegende Begriffe und Überschneidungen mit anderen Forschungsfeldern zu erörtern und einige Erklärungsansätze vorzustellen.

II. Hintergrund

Als Startschuss für die kriminologische Forschung zur Wirtschaftskriminalität wird gemeinhin Edwin Sutherlands Arbeit über „White Collar Crime" gesehen.⁴ Er verwendet als Anker nicht den Begriff „Economic Crime", sondern „White Collar Crime", um das Thema von der Kriminalität durch Angehörige der Arbeiterklasse bzw. durch Menschen aus schlechten sozio-ökonomischen Verhältnissen abzugrenzen: Einen weißen Kragen an einem weißen Oberhemd kann bei der Arbeit nur tragen, wer sich dabei – abgesehen von Tintenflecken an den Fingern – nicht dreckig macht. Seinen Gegenstand umschrieb er bekanntlich wie folgt: „White collar crime may be defined approximately as a crime committed by a person of respectability and high social status in the course of his occupation".⁵ In einer Fußnote machte Sutherland deutlich, dass es ihm hier eher um Mitarbeiter auf einer höheren Hierarchieebene ging, nämlich „business managers and executives".

Insgesamt klingt das zunächst einmal nach einem Ansatz, der nur den einzelnen Menschen in den Blick nimmt und Gruppen oder andere übergeordnete Zusammenhänge außer Acht lässt. Das war aber grundsätzlich nicht Sutherlands Verständnis, wie man aus seiner Lerntheorie der differentiellen Assoziationen ablesen kann: Danach wird kriminelles Verhalten wie jedes andere Verhalten erlernt, und zwar im Kontakt und Austausch mit anderen Menschen. Auf wen man trifft und von wem man also lernen kann, hängt davon ab, zu welchem sozialen Umfeld man Zugang hat und welche kulturellen Normen in der Situation herrschen.⁶ Außerdem zeigen die Erklärungsansätze, die Sutherland in „White Collar Crime" anbietet, und sein Fallmaterial aus über 70 damals sehr großen Unternehmen, dass es ihm nicht bloß um individuelles Verhalten ging, sondern um größere Zusammenhänge. Neben seiner Lerntheorie führte er die Verbreitung illegaler Praktiken bzw. ihre Übernahme durch Wettbewerber in derselben Branche an. Zudem seien Geschäftsleute nicht nur Definitionen und Zuschreibungen ausgesetzt, die illegales Verhalten unterstützen würden, sondern auch relativ isoliert von Definitionen und Zuschreibungen, die dem

---

³ *Bussmann*, Wirtschaftskriminologie I, 2016; *Schneider*, Wirtschaftskriminologie, soll 2018 erscheinen.

⁴ *Sutherland*, American Sociological Review 1940, S. 1; *Sutherland*, White Collar Crime – the uncut version, 1983 (Original 1949). s. jedoch den Beitrag über Willem Bonger, der bereits Anfang des 20. Jahrhunderts in den Niederlanden dazu forschte, von *Hebberecht*, in: van Erp/Huisman/Vande Walle (Hrsg.) (Fn. 1), S. 124–132.

⁵ *Sutherland*, Fn. 1983 (Fn. 4), S. 7.

⁶ *Sutherland*, Criminology, 1939 nach *Messner/Rosenfeld*, Crime and the American Dream, 5. Aufl., 2013, S. 58.

eher entgegenstünden. Sutherland beschrieb zudem einen unkritischen öffentlichen Diskurs über White Collar Crime. Schließlich führte er auch den Gesichtspunkt der sozialen Desorganisation ins Feld, also den Mangel an sozialer Kontrolle, der im Bereich des Wirtschaftslebens unter anderem auf die Komplexität des Geschehens und den raschen Wandel des Feldes zurückzuführen sei.[7]

Diese wohl mitgedachte Dimension ist allerdings in Sutherlands Definition nicht erkennbar, die in ihrer Einfachheit in der Folge zu allerlei Unklarheit geführt hat, denn unter dem Stichwort „White Collar Crime" sind sehr verschiedene Phänomene erforscht worden.[8] Ein auf Sutherlands Ansatz basierendes Definitions- und Differenzierungsangebot, das in der englischsprachigen Literatur auch gut rezipiert ist, lieferte David Friedrichs 1996.[9] Auch er sah noch vor 20 Jahren Anlass, zunächst einmal den Kontrast zwischen dem Phänomen „White Collar Crime", verstanden als illegale und schädliche Verhaltensweisen von Eliten und angesehenen Mitgliedern der Gesellschaft, und dem auch in der Öffentlichkeit weitverbreiteten Verständnis von Kriminalität als Problem von Bewohnern armer Stadtteile, Minderheiten und junger Männer herauszustellen. Er stellt dann eine Typologie von Konstellationen vor, die man unter den sehr weiten Begriff „White Collar Crime" fassen kann:

- Corporate crime, also Unternehmenskriminalität. Gemeint sind damit illegale und schädliche Verhaltensweisen durch Führungskräfte oder Angestellte von Unternehmen, um Unternehmensinteressen, aber auch eigene Interessen zu verfolgen. Dieses Verhalten bleibt in seiner unmittelbaren Wirkung häufig innerhalb der Wirtschaft, kann aber bei Bekanntwerden zum Vertrauensverlust in die Wirtschaft als soziale Institution führen.

- Occupational crime, also berufliche Kriminalität. Illegale und schädliche, finanziell motivierte Verhaltensweisen innerhalb eines eigentlich legal operierenden Unternehmens bzw. legalen Berufs. Der Unterschied zur Unternehmenskriminalität besteht darin, dass das eigene Unternehmen zum persönlichen Vorteil geschädigt wird und es hier nicht um Unternehmensstrukturen geht, die kriminelles Verhalten bei der regelmäßigen Verfolgung des Unternehmenszwecks fördern.[10]

- Governmental crime, also Regierungskriminalität. Dieses Feld wird bei dem Begriff „White Collar Crime" häufig nicht mitgedacht, allerdings handelt es sich ebenfalls im illegales und schädliches Verhalten, das von angesehenen Personen mit hohem sozialen Status in Ausübung ihres Berufes an den Tag gelegt wird. Es geht hier um die Regierung selbst, Behörden, Amtsträger oder auch Kandidaten für ein öffentliches Amt.

---

[7] *Sutherland*, 1983 (Fn. 4), S. 245–257.

[8] s. *Friedrichs*, in: Barak (Hrsg.), The Routledge International Handbook of the Crimes of the Powerful, 2015, S. 38 (43).

[9] *Friedrichs*, Trusted Criminals, 4. Aufl., 2010.

[10] s. zur Abgrenzung auch *Boers* (Fn. 1), S. 147 (148 f.).

- Hybridformen aus Regierungs- und Unternehmenskriminalität (z. B. bei enger struktureller Verstrickung[11]) oder von Unternehmens- und beruflicher Kriminalität.
- Residualformen von White Collar Crime wie z. B. Straftaten, die organisierte Kriminalität und legale Geschäfte zusammenbringen, Betrügereien unter dem Deckmantel legitimer Geschäfte (z. B. Schneeballsysteme), Straftaten mit finanzieller Motivation durch White-Collar-Menschen außerhalb beruflicher Zusammenhänge (z. B. Einkommensteuerhinterziehung).

Schließlich schlägt Friedrichs folgende Definition für White Collar Crime vor:

„eine Bandbreite von illegalen, verbotenen und nachweisbar schädlichen Aktivitäten, die die Verletzung privaten oder öffentlichen Vertrauens beinhalten, die von Institutionen oder Individuen, die einen legitimen ehrbaren Status innehaben, begangen werden und die auf finanzielle Vorteile oder die Aufrechterhaltung und Erweiterung von Macht und Privilegien abzielen."[12]

Dieser Begriff löst sich also ausdrücklich von einer Begrenzung des kriminologischen Verbrechensbegriffs durch das geltende Strafrecht und von einer Beschränkung auf individuelles Verhalten. Kernbegriffe sind hier Vertrauen als Grundlage von Geschäftsbeziehungen, Respektabilität (moralische Integrität, Status im Sinne einer legalen Beschäftigung, äußere Wahrnehmung des herausgehobenen Status') und – nicht ausdrücklich in der Definition enthalten – die Normalisierung von Risiken in der heutigen Geschäftswelt und insgesamt bei moderner Technik.

Auch in der deutschen Literatur zur Wirtschaftskriminalität spielen die Verletzung von Vertrauen (in die Wirtschaftsordnung) und der Berufs- bzw. Geschäftsbezug schon lange eine wichtige Rolle.[13] Allerdings gibt es auch andere Ansätze, namentlich bei Kai-D. Bussmann, der den Begriff „Wirtschafts*kriminologie*" weiter fasst und „alle *wirtschaftlich intendierten schädlichen Handlungen*" einbezieht, unabhängig von der Höhe des Schadens oder der Schwierigkeit des Verhaltens.[14] Auch wenn dies als lohnenswerte Perspektive auf wirtschaftlich motivierte Kriminalität erscheint, soll es in diesem Beitrag vor allem um Kriminalität aus größeren Personenverbänden heraus gehen. Mir scheint, dass die Beschäftigung mit komplexeren Formen von Kriminalität, zu denen Unternehmenskriminalität oder Hybridformen von White Collar Crime wie das Zusammenwirken von staatlichen Stellen und Unternehmen zählen, für die kriminologische Ursachenforschung und Theoriebildung insgesamt von großem Wert ist. Sie kann in einer Situation, in der viele die Frage stellen, ob wir – auch angesichts neuer Kriminalitätsformen – mit unseren alten Theorien

---

[11] Dazu *Michalowski/Kramer* (Hrsg.), State-corporate crime, 2006.
[12] *Friedrichs* (Fn. 9), S. 8, eigene Übersetzung.
[13] Vgl. schon *Schwind u. a.*, JR 1980, S. 228 (230).
[14] *Bussmann* (Fn. 3), Rn. 2, Hervorhebung im Original.

noch weiterkommen oder ob es ganz neuer Erklärungsansätze bedarf,[15] neue Impulse liefern. Bei diesen Verhaltensformen wird sehr deutlich, dass Erklärungen, die sich auf einen Faktor konzentrieren, nur geringe Erklärungskraft haben.

III. Abgrenzungs- und Definitionsprobleme

Trotzdem bleiben Definitions- und Abgrenzungsprobleme bestehen. Z.B. stellt sich die Frage, was hier eigentlich mit einem „größeren Personenverband" gemeint ist. Eine weitere Frage ist, was man in diesem Zusammenhang unter „Kriminalität" verstehen kann.

Was die erste Frage angeht, nehme ich mir einfach heraus, sie nicht definitiv zu beantworten. Aus der Perspektive des dogmatischen Strafrechts mag das falsch erscheinen, aus kriminologischer Perspektive ist eine messerscharfe Abgrenzung nicht unbedingt erforderlich, denn es geht um etwas ganz anderes als bei der dogmatischen Auseinandersetzung. Während es dort letztlich immer um die Frage geht, ob ein Verhalten noch erlaubt oder schon strafbar ist, wo also die rote Linie gezogen werden soll, geht es bei der kriminologischen Ursachenforschung um die Frage, warum Menschen so etwas tun (was „so etwas" ist, ist noch zu klären). Wenn man, wie ich, davon ausgeht, dass es eine einheitliche Kriminalitätstheorie geben kann, dann kommt es für die Entwicklung dieser Theorie nicht auf eine trennscharfe Abgrenzung von Forschungsfeldern an, denn man muss sich nicht mit Fällen an der äußeren Grenze des Feldes beschäftigen.

Hinzu kommt, dass White Collar Crime nicht der einzige Oberbegriff ist, unter den man das Thema Unternehmenskriminalität fassen kann. In der kritischen Kriminologie wird dieses Thema ebenfalls zum Feld der Kriminalität der Mächtigen gezählt,[16] wozu auch Umweltstraftaten, Staatskriminalität in verschiedenen Ausprägungen oder Globalisierungskriminalität gezählt werden können. Gleichzeitig können diese Unterthemen in anderer Perspektive wiederum als Oberbegriff dienen.[17] Letztlich kann man hier auch den Begriff „Makrokriminalität" heranziehen, der in der englischsprachigen Literatur keine Entsprechung hat, die sich im wissenschaftlichen Diskurs durchgesetzt hätte. Mit diesem Begriff wollte Herbert Jäger für kollektive Gewalt wie z.B. Kriegsverbrechen, aber auch für üblicherweise staatlich organisierte Gefahren wie die Atomkriegsgefahr deutlich machen, dass die einzelnen

---

[15] *Agnew*, Why do criminals offend?, 2005, S. 1 f.; *Agnew*, Toward a unified criminology, 2011, S. 1 ff.; *Wikström et al.*, Breaking rules, 2012, S. 3 ff. Auf der Jahrestagung der European Society of Criminology 2015 gab es zu dieser Frage ein „presidential panel", an dem die Autorin beteiligt war. Ähnlich *Ruggiero*, in: Prittwitz u. a. (Hrsg.), Kriminalität der Mächtigen, 2008, S. 282.

[16] Vgl. z.B. die übergeordneten Themen in *Barak* (Hrsg.) (Fn. 8); *Rothe/Kauzlarich*, Crimes of the Powerful, 2016, S. 75 ff. (Part II: Types of Crimes of the Powerful); die Beiträge von *Techmeier* und *Ruggiero*, in: Prittwitz u. a. (Hrsg.) (Fn. 15), S. 61 ff., 282 ff.

[17] Vgl. *Rothe/Friedrichs*, Crimes of Globalization, 2015.

Taten, aus denen sich solche Geschehnisse zusammensetzen, nur als „Teil eines kollektiven Aktionszusammenhanges" denkbar sind, in dessen Rahmen sie nicht abweichendes, sondern konformes Verhalten sind.[18] Diesen Gedanken des kollektiven Aktionszusammenhanges, in dem abweichendes zu konformem Verhalten wird oder die Grenzen zumindest sehr verschwommen sind, kann man auch auf komplexere Formen von Wirtschaftskriminalität übertragen. In der Forschung wird dies z. B. als Subkultur bzw. kriminogene Umgebung[19] oder unter dem Topos der Normalisierung abweichenden Verhaltens[20] bzw. Veralltäglichung[21] thematisiert.

Das Problem der thematischen Zuordnung und Abgrenzung hängt mit dem anderen Zuordnungsproblem zusammen, nämlich was hier überhaupt unter Kriminalität zu verstehen ist. Dieses Problem stellt sich Kriminologinnen und Kriminologen eigentlich ständig,[22] denn auch bei der Untersuchung des wohl dominierenden Themenfeldes, der Jugendkriminalität, muss man sich natürlich fragen, welche Verhaltensweisen man als kriminell definiert und erfasst. Selbst wenn man die legalistische Perspektive wählt, muss man sich entscheiden, ob man sich auf die Tatbestände des StGB beschränkt oder z. B. auch die des BtMG miteinbezieht. Und was macht man mit Ordnungswidrigkeiten? Wie passen Schulabsentismus und „Rumhängen"[23] hier hinein? Man ist also schnell bei dem Problem, inwiefern auch anderes abweichendes Verhalten betrachtet werden soll und wie das dann von nicht-abweichendem Verhalten abzugrenzen ist – und hier spielt die Abgrenzung tatsächlich eine wichtige Rolle, da es um die Definition des eigentlichen Forschungsgegenstandes geht.[24] Dieses Problem stellt sich auch in anderen Rechtsordnungen. So macht Friedrichs für die US-amerikanische Forschung eine Konzentration auf die FBI-Indexstraftaten (vorsätzliche Tötungsdelikte, Vergewaltigung, Körperverletzung, Raub, Einbruch, Autodiebstahl, Diebstahl und Brandstiftung) aus, die ihre Entsprechung im Fokus von Medien und Öffentlichkeit auf diesen Formen „konventioneller" Kriminalität, ihren Tätern und deren Kontrolle findet.[25] Diese weitgehende Ausblendung von komplizierteren Formen von Kriminalität wie z. B. Unternehmenskriminalität geht so weit, dass sogar in der Krimi-Serie „White Collar" nur sehr selten Fälle erzählt werden, die Unterneh-

---

[18] *Jäger*, in: Jäger (Hrsg.), Makrokriminalität, 1989, S. 11 (12).

[19] Vgl. z. B. *Techmeier*, in: Boers/Nelles/Theile (Hrsg.), Wirtschaftskriminalität und die Privatisierung der DDR-Betriebe, 2010, S. 241 (246 ff.); *Will/Pontell/Cheung*, Crime & Delinquency 1998, S. 367.

[20] Vgl. z. B. *Benson/Simpson*, White-Collar Crime, 3. Aufl., 2018, S. 168 ff.

[21] *Barak*, Unchecked Corporate Power, 2017.

[22] Vgl. dazu z. B. *Rothe/Friedrichs*, Social Justice 2006, S. 147; *Schwendinger/Schwendinger*, Issues in Criminology 1970, S. 123.

[23] Rumhängen bzw. „loitering" kann in England und Wales über eine Anordnung über antisoziales Verhalten (Anti-social behaviour order) verboten werden, der Verstoß gegen dieses Verbot kann als Straftat verfolgt werden.

[24] Vgl. *Wikström*, in: Hitlin/Vaysey (Hrsg.), Handbook of the Sociology of Morality, 2010, S. 211 ff.

[25] *Friedrichs* (Fn. 8), S. 39 f.

menskriminalität nahekommen – in der Regel werden organisierte Kriminalität oder Straftaten in der Kunstszene thematisiert.[26]

Gemein ist zumindest diesen Formen von Alltagskriminalität, dass sie relativ leicht als Gesetzesverstöße zu erkennen sind. Probleme bei der strafrechtlichen Verarbeitung gibt es dann vielleicht bei der Aufklärung der tatsächlichen Umstände. Zudem handelt es sich in der Regel um Vorsatzdelikte.[27] Bei Kriminalität in großen Organisationseinheiten wie Unternehmen kann neben dem Problem, dass sie wegen der arbeitsteiligen Begehung schwieriger zu rekonstruieren ist, auch die Schwierigkeit auftreten, dass das Verhalten – wenn überhaupt – gegen Spezialnormen verstößt, mit Tatbestandsmerkmalen, die vor allem von weiteren rechtlichen Wertungen abhängen. Es gilt dann festzustellen, ob das Geschehen überhaupt schon strafbar war oder noch in den Bereich legaler innovativer Geschäftsstrategien[28] fällt. Dass die Verantwortungszuschreibung über das klassische Strafrecht ein Problem ist, zeigen auch die Vorschläge für ein Verbandsstrafrecht.[29] Hinzu kommt, dass in größeren Organisationszusammenhängen sorgloses oder nachlässiges Verhalten, das eher in den Bereich der Fahrlässigkeit fallen würde, durchaus Teil des zu untersuchenden Geschehens sein kann. Aus kriminologischer Sicht erscheint es daher nicht gewinnbringend, sich bei der Definition des Verbrechensbegriffs für den Bereich Wirtschaftskriminalität, White Collar Crime oder Unternehmenskriminalität auf das geltende Strafrecht zu beschränken.

Damit ist das Definitionsproblem aber natürlich noch nicht gelöst. Dass der Begriff „abweichendes Verhalten" oder Devianz nur wenig weiterhilft, wurde bereits angedeutet: Hier bleibt offen, was als abweichend definiert wird und wer diese Definition vornimmt. Der zweite Aspekt ist auch im Zusammenhang mit Wirtschaftskriminalität bedeutend, wenn man sie zum Bereich der Kriminalität der Mächtigen zählt. Diese Macht zeichnet sich eben auch dadurch aus, dass Einfluss auf die Wahrnehmung von Verhalten und damit auf dessen Definition als kriminell, abweichend, neutral oder erwünscht genommen werden kann. Eine Möglichkeit der Präzisierung ist es, auch das Ergebnis des Verhaltens mit einzubeziehen, wie es z. B. mit dem Begriff „Sozialschädlichkeit" versucht wird, der ja auch im dogmatischen Strafrecht verwendet wird. Wieder stellt sich aber die Frage, was sozialschädlich ist. Herman und Julia Schwendinger haben sich bereits 1970 ausführlich mit dem Problem auseinandergesetzt und darauf aufmerksam gemacht, dass sich in solche Definitionen meist eine moralische Komponente einschleiche, die aber nicht offengelegt werde. Sie schlugen vor, als Maßstab die Menschenrechte bzw. Menschenrechtsverletzun-

---

[26] Vgl. *Buist/Leighton*, in: Barak (Hrsg.) (Fn. 8), S. 73.
[27] Fahrlässigkeitsdelikte werden z. B. in Befragungen zur eigenen Delinquenz nicht erfasst.
[28] Vgl. dazu *Bussmann* (Fn. 3), Rn. 813 ff. Zur Bedeutung von Innovation zur Erklärung von Kriminalität auch *Messner/Rosenfeld* (Fn. 6).
[29] Gesetzesantrag des Landes Nordrhein-Westfalen, Entwurf eines Gesetzes zur Einführung der strafrechtlichen Verantwortlichkeit von Unternehmen und sonstigen Verbänden, 2013 (https://www.justiz.nrw.de/JM/jumiko/beschluesse/2013/herbstkonferenz13/TOP_II_5_Gesetzentwurf.pdf); *Henssler u. a.*, Kölner Entwurf eines Verbandssanktionengesetzes, 2017.

gen heranzuziehen.[30] Im Kern ist damit gemeint, dass es sich um Verletzungen gewichtiger Rechtsgüter handelt – eine präzise Abgrenzung „nach unten" ist damit zwar immer noch nicht geleistet, aber es wird auch deutlich, dass es nicht bloß um ungebührliches Betragen geht.[31] Letztlich ist die ganz genaue Abgrenzung für die kriminologische Forschung aber doch weniger wichtig als für die strafrechtliche Forschung und Praxis, denn es geht zunächst eben nicht darum, ob jemand schon strafbar ist, sondern darum, ob sein/ihr Verhalten für mich als Forschungsgegenstand interessant ist.

IV. Erklärungsansätze aus der Kriminologie

Der theoretische Zugriff auf eine bestimmte Kriminalitätsform hängt auf einer vorgelagerten Ebene von weiteren Einstellungen oder Überzeugungen der Forscherin oder des Forschers ab. Zunächst einmal kommt es darauf an, ob man Straftäter grundsätzlich als irgendwie pathologisch oder als normale Menschen einordnet. Dass diese Unterscheidung auch bei Wirtschaftstätern eine Rolle spielt, drängt sich zunächst einmal nicht auf. Auf den ersten Blick erscheint Verhalten hier durch rationale Kosten-Nutzen-Abwägungen geprägt, ein Umstand, den man wohl nicht mit pathologischen Zügen verbindet. Allerdings gibt es auch Forschung, die bei Wirtschaftsstraftätern Merkmale von „psychopathy" ausmacht.[32] Auch die Perspektive, die Straftäter als normale Menschen – verstanden als unschuldig – ansieht, entpuppt sich schnell als unzureichend, denn eine kriminologische Binsenweisheit besagt, dass es normal ist, Straftaten zu begehen, nicht normal ist es, erwischt zu werden.

Eine weitere Weiche wird mit der Antwort auf die Frage gestellt, ob man die Ursachen kriminellen Verhaltens eher beim Individuum sucht oder in sozialen Dynamiken. Diese Wahl überschneidet sich zum Teil mit dem ersten Aspekt, denn wer Kriminalität als etwas individuell-pathologisches ansieht, wird sich auf das Individuum konzentrieren. Allerdings gibt es auch individuumszentrierte Erklärungsansätze, die den Einzelnen als rationalen Akteur verstehen. Gleichzeitig wird man auch bei der Erklärung abweichenden Verhaltens mit bestimmten sozialen Dynamiken zugeben müssen, dass dann nicht alle Beteiligten vollkommen gleich handeln, sondern unterschiedliche soziale Rollen ausgeübt werden, deren Übernahme womöglich etwas mit individuellen Eigenschaften, Einstellungen und Fähigkeiten zu tun hat.

---

[30] Vgl. *Schwendinger/Schwendinger* (Fn. 22), insb. S. 143 ff.

[31] Vgl. in Bezug auf Staatskriminalität *Cohen*, Australia & New Zealand Journal of Criminology 1993, S. 97.

[32] Vgl. z.B. *Babiak/Hare*, Snakes in Suits, 2007; *Lingnau/Fuchs/Dehne-Niemann*, Journal of Business Economics 2017, S. 1193. Zu „psychopathy" s. *Cooke/Forth/Hare*, Psychopathy: Theory, Research, and Implications for Society, 1998; *Hare*, in: Gray/Laing/Noaks (Hrsg.), Criminal justice, mental health, and the politics of risk, 2000, S. 27.

Wenn aber diese Form von Kategorienbildung dazu führt, dass jeweils wichtige Aspekte der ausgeblendeten Kategorie aus dem Blick geraten, dann wird deutlich, dass monokausale Theorien für umfassende Erklärungen nicht geeignet sind. Das betrifft den größten Teil der klassischen Theorien abweichenden Verhaltens, die ihren Schwerpunkt in der Regel nur auf einen Aspekt legen, der nur eine Erklärungsebene betrifft.

1. Das Problem der Erklärungsebene

Bei sozialwissenschaftlichen Erklärungen menschlichen – auch abweichenden – Verhaltens spielt es eine wichtige Rolle, auf welcher Ebene die Erklärung angesiedelt ist: auf der des Individuums (Mikro-Ebene), auf der Gruppenebene (Meso-Ebene) oder der Ebene der Gesellschaft und der sozialen Institutionen (Makro-Ebene). Von einigen wird in Bezug auf Kriminalität der Mächtigen mit grenzüberschreitender Bedeutung auch noch die internationale Ebene ins Spiel gebracht, um die Bedeutung der Globalisierung abzubilden.[33] Von Phänomenen auf der Makro-Ebene ohne weiteres auf Verhalten einzelner Personen schließen zu wollen, ist dabei allerdings genauso falsch, wie vom Verhalten des Individuums direkt auf gesellschaftliche Gegebenheiten zu schließen.[34]

Aus strafrechtlicher Perspektive mag die Mikro-Ebene als vorzugswürdig erscheinen, da es bei der rechtlichen Bewertung von Verhalten um die Zuschreibung von persönlicher Verantwortung und um persönliche Vorwerfbarkeit von Verhalten geht. Aus sozialwissenschaftlicher Perspektive sind aber auch soziale und gesellschaftliche Dynamiken sowie die sozialen Institutionen (Wirtschaft, Politik, Bildung, Familie) wichtige Elemente einer möglichen Erklärung. Es scheint daher sinnvoll, Unternehmenskriminalität im sozialwissenschaftlichen Sinne als Mehr-Ebenen-Problem zu verstehen: Bei komplizierten Verhaltensweisen sind auch kompliziertere Erklärungsansätze von Nöten. Trotzdem starten viele Erklärungsansätze bei einer klassischen Theorie.

2. Klassische Kriminalitätstheorien als Ausgangspunkt

Eine ökonomische Kriminalitätstheorie drängt sich als Erklärungsansatz für Wirtschaftskriminalität geradezu auf: das rationale Wahlverhalten. Dabei handelt es sich um eine utilitaristische Perspektive, die davon ausgeht, dass menschlichen Entscheidungen eine rationale Wahl im Sinne einer Kosten-Nutzen-Analyse vorangeht. Unterschiedliche Entscheidungen verschiedener Personen in der gleichen Situation werden mit unterschiedlicher Wahrnehmung und Verarbeitung von Informationen sowie

---

[33] So etwa *Rothe*, State Criminality, 2009, S. 91 ff.; *Rothe/Friedrichs* (Fn. 17), S. 60 ff.
[34] Vgl. dazu *Messner/Rosenfeld* (Fn. 6), S. 45 ff.

einem individuellen, stabilen Präferenzmuster erklärt.[35] Es liegt nahe, dies auf Wirtschaftskriminalität anzuwenden,[36] da Kosten-Nutzen-Analysen geradezu der Inbegriff wirtschaftlicher Entscheidungsfindung sind. Die reine Lehre erreicht aber bei Unternehmenskriminalität schnell ihre Grenzen,[37] da dann in der Regel mehrere Personen zusammenwirken und die Theorie den Entscheidungsfindungsprozess in einer Gruppe, bei dem z. B. auch Machtverhältnisse innerhalb der Gruppe eine Rolle spielen, nicht hinreichend erklären kann bzw. so allgemein wird, dass dann die Erklärung beliebig wird. Für die Anwendung auf größere Aktionszusammenhänge bedarf es daher weiterer Annahmen.[38]

Weitere verbreitete Erklärungsansätze aus der klassischen Kriminologie sind die Neutralisierungstechniken sowie Tatgelegenheiten im Sinne des Routine-Aktivitäten-Ansatzes. Neutralisierungstechniken wurden für die Erklärung von Jugendkriminalität zuerst von Gresham Sykes und David Matza herangezogen und von Matza später in seine „Drift theory" eingebaut.[39] In der Sozialpsychologie wird auch der Begriff „moral disengagement" verwendet.[40] Die Idee der Neutralisierungstechniken geht von der Annahme aus, dass Menschen, die Strafgesetze brechen, die Gesetze grundsätzlich anerkennen, was den eigenen Regelbruch dann rechtfertigungsbedürftig macht, um Gefühle von Schuld und Scham zu vermeiden. Dazu werden rund um die Tat Rationalisierungen des Verhaltens eingesetzt – eben die Neutralisierungstechniken. Dabei handelt es sich um:[41]

- Zurückweisung eigener Verantwortlichkeit (denial of responsibility): Der Täter sieht sich selbst als Opfer der Umstände, über die er keine Kontrolle hat. Im Zusammenhang mit der Wirtschaft kann das z. B. die Konkurrenz sein, die innovativer oder billiger ist, weshalb man reagieren muss.

- Verleugnung des Schadens (denial of injury): Der Täter sieht sein Verhalten als „nicht schlimm" an, weil nichts Wichtiges beschädigt wurde, z. B. weil das Opfer den entstandenen Verlust wirtschaftlich gut verkraften kann oder man

---

[35] *Becker*, Journal of Political Economy 1968, S. 169; *Becker*, Journal of Political Economy 1974, S. 1063.

[36] Vgl. *Paternoster/Simpson*, in: Clarke/Felson (Hrsg.), Routine Activity and Rational Choice, 1993, S. 37; *Shover/Hochstetler*, Choosing White-Collar Crime, 2006.

[37] Vgl. *Benson/Simpson* (Fn. 20), S. 63 f. Ausführliche Diskussion und Kritik bei *Bussmann* (Fn. 3), Rn. 854 ff.

[38] Wie z. B. bei *Shover/Hochstetler* (Fn. 36), s. dazu *Benson/Simpson* (Fn. 20), S. 64 ff.; vgl. auch *Boers*, in: Boers/Nelles/Theile (Hrsg.) (Fn. 19), S. 17 (46 ff.), zur Kombination von Rational Choice-Ansatz und autopoietischer Systemtheorie als theoretischer Grundlage für die Untersuchung der Kriminalität bei der Privatisierung der DDR-Betriebe.

[39] *Sykes/Matza*, American Sociological Review 1957, S. 664; *Matza*, Delinquency and Drift, 1964.

[40] s. z. B. *Bandura*, Personality and Social Psychology Review 1999, S. 193; *Bandura u. a.*, Journal of Personality and Social Psychology 1996, S. 364.

[41] *Sykes/Matza* (Fn. 39), S. 666 ff.

den Schaden nicht unmittelbar wahrnehmen kann wie bei vielen Umweltbelastungen.

- Verleugnung des Opfers (denial of the victim): Sykes und Matza meinten damit Situationen, in denen der Täter sich als eine Art Rächer ansieht, der gegen Menschen vorgeht, denen zugeschrieben wird, dass sie selbst Normen brechen und die deshalb die schlechte Behandlung verdienen. Ihr Beispiel ist Hasskriminalität gegen Homosexuelle und Angehörige anderer Minderheiten. Im Wirtschaftsleben kann man zu dieser Kategorie wohl auch Täter zählen, die meinen, dass ihre Opfer nur bekommen haben, was sie wollten, wie z. B. im Vorfeld der Subprime-Krise bei der Vergabe von Krediten zum Hauskauf an Personen, die nicht kreditwürdig waren und dann „selbst schuld", als sie ihr Haus verloren.
- Verurteilung der Verurteilenden (comdemnation of the condemners): Hier spricht der Täter den Autoritäten, die sein Verhalten bewerten, die Kompetenz oder moralische Überlegenheit ab und wirft ihnen z. B. Neid oder Heuchelei vor.
- Berufung auf höhere Verpflichtungen (appeal to higher loyalties): Der Täter bezieht sich auf eine kleinere Gruppe von nahestehenden Personen, denen gegenüber er sich stärker verpflichtet fühlt als gegenüber der Gesellschaft im Ganzen, z. B. das Unternehmen, die Unternehmensführung oder die Aktionäre.

Wim Huisman hat diese Neutralisierungstechniken im Hinblick auf die Verstrickung von Unternehmen in Staatskriminalität zum Teil ausdifferenziert.[42] Bei der Zurückweisung eigener Verantwortlichkeit kommt dann die Leugnung der Beteiligung des Unternehmens hinzu sowie die Darstellung des Unternehmens als Opfer der kriminellen staatlichen Strukturen und als Befolger staatlicher Vorgaben (z. B. Gesetze) oder der impliziten Regeln der Branche („jeder macht es so"). Die Verleugnung des Schadens kann auch in der Herausstellung positiver Effekte liegen.

Dieser unmittelbar einleuchtende Rückgriff auf solche Rationalisierungen erklärt allerdings nicht umfassend, warum sich Menschen für den Normbruch entscheiden, denn viele kommen gar nicht erst auf diese Rechtfertigungen oder handeln trotzdem normkonform. Diesem Problem begegnet der Routine-Aktivitäten-Ansatz, indem die Bereitschaft des Individuums zur Begehung von Straftaten als gegeben gesetzt wird und man sich auf das räumlich-zeitliche Zusammentreffen von motiviertem Täter, geeignetem Ziel und dem Fehlen fähiger Beschützer konzentriert.[43] Dieses Zusammentreffen wird als Tatgelegenheit bezeichnet. Lawrence Cohen und Marcus Felson gingen davon aus, dass die zur Verhinderung von Tatgelegenheiten nötige Kontrolle auch etwas mit den täglichen Routinen bzw. Routineaktivitäten der Menschen zu tun hat. Da ursprünglich nicht das Verhalten auf der Mikro-Ebene, sondern Entwicklungen im Kriminalitätsaufkommen erklärt werden sollten, wurden Routineaktivitäten sehr global definiert als wiederkehrende und häufige Aktivitäten, mit denen Vorsorge für Grundbedürfnisse der Bevölkerung und des Individuums getrof-

---

[42] *Huisman*, Business as usual?, 2010, S. 31 ff.
[43] *Cohen/Felson*, American Sociological Review 1979, S. 588 (589).

fen wird. Routineaktivitäten würden zu Hause, bei aushäusiger Arbeit und bei anderen Aktivitäten außerhalb des Haushalts stattfinden. Bei Aktivitäten außerhalb des Haushalts sei die Wahrscheinlichkeit größer, dass sich Tatgelegenheiten ergäben, sodass bei einer Verlagerung von Routinen in den öffentlichen Raum ein Anstieg der registrierten Kriminalität zu erwarten sei.[44] Wenn man diesen Ansatz ohne Ergänzungen auf die Mikro-Ebene überträgt, liegt der Fokus auf der Überwachung lohnender Ziele, die durch technische Vorrichtungen oder durch Personen erfolgen kann, die zur Überwachung berufen sind wie z. B. Mitglieder der Strafverfolgungsbehörden, Sicherheitsdienste oder Compliance-Beauftragte, oder durch Personen, die Überwachungsaufgaben selbstständig übernehmen.

Zur Erklärung von Unternehmenskriminalität werden diese beiden Perspektiven – Neutralisierungstechniken und Routine-Aktivitäten-Ansatz – miteinander oder mit weiteren Aspekten kriminologischer Theorien verknüpft, um dem Umstand Rechnung zu tragen, dass es um Normbrüche durch Organisationen und nicht bloß einzelner Personen geht. So weist Huisman auf die Bedeutung von Profitmaximierung und Verlustminimierung als übergeordnete Unternehmensziele hin, bezieht mit der Unternehmenskultur auch Anleihen bei der Subkulturtheorie ein und verweist auf den Prozess der Normalisierung abweichenden Verhaltens, wenn (scheinbare) Ausnahmesituationen, die als außergewöhnliche Lösung die deviante Verhaltensalternative erforderlich erscheinen lassen, andauern oder immer wieder vorkommen.[45]

Auch Michael Benson und Sally Simpson kombinieren den Routine-Aktivitäten-Ansatz, den sie als „opportunity perspective" bezeichnen, mit den Neutralisierungstechniken und weiteren Erklärungsansätzen. Sie sehen den Unterschied zwischen White Collar Crime und Straßenkriminalität im legitimen Zugang des Täters zum Tatort, der räumlichen Distanz zum Opfer und dem oberflächlichen Anschein von Legitimität im Verhalten des Täters. Außerdem zeichne diese Taten das Element der Täuschung aus und damit auch der Missbrauch von Vertrauen. Dementsprechend würden sich die Tatgelegenheiten für White Collar Crime von denen für Straßenkriminalität unterscheiden.[46] Benson und Simpson gehen allerdings trotzdem grundsätzlich von derselben Definition einer Tatgelegenheit aus wie Cohen und Felson. Die Motivation potentieller Täter sehen sie als vor allem finanziell begründet an. Auf die Entscheidung für oder gegen die illegale Handlungsalternative wird als Erklärung die Theorie des rationalen Wahlverhaltens angewendet. Maßgeblich sei allerdings die Wahrnehmung bzw. symbolische Konstruktion einer Tatgelegenheit, wobei Neutralisierungstechniken, „moral disengagement" und die Normalisierung abweichenden Verhaltens von Bedeutung seien. Zudem seien Tatgelegenheiten für White Collar Crime ungleich auf soziale Gruppen verteilt, sodass es für weiße, männliche Führungskräfte wahrscheinlicher sei, Zugang zu solchen Tatgelegenheiten zu

---

[44] *Cohen/Felson* (Fn. 43), S. 588 (593).

[45] *Huisman* (Fn. 42), S. 28 f.

[46] *Benson/Simpson* (Fn. 20), S. 84 ff.

bekommen als für in der Hierarchie niedriger stehende Angestellte, Frauen oder Angehörige von ethnischen Minderheiten.[47]

Einen allein auf der Makro-Ebene angesiedelten Erklärungsansatz bieten Steven Messner und Richard Rosenfeld mit der Institutional Anomie Theory an.[48] Vordergründig wollen sie die im Vergleich mit europäischen Ländern hohen Raten an Gewaltkriminalität in den USA erklären und bauen dazu das Anomie-Konzept von Robert Merton[49] aus. Ausgangspunkt ist jeweils der Amerikanische Traum mit in Geld messbarem Wohlstand als Ziel, das es um jeden Preis zu erreichen gilt, mit einer ausgeprägten Wettbewerbsorientierung, einem starken Individualismus und der Betonung von Innovation. Innovation in diesem Sinne kann auch der Regelbruch sein, wenn ein solches Verhalten besser geeignet ist, das Ziel zu erreichen, als konformes Verhalten. Messner und Rosenfeld sehen das Primat der Wirtschaft über die anderen sozialen Institutionen (Familie, Bildung und Politik), die daher ebenfalls am wirtschaftlichen Denken ausgerichtet sind, als wesentlichen Unterschied zwischen den USA und Westeuropa an. Allgemeiner gesprochen geht es hier um ein institutionelles Ungleichgewicht, das zu einem Zustand der Normlosigkeit führt.[50] Individuelles Verhalten ist damit noch nicht erklärt und soll es auch gar nicht werden, aber hier werden gesellschaftliche Bedingungen beschrieben, die Normbrüche im Wirtschaftsleben begünstigen.

3. Erklärungen unter Einbeziehung der Meso-Ebene

Den im vorigen Abschnitt vorgestellten klassischen Erklärungsansätzen ist gemein, dass sie letztlich auf einer Erklärungsebene stehen bleiben und zwar entweder auf der Mikro- oder Makro-Ebene. Die Meso-Ebene, also die Ebene der sozialen Gruppe bzw. der Organisation, wird nicht oder nur recht oberflächlich angesprochen. Daher bleiben viele Aspekte des Verhaltens in Organisationen wie z. B. Kommunikation, Gruppendynamiken, Arbeitsteilung und Verschiedenheit der ausgeübten Rollen unbeachtet. Diese Lücke versuchen Klaus Boers, Ursula Nelles, Hans Theile und Kollegen mit einem systemtheoretischen Erklärungsansatz im Forschungsprojekt zur Kriminalität im Zusammenhang mit der Privatisierung der DDR-Betriebe und Ronald Kramer und Raymond Michalowski mit einem allgemeinen theoretischen Modell zur Kollusion von staatlichen Einrichtungen und Unternehmen zu schließen, die hier als Beispiele für die Einbeziehung der Meso-Ebene dienen sollen.[51]

---

[47] *Benson/Simpson* (Fn. 20), S. 152 ff.
[48] *Messner/Rosenfeld* (Fn. 6).
[49] *Merton*, American Sociological Review 1938, S. 672.
[50] Vgl. *Karstedt*, in: Body-Gendrot u. a. (Hrsg.), The Routledge Handbook of European Criminology, 2014, S. 125 (146), allerdings in Bezug auf Gewalt durch Staatsorgane und Korruption.
[51] *Boers*, in: Boers/Nelles/Theile (Hrsg.) (Fn. 19); *Boers*, in: Depenheuer/Paqué (Hrsg.) (Fn. 1); *Kramer/Michalowski*, in: Michalowski/Kramer (Hrsg.) (Fn. 11).

In der Untersuchung von Boers, Nelles und Theile wird berufliche und Unternehmenskriminalität bei der Privatisierung der DDR-Betriebe thematisiert. Für Aspekte der beruflichen Kriminalität wurde die Theorie des rationalen Wahlverhaltens als Erklärungsansatz herangezogen, für die Unternehmenskriminalität in diesem Zusammenhang griff man auf Luhmanns autopoietische Systemtheorie zurück.[52] Mit der hier wesentlichen Verschiebung des Fokus von Handlung auf Kommunikation wird erklärbar, warum Organisationen ein Eigenleben entwickeln, das nicht notwendig von einzelnen Personen abhängig ist, sondern den Einzelnen überdauert. Zudem kann mit dem Aspekt der Selbstreferenz die Tradierung von Mustern im Vorgehen und der damit einhergehenden Kommunikation erklärt werden, also das Lernen einer Organisation, und mit der Fremdreferenz die gleichzeitige Offenheit des sozialen Systems für die Integration der von außerhalb an es herangetragenen Erwartungen in solche Muster.[53]

Kramer und Michalowski gehen bei der Konstruktion ihres Ansatzes ganz anders vor. Sie schlagen keine (neue) Theorie vor, sondern ein analytisches Schema für abweichendes Verhalten von Organisationen, das aus Bausteinen anderer Theorien besteht, insb. differentielle Assoziationen, Theorien zu Unternehmenskriminalität aus dem englischsprachigen Raum aus der Organisationsperspektive sowie solche aus einer politisch-ökonomischen Perspektive.[54] Dazu konstruieren sie eine Matrix aus drei Erklärungsebenen (Mikro-/Interaktionsebene, Meso-/Organisationsebene, Makroebene/institutionelle Umgebung) und drei Kategorien von möglichen Auslösern für Verhalten, nämlich den in der Kriminologie bekannten Kategorien Motivation, Gelegenheit und Kontrolle (siehe Tabelle). Insgesamt gehen sie davon aus, dass abweichendes oder kriminelles Verhalten in Organisationen dann vorkommt, wenn hoher Druck hinsichtlich der Erreichung von Zielen als Motivation, Verfügbarkeit und wahrgenommene Attraktivität von illegitimen Mitteln als Gelegenheit und das Fehlen einer wirksamen Sozialkontrolle zusammenfallen. Dieses Analyseschema ist von Dawn Rothe für die Untersuchung von Völkerrechtsverbrechen und Kriminalität im Zusammenhang mit der Globalisierung weiterentwickelt worden.[55] Dem ursprünglichen Schema und auch den Weiterentwicklungen fehlt allerdings eine Erklärung des Zusammenspiels der einzelnen Erklärungsebenen.[56]

---

[52] Vgl. *Boers*, in: Boers/Nelles/Theile (Hrsg.) (Fn. 19), S. 17 (46 ff.).
[53] Vgl. *Boers*, in: Boers/Nelles/Theile (Hrsg.) (Fn. 19), S. 17 (53 ff.).
[54] Vgl. *Kramer/Michalowski*, in: Michalowski/Kramer (Hrsg.) (Fn. 11), S. 18 (20 ff.).
[55] Z. B. *Rothe/Friedrichs* (Fn. 17), S. 60 ff.
[56] Vgl. dazu aber *Drenkhahn*, in: Neubacher/Bögelein (Hrsg.), Krise – Kriminalität – Kriminologie, 2016, S. 303.

Tabelle 1
**Integriertes theoretisches Modell krimineller Verstrickung
von staatlichen Einrichtungen und Unternehmen**[57]

Analyseebene	Mögliche Auslöser für Verhalten		
	Motivation	Gelegenheit	Kontrolle
Institutionelle Umgebung	Wettbewerbskultur Wirtschaftlicher Druck Ziele der Organisation Leistungsorientierung	Verfügbarkeit legaler Mittel Hindernisse und Einschränkungen Unerreichbarkeit von Zielen/Druck Verfügbarkeit illegaler Mittel Zugang zu Ressourcen	Internationale Reaktionen Politischer Druck Rechtliche Sanktionen Aufmerksamkeit der Medien Öffentliche Meinung Soziale Bewegungen
Organisationsebene	Unternehmenskultur Operative bzw. Arbeitsziele Ziele der Untereinheiten Druck durch das Management	Instrumentelle Rationalität Interne Hemmnisse Fehlerhafte standardisierte Abläufe Schaffung illegaler Mittel Spezialisierung von Rollen Aufgabenteilung Computer, Telekom- und Netzwerktechnologie Normalisierung devianten Verhaltens	Compliance-Kultur Widerständige Subkulturen Standardisierte Verhaltensregeln (Codes of conduct) Belohnungsstrukturen Sicherheits- und Qualitätskontrolle Kommunikationsprozesse
Interaktionsebene	Sozialisierung Soziale Bedeutung Individuelle Ziele Wettbewerbsorientierter Individualismus Bedeutung materiellen Erfolgs	Definition der Situation Wahrnehmung der Verfügbarkeit und Attraktivität illegaler Mittel	Persönliche Moral Rationalisierungen und Neutralisationstechniken Streuung von Verantwortung Distanz zu den Konsequenzen eigener Handlungen Autoritätshörigkeit Gruppendenken

---

[57] Aus *Kramer/Michalowski*, in: Michalowski/Kramer (Hrsg.) (Fn. 11), S. 18 (25); eigene Übersetzung.

V. Fazit

Dieser Beitrag soll zeigen, dass die kriminologische Forschung zu Wirtschaftskriminalität insb. im Hinblick auf die Theoriebildung sehr lohnenswert ist. Was leider nicht erörtert werden konnte, sind die Probleme, die sich für die empirische Forschung in diesem Feld ergeben. Aus der strafrechtlichen Praxis weiß man, dass große Unternehmen und ihre Repräsentanten der höheren Hierarchieebenen beschwerdemächtige Gegner der Strafverfolgungsbehörden sind. Ähnlich ist es für die sozialwissenschaftliche Forschung: Man gibt in der Regel nicht irgendwelchen Forscherinnen und Forschern offen und umfangreich Auskunft über aktuelle kriminelle, deviante und sozialschädliche Aktivitäten. Bereits Edwin Sutherland hat diese Macht zu spüren bekommen, als sein Verlag kurz vor der Veröffentlichung von „White Collar Crime" 1949 darauf bestand, dass er die Namen der untersuchten Unternehmen aus dem Buch entferne. Eine Fassung, in der Ross und Reiter genannt werden, erschien erst 1983.[58] Das bedeutet, dass in diesem Forschungsfeld nicht nur Kreativität im Hinblick auf die Theoriebildung erforderlich ist, sondern auch bei den Forschungsmethoden.

---

[58] *Geis/Goff*, in: Sutherland, 1983 (Fn. 4), S. IX (X).

Zur Funktion des § 70 Abs. 1 S. 1 GO-BT

Von *Ulrich Eisenberg*

Der verehrte Jubilar ist in seinem allseits bewunderten wissenschaftlichen Werk wohl nicht unbeeinflusst von den Erfahrungen aus seiner Tätigkeit im Bundesjustizministerium zumal im Bereich der Gesetzgebung geblieben. Dieser Annahme folgt die Themenwahl des ihm gewidmeten bescheidenen Beitrags, wozu aus der Flut der straf- und strafverfahrensrechtlichen Gesetzesänderungen exemplarisch drei gesetzgeberische Abläufe, allerdings nur aus Randbereichen und zudem jeweils in nur auszugsweiser Darstellung, herangezogen werden. Was dabei die Äußerungen von Sachverständigen angeht, so werden die schriftlichen Stellungnahmen zu den öffentlichen Anhörungen des Ausschusses für Recht und Verbraucherschutz des Deutschen Bundestages zugrundegelegt. – Nicht ausschließbar könnten die Ausführungen bei dem Jubilar, dem von Berufs wegen die wissenschaftliche Erkenntnis vorzugswürdig blieb, insoweit auf mild zustimmendes Lächeln treffen, als die Strafrechtswissenschaft von der Politik und Eigenbelangen staatlicher Einrichtungen[1] wie Interessengruppen,[2] jeweils im Einklang mit medialen Tendenzen der Verzerrung von Lebenswirklichkeit,[3] ggfs. ins Abseits gestellt wird.

---

[1] Dies gilt schon für den vor Stellenabbau schützenden, Stellenzuwachs aber begründenden Beschäftigungsnachweis von Polizei wie Staatsanwaltschaft, ohne dass eine z. B. hinsichtlich der Neufassung des § 238 Abs. 1 StGB weithin prognostizierte Zunahme von Einstellungen gemäß § 153 StPO dem entgegen stünde. Belange der Erweiterung des strafjustitiellen staatlichen Machtbereichs, wie sie etwa unter der Flagge „Opferschutz" zur Geltung kommen, könnten partiell auch hinsichtlich der Einführung der § 100a Abs. 1 S. 2 und S. 3 StPO sowie des § 100b StPO (Gesetz vom 17. 8. 2017 [BGBl. I, 3202]; vgl. dazu *Singelnstein/Derin*, NJW 2017, 2646 ff.; zu Aufgaben der Strafverfolgung speziell betr. verschlüsselte Smartphones *Bäumerich*, NJW 2017, 2718 ff.) erblickt werden, die erst im Rahmen eines Antrags der Koalitionsfraktionen in ein Gesetzesvorhaben zur Änderung u. a. der StPO in das Gesetzgebungsverfahren eingebracht wurden, und zwar nachdem der Rechtsausschuss des Bundestages mit diesem Vorhaben, das die genannten Vorschriften nicht enthielt, bereits befasst war (vgl. nur „Formulierungshilfe der Bundesregierung", BMJV vom 15. 5. 2017 zu Ausschussdrucksache 18(6)334; zu Bedenken statt vieler *Buermeyer*, Schriftliche Stellungnahme vom 29. 5. 2017).

[2] Zu Profitbelangen verschiedener Berufsgruppen und „Opferschutzverbänden" vgl. etwa *Barton*, in: Barton/Kölbel (Hrsg.), Ambivalenzen der Opferzuwendung im Strafrecht, 2012, S. 121–124, 130; *Fünfsinn*, FS-Kreuzer, 2008, S. 146 ff.; *Pollähne*, NK 2002, 56 ff.; kritisch auch *Steinberg*, JZ 2006, 32; *Neubacher*, ZStW 118 (2006), 855 (866); *Kinzig*, ZRP 2006, 255 ff. Ergänzend zu psychologischen Belangen der Aggressionsableitung *Eisenberg/Kölbel*, Kriminologie, 7. Aufl. 2017, § 10.

[3] Vgl. dazu statt vieler etwa *Hestermann*, Kriminalistik 2016, 731 (734 f.): Idealisierung des mutmaßlichen Opfers, Anprangerung des mutmaßlichen Täters.

I. Einschränkte Relevanz der Straf- und Strafprozessrechtswissenschaft

1. Zum Verständnis des § 70 GO-BT

Die Vorschrift beschränkt sich auf den Begriff *Information* über den Gegenstand einer Beratung und nennt als Quellen einerseits *Sachverständige*, andererseits *Interessenvertreter* und endlich sonstige *Auskunftspersonen* (Abs. 1 S. 1). Speziell zu Interessenvertretern finden sich Vorgaben in Anlage 2) zur GO-BT, nach deren Abs. 1 der Präsident „eine öffentliche Liste" führt, in der alle Verbände, die Interessen gegenüber dem Bundestag oder der Bundesregierung vertreten, eingetragen werden, und die gemäß Abs. 5 vom Präsidenten „jährlich im Bundesanzeiger zu veröffentlichen" ist.

Als Zweck der Anhörungen gilt es, „den Sachverstand und das Fachwissen" besonders sachkundiger Einzelpersönlichkeiten oder Organisationen für die parlamentarische Entscheidung „nutzbar zu machen" und die „Auffassungen und Vorstellungen derjenigen Kreise" kennenzulernen, deren Interessen durch einen bestimmten Beratungsgegenstand berührt werden oder werden könnten.[4]

Maßgebend für die Auswahl sei die Besonderheit des jeweiligen Beratungsgegenstandes, legitimiert seien die Ausgewählten durch die „spezielle Sachkunde" oder ihr „gegenständliches Betroffen-Sein".[5] Aus Abs. 1 S. 2 GO-BT folgt, dass die Minderheit, die eine Anhörung verlangt, das Recht hat, eine Auskunftsperson zu nennen, und entsprechend Abs. 2 S. 1 GO-BT darf auch das Befragungsrecht nicht eingeschränkt werden.[6] Allerdings löst eine Einladung keine Rechtspflicht zur Teilnahme aus.[7]

2. Exemplarische Gesetzgebungsverfahren

a) Das 2. JuMoG[8] hat die Zulässigkeit der *Nebenklage* in Strafverfahren *gegen Jugendliche* unter den deliktsbezogen einschränkenden Voraussetzungen des § 80 Abs. 3 S. 1 JGG eingeführt, und zwar auf Betreiben des Rechtsausschusses. Dies geschah entgegen nachdrücklicher Ablehnung aus der jugendstrafrechtlichen Praxis[9] und Forschung[10] und auch *entgegen* den noch im September bzw. Oktober 2006 vor-

---

[4] Vgl. *Winkelmann*, H. (Hrsg.), Handbuch für die parlamentarische Praxis und Kommentar zur GO-BT (Loseblatt), WoltersKluwer/Luchterhand, Köln 2013 (Lfg. September), Bd. II S. 3 Buchst. b).

[5] *Winkelmann* (Fn. 4), S. 3 Buchst. f).

[6] Vgl. *Heynckes*, H.-W., Das Ausschussverfahren nach der Geschäftsordnung des deutschen Bundestages, in: Zeitschrift für Parlamentsfragen 2008, 459, 468.

[7] Vgl. auch *Winkelmann* (Fn. 4), S. 2.

[8] Vom 30.12.2006 (BGBl. I, 3416).

[9] Vgl. etwa *Sieveking u.a.*, ZRP 2005, 188 f.; *Stuppi* ZJJ 2007, 19.

[10] Vgl. etwa *Höynck*, ZJJ 2005, 38 ff. bzw. 2007, 76; vgl. auch *Höynck/Ernst*, KritJ 2014, 249 ff.

gelegten Stellungnahmen und Gesetzesentwürfen nebst Begründungen des *Bundesrates*[11] bzw. der *Bundesregierung*.[12] Es widersprach zudem dem empirischen Kenntnisstand zu Auswirkungen der Nebenklage[13] wie z. B. ggfs. erheblich längere Verfahrensdauer, höhere Sanktionsbemessung sowie Kostenerhöhung (betreffend „Nebenklageanwälte"). Insbesondere wurden der Schutz und die erzieherischen Pflichten gegenüber dem jugendlichen Beschuldigten zugunsten von Belangen mutmaßlich Verletzter preisgegeben.[14] Demgegenüber wies der Bundesrat unmittelbar zuvor noch auf die Gefahr erheblicher Beeinträchtigung erzieherischer Zielsetzung hin[15] und sah vor, dass „Gründe der Erziehung nicht entgegenstehen dürfen" und dass „der Richter nach Anhörung des Angeschuldigten und dessen Erziehungsberechtigten und gesetzlichen Vertreters sowie der JGH" über den Anschluss zu entscheiden habe, und dass ein solcher deshalb „nicht häufig" Anwendung finden werde. Just diese Intention wurde von dem Rechtsausschuss, der seitens der Koalitionsfraktionen – noch vor Versendung der Einladungen gemäß § 70 GO-BT – einen Vorschlag für die entgegengesetzt ausfallende Beschlussempfehlung erarbeitete, dadurch aufgegeben, dass auf den Vorbehalt des Entgegenstehens erzieherischer Gründe verzichtet wurde:[16] „unabhängig von erzieherischen Erwägungen".

b) Im Koalitionsvertrag Bund vom 24.11.2013 fanden sich Bestrebungen zum einen betreffend eine ausdehnende Umwandlung des Straftatbestands der *Nachstellung* (§ 238 StGB) zugunsten eines Gefährdungsdelikts. Dem waren ein Antrag des Freistaates Bayern[17] sowie ein Beschluss der IMK vom 4.6.2013 vorausgegangen, wonach eine Umwandlung vom Erfolgsdelikt zu einem Gefährdungs- bzw. Eignungsdelikt sowie eine Strafverschärfung „für sachgerecht" gehalten werde. Jeweils fiel dabei eine Tendenz auf, wie der Jubilar grundsätzlich beanstandet[18], dass entgegen dem Strafverfahrensrecht „im Gesetz die Opfereigenschaft als feststehend behandelt" wird.

Anlässlich der 1. Lesung im Deutschen Bundestag am 20.10.2016 (BT-Drs. 18/9946) bekundeten die Koalitionsfraktionen Zustimmung, seitens der Opposition ergaben sich jedoch wesentliche Einwände. So bezeichneten Abgeordnete der Fraktion Die Linke die Umwandlung des § 238 Abs. 1 StGB von einem „Erfolgsdelikt" zu einem bloßen „Eignungsdelikt" als falsch, und zwar schon „aus grundsätzlichen rechtsstaatlichen Erwägungen heraus"[19] wegen Missachtung des ultima-ratio-Prinzips des Strafrechts - sie empfahl stattdessen, das Wort „schwerwiegend" aus dem

---

[11] Vom 22.9.2006 (BR-Drs. 550/06).
[12] Vom 19.10.2006 (BT-Drs. 16/3038).
[13] Vgl. zum allgemeinen Strafrecht *Barton*, JA 2009, 758.
[14] Zum „Befremden" aus staatsanwaltlicher Sicht *Sommerfeld*, ZJJ 2011, 93.
[15] BR-Drs. 550/06 vom 11.8.2006, S. 143.
[16] Vom 29.11.2006, BT-Drs. 16/3640, S. 77 f.
[17] Vgl. BR-Drs. 193/14.
[18] Vgl. *Rogall*, SK-StPO, 5. Aufl. 2017, Vor § 48, Rn. 30–33.
[19] MdB *Wawzyniak*.

Gesetzestext zu streichen. Abgeordnete der Grünen beanstandeten den Entwurf deshalb, weil mit der Umwandlung des Tatbestands in ein Eignungsdelikt „die Strafbarkeit erheblich vorverlagert" werde und zudem ohne eine Reaktion des Opfers schwerlich festgestellt werden könne, welche Reaktion auszulösen die Tat geeignet gewesen sein könnte[20] – vorgeschlagen wurde, im Gesetzestext ausdrücklich psychische Belastungen als ein Beispiel für schwerwiegende Belastungen aufzuführen, die zur Strafbarkeit führten.

c) Der Koalitionsvertrag Bund vom 24. 11. 2013 enthielt u. a. folgende Vereinbarung: das „allgemeine Strafverfahren und das Jugendstrafverfahren unter Wahrung rechtsstaatlicher Grundsätze effektiver und praxistauglicher auszugestalten. Dazu wird eine Expertenkommission bis zur Mitte dieser Wahlperiode Vorschläge erarbeiten." Diese Kommission fasste das Ergebnis ihrer 8 Sitzungen in einem Abschlussbericht zusammen.[21] Auf dieser Grundlage entstand sodann, wenngleich mitunter durchaus davon abweichend, das „Gesetz zur effektiveren und praxistauglicheren Ausgestaltung des Strafverfahrens". Neben einer Vielzahl teils weitreichender, teils eher spezieller Gesetzesänderungen wurde in § 251 Abs. 1 StPO eine neue Nr. 2 eingeführt, wonach die Verlesung nichtrichterlicher Protokolle in der Hauptverhandlung auch betreffend solche „Angaben" von Zeugen, Sachverständigen und Mitbeschuldigten zulässig ist, „wenn die Verlesung lediglich der Bestätigung eines Geständnisses des Angeklagten dient und der Angeklagte, der keinen Verteidiger hat, sowie der Staatsanwalt der Verlesung zustimmen". Diese für den das deutsche Strafverfahren beherrschenden Grundsatz der materiellen Wahrheit relevante Neuregelung fand im Gesetzgebungsverfahren kaum Beachtung, und die Stellungnahmen von Sachverständigen im Rechtsausschuss verhielten sich überhaupt nicht dazu (näher dazu unten IV. 2.).

II. Einführung der (ausnahmsweisen) Zulässigkeit der Nebenklage in Verfahren gegen Jugendliche

1. Grundsatz

Nebenklage (§§ 395 ff. StPO) ist in Verfahren gegen einen Beschuldigten, der zur Zeit der Tat Jugendlicher war (§ 1 Abs. 2 JGG), grundsätzlich nicht zulässig. Dies entspricht dem zukunftsorientierten Auftrag und insbesondere der Schutzpflicht des § 2 Abs. 1 und 2 JGG, da Nebenklage als Institution eine „strukturelle Benachteiligung des Beschuldigten"[22] vermöge „umfassender Handlungsmacht"[23] und zu-

---

[20] MdB *Keul.*

[21] BMJV (Hrsg.), Bericht der Expertenkommission zur effektiveren und praxistauglicheren Ausgestaltung des allgemeinen Strafverfahrens und des jugendgerichtlichen Verfahrens vom 13. 10. 2015.

[22] Vgl. *Bung/Jahn*, StV 2012, 757 f.

[23] Vgl. *Stolp*, I., Geschichte des deutschen Jugendstrafrechts, Baden-Baden 2015, 198.

mindest eine „konfrontative Stimmung"[24] in sich trägt[25]. So ist für Verfahren gegen *ein* und *denselben Beschuldigten* wegen mehrerer vorgeworfener Taten, von denen einzelne im Alter *als Jugendlicher,* andere als *Heranwachsender* begangen wurden, nach ganz h. M. die Nebenklage hinsichtlich der zweitgenannten Taten grundsätzlich *unzulässig,* da sich eine Aufspaltung in der Praxis nicht durchhalten lässt[26] – allenfalls dann, wenn sich eine Einwirkung auch auf die Verhandlung hinsichtlich der erstgenannten Taten ausschließen ließe, könnte anderes gelten[27]. Richtet sich das Verfahren gegen *mehrere Beschuldigte,* von denen einer Jugendlicher ist, so ist Nebenklage nach hier vertretener, wenngleich umstrittener Auffassung auch gegen die anderen nicht zulässig, seien sie zur Tatzeit Heranwachsende oder Erwachsene gewesen.[28] Dies ergibt sich daraus, dass die Nebenklage sich faktisch – als Nebenfolge oder gar, da Wahrheitsfindung nicht teilbar ist, in gleicher Weise[29] – auch gegenüber dem Jugendlichen auswirkt, d. h. sie das gesamte Verfahren beeinflusst.[30]

Inhaltlich ist die grundsätzliche Unzulässigkeit unausweichlich. Dies gilt zum einen gemäß der – dem Erziehungsauftrag (§ 2 Abs. 1 JGG) immanenten – Pflicht zum Schutz Jugendlicher, zu verhindern, dass mittelbar die Nebenklage die gesamte Verhandlung nachhaltig prägt und „kein Verhandlungsklima" zulässt, „wie es dem Sinn des JGG entspräche[31]. Die Möglichkeit hingegen, wegen der „im Zweifel vor-

---

[24] *Velten*, SK-StPO, 5. Aufl. 2017, Vor §§ 395 ff., Rn. 26, 27; zu empirischen Hinweisen *Niedling*, Strafprozessualer Opferschutz am Beispiel der Nebenklage, LIT-Verlag 2005, 210 ff.; *Kölbel*, ZJJ 2015, 62.

[25] Gegen Gefahren eines „bestimmenden Einflusses" *Weigend*, in: Barton/Kölbel (Fn. 2), 49; *Zöller*, FS-Paeffgen, 2015, 732.

[26] Vgl. OLG Schleswig SchlHA 2002, 175; OLG Düsseldorf StV 2003, 455; OLG Koblenz StV 2003, 455 (LS); OLG Hamm ZJJ 2005, 446; OLG Oldenburg NStZ 2006, 521; OLG Hamburg StraFo 2006, 117; KG NStZ 2007, 44 mit politisch orientierter Bspr. *Brocke*, NStZ 2007, 9.

[27] Anders *Mitsch*, GA 1998, 169 ff.: stets „Spaltung".

[28] Vgl. OLG Köln NStZ 1994, 298 mit zust. Anm. *Verf.*; LG Aachen MDR 1993, 679; LG Köln StraFo 1996, 23 (mit ausführlicher Begründung); LG Zweibrücken StRR 2009, 2 (LS, zumindest bei Vergehen); AG Berlin-Tiergarten vom 13. 9. 1988 ([413] 3 Ju Js 371/88 [76/88]) und vom 18. 4. 1994 ([409] 18 Ju Js 547/93 Ls [69/94]); AG Zweibrücken vom 5. 10. 2008 (4393 Js 11962/07); *Schaffstein/Beulke/Swoboda*, JStR, 15. Aufl. 2015, Rn. 859; *Kurth/Weißer*, HK-StPO, 5. Aufl. 2012, § 395, Rn. 27; eingehend *Franze*, StV 1996, 289; a.A. BGHSt 41, 288 (mit abl. Anm. *Graul*, NStZ 1996, 402) in einseitiger Bevorzugung von Belangen der Nebenklage; BGH StV 2003, 23; OLG Düsseldorf StV 1994, 605 mit Anm. *Ostendorf*; OLG Saarbrücken ZJJ 2006, 324; LG Duisburg MDR 1994, 1033; LG Berlin vom 26. 5. 1994 (518 Qs 26/74); LG Saarbrücken StraFo 2003, 172 mit abl. Anm. *Möller*; *Brunner/Dölling*, JGG, 13. Aufl. 2017, § 109, Rn. 6; *Senge*, KK-StPO, 7. Aufl. 2013, § 395, Rn. 17; *Siegismund*, FS-Rieß, 2002, 866 f. (ohne Berücksichtigung der Dynamik im Täter-Opfer-Verhältnis).

[29] OLG Düsseldorf NJW 1995, 543 (dazu eher ablehnend *Kurth*, NStZ 1996, 6).

[30] Vgl. AG Ebersberg ZJJ 2014, 297: „nicht aufspaltbar"; a.A. *Mitsch*, GA 1998, 165 f.: „Spaltung".

[31] Aus Sicht eines herangezogenen Sachverständigen *Lempp* Anm. MSchrKrim 1998, 127, zum Verfahren OLG Düsseldorf NJW 1995, 343 (dazu kritisch auch *Kurth*, NStZ 1997, 6).

rangigen" Berücksichtigung der Position des Jugendlichen „die Ausübung des Frage- oder des Beweisantragsrechts zu versagen",[32] schränkt nur einen Teil der Unzuträglichkeiten ein und eröffnet im Übrigen zusätzliche *Rechtsunsicherheit*[33] hinsichtlich einschlägiger Belange.

Zum anderen gilt es wegen der von der Nebenklage ausgehenden Gefährdung der Wahrheitsermittlung, da dem Jugendlichen als falsch bekannte Feststellungen in der verfahrensabschließenden gerichtlichen Entscheidung offenkundig erzieherisch abträglich sind. Denn die psychisch und ggfs. auch hinsichtlich der Einhaltung der Legalordnung zerstörerische Wirkung einer partiell oder gar vollständig falschen Beurteilung oder gar Verurteilung erreicht gegenüber Jugendlichen noch stärkere Wirkungen, als es im Allgemeinen gegenüber Erwachsenen der Fall ist – wie auch minderjährige Nebenkläger, sofern es sich tatsächlich um Opfer handelt, besonderen Schutzes vor Bloßstellung bedürfen. Die Verletztenbefugnisse vor allem in Gestalt der erweiterten Informationsrechte aber sind bereits im Vorverfahren (insbesondere §§ 406e Abs. 1, 406 h Abs. 2 S. 3 StPO) zugleich geeignet, eine offensive, der prozessualen Wahrheitsermittlung schon deshalb ggfs. abträgliche Prozessstrategie vorzubereiten, weil mit ihnen ein Ausbau der Beschuldigtenrechte nicht korrespondiert.[34] So haben bei der sachlich-rechtlichen *Beweiswürdigung* die allgemeinen Grundsätze, wie sie im Strafverfahren gegen Erwachsene wegen der Informationsrechte und Offensivbefugnisse des mutmaßlich Verletzten in erhöhtem Maße anerkannt sind, im Jugendstrafverfahren gemäß dem Erziehungsauftrag (§ 2 Abs. 1 JGG) einen noch ausgeprägteren Stellenwert. Stets ist von der sogenannten Nullhypothese[35] auszugehen und bei jedem Schritt der Beweisaufnahme wie -würdigung in Erwägung zu ziehen, ob die Jugendstrafjustiz von der Nebenklage (bzw. Aktivitäten in deren Hintergrund) manipuliert und/oder instrumentalisiert wird.[36] Solches ist grundsätzlich bei keinem Tatvorwurf auszuschließen, zumal den Amtierenden etwaige Motivationen in der Regel allenfalls ausschnittweise erkennbar sind.[37] – Wird in der *Revision* die Anschlussbefugnis zutreffend gerügt, so ist schon wegen der der Nebenklage eingeräumten Befugnisse zumal betreffend einen im Vergleich zu Erwach-

---

Ähnlich zu LG Saarbrücken StraFo 2003, 172 Anm. *Möller:* „Verhandlungsklima vergiftete"; a.A. *Rössner*, MRTW-JGG, 2. Aufl. 2014, § 48, Rn. 19.

[32] BGH StV 2003, 23.

[33] So auch AG Ebersberg ZJJ 2014, 297.

[34] Vgl. aus der Praxis etwa *Fischer*, NStZ 2007, 435: „Opfer"-Orientierung als gravierende Verschiebung zu Lasten von Beschuldigten, bzw. *Schroth*, NJW 2009, 2918 f.: „Ruinierung" der Zeugenrolle für die Wahrheitsfindung; *Kölbel*, StV 2014, 701 f.; vgl. zum Ganzen auch *Zöller*, FS-Paeffgen (Fn. 25), 719 (732); a.A. *Zapf*, J. Ch., Opferschutz und Erziehungsgedanke im Jugendstrafverfahren, 2012, 146 ff., 185 ff., teilweise entgegen Tendenzen einer Praxis-Befragung a.a.O., 344 f., 347.

[35] Vgl. BGHSt 45, 164 f. mit Anm. *H. E. Müller*, JZ 2000, 262.

[36] Vgl. zur Praxis etwa auch *Schroth*, NJW 2009, 2918 f. (betreffend das allgemeine Strafrecht).

[37] Vgl. dazu *Verf.*, Beweisrecht der StPO, 10. Aufl. 2017, Rn. 1453 ff., 1484 ff.

senen in der Regel weniger wehrfähigen Jugendlichen oder auch Heranwachsenden ein Beruhen schwerlich auszuschließen.[38]

2. Ausnahme

Mit der in Rede stehenden Gesetzesänderung wurde in die Rechte des jugendlichen Beschuldigten eingegriffen, indem ohne vorausgegangenes jugendrichterliches Gehör oder gar jugendrichterliche Schuldfeststellung eine *Opferrolle unterstellt* wird.[39] Zudem kann die Anwesenheit von Nebenklägern gemäß sozialpsychologischen Erkenntnissen die Aussagefreiheit des Angeklagten ggfs. faktisch blockieren.[40] – Zusätzlich gefördert werden diese Eingriffe auf Grund der (durch das 2. OpferRRG eingeführten) *Hinweispflicht* (§ 406i Abs. 1 Nr. 2 StPO [s. auch § 406i Abs. 1 Nr. 3, 406j Nr. 1 StPO]; Nr. 174a RiStBV).

Stellungnahmen zur Vorbereitung der Anhörung am 24.11.2006 lagen vor von zwei exponierten Mitgliedern eines Interessenverbandes (Böttcher, 1. Vorsitzender des „Weißen Rings", Franz, Stellvertretender Vorsitzender dieses Verbandes Ba-Wü), drei Universitätsprofessoren auf den Gebieten des Straf- und Strafverfahrensrechts (Rogall, Saliger, Sonnen), wobei der Letztgenannte allerdings zugleich ein ausgewiesener Jugendstrafrechtler ist und ein exponiertes Mitglied der DVJJ war (1. Vorsitzender), einem Strafverteidiger (Jens Schmidt). Stellungnahmen von Fachleuten der *Jugendkriminologie*, des *Jugendhilferechts* – und darunter speziell der *Jugendgerichtshilfe* bzw. solcher aus dem Kreise des *Beistands (§ 69 JGG)* – oder der *Rechtspsychologie* lagen *nicht* vor. Ob diese Fachgebiete deshalb nicht vertreten waren, weil keine Einladungen des Ausschusses ergingen, oder aber, was eher unwahrscheinlich ist, ob alle Einladungen an Vertreter dieser Fachgebiete erfolglos blieben, ist dem Verf. nicht bekannt.

a) Böttcher forderte eine Zulassung der Nebenklage schlechthin, ggfs. könnten z.B. Ehrdelikte und die einfache Körperverletzung auszunehmen sein.

Es müsse verhindert werden, dass der Angeklagte sich „auf Kosten" des Opfers z.B. einer Vergewaltigung entlastet, durch „Angriffe auf seine Glaubwürdigkeit, Schlechtmachen seines Lebenswandels, Behauptung einverständlichen sexuellen Kontakts". Man könne „durchaus einen erzieherischen Vorteil" darin sehen, dass der jugendliche Angeklagte nicht nur mit dem Leid des Opfers, sondern auch „mit

---

[38] Vgl., jeweils schon zum allgemeinen Strafrecht, vormals etwa OLG Frankfurt NJW 1966, 1669; sodann *Senge* (Fn. 28), § 395, Rn. 14, *Velten* (Fn. 24), Vor §§ 395 ff., Rn. 18, jeweils zu § 396; tendenziell anders BGH vom 21.7.1993 (3 StR 102/93) Rn. 3 zu § 396 StPO; *Meyer-Goßner/Schmitt*, StPO, 59. Aufl. 2016, § 396, Rn. 21.

[39] Insoweit verfehlt auch schon BR-Drs. 550/06 vom 11.8.2006, S. 145; zum Klischee eines Opfers näher *Kölbel*, in: Barton/Kölbel (Fn. 2), 226.

[40] Vgl. zu einem Verfahren wegen Mordes im Rahmen innerfamiliären Dauerkonflikts LG Berlin vom 2.10.2014 (539 KLs 234 Js 368/13 [2/14]), zur Revisionsverwerfung BGH vom 16.6.2015 (5 StR 184/15) vgl. Bspr. *Verf. StV* 2016, 709 sowie näher *ders.*, GS-Weßlau, 2016.

dem Widerstand gegen ein Verwischen der Verantwortlichkeit für die Tat konfrontiert" wird. Der Vorschlag des Regierungsentwurfs habe „den gewichtigen Nachteil", dass er die Zulassung unter den Vorbehalt stellt, dass Gründe der Erziehung nicht entgegenstehen. Zudem sei die deliktsbezogene Begrenzung in dem Vorschlag des Rechtsausschusses „zu eng", vielmehr sollte der Ausschluss aller Vergehen „überlegt werden", und „besser wäre es", die Nebenklage im Verfahren gegen Jugendliche grundsätzlich in gleichem Umfang zuzulassen wie gegen Heranwachsende und Erwachsene. Franz meinte, es entspräche geradezu dem Erziehungsgedanken, wenn sich Opfer und Täter im Gerichtssaal „gleichberechtigt gegenüber sitzen" und dem Jugendlichen durch die damit verbundene Akzentuierung der Opferinteressen die Folgen seiner Tat besser deutlich gemacht würden. Der Gesetzgeber sollte „klare Vorgaben machen", welche eine – andernfalls jeweils notwendige – Einzelfallprüfung durch die Gerichte „erübrigen". Kamphausen erhob gegen die hier erörterten Änderungsvorschläge keine Bedenken.

Der Jubilar hat sich in seiner Stellungnahme zu anderen Fragen des Gesetzespakets in der ihm eigenen Klarheit geäußert, (vermutlich aus Raumgründen) nicht auch zu der hier erörterten Frage. Saliger meinte, ohne sich mit dem Erkenntnisstand der empirischen (Jugend-)Kriminologie auseinander zu setzen, „rein wissenschaftlich und ideologiefrei dürfte die Frage der Vereinbarkeit von Jugendstrafrecht und Nebenklage" derzeit wohl nicht entscheidbar sein, so dass der Gesetzgeber „von seiner Einschätzungsprärogative" Gebrauch machen dürfe. Er empfahl jedoch eine Ergänzung der Entwürfe dahingehend, dass das Gericht einem Nebenkläger die Befugnis entziehen dürfe, wenn er in Ausübung seiner Rechte die Realisierung des Erziehungsauftrags im Jugendstrafverfahren wiederholt schwer beeinträchtige. Zum anderen dürfe, so Saliger, auch der Nebenkläger nicht Zugang zu den nach § 43 JGG gewonnenen besonders sensiblen Informationen zum persönlichen und sozialen Hintergrund des Jugendlichen haben, so dass ihm insbesondere der Jugendhilfebericht (§ 38 JGG) nicht zur Verfügung stehen dürfe.

Sonnen betonte einen erheblichen gesetzessystematischen Widerspruch, den die Einführung der Nebenklage gegenüber Jugendlichen darstellte. Ein für Straftaten junger Menschen typischer Aspekt sei das Auseinanderklaffen zwischen den (auch schweren) Folgen ihres Verhaltens einerseits und der verminderten Schuldvorwerfbarkeit andererseits, weil es jungen Menschen noch an „Lebenserfahrung, Autonomie und Selbstbeherrschung" fehle. Diese Ausrichtung des JGG werde aber „torpediert", wenn mutmaßlichen Opfern durch die Nebenklage nahegelegt werde, das (Jugend-)Strafverfahren könne ihnen Wiedergutmachung verschaffen, oder es sei ein Mittel, um ihre Interessen durchzusetzen. Der Erziehungsgedanke und die sozialstaatliche Schutzaufgabe gegenüber jungen Beschuldigten würden dort ausgehöhlt, wo sie am nötigsten sind, weil für die Beschuldigten am meisten auf dem Spiel steht. Umgekehrt werde durch Beweisantragsrechte oder (potenzielle) Rechtsmittel des Geschädigten aber gerade keine Verantwortungsübernahme gefördert, sondern der Beschuldigte in eine Verteidigungsposition gedrängt, die „Zugeständnisse unwahrscheinlich macht".

Schmidt hob die Gefahr hervor, dass der im Jugendstrafrecht verankerte Erziehungsgedanke *ausgehöhlt* werde. Die Ausdehnung der Nebenklage in den Bereich des Jugendstrafverfahrens, auch wenn dies deliktsbezogen nur eingeschränkt vorgesehen sei, sei grundsätzlich abzulehnen.

b) Hiernach ergibt sich, dass Erkenntnisse aus den vorgenannten, zuvörderst relevanten empirischen *Wissenschaften* außen vor blieben wurden, abgesehen von einzelnen diesbezüglichen Hinweisen in den Stellungnahmen von Saliger und von Sonnen. Komplett fehlt es an der Vermittlung validierter Befunde zum Entwicklungsverlauf Jugendlicher, die einen Bezug zur Frage der Geeignetheit oder Nichtgeeignetheit der Präsenz der Nebenklage bei der Verpflichtung erlaubt hätten, die materielle Wahrheit zu ermitteln. Demgegenüber sind die Ausführungen von Böttcher und Franz zu dieser wesentlichen Frage nicht nur substanzlos, sondern als Regression pur nivellieren sie zugleich jedweden Unterschied zwischen Allgemeinem Straf(verfahrens)recht und Jugendstraf(verfahrens)recht – ein konstruktiver Beitrag für die Entscheidungsfindung des Rechtsausschuss ist darin nicht zu erkennen.

III. Nachstellung (§ 238 StGB) als Gefährdungsdelikt

1. Empirische und dogmatische Bedenken

a) Soweit hinsichtlich Verläufen der Nachstellung – mitunter auf eine Eskalation mit gar letalem Ausgang – die Rede ist, ist die empirische Befundlage zumindest unsicher,[41] zumal das Verhältnis sonstiger, ggfs. unabhängiger Variablen zum Nachstellungsverhalten kaum überprüft ist und eigene Angaben solcher Personen, die sich als Betroffene verstehen, einer Validierung entbehren. Andererseits sind Hinweise auf Zahlen z. B. der Polizeilichen Tätigkeitsstatistik – offiziell, aber irreführend, als „Kriminalstatistik" bezeichnet – schon im Ansatz allenfalls nur unter erheblichen Einschränkungen empirisch relevant,[42] weil diese Auflistungen ihrer Funktion gemäß grundsätzlich ungeeignet zur Erfassung der Rechtswirklichkeit von Straftatbegehungen sind,[43] und Entsprechendes gilt für Inbezugsetzungen von „Fällen" dieser Statistik mit Verurteilungen gemäß der Strafverfolgungsstatistik. – Die Prüfung der Glaubhaftigkeit einer Anzeige bzw. die erste Stufe der Verdachtsschöpfung geschieht im Allgemeinen in einer auf das Vorgebrachte bzw. die vorbringende Person bezogenen, nur kursorischen Weise, und daher fällt sie (abgesehen von extremen psy-

---

[41] Vgl. etwa *Venzlaff/Foerster* (Hrsg.), Psychiatrische Begutachtung, 5. Aufl. 2009, 810: „in seltenen Fällen"; *Meloy*, in: Boon/Sheridan (Hrsg.), Stalking and Psychosexual Obsession, 2002, 105 ff. Ohne hinreichend konkrete und tragfähige Belege ist z. B. auch die Unterstellung eines „nach kriminologischen Erkenntnissen hohen Eskalationspotentials" (*Gericke*, MüKo-StGB, 3. Aufl. 2017, § 238, Rn. 9).

[42] Missverständlich teilweise die Kommentarliteratur, vgl. etwa *Eisele*, in: Schönke/Schröder, StGB, 29. Aufl. 2014, § 238, Rn. 3.

[43] Vgl. systematisch *Verf./Kölbel* (Fn. 2), § 17 (auch zum Folgenden).

chopathologischen Auffälligkeiten) in aller Regel positiv aus[44], wogegen das vermutliche rechtstatsächliche Ausmaß (partiell oder gar komplett) falscher Anzeigen[45] tendenziell übergangen wird, d. h. die Prognose hinsichtlich eines Ermittlungserfolges rechtfertigt nur bei gänzlicher Aussichtslosigkeit ein Nichteinschreiten.[46]

Demgegenüber liegen gemäß kriminologisch-viktimologischem Forschungsstand[47] zur Affinität von Beschuldigten[48] und mutmaßlichen Opfern[49] ggfs. auf beiden Seiten „Auffälligkeiten" dieser oder jener Ausgestaltung vor, und zwar mitunter solche gleichen Inhalts.[50] Dies gilt eher erhöht für Tatvorwürfe des Nachstellens, da diese sich im Regelfall in einem Zwei-Personen-Verhältnis begrenzen. So berichtete vormals schon Fünfsinn,[51] dass die Polizei „auch Fälle des sogen. leichten Stalkings aufnimmt", d. h. als Tat gemäß § 238 StGB registriert, die Staatsanwaltschaften aber erkennen, dass „überwiegend" schon dessen Voraussetzungen nicht erfüllt sind, und falls doch, dass es weithin an hinreichend genauen Angaben und der Zuordnung zu einem bestimmten Verdächtigten fehlt. Hinzu kamen und kommen Auslegungsschwierigkeiten wegen Mängeln an Bestimmtheit des in Rede stehenden Straftatbestandes.[52]

Diese Sachgegebenheiten wurden von den Stimmen, die zur Untermauerung der Umwandlung des § 238 StGB auf das Verhältnis der Anzahl der Verurteilungen zu der Zahl polizeilich registrierter „Fälle" wie auch auf einzelne Verfahren mutmaßlicher Nachstellung hinwiesen,[53] gänzlich übergangen.

b) *Eignungs-Straftatbestände* bezwecken, markant etwa in § 130 Abs. 1 und 3 StGB, vorzugsweise den Schutz von Rechtsgütern der Allgemeinheit. Die dogmatische Einordnung des § 325 StGB ist durchaus umstritten, kaum widerlegt ist z. B. die

---

[44] Zu Praxiskriterien *Verf./Conen*, NJW 1998, 2243–2246.

[45] Vgl. nur *Verf.*, Beweisrecht (Fn. 37), Rn. 1375 ff., 1453 ff.

[46] Zu regionalen Unterschieden *Pfeiffer/Wetzels*, NK 1994, 37 f.; vgl. aber auch *Kockel/Vossen-Kempkens*, NStZ 2001, 178.

[47] Vgl. näher dazu *Verf./Kölbel* (Fn. 2), § 55.

[48] In Fällen der zwischenmenschlicher Dependenz sind Symptome u. a. „sich hilflos und abhängig von anderen fühlen" (*Tölle/Windgassen*, Psychiatrie einschließlich Psychotherapie, 16. Aufl. 2011, Rn. 63 zu § 10), und zwar auch im Sinne „erlernter Hilflosigkeit" (vgl. *Seligman*, M.E. P., Helplessness, 1975).

[49] Vgl. speziell etwa *Nedopil/Müller*, Forensische Psychiatrie, 4. Aufl. 2012, 325: u. a. „Wahnvorstellung, das Gefühl ausgeprägter Hilflosigkeit".

[50] Vgl. Fn. 2 und 3.

[51] Rechtliche Gestaltung des Stalking-Tatbestandes. Praktische Erfahrungen und Probleme, Münster 2009.

[52] Vgl. dazu etwa schon *Gazeas*, KJ 2006, 247 ff., sodann *ders.*, Anm. zu BGH NJW 2010, 1680.

[53] Vgl. jeweils exemplarisch z. B. aus Sicht und Interessenlage der Staatsanwaltschaft heraus *Janovsky*, Stellungnahme zur Vorbereitung der Anhörung am 24.11.2016.

Interpretation als Mischtatbestand aus Verletzungs- und Eignungsdelikt.[54] In § 186 StGB geht es zwar eher als Ausnahme um (höchst-)persönliche Rechtsgüter des Einzelnen, jedoch muss die Eignung (auch) einen Öffentlichkeitsbezug aufweisen[55]. Insofern wäre die Neufassung des § 238 Abs. 1 StGB, die den Schutz des individuellen Lebensbereichs bezweckt, ihrerseits als Ausnahme von einer Ausnahme anzusehen. Zudem und insbesondere könnte eine systematische Schwierigkeit darin gesehen werden,[56] dass diejenigen Strafvorschriften, denen sogen. „hartes Stalking" unterfällt[57] – etwa §§ 123, 185, 187, 223, 240, 241, 303 StGB, als Nötigung auch § 177 StGB –, als Erfolgsdelikte ausgestaltet sind und die Neufassung des § 238 StGB insofern eine *Vorverlagerung* der Strafbarkeit darstellt, die mit dem ultima-ratio-Prinzip kollidiert.[58]

Hieraus aber folgen erhöhte Anforderungen bei der *Subsumtion*, zumal es ggfs. um die Abgrenzung zu strafloser Belästigung geht und die Fassung als Eignungsdelikt die Strafbarkeit „noch vor den (nicht bestraften) Versuch verlagert".[59] Die verbleibenden *Bestimmtheitsprobleme* überwindet die Fassung als Eignungsdelikt nicht, denn auch hier muss die Eignung zur Beeinträchtigung der Lebensgestaltung,[60] also des Erfolges, festgestellt werden, wozu eine *hypothetisch-prognostische* Unsicherheitsentscheidung verlangt ist – eine gewisse Veranschaulichung dessen erlaubt die Judikatur zu § 130 Abs. 1 StGB.[61] Im Einzelnen ist die Prüfung des Vorsatzes damit konfrontiert, dass einem Täter die Beurteilung „abverlangt wird, ob sein Handeln geeignet ist, die Lebensgestaltung des Opfers zu beeinträchtigen",[62] obgleich solches ohne antizipierte Reaktionen des Opfers schwerlich möglich ist.

2. Zum Verfahren im Rechtsausschuss

a) Unter den Stellungnahmen zur Vorbereitung der Anhörung am 10.11.2016, 16.15 Uhr waren *weder* solche von Fachleuten der *Rechtstatsachenforschung* bzw. der *Kriminologie* noch der *Strafrechtswissenschaft* und auch nicht seitens an mutmaßlichen Tätern bzw. einschlägig Verurteilten orientierten Institutionen wie z.B.

---

[54] Vgl. dazu *Schall*, in: SK-StGB, 8. Aufl. 2015, Rn. 8, 40, *Alt*, in: MüKo-StGB, 2. Aufl. 2011, Rn. 5, jeweils zu § 325.

[55] Zur Streitfrage der dogmatischen Einordnung vgl. nur *Fischer*, StGB, 65. Aufl. 2018, Rn. 1, *Sinn*, in: Satzger/Schluckebier/Widmaier (Hrsg.), StGB, 3. Aufl. 2017, Rn. 9 ff., jeweils zu § 186.

[56] Vgl. *Kühl*, ZIS 2016, 450 f.; näher schon *Seiler*, M., § 238 StGB – Analyse und Auslegung des Nachstellungstatbestandes, Diss. jur., Tübingen 2009.

[57] Vgl. dazu etwa *Schluckebier*, in: Satzger u.a. (Fn. 55), Rn. 1 zu § 238.

[58] Vgl. SK-StGB/*Wolters* (Fn. 54), Rn. 3 zu § 238.

[59] SK-StGB/*Wolters* (Fn. 54), Rn. 3 zu § 238.

[60] Zu Bedenken etwa *Schluckebier* (Fn. 55), Rn. 3 zu § 238.

[61] Vgl. dazu nur *Fischer* (Fn. 41), Rn. 13a, *Lohse*, in: Satzger u.a. (Fn. 55), Rn. 9, jeweils zu § 130.

[62] *Kühl* (Fn. 56).

der Gerichts- bzw. Bewährungshilfe oder der Psychotherapie – ob diese Fachgebiete und Institutionen deshalb nicht vertreten waren, weil keine Einladungen des Ausschusses ergingen, oder aber, was eher unwahrscheinlich ist, ob die Einladungen sämtlich erfolglos blieben, ist Verf. nicht bekannt. Hingegen lagen Stellungnahmen vor seitens vier Vertreterinnen von an weiblichen mutmaßlichen Opfern orientierten Interessenverbänden (Cegla [SOS-Stalking], Berlin [Kriminalkommissarin a.D.], Köhler [FRIEDA-Frauenzentrum e.V., Koordinatorin und Beraterin Anti-Stalking-Projekt], Steinl [Deutscher Juristinnenbund e.V.], Müller-Piepenkötter [Weisser Ring e.V., Bundesvorsitzende]), zwei Repräsentanten der Staatsanwaltschaft (Cirullies [Leitende Oberstaatsanwältin a.D.], Janovsky [Generalstaatsanwalt]), einem Rechtsanwalt (Pinar [DAV e.V.]).

Cegla befürwortete die vorgesehene Änderung und empfahl zudem, erweiternd nahe Angehörige, Lebenspartner, Nachbarn, berufliches und soziales Umfeld in § 238 Abs. 1 StGB aufzuführen. Köhler meinte befürwortend, es habe sich ihr immer wieder gezeigt, dass bei „leichten" bis „mittelschweren" Fällen von Stalking die Betroffenen mit ihrer Situation alleine bleiben und es für sie nur wenige Möglichkeiten gebe, dem Stalking etwas entgegenzusetzen. Gleichfalls befürwortend referierte Steinl, bislang genügten selbst schwere psychische Folgen bei den Geschädigten nicht für eine Verurteilung, wenn sich diese Folgen nicht in einer schwerwiegenden Beeinträchtigung der äußeren Lebensumstände niederschlügen. Müller-Piepenkötter referierte, nach bisheriger Gesetzeslage hänge die Strafbarkeit nicht von der tatsächlich bewirkten Beeinträchtigung des Opfers ab, sondern von der Art und Weise, in der das Opfer ihr zu entgehen versuche; im Übrigen führte sie, freilich ohne systematischen Zusammenhang, zum Begriff der Geeignetheit § 164 Abs. 2 StGB an.

Cirullies wandte sich gegen die Umwandlung in ein Eignungsdelikt, da die Prüfung sich auf die Wirkung der Handlungen auf die Person des angegriffenen Opfers beziehen müsste, nicht also auf einen „vernünftigen Dritten", d.h. das bloße Eignungserfordernis verringere nicht die bei der Tatbestandsfeststellung auftretenden Schwierigkeiten. Demgegenüber führte Janovsky aus, das Opfer erlange strafrechtlichen Schutz „erst dann", wenn es sein gewöhnliches Verhalten ändere und sich somit „dem Druck des Täters unterwirft". Auch er wies auf Schwierigkeiten „innerhalb der Maßstabsbildung" hin, wozu die in der Entwurfsbegründung genannten Indizien[63] nur als Ausgangspunkt tauglich seien.

Pinar lehnte die Umwandlung in ein Gefährdungsdelikt mit der Begründung ab, bei lediglich „objektiver Eignung" einer Handlung werde der individuelle Lebensbereich und die eigene Lebensführung noch nicht beeinträchtigt und nicht notwendigerweise in das geschützte Rechtsgut eingegriffen. Dem könnte in rechtsdogmatischer Hinsicht nur abgeholfen werden, sofern der Entwurf eine Änderung des Rechtsgutes vorsehe, was nicht der Fall sei.

---

[63] BT-Drs.18/9946, S. 12.

b) Hiernach ergibt sich, dass Erkenntnisse aus den vorgenannten, zuvörderst relevanten empirischen *Wissenschaften* außen vor blieben, und das Gleiche betrifft sogar die Strafrechtswissenschaft. Komplett fehlt es an der Vermittlung validierter Befunde zum Täter-Opfer-Verhältnis, zum Ausmaß von falschen Anzeigen und deren Motivation und zu rechtstatsächlichen Auswirkungen der in Rede stehenden Umwandlung ebenso wie zu Fragen der gesetzessystematisch-dogmatischen Verträglichkeit. Zwar hat Cirullies auf das Fortbestehen von Subsumtionsschwierigkeiten hingewiesen, und Janovsky hat solches angedeutet, jedoch können bloße Hinweise den Bedarf an rechtstatsächlichen Erkenntnissen nicht etwa ersetzen. Die Stellungnahmen aus dem Kreise der Interessenverbände beschränkten sich auf Meinungsäußerungen geläufigen Inhalts, ein konstruktiver Beitrag für die Entscheidungsfindung des Rechtsausschuss ist auch darin nicht zu erkennen.

IV. Verlesung der Bestätigung eines Geständnisses des Angeklagten ohne Verteidiger (§ 251 Abs. 1 Nr. 2 StPO

1. Rechtstatsächliche Bedenken

a) Nach allgemeiner Auffassung befreit ein Geständnis des Angeklagten grundsätzlich nicht[64] von der Pflicht, weiteren Beweis zu erheben, d. h. es darf eine Verurteilung in der Regel nicht allein auf ein Geständnis gestützt werden. Vielmehr ist zumindest die Vereinbarkeit des Geständnisses mit dem Ermittlungsergebnis zu prüfen, und nicht selten geht die Aufklärungspflicht erheblich darüber hinaus. Eine in der Regel erhöhte Pflicht zu inhaltlicher Kontrolle[65] besteht in Verfahren mit einer Absprache (§ 257c StPO).[66]

aa) Die aus Gründen der „Verfahrensvereinfachung und -beschleunigung"[67] eingeführte Vorschrift ist wegen der vielfältigen Unwägbarkeiten in Zusammenhang mit der Entstehung eines – ggfs. falschen – Geständnisses[68] und des *Einflusses* eines solchen auf Angaben Dritter beweisrechtlich gewichtigen Bedenken ausgesetzt, die gemäß der Amtsaufklärungspflicht die Ermessensausübung ggfs. eng begrenzen.[69]

bb) Nicht anders als bei Gründen für die Abgabe eines falschen Geständnisses kann es auch hinsichtlich der Zustimmung des Angeklagten – gemäß § 251 Abs. 1 Nr. 2 StPO ohne Verteidiger – vielerlei Gründe geben, warum er eine solche erteilt,

---

[64] Vgl. dezidiert *Kühne*, in: LR, 27. Aufl. 2017, Einleitung (Abschnitt H) Rn. 36: eine prozessuale „Sonderrolle" des Geständnisses „gibt es nicht".
[65] Vgl. BVerfGE 133, 168 (209 f.).
[66] Vgl. BMJV (Fn. 21) S. 135 f.
[67] Begr. des RegE zu diesem Gesetz vom 14.12.2016, S. 38, auch zum Folgenden.
[68] Vgl. mit Nachw. *Verf.*, Beweisrecht (Fn. 37), Rn. 730 ff.
[69] Vorbehalte lässt auch die Gesetzesbegründung (Fn. 67), S. 40, erkennen, wo es heißt, dass Zeugen, Sachverständige und Mitbeschuldigte „nicht in jedem Fall unmittelbar in der Hauptverhandlung vernommen werden müssen".

ohne dass diese Gründe dem Gericht bekannt sind und ggfs. auch nicht erkennbar sind. Auch liegt die Möglichkeit nicht fern, dass der Angeklagte – z. B. aufgrund der Dramatik der Situation in der Hauptverhandlung – die Tragweite seiner Zustimmung nicht erkennt, und noch weniger transparent ist die Situation bei einem Geständnis im Rahmen einer Absprache,[70] sofern der Angeklagte aufgrund seiner statusmäßigen Unterlegenheit[71] die Zustimmung erteilt, obwohl er wissentlich ein falsches Geständnis abgelegt hat. – Endlich sind Fallkonstellationen nicht ausgeschlossen, in denen der Angeklagte zwar die Zustimmung erteilt (hat), jedoch gleichwohl das Geständnis *widerruft*.

b) Eine Geeignetheit von Aussagen der genannten Dritten ist, wie die Erkenntnisse der Aussagepsychologie schlechthin belegen, ihrerseits regelmäßig nur unter Einschränkungen zu bejahen, nicht selten aber zu verneinen.

Aus Raumgründen sei hierzu exemplarisch nur der Bereich der Straßenverkehrsdelinquenz angeführt. Hier sind Zeugenaussagen über Verhaltensbeobachtungen zur Ermittlung z. B. des Trunkenheitsgrades *weithin unergiebig*,[72] und zwar umso mehr dann, wenn die Zeugen selbst unter Alkoholeinfluss standen.[73] Aber auch der Bericht hinzu gekommener Polizeibediensteter oder eines *Arztes* ist hinsichtlich nicht kriminalistischer bzw. medizinischer Umstände nur dann für Rückschlüsse auf die psychische Verfassung des Beschuldigten geeignet, wenn er Details umfasst.[74] Kaum beweiskräftig sind pauschale Einschätzungen bzw. Eintragungen hinsichtlich des Trunkenheitsgrades; Einschränkungen bestehen aber auch bezüglich Ergebnissen von (anlässlich der Blutprobenentnahme durchgeführter) Testverfahren. Schon diese Beispiele lassen erkennen, dass die Bekundung eines wahrgenommenen *Geständnis-*

---

[70] Das Gesetz unterscheidet nicht zwischen Angeklagten mit bzw. ohne Verteidiger (vgl. aber vormals GenStAe StV 1993, 280; zur Benachteiligung nur *Murmann*, ZIS 2009, 535; zur Relevanz der „Eigenverteidigung" in Zusammenhang mit Autonomie [auch gegenüber dem Verteidiger] und Einschränkung motivatorischer Beeinflussung *Spaniol*, in: Burkhardt u. a. [Hrsg.], Freundschaftsgabe für Albin Eser, 2015, 434), wenngleich der Beschuldigte selbst je nach den Umständen des Falles von der Rollenverteilung her weniger als tauglicher Verhandlungspartner angesehen wird (vgl. etwa BGH NStZ 2014, 217: „in aller Regel nicht anwesend"; *Schneider*, NStZ 2014, 198 bzw. 252: „in aller Regel nicht beteiligt" bzw. „in der Regel nicht beteiligt"). – Nach allgemeiner Auffassung hängt es vom Einzelfall ab, ob hier notwendige Verteidigung (gemäß § 140 Abs. 2 StPO) zu bejahen ist (vgl. auch OLG Naumburg NStZ 2014, 116 [mit abl. Anm. *Wenske*]: „regelmäßig"; anders OLG Bamberg StraFo 2015, 67 = StV 2015, 539 mit abl. Anm. *König/Harrendorf*; vgl. auch Bspr. *Ruhs*, NStZ 2016, 706 ff.). – Vgl. aber auch zur Unzulässigkeit bei massiven Zweifeln an dessen Schuldfähigkeit BGH StV 2011, 647 mit Anm. *Schlothauer*.

[71] Vgl. näher *Verf.*, Beweisrecht (Fn. 37), Rn. 42 mit Nachw.

[72] Vgl. BGH StV 1992, 317: „kein oder allenfalls ... geringer Beweiswert"; einschränkend auch BGH StV 1995, 407 f.; NStZ-RR 1998, 107; ausführlich BGH vom 26. 5. 2009 (5 StR 57/09) Rn. 12, 15, BGHR StGB § 21 Blutalkoholkonzentration 41, iuris.

[73] Vgl. näher BGH vom 21.4.2010 (4 StR 64/10) Rn. 4, iuris; NStZ-RR 2006, 72 = Blutalkohol 43, 311; StV 2012, 281; BGH NStZ 2015, 634.

[74] Vgl. *Rasch*, Forensische Psychiatrie, 2. Aufl. 1999, 228: Verlesung der (routinemäßig abgehakten) Protokollnotizen für die Sachverhaltsfeststellung „sinnlos."

ses des Beschuldigten in unmittelbarem Zusammenhang mit einem Straßenverkehrsunfall weithin allenfalls bedingt zu einer „Stützung" im Sinne der hier erörterten Vorschrift geeignet sein kann.

2. Zum Verfahren im Rechtsausschuss

a) Die Auswahl der 7 Sachverständigen zu der öffentlichen Anhörung am 29. 3. 2017 wird hinsichtlich der hier erörterten Einfügung in das Gesetz insgesamt betrachtet nicht ohne weiteres als hinreichend sachdienlich beurteilt werden können, denn – neben der Vertreterin des DRiB – waren von diesen 4 selbst Richter, die beiden übrigen waren Strafverteidiger. Empirische Fachgebiete wie z. B. Rechtssoziologie, Rechtspsychologie und Kriminologie waren jedoch nicht vertreten.

b) Aus dem Kreise der Richterschaft äußerten sich RiBGH a.D. Boetticher, RiBGH Mosbacher, RiBGH Radtke und RiLG Löffelmann zu der hier erörterten Gesetzeseinfügung nicht, und das Gleiche gilt für die Stellungnahme des DRiB, verfasst von Bundesanwältin Neuhaus.

Auch Strafverteidiger Conen verhielt sich zu der hier erörterten Einfügung nicht (von Strafverteidiger Norouzi liegt eine schriftliche Stellungnahme nicht vor) – möglicherweise deshalb nicht, weil angesichts von Raumgründen andere Ziele innerhalb dieses Gesetzes wie z. B. die Einführung einer Befristung zur Stellung von Beweisanträgen[75] als bedeutsamer galten.

c) Hiernach blieben etwaige empirisch begründete Gefahren für die Ermittlung der materiellen Wahrheit, die durch die in Rede stehende Einfügung in das Gesetz gefördert werden könnten, im Wesentlichen unerörtert. Dies war gemäß der weichenstellenden Auswahl der Sachverständigen nicht anders zu erwarten. Selbst wenn sich durch diese Neuregelung in der Praxis keine bedeutenden Änderungen ergeben sollten, erleichtert die Vorschrift die Schaffung der Illusion, ein – ggfs. falsches – Geständnis sei in gebotener Gründlichkeit überprüft worden. So bietet auch dieses Beispiel einen Hinweis darauf, dass der Rechtsausschuss seine Funktion mitunter nur partiell von der Lebenswirklichkeit her handhabt, zumindest gleichrangig aber gemäß Belangen einzelner gesellschaftlicher Segmente bzw. Berufsgruppen. Vorliegend scheint der politische Wille nach Vereinfachung und Beschleunigung dominiert zu haben, ganz im Sinne (nur) formeller Kriterien der Verfahrenserledigung.

---

[75] So bedeutet der neu eingeführte § 244 Abs. 6 S. 2 StPO einen Eingriff in die Grundsätze des Beweisantragsrechts, denen gemäß die (einstweilige) Beurteilung des Gerichts nur nachrangig relevant ist. Vgl. näher *Conen*, Schriftliche Stellungnahme Rechtsausschuss des BT am 29. 3. 2017 unter 7: Durch die „tatbestandlich uferlose Fristsetzungsbefugnis" werde gleichsam „gesetzlich insinuiert", Beweisanträge der Verteidigung und damit ggfs. die Ausübung des rechtlichen Gehörs, soweit es erst im Anschluss an das gerichtliche Beweisprogramm geschieht, seien ein „Beweisvorbringen zweiter Klasse".

Über Kunst und deren Freiheit im Grundgesetz der Bundesrepublik Deutschland

Von *Karl Heinz Gössel*

In Art. 5 Abs. 3 GG schützt unsere Verfassung (auch) die Freiheit der Kunst als Grundrecht.[1] Dieses Recht kommt nur dem Menschen als alleinigem Träger von Rechten und Pflichten zu[2], insbesondere nicht aber Sachen, denen das Grundgesetz keine Freiheiten gewährt. Die Freiheit der Kunst steht nur dem menschlichen Schöpfer von Kunstwerken zu und gehört zu jenen Rechten, die „ohne einen geschriebenen Schrankenvorbehalt" gewährleistet[3] sind.[4] Trotz ihrer engen Verwandtschaft mit den Grundrechten der allgemeinen Handlungsfreiheit (Art. 2 Abs. 1 GG) und der freien Meinungsäußerung (Art. 5 Abs. 1 GG) unterliegt die Kunstfreiheit weder den Schranken der allgemeinen Handlungsfreiheit (Schrankentrias des Art. 2 Abs. 1 GG) noch denen des Art. 5 Abs. 2 GG,[5] ist aber unbeschadet ihrer vorbehaltlosen Gewährung nicht von allen rechtlichen Schranken befreit,[6] „denn", wie das Bundesverfassungsgericht treffend dargelegt hat, „schlechthin schrankenlose Rechte kann eine wertgebundene Ordnung nicht anerkennen"[7]: Auch grundrechtlich „geschützte Freiheit kann letztlich immer nur begrenzte Freiheit sein" und muss „notwendig in der gleichen Freiheit aller anderer, darüber hinaus in den berechtigten Anliegen der Ge-

---

[1] Vgl. auch Art. 108 BV: „Die Kunst, die Wissenschaft und ihre Lehre sind frei." Zum Schutz der Kunstfreiheit in internationalen und europäischen Rechtsnormen sowie in ausländischen Staatsverfassungen s. *Stern*, Das Staatsrecht der Bundesrepublik Deutschland, Band IV/2, 2011, § 117, XVI. Zur Kunstfreiheit in weiteren außerdeutschen Regelungen und in den Länderverfassungen s. *Häberle*, Die Freiheit der Kunst im Verfassungsstaat, AÖR 1985 (Band 110), 577, 580 ff.

[2] *Grabitz*, in: Isensee/Kirchhof, Handbuch des Staatsrechts, Band VI, 1989, § 130, 31; ähnlich auch *Rüfner* in der 3. Aufl. des Handbuchs 2009, § 196, 2 ff.

[3] So schon *Denninger*, in: Isensee/Kirchhof, Handbuch des Staatsrechts, Band VI, 1989, § 146, 38; ebenso in Band VII der 3. Aufl. 2009 *Arnauld*, § 167, 57.

[4] *Arnauld*, in: Isensee/Kirchhof, Handbuch des Staatsrechts, Band VII, 3. Aufl. 2009, § 167, 57.

[5] BVerfG NJW 1971, 1645 (= BVerfGE 30, 173, 191 f.); NJW 1985, 261, 262 (= BVerfGE 67, 213); BVerwG NJW 1955, 1203, 1204. Vgl. ferner z. B. *Starck*, in: v. Mangoldt/Klein/Starck, GG Kommentar Band 1, 5. Aufl. 2005, Art. 5 Abs. 3, 328; *Leibholz/Rinck*, Grundgesetz, Kommentar anhand der Rechtsprechung des BVerfG, Lfg. 52 Januar 2010, Art. 5, 1041; *Jarass/Pieroth*, GG, 14. Aufl. 2016, Art. 5, 128.

[6] *Arnauld* (Fn. 4), § 167, 57.

[7] BVerfG NJW 1978, 2235, 2237.

meinschaft eine Schranke finden".[8] Ob diese Entscheidung die sonst angenommene Freiheit der Kunst von den Schranken des Art. 2 Abs. 1 GG nun doch wieder auch nur teilweise einschränkt, ist bisher ungeklärt, kann es aber auch bleiben. Wie immer diese Antwort auch ausfällt: Die Sonderstellung der Kunst in Art. 5 Abs. 3 GG bleibt bestehen und der Jurist ist gezwungen, künstlerisches Handeln von anderen menschlichen Tätigkeiten zu unterscheiden und also die Kriterien zu benennen, die nach der Rechtsordnung künstlerisches Handeln und deren Ergebnis, das Kunstwerk, charakterisieren. Was also ist Kunst? Führt schon der Anspruch Einzelner, Kunstwerke zu schaffen, zur Gewährung der in Art. 5 Abs. 3 GG genannten Freiheit, wird diese Freiheit etwa mit der Publikation (Ausstellung) oder dem Verkauf von Objekten als Kunstwerke erworben?

Kunst verbindlich zu definieren, kann nicht die Aufgabe des Juristen sein und ist es auch nicht. Der Bereich der Kunst gehört der von individuellen Vorstellungen unabhängigen und eigenständig strukturierten Lebenswirklichkeit an,[9] welche die Rechtsordnung zwar nach ihren Zwecksetzungen regeln soll, dabei aber doch den Lebensbereich der Kunst beachten und respektieren muss. Aufgabe des Juristen ist es deshalb allein, festzulegen, was das Gesetz in Art. 5 Abs. 3 GG unter dem Begriff „Kunst" versteht: nach Inhalt, Umfang und Merkmalen – und bei dieser Festlegung ist die Wirklichkeit des Lebensbereichs „Kunst" zu beachten[10], die aber nicht auf bestimmte allein subjektive Vorstellungen Einzelner über Inhalt, Umfang und Bedeutung beschränkt werden kann: ist diese Wirklichkeit doch Teil „einer außerhalb unserer Vorstellungen bestehenden Welt", die so einen objektiven, ontischen Gegenstand eigener Struktur und eigenen Inhalts bildet. Einer *rein* subjektiv-normativen Begriffsbildung und Versuchen, den Menschen selbst zum Schöpfer der Welt und der Lebenswirklichkeit zu machen[11], wird damit nicht gefolgt. Die unabhängig von menschlichen Vorstellungen existierenden Sachverhalte der Lebenswirklichkeit werden normativ zu Merkmalen der gesetzlichen Begriffe bestimmt[12], die indessen nicht allein sinnlich wahrnehmbare (empirische) Befunde erfassen, sondern zudem sinnlich nicht erfahrbare Gegenstände wie etwa Allgemeinbegriffe, Ideen, Bedeutungen, Sinngehalte und gesetzliche Zusammenhänge: Ob eine bestimmte Handlung als Ausübung der Religionsfreiheit i.S. des Art. 4 Abs. 2 GG (etwa das christliche Sakrament der Taufe) zu verstehen ist, kann nicht allein nach der jeweiligen sinnlich erfahrbaren Handlung (etwa des Priesters an dem jeweiligen Täufling) beurteilt werden, sondern nur in deren Zusammenhang mit der christlichen Glaubenslehre, die mindestens überwiegend sinnlich nicht erfahrbar ist. Entsprechendes gilt auch für

---

[8] *Hillgruber*, in: Isensee/Kirchhof, Handbuch des Staatsrechts, Band IX, 3. Aufl. 2011, § 201, 1.

[9] So auch BVerfG NJW 1985, 261, 262 (= BVerfGE 67, 213): „Lebensbereich Kunst".

[10] Vgl. dazu auch *Roemer-Blum*, Zur Abgrenzung zwischen Handwerk und Kunst, GewArch 1986/1, 9, 11: Kunst kann „nur aus sich heraus verstanden werden".

[11] Vgl. dazu z.B. *Gössel*, Probleme einer rein normativen Begriffs- und Systembildung etc., FS Küper, 2007, 83, 86 ff.

[12] Treffend *Schünemann*, Strafrechtsdogmatik als Wissenschaft, FS Roxin I, 2001, 1, 30.

den Lebensbereich der Kunst i.S. des Art. 5 Abs. 3 GG: Auch hier kann und darf die Suche nach den Merkmalen, welche die Kunst nach Inhalt und Struktur, ihrem Wesen nach kennzeichnen, nicht auf sinnlich erfahrbare empirische Befunde beschränkt werden.[13] Von dieser Basis aus soll nunmehr versucht werden festzulegen, was unter Kunst i.S. des Art. 5 Abs. 3 GG zu verstehen ist.

I. Bestandsaufnahme

1. Kunst existiert

Jenseits aller Kontroversen um die Begriffe „Kunst" und „Kunstwerk", deren Bedeutung und Unbestimmtheit, insbesondere seit der bis zur Negierung von Kunst gehenden Entwicklung neuer Kunstformen im 20. Jahrhundert wie etwa Happening, Performance oder Installation, ist doch eines allgemein anerkannt: Kunstwerke existieren. Beispielhaft: Die Omaijaden-Moscheen in Jerusalem (Felsendom), Damaskus und Córdoba, ebenso wie der westgotische Naranco-Königspalast bei Oviedo, die Alhambra in Granada und das Castel del Monte, die steinerne Krone Apuliens, sind, von keinem Verständigen bezweifelt, als herausragende bauliche Kunstdenkmäler allgemein anerkannt und ebenso die Kathedralen in Santiago de Compostela, Notre Dame de Paris, auch der Dom in Freiberg und die Münsterkirchen in Straßburg, Freiburg und Ulm. Gleiches gilt für die musikalischen Werke von Johann Sebastian Bach, Wolfgang Amadeus Mozart, Ludwig van Beethoven und Johannes Brahms, die Lyrik von Friedrich Hölderlin, Eduard Mörike, Georg Trakl und Paul Celan, für die Prosa von Marcel Proust, Thomas Mann, Adalbert Stifter und Uwe Tellkamp, aber auch für mittelalterliche Fresken, wie sie etwa aus Südtirol bekannt sind (z.B. in Sankt Prokulus in Naturns, der Burgkapelle von Hocheppan, im Kloster Marienberg und in der Klosterkirche St. Johann im benachbarten schweizerischen Val Müstair) die Bildwerke von Cimabue, Giotto, Jan van Eyck, Claude Monet, Franz Marc, Alexej Jawlensky, Antonio Calderara und die Bildhauerarbeiten von Praxiteles, Tilman Riemenschneider, Auguste Rodin, Constantin Brâncuşi, Ernst Barlach und Karl Prantl – die Benennung bedeutender Kunstwerke ließe sich nahezu endlos fortsetzen und kann deshalb nur in den soeben willkürlich ausgewählten Beispielen angesprochen werden.

Diese, wie alle anderen Kunstwerke auch, sind taugliche Gegenstände der Kunstfreiheit nach § 5 Abs. 3 GG. Mit vielen anderen Gegenständen in der außerhalb der Subjekte existierenden Welt teilen sie die Eigenschaft, unabhängig von subjektiven Vorstellungen zu existieren[14] und von menschlichen Subjekten sinnlich wahrgenommen werden zu können. Sie besitzen damit eine gewisse Beständigkeit, die während der Dauer ihrer Existenz beliebig oft wiederholt und selbst bei vollständiger Zerstörung durch Ab- oder Nachbildungen noch mittelbar wahrgenommen werden können.

---

[13] *Zöbeley*, Warum läßt sich Kunst nicht definieren?, NJW 1998, 1372.

[14] s.o. vor I.

2. Verneinung der Kunst in der Kunsttheorie

a) Ebenso erstaunlich wie erheblich kontrastierend dazu wirkt Joseph Beuys' Wort, alles sei Kunst und jeder sei ein Künstler. Zwar wurde in der Literatur vorgebracht, diese Äußerung werde ihm zu Unrecht zugeschrieben,[15] dies allerdings zu Unrecht, wie sich schon aus einem Aufsatz ergeben dürfte, den Beuys schon 1978 veröffentlicht[16] und in einem Interview mit der Zeitschrift „DER SPIEGEL" mit seinem „erweiterten Kunstbegriff" erneut für richtig gehalten hat, demzufolge „die Gesellschaft ... zu einem Kunstwerk zu machen" sei, wodurch „die herrschenden Verhältnisse zu überwinden" seien und damit „der Kapitalismus und der Kommunismus" – in diesem neuen Kunstwerk „Gesellschaft" sei die menschliche Kreativität von entscheidender Bedeutung:

> „Jeder Mensch ist ein Träger von Fähigkeiten, ein sich selbst bestimmendes Wesen ... Er ist ein Künstler, ob er nun bei der Müllabfuhr ist, Krankenpfleger, Arzt oder Landwirt. Da, wo er seine Fähigkeiten entfaltet, ist er Künstler."[17]

Für Beuys bildet demnach die kreative Entfaltung persönlicher Fähigkeiten das entscheidende Kriterium der Kunst, einer Kunst allerdings, die, nach dem von Beuys proklamierten Ende der modernen Kunst und der Nichtexistenz einer Postmoderne, „erweitert" als „anthropologische" zu verstehen sei.

Mit seinem erweiterten Kunstbegriff erteilt Beuys einem gegenüber anderen kreativen menschlichen Verhaltensweisen selbst- und eigenständigen Begriff künstlerischer Tätigkeiten immanent eine entschiedene Absage: Die Unterschiedlichkeit kreativer Entfaltung künstlerischer Fähigkeiten von der Entfaltung anderer kreativer Fähigkeiten wird negiert, indem jede kreative menschliche Tätigkeit unterschiedslos als Kunst interpretiert, ja uminterpretiert wird: Die geplante, durchrationalisierte Arbeit eines Müllwerkers, eine hochkomplexe ärztliche Operation und auch mit dem Nobelpreis ausgezeichnete wissenschaftliche Abhandlungen in gleicher Weise als Kunstwerke zu interpretieren wie etwa Mozarts d-moll-Klavierkonzert (Nr. 20; KV 466), den Isenheimer Altar von Matthias Grünewald oder Robert Musils „Mann ohne Eigenschaften", macht es unmöglich, der Kunstfreiheit in ihrer vorbehaltlosen Gewährleistung durch Art. 5 Abs. 3 Satz 1 GG, in Ihrer Unabhängigkeit von den Schranken des Art. 5 Abs. 2 GG und der Schrankentrias des Art. 2 Abs. 1 GG eine rechtliche Sonderstellung[18] gegenüber sonstigen Äußerungen kreativer Fähigkeiten zuzuerkennen: Die in Art. 5 Abs. 3 GG als Gegenstand einer besonderer „Freiheit" benannte Kunst gäbe es dann nicht mehr[19].

---

[15] So früher *Denninger* (Fn. 3), § 146, 3, anders aber und wie hier nunmehr *Arnauld* (Fn. 4), § 167, 10 und auch *Hillgruber* (Fn. 8), § 201, 19.

[16] *Beuys*, Kunst und Staat, in: Jahrbuch der Bitburger Gespräche, 1977/1978, 135.

[17] DER SPIEGEL Nr. 23/1984, S. 182.

[18] *Hillgruber* (Fn. 8), § 201, 19.

[19] Treffend spricht *Denninger* insoweit von einer „grundrechtsvernichtenden Konsequenz" (Fn. 3, § 146, 3).

b) Die entschiedene Negation eines eigen- und selbstständigen Begriffs künstlerischer Tätigkeiten durch Beuys dürfte indessen die Entwicklung im 20. Jahrhundert spätestens nach dem ersten Weltkrieg und den etwa gleichzeitigen gesellschaftlichen wie politischen Wandel kennzeichnen. Das „Unbehagen in der Gesellschaft" führte schon Anfang des 20. Jahrhunderts zur fortschreitenden Abkehr von den klassischen künstlerischen Ausdruckformen der Musik, der Literatur, der bildenden (z. B. Malerei, Bildhauerei, Architektur) und der darstellenden Kunst (z. B. Theater, Tanz, Photographie, Film), insbesondere nach 1945. Mit den sog. „Readymades" suchte Marcel Duchamp seit 1913 durch die bloße Auswahl „bereits fertige(r), vorgefundene(r) Gegenstände, industriell in Serie hergestellt und fast überall erhältlich", ein Werk zu schaffen, „das kein Kunstwerk ist", dessen Schöpfer nicht der jeweils Auswählende, sondern allein der wahrnehmende Betrachter selbst ist.[20]

Ganz ähnlich wird „Kunst" von jenen negiert, welche einem menschlichen Verhalten eine an den Augenblick des Geschehens gebundene nicht wiederholbare Wirkung auf das jeweilige Publikum durch sog. Happenings zuweisen[21]: kennt doch das Happening „weder Handlung noch kontinuierliche rationale Gedankengänge", das durch seine „intendierte Unbeständigkeit" charakterisiert" und „oft im Verlauf der Aufführung" in seinen Materialien „an Ort und Stelle verbraucht oder vernichtet" wird, nicht aber aufbewahrt oder ver- oder gekauft werden kann und trotz längerer Probezeiten von bis zu mehreren Monaten „nie wieder hervorgeholt, niemals wieder aufgeführt" wird.[22] Happenings bringen „auf reale und nicht nur auf ideologische Weise … einen Protest gegen die museale Vorstellung von der Kunst zum Ausdruck: gegen die Idee, daß die Aufgabe des Künstlers darin besteht, Dinge zu machen, die gehegt und gepflegt werden".[23] Sie lassen sich inhaltlich erklären durch die Erlebnisweise des Surrealismus: „alles hängt von dem schöpferischen Ereignis des Arrangements und der spontanen Erkenntnis ab".[24] Ähnliches gilt für die etwa in den 60er-Jahren des vorigen Jahrhunderts entstandenen Performances und die Arbeiten der (nicht nur Wiener) Aktionisten und Konzeptualisten,[25] die in verschiedenen Formen nicht ohne Überschneidungen entwickelt wurden.

c) In der sog. modernen Kunst werden weitere Auffassungen vertreten, die sich mit dem letztlich zur Verneinung der Kunst führenden radikalen Kunstbegriff von Joseph Beuys berühren. Camp-[26] und „Popkünstler verwarfen das Elitäre der

---

[20] *Dorothee Fauth*, 2003, in: Hatje Cantz, Kunstlexikon, online abrufbar unter www.hatjecantz.de/readymade-5052-0.html.

[21] *Susan Sontag*, Happenings: Die Kunst des radikalen Nebeneinanders, in: Susan Sontag, Kunst und Antikunst, 11. Aufl. der deutschen Ausgabe 2015, S. 309, 310.

[22] *Susan Sontag* (Fn. 21), S. 312 f.

[23] *Susan Sontag* (Fn. 21), S. 314.

[24] *Susan Sontag* (Fn. 21), S. 316.

[25] s. die Überblicke bei „https://wikipedia.org/wiki/Konzeptkunst und … org./wiki/Performance", direkter erreichbar über Google.

[26] *Susan Sontag* (Fn. 21), S. 318.

‚hohen Kunst'"[27], und Andy Warhol etwa versuchte, „den ‚Mythos des Künstlers' niederzureißen, indem er mechanisch reproduzierte Bilder von Ready-Mades herstellte", mit denen andere Künstler die Beseitigung der Kunst[28] erstreben oder sonst das Ende der Kunst proklamieren.[29]

3. Kunst und Recht

a) Notwendigkeit einer juristischen Bestimmung existierender Kunst

Der Jurist indes kann und darf sich mit derartigen negativen Definitionen nicht zufrieden geben: Ob das, was in der Kunsttheorie als Kunst negiert wird, auch tatsächlich keine Kunst ist, ist mit derartigen Negationen noch nicht entschieden. Der Jurist muss die Frage beantworten, was als Gegenstand der Kunstfreiheit i.S. des Art. 5 Abs. 3 GG geschützt ist. Ob er nun will oder nicht, er muss die Fragen beantworten: Was ist Kunst i.S. des Art. 5 Abs. 3 GG?[30] Und was unterscheidet diese von dort nicht erfasster Kunst?[31] Ob überhaupt und wie schwierig auch immer diese Fragen zu beantworten sein mögen:[32] Die Verfassung zwingt dazu, darauf zu antworten. Diese Frage wird deshalb dringender, weil künstlerisches Verhalten und dessen Produkte stets als Wahrnehmung der allgemeinen Handlungsfreiheit (Art. 2 Abs. 1 GG) und zumeist auch der allgemeinen Meinungsfreiheit (Art. 5 Abs. 1 GG[33]) zu verstehen sind, also als Wahrnehmung von Rechten, die nur in den Grenzen des Art. 2 Abs. 1; Art. 5 Abs. 2 GG geschützt sind. Die gestellten Fragen lassen sich daher präzisieren: Welches Merkmal, welche Merkmale befreien menschliches Verhalten in der Form von Meinungsäußerungen oder sonst in Wahrnehmung der allgemeinen Handlungsfreiheit kraft ihrer Natur als „künstlerisches" Werken oder Wirken von den genannten Schranken der Art. 2 Abs. 1, Art. 5 Abs. 2 GG? Und diesen Fragen haben sich Rechtsprechung und Literatur auch nicht entzogen – sie wurden bisher allerdings kaum überzeugend beantwortet, weil die der Kunst gegenüber anderen menschlichen Verhaltensweisen „allein eigenen"[34], charakteristischen Merkmale,

---

[27] *Stephen Farthing*, Kunst. Die ganze Geschichte, 5. Aufl. 2016 der deutschen Übersetzung der Originalausgabe (Art. The whole story) 2010, Einführung S. 13.

[28] *Dorothee Fauth*, 2003, in: Hatje Cantz, Kunstlexikon, online abrufbar unter www.hatjec antz.de/readymade-5052-0.html.

[29] *Arnauld* (Fn. 4), § 167, 12.

[30] Mit Recht ist insoweit im Grundgesetzkommentar von *Maunz/Dürig*, 81. Aufl. 2017 (Lfg. Mai 1977), Art. 5 Abs. 3, 26 von einem „Definitionsgebot" die Rede.

[31] *Schmücker*, Was ist Kunst? Eine Grundlegung, 2014, S. 22: die entscheidende Frage nach der „kunstspezifischen Differenz", also dessen (S. 64), was „Kunstwerke von anderen Wahrnehmungsgegenständen trennt", welche (S. 67) den Gegenstand der selbständigen Disziplin der „Kunstästhetik" (herkömmlich: Kunstphilosophie) bildet.

[32] Vgl. dazu BVerfG NJW 1985, 261, 1262 (= BVerfGE 67, 213); ferner z.B. *Denninger* (Fn. 3), § 146, 5 f.

[33] Vgl. dazu BVerwG NJW 1955, 1203.

[34] BVerfG NJW 1971, 1645 unter C III 1 (= BVerfGE 30, 173).

sie seien kreativ oder nicht, bislang nicht mit ausreichender und justiziabler Bestimmtheit herausgearbeitet werden konnten: So fehlt es nach wie vor an einer auch nur annähernden Erkenntnis der Kriterien, welche die gesetzliche Sonderstellung der eigenständigen Kunst gegenüber Handwerk, Wissenschaft oder sonstigen durch die allgemeine Handlungsfreiheit des Art. 2 GG geschützten menschlichen Verhaltensweisen ausmachen. Dennoch: Selbst wenn Kunst nicht begrifflich erfasst werden könnte, wie das Bundesverfassungsgericht mit eindrucksvollen Beispielen zu belegen sucht[35], so kann selbst diese Schwierigkeit nicht dazu führen, Kunst, etwa mit dem erweiterten Kunstbegriff von Joseph Beuys oder sonstwie, begrifflich oder auch nur empirisch zu negieren.

b) Die Rechtsprechung zum Begriff der Kunst

aa) Im Einklang mit dem hier gewählten Ausgangspunkt versucht das Bundesverfassungsgericht mit Recht, den in Art. 5 Abs. 3 GG verwendeten Begriff „Kunst" durch Anknüpfen an den außerrechtlichen Lebensbereich „Kunst" zu definieren, stellt dieses Bemühen aber sogleich deshalb wieder ein, weil sich „den bisherigen Versuchen der Kunsttheorie (einschließlich der Reflexionen ausübender Künstler über ihr Tun), sich über ihren Gegenstand klar zu werden, ... keine zureichende Bestimmung entnehmen" lasse, überdies[36] „in der Kunsttheorie jeglicher Konsens über objektive Maßstäbe" fehle und es deshalb unmöglich sei, „Kunst generell zu definieren"[37]. Wegen der auch hier soeben bejahten, gleichwohl bestehenden „verfassungsrechtlichen Pflicht, ... bei der konkreten Rechtsanwendung zu entscheiden, ob die Voraussetzungen" des Art. 5 Abs. 3 Satz 1 GG vorliegen, hat das Bundesverfassungsgericht in seiner grundlegenden Entscheidung vom 24.2.1971[38] unter weitgehender Zustimmung des Schrifttums[39] dann auch jene Merkmale zu benennen versucht, welche „Kunst" auch in rechtlich anerkannter Weise als eigenständigen Lebensbereich charakterisieren. *Formal* sei unter Kunst eine bestimmte, künstlerisch genannte Betätigung zu verstehen, die bestimmten, als Kunstgattungen bezeichneten Äußerungsformen entspricht,[40] bei formaler, typologischer Betrachtung also „die

---

[35] BVerfG NJW 1985, 261, 262 (= BVerfGE 67, 213).

[36] Ebenso *Schmücker* (Fn. 31), S. 20: „die Kunstphilosophie" befindet sich „keineswegs in der komfortablen Lage, befriedigende Lösungen ihrer Probleme vorweisen zu können".

[37] BVerfG NJW 1985, 261, 262 (= BVerfGE 67, 213), Abschnitt C I 2 a.

[38] BVerfG NJW 1985, 261, 262 (= BVerfGE 67, 213), Abschnitt C I 2 b, 3.

[39] Vgl. z.B. *Jarass/Pieroth* (Fn. 5), Art. 5, 118; *Kannengießer*, in: Schmidt-Bleibtreu/Hofmann/Hopfauf, GG, 10. Aufl. 2011, Art. 5, 27; *Starck*, in: v. Mangoldt/Klein/Starck (Fn. 5), Art. 5 Abs. 3, 298 ff.; *Scholz*, in: Maunz/Dürig (Fn. 30), Art. 5 Abs. 3, 28 ff.; *Leibholz/Rinck* (Fn. 5), Art. 5, 1026 ff.; *Antoni*, in: Hömig/Wolff, Grundgesetz für die Bundesrepublik Deutschland, Handkommentar, 11. Aufl. 2016, Art. 5, 30.

[40] BVerfG NJW 1971, 1645 unter C III (= BVerfGE 30, 173); seither st. Rspr, vgl. z.B. BVerfG NJW 1985, 261, 262 unter II 3 (= BVerfGE 67, 213); BVerfG NJW 1987, 2661 unter I (= BVerfGE 75, 369).

Gattungsanforderungen eines bestimmten Werktyps erfüllt sind"[41], wie etwa „Malerei oder Dichtung"[42]. *Material*, inhaltlich wird „das Wesentliche der künstlerischen Gestaltung" in der „freie(n) schöpferische(n) Gestaltung" erblickt, „in der Eindrücke, Erfahrungen, Erlebnisse des Künstlers durch das Medium einer bestimmten Formensprache zur unmittelbaren Anschauung gebracht werden. Alle künstlerische Tätigkeit ist ein Ineinander von bewußten und unbewußten Vorgängen ... Beim künstlerischen Schaffen wirken Intuition, Phantasie und Kunstverstand zusammen; es ist primär nicht Mitteilung, sondern Ausdruck und zwar unmittelbarster Ausdruck der individuellen Persönlichkeit des Künstlers"[43] – so werden etwa „Elemente schöpferischer Gestaltung", ... in der milieubezogenen Schilderung sowie in der Verwendung der wienerischen Vulgärsprache"[44] und – in der sonstigen Rechtsprechung – auch in der übertreibenden Verfremdung von Tatsachen[45], ja sogar, im Rahmen des Musikbereichs des sog. „Hip-Hop/Rap", „das Beleidigen, Diffamieren und auch Bedrohen anderer Rapper"[46] als Stilmittel gesehen, die zur Anerkennung der jeweiligen Schilderungen als Kunstwerke führten.

bb) Diese Rechtsprechung erscheint indessen schon deshalb nicht überzeugend, weil sie es nicht erlauben dürfte, künstlerisches Schaffen i.S. des Art. 5 Abs. 3 GG inhaltlich auch nur in etwa ausreichend klar und bestimmt von sonstigem menschlichen Tun abzugrenzen, das nur in den engeren Grenzen des Art. 2 Abs. 1; Art. 5 Abs. 2 GG geschützt ist[47] – und damit ebenso wenig wie der erweiterte Kunstbegriff von Joseph Beuys dazu beitragen kann, den in Art. 5 Abs. 3 GG gewährten Schutzbereich in justiziabler Weise festzulegen (s. o. 1.). Die Frage, ob nicht jedes bewusste[48] menschliche Verhalten schöpferischer Natur sei, überschreitet die Grenzen dieses Beitrags und kann und soll eben deshalb unbeantwortet, kann aber auch dahingestellt bleiben – kommt doch der überwältigend großen Menge bewussten menschlichen Verhaltens regelmäßig schöpferische Natur zu, weshalb das „Schöpferische" oder „Kreative" als bestimmendes Merkmal der in Art. 5 Abs. 3 GG besonders geschützten künstlerischen Tätigkeit ausscheidet. Schon vielfach regelmäßige menschliche Verhaltensweisen sind als Ausdruck der individuellen Persönlichkeit des jeweiligen Gestalters schöpferischer Natur, wie z.B. die Herstellung handwerklicher Produkte etwa von Schuhen, Kleidungs- oder Möbelstücken: Hier zeigt sich die freie schöpferische Gestaltung darin, dass jedenfalls Erfahrungen mit einem „Ineinander von bewußten und unbewußten Vorgängen" in einer bestimmten Formensprache mit Phantasie und gestalterischem Verstand anschaulich zum Ausdruck gebracht werden

---

[41] BVerfG NJW 1985, 261, 262 (= BVerfGE 67, 213) unter C II 3 b.

[42] *Kannengießer* (Fn. 39), Art. 5, 27.

[43] BVerfG NJW 1971, 1645 (= BVerfGE 30, 173) unter C III 1; ebenso z. B. BVerfG NJW 1985, 261, 262 (= BVerfGE 67, 213).

[44] BVerfG NStZ 1991, 188.

[45] KG NStZ 1992, 385, 386.

[46] AG Tiergarten ZUM 2015, 904, 905,

[47] Ebenso schon *Gössel*, Das neue Sexualstrafrecht, 2005, § 7, 46.

[48] Künstlerisches Gestalten und Wirken ist nur als bewusstes Verhalten denkbar.

(s. o. aa)). Auch Eindrücke der jeweiligen Gestalter können so wirken, so etwa solche von ähnlichen Erzeugnissen anderer Handwerker nicht nur bei Plagiaten, und auch Erlebnisse mit ebensolchen Produkten, einerlei, ob diese Formen eigenständig entwickelt oder in dem jeweiligen Handwerk nach bestimmten Erfahrungen oder gestalterischen Ideen vorgegeben werden. Mindestens für die Mehrzahl aller beruflichen Tätigkeiten gilt Entsprechendes, so z. B. für die Aufstellung schriftlicher Arbeits- und Finanzpläne und insbesondere für wissenschaftliche Arbeiten, die Durchführung einfacher wie auch schwierigster ärztlicher Operationen, die als spezielle Ereignisse auch der anerkannten Kunstform des „Happening"[49] entsprechen können. Die Fragwürdigkeit der von der Rechtsprechung gefundenen Definition zeigt sich auch im Bereich potentiell schädlichen, kriminellen Verhaltens: So wurde die Kunstfreiheit als schöpferisches Gestalten zur Rechtfertigung eines Verhaltens in Anspruch genommen, mit dem einem Wellensittich „erhebliche Schmerzen und Leiden zugefügt" werden, um „durch eigenes und stellvertretendes Leiden auf Passivität beispielsweise bei der Mißhandlung von Frauen, Kindern, aber auch Andersdenkender" aufmerksam und die „Gefahren eines Neofaschismus aber auch die Nachwehen faschistoider Ideen des Dritten Reiches erlebbar zu machen":[50] auch dies eine freie schöpferische Gestaltung, in der Eindrücke, Erfahrungen und Erlebnisse des jeweiligen Gestalters in der Formensprache des Happenings zu unmittelbarer Anschauung gebracht werden; Entsprechendes gilt für den wohl einen Protest gegen Leistungsdruck zum Ausdruck bringen sollende turnerische Übungen (Liegestütze) auf dem Altar einer christlichen Kirche,[51] zu deren Rechtfertigung ebenfalls die Kunstfreiheit bemüht wurde.

Ob diese Verhaltensweisen (Tierquälerei, Zweckentfremdung eines Altars einer christlichen Kirche) künstlerische Tätigkeiten sein können, kann erst entschieden werden, wenn weitere Merkmale künstlerischen Verhaltens gefunden sind, zu deren Suche aber schon diese beiden Beispiele zwingenden Anlass bieten dürften – erst recht jene ebenfalls der Form eines Happenings entsprechenden schwerstwiegenden Verbrechen wie etwa die Zerstörung des World-Trade Centers in New York am 11. September 2001 als Ergebnis einer freien schöpferischen Gestaltung von religiös-politisch motivierten Tätern, in der deren Eindrücke zum Ausdruck gebracht und damit zur Anschauung gebracht werden, wie auch diejenigen mörderischen Taten, mit denen z. B. durch den sog. Islamischen Staat beeinflusste Gewalttäter für sich in Anspruch nehmen, Menschen anderer Weltanschauung oder Religion z. B. als Ungläubige töten zu dürfen, ja zu müssen wie z. B. bei den Massakern auf dem Berliner Weihnachtsmarkt im Jahre 2016 oder schon früher z. B. in Nizza und Paris. Dem vom Bundesverfassungsgericht verwendeten Kunstbegriff lassen sich sogar solche Taten subsumieren wie die schändlichen rassistischen mörderi-

---

[49] Vgl. nur Meyers enzyklopädisches Lexikon, Band 11, 1974, Stichwort „Happening". Diese sog. Aktionskunst (z. B. Kaprow, Robert Whitman, Yoko Ono) wurde zum ersten Male in Kaprows „Eighteen Happenings in Six Parts" im Oktober 1959 zur Eröffnung der Reuben Gallery (New York) ausgeführt (*Susan Sontag* [Fn. 21], S. 309, 310).

[50] AG Kassel NStZ 1991, 443 (Freispruch aufgrund der Kunstfreiheit).

[51] AG Saarbrücken, Urt. v. 10. 1. 2017, Az. 1145 Cs 192/16 (Verurteilung).

schen Verbrechen der nationalsozialistischen Gewalttäter. Diese Taten, und selbst der hinterhältige deutsche Überfall auf die damalige Sowjetunion am 22. Juni 1941 lassen sich als Ergebnis der freien Planung, Durchführung und damit schöpferischen Umsetzung der NS-Ideologie in der Gestaltung durch deren Urheber Hitler und seiner Komplizen deuten, in der deren Eindrücke, Erfahrungen und Erlebnisse (unter Berücksichtigung insbesondere von Hitlers sogenannten Tischgesprächen) in der Form von Geschehnissen unmittelbaren Ausdruck insbesondere der individuellen Persönlichkeit ihres Urhebers Hitler finden.

cc) Insgesamt: Der Rechtsprechung ist es bisher nicht gelungen, jenen Gegenstand ausreichend klar zu bestimmen, der in Art. 5 Abs. 3 GG als „Kunst" benannt und als Grundrecht ausgestaltet ist. Deshalb sei nunmehr der Versuch gewagt, trotz des negativen Urteils der Rechtsprechung (s. o. a)), aus der kunsttheoretischen Diskussion Aufschlüsse darüber zu gewinnen, welche Merkmale menschliches Verhalten und dessen Erfolg als Kunst charakterisieren.

4. Beispiele einiger Versuche der Literatur zur Bestimmung eines Kunstbegriffs

a) Auf die Kunst bezogener Wille

Gilt der mit der Kunstfreiheit gewährte Freiraum nur den menschlichen Schöpfern von Kunstwerken, so liegt es nahe, kunstbestimmende Merkmale im subjektiven Streben des jeweils Handelnden zu suchen: in einem künstlerischen Gestaltungswillen[52] oder in dem in § 18 JuSchG genannten Willen, „im Dienst der Kunst"[53] zu handeln.

Künstlerisches Wollen wird indessen nicht als kunstbestimmendes Merkmal anerkannt werden können. So ist mit dem OVG Münster schon zu bezweifeln, ob jedes Kunstwerk notwendig auf einem derartigen Gestaltungswillen beruht: „öffnet" doch „nur die Absichtslosigkeit … den Raum, worin die schaffenden Kräfte frei werden und die Gestalten nach ihrer Notwendigkeit aufsteigen"[54]. Überdies ist mit dem OVG zu bedenken, dass ein derartiger Wille fehlgehen kann und kein Kunstwerk hervorbringt: kann doch der bloße Wille zur Schaffung eines Kunstwerks allein ohne Berücksichtigung objektiver inhaltlicher Merkmale auch ein schöpferisches Verhalten nicht in den Rang der Kunst erheben; zudem gilt: Wer „Kunst" durch einen künstlerischen Gestaltungswillen definiert,[55] setzt Kunst als Ziel des Handelns schon vor-

---

[52] Ähnlich *Roemer-Blum* (Fn. 10): „Absicht zur Überhöhung in Gestalt einer eigenschöpferischen Leistung"; gegen ihn i.Erg. zu Recht *Böttger*, GewArch 1986/1, 14 und *Sternberg*, Abgrenzung zwischen Handwerk und freier Kunst, WiVerw 1986/3, 130, 137.

[53] Ähnlich schon § 1 Abs. 2 Nr. 2 GjS (außer Kraft getreten nach § 30 Abs. 1 Satz 2 JuSchG).

[54] *Romano Guardini*, Über das Wesen des Kunstwerks, 2005, S. 32 f.

[55] Treffend OVG Münster NJW 1959, 1890, 1893.

aus, macht „Kunst" zirkelschlüssig zur Voraussetzung der Kunst. Scheiden so künstlerische Absichten, welcher Art auch immer, als kunstbestimmende Merkmale aus, so erst recht die bewusste Verfolgung politischer, religiöser[56], ideologischer, gesellschaftlicher oder sonstiger Ziele, die indessen gleichwohl Kunstwerke hervorbringen, diese aber nicht gerade durch derartige subjektive Merkmale als Kunst charakterisieren können (s. dazu u. b)).

Das gilt auch für ein Handeln im Dienst der Kunst. § 18 Abs. 3 Nr. 2 JuSchG[57] verbietet die Aufnahme von Medien, die der Kunst dienen, in die Liste jugendgefährdender Medien: Schriften, die dieses Merkmal aufweisen, sind damit von den Beschränkungen dieses Gesetzes gem. §§ 15, 17 ff. JuSchG[58] u. a. hinsichtlich ihrer Zugänglichkeit für Kinder und Jugendliche befreit. § 18 Abs. 3 Nr. 2 JuSchG beachtet damit die in Art. 5 Abs. 3 GG geschützte Kunstfreiheit dadurch, dass der Dienst an der Kunst zu einem bestimmenden Merkmal eines menschlichen Verhaltens erhoben wird, welchem das Grundgesetz den Schutz künstlerischer Freiheit gewährt. Schon das OVG Münster hat mit Recht die Unklarheit des Merkmals „Dienst an der Kunst" bemängelt,[59] dem auch hier zirkelschlüssige Argumentation vorzuhalten ist: wird doch mit dem „Dienst an der Kunst" der Gegenstand „Kunst" selbst erfasst und vorausgesetzt: „Kunst" kann nicht Merkmal der „Kunst" sein. Der vom OVG Münster folgerichtig unternommene Versuch einer selbstständigen Definition kann indes ebenso wenig überzeugen: Kunst habe dem Auftrag zu genügen, „der dem künstlerischen Schaffen gestellt" sei, der in der Bereicherung des „künstlerischen Besitz(es) eines Volkes" bestehe, verstanden als die „Gesamtheit der Werke ..., in denen ein geistig-seelischer Gehalt nach bestimmten Gesetzen in einer eigenwertigen Form gestaltet" werde[60] – ist doch schon die Existenz eines solchen Auftrags, dazu noch ohne Benennung eines möglichen Auftragsgebers, nicht nachweisbar und zudem zu bedenken, dass die bestimmten Gesetzen folgende eigenwertige Formung eines geistig-seelischen Gehalts auf die Herstellung vieler handwerklicher Produkte wie aber auch auf wissenschaftliche Abhandlungen und auf die Abfassung von gerichtlichen Entscheidungen zutrifft und es mit Hilfe dieser Formel somit nicht gelingen kann, künstlerisches Schaffen von anderen menschlichen Verhaltensweisen und deren Erfolgen abzugrenzen.

---

[56] *Romano Guardini* (Fn. 54), S. 31 ff. Anders dagegen *Walter Benjamin*, Das Kunstwerk im Zeitalter seiner technischen Reproduzierbarkeit, Zweite Fassung 1936, S. 480: „Der einzigartige Wert des ‚echten' Kunstwerks hat seine Fundierung im Ritual", „zuerst eines magischen, dann eines religiösen". Ähnlich aber schon in der ersten Fassung Paris 1935, S. 441: „Die Einzigartigkeit des Kunstwerks ist identisch mit seinem Eingebettetsein in den Zusammenhang der Tradition", z. B. dem Gegenstand eines Kultus: „Der einzigartige Wert des ‚echten' Kunstwerks ist immer theologisch fundiert".

[57] Ähnlich schon § 1 Abs. 2 Nr. 2 GjS (außer Kraft getreten nach § 30 Abs. 1 Satz 2 JuSchG).

[58] Mit Strafe oder Bußgeld sanktioniert gem. §§ 27, 28 JuSchG.

[59] OVG Münster NJW 1959, 1890, 1892.

[60] OVG Münster NJW 1959, 1890, 1893.

Damit zeigt sich: Künstlerische Absichten und künstlerisches Wollen sind nicht geeignet, ein menschliches Verhalten als Kunst oder künstlerisch i.S. des Art. 5 Abs. 3 GG entscheidend zu bestimmen. Damit bleibt nur, nach objektiven Kriterien zu suchen, die es erlauben, das Verhalten eines Menschen und dessen Ergebnis als Kunst zu charakterisieren.

b) Verwendung eines Typus

Subjektives künstlerisches Streben tritt nicht selten auch in der Verbindung mit einem künstlerischen Werktyp auf, kann aber auch hier kein die Kunst materiell bestimmendes Merkmal sein, wie aber ebenso wenig die Verwendung solcher Werktypen unabhängig von irgendwelchen subjektiven Merkmalen. Die insbesondere vom Bundesverfassungsgericht als Kunstkriterium bemühte Zugehörigkeit einer menschlichen Tätigkeit zur Gattung eines bestimmten Werktyps (s. o. 3. b) aa)) kann allein schon deshalb zur Charakterisierung künstlerischen Geschehens nicht ausreichen, weil auf diese Weise neue Kunstformen „und damit das spezifisch Dynamische" der Kunst nicht erfasst werden können[61] und insbesondere „den Grundzug moderner Kunst, die einen einzigen Prozeß der Auflösung der Werkkategorie darstelle", verkenne: „Seit den Konstruktionen des Kubismus und Futurismus, seit den Readymades und den Materialbildern aller Art zielt eine der wesentlichen Tendenzen moderner Produktion auf Überwindung oder Sprengung herkömmlicher Werkeinheit", wie auch der „Verrat an der Idee des Werks" von jenen „aktionistischen Praktiken" betrieben wird, „die wie das Happening Kunst in einen Vorgang übersetzen wollen ... oder auch mittels mechanischer Vorkehrungen statt des ‚Werks' nur einen permanenten Prozeß in Gang bringen".[62] Überdies vernachlässigt dieser rein formale Kunstbegriff jegliche materiale Kriterien künstlerischen Geschehens und muss so etwa gereimte Verse und auch Photographien ohne Ausnahme als Kunstwerke anerkennen und ist nicht in der Lage, unkünstlerische sprachliche Ausdrücke nur ihrer Reimform wegen von poetischen Kunstwerken zu unterscheiden und ebenso wenig unkünstlerisches Ablichten beliebiger Objekte von künstlerischen Photographien.[63] Deshalb kann auch einer Gerichtsentscheidung nicht zugestimmt werden, derzufolge sprachliche Äußerungen in der Form von Liedtexten „aus dem Genre Gangsta-Rap" (s. o. 3. b) aa)) unbeschadet etwaiger beleidigender oder diffamierender Inhalte allein deshalb als Kunst anzusehen seien, weil sie sich „einer gängigen künstlerischen Ausdrucksform (Musik/Sprechgesang)" bedienen,[64] – aber auch hier gilt: Nicht jeder vertonte Text ist allein deshalb ein von Art. 5 Abs. 3 GG geschütztes musikalisches Kunstwerk. Gleiches gilt für Texte, die in einer bestimmten literarischen Form verfasst werden: Sprachliche Äußerungen in Romanform oder in der Versform des He-

---

[61] Anders läge darin ein „Prämie auf das Gestrige": diese treffende Formulierung von Greifenhagen, zitiert bei *Arnauld* (Fn. 4), § 167, 19.

[62] *Bubner*, Ästhetische Erfahrung, 1989, S. 33 gegen ihn *Schmücker* (Fn. 31), S. 43 ff.

[63] *Arnauld* (Fn. 4), § 167, 19.

[64] AG Tiergarten ZUM 2015, 904 f.

xameter sind nicht allein dieser Form wegen sprachliche Kunstwerke. Werden Büchners Dramen „Dantons Tod" oder „Woyzeck" auch zu Recht als sprachliche Kunstwerke beurteilt, so aber doch gewiss nicht wegen der gewählten literarischen Form des Dramas. Damit wird erneut deutlich (s. o. a)): Selbst die Verfolgung konkreter politischer, weltanschaulicher oder religiöser Ziele kann der Entstehung von Kunst nicht etwa notwendig entgegenstehen, wie etwa die zahllosen Bildwerke religiösen Inhalts (beispielhaft: Jan van Eycks Genter Altar) aufweisen wie aber auch Händels „Messias" und auch dessen Wassermusik (1717 zur Beendigung des spanischen Erbfolgekrieges komponiert), weiter auch z.B. die sozialkritischen Romane oder Schriften in der englischsprachigen Literatur des 19. Jahrhunderts wie etwa „The Pickwick Papers" von Charles Dickens, „Little Lord Fauntleroy" von Frances Hodgson Burnett oder „Uncle Tom's Cabin" von Harriet Beecher Stowe. Damit lässt sich feststellen: Weder bestimmte subjektive Motive oder Absichten menschlicher Urheber irgendwelcher Erfolge noch die Verwendung als künstlerisch anerkannter Werktypen können menschliche Werke als Kunstwerke entscheidend charakterisieren.

c) Nachahmung der Natur (Mimesis) und Wahrheit
als bestimmende Merkmale

aa) Schon bei Platon und Aristoteles wurde die Bedeutsamkeit der Kunst in ihrer mimetischen Leistung erblickt, die Natur nachzuahmen und so ihr Wesen zu erfassen[65], „Schönheit erfahrbar oder göttliche Vollkommenheit sinnfällig" zu machen[66]; nach Adorno wird „die Kraft der Kunstwerke geheim stets noch von Nachahmung gespeist" und so sei „der Widerspruch des Gemachten und des Seienden ... das Lebenselement der Kunst" und zugleich „auch ihre Schande: indem sie ... dem je vorfindlichen Schema der materiellen Produktion folgt und ihre Gegenstände ‚macht', kann sie als seinesgleichen der Frage des Wozu nicht entgehen"[67], die zu verneinen sie aber gerade bezweckt: Im Gegensatz zur „Unvollkommenheit der empirischen Realität" dürfe das Vollkommene der Kunst, als Abstraktion der Realität[68], nicht geworden sein[69], müsse als „nicht gemacht erscheinen", weshalb „die Spur des Machens zu verwischen" sei, was sie „in Konflikt mit der eigenen Idee" bringe, weshalb „die wahren Kunstwerke" jene seien, „welche jenen Widerspruch im Extrem ausprägen und zu sich selber kommen, indem sie daran zugrunde gehen"[70].

---

[65] *Romano Guardini* (Fn. 54), S. 9.

[66] *Schmücker* (Fn. 31), S. 24, 26 f. *Adorno*, Ästhetische Theorie, 9. Aufl. 1989 bei Suhrkamp, S. 77 ff. Ähnlich auch *Kultermann*, Kleine Geschichte der Kunsttheorie, 1998, S. 313: Kunst als „Harmonisierung des Menschen mit seiner ... Lebensumwelt".

[67] *Adorno*, Minima Moralia, 1951, Dritter Teil (1946–1947): Kunstfigur, S. 433, 434.

[68] *Schmücker* (Fn. 31), S 26.

[69] *Adorno*, Minima (Fn. 67): Kunstfigur, S. 433, 436 unter Berufung auf *Nietzsche*, Menschliches, Allzu Menschliches I, Aph. 145, S. 157 f.

[70] *Adorno*, Minima (Fn. 67): Kunstfigur, S. 433, 436 f.

Als ein zur Zerstörung des Kunstwerks führendes Merkmal wird indessen Mimesis nicht als das Merkmal akzeptiert werden können, das Kunst und Kunstwerke charakterisiert – anders liquidierten sich Kunstwerke und damit die Kunst selbst und ließen sich, als zugrunde Gegangene und deshalb nicht Existente, nicht durch irgendwelche Merkmale charakterisieren. Überdies wird dem Mimesis-Merkmal zu recht entgegengehalten, dass „die Wirkung eines Kunstwerks von dessen mimetischer Qualität unabhängig ist", weil anders „nicht nur ein Großteil der Rezipienten für den wahren Rang der Werke blind, sondern solche Blindheit auch durch Kunsterfahrung nicht zu heilen" wäre[71].

bb) Vom Nachahmungsmerkmal aus war der Schritt nicht weit, Kunst als imitatio naturae und als eine „strukturelle Homologie von Kunst und Natur" zu verstehen,[72] aber dieses Verständnis auch durch Bezüge „auf den Wahrheitsbegriff" zu überwinden[73], allerdings nicht auf die traditionellen Wahrheitsverständnisse etwa der Konvergenz- oder Konsenstheorien[74]. Das „Sein" der Kunstwerke ist ihr „Werden",[75] weshalb Kunstwerke „auf Formen verwiesen" sind, die dem „Wahrheitsgehalt der Werke" als eine „diese" (Werke) „Überschreitende(s)" dienen, der diesen Wahrheitsgehalt „von den Momenten seiner Unwahrheit" scheidet[76]. Der Wahrheitsgehalt als „ästhetische Spiritualität" besteht in der Vergeistigung, durch welche „das Kunstwerk an sich" wird: „Sublimierung von Natur".[77] Damit nimmt der Wahrheitsgehalt „die Gestalt eines Sinnesdings"[78] an, welches „der Kunst von nun an als solcher" schon definitorisch zukommt.[79] Das Kunstwerk wird so als „materialisierte Offenbarungswahrheit" verstanden, die „Kunstwerke mit einem transsubjektiven Sinn ausstattet", was dazu führt, die „Kunstwahrnehmung auf einen Mechanismus der Sichtbarmachung vorgegebenen Sinns durch objektzentrierte Kontemplation" zu „reduzieren" und so „Kunst" durch metaphysische Voreingenommenheit zu definieren.[80] Die damit u. a. von Ort, Zeit und psychischer Beschaffenheit der Wahrnehmenden abhängige Kunstwahrheit ist indessen schon ihrer Relativität und Subjektivität, aber auch ihrer Unbestimmtheit wegen intersubjektiv nicht geeignet, die hier gesuchte „kunstspezifische Differenz, die Kunstwerke von anderen Wahrnehmungsgegenständen trennt", auch nur einigermaßen zutreffend zu bestimmen:[81] Die „Kunstwahr-

---

[71] *Schmücker* (Fn. 31), S. 26.

[72] *Adorno*, Ästhetische Theorie (Fn. 66), S. 287.

[73] *Schmücker* (Fn. 31), S. 26 ff. vgl. dazu ferner schon *Adorno*, Minima (Fn. 67): Kunstfigur S. 433, 437: „Dialektik von Wahrheit und Schein".

[74] Vgl. dazu *Gössel*, Ermittlung oder Herstellung von Wahrheit im Strafprozeß?, 2000.

[75] *Adorno*, Ästhetische Theorie (Fn. 66), S. 289; ferner *Gössel*, Grund-Folgeverhältnisse als Bausteine des Strafrechtssystems, FS Yamanaka, 2017, S. 407.

[76] *Adorno*, Ästhetische Theorie (Fn. 66), S. 289.

[77] *Adorno*, Ästhetische Theorie (Fn. 66), S. 293.

[78] *Schmücker* (Fn. 31), S. 25.

[79] *Schmücker* (Fn. 31), S. 27.

[80] *Schmücker* (Fn. 31), S. 42.

[81] *Schmücker* (Fn. 31), S. 64 ff.

heit" kommt deshalb als Kunst und Kunstwerk bestimmendes Merkmal nicht in Betracht.

5. Zwischenergebnis

An dieser Stelle erscheint es möglich, aber auch notwendig, ein erstes Zwischenergebnis der Suche nach den Merkmalen festzuhalten, die den Gegenstand „Kunst" charakterisieren und damit wesentlich bestimmen: Kunst und Kunstwerke sind evident, als eigenständigen Lebensbereichen ist ihnen durch unsere Verfassung ausdrücklich ein nur ihnen gewährter Freiheitsbereich zugewiesen.

Wer sich trotz der bisher erwähnten erfolglosen Versuche in der Rechtsprechung und auch der kunsttheoretischen Diskussion dennoch weiterhin um die kunstspezifische Differenz zwischen Kunst und anderen menschlichen Verhaltensbereichen bemühen will, sieht sich indessen noch einem grundsätzliches Hindernis ausgesetzt. Die erwähnte kunstspezifische Differenz könnte nicht gefunden werden, ließe sich, wie das Bundesverfassungsgericht annimmt, der Gegenstand „Kunst" gerade nicht mit dem „durch einen für alle Äußerungsformen künstlerischer Betätigung und für alle Kunstgattungen gleichermaßen gültigen allgemeinen Begriff umschreiben"[82] – dann gäbe es allenfalls eine Menge verschiedener, je selbständiger „Künste", der vom Grundgesetz mit einem besonderen Freiheitsraum versehene eigenständige Gegenstand „Kunst" würde so konturenlos zerfasert, wäre inhaltlich nicht mehr bestimmbar und würde damit den Begriff „Kunst" bis zur Sinnlosigkeit entleeren[83]. Eben weil die Wirklichkeit des Lebensbereichs „Kunst" zu beachten ist (s.o. vor I.), bedarf es eines intersubjektiven Kunstverständnisses, das „alle konsensuellen Festlegungen transzendiert, aus denen sich für einen bestimmten Zeitpunkt und eine bestimmte Kultur eine bestimmte Zusammensetzung der Klasse der Kunstwerke ergibt"[84]. Deshalb kann dieser Begriff, auch nur im hier allein interessierenden Sinne des Art. 5 Abs. 3 GG, nur einheitlich verstanden werden. Wird so für einen einheitlichen Kunstbegriff plädiert, so kann dennoch nicht übersehen werden, dass etwa musikalische Kunstwerke anders erschaffen, verbreitet und wahrgenommen werden als solche sprachlicher, bildnerischer oder baulicher Art. Diese Unterschiede betreffen indes nur die sinnlich wahrnehmbaren Elemente der jeweiligen Kunstwerke und hindern nicht die Bildung eines allgemeinen, für alle Kunstformen gültigen Kunstbegriffs. „Kunst" lässt sich so als Oberbegriff verstehen, dem sich mehrere Unterbegriffe zuordnen lassen, unterschieden nur durch spezielle weitere Merkmale, die zu denen des allgemeinen Kunstbegriffs hinzutreten.

---

[82] BVerfG NJW 1985, 261, 262 (= BVerfGE 67, 213), Abschnitt C I 2; so schon BVerfG NJW 1971, 1645 (= BVerfGE 30, 173).

[83] A.A. *Häberle*, Die Freiheit der Kunst im Verfassungsstaat, AÖR Band 110 (1985), 577, 599, 600 ff.

[84] *Schmücker* (Fn. 31), S. 112.

Damit ist der Weg frei für einen eigenen Versuch zur Bestimmung jener Merkmale, die künstlerische Tätigkeit von anderen menschlichen Verhaltensweisen unterscheiden.

II. Kunst als sinnlich wahrnehmbare Existenzweise sinnlich nicht erfahrbarer Gegenstände

1. Die Vermittlung der Existenzweise von Kunstwerken durch inhaltliche Bedeutung und Form sinnlich wahrnehmbarer Zeichen

Kunstwerke verwenden sinnlich wahrnehmbare Zeichen in Bedeutungen, die über die Empirie hinausgehen. Inhaltlich kommen sinnlich wahrnehmbaren Zeichen Bedeutungen zu, die auf sinnlich nicht Wahrnehmbares hinweisen: Das künstlerische Abbild „eines einzelnen Tieres oder einer einzelnen Pflanze ist folglich nicht das Bild eines einzelnen Tieres oder einer einzelnen Pflanze, die knechtische Wiedergabe der Natur in den vergänglichen Zufälligkeiten ihrer Individuen; es ist vielmehr das Bild der intelligiblen Art mit all ihren physischen und allegorischen Attributen" und ist nicht das Bild „*eines* Stieres, sondern *des* Stieres":[85] Zeichen eines Allgemeinbegriffs. Was *nur* sinnlich wahrnehmbar ist, kann nicht Kunst sein: „Durch seinen Gegensatz zur Empirie setzt jedes Kunstwerk ... sich seine Einheit. Was durch den Geist hindurchging, bestimmt sich wider die schlechte Naturwüchsigkeit".[86] „Nicht mehr die Natur, nicht mehr der Mensch, sondern die Natur und der Mensch, bezogen auf die Notwendigkeit der absoluten Synthese, bis an jene äußerste Grenze des Essentiellen geführt, an der die Erinnerung erlischt und die Idee entsteht".[87] Bedeutungen und Form dieser Zeichen sind kein zur Kunst „Hinzutretendes", sind vielmehr strukturelle Merkmale von Kunstwerken[88] und verleihen diesen so eine eigene „sichtbare Wirklichkeit", die „gerade in ihrer Sichtbarkeit jene höhere, unsichtbare Wirklichkeit kundtut, auf der das Sichtbare beruht".[89] Kunstwerke gewinnen so eine nur ihnen eigene Existenzweise,[90] die als „Aufsteigen des Geistigen vom Sichtbaren

---

[85] *Rosario Assunto*, Die Theorie des Schönen im Mittelalter, 1963, S. 55.

[86] *Adorno*, Ästhetische Theorie (Fn. 66), S. 277.

[87] *Antonio Calderara*, Pagine, Edition UND, Galerie Schöttle, München 1973, S. 43: „Non più la natura. non più l'uomo, la natura e l'uomo dimensionati nel bisogno della più assoluta sintesi, portati a quell'estremo limite di essenzialità, nel quale finisce il ricordo per aver principio l'idea."

[88] s. *Adorno*, Ästhetische Theorie (Fn. 66), S. 274: „Geist in den Kunstwerken ist kein Hinzutretendes, sondern von ihrer Struktur gesetzt"; vgl. auch *Bubner*, Ästhetische Erfahrung, 1989, S. 63, zitiert nach *Schmücker* (Fn. 31), S. 63.

[89] *Rosario Assunto* (Fn. 85), S. 25.

[90] *Antonio Calderara* (Fn. 87): „Ambizione die una realtà di immagine che non è la realtà ma la più alta, la più astratta, la più pura, la più inventata espressione de quella realtà".

zum Unsichtbaren" verstanden werden kann[91], allgemeiner: vom sinnlich Wahrnehmbaren zum sinnlich Unerfahrbaren. Bedeutung und Form der vom artifex im Kunstwerk je verwendeten sinnlich wahrnehmbaren Zeichen werden damit zu entscheidenden Merkmalen der Existenzweise von Kunstwerken.

2. Inhaltliche Bedeutungen der sichtbaren Zeichen

a) Allegorische Bedeutungen sinnlich wahrnehmbarer Zeichen

„Den 20. ging Lenz durchs Gebirg. Die Gipfel und hohen Bergflächen im Schnee, die Täler hinunter graues Gestein, grüne Flächen, Felsen und Tannen", beginnt Georg Büchner seine unvollendete Novelle „Lenz". Schon die zu Wörtern und Sätzen zusammengefügten Buchstaben besitzen über die bloße sinnliche Wahrnehmung der Buchstaben hinausgehende sinnlich nicht wahrnehmbare Bedeutungen, die mit Adorno auch „Geist" genannt werden könnten. Die das Wort „Lenz" ausmachenden Buchstaben weisen auf etwas hin, was von diesem Wort und den dieses ausmachenden Buchstaben verschieden ist: einen lebendigen Menschen eines bestimmten Namens in einer mit Buchstaben und den davon gebildeten Wörtern vermittelten natürlichen Landschaft, die von ebendiesen Buchstaben und Wörtern verschieden ist – und dieser Mensch und diese Landschaft werden nur in ihrer Bedeutung erkennbar, nicht aber sinnlich wahrnehmbar. Die in dem sprachlichen Kunstwerk „Lenz" verwendeten Buchstaben und Wörter besitzen damit eine über deren sicht- und anschaubare Existenz hinausgehende und davon verschiedene objektive Bedeutung, die als *allegorisch* bekannt ist.[92]

Entsprechendes lässt sich auch für andere als sprachliche Kunstwerke zeigen. Die Goldberg-Variationen werden hörbar, also sinnlich wahrnehmbar, durch die von einem Menschen auf einem Cembalo oder Klavier erzeugten Töne, den darauf erzeugten Klang. Das hörbar Erzeugte ist zugleich, wie ebenso die sichtbare gedruckte Partitur, Zeichen für sinnlich nicht Erfahrbares: die geistige Figur, die Komposition genannt wird, in der Johann Sebastian Bach Töne und Klang zu diesem musikalischen Kunstwerk geformt hat. Töne und Klang besitzen damit eine über das Hörbare hinaus gehende und davon verschiedene allegorische Bedeutung. Auch zwei Beispiele bildhauerischer Allegorien seien erwähnt. Der „Englische Gruß" in St. Lorenz in Nürnberg zeigt in einem rosenkranzähnlichen Schnitzwerk 50 geschnitzte Rosenblüten, die zwei Figuren umgeben: Der Erzengel Gabriel verkündet der erschrockenen und überraschten Maria die Botschaft ihrer Empfängnis Jesu. Die sinnlich wahrnehmbaren Figuren weisen auf den sinnlich nicht wahrnehmbaren Engel (daher missverständlich: englischer Gruß) und die sinnlich ebenso wenig wahrnehmbare Maria und die ihr verkündete Botschaft hin: die allegorische Bedeutung des von

---

[91] *Rosario Assunto* (Fn. 85), S. 25 unter Berufung auf ein (auf S. 155 wiedergegebenes) Zitat von Hugo von St. Viktor.
[92] *Rosario Assunto* (Fn. 85), S. 46 ff.

Veit Stoß geschaffenen Kunstwerks, das eine weitere Allegorie enthält: die Schlange aus der Genesis mit dem Apfel im Maul als Hinweis auf den Sündenfall. Auch Ernst Barlachs „schwebender Engel", ein Bronzeguss im Güstrower Dom und in der Antoniterkirche in Köln mit den Zügen von Käthe Kollwitz, weist allegorisch auf die Gefallenen mindestens des ersten Weltkrieges, wahrscheinlich auch auf den Schmerz einer Mutter über ihren gefallenen Sohn und auf eine Friedensmahnung hin. Für die allegorische Bedeutung der sinnlich wahrnehmbaren Bauwerke darf auf das allgemein bekannte Wort Vitruvs in seinem Werk „De architectura" hingewiesen werden, der die Baukunst als die „Mutter aller Künste" bezeichnete und sie auf die drei sinnlich nicht wahrnehmbaren Prinzipien der Stabilität (firmitas), der Nützlichkeit (utilitas) und der Anmut (venustas) gründete.

Diese Beispiele für die allegorische Sinngebung der Kunstwerke mögen genügen (zur Malerei s. sogleich unter b)). Im Bereich der übrigen Kunstgattungen ließe sich die allegorische Bedeutung leicht aufzeigen, soweit die Kunst nicht schon insgesamt negiert, widerlegt oder sonst sinnlich wahrnehmbare Bedeutungen von Kunstwerken nicht anerkannt werden. Die Vermittlung sinnlich nicht Wahrnehmbaren durch die allegorische Bedeutung sinnlich wahrnehmbarer Zeichen kann allein zur Kennzeichnung eines Kunstwerks aber noch nicht ausreichen: verweisen doch auch andere sinnlich wahrnehmbare menschlichen Tätigkeiten allegorisch auf sinnlich nicht Wahrnehmbares. Schon der bloßen Verwendung von sprachlichen Ausdrücken kommt regelmäßig solche Bedeutung zu wie z. B. bei der ebenso regelmäßigen Verwendung von Allgemeinbegriffen, welche verschieden sind von den sinnlich wahrnehmbaren Objekten, die diesem Begriff unterfallen. Auch im Übrigen weist sinnlich wahrnehmbares tatsächliches Verhalten vielfach auf sinnlich nicht Wahrnehmbares hin: im religiösen Bereich etwa die reale Taufhandlung auf die Gewissheit der christlichen Glaubensgemeinschaft an der potentiellen Teilhabe am ewigen Leben und dieses selbst. Die allegorische Bedeutsamkeit eines menschlichen Werkes kann damit alleine noch nicht zur Kennzeichnung eines Kunstwerks ausreichen, auch wenn sie dessen existentiellen Merkmalen zugehört.

b) Symbolische und anagogische Bedeutung

aa) Eine der bekanntesten bildhaften Darstellungen in christlichen Kunstwerken (Wand- und Buchmalerei, Skulpturen) ist die Maiestas Domini (Rex Gloriae): In einem von vier Lebewesen umgebenen Oval ist eine auf einem Thron oder einem Halbkreis (Regenbogen, Erdkreis) sitzende Gestalt dargestellt, deren Füße auf einem kleinen Halbkreis ruhen. Diesen Darstellungen sind *allegorische* Bedeutungen zugeordnet: Die im Oval (Mandorla) dargestellte Gestalt ist ein Zeichen für Christus, der auf dem Weltall thront und die Erde als Ruhebank seiner Füße nutzt[93], die die Mandorla umgebenden Darstellungen weisen auf die vier Evangelis-

---

[93] Jes. 66, 1: „So spricht der Herr: Der Himmel ist mein Stuhl und die Erde meine Fußbank."

ten hin, die auch Evangelistensymbole genannt werden: Mensch oder Engel *symbolisieren* Matthäus und die dadurch symbolisierte Menschwerdung Christi, auf Lukas (und den Opfertod Christi) weist ein Stier hin, der Löwe auf Markus und die Überwindung des Todes in Christi Auferstehung, endlich Taube oder Adler auf Johannes und die Himmelfahrt Christi.[94]

Weil die allegorische Bedeutung sinnlich wahrnehmbarer Zeichen (Abbildungen) noch nicht ausreicht, Kunst hinreichend zu kennzeichnen, müssen weitere Bedeutungen sinnlich wahrnehmbarer Zeichen als die Kunst potentiell kennzeichnend in Betracht gezogen werden (s. o. vor b)). Der soeben erwähnten symbolischen Bedeutung sinnlich wahrnehmbarer Zeichen nachzugehen, führt wegen der nicht selten synonym verwendeten Begriffe von Allegorie und Symbol als „Sinnbild"[95] oder „Wahrzeichen" in Schwierigkeiten, aber auch wegen ihrer kontroversen Diskussion und Bestimmung in der kunsthistorischen wie der philosophischen Literatur. Kann diesen Schwierigkeiten auch hier nicht nachgegangen werden, so lässt sich doch die bisherige Diskussion dahin deuten, dass im Begriff der Allegorie das Zeichen und seine Bedeutung deutlich als voneinander verschiedene Gegenstände verstanden werden, während im Symbol „eine innere und äußere Einheit von Zeichen und Bedeutung gewahrt wird".[96] Daraus erhellt, dass auch für uns Heutige schon im Mittelalter vertretene Auffassungen von lebendiger Bedeutsamkeit sind, denen zufolge die Anschauung eines Kunstwerks „zur Erkenntnis bestimmter Ideen" führen und den Anschauenden „zu bestimmten Verhaltensweisen" veranlassen soll.[97] Darin liegt die anagogische Bedeutung der im Kunstwerk verwendeten Zeichen und des Kunstwerks selbst: Die Anschauenden sollen dazu gebracht werden, „Stellung zu nehmen", dadurch „in höchste Spannung versetzt" und zur „äußersten Anspannung aller Interessen", um Vorstellungen und Emotionen zu „entfesseln" wie etwa „Entzücken oder Schrecken".[98] Anschaulich beschreibt Romano Guardini diesen Vorgang für uns Heutige: Der Betrachter von Kunstwerken soll „sich berührt" fühlen, „durch die besondere Eigenschaft der im Kunstwerk verwendeten Zeichen („Linien, Farben und Bewegungen") soll er „offen und empfänglich ..., wach, gespannt und tatbereit" werden und in diesem „von der flüchtigen Schwingung bis zum leidenschaftlichen Er-

---

[94] Vgl. z. B. *Sachs/Badstübner/Neumann*, Christliche Ikonographie in Stichworten, 1973, S. 243, Stichwort: Maiestas Domini.

[95] So Duden Band 1, 24. Aufl., Stichwörter „Allegorie" und „Symbol", Band 5, 9. Aufl., Stichwörter „Symbol" und „allegorisch"; vgl. ferner *Wittkower*, Die Interpretation visueller Symbole in der bildenden Kunst, in: Kaemmerling (Hrsg.), Bildende Kunst als Zeichensystem. Ikonographie und Ikonologie, 1979, S. 226, 240 f., 244 einerseits und andererseits S. 1, 249, 255 und schon Titel.

[96] Eine der besten Übersichten über die Diskussion dürfte wohl das elektronische Lexikon „Wikipedia" bieten (abrufbar über https://de.wikipedia.org/wiki/Allegorie, einfacher über Google/Symbol zu erreichen) Abschnitt 1.2; vgl. auch den dortigen Hinweis auf *Walter Benjamin*: „Das Symbol ist die Identität von Besonderem und Allgemeinen, die Allegorie markiert ihre Differenz" (gesammelte Schriften, Frankfurt/M., Band 1, Suhrkamp 1987, S. 352).

[97] *Rosario Assunto* (Fn. 85), S. 26.

[98] *Rosario Assunto* (Fn. 85), S. 31 f.

faßt- und Beherrschtsein" reichenden Zustand „eignet ihm die doppelte Eigenschaft der Empfänglichkeit und Tätigkeit zugleich".[99] Die derart verstandene anagogische Bedeutung setzt voraus, dass der Anschauende nicht bloß die allegorische Bedeutung der im Kunstwerk verwendeten Zeichen erfasst, sondern zudem auch jenen sinnlich nicht erfahrbaren Gegenstand selbst, auf den das Zeichen allegorisch verweist – und sich für den Anschauenden so Allegorie zu dem als Einheit des Zeichens mit seiner Bedeutung verstandenen Symbol wandelt, das den Betrachter – anagogisch – zur und durch Auslösung psychischer Erscheinungen tätig werden lässt.

bb) Im Ausgangsbeispiel der Maiestas Domini lässt sich die anagogische Bedeutung der bildhaften Zeichen leicht zeigen. Die Darstellung Christi in der Mandorla lässt sich symbolisch als die Begegnung des Betrachters mit Christus als seinem Erlöser deuten, und, wenn vom Gesicht Christi ein Schwert (allegorisch: das Schwert des Gerichts) ausgeht, als die symbolische Konfrontation des Betrachters mit seinem Richter und seiner Stellung vor dem Jüngsten Gericht und damit vor dem Weltenrichter Christus, eine Konfrontation, die für den Betrachter – anagogische Bedeutung – erfassbar, innerlich erlebbar wird mit allen Konsequenzen für sein künftiges Verhalten in dieser Welt. Ähnliches gilt für die Evangelistensymbole, welche die Mandorla umgeben: Hier werden dem Betrachter die entscheidenden Inhalte der christlichen Glaubenslehre erlebbar, ebenfalls mit allen Konsequenzen für sein künftiges Verhalten: Geburt und Menschwerdung des Erlösers Christus, dessen Opfertod und Überwindung des Todes in der Auferstehung und Himmelfahrt.

Auch in anderen Kunstwerken lässt sich die anagogische Bedeutung der verwendeten Symbole aufzeigen.

> „Gefährlich ist's den Leu zu wecken,
> verderblich ist des Tigers Zahn,
> jedoch der schrecklichste der Schrecken,
> das ist der Mensch in seinem Wahn.
> Weh denen, die dem Ewigblinden
> des Lichtes Himmelsfackel leihn!
> Sie strahlt ihm nicht, sie kann nur zünden
> und äschert Stadt und Länder ein."

Unter dem Eindruck der französischen Revolution symbolisiert Schiller in seiner „Glocke" in diesen Wörtern menschliche Vorstellungen und deren verheerende Folgen und lässt uns diese – anagogische Bedeutung – erlebbar werden, auch hier mit allen Konsequenzen für unser künftiges Verhalten. Und auch in Schillers Wallenstein werden allegorische, symbolische und anagogische Bedeutung der verwendeten Wortzeichen[100] derart überdeutlich, dass dies keines Nachweises bedarf:

---

[99] *Romano Guardini* (Fn. 54), S. 8.
[100] *Schiller*, Wallensteins Tod, 1799, Erster Aufzug, Vierter Auftritt: aus Wallensteins Monolog.

> „Ein unsichtbarer Feind ists, den ich fürchte,
> der in des Menschen Brust mir widersteht,
> durch feige Furcht allein mir fürchterlich –
> nicht was lebendig, kraftvoll sich verkündigt,
> ist das gefährlich Furchtbare. Das ganz
> Gemeine ists, das ewig Gestrige,
> was immer war und immer wiederkehrt
> und morgen gilt, weils heute hat gegolten!
> Denn aus Gemeinem ist der Mensch gemacht,
> und die Gewohnheit nennt er seine Amme."

Auch in den Werken anderer Kunstgattungen lassen sich die erwähnten Bedeutungen der je verwendeten Zeichen aufzeigen. Angesichts der auch für Festschriftbeiträge notwendigen Begrenzung sei dies hier nur noch für musikalische Kunstwerke mit dem Beispiel des bereits früher erwähnten d-moll Klavierkonzerts von Mozart erwähnt: Die sinnlich nicht erfahrbare Komposition gewinnt erst im Hörer Gestalt und Leben und wirkt so auf ihn ein, ihn damit verändernd.

cc) Erweisen sich so die erwähnten allegorischen, symbolischen und anagogischen Bedeutungen sinnlich wahrnehmbarer Zeichen als existentielle Merkmale eines jeden Kunstwerks, so können diese aber auch in ihrem Zusammenwirken noch nicht zur Bestimmung von Kunstwerken ausreichen: Auch anderen als künstlerischen menschlichen Werken können diese Bedeutungen zukommen: Wissenschaftliche Werke sind z. B. durch die Entwicklung theoretischer Modelle und Gebilde allegorisch wie symbolisch bedeutsam, aber auch anagogisch und können so auf die Vorstellungen der davon Kenntnis Nehmenden Einfluss nehmen, und sie, deren Kenntnisstand verändernd, tätig werden lassen. Gleiches gilt z. B. auch für technische Erzeugnisse und mindestens teilweise auch für solche des Handwerks. Die Suche nach der „kunstspezifischen Differenz" (s. o. I. 4. c) bb)) muss damit fortgesetzt werden; nach den bisher berücksichtigten inhaltlichen Bedeutungen der je im und zum Kunstwerk verwendeten Zeichen sei nun auf deren bereits früher als relevant erwähnte Form (s. o. 1.) eingegangen.

3. Die Bedeutung der Form des Kunstwerks und seiner Zeichen

a) „Jener Stein oder dieses Holz ist mir ein Licht", bekennt Johannes Duns Scotus[101] in seinen Betrachtungen über die objektive Anschaubarkeit der Kunstwerke, und erkennt damit im Kunstwerk ein „ein Stück Materie", deren „die Sinne ansprechenden Eigenschaften" vom artifex in ihrer Gesamtheit „zur Geltung" gebracht[102] werden, so dass dem Betrachter „die Eigenschaften, die der Geist bei der Betrachtung eines Steines oder eines Holzklotzes abstrahiert", unmittelbar anschaulich werden und so den Geist des Betrachters – lumen est – zur Erkenntnis der wesentlichen all-

---

[101] „Lapis iste vel hoc lignum mihi lumen est", zitiert nach *Rosario Asunto* (Fn. 85), S. 144.
[102] *Rosario Asunto* (Fn. 85), S. 51.

gemeinen (universalen) Eigenschaften der Materie des „opus artificiale" erleuchten[103]: Lassen sich doch das Material, aus dem das Kunstwerk verwirklicht wird" und die dazu benutzten Techniken als „einfache Träger des geistigen Abbildes" verstehen, „in dem das Kunstwerk besteht", wie etwa „für ein literarisches Werk die Lettern, das Papier und der Einband".

b) Die Form eines Kunstwerks erschöpft sich indessen nicht in der Anschaubarkeit der universalen Eigenschaften der verwendeten Materie (Stein, Holz, Metall etc.). Beispielhaft: Die Bilder blühender Wiesen in der Marmordekoration des Fußbodens der Capella Palatina in Palermo werden „in eine andere Materie überführt", „zu deren besonderen Eigenschaften ... die unveränderliche Dauer zählt, eine die Zeiten überdauernde Beständigkeit"[104]. In der Formung durch den artifex greift die so geschaffene „andere" Materie auf die inhaltlichen Bedeutungen der als Material verwendeten sinnlich wahrnehmbaren Zeichen über und macht dem Betrachter ein nur geistig, also nicht sinnlich erfahrbares Bild „intelligibler Art" erfahrbar, das von den physischen Merkmalen der je verwendeten Zeichen abstrahiert und deren allegorische, symbolische und anagogische Bedeutung mit umfasst,[105] so in eine neue, eigenständige Realität und Seinsweise verwandelt wird.

III. Die Metamorphosen des sinnlich Wahrnehmbaren in sinnlich nicht Wahrnehmbares im Kunstwerk

Damit ist ein wesentliches Ziel der hier angestellten Überlegungen erreicht. Mit der Metamorphose sinnlich erfahrbarer Materie in die andere Seinsweise eines Gebildes rein geistiger Natur ist die hier gesuchte kunstspezifische Differenz aufgespürt. Was aber sind die Voraussetzungen dieser Metamorphose?

1. Die Beständigkeit des Kunstwerks

Gänzlich verneint wird die Beständigkeit oder Dauerhaftigkeit als Merkmal von Kunstwerken von jenen, die mit ihren Werken die Nichtexistenz der Kunst aufzeigen wollen oder sonst negieren (s. o. I. 2.). Auch Adorno zählt das „Bleiben" der Kunstwerke nicht zu deren wesentlichen Merkmalen, wohl aber als dem Begriff der Form zugehörig.[106] Bedenkt man zudem jene artifices, welche die Unbeständigkeit ihrer artefacte intendieren oder damit die Beseitigung der Kunst erstreben (s. o. I. 2. b)), so wird fraglich, ob Kunstwerken die soeben unter II. 3. b) erwähnte unveränderliche

---

[103] *Rosario Asunto* (Fn. 85), S. 51 f.

[104] *Rosario Asunto* (Fn. 85), S. 54.

[105] *Rosario Asunto* (Fn. 85), S. 55. Vgl. auch die Rechtsprechung des BFH, die nach einen Mitteilung von *Roemer-Blum* (Fn. 10), S. 9, 11, für einen künstlerischen Charakter „eine über die Darstellung der Wirklichkeit hinausgehende Aussagekraft" verlangt.

[106] *Adorno*, Ästhetische Theorie (Fn. 66), S. 264 f.

Dauer wesentlich ist. Juristen und die Rechtsordnung geraten so in erhebliche Schwierigkeiten.

a) Rechtsordnung und Juristen dürfen zwar den eigenständig strukturierten Lebensraum „Kunst" rechtlich regeln, aber darin nicht wesensbestimmend eingreifen: Juristen und Rechtsordnung können keinen Lebensbereich, auch nicht den der Kunst, selbst als deren Schöpfer hervorbringen, dürfen diesen Lebensbereich lediglich normativ regeln (s. o. vor I.) – schon Versuche einer verbindlichen Definition, wie sie in Zeiten von Diktaturen tatsächlich, mehr oder weniger erfolgreich, unternommen wurden, sind als verfehlte Anmaßung zurückzuweisen. Ob Kunstwerken eine unveränderliche Dauer zukommt, kann theoretisch diskutiert, aber niemals verbindlich festgelegt werden – welchen künstlerischen Tätigkeiten und welchen derer Ergebnisse aber welcher rechtlicher Freiheitsraum gewährt wird, darf und muss der Gesetzgeber unter Beachtung rechtsstaatlicher Grundsätze regeln.

Der Grundrechtskatalog unseres Grundgesetzes lässt erkennen, dass Freiheitsräume zur Wahrung unverzichtbarer menschlicher Bedürfnisse als Rechtsgüter gewährt werden, in die nur unter den bekannten rechtsstaatlichen Voraussetzungen eingegriffen werden darf. Die hier untersuchte Fragestellung lässt sich daher präzisieren: Kann allen denkbaren Kunstwerken der in Art. 5 Abs. 3 GG gewährte Freiheitsraum gewährt werden oder nur jenen, denen das Merkmal einer unveränderlichen Dauer zukommt? Dabei muss bedacht werden, dass der Künstler in jeder denkbaren künstlerischen Tätigkeit denknotwendig seine Persönlichkeit unter dem Schutz der in Art. 2 Abs. 1 GG gewährten allgemeinen Handlungsfreiheit frei entfaltet, insoweit allerdings durch die dort genannten Schranken (Rechte anderer, verfassungsmäßige Ordnung, Sittengesetz) beschränkt ist; möglich ist es auch, in künstlerischer Form seine Meinung frei zu äußern, jedoch ist das Recht der freien Meinungsäußerung begrenzt durch die Schranken der allgemeinen Gesetze, der Bestimmungen über den Jugendschutz und über die Wahrung der persönlichen Ehre (Art. 5 Abs. 1 und 2 GG). Damit lässt sich die hier entscheidende Frage weiter präzisieren: Können aus der Menge aller denkbaren Kunstwerke nur jene nach Art. 5 Abs. 3 GG geschützt und deshalb von den Schranken der Art. 2 Abs 1, Art. 5 Abs. 2 GG befreit sein, denen eine unveränderliche Dauer zukommt?

b) Mit der Anerkennung der sinnlich unerfahrbaren eigenständigen Seinsweise von Kunstwerken als nur geistig verstehbarer intelligibler Bilder (s. o. II. 3. b)) ist indessen deren Unabhängigkeit von Raum und Zeit notwendig verbunden: Mag diesen Dimensionen auch ein gewisser Einfluss auf die Erkenntnis dieser intelligiblen Bilder zukommen, so sind doch geistige Vorgänge den Schranken von Raum und Zeit nicht unterworfen – die unveränderliche Dauer eines Kunstwerks wird damit zur unverzichtbaren Voraussetzung der von Art. 5 Abs. 3 GG gewährten Freiheit, damit auch der von den Schranken der Art. 2 Abs. 1, 5 Abs. 2 GG. Die unveränderliche Dauer kommt auch der Darstellung musikalischer Kunstwerke zu, wie sich schon aus deren beliebiger Wiederholbarkeit ergibt, auch wenn sie durch die jeweilige Aufführungsdauer nur zeitlich begrenzt dargeboten werden: Das in diesen Aufführungen

Hörbare verweist auf das unveränderliche intelligible Gebilde und damit auf die jeweilige selbstständige Seinsweise der jeweiligen Komposition (s. o. II. 2. a)). Für andere Arten der darstellenden Kunst (s. o. I. 2. b)) gilt Entsprechendes.

Wird die unveränderliche Dauer als ein Merkmal anerkannt, das einem Kunstwerk notwendig zukommt, ist es nicht mehr möglich, solchen Happenings, die durch intendierte Unbeständigkeit charakterisiert sind und oft an Ort und Stelle verbraucht oder vernichtet und niemals mehr aufgeführt (s. o. I. 2. b)) werden, den Schutz des Art. 5 Abs. 3 GG zu gewähren: Damit geht die Freiheit des Künstlers zur Schaffung von artefacten ohne unveränderliche Dauer nicht etwa verloren: Er genießt nach wie vor den Schutz der allgemeinen Handlungsfreiheit und gegebenenfalls auch den der Meinungsfreiheit bei der Schaffung von Werken, denen keine unveränderliche Dauer zukommt – dass er insoweit die verfassungsrechtlich normierten Grenzen dieser Freiheiten in Art. 2 Abs. 1, 5 Abs. 2 GG einhalten muss, wird nicht als unverhältnismäßige Einschränkung künstlerischer Tätigkeit betrachtet werden können: sind doch auch die in Art. 5 Abs. 3 GG gewährten Freiheiten nicht als schrankenlose Rechte gewährt, die, mit den Worten des Bundesverfassungsgerichts, „eine wertgebundene Ordnung nicht anerkennen" kann[107] (s. o. vor I.).

2. Das Verhältnis zwischen Form und Inhalt im Kunstwerk

Die Metamorphose der sinnlich erfahrbaren Materie in die geistige Seinsweise (s. o. II. 3.) und damit die Entstehung des Kunstwerks setzt voraus, dass das vom artifex verwendete sinnlich wahrnehmbare Material durch seine Art und Formung auch in der Lage ist, den jeweiligen Betrachter jenes geistige Abbild erkennen lassen, welches die inhaltliche Bedeutung der je verwendeten Zeichen (des Materials) ausmacht (s. o. II. 3. a)): Der Artifex muss die der je bearbeiteten „Materie innewohnenden Eigenschaften" betonen und diese Materie „zur Erscheinung ihres reinen universalen und intelligiblen Bildes" zur Anschauung bringt.[108]

Das lässt sich schon in den o. I 1 erwähnten baulichen Kunstdenkmälern aufweisen, von denen hier nur die abendländischen Klosterbauten beispielhaft erwähnt werden können. Wolfgang Braunfels weist treffend darauf hin: In den romanischen Klöstern der Zisterzienser und der Kluniazenser sind „die Würde der Äbte von Cluny und die Askese des Hl. Bernhard ... Form geworden", wie auch in späterer Zeit die Klöster „zu Deutungen von Ordensregeln im Geiste sich wandelnder Zeiten" wurden[109]. Die sinnlich wahrnehmbaren Bauten deuten damit durch ihre Formung auf die sinnlich nicht wahrnehmbare Struktur und Ordnung klösterlichen Lebens hin und überführen so die sichtbaren Bauwerke in die andere, eigenständige Seinsweise eines Gebildes rein geistiger Natur (s. o. II. 3. b)), wie dies in der Utopie von St. Gallen, dem für den Klosterbau vorbildhaft wirkenden intelligiblen Plan „frühmittelalterlicher

---

[107] BVerfG NJW 1978, 2235, 2237

[108] *Rosario Asunto* (Fn. 85), S. 51.

[109] *Wolfgang Braunfels*, Abendländische Klosterbaukunst, 1969, S. 12.

Benediktinerarchitektur", nur in sinnlich wahrnehmbaren Zeichen beschrieben, aber nie baulich verwirklicht und nicht nur deshalb sinnlich auch nicht wahrgenommen werden konnte[110]. In ähnlicher oder entsprechender Weise verweisen die sinnlich wahrnehmbaren Bauten aller baulichen Kunstwerke auf ein sinnlich nicht wahrnehmbares geistiges Gebilde und überführen diese so in die den Kunstwerken eigenständige Seinsweise (s. o. II. 3. b)), was aufzuzeigen indessen hier aus Gründen räumlicher Beschränkung dieses Beitrags nicht mehr geleistet werden kann. Für bildhauerische und musikalische Kunstwerke gilt Gleiches, wie aber zudem für bildhafte und auch sprachliche Kunstwerke.

3. Auswirkungen auf die Bestimmung von „Kunst" in Art. 5 Abs. 3 GG

Ziel dieses Beitrags ist es zu erkennen, was unter Kunst i.S. des Art. 5 Abs. 3 GG und damit unter deren Freiheit ohne Bindung an die Schranken der Art. 2 Abs. 1, 5 Abs. 2 GG zu verstehen ist (s. o. vor I.). Dabei wurden sowohl materiale (s. o. II. 1., 2.) als auch formale (s. o. II. 2.) Kriterien herausgearbeitet, welche es erlauben, aus der kaum übersehbaren Menge menschlicher Verhaltensweisen im Lebensbereich Kunst jene auszusondern, die dem in Art. 5 Abs. 3 GG verwendeten Begriff „Kunst" subsumiert werden können. Damit können nun einige wesentliche Fragen beantwortet werden, die hier bisher lediglich gestellt oder sonst noch nicht beantwortet wurden.

Der oben vor A erwähnte Anspruch Einzelner, Kunstwerke zu schaffen, dies sei vorab erwähnt, kann schon im Rahmen der allgemeinen Handlungsfreiheit und dem der freien Meinungsäußerung (Art. 2, 5 GG) verfolgt werden. Jedoch kann der von den den vorgenannten Grundrechten gesetzten Schranken befreiende Schutzbereich des Art. 5 Abs. 3 GG nicht in jedem Fall eröffnet werden, insbesondere nicht durch den bloßen Anspruch, mit einem bestimmten Verhalten Kunstwerke zu schaffen,[111] auch nicht durch bloße Publikations- oder Verkaufserfolge: Wie weder künstlerisches Wollen noch sonstige subjektive Merkmale der artifices allein ein menschliches Verhalten und dessen Produkt als „Kunst" i.S. des Art. 5 Abs. 3 GG charakterisieren können (s. o. I. 4. a)), so auch nicht dessen objektive wirtschaftliche Bedeutung, mag sich diese auch in Ausstellungs- und Verkaufserfolgen oder auf sonstige Weise zeigen (s. o. vor I.).

Auch die Vornahme von Liegestützen auf einem Altar einer christlichen Kirche kann nicht als ein von Art. 5 Abs. 3 GG geschütztes Verhalten anerkannt werden

---

[110] *Wolfgang Braunfels* (Fn. 109), S. 52 ff.
[111] So auch *Arnauld* (Fn. 4), § 167, 40: „Die subjektive Sicht eines einzelnen allein" kann „keine soziale Anerkennung … vermitteln". Vgl. auch *Häberle* (Fn. 83) S. 599, der die „Relevanz des Selbstverständnisses des Künstlers" durch das „Fremdverständnis' der Kunst Empfangenden" begrenzt sieht.

(s. o. I. 3. b) bb))[112]. Darin kann lediglich die Bedeutung körperertüchtigenden Verhaltens erkannt werden – die diesem Verhalten von seinem Urheber zugesprochene Bedeutung eines Protestes gegen bestehenden Leistungsdruck ist objektiv nicht erkennbar: Es fehlt an der hier als notwendig erkannten Metamorphose sinnlich wahrnehmbarer Körperbewegungen in eine eigenständige geistige Seinsweise (s. o. II 3 b). Wer im Rahmen einer „performance" in schwarz-rot-goldener Bemalung unter Absingen der deutschen Nationalhymne einem Wellensittich erhebliche Schmerzen und Leiden zufügt, weist durch solches Verhalten entgegen seiner Absicht noch nicht auf die „Passivität beispielsweise bei der Mißhandlung von Frauen, Kindern aber auch anders Denkender zur Zeit des Dritten Reiches" hin: Dieses Verhalten lässt solche, eher fernliegende, Zusammenhänge nicht erkennen und kann dieses Verhalten damit nicht in die Seinsweise eines Gebildes intelligibler Art überführen, die einem Kunstwerk notwendig zukommt (s. o. II. 3. b)). Entgegen dem AG Kassel ist deshalb der Freispruch von einem Verstoß gegen § 18 TierSchG verfehlt. Schon die Auffassung des Amtsgerichts, Art. 5 Abs. 3 GG sei ein Spezialgesetz zum Tierschutzgesetz, erscheint mehr als fragwürdig:[113] Dogmatisch vertretbar erschiene allenfalls die Berufung auf einen vernünftigen Grund i.S. des § 18 Abs. 1 TierSchG, die bei der hier gegebenen Sachlage aber ausscheiden dürfte.

IV. Ergebnisse in Leitsätzen

1. Kunst gehört einem von der Rechtsordnung verschiedenen Lebensbereich zu und kann rechtlich nicht verbindlich festgelegt werden. Die Rechtsordnung kann diesen Lebensbereich aber durch rechtliche Regeln ordnen, einzelnen Gegenständen dieses Bereichs bestimmte rechtliche Folgen zuordnen, insbesondere Inhalt und Umfang der Kunstfreiheit bestimmen, muss dabei aber Inhalt, Umfang und Struktur dieses Lebensbereich beachten.

2. Art. 5 Abs. 3 GG gewährt die Freiheit der Kunst nur jenen Gegenständen, die bestimmte inhaltliche und formale Merkmale aufweisen und so eine eigenständige Seinsweise intelligibler, rein geistiger Natur gewinnen.

3. Kunstwerke i.S. des Art. 5 Abs. 3 GG verwenden materiale Zeichen, denen inhaltlich eine allegorische, symbolische und anagogische Bedeutung zukommt und die formal diese inhaltlichen Bedeutungen erkennen lassen und unveränderlich beständig sind.

4. Menschlichen Werken, die von Art. 5 Abs. 3 GG nicht erfasst werden, können die von der allgemeinen Handlungsfreiheit und der freien Meinungsäußerung garantierten Freiräume in deren Umfang zukommen.

---

[112] So treffend AG Saarbrücken v. 17. 1. 2017 – a.A. aber LG Saarbrücken v. 10. 7. 2017; s. auch www.faz.net.

[113] AG Kassel NStZ 1991, 443.

Unerfüllbare Versprechen im (Jugend-)Strafrecht – ein Essay in vier Punkten

Von *Klaus Hoffmann-Holland*

Das 100-jährige Jubiläum der Deutschen Vereinigung für Jugendgerichte und Jugendgerichtshilfen e.V. (DVJJ) wird mit dem 30. Deutschen Jugendgerichtstag 2017 in Berlin gefeiert.[1] Die Wahl der Stadt ist nicht überraschend, wurde die DVJJ doch auf dem vierten Jugendgerichtstag 1917 in Berlin-Charlottenburg gegründet.[2] Doch auch der Tagungsort an der Freien Universität passt gut zur DVJJ. Hier sprach John F. Kennedy am 26. Juni 1963 und ordnete seine Rede nach den Leitbegriffen der Freien Universität: Freiheit, Wahrheit, Gerechtigkeit.[3] Diese Prinzipien entsprechen auch dem Anspruch der DVJJ. Schon das Tagungsmotto des 30. Jugendgerichtstages, „Herein-, Heraus-, Heran- – Junge Menschen wachsen lassen" verspricht eine Perspektive der Freiheit. Gerechtigkeit findet sich in dem Anspruch der Jugendgerichtsbewegung, den Besonderheiten der Jugendlichkeit gerecht zu werden.[4] Und Wahrheit erfordert, wie Kennedy es ausdrückt, „dass wir den Tatsachen ins Auge sehen, dass wir uns von Selbsttäuschung freimachen, dass wir uns weigern, in bloßen Schlagworten zu denken".[5] Die DVJJ fragt nach einem Jugendstrafrecht, dessen Wirkungen überprüfbar sind.

Damit ist allerdings auch ein Versprechen verbunden: Das Jugendstrafrecht ist entstanden, um Unzulänglichkeiten des allgemeinen Strafrechts im Umgang mit jungen Menschen zu überwinden und bessere Lösungen anzubieten. In einer Wahlkampfrede auf der Midwest Farm Conference in Des Moines, Iowa, am 21. August

---

[1] Das Manuskript basiert auf den Notizen zu einem Grußwort, dass der Verfasser zum 30. Jugendgerichtstag beisteuern durfte. Der Jubiläumsjugendgerichtstag, der zugleich das 100jährige Jubiläum der Gründung der DVJJ markiert, fand glücklicherweise an der Freien Universität Berlin statt, an der Klaus Rogall seit 1990 wirkte.

[2] *Hans-Jürgen Miller*, Begrüßung zu „100 Jahre Jugendgerichte und Jugendgerichtshilfen" am 17. Juni 2008, http://www.dvjj.de/sites/default/files/medien/imce/documente/veranstaltungen/dokumentationen/100jahre/miller.pdf.

[3] *John F. Kennedy*, Address by the President of the United States of America, June 26, 1963, in: Presse- und Informationsstelle der Freien Universität Berlin (Hrsg.), John F. Kennedy, Robert F. Kennedy, Reden an der Freien Universität Berlin, 1996, S. 3 (6 ff.).

[4] *Olaf Rahmstorf*, Sind Polizisten die besseren Sozialpädagogen? Eine Institutionsanalyse zum Modellprojekt „Haus des Jugendrechts", 2005, S. 39 f.

[5] *John F. Kennedy* (Fn. 3), S. 6: „First, what does truth require? It requires us to face the facts as they are, not to involve ourselves in self deception; to refuse to think merely in slogans.", im Text zitiert ist die Übersetzung auf S. 12.

1960 sagte der damalige Senator John F. Kennedy: „I would rather be accused of breaking precedents – than breaking promises." Lieber von Präzedenzfällen abweichen, als Versprechen nicht zu halten. Gehaltene Versprechen können die Brücke vom normativen Anspruch in die faktische Wirklichkeit schlagen. Werden Versprechen aber nicht gehalten, ja sind sie unerfüllbar, wirken sie destabilisierend, auch im Recht. Strafrecht und Jugendstrafrecht sind voller Versprechen. Im Folgenden soll der Versuch unternommen werden, einige unerfüllbare Versprechen in Strafrecht und Jugendstrafrecht aufzuspüren und ihre Wirkung auf das (Jugend-)Strafrecht zu skizzieren. Angesichts der Vielgestaltigkeit dessen, was (Jugend-)Strafrecht heute ist, kann dies allenfalls ein Essay sein. Dabei soll zunächst als Ausgangspunkt die Idee des gerechten Schuldausgleichs im allgemeinen Strafrecht (I.), sodann als Kontrapunkt die spezialpräventive Ausrichtung des Jugendstrafrechts (II.) und als Wendepunkt die Einführung des sog. Warnschussarrestes (III.) betrachtet werden, woraufhin als Standpunkt die Frage nach einer Destabilisierung des Jugendstrafrechts durch leere Versprechen aufgeworfen wird (IV.).

I. Ausgangspunkt: Der gerechte Schuldausgleich

Ausgangspunkt der Betrachtung ist die Tatschuldorientierung des allgemeinen Strafrechts. Darin liegt eine besondere Stärke. Strafe setzt Schuld voraus und muss auch proportional zu ihr begrenzt werden können. Indes kann – wenn über diese Begründungs- und Begrenzungsfunktion hinausgegangen wird – damit ein unerfüllbares Versprechen verknüpft werden. Die Strafe im allgemeinen Strafrecht soll – so können wir es in vielen Urteilen und Kommentaren nachlesen – die Aufgabe haben, einen gerechten Schuldausgleich herbeizuführen. So heißt es unter Hinweis auf die ständige Rechtsprechung beispielsweise in einer jüngeren Entscheidung des 1. Strafsenates des BGH, ein Eingriff des Revisionsgerichts in die Details der Strafzumessung käme in Betracht, „wenn sich die verhängte Strafe nach oben oder unten von ihrer Bestimmung löst, gerechter Schuldausgleich zu sein".[6]

Mit dieser Maßgabe lässt sich in der Praxis durchaus arbeiten. Beispielsweise wird die Abweichung in der Strafzumessung als zu groß angesehen, wenn „bei der Bemessung der Strafe wesentliche Elemente des Tatbildes außer Betracht gelassen" wurden, nach denen die Tat „weit über die Voraussetzungen der erfüllten Vorschriften des Strafgesetzbuches" hinausgeht, und lediglich „eine Freiheitsstrafe von nur 3 Monaten über der gesetzlichen Mindeststrafe" ausgesprochen wurde.[7] Dabei wird aber der Maßstab nicht direkt aus einem Ausgleich der Schuld entwickelt, sondern aus Abweichungen von der Untergrenze im Strafrahmen, den der Gesetzgeber bereitstellt. Die Argumentationsmuster bei entsprechenden Entscheidungen orientieren sich an Einzelaspekten, die nicht unmittelbar auf einen Ausgleich bezogen wer-

---

[6] BGH, Beschl. v. 10.5.2016, 1 StR 119/16, BeckRS 2016, 10692, Rn. 7 m.w.N.
[7] BGH NStZ 2000, 307 zur Strafzumessung beim Landfriedensbruch.

den können.⁸ Auf einen Ausgleich wird begrifflich nur im Ergebnis, nicht in der Herleitung, Bezug genommen.

Mit den Grenzziehungen können unsachgemäße Abweichungen erkannt werden. Aber gerechten Ausgleich von Schuld vermögen sie tatsächlich nicht zu garantieren. Dabei muss anerkannt werden, dass die Idee des gerechten Schuldausgleichs rational begründbar ist. Dies haben von Hirsch und Jareborg ausführlich dargelegt.⁹ Dem Vorwurf, Proportionalität in der Strafzumessung wäre nur theoretisch, nicht aber praktisch geeignet, wollen die beiden Autoren begegnen, indem sie sich mit fünf möglichen Einwänden befassen (Probleme der Schwerefeststellung, hinreichende Täterverantwortlichkeit, Einbeziehung der Lebensführungsschuld, Tendenz zur strengeren Bestrafung und fehlende Verwertbarkeit von Sanktionsskalen).¹⁰ Dabei wird auch erläutert, dass verschiedene Wertmaßstäbe in verschiedenen kulturellen Kontexten Auswirkungen auf die Schwerefeststellung haben.¹¹ Nicht behandelt wird allerdings der Einwand, dass Strafe als solche nicht geeignet sein muss, auch einen gerechten Ausgleich herzustellen, weil Schuld durch eine davon wesensverschiedene Strafe nicht in einen praktischen Ausgleich gebracht werden kann. Damit wird nicht behauptet, es könne keine Tatproportionalität in dem Sinne geben, dass eine Proportion von Taten untereinander¹² sowie eine Proportion von Strafen untereinander in Relation gebracht werden können. Aber das bedeutet nicht, dass durch die (untereinander proportionalen) Strafen eine Tatschuld ausgeglichen würde.

Die Idee des gerechten Schuldausgleichs durch Strafe wird bei Köhler einer faszinierend geschlossenen theoretischen Begründung zugeführt. Er sieht als Rechtsgrund der Strafe „die notwendige ausgleichende Wiederherstellung des durch die Tat in seiner Allgemeingültigkeit verletzten Rechtsverhältnisses in schlüssiger Negation/Aufhebung des Verbrechens".¹³ Dabei legt er Wert darauf, dass gerechte, der Freiheit verpflichtete Strafe mehr sein muss als bloße (vergeltende) Übelszufügung. Sie soll ein Rechtsakt sein, der allerdings argumentativ getragen wird vom „unvordenklichen Menschheitswissen von der Notwendigkeit der Verbrechensbestrafung" und den Zweck hat, „das gestörte Rechtsverhältnis zu restituieren".¹⁴ Bei den Begründungen und Schlussfolgerungen handelt es sich um Sollenssätze, wenn

---

⁸ Vgl. die Zusammenstellung bei *Stree/Kinzig*, in: Schönke/Schröder, Strafgesetzbuch, Kommentar, 29. Aufl. 2014, § 46 Rn. 68.

⁹ *von Hirsch/Jareborg*, Strafmaß und Strafgerechtigkeit – Die deutsche Strafzumessungslehre und das Prinzip der Tatproportionalität, 1991, S. 9 ff.

¹⁰ *von Hirsch/Jareborg* (Fn. 9), S. 41 ff.

¹¹ *von Hirsch/Jareborg* (Fn. 9), S. 45.

¹² Zur (kriminologischen) Forschung vgl. *Georgios Giannoulis*, Studien zur Strafzumessung: Ein Beitrag zur Dogmatik, Rechtstheorie und Rechtsinformatik mit Vertiefung in den Eigentums- und Vermögensdelikten, 2014, S. 169 ff., 183 ff. m.w.N.

¹³ *Köhler*, Strafrecht Allgemeiner Teil, 1997, S. 37.

¹⁴ *Köhler* (Fn. 13), S. 38 bzw. S. 43.

sie auch mitunter im Gewand von Seinssätzen verwandt werden.[15] Das stellt auch Köhler klar, der, um dessen „normative Wirklichkeit" zu bestimmen, ausdrücklich „Distanz zur Faktizität des geltenden Kriminalrechts" nimmt.[16] Normative Wirklichkeit darf aber – unter Vermeidung des naturalistischen Fehlschlusses – auf faktische Wirklichkeit verwiesen werden.[17] Dann aber offenbart sich im Herzen des allgemeinen Strafrechts das (praktisch) unerfüllbare (theoretische) Versprechen. Schon die Vorstellung vom unvordenklichen Menschheitswissen einer Bestrafungsnotwendigkeit ist kaum mit dem Wissen über Diversion und informelle Konfliktlösungen in Einklang zu bringen.[18] Das gilt in besonderem Maße für Ansätze der Restorative Justice, die zu einer erheblich höheren Zufriedenheit der Opfer führen können als traditionelle Strafverfahren.[19] In der sozialen Wirklichkeit gleicht Strafe nicht Schuld aus. Mit Durkheim muss Strafe nach wie vor als leidenschaftliche Reaktion abgestufter Intensität begriffen werden.[20] In der Abstufung kann zwar Proportionalität enthalten sein.[21] Aber im Kern will die Gesellschaft ihre eigene Einheit und Ablehnung der Tat durch die Strafe demonstrieren.[22] Ablehnung, so proportional sie auch sein mag, ist aber kein Schuldausgleich. Sie birgt vor allem Gefahren der Stigmatisierung.[23] Das Versprechen des Schuldausgleichs wird mit ihr nicht erfüllt.

II. Kontrapunkt: Die spezialpräventive Ausrichtung

Der Kontrapunkt zur Tatschuldorientierung ist im Jugendstrafrecht die spezialpräventive Ausrichtung. Allerdings ist auch hier die Gefahr unerfüllbarer Versprechen angelegt, wenn die damit verbundenen Erwartungen überhöht werden.

---

[15] Zur Abgrenzung (und Kollision) von Sollenssätzen und Seinssätzen vgl. *Kai Engelbrecht*, Die Kollisionsregel im föderalen Ordnungsverbund, 2010, S. 116.

[16] *Köhler* (Fn. 13), S. 37.

[17] *Simone Horstmann*, Ethik der Normalität – Zur Evolution moralischer Semantik in der Moderne, 2016, S. 42.

[18] Vgl. die Beiträge in *Klaus Kodalle* (Hrsg.), Strafe muss sein! Muss Strafe sein?, Philosophen – Juristen – Pädagogen im Gespräch, 1998.

[19] *Lawrence W. Sherman*, Reason for Emotion: Reinventing Justice with Theories, Innovations, and Research – The American Society of Criminology 2002 Presidential Address, Criminology 2003, Vol. 41(1), S. 1 (17 f.) unter Hinweis auf *Strang*, Repair or Revenge: Victims and Restorative Justice, 2002, S. 139.

[20] *Émile Durkheim*, The Division of Labor in Society, 1997 (orig. 1893), S. 52.

[21] Auch insoweit dürften aber mit Blick auf regionale Unterschiede Zweifel erlaubt sein.

[22] *Frédéric Mégret*, Practices Of Stigmatization, Law and Contemporary Problems, Vol. 76, No. 3&4, 2014, S. 287 (289) unter Hinweis auf *David Garland*, Punishment and Modern Society – A Study in Social Theory, 1993.

[23] *John Braithwaite*, Crime, Shame and Reintegration, 1989, S. 14.

1. Das Erfordernis der längeren Gesamterziehung

Zentrales Beispiel ist die Erforderlichkeit der Jugendstrafe wegen schädlicher Neigungen, die nach einer gängigen Formulierung bei erheblichen Anlage- oder Erziehungsmängeln gegeben sind, die „ohne längere Gesamterziehung" des Täters die Gefahr weiterer (nicht unerheblicher) Straftaten begründen.[24] Die Notwendigkeit der längeren Gesamterziehung als eigenständiges Teilelement der Voraussetzungen von Jugendstrafe anzusehen,[25] enthält ein unerfüllbares Versprechen. Die Bedeutung dieses (dritten) Elements wird – durchaus nachvollziehbar – mit der Verhältnismäßigkeit, insbesondere der ultima-ratio-Funktion der Jugendstrafe begründet.[26] Radtke führt aus, dass so „begründete Jugendstrafe […] lediglich verhängt werden" darf, „wenn die durch die sonstigen nach dem Schuldquantum der Tat ebenfalls infrage kommenden Sanktionen eröffneten Einwirkungsmöglichkeiten auf den jugendlichen oder heranwachsenden Täter nicht oder nicht ausreichend geeignet sind, um der aufgrund der vorhandenen Persönlichkeitsmängel bestehenden Rückfallgefahr entgegen zu wirken".[27] Die Ungeeignetheit von Erziehungsmaßregeln oder Zuchtmitteln führt indes nicht dazu, dass erzieherische Geeignetheit von Jugendstrafe angenommen werden dürfte. Im Sinne eines unerfüllbaren Versprechens würde so die Erwartung geweckt, Jugendstrafe könnte (konkret durch ihren Vollzug) eine Gesamterziehung erreichen, die dem Ziel der Spezialprävention entspricht. Im Abschlussbericht der 2. Jugendstrafrechtsreform-Kommission ist dazu treffend festgehalten: „Die Vorstellung von der Jugendstrafe als einer Form der ‚Gesamterziehung' birgt die Gefahr, Strafe pädagogisch aufzuwerten und ihren Strafcharakter zu verschleiern".[28] Selbst wenn man von Erziehung in der Haft ausginge, läge der Gedanke, dass die Haftsituation einer Erziehung in Freiheit überlegen sein könnte, fern. Schließlich sind auch die Befunde der Rückfallforschung – bei allen Problemen ihrer Deutung – kaum geeignet, den Vorzug längerer stationärer Sanktionen gegenüber kürzeren, ambulanten Sanktionen zu begründen.[29] Dagegen spricht auch theoretisch der Ansatz der differentiellen Assoziation, nach dem Kriminalität (wie anderes Verhalten auch) gelernt wird durch überwiegende Kontakte mit Kriminellen.[30] Damit ist der Anspruch aus der Formulierung, die Jugendstrafe sei erforderlich, um eine längere

---

[24] BGH NStZ 2016, 682; 2013, 287; 2010, 280, 281.

[25] So *Brögeler*, in: Beck'scher Online-Kommentar, JGG, 6. Edition 2017, § 17 Rn. 14; *Radtke*, in: Münchener Kommentar zum StGB, 2. Aufl. 2013, § 47 JGG Rn. 47 ff.

[26] BeckOK/*Brögeler* (Fn. 25), § 17 Rn. 14; MüKo/*Radtke* (Fn. 25), § 17 Rn. 47; *Sonnen*, in: Diemer/Schatz/Sonnen, Jugendgerichtsgesetz, 7. Aufl. 2015, § 17 Rn. 18.

[27] MüKo/*Radtke* (Fn. 25), § 17 Rn. 47.

[28] 2. Jugendstrafrechtsreform-Kommission, Vorschläge für eine Reform des Jugendstrafrechts, Abschlussbericht der Kommissionsberatungen von März 2001 bis August 2002, DVJJ-Extra Nr. 5, 2002, S. 87.

[29] *Jehle/Albrecht/Hohmann-Fricke/Tetal*, Legalbewährung nach strafrechtlichen Sanktionen, Eine bundesweite Rückfalluntersuchung 2010 bis 2013 und 2004 bis 2013, 2016, S. 43, 55, 62.

[30] *Sutherland/Cressey*, Criminology, 9. Aufl. 1974, S. 75 ff.

Gesamterziehung zu ermöglichen, letztlich unerfüllbar. Unter keinem Aspekt, weder theoretisch noch praktisch, ist eine längere (sic) Gesamterziehung in der Haft geeignet, Anlage- und Erziehungsmängel zu beheben. Auf das Erfordernis der Notwendigkeit längerer Gesamterziehung sollte – um ein unerfüllbares Versprechen zu vermeiden – daher zugunsten allgemeiner Verhältnismäßigkeit im Sinne des ultima-ratio-Gedankens verzichtet werden.

2. Die „Arrestgeeignetheit" der „im Grunde Gutgearteten"

Auf gleich zwei Ebenen findet sich ein leeres Versprechen bei den Eingangsvoraussetzungen des Jugendarrestes. Mitunter findet sich noch der Hinweis auf die alte Richtlinie 1 zu § 13 JGG, nach der Zuchtmittel für die „im Grunde gutgearteten Jugendlichen" geeignet sind.[31] Die Unterscheidung nach einem so scherenschnittartigen Ansatz ist unsinnig. Auf sprachlicher Ebene ist die Rede von den „im Grunde Gutgearteten" schon insofern furchtbar, als sie als Gegenbegriff die Vorstellung von den „Entarteten" aus der nationalsozialistischen Ideologie aufrufen kann.[32] Aber selbst eine weniger belastete und belastende Begriffswahl wäre angesichts der Entwicklungsfähigkeit junger Menschen nicht ergiebig. Ein Auseinanderklaffen von Anspruch und faktischer/sozialer Wirklichkeit kann bei der Frage der „Arrestgeeignetheit" nicht verdeckt werden. So führt Eisenberg treffend aus: „Was die Zuschreibung ‚arrestungeeignete' Personen anbetrifft, so *fehlt* es an methodisch *verlässlichen* Möglichkeiten der Definition, Abgrenzung und Erhebung [...]. Die sozusagen pauschale Unterteilung in ‚geeignet' und ‚nicht geeignet' hingegen scheint, soweit sie gewissermaßen routinemäßig vorgenommen wird, einer ideologisch verbrämten, in der Lebenswirklichkeit unzuträglichen Zweiteilung und ggfs auch Belangen der Verfahrenserledigung eher zu entsprechen als erzieherischen Bedürfnissen und Interessen des Verurteilten."[33] Nimmt man die Schwächen des Jugendarrestes, die durch das leere Versprechen der Geeignetheit für die „im Grunde Gutgearteten" verdeckt werden, ernst, so muss erkannt werden, dass Zweck und geeignete Zielgruppe der Sanktion nicht hinreichend klar definiert sind.[34]

---

[31] *Streng*, Jugendstrafrecht, 4. Aufl. 2016, Rn. 397; vgl. kritisch *Thilo Eisenhardt*, Der Jugendarrest: eine Chance der Kriminalprävention, 2010, S. 15.

[32] *Anne Bihs*, Grundlegung, Bestandsaufnahme und pädagogische Weiterentwicklung des Jugendarrests in Deutschland unter besonderer Berücksichtigung des Jugendarrestvollzuges in Nordrhein-Westfalen, 2013, S. 205.

[33] *Eisenberg*, JGG, 2017, § 16 Rn. 21.

[34] 2. Jugendstrafrechtsreform-Kommission (Fn. 28), S. 82.

III. Wendepunkt: Die Einführung des sog. Warnschussarrestes nach § 16a JGG

Statt aber den Jugendarrest besser einzugrenzen, wird – im größeren Kontext eines Wendepunktes zu mehr Härte im Jugendstrafrecht[35] – seine Bedeutung mit der Einführung des sog. Warnschussarrests noch ausgeweitet. Der Begriff des Warnschusses hat es zwar nicht in die Fassung des § 16a JGG geschafft, er wurde aber in der rechtspolitischen Begründung und Diskussion immer wieder benutzt.[36] Dabei soll nicht übersehen werden, dass der martialische Begriff[37] eine verfehlte Ausrichtung bereits in sich trägt.

Schon die Einführung des sog. Warnschussarrests beruht auf einem unerfüllbaren Versprechen: Der Einzelfall, der in einem Wahlkampf bemüht wurde, um den älteren Vorschlag eines Warnschussarrests (in einer Paket-„Lösung" mit weiteren Verschärfungsansätzen) wiederzubeleben, wäre für den neuen § 16a JGG denkbar ungeeignet gewesen:[38] Die beiden zur Tatzeit 17 bzw. 20 Jahre alten Täter des Überfalls in der Münchener U-Bahn auf einen 76 Jahre alten pensionierten Schuldirektor wurden rechtskräftig zu Haftstrafen von acht Jahren und sechs Monaten bzw. zwölf Jahren verurteilt.[39]

Der Warnschussarrest ist mit dem Versprechen verbunden, eine schnelle, sichtbare Reaktion herbeizuführen, die einer krisenhaften Situation bei Jugendlichen entgegenwirken kann. Daraus ergeben sich zwei Teilaspekte. Zum einen die Schnelligkeit der Reaktion: Es wird mitunter Bezug auf die Vorstellung genommen, nach der „die Strafe der Tat auf dem Fuß folgen" soll.[40] Dieses Versprechen kann nicht erfüllt werden und muss zu Enttäuschungen auf allen Seiten führen. Selbst Vertreter der Auffassung, ein Warnschussarrest komme nicht zu spät, sondern sei gar geeignet, einer Tätigkeit der Bewährungshilfe vorgeschaltet zu werden, müssen darauf hinweisen, dass „eine Dauer vom Verkünden des Urteils bis zum Dauerarrest von ungefähr

---

[35] Vgl. *Helmut Kury*, Kriminalprävention durch härtere Sanktionen?, in: Erich Marks/Wiebke Steffen (Hrsg.), Prävention braucht Praxis, Politik und Wissenschaft – Ausgewählte Beiträge des 19. Deutschen Präventionstages 2014, 2015, S. 323 (326); *Anja Sophie Meyer*, Das Jugendstrafrecht in Deutschland: Eine Betrachtung der Angemessenheit bestehender und der Notwendigkeit neuer Reaktionsweisen auf straffälliges Verhalten Jugendlicher, 2016, S. 2 ff.; *Theresia Höynck/Stephanie Ernst*, Jugendstrafrecht: Ein Vierteljahrhundert schlechte Zeiten für rationale Kriminalpolitik, Kritische Justiz 2014, S. 249 ff.

[36] Vgl. BT-Drs. 17/9389, S. 9, 12, 19; Deutscher Bundestag, 17. Wahlperiode, Rechtsausschuss, Protokoll Nr. 86., 23. Mai 2012, S. 1, 3, 4, 6, 7, 9, 25, 28 f. usw.

[37] *Höynck/Ernst* (Fn. 35), KJ 2014, S. 249 (257); vgl. schon *Jäger*, zitiert in: NRW Landtag intern 2/2008, S. 4.

[38] Vgl. *Kevin Franzke*, Der „Warnschussarrest" nach § 16a JGG – Erste Erfahrungen aus der Praxis, BRJ 2015, S. 118; *Christina Schlepper*, Strafgesetzgebung in der Spätmoderne: Eine empirische Analyse legislativer Punitivität, 2014, S. 203.

[39] BGH, Beschl. v. 28.04.2009, 1 StR 148/09.

[40] NRW Landtag intern, 2/2008. S. 4.

zwei Monaten" den Idealfall beschreibt.[41] Zu diesen zwei Monaten wäre aber auch noch der Zeitraum bis zum Urteil hinzuzurechnen. Im Jahr 2012 lag der Bundesdurchschnitt der Verfahrensdauer vor Jugendgerichten in Deutschland bei 5,6 Monaten (vom Eingang des Verfahrens bei der Staatsanwaltschaft bis zur erstinstanzlichen Entscheidung), die geringste durchschnittliche Dauer ergab sich in Bayern mit 4,5 Monaten.[42] In einem geordneten Verfahren wird die Strafe der Tat kaum auf dem Fuß folgen können. Im Gegenteil: Wie Kreuzer treffend bemerkt, wird ein Warnschussarrest regelmäßig eher die früher einsetzende Zusammenarbeit mit der Bewährungshilfe irritierend behindern.[43]

Der zweite Teilaspekt ist die Erwartung, mit dem Warnschussarrest könne Krisenintervention wirksam betrieben werden. Dieser Gedanke ist insbesondere in die Formulierung des § 16a Abs. 1 Nr. 2 JGG eingeflossen, nach der neben zur Bewährung ausgesetzter Jugendstrafe Jugendarrest verhängt werden kann, wenn „dies geboten ist, um den Jugendlichen zunächst für eine begrenzte Zeit aus einem Lebensumfeld mit schädlichen Einflüssen herauszunehmen und durch die Behandlung im Vollzug des Jugendarrests auf die Bewährungszeit vorzubereiten". In der Begründung des Regierungsentwurfs heißt es dazu: „Hier kann es angezeigt sein, den Betroffenen oder die Betroffene zunächst für eine gewisse Zeit aus diesem Umfeld herauszunehmen und durch die stationäre Behandlung im Rahmen des Jugendarrestvollzugs gezielt die Bewährungszeit einzuleiten."[44] Gegen diese Überstrapazierung des Gedankens, stationäre Behandlung sei spezialpräventiv besser geeignet als ambulante Behandlung (insbesondere unter direktem Einfluss der Bewährungshilfe), sprechen schon die unter II. 1 genannten Gründe. Weiter heißt es: „Sinnvoll wird ein so begründeter Jugendarrest regelmäßig nur sein, wenn eine entsprechende Behandlung im Arrestvollzug tatsächlich zu erwarten ist und dieser sich nicht lediglich auf den Freiheitsentzug und die vorübergehende Isolierung zum Beispiel von einer delinquenzgeneigten Gleichaltrigengruppe beschränkt."[45] Das bloße Herausnehmen aus einem Umfeld vermag – zumindest, wenn es in den Arrest führt – nicht zu genügen. Hingegen ist in den Sachverständigenanhörungen eine gewünschte Besinnungswirkung des Arrestes thematisiert worden, wenn es zum Anwendungsbereich des Warnschussarrests heißt: „An sich Bewährung ja, aber das Problem ist, der ist in seinen Kreisen so fest verhaftet, der müsste mal herunterkommen. Der müsste mal herunterkommen, dass er einfach mal in einem Arrest zu sich selber findet ...".[46] Zu sich selbst findet der-

---

[41] *Hubert Pürner*, Eingangsstatement in der öffentlichen Anhörung zum Gesetzentwurf, Deutscher Bundestag, 17. Wahlperiode, Rechtsausschuss, Protokoll Nr. 86, 23. Mai 2012, S. 15.
[42] Statistisches Bundesamt, Justiz auf einen Blick, 2015, S. 35.
[43] *Kreuzer*, „Warnschussarrest": Ein kriminalpolitischer Irrweg, ZRP 2012, 101 (102); vgl. *Christian Pfeiffer*, Eingangsstatement in der öffentlichen Anhörung, Deutscher Bundestag, 17. Wahlperiode, Rechtsausschuss, Protokoll Nr. 86, 23. Mai 2012, S. 12.
[44] BT-Drs. 17/9389, S. 13.
[45] BT-Drs. 17/9389, S. 13.
[46] *Hubert Pürner* (Fn. 41), S. 14 f.

jenige, der im (Warnschuss- oder einem anderen) Arrest ist, bestenfalls durch Zufall. Vorhersehbar ist, dass er zu anderen Personen findet, die ihn in der Delinquenz bestärken.[47]

Für den Warnschussarrest gilt schließlich ein Satz, den Feltes auf den Jugendarrest allgemein bezog: „Eine Sanktion, die zwei so unterschiedliche Strafzwecke erfüllen soll" – gemeint sind Abschreckung und Erziehung – „und deren Ausgestaltung ebenfalls uneinheitlich ist, kann aber die in sie gesetzten Erwartungen nicht erfüllen"[48].

IV. Standpunkt: Destabilisierung des Jugendstrafrechts durch leere Versprechen?

Angesichts der Dynamik jugendstrafrechtlicher Entwicklungen wäre ein Schlusspunkt seinerseits ein unerfüllbares Versprechen. Aber ein Standpunkt sollte entworfen werden können. Dabei soll der Frage nachgegangen werden, ob das Jugendstrafrecht durch die skizzierten unerfüllbaren Versprechen der Gefahr einer Destabilisierung ausgesetzt ist.

Schon der Begriff der Destabilisierung mag aber für das Jugendstrafrecht auf den ersten Blick kaum passend zu sein. Jugendstrafrecht war zu keinem Zeitpunkt in dem Sinne stabil, dass es statisch – gefeit gegen Veränderungen – gewesen wäre. Im Gegenteil: Es ist Ursprung und Wesen des Jugendstrafrechts, dynamisch zu sein, Veränderungen (auch im allgemeinen Strafrecht) anzustoßen, Alternativen zu suchen und solche auch auszuprobieren.[49] Der ständige Veränderungsprozess findet auf einer nicht nur praktisch, sondern auch theoretisch durchaus gewagten Grundlage statt. Das dauernde Streben nach Verbesserung im Jugendstrafrecht ist der Versuch, möglichst rational auf die Besonderheiten der Jugend im Kriminalrecht reagieren zu können (s. o.). Dieser Ansatz ist im Begriff des Erziehungsgedankens verborgen und kann einfacher als wirkliche Spezialprävention formuliert werden. Ein Wagnis der Spezialprävention ist, dass sie der empirischen Überprüfung zumindest im Ansatz zugänglich ist. Das mag im besonderen Maße rational sein und unterscheidet die Spezialprävention als relative Theorie auch von den absoluten Theorien, die nicht nach einem Zweck jenseits der gerechten Strafe selbst fragen. Aber der Umstand der Überprüfbarkeit kann (ja: muss) auch zu Enttäuschungen führen, vor der eine absolute Strafrechtstheorie besser geschützt ist – weil sie eben auf die empirische Überprüfung von vornherein verzichtet.

---

[47] Vgl. *Ursula Gernbeck/Katrin Höffler/Torsten Verrel*, Der Warnschussarrest in der Praxis – Erste Eindrücke, Neue Kriminalpolitik, Vol. 25, No. 4 (2013), S. 307 (309).

[48] *Thomas Feltes*, Jugendarrest – Renaissance oder Abschied von einer umstrittenen jugendstrafrechtlichen Sanktion?, Zeitschrift für die gesamte Strafrechtswissenschaft, 1988, Vol. 100 (1), S. 158 (167).

[49] Vgl. *Friedrich Schaffstein*, Das Jugendstrafrecht als Pionier der allgemeinen Strafrechtsreform, in: Ulrich Immenga (Hrsg.), Rechtswissenschaft und Rechtsentwicklung, 1980, S. 247 ff.

Im Grunde ist die Existenz des Jugendstrafrechts daher immer prekär. Es ist ein Sonderstraf- und Strafverfahrensrecht[50] und muss so seine Besonderheit gegenüber dem allgemeinen Strafrecht immer wieder aufs Neue behaupten. Die Forderung, Jugendstrafrecht wieder zugunsten des allgemeinen Strafrechts zurückzudrängen, wird das Jugendstrafrecht dauernd begleiten. Denn wie leicht lässt sich formulieren, dass Jugendstrafrecht zu milde oder unwirksam wäre.[51] Dabei werden die Maßstäbe, die an das Jugendstrafrecht hinsichtlich seiner Wirksamkeit gelegt werden, kaum ans allgemeine Strafrecht angelegt. Denn dieses wird als der Normalzustand begriffen, der nicht mehr näher rational begründet oder gar gerechtfertigt werden müsste.

Die Stabilität des Jugendstrafrechts ist also Flexibilität: das dauernde Bemühen um Rationalität und überprüfbare Anpassung an die Entwicklungsfähigkeit junger Menschen. Die Rationalität, schon das Streben danach, wird ausgehöhlt, wenn leere Versprechen ins Jugendstrafrecht Einzug halten. Dies geschieht insbesondere über eine Tendenz zur Verschärfung, die sich letztlich an Repression und Tatschuld orientiert, also zum allgemeinen Strafrecht zurückführt. Die Destabilisierung des Jugendstrafrechts wirkt dann wieder auf sein Verhältnis zum allgemeinen Strafrecht zurück: Das Jugendstrafrecht verliert seine Besonderheit, auf die besondere Situation junger Menschen angemessen reagieren zu können. Es kann dann aber auch darüber seiner Rolle nicht mehr gerecht werden, überprüfbare Alternativen zum allgemeinen Strafrecht zu entwickeln und so neue Impulse ins Strafrecht zu geben.[52]

---

[50] *Laubenthal/Baier/Nestler*, Jugendstrafrecht, 3. Aufl. 2015, Rn. 2.

[51] Vgl. nur *Giovanni di Lorenzo*, Falsche Milde, Die Zeit Nr. 05/2011, S. 1.

[52] *Wolfgang Heinz*, Jugendstrafrecht: Aktuelle Sanktionierungspraxis und Punitivität, Vortrag auf der Tagung in der Evangelischen Akademie Bad Boll „Wer nicht hören will, muss fühlen?", 13. Januar 2012, S. 10, http://www.uni-konstanz.de/rtf/kis/Heinz_2012_JGG_aktuelle_Sanktionspraxis.pdf; *Gerhard Spiess*, Das Jugendstrafrecht und die ambulanten Maßnahmen: Vielfalt der Möglichkeiten – Einfalt der Praxis?, in: DVJJ (Hrsg.), Jugend ohne Rettungsschirm. Dokumentation des 29. Deutschen Jugendgerichtstages in Nürnberg, 2015, S. 421 (430).

Über die Herausforderungen „guter Umweltgesetzgebung" am Beispiel des Gesetzes zur Modernisierung des Rechts der Umweltverträglichkeitsprüfung

Von *Christof Sangenstedt*

I. Qualitätsanforderungen an eine gute Umweltgesetzgebung

1. Was bedeutet „gute Gesetzgebung"?

In der rechtspolitischen Debatte der letzten Jahre stößt man immer wieder auf Forderungen nach „guter Gesetzgebung" oder „besserer Rechtsetzung". Bei der Einordnung als „gute" oder „schlechte" Gesetzgebung geht es nicht darum, die politisch gewollten Regelungsziele eines Gesetzes einer Qualitätsbeurteilung zu unterziehen. Gefragt wird vielmehr, ob die konkrete Ausgestaltung der Vorschriften gesetzgebungsfachlich, sprachlich und konzeptionell gelungen oder verfehlt ist[1]. Zu den Qualitätsanforderungen, die an eine „gute Gesetzgebung" gestellt werden, gehören u.a. Einfachheit, Verständlichkeit und Zielgenauigkeit[2]. Gesetze, deren Inhalte für den Normanwender unverständlich, missverständlich oder mehrdeutig sind, z.B. weil sie zu unbestimmt, unnötig kompliziert, sprachlich unzeitgemäß gefasst oder unsystematisch strukturiert sind, können ihre Steuerungsfunktion nicht oder nur unvollkommen erfüllen. Anwendung und Vollzug solcher intransparenten Vorschriften sind schwierig, die Rechtsfolgen nur bedingt kalkulierbar. Verfahren, die auf der Grundlage solcher Bestimmungen durchgeführt werden, sind besonders zeit- und kostenaufwendig und führen in verstärktem Maße zu administrativen und gerichtlichen Auseinandersetzungen[3].

---

[1] *Fliedner,* Gute Gesetzgebung im demokratischen Rechtsstaat, in: Löffelmann (Hrsg.), Rechtspolitk 2015: Kommentare zu rechtspolitischen Themen des Jahres, 2016, S. 70, 76.

[2] Vgl. „Arbeitsprogramm Bessere Rechtsetzung 2014" der Bundesregierung vom 4. Juni 2014 (https://www.bundesregierung.de/Content/DE/Artikel/Buerokratieabbau/2014/04-06/Anlagen/2014-06-04-kabinettbeschluss-juni-2014.pdf?__blob=publicationFile&v=2), S. 1: „Recht muss einfach, verständlich und zielgenau ausgestaltet werden." Ebenso „Arbeitsprogramm Bessere Rechtsetzung 2016" der Bundesregierung vom 22. Juni 2016 (https://www.bundesregierung.de/Content/DE/Artikel/Buerokratieabbau/Anlagen/2017-09-27-arbeitsprogramm-2016.pdf?__blob=publicationFile&v=21), 1.

[3] *Fliedner* (Fn. 1), S. 74, 76 f.

2. Verfassungsrechtliche Vorgaben

„Gute Gesetzgebung" ist in erster Linie eine politische Kategorie[4]. Sie hat aber auch eine verfassungsrechtliche Komponente. Diese sollte jedoch nicht überschätzt werden. Nur in Ausnahmefällen führen mangelnde Klarheit und Verständlichkeit zur Verfassungswidrigkeit eines Gesetzes. Das gilt für verwaltungsrechtliche Vorschriften, die im Mittelpunkt dieses Beitrags stehen, noch mehr als im Strafrecht.

Das Grundgesetz fordert allerdings, dass Rechtsvorschriften bestimmt sein müssen. Für das Strafrecht hat der Verfassungsgeber in Artikel 103 Abs. 2 GG einen besonderen strafrechtlichen Bestimmtheitsgrundsatz verankert. Für andere Rechtsvorschriften wird aus dem Rechtsstaatsprinzip des Artikels 20 Abs. 3 GG ein allgemeiner staatsrechtlicher Bestimmtheitsgrundsatz abgeleitet[5]. Beide Bestimmtheitsgrundsätze weisen Parallelen, aber auch Unterschiede auf. Die Gemeinsamkeit besteht im Schutz des Normadressaten[6]. Sowohl beim allgemeinen staatsrechtlichen als auch beim besonderen strafrechtlichen Bestimmtheitsgrundsatz geht es darum, dass der Betroffene durch die Ausgestaltung der Regelungen in die Lage versetzt werden soll, die Rechtslage zu erkennen und sein Verhalten danach einzurichten[7].

Nach der ständigen Rechtsprechung des Bundesverfassungsgerichts schließt die rechtsstaatlich gebotene Vorhersehbarkeit indessen nicht aus, dass der Gesetzgeber Begriffe verwendet, die der Konkretisierung durch den Richter bedürfen. Dies gilt

---

[4] *Fliedner* (Fn. 1), S. 72 f.

[5] BVerfG, Urteil vom 15. Dezember 1983 – 1 BvR 209/83, 1 BvR 269/83, 1 BvR 362/83, 1 BvR 420/83, 1 BvR 440/83, 1 BvR 484/83 – (Volkszählungsurteil), Rn. 175: „rechtsstaatliches Gebot der Normenklarheit"; BVerfG, Beschluss vom 22. Juni 1977 – 1 BvR 799/76 – (Oberstufenreform), Rn. 82; BVerfG, Beschluss vom 7. Juli 1971 – 1 BvR 775/66 –, Rn. 33; Maunz/Dürig/*Grzeszick*, Grundgesetz-Kommentar, 80. EL, Juni 2017, Artikel 20 GG, VII., Rn. 58 f.

[6] Zur rechtsstaatlichen Ausprägung des strafrechtlichen Bestimmtheitsgrundsatzes BVerfG, Beschluss vom 7. Oktober 2008 – 2 BvR 1101/08 –, Rn. 7. Aus rechtsstaatlichem Blickwinkel wird Artikel 103 Abs. 2 GG auch als „Justizgrundrecht" betrachtet, so z.B. BVerfG, Beschluss vom 9. Januar 2014 – 1 BvR 299/13 –, Rn. 15; *Epping*, Grundrechte, 7. Auflage 2017, Rn. 913.

[7] Nach der ständigen Rechtsprechung des Bundesverfassungsgerichts werden Strafvorschriften den rechtsstaatlichen Anforderungen des *strafrechtlichen Bestimmtheitsgrundsatzes* nur gerecht, wenn sie so ausgestaltet sind, dass eine drohende Strafbarkeit „im Regelfall" voraussehbar ist, während „in Grenzfällen" bereits die Erkennbarkeit eines Strafbarkeitsrisikos genügen soll (z.B. BVerfG, Beschluss vom 17. November 2009 – 1 BvR 2717/08 –, Rn. 16 f.; BVerfG, Beschluss vom 6. Mai 1987 – 2 BvL 11/85 –, Rn. 49, 51 jew. m. w. Nachw.). Restriktiver, aber wohl unrealistisch dagegen Teile des Schrifttums, z.B. *Epping* (Fn. 6), Rn. 967: welches Verhalten erlaubt und welches verboten sei, müsse „für jeden ohne Zweifel" erkennbar sein. Zum *allgemeinen staatsrechtlichen Bestimmtheitsgrundsatz* bspw. BVerfG, Beschluss vom 22. Juni 1977 – 1 BvR 799/76 – (Oberstufenreform), Rn. 82; BVerfG, Beschluss vom 23.4.1974 – 1 BvR 6/74, 1 BvR 2270/73 – (örtliche Vergleichsmiete), Rn. 33; BVerfG, Beschluss vom 7. Juli 1971 – 1 BvR 775/66 –, Rn. 33; Maunz/Dürig/*Grzeszick* (Fn. 5), Artikel 20 GG, VII., Rn. 58: der Betroffene müsse die Rechtslage erkennen und sein Verhalten danach einrichten können.

grundsätzlich für beide Bestimmtheitsgrundsätze[8]. Jedoch sind die Regelungsspielräume im Strafrecht geringer als im Verwaltungsrecht. Der Grund legt auch darin, dass Artikel 103 Abs. 2 GG neben seiner rechtsstaatlichen Ausrichtung einen strikten Gesetzesvorbehalt enthält. Danach ist es der vollziehenden oder rechtsprechenden Gewalt verwehrt, die normativen Voraussetzungen einer Bestrafung oder einer Verhängung von Geldbußen nach Maßstäben festzulegen, die nicht dem Gesetz selbst zu entnehmen sind, sondern dem Gutdünken des Rechtsanwenders überlassen bleiben. Hierfür bildet der Wortsinn der Regelung eine unübersteigbare Grenze. Die Ausfüllung eines Straftatbestandes jenseits seines möglichen Wortsinns wäre keine zulässige strafrichterliche Auslegung, sondern gesetzesfreie Rechtsgewinnung, die gegen das Analogieverbot verstößt[9]. Wenn eine Strafvorschrift nur auf eine solche Art der Rechtsfortbildung mit Inhalt gefüllt werden kann, ist sie nach Artikel 103 Abs. 2 GG zu unbestimmt.

Für den allgemeinen staatsrechtlichen Bestimmtheitsgrundsatz gelten dagegen weniger rigide Anforderungen[10]. Ein strenges Analogieverbot wie im Strafrecht gibt es im Verwaltungsrecht nicht[11]. Unschärfen verwaltungsrechtlicher Regelungen dürfen daher grundsätzlich auch per Analogie geschlossen werden. Diesen Weg hat die Rechtsprechung – u.a. zur Ausfüllung offener UVP-rechtlicher Tatbestände[12] – schon wiederholt beschritten. Das Bundesverfassungsgericht hat verwaltungsrechtliche Vorschriften bislang nur in seltenen Ausnahmefällen mangels Bestimmtheit für verfassungswidrig erklärt. Betroffen waren hiervon insbesondere Regelungen, denen nach Auffassung des Gerichts nicht hinreichend deutlich zu entnehmen war, welchem Zweck sie dienen sollten[13]. Ist dieser Zweck ungewiss, kommt auch eine Ana-

---

[8] Zum *strafrechtlichen Bestimmtheitsgrundsatz* bspw. BVerfG, Beschluss vom 17. November 2009 – 1 BvR 2717/08 –, Rn. 17; BVerfG, Beschluss vom 6. Mai 1987 – 2 BvL 11/85 –, Rn. 49; BVerfG, Beschluss vom 17. Januar 1978 – 1 BvL 13/76 –, Rn. 39. Zum *allgemeinen staatsrechtlichen Bestimmtheitsgrundsatz* bspw. BVerfG, Beschluss vom 22. Juni 1977 – 1 BvR 799/76 – (Oberstufenreform), Rn. 82 f.; BVerfG, Beschluss vom 23.4.1974 – 1 BvR 6/74, 1 BvR 2270/73 – (örtliche Vergleichsmiete), Rn. 33; BVerfG, Beschluss vom 7. Juli 1971 – 1 BvR 775/66 –, Rn. 33.

[9] BVerfG, Beschluss vom 17. November 2009 – 1 BvR 2717/08 –, Rn. 18 m. w. Nachw.; vgl. auch BVerfG, Beschluss vom 6. Mai 1987 – 2 BvL 11/85 –, Rn. 48. Zum Zusammenhang zwischen dem strafrechtlichen Bestimmtheitsgebot und dem strafrechtlichen Analogieverbot auch *Epping* (Fn. 6), Rn. 968.

[10] BVerfG, Beschluss vom 9. Januar 2014 – 1 BvR 299/13 –, Rn. 13; *Epping* (Fn. 6), Rn. 967.

[11] Analogie zu Lasten des Bürgers ist allerdings auch im Verwaltungsrecht nicht schrankenlos möglich; vgl. dazu *Beaucamp/Treder*, Methoden und Technik der Rechtsanwendung, 3. Auflage 2015, Rn. 270 ff.

[12] BVerwG, Urteil vom 18. Juni 2015 – 4 C 4.14 –, Rn. 16 ff.; BVerwG, Urteil vom 17. Dezember 2015 – 4 C 7/14 –, Rn. 11.

[13] BVerfG, Urteil vom 15. Dezember 1983 – 1 BvR 209/83, 1 BvR 269/83, 1 BvR 362/83, 1 BvR 420/83, 1 BvR 440/83, 1 BvR 484/83 – (Volkszählungsurteil), Rn. 179 ff., 225 ff.; BVerfG, Urteil vom 14. Juli 1999 – 1 BvR 2226/94, 1 BvR 2420/95, 1 BvR 2437, 95 –

logiebildung nicht in Betracht. Denn die Analogie ist ein Instrument zur Schließung planwidriger Regelungslücken[14]. Ihre Anwendung setzt somit voraus, dass Klarheit über den „Plan" besteht, den der Gesetzgeber mit der Vorschrift verfolgt. Daran fehlt es, wenn der Gesetzeszweck nicht bestimmbar ist.

Angesichts der Zurückhaltung des Bundesverfassungsgerichts wird man dem staatsrechtlichen Bestimmtheitsgrundsatz – abgesehen von Regelungen, die sich durch uferlose Konturenlosigkeit auszeichnen – wohl in erster Linie den Charakter eines *Optimierungsgebots* beimessen müssen: dem Gesetzgeber wird aus rechtsstaatlichen Gründen aufgegeben, sich um möglichst klare, für die Adressaten verständliche Vorschriften zu bemühen. Verfassungsgerichtlich durchsetzbar ist dieses Gebot jedoch meist nicht. Die eingeschränkte „Einklagbarkeit" sollte indessen nicht zu dem Fehlschluss verleiten, „gute Gesetzgebung" sei ein rechtlich und politisch überschätztes Anliegen. Unklare Normen sind auch unterhalb der Schwelle verfassungsrechtlicher Relevanz für die Effektivität der Rechtsordnung eine schwere Hypothek und für die Betroffenen ein gravierendes Hindernis bei der Verfolgung ihrer Belange.

II. Die Entwicklung beim Gesetz über die Umweltverträglichkeitsprüfung

Misst man die bestehenden Gesetze an den Anforderungen guter Gesetzgebung, so stößt man allenthalben auf Bestimmungen, die diesen Ansprüchen ersichtlich nicht gerecht werden. Das gilt auch für Teile des Umweltrechts. Ein besonders eindrucksvolles Beispiel suboptimaler Rechtsetzung war die bis zum 28. Juli 2017 geltende Fassung des Gesetzes über die Umweltverträglichkeitsprüfung (UVPG)[15]. Unklar waren hier nicht nur unwesentliche Randbereiche, sondern zentrale Regelungsgegenstände, insbesondere die Voraussetzungen der UVP-Pflicht (§§ 3a ff. UVPG a.F.). Es liegt auf der Hand, dass ein UVP-Gesetz seinen Zweck verfehlt, wenn es keine klaren Vorgaben zur Bestimmung der Notwendigkeit einer Umweltverträglichkeitsprüfung enthält. Diese Orientierung bot das frühere UVPG nur bei eher einfach gelagerten Tatbeständen. Kompliziertere Anwendungsfälle wie die UVP-Pflicht bei kumulierenden Vorhaben[16] waren dagegen so unscharf abgefasst, dass ihr normativer Gehalt und ihre Reichweite diffus blieben. In der Folgezeit haben sich zwar diverse

---

(Telekommunikationsüberwachung I), Rn. 165, 248, 253 ff., 283; BVerfG, Urteil vom 27. Juli 2005 – 1 BvR 668/04 – (Telekommunikationsüberwachung II), Rn. 116, 143 f.

[14] *Beaucamp/Treder* (Fn. 11), Rn. 274 ff.; *Wienbracke*, Juristische Methodenlehre, 2013, Rn. 13; BVerwG, Urteil vom 5. September 2013 – 7 C 21.12 –, Rn. 30 ff.; BVerwG, Urteil vom 19. Dezember 2013 – 4 C 14.12 –, Rn. 20.

[15] Nachfolgend als „UVPG a.F." bezeichnet. Paragraphenangaben ohne den Zusatz „a.F." beziehen sich auf die neuen Vorschriften des UVPG, die durch Artikel 1 des Gesetzes zur Modernisierung des Rechts der Umweltverträglichkeitsprüfung (UVPModG) vom 20. Juli 2017 (BGBl. I S. 2808) eingeführt worden sind.

[16] Näher dazu Abschnitt V.3.

Autoren und Kommentatoren um Aufklärung bemüht[17]; angesichts der Unbestimmtheit des Gesetzes bewegten sie sich dabei aber am Rande freier Rechtsschöpfung[18] und gelangten folgerichtig auch zu sehr unterschiedlichen Resultaten. Gäbe es einen Negativpreis für „schlechte Gesetzgebung"[19], das frühere UVPG wäre bei der Kandidatensuche zweifellos ein aussichtsreicher Anwärter gewesen.

Seit dem 29. Juli 2017 hat sich die UVP-Welt in Deutschland verändert. An diesem Tag ist eine große Novelle des UVPG in Kraft getreten. Sie beruht auf dem Gesetz zur Modernisierung des Rechts der Umweltverträglichkeitsprüfung (UVP-ModG) vom 20. Juli 2017. Gegenstand dieses Gesetzesvorhabens war eine umfangreiche Revision des UVPG und anderer bundesgesetzlicher UVP-Vorschriften. Hierfür gab es zwei Gründe. Zum einen musste das UVP-Recht des Bundes an die neuen Bestimmungen der UVP-Änderungsrichtlinie 2014/52/EU[20] angepasst werden – darauf soll hier nicht weiter eingegangen werden[21]. Der zweite, nicht weniger gewichtige Grund war die erklärte Absicht der Bundesregierung, die Regelungsqualität des UVPG zu verbessern und an den Standard guter Gesetzgebung heranzuführen. Dazu wird im Allgemeinen Teil der Begründung des Regierungsentwurfs sehr eingehend erläutert, dass und weshalb die Umsetzung der Richtlinie zum Anlass genommen werden sollte, das geltende UVP-Recht des Bundes insgesamt zu vereinfachen, zu harmonisieren und anwenderfreundlicher auszugestalten[22].

Ziel dieses Beitrags ist es, die Hintergründe, die Herangehensweise und die Ergebnisse der Bemühungen um mehr Verständlichkeit und Vollzugstauglichkeit beim neuen UVPG zu illustrieren. Im nachfolgenden Abschnitt III. soll zunächst erläutert werden, was unter einer UVP zu verstehen ist und was dieses Instrument für den Schutz der Umwelt leisten kann. Abschnitt IV. geht der Frage nach, welche Umstände bei früheren Fassungen des UVPG eine bessere Regelungsqualität verhindert haben. Im Abschnitt V. soll sodann aufgezeigt werden, welche Mittel sich bei der

---

[17] Vgl. etwa zum Kumulationstatbestand des § 3b Abs. 2 UVPG (a.F.) die Kommentierungen von *Bunge*, in: Storm/Bunge, Handbuch der Umweltverträglichkeitsprüfung (HdUVP), Stand: Oktober 2017, Abschnitt 600: Kommentar zum UVPG, § 3b UVPG Rn. 40 ff.; *Dienes*, in: Hoppe/Beckmann, Gesetz über die Umweltverträglichkeitsprüfung (UVPG), Kommentar, 4. Auflage 2012, § 3b Rn. 16 ff.; *Sangenstedt*, in: Landmann/Rohmer, Umweltrecht, Kommentar, Stand: 84. Lieferung Dezember 2017, § 3b Rn. 15 ff.

[18] *Sangenstedt*, Der Referentenentwurf für ein Umweltgesetzbuch, in: Spannowsky/Hofmeister, Umweltrechtliche Einflüsse in der städtebaulichen Planung, 2009, S. 11, 18.

[19] Nicht zu verwechseln mit dem Preis für gute Gesetzgebung, den es tatsächlich gibt und den die Deutsche Gesellschaft für Gesetzgebung e.V. im zweijährigen Turnus verleiht; s. dazu http://www.dggev.de/veranstaltungen/preis-fuer-gute-gesetzgebung.

[20] Langtitel: Richtlinie 2014/52/EU des Europäischen Parlaments und des Rates vom 16. April 2014 zur Änderung der Richtlinie 2011/92/EU über die Umweltverträglichkeitsprüfung bei bestimmten öffentlichen und privaten Projekten, ABl. Nr. L 124 v. 25.04.2014, S. 1 ff.

[21] Vgl. dazu Begründung des Regierungsentwurfs, BT-Drucksache 18/11499, S. 56. Zu den Neuerungen der UVP-Änderungsrichtlinie eingehend *Sangenstedt*, ZUR 2014, 526 ff.

[22] BT-Drucksache 18/11499, S. 56 f.

Erarbeitung des Regierungsentwurfs als hilfreich erwiesen haben, um dem Ziel größerer Bestimmtheit und Anwenderfreundlichkeit näher zu kommen. Abgeschlossen werden soll die Betrachtung im Abschnitt VI. mit einer ersten Einschätzung, inwieweit der Anspruch der Bundesregierung, mit dem neuen UVPG einen Beitrag zur „guten Umweltgesetzgebung" zu leisten, tatsächlich eingelöst worden ist.

III. Was ist eine Umweltverträglichkeitsprüfung und wie entfaltet sie Wirksamkeit?

1. Verfahrensablauf und Prüfprogramm der UVP

Die UVP ist ein spezielles Prüfinstrument zur Vorbereitung von Zulassungsentscheidungen für Projekte, die aufgrund ihrer Art, Größe, Leistung oder anderer Umstände mit erheblichen nachteiligen Umweltauswirkungen verbunden sein können. Anlage 1 des UVPG enthält eine umfangreiche Liste von Industrieanlagen und Infrastrukturvorhaben, die – teilweise auch nur beim Erreichen oder Überschreiten bestimmter Größen- oder Leistungswerte oder nach Durchführung einer Vorprüfung – einer Umweltverträglichkeitsprüfung zu unterziehen sind. Ziel der UVP ist es, der Zulassungsbehörde mit Blick auf die Umweltbelange, die von solchen Vorhaben betroffen sein können, eine fundierte Entscheidungsgrundlage zu verschaffen. Hierzu sind die möglichen Umweltfolgen des Vorhabens in einem mehrstufigen arbeitsteiligen Prozess zu ermitteln, zu beschreiben und im Hinblick auf ihre Umwelterheblichkeit zu bewerten (vgl. § 3 UVPG). Gefordert ist dabei ein *integrativ-medienübergreifender Ansatz*. Die Prüfung soll sich nicht auf eine separate Betrachtung der unmittelbaren und mittelbaren Auswirkungen beschränken, die das Projekt jeweils auf die verschiedenen von ihm berührten Umweltgüter (z. B. Menschen, Tiere, Pflanzen, Boden, Wasser, Luft, Klima etc.) hat; vielmehr soll sie in ganzheitlich-ökologischer Perspektive auch die Folgen für das zwischen diesen Schutzgütern bestehende Beziehungs- und Wirkungsgefüge sichtbar machen[23].

Nach der Umsetzungskonzeption, für die sich der deutsche Gesetzgeber entschieden hat, ist die UVP unselbständiger Teil der Zulassungsverfahren, die für die betreffenden Vorhaben durchzuführen sind (vgl. § 4 UVPG). Anders als in anderen europäischen Staaten, in denen die UVP als eigenständiges, dem Genehmigungsverfah-

---

[23] Vgl. § 2 Abs. 1 Nr. 5 UVPG: „die Wechselwirkung zwischen den vorgenannten Schutzgütern". Zur Bedeutung des Begriffs „Wechselwirkung" näher Begründung des Entwurfs des sog. „Artikelgesetzes" zur Umsetzung der UVP-Änderungsrichtlinie, der IVU-Richtlinie und weiterer EG-Richtlinien zum Umweltschutz, BT-Drucksache 14/4599, S. 91. Allgemein zum integrativen und medienübergreifenden Charakter der UVP BVerwG, Urteil vom 25.1.1996 – 4 C 5/95 –, Rn. 25; *Erbguth*, ZUR 2014, 515, 516; *Kment*, in: Hoppe/Beckmann (Fn. 17), Einleitung, Rn. 5; *Peters/Balla*, Gesetz über die Umweltverträglichkeitsprüfung, 3. Auflage 2006, Einleitung, Rn. 16.

ren vorgelagertes Verfahren ausgestaltet ist[24], sind die für die UVP notwendigen Verfahrensschritte in Deutschland in das Zulassungsverfahren integriert.

Nach der behördlichen Feststellung, ob ein geplantes Vorhaben einer UVP bedarf (§ 5 UVPG), hat der Vorhabenträger einen *UVP-Bericht*[25] zu den voraussichtlichen Umweltauswirkungen zu erarbeiten (§ 16 i.V.m. Anlage 4 UVPG). Auf Antrag des Vorhabenträgers oder auf Initiative der Behörde wird der Untersuchungsrahmen für dieses Dokument vorher behördlich festgelegt, sog. *Scoping* (§ 15 UVPG). Inhaltlich ist der UVP-Bericht nicht allein auf die prognostizierten Umweltfolgen des Vorhabens beschränkt. Darzustellen ist vielmehr auch, auf welchen Erkenntnissen und Annahmen diese Prognose beruht. Dazu gehören u. a. die wesentlichen Merkmale des Vorhabens und seines Standorts, eine Beschreibung der bestehenden Umweltverhältnisse im Einwirkungsbereich des Vorhabens sowie die Angabe möglicher Faktoren oder Maßnahmen, mit denen erhebliche nachteilige Umweltauswirkungen ausgeschlossen, vermindert ausgeglichen oder ersetzt werden sollen. Schließlich muss der UVP-Bericht auch auf geprüfte Vorhabenalternativen eingehen und eine allgemein verständliche nichttechnische Zusammenfassung enthalten[26].

Nächste Schritte des UVP-Prozesses sind die *Behörden- und Öffentlichkeitsbeteiligung*. Die zuständige Behörde beteiligt andere Behörden, deren umweltbezogener Aufgabenbereich durch das Vorhaben berührt wird, und holt deren Stellungnahmen ein (§ 17 UVPG)[27]. Die betroffene Öffentlichkeit erhält Gelegenheit, sich zu den Umweltauswirkungen des Projekts zu äußern. Dazu sind der UVP-Bericht und ergänzend auch andere der Behörde vorliegende Berichte und Empfehlungen öffentlich auszulegen sowie neuerdings auch über ein zentrales Internet-Portal zugänglich zu machen (§§ 18 ff. UVPG).

Nach Abschluss der Behörden- und Öffentlichkeitsbeteiligung erarbeitet die zuständige Behörde eine *zusammenfassende Darstellung* der Umweltauswirkungen des Vorhabens (§ 24 UVPG). Die zusammenfassende Darstellung enthält eine Gesamtschau aller voraussichtlichen Umweltauswirkungen des Vorhabens. Einbezogen werden neben den Angaben aus dem UVP-Bericht auch Erkenntnisse aus der Behörden- und Öffentlichkeitsbeteiligung und aus eigenen Ermittlungen der Behörde.

---

[24] Nach Artikel 2 Abs. 2 der UVP-Richtlinie ist es den Mitgliedstaaten freigestellt, ob sie die UVP in bestehende Genehmigungsverfahren integrieren oder ein eigenständiges UVP-Verfahren vorsehen.

[25] Die Bezeichnung „UVP-Bericht" wurde durch die UVP-Änderungsrichtlinie 2014/52/EU neu eingeführt. In früheren Fassungen der Richtlinie war nur allgemein von „Angaben" die Rede.

[26] Die allgemein verständliche nichttechnische Zusammenfassung hat vor allem Bedeutung für die Öffentlichkeitsbeteiligung. Sie soll sicherstellen, dass auch fachlich nicht versierte Laien in die Lage versetzt werden, sich mit dem Vorhaben und seinen möglichen Umweltauswirkungen auseinander zu setzen.

[27] Mit der Beteiligung dieser Behörden (z. B. der Naturschutzbehörde) soll sichergestellt werden, dass der dort vorhandene umweltfachliche Sachverstand für die UVP nutzbar gemacht wird.

Auf dieser Grundlage hat die zuständige Behörde die festgestellten Umweltauswirkungen einer *begründeten Bewertung* zu unterziehen (§ 25 Abs. 1 UVPG). Gegenstand dieses Verfahrensschritts ist die Beurteilung, ob die ermittelten Auswirkungen nach den einschlägigen fach- und genehmigungsrechtlichen Anforderungen hinnehmbar sind[28]. Anzulegen ist dabei ein ausschließlich *umweltzentrierter Maßstab*: rechtliche Vorgaben, die nicht der Integrität der Umwelt, sondern anderen Belangen dienen, bleiben in der Bewertungsstation der UVP (noch) ausgeklammert[29].

Erst bei der abschließenden *Entscheidung über die Zulässigkeit des Vorhabens* sind neben den Umweltgesichtspunkten, auf die sich die UVP konzentriert, auch andere (z. B. wirtschaftliche, verkehrliche, landwirtschaftliche oder energiepolitische) Belange einzubeziehen, die nach den genehmigungsrechtlichen Vorschriften zulassungsrelevant sind. Damit stellt sich in der Entscheidungsstation eine Kernfrage des UVP-Rechts: inwieweit nehmen die Ergebnisse der Umweltverträglichkeitsprüfung Einfluss auf den Inhalt der Genehmigungsentscheidung? In § 25 Abs. 2 UVPG heißt es dazu etwas kryptisch, die zuständige Behörde habe die begründete Bewertung *im Hinblick auf eine wirksame Umweltvorsorge nach Maßgabe der geltenden Gesetze zu berücksichtigen*. Mit dem Hinweis auf die „geltenden Gesetze" hat der Gesetzgeber klargestellt, dass für die Entscheidung über die Zulässigkeit des Vorhabens die Zulassungstatbestände und materiellen Genehmigungsanforderungen des Fachrechts maßgebend sein sollen. Auch die Reichweite der gebotenen Umweltvorsorge wird durch diesen fachgesetzlichen Rahmen begrenzt. Bei der Auslegung und Anwendung der Zulassungsvorschriften hat die Genehmigungsbehörde die Ergebnisse der UVP lediglich zu „berücksichtigen", nicht zu „beachten", d. h. sie muss sich mit ihnen auseinandersetzen und ihnen angemessen Rechnung tragen[30]. Lösungen, die sich in der Bewertungsstation der UVP aus umweltzentrierter Sicht als optimal erwiesen haben, müssen sich bei der Zulassungsentscheidung jedoch nicht zwingend durchsetzen. So kann das Fachzulassungsrecht beispielsweise festlegen, dass Belange der Umweltvorsorge gegenüber anderen hochrangigen Interessen nur eingeschränkt Geltung beanspruchen können. Solche fachrechtlichen Gewichtungsvorgaben werden durch das UVPG nicht „überregelt". Die Durchführung einer UVP führt nicht dazu, dass die genehmigungsrechtlichen Bestimmungen materiell-umweltrechtlich „aufgeladen" und um einen prinzipiellen Vorrang der Umwelt ergänzt werden. Vielmehr ist die UVP im Wesentlichen Verfahrensinstrument[31].

---

[28] *Sangenstedt*, in: Landmann-Rohmer (Fn. 17), § 1 UVPG Rn. 43; *Wulfhorst*, in: Landman-Rohmer (Fn. 17), § 12 UVPG Rn. 14.

[29] *Sangenstedt*, in: Landmann-Rohmer (Fn. 17), § 1 UVPG Rn. 43; *Erbguth*, ZUR 2014, 515, 516: „ökologiezentrierte (Vorab-)Prüfung unter Ausschluss sonstiger Belange"; ähnlich BVerwG, Urteil vom 25.1.1996 – 4 C 5/95 –, Rn. 24.

[30] Dazu näher *Sangenstedt*, in: Landmann-Rohmer (Fn. 17), § 1 UVPG Rn. 56 m.w.Nachw.

[31] BVerwG, Urteil vom 25.1.1996 – 4 C 5/95 –, Rn. 18; BVerwG, Urteil vom 21.3.1996 – 4 C 19.94- = NVwZ 1996, 1016, 1018; BVerwG, Beschluss vom 17.12.1997 – 4 VP 17.96 –, NuR 1998, 305, 309; *Beckmann*, in: Hoppe/Beckmann (Fn.17), § 12 UVPG Rn. 67; *Sangenstedt*, in: Landmann-Rohmer (Fn. 17), § 1 UVPG Rn. 14 ff.; *Wulfhorst*, in: Landmann-Rohmer (Fn. 17), § 12 Rn. 29; vgl. auch Begründung des RegE zum UVPG 1990, BT-Drucksache

2. Zur Effektivität der UVP

Der deutschen UVP-Konzeption ist vorgeworfen worden, es handele sich um einen Akt symbolischer Gesetzgebung. Der Begriff „Umweltverträglichkeitsprüfung" wecke Erwartungen, die nicht erfüllt würden. Die Öffentlichkeit verbinde mit der UVP die Vorstellung, dass nur „umweltverträgliche" Vorhaben – also solche, die die Umwelt nicht oder zumindest nicht signifikant beeinträchtigten – zugelassen werden dürften[32]. Dies sei wegen der Ausgestaltung der UVP als Verfahrensinstrument aber nicht der Fall. Zwar werde viel geprüft („UVP = unheimlich viel Papier"), aber letztlich „für nichts". Denn für die Zulassungsentscheidung seien am Ende allein die fachrechtlichen Genehmigungsvorschriften ausschlaggebend. Eine solche UVP sei überflüssig, zumindest aber wenig effizient[33].

Diese harsche Kritik ist in mehrfacher Hinsicht überzogen. Sie verkennt zum einen, dass die UVP – trotz ihrer Einordnung als Verfahrensinstrument – mittelbar durchaus Einfluss auf die Ausgestaltung des Genehmigungsrechts nimmt und hierdurch auch eine gewisse materielle Komponente besitzt. Nach Artikel 2 Abs. 1 der UVP-Richtlinie sind die Mitgliedstaaten der EU verpflichtet, UVP-pflichtige Projekte einer Genehmigungspflicht zu unterwerfen. Nach dem Sinn und Zweck dieser Regelung müssen die Genehmigungtatbestände für UVP-pflichtige Projekte so ausgestaltet werden, dass die *Prüfgesichtspunkte der UVP, insbesondere Aspekte der Umweltvorsorge, bei der Zulassungsenscheidung berücksichtigungsfähig* sind. Nur so kann verhindert werden, dass die Ziele der UVP über ein restriktives Genehmigungsrecht ausgehebelt werden[34].

Allerdings enthält die UVP-Richtlinie keine konkreten Vorgaben dazu, welcher Stellenwert Umweltgesichtspunkten bei Zulassungsentscheidungen im Verhältnis zu anderen bedeutenden Belangen zukommen soll. Ein genereller Vorrang der Umwelt vor konkurrierenden Gütern oder Interessen lässt sich der Richtlinie jedenfalls nicht entnehmen. Bei der Gewichtung der Umweltbelange hat der europäische Richtliniengeber dem nationalen Gesetzgeber vielmehr Spielräume eröffnet. Es verstößt deshalb weder gegen den Buchstaben noch gegen den Geist der UVP-Richtlinie, wenn das UVPG die Frage, wie die in der UVP ermittelten Umweltauswirkungen bei der Zulassung des Vorhabens zu berücksichtigen sind, der materiellen Steuerung

---

11/3919, S. 27: durch das Berücksichtigungsgebot würden „die gesetzlichen Entscheidungsgrundlagen in ihrer jeweiligen Ausgestaltung nicht verändert".

[32] Dieses Verständnis legt der Begriff „Umweltverträglichkeitsprüfung" in der Tat nahe. Richtigerweise ist die UVP aber lediglich eine Umweltfolgenprüfung; so zutr. *Storm*, in: Storm/Bunge, HdUVP (Fn. 17), Abschnitt 505: Zum rechtlichen Entwicklungsstand der Umweltverträglichkeitsprüfung, S. 2; *Schink*, NVwZ 1999, 11, 12.

[33] *Wemdzio*, NuR 2008, 479, 481 f.

[34] Näher dazu *Sangenstedt*, in: Landmann-Rohmer (Fn. 17), § 1 UVPG Rn. 21 m.w.Nachw. Kritisch zu den Möglichkeiten, den integrativ-medienübergreifenden Ansatz der UVP im Rahmen der bestehenden genehmigungsrechtlichen Vorschriften umzusetzen, *Erbguth*, ZUR 2014, 515, 520 f.

durch das Fach- und Genehmigungsrecht überlässt, solange den Umweltfolgen und der Umweltvorsorge dort überhaupt ein Stellenwert eingeräumt wird[35].

Unterschätzt wird von den Kritikern überdies die *Wirkung*, die *der UVP in ihrer Funktion als Verfahrensinstrument für die Entscheidungsfindung* zukommt. Eine sachgerechte Auseinandersetzung der Behörde mit den Umweltauswirkungen eines Vorhabens setzt voraus, dass die zulassungserheblichen Auswirkungen zutreffend erkannt und ihrer Bedeutung entsprechend eingeordnet werden. Umweltgesichtspunkte können im Entscheidungsprozess aber besser wahrgenommen und gewürdigt werden, wenn sie zuvor durch eine systematische und fachlich qualifizierte Umweltprüfung aufbereitet worden sind[36]. *Faktisch* gewinnen Umweltbelange in Zulassungsverfahren mit UVP daher größeres Gewicht als in Verfahren ohne eine solche Prüfung[37]. Dieser Effekt entspricht im Übrigen nicht nur einer UVP-seitigen Wunschvorstellung, sondern hat sich auch empirisch bestätigt[38].

Insgesamt kann deshalb festgehalten werden, dass die UVP weder überflüssig noch ineffektiv ist. Sie bewirkt zwar grundsätzlich keine Verschärfung der bestehenden materiellen Umweltanforderungen, leistet aber einen wesentlichen Beitrag dazu, dass diesen Anforderungen bei Zulassungsentscheidungen wirksam Geltung verschafft werden kann.

---

[35] *Erbguth/Schink*, Gesetz über die Umweltverträglichkeitsprüfung, Kommentar, 2. Auflage 1996, § 12 Rn. 22; *Sangenstedt*, in: Landmann-Rohmer (Fn. 17), § 1 UVPG Rn. 20 f.; *Wulfhorst*, in: Landmann-Rohmer (Fn. 17), § 12 UVPG Rn. 12.

[36] BVerwG, Urteil vom 25.1.1996 – 4 C 5/95 –, Rn. 26; *Bunge*, in: Storm/Bunge, HdUVP (Fn. 17), Abschnitt 600: Einleitung UVPG, Rn. 148f.; *Erbguth/Schink* (Fn. 35), Einleitung, Rn. 7f., § 12 Rn. 75f.; *Sangenstedt*, in: Landmann-Rohmer (Fn. 17), § 1 UVPG Rn. 15; *Schink*, NVwZ 1999, 11, 12 u. NuR 2003, 647, 649.

[37] Im Schrifttum wird deshalb z.T. sogar der Vorwurf erhoben, dass Umweltbelage durch die UVP ein sachlich nicht gerechtfertigtes Übergewicht erhielten, so z.B. *Beckmann*, in: Hoppe/Beckmann (Fn. 17), § 12 Rn. 68. Diese Einschätzung wird der historischen Genese der UVP nicht gerecht. Die Einführung dieses Instruments ist die Antwort auf die Erfahrungen in den USA, dass Umweltauswirkungen in Zulassungsentscheidungen leicht aus dem Blick geraten oder unterschätzt werden, wenn ihnen nicht durch ein spezielles Umweltprüfverfahren angemessen Beachtung geschenkt wird (vgl. zur Entwicklung der UVP-Gesetzgebung in den USA eingehend *Jörissen/Coenen/Franz*, Die Umweltverträglichkeitsprüfung in den USA, 1987, S. 1 ff., insbesondere S. 10 ff.).

[38] *Führ u.a.*, Evaluation des UVP-Gesetzes des Bundes, 2008; S. 3 sowie *Führ/Dopfer/Bizer*, ZUR 2009, 59, 60: UVP realisiert eine deutlich höhere Zielerreichung als es ohne sie möglich wäre. Ähnlich *Wende*, Praxis der Umweltverträglichkeitsprüfung und ihr Einfluss auf Zulassungsverfahren, 2001, S. 143 ff., 202 ff.

IV. Gründe für die Bestimmtheitsdefizite beim früheren UVPG

1. Mangelnde Akzeptanz der UVP

Obwohl die Umweltverträglichkeitsprüfung mittlerweile weltweit anerkannt und etabliert ist[39], ist ihr Freundeskreis hierzulande überschaubar geblieben. Bereits vor etwa 20 Jahren haben einige Autoren die Karriere der UVP in Deutschland auf die Kurzformel gebracht, es handele sich um ein schon bei seiner Genese ungewolltes Kind, das inzwischen zum ungeliebten Kind geworden sei[40]. In der Tat wurde die UVP in Deutschland nicht freiwillig und aus innerer Überzeugung, sondern erst – und dazu noch verspätet – eingeführt, als in Gestalt der UVP-Richtlinie 85/337/EWG[41] eine zwingende europarechtliche Umsetzungsverpflichtung bestand. Bestrebungen der Bundesregierung, ein bundesdeutsches UVP-Gesetz aus eigener Initiative auf den Weg zu bringen, waren zuvor an unüberwindlichen politischen Widerständen gescheitert[42]. Auch als kein Weg mehr an einem UVP-Gesetz vorbeiführte, wurde nichts unversucht gelassen, um dessen Anwendungsbereich möglichst eng zu fassen und der UVP nur eine untergeordnete Bedeutung beizumessen[43]. Dabei zeigte der deutsche UVP-Gesetzgeber wenig Sensibilität beim Umgang mit den Anforderungen der UVP-Richtlinie. So sah das UVPG 1990[44] für ganze Klassen der im Anhang II dieser Richtlinie aufgeführten Projekte keine Umweltverträglichkeitsprüfung vor. Entgegen dem zentralen europäischen Auslegungsgrundsatz des *effet utile* ging es der Bundesregierung bei der Umsetzung erkennbar nicht um größtmögliche Wirksamkeit[45], sondern um größtmögliche Vermeidung der UVP[46]. Folgerichtig

---

[39] *Bunge*, in: Storm/Bunge, HdUVP (Fn. 17), Abschnitt 600: Einleitung UVPG, Rn. 1 f.

[40] *Albert*, UVP-Report 1995, 132, 133; *Schink*, NVwZ 1999, 11, 13.

[41] Langtitel: Richtlinie des Rates vom 27. Juni 1985 über die Umweltverträglichkeitsprüfung bei bestimmten öffentlichen oder privaten Projekten, ABl. EG Nr. L 175 vom 5.7.1985, S. 40 ff.

[42] *Bunge*, in: Storm/Bunge, HdUVP (Fn. 17), Abschnitt 600: Einleitung UVPG, Rn. 9 f.; *Cupei*, Umweltverträglichkeitsprüfung (UVP), 1986, S. 35 ff., 81 f.; *Erbguth/Schink* (Fn. 35), Einleitung Rn. 1a f.; *Erbguth*, ZUR 2014, 515.

[43] Instruktiv dazu der Überblick bei *Schink*, NVwZ 1999, 11, 13.

[44] Das Gesetz über die Umweltverträglichkeitsprüfung (UVPG) war als Artikel 1 Bestandteil des Gesetzes zur Umsetzung der Richtlinie des Rates vom 27. Juni 1985 über die Umweltverträglichkeitsprüfung bei bestimmten öffentlichen und privaten Projekten (85/337/EWG) vom 12. Februar 1990, BGBl. I S. 205.

[45] Nach der ständigen Rechtsprechung des Europäischen Gerichtshofs gilt für die Auslegung europäischer Rechtsakte vorrangig der Grundsatz des *effet utile* (Effektivitätsgrundsatz). Danach sind Inhalt und Reichweite europäischer Richtlinien so zu bestimmen und umzusetzen, dass die Vorschriften unter Berücksichtigung ihrer Ziele größtmögliche praktische Wirksamkeit entfalten können. Eingehend dazu *Potacs*, EuR 2009, 465 ff.; zur Bedeutung des *effet-utile*-Grundsatzes für die Umweltprüfung *Sangenstedt*, in: Landmann-Rohmer (Fn. 17), § 1 UVPG Rn. 21 m.w.Nachw.

[46] So auch *Schink*, NVwZ 1999, 11, 14: der Gesetzgeber habe sich darum bemüht, die UVP-pflichtigen Fälle kräftig einzuschränken.

wurde Deutschland deswegen später vom Europäischen Gerichtshof wegen Verstoßes gegen seine Verpflichtungen aus der Richtlinie verurteilt[47].

Bei der überwiegend abwehrenden Haltung gegenüber der UVP ist es bis heute geblieben. Das Instrument stößt in Deutschland nach wie vor auf Misstrauen und Ablehnung. Ein „Gewöhnungseffekt" hat sich auch nach mehr als 25 Jahren UVP-Praxis nicht eingestellt.

2. Konfliktbewältigung durch Formelkompromiss

Angesichts des UVP-kritischen Umfelds sind anstehende Novellen des UVP-Rechts in Deutschland stets mit erheblicher Aufgeregtheit verbunden. Die Gesetzgebungsverfahren sind besonders schwierig und konfliktreich. Da der Anwendungsbereich des UVPG eine beträchtliche Anzahl von Vorhaben unterschiedlichster Art umfasst, ruft jede Änderung diverse Industrie- und Wirtschaftsbranchen, Vertreter der Land-, Forst- und Fischereiwirtschaft sowie Träger großer Städtebau- und Infrastrukturvorhaben (Verkehr, Wasserwirtschaft und Leitungsbau) auf den Plan. Ginge es nach ihnen, dann wären Ausweitungen der UVP-Pflicht oder Verschärfungen bei den Verfahrensanforderungen allemal tabu.

Diese Reaktion ist nicht ganz unverständlich. Ein Instrument, das dazu dient, Umweltanforderungen in der Zulassungspraxis besser und wirksamer Geltung zu verschaffen, kann bei den Trägern UVP-pflichtiger Vorhaben nicht unbedingt mit Zustimmung rechnen. Eine konsequentere Durchsetzung des Umweltrechts kann für sie mit greifbaren Nachteilen verbunden sein, z. B. kostenträchtigen Umweltauflagen. Überdies kann die Durchführung der UVP selbst Aufwand verursachen. Dies gilt allerdings weniger für die Kostenseite; denn im Verhältnis zu den Investitionskosten, die für UVP-pflichtige Vorhaben anfallen, schlägt der Kostenaufwand einer UVP regelmäßig nur geringfügig zu Buche[48]. Auch die Dauer der Zulassungsverfahren hat sich nicht als signifikant länger erwiesen als in Verfahren ohne UVP[49]. Ein erheblicher Zeitbedarf muss allerdings, je nach Datenverfügbarkeit, für die Erarbeitung des UVP-Berichts veranschlagt werden. Zwar sieht das UVPG vor, dass die beteiligten Behörden dem Vorhabenträger Informationen, die für die Erarbeitung des UVP-Berichts benötigt werden und bei ihnen vorhanden sind, zur Verfügung stellen (§ 15 Abs. 1 UVPG). Soweit solche Angaben bei den Behörden nicht vorliegen, müs-

---

[47] EuGH, Urteil vom 22. Oktober 1998, Rs. C-301/95, Rn. 30 ff., 46.

[48] Nach dem Ergebnis mehrerer Untersuchungen, die im Auftrag der Europäischen Kommission durchgeführt wurden, beträgt der auf die UVP entfallende Kostenaufwand durchschnittlich 0, 5 bis 1 % der Investitionskosten (A study on cost and benefits in EIA/SEA, 1996, Zusammenfassung veröffentlich unter http://ec.europa.eu/environment/archives/eia/eia-stu dies-and-reports/eia-costs-benefit-en.htm; *Oosterhuis*, Costs and benefits of the EIA Directive, 2007, veröffentlicht unter http://ec.europa.eu/environment/eia/pdf/Costs%20and%20benefits% 20of%20the%20EIA%20Directive.pdf).

[49] So jedenfalls das Ergebnis einer Untersuchung aus dem Jahr 2001 von *Wende* (Fn. 38), S. 152 f. Hier wäre allerdings eine Aktualisierung wünschenswert.

sen sie aber vom Vorhabenträger selbst generiert werden. Die dafür notwendigen Untersuchungen müssen den aktuellen fachlichen und methodischen Anforderungen genügen[50]. So dürfen Daten über den Zustand der Umwelt nicht nur den Charakter einer Momentaufnahme haben, sondern sie müssen auf Zeitreihenbetrachtungen aufbauen. Zur Erfassung von Tier- und Pflanzenarten, ihrer Lebensgemeinschaften und ihrer Lebensräume bedarf es bspw. einer flächendeckenden Biotoptypenkartierung, für die mehrere Begehungen des Geländes über einen Untersuchungszeitraum von mindestens einer Vegetationsperiode durchgeführt werden müssen[51]. Ein so zeitaufwendiges Prüfprogramm kann bei Investitionsvorhaben, die kurzfristig realisiert werden sollen, durchaus zum Problem werden.

Andererseits geben Belastungen, die für Vorhabenträger mit einer UVP verbunden sein können, keine Rechtfertigung dafür, bei der Umsetzung der UVP-Richtlinie Abstriche von zwingenden europarechtlichen Anforderungen vorzunehmen. In den Gesetzgebungsverfahren kommt es deshalb regelmäßig zu heftigen Auseinandersetzungen zwischen denen, die die UVP möglichst restriktiv ausgestalten möchten, und denen, die eine europarechtssichere Umsetzung anstreben, um neue Vertragsverletzungs- und Klageverfahren zu vermeiden[52]. Sachkompromisse sind hier oft nur mühsam, manchmal auch gar nicht zu erzielen. Ein Scheitern des Regelungsvorhabens wegen unüberbrückbarer Meinungsverschiedenheiten kommt jedoch ebenfalls nicht in Betracht, weil Deutschland damit gegen seine europarechtliche Umsetzungsverpflichtung verstoßen würde. Einen Ausweg aus diesem Dilemma bietet dann die *Flucht in den Formelkompromiss*. Die Kontrahenten verständigen sich auf Vorschriften mit unscharfen und mehrdeutigen Formulierungen, die unterschiedlichen Auslegungen zugänglich sind. Dadurch eröffnet der Formelkompromiss allen Beteiligten

---

[50] Nach § 16 Abs. 5 UVPG muss der UVP-Bericht den gegenwärtigen Wissensstand und gegenwärtige Prüfmethoden berücksichtigen.

[51] Vgl. Eisenbahn-Bundesamt, Fachstelle Umwelt, Umwelt-Leitfaden zur eisenbahnrechtlichen Planfeststellung und Plangenehmigung sowie für Magnetschwebebahnen, 6. Fassung, Stand: August 2014, Teil III Umweltverträglichkeitsprüfung, Naturschutzrechtliche Eingriffsregelung, Nummer 2.5.4, S. 25 f. und Anhang III-5, S. 86 f.; *Gassner/Winckelbrandt/Bernotat*, UVP und Strategische Umweltprüfung: rechtliche und fachliche Anleitung für die Umweltverträglichkeitsprüfung, 5. Auflage 2010, S. 66, 77.

[52] Natürlich behaupten auch die Anhänger einer restriktiven Umsetzung regelmäßig, dass ihre Vorschläge europarechtskonform seien. Gerne berufen sie sich dabei auf das Prinzip der sog. „eins-zu-eins-Umsetzung". Dabei handelt es sich um einen von der Politik erfundenen Grundsatz, wonach bei der Umsetzung europäischer Richtlinien „mindestinvasive Lösungen" gefunden werden sollen, die sich auf „Änderungen am nationalen Recht mit der geringstmöglichen Reichweite" beschränken (vgl. *Kluth*, in: Kluth/Krings, Gesetzgebung, 2014, § 21 Rn. 59). In der Praxis geht die Anwendung des „eins-zu-eins-Postulats" vor allem dann schief, wenn zusätzlich mit einer unzulässig verkürzenden Wortlautinterpretation der umzusetzenden Richtlinie operiert wird. Als Mindestgehalt einer Richtlinienvorschrift, die es „eins zu eins" umzusetzen gilt, erscheint dann nicht das, was nach dem maßgeblichen europarechtlichen Auslegungsgrundsatz des *effet utile* deren Inhalt ausmacht, sondern das, was ihr Wortlaut an möglichen Einschränkungen gerade noch zulässt. Dieser Vorgehensweise dürfte es zu verdanken sein, dass deutsche Umweltgesetze vor dem EuGH mitunter spektakulär „durchfallen".

die Möglichkeit, jeweils gesichtswahrend zu behaupten, dass man sich mit der eigenen Position durchgesetzt habe. Tatsächlich bleibt die dem Gesetzgeber gestellte Aufgabe durch diese Art der „Problembewältigung" ungelöst. Die offenen Fragen werden materiell ungeklärt an den Vollzug durchgereicht in der Erwartung, die Praxis werde schon irgendwie richten, was die Gesetzgebung nicht zustande gebracht hat. Pointiert ausgedrückt könnte man hier auch von Politikversagen sprechen.

Das frühere UVPG enthielt eine Reihe von Vorschriften, die Ergebnis einer solchen Formelkompromissfindung waren. Die meisten von ihnen wurden durch das *Gesetz zur Umsetzung der UVP-Änderungsrichtlinie, der IVU-Richtlinie und weiterer EG-Richtlinien zum Umweltschutz* vom 27.7.2001[53] (in der UVP-Szene bekannt als „das Artikelgesetz") in das UVPG eingefügt. Dieses Gesetzesvorhaben bot in konzentrierter und zugespitzter Form das gesamte Problemspektrum, mit dem die UVP-Gesetzgebung in Deutschland seit jeher zu kämpfen hat. Für UVP-Skeptiker war das Artikelgesetz schon deshalb ein Alptraum, weil mit ihm der *Anwendungsbereich der UVP deutlich ausgeweitet* wurde. Diese Ausweitung war allerdings aus europarechtlichen Gründen unabdingbar. Zum einen musste die UVP-Änderungsrichtlinie 97/11/EG[54] umgesetzt werden, die in ihrem Anhang I einundzwanzig Projektarten als UVP-pflichtig auswies, während es zuvor nur neun gewesen waren. Darüber hinaus war Deutschland vom EuGH dazu verurteilt, die erheblichen Lücken, die das UVPG 1990 in seinem Vorhabenkatalog aufwies (Ausnahme ganzer Klassen von Projekten), zu schließen[55]. Auch bei den Verfahrensanforderungen sah die UVP-Änderungsrichtlinie diverse Neuerungen vor[56]. Überdies mussten weiteren Entscheidungen des EuGH zur Auslegung der UVP-Richtlinie Rechnung getragen werden[57].

Andere Schwierigkeiten kamen hinzu. Das Artikelgesetz enthielt ein *besonders umfangreiches und komplexes Regelungsprogramm*. Es umfasste nicht nur Änderungen bei der UVP, sondern sollte überdies weitere wichtige Umweltrichtlinien umsetzen. Eine schwerwiegende Hypothek war auch der *hohe Zeitdruck*. Nachdem ein erster Gesetzentwurf des Bundesumweltministeriums (BMU), mit dem das UVP-Recht in das Erste Buch eines Umweltgesetzbuchs überführt werden sollte, schon in der Ressortabstimmung gescheitert war[58], zeichnete sich ab, dass Deutschland die Umsetzungsfristen deutlich überschreiten würde. Damit musste das Gesetzgebungsver-

---

[53] BGBl. I S. 1950.

[54] Langtitel: Richtlinie 97/11/EG des Rates vom 3. März 1997 zur Änderung der Richtlinie 85/337/EWG über die Umweltverträglichkeitsprüfung bei bestimmten öffentlichen und privaten Projekten, ABl. EG Nr. L 73, S. 5.

[55] s. dazu Begründung des Regierungsentwurfs, BT-Drucksache 14/4599, S. 64 f.

[56] Vgl. dazu näher Begründung des Regierungsentwurfs, BT-Drucksache 14/4599, S. 65 f.; *Bunge*, in: Storm/Bunge, HdUVP (Fn. 17), Abschnitt 600: Einleitung UVPG, Rn. 32.

[57] So insbesondere im sog. *Irland-Urteil* vom 21. September 1999, Rs. C-392/96; vgl. dazu Begründung des Regierungsentwurfs, BT-Drucksache 14/4599, S. 66.

[58] *Bunge*, in: Storm/Bunge, HdUVP (Fn. 17), Abschnitt 600: Einleitung UVPG, Rn. 33.

fahren beschleunigt vorangetrieben werden, um eine von der Europäischen Kommission bereits vorbereitete Zwangsgeldklage abzuwenden[59].

Zusammen bildeten all diese Faktoren eine prekäre Gemengelage, die eine ordentliche Sachberatung nur noch eingeschränkt gestattete. Exemplarisch hierfür war die Behandlung des Artikelgesetzentwurfs im 1. Durchgang des Bundesratsverfahrens. Die Bundesratsausschüsse sprachen insgesamt 347 Empfehlungen aus, von denen über 100 Änderungsempfehlungen die geplanten neuen Vorschriften des UVPG betrafen[60]. Gegen einen Teil dieser Empfehlungen erhoben wiederum andere Ausschüsse Widerspruch. Angesichts des nur schwer entflechtbaren Konglomerats von Empfehlungen und Widersprüchen sah sich der Bundesrat außerstande, die zwischen seinen Ausschüssen bestehenden Konfliktpunkte auszuräumen und eine konsolidierte Gesamtstellungnahme abzugeben. Stattdessen beschränkte er sich auf die allgemeine Aussage, dass der Gesetzentwurf weiterer Überarbeitung bedürfe, nannte dazu einige Eckpunkte und überwies die 347 Ausschussempfehlungen *en bloc* dem Deutschen Bundestag als „Material für das weitere Gesetzgebungsverfahren"[61]. Der Bundestag nahm daraufhin seinerseits nach intensiver Beratung in seinen Ausschüssen noch zahlreiche Änderungen an dem Gesetzentwurf vor[62]. Das Ergebnis stieß jedoch beim Bundesrat im 2. Durchgang erneut auf Ablehnung und führte zur Anrufung des Vermittlungsausschusses[63]. Erst das anschließende Vermittlungsverfahren führte schließlich im Juni 2001 zur endgültigen Verabschiedung des „Artikelgesetzes"[64].

Angesichts der geschilderten Randbedingungen und der Unfähigkeit der Beteiligten, zu einer Verständigung in der Sache zu gelangen, war es am Ende tatsächlich alternativlos, dass Formelkompromisse herhalten mussten, um die Novelle noch halbwegs unfallfrei über die Runden zu retten. Dafür war jedoch ein hoher Preis zu zahlen, nämlich die Aufgabe des Anspruchs guter Gesetzgebung.

---

[59] *Bunge*, in: Storm/Bunge, HdUVP (Fn. 17), Abschnitt 600: Einleitung UVPG, Rn. 35.

[60] s. dazu im Einzelnen Empfehlungen der Ausschüsse, BR-Drucksache 674/1/00 vom 11.12.2000.

[61] BR-Drucksache 674/00 (Beschluss) vom 21.12.2000; *Bunge*, in: Storm/Bunge, HdUVP (Fn. 17), Abschnitt 600: Einleitung UVPG, Rn. 35.

[62] s. dazu im Einzelnen Beschlussempfehlung und Bericht des federführenden Ausschusses für Umwelt, Naturschutz und Reaktorsicherheit (16. Ausschuss), BT-Drucksache 14/5750 vom 03.04.2001. Der Gesetzentwurf wurde mit den Änderungsempfehlungen des federführenden Ausschusses am 5. April 2001 beschlossen (BR-Drucksache 286/01 vom 20.04.2001).

[63] BR-Drucksache 286/01 (Beschluss) vom 11. Mai 2001.

[64] Vgl. BR-Drucksache 498/01 vom 22.06.01; *Bunge*, in: Storm/Bunge, HdUVP (Fn. 17), Abschnitt 600: Einleitung UVPG, Rdnr. 36.

3. Die Bedeutung der gerichtlichen Überprüfbarkeit UVP-rechtlicher Vollzugsmängel

Begünstigt wurde die geschilderte Flucht in den Formelkompromiss durch *mangelnde Justiziabilität der UVP*. Das Unterbleiben einer rechtlich gebotenen UVP oder Fehler bei deren Durchführung sind nach § 44a VwGO gerichtlich nicht eigenständig, sondern nur im Rahmen einer Klage gegen die Zulassungsentscheidung überprüfbar. Nach der damaligen Spruchpraxis der Verwaltungsgerichte war eine solche Klage jedoch nur dann erfolgversprechend, wenn der Kläger geltend machen konnte, dass die Zulassungsentscheidung bei Einhaltung der UVP-rechtlichen Anforderungen anders (für ihn günstiger) ausgefallen wäre[65].

Hierzu ist in der Literatur zutreffend angemerkt worden, dass ein entsprechender „Nachweis" einem Kläger kaum jemals gelingen konnte[66]. Im Klartext bedeutete dies, dass es für die Zulassung eines UVP-pflichtigen Vorhabens und für den Bestand der erteilten Genehmigung praktisch bedeutungslos war, ob Bestimmungen des UVPG im Einzelfall beachtet wurden oder nicht. Da Vollzugsmängel bei der Auslegung und Anwendung UVP-rechtlicher Vorschriften keiner effektiven justiziellen Kontrolle unterlagen, blieben sie in aller Regel folgenlos. Deshalb spielte es auch keine Rolle, ob das UVPG klar, verständlich und vollzugsgerecht ausgestaltet oder ob es durch Formelkompromisse geprägt war, die den Anforderungen guter Gesetzgebung widersprachen. Die fehlende gerichtliche Überprüfbarkeit konnte in der Vollzugswirklichkeit für Vorhabenträger und Behörden sogar von Vorteil sein, weil sie ihnen die Möglichkeit eröffnete, das UVPG im Zweifelsfall restriktiv zu handhaben, um sich auf diese Weise unerwünschten Prüf- und Verfahrensaufwand vom Leibe zu halten.

Diese komfortable Situation fand allerdings einige Jahre später mit dem Inkrafttreten des Umwelt-Rechtsbehelfsgesetzes (UmwRG) vom 7. Dezember 2006[67] ein Ende. Nach § 4 UmwRG kann die Aufhebung einer Zulassungsentscheidung verlangt werden, wenn eine erforderliche Umweltverträglichkeitsprüfung nicht durchgeführt worden ist. Gleiches gilt beim Unterbleiben oder bei fehlerhafter Durchführung einer notwendigen UVP-Vorprüfung. Auch diese Regelungen wären seinerzeit vermutlich niemals getroffen worden, wenn nicht aufgrund einer Änderung der UVP-Richtlinie dazu eine europarechtliche Verpflichtung bestanden hätte[68]. Ähnlich

---

[65] BVerwG, Urteil vom 21.3.1996 – 4 C 19/94 – = NVwZ 1996, 1016, 1018 f.; BVerwG, Urteil vom 8.6.1995 – 4 C 4/94 –, NVwZ 1996, 381, 386 f.; BVerwG, Urteil vom 10.04.1997 – 4 C 5/96 –, NVwZ 1998, 508 f.; eingehend zu dieser Rechtsprechung m.w.Nachw. *Scheidler,* NVwZ 2005, 863, 865; *Schink,* NVwZ 1999, 11, 13 f.; *Wemdzio,* NuR 2008, 479, 481.

[66] *Schink,* NVwZ 1999, 11, 14; kritisch auch *Scheidler,* NVwZ 2005, 863, 867; *Wemdzio,* NuR 2008, 479, 481.

[67] Langtitel: Gesetz über ergänzende Vorschriften zu Rechtsbehelfen nach der EG-Richtlinie 2003/35/EG, BGBl. I S. 2816.

[68] Die sog. „Öffentlichkeitsbeteiligungs-Richtlinie" 2003/35/EG (ABl. der EU Nr. L 156 vom 25.6.2003, S. 17) sah u.a. eine Ergänzung der UVP-Richtlinie um eine Rechtsschutz-

wie zuvor beim UVPG sprang der deutsche Gesetzgeber freilich auch hier beim ersten Umsetzungsversuch zu kurz. Erst nachdem der EuGH die ursprüngliche Fassung der Vorschrift mehrfach als unzureichend beurteilt hatte[69], wurde durch eine ergänzende Regelung unmissverständlich klargestellt[70], dass neben den in § 4 Abs. 1 UmwRG genannten absoluten Verfahrensfehlern auch andere Verfahrensmängel, die bei der Durchführung einer UVP auftreten können, gerichtlich überprüfbar sind. Für solche relativen Verfahrensverstöße soll der Maßstab des § 46 VwVfG gelten. Dabei soll es jedoch, anders als nach der früheren Rechtsprechung des Bundesverwaltungsgerichts, nicht mehr zu Lasten des Klägers gehen, wenn gerichtlich nicht aufklärbar ist, ob der Fehler die Zulassungsentscheidung in der Sache beeinflusst hat; eine Beeinflussung soll in diesem Falle vielmehr vermutet werden (§ 4 Abs. 1a Satz 2 UmwRG)[71].

Diese neue Rechtslage hat die bisherige „Geschäftsgrundlage" völlig verändert. Betroffene und Umweltvereinigungen nutzen die neuen Rechtsschutzmöglichkeiten, die ihnen das Umwelt-Rechtsbehelfsgesetz gegen Fehler bei der UVP eröffnet, und sind dabei durchaus erfolgreich. Auch die Gerichte haben ihre bisherige Zurückhaltung bei der Klärung UVP-rechtlicher Fragen aufgegeben und sind intensiv in diese Materie einstiegen – mit z.T. überraschenden Ergebnissen. So haben Verwaltungsgerichte wiederholt festgestellt, dass der Vorprüfstandard, der sich bei einigen Behörden im Vollzugsalltag herausgebildet hatte, den Anforderungen nicht gerecht wird[72]. Spektakulär waren auch zwei Urteile des Bundesverwaltungsgerichts zur Kumulati-

---

regelung vor, in der die Mitgliedstaaten verpflichtet wurden, die Möglichkeit des Zugangs zu einem gerichtlichen oder ähnlichen unparteiischen Überprüfungsverfahrens zu schaffen, um die materiell-rechtliche und verfahrensrechtliche Rechtmäßigkeit von Entscheidungen, Handlungen oder Unterlassungen anzufechten, für die die Bestimmunen der UVP-Richtlinie über die Öffentlichkeitsbeteiligung gelten. Zuvor hatte bereits der EuGH in seinem Urteil in der Rechtssache C-201/02 (*Delena Wells*) vom 7. Januar 2004 entschieden, dass es dem Einzelnen möglich sein müsse, das Unterbleiben einer rechtlich gebotenen UVP gerichtlich geltend zu machen; vgl. dazu *Scheidler*, NVwZ 2005, 863, 867 sowie die Begründung des Regierungsentwurfs zum UmwRG, BT-Drucksache 16/2495, S. 13 f.

[69] Urteil vom 7.11.2013 in der Rechtssache C-72/12 (*Altrip*), Rn. 49 ff.; Urteil vom 15.10.2015 in der Rechtssache C-137/14, Rn. 51, 57 ff.

[70] Die Ergänzung erfolgte durch das sog. „Altrip-Gesetz" zur Änderung des Umwelt-Rechtsbehelfsgesetzes zur Umsetzung des Urteils des Europäischen Gerichtshofs vom 7. November 2013 in der Rechtssache C-72/12 vom 20.11.2015, BGBl. I S. 2069.

[71] Dazu eingehend *Sangenstedt*, Europäisierung des deutschen Verwaltungsverfahrens- und Verwaltungsprozessrechts durch Anforderungen an den umweltrechtlichen Gerichtszugang, in: Raetzke/Feldmann/Frank, Aus der Werkstatt des Nuklearrechts, Tagungsbericht der AIDN/INLA-Regionaltagung am 28. und 29. September 2015 in Nürnberg, 2016, S. 79, 106 ff.

[72] BVerwG, Urteil vom 20.12.2011 – 9 A 31.10 –, Rdnr. 28 ff.; OVG Lüneburg, Beschluss vom 29.08.2013 – 4 ME 76/13 –, NuR 2013, 745, 749 f.; OVG Nordrhein-Westfalen, Urteil vom 14.10.2013 – 20 D 7/09 AK –, DVBl. 2014, 185; *Sangenstedt*, Vorschlag für eine Änderung der UVP-Richtlinie – Beratungsstand und Perspektive, in: Mitschang, Konflikte und aktuelle Entwicklungen bei städtebaulichen Planungen, 2014, S. 51, 65.

on⁷³. Darin befand der 4. Senat, dass der Kumulationstatbestand des § 3b Abs. 2 UVPG (a.F.) über seinen Wortlaut hinaus auch auf Fälle nachträglicher Kumulation anzuwenden sei. Das Gericht erkannte darin einen Fall zulässiger Analogie: das UVPG enthalte eine planwidrige Regelungslücke, weil der Gesetzgeber wohl versehentlich die Reichweite der einschlägigen EuGH-Rechtsprechung verkannt habe⁷⁴.

In der Sache ist die neue Linie des Bundesverwaltungsgerichts nicht zu kritisieren. Die Entscheidungen werden stringent aus den Vorgaben der UVP-Richtlinie und der Judikatur des EuGH abgeleitet und sind auch sonst überzeugend begründet. Dennoch stellt sich ein gewisses Unbehagen ein, wenn wichtige inhaltliche Weichenstellungen hier nicht vom Gesetzgeber, sondern von der Justiz getroffen werden, weil das UVPG selbst an zentralen Stellen keine klaren Direktiven, sondern unbestimmte und mehrdeutige Vorschriften enthält. Dadurch geraten die Verwaltungsgerichte in die rechtsgestaltende Rolle eines Ersatzgesetzgebers. Auch unter diesem Aspekt ist der Entschluss der Bundesregierung, mit der Umsetzung der UVP-Änderungsrichtlinie 2014/52/EU zugleich für mehr Klarheit beim UVPG zu sorgen, zu begrüßen. Die Regelungsmaterie UVP ist dadurch wieder verstärkt in die politische und rechtliche Verantwortung des parlamentarischen Gesetzgebers zurückgeholt worden.

V. Instrumente auf dem Weg zur besseren UVP-Gesetzgebung

1. Das Planspiel zur Umsetzung der UVP-Änderungsrichtlinie 2014/52/EU

Umweltgesetze einfach, klar und vollzugsfreundlich zu fassen ist eine Herausforderung. Die Gründe hierfür sind vielfältig. Die Regelungsentwürfe werden in der Regel von der Ministerialverwaltung erarbeitet. Traditionell kommen dabei meist eine spezifische Terminologie sowie „bewährte" Sprachmuster, Formate, Regeln und Techniken zur Anwendung. Rücksicht auf den Empfängerhorizont scheint beim „Gesetzemachen" dagegen mitunter nur als Sekundärtugend zu gelten⁷⁵. Auch verfügen nur wenige Akteure auf diesem Spielfeld über eigene Vollzugserfahrungen. Für viele ist es daher schwierig, die spätere Rezeption ihres Produkts durch Behörden und Betroffene wirklichkeitsnah einzuschätzen. Deshalb kommt es immer wieder vor, dass Formulierungen und Regelungstechniken, die aus herkömmlich-gesetzgeberischer Perspektive gelungen oder sogar besonders elegant erscheinen mögen, bei den Anwendern „vor Ort" zu massiven Verständnis- und Umsetzungsproblemen führen.

---

[73] BVerwG, Urteil vom 18. Juni 2015 – 4 C 4.14 –, Rn. 16 ff.; BVerwG, Urteil vom 17. Dezember 2015 – 4 C 7/14 –, Rn. 11.

[74] Gemeint ist das „Irland-Urteil" des EuGH (s. o. Fn. 57).

[75] Vgl. zur sprachlichen Verständlichkeit von Vorschriftentexten aber auch Bundesministerium der Justiz und für Verbraucherschutz, Handbuch der Rechtsförmlichkeit, 3. Aufl. 2008, Rn. 62 ff.

Um Entwicklungen solcher Art bei der Umsetzung der UVP-Änderungsrichtlinie 2014/52/EU entgegenzuwirken, hatte sich das federführende BMU frühzeitig entschlossen, ein Planspiel mit Vollzugspraktikern durchzuführen. Das Planspiel verlief in drei Runden, die im November 2015, im Februar 2016 und im April 2016 stattfanden. Behandelt wurden drei Fälle, nämlich (1) eine UVP-Vorprüfung für eine Tierhaltungsanlage mit angeschlossener Biogasanlage, (2) eine UVP für eine ähnliche Anlage sowie (3) eine UVP für ein Straßenbauvorhaben (Neubau einer Ortsumfahrung). Die Planspielteilnehmer kamen aus dem Bereich der Vorhabenträger, aus Genehmigungs- und Fachbehörden sowie aus Umweltvereinigungen. Ziel war es, die geplanten neuen UVP-Vorschriften einem möglichst realistischen Eignungstest zu unterziehen.

Dazu wurde den Teilnehmern in jeder Runde die jeweils aktuelle Fassung des Arbeitsentwurfs zur Verfügung gestellt. In den durchgespielten Verfahren ging es vor allem um Verständlichkeit und Praxistauglichkeit der Entwürfe. Besonderes Augenmerk lag auf möglichen Regelungslücken und missverständlichen Formulierungen. Die gewonnenen Erkenntnisse flossen nach jeder Runde wieder in die Fortschreibung des Arbeitsentwurfs ein. Durch diese Vorgehensweise erhielten die Entwurfsverfasser auch zu den zwischenzeitlich vorgenommenen Änderungen jeweils wieder ein unmittelbares Feedback der Planspielteilnehmer.

Insgesamt konnte der Gesetzentwurf im Zuge des Planspiels deutlich verbessert werden. Die Regelungen wurden sukzessive klarer und praxisnäher gefasst, auch einige systematische und methodische Schwachpunkte konnten ausgeräumt werden. Eines der überraschendsten Ergebnisse war, dass viele Teilnehmer übereinstimmend erklärten, Schwierigkeiten beim Umgang mit Vorschriften zu haben, die auf andere Bestimmungen verweisen. Dies gilt insbesondere für Kettenverweise oder Bezugnahmen auf Regelungen, die für „entsprechend anwendbar" erklärt werden[76]. Gewünscht wurde, solche Verweisungsnormen durch Vollregelungen zu ersetzen. Wenn es dabei zu Wiederholungen kommt, werden diese nicht als „überflüssig" betrachtet. Vielmehr wird es als Vorteil gesehen, wenn sich der normative Gehalt einer Regelung komplett aus *einer* Vorschrift erschließt und damit die Unsicherheiten entfallen, die mit einer sinngemäßen Adaption von Bezugsnormen verbunden sein können. Wegen weiterer Einzelheiten wird auf den Endbericht des Planspiels verwiesen[77].

---

[76] Zu den Vor-und Nachteilen der Verweisungstechnik Handbuch der Rechtsförmlichkeit (Fn. 75), Rn. 225 ff.
[77] *Führ u. a.*, Fortentwicklung des UVP-Instrumentariums: Planspiel zur Umsetzung der UVP-Änderungsrichtlinie 2014/52/EU, 2017, UBA-Texte 13/2018, veröffentlicht auf der Website des Umweltbundesamts https://www.umweltbundesamt.de/publikationen/fortentwicklung-des-uvp-instrumentariums-planspiel. Eine vergleichende Bewertung der Konzeption des Planspiels zur UVPG-Novelle 2017 mit anderen Planspielansätzen findet sich bei *Führ u. a.*, Planspiele in der Gesetzesfolgenabschätzung – am Beispiel der Umsetzung der UVP-Änderungsrichtlinie 2014/52/EU; zur Veröffentlichung vorgesehen in UVP-Report Heft 1 und 2/2018.

2. Sprachberatung durch den Redaktionsstab Rechtssprache beim Bundesjustizministerium

Noch mehr als das Planspiel hatte die anschließende Sprachprüfung durch den Redaktionsstab Rechtssprache beim Bundesministerium der Justiz und für Verbraucherschutz (BMJV) Anteil an der konkreten Ausgestaltung des UVP-Modernisierungsgesetzes. Viele der Änderungen, die zur Erzielung einfacherer, klarerer, sprachlich zeitgemäßer und vollzugsgerechter Regelungen vorgenommen wurden, beruhen auf Vorschlägen dieses Gremiums.

Existenz, Funktion und Arbeitsweise des Redaktionsstabs Rechtssprache sind in der Öffentlichkeit relativ unbekannt. Der Redaktionsstab ist eine beim BMJV angesiedelte externe Einrichtung, die 2009 geschaffen wurde. Er besteht aus Sprachwissenschaftlerinnen und Sprachwissenschaftlern, die teilweise auch über eine juristische Ausbildung verfügen. Seine Tätigkeit ist in § 42 Abs. 5 der Gemeinsamen Geschäftsordnung der Bundesministerien (GGO) geregelt. Die Gesetzentwürfe der Bundesministerien, so heißt es dort einfach und pointiert, müssen sprachlich richtig und möglichst für jedermann verständlich gefasst sein[78]. Zu diesem Zweck sind sie „grundsätzlich" dem Redaktionsstab Rechtssprache zur Prüfung zuzuleiten, und zwar möglichst frühzeitig. Bei der Sprachprüfung wird insbesondere auf logischen Textaufbau, Eindeutigkeit der Aussagen, richtigen und übersichtlichen Satzbau, treffende Wortwahl, die Einhaltung rechtsförmlicher Vorgaben zu bestimmten Schreibweisen und Bezeichnungen sowie Einheitlichkeit der Rechtssprache geachtet[79].

Der hohe Stellenwert, den die Bundesregierung der Tätigkeit des Redaktionsstabs beimisst, zeigt sich auch daran, dass die Stärkung der Sprachberatung bei der Vorbereitung von Gesetzentwürfen seit 2014 kontinuierlicher Bestandteil der „Arbeitsprogramme Bessere Rechtsetzung" der Bundesregierung ist[80]. Allerdings haben die Ergebnisse der Sprachprüfung nach den Vorgaben der GGO lediglich empfehlenden Charakter. Die „Entscheidungshoheit" über die Gestaltung des Textes bleibt beim federführenden Fachressort.

Die Bereitschaft der Ressorts, den Empfehlungen und Hinweisen des Redaktionsstabs zu folgen, ist unterschiedlich stark ausgeprägt[81]. Beim UVP-Modernisierungsgesetz traf der Redaktionsstab auf eine günstige Ausgangslage. Die Verbesserung der Regelungsqualität gehörte zu den erklärten Zielen dieses Gesetzgebungsprojekts.

---

[78] Vgl. dazu auch Handbuch der Rechtsförmlichkeit (Fn. 75), Rn. 53 ff.

[79] Vgl. die Selbstdarstellung des Redaktionsstabs auf seiner Website http://lex-lingua.de/redaktionsstab300.html m.w.Nachw.

[80] Zu den Arbeitsprogrammen 2014 und 2016 s. die Nachw. o. Fn. 2; außerdem Bericht der Bundesregierung 2015 nach § 7 des Gesetzes zur Einsetzung eines Nationalen Normenkontrollrats, April 2016, S. 32 (https://m.bundesregierung.de/Content/DE/Artikel/Buerokratieabbau/Anlagen/2016-04-27-jahresbericht-2015.pdf?__blob=publicationFile&v=5).

[81] Nach einem Bericht der Rheinischen Post vom 23.09.2017 sollen inzwischen aber immerhin 60% der Vorschläge des Redaktionsstabes übernommen werden (http://www.rp-online.de/politik/alles-was-recht-ist-aid-1.7100570).

Dementsprechend begegnete das federführende BMU den Anregungen der Sprachprüfer aufgeschlossen und mit Sympathie. Der Redaktionsstab seinerseits sah offenbar die Chance, die UVPG-Novelle zu einem Musterprojekt der Sprachberatung zu machen. Damit bestanden beste Voraussetzungen für eine fruchtbare Zusammenarbeit.

So kam es dann auch. Der bereits vorher mehrfach fortgeschriebene Arbeitsentwurf wurde einer weiteren umfassenden Revision unterzogen. In einem konstruktiven Austausch erwiesen sich die meisten Empfehlungen des Redaktionsstabs als überzeugend und wurden einvernehmlich übernommen, zum Teil auch mit Modifikationen, soweit dies UVP-fachlich geboten erschien. Hierdurch veränderte sich der Gesetzentwurf noch einmal erheblich. Profitieren konnten davon vor allem die komplexen Vorschriften über die Voraussetzungen der UVP-Pflicht (§§ 5 ff. UVPG) und der Regelungsteil über die grenzüberschreitende Umweltprüfung (§§ 54 ff. UVPG). Diese Abschnitte wurden logisch stringenter strukturiert, einzelne Bestimmungen auch in ihrem Binnenaufbau verändert, die Vorschriften insgesamt sprachlich aktualisiert und inhaltlich präzisiert.

Hervorstechendes Ergebnis dieses Prozesses ist eine wesentlich *größere Diversifikation* der Regelungen. Bestimmungen, die bislang relativ abstrakt und allgemein gehalten waren, wurden *stärker konkretisiert und nach Fallgruppen neu geordnet.* Für die verschiedenen Fallgruppen wurden meist *Vollregelungen* getroffen. Dadurch konnten – in Übereinstimmung mit den Ergebnissen des Planspiels – viele der früheren Verweise entfallen. Der Preis, der für dieses Vorgehen zu zahlen war, besteht in einer wesentlich höheren Zahl von Vorschriften und in Textwiederholungen, wie sie in Gesetzen sonst unüblich sind. Das mag man aus regelungsästhetischer und stilistischer Sicht als „unschön" empfinden. Wenn den Anwendern hierdurch aber, wie erwartet, mehr Klarheit und Orientierungssicherheit verschafft wird, rechtfertigt dieser Effekt das gewählte Vorgehen.

3. Beispiel Kumulation

Von „Kumulation" wird bei der UVP gesprochen, wenn mehrere gleichartige Vorhaben in einem bestimmten engen Zusammenhang stehen. Für die Frage der UVP-Pflicht werden kumulierende Vorhaben als Einheit betrachtet. Eine UVP ist in diesen Fällen auch dann durchzuführen, wenn die kumulierenden Einzelvorhaben jeweils für sich unterhalb der für die UVP-Pflicht maßgeblichen Größen- oder Leistungswerte liegen, zusammen aber die UVP-Schwelle erreichen oder überschreiten. Benötigt wird die Kumulation insbesondere als Instrument gegen die sog. „Salami-Taktik", bei der große Vorhaben in Kleinprojekte aufgeteilt werden, um eine drohende UVP-Pflicht zu vermeiden[82].

---

[82] Solche Versuche zur Umgehung der UVP sind in der Praxis nicht selten. Zu welchen grotesken Konstruktionen dabei z. T. gegriffen wird, zeigt exemplarisch der Sachverhalt eines Urteils des VG Schleswig-Holstein vom 6.12.2017 – 8 A 38/15 – (juris).

Die wesentliche inhaltliche Neuerung besteht darin, dass das Gesetz jetzt eindeutig auch die sog. nachträgliche Kumulation erfasst (§§ 11 und 12 UVPG). Gemeint ist damit das Hinzutreten eines kumulierenden Vorhabens zu einem bereits bestehenden oder beantragten Vorhaben. Nach dem Wortlaut der früheren Regelung (§ 3b Abs. 2 UVPG a.F.) war dagegen unsicher, inwieweit auch nachträgliche Kumulationsfälle einbezogen werden sollten.

Durch den erweiterten Anwendungsbereich umfasst die Kumulation nun ganz unterschiedlich gelagerte Sachverhalte, die rechtlich nicht über einen Kamm geschoren werden können. Um Widersprüche zu anderen UVP-Vorschriften zu vermeiden und schutzwürdigen Verfahrenspositionen der Beteiligten angemessen Rechnung zu tragen, bedurfte es einer differenzierten Ausgestaltung. Für die wichtigsten Fallgruppen mit ihren spezifischen Merkmalen und Rechtsfolgen wurden jeweils eigenständige Kumulationstatbestände in Form einer Vollregelung geschaffen. Diese Konzeption hat natürlich auch Folgen für Länge und Umfang der Bestimmungen. Wo die Kumulation früher mit einem Absatz auskam, werden inzwischen vier Paragraphen benötigt (§§ 10–13 UVPG).

Die neue Regelungsstruktur beruht maßgeblich auf Empfehlungen des Redaktionsstabs Rechtssprache; eingeflossen sind auch Hinweise aus dem Planspiel. Das Ergebnis widerlegt die verbreitete Annahme, dass nur kurze Vorschriften gute Vorschriften seien. Kürze ist kein Patentrezept für gute Gesetzgebung. Wenn Knappheit auf Kosten der Transparenz, Verständlichkeit und Vollzugstauglichkeit geht und sachlich gebotene Differenzierungen auf der Strecke bleiben, ist nichts gewonnen. Gewählt werden sollte vielmehr das Format, das im konkreten Fall am besten geeignet ist, dem Normanwender die Substanz einer Regelung klar und zuverlässig zu vermitteln.

VI. Resümee und Ausblick

Da das UVP-Modernisierungsgesetz erst seit Ende Juli 2017 in Kraft ist, wäre es verfrüht, jetzt schon darüber zu räsonieren, ob seine Reformziele erreicht wurden. Die bisherige Resonanz fällt jedenfalls überwiegend positiv aus. Für ein vertieftes Urteil müssen die weiteren Praxiserfahrungen abgewartet werden.

Abschließend noch drei Bemerkungen:

(1) Die UVP kann ihrem Anspruch nur gerecht werden, wenn bestimmte fachliche, methodische und rechtliche Anforderungen gewährleistet sind. Das Prüfprogramm muss im Gesetz korrekt abgebildet werden. Das berechtigte Anliegen, Vorschriften einfach und klar zu fassen, darf nicht dazu führen, dass wesentliche Prüfgesichtspunkte und Verfahrensaspekte unterschlagen oder verkürzt werden. Das wäre gerade keine gute Gesetzgebung. Erwartet werden kann aber, dass die Regelungsmaterie *nicht unnötig kompliziert* dargestellt wird. Hier liegt das legitime Betätigungsfeld besserer Rechtsetzung.

(2) Nach dem sog. „Struck'schen Gesetz" kommt bekanntlich kein Gesetz aus dem Parlament so heraus, wie es eingebracht worden ist[83]. Auch der Gesetzentwurf zum UVP-Modernisierungsgesetz musste sich noch einige Änderungen gefallen lassen. Abstriche an der Regelungsqualität waren damit im Wesentlichen nicht verbunden – mit einer Ausnahme. Bei der Vorschrift, die das Verhältnis des UVPG zu den UVP-Vorschriften des Fachrechts und der Länder beschreibt (§ 1 Abs. 4 UVPG, früher § 4 UVPG a.F.), kamen im Zuge der parlamentarischen Beratungen Bestrebungen auf, dem UVPG seinen traditionellen Status als Stammgesetz der UVP[84] zu nehmen. Über diese Grundsatzfrage wurde so heftig gestritten, dass am Ende nur wieder ein Formelkompromiss die Verabschiedung des Gesetzes noch retten konnte. Diese Regelung, auf die hier nicht näher eingegangen werden kann, ist ein großes Ärgernis und gewissermaßen der dunkle Fleck auf der inzwischen aufgehellten Weste guter UVP-Gesetzgebung.

(3) Nicht jede Einzelheit, die vollzugsrelevant ist, kann auf gesetzlicher Ebene geregelt werden. Auch im neuen UVPG gibt es noch Bestimmungen, die weiterer Vertiefung und Untersetzung bedürfen. Das BMU hat sich vorgenommen, die Anwender auch mit diesen Fragen nicht allein zu lassen. Geplant sind Verwaltungsvorschriften und Arbeitshilfen zu ausgewählten Themen, z.B. zur Anfertigung des UVP-Berichts. Das wäre dann das Komplettpaket zur Abrundung der Novelle 2017.

---

[83] Vgl. dazu Deutscher Bundestag, Der Weg eines Gesetzes, https://www.bundestag.de/dokumente/textarchiv/2010/32715751_gesetzgebung/204186.

[84] Dazu näher *Sangenstedt*, in: Landmann-Rohmer (Fn. 17), § 1 UVPG Rn. 28 f.

II. Allgemeiner Teil des Strafrechts und des Rechts der Ordnungswidrigkeiten

Zur Verantwortlichkeit von Unternehmern und Unternehmensorganen für Straftaten ihrer Mitarbeiter

Zugleich ein Beitrag zur Lehre von der Täterschaft

Von *Wolfgang Frisch*

Mit Fragen der Verantwortlichkeit von Unternehmern und Unternehmensorganen für rechtswidriges Verhalten ihrer Mitarbeiter hat Klaus Rogall sich wiederholt und intensiv befasst.[1] Da diese Fragen seit langem auch den Verfasser dieser Zeilen beschäftigen, lag es nahe, die Problematik zum Gegenstand eines Beitrags in der Klaus Rogall gewidmeten Festschrift zu machen. Freilich wird der folgende Beitrag einen etwas anderen Schwerpunkt haben als die Überlegungen des zu Ehrenden. Im Vordergrund wird nicht die Dogmatik der Aufsichtspflicht und der Kanon der insoweit denkbaren Verletzungen stehen. Das Interesse gilt vielmehr einem Vorfeld dieser Problematik, in dem bis heute in theoretischer Sicht keine völlige Einigkeit besteht – nämlich dem materialen Fundament der Verantwortlichkeit (der Pflichten) des Unternehmers und dessen Konsequenzen für die Täterlehre.

Ziel ist es insoweit nicht nur, die diesbezüglichen Pflichten des Unternehmers und der Unternehmensorgane zum Einschreiten als Ausdruck einer Rechtsordnung zu erweisen, die bestimmte Freiheiten nur bei gleichzeitiger Belastung mit spezifischen Pflichten und damit entsprechender Verantwortlichkeit zuerkennen kann. Es soll auch dargelegt werden, dass diese Einsicht keineswegs nur für die sachgerechte Beurteilung des Unterlassens von Unternehmern oder Unternehmensorganen bedeutsam ist[2] – und insoweit den Bereich strafbaren Unterlassens fundiert und begrenzt. Die im Unterlassen nur besonders zutage tretende Sonderverantwortlichkeit[3] des Unternehmers und der Unternehmensorgane bildet – wie in diesem Beitrag zugleich ge-

---

[1] Vgl. insbes. *Rogall*, Dogmatische und kriminalpolitische Probleme der Aufsichtspflichtverletzung in Betrieben und Unternehmen (§ 130 OWiG), ZStW 98 (1986), 573 ff.; *ders.*, in: Karlsruher Kommentar zum Gesetz über Ordnungswidrigkeiten, 5. Aufl. 2018, § 130.

[2] s. dazu schon *Frisch*, Problemas fundamentales de la responsabilidad penal de los órganos de direccíon de la empresa, in: Mir Puig/Luzón Peña (Hrsg.), Responsabilidad de las empresas y sus órganos y responsabilidad por el producto, 1996, S. 99, 110 ff.

[3] Dazu eingeh. u. a. *Freund*, Erfolgsdelikt und Unterlassen, 1993, S. 68 ff., 71 ff.; *ders.*, Strafrecht. Allg. Teil, 2. Aufl. 2009, § 2 Rn. 18 ff., § 6 Rn. 25 ff., § 10 Rn. 90 ff., 102 f.; *ders.*, in: Münchener Kommentar zum StGB, 3. Aufl. 2017, vor § 13 Rn. 172 ff.

zeigt werden soll – auch den sachgerechten Maßstab für die Beurteilung des Begehungsverhaltens dieses Personenkreises.

Da diese zweite These von der herkömmlichen Betrachtungsweise abweicht und damit kaum auf sofortige Zustimmung hoffen darf, soll in einem ersten Schritt etwas der Boden für sie bereitet werden. Das geschieht am besten in der Weise, dass man sich zunächst vorbehaltlos auf die herkömmliche Betrachtung einlässt (s. dazu I.). In diesem Rahmen wird nämlich alsbald klar, dass die für die allgemeinen Begehungsdelikte entwickelte Dogmatik und ihre Ausdifferenzierungen im Bereich von Sonderverantwortlichkeiten offenbar erwünschte Ergebnisse nicht recht tragen. Zugleich wird deutlich werden, dass auch für die Beurteilung des Begehungsverhaltens dieser Personen Gedanken einer Sonderverantwortlichkeit bedeutsam werden dürften. Dieser Sonderverantwortlichkeit wird dann in einem zweiten Schritt im Zusammenhang mit dem Unterlassen der genannten Personen etwas intensiver nachgegangen (s. dazu II.). Auf dieser Basis lässt sich abschließend auch noch genauer zu den für das Begehungsverhalten (der genannten Personen) relevanten Maßstäben Stellung nehmen (unten III.).

I. Defizite und Verwerfungen bei der Beurteilung des Begehungsverhaltens von Unternehmern und Unternehmensorganen

1. Dass die Anwendung der Grundsätze und Regeln des Begehungsdelikts auf den Unternehmer oder die für das Unternehmen tätig werdenden Organe inadäquat sein könnte, ist auf den ersten Blick nicht zu sehen. Es trifft auch nicht zu, soweit es nur darum geht zu ermitteln, ob der Unternehmer (oder ein Unternehmensorgan) allein schon durch sein *eigenes Verhalten* im Rahmen seiner unternehmerischen Aktivitäten den Tatbestand eines Strafgesetzes *unmittelbar* erfüllt hat – also ob er (es) etwa durch eine unwahre Erklärung gegenüber einem Kunden einen Betrug, durch eine als Drohung verstehbare Erklärung eine Erpressung oder durch die Ausfuhr bestimmter Waren ohne Genehmigung einen Verstoß gegen das Außenwirtschaftsgesetz (bzw. eine nach diesem sanktionierte Genehmigungspflicht) begangen hat. Denn insoweit gelten für die Strafbarkeit eines Unternehmers oder eines Unternehmensorgans die allgemeinen Maßstäbe – kommt es also z. B. darauf an, ob das Verhalten wirklich als konkludente Täuschung aufzufassen ist und kausal zu Irrtum, Verfügung und Schaden geführt hat, ob es mehr als noch zulässiger Druck war, usw.

All das gilt nicht nur für Allgemeindelikte, sondern auch für Sonderdelikte, die nur von bestimmten Normadressaten begangen werden können – wie z. B. die Insolvenzstraftaten,[4] die Vereitelung der Zwangsvollstreckung[5] oder die Untreue.[6] Der

---

[4] Zu § 283 StGB als Sonderdelikt (Täter ist allein die Person, die für eine Verbindlichkeit haftet) BGHSt 58, 115, 117 f.

[5] Täter ist nur der Schuldner, vgl. *Lackner/Kühl/Heger*, Strafgesetzbuch. Komm., 28. Aufl. 2014, § 283 Rn. 2, 7 m.w.N.

Unternehmer, der bei eingetretener Zahlungsunfähigkeit seines Unternehmens oder bei einer ihm drohenden Zwangsvollstreckung Bestandteile der Insolvenzmasse oder Bestandteile seines Vermögens beiseiteschafft, ist nach denselben Grundsätzen zu behandeln wie ein Privatmann, der eine vergleichbare Handlung begangen hat. Für Unternehmensorgane gilt dasselbe, soweit auf sie nach § 14 StGB der jeweilige Sondertatbestand anzuwenden ist und es um die Frage geht, ob ihr eigenes Verhalten den Tatbestand eines auf sie anwendbaren Sonderdelikts erfüllt.

2. Die Probleme beginnen bei Verhaltensweisen von Unternehmern oder Unternehmensorganen, die nicht schon selbst (also für sich) den *Tatbestand* eines Strafgesetzes vollständig *verwirklichen*, sondern dies *erst bei Hinzunahme des Verhaltens von Mitarbeitern* tun. Nicht selten geht es dabei um Fälle, in denen der Tatbestand vollständig oder unmittelbar überhaupt erst durch einen Mitarbeiter erfüllt wird – doch ist das nicht zwingend. Notwendig ist dagegen, dass sich das Verhalten des Unternehmers oder des Unternehmensorgans nicht in Passivität erschöpft; es muss zumindest ein für ein Begehungsdelikt überhaupt als Anknüpfungspunkt geeignetes, mit dem Verhalten von Mitarbeitern verbundenes aktives Tun vorliegen. Beispiele dafür bilden Anordnungen des Unternehmers oder von Unternehmensorganen an Mitarbeiter, bestimmte Handlungen auszuführen, die z. B. zu Gewässerverunreinigungen oder sonstigen Umweltbeeinträchtigungen führen oder körperliche Beeinträchtigungen von Dritten zur Folge haben; die Beschlüsse des Vorstands eines Unternehmens, bestimmte Produkte (weiterhin) auszuliefern oder nicht zurückzurufen, die von Mitarbeitern des Unternehmens vollzogen werden und in deren Gefolge es zu körperlichen Beeinträchtigungen bei Nutzern des Produkts kommt, welche auf Mängel des Produkts zurückzuführen sind; die Anordnung des Unternehmers oder von Unternehmensorganen, sich gegenüber Interessenten oder Kunden in einer Weise zu verhalten, die letztlich auf einen Betrug hinausläuft; die Erwartung gegenüber Mitarbeitern, bei bestimmten wichtigen Geschäften auch Bestechungsgelder fließen zu lassen; die Anordnung, die Herkunft von Geldmitteln, die aus rechtswidrigen Taten stammen, zu verschleiern usw.

Auch die Behandlung so strukturierten unternehmerischen Handelns nach den üblichen Grundsätzen der Begehungsdelikte bereitet freilich solange keine Schwierigkeiten (und erscheint adäquat), wie man sich im Bereich allein denkbarer *Fahrlässigkeit* bewegt. Am Beispiel des Vorstandsbeschlusses, der schließlich – über Auslieferung und Verkauf bzw. Nichtrückruf – zu körperlichen Beeinträchtigungen bei Kunden führt, die das Produkt durchaus bestimmungsgemäß verwenden:[7] Natürlich ist es richtig (und führt zu sachgerechten Ergebnissen) hier zu fragen, ob die Beschlüsse des Vorstands eine Bedingung für den späteren Eintritt bestimmter Körperverletzungen waren, ob die Vorstandsmitglieder mit ihren Beschlüssen, die sie in

---

[6] Täter ist allein der zur Betreuung fremden Vermögens Verpflichtete, *Lackner/Kühl/Heger* (Fn. 5), § 266 Rn. 2 m.w.N.

[7] Vgl. etwa den Fall BGHSt 37, 106 ff. = NStZ 1990, 588 ff.; dazu *Brammsen*, GA 1993, 97 ff.; *Hilgendorf*, GA 1995, 515 ff.; *Hoyer*, GA 1996, 160 ff.; *Kuhlen*, NStZ 1990, 566 ff.

Bezug auf Produkte des Unternehmens und deren Inverkehrbringen treffenden Sorgfaltspflichten verletzt und so letztlich eine missbilligte Gefahr geschaffen oder nicht entschärft haben, die sich in bestimmten Körperverletzungsfolgen realisiert hat. Dass es auf dem Weg bis dahin noch des Handelns anderer Personen bedurfte, bereitet deshalb keine Schwierigkeiten, weil es nach dem anzuwendenden normativen Programm der Fahrlässigkeitsdelikte – auch für die Annahme eines täterschaftlichen Verhaltens der Vorstandsmitglieder – unerheblich ist. Denn Täter eines Fahrlässigkeitsdelikts kann nicht nur der unmittelbare Verursacher eines tatbestandlichen Erfolgs, sondern auch ein nur mittelbar Verursachender sein, sofern er die ihn zur Verhinderung des tatbestandlichen Erfolgs treffenden Sorgfaltspflichten verletzt und dies zu den eingetretenen Verletzungen geführt hat. Das normative Programm der Fahrlässigkeitsdelikte fängt hier also die Problematik des notwendigen Handelns der Mitarbeiter (und auch anderer Personen) problemlos und ohne prinzipielle Infragestellung der Täterschaft des Unternehmers oder der Unternehmensorgane auf.[8]

3. Die Schwierigkeiten werden erst sichtbar, wenn man in den Bereich *vorsätzlichen Handelns* wechselt. Sie zeigen sich besonders deutlich, wenn sowohl der Unternehmer oder das Unternehmensorgan als auch der oder die Mitarbeiter vorsätzlich handeln (während man sich bei vorsätzlichem Handeln allein des Unternehmers oder des Unternehmensorgans – etwa dessen bedingt vorsätzlichem Handeln im vorstehenden Fall der Produktauslieferung – mit einer mittelbaren Täterschaft bei vorsatzlosem Werkzeug behelfen mag[9]). Beispiele dafür sind die Anordnung oder Erwartung betrügerischen oder erpresserischen Verhaltens von Mitarbeitern, die Erwartung, dass diese Geldwäschehandlungen vornehmen, bestechen oder andere Vorsatztaten begehen. Der Grund für die Schwierigkeiten, die bei solcher Sachlage auftreten, ist leicht zu sehen. Er liegt darin, dass nunmehr zwei Regelsysteme als Leitlinien der Fallbehandlung konkurrieren: das Regelsystem der Teilnahme, insbesondere der Anstiftung, und das der Täterschaft. Das Regelsystem der Teilnahme, insbesondere der Anstiftung, ist dabei auf Fälle der geschilderten Art leicht anwendbar: Natürlich hat der Unternehmer oder das Unternehmensorgan die Mitarbeiter in derartigen Fällen regelmäßig zu deren vorsätzlichen rechtswidrigen (und auch schuldhaft begangenen) Taten bestimmt.

---

[8] Entsprechendes gilt für das mitwirkende Verhalten anderer Vorstandsmitglieder, das keineswegs zur Annahme einer Mittäterschaft zwingt (weshalb auch eine Interpretation der Entscheidung BGHSt 37, 106 ff., 130 ff. als stillschweigende Ausformung einer fahrlässigen Mittäterschaft, so z. B. *Renzikowski*, Restriktiver Täterbegriff und fahrlässige Begehung, 1997, S. 283 m.w.N., problematisch ist). In Wahrheit hat hier jedes für die Nichtzurücknahme stimmende Vorstandsmitglied den Tatbestand einer fahrlässigen Körperverletzung erfüllt, weil es bei der gegebenen Sachlage (ernsthaft nicht ausschließbare Fehlerhaftigkeit des Produkts) durch sein sorgfaltswidriges Verhalten – so wie die anderen Mitglieder des Vorstands auch – für den Erfolgseintritt ursächlich geworden ist; eingeh. zur Problematik und Diskussion *Bosch*, Organisationsverschulden in Unternehmen, 2002, S. 283 ff. m.w.N. und *Mansdörfer*, Frisch FS, 2013, S. 315, 327 f.

[9] Zu diesem Fall näher *Ransiek*, Unternehmensstrafrecht, 1996, S. 53 ff.

Wenn man gleichwohl zögert, den Unternehmer oder die Unternehmensorgane hier (nur) als Anstifter zu qualifizieren, so offenbar deshalb, weil man meint, dass eine solche Bewertung der Bedeutung des Unternehmers oder Unternehmensorgans für das Zustandekommen der hier in Rede stehenden Taten nicht gerecht wird.[10] Die intuitive Bewertung tendiert dazu, (jedenfalls auch) den Unternehmer oder die Unternehmensorgane als „Zentralgestalten" des deliktischen Geschehens zu qualifizieren[11] und ihre Bewertung als Täter einzufordern – die Rede vom „Geschäfts*herrn*" weist in dieselbe Richtung[12]. Die seitens der Rechtsprechung lange Zeit auf breiter Front praktizierte Absenkung der allgemeinen Anforderungen an die Mittäterschaft[13] und in jüngster Zeit zunehmend auch an die mittelbare Täterschaft[14] erleichtert solche täterschaftlichen Qualifikationen schon auf der Basis der allgemeinen Täterlehren. So verwundert es nicht, dass die Rechtsprechung den Unternehmer oder die Unternehmensorgane in Fällen der skizzierten Art regelmäßig als Täter des deliktischen Geschehens behandelt, wobei als Formen die Mittäterschaft und die mittelbare Täterschaft fungieren.[15] Letztere erscheint der Rechtsprechung insbesondere auch dazu geeignet, die oft große Distanz zwischen der Unternehmensspitze und dem die kon-

---

[10] Einen ganz ähnlichen Hintergrund hatte auch die Einstufung der Mitglieder des Nationalen Verteidigungsrates und des Politbüros nicht nur als Anstifter zu den Taten der Grenzbeamten der ehemaligen DDR, sondern als mittelbare Täter (vgl. BGHSt 40, 218, 236, 237); desgleichen die entsprechende Qualifikation der zur Tat bestimmenden Hinterleute im sog. „Katzenkönig-Fall" (BGHSt 35, 347, 353 f.).

[11] So die von vielen übernommene bildkräftige Bezeichnung Roxins für den Täter (im Gegensatz zur Bezeichnung des Teilnehmers als „Randfigur"), vgl. *Roxin*, Täterschaft und Tatherrschaft, 7. Aufl. 2000, S. 25 ff.; aus der Rspr. z. B. BGH NStZ 2012, 379, 380; krit. dazu *Stein*, Die strafrechtliche Beteiligungsformenlehre, 1988, S. 64, 201 f., 317.

[12] Und ebenso die Bezeichnung der Problematik als eine solche der „Geschäftsherrnhaftung", vgl. statt vieler *Roxin*, Strafrecht. Allg. Teil II, 2003, § 32 Rn. 134 ff.; *Spring*, Die strafrechtliche Geschäftsherrnhaftung, 2009; *Waßmer*, Die strafrechtliche Geschäftsherrnhaftung (ungedruckte Freiburger Habilitationsschrift), 2006, je m.w.N.; krit. zum Begriff Schönke-Schröder/*Stree/Bosch*, Strafgesetzbuch. Komm., 29. Aufl. 2014, § 13 Rn. 53; *Hernández Basualto*, Frisch FS, 2013, S. 333, 334.

[13] Insbes. durch die Qualifikation der unterschiedlichsten Handlungen im Vorfeld der eigentlichen Tat als ausreichende mittäterschaftliche Beiträge – wobei selbst die Zusage bestimmten (dann nicht erbrachten) Tatverhaltens im Vorfeld der Tat für die Annahme von Mittäterschaft ausreichen soll (so schon BGHSt 11, 268 m. Bespr. *Spendel*, JuS 1969, 314; krass dann BGHSt 37, 289 = StV 1993, 410 m. abl. Anm. *Stein*, 411, 412 f. = BGH JR 1991, 205 m. abl. Anm. *Roxin*).

[14] Markant insbes. BGHSt 35, 347 m. Bespr. von *Küper*, JZ 1989, 617 ff.; *Schaffstein*, NStZ 1989, 153 ff.; *Schumann*, NStZ 1990, 32 ff. und BGHSt 40, 218, 233 ff. m. Anm. von *Roxin*, JZ 1995, 49 ff. sowie BGHSt 49, 147, 163 f.; krit. Bespr. dieser Rspr. von *Rotsch*, NStZ 2005, 13 ff.

[15] Vgl. – auf der Basis von BGHSt 40, 218, 234, 236 f. – etwa BGHSt 43, 219, 231 f.; 48, 331, 341 f.; 49, 147, 163 f. und BGH NStZ 2004, 457, 459 m. krit. Bespr. von *Rotsch*, NStZ 2005, 13 ff.; BGH NStZ 2008, 89, 90. Die neuere Rspr. bejaht dabei meist eine mittelbare Täterschaft; s. aber auch BGH NStZ 2008, 89, 90, wo im Blick auf die Umstände des konkreten Falles (eigene Beiträge auch des angeklagten Geschäftsführers) Mittäterschaft angenommen wurde.

krete Tat begehenden Mitarbeiter zu verarbeiten, die offenbar selbst ihrem Bild einer „ausgedünnten" Mittäterschaft widerspricht.[16]

4. Wirklich überzeugend sind diese Versuche einer Begründung der Täterschaft des Unternehmers oder Unternehmensorgans auf der Basis der allgemeinen Täterlehre nicht. Für die Annahme einer *Mittäterschaft* fehlt es nach den dafür geltenden allgemeinen Regeln nicht selten an fast allem, was dafür notwendig ist: Ein gemeinsamer Tatentschluss ist häufig kaum aufweisbar;[17] außerdem wird die konkrete, (auch) dem Unternehmer oder Unternehmensorgan anzulastende Tat meist nicht arbeitsteilig,[18] sondern allein von dem Mitarbeiter begangen, der sich deshalb – anders als sonst in den Fällen echter Mittäterschaft – auch nichts von dem Handeln anderer (also des Unternehmers oder des Unternehmensorgans) zurechnen lassen muss (oder auch nur kann). Um Zurechnung geht es ganz einseitig allein in Richtung auf den Unternehmer oder das Unternehmensorgan, die freilich mit ihrem „Tatanteil" noch weit hinter dem als Mittäter schon umstrittenen „Bandenchef" zurückbleiben (der wenigstens den konkreten Tatplan ausgearbeitet hat[19]). Auch von Tatherrschaft kann keine Rede sein, wenn man den Begriff (als Herrschaft über ein konkretes Tatgeschehen) ernstnimmt.[20] Allein das Interesse an der Tat ist unstreitig gegeben, doch ist das nach allen neueren Auffassungen zur Täterschaft[21] zu wenig, um über die allgemeine Täterlehre eine Mittäterschaft zu begründen. Nach den sonst praktizierten allgemeinen Regeln würde es sich um einen Fall der Anstiftung handeln, für die ja ein Interesse des Anstifters an der Tatbegehung ebenfalls nicht untypisch ist.

Nichts anderes gilt letztlich für die neuerdings bevorzugte (und z. T. auf Fälle der Distanz zwischen Unternehmensspitze und konkret agierendem Mitarbeiter begrenzte) Annahme einer *mittelbaren Täterschaft* des Unternehmers oder des Unternehmensorgans. Zwar trifft die (für diese Fälle) geäußerte Skepsis gegenüber der Annahme einer Mittäterschaft zu. Die Begründung der Herrschaft des Unternehmers oder Organs über den vollverantwortlichen Mitarbeiter durch die Schaffung oder Ausnut-

---

[16] I.S. einer ausdrücklichen Begrenzung der mittelbaren Täterschaft des Unternehmers oder des Unternehmensorgans auf solche Fälle der 2. Senat des BGH (NStZ 2008, 89, 90).

[17] Zutr. *Ransiek*, Unternehmensstrafrecht (Fn. 9), S. 50; eingeh. *Bosch*, Organisationsverschulden (Fn. 8), S. 273 ff.

[18] An diesem in der Wissenschaft fast durchwegs angenommenen Erfordernis der Mittäterschaft (vgl. statt vieler *Jescheck/Weigend*, Lehrbuch des Strafrechts. Allg. Teil, 5. Aufl. 1996, S. 674 f.; *Roxin*, Täterschaft [Fn. 11], S. 275 ff.; *ders.*, AT II, § 25 Rn. 188 f., 198 ff.) ausdrücklich festhaltend der 2. Senat des BGH in NStZ 2008, 89, 90 (wo auf dieser Basis im konkreten Fall eine Mittäterschaft bejaht wird).

[19] s. Sachverhalte wie BGHSt 33, 50, 51, 53.

[20] Und nicht einfach als Herrschaft das ausgibt, was das Ergebnis einer in den Einzelheiten wenig transparenten Wertung ist; zur Kritik s. auch *Bosch*, Organisationsverschulden (Fn. 8), S. 276 ff., 586 f.

[21] Auch nach der Auffassung des BGH selbst, in dessen ständig wiederholter Formel zur Bestimmung der Mittäterschaft neben dem Interesse auch das Gewicht des Tatbeitrags und die Tatherrschaft oder der Wille zur Tatherrschaft eine gewichtige Rolle spielen (vgl. etwa BGHSt 8, 393, 396; 36, 363, 367; 53, 145, 154; 58, 218, 226; BGH NStZ-RR 2017, 5, 6).

zung eines organisierten Rahmens[22] bleibt jedoch konturenlos und fiktiv[23] und ist ungeeignet, einen klaren Kompass für die Unterscheidung von mittelbarer Täterschaft und Anstiftung zu liefern.

5. Mit all dem soll nicht behauptet werden, dass das *Ergebnis*, zu dem die Rechtsprechung und die wohl h.M. in diesen Fällen gelangen – die Annahme einer Täterschaft des Unternehmers oder des Unternehmensorgans – falsch sei; das Ergebnis wird sich letztlich als zutreffend erweisen.[24] Problematisch ist die *Begründung*, auf die dieses Ergebnis gestützt wird – die Heranziehung der allgemeinen Kriterien der Mittäterschaft oder der mittelbaren Täterschaft. Diese Figuren stellen hohe Anforderungen an die Annahme der Täterschaft in Bezug auf von anderen verwirklichtes Handeln, weil sie vor einem ganz bestimmten Hintergrund entwickelt sind. Sie beruhen auf der Grundannahme (des allgemeinen Rechtsverhältnisses der Einzelnen untereinander), dass eine Person prinzipiell nur für ihr eigenes Verhalten, nicht aber für das Verhalten anderer vollverantwortlicher Personen verantwortlich ist.[25] Angesichts dieser – zutreffenden – Prämisse bedarf es eines wirklich starken und überzeugenden Datums, um einer Person das Handeln einer (verantwortlichen) anderen Person als täterschaftlich von ihr verwirklicht zuzurechnen. Der Sachverhalt, dass das Handeln des anderen nur Teil einer Tat ist, die vom eigenen Willen getragen und an deren Verwirklichung man maßgeblich selbst beteiligt ist,[26] bildet ein solches Datum. Der gesteuerte Einsatz einer an sich vollverantwortlichen Person, die man

---

[22] So etwa – im Anschluss an die zur Verantwortlichkeit für die Geschehnisse an der Grenze der ehemaligen DDR ergangenen Entscheidungen BGHSt 40, 218, 236 f. und 45, 270, 296 f. – BGHSt 48, 331, 342 f.; 49, 147, 163 f.; BGH 1 StR 453/02, Urteil v. 03.07.2003, bei Juris Rn. 79 f.; dazu eingeh. *Rotsch*, NStZ 2005, 13, 16 f.; noch vager BGHSt 43, 219, 232, wo die mittelbare Täterschaft der angeklagten Geschäftsführer eines Abfallbeseitigungsunternehmens damit begründet wurde, dass diese in ihrem Betrieb „den Weg eröffnet und vorgezeichnet (hatten), dass die Abfälle illegal entsorgt werden".

[23] Zutr. *Rotsch*, NStZ 2005, 13, 17 f.; gegen die Übertragung der zunächst für staatliche Machtapparate (und terroristische und mafiaähnliche Organisationen) entwickelten Figur der sog. Organisationsherrschaft auf wirtschaftliche Unternehmen und die Bejahung von Straftaten in deren Betrieb auch das überwiegende Schrifttum, vgl. z.B. *Ambos*, GA 1998, 226, 239; *Bosch*, Organisationsverschulden (Fn. 8), S. 241 ff., 586; *Freund*, AT (Fn. 3), § 10 Rn. 90 ff., 102 f.; *Kühl*, Strafrecht. Allg. Teil, 7. Aufl. 2017, § 20 Rn. 73 b; *Murmann*, GA 1996, 269, 279; *Rotsch*, NStZ 1998, 491, 493 ff.; *ders.*, NStZ 2005, 13 ff.; *Roxin*, AT II (Fn. 12), § 25 Rn. 129 ff.; *Schünemann*, in: BGH-Festgabe aus der Wissenschaft, Bd. 4, 2000, S. 621, 629 ff.

[24] Vgl. unten III. – Für die Annahme einer Täterschaft trotz Ablehnung einer mittelbaren Täterschaft kraft Organisationsherrschaft auch *Muñoz-Conde*, Roxin FS, 2001, S. 609, 623 f.; *Roxin*, AT II (Fn. 12), § 25 Rn. 136 f.; *Schünemann*, BGH-Festgabe (Fn. 23), S. 621, 631 f.; *Tiedemann*, Nishihara FS, 1998, S. 496 ff.

[25] Vgl. dazu etwa *Frisch*, Tatbestandsmäßiges Verhalten und Zurechnung des Erfolgs, 1988, S. 231 ff., 241 ff., 358 ff.; *Freund*, Erfolgsdelikt (Fn. 3), 1992, S. 251 ff.; *Jakobs*, Strafrecht. Allg. Teil, 2. Aufl. 1991, 24/15 ff.; *Schumann*, Handlungsunrecht und das Prinzip der Selbstverantwortung der Anderen, 1986; in der Einkleidung des Vertrauensgrundsatzes auch *Roxin*, Strafrecht. Allg. Teil I, 4. Aufl. 2006, § 11 Rn. 137 ff., § 24 Rn. 27 ff.; *ders.*, AT II (Fn. 12), § 32 Rn. 126.

[26] Also der Fall der „unverdünnten", arbeitsteiligen Mittäterschaft.

in gleicher Weise in der Hand hat (und in diesem Sinne beherrscht) wie gesteuert eingesetzte nichtverantwortliche Personen[27] erscheint bei wirklicher Beherrschung des rechtswidrig Handelnden als ein akzeptabler weiterer Fall. Diese hohen Anforderungen an die Zurechnung fremden Handelns im allgemeinen Rechtsverhältnis sind indessen – wie oben dargelegt – in den hier interessierenden Fällen nicht erfüllt.

Was dagegen hier gegeben ist und für eine – auch täterschaftliche – Zurechnung bedeutsam werden könnte, ist etwas anderes. Es ist die Einbindung der Tat in einen bestimmten organisatorischen Zusammenhang,[28] eben den des Unternehmens – einen organisatorischen Zusammenhang, der von dem Unternehmer oder den Unternehmensorganen gestaltet wird, eine Erweiterung ihrer *Freiheit* gegenüber ihrem alleinigen Handeln zur Verwirklichung des unternehmerischen Zwecks bedeutet, insoweit auch zusätzliche *Gefahren* in sich birgt und deswegen mit besonderen (rollenbezogenen) Pflichten verbunden sein dürfte. Zum Bündel der Pflichten, das mit der einschlägigen Rolle verbunden ist, könnte dabei nicht nur gehören, gewissen vom Unternehmen ausgehenden Gefahren entgegenzutreten, sondern – gewissermaßen erst recht[29] – das Verbot, das Potential des Unternehmens gefahrerhöhend für andere Rechtsgüter einzusetzen. Auf der Basis eines solchen Bündels von Sonderpflichten, die darauf zielen, vom Unternehmen ausgehende Rechtsgutsgefährdungen und -beeinträchtigungen zu verhindern, könnte es dann auch sehr viel leichter (als über die allgemeinen täterschaftlichen Zurechnungsregeln) möglich sein, den Unternehmer oder die Unternehmensorgane unter bestimmten Voraussetzungen für gewisse Verläufe als Täter verantwortlich zu machen. Darauf wird zurückzukommen sein (unten III.).

6. Bevor wir diesen Gedankengang – im Kontext der Strafbarkeit wegen Unterlassens (dazu unten II.) – wieder aufnehmen, erscheint es freilich sinnvoll, noch einen zweiten Aspekt kurz anzusprechen. Tatsächlich ist nämlich der Rekurs auf die allgemeinen Regeln (also Mittäterschaft und mittelbare Täterschaft) zur Begründung der Täterschaft des Unternehmers oder des Unternehmensorgans bei Verhalten mit Begehungselementen nicht nur wenig überzeugend. Die Anwendung der allge-

---

[27] Also die Sachverhalte der mittelbaren Täterschaft, soweit sie der ausschließlichen Verantwortlichkeit des Hintermannes (sog. Verantwortungsprinzip, vgl. etwa *Roxin*, AT II (Fn. 12), § 25 Rn. 48 ff.) Rechnung tragen.

[28] Dieser organisatorische Zusammenhang oder Rahmen (vgl. die Nachw. aus der Rspr. oben Rn. 22) ist nicht gleichzusetzen mit Organisations*herrschaft*, sondern kann *unabhängig* vom Bestehen einer solchen (z.T. nur vage begründeten) „Herrschaft" eine besondere Verantwortlichkeit begründen; zutr. *Freund*, AT (Fn. 3), § 10 Rn. 102 f.; *ders.*, in: Münch. Komm. (Fn. 3), vor § 13 Rn. 171 ff.; Ansätze in diese Richtung auch bei *Roxin*, AT II (Fn. 12), § 25 Rn. 137, der auf die Regeln der sog. Pflichtdelikte rekurriert; ferner *Tiedemann*, Nishihara FS (Fn. 24), S. 496 ff.

[29] Zutr. i.S. einer solchen „Erst-Recht-Verantwortlichkeit" des Sonderverantwortlichen für Begehungsverhalten *Ransiek*, Unternehmensstrafrecht (Fn. 9), S. 51, auch schon S. 37; ferner *Freund*, AT (Fn. 3), § 6 Rn. 68a i.V.m. § 10 Rn. 103; *ders.*, in: Münch. Komm. (Fn. 3), vor § 13 Rn. 171 ff., 175; *Jakobs*, AT (Fn. 25), 7/56 ff.; *ders.*, Die strafrechtliche Zurechnung von Tun und Unterlassen, 1996, S. 36 ff.; *Murmann*, GA 1996, 269, 280 f.

meinen Regeln droht hier in gewissen Fällen sogar zu *falschen Ergebnissen* zu führen.

Am Beispiel zweier eng beieinander liegender Fallkonstellationen: Im ersten Fall beauftragt der Geschäftsführer eines Unternehmens, das sich in der Form einer GmbH mit der Beratung über Vermögensanlagen und der Vermittlung solcher Anlagen befasst, einen seiner Mitarbeiter, der schon bisher durch wiederholte falsche Vorspiegelungen, insbesondere gegenüber unerfahrenen älteren Kunden aufgefallen ist, mit dem Besuch und der Beratung einer Kundin, die zu eben diesem Kreis gehört. Der Geschäftsführer tut dies, weil die Kundin gedrängt hatte und ein gut informierter anderer Mitarbeiter gerade nicht zur Verfügung steht; dass der beauftragte Mitarbeiter täuschende Erklärungen abgeben könnte, nimmt er dabei in Kauf. Tatsächlich schafft der beauftragte Mitarbeiter es auch in diesem Fall letztlich nur durch betrügerische Vorspiegelungen, die Kundin zum Abschluss des Geschäfts zu bewegen. – Im zweiten Fall beauftragt der Geschäftsführer des schon erwähnten Unternehmens einen anderen Mitarbeiter, der sich gegenüber Kunden bisher einwandfrei verhalten hat, mit dem Besuch und der Beratung eines Kunden, der nach allen bisherigen Anzeichen eine größere Vermögensanlage tätigen wird, für die – auch – der Mitarbeiter eine erhebliche Prämie erhält. Der erwähnte Mitarbeiter pflegt, was der Geschäftsführer weiß, besonders gute Geschäftsabschlüsse in der Regel noch am Abend des entsprechenden Tages durch ein ausgiebiges Trinkgelage zu krönen, wobei es in der Vergangenheit wiederholt zu Trunkenheitsfahrten gekommen ist. So geschieht es auch diesmal – was der Geschäftsführer in Kauf genommen hatte.

Versucht man die beiden Fälle mit Hilfe des allgemeinen Regelsystems für positives Tun (in beiden Fällen die Beauftragung des Mitarbeiters) zu lösen, so ist klar, dass der Geschäftsführer durch sein Verhalten eine Bedingung sowohl für den Betrug des einen wie auch für die Trunkenheitsfahrt des anderen Mitarbeiters gesetzt hat. Eine Anstiftung zu deren Taten wird man dabei freilich mangels eines in der Beauftragung enthaltenen sinnbezogenen Bestimmens zu dem von den Mitarbeitern begangenen Delikten[30] ablehnen müssen; auch die Voraussetzungen einer Mittäterschaft oder mittelbaren Täterschaft liegen nicht vor.[31] Wohl aber kommt eine Beihilfe in Betracht, da der Geschäftsführer durch seine Beauftragung der Mitarbeiter diesen die Gelegenheit zur Begehung ihrer Taten eröffnet hat. Fordert man für die Beihilfe eine gewisse Gefahrerhöhung in Richtung auf die Begehung der schließlich begangenen Taten[32], so wird man angesichts des bekannten Vorverhaltens der Mitarbeiter auch diese bejahen können. Fraglich erscheint freilich, ob man hier auch von einer

---

[30] Zum Erfordernis eines deliktischen Sinnbezugs bei der Teilnahme und insb. der Anstiftung *Frisch*, Tatbestandsmäßiges Verhalten (Fn. 25), S. 338 f.; *ders.*, Lüderssen FS, 2002, S. 539, 547 ff.; *Freund*, AT (Fn. 3), § 10 Rn. 115; *Jakobs*, AT (Fn. 25), 22/22 und 24/18; *Schumann*, Handlungsunrecht (Fn. 25), S. 51.

[31] In beiden Fällen fehlt es ersichtlich an der Tatherrschaft, ebenso an einem gewichtigen Tatbeitrag (bloße Ermöglichung) und dem Interesse an der Begehung der Tat.

[32] s. dazu statt vieler *Bloy*, Die Beteiligungsform als Zurechnungstypus im Strafrecht, 1985, S. 270 ff.; *Murmann*, JuS 1999, 550 ff.; *Roxin*, AT II (Fn. 12), § 26 Rn. 210 ff.

missbilligten Gefahrenschaffung und damit einer verbotenen Förderung der Tat[33] sprechen kann. Bei Zugrundelegung allein allgemeiner Regeln wird man dies verneinen müssen. Denn die Mitarbeiter waren in beiden Fällen eigenverantwortliche Personen und ein deliktischer Sinnbezug[34] in Richtung auf die Förderung eines Betrugs oder einer Trunkenheitsfahrt fehlt der Beauftragung mit der Führung des Kundengesprächs.[35]

Zu einem anderen Ergebnis könnte man freilich gelangen, wenn man das Verhalten des Geschäftsführers nicht am allgemeinen Regelwerk für Begehungsverhalten misst, sondern möglicherweise bestehende Sonderverantwortlichkeiten des Unternehmers in die Betrachtung einbezieht. Dann erscheint es durchaus möglich, dass der Geschäftsführer dafür zu sorgen hat, dass die unternehmerische Tätigkeit nicht mit bestimmten, z. B. „betriebsbezogenen", Straftaten belastet ist.[36] Bei dieser Sachlage wäre die Qualifikation der Auswahl und Beauftragung eines bekanntermaßen zum Betrug bestimmter Kunden neigenden Mitarbeiters (jedenfalls ohne Ergreifung weiterer Maßnahmen zur Verhinderung eines Betrugs) als missbilligte Gefahrenschaffung in diese Richtung (und damit als Beihilfe oder vielleicht sogar täterschaftliches Verhalten) durchaus naheliegend – während die etwa drohende Verkehrsstraftat des Mitarbeiters und deren Verhinderung ersichtlich aus dem Pflichtenkreis des Unternehmers fallen.[37]

7. Die Frage, ob das positive Tun des Unternehmers (oder von Unternehmensorganen) bei Einschaltung von Mitarbeitern am allgemeinen Regelsystem für Begehungsverhalten oder an einem durch Sonderpflichten (und Sonderverantwortlichkeiten) geprägten Regelsystem zu messen ist, hat nach allem nicht nur für eine überzeugende Begründung der Täterschaft des Unternehmers oder von Unternehmensorganen Bedeutung. Die Orientierung an dem einen oder anderen Regelsystem kann auch zu Unterschieden im Ergebnis führen. Selbst für den Bereich des Begehungsverhaltens von Unternehmern oder Unternehmensorganen ist daher um die Frage nicht herumzukommen, ob es so etwas wie einen besonderen Pflichtenkatalog und eine Sonderverantwortlichkeit dieser Personen gibt – worauf sich diese gründet, was sie be-

---

[33] Zu diesem Erfordernis s. z.B. *Freund*, AT (Fn. 3), § 10 Rn. 135 ff.; *Roxin*, AT II (Fn. 12), § 26 Rn. 218 ff.

[34] Zur Bedeutung des deliktischen Sinnbezugs auch für die Beihilfe vgl. *Frisch*, Lüderssen FS (Fn. 30), S. 539, 544 ff. m.w.N.; aus der Rspr. z. B. BGHSt 46, 107, 113 ff.; BGH NStZ 2000, 34.

[35] Eine Beihilfe käme daher nach der Rspr. allenfalls noch in Betracht, wenn das vom Geschäftsführer erkannte Risiko der Tat von solcher Höhe war, dass dieser „sich die Förderung der Haupttat angelegen sein" ließ (so BGHSt 46, 107, 113 ff.; NStZ 2000, 34; zu einer differenzierteren Begründung *Frisch*, Lüderssen FS [Fn. 30], S. 539, 549 ff.) – was wohl kaum angenommen werden kann.

[36] In diesem Sinn die neuere Rspr. des BGH, vgl. z. B. BGHSt 54, 44, 51 f. = NStZ 2009, 680; BGHSt 57, 42 = NStZ 2012, 142 m. Bespr. von *Jäger*, JA 2012, 392 ff.; *Roxin*, JR 2012, 305 ff.; *Mansdörfer/Trüg*, StV 2012, 432 ff.

[37] Ähnlich wie die Verhinderung von mit Körperverletzungen verbundenen Streitigkeiten zwischen den Mitarbeitern; dazu BGHSt 57, 42, 45 f., 47 f.

inhaltet und wie weit sie reicht. Erst recht ist diese Frage unausweichlich für die sachgerechte Beurteilung des Unterlassens dieses Personenkreises. In diesem Kontext wird die Frage denn auch regelmäßig, in neuerer Zeit mit zunehmender Intensität, diskutiert.

II. Sonderpflichten von Unternehmern und Unternehmensorganen in ihrer Bedeutung für strafbares Unterlassen

Sedes materiae der Diskussion um eine besondere strafrechtliche Verantwortlichkeit des Unternehmers, von Unternehmensorganen und (von diesen betrauten) Vorgesetzten[38] ist die strafrechtliche Unterlassungsdogmatik und hier vor allem die Dogmatik der so genannten Garantenstellungen (und -pflichten). Sachlich geht es insoweit um zwei eng verwobene Themenkreise: die Frage, ob den Unternehmer bzw. das Unternehmensorgan überhaupt eine besondere Verantwortlichkeit für die durch den Betrieb gefährdeten Rechtsgüter Dritter trifft, und die Frage, wie weit diese Verantwortlichkeit im Einzelnen reicht. Auch wenn der rechtspraktische Schwerpunkt auf der Konkretisierung von Inhalt, Voraussetzungen und Tragweite der Garantenpflicht liegt, sollte die vorgelagerte Grundfrage, ob das Unternehmensorgan überhaupt eine Garantenpflicht trifft, nicht völlig ausgeblendet werden. Denn erstens ist diese Frage partiell – nämlich hinsichtlich der Garantenstellung zur Verhinderung der Straftaten von Mitarbeitern – schon im Ergebnis nicht unbestritten.[39] Und zweitens besteht Streit über den Sachgrund der besonderen Verantwortlichkeit des Unternehmensorgans – ohne Klarheit hierüber fehlt jedoch der Maßstab für die genauere inhaltliche Bestimmung der Pflicht.

Zu diesen Fragen nach Grund und Grenzen der materialen Verantwortlichkeit des Unternehmers oder des Unternehmensorgans tritt als Drittes die Frage, wie der Unternehmer oder das Unternehmensorgan zu behandeln ist, wenn es infolge einer Verletzung der wahrzunehmenden Pflichten zu Straftaten kommt – ein Punkt, der auch für die eingangs erörterten Fälle bedeutsam wird, in denen auf Seiten des Unternehmers oder Unternehmensorgans Verhaltensweisen vorliegen, die als Begehungsverhalten in Betracht kommen (dazu unten III.).

---

[38] s. dazu die Überblicke bei *Fischer*, StGB, 65. Aufl. 2018, § 13 Rn. 68 ff.; *Gaede*, in: Nomos-Komm. StGB, 5. Aufl. 2017, § 13 Rn. 53; *Roxin*, AT II (Fn. 12), § 32 Rn. 108 ff., 133 ff.; Schönke-Schröder/*Stree/Bosch* (Fn. 12), § 13 Rn. 53; umfassend *Bosch*, Organisationsverschulden (Fn. 8), insbes. S. 81 ff., 142 ff., 216 ff.; *Hernández Basualto*, Frisch FS (Fn. 12), S. 333 ff.; *Mansdörfer*, Zur Theorie des Wirtschaftsstrafrechts, 2011, Rn. 609 ff., 623 ff.; *Ransiek*, Unternehmensstrafrecht (Fn. 9), S. 30 ff.; *Spring*, Geschäftsherrenhaftung (Fn. 12), passim; *Walter*, Die Pflichten des Geschäftsherrn im Strafrecht, 2000, passim; *Waßmer*, Geschäftsherrenhaftung (Fn. 12), passim.

[39] Vgl. etwa den Überblick bei *Roxin*, AT II (Fn. 12), § 32 Rn. 134 ff. und die umfassende Aufarbeitung des kontroversen Meinungsstands bei *Spring*, Geschäftsherrenhaftung (Fn. 12), insbes. S. 63 ff., 125 ff.; *Walter*, Pflichten des Geschäftsherrn (Fn. 38), S. 15 ff. und *Waßmer*, Geschäftsherrenhaftung (Fn. 12), S. 59 ff., 94 ff.

1. Wenden wir uns zunächst den Argumenten zu, die für eine Garantenstellung des Unternehmers oder eines Unternehmensorgans sprechen. Die Rechtsprechung bejaht eine solche Garantenstellung seit langem; zur Begründung hat sie meist nur lapidar auf die Stellung im Betrieb oder auf vereinzelte gesetzliche Anhaltspunkte verwiesen.[40] Auf dieser Basis bejaht sie unter anderem auch eine Pflicht zur Verhütung bestimmter Straftaten von Mitarbeitern.[41] In der Literatur findet sich demgegenüber – in Anlehnung an allgemeine Kategorien der Unterlassungsdogmatik – der Versuch, die Garantenstellung des Unternehmers oder des Unternehmensorgans vor allem auf die Innehabung, Überlassung oder Auslieferung gefährlicher Sachen oder die Beauftragung mit gefährlichen Verrichtungen zurückzuführen und sie dann auch inhaltlich auf die von diesen Gefahrenquellen ausgehenden Verläufe zu beschränken.[42] Andere Autoren wollten und wollen diese Begrenzung dadurch erreichen, dass sie die Pflicht zur Verhinderung der Taten Untergebener auf betriebsbezogene Taten oder die Fälle des Missbrauchs der eingeräumten Position beschränken.[43] Wieder andere sehen den tragenden Grund für die Annahme einer Garantenstellung in der Herrschaft des Betriebsinhabers über den Grund des Erfolgs.[44] Diese Herrschaft begegne in der Form der Sachherrschaft und verpflichte dann zur Verhinderung selbst sogenannter Exzesstaten;[45] sie komme aber auch als Herrschaft über

---

[40] Beispielhaft dafür aus der älteren Rspr. etwa RGSt 58, 130, 132 f. (für einen Geschäftsführer), später etwa OLG Karlsruhe GA 1971, 281, 283; OLG Stuttgart NJW 1977, 1406, 1407 (Inhaberin des Betriebs); BayObLG NJW 1997, 2394, 2396; zu dieser ält. Rspr. s. etwa *Schünemann*, Unternehmenskriminalität im Strafrecht, 1979, S. 72 ff. (zu dessen Interpretation der Rspr. krit. *Walter*, Pflichten [Fn. 38], S. 2 ff.); *Spring*, Geschäftsherrenhaftung (Fn. 12), S. 63 ff.; s. auch *Mansdörfer*, Theorie (Fn. 38), Rn. 624 ff.; jenseits des Bereichs der Verhinderung von Straftaten insbes. auch BGHSt 37, 106, 114 ff., 123 ff. (Garantenstellung in Bezug auf den Rückruf fehlerhafter Produkte).

[41] Vgl. die Entscheidungen in Fn. 40 sowie bei *Spring*, Geschäftsherrenhaftung (Fn. 12), S. 63 ff., 79 ff. und *Waßmer*, Geschäftsherrenhaftung (Fn. 12), S. 59 ff.; aus neuerer Zeit darüber hinaus insbes. BGHSt 54, 44, 47 ff., 51 f. (Nichtbeanstandung eines Betrugs durch den Leiter der Innenrevision); BGHSt 57, 42, 45 f. (begrenzt auf betriebsbezogene Taten).

[42] So z.B. – die entsprechende Kommentierung von Rudolphi fortführend – *Stein*, SK-StGB, 9. Aufl. 2017, § 13 Rn. 43 f.; *Brammsen*, in: Amelung (Hrsg.), Individuelle Verantwortung und Beteiligungsverhältnisse bei Straftaten in bürokratischen Organisationen des Staates, der Wirtschaft und der Gesellschaft, 2000, S. 105, 123 ff.; LK/*Jescheck*, 11. Aufl. 1993, § 13 Rn. 45; *Otto/Brammsen*, Jura 1985, 530, 592, 599 f.; s. dazu eingeh. auch *Schünemann*, Unternehmenskriminalität (Fn. 40), S. 95 ff.

[43] So z.B. zunächst Schönke/Schröder/*Stree*, StGB-Komm., 23. Aufl. 1988, § 13 Rn. 52; i.S. der Relevanz allein der „Betriebsbezogenheit", aber gegen die Einbeziehung der Missbrauchsfälle *Rogall*, ZStW 98 (1986), 573, 618; i.S. der Beschränkung auf betriebsbezogene Straftaten inzwischen auch Rspr. und h.M., vgl. insbes. BGHSt 57, 42, 45 ff.; der Sache nach auch schon BGHSt 54, 42, 51 f. und zuvor OLG Karlsruhe GA 1971, 281, 293; aus der neueren Lit. *Hernández Basualto*, Frisch FS (Fn. 12), S. 333 ff.; *Roxin*, AT II (Fn. 12), § 32 Rn. 137; Schönke/Schröder/*Stree/Bosch* (Fn. 12), § 13 Rn. 53 f., je m.w.N.

[44] So insbes. *Schünemann*, Grund und Grenzen der unechten Unterlassungsdelikte, 1971, S. 236 ff., 281 ff., 294 f., 323 ff., 328 f.; *ders.*, Unternehmenskriminalität (Fn. 40), S. 95 ff., 101 ff.

[45] *Schünemann*, Unternehmenskriminalität (Fn. 40), S. 95 ff., 98.

Personen vor und verpflichte hier zur Verhinderung der Taten, die sich mit den organisatorischen Mitteln des Betriebs verhindern lassen (sogenannte Verbandstaten).[46]

Den skizzierten Auffassungen ist zuzugeben, dass sie fast alle mitbedeutsame Punkte benennen. Das eigentlich Entscheidende scheinen sie mir aber nicht zu treffen. Die Stellung (des Organs) im Betrieb etwa ist unter dem Aspekt der Direktionsgewalt und damit der Einwirkungsmöglichkeiten natürlich bedeutsam; sie liefert aber keine Begründung für eine Rechtspflicht gegenüber den Gütern Dritter, sondern setzt diese voraus und besagt allenfalls etwas über die (primäre) Zuständigkeit zur Wahrnehmung der Pflicht. Die Überlassung gefährlicher Gegenstände oder die Beauftragung mit gefährlichen Verrichtungen erscheint als Begründung deshalb unbefriedigend, weil sie ja allenfalls ein Faktum ist, das fundierende normative Prinzip dagegen nicht benennt. Dieses vermisst man auch in der intuitiv ganz plausiblen, bei näherem Hinsehen aber doch recht vagen Formel, die die Verhinderungspflicht auf sogenannte betriebsbezogene Straftaten beschränken will. Und auch die Herrschaft des Organs oder des Unternehmers über den Grund des Erfolgs kann nicht befriedigen – denn auch hier wird nicht eigentlich das normative Prinzip, sondern nur ein Faktum bezeichnet, und zwar misslicherweise auch noch ein höchst problematisches[47] und schillerndes[48]: Als Einwirkungsmöglichkeit verstanden bietet der Begriff nur eine notwendige, aber keine hinreichende Voraussetzung besonderer Verantwortlichkeit; wenn aber mehr gemeint sein sollte – was ist dann präzise gemeint?

2. Tatsächlich liegt der eigentliche *normative* Grund für die Garantenstellung in spezifischen Erwägungen zur *sachgerechten Freiheits- und Lastenverteilung*. Sie sind auf die Frage zugespitzt, wer – jenseits allgemeiner Solidaritätspflichten – nach den Prinzipien angemessener Freiheits- und Lastenverteilung jeweils besonders dafür zuständig ist, dass es nicht zu bestimmten, für andere Güter gefährlichen Verläufen kommt.

Den einfachsten Fall einer solchen Verantwortlichkeit bildet die Zuständigkeit für die Gefahrenfreiheit des eigenen Handelns: Wer die *Freiheit in Anspruch nimmt*, sein Verhalten autonom und damit unter Ausschluss anderer zu gestalten, muss zum *Ausgleich Sorge für die Gefahrenfreiheit* seines Handelns tragen.[49] Dies ist nicht nur die für die Güterwelt einfachste und zweckmäßigste Lösung – etwa weil der Handelnde das Gefahrenpotential seiner Handlungen nicht selten am besten erfassen und entschärfen kann. Es handelt sich vor allem auch um die allein angemessene, gerechte Lastenverteilung: Man kann nicht Freiheiten (und die damit verbundenen Vorteile) in Anspruch nehmen, die Sorge um die Entschärfung der möglichen Probleme solcher

---

[46] *Schünemann*, Unternehmenskriminalität (Fn. 40), S. 102 ff.
[47] Zutr. Kritik bei *Brammsen*, GA 1993, 97, 112 f., 116 f.; *Ransiek*, Unternehmensstrafrecht (Fn. 9), S. 39.
[48] Zutr. Kritik an der Vagheit bei Schönke/Schröder/*Stree*/*Bosch* (Fn. 12), § 13 Rn. 15.
[49] Ebenso *Freund*, Herzberg FS, 2008, S. 225, 234 f.; *ders.*, in: Münch. Komm. (Fn. 3), Vor § 13 Rn. 175 und § 13 Rn. 73, 114 f.; *Jakobs*, AT (Fn. 25), 7/56 ff., 28/14 ff.; *ders.*, System der strafrechtlichen Zurechnung, 2012, S. 27 f.

Freiheitsentfaltung aber von anderen erwarten. Schon hinter der Zuständigkeit des Begehungstäters steckt mit anderen Worten nicht einfach das naturalistische Datum der Gefahrschaffung, sondern – meist stillschweigend vorausgesetzt – die Verantwortlichkeit für die Gefahrenfreiheit des eigenen Handelns.[50] Das gilt nicht nur in Bezug auf eigene Körperbewegungen. Es gilt ganz genauso, wenn die Handlung in der andere ausschließenden Begründung der Beziehung zu einer Sache zu oder einer Person besteht, beispielsweise in der *Beauftragung* einer Person *mit Tätigkeiten*, für die man *Gestaltungsmacht in Anspruch nimmt:* Wären schon mit den entsprechenden Aktionen Gefahren für die Rechtsgüter anderer verbunden,[51] so könnten sie dem Handelnden nur gestattet werden, wenn er zugleich – durch flankierende Maßnahmen – für (relative) Gefahrenfreiheit sorgte. Fehlt es an solchen Möglichkeiten, so ist die Handlung als missbilligte Gefahrenschaffung verboten.

All das gilt nicht nur für den Fall, dass mit der Begründung einer bestimmten Beziehung zu einer Person (z. B. deren Beauftragung mit einer bestimmten Tätigkeit) oder Sache selbst schon Gefahren verbunden sind – also für Konstellationen, die gewöhnlich als Begehungsverhalten erfasst werden. Es gilt nicht weniger für jene Sachverhalte, in denen das Verhalten einer Person nur noch als *Unterlassen* strafrechtlich fassbar ist. So liegt es insbesondere dann, wenn Verhältnisse gewissermaßen auf Dauer gestaltet sind, also beispielsweise dauerhaft Anlagen betrieben, Personen auf Dauer beauftragt oder Funktionsabläufe dauerhaft organisiert werden. Wer in derartiger Weise dauerhaft Organisationsmacht beansprucht und gestaltet, darf dies nur unter der Voraussetzung gleichzeitiger besonderer Verantwortlichkeit dafür, dass sich aus der in Anspruch genommenen Organisation nicht Gefahren für die Rechtsgüter Dritter ergeben. Evident wäre dies, wenn die Aufrechterhaltung der entsprechenden Zustände, Verhältnisse oder Funktionsabläufe periodisch gewisser Erneuerungsaktionen bedürfte: Hier gälte für diese dieselbe besondere Verantwortlichkeit des Handelnden für die Gefahrenfreiheit seines Handelns wie für die erstmalige Einrichtung; läge in der aktiven Fortsetzung der Dauerbeziehung eine missbilligte Risikoschaffung, so wäre diese also zu unterlassen. Nichts anderes gilt aber dann, wenn es wegen einer auf Dauer gestellten Organisation des Unternehmers (Organs) solcher Erneuerungsakte nicht mehr bedarf. Denn die Verteilung der Lasten zur Gefahrenbeseitigung hängt allein davon ab, ob auch im Falle solcher dauerhaften Gestaltung in vergleichbarer Weise Freiheit und Organisationsmacht in Anspruch genommen wird wie im Falle der Begründung oder der bestätigenden Aufrechterhaltung. Und das ist offensichtlich der Fall. Was sich bei dieser Sachlage allein ändert, ist der Pflichtinhalt: An die Stelle eines bestimmte Aktionen untersagenden

---

[50] Übereinstimmend *Freund*, AT (Fn. 3), § 2 Rn. 19, § 6 Rn. 64; *ders.*, Herzberg FS (Fn. 49), S. 225, 235; *Jakobs*, (Fn. 3), 7/56 ff., 28/14 ff.; *ders.*, System (Fn. 49), S. 27, 35; auch schon *Herzberg*, Die Unterlassung im Strafrecht und das Garantenprinzip, 1972, S. 169 ff.

[51] Wie z. B. das Risiko, dass man die von der Sache ausgehenden Gefahren nicht zu beherrschen oder dass die beauftragte Person die ihr übertragene Tätigkeit nicht ohne die Gefahr einer Schädigung der Güter Dritter zu verrichten vermag.

Verbots tritt wegen der bereits erfolgten dauerhaften Gestaltung der Verhältnisse die Pflicht zum Gefahren beseitigenden Handeln.

Sieht man die Dinge in diesem Licht, so wird – jedenfalls in den hier interessierenden Fallkonstellationen – auch der Grund der Begehungsgleichheit des Unterlassens sehr deutlich: Ob man bestimmte Gefahren schafft und das heißt auch: nicht ausräumt, indem man einen bestimmten Zustand begründet oder aktiv fortsetzt, oder ob man dies dadurch tut, dass man das Verhältnis auf lange Dauer stellt, so dass man bestätigende Aktionen nicht mehr benötigt, mag unter ökonomischem Aspekt belangvoll sein. Unter dem Aspekt einer *angemessenen Verteilung der Zuständigkeit für Gefahrenfreiheit* ist es irrelevant – weshalb das entsprechende Unterlassen (also die Nichtentschärfung der Gefahren der eigenen Organisation) mit dem positiven Tun wertungsgleich ist. Hieraus folgt zugleich ein heuristisches Prinzip: Der dauerhaft Gestaltende ist jedenfalls grundsätzlich dann zur Ausräumung der Gefahr verpflichtet, wenn ihm die Inanspruchnahme von Freiheit durch entsprechende positive Aktionen wegen deren Gefährlichkeit verboten wäre oder nur unter dem Vorbehalt der Gefahrentschärfung (durch flankierende Maßnahmen) gestattet werden könnte.

3. Nach den bisherigen Erwägungen lässt sich die besondere Verantwortlichkeit des Unternehmers bzw. der Unternehmensorgane für die Gefahrenfreiheit des Betriebs (der eigenen Organisation) wohl kaum mehr ernsthaft bestreiten. Sie nehmen – unter beanspruchtem Ausschluss anderer – nicht nur prinzipiell die Organisationsmacht für eine Fülle von unter Umständen nur kurzzeitig relevanten Einzelaktionen wahr und sind daher für deren Gefahrenfreiheit besonders zuständig. Sie *beanspruchen* solche *Organisationsmacht* auch auf *Dauer* und sind damit auch *besonders verantwortlich* dafür, dass aus der dauerhaften Gestaltung keine Beeinträchtigungen der Rechtsgüter Dritter und der Allgemeinheit entstehen.[52] Dementsprechend sind sie insbesondere verpflichtet, solche Gefahren zu beseitigen, die bei anfänglichem Gegebensein schon der Begründung einer Dauerbeziehung entgegengestanden hätten.

So liegt es, wenn infolge von Störungen im Anlagenbereich Gefährdungen von Umweltgütern oder Gütern Dritter entstehen, bei deren anfänglichem Gegebensein die Anlage so gar nicht hätte in Betrieb genommen werden dürfen; oder: wenn Mängel des Organisationsplans sichtbar werden, deren Erkennbarkeit schon im Zeitpunkt der Planausgabe diese zur missbilligten Gefahrenschaffung gemacht hätten; oder auch: wenn nachträglich bei einem Beschäftigten Defizite im Bereich der für bestimmte Tätigkeiten vorausgesetzten Fähigkeiten oder der erforderlichen Zuverlässigkeit erkennbar werden, die einer Betrauung mit der entsprechenden Tätigkeit entgegengestanden hätten. In all diesen Fällen ist das Unternehmensorgan verpflichtet, die sichtbar werdende Gefahr zu beseitigen. Dabei ist ihm freilich nur dieses Ziel,

---

[52] Ebenso *Ransiek*, Unternehmensstrafrecht (Fn. 9), S. 36 f.; *Hernández Basualto*, Frisch FS (Fn. 12), S. 333, 335 f. unter Auswertung meines in Fn. 2 genannten Beitrags und dessen Bedeutung für die spanische und südamerikanische Diskussion; allg. *Mansdörfer*, Frisch FS, 2013, S. 315, 325 ff.

nicht aber eine bestimmte Maßnahme vorgeschrieben – hier können durchaus Wahlmöglichkeiten verbleiben.[53]

Auch der Sachverhalt der nachträglich erkennbar werdenden Gefährlichkeit ausgelieferter Produkte, der keine betriebsinternen Vorgänge betrifft, wird auf der hier entwickelten Basis leicht lösbar: Die richtige Lösung liegt nicht in der Annahme einer Rechtspflicht aus vorangegangenem rechtswidrigem Tun,[54] denn davon lässt sich, wenn das Produkt vor der Auslieferung gründlich geprüft wurde, schwerlich sprechen.[55] Sie liegt vielmehr darin, dass ein Verhalten, das seiner Funktion nach für eine gewisse Dauer den Gebrauch des Produkts ermöglichen soll, vom Zeitpunkt der erkannten Gefahr an zumindest gegenüber unwissenden Abnehmern zum unzulässigen Verhalten wird. Denn die Abnehmer erwarten nicht nur, dass das Produkt im Zeitpunkt des Erwerbs keine bei ordnungsgemäßer Prüfung durch das Unternehmen erkennbaren Gefahren aufweist. Sie erwarten – mit Recht – auch, dass das Unternehmen sie warnt, wenn es später solche Gefahren erkennt.[56] Auf diese Erwartung geht der ein, der bestimmte Produkte in den Verkehr bringt – womit er aus den genannten Gründen auch in besonderem Maße für die nachträgliche Gefahrenbeseitigung verantwortlich ist.[57]

Natürlich bleiben auch nach diesen Grundüberlegungen und ihrer ersten Exemplifizierung eine Fülle offener Fragen – angefangen damit, welche Verläufe es genau sind, die der Unternehmer und die Unternehmensorgane abzuwenden haben, über die Fragen, was sie zu diesem Zweck alles zu tun haben und ob und inwieweit die entsprechenden Pflichten delegiert werden können, bis hin zur Art der Verantwortlichkeit des Unternehmers oder Unternehmensorgans und den diese treffende Rechtsfolgen, wenn es infolge der Pflichtverletzung zum Eintritt eines abzuwendenden Verlaufs kommt. Zur Klärung der im ersten Teil dieses Beitrags angesprochenen Probleme können wir uns darauf beschränken, der ersten und der letzten dieser Fragen nachzugehen.

---

[53] Vgl. dazu grundsätzlich und eingeh. *Freund*, Erfolgsdelikt (Fn. 3), S. 74 ff. m.w.N.

[54] So aber BGHSt 37, 106, 115 ff.

[55] Vgl. die zutr. Kritik von *Kuhlen*, NStZ 1990, 566, 568 und *Bosch*, Organisationsverschulden (Fn. 8), S. 196 ff.; ähnlich *Freund*, in: Münch. Komm. (Fn. 3), § 13 Rn. 124; *ders.*, Erfolgsdelikt (Fn. 3), S. 217 ff.; *Stein*, in: SK-StGB (Fn. 42), § 13 Rn. 55.

[56] Zutr. auf diese Erwartung abstellend, die ihrerseits nur Ausdruck einer sinnvollen Freiheits- und Lastenverteilung ist (und längst auch in außerstrafrechtlichen Regelungen ihren Niederschlag gefunden hat), *Brammsen*, GA 1993, 97, 115 ff.; *Stein*, in: SK-StGB (Fn. 42), § 13 Rn. 55; m.w.N. – I.d.S. schon vor der Entscheidung BGHSt 37, 106 ff. *Frisch*, Tatbestandsmäßiges Verhalten (Fn. 25), S. 199 ff.

[57] Näher dazu unter dem Aspekt einer erforderlichen und angemessenen wechselseitigen Freiheits- und Lasten-(Kosten-)Verteilung schon *Frisch*, Tatbestandsmäßiges Verhalten (Fn. 25), S. 199 ff.; i.S. einer Fortführung und Ausdifferenzierung (auch unter dem Aspekt der „bedingten Gestattung") *Freund*, Erfolgsdelikt (Fn. 3), S. 214 ff., 219, 241 ff.; *ders.*, in: Münch. Komm. (Fn. 3), § 13 Rn. 122 ff.

4. Vor dem Hintergrund des Erkenntnisinteresses dieses Beitrags – nämlich der Frage einer Verantwortlichkeit von Unternehmern und Unternehmensorganen vor allem für Straftaten ihrer Mitarbeiter – bildet ein zentrales Problem die Frage, in Bezug auf welche möglichen Schadensverläufe eine Garantenpflicht des Unternehmers bzw. der Unternehmensorgane besteht. Nur wenn und soweit von ihnen gefordert wird, auch Sachverhalte zu verhindern, die sich als Straftaten ihrer Mitarbeiter darstellen,[58] können sie bei Nichtverhinderung von Taten, die hätten verhindert werden können und sollen, wegen Unterlassens verantwortlich gemacht werden. Allein unter dieser Voraussetzung ist es dann aber auch möglich, positives Tun des Unternehmers oder des Unternehmensorgans, das die Begehung von Straftaten seitens der Mitarbeiter zur Folge hat, unter Bezugnahme auf die *Verletzung rollenbezogener Pflichten* u. U. auch als *täterschaftliche* Deliktsverwirklichung seitens des Unternehmers oder des Unternehmensorgans zu qualifizieren.[59]

Selbstverständlich ist die Erfüllung dieser Voraussetzung nicht. Zu den Verläufen, die als vom Unternehmer oder den Unternehmensorganen zu verhindernde Verläufe vor allem (und unstreitig) genannt werden,[60] zählen andere Geschehensverläufe – wie z. B. Gefahrenverläufe, die von Störungen im Bereich der betrieblichen Anlagen oder der Betriebsmittel ausgehen, auf unzureichend koordinierte Funktionsabläufe zurückgehen oder mit Fehlleistungen, Fähigkeits- oder Zuverlässigkeitsdefiziten der Beschäftigten zusammenhängen. Insoweit handelt es sich um typische mit dem Betrieb verbundene Gefahren, denen Unternehmer und Unternehmensorgan von Anfang an gegensteuern müssen und denen sie daher auch gegenzusteuern haben, wenn sich solche Gefahren erst später zeigen. Ergreifen der Unternehmer oder das Organ insoweit nicht die erforderlichen Maßnahmen und kommt es deshalb zu Rechtsgutsbeeinträchtigungen, so sind sie dafür besonders verantwortlich.

Freilich wäre es verfehlt, die besondere Verantwortlichkeit auf Verläufe zu beschränken, die von typischerweise gefährlichen (sicherungspflichtigen) Gegenständen ausgehen oder auf die fehlerhafte Ausführung latent gefährlicher Tätigkeiten zurückzuführen sind. Zu Rechtsgutsbeeinträchtigungen kann es vielmehr auch im Rahmen von Tätigkeiten kommen, die man nicht unbedingt als gefährlich oder gefahrenträchtig einstufen würde – etwa wenn Angestellte den Kunden zu hohe Preise berechnen oder sich (bei Treuhandgesellschaften) am Kundenvermögen vergreifen, wenn sie im Rahmen des Geschäftsbetriebs gestohlene Sachen ankaufen oder gegen Devisenvorschriften oder Wirtschaftsbestimmungen verstoßen.[61] Ein Ansatz, der die

---

[58] Dass es nicht primär um die Verhinderung von *Straftaten* von Mitarbeitern geht, sondern darum, welche Sachverhalte (Erfolge) zu verhindern sind, betont zutr. *Ransiek*, Unternehmensstrafrecht (Fn. 9), S. 35 ff.; der Sache nach auch *Freund*, Erfolgsdelikt (Fn. 3), S. 74 ff., 226 f.

[59] Zur Problematik anders begründeter Täterschaftsqualifikationen s. oben I. 4. und 5.

[60] Vgl. als Beleg des Nachfolgenden vor allem die oben Fn. 42 ff. genannten engeren Auffassungen, z. B. *Stein*, in: SK-StGB (Fn. 42), § 13 Rn. 43 f.; *Jescheck/Weigend*, AT (Fn. 18), S. 625 f., 627 f.

[61] Weit. Beispiele bei *Ransiek*, Unternehmensstrafrecht (Fn. 9), S. 36 f.

besondere Verantwortlichkeit auf die Überlassung gefährlicher Gegenstände oder die Betrauung mit gefährlichen Verrichtungen beschränkt, legt es nahe, in diesen Fällen die besondere Verantwortlichkeit für die Unterbindung drohender Gefahren zu verneinen. Aus der hier entwickelten Sicht ist anders zu entscheiden: Bedienen sich Betriebsinhaber oder Unternehmensorgan *zur Wahrnehmung betrieblicher Funktionsabläufe* anderer Personen, so haben sie diese Funktionsabläufe durch entsprechende Vorkehrungen auch so zu organisieren, dass es ihretwegen nicht zu Gutsbeeinträchtigungen kommt – und dazu gehört es auch, gegenüber erkennbaren oder erkennbar werdenden konkreten Gefahren dieser Art einzuschreiten.[62] Denn die besondere Pflicht, die das Organ bei eigener Vornahme der Tätigkeit träfe, nämlich diese ohne Beeinträchtigung anderer Rechtsgüter wahrzunehmen und erkennbar drohende Gefahren zu paralysieren, endet bei der Delegation der Tätigkeit auf Mitarbeiter nicht, sondern verwandelt sich nur in die Pflicht, durch organisatorische Maßnahmen, Kontrollen und Eingriffe dafür zu sorgen, dass es durch das Verhalten von Mitarbeitern in Ausübung der betrieblichen Tätigkeit nicht zu Rechtsgutsbeeinträchtigungen kommt. Der Kreis der zu verhindernden Rechtsgutsbeeinträchtigungen umfasst dabei naheliegenderweise auch solche, die begrifflich das Unrecht einer Straftat verwirklichen.[63] Dementsprechend ist zum Beispiel der drohenden Nichterfüllung primär betrieblicher Pflichten oder ihrer Verletzung durch – z. B. veruntreuende oder Steuern hinterziehende – Handlungen von Angestellten ebenso entgegenzutreten wie drohenden Schäden Dritter infolge von demnächst zu erwartenden (versehentlichen oder vorsätzlichen) Fehlberechnungen.[64]

Der Gedanke, dass die Inanspruchnahme von Freiheiten und Organisationsmacht prinzipiell die Kontrolle des Organisierten und ein Eingreifen bei insoweit erkennbar werdenden rechtsgutsgefährdenden Verläufen erzwingt, zeigt zugleich die Grenzen besonderer Verantwortlichkeit auf. Die Organisationsmacht und -pflicht erstreckt sich von vornherein nicht auf die Privatsphäre des Beschäftigten. Gegenüber Delikten in diesem Bereich besteht daher niemals eine Garantenpflicht des Betriebsinhabers – auch wenn er faktisch besondere Möglichkeiten hätte, solche Taten zu verhindern.[65] Das gilt selbst dann, wenn die Taten mit betrieblichen Gegenständen (wie dem Papier bei einer Urkundenfälschung, der Schreibmaschine) begangen werden, sofern es sich um nicht sicherungspflichtige Gegenstände handelt. Auch der bloße Umstand, dass Straftaten in den Räumen oder auf dem Areal des Betriebs oder während

---

[62] Im Ergebnis und der wesentlichen Begründung ebenso *Ransiek*, Unternehmensstrafrecht (Fn. 9), S. 36 f.; *Rogall*, ZStW 98 (1986), 573, 618 f. und *Hernández Basualto*, Frisch FS (Fn. 12), S. 333, 335 ff.

[63] Die Formulierung ist bewusst gewählt: Es geht der Sache nach nicht primär um eine Verhinderung von Straftaten von Mitarbeitern, sondern bestimmter rechtsgutsbedrohender oder rechtsgutsbeeinträchtigender Verhaltensweisen, die sich freilich bei Hinzukommen bestimmter weiterer für Straftaten erforderlicher Voraussetzungen als Straftaten darstellen; in der Sache übereinstimmend *Ransiek*, Unternehmensstrafrecht (Fn. 9), S. 35 f.

[64] Zu letzterem Fall ebenso BGHSt 54, 44, 51 f.; auch *Jakobs*, GA 1997, 553, 571.

[65] Übereinstimmend *Rogall*, ZStW 98 (1986), 573, 578.

der Arbeitszeit begangen werden, begründet noch keine (über eine Verletzung von Solidaritätspflichten [§ 323c StGB] oder arbeitsrechtlicher Pflichten hinausreichende) besondere Verantwortlichkeit des Unternehmers oder Unternehmensorgans – deren Pflicht zur gefahrenfreien Organisation der *betrieblichen* Tätigkeit beinhaltet nicht auch die Garantenpflicht, dass es nicht zu Körperverletzungen oder Sexualdelikten von vollverantwortlichen Mitarbeitern an anderen Mitarbeitern oder Dritten kommt, die sich außerhalb des Betriebs genauso ereignen könnten.[66] Dasselbe gilt für Diebstähle während der Arbeitszeit oder *gelegentlich* dienstlicher Verrichtungen oder auf dem Weg in den Betrieb.[67] Denn das Entscheidende ist nicht der Zeitfaktor (Begehung während der Arbeitszeit) oder ein räumlicher Zusammenhang, sondern der Aspekt der nicht rechtsgutsgefährdenden oder -beeinträchtigenden Wahrnehmung der betrieblichen Verrichtung: Nur deren nicht rechtsgutsbeeinträchtigender Charakter ist im Falle der Delegation zu gewährleisten, nur diese Tätigkeit ist ja auch delegiert. Doch mögen diese Einzelheiten hier offenbleiben. Denn es geht im Rahmen dieses Beitrags nicht darum, den Kreis der zu verhindernden Straftaten in allen Einzelheiten auszuleuchten.[68] Ziel war und ist vielmehr die Erfassung der grundsätzlichen Fundamente der unternehmerischen Verantwortung auch zur Verhinderung betriebsbezogener Straftaten der Mitarbeiter und die sich daraus ergebenden Konsequenzen für Unternehmer und Unternehmensorgane, die den sie treffenden Pflichten (durch ihr Unterlassen oder positives Tun) nicht gerecht werden.

5. Mit der Einsicht, dass Unternehmer oder Unternehmensorgane auch bestimmte Straftaten ihrer Mitarbeiter zu verhindern haben und damit ihre rollenspezifische Verpflichtung verletzen, wenn sie zu verhindernde und verhinderbare Straftaten pflichtwidrig nicht verhindern, ist noch nicht entschieden, *wie der Unternehmer und das Unternehmensorgan in einem solchen Fall zur Verantwortung gezogen* werden. Auch wenn es wegen ihrer unterlassenen Verhinderung der Straftat des Mitarbeiters zu einer strafrechtlich relevanten Beeinträchtigung oder Gefährdung der Rechtsgüter Dritter gekommen ist, besagt dies allein noch nicht, dass sie mit Bezug auf diese Beeinträchtigung oder Gefährdung als Unterlassungs*täter* verantwortlich gemacht werden könnten. Durchaus in Betracht kommt auch eine Bestrafung allein wegen *Beihilfe* (durch Unterlassen) zur Tat des Mitarbeiters. Sind auch deren Voraussetzungen (vorsätzliche Haupttat, doppelter Vorsatz des Gehilfen)

---

[66] Ebenso für den Fall von Körperverletzungen unter Mitarbeitern, gegen die der Vorgesetzte nicht einschreitet, BGHSt 57, 42, 46 f.; dazu *Bülte*, NZWiSt 2012, 176 ff.; *Dannecker*, NZWiSt 2012, 441 ff.; *Hernández Basualto*, Frisch FS (Fn. 12), S. 333, 338 ff.; *Jäger*, JA 2012, 392 ff.; *Mansdörfer/Trüg*, StV 2012, 432 ff.; *Roxin*, JR 2012, 305 ff.; s. auch schon OLG Karlsruhe GA 1971, 281, 283.
[67] Übereinstimmend *Rogall*, ZStW 98 (1986), 573, 618; *Jakobs*, AT (Fn. 25), 29/36 m. Fn. 77; *Hernández Basualto*, Frisch FS (Fn. 12), S. 333, 347; *Roxin*, AT II (Fn. 12), § 32 Rn. 139, 141; in der Sache wohl auch BGHSt 57, 42, 46.
[68] Zur Ausdifferenzierung des maßgeblichen Grenzkriteriums (etwa der sog. „Betriebsbezogenheit" der Straftat) weiterführend z.B. *Hernández Basualto*, Frisch FS (Fn. 12), S. 333, 342 ff.; *Otto*, Schroeder FS, 2006, S. 339, 342 f.; *Schall*, Rudolphi FS, 2004, S. 267, 280 ff.; *Waßmer*, Geschäftsherrenhaftung (Fn. 12), S. 296 ff.

nicht erfüllt, so bleibt die Möglichkeit einer fahrlässigen Unterlassungstäterschaft; wenn auch diese – z. B. mangels Fahrlässigkeitstatbestands – ausscheidet, könnte das Versäumnis des Unternehmers oder des Unternehmensorgans als Verletzung der Aufsichtspflicht nach § 130 OWiG zu ahnden sein.

Eine (täterschaftliche) Tatbestandserfüllung durch Unterlassen scheidet aus, wenn das vom Mitarbeiter begangene und vom Unternehmer (Unternehmensorgan) nicht verhinderte Delikt im Tatbestand nicht nur eine bestimmte Rechtsgutsbeeinträchtigung, sondern z. B. auch ein Handeln in bestimmter *Absicht* fordert und eine solche dem unterlassenden Unternehmer (oder Unternehmensorgan) fehlt. Denn die pflichtwidrige Nichtverhinderung des Eintritts der Rechtsgutsbeeinträchtigung vermag allein die pflichtwidrige Herbeiführung der Rechtsgutsbeeinträchtigung zu ersetzen; eine fehlende Absicht des Unternehmers kompensiert sie nicht. Unterlässt dieser es nur einfach, Betrügereien oder Erpressungen seitens seiner Mitarbeiter (z. B. gegenüber Kunden) zu verhindern, so kommt daher in der Regel allenfalls – bei entsprechendem Vorsatz des Unternehmers – eine Beihilfe durch Unterlassen in Betracht;[69] bei fehlendem Vorsatz steht für eine Ahndung des Verhaltens des Unternehmers allein noch die Verletzung einer Aufsichtspflicht nach § 130 OWiG zur Verfügung. Gleiches gilt, wenn das nicht verhinderte Delikt des Mitarbeiters ein eigenhändiges Delikt oder ein Sonderdelikt ist.[70] Denn so wenig insoweit für die täterschaftliche Tatbestandserfüllung die bloße Verursachung einer solchen Tatbestandsverwirklichung reicht, so wenig genügt dafür ein nur die kausale Herbeiführung ersetzendes pflichtwidriges Unterlassen. In diesen Fällen verbleibt es also bei einer Beihilfe durch Unterlassen bzw. (mangels einschlägiger Fahrlässigkeitstatbestände) einer etwaigen Verletzung der Aufsichtspflicht.

Raum für ein täterschaftliches Unterlassen des Unternehmers oder von Unternehmensorganen ist so gesehen erst, wenn es sich bei den von Mitarbeitern begangenen Straftaten um Allgemeindelikte handelt, bei denen zur Tatbestandsverwirklichung nur eine Rechtsgutsbeeinträchtigung oder -gefährdung notwendig ist, die vom (Begehungs-)Täter lediglich kausal und in zurechenbarer Weise herbeigeführt worden sein muss. Beispiele bilden die Körperverletzung, Sachbeschädigung, Umweltdelikte wie die Gewässerverunreinigung usw. Hier vermag die pflichtwidrige Unterlassung die kausale Rechtsgutsbeeinträchtigung zu ersetzen und die Zurechnung der Rechtsgutsbeeinträchtigung (zum Unterlassenden) zu begründen, wenn dieser die Beeinträchtigung durch sein pflichtgemäßes Handeln hätte verhindern können.

---

[69] Schon deshalb war im Fall BGHSt 54, 44, 51 f. allein eine Beihilfe des unterlassenden Garanten gegeben. Auf den vom BGH für die Annahme nur einer Beihilfe und zur Ablehnung der Täterschaft stattdessen angeführten überaus problematischen Aspekt der Unterordnung des Unterlassenden unter den Haupttäter (a.a.O., S. 51) kam es nicht an.

[70] Wie z. B. bei Verwirklichung des § 316 durch den Fahrer einer Spedition oder bei sonstigen Verstößen gegen die Pflichten eines Kfz-Fahrers; zur grundsätzlichen Qualifikation des Unterlassens in solchen Fällen *Roxin*, AT II (Fn. 12), § 31 Rn. 140, 143.

Zwar ist die Annahme einer Täterschaft des Unterlassenden auch bei dieser Sachlage nicht unbestritten.[71] Gegen sie wird z. T. eingewandt, dass es dem Unterlassenden hier an der Tatherrschaft fehle; diese liege allein bei dem aktiv Handelnden, der dem Unterlassenden die Tatherrschaft verstelle.[72] In der Rechtsprechung ist eine Täterschaft des Unterlassenden wiederholt auch mit dem Argument abgelehnt worden, diesem habe (in concreto) das Interesse an der Tat gefehlt; er habe sich dem Willen des Handelnden untergeordnet.[73] Doch diese Argumentationen vermögen nicht zu überzeugen. Nachdem die Rechtsprechung selbst inzwischen das fehlende Interesse allein als Argument zur Verneinung der Täterschaft bei eindeutig gegebener Zurechenbarkeit der Rechtsgutsbeeinträchtigung durch positives Tun – mit Recht – nicht mehr gelten lässt, sollte dieser Aspekt (ebenso wie der der Unterordnung unter den Willen des Handelnden) auch im Bereich des Unterlassens bei eindeutig gegebener Zurechnung der Rechtsgutsbeeinträchtigung als Argument gegen eine Täterschaft des Unterlassenden ausscheiden.[74] Die Argumentation aus der angeblich fehlenden (oder „verstellten") Tatherrschaft des Unterlassenden aber übersieht, dass der Unterlassende im Falle zurechenbarer Rechtsgutsbeeinträchtigung per definitionem durchaus eine gewisse Tatherrschaft besitzt – denn zugerechnet wird ihm die (von dem anderen herbeigeführte) Rechtsgutsbeeinträchtigung nur, wenn er diese wirklich verhindern konnte, was durchaus eine (potentielle) Herrschaft über den Eintritt der Beeinträchtigung beinhaltet. Was zur Begründung eines täterschaftlichen Unterlassens (unter dem Titel „Tatherrschaft") mehr gefordert werden muss und warum es zu fordern ist, bleibt in den aus der fehlenden Tatherrschaft gespeisten Argumentationen offen und versteht sich auch nicht einfach von selbst.[75]

Relativ auf den gegenwärtigen Stand der Diskussion sprechen die besseren Argumente daher dafür, denjenigen, der – im Bereich nicht näher spezifizierter allgemeiner Verletzungsdelikte – als Garant für den Nichteintritt bestimmter Rechtsgutsbeeinträchtigungen verpflichtet ist, diese zu verhindern, bei Nichterfüllung dieser Verpflichtung und dadurch bedingter zurechenbarer Rechtsgutsbeeinträchtigung prinzi-

---

[71] Zum Meinungsstand vgl. die Darstellungen bei *Freund*, in: Münch. Komm. (Fn. 3), § 13 Rn. 266 ff.; *Roxin*, AT II (Fn. 12), § 31 Rn. 125 ff.; *Stein*, in: SK-StGB (Fn. 42), Vor § 13 Rn. 54 ff.; Schönke/Schröder/*Heine/Weißer* (Fn. 12), Vor § 25 Rn. 103 ff. und *Spring*, Geschäftsherrenhaftung (Fn. 12), S. 261 ff. sowie eingeh. *Murmann*, Beulke FS, 2015, S. 181 ff.

[72] Vgl. etwa *Gallas*, JZ 1952, 372; *Jescheck/Weigend*, AT (Fn. 18), S. 696; *Kühl*, AT (Fn. 23), § 20 Rn. 230; im Erg. auch *Stein*, in: SK-StGB (Fn. 42), Vor § 13 Rn. 55; gerade umgekehrt die Täterschaft auf die angebliche Tatherrschaft des Unterlassenden stützend z. B. BGHSt 2, 150; 32, 367, 374; krit. zu dem Kriterium im Bereich der Unterlassungsdelikte *Roxin*, AT II (Fn. 12), § 31 Rn. 133 und zur Lehre von der „Einheitsbeihilfe" Rn. 152 ff.

[73] Vgl. z. B. BGHSt 54, 44, 51 f.; BGH StV 1986, 59; NStZ 1992, 31.

[74] Mit Recht krit. insoweit auch *Roxin*, AT II (Fn. 12), § 31 Rn. 134 ff.; ferner *Kühl*, AT (Fn. 23), § 20 Rn. 230a.

[75] Gegen die Heranziehung des Kriteriums zur Beurteilung der Qualität des Unterlassungsverhaltens daher mit Recht *Freund*, in: Münch. Komm. (Fn. 3), § 13 Rn. 269; *Roxin*, AT II (Fn. 12), § 31 Rn. 133; s. erg. auch *Stein*, Beteiligungsformenlehre (Fn. 11), S. 303 ff., 307 f.

piell als Täter zu qualifizieren.[76] Sein Unterlassen stellt sich dabei als Fall einer Nebentäterschaft neben der Begehungstäterschaft des aktiv Handelnden dar. Etwas anderes kann nur dann gelten, wenn die Pflicht des Sonderverantwortlichen inhaltlich gar nicht dahin geht, den Erfolgseintritt (d. h. die Tatbestandsverwirklichung) überhaupt zu verhindern, sondern nur fordert, (bestimmte) den Erfolgseintritt *erschwerende* Maßnahmen zu ergreifen, deren Nichtergreifung wertungsmäßig als Förderung der Haupttat (und damit als Beihilfe zu dieser) anzusehen ist.[77] Indessen kann dieser Fall im vorliegenden Kontext vernachlässigt werden. Denn da dem Unternehmer (oder den für das Unternehmen tätigen Organen) der Betrieb des Unternehmens nur unter der Voraussetzung einer das Ausbleiben bestimmter Rechtsgutsbeeinträchtigungen gewährleistenden Organisation gestattet ist,[78] geht die Verpflichtung des Unternehmers oder der für das Unternehmen tätigen Organe stets darauf, (bei ordnungsgemäßer Organisation und Ausübung der Gestaltungsmacht) verhinderbare Rechtsgutsbeeinträchtigungen (Straftaten) auch überhaupt zu verhindern.[79]

III. Folgerungen für den Bereich des Begehungsverhaltens von Unternehmern und Unternehmensorganen

Die vorstehenden Überlegungen zur Verantwortlichkeit von Unternehmern und Unternehmensorganen dafür, dass es im Betrieb des Unternehmens nicht zu bestimmten (betriebsbezogenen) Straftaten ihrer Mitarbeiter kommt, haben auch Konsequenzen für die eingangs erwähnten Fälle, in denen der Unternehmer oder ein Unternehmensorgan derartige Straftaten von Mitarbeitern durch ihr Begehungsverhalten mitverursacht haben – man denke etwa an die Fälle, in denen der Unternehmer oder Unternehmensorgane betrügerisches oder erpresserisches Verhalten der Mitarbeiter, Geldwäschehandlungen, Umweltbeeinträchtigungen oder sonstige Delikte durch die Äußerung entsprechender Erwartungen, durch allgemeine Anordnungen oder ähnliches veranlasst haben.

---

[76] I.d.S. auch *Roxin*, AT II (Fn. 12), § 31 Rn. 140 ff.; *Rudolphi*, in: SK-StGB, 7. Aufl. 2000, Vor § 13 Rn. 37–43; *Stratenwerth/Kuhlen*, Strafrecht. Allg. Teil, 5. Aufl. 2004, § 14 Rn. 11, 20; anders nun *Stein*, in: SK-StGB (Fn. 42), Vor § 13 Rn. 54 ff.

[77] *Freund*, Erfolgsdelikt (Fn. 3), S. 118 f., 234 ff., 258 f.; *ders.*, in: Münch. Komm. (Fn. 3), § 13 Rn. 269 ff.; *Murmann*, Beulke FS (Fn. 71), S. 181, 187, 189 ff., 193, dort auch zum Verhältnis dieses Ansatzes zu jener Lehre, die die Annahme von Täterschaft oder Teilnahme von der Art der Garantenstellung (Beschützergarant oder Überwachungsgarant) abhängig macht, wie z.B. Schönke-Schröder/*Heine/Weißer* (Fn. 12), Vor § 25 Rn. 95 ff. (aber auch 102).

[78] Vgl. schon oben (II.) 2.–4.; zu dieser „bedingten Gestattung" näher *Freund*, Erfolgsdelikt (Fn. 3), S. 72 f. und insbes. 181 ff., 214 ff., 232 ff., 241 ff.; *ders.*, in: Münch. Komm. (Fn. 3), § 13 Rn. 122 ff., 164.

[79] Ebenso *Freund*, AT (Fn. 3), § 10 Rn. 103; *Jakobs*, GA 1997, 553, 571 (Steuerberater-Beispiel); *Ransiek*, Unternehmensstrafrecht (Fn. 9), S. 51 ff.; Schönke-Schröder/*Heine/Weißer* (Fn. 12), Vor § 25 Rn. 106 m.w.N.

1. Klar ist zunächst, dass dem Unternehmer oder dem Unternehmensorgan in solchen Fällen die von Mitarbeitern herbeigeführte Beeinträchtigung an den Rechtsgütern Dritter oder der Allgemeinheit, nicht weniger zugerechnet werden muss als in den Fällen, in denen sich das Verhalten des Unternehmers oder des Organs auf die Nichtverhinderung einer tatbestandsverwirklichenden, verhinderbaren Rechtsgutsbeeinträchtigung (z.B. Sachbeschädigung, Gewässerverunreinigung) beschränkt. Bei Delikten, bei denen sich das tatbestandliche Unrecht in dem Erfordernis einer *zurechenbaren Rechtsgutsbeeinträchtigung erschöpft*, ist daher – bei Erfüllung auch der subjektiven Voraussetzungen – eine *täterschaftliche* Tatbestandsverwirklichung schwerlich zu bestreiten.[80] Das gilt umso mehr, als der Unternehmer oder das Unternehmensorgan ihre rollenbezogene Verpflichtung hier in besonders eklatanter Weise verletzt haben:[81] Ihr Verhalten stellt sich nicht nur als pflichtwidrige Nichtverhinderung des zu Verhindernden, sondern als zusätzliche Gefahrschaffung oder Gefahrerhöhung in Richtung auf die Begehung der zu verhindernden Taten dar. Jedenfalls das *Handlungsunrecht* ist damit im Vergleich zum schlichten Unterlassungstäter *deutlich erhöht*.

Wie sehr es erhöht ist, erschließt sich, wenn man bedenkt, dass der Unternehmer bzw. das Unternehmensorgan durch sein Begehungsverhalten hier auch bei angenommener Eigenverantwortlichkeit des Mitarbeiters neben seinem Unterlassen regelmäßig die Voraussetzungen der *Anstiftung* erfüllt.[82] Das hat Konsequenzen vor allem in Richtung auf die bei einer Unterlassungstäterschaft prinzipiell mögliche Strafrahmenmilderung nach § 13 Abs. 2 StGB. Diese muss hier als ausgeschlossen angesehen werden. Nur so kann der grundsätzlichen Wertung des Gesetzes, dass die Anstiftung prinzipiell genauso strafwürdig sei wie die Täterschaft des Begehungstäters (vgl. § 26 StGB) hier Rechnung getragen werden. Es handelt sich eben um komplexes Unrecht, das nicht nur die Voraussetzungen täterschaftlichen Unterlassens, sondern zugleich die einer Anstiftung durch positives Tun aufweist.[83]

2. Das auf die Begehung von Straftaten der Mitarbeiter gerichtete positive Tun des Unternehmers oder von Unternehmensorganen begründet – im Vergleich zum schlichten Unterlassen des Sonderverantwortlichen – freilich nicht nur eine deutliche Erhöhung des Unrechts schon bei den sich in der Rechtsgutsbeeinträchtigung er-

---

[80] Ebenso *Freund*, AT (Fn. 3), § 10 Rn. 103; *Ransiek*, Unternehmensstrafrecht (Fn. 9), S. 51 ff.; *Roxin*, AT II (Fn. 12), § 25 Rn. 137; *Schünemann*, BGH-Festgabe (Fn. 23), S. 621, 631 f. (allerdings unter Annahme von Mittäterschaft; dagegen *Roxin*, a.a.O.); Schönke-Schröder/*Heine/Hecker* (Fn. 12), § 326 Rn. 21 (für eine Gewässerverunreinigung); s. auch *Tiedemann*, Nishihara FS (Fn. 24), S. 496, 506 ff., 511.

[81] Vgl. auch *Ransiek*, Unternehmensstrafrecht (Fn. 9), S. 51: „erst recht als Täter anzusehen"; ähnlich *Roxin*, AT II (Fn. 12), § 25 Rn. 137 a.E.

[82] Ebenso *Schünemann*, BGH-Festgabe (Fn. 23), S. 621, 631 f.; auch *Muñoz-Conde*, Roxin FS (Fn. 24), S. 609, 623.

[83] So auch *Roxin*, AT II (Fn. 12), § 25 Rn. 137, der zugleich zutr. darauf hinweist, dass beides nicht einfach zu einer „Mittäterschaft addiert" werden kann (wie *Schünemann*, BGH-Festgabe (Fn. 23), S. 621, 631 f. meint).

schöpfenden Allgemeindelikten. Es ist von erheblicher Bedeutung auch für die *täterschaftliche Verwirklichung* solcher Delikte durch Unternehmer oder Unternehmensorgane, die in subjektiver Hinsicht ein Handeln oder Unterlassen in bestimmter *Absicht* voraussetzen – wie z. B. Betrug, Erpressung oder Hehlerei. Läuft die in dem komplexen Gesamtverhalten liegende Anstiftungskomponente auf die Aufforderung hinaus, die Mitarbeiter mögen im Interesse des Unternehmers oder des Unternehmensorgans z. B. Kunden betrügen, bestimmte Personen erpressen oder sich oder dem Unternehmen aus Straftaten stammende Gegenstände verschaffen, so ist damit für den Unternehmer oder das Unternehmensorgan regelmäßig auch die tatbestandsspezifische Absicht belegt, die für eine täterschaftliche Tatbestandsverwirklichung notwendig ist. Denn bei dieser Sachlage ist nicht nur die Aufforderung zu den genannten Delikten von der Absicht getragen, „sich" (als Unternehmer) oder „einem Dritten" (dem Unternehmen) die tatbestandsspezifischen Vorteile zu verschaffen. Auch das Nichteinschreiten gegen die die Aufforderung verwirklichenden Straftaten der Mitarbeiter, die nur die Realisierung des Erwarteten oder Gewünschten sind, muss hier bei realistischer Betrachtung regelmäßig als von einer solchen Absicht getragen angesehen werden. Dementsprechend ermöglicht es das von der tatbestandsspezifischen Absicht getragene Begehungsunrecht der Anstiftung hier zugleich, das qualifizierte täterschaftliche Unterlassungsunrecht als Ausdruck einer dieses Unrecht tragenden tatbestandsspezifischen Absicht anzusehen und damit den Unternehmer oder das Unternehmensorgan auch in Bezug auf bestimmte Absichtsdelikte wegen deren täterschaftlicher Verwirklichung zur Rechenschaft zu ziehen.[84]

Natürlich gilt das nicht für alle von einem Mitarbeiter begangenen, von dem Unternehmer oder dem Unternehmen in Kauf genommenen Absichtstaten. Wo der Unternehmer an bestimmten betrügerischen oder erpresserischen Aktivitäten von Mitarbeitern nicht interessiert ist, sondern diese nur aus bestimmten anderen Gründen hinnimmt (duldet), bleibt es dabei, dass die durch Begehungsverhalten ermöglichte Verwirklichung bestimmter Straftaten seitens der Mitarbeiter nur als Beihilfe (durch positives Tun) anzusehen ist.[85]

3. Die vorstehend skizzierte Begründung der täterschaftlichen Verwirklichung gewisser vom Unternehmer oder dem Unternehmensorgan selbst erwarteter Straftatenbegehungen durch Mitarbeiter über den Gedanken der Verletzung spezifischer rollenbezogener Sonderpflichten hat entscheidende *Vorzüge gegenüber* den Versuchen der Rechtsprechung und eines Teils der Lehre, die Täterschaft des Unternehmers oder des Unternehmensorgans über die Figuren der *Mittäterschaft* oder der *mittelbaren Täterschaft* zu begründen.

---

[84] Da sich der Geschäftsherr hier auch das zu unterbindende täuschende Tun des Mitarbeiters zurechnen lassen muss, greifen damit hier auch nicht die gegen die Annahme eines Betrugs durch Unterlassen bei Nichterfüllung einer Aufklärungspflicht z. T. angeführten Bedenken (vgl. etwa *Herzberg*, Die Unterlassung im Strafrecht und das Garantenprinzip, 1972, S. 70 ff.; *Kargl*, ZStW 119 [2007], 250 ff.).

[85] s. dazu schon oben II. 5. (bei Fn. 69).

a) Vermieden wird zunächst eine Überdehnung der *Mittäterschaft*. Tatsächlich liegen die Voraussetzungen einer Mittäterschaft ja nicht schon vor, wenn und weil am *Zustandekommen* einer Straftat zwei oder mehr Personen beteiligt sind. Zwei (oder mehr) Personen sind am Zustandekommen einer Straftat auch dann beteiligt, wenn es aufgrund der Aufforderung des einen (oder mehrerer) zur Straftat eines anderen oder zu mehreren Taten anderer kommt – also in Fällen, die strukturell Fälle der Anstiftung sind. Allein darum geht es unter Begehungsaspekten in den hier interessierenden Fällen eines auffordernden oder Erwartungen artikulierenden Begehungsverhaltens von Unternehmern oder Unternehmensorganen regelmäßig.

Für eine Mittäterschaft wäre mehr erforderlich. Für sie wäre notwendig, dass die Personen die Tat gemeinsam beschlossen haben und ausführen, sich insoweit willentlich mit ihren Beiträgen gegenseitig ergänzen – nur das begründet die wechselseitige Zurechnung.[86] Eine solche Sachlage ist in den hier interessierenden Fällen weder gegeben noch muss sie zur Begründung einer Täterschaft (auch) des Unternehmers oder des Unternehmensorgans bemüht werden. Denn die Täterschaft ergibt sich in den hier interessierenden Fällen eines rollenbezogen Sonderverantwortlichen bereits aus der – bei aufforderndem Begehungsverhalten natürlich erst recht vorliegenden – Verletzung der Sonderpflicht zur Verhütung bestimmter Sachverhalte, die sich als Straftaten der Mitarbeiter darstellen.

b) Vermieden wird – zweitens – aber auch eine Überdehnung und Verwässerung der *mittelbaren Täterschaft* (soweit diese in den hier interessierenden Fällen zur Begründung der Täterschaft des Unternehmers oder des Unternehmensorgans herangezogen wird). Die mittelbare Täterschaft fordert herkömmlich die tatsächliche Herrschaft einer Person (des beherrschenden Hintermannes) über den die Weisungen des Hintermannes ausführenden Vordermann; nur das begründet im allgemeinen Rechtsverhältnis (für das die Figur entwickelt ist) die Verantwortlichkeit des Hintermannes und die Zurechnung der Handlungen des Vordermannes zum (beherrschenden) Hintermann. Für eine solche Herrschaft genügt es nicht, dass habituell eigenverantwortliche Personen innerhalb eines organisatorischen Rahmens den mehr oder weniger dezidiert artikulierten Erwartungen anderer, in diesem organisatorischen Rahmen prinzipiell weisungsbefugter Personen (dem Unternehmer, den Unternehmensorganen) folgen. Letzteres kann auch freiwillig, etwa wegen der guten Bezahlung oder sonstiger Vorteile, auf die man nicht verzichten möchte, erfolgen. Bei wirtschaftlichen Unternehmen wird es sogar in der Regel so liegen. Der Fall einer wirklichen Herrschaft, der sich die den Erwartungen mit ihren Handlungen folgende Person praktisch nicht entziehen konnte, wird hier allenfalls ausnahmsweise – etwa bei mafiaähnlichen Strukturen – vorliegen. Wo es daran fehlt und sich der Ausführende um seines Vorteils willen in den deliktsgeprägten betrieblichen Rahmen einpasst, liegt

---

[86] Das gilt selbst dann, wenn man von dem für eine Mittäterschaft verbreitet geforderten (vgl. etwa *Bloy*, GA 1996, 424, 440; *Roxin*, AT II [Fn. 12], § 25 Rn. 123; Schönke-Schröder/ *Heine/Weißer* [Fn. 12], Vor § 25 Rn. 105; anders z.B. *Schünemann*, GA 2017, 678, 687) horizontalen Verhältnis der Beteiligten absieht und Sachverhalte einer vertikalen Beziehung miteinbezieht.

nichts weiter als ein sich als Erwartungsrahmen präsentierendes Anstiftungsverhalten (seitens Sonderverantwortlicher) vor.

Auch hier muss eine Täterschaft nicht erst über die verfehlte Konstruktion einer mittelbaren Täterschaft begründet werden. Sie ergibt sich vielmehr wiederum daraus, dass der Sonderverantwortliche hier durch die eklatant pflichtwidrige Aufstellung und Aufrechterhaltung eines deliktisch sinnbezogenen Erwartungsrahmens und die korrespondierende Nichtverhinderung der diesem Erwartungsrahmen entsprechenden, richtigerweise zu verhindernden Taten von Mitarbeitern in qualifizierter Weise die ihn treffenden Sonderpflichten verletzt. Eine begangene Tat, die ihm schon bei schlichtem Nichthindern als Unterlassungstäter zugerechnet würde, muss ihm bei dieser Sachlage natürlich erst recht als sein täterschaftlich verwirklichtes Werk zugerechnet werden.

IV. Schluss

Dass die vorstehend skizzierten Täterschaftsfragen auch heute noch Schwierigkeiten bereiten und zu Fehlintuitionen geführt haben, hat Gründe. Es liegt daran, dass sich die Täterlehre weitgehend auf die – auf das allgemeine Rechtsverhältnis zugeschnittenen – Figuren der unmittelbaren und mittelbaren Täterschaft sowie die Mittäterschaft konzentriert. Mit diesen Figuren versucht man deshalb auch die Fälle der Täterschaft von Unternehmern und Unternehmensorganen zu diskutieren. Die Lehre von der Täterschaft Sonderverantwortlicher, die für derartige Rollenträger und für diese Fallkonstellationen eigentlich maßgebend ist, präsentiert sich demgegenüber noch immer in einem nur unvollständig ausgearbeiteten Zustand. Zufriedenstellende Ausarbeitungen dieser Lehre begegnen bislang nur bei einigen Pflichtdelikten (z. B. der Untreue) sowie beim Unterlassen Sonderverantwortlicher, also dem Unterlassen von Garanten. Dass die Sonderverantwortlichkeit bestimmter Personen auch über den engeren Kreis spezifischer Pflichtdelikte und das Unterlassen hinaus für die Beurteilung von Begehungsverhalten und die Kombination von Begehungsverhalten und Unterlassen bedeutsam werden kann, ist demgegenüber allenfalls ansatzweise erkannt und bedarf weiterer Untersuchung.

Mörderische Raser?

Zur Strafbarkeit von Teilnehmern an illegalen Autorennen mit tödlichem Ausgang

Von *Felix Herzog*

I.

Im Juni 2017 starben 285 Menschen bei Straßenverkehrsunfällen in der Bundesrepublik Deutschland.[1] Häufig wird eine strafrechtliche Verantwortlichkeit nicht festzustellen sein; für die Angehörigen bleibt dann nur die Trauer über das Unglück, das der Familie widerfahren ist. In den Fällen der weit überhöhten Geschwindigkeit des Unfallverursachers mit tödlichen Folgen für das Unfallopfer sind die Angehörigen und die Öffentlichkeit mit ihrer Bewertung des Geschehens dagegen oft schnell zur Hand und sprechen von „Mord". Nüchtern betrachtet ist in strafrechtlicher Hinsicht zunächst in zwei Richtungen zu denken: zum einen an Straßenverkehrsdelikte (bspw. an § 315c StGB), zum anderen an Tötungsdelikte – in fahrlässiger oder vorsätzlicher Begehungsweise.[2] Von vornherein von einer vorsätzlichen Tötung und dann auch von einem Mord wird man in aller Regel nur dann sprechen können, wenn ein Kraftfahrzeug mit überhöhter Geschwindigkeit als Waffe zur gezielten Tötung von Menschen eingesetzt wird – so wie bei jüngsten Terroranschlägen des so genannten Islamischen Staates in Nizza, Berlin, London und Barcelona.

Das Landgericht Berlin[3] hatte im Februar 2017 über die Strafbarkeit zweier Männer, die sich auf dem Kurfürstendamm ein Autorennen geliefert hatten, zu entscheiden:

Am Adenauerplatz näherte der Angeklagte H sich von hinten auf der linken der beiden Fahrspuren dem Fahrzeug des Angeklagten N und hielt an der roten Ampel mit heruntergelassener Beifahrerscheibe direkt neben diesem an.

Der Angeklagte H machte nun mit lauten Motorengeräuschen im Leerlauf seines Fahrzeugs auf sich aufmerksam und signalisierte zugleich, dass er zu einer Wettfahrt (einem so genannten Stechen) bereit sei. Als sich beide Angeklagte durch die geöffneten Seitenfenster sahen,

---

[1] https://www.destatis.de/DE/ZahlenFakten/Wirtschaftsbereiche/TransportVerkehr/Verkehrsunfaelle/Verkehrsunfaelle.html, zuletzt abgerufen am 29.09.2017.

[2] BGH, Urteil v. 20.11.2008 – 4 StR 328/08 bei juris.

[3] Vgl. zu den Tatsachenfeststellungen LG Berlin, Urteil v. 27.2.2017 – (535 Ks) 251 Js 52/16 (8/16) bei juris = NStZ 2017, 471.

stellten sie fest, dass sie sich aus dem „D" als Mitglieder der sogenannten Raserszene seit einiger Zeit kannten. Auch bemerkte der Angeklagte H, dass neben dem Angeklagten N eine Beifahrerin im Fahrzeug saß. Beide Angeklagte fuhren beim Umschalten der Lichtzeichenanlage auf Grün schnell los und überquerten die Kreuzung Adenauerplatz, um abrupt in Höhe der hinter der Kreuzung liegenden Bushaltestelle der Linie M19 nebeneinander anzuhalten. Hier erfolgte ein kurzes Gespräch zwischen den Angeklagten durch die geöffneten Seitenscheiben ihrer Fahrzeuge, in dessen Verlauf es durch Gesten und Spiel mit dem Gaspedal zur Verabredung eines Stechens, also eines illegalen Straßenrennens, den Kurfürstendamm und die Tauentzienstraße entlang, kam, obwohl zu dieser Zeit (gegen 1 Uhr nachts) ein zwar den nächtlichen Gegebenheiten entsprechendes, jedoch nicht unerhebliches Verkehrsaufkommen herrschte.

Der Verabredung entsprechend raste der Angeklagte H im unmittelbaren Anschluss an das Gespräch – und nachdem beide Angeklagte von einem anderen Fahrzeug durch Hupen zum Weiterfahren gedrängt wurden – unter Überfahren von roten Ampeln mit stark überhöhter Geschwindigkeit in Richtung Kaiser-Wilhelm-Gedächtniskirche los. Der Angeklagte H hatte bereits jetzt den Entschluss gefasst, möglichst schnell und vor dem Angeklagten N das Ziel am Kaufhaus „P." zu erreichen und dabei alle Verkehrsregeln außer Acht zu lassen.

Der Angeklagte N nahm, nachdem er zunächst noch an zwei roten Ampeln angehalten hatte, in dem Bereich zwischen Olivaer Platz und Uhlandstraße unter deutlicher Überschreitung der zulässigen Höchstgeschwindigkeit und unter Überfahren von roten Ampeln die Verfolgung des Angeklagten H auf. Er entschloss sich, möglichst schnell den Angeklagten H einzuholen und vor diesem das Ziel am Kaufhaus „P." zu erreichen und dabei ebenfalls alle Verkehrsregeln außer Acht zu lassen. Der Angeklagte beschleunigte seinen mit 280 kW und Allradantrieb ausgestatteten Mercedes so stark, dass er den Angeklagten H spätestens in Höhe der U-Bahnstation Uhlandstraße eingeholt hatte.

Der Angeklagte H fuhr zu dieser Zeit leicht versetzt vor dem Angeklagten N.

Gemeinsam rasten die Angeklagten von hier aus nebeneinander bzw. leicht versetzt voneinander mit Geschwindigkeiten von deutlich über 100 km/h in Richtung Kaiser-Wilhelm-Gedächtniskirche und Wittenbergplatz, wobei jeder Angeklagte versuchte, sich entscheidend von dem anderen abzusetzen, um das Rennen für sich zu entscheiden.

Mit einem noch leichten Vorsprung von wenigen Metern und einer Geschwindigkeit von 139 bis 149 km/h fuhr der Angeklagte N bei Rot in den Kreuzungsbereich Tauentzienstraße/ Nürnberger Straße ein. Auch der Angeklagte H fuhr bei Rot in den Kreuzungsbereich ein, wobei dieser aufgrund des vollständig durchgetretenen Gaspedals zwischenzeitlich eine Geschwindigkeit von mindestens 160 bis 170 km/h erreicht hatte.

Spätestens jetzt war beiden Angeklagten bewusst, dass ein die Nürnberger Straße befahrender, bei grüner Ampelphase berechtigt in die Kreuzung einfahrender Fahrzeugführer und etwaige Mitinsassen bei einer Kollision mit den von ihnen gelenkten Pkw nicht nur verletzt, sondern aufgrund der von ihnen im Rahmen des vereinbarten Rennens gefahrenen sehr hohen Geschwindigkeiten mit großer Wahrscheinlichkeit zu Tode kommen würden.

Aufgrund der erreichten Geschwindigkeit, des Befahrens des Kreuzungsbereichs bei Rot und der aufgrund baulicher Gegebenheiten (Litfaßsäule, rechtwinklige Hausbebauung bis dicht an die Fahrbahn) nicht bestehenden Möglichkeit der Einsicht nach rechts in die kreuzende Nürnberger Straße kollidierte der Angeklagte H – absolut unfähig noch zu reagieren – im Scheitelpunkt der Kreuzung mit dem Fahrzeug des Geschädigten W, der aus der Nürnberger Straße kommend regelkonform bei Grün in den Kreuzungsbereich Tauentzienstraße/ Nürnberger Straße eingefahren war.

Durch den Aufprall wurde der Jeep Wrangler des Geschädigten W von dem Audi des Angeklagten H auf der Fahrerseite quasi durchstoßen. Durch die sehr hohe Aufprallenergie wurde das Fahrzeug um die eigene Längs-, Hoch- und Querachse gedreht und mit einer Geschwindigkeit von etwa 60 km/h rund 70 m durch die Luft in Richtung Wittenbergplatz geschleudert, so dass es auf der Fahrerseite liegend zum Stillstand kam.

Der Geschädigte W, der aufgrund des sehr schnellen Geschehensablaufs nicht ansatzweise eine Ausweichmöglichkeit hatte, erlag noch am Unfallort in seinem Fahrzeug den bei dem Aufprall erlittenen multiplen Verletzungen.

Das Gericht verurteilte beide Männer aufgrund der Tötung des unbeteiligten Verkehrsteilnehmers wegen Mordes zu lebenslanger Freiheitsstrafe. Diese Entscheidung hat Debatten ausgelöst, in der Fachwelt vor allem zum dolus eventualis, weil Gerichte in früheren Verfahren wegen „illegaler Autorennen" stets eine fahrlässige Tötung angenommen und kurze, teilweise zur Bewährung ausgesetzte Freiheitsstrafen verhängt hatten.[4] Unter Zugrundelegung der Entscheidung des Landgerichts Berlin stellen sich zwei grundlegende Probleme. Zunächst ist fraglich, ob den Fahrern überhaupt ein bedingter Tötungsvorsatz angelastet werden kann. Falls dies bejaht wird, muss weiter das Vorliegen von Mordmerkmalen geprüft werden.[5] Dieser Beitrag wird sich mit der Problematik beschäftigen, ob „Raser" bei illegalen Autorennen im öffentlichen Straßenverkehr Tötungsvorsatz haben bzw. den Tatbestand des Mordes verwirklichen. Dabei soll eine Abgrenzung zwischen dem Eventualvorsatz und der bewussten Fahrlässigkeit vorgenommen werden. Anschließend werden einschlägige Mordmerkmale untersucht.

II.

Das Phänomen illegaler Autorennen ist keineswegs neu; so bestimmt die Straßenverkehrsordnung spätestens seit 1970, dass Rennen mit Kraftfahrzeugen verboten sind.[6] Nach dem bisher geltenden Recht wird die Veranstaltung von und die Teilnahme an ungenehmigten Autorennen auf öffentlichen Straßen ungeachtet ihres enormen Gefahrenpotentials sehr milde geahndet, nämlich als Ordnungswidrigkeit nach § 49 Abs. 2 Nr. 5 i.V.m. § 29 Abs. 1 StVO i.V.m. § 24 StVG mit einem in der Regel 400 € nicht übersteigenden Bußgeld. Zum Zeitpunkt der Entscheidung gab es noch nicht den Straftatbestand des § 315d StGB, der nahezu lückenlos die Teilnahme an und Organisation von illegalen Kraftfahrzeugrennen in vielerlei Gefährdungs- und Erfolgskonstellationen mit einer Strafe von bis zu 10 Jahren bedroht.[7] Da die Zahl der Rennen mit tödlichem Ausgang für an ihnen völlig Unbeteiligte an-

---

[4] *Kubiciel/Hoven*, NStZ 2017, 439.
[5] *Neumann*, JURA 2017, 160 (167).
[6] *Piper*, NZV 2017, 70.
[7] Zu § 315d-E StGB s. *Piper*, NZV 2017, 70.

steigt[8], nahm jedoch das kriminalpolitische Bedürfnis zu, die an Rennen beteiligten Raser schärfer als bisher sanktionieren zu können. Die oben angesprochene Regelung hat das Gesetzgebungsverfahren im Sommer 2017 passiert und ist dann am 13.10.2017 in Kraft treten.[9] In der Folge wird sicherlich über das Verhältnis des § 315d V StGB-neu, der eine erfolgsqualifizierte Strafbarkeit für den Fall des Todes im Zusammenhang mit einem illegalen Autorennen vorsieht, zu der hier in Rede stehenden Konstellation einer (bedingt) vorsätzlichen Tötung zu diskutieren sein. Freilich stand im Gesetzgebungsverfahren für die neue Strafvorschrift nie im Raum, dass hierdurch ein Ausschluss der Anwendbarkeit von §§ 211, 212 StGB auf Vorsatzfälle bewirkt werden sollte.[10]

Sofern einem Raser ein Tötungs*vorsatz* nachgewiesen wird, droht ihm damit immer schon und auch fürderhin eine Verurteilung wegen Totschlags oder Mordes mit einer Bestrafung bis hin zu lebenslanger Freiheitsstrafe wegen Mordes. Lässt sich der Nachweis eines Tötungsvorsatzes nicht führen, dann reicht der Strafrahmen der fahrlässigen Tötung nur bis zu fünf Jahren Freiheitsstrafe, der der Erfolgsqualifikation des § 315d V-neu StGB bis zu 10 Jahren, selbst wenn es zu schlimmsten Unfällen mit furchtbarsten tödlichen Verletzungen kommt. Hält man eine extrem harte Bestrafung von „mörderischen Rasern" aus Gründen der Vergeltung und Abschreckung für geboten, dann ist daher danach zu fragen, ob „Raser" bei illegal veranstalteten Autorennen mindestens bedingten Tötungsvorsatz haben oder nur bewusst fahrlässig handeln. Das wird immer eine Tatfrage sein und von der Würdigung des jeweiligen Tatgerichts abhängen. Freilich dürfen sich Gerichte nicht durch einen besonders spektakulären Geschehensablauf und durch die öffentliche Erregung zu Einordnungen verleiten lassen, die nicht mit der allgemeinen Dogmatik der Vorsatzfeststellung kongruent sind. Dies muss leider für das Urteil des LG Berlin vermutet werden, wenn man sich das Urteil des BGH in dieser Sache vom 1. März 2018 betrachtet. Darauf wird am Ende des Beitrags einzugehen sein.

III.

Die Abgrenzung des dolus eventualis zur bewussten Fahrlässigkeit ist eine der kompliziertesten und folgenreichsten Weichenstellungen der Vorsatzdogmatik.

---

[8] Vgl. BR-Drucks. 362/16 vom 01.07.2016, Gesetzesantrag der Länder NRW und Hessen, S. 1 sowie BT-Drucks. 18/10145 vom 26.10.2016, Gesetzesentwurf des Bundesrates, S. 1, 7 (jeweilige Fassungen des Entwurfs eines Strafrechtsänderungsgesetzes – Strafbarkeit nicht genehmigter Kraftfahrzeugrennen im Straßenverkehr); an dieser empirischen Grundlage zweifeln *Ceffinato*, ZRP 2016, 201 f. sowie die Redaktion FD-StrafR Editorial 14/2016, Beck-online-Dokument FD-StrafR 2016, 379677 m.w.N.

[9] Zur Dokumentation der abschließenden Lesung im Bundestag vgl. https://www.bundestag.de/dokumente/textarchiv/2017/kw26-de-autorennen/511688.

[10] *Isfen*, Wie würde man heute bei Geltung der neuen Raser-Vorschriften den Berliner Ku'damm-Fall entscheiden?, abrufbar unter https://isfen.fernuni-hagen.de/kudamm-fall-neue-raservorschriften/.

Die Feststellung, dass eine Handlung mit tödlichen Folgen von einem mindestens bedingten Tötungsvorsatz getragen war, macht den Weg zu den Mordmerkmalen frei und eröffnet den qualitativen Sprung zur lebenslangen Freiheitsstrafe.[11]

Der Eventualvorsatz und die bewusste Fahrlässigkeit werden gemeinhin danach unterschieden, dass der bewusst fahrlässig Handelnde mit der als möglich erkannten Folge nicht einverstanden ist und deshalb auf ihren Nichteintritt vertraut, während der bedingt vorsätzlich Handelnde mit dem Eintreten des schädlichen Erfolges in der Weise einverstanden ist, dass er ihn billigend in Kauf nimmt oder dass er sich wenigstens mit der Tatbestandsverwirklichung abfindet.[12] Folglich wird der Eventualvorsatz zu bejahen sein, wenn Raser es bei einem Rennen ernstlich für möglich gehalten (Wissenselement – kognitiv) und sich damit abgefunden haben (Wollenselement – voluntativ), dass ihr Verhalten zur Verwirklichung des Tötungstatbestandes führt.[13] Dies würde sich als Einlassung etwa so ausdrücken: „Mir ging es einzig und allein darum, das Autorennen zu gewinnen. Ich wusste, dass meine Geschwindigkeit lebensgefährlich für unbeteiligte Verkehrsteilnehmer war. Auch wenn ich niemanden direkt tot fahren wollte, war mir das Leben von Unbeteiligten doch egal."

Die Annahme des bedingten Tötungsvorsatzes kann bereits durch eine Gleichgültigkeit gegenüber dem zwar nicht erstrebten, jedoch hingenommenen Tod des Opfers begründet werden. Der mit bedingtem Tötungsvorsatz handelnde Täter hat kein Tötungsmotiv, sondern geht einem anderen Handlungsantrieb nach. Jedoch steht selbst ein unerwünschter Erfolg dessen billigender Inkaufnahme nicht entgegen. Zudem kann sich aus der Art des jeweiligen Handlungsantriebs ein Rückschluss auf die Stärke des vom Täter empfundenen Tatanreizes und somit auch auf seine Bereitschaft zur Inkaufnahme schwerster Folgen ergeben.[14] Fährt ein Täter etwa bei lebensgefährlichen Gewalthandlungen sehenden Auges damit fort, so liegt es nahe, dass dieser mit der Möglichkeit rechnet, das Opfer könne zu Tode kommen. Mithin nimmt er einen solchen Erfolg billigend in Kauf. Eine hohe und konkrete Lebensgefährlichkeit von Gewalthandlungen stellen auf beiden Vorsatzebenen das wesentliche auf bedingten Tötungsvorsatz hinweisende Beweiszeichen dar.

Freilich kann im Einzelfall gleichwohl das Wissens- oder das Willenselement des Eventualvorsatzes fehlen. Dies ist beispielsweise dann der Fall, wenn dem Täter, obwohl er alle Umstände kennt, die sein Vorgehen zu einer das Leben gefährdenden Behandlung machen, das Risiko der Tötung infolge einer psychischen Beeinträchtigung etwa bei Affekt oder alkoholischer Beeinflussung nicht bewusst ist (Fehlen des Wissenselements) oder wenn er trotz erkannter objektiver Gefährlichkeit der Tat ernsthaft und nicht nur vage auf ein Ausbleiben des tödlichen Erfolges vertraut (Fehlen des Willenselements).

---

[11] *Jahn*, JuS 2017, 700.
[12] So auch LG Berlin NStZ 2017, 471.
[13] *Neumann*, JURA 2017, 160 (167).
[14] Vgl. LG Berlin NStZ 2017, 471.

Beide Elemente müssen tatsachenfundiert getrennt voneinander geprüft und dann zum Ganzen des Vorsatzes zusammengesetzt werden. Die Prüfung, ob bedingter Vorsatz oder bewusste Fahrlässigkeit vorliegt, erfordert insbesondere bei Körperverletzungs- oder Tötungsdelikten eine Gesamtschau aller objektiven und subjektiven Tatumstände.[15] Subjektive Tatbestandsvoraussetzungen sind jedoch nur schwer nachweisbar und letztlich nur zuschreibbar, vor allem wenn die Angeklagten weitestgehend von ihrem Schweigerecht Gebrauch machen oder zu Schutzbehauptungen Zuflucht nehmen. Die Vorsatzfeststellung verlagert sich unter diesen Umständen fast vollständig in den Bereich richterlicher Überzeugungsbildung (§ 261 StPO), wo man mit Indikatoren im Geschehensablauf operiert.[16] Dabei ist es vor allem bei der Würdigung des voluntativen Vorsatzelements regelmäßig erforderlich, dass sich der Tatrichter mit der Persönlichkeit des Täters auseinandersetzt und seine psychische Verfassung bei der Tatbegehung sowie seine Motivation und die zum Tatgeschehen bedeutsamen Umstände – insbesondere die konkrete Begehungsweise – mit in Betracht zieht.[17] Die tatrichterliche Beweiswürdigung muss sehr umfassend sein, da die Annahme des Eventualvorsatzes einer Tötung regelmäßig die Überwindung einer besonders hohen Hemmschwelle des Täters voraussetzt. So liefern die offensichtliche Lebensgefährlichkeit der Handlungen[18] und ihre Vornahme trotz erkannter Lebensgefährlichkeit[19] lediglich wichtige Indizien hierfür. Erforderlich ist – wie bereits erwähnt – immer eine Gesamtschau aller konkreten objektiven und subjektiven Tatumstände. Nach diesen Kriterien kann kaum prognostiziert werden, in welchen konkreten Fällen tödlich endender illegaler Autorennen ein bedingter Tötungsvorsatz überzeugend angenommen werden kann und in welchen nur von bewusster Fahrlässigkeit durch pflichtwidriges Vertrauen darauf, dass sich der Tötungstatbestand letztlich nicht verwirklicht, auszugehen ist. Es ist stets vom Einzelfall abhängig und die Beweisanzeichen müssen von den Tatrichtern genauestens gewürdigt werden.[20]

Natürlich sind an die für die Feststellung eines zumindest bedingten Tötungsvorsatzes erforderliche Überzeugungsbildung des Tatrichters keine überspannten Anforderungen zu stellen. Es ist zwar keine absolute, das Gegenteil oder andere Möglichkeiten ausschließende Gewissheit im Sinne einer nicht mehr gegebenen Gleichwertigkeit oder einer stärkeren Wahrscheinlichkeit Voraussetzung für die Überzeugung. Es muss jedoch ein nach der Lebenserfahrung ausreichendes Maß an Sicherheit, das vernünftige Zweifel nicht aufkommen lässt, bestehen.

---

[15] LG Berlin NStZ 2017, 471.
[16] *Jahn*, JuS 2017, 700 (701).
[17] So auch LG Berlin NStZ 2017, 471.
[18] *Wessels/Hettinger*, Strafrecht Besonderer Teil 1, 40. Aufl. 2016, Rn. 80; s. BGHSt 57, 183, 191 = NJW 2012, 1524 f. m.w.N.
[19] Vgl. BGHSt 57, 183, 188 = NJW 2012, 1524 f. m.w.N.
[20] *Neumann*, JURA 2017, 160 (167).

IV.

Gerade im Bereich von illegalen Autorennen werden unterschiedliche Ansichten in Bezug auf das Vorliegen von Eventualvorsatz oder bewusster Fahrlässigkeit vertreten.

Das LG Berlin („Raser vom Kurfürstendamm") hatte einen Tötungsvorsatz bei einem illegal veranstalteten Autorennen, das den Tod eines völlig Unbeteiligten zur Folge hatte, angenommen und sogar wegen Mordes verurteilt.

Als Gründe für die Verurteilung wurden u.a. genannt, dass die Angeklagten sich mit der tödlichen Tatbestandsverwirklichung abgefunden hätten, wissentlich eine große, anschauliche und konkrete Lebensgefahr geschaffen und sich gegenüber der erkannten Möglichkeit des Erfolgseintritts gleichgültig verhalten haben. Ferner seien sie auf Grund ihrer Motivation bereit gewesen, schwerste Folgen in Kauf zu nehmen, wobei sie den Tötungserfolg nicht wünschten und auch kein Tötungsmotiv hatten, sondern ihrem Handlungsantrieb „über Leichen" nachgingen. Hinzu komme, dass die von ihnen erreichte Unfallgeschwindigkeit ein nur fahrlässiges Verhalten geradezu ausschließt. Die Angeklagten konnten im Tatzeitpunkt gerade nicht mehr ernsthaft darauf vertrauen, dass alles gutgehen werde, sondern sie überließen es bei der Einfahrt in den Kreuzungsbereich dem Zufall, ob ein bevorrechtigtes Fahrzeug kreuzen werde und die Insassen den unausweichlichen Zusammenstoß überleben würden.[21] Diese Konsequenzen waren ihnen in diesem Moment egal und gleichgültig; denn jeder von ihnen wollte aus dem Rennen als Sieger hervorgehen. Sie ließen es darauf ankommen und konnten nicht mehr ernstlich darauf vertrauen, ein Unfallgeschehen durch ihre Fahrgeschicklichkeit zu vermeiden, was insbesondere dadurch belegt wird, dass ein Vermeidungsverhalten – ein Lenk- oder Bremsmanöver – nicht mehr vorgenommen wurde und auch objektiv nicht mehr möglich war.

Eine wohlbegründete Gegenansicht[22] hält freilich dagegen, dass ein Tötungsvorsatz mit dem von Rasern verfolgten Handlungsziel, nämlich einen Sieger des Rennens zu ermitteln, schlechthin unvereinbar ist. Ihr Wille, dass es nicht zu einem tödlichen Unfall kommen möge, sei vorhanden, wenn auch nur schwach ausgeprägt. Da es den Rasern in erster Linie ums Siegen geht, würden die Raser keine illegalen Autorennen veranstalten, wenn sie sich sicher wären, dass das Rennen mit einem Unfall enden wird. Die lebensgefährliche Handlung hätte dann für sie keinen Sinn.[23] Der Täter wolle den Erfolg dann, wenn der Eintritt des Erfolges ihm lieber ist als der Verzicht auf sein Handlungsziel. Zudem finde sich der Täter, sofern er sein Ziel anders nicht erreichen kann, auch mit dem Eintritt des Erfolges ab. Wisse der Täter, dass er sein Handlungsziel verfehlen wird, sofern der Erfolg eintritt, so steht er gar nicht vor dieser Alternative. Aber auch von einem billigenden In-Kauf-Nehmen oder Sich-Ab-

---

[21] Vgl. *Jahn*, JuS 2017, 700 (702).
[22] *Puppe*, Entscheidungsanmerkung zum Urteil des LG Berlin v. 27.2.2017 – 535 Ks 8/17, ZIS 2017, 439 ff.
[23] Vgl. *Puppe*, ZIS 2017, 439 (441).

finden mit dem Erfolg könne in einem solchen Fall nicht die Rede sein. Wenn der Täter ein Ziel anstrebe, dessen Erreichen mit dem Eintritt des Erfolges schlechterdings unvereinbar ist, so finde er sich mit dem Eintritt des Erfolges nicht ab und nehme ihn in keinem Sinne des Wortes in Kauf. Was er in Kauf nehme und womit er sich abfinde, das ist lediglich die Gefahr des Erfolgseintritts, die er um der Chance willen, dass er sein Ziel erreicht, für den Fall akzeptiert, dass er es nicht erreicht. In Kauf nehme er also allenfalls die Gefahr, nicht aber den Erfolg. Gegenstand des Willens oder derjenigen inneren Einstellung, die als Willenssurrogat beim dolus eventualis an dessen Stelle treten soll, ist jedoch der Erfolg und nicht die Gefahr. Die Gefahr nimmt jeder Täter in Kauf, der bewusst fahrlässig handelt.

Zu beachten ist jedoch, dass Raser krass unvernünftig handeln, indem sie die hohe Unfallgefahr verursachen, obwohl sie wollen, dass es nicht zu einem Unfall kommt. Diese krasse Unvernünftigkeit ist dem Täter nicht von Rechts wegen zugute zu halten. Er ist vielmehr nach den Maßstäben vernünftigen Handelns zu messen. Ist eine Gefährdung anderer so groß, anschaulich und unbeherrschbar, dass ein vernünftiger Mensch sie nicht eingehen könnte, wenn er den Erfolg nicht will, so müsse sich der Täter, der die Gefahr gleichwohl eingeht, so behandeln lassen, als hätte er den Erfolg gewollt.

Genauso ist das LG Berlin auch verfahren, indem es nicht danach gefragt hat, ob die Angeklagten tatsächlich auf einen guten Ausgang des Rennens vertraut haben. Angesichts der großen, anschaulichen und für die Täter unbeherrschbaren Unfallgefahr ist es zu der Wertung gelangt, dass sie „nicht auf einen guten Ausgang vertrauen *konnten*". Das Gericht versteht also das Urteil, dass den Angeklagten der Eintritt des Erfolges gleichgültig war, nicht im Sinne der faktischen Feststellung eines Gemütszustandes der Täter, sondern in einem zuschreibenden Sinne. Es geht nicht um die gefühlte Gleichgültigkeit der Täter als tatbegleitender Gemütszustand, sondern um die praktizierte Gleichgültigkeit, die in der Tat selbst ihren Ausdruck finde.[24]

Damit fordert die Berliner Raser-Entscheidung dazu auf, den Begriff des bedingten Vorsatzes zu objektivieren. Danach handeln diejenigen, die eine so überdeutliche Lebensgefahr für andere begründen, vorsätzlich. Die Beteuerung, sich nicht mit einem tödlichen Unfall abgefunden zu haben, ist danach lediglich eine Schutzbehauptung. Hierbei drängt sich jedoch die Frage auf, dass wenn die Täter bereits über zehn rote Ampeln unfallfrei gefahren waren – warum ihr Ehrgeiz, dies auch noch bei der elften zu schaffen, so vollkommen irreal gewesen sein sollte? Zudem fuhren sie im Berliner Raser-Fall nachts und bei einem geringen Verkehr. Und es war nicht die erste Nacht, in der sie in Berlin rote Ampeln missachteten. Es gibt kein Naturgesetz, dass ein solches Verhalten spätestens bei der elften Ampel zu einem Unfall führte.[25]

---

[24] Vgl. *Puppe*, ZIS 2017, 439 (441).
[25] So *Walter*, NJW 2017, 1350 (1352).

Gegen eine Objektivierung des bedingten Vorsatzes sprechen auch andere Erwägungen, die über den Berliner Raser-Fall hinausgehen. Zunächst ergeben sich Schwierigkeiten hinsichtlich des Versuchs.[26] Wer Rasern nämlich beim vollendeten Tötungsdelikt Vorsatz attestiert, muss sie, wenn nichts passiert, wegen Versuchs bestrafen. Dies wird in der Regel auch der Mordversuch sein, denn an der Gemeingefährlichkeit des Tatmittels wird sich nichts ändern. Zwar gibt es Fälle, in denen die Unfallgefahr nicht so groß ist wie in dem Berliner Raser-Fall. Doch immer wieder stellt sich heraus, dass die illegalen Rennen und Solo-Rasereien höchst gefährlich sind.

Weiterhin spricht gegen eine Objektivierung des Vorsatzes, dass es im Strafrecht auch jenseits der Vorsatzfrage oft um innere Tatsachen geht und dass dort gleichfalls eine Objektivierung in Betracht zu ziehen hätte, wer dies für den bedingten Vorsatz tut. Es ist objektiv sehr wahrscheinlich, dass bei einem Unfall auch das eigene Fahrzeug des Rasers beschädigt werden könnte, dass Freunde und Bekannte auf dem Beifahrersitz oder auf der Rückbank verletzt werden könnten und der Raser selbst zu Schaden oder zu Tode kommen könnte. Subjektiv ist dies jedoch nicht gewollt, da der Raser dies nicht billigend in Kauf nimmt, er sagt sich nicht „wenn es passiert, passiert's halt". Sondern er verdrängt diese Möglichkeit, er stellt sie sich nicht real vor. Vielmehr sieht er vor seinem geistigen Auge nur, wie er ein waghalsiges Rennen siegreich, mindestens respektabel und ohne Unfall zu Ende fährt. Eine Objektivierung des Vorsatzes führt schließlich im geltenden Recht bei Rasern zu unverhältnismäßigen Strafen. Besonders deutlich wird dies im Berliner Raser-Fall, da die Angeklagten wegen Mordes verurteilt worden sind. Doch auch ohne Mordmerkmal würden noch immer wegen § 212 StGB Freiheitsstrafen zwischen 5 und 15 Jahren drohen.

Es ist festzuhalten, dass in solchen Konstellationen der Eventualvorsatz zwar bejaht werden kann, aber eher verneint werden sollte. Dies ist stets vom Einzelfall abhängig und lässt eine Generalisierung nicht zu. Die besseren Argumente sprechen für die Verneinung des Eventualvorsatzes, da es den Rasern in den meisten Fällen nicht egal sein wird, dass durch ihre Rennen unbeteiligte Verkehrsteilnehmer sterben könnten. Wegen ihrer Autos, Freunde und des eigenen Lebens gehen diese wohl eher in Selbstüberschätzung davon aus, dass nochmal alles gut gehen wird – sodass von Fahrlässigkeit auszugehen wäre.

---

[26] Nach Kubiciel/Hoven werden hier jedoch zwei verschiedene, auf unterschiedlichen Ebenen angesiedelte Fragen miteinander vermengt. Dies zeige sich daran, dass es für die Bestimmung der Versuchsstrafbarkeit in sog. Raserfällen nicht allein, nicht einmal vorrangig, auf den bedingten Tatentschluss, sondern auf das unmittelbare Ansetzen ankommt. Hätten nämlich die Fahrer zu Beginn ihres Rennens laut ausgerufen: „Ich nehme den Tod anderer billigend in Kauf!", stelle sich gleichwohl die Frage, ob die Versuchsschwelle bereits beim Anlassen des Motors, beim Überfahren der ersten Ampel oder beim Abbiegen eines anderen Verkehrsteilnehmers überschritten worden ist. All dies zeige, dass die hochgradig einzelfallabhängige Versuchsfrage keine Bedeutung für die auf einer anderen Ebene angesiedelte Vorsatzprüfung haben kann, s. hierzu *Kubiciel/Hoven*, NStZ 2017, 439 (442).

V.

Kommt das Gericht zur Überzeugung, dass ein bedingter Tötungsvorsatz vorliegt, stellt sich weiterhin die Frage, ob Mordmerkmale verwirklicht wurden. Vorliegend kommen die Mordmerkmale der Nutzung „gemeingefährlicher Mittel", der Tatbegehung aus „niedrigen Beweggründen" und der heimtückischen Begehung in Betracht.

Das Merkmal der Benutzung eines gemeingefährlichen Mittels ist erfüllt, „wenn der Täter ein Mittel einsetzt, das in der konkreten Tatsituation eine Mehrzahl von Menschen an Leib und Leben gefährden kann, weil er die Ausdehnung der Gefahr nicht in seiner Gewalt hat".[27] Der Nachweis einer tatsächlichen Gefährdung unbeteiligter Personen ist nach der eindeutigen Rechtsprechung des BGH[28] und der nunmehr herrschenden Meinung im Schrifttum[29] nicht erforderlich. Maßgeblich ist allein, ob das Mittel „nach seinem einzelfallspezifischen Einsatz abstrakt geeignet ist, Dritte in der konkreten Situation lebensgefährlich zu schädigen"; das Mordmerkmal kann also selbst dann erfüllt sein, wenn der Täter durch die Verwendung des Tatwerkzeugs keine weiteren Menschen konkret gefährdet hat.[30] Fraglich ist jedoch, ob mit einer solchen letztlich abstrakten Gefahr für andere Menschenleben schon eine derartige Steigerung des Unrechts verbunden ist, dass sie den Schritt vom Totschlag zum Mord rechtfertigt. Man könnte das Merkmal auch enger auslegen, nämlich im Sinne einer konkreten Gefahr. Diese würde dann vorliegen, wenn es im konkreten Fall „nur noch vom Zufall abhängt", ob weitere Menschen zu Tode kommen oder nicht. Danach käme das Merkmal dem Unrechtsgehalt der mindestens versuchten Tötung mehrerer Menschen nahe.[31] Auf die beim Rennen von den Fahrern geführten Sportwagen dürfte diese Definition zutreffen, denn schon der eingetretene Todeserfolg belegt die von ihnen für Unbeteiligte ausgehende Lebensgefahr und die fehlende Beherrschbarkeit dieser Gefahr durch die Fahrzeugführer in der konkreten Tatsituation.[32]

Ebenso in Betracht kommt das Vorliegen des Mordmerkmals der niedrigen Beweggründe. Solche liegen vor, wenn die vorsätzliche Tötung nach einer Gesamtwürdigung auf Motivationen beruht, die nach allgemeiner sittlicher Wertung auf tiefster Stufe stehen und deshalb besonders verwerflich sind. Die Aspekte, welche die besondere Verwerflichkeit begründen, muss der Täter dabei erfassen und in ihrer Bedeutung für die Bewertung der Tat erkennen. Als ausschlaggebend für die Bejahung dieser Voraussetzungen wird häufig ein vom Täter erkanntes eklatantes Missverhältnis zwischen Tötung und Tatanlass angesehen. Ein solches dürfte im Falle illegaler Autorennen mit billigend in Kauf genommenen Todesfolgen anzunehmen sein, weil das

---

[27] BGH NStZ-RR 2017, 143.

[28] Vgl. BGH NStZ 2007, 330.

[29] NK-StGB/*Neumann*, 4. Aufl. 2013, § 211 Rn. 87; Lackner/*Kühl*, 28. Aufl. 2014, § 211 Rn. 11; *Otto*, Grundkurs Strafrecht, 7. Aufl. 2005, § 4 Rn. 41; *Fischer*, 64. Aufl. 2017, § 211 Rn. 59; *Mitsch*, JuS 1996, 213; *Köhne*, Jura 2009, 265; *Danwitz*, Jura 1997, 573 m.w.N.

[30] *Kubiciel/Hoven*, NStZ 2017, 439 (442).

[31] *Puppe*, ZIS 2017, 439 (443).

[32] *Neumann*, JURA 2017, 160 (167).

Sieg- und Gewinnstreben der Fahrer im Verhältnis zu einem Menschenleben eine Banalität ist.[33]

Die Raser könnten weiterhin heimtückisch gehandelt haben. Heimtücke ist das bewusste Ausnutzen der auf Arglosigkeit beruhenden Wehrlosigkeit des Opfers. Arglos ist, wer sich keines Angriffs versieht. Wehrlos ist, wer in seiner natürlichen Abwehrbereitschaft und -fähigkeit stark eingeschränkt ist. Vorliegend wird die Arg- und Wehrlosigkeit anderer Verkehrsteilnehmer bejaht werden können, da Raser plötzlich und unvermittelt mit hohen Geschwindigkeiten auftauchen und andere Fahrer in der Regel keine Möglichkeit mehr haben diesen auszuweichen und somit in ihrer natürlichen Abwehrfähigkeit erheblich eingeschränkt sind. Fraglich erscheint jedoch, ob bei Rasern auch ein Ausnutzungsbewusstsein vorhanden ist. Das für die Annahme der Heimtücke erforderliche Ausnutzungsbewusstsein setzt voraus, dass der Täter die äußeren Umstände der Arg- und Wehrlosigkeit des Opfers wahrgenommen und sie bewusst zur Tatbegehung instrumentalisiert hat. Hier spielt das Bewusstsein des Täters eine wichtige Rolle für die Bejahung des Mordmerkmals. Geht man davon aus, dass primäres Ziel der Raser der Sieg des Rennens ist, wird man dies verneinen müssen. Es wird von diesen nicht beabsichtigt, andere Verkehrsteilnehmer zu überraschen und die Arg- und Wehrlosigkeit bewusst auszunutzen, da sie nicht einem entsprechenden „Plan" folgen, sondern drauflos fahren.

VI.

Somit stellt sich die Feststellung eines bedingten Vorsatzes zur Tötung als Kernproblem bei der Beurteilung derartiger Fallkonstellationen dar. Wird dieser nämlich bejaht, erscheint die Annahme von Mord keinesfalls ausgeschlossen. Ein solcher Weg der harten Bestrafung erscheint unverhältnismäßig und wenig stimmig zu sonstigen Erscheinungsformen von Tötungskriminalität, die durch höchstes Unrecht und besondere Schwere der Schuld gekennzeichnet sind. „Mörderische Raser" geraten so – aus kurzschlüssigen Abschreckungserwägungen – in eine Schublade mit Tätern eines ganz anderen Kalibers von Menschenverachtung. Den Rasern geht es in erster Linie darum, das Rennen zu gewinnen und nicht irgendwelche Unbeteiligte lebensgefährlich zu verletzen oder gar zu töten. Sie gehen nicht über Leichen, um ihre Rennen durchzuführen. Ferner bedeutet ein Unfall für die Raser, dass ihr „Heiligtum" (das Auto) dadurch stark beschädigt werden könnte, mitfahrende Freunde oder Bekannte schwer verletzt werden könnten und schließlich auch ihr eigenes Leben gefährdet werden könnte – dies hätten sie sicherlich nicht billigend in Kauf genommen. Es war zu hoffen, dass der BGH diesen Irrweg einer generalpräventiven (nicht nur Strafzumessung, sondern) Tatbestandsverschiebung mit der Revisionsentscheidung versperren würde.

---

[33] *Neumann*, JURA 2017, 160 (167).

VII.

Diese Erwartung hat der 4. Strafsenat des BGH mit seinem Urteil vom 1. März 2018[34] voll erfüllt. Der nicht sorgfältigen Begründung des LG Berlin, der man von vornherein die Tendenz ansieht, mit kriminalpolitischem Furor vorzugehen, hat der Senat eine bedächtige Analyse entgegengesetzt. Der Senat hat damit gezeigt, dass es auch in solchen Fällen auf ein gelassenes strafrechtsdogmatisches Vorgehen nach den Regeln der Kunst ankommt. Es wird dabei jeweils um eine umfassende und sorgfältige Würdigung des Einzelfalls gehen (so z. B. die Urteilsgründe, Rn. 19), so dass das Urteil nicht im Sinne eines Grundsatzurteils zu „Raser-Fällen" verstanden werden kann. Das Urteil zeigt aber jedenfalls, wie es grundsätzlich *nicht* gehen kann. Hervorzuheben ist, dass der 4. Senat das LG Berlin auf einen so grundlegenden Prüfungspunkt der Vorsatzdogmatik wie das Koinzidenzprinzip hinweisen muss (Rn. 13); dass er aufdeckt, wie die landgerichtliche Urteilsbegründung den wichtigen vorsatzkritischen Gesichtspunkt der Eigengefährdung mit nicht tragfähigen Überlegungen zum Sicherheitsgefühl von „Rennfahrern" vom Tisch gewischt hat (Rn. 23 f.); und schließlich, dass festgestellt werden musste, wie durch das Landgericht Berlin eine Mittäterschaft des N. ohne sorgfältige Prüfung der grundlegenden Zurechnungsvoraussetzungen angenommen wurde (Rn. 26 ff.).

Urteile aus kriminalpolitischem Überschwang und generalpräventiver Motivation, die die dogmatischen Voraussetzungen von strafrechtlicher Verantwortlichkeit stiefmütterlich behandeln, haben keinen Bestand vor den strengen Augen der Revisionsinstanz. Das ist gut so, auch wenn sich das manche populistische Kritik an diesem Urteil anders gewünscht hätte.

---

[34] 4 StR 399/17.

Neuer Wein in alten Schläuchen?

Von *Andreas Hoyer*

I. Rogalls Rehabilitation der Interessentheorie

An meinen ersten persönlichen Kontakt mit Klaus Rogall erinnere ich mich genau: Er fand statt im Rahmen des von Knut Amelung veranstalteten Rundgesprächs in Moritzburg bei Dresden über „Individuelle Verantwortung und Beteiligungsverhältnisse bei Straftaten in bürokratischen Organisationen des Staates, der Wirtschaft und der Gesellschaft" vom 25. bis zum 27. September 1997, aus dem im Jahr 2000 ein entsprechend betitelter Sammelband hervorging, der insbesondere auch das Tagungsreferat von Klaus Rogall „Die strafrechtliche Organhaftung" beinhaltete.[1] Dieses Rundgespräch liegt nun über 20 Jahre zurück, innerhalb derer es insbesondere zu einer dramatischen Änderung des Standpunkts der Rechtsprechung zur strafrechtlichen Organhaftung gekommen ist: Auf vielfältige Kritik aus dem strafrechtswissenschaftlichen Schrifttum reagierend, hat der 3. Strafsenat des BGH mit Beschluss vom 15.05.2015 die von der ständigen Rechtsprechung zuvor verfochtene „Interessentheorie" aufgegeben,[2] der zufolge i.S.d. § 14 Abs. 1 StGB erst dann ein Handeln „als" Organ bzw. Vertreter einer Gesellschaft vorliegt, wenn der für diese Gesellschaft Vertretungsberechtigte seine Tathandlung „(wenigstens auch) in deren Interesse vorgenommen" hatte.[3]

Rogall hatte im Rahmen der Moritzburger Tagung den Standpunkt vertreten, dass die Verfolgung der Interessen des Vertretenen durch den Vertreter – entgegen der im Schrifttum seinerzeit herrschenden Funktionstheorie – „als Prüfungskriterium nicht aufgegeben werden" sollte, da sie zumindest als „zusätzliches Kriterium, das zur Funktionsanalyse hinzuzutreten hat, […] wohl unverzichtbar" sei.[4] An diesem Standpunkt hält Rogall auch nach Aufgabe der Interessentheorie durch den BGH vehement fest, wie aus seinem im Jahr 2015 in der Festschrift für Hans-Ullrich Paeffgen erschienenen Beitrag „Totgesagte leben länger!" hervorgeht.[5] Rogall beklagt darin,

---

[1] *Rogall*, Die strafrechtliche Organhaftung, in: Amelung (Hrsg.), Individuelle Verantwortung und Beteiligungsverhältnisse bei Straftaten in bürokratischen Organisationen des Staates, der Wirtschaft und der Gesellschaft, 2000, S. 145 ff.
[2] BGHSt 57, 229 ff.
[3] BGHSt 30, 127, 128.
[4] *Rogall* (Fn. 1), S. 174.
[5] *Rogall*, FS Paeffgen, 2015, S. 361 ff.

dass die Interessentheorie „zum Mobbing-Opfer geworden" sei, und setzt sich „deshalb zum Ziel, dieser Theorie beizustehen und sie zu rehabilitieren": Vertretungshandeln sei „ohne Rücksicht auf die willensgemäßen Interessen des Geschäftsherrn nicht zu definieren".[6] Damit wendet Rogall sich sowohl gegen die im Schrifttum zur Zeit der Moritzburger Tagung vorherrschende Funktionstheorie[7] als auch gegen das seitdem insbesondere von Henning Radtke neu entwickelte sog. Zurechnungsmodell[8], die sich beide darin einig sind, „als" Vertreter zu handeln, bedeute nicht notwendig, im Interesse des Geschäftsherrn zu handeln.

II. Alternativen zur Interessentheorie

Der Funktionstheorie, die allein darauf abstellt, dass die Tathandlung dem Vertreter durch seine -stellung tatsächlich oder rechtlich ermöglicht wurde,[9] hält Rogall vor, „auf halbem Wege stehen" zu bleiben:[10] Der erforderliche Vertretungsbezug der Tathandlung ergebe sich erst, wenn als „zusätzliches Kriterium" zur Funktionsanalyse hinzutrete,[11] dass es dem Vertreter bei seiner Tathandlung „um die Förderung der Interessen der Gesellschaft geht", er also nicht nur „– salopp formuliert – sein eigenes Süppchen kocht".[12] Unerlaubte Handlungen des Vertreters, die sich gerade gegen den zu Vertretenen richteten (z. B. ein Diebstahl), erfolgten selbst dann nicht „als" Vertreter, wenn diesem erst seine Vertreterstellung die dafür nötigen Handlungsmöglichkeiten verschafft hat.[13] Der Rechtsgrund für die strafrechtliche Verantwortlichkeit des Vertreters bestehe nämlich darin, „dass sein Verhalten als Versagen der von ihm vertretenen Organisation empfunden wird"; eine derartige „Repräsentantenhaftung" setze aber voraus, dass er gerade „in seiner Rolle als Repräsentant des Systems" und nicht lediglich als Privatperson gehandelt habe.[14]

Entgegen dem Zurechnungsmodell gehe es bei der strafrechtlichen Vertreterhaftung nicht darum, „dem Vertretenen das Handeln seines Vertreters irgendwie zuzurechnen". Vielmehr sei die strafrechtliche Vertreterhaftung „im Gegenteil davon abhängig", dass dem Vertreter „sanktionsbegründende Merkmale zugerechnet werden

---

[6] *Rogall* (Fn. 5), S. 376.

[7] Schönke/Schröder/*Perron*, StGB, 29. Aufl. 2014, § 14 Rn. 26; *Böse*, in: NK-StGB, Bd. 1, 5. Aufl. 2017, § 14 Rn. 16 ff.; *Lampe*, GA 1987, 241, 253; *Arloth*, NStZ 1990, 570, 574.

[8] *Radtke*, in: MK-StGB, 3. Aufl. 2017, § 14 Rn. 66 ff.; ders., GmbHR 1998, 361, 369; ders., GmbHR 2009, 875, 876; ders., JR 2010, 233, 237; ders., GmbHR 2012, 28, 29.

[9] *Tiedemann*, NJW 1986, 1842, 1844; *Kawan*, Die strafrechtliche Organ- und Vertreterhaftung (§ 14 StGB) in ihrem normlogischen Begründungszusammenhang, 1992, S. 237 ff., 246 ff.

[10] *Rogall* (Fn. 5), S. 373.

[11] *Rogall* (Fn. 1), S. 173.

[12] *Rogall* (Fn. 5), S. 369.

[13] *Rogall* (Fn. 5), S. 374.

[14] *Rogall* (Fn. 1), S. 165.

können, die der als solcher nicht deliktsfähige Vertretene [...] aufweist".[15] Indem das Zurechnungsmodell nach den Voraussetzungen für eine Handlungszurechnung an den Vertretenen frage, statt nach den Voraussetzungen für eine Merkmalszurechnung an den Vertreter, beruhe es „ab ovo auf einem unzutreffenden Verständnis des gesetzlichen Haftungsmodells".[16]

Zu den Tätern beim „Mobbing" gegen die Interessentheorie zählt Rogall neben den Verfechtern der Funktionstheorie sowie des Zurechnungsmodells allerdings wohl auch mich, wenn er aus meiner Kommentierung des § 283 StGB die Äußerung zitiert (und kritisiert), die „Einwände gegen die Interessentheorie" vermöchten „dermaßen uneingeschränkt zu überzeugen, dass fortan ernstlich lediglich noch zu diskutieren bleibt, welche Auslegung des § 283 StGB an die Stelle der Interessentheorie treten sollte".[17] Zu Recht bemerkt Rogall dazu: „Das ist aber leider nicht richtig. Es geht nicht um die Auslegung des § 283 StGB oder eines anderen Tatbestands des Haupt- oder Nebenstrafrechts, sondern um ein zutreffendes Verständnis des § 14 StGB".[18]

Nachdem ich mir durch diese Rüge schamrot meiner Ungenauigkeit bewusst wurde, habe ich diese zu beheben versucht, indem ich nunmehr in meiner Kommentierung zu § 14 StGB formuliere, die „Einwände gegen die vormals von der Rechtsprechung vertretene, an objektiven wirtschaftlichen Kriterien orientierte Interessentheorie" vermöchten „dermaßen uneingeschränkt zu überzeugen, dass fortan lediglich noch zu diskutieren bleibt, welches der alternativen Modelle an die Stelle dieser Interessentheorie treten sollte".[19] Erstens gebe ich Rogall also zu, dass es nicht angeht, „die Reichweite der §§ 283 ff. StGB durch eine bestimmte Interpretation der Vertretungsklausel zu erweitern. Probleme des Besonderen Teils dürfen nicht mithilfe von Manipulationen am Allgemeinen Teil ausgeräumt werden. § 14 StGB gilt für alle und nicht nur für bestimmte Tatbestände".[20] Zweitens zeige ich mich nunmehr auch nur noch davon überzeugt, dass die vormals von der Rechtsprechung vertretene „an objektiven, wirtschaftlichen Kriterien orientierte Interessentheorie" durch den BGH zu Recht aufgegeben worden ist.[21]

---

[15] *Rogall*, in: KK-OWiG, 4. Aufl. 2014, § 9 Rn. 66.
[16] *Rogall* (Fn. 5), S. 374.
[17] *Hoyer*, in: SK-StGB, Bd. V, 8. Aufl. 2013, § 283 Rn. 104a.
[18] *Rogall* (Fn. 5), S. 368.
[19] *Hoyer*, in: SK-StGB, Bd. I, 9. Aufl. 2017, § 14 Rn. 77.
[20] *Rogall* (Fn. 15), § 9 Rn. 65.
[21] *Hoyer* (Fn. 19), § 14 Rn. 77.

III. Subjektive Interessentheorie

1. Einwände gegen eine objektive Interessentheorie

An die Stelle dieser objektiven habe ich eine „subjektive Interessentheorie" zu setzen versucht,[22] die für ein Handeln „als" Vertreter fordert, dass dieser sich mit der „subjektiven Vernunft des Vertretenen" identifiziert, indem er „wirklich oder zumindest mutmaßlich mit dessen Einverständnis handelt".[23] Die objektive Interessentheorie der früheren Rechtsprechung, die auf den effektiven wirtschaftlichen Nutzen des Vertreterhandelns für den Vertretenen abstellte, führte in der wirtschaftlichen Krise des Vertretenen dazu, dass der von § 283 StGB bezweckte Gläubigerschutz bei Handelsgesellschaften weitgehend leerlief. Denn die meisten Bankrotthandlungen (z. B. Schleuderverkäufe, unwirtschaftliche Ausgaben, mangelhafte Buchführung, nicht ordnungsgemäßes Wirtschaften) laufen nicht nur den Interessen der Gläubiger, sondern auch denen ihres Schuldners zuwider. Selbst wenn dann statt einer Bankrott- eine Untreuestrafbarkeit eingreifen sollte, so schützt § 266 StGB doch allein das Vermögen des Schuldners, nicht dasjenige seiner Gläubiger. Indem der Täter in Wahrnehmung eigener Interessen zulasten des Schuldners handelt, beeinträchtigt er aber zugleich regelmäßig das Vermögen der Insolvenzgläubiger, d. h. den Schutzzweck des § 283 StGB. Zudem setzt § 266 StGB – anders als § 283 Abs. 6 StGB – voraus, dass sich konkret die Kausalität der Tathandlung für den eingetretenen Vermögensschaden nachweisen lässt, ein Nachweis, der sich jedenfalls bei mangelhafter Buchführung i.S.d. § 283 Abs. 1 Nr. 5–7 StGB häufig nicht führen lässt. Damit blieben die letztgenannten Verhaltensweisen im Rahmen von Handelsgesellschaften anders als bei Einzelkaufleuten zumeist überhaupt straflos, obwohl die wirtschaftlichen Interessen der Gläubiger typischerweise von der Insolvenz einer Handelsgesellschaft sehr viel intensiver betroffen werden als von derjenigen eines Einzelkaufmanns.[24]

2. Zum Verhältnis zwischen Interesse und Willen

Eine „subjektive Interessentheorie" schwebt möglicherweise auch Rogall vor, wenn er „eine in Wahrnehmung der Vertreterposition vorgenommene Handlung" daran erkennen will, dass der Vertreter „mit der Handlung die Interessen des Vertretenen unter Beachtung von dessen wirklichem oder mutmaßlichem Willen wahren und fördern wollte".[25] Rogall betont, dass er sich mit dieser Sichtweise an § 677 BGB anlehnen möchte,[26] wonach der Geschäftsführer das von ihm übernommene (auch) fremde Geschäft so zu führen hat, „wie es das Interesse des Geschäftsherrn mit Rücksicht auf dessen wirklichen oder mutmaßlichen Willen erfordert".

---

[22] *Hoyer* (Fn. 19), § 14 Rn. 18.
[23] *Hoyer* (Fn. 19), § 14 Rn. 81.
[24] *Hoyer* (Fn. 19), § 14 Rn. 75.
[25] *Rogall* (Fn. 5), S. 375.
[26] *Rogall* (Fn. 5), S. 375; *ders.* (Fn. 15), § 9 Rn. 67.

Nun ist innerhalb des zivilrechtlichen Schrifttums zu § 677 BGB allerdings strittig, ob sich der Geschäftsführer in der Art und Weise der Ausführung des von ihm zu besorgenden fremden Geschäfts bei einem Widerspruch zwischen dem Interesse des Geschäftsherrn (objektives Element) und dem Willen des Geschäftsherrn (subjektives Element) eher an Ersterem oder an Letzterem orientieren solle.[27] Die im Zivilrecht herrschende Meinung tendiert mit Rücksicht auf den Wortlaut des § 677 BGB sowie dessen Entstehungsgeschichte dazu, dem (objektiv verstandenen) Interesse des Geschäftsherrn insoweit einen Vorrang einzuräumen,[28] während für das „Ob" der Übernahme des fremden Geschäfts i.S.d. § 683 Satz 1 BGB von einem Primat des geäußerten oder mutmaßlichen Willens selbst dann auszugehen sei, „wenn er unvernünftig oder interessenwidrig ist".[29]

An welche dieser zivilrechtlichen Bestimmungen des Verhältnisses zwischen Interesse und Wille Rogall sich für die von ihm verteidigte strafrechtliche Interessentheorie anlehnen möchte, wird nicht ganz klar, wenn er den Vertretungsbezug einer Handlung danach bemisst, ob es dem „willensgemäßen Interesse des Geschäftsherrn" entspricht.[30] Einerseits nimmt Rogall auf die frühere strafrechtliche Rechtsprechung[31] Bezug, wonach das Interesse des Geschäftsherrn „in wirtschaftlicher – also offenbar in objektiver – Betrachtungsweise bestimmt werden" soll.[32] Andererseits wehrt er Einwände gegen die Interessentheorie mit der Feststellung ab, „was nämlich wirtschaftliches Interesse ist, können nur die Gesellschafter bestimmen".[33] Subjektiviert man die „wirtschaftlichen" Interessen der Gesellschaft auf diese Weise, so fielen sie allerdings mit der Dispositionsfreiheit der Gesellschafter bzw. ihrem (geäußerten oder mutmaßlichen) Willen in eins und die §§ 677 ff. BGB mit ihrer Differenzierung zwischen Interesse und Willen ließen sich entgegen Rogall gerade nicht für die Interessentheorie argumentativ in Anspruch nehmen als eine von den „zivilrechtlichen Grundlagen, die auch für das Strafrecht maßgeblich sind".[34]

Der zivilrechtlichen Meinungsstreitigkeiten um das angemessene Verständnis der §§ 677 ff. BGB ungeachtet, kann ich Rogall in seinem Verständnis dessen, welche Elemente den Vertretungsbezug einer Handlung i.S.d. § 14 StGB begründen, (nahezu) uneingeschränkt zustimmen: Erstens müsse der Vertreter mit Fremdgeschäftsführungswillen handeln, zweitens der (geäußerten bzw. ersatzweise mutmaßlichen) Einwilligung des Geschäftsherrn folgen oder dies zumindest annehmen, wobei es drittens auf die zivilrechtliche Wirksamkeit dieser Einwilligung nicht ankomme.[35]

---

[27] Vgl. dazu Staudinger/*Bergmann*, BGB, Buch 2, 2017, § 677 Rn. 16 f.
[28] Palandt/*Sprau*, BGB, 77. Aufl. 2018, § 677 Rn. 12; *Giesen*, Jura 1996, 288, 291.
[29] BGHZ 138, 281, 287; Palandt/*Sprau* (Fn. 28), § 683 Rn. 5.
[30] *Rogall* (Fn. 5), S. 376.
[31] BGHSt 30, 127, 128.
[32] *Rogall* (Fn. 5), S. 361 f.
[33] *Rogall* (Fn. 5), S. 371.
[34] *Rogall* (Fn. 5), S. 374.
[35] *Rogall* (Fn. 5), S. 375 f.

Im Unterschied zu Rogall scheint mir allerdings, dass die bloße subjektive Annahme des Vertreters, dem (mutmaßlichen) Willen des Geschäftsherrn zu entsprechen, nicht ausreichen kann, um (auch) objektiv ein Handeln „als" Vertreter feststellen zu können.[36] Gerade wenn man mit Rogall die Vertreterhaftung nach § 14 StGB darauf zurückführt, dass der Normbruch des Vertreters „als Ausdruck einer fehlerhaften kollektiven Sinnsetzung" des von ihm vertretenen Systems empfunden werde,[37] kann ein Handeln des Vertreters gegen den (sei es auch nur zu mutmaßenden) Willen des Kollektivs dafür nicht genügen: Mit dem Normbruch versagt dann eben doch nur der Vertreter „als Individuum" (auch in der Fehleinschätzung der mutmaßlichen Willensrichtung des Vertretenen) und nicht zugleich das missverstandene System.[38] Die irrige Annahme des Vertreters, im Einklang mit dem (mutmaßlichen) Willen des Vertretenen zu handeln, vermag daher allenfalls eine Versuchsstrafbarkeit wegen des betreffenden Sonderdelikts zu begründen (vgl. z.B. § 283 Abs. 3 StGB).

Auch der von Rogall als erste Voraussetzung für einen Vertretungsbezug geforderte Fremdgeschäftsführungswille des Vertreters[39] verdient m.E. erst im Rahmen des subjektiven Tatbestands Beachtung. Rogall leitet das Erfordernis eines Fremdgeschäftsführungswillens wieder aus den §§ 677 ff. BGB ab, insbesondere aus § 687 BGB, und meint damit „das Bewusstsein und den Willen [...], zumindest auch im Interesse des Geschäftsherrn tätig zu sein".[40] Mit dem „Bewusstsein" und dem „Willen" werden aber lediglich das kognitive und das voluntative Vorsatzelement benannt, während es objektiv allein eines Vertreterhandelns „im Interesse des Geschäftsherrn" bedarf – wobei dieses „Interesse" (in Rogalls Worten) „nur die Gesellschafter bestimmen" können.[41] Der Vertreterbezug des Vertreterhandelns ergibt sich also objektiv allein aus dem von Rogall zweitgenannten Kriterium, nämlich seiner Übereinstimmung mit dem tatsächlich oder zumindest mutmaßlich bestehenden Willen des Vertretenen (Einwilligung).[42] Subjektiv muss dieser Vertretungsbezug zudem von einem entsprechenden „Fremdgeschäftsführungswillen" (Vorsatz) des Vertreters getragen sein, um dessen Strafbarkeit wegen Vorsatzdelikts begründen zu können.

IV. Willenstheorie statt Interessentheorie?

Es fragt sich allerdings, ob eine derart auf den Willen des Vertretenen und die Willensunterwerfung des Vertreters fokussierte Auslegung des § 14 StGB überhaupt noch den Namen „Interessentheorie" verdient und nicht treffender mit dem

---

[36] So aber *Rogall* (Fn. 5), S. 376.

[37] *Rogall* (Fn. 1), S. 165.

[38] Entgegen *Rogall* (Fn. 15), § 9 Rn. 3.

[39] *Rogall* (Fn. 5), S. 375.

[40] *Rogall* (Fn. 5), S. 375.

[41] *Rogall* (Fn. 5), S. 371.

[42] *Rogall* (Fn. 5), S. 376.

Namen „Willenstheorie" zu bezeichnen wäre. Rogalls Anliegen besteht zwar darin, der „Interessentheorie [...] beizustehen und sie zu rehabilitieren";[43] er registriert aber durchaus, dass die frühere Rechtsprechung die Interessen des Vertretenen „in objektiver Betrachtungsweise bestimmt" hat,[44] während er selbst auf die subjektive Definition ihrer eigenen Interessen durch „die Gesellschafter" abhebt.[45] Wenn er trotz dieser sachlichen Differenz an der Interessentheorie „prinzipiell festzuhalten" empfiehlt,[46] dann könnte ihm vorgeworfen werden, begrifflich hinwegzueskamotieren,[47] dass es tatsächlich – salopp formuliert – ein „neuer Wein" ist, den Rogall in die „alten Schläuche" der tradierten Interessentheorie pressen möchte. Mit Rücksicht darauf, dass ich selbst den Begriff „subjektive Interessentheorie" der Bezeichnung des Gemeinten als „Willenstheorie" vorgezogen habe,[48] bedeutete es aber, „Steine aus dem Glashaus" zu werfen, wollte ich Rogall für sein Festhalten an zumindest terminologischer Kontinuität kritisieren.

V. Rechtsdogmatische Herleitung der Interessentheorie

1. § 14 StGB als Form der Repräsentantenhaftung

Statt über den Namen für das im Ergebnis übereinstimmend für richtig Erachtete zu streiten, soll es daher im Folgenden besser darum gehen, diese Ergebnisse möglichst fest in einer rechtsdogmatischen Gesamtkonzeption der Vertreterhaftung zu verankern, aus ihr zu entwickeln und schlüssig abzuleiten. Innerhalb einer derartigen Gesamtkonzeption wäre Rogall zufolge[49] insbesondere auch zu erklären, weshalb die strafrechtliche Vertreterhaftung gem. § 14 StGB auf den „Leitungsbereich" beschränkt bleiben soll, obwohl doch auch auf unteren Hierarchieebenen Vertreter Normbrüche im Namen der von ihnen vertretenen Organisation begingen.[50] Rogall findet den Rechtsgrund für diese Begrenzung des Vertreterkreises darin, dass er die strafrechtliche Vertreterhaftung als „eine Form der Repräsentantenhaftung" begreift.[51] Erst wenn der Vertreter als Repräsentant des Systems erscheine und in dieser Rolle rechtswidrig handele, werde „das Versagen des Vertreters [...] als Versagen des

---

[43] *Rogall* (Fn. 5), S. 376.
[44] *Rogall* (Fn. 5), S. 361.
[45] *Rogall* (Fn. 5), S. 371.
[46] *Rogall* (Fn. 5), S. 375.
[47] Vgl. den von *Rogall* (Fn. 5), S. 370, an die Funktionstheorie gerichteten Vorwurf, durch deren Ansatz werde das Erfordernis eines Handelns „als" Vertreter hinwegeskamotiert.
[48] *Rogall* (Fn. 15), § 9 Rn. 14.
[49] *Hoyer* (Fn. 19), § 14 Rn. 14.
[50] Speziell mir hält *Rogall* (Fn. 5), S. 367, vor, diese Beschränkung nicht erklären zu können.
[51] *Rogall* (Fn. 15), § 9 Rn. 20.

Systems betrachtet".[52] Damit der Vertreter sozial als Repräsentant des Systems mit der „Kompetenz zur kollektiven Sinnbestimmung" für die von ihm vertretene Organisation empfunden werde, müsse er zu dessen Leitungsebene gehören.[53] Und ein Rollenverhalten als Repräsentant, dessen Handeln der vertretenen Organisation „zugerechnet" werden könne,[54] liege eben nur bei einem Handeln im Interesse dieser Organisation vor. Ein Handeln gegen deren Interessen stelle dagegen keine „(wenn auch rechtswidrige) Ausfüllung der übernommenen Rolle" mehr dar, sondern konstituiere „einen eigenen deliktischen Sinn, den der Täter als Privater äußert".[55]

Rogall zufolge wird die strafrechtliche Haftung des Vertreters also dadurch begründet und begrenzt, dass dessen Delinquenz, wenn und soweit er als Repräsentant eines bestimmten Systems agiere, in „systemische Delinquenz"[56] umschlage. Der von Rogall für diese Konzeption verwendete Begriff der „Repräsentantenhaftung"[57] erscheint allerdings missverständlich, denn im zivilrechtlichen Sinne meint „Repräsentantenhaftung" gerade nicht eine Haftung des Repräsentanten, sondern eine Haftung des repräsentierten Systems für das Verhalten seines Repräsentanten, wie sie insbesondere § 31 BGB begründet.[58] Will man eine Parallele von der zivilrechtlichen Repräsentantenhaftung ins strafrechtliche Haftungssystem ziehen, so stößt man nicht auf § 14 StGB oder § 9 OWiG, sondern auf § 30 OWiG, in dem es tatsächlich um eine (Mit-)Haftung des repräsentierten Systems für Straftaten bzw. Ordnungswidrigkeiten seines Repräsentanten geht.

Deshalb eignet sich die Rogall'sche Konzeption einer Repräsentantenhaftung auch hervorragend zur rechtsdogmatischen Begründung des § 30 OWiG, meines Erachtens aber nicht für § 14 StGB oder § 9 OWiG: Wenn und soweit die Delinquenz eines Repräsentanten des Systems als „systemische Delinquenz"[59] (Eigendelinquenz des Verbandes[60]) sozial verbucht wird, muss eben auch das System selbst strafrechtlich in (Mit-)Haftung genommen werden, indem ihm eine Geldbuße auferlegt wird. Durch § 14 StGB soll dagegen gerade nicht das System strafrechtlich (mit-)haftbar gemacht werden, sodass auch die Voraussetzungen des § 14 StGB nicht zwingend so ausgelegt werden müssen, dass sie eine solche (Mit-)Haftung zu legitimieren geeignet erscheinen.

---

[52] *Rogall* (Fn. 1), S. 165.

[53] *Rogall* (Fn. 15), § 9 Rn. 20.

[54] So *Rogall* (Fn. 15), § 9 Rn. 69.

[55] *Rogall* (Fn. 1), S. 174.

[56] *Rogall* (Fn. 1), S. 161.

[57] *Rogall* (Fn. 1), S. 165.

[58] Vgl. BGHZ 49, 19, 21; *Arnold*, in: MK-BGB, 7. Aufl. 2015, § 31 Rn. 3 ff.; *Rogall* (Fn. 1), S. 165, betont denn auch, dass er nicht an die „zivilrechtliche Bedeutung" des Begriffs der „Repräsentantenhaftung" anknüpfen wolle.

[59] *Rogall* (Fn. 1), S. 161.

[60] *Rogall* (Fn. 5), § 30 Rn. 8.

2. Systemische Delinquenz als Rechtsgrund der Vertreterhaftung

Die durch § 14 StGB angeordnete Vertreterhaftung lässt sich auch nicht damit begründen, dass der Vertreter doch immerhin durch sein Verhalten das vertretene System in Unrecht (§ 30 OWiG) verstrickt und wegen dieser von ihm verschuldeten systemischen Delinquenz selbst strafrechtlich haftbar gemacht zu werden verdiene. Denn erstens vermag es schon nicht einzuleuchten, weshalb für einen Täter, der das soziale Ansehen des von ihm repräsentierten Systems beeinträchtigt, derselbe Strafrahmen gelten sollte wie für eine Beeinträchtigung des durch das Sonderdelikt angegriffenen, ganz andersartigen Rechtsguts. Und zweitens führte es in einen Zirkelschluss hinein, wenn § 14 StGB damit begründet würde, dass der Vertreter das von ihm repräsentierte System in „systemische Delinquenz" verstrickt habe, wie sie durch § 30 OWiG erfasst werde, und umgekehrt das Gegebensein von durch § 30 OWiG erfasster sozialer Delinquenz des Systems damit begründet wird, die dafür erforderliche Begehung einer Straftat oder Ordnungswidrigkeit als Repräsentant des Systems liege doch vor, wie sich aus § 14 StGB ergebe. Anders – nämlich in Anlehnung an Rogall – ausgedrückt: Die durch § 30 OWiG angeordnete Haftung des Systems für sein eigenes Versagen setzt eine Straftat oder Ordnungswidrigkeit des Vertreters in dessen Rolle „als" Vertreter voraus, also ein Versagen als „Rollenträger".[61] Auf der Grundlage dieser Feststellung darf dann aber nicht zugleich umgekehrt das Versagen als „Rollenträger" i.S.d. § 14 StGB daraus hergeleitet werden, der Rollenträger habe doch durch sein Verhalten ein systemisches Versagen i.S.d. § 30 OWiG herbeigeführt.

Die vor einer Haftung des Systems gem. § 30 OWiG stehende Bedingung, es müsse eine „Straftat oder Ordnungswidrigkeit als Vertreter begangen" worden sein, darf nicht dadurch überspielt werden, dass § 14 StGB, § 9 OWiG und § 30 OWiG gewissermaßen „gleichgeschaltet" werden,[62] indem die Haftung des Vertreters deswegen bejaht wird, weil (oder gar damit) er das System haftbar mache, und eine Haftung des Systems deswegen bejaht, weil dessen Vertreter schließlich eine Straftat oder Ordnungswidrigkeit „als" Vertreter begangen habe. Eine derartige Gleichschaltung zweier Normen, deren Voraussetzungen kumulativ erfüllt sein müssen, um eine strafrechtliche Haftung begründen zu können, würde gegen das vom BVerfG mit Rücksicht auf Art. 103 Abs. 2 GG (wenn auch in anderem Zusammenhang) aufgestellte Verschleifungsverbot[63] verstoßen.

---

[61] *Rogall* (Fn. 15), § 30 Rn. 11.
[62] Anders offenbar *Rogall* (Fn. 15), § 9 Rn. 58, dem zufolge „die jeweilige Haftungsvoraussetzung dieselbe ist".
[63] Vgl. BVerfGE 126, 170, 211, 219 zum Verschleifungsverbot bei der Untreue.

3. Willensidentifikation als Rechtsgrund der Vertreterhaftung

Bei der Herleitung einer Vertreterhaftung gem. § 14 StGB muss daher von der nachgeschalteten und daraus (unter zusätzlichen Voraussetzungen) abgeleiteten Existenz einer Vertretenenhaftung gem. § 30 OWiG meines Erachtens abstrahiert werden: In § 14 StGB geht es weder darum, dem Vertretenen Handlungen des Vertreters zuzurechnen (anders als in § 30 OWiG), noch umgekehrt darum, (in Rogalls Worten) „dem Vertreter [...] Eigenschaften oder Verhältnisse des Vertretenen zuzurechnen".[64] Statt einer Zurechnung bestimmter Tatbestandsmerkmale in der einen oder anderen Richtung gilt es bei § 14 StGB zu begründen, weshalb und unter welchen Voraussetzungen ein allein vom Vertretenen erfülltes besonderes persönliches Merkmal in der Person des Vertreters durch ein anderes Merkmal substituiert werden darf. Eine derartige „tatbestandserweiternde (im Sinne einer Erweiterung des Täterkreises) als auch tatbestandsmodifizierende Wirkung (im Sinne einer sinngemäßen Umstellung von Tatbestandsmerkmalen)"[65] kann materiell nur dann gerechtfertigt erscheinen, wenn der Sinn und Zweck, der zur Auferlegung einer strafbewehrten Sonderpflicht an den Vertretenen geführt hat, gleichermaßen auf den Vertreter zutrifft; formell wird eine solche Analogiebildung zu einem bestimmten Tatbestandsmerkmal dann durch § 14 StGB legitimiert.[66]

Der Grund dafür, den für ein bestimmtes Delikt in Betracht kommenden Täterkreis durch besondere persönliche Merkmale zu verengen, besteht darin, dass derartige Merkmale (z.B. die Schuldnereigenschaft) regelmäßig ein besonders intensives Tatmotiv schaffen und deswegen auch ein besonders eindrucksvolles Gegenmotiv in Gestalt einer Strafandrohung erforderlich machen, um das durch ein entsprechendes Delikt ggf. angegriffene Rechtsgut trotzdem zu schützen. Ein Vertreter auf Leitungsebene wird, falls nicht aus autonomem Entschluss, so jedenfalls um seine eigene Vertrauensposition und die damit verbundenen Privilegien nicht zu gefährden, typischerweise so agieren, wie es dem wirklichen oder mutmaßlichen Willen des Vertretenen entspricht. Er bedarf also, um seinen eigenen Willen nicht mit dem Willen des Vertretenen zu identifizieren, auch desselben Gegenmotivs, mit dem bereits auf die Willensbildung des Schuldners einzuwirken versucht wurde, nämlich einer strafbewehrten Sonderpflicht.[67]

Zwar trifft es zu, was Rogall mir vorhält, nämlich dass „auch auf unteren Hierarchieebenen" Normbefolgung erwartet werden darf und Normbrüche aus Anpassung an den Willen des jeweiligen Vorgesetzten zudem praktisch häufig vorkommen.[68] Aus kriminologischer Sicht erscheint die Annahme aber immerhin naheliegend, dass die Identifikation mit einem bestimmten System typischerweise umso unbe-

---

[64] *Rogall* (Fn. 5), S. 374.
[65] *Rogall* (Fn. 1), S. 156.
[66] *Böse* (Fn. 7), § 14 Rn. 4 f.
[67] *Hoyer* (Fn. 19), § 14 Rn. 80.
[68] *Rogall* (Fn. 5), S. 367.

dingter ausfällt, je stärker das persönliche Interesse an der Aufrechterhaltung dieses Systems und der eigenen Stellung innerhalb dieses Systems ausgeprägt ist. Vertreterhaftungsbegründend wirkt also nicht so sehr der Umstand, dass der Vertreter als Repräsentant des Systems sozial mit diesem identifiziert wird, als der Umstand, dass der Vertreter sich persönlich aufgrund seiner Leitungsfunktion besonders mit dem System zu identifizieren geneigt sein wird. Dass im Einzelfall „auch auf unterer Hierarchieebene" eine derartige Identifikation mit dem System erfolgt, vermag mit Rücksicht auf die ultima ratio-Funktion des Strafrechts daher keine täterschaftliche Vertreterhaftung zu begründen. Dies schließt jedoch eine Strafbarkeit Weisungsunterworfener als Teilnehmer eines von ihrem Vorgesetzten begangenen Sonderdelikts mit gem. § 28 Abs. 1 StGB und ggf. § 27 Abs. 2 Satz 2 StGB nochmals herabgesetztem Strafrahmen nicht aus.

Die Erweiterung des Täterkreises durch § 14 StGB beruht folglich darauf, dass jedenfalls Vertreter auf Leitungsebene sich typischerweise den wirklichen oder mutmaßlichen Willen des Vertretenen zu eigen machen. „Als" Vertreter i.S.d. § 14 StGB handelt damit, wer im konkreten Einzelfall tatsächlich diese typischerweise anzutreffende Identifikation des eigenen Verhaltens mit demjenigen des Vertretenen entwickelt, d.h. wirklich oder zumindest mutmaßlich mit dessen Einverständnis handelt.[69] Dem objektiven wirtschaftlichen Interesse des Vertretenen kommt dagegen lediglich als widerlegbares Indiz für dessen entsprechend ausgerichteten mutmaßlichen Willen eine Bedeutung zu.[70]

Letztlich führt diese rechtsdogmatische Herleitung somit genau zu den Ergebnissen, zu denen auch Rogall in seiner „Verteidigung der Interessentheorie"[71] gelangt. Wenn auf diese Weise zusätzlicher, obgleich ungewohnter „neuer Wein" in die „alten Schläuche" der tradierten Interessentheorie geleitet wird, müsste Rogall dies von seinem Anliegen her, der „Interessentheorie beizustehen und sie zu rehabilitieren",[72] doch eigentlich gutheißen können.

---

[69] *Hoyer* (Fn. 19), § 14 Rn. 81.
[70] Ähnlich BGH wistra 2012, 113, 114.
[71] *Rogall* (Fn. 5), S. 366.
[72] *Rogall* (Fn. 5), S. 376.

Tatbestandsmäßigkeit, Rechtswidrigkeit und Schuld – Drei Standorte im juristischen Dilemma „Leben gegen Leben"

Von *Christian Jäger*

Zwei Entscheidungen des Obersten Gerichtshofs der britischen Zone in Strafsachen[1] zur Mitwirkung bei den Gaskammermorden an *einzelnen* Anstaltsinsassen, um dem Zwang zur Vernichtung *aller* zu entgehen, waren Auslöser für die lebhaft diskutierte Frage, ob quantitative oder wenigstens qualitative Gesichtspunkte bei der Abwägung von Leben gegen Leben tatsächlich gänzlich außer Betracht bleiben können.[2] Die Möglichkeit einer Differenzierung der todgeweihten Menschenleben wäre in diesen Fällen unter zweierlei Gesichtspunkten möglich gewesen, die jeweils für sich einem utilitaristischen Zweckdenken Ausdruck verliehen hätten: Zum einen hätte man einen rein quantitativen Standpunkt einnehmen können, wonach die Aufopferung weniger Menschenleben zur Rettung vieler gerechtfertigt sein muss. Zum anderen hätte man aber auch einen qualitativen Gesichtspunkt ins Feld führen können, wonach alle Menschenleben bereits todgeweiht waren, sodass die Rettung der einen nicht als unerlaubte Tötung der anderen in Erscheinung tritt.

Von der ganz h.M. wurden diese Auffassungen jedoch schon damals im Ergebnis zu Recht abgelehnt und die Berufung auf rechtfertigenden Notstand mithin versagt.[3] Demensprechend wurde eine Rechtfertigung auch in einem wenig später von Welzel gebildeten Beispiel abgelehnt, in dem ein Weichensteller die Weiche umstellt, sodass die führerlos auf einen haltenden voll besetzten Personenzug losrasende Lokomotive statt auf diesen in eine kleine Gruppe von Bahnarbeitern hineinfährt und diese tötet.[4] Hier wie im vorher genannten Fall der Tötung von Anstaltsinsassen war es schon die „Willkürlichkeit der menschlichen Auswahl", die die Berufung auf ein Notrecht versagte.[5]

---

[1] OGHBZ 1, 321 und 2, 117.

[2] Vgl. aus der früheren Literatur: *Eb. Schmidt*, SJZ 1949, 559; *Welzel*, MDR 1949, 373; *ders.*, ZStW 63 (1951), 47; *Peters*, JR 1950, 742; *Oehler*, JR 1951, 489; *Klefisch*, MDR 1950, 258; *Lenckner*, Der rechtfertigende Notstand, 1965, S. 29 ff.

[3] Dagegen für eine Rechtfertigung *Brauneck*, GA 1959, 261 (271); *Otto*, Pflichtenkollision und Rechtswidrigkeitsurteil, 3. Aufl. 1978, 109; *Mangakis*, ZStW 84 (1972), 447 (476 f.).

[4] Vgl. *Welzel*, ZStW 63 (1951), 51.

[5] *Maurach/Zipf*, Strafrecht Allgemeiner Teil, Teilband 1, 8. Aufl. 1992, § 33 Rn. 19 ff.

Auch der Jubilar hat sich im Jahre 2008 in seinem Beitrag „Ist der Abschuss von gekaperten Flugzeugen widerrechtlich?"[6] mit der besonders schwierigen Problematik der Tötung zur Rettung von Menschenleben eindringlich befasst. Dies ist ein willkommener Anlass, sich die unterschiedlichen Fälle möglicher Notrechtsverflechtungen im Rahmen eines Festschriftbeitrages zu seinen Ehren noch einmal näher vor Augen zu führen.

I. Tatbestandslose Unterlassungstötung bei durch Pflichtenkollision ausgelöster Unmöglichkeit zur Rettung aller in Gefahr befindlicher Personen

Schon bei der Pflichtenkollision, die dadurch gekennzeichnet ist, dass der Täter zwei Pflichten zu erfüllen hätte, jedoch aus faktischen Gründen nur einer von ihnen nachkommen kann, herrscht Streit über die dogmatische Lösung.

1. Die Situation der Pflichtenkollision

Die Frage einer besonderen Rechtfertigung in Fällen der Pflichtenkollision beschränkt sich nach h.M. auf den Widerstreit gleichwertiger Handlungspflichten.[7] Erst hier kommt die Besonderheit zum Tragen, dass der Täter nicht nur eine Wahl zu treffen hat, sondern er auch in bestimmter Richtung zu handeln verpflichtet ist. Ein reines Geschehenlassen kann ihn nicht entlasten.[8]

Nur für diese Fälle hat sich der Gesetzgeber einer Entscheidung enthalten, sodass es insoweit bei gewohnheitsrechtlicher Normierung und Rechtsfortbildung bleibt. Nun kann es nicht richtig sein, im Falle jeder Pflichtenkollision pauschal auch die Verletzung gleichwertiger Pflichten zu rechtfertigen. Gerechtfertigt ist vielmehr über § 34 StGB hinaus nur eine *Unterlassungstat*, wenn mehrere gleichwertige Rechtspflichten zum Handeln kollidieren.[9] Diese Auffassung entspricht der heute wohl schon herrschenden Lehre.[10]

---

[6] *Rogall*, NStZ 2008, 1 ff.

[7] Vgl. *Otto* (Fn. 3), S. 111; *Lenckner* (Fn. 2), S. 5, 27.

[8] *Maurach/Zipf* (Fn. 5), § 27 Rn. 54.

[9] Vgl. *Küper* JuS 1971, 474.

[10] Maßgeblich ausgehend von *Arm. Kaufmann*, Die Dogmatik der Unterlassungsdelikte, 1959, 137; Schönke/Schröder/*Lenckner/Sternberg-Lieben*, 29. Aufl. 2014, vor §§ 32 ff. Rn. 73; *Lenckner* (Fn. 2), S. 5, 27; *Baumann/Weber/Mitsch/Eisele* Strafrecht Allgemeiner Teil, 12. Aufl. 2016, § 15 Rn. 66 und § 21 Rn. 95 ff.; *Wessels/Beulke/Satzger*, Strafrecht Allgemeiner Teil, 47. Aufl. 2017, Rn. 1035; *Welzel* JZ 1955, 142 (219); vgl. *Schmidhäuser*, Strafrecht Allgemeiner Teil Studienbuch, 2. Aufl. 1984, S. 476; a.A. *Gallas*, FS Mezger, 1953, S. 311; weitergehend *Otto* (Fn. 3), S. 112: Ausdehnung auf detailliert spezifizierte Fälle positiven Tuns.

Für die echte Pflichtenkollision verbleiben daher nur diejenigen Fälle, die sich nicht über § 34 lösen lassen. Dies ist der Fall, wenn der in der Kollision Stehende in einem gleichrangigen Handlungszwang gegenüber unterschiedlichen Betroffenen steht[11] und eine oder mehrere Pflichten durch ein Unterlassen verletzen muss, um eines oder mehrere der anderen gleichrangigen Rechtgüter zu retten. Dies ist nur zu bejahen, wenn der Träger zweier Pflichten sich in eine Lage versetzt sieht, in der er durch Erfüllung der einen Handlungspflicht zwangsläufig die andere Handlungspflicht unerfüllt lassen muss.[12]

Beispiele: Ein an einen Unfallort gerufener Arzt kann nur einen von zwei Schwerverletzten retten. Er entscheidet sich für das jüngere der beiden Opfer. – Nach einem Katastrophenfall werden kurz hintereinander viele Verletzte ins Krankenhaus eingeliefert. Es steht aber nur eine Herz-Lungen-Maschine zur Verfügung, sodass der diensthabende Arzt sich entscheiden muss. Der Arzt entscheidet sich für den ersten eingelieferten Verletzten und rettet diesen. Die anderen sterben, wie der Arzt vorhergesehen hat. – Ein zu einem todkranken Patienten gerufener Arzt kommt zur rechtzeitigen Behandlung zu spät, weil er unterwegs einen bei einem Verkehrsunfall Schwerverletzten versorgen musste.

Jedoch können nicht nur im medizinischen Bereich Kollisionen dieser Art auftreten:

Beispiel: V liegt am Strand. Seine beiden Söhne A und B kentern mit dem Boot und drohen zu ertrinken. V kann lediglich einen von ihnen retten und entscheidet sich alphabetisch für A. B ertrinkt. Im Grundsatz war es V auch möglich, statt des A den B zu retten. Eine Rettungsmöglichkeit bestand mithin. Nicht möglich war es jedoch, beide Kinder vor dem Ertrinken zu retten.

2. Die Rechtsfolgen der echten Pflichtenkollision

a) Die von der h.M. befürwortete Rechtfertigungswirkung

In den unter 1. geschilderten Beispielen kollidieren gleichrangige Handlungspflichten (Rettung der Verletzten bzw. Rettung der Söhne). Grundsätzlich wäre ein garantenpflichtwidriges Unterlassen bei isolierter Betrachtung des jeweils Betroffenen auch tatbestandsmäßig und rechtswidrig, da eine Rechtfertigung nach allgemeinen Notstandsregeln ausscheidet, weil sich Leben gegen Leben gleichrangig gegenüberstehen und eine Differenzierung nach dem Lebenswert der einzelnen Opfer gerade nicht möglich ist.

Das Unterlassen kann aber nach h.M. auch in derartigen Fällen durch Pflichtenkollision legitimiert sein, die einen besonderen Rechtfertigungsgrund bildet (sog.

---

[11] OLG Frankfurt NJW 1970, 674; vgl. *Hruschka* JuS 1979, 385.
[12] *B. Heinrich*, Strafrecht Allgemeiner Teil, 5. Aufl. 2016, Rn. 513; Schönke/Schröder/*Lenckner/Sternberg-Lieben* (Fn. 10), vor §§ 32 ff. Rn. 71.

rechtfertigende Pflichtenkollision).[13] Das Unterlassen der Rettung der Verstorbenen ist daher nach dieser Auffassung in allen Beispielsfällen gerechtfertigt.[14]

b) Die Vorzugswürdigkeit der Annahme einer Tatbestandsausschlusswirkung

Allerdings ist die Auffassung, dass es sich bei der im Gesetz nicht geregelten gleichrangigen Pflichtenkollision um einen Rechtfertigungsgrund handelt, nicht unbestritten. Vielmehr nimmt die Zahl derer zu, die in ihr mit Recht bereits einen Grund für einen Tatbestandsausschluss sehen wollen.[15] Insoweit darf schon unter wertenden Gesichtspunkten nicht übersehen werden, dass dem in der echten Pflichtenkollision Stehenden größere Nachsicht entgegengebracht wird als dem Notstandstäter. Dies äußert sich schon ganz praktisch darin, dass – anders als im rechtfertigenden Notstand – selbst bei Gleichwertigkeit der erfüllten und der verletzten Pflicht keine Bestrafung eintritt.

Insoweit weist die rechtfertigende Pflichtenkollision gegenüber dem rechtfertigenden Notstand den maßgeblichen Unterschied des unausweichlichen Untergangs eines von mehreren *gleichrangigen* Rechtsgütern bei tatsächlicher Unmöglichkeit zur Erfüllung aller Pflichten auf. Diese Konfliktkumulierung lässt es zu, gegenüber dem Verhalten des in Pflichtenkollision Handelnden größere Toleranz zu zeigen als beim allgemeinen Notstandstäter des § 34 StGB, dessen Rechtfertigung vom wesentlichen Überwiegen des geschützten Interesses abhängt.

Dahinter steht die Vorstellung, dass die Rechtsordnung in derartigen Situationen mehr als die Rettung eines der bedrohten Rechtsgüter nicht verlangen kann, da anderenfalls Unmögliches verlangt würde.[16] Es gilt daher der allgemeine Rechtsgrundsatz „ultra posse nemo tenetur".

Dabei ist auch zu berücksichtigen, dass das Unterlassungsdelikt bereits objektiv voraussetzt, dass der Täter die tatsächliche Möglichkeit zur Vornahme der gebotenen Handlung hatte. Insoweit lässt sich in den geschilderten Beispielsfällen zwar bei isolierter Betrachtung gewiss behaupten, dass dem Unterlassenden die jeweils notwen-

---

[13] Vgl. BGHSt 47, 322; *Mangakis*, ZStW 84 (1972), 473; *Arm. Kaufmann*, Unterlassungsdelikte (Fn. 10), 137 f.; *Lackner/Kühl*, Strafgesetzbuch mit Erläuterungen, 28. Aufl. 2014, § 34 Rn. 15; Schönke/Schröder/*Lenckner/Sternberg-Lieben* (Fn. 10), vor § 32 Rn. 73; NK/*Neumann*, 5. Aufl. 2017, § 34 Rn. 124; LK/*Rönnau*, 12. Aufl. 2006, vor § 32 Rn. 116; *Roxin*, Strafrecht Allgemeiner Teil Band 1, 4. Aufl. 2006, § 16 Rn. 118 ff.; *Wessels/Beulke/Satzger* (Fn. 10), Rn. 1035; *Satzger*, Jura 2010, 753; MK/*Schlehofer*, 3. Aufl. 2017, vor § 32 Rn. 127.

[14] Vgl. auch *Joerden*, FS Otto, 2007, S. 331 ff. m.w.N.

[15] Vgl. *Freund*, Strafrecht Allgemeiner Teil – Personale Straftatlehre, 2. Aufl. 2008, § 6 Rn. 95; *ders.*, Erfolgsdelikt und Unterlassen, 1992, 281 ff.; SK/*Hoyer*, 9. Aufl. 2017, vor § 32 Rn. 42 ff.; *Scheid*, Grund- und Grenzfragen der Pflichtenkollision beim strafrechtlichen Unterlassungsdelikt, 2000, 150 ff.

[16] *Kühl*, Strafrecht Allgemeiner Teil, 8. Aufl. 2017, § 18 Rn. 137; *Satzger*, Jura 2010, 754.

dige Handlung zur Rettung der in Gefahr befindlichen Personen möglich war. Jedoch würde eine solche Argumentation außer Acht lassen, dass die Unmöglichkeit zur gleichzeitigen Vornahme beider Handlungen in Wahrheit einen Zurechnungsausschluss begründet. Es stellt nämlich nicht eine dem Täter zurechenbare Verletzung einer Erfolgsabwendungspflicht dar, wenn das Schicksal eine Situation diktiert, in der nur eine von zwei Handlungspflichten erfüllt werden kann. Denn das Recht und insbesondere auch das Strafrecht können keine Verhaltenspflichten auferlegen, deren vollständige Einhaltung dem Einzelnen aus tatsächlichen Gründen unmöglich ist. Da den Täter nämlich ein reines Geschehenlassen keinesfalls entlasten kann, muss hier die Wahrnehmung der einen möglichen Handlung die Pflicht zur Vornahme der anderen von vornherein entfallen lassen. Der eigentliche Grund hierfür besteht darin, dass das Handeln in einer echten Pflichtenkollision in Wahrheit eine besondere Form der Risikoverringerung darstellt,[17] da sich der in der Kollision Stehende vor die Wahl gestellt sieht, unzulässig einem Doppelrisiko seinen Lauf zu lassen oder das Doppelrisiko auf ein Einzelrisiko zu minimieren – tertium non datur. Gerade das Fehlen getrennter Handlungsmöglichkeiten schafft aus der maßgeblichen Sicht des in der Pflichtenkollision Stehenden eine untrennbare Gefahrengemeinschaft für die Betroffenen, ohne dass es auf die Ursache der Gefahren ankommt. Aus der Perspektive des in der Pflichtenkollision Befindlichen liegt daher selbst dann eine für ihn nicht vollständig auflösbare Gefahrengemeinschaft vor, wenn eine Person zu ertrinken droht, während die andere im Begriff steht, von einem Zug überfahren zu werden, und die Rettung nur einer der beiden Personen möglich ist. Gerade die Unmöglichkeit der Rettung beider ist es, die in der konkreten Situation zu einem Zurechnungsausschluss führt. Denn dort, wo das Schicksal den Einzelnen vor eine unlösbare Gesamtaufgabe stellt, kann es diesem nicht zugerechnet werden, wenn er sich zu der ihm allein möglichen Erfüllung einer Teilaufgabe entschließt.

Im Ergebnis, wenn auch nicht in der Begründung, führt dies zu der auch von Roxin im Rahmen der Unterlassungsdelikte vertretenen Auffassung, der zufolge schon die Tatbestandserfüllung abzulehnen ist, wenn der Täter in einer Pflichtenkollision auch nur eine der gebotenen Handlungen vornimmt. Roxin begründet dies damit, dass die Unterlassungsdelikte einen den Tatbestand und die Rechtswidrigkeit umfassenden Gesamtunrechtstatbestand enthalten, bei dem auf dem Tatbestand keine eigenständige Rechtswidrigkeit aufbaut.[18] Eine solche zweite Wertungsebene sei vielmehr unpassend, weil der Täter bei der Rechtfertigung des Unterlassens für das Ausbleiben des Erfolges nicht einzustehen habe und auch nicht davon ausgegangen werden könne, dass sein Unterlassen einem tatbestandsmäßigen Tun entspreche.

Allerdings wird dieses Ergebnis relativiert, wenn Roxin im ersten Teil seines Lehrbuchs noch davon ausgeht, dass es sich bei der Pflichtenkollision um eine „Re-

---

[17] Hierzu bereits *Jäger*, Zurechnung und Rechtfertigung als Kategorialprinzipien im Strafrecht, 2006, 30.
[18] *Roxin*, Strafrecht Allgemeiner Teil Band 2, 2003, § 31 Rn. 204.

gulierung von Interessen und Gegeninteressen" handele.[19] Dadurch wird der Eindruck erweckt, als würden hier gegenläufige Interessen abgewogen. Jedoch fehlt es bei der gleichrangigen Pflichtenkollision gerade an einer solchen Abwägungsmöglichkeit, weil es dort um den Konflikt zweier vollkommen identischer Handlungsgebote geht, von denen nur eines erfüllt werden kann. Auch diese fehlende Abwägungsmöglichkeit spricht für eine Einordnung des Problems auf Tatbestandsebene.[20] Die Unmöglichkeit der Vornahme beider Handlungen nimmt dem Vorgang die Willkürlichkeit.

c) Die verfehlte Einordnung der Pflichtenkollision auf Ebene der Schuld

Weit vom hier vertretenen Standpunkt eines Tatbestandsausschlusses entfernt sich allerdings diejenige Literaturauffassung, die die Pflichtenkollision als Entschuldigungsgrund einstufen will.[21] Begründet wird diese Ansicht vor allem damit, dass demjenigen, dem in einer Pflichtenkollision keine Rettung durch den Handlungspflichtigen zuteil wird, ein Notwehrrecht zur zwangsweisen Durchsetzung seiner eigenen Rettung nicht abgesprochen werden dürfe.

Beispiel: Arzt A kommt an einen Unfallort, an dem zwei Schwerverletzte B und C liegen. Er kann nur eines der beiden Opfer retten und entscheidet sich für die Behandlung des B. Als C dies sieht, zwingt er den Arzt mit Waffengewalt, ihm (C) zu helfen und B sterben zu lassen.

So ordnen etwa Momsen und Savić[22] die hier gegebene Pflichtenkollision nur als Entschuldigungsgrund in der Form eines übergesetzlichen entschuldigenden Notstands ein, um C das Notwehrrecht zur Nötigung des Arztes zu erhalten. Dem ist aber zu widersprechen. Würde man C ein Notwehrrecht zubilligen, so müsste B das gleiche Recht zustehen und auch er könnte den Arzt gerechtfertigt dazu zwingen, dass dieser nicht C zu Hilfe kommt. Wenn sowohl B als auch C bewaffnet sind, könnte dies dazu führen, dass beide im Ergebnis jede Rettung blockieren könnten. Dieses Teufelskreisargument zeigt, dass eine bloße Entschuldigung das Rechtsinstitut der Pflichtenkollision im Ergebnis ad absurdum führen würde. Verhindert werden kann dies nur, wenn der in der Pflichtenkollision Stehende tatbestandslos oder zumindest gerechtfertigt eine der beiden Rettungen unterlassen kann. Der davon Betroffene hat diese Entscheidung hinzunehmen, sodass ihm kein Rechtfertigungsgrund zur Seite steht, der auf Änderung des einmal gefassten Rettungsentschlusses

---

[19] *Roxin* (Fn. 13), § 14 Rn. 41 und § 16 Rn. 115, wo die Pflichtenkollision noch als Rechtfertigungsgrund begriffen wird.

[20] Wie hier im Ergebnis auch SK/*Hoyer* (Fn. 15), vor § 32 Rn. 42 ff., der die Pflichtenkollision jedoch nicht als Zurechnungsausschlussgrund, sondern als negatives Tatbestandsmerkmal begreift.

[21] So etwa BeckOK-StGB/*Momsen/Savić*, StGB, 35. Edition 2017, § 34 Rn. 24; *Jescheck/Weigend*, Strafrecht Allgemeiner Teil, § 33 V 2; NK/*Paeffgen/Zabel*, 5. Aufl. 2017, vor § 32 Rn. 174; *Fischer*, StGB, 65. Aufl. 2018, vor § 32 Rn. 11.

[22] Vgl. BeckOK-StGB/*Momsen/Savić* (Fn. 21), § 34 Rn. 24.

des Arztes zielen könnte. Möglich bleibt vielmehr im Beispielsfall allein eine Entschuldigung des C nach § 35 StGB, wenn er den Arzt mit Waffengewalt zu zwingen versucht, eine Hilfeleistung zugunsten des B zu unterlassen.

II. Aktive Tötung kraft eines berechtigten Unterlassens des Einsatzes des eigenen Lebens zur Rettung anderer

1. Der verfehlte Schluss vom Abhängigkeitsverhältnis auf einen rechtfertigenden Defensivnotstand

Fälle der im Folgenden zu schildernden Art weisen eine strukturell andere Problematik auf als die soeben geschilderte Pflichtenkollision. Hier könnte der Handelnde das Leben des anderen retten oder zumindest noch etwas verlängern, jedoch ist dies nur unter Einsatz seines eigenen Lebens möglich. Anschaulich zeigt dies ein Beispiel von A. Merkel:[23] Bergsteiger A, der als einziger dem Sturz in die Gletscherspalte entronnen ist, kappt das Seil und kann auf diese Weise gerade noch verhindern, dass er von den am unteren Ende des Seils hängenden Kletterern mit tödlicher Wirkung in die Tiefe gezogen wird. Auch hier liegt gerade keine Willkürlichkeit der Handlung vor, weil der oben Verbliebene vor der Wahl steht, sich mit den anderen in die Tiefe reißen zu lassen oder wenigstens sein eigenes Leben zu retten.

In der Literatur wird hier ein Zurücktreten des Interesses des von der Notstandshandlung Betroffenen unter den Gesichtspunkten des „Defensivnotstands" diskutiert.[24] Die dabei erörterten Fallkonstellationen rechtfertigen nach h.M. ein solches Zurücktreten, weil hier der Rechtsgedanke des § 228 BGB greift. Jedoch ist die Ausweitung des § 34 StGB nicht unumstritten,[25] da das Erfordernis des wesentlichen Überwiegens auf diese Weise eine nicht zu unterschätzende Modifikation erfährt.[26] Unter Defensivnotstand wird dabei eine Situation verstanden, in der die zu beseitigende Gefahr von demjenigen ausgeht, in dessen Rechtssphäre auch mit der Rettungshandlung eingegriffen wird.[27]

Unter den Begriff des durch Menschen ausgelösten Defensivnotstands hat Roxin neben der eben benannten Konstellation vier weitere besondere Anwendungsfälle zusammengefasst: Nichthandlungen, sorgfaltsgemäße Handlungen, die Perforation und den erst bevorstehenden Angriff.[28] Entgegen der insbesondere von Hruschka[29]

---

[23] *A. Merkel*, Die Kollision rechtmäßiger Interessen und die Schadensersatzpflicht bei rechtmäßigen Handlungen, 1895, 48.
[24] Näher dazu Schönke/Schröder/*Perron*, 29. Aufl. 2014, § 34 Rn. 30 mit eingehenden Nachw.
[25] Vgl. *Lackner/Kühl* (Fn. 13), § 34 Rn. 9; *Jakobs*, Strafrecht Allgemeiner Teil, 2. Aufl. 1991, 13/22.
[26] Vgl. ausführlich *Roxin*, FS Jescheck, 1985, S. 468 ff.
[27] *Kühl* (Fn. 16), § 8 Rn. 134.
[28] *Roxin*, FS Jescheck, 1985, S. 457 ff.

vertretenen Auffassung hält Roxin in diesen Fällen eine eigene Rechtsfigur des übergesetzlichen Defensivnotstands außerhalb der Regelung des § 34 StGB für überflüssig und unzulässig, da sich die diskutierten Fallgruppen im Rahmen des § 34 StGB ausreichend lösen lassen.[30]

Tatsächlich wird man bei der Abwägung Art und Ursprung der Gefahr nicht unberücksichtigt lassen dürfen. Hat derjenige, in dessen Rechtsgüter eingegriffen wird, die Gefahr selbst herbeigeführt, ist dies – nach dem Rechtsgedanken des § 228 BGB – im Rahmen der Interessenabwägung zu berücksichtigen. Wie beim defensiven Notstand des § 228 BGB genügt es dann, wenn der angerichtete Schaden gegenüber dem abgewendeten nicht außer Verhältnis steht.[31]

Mit diesem Ansatz war auch der Spanner-Fall einer akzeptablen Lösung zuzuführen. Dort war ein Voyeur immer wieder in ein Haus eingedrungen, um den dort wohnenden Eheleuten zuzusehen, wie sie schliefen: Der Schuss auf den Flüchtenden, mit dem der Ehemann schließlich den gesundheitlich extrem belastenden und unerträglich gewordenen „Besuchen" des Eindringlings ein Ende setzen wollte, stand nicht außer Verhältnis (obwohl sich bei isolierter Betrachtung die Gesundheit des Spanners und die Gesundheit der Eheleute gegenüberstanden), weil in die Rechtsgüter dessen eingegriffen wurde, der die Dauergefahr für die betroffenen Ehegatten durch seine nächtlichen voyeuristischen Hausbesuche geschaffen hat. Auch der BGH hat im Spanner-Fall eine Lösung über § 34 StGB für wohl vorzugswürdig gehalten, diese Frage aber offengelassen, da die Körperverletzung des Voyeurs durch Abgabe des gezielten Schusses auf das Gesäß im konkreten Fall jedenfalls nach § 35 StGB entschuldigt gewesen sei.[32] Jedoch war dieser Rückgriff auf § 35 StGB in Wahrheit überflüssig, weil sich eine Rechtfertigung schon nach den Grundsätzen des Defensivnotstandes unter Heranziehung des Rechtsgedankens des § 228 BGB ergab.[33]

Fraglich bleiben allerdings die sonstigen von Roxin genannten Fallgruppen in ihrer Zuordnung zum Gesichtspunkt des Defensivnotstandes. Denn derjenige, der Gefahren zuordnet, formuliert prinzipiell Zuständigkeit[34] und dies ist in den von Roxin genannten Fallgruppen hochproblematisch. Insbesondere gilt dies für den Fall der Perforation:

Beispiel: Gynäkologe G stellt nach Beginn der Eröffnungswehen fest, dass das Kind wegen einer angeborenen Hydrozephalie (Wasserköpfigkeit) nicht durch den Geburtskanal der Mutter passt. Da ein Kaiserschnitt bei der Mutter nicht in Frage kommt, weil diese

---

[29] *Hruschka*, NJW 1980, 21 f.

[30] *Roxin*, FS Jescheck, 1985, S. 457 (468 ff.).

[31] *Freund*, AT (Fn. 15), 3/81; *Gropp*, Strafrecht Allgemeiner Teil, 4. Aufl. 2015, 6/137; *Wessels/Beulke/Satzger* (Fn. 10), Rn. 461 m.w.N.; vgl. auch SK/*Günther*, 7. Aufl. 1998, § 34 Rn. 82, für den es nicht um einen bloßen Abwägungsfaktor, sondern um einen spiegelbildlichen Abwägungsmaßstab geht.

[32] BGH NJW 1979, 2053; *Kühl* (Fn. 16), 8/23.

[33] Vgl. *Hruschka*, NJW 1980, 22.

[34] *Jakobs* (Fn. 25), 13/22 Fn. 44.

wegen einer besonderen körperlichen Konstitution nicht operiert werden kann, entschließt sich der Arzt mit Zustimmung der Mutter, den Kopf des Kindes operativ mit tödlicher Wirkung zu eröffnen und das Leben der Mutter auf diese Weise zu retten.

Roxin entscheidet sich hier für eine Anwendung des § 34 StGB zugunsten der Mutter, obwohl er einräumt, dass hier Leben gegen Leben steht.[35] Unter dem Blickwinkel des Defensivnotstandes ist diese Entscheidung fraglich. Denn man wird nicht einmal ohne weiteres davon ausgehen können, dass das Kind hier die Gefahr für die Mutter verursacht hat. Zwar könnte man geneigt sein, davon zu sprechen, dass die Gefahr vom Kinde ausgeht, weil dieses die Fehlbildung aufweist, die seine natürliche Geburtsunfähigkeit zur Folge hat. Jedoch wäre diese Argumentation schon dann problematisch, wenn es sich dabei etwa um einen von den Eltern weitergegebenen Gendefekt handelt. Ganz abgesehen davon wird man für eine Anwendung des Gedankens des Defensivnotstandes über bloße Verursachung hinaus ein Verschulden der Notstandslage fordern müssen. Und schließlich ist der Gedanke des Defensivnotstandes bei der Abwägung von Leben gegen Leben auch grundsätzlichen Bedenken ausgesetzt. Denn der Rechtsgedanke des § 228 BGB, der einen Notstand zulässt, wenn der Schaden nicht außer Verhältnis zu der Gefahr steht, ist bei der Abwägung von Höchstwerten von vornherein wenig passend, da man diese letztlich nicht ins Verhältnis setzen kann. Vielmehr steht die Vernichtung von Leben grundsätzlich außer Verhältnis.[36] So lässt sich etwa im Spanner-Fall ein Zurücktreten des Interesses des Voyeurs nach dem Rechtsgedanken des § 228 BGB deshalb vertreten, weil es beim Schuss in die Flanke des Spanners nicht um den Vergleich von Höchstwerten ging. Vielmehr standen sich dort die körperliche Unversehrtheit des Betroffenen und die Gesundheit des von den nächtlichen Visiten heimgesuchten Ehepaars gegenüber. Dementsprechend konnte man davon ausgehen, dass die Verletzung des Spanners wegen der durch ihn selbst geschaffenen Gefahr nicht außer Verhältnis stand. Demgegenüber steht die Vernichtung menschlichen Lebens zumindest prinzipiell außer Verhältnis, sodass sich dieser Erfolg grundsätzlich nicht ins Verhältnis setzen lässt.

Aus den genannten Gründen sollte der Gedanke des § 228 BGB entgegen dem Vorschlag *Roxins* auch bei Nichthandlungen keine Geltung beanspruchen können.

Beispiel[37]: B ist in seinem Lieferwagen aufgrund eines Herzinfarkts bewusstlos geworden und rast eine abschüssige Strecke auf eine Klippe zu. An dieser Klippe steht B mit seinem

---

[35] *Roxin*, FS Jescheck, 1985, S. 457 (475 ff.).
[36] In diesem Sinne auch HKGS/*Duttge*, 4. Aufl. 2017, § 34 Rn. 20; SK/*Hoyer* (Fn. 15), § 34 Rn. 45 ff.; Schönke/Schröder/*Perron* (Fn. 24), § 34 Rn. 24 a.E.; LK/*Zieschang*, 12. Aufl. 2006, § 34 Rn. 74a; *Rengier*, AT, 9. Aufl. 2017, § 19 Rn. 39; vgl. zur Fragwürdigkeit des Defensivnotstandsarguments etwa beim Schwangerschaftsabbruch auch *Merkel*, Forschungsobjekt Embryo, 2002, 93 ff. A.A. aber *Roxin* (Fn. 13), § 16 Rn. 75 ff., der den Rechtsgedanken durchaus auch in Fällen der Abwägung Leben gegen Leben heranzieht.
[37] Zu diesem Beispiel *Roxin*, FS Jescheck, 1985, 471; der Fall geht zurück auf *A. Merkel*, Die Kollision rechtmäßiger Interessen und die Schadensersatzpflicht bei rechtmäßigen Handlungen, 1895, 48.

Auto, das A mit seinem Lieferwagen aufhalten würde, jedoch käme B dann mit an Sicherheit grenzender Wahrscheinlichkeit zu Tode. Deshalb gibt B Gas und fährt ein Stück nach vorn, wodurch er (B) sein eigenes Leben rettet, den A jedoch durch Sturz über die Klippe dem Tode preisgibt.

Hier stellt die Fahrt des B angesichts seiner Bewusstlosigkeit eine Nichthandlung dar. Gerade deshalb ist die Anwendung des Rechtsgedankens des Defensivnotstandes auch hier fragwürdig. Denn auch in diesem Beispielsfall ist B allenfalls ein blinder Kausalfaktor, ohne dass ihm ein Verschulden vorzuwerfen wäre.

2. Das Unterlassungselement aus natürlicher Abhängigkeit

Dennoch dürfte die Anwendung des § 34 StGB in Fällen der Perforation und in Konstellationen der Abwehr von Nichthandlungen im Ergebnis zutreffend sein. Jedoch liegt der Grund dafür in Wahrheit darin, dass die geschilderten Fälle ein Unterlassungselement aufweisen. In beiden Fällen hängt nämlich das Überleben (des Hydrozephalus wie des Bewusstlosen) vom lebensaufopfernden körperlichen Einsatz eines Dritten ab. Gerade zu einem solchen Einsatz kann aber keine Verpflichtung bestehen. Richtiger dürfte es daher in Fällen der Perforation und der Nichthandlung sein, auf das Recht des Einzelnen hinzuweisen, einen tödlichen Einsatz des eigenen Körpers zugunsten Dritter zu unterlassen. Deshalb kann die Mutter im Sinne eines Unterlassens den Lebensschenkungsprozess[38] zugunsten des eigenen Kindes abbrechen, wenn dies mit eigenen Lebensgefahren verbunden wäre. Die Perforation unterscheidet sich vom Fall der für das Ungeborene tödlichen Notwehr gegen eine angreifende Schwangere (ausführlich dazu noch unten III.) dadurch, dass das Kind hier anders als im Fall der Notwehr gegen Schwangere eine Gefahr für die Mutter darstellt[39] und aus dem Rechtsgedanken des § 218a StGB ein Vorrang des Lebensrechts der Mutter abgeleitet werden kann. Denn im Falle der Perforation kommt diese Vorschrift nur deshalb nicht zur Anwendung, weil die Eröffnungswehen bereits begonnen haben. Dies hindert aber nicht daran, den Rechtsgedanken des § 218a StGB bei der Abwägung innerhalb des § 34 StGB dennoch zu berücksichtigen. Und dieser Rechtsgedanke besteht darin, dass auch der Schwangerschaftsabbruch ein Unterlassungselement in sich trägt, da der Mutter zumindest bei gegebener Indikation das Recht eingeräumt wird, sich selbst nicht weiter für die Austragung der Schwangerschaft zur Verfügung zu stellen.[40] Eine Rechtfertigung nach § 34 StGB sollte daher

---

[38] Wenn es bei *Roxin* (Fn. 13), § 16 Rn. 70, heißt, dass der „Mutter, die dem Kinde das Leben schenkt ... das Opfer des Lebens ... nicht angesonnen werden" kann, so trägt auch dieses Bild mehr den hier vertretenen Unterlassungsansatz als den Gedanken des Defensivnotstandes. Denn durch dieses Bild wird durchaus anschaulich vermittelt, dass bei der Perforation in Wahrheit der Lebensschenkungsprozesses von der Mutter zur eigenen Rettung abgebrochen wird.

[39] Vgl. *Rogall*, NStZ 2008, 2.

[40] Siehe zu diesem Unterlassungsgedanken auch BVerfG NJW 1993, 1774 (abw. Meinung der Richter *Mahrenholz* und *Sommer*).

auch im Falle der Perforation unabhängig davon möglich sein, ob die Probleme in der Geburt auf Anomalien des Kindes oder auf einer „geburtsunfreundlichen" Konstitution der Mutter beruhen.[41] Dabei sind es gerade die Gesichtspunkte des bestehenden Abhängigkeitsverhältnisses und des hierauf gegründeten Unterlassungselements (Nichteinsatz des eigenen Körpers zur Aufrechterhaltung des Lebens des anderen), die eine Rechtfertigung nach § 34 StGB tragen.

In gleicher Weise kann A es im soeben geschilderten Beispielsfall des den Abhang hinunterrasenden Lastwagens unterlassen, sich als Rammbock mit für ihn tödlichen Wirkungen zur Verfügung zu stellen, indem er Gas gibt und sich aus der Gefahrenzone begibt. Wertungsmäßig kann es insoweit keinen Unterschied machen, ob A es unterlässt, mit seinem Wagen zurückzusetzen, um die tödliche Fahrt des B zu stoppen, oder ob er nach vorne fährt und die Rettung des B dadurch unterlässt. In beiden Fällen liegt ein Nichteinsatz des eigenen Körpers und Lebens vor, zu dem der von der Gefahr Betroffene berechtigt sein muss.

In gleicher Weise ist daher auch das bereits oben herangezogene Bergsteigerbeispiel von A. Merkel zu lösen. Auch dieser Fall trägt ein Unterlassungselement in sich.[42] Denn die in der Gletscherspalte befindlichen Bergsteiger hängen von dem oben befindlichen ab und es kann niemandem die Pflicht auferlegt werden, seinen eigenen Körper mit tödlicher Wirkung zum Wohle anderer einzusetzen. Daher ist es auch nicht richtig, wenn in der Literatur mit Blick auf die Notwehrprobe darauf hingewiesen wird, dass A kein Recht zustehen dürfe, das Leben der unten Hängenden zu beenden, und den unten Hängenden auch nicht das Recht abgesprochen werden dürfe, ihre auch noch so geringe Restlebenszeit z. B. durch einen Schuss oder die Androhung eines Schusses auf den über ihnen hängenden A zu verteidigen. Denn die Notwehrprobe versagt hier nur scheinbar. In Wahrheit ist es richtig, wenn die unten Hängenden kein Recht haben, den oben mit letzten Kräften das Seil Haltenden durch Anwendung von Waffengewalt zu zwingen, das Seil noch ein paar Sekunden länger zu halten, sei es auch um den Preis, sich kurze Zeit später mit in die Tiefe reißen zu lassen, weil dann nicht mehr genügend Zeit verbleibt, das Seil zu kappen. Es genügt hier, den in der Gletscherspalte Hängenden eine Entschuldigung nach § 35 StGB zuzubilligen, wenn sie den oben befindlichen Kletterer mit Waffengewalt davon abhalten wollen, das Seil zu durchtrennen. Wer dem oben Befindlichen in solchen Fällen dagegen nur einen entschuldigenden Notstand zubilligen möchte,[43] der gerät in Schwierigkeiten, wenn Dritte ins Geschehen eingreifen. Denn wenn die unten Hängenden ein Notwehrrecht nach § 32 StGB haben, während dem oben Verbliebenen nur ein entschuldigender Notstand zusteht, dann müsste ein Dritter ein Nothilferecht haben, das Durchtrennen des Seils zu verhindern, und er wäre berechtigt, auf diese Weise zu bewirken, dass alle Kletterer sterben – ein absurdes Ergebnis! Richtiger dürfte es sein, dem Dritten weder ein Nothilferecht für die unten Hängen-

---

[41] Vgl. aber *Ladiges*, ZIS 2008, 137.
[42] Näher dazu bereits *Jäger*, ZStW 115 (2003), 771 f.
[43] So etwa *Wessels/Beulke/Satzger* (Fn. 10), Rn. 466.

den noch für den oben Verbliebenen zuzubilligen. Dies aber liegt daran, dass es bei dem Dritten gerade am Unterlassungselement aus gegebener Abhängigkeit fehlt. Denn der außenstehende Dritte ist gerade nicht gezwungen, seinen eigenen Körper für das Leben anderer einzusetzen. Dem Dritten sollte man daher tatsächlich nur einen übergesetzlichen entschuldigenden Notstand analog § 35 StGB zubilligen. Er könnte daher durch Tötung der unten Hängenden verhindern, dass alle in der Gefahrengemeinschaft befindlichen Bergsteiger in den Tod stürzen. Dies führt nicht dazu, dass der Dritte durch weitere Beobachter wiederum von seiner Tat im verantwortungsausschließenden Notstand abgehalten werden könnte. Denn wie sogleich noch zu zeigen sein wird, müssen Dritte für die Tat im (übergesetzlichen) entschuldigenden Notstand Verständnis zeigen, sodass ein Nothilferecht kraft sozialethischen Ausschlusses ausscheidet.

Um an der Inkommensurabilität des Lebens festhalten zu können, erscheint eine Argumentation auf der Basis des den geschilderten Fällen innewohnenden Unterlassungselements vorzugswürdig. Es ergibt sich dann ein seinsstruktureller Unterschied, durch den immer dann ein Unterlassungselement anzuerkennen ist, wenn das eine Leben vom anderen abhängt, wie dies im Fall der Perforation, des rasenden Transporters, aber auch im Beispiel des in die Gletscherspalte gefallenen Kameraden der Fall ist, den der oben Verbliebene durch Kappen des Seils dem Tode preisgibt, um sich selbst zu retten. Auch in diesem Fall wird vielfach eine Rechtfertigung nach § 34 StGB befürwortet. Gegründet wird dies entweder auf den Gesichtspunkt des Defensivnotstandes, wonach das Interesse des unten hängenden Bergsteigers zurücktreten müsse, weil er durch die Schwerkraft der Auslöser der Gefahr sei, oder aber es wird darauf hingewiesen, dass die Interessen des unten Hängenden hier für eine Rechtfertigung des das Seil Haltenden zurücktreten müssten, weil „sich das fremde Leben ohnehin allenfalls noch kurzfristig erhalten ließe, dadurch aber das eigene Leben ebenfalls unrettbar verloren ginge"[44]. Beide Argumente können aber im Ergebnis nicht überzeugen. Denn die Schwerkraft als Zuständigkeitsfaktor in die Waagschale zu werfen, ist schon deshalb wenig plausibel, weil darin kein Aggressions*verhalten* gesehen werden kann, das eine Übertragung des Rechtsgedankens des § 228 BGB rechtfertigen könnte. Aber auch der Gesichtspunkt des ohnehin verlöschenden Lebens kann für sich gesehen eine Notstandsrechtfertigung nicht tragen, weil dieser Gesichtspunkt auch auf Fälle der Gefahrengemeinschaft zutrifft und den in einer Gefahrengemeinschaft Befindlichen dazu berechtigen müsste, den anderen, ebenfalls in der Gefahr Schwebenden aktiv zu töten, um sich aus der gemeinsamen Gefahr zu retten. Denn dann könnte etwa A den B gerechtfertigt aus einem Heißluftballon werfen, wenn dieser nur noch einen der beiden bis zum rettenden See tragen kann. Dies aber wäre eine ganz und gar untragbare Konsequenz. Maßgeblich kann daher nur der Gesichtspunkt sein, dass jedermann das Recht haben muss, den eigenen Einsatz seines Körpers zur Erhaltung eines anderen Lebens zu unterlassen, auch wenn dies nur durch ein aktives Tun (hier etwa das Kappen des Seils) verwirklicht werden kann.

---

[44] Vgl. SK/*Hoyer* (Fn. 15), § 34 Rn. 49; ebenso MK/*Erb*, 3. Aufl. 2016, § 34 Rn. 127; NK/*Neumann* (Fn. 13), § 34 Rn. 76.

3. Die Rechtsfigur des gerechtfertigten aktiven Tuns durch berechtigtes Unterlassen

Ich habe diese Auffassung in anderer Form bereits im Jahre 2003 vertreten,[45] bin damals aber noch davon ausgegangen, dass es sich in den geschilderten Fällen um Anwendungsbeispiele der Rechtsfigur des Unterlassens durch Tun handelt, sodass wertungsmäßig etwa in der Perforation (aber auch in der Abtreibung) sowie im Davonfahren mit dem Fahrzeug, um nicht als todbringender Rammbock für den LKW zu dienen, oder aber auch im Durchschneiden des Seils, das zur Folge hat, dass die in der Gletscherspalte Hängenden mit tödlicher Wirkung abstürzen, jeweils nur eine Unterlassungstat zu sehen ist. Heute möchte ich diese Schlussfolgerung nicht mehr ziehen. Vielmehr handelt es sich bei genauerer Betrachtung um ein „aktives Tun, das seine Rechtfertigung aus einem berechtigten Unterlassen" bezieht, d.h. um eine aktive Handlung (aktives tödliches Eröffnen des Kopfes des Hydrocephalus, um die Mutter zu retten; aktives Gasgeben, um sich selbst aus der Gefahrenzone zu bringen; aktives Durchtrennen des Seils, um nicht mit in die Tiefe gerissen zu werden). Dieses aktive Tun verliert aber jeweils seinen Unrechtsgehalt durch inhärentes berechtigtes Unterlassen. In allen geschilderten Fällen ist es daher ein Recht zum Unterlassen des Einsatzes des eigenen Körpers, das zur aktiven Tötung berechtigt. Insofern nimmt die Befugnis zum Unterlassen dem aktiven Tötungsgeschehen den Unrechtsgehalt. So wie bei der Notwehr ein unberechtigtes Unterlassen (z. B. das unberechtigte Unterlassen des schonenden Umgangs mit einem Angreifer nach schuldhafter Provokation) das Unrecht der aktiven Tat erzeugen kann, so kann das berechtigte Unterlassen einer Rettung durch Einsatz des eigenen Lebens dem aktiven Tötungsgeschehen den Unrechtsgehalt entziehen.

Dies ist immer dann der Fall, wenn das Leben des zu Rettenden vom Leben einer anderen Person abhängt und sich diese nicht bereit erklärt, sich unter Inkaufnahme ihres eigenen Todes oder eigener schwerer Verletzungen aufzuopfern. Durch diese Eingrenzung, die in der seinsstrukturellen Abhängigkeit des einen Lebens von dem anderen ihre Berechtigung findet, ergibt sich ein naturalistischer Anknüpfungspunkt, der eine Rechtfertigung der jeweiligen Tötungshandlungen trägt (so hängt das Leben des Kindes vom Schenkungsakt der Mutter ab und nicht umgekehrt; im Lkw-Fall hängt das Leben des bewusstlos gewordenen Lkw-Fahrers vom Verbleib des an der Klippe stehenden Fahrzeuglenkers ab; und im Bergsteiger-Fall hängt das Leben des unten Hängenden von dem oben stehenden Halter des Seils ab). Nur wenn diese Abhängigkeitsverhältnisse zur Bedingung einer Rechtfertigung gemacht werden, wird einer Ausuferungsgefahr und einer damit verbundenen unangemessenen Ausweitungstendenz bei § 34 StGB hinreichend begegnet.

---

[45] Näher *Jäger*, ZStW 115 (2003), 766 ff.

Dieses Abhängigkeitsverhältnis ist im Übrigen bereits von der Amerikanerin Judith Jarvis Thomson[46] in die Debatte über die Zulässigkeit der Abtreibung an Hand des berühmten Geiger-Falls eingeführt worden, den sie wie folgt schildert:

> „Stellen wir uns vor: Sie wachen eines Morgens auf und finden sich Rücken an Rücken im Bett mit einem bewusstlosen Geiger. Einem berühmten bewusstlosen Geiger. Man hatte herausgefunden, dass er an einer tödlichen Nierenkrankheit litt. Der Verein der Musikliebhaber hat alle erreichbaren medizinischen Unterlagen untersucht und festgestellt, dass nur Sie den richtigen Bluttyp haben. Also haben die Sie gekidnappt, und letzte Nacht wurde der Blutkreislauf des Geigers an Ihren angeschlossen, so dass Ihre Nieren Schadstoffe aus seinem Blut filtern können genau wie aus Ihrem. Der Chef der Klinik sagt Ihnen: ‚Tut uns Leid, dass diese Musikliebhaber Ihnen das angetan haben: Hätten wir davon gewusst, hätten wir das nie erlaubt. Aber jetzt, wo sie's getan haben, ist der Geiger an Sie angeschlossen. Ihn abzukoppeln hieße, ihn zu töten: und das können wir nicht tun. Aber seien Sie unbesorgt, das ist nur für 9 Monate. Dann wird er sich von seiner Krankheit erholt haben und kann ohne Schaden von Ihnen abgekoppelt werden.' Tja, was nun? Was, wenn der Arzt nicht von 9 Monaten, sondern von 9 Jahren gesprochen hätte? Oder für den Rest Ihres Lebens? Alle Personen haben ein Recht auf Leben, und Geiger sind Personen. Natürlich haben Sie das Recht zu entscheiden, was in und an ihrem Körper passieren soll, aber das Lebensrecht des Geigers wiegt schwerer. Also können Sie nie losgekoppelt werden. Wäre das überzeugend?"

Die Frage, die Thomson hier stellt, gibt die Antwort bereits vor: Es wäre nicht überzeugend! Niemand hat seinen Körper als Mittel zum Lebenserhalt anderer einzusetzen. Dort, wo Leben von Leben abhängt und die Fortsetzung der eigenen Rettung aufgrund dieser Verbindung mit der Vernichtung des anderen Lebens verknüpft ist, kann daher kein Anspruch des Abhängigen auf Einsatz des fremden Körpers zur Fortsetzung der eigenen Lebenserhaltung gefordert werden. Umgekehrt hat derjenige, von dem das Leben des Anderen abhängt, ein Recht auf Lösung der lebensrettenden Verbindung, die nur durch seinen Körper aufrechterhalten wird. Übrigens erkennt die h.M. ein Recht auf Verweigerung des Einsatzes der eigenen Körperlichkeit zur Lebenserhaltung Dritter sogar bei weitaus geringeren Eingriffen an. So wird etwa sogar bei einer notwendigen Bluttransfusion ein Recht auf Weigerung eines potentiellen Blutspenders unter Hinweis darauf bejaht, dass eine Pflicht zum Einsatz des eigenen Körpers mit Blick auf Art. 1, 2 GG nicht besteht, sodass das persönliche Opfer einer Blutspende auch nicht Gegenstand einer allgemeinen Hilfspflicht nach § 323c StGB sein kann[47] und daher auch ein entsprechendes Recht auf Verweigerung gewährt wird. Dann muss aber ein solches Recht auf Weigerung erst recht bestehen, wenn das Leben der einen Person vom tödlichen Einsatz des eigenen Körpers durch einen anderen abhängt.

---

[46] *Thomson*, Judith Jarvis, A defense of abortion, in: Philosophy and Public Affairs, 1971, 47 ff.

[47] Vgl. *Wessels/Beulke/Satzger* (Fn. 10), Rn. 474.

III. Die lediglich entschuldigte Tötung im Lebenskonflikt bei fehlendem Abhängigkeitsverhältnis

Nur scheinbare Parallelen finden sich auch unter den Stichworten „Flugzeugabschuss zur Rettung von Menschenleben" oder „Notwehr gegen Schwangere"[48].

Die Diskussion um die Möglichkeit einer gerechtfertigten Tötung Unschuldiger hat durch das Luftsicherheitsgesetz vom 15.1.2005[49] neue Impulse erhalten. Daran ändert auch die durch das BVerfG[50] ausgesprochene Nichtigerklärung der Vorschrift, die eine gerechtfertigten Abschuss vorsah (§ 14 Abs. 3 LuftSiG), nichts. Es bleibt nämlich weiterhin die Frage, ob die unmittelbare Einwirkung auf Luftfahrzeuge mit Waffengewalt nach § 34 StGB zulässig ist, wenn nach den Umständen davon auszugehen ist, dass diese gegen das Leben von Menschen eingesetzt werden sollen und die Waffengewalt das einzige Mittel zur Gefahrenabwehr ist.[51] Im Hinblick auf Art. 2 Abs. 2 Satz 3 GG ist weniger der Fall problematisch, in denen der Betroffene, etwa der Terrorist, die Gefahr verursacht hat, weil er die Maschine entführt hat.[52] Ihm gegenüber ist vielmehr schon ein Nothilferecht nach § 32 StGB gegeben. Höchst zweifelhaft ist aber die Situation, soweit ein Rechtfertigungsgrund für den Abschuss etwa des Flugzeuges auch dann erwogen wird, wenn mit der Maschine auch Menschen abgeschossen würden, die unschuldig in die Situation geraten sind, weil ihr Flugzeug entführt wurde (was regelmäßig der Fall sein dürfte).

Hier ist die Situation in Wahrheit nicht wesentlich anders als in den Fällen der Verteidigung gegen eine Schwangere. Bildlich gesprochen befinden sich die unschuldigen Passagiere im Bauch des Flugzeugs, so wie sich das unschuldige Kind im Bauch der Mutter befindet. Die Tatsache, dass die im Flugzeug befindlichen Passagiere wenige Sekunden oder Minuten später ohnehin beim Absturz des Flugzeuges sterben werden, während die Bewohner des Hochhauses oder die Besucher des Stadions eine Überlebenschance haben, wenn es nicht zu dem gewollten Aufprall des Flugzeuges kommt, kann nichts daran ändern, dass eine Rechtfertigung des Flugzeugabschusses gegenüber den Passagieren in diesen Fällen ausgeschlossen ist.

Das BVerfG hat insofern zu Recht die Auffassung vertreten, dass durch eine Rechtfertigung des Abschusses gegenüber den Passagieren die Nicht-Täter an Bord des Flugzeuges zum Objekt degradiert würden. „Sie werden dadurch, dass ihre Tötung als Mittel zur Rettung anderer benutzt wird, verdinglicht und zugleich entrechtlicht; indem über ihr Leben von Staats wegen einseitig verfügt wird, wird den als Opfer selbst schutzbedürftigen Flugzeuginsassen der Wert abgesprochen, der dem Menschen um seiner selbst willen zukommt."[53] Im Übrigen hat das BVerfG

---
[48] Zu diesem Fall *Mitsch*, JR 2006, 453 und *Ladiges*, JR 2007, 106.
[49] BGBl. I, 78.
[50] BVerfGE 115, 118.
[51] Vgl. *Sinn*, NStZ 2004, 585; *Hartleb*, NJW 2005, 1397.
[52] *Hartleb*, NJW 2005, 1401.
[53] BVerfGE 115, 118 Rn. 124.

gerade offengelassen, wie ein gleichwohl vorgenommener Abschuss und eine auf ihn bezogene Anordnung strafrechtlich zu beurteilen wären.[54] Richtigerweise wird man in solchen Fällen eine Entschuldigung des Piloten, der sich für einen Abschuss und damit für eine Tötung der Passagiere entscheidet, aufgrund übergesetzlichen entschuldigenden Notstands analog § 35 StGB zulassen müssen, da sich Passagiere und die Bewohner des Hochhauses, in das das Flugzeug gesteuert werden soll, in einer Gefahrengemeinschaft befinden, die den Piloten vor eine dem § 35 StGB vergleichbare Konfliktlage stellt.

> *Beispiel:* Die schwangere B will den A erstechen. A gelingt es gerade noch rechtzeitig, der B zuvorzukommen und sie zu erschießen. Ihm ist dabei bewusst, dass die B hochschwanger ist und die Leibesfrucht ebenfalls getötet wird. Eine andere Möglichkeit der Verteidigung gab es jedoch nicht, da wegen der Gefährlichkeit des Angriffs die Zeit für eine kontrollierte, nicht tödliche Schussabgabe fehlte.

Während einige in diesem Fall im Hinblick auf die Tötung der Leibesfrucht (§ 218 StGB) den rechtfertigenden Notstand nach § 34 StGB unter dem Gesichtspunkt des Gütervorrangs anwenden wollen,[55] bemühen andere nach dem Rechtsgedanken des § 228 BGB eine Rechtfertigung aus Defensivnotstand wegen Zurücktretens der Interessen des ungeborenen Kindes.[56] Für letztgenannten Weg hat sich auch der Jubilar entschieden, wenn es bei ihm heißt: „… auch hier ist der Angegriffene keinesfalls verpflichtet, sich umbringen zu lassen, wenn er sein Leben nur um den Preis einer Tötung der Schwangeren retten kann. Die Tötung der Angreiferin ist dann durch § 32 StGB gerechtfertigt, während die (zu unterstellen: gleichzeitig unvermeidbare) Tötung der Leibesfrucht (§ 218 I 1 StGB) nur nach den Grundsätzen des Defensivnotstandes gerechtfertigt werden kann. Dass die Leibesfrucht für den Angriff der Schwangeren ‚nichts kann', taugt auch hier nicht als Argument. Man darf den Verteidiger auch nicht auf einen entschuldigenden Notstand (§ 35 StGB) verweisen, denn dies würde das Recht eines Dritten auf Leistung von Nothilfe zugunsten der Leibesfrucht unberührt lassen mit der Folge, dass der Angegriffene auf jeden Fall verloren wäre. Das kann nicht rechtens sein."[57]

Rogall spricht in dieser Passage mit der Frage, ob die Tötung unschuldigen Lebens ausnahmsweise gerechtfertigt sein muss, um ein Nothilferecht Dritter zu erhalten, einen entscheidenden Gesichtspunkt an.

Aber weshalb, so fragt man unwillkürlich, soll der Dritte zugunsten des unschuldig Angegriffenen ein Nothilferecht besitzen, nicht aber zugunsten des für den Angriff der Mutter unschuldigen Kindes? Der Grund hierfür könnte allenfalls in einem Überwiegen des Lebensrechts des von der Schwangeren Angegriffenen oder in der

---

[54] BVerfGE 115, 118 Rn. 130.
[55] Vgl. etwa *Mitsch*, JR 2006, 453.
[56] NK/*Neumann* (Fn. 13), § 34 Rn. 91 f.
[57] *Rogall*, NStZ 2008, 4.

Zuordnung von Verantwortung bzw. wenigstens Zuständigkeit des Kindes für den Angriff liegen.

Beide Erklärungsversuche sind aber problematisch, da ein wesentliches Überwiegen des Lebensrechts des Angegriffenen gegenüber dem bereits werdenden Leben des Kindes kaum begründbar erscheint. Sehr deutlich wird dies, wenn man sich das Kind als kurz vor der Geburt befindlich vorstellt. Es kann keinen Unterschied machen, ob der Angriff und damit die Verteidigung kurz vor oder direkt nach Beginn der Eröffnungswehen erfolgt. Aber auch eine Verantwortung oder eine Zuständigkeit des Kindes für die Situation ist nicht erkennbar, sodass nicht einzusehen ist, weshalb die Rechte des Verteidigers aus dem Gedanken des § 228 BGB Vorrang haben sollten. Erweiterte Eingriffsrechte gegenüber dem Gefahrenurheber beruhen darauf, dass dieser für die von ihm geschaffene Gefahr verantwortlich ist. Eine solche „Verantwortlichkeit" im weiteren Sinne kann in der vorliegenden Konstellation aber nicht angenommen werden, weil nicht das Kind, sondern allein die Mutter angreift und die bloße biologische Verbindung keine rechtliche Zurechnung erzeugen kann. Wollte man dies anders sehen, so würde man die personale Eigenständigkeit des Kindes im Mutterbauch leugnen.

Im Übrigen wären eine derartige Relativierung des Stellenwerts ungeborenen Lebens sowie eine Reduktion der Anerkennung der Individualität des Embryos mit der Rechtsprechung des BVerfG letztlich unvereinbar. Denn das BVerfG hat ausdrücklich betont, dass die Individualität bereits in diesem frühen Entwicklungsstadium anzuerkennen und dem werdenden Leben ein von der Mutter losgelöster (!) Schutz zu gewähren sei.[58] Auch dieser klare Standpunkt des BVerfG spricht daher im Ergebnis dagegen, Mutter und Kind als Angriffseinheit zu betrachten.

Richtiger dürfte es deshalb hier sein, nur von einer Entschuldigung nach § 35 StGB auszugehen. Wenn der Verteidiger nicht anders handeln kann, um die Gefahr von sich abzuwenden, ist die Tat (§ 218 StGB) gegenüber dem Kind nach § 35 StGB entschuldigt (gegenüber der Mutter ist ohnehin eine Notwehrrechtfertigung nach § 32 StGB zu bejahen).

Überlegungen zu einem Parallelfall zeigen, dass die Entschuldigungslösung vorzugswürdig ist. Dazu folgendes

Beispiel: Ein Attentäter, der sich in einem Haus verschanzt hat, kettet eine Frau (vergleichbar mit der Nabelschnur eines Kindes) an sich. Mit ihr an seiner Seite stürmt er mit einem Beil auf die vor dem Haus positionierten Polizisten zu. Er hofft, noch so viele Polizisten wie möglich töten zu können. Sollten die Polizisten seinem Angriff durch Schüsse zuvorkommen, hofft er, dass die Geisel wenigstens mit ihm stirbt. Tatsächlich kommt es so. Die Polizisten müssen zu ihrem Schutz auf den Angreifer feuern, sind sich aber bewusst, dass sie auch die an den Attentäter gekettete Geisel möglicherweise töten werden.

---

[58] Vgl. BVerfGE 39, 1 (41 f.); aber auch BVerfGE 88, 203, 252 u. 267; zusammenfassend *Berghäuser*, Das Ungeborene im Widerspruch, 2015, 58 ff., 117 ff.

Niemand würde hier lediglich aufgrund der Verbindung zu dem Attentäter eine Rechtfertigung der Polizisten gegenüber der Geisel annehmen. Ebenso würde man kein Notwehrrecht gegenüber dem von der Angreiferin auf dem Arm getragenen Kind bejahen. Daraus wird aber deutlich, dass die Lösung auch bei der angreifenden schwangeren Mutter keine andere sein kann. Denn das Ungeborene ist nicht weniger unschuldig als die Geisel oder das bereits geborene, auf dem Arm getragenen Kind, sodass eine gerechtfertigte Tötung des Embryos nicht in Frage kommt. Wer dies anders sieht, der müsste zugestehen, dass es am Ende doch die Geringerschätzung des werdenden Lebens ist, die ihn in Wahrheit zur Rechtfertigungslösung drängt. Das aber lässt sich angesichts der hohen Potentialität werdenden Lebens kaum vertreten.

So bleibt allerdings am Ende der vom Jubilar gegen die Entschuldigungslösung als Hauptargument erhobene Einwand, dass auf diese Weise ein Nothilferecht Dritter, das eine Erschießung des nur entschuldigten Angegriffenen erlauben könnte, verhindert werden müsse (sog. Notwehr- bzw. Nothilfeprobe). Jedoch ist gegenüber diesem auf den ersten Blick schlagend erscheinenden Argument einzuwenden, dass ein solches Nothilferecht in Wahrheit nicht existiert. Denn § 35 StGB beruht nach richtiger Auffassung auf einem gesellschaftlichen Verständnis für den im Konflikt stehenden Täter. Dieses Verständnis hat ein unbeteiligter Dritter als Ausschnitt der Gesellschaft zu teilen, sodass dessen Nothilferecht einem sozialethisch begründeten Ausschluss unterliegt. Dabei ist das Zurücktreten des Notwehrrechts gegenüber einem entschuldigten oder in der Schuld geminderten Angreifer von der h.M. sogar anerkannt. Allerdings werden hier vorwiegend Fälle genannt, in denen der Angreifer einem Irrtum unterliegt oder sonstige Gründe bestehen, wie etwa eine starke Alkoholisierung oder eine nicht gegebene Altersreife des Angreifers (etwa bei einem kindlichen Aggressor), die zu einer Beschränkung des Notwehrrechts führen können. In einem solchen Fall hat sich der Angegriffene zunächst auf Möglichkeiten der Flucht, sodann auf Schutzwehr zu beschränken, ehe er zu Mitteln der Trutzwehr übergehen darf. Wenig diskutiert wird dagegen bis heute die Zurückdrängung des Nothilferechts im Falle einer Entschuldigung des Verteidigers nach § 35 StGB. Richtigerweise wird man hier das Nothilferecht Dritter noch weitergehend beschränken müssen, als dies etwa bei Angriffen Schuldunfähiger oder in der Schuld Geminderter der Fall ist. Der Grund hierfür besteht darin, dass eine Zuständigkeit des Angegriffenen, sofern ein Fall des § 35 Abs. 1 S. 1 StGB vorliegt, nicht angenommen werden kann. Dies ergibt sich letztlich auch aus § 35 Abs. 1 S. 2 StGB, der einen Verantwortungsausschluss nur dann verneint, wenn die Notstandslage von dem Täter verursacht wurde. Dies kann man jedoch beim Angriff einer Schwangeren gerade nicht annehmen. Dort wird die gegenüber dem Kind entschuldigende Notstandslage allein von der schwangeren Angreiferin verschuldet. Dann richtet sich aber der Verantwortungsausschluss des mit tödlicher Wirkung gegenüber dem Kind handelnden Täters nach § 35 Abs. 1 S. 1 StGB, weshalb ihm auch Dritte das in dieser Norm zum Ausdruck gebrachte gesellschaftliche Verständnis entgegenbringen müssen. Dies sollte dann aber Anlass zu einem vollständigen Ausschluss und nicht nur zu einer Reduzierung des Notwehrrechts geben, wie sie in sonstigen Fällen des schuldlosen oder in der Schuld geminderten Angreifers gilt. Denn bei einem schuldlos irrenden Angreifer oder bei einem alkoholisierten bzw. kindlichen Aggressor wird man zumindest von einer, wenn auch möglicherweise nicht rechtlichen, so doch jedenfalls von einer tatsächlichen Zuständigkeit für die Notwehr- bzw. Nothilfelage sprechen können. Dagegen fehlt es bei einem lebensgefährlich Angegriffenen selbst an der objektiven Zurechenbarkeit der Lage, innerhalb derer sich der Täter nach § 35 StGB auch zur Tötung des unschuldigen Kindes gezwungen sieht. Würde man dem Täter hier eine Restverantwortung aufbürden, so würde dies nicht nur dem Grundgedanken des § 35 Abs. 1 S. 2 StGB widersprechen, sondern zu Unrecht auch einen Teil der Verantwortung von der Angreiferin auf den Angegriffenen verschieben.

Erst dort, wo der Notstandstäter die Notstandslage selbst verschuldet hat, endet nach § 35 Abs. 1 S. 2 StGB das gesellschaftliche Verständnis. Dies kann dann freilich auch zur Folge haben, dass das Nothilferecht Dritter in einer solchen Situation – wenn auch mit den üblichen Einschränkungen gegenüber entschuldigten Personen – gegeben sein kann.

Beispiel: Hat etwa A einen Brand schuldhaft verursacht und versucht er sich nun durch Tötung eines Dritten aus der Brandgefahr zu bringen (etwa indem er einer anderen im Bereich des Brandherdes befindlichen Person B gewaltsam einen Eimer Wasser entreißt, mit dem sich dieser gerade zum Schutz vor dem Feuer übergießen wollte), so wird man einem Dritten durchaus ein Nothilferecht zugunsten des B gewähren müssen. Denn da die Gesellschaft in solchen Fällen kein Verständnis für den Täter aufbringt, kann dies auch einem Dritten nicht abverlangt werden.

Freilich sind all diese Fragen bislang viel zu wenig diskutiert worden. Jedoch zeigt sich, dass die sozialethischen Gesichtspunkte, die § 35 StGB prägen, letztlich auf die sozialethischen Einschränkungen des Notwehrrechts entsprechend durchschlagen. Der Fall des nach § 35 StGB entschuldigt Angreifenden unterscheidet sich also von dem Angreifer, dessen Schuld nach § 20 StGB ausgeschlossen ist. Denn letztgenannter Angreifer ist nicht aus einem gesellschaftlichen Verständnis für eine Konfliktlage entschuldigt, sondern kraft seines krankhaften Zustands, der ihn das Unrecht der Tat nicht erkennen lässt. Deshalb ist ihm gegenüber ein – wenn auch eingeschränktes – Nothilferecht zu bejahen.

Wendet man sich wieder dem Fall der angreifenden Schwangeren zu, so ergibt sich nach dem hier vertretenen Standpunkt jedoch ein sozialethischer Ausschluss des Nothilferechts Dritter, gerade weil § 35 StGB als auf sozialethischen Gründen beruhender Verantwortungsausschließungsgrund zu einer Zurückdrängung des Nothilferechts im Rahmen des Gebotenen führt.

Allerdings bleibt auch danach zu fragen, ob ein solcher Ausschluss des Nothilferechts selbst für den Vater des werdenden Kindes zu gelten hätte. Im Ergebnis wird man auch dies bejahen müssen. Denn als Teil der Gesellschaft müsste grundsätzlich auch der Vater für die Situation des Angegriffenen Verständnis aufbringen. So gesehen liegt eine Situation vor, in der weder der Angegriffene mit Blick auf die Tat am ungeborenen Kind noch der Vater mit Blick auf die Tat gegenüber dem von der Schwangeren Angegriffenen gerechtfertigt wäre. Vielmehr wäre auch der Vater, sofern er sein werdendes Kind durch Erschießung des Verteidigers rettet, lediglich nach § 35 StGB entschuldigt. In dieser Situation, die durch die Existenz zweier Entschuldigungsgründe gekennzeichnet ist (§ 35 StGB zugunsten des Angegriffenen mit Blick auf die Tötung des ungeborenen Kindes und andererseits § 35 StGB zugunsten des Vaters des Kindes bei Tötung des von der Mutter Angegriffenen zur Rettung seines ungeborenen Kindes), wäre es wiederum Dritten nicht erlaubt, einen der beiden Kontrahenten im Wege der Nothilfe zu erschießen, da gegenüber beiden der Gesichtspunkt des gesellschaftlichen Verständnisses und damit der Zurückdrängung des Nothilferechts eingreifen würde. Dies ist aber auch nur folgerichtig, da man Dritten anderenfalls auf Rechtfertigungsebene das Recht einräumen würde, Schicksal zu spielen.

Insgesamt zeigt sich aber, dass der Gesichtspunkt des Ausschlusses des Nothilferechts nicht notwendig gegen eine Entschuldigungslösung im Fall der angreifenden Schwangeren spricht, da in Wahrheit ein solches Nothilferecht für Dritte nicht existiert.

Zwar könnte man im Falle der angreifenden Schwangeren zugunsten eines Nothilferechts des Kindesvaters gegenüber dem sich gegen die Mutter Verteidigenden anführen, dass dieser eine Rechtspflicht zum Handeln gegenüber dem Kind aus § 13 StGB hat. Jedoch ist das Merkmal der Gebotenheit sowohl in § 13 StGB als auch in § 32 StGB verankert, sodass eine Gebotenheit sowohl der Handlung zugunsten des Kindes als auch der Verteidigung zu Lasten des von der Mutter Angegriffenen ausgeschlossen ist, wenn gesellschaftliches Verständnis für den Täter die Gebotenheit ausschließt. Dies mag zunächst seltsam erscheinen. Aber wenn der Staat die Strafgewalt für die Gesellschaft ausübt, dann haben sich dem auch Dritte und sogar Angehörige zu beugen. Vergleichbar gilt dies aber auch auf Unrechts- und Schuldebene. Wenn der Staat für Taten nach § 35 StGB Verständnis zeigt, dann haben sich dem Dritte und sogar Angehörige auf Rechtfertigungsebene ebenfalls zu beugen. Ihnen bleibt dann ihrerseits nur ein entschuldigtes Handeln auf Basis des § 35 StGB.

Betrachtet man die Dinge auf diese Weise, dann könnte sogar das Notwehrrecht des von einer Tat nach § 35 Abs. 1 S. 1 StGB selbst Betroffenen in Frage gestellt werden. Jedoch wird man ihm gegenüber ein Recht auf Notwehr gegen den nach § 35 StGB Handelnden nicht ausschließen können. Denn als Selbstbetroffener ist er gerade nicht in einer Situation, in der er Verständnis für den anderen aufbringen muss, da er kein außenstehender, das Geschehen beobachtender Teil der Gesellschaft ist. Das Kind im Mutterbauch der angreifenden Schwangeren hätte daher gegen den ihm gegenüber nach § 35 StGB entschuldigten Notstandstäter ein theoretisches Notwehrrecht, zu dessen Ausübung es aus biologischen Gründen freilich auch nicht in der Lage wäre. Ebenso hätten die Passagiere gegenüber dem Kampfpiloten, der das Flugzeug abschießt, um tausend Menschen in einem Hochhaus zu retten, ein Notwehrrecht nach § 32 StGB, wenn sie sich zur Wehr setzen könnten. Ihnen kann kein gesellschaftliches Verständnis abverlangt werden, gerade weil sie in der akuten Notsituation selbst von der Tat betroffen sind. Allenfalls wären sie auf eine Beschränkung der Notwehr nach den üblichen Grundsätzen zu verweisen. Damit zeigt sich, dass letztlich lediglich ein Ausschluss des Nothilferechts, nicht aber des Notwehrrechts angezeigt ist.

Das Gemeinte sei hier noch einmal verdeutlicht an einem

Abschlussbeispiel: Ein Fährmann, der 50 Kinder – sämtlich Nichtschwimmer – über den Fluss bringt, bemerkt, dass sein Floß ein Leck hat und er nur noch maximal 25 der Kinder auf die andere Seite des Flusses bringen kann. Der Fährmann entschließt sich daher 25 Kinder mit tödlicher Wirkung in den Fluss zu werfen, um wenigstens die anderen retten zu können.

Hier ist der Fährmann nach ganz h.M. mit Blick auf die Tötung der 25 Kinder kraft übergesetzlichen entschuldigenden Notstands analog § 35 StGB von Strafe befreit. Soll hier tatsächlich ein am Ufer stehender bewaffneter Mann den Fährmann in Nothilfe erschießen dürfen, um das Leben der 25 Kinder noch kurzzeitig zu verlängern? Niemand würde dies ernsthaft wollen. Dann aber muss das dem Fährmann in § 35 StGB entgegengebrachte Verständnis als sozialethischer Ausschluss des Nothilferechts auf § 32 StGB durchschlagen. Lediglich den betroffenen Kindern könnte in einem solchen Fall ein Notwehrrecht aus § 32 StGB nicht versagt werden.

Vergleichbar ist daher letztlich auch der Fall des Abschusses von Flugzeugen zu entscheiden. Auch hier entfällt eine mögliche Rechtfertigung des Abschusses über § 34 StGB. Denn gegen eine solche Rechtfertigungslösung spricht – wie im Fall der angreifenden Schwangeren – entscheidend, dass ein wesentliches Überwiegen der Lebensinteressen der Hochhausinsassen gegenüber denjenigen der Passagiere nicht formulierbar ist. Darüber hinaus lässt sich aber auch eine Zuständigkeit der unschuldigen Passagiere für die Gefahrenlage nicht begründen. Zwar befinden sich die Passagiere im Bauch des Flugzeugs ebenso wie sich das Kind im Bauch der angreifenden Mutter befindet.[59] Jedoch begründet dies hier wie dort aus den bereits oben genannten Gründen keine Verantwortlichkeit der jeweils unschuldigen Personen. Insofern ist dem BVerfG darin Recht zu geben, dass mit einer Gleichsetzung der unschuldigen Passagiere und dem Flugzeug als eingesetztem Terrormittel eine Verdinglichung einhergehen würde,[60] die mit der in Art. 1 GG geschützten Menschenwürde unvereinbar wäre.[61] Nach der hier vertretenen Auffassung ist daher der Kampfpilot bei seiner Entscheidung über den Abschuss auf die Möglichkeit einer über die gesetzlichen Entschuldigungsgründe hinausgehenden Entschuldigung in Analogie zu § 35

---

[59] Vgl. zu dieser Parallele *Rogall*, NStZ 2008, 4.
[60] Vgl. BVerfG 115, 118 m. Anm. *Starck*, JZ 2006, 417; ebenso *Schenke*, NJW 2006, 736; dagegen aber *Isensee*, FS Jakobs, 2007, S. 205.
[61] Vgl. *Dreier*, JZ 2007, 261; *Mitsch*, GA 2006, 11; *Roxin*, ZIS 2011, 552; *Streng*, FS Stöckel, 2010, S. 135; *Stübinger*, ZStW 123 (2011), 403; dagegen aber *Hörnle*, FS Herzberg, 2008, S. 570; *Ladiges*, JuS 2011, 879; *Rogall*, NStZ 2008, 1.

Abs. 1 S. 1 StGB zurückgeworfen. Auch hier würde sich für Dritte, sofern sich der Kampfpilot für einen Abschuss entscheidet, kein Nothilferecht ergeben, da der übergesetzliche entschuldigende Notstand ebenfalls auf einem gesellschaftlichen Verständnis für den Täter gründet. Nur so lässt sich die Analogie zu § 35 StGB überhaupt erklären.

Alle hier unter III. genannten Fälle verdeutlichen jedenfalls, dass eine Rechtfertigung der Tötung von Menschen in einer Gefahrengemeinschaft selbst dann ausscheiden muss, wenn diese Tötung dem Ziel der Rettung eines Teils der in Gefahr befindlichen Personen dient. Dies gilt jedenfalls dann, wenn die Tötung kein Unterlassungselement in sich trägt (dazu oben II.). Vielmehr kommt in solchen Konstellationen fehlender seinsstruktureller Abhängigkeit des einen Lebens vom anderen allenfalls ein Verantwortungsausschluss in Betracht. Dies ist auch der Grund, weshalb die eingangs geschilderten Fälle der Mitwirkung von Ärzten an der Vergasung *einzelner* Anstaltsinsassen, um dem Zwang zur Vernichtung *aller* zu entgehen, keiner Rechtfertigung zugänglich waren.

IV. Schlussbetrachtung

Die hier angestellten Überlegungen sollten zeigen, dass es sich lohnt, über Kollisionslagen und deren strafrechtliche Bewältigung intensiver nachzudenken. Rogall selbst hat schwierige Überlegungen dieser Art niemals gescheut. Dies zeigt sein Beitrag aus dem Jahre 2008[62] mit den darin enthaltenen Erwägungen zu einer möglichen Rechtfertigung eines Flugzeugabschusses zur Rettung von Menschenleben. Gerade darin, dass die hier vorgetragenen Ergebnisse mit den Lösungen, zu denen der Jubilar damals gekommen ist, nicht vollständig übereinstimmen, zeigt sich, dass die literarische Auseinandersetzung auf dem Gebiet der unterschiedlichen Notrechtsverflechtungen unverändert bedeutsam bleibt. Rogall, dem dieser Beitrag mit den herzlichsten Glückwünschen zu seinem 70. Geburtstag gewidmet ist, hat den dafür erforderlichen wissenschaftlichen Diskurs immer wieder mit klugen Beiträgen vorangetrieben, ohne dabei jemals die praktischen Auswirkungen der jeweiligen Rechtsfragen aus den Augen zu verlieren.

---

[62] *Rogall*, NStZ 2008, 1 ff.

Humanitäres Handeln –
ein strafrechtlicher Freiraum

Von *Joachim Kretschmer*

I.

„Journalist als Schleuser verurteilt" lautete im Februar 2017 eine Zeitungsüberschrift. Ein schwedischer Reporter hatte während seiner journalistischen Arbeit einen 15jährigen syrischen Jungen in Griechenland getroffen: „Nimm mich mit dir" waren dessen Worte. Der Journalist brauchte ein paar Minuten, um Bedeutung und Tragweite dieser Bitte zu verstehen. Dann beschloss er, den Jungen mit nach Schweden zu nehmen. Der Junge hatte offenbar vor, auf einen fahrenden Lkw zu springen, um nach Schweden zu gelangen. „Kann ich wirklich zurückschauen in dem Wissen, dass ich diesem Jungen nicht geholfen habe, der drauf und dran war, sein Leben zu riskieren?" Der Journalist entschloss sich, zusammen mit seinem Kameramann und seinem Dolmetscher dem syrischen Jungen zu helfen. Sie begleiteten ihn auf seiner Reise von Griechenland mit Auto, Fähre und Zug nach Schweden. Ein Gericht in Malmö verurteilte die drei Helfer wegen Menschenschmuggels. Die Strafe betrug die Ableistung von 75 Sozialstunden und zwei Monate Haft auf Bewährung. Die Richterin erkannte, dass die Gruppe aus humanitären Gründen gehandelt hat. Sie wies aber auch darauf hin, dass der Junge in anderen Ländern des Schengenraums genauso sicher gewesen wäre wie in Schweden. Der Junge hat nach den Berichten inzwischen ein dauerhaftes Bleiberecht in Schweden erhalten, seine Familie durfte nachkommen.

Das ist nur eine kleine Geschichte aus dem großen Gebiet der Migration und der Flüchtlingspolitik, ein kleines Zeichen der Humanität. Aber ist das humanitäre Handeln des Journalisten wirklich strafbar? Wie wäre das nach dem deutschen Strafrecht?

II.

Im deutschen Strafrecht ist zuerst an § 96 AufenthG zu denken: Einschleusen von Ausländern. Unter Strafe stehen die Anstiftung und die Beihilfe zur unerlaubten Einreise nach § 95 Abs. 1 Nr. 3 oder Abs. 2 Nr. 1 a) AufenthG und Anstiftung und Beihilfe zum unerlaubten Aufenthalt nach § 95 Abs. 1 Nr. 1 oder Nr. 2 oder Abs. 1a oder

Abs. 2 Nr. 1 b) oder Nr. 2 AufenthG. Es bedarf demnach zum einen einer Schleuserhandlung als Anstiftung und Beihilfe zur unerlaubten Einreise oder zum unerlaubten Aufenthalt als Haupttat. Zum anderen ist für § 96 AufenthG ein Schleusermerkmal beim Täter erforderlich. § 96 Abs. 1 Nr. 1 AufenthG nennt als Schleusermerkmal das Erhalten oder Sichversprechenlassen eines Vorteils und das wiederholte Handeln und das Handeln zugunsten mehrerer Ausländer. § 96 Abs. 1 Nr. 2 AufenthG nennt als Schleusermerkmal den Erhalt oder das Sichversprechenlassen eines Vermögensvorteils. Das ist kompliziert und es wird nicht einfacher, da die strafrechtlichen Normen in § 95 AufenthG auf die verwaltungsrechtlichen Vorschriften der unerlaubten Einreise und des unerlaubten Aufenthalts verweisen. Durch § 96 AufenthG werden nach allgemeinen Regeln strafbare Teilnahmehandlungen an den dort in Bezug genommenen Haupttaten bei Erfüllung der Schleusermerkmale als selbständige täterschaftlich begangene Taten unter Strafe gestellt. Trotz dieser Verselbständigung gelten für die Tathandlungen des § 96 Abs. 1 AufenthG die allgemeinen Regeln der Teilnahme einschließlich des Grundsatzes der limitieren Akzessorietät.[1] Die Strafbarkeit nach § 96 AufenthG setzt eine vorsätzliche rechtswidrige, nicht notwendig strafbare Haupttat des Geschleusten voraus.

Da der Journalist im Beispiel kein Schleusermerkmal erfüllt, scheidet eine vergleichbare Strafbarkeit nach § 96 AufenthG von vornherein aus. Das wäre anders, wenn er zwei – zwei gilt als mehrere[2] – Flüchtlingen bei der Flucht und Einreise geholfen hätte. Im Vordergrund steht bei § 96 AufenthG das eigennützige Handeln des Schleusers. Er erhält oder lässt sich einen Vorteil oder einen Vermögensvorteil versprechen. Durch dieses eigennützige Element lassen sich humanitär begründete Handlungen bereits dem Wortlaut nach weitgehend aus § 96 AufenthG herausnehmen. Anders ist das dagegen, wenn der humanitäre Helfer wiederholt oder zugunsten mehrerer Ausländer zu der unerlaubten Einreise anstiftet oder Hilfe leistet. Zu beachten ist, dass dieses Schleusermerkmal der Wiederholung oder der Personenmehrheit nicht für die Teilnahme am unerlaubten Aufenthalt in § 96 Abs. 1 Nr. 2 AufenthG gilt. Daher ist die ärztliche Hilfe von medizinischen Hilfsorganisationen oder der Sprachunterricht oder auch die Unterbringung in Wohnungen zugunsten von Menschen, die sich unerlaubt in Deutschland aufhalten, nicht nach § 96 Abs. 1 Nr. 2 AufenthG strafbar, sofern das eben nicht eigennützig – Vermögensvorteil – geschieht. Die Schleusertatbestände des § 96 AufenthG knüpfen an die Haupttaten der unerlaubten Einreise, des unerlaubten Aufenthalts sowie an das Erschleichen bzw. Gebrauchen von erschlichenen Aufenthaltstiteln und Duldungsbescheinigungen gemäß § 95 AufenthG an. Das geschützte Rechtsgut ist damit jedenfalls teilweise mit dem des § 95 AufenthG identisch. Die Strafvorschrift des § 95 AufenthG dient – wie die Vorschriften des besonderen Ausländerstrafrechts allgemein, zu denen neben den Straftatbeständen des AufenthG auch die des Asylgesetzes und des Freizügigkeitsgesetzes/EU gehören – der Durchsetzung der sich aus den verwal-

---

[1] Siehe BGH NJW 2017, 1624; NK-Ausländerrecht/*Fahlbusch* (2. Aufl., 2016) § 96 Rn. 12 ff.

[2] So BGH NStZ 2004, 25; NK-Ausländerrecht/*Fahlbusch* (Fn. 1) § 96 Rn. 31.

tungsrechtlichen Vorschriften dieser Gesetze ergebenden Verhaltenspflichten.[3] Sie verfolgt damit als unmittelbaren Schutzzweck die Stabilisierung der verwaltungsrechtlichen Ordnungssysteme, insbesondere die Kontroll- und Steuerungsfunktion des ausländerrechtlichen Genehmigungsverfahrens. Mittelbar werden dadurch auch die materiellen Interessen des AufenthG, namentlich die Zuzugskontrolle, die Identitätskontrolle, die Arbeitsmarktkontrolle und die politische Kontrolle geschützt. Die Vorschriften des § 96 AufenthG dienen ebenfalls unmittelbar der Kontroll- und Steuerungsfunktion des ausländerrechtlichen Genehmigungsverfahrens.[4] In den Schleusermerkmalen erkennt man rechtspolitisch einen teleologischen Bezug zur Schleuserkriminalität als Teil der Organisierten Kriminalität.[5] Humanitär motiviertes Handeln und Hilfe zu einem menschenwürdigen Dasein haben diesen kriminalpolitischen Bezug nicht und fallen daher aus dem weiten Schutzbereich des § 96 AufenthG heraus.

Aber wenn § 96 AufenthG als Delikt tatbestandlich nicht einschlägig ist, kann man auf die allgemeine Teilnahme der Anstiftung und Beihilfe zu den allgemeinen Strafvorschriften des § 95 AufenthG zurückgreifen. § 96 AufenthG hat keine Sperrwirkung gegenüber der allgemeinen Teilnahme an § 95 AufenthG.[6] Der 15jährige syrische Junge begeht bei einer Einreise nach Deutschland eine Tat nach § 95 Abs. 1 Nr. 3 AufenthG, wenn er entgegen § 14 Abs. 1 Nr. 1 oder Nr. 2 AufenthG in das Bundesgebiet einreist. § 14 Abs. 1 Nr. 1 und Nr. 2 AufenthG bestimmen, dass die Einreise eines Ausländers in das Bundesgebiet unerlaubt ist, wenn er einen erforderlichen Pass oder Passersatz nach § 3 Abs. 1 nicht besitzt oder aber den nach § 4 erforderlichen Aufenthaltstitel nicht besitzt. Viele Flüchtlinge, die Krieg, Not, Hunger, Armut, Verfolgung entfliehen, schmeißen ihre Ausweispapiere weg, um ihre Identität zu verbergen und ihre Rückführung oder Abschiebung zu erschweren oder zu verhindern – ein verständlicher Grund. § 4 AufenthG enthält die möglichen Aufenthaltstitel, vor allem das Visum nach § 6 AufenthG. Die Verwaltungsakzessorietät des Strafrechts ist erkennbar: §§ 96, 95, 14, 4, 6 AufenthG. Da der syrische Junge keinen Aufenthaltstitel hat, erfüllt er den Tatbestand des § 95 Abs. 1 Nr. 3 AufenthG. Strafbar macht er sich jedoch nicht. Dem steht Art. 31 GFK entgegen – Abkommen über die Rechtsstellung der Flüchtlinge. Das Bestrafungsverbot nach Art. 31 GFK bestimmt ausdrücklich § 95 Abs. 5 AufenthG. Art. 31 Abs. 1 GFK enthält ein Strafverbot wegen unrechtmäßiger Einreise oder Aufenthalts gegen Flüchtlinge, die unmittelbar aus einem Gebiet kommen, in dem ihr

---

[3] So BeckOK-AuslR/*Hohoff* (13. Edition: 1.2.2017) § 95 AufenthG vor Rn. 1; MüKo/*Gericke* (StGB, 2. Aufl., 2013) § 95 AufenthG Rn. 1

[4] So MüKo/*Gericke* (Fn. 3) § 96 AufenthG Rn. 1.

[5] So MüKo/*Gericke* (Fn. 3) § 96 AufenthG Rn. 9.

[6] So BGH NStZ 1999, 409; BeckOK-AuslR/*Hohoff* (Fn. 3) § 96 AufenthG vor Rn. 1; *J. Kretschmer* Ausländerstrafrecht (2012) Rn. 247; MüKo/*Gericke* (Fn. 3) § 95 AufenthG Rn. 12, 45; Bergmann/Rennert/*Winkelmann* Ausländerrecht (11. Aufl., 2016) § 95 AufenthG Rn. 28; anders: *Möller* StV 2010, 249; NK-Ausländerrecht/*Fahlbusch* (Fn. 1) § 96 Rn. 45 in Fußnote 101.

Leben oder ihre Freiheit im Sinne von Artikel 1 bedroht waren und die ohne Erlaubnis in das Gebiet der vertragsschließenden Staaten einreisen oder sich dort aufhalten. Das Pönalisierungsverbot des Art. 31 ist Kern des internationalen Flüchtlingsrechts. Die dogmatische Einordnung des Strafverbots nach Art. 31 GFK ist umstritten. Man könnte an eine spezifische Regelung des Notstandes ähnlich dem § 34 StGB denken. Die Flüchtlinge fliehen vor Krieg, Hunger, Folter, Armut, Verfolgung, sie fliehen vor Gefahren für sich und ihr Leben, ihr Eigentum, ihre Freiheit. Daher könnte Art. 31 GFK dogmatisch als Rechtfertigungsgrund gewertet werden.[7] So ist es aber nicht. Es ist eine Folgenbetrachtung, die dazu führt, dass Art. 31 GFK als persönlicher Strafaufhebungsgrund[8] gilt, der eben allein die Notlage des Flüchtlings berücksichtigt. Nur dieser soll straffrei sein. Wäre die Norm dogmatisch ein Rechtfertigungsgrund, würde es an einer rechtswidrigen Haupttat nach § 95 AufenthG und damit an einer erforderlichen Haupttat für § 96 AufenthG fehlen. Für den Schleuser aber gilt der Schutzbereich des Art. 31 GFK nicht. Die dogmatische Auslegung des Art. 31 GFK darf nicht zu einem Leerlaufen des Schleuserparagraphen führen. Daher ist Art. 31 GFK ein persönlicher Strafaufhebungsgrund zugunsten des Flüchtlings, der aber das Vorliegen einer vorsätzlichen rechtswidrigen Tat nach § 95 AufenthG unberührt lässt. Übrigens wird die Anwendbarkeit des Art. 31 GFK nicht dadurch ausgeschlossen, dass sich der Flüchtling der Hilfe eines Schleusers bei seiner Flucht bedient.[9] Es bleibt einem Flüchtling in Not und Furcht oftmals keine andere Wahl, als sich professionellen, auch kriminellen Schleusern anzuvertrauen. Diese Auslegung des Art. 31 GFK dient dem menschenrechtlich und flüchtlingsrechtlich gebotenen Schutz der Flüchtlinge.[10] § 1 Abs. 1 Satz 3 AufenthG bestimmt, dass das AufenthG auch der Erfüllung der humanitären Verpflichtungen des Bundesrepublik dient. Diese humanitäre Selbstverpflichtung verpflichtet zu einer humanitären Auslegung und Anwendung des ausländerrechtlichen und daher auch der ausländerstrafrechtlichen Vorschriften. Bleibt noch ein Einwand: Art. 31 GFK verlangt in seinem Wortlaut die unmittelbare Einreise aus dem Verfolgerstaat – hier Syrien. Die Flüchtlingsroute startete aber vorliegend in Griechenland und ging wahrscheinlich über Italien, Österreich, Deutschland, Dänemark nach Schweden. Das sind alles Länder der Europäischen Union, die als sichere Drittstaaten gelten. Nach Art. 16a GG kann sich niemand auf das Asylrecht des Art. 16 GG berufen, der aus einem sicheren Drittstaat einreist. Zu beachten ist jedoch, dass der persönliche Strafaufhebungsgrund des Art. 31 GFK keine solche Drittstaatenklausel enthält.[11] Dazu das OLG Stuttgart:[12]

---

[7] So *Fischer-Lescano/Horst* ZAR 2011, 81, 90.

[8] So OLG Köln NStZ-RR 2004, 24; BeckOK-AuslR/*Hohoff* (Fn. 3) § 95 Rn. 106; MüKo-StGB/*Gericke* (Fn. 3) § 95 AufenthG Rn. 118; *J. Kretschmer* Ausländerstrafrecht (Fn. 6) Rn. 105.

[9] Siehe OLG Stuttgart BeckRS 2010, 18830; *J. Kretschmer,* Ausländerstrafrecht (Fn. 6) Rn. 105.

[10] Siehe *Fischer-Lescano/Horst* ZAR 2011, 81, 87.

[11] Siehe MüKo-StGB/*Gericke* (Fn. 3) § 95 AufenthG Rn. 119; *J. Kretschmer* Ausländerstrafrecht (Fn. 6) Rn. 106.

„Der Anwendung des Art. 31 GFK steht nicht entgegen, dass der Flüchtling aus einem sicheren Drittstaat nach Deutschland kommt, den er nur als Durchgangsland durchquert hat, sofern kein schuldhaft verzögerter Aufenthalt vorgelegen hat."

Der Art. 31 GFK ist nur dann nicht mehr anwendbar, wenn sich der Flüchtende in einem anderen Staat niedergelassen hat.[13] Solange die Absicht der Weiterreise durchgehend bestehe und keine dauerhafte Niederlassung erfolgt sei, bestehe somit das Kriterium der Unmittelbarkeit der Einreise weiterhin. Das bedeutet, dass auch die Einreise über einen sicheren Drittstaat nicht zu einem Ausschluss der Anwendbarkeit des Art. 31 GfK führt, solange sich der Schutzsuchende in diesem Staat nicht niederlässt. In einem Fall[14] hatte sich der Flüchtling zwar für einen Zeitraum von circa 40 Tagen in Griechenland aufgehalten, in dieser Zeit dort jedoch nicht niedergelassen. Sein Ziel war stets die Weiterreise nach Deutschland. In dem besagten Zeitraum hat er sich seinen Angaben zufolge um eine Weiterreisemöglichkeit dorthin bemüht. Da er Griechenland folglich lediglich als „Durchgangsland" nutzte, erfolgte seine Einreise nach Deutschland auch unmittelbar im Sinne des Art. 31 GFK.

III.

Damit ist das bestehende und fortdauernde Strafbarkeitsrisiko für humanitäre Helfer erkennbar: nach § 96 Abs. 1 oder zumindest nach § 95 AufenthG mit den §§ 26 oder 27 StGB. Aber ist ein solches Strafbarkeitsrisiko für humanitäre Helfer legitim oder gar rechtspolitisch gewollt?

Zu einem steten Problem gehört die Frage der neutralen Beihilfe. Nach ständiger Rechtsprechung des BGH[15] ist grundsätzlich jede Handlung als Hilfeleistung anzusehen, die die Herbeiführung des Taterfolgs durch den Haupttäter objektiv fördert oder erleichtert; dass sie für den Eintritt des Erfolgs in seinem konkreten Gepräge kausal wird, ist nicht erforderlich. Anders liegt es nur, wenn der Beihilfehandlung jede Eignung zur Förderung der Haupttat fehlt oder sie erkennbar nutzlos für das Gelingen der Tat ist. Die Frage und das Problem der humanitären Handlung sind ein Teilaspekt der Frage und des Problems, inwieweit neutrale, sozialadäquate und berufstypische Handlungen einen strafrechtlichen Beihilfecharakter haben können. Ist neutrales, berufsbedingtes, sozialadäquates Handeln strafrechtlich als Beihilfe relevant? Und darunter lässt sich auch die Frage nach dem Beihilfecharakter von Handlungen fassen, die humanitär bedingt sind und zu einem menschenwürdigen Dasein verhelfen. Es fehlt in diesem Fällen an der kollusiven Solidarisierung des Helfenden mit dem Haupttäter. Es fehlt gleichsam der Unrechtspakt zwischen den Beteiligten. Die Stimmen zu diesem Problemfeld sind unübersehbar und vielfältig.

---

[12] BeckRS 2010, 18830.
[13] Siehe *Huber* AufenthG (2. Aufl., 2016) § 95 Rn. 277.
[14] Siehe BVerfG NVwZ 2015, 361.
[15] So BGH NStZ 2017, 158, 159; BGH NJW 2010, 248.

1. Einen klaren Standpunkt nehmen die Vertreter ein, die eine Privilegierung, besser: eine Einschränkung der Beihilfestrafbarkeit in Fällen neutralen oder beruflichen Handelns generell ablehnen.[16] Eine Einschränkung der Gehilfenstrafbarkeit ist demnach nicht gerechtfertigt, da § 27 StGB für jedermann gilt und eben eine Privilegierung für geschäftsmäßige Tätigkeiten nicht kennt. Wer daher vorsätzlich – was genauestens zu prüfen ist – einem anderen zu dessen rechtswidriger Tat Hilfe leistet, begeht eine Beihilfe, auch wenn er an der Tat kein Interesse hat, sondern in erster Linie aus beruflichen Gründen handelt.[17] Aber: Es ist durchaus zu unterscheiden zwischen Handlungen, die allein und eindeutig eine deliktische Zwecksetzung haben – das eigennützige Einschleusen von Flüchtlingen durch Schleuserbanden oder die illegale Beschäftigung zu ausbeuterischen Bedingungen – und Handlungen, die vordergründig einen rechtlich nicht zu missbilligenden Zweck verfolgen und dennoch fördernd oder erleichternd für eine Haupttat wirken – ärztliche Hilfe für Flüchtlinge oder deren menschenwürdige Unterbringung in Wohnungen.

2. Sozialadäquates Handeln soll aus der Beihilfestrafbarkeit ausscheiden. Diese Einschränkung erfolgt dogmatisch bereits auf der Ebene des objektiven Tatbestandes. Ein Verhalten, das sich vollständig im Rahmen der normalen sozialen Ordnung bewegt, kann nicht tatbestandsmäßig sein und stellt kein strafrechtlich relevantes Hilfeleisten im Sinne des § 27 StGB dar.[18] Sozialadäquate Handlungen sind gerade nicht auf eine rechtswidrige Beeinträchtigung der strafrechtlich geschützten Rechtsgüter gerichtet. Wer sich bei seiner Tätigkeit im Rahmen seiner Berufsregeln hält, der handelt in professioneller Adäquanz.[19] Schützenswert erscheint vor allem der Berufsträger, der sein Verhalten in der für seine Arbeit typischen – insbesondere „nicht-deliktisch" erklärbaren – Weise an die Wünsche des Kunden anpasst.[20] Der Berufsträger kann sich auf seine grundrechtliche Freiheit des Art. 12 GG berufen. Dieser strafbefreiende Gedanke des berufsadäquaten Handelns ist dem Ausländerstrafrecht nicht fremd. Das zeigen die Verwaltungsvorschriften zum AufenthG. Unter Vor 95.1.2. heißt es, dass Handlungen von Personen, die im Rahmen ihres Berufes oder ihres sozial anerkannten Ehrenamtes tätig werden, regelmäßig keine Beteiligung leisten, soweit die Handlungen sich objektiv auf die Erfüllung ihrer rechtlich festgelegten bzw. anerkannten berufs- und ehrenamtlichen Pflichten beschränken. Exemplarisch werden Apotheker, Ärzte, Hebammen, Angehörige von Pflegeberufen, Psychiater, Seelsorger, Lehrer, Sozialarbeiter, Richter und Rechtsanwälte genannt. Näher wird ausgeführt, dass zum Rahmen dieser Aufgaben auch die soziale Betreuung und Beratung aus humanitären Gründen gehören kann, mit dem Ziel, Hilfe zu einem menschenwürdigen Leben und zu einer Milderung von Not und Hilflosigkeit der betroffenen Ausländer zu leisten. Wie stets bei Abgrenzungsfragen im

---

[16] So *B. Heinrich* Strafrecht AT (3. Aufl., 2012) Rn. 1331.

[17] So *B. Heinrich* (Fn. 16) Rn. 1331.

[18] Siehe insgesamt *Kett-Straub/Linke* JA 2010, 25, 30 f; *Wessels/Beulke/Satzger* Strafrecht AT (46. Aufl., 2016) Rn. 830.

[19] Siehe *Hassemer* wistra 1995, 41, 81, 83.

[20] Siehe *Kett-Straub/Linke* JA 2010, 25, 31.

objektiven oder im subjektiven Bereich ist die tatsächliche und rechtliche Grenzziehung nicht immer einfach und eindeutig. Wo ist die Grenze des sozialadäquaten Freiraums überschritten oder wann fehlt einem Handeln von vornherein jeder deliktische Bezug? Und wo ist die Ausnahme zu „regelmäßig" in der Regelung Vor 95.1.2? Der Vorwurf der Rechtsunsicherheit ist schnell erhoben.[21]

3. Wenn es eine objektive Beschränkung gibt, gibt es methodisch und dogmatisch regelmäßig auch subjektiv gefärbte Sichtweisen. Diese Sichtweisen stellen auf den Handlungszweck ab und verlangen zusätzliche subjektive Anforderungen. So wird teilweise eine Art Unrechtspakt zwischen dem Haupttäter und dem Gehilfen gefordert.[22] Weiß der Haupttäter, dass der Hilfeleistende in Kenntnis der beabsichtigten deliktischen Verwendung agiert, entsteht eine Art Beistandspakt, der insbesondere auch die Gehilfenstrafbarkeit des Berufsträgers begründen kann. Dieser Unrechtspakt zwischen Gehilfe und Haupttäter dokumentiert die Förderung des Tatentschlusses und damit die Steigerung der Rechtsgutsgefahr.[23] Solange der Täter die Beihilfehandlung nicht als verbotene, weil vorsätzliche Unterstützung registriere, gehe er davon aus, wie jeder andere auf sich allein gestellt zu sein. Wisse er stattdessen, dass ihm beispielsweise das Werkzeug in Kenntnis seines deliktischen Zwecks gegeben werde, trete neben die objektive, aber austauschbare und ersetzbare Besserstellung eine spezifische, nämlich die durch freundliche Überbrückung seiner Isolierung in einer ihm feindlich gesinnten Gesellschaft mitbewirkte psychische Bestärkung seines Tatentschlusses. Das Unrecht der Beihilfe wird darin gesehen, dass sie eine bereits vorhandene Gefährdung dadurch steigert, dass sie den Tatentschluss des Täters bestärkt, indem sie die über diesen verhängte gesellschaftliche Isolierung durchbricht und ihm so die ungestrafte Erreichung seines Tatziels als leichter erreichbar darstellt.[24] Und teilweise soll die Gehilfenstrafbarkeit bei neutralen Handlungsweisen dann straflos bleiben, wenn im Hinblick auf die Haupttat lediglich der bedingte Vorsatz vorliegt.[25] Dagegen soll auch berufstypisches Verhalten seinen Alltagscharakter nicht verlieren, wenn es mindestens mit dem bedingten Vorsatz zur Förderung einer vorsätzlichen Straftat ausgeführt wird; es gebe in diesem Fall keinen kriminalpolitisch einleuchtenden Grund für eine Privilegierung.[26]

4. Und was macht die Rechtsprechung, was macht der BGH in diesem Problemfeld? BGH:[27]

---

[21] So *Bechtel* JURA 2016, 865, 868; *B. Heinrich* (Fn. 16) Rn. 1332.
[22] Siehe *Heghmanns* GA 2000, 473, 479.
[23] Siehe *Heghmanns* GA 2000, 473, 480 f.
[24] So *Heghmanns* GA 2000, 473, 489.
[25] Siehe dazu *Rotsch* JURA 2004, 14, 17.
[26] So *Fischer* StGB (62. Aufl., 2015) § 27 Rn. 19c.
[27] BGHSt 46, 107, 112; auch BGH NStZ 2017, 337; zustimmend *Bechtel* JURA 2016, 865, 868 f.

„Zielt das Handeln des Haupttäters ausschließlich darauf ab, eine strafbare Handlung zu begehen, und weiß dies der Hilfeleistende, so ist sein Tatbeitrag als Beihilfehandlung zu werten. In diesem Fall verliert sein Tun stets den ‚Alltagscharakter'; es ist als ‚Solidarisierung' mit dem Täter zu deuten. Weiß der Hilfeleistende dagegen nicht, wie der von ihm geleistete Beitrag vom Hauttäter verwendet wird, hält er es lediglich für möglich, dass sein Tun zur Begehung einer Straftat genutzt wird, so ist sein Handeln regelmäßig noch nicht als strafbare Beihilfehandlung zu beurteilen, es sei denn, das von ihm erkannte Risiko strafbaren Verhaltens des von ihm Unterstützten war derart hoch, dass er sich mit seiner Hilfeleistung ‚die Förderung eines erkennbar tatgeneigten Täters angelegen sein' ließ. (…) Eine generelle Straflosigkeit von ‚neutralen', ‚berufstypischen' oder ‚professionell adäquaten' Handlungen kommt dagegen nicht in Betracht. Weder Alltagshandlungen noch berufstypische Handlungen sind in jedem Fall neutral. Fast jede Handlung kann in einen strafbaren Kontext gestellt werden. Die genannten Begriffe sind daher für sich allein nicht geeignet, strafbare Beihilfe von erlaubtem Handeln eindeutig abzugrenzen."

Wie alle subjektiven Abgrenzungskriterien ist auch diese Sichtweise unbestimmt und enthält die Gefahr der richterlichen Zuschreibung. Es besteht stets die Gefahr eines Gesinnungsstrafrechts.[28] Neutrale Handlungen würden nur dann strafbar, wenn der Gehilfe etwas „Böses" wolle. Jedoch kommt der BGH nicht allein mit subjektiven Elementen aus. Vordergründig ist für den BGH die erste Unterscheidung zwischen Wissentlichkeit und Eventualvorsatz beim Gehilfen. Die objektive Komponente liegt im deliktischen Sinnbezug und in der erkennbaren Tatgeneigtheit des Täters. Eine solche Kombination aus objektiven und subjektiven Elementen zur Bestimmung eines Rechtsbegriffs ist nicht ungewöhnlich. Das zeigt sich beispielsweise bei der Abgrenzung von Täterschaft und Teilnahme im Allgemeinen Teil und beim Begriff des Gewahrsams im Besonderen Teil des Strafrechts bei Diebstahl und Raub. Die Kombination aus subjektiven und objektiven Elemente bei der strafrechtlichen Bewertung neutraler Handlungen als Beihilfe im Sinne des § 27 StGB findet vielfach Zustimmung.[29] Letztlich geht es um eine wertende Betrachtung, bei der die Vielzahl von Kriterien, die in der Literatur für die objektive Ausgrenzung der Beihilfe erarbeitet worden sind, wieder herangezogen werden müssen.[30] Eine strafbare Beihilfe liegt demnach vor, wenn das Handeln des Haupttäters ausschließlich darauf zielt, eine strafrechtliche Handlung zu begehen und der Hilfeleistende das weiß.[31] Als sozialadäquat lässt sich danach nur ein Tatbeitrag einordnen, dem der deliktische Sinnbezug fehlt. Das soll der Fall sein, wenn sich die Förderung auf eine legale Handlung des Haupttäters bezieht, die als solche sinnvoll ist und nur die Grundlage für weitere Taten bereitet.

---

[28] So *B. Heinrich* (Fn. 16) Rn. 1333.
[29] So *Bechtel* JURA 2016, 865, 868 f.; MüKo-StGB/*Joecks* StGB (3. Aufl., 2017) § 27 Rn. 79 ff.; *Rengier* Strafrecht AT (8. Aufl., 2016) § 45 Rn. 109 ff.
[30] So MüKo-StGB/*Joecks* (Fn. 29) § 27 Rn. 87.
[31] So *Rengier* AT (Fn. 29) § 45 Rn. 109 ff.

5. Es ist letztendlich – wie sooft – die Lehre der objektiven Zurechnung, die die Lösung liefert. Bei der objektiven Zurechnung geht es um die Frage, ob die Erfolgsverursachung als Verwirklichung des objektiven Straftatbestandes angesehen werden kann.[32] Die objektive Zurechnung begründet einen normativ geprägten Wirkzusammenhang zwischen dem erfolgsverursachenden Verhalten und dem tatbestandlichen Erfolg. Bereits auf der Ebene des objektiven Tatbestandes wirkt dieses Element neben der Kausalität von Handlung und Erfolg haftungsbegrenzend. Bereits auf der ersten Stufe strafrechtlichen Verhaltens, im objektiven Tatbestand, und nicht erst auf späteren Stufen wie dem Vorsatz oder der Rechtswidrigkeit oder der Schuld ist der strafrechtliche Normbefehl für den Normadressaten einzugrenzen. Objektiv zurechenbar ist ein verursachter tatbestandlicher Erfolg, wenn der Täter oder Teilnehmer eine unerlaubte, rechtlich relevante,[33] rechtlich missbilligte[34] oder eine qualifizierte Gefahr geschaffen hat und wenn sich diese derart qualifizierte Gefahr im tatbestandlichen Erfolg verwirklicht. In Abgrenzung zum allgemeinen Lebensrisiko muss das geschaffene Risiko generell unerlaubt bzw. qualifiziert sein. Die Lehre der objektiven Zurechnung gilt sowohl bei der täterschaftlichen Verwirklichung eines objektiven Tatbestandes als auch bei der strafrechtlichen Teilnahme der Anstiftung und der Beihilfe.[35] Der Teilnehmer muss eine rechtliche missbilligte Gefahr für die Begehung der Haupttat geschaffen haben, die sich in der Begehung durch den Haupttäter realisiert.

IV.

Wie stets in der Rechtswissenschaft enthält jede objektive oder subjektive Abgrenzungsmethode tatsächliche und rechtliche Abgrenzungsschwierigkeiten. Das ist das Wesen der Rechtswissenschaft. Das macht das Ganze aber auch interessant, gar spannend im Gerichtssaal, im Hörsaal und auch in einem wissenschaftlichen Aufsatz. Das Interessante und das Spannende am Straf- und am Strafprozessrecht wusste Klaus Rogall zu vermitteln, wie ich aus seinen Vorlesungen in Erinnerung habe. Die Diskussion um die Einschränkung der Beihilfestrafbarkeit wird vordergründig bei berufsbedingten Verhaltensweisen geführt.[36] Die Frage stellt sich aber auch bei alltäglichen Handlungen, die für strafrechtliche Zwecke missbraucht werden. Stets ist es eine übergeordnete Zwecksetzung, die rechtlich nicht zu missbilligen ist, die nach einer Reduktion der strafbaren Beihilfe fragt. Der Sprachunterricht für einen sich unerlaubt in Deutschland aufhaltenden Menschen bezweckt objektiv wie subjektiv, ihm ein menschenwürdiges Dasein zu ermöglichen und die menschliche und soziale In-

---

[32] Dazu *B. Heinrich* (Fn. 16) Rn. 239 ff.; *Rengier* AT (Fn. 29) § 13 Rn. 38 ff.; *Wessels/Beulke/Satzger* AT (Fn. 18) Rn. 246 ff.
[33] So *Wessels/Beulke/Satzger* AT (Fn. 18) Rn. 252.
[34] Siehe *B. Heinrich* (Fn. 16) Rn. 243; *Rengier* AT (Fn. 29) § 13 Rn. 46.
[35] Dazu MüKo-StGB/*Joecks* (Fn. 29) § 27 Rn. 46 ff.
[36] Siehe *B. Heinrich* (Fn. 16) Rn. 1330 ff.; *Klett-Straub/Linke* JA 2010, 25, 30 f.

tegration zu ermöglichen. Aber deutsche Sprachkenntnisse und eine soziale Unauffälligkeit erleichtern auch den unerlaubten Aufenthalt – Beihilfe nach §§ 95 Abs. 1 AufenthG, 27 StGB? Und wie ist das bei dem Journalisten, der den syrischen Jungen aus Griechenland nach Schweden bzw. nach Deutschland begleitet? Einen beruflichen Freiraum nimmt der Helfer nicht in Anspruch. Mit journalistischer Tätigkeit hat sein Verhalten nichts zu tun. Aber das Verhalten des Journalisten ist auch nicht sozialadäquat. Es weist eindeutig mit der unerlaubten Einreise und der Hilfe dazu einen deliktischen Sinnbezug auf, und das weiß und will der Helfer auch. Welcher strafrechtliche Freiraum bleibt da? Wie lässt sich eine Straflosigkeit dogmatisch begründen – wenn man es denn überhaupt will?

Wenn im allgemeinen Problem um die Beihilfestrafbarkeit bei neutralen, alltäglichen, berufstypischen Handlungen bereits ein dogmatischer Streit im „ob" und „wie" herrscht, so ist das im speziellen Rechtsgebiet des Ausländer- und Ausländerstrafrechts nicht anders.[37] Im Grundsatz werden Einschränkungen aus Gründen der Sozialadäquanz oder wegen humanitären Handelns und humanitärer Motive – etwa beim Kirchenasyl – abgelehnt.[38] Dem geringen Strafbedürfnis soll mit der Einstellungspraxis nach den §§ 153 und 153a StPO begegnet werden. Der Hinweis auf die strafprozessualen Einstellungsmöglichkeiten ist stets ein „billiger" Trick. Er nimmt nicht das strafrechtliche Risiko, das nicht nur, aber auch in einem finanziell und psychologisch belastenden Ermittlungsverfahren gegen die humanitären Helfer liegt. Auch das kann (soll?) abschreckende Wirkung haben. Im Fall einer Unterbringung eines Ausländers in einer Wohnung steht es der Annahme einer Beihilfe gemäß § 27 StGB zum unerlaubten Aufenthalt eines Ausländers nach § 95 Abs. 1 Nr. 2 AufenthG durch tätige Hilfeleistung nicht entgegen, dass der Haupttäter auch ungeachtet der Hilfeleistung zur Fortsetzung des unerlaubten Aufenthalts entschlossen ist, urteilt dann konsequent der BGH.[39] Wer einem Ausländer in Kenntnis von dessen rechtswidrigen Aufenthalt Unterkunft oder Verpflegung gewährt oder ihm Transportmöglichkeiten bietet, um dadurch den weiteren illegalen Aufenthalt zu ermöglichen, macht sich regelmäßig wegen Beihilfe, in Fällen, die über bloße Unterstützungshandlungen hinausgehen und den Ausländer zu seinem unerlaubten Aufenthalt bestimmen, als Anstifter gemäß § 95 Abs. 1 Nr. 2 AufenthG mit §§ 26, 27 StGB strafbar.[40] Voraussetzung der Beihilfe ist aber, dass der illegale Aufenthalt des Ausländers davon objektiv gefördert oder erleichtert wird.[41] Das soll auch gelten, wenn der Teilnehmer aus karitativen oder humanitären Gründen handelt.[42] Dass dieses Er-

---

[37] Dazu BeckOK-AuslR/*Hohoff* (Fn. 3) § 95 AufenthG Rn. 26; MüKo-StGB/*Joecks* (Fn. 29) § 27 Rn. 88 ff.

[38] Siehe BeckOK-AuslR/*Hohoff* (Fn. 3) § 95 AufenthG Rn. 26; MüKo/*Gericke* (Fn. 3) § 95 AufenthG Rn. 45; zum Kirchenasyl *Larsen* ZAR 2017, 121.

[39] So BGH NJW 2010, 248.

[40] So MüKo/*Gericke* (Fn. 3) § 95 AufenthG Rn. 45.

[41] So BGH NJW 2010, 248; MüKo/*Gericke* (Fn. 3) § 95 AufenthG Rn. 45.

[42] So MüKo/*Gericke* (Fn. 3) § 95 AufenthG Rn. 45.

gebnis und diese Auslegung des § 27 StGB nicht zwingend sind, zeigt eine frühere Entscheidung des KG Berlin:[43]

> „Zwar kann den Tatbestand der Beihilfe zum unerlaubten Aufenthalt auch erfüllen, wer einem Ausländer Unterkunft gewährt, obwohl er weiß, dass sich dieser illegal in Deutschland aufhält. Dies allein genügt jedoch nicht, wenn der Ausländer in jedem Fall entschlossen gewesen wäre, seiner Ausreisepflicht zuwiderzuhandeln. Die Beherbergung stellt nur dann eine strafbare Beihilfe dar, wenn sie die Tatbestandsverwirklichung in ihrer konkreten Gestaltung objektiv gefördert oder erleichtert hat. Der Gehilfe muss daher den Haupttäter wenigstens in seinem schon gefassten Tatentschluss bestärkt und ihm ein erhöhtes Gefühl der Sicherheit vermittelt haben. Wirkt sich hingegen die Unterstützung bei der Tatbestandsverwirklichung nicht aus, ist auch keine strafbare Beihilfehandlung gegeben."

Es ist das LG Landshut, das auf den Aspekt der Sozialadäquanz hinweist.[44] In diesem Fall nahm die Angeklagte ihren Lebenspartner in ihrer Wohnung auf und die beiden bildeten eine Lebensgemeinschaft. Es fand sich eine Staatsanwaltschaft, die auch dieses Verhalten als strafbare Beihilfe zum unerlaubten Aufenthalt nach § 95 Abs. 1 AufenthG mit § 27 StGB ansah und einen Strafbefehl beantragte. Das beweist im Übrigen die Fragwürdigkeit des Verweises auf die strafprozessualen Einstellungsmöglichkeiten und das bestehende strafrechtliche Risiko für humanitäres Handeln. Das LG Landshut sah in dem Verhalten der Angeklagten ein neutrales Verhalten und eine sozialadäquate Verhaltensweise, die sich nicht als strafrechtlich relevante Verhaltensweise einordnen lässt. Die Förderung des unerlaubten Aufenthalts sei nur eine Begleiterscheinung ihrer Lebenspartnerschaft. Das Eingehen der Lebenspartnerschaft ist damit der objektiv und subjektiv verfolgte übergeordnete Zweck, der rechtlich nicht zu missbilligen ist und der zu einer teleologischen Reduktion der Beihilfestrafbarkeit führt. Das LG Landshut sagt es erfreulicherweise deutlich:

> „Würde man das sozialadäquate Verhalten des bloßen Zusammenlebens mit einem Ausländer als strafbare Förderung seines illegalen Aufenthalts ansehen, müsste man auch alle sonstigen Handlungen, die seinen Aufenthalt in Deutschland fördern, als strafbare Beihilfe auffassen. Hierunter würden dann auch Geldgeschenke, der Verkauf von Lebensmitteln oder anderen notwendigen Gebrauchsgütern, die Entgegennahme entgeltlicher Dienstleistungen oder auch nur die menschliche Zuwendung im Rahmen eines Gesprächs fallen."

In diesem Fall schaffen die Unterbringung in einer Wohnung oder der materielle und immaterielle Unterhalt keine rechtlich missbilligte, keine unerlaubte Gefahr für die geschützten Rechtsgüter des Ausländerstrafrechts. Die §§ 95 ff. AufenthG verfolgen als unmittelbaren Schutzzweck die Stabilisierung der verwaltungsrechtlichen Ordnungssysteme, insbesondere die Kontroll- und Steuerungsfunktion des ausländerrechtlichen Genehmigungsverfahrens. Mittelbar werden dadurch auch die materiellen Interessen des AufenthG, namentlich die Zuzugskontrolle, die Identitäts kontrolle, die Arbeitsmarktkontrolle und die politische Kontrolle ge-

---

[43] KG Berlin NStZ 2006, 530.
[44] NStZ-RR 2009, 61; dagegen BeckOK-AuslR/*Hohoff* (Fn. 3) § 95 Rn. 26.

schützt – § 1 AufenthG. In der strafrechtlichen Bewertung darf aber nicht ein bloßer Formalismus im Vordergrund stehen. Die Lehre der objektiven Zurechnung als normative Wertung fragt einschränkend nach dem erlaubten bzw. dem rechtlich missbilligten Risiko, der Sozialadäquanz und dem Schutzzweck der Norm. Rechtlich relevant ist eine Gefahr dann nicht, wenn der Täter zwar ein signifikantes Verletzungsrisiko schafft, sein Verhalten aber vom erlaubten Risiko gedeckt ist.[45] Das ist immer dann der Fall, heißt es weiter, wenn bestimmte Verhaltensweisen trotz ihrer Gefährlichkeit auf Grund ihres sozialen Nutzens allgemein erlaubt sind – Lehre der Sozialadäquanz. Zum sozialen Nutzen zählt in der Wertung des Grundgesetzes auch die Schaffung sozialer und vor allem menschenwürdiger Lebensumstände. Die Grundlage des menschlichen Daseins muss gesichert sein und darf erhalten und geschaffen werden, und zwar ohne ein Strafbarkeitsrisiko. Nahrung, Kleidung, Unterkunft, ärztliche Versorgung – wer im Rahmen der Flüchtlingshilfe für diese elementaren Grundlagen der menschlichen Existenz Hilfe leistet, darf keinem strafrechtlichen Risiko unterliegen. Eine Hilfeleistung, die der Erhaltung des Lebens dient, darf allein deshalb noch nicht als Risikoerhöhung der Beihilfe zugerechnet werden.[46] Ein Verstecken mag Tatförderung und Beihilfe sein.[47] Rein humanitäre Gründe reichen nicht, wie etwa die Lieferung von Mahlzeiten.[48] Solche humanitären Akte demnach sind als sozialadäquat aus dem Tatbestand der Beihilfe auszugrenzen. Wer einen Menschen medizinisch versorge oder ihm zu Essen gebe, sei eher Samariter als kriminell. Bei der Überlassung von Wohnraum wird es kaum anders sein.[49] Wer hingegen überhöhte Entgelte fordere oder zu unangemessenen Bedingungen beschäftige, verlasse das Areal des Sozialadäquaten.

Die Rechtsprechung berücksichtigt humanitäre Motive auf der Ebene der Strafzumessung und der Strafvollstreckung. Danach können humanitäre Beweggründe beim Einschleusen von Ausländern für die Entscheidung einer Strafaussetzung zur Bewährung Bedeutung erlangen; zudem schließt der Kontakt des Angeklagten zu professionellen Schleuserkreisen humanitäre Motive nicht aus und steht einer günstigen Sozialprognose im Sinne des § 56 StGB nicht notwendig entgegen, sagt der BGH.[50] Erneut ein Blick in die Verwaltungsvorschriften zum AufenthG: Unter Nr. 96.1.0.3 heißt es, dass Hilfeleistungen gemäß § 34 StGB gerechtfertigt sein können. Eine Lösung allein auf der Ebene der Rechtfertigung überzeugt nicht. Der Normappell des § 95 Abs. 1 Nr. 3 AufenthG mit § 27 StGB bzw. von § 96 AufenthG erfasst humanitäre Handlungen nicht. „Du darfst Menschen in Not nicht helfen" – das kann und darf nicht der strafrechtliche Normappell des § 95 Abs. 1 Nr. 3 AufenthG mit § 27 StGB bzw. des § 96 AufenthG sein. Ein Beitrag zu einem menschenwürdi-

---

[45] So *Wessels/Beulke/Satzger* AT (Fn. 18) Rn. 258.
[46] So MüKo-StGB/*Joecks* (Fn. 29) § 27 Rn. 92.
[47] So MüKo-StGB/*Joecks* (Fn. 29) § 27 Rn. 93.
[48] So MüKo-StGB/*Joecks* (Fn. 29) § 27 Rn. 93.
[49] So MüKo-StGB/*Joecks* (Fn. 29) § 27 Rn. 93.
[50] NJW 2015, 2276.

gen Dasein darf keine Beihilfe sein.[51] Humanitäres Handeln erfüllt bereits den objektiven Tatbestand einer Norm nicht. So heißt es in Nr. 96.1.0.3 weiter, dass Hilfeleistungen im Übrigen ausnahmsweise unter dem Gesichtspunkt der Unzumutbarkeit normgemäßen Verhaltens straffrei sein können, wenn hierdurch eine akute Gefährdung höchstpersönlicher Rechtsgüter (z. B. des notwendigen Lebensbedarfs) abgewendet oder abgemildert wird. Erneut wird beispielhaft auf eine gewährte Unterstützung aus beruflichen Verpflichtungen hingewiesen. Dogmatisch ist hier ein Strafaufhebungsgrund oder Strafbefreiungsgrund angedeutet. Aber: Aus Mitmenschlichkeit gebotene Hilfeleistungen dienen nicht der Vertiefung des ohnehin unerlaubten Aufenthalts, sondern der Verhinderung menschenunwürdiger Existenz. Das ist ein Gebot der Humanität. Das ist dem Grundgesetz geschuldet. Das folgt aus Art. 1 GG – der Menschenwürde. Und das ist unabhängig von der Frage des Wissens und Wollens auf Täter- oder Teilnehmerseite. Auch die positive Kenntnis vom unerlaubten Aufenthalt des Ausländers bewirkt keine Strafbarkeit dieser humanitären Verhaltensweisen. Dogmatisch kann und darf dieser Gedanke der Humanität nicht nur als Rechtfertigungsgrund oder als Strafaufhebungs- bzw. als Strafbefreiungsgrund bewertet werden. Es geht um den strafrechtlichen Normappell. Humanitäres Handeln, das in Art. 1 GG begründet und bezweckt ist, ist nicht vom Schutzzweck der Strafvorschrift erfasst. Es fehlt die strafrechtlich missbilligte Gefahrschaffung für das jeweilige Rechtsgut – hier der §§ 95 ff. AufenthG.

Im Beispiel des Journalisten ist nun zu fragen, ob es einem strafrechtlichen Risiko unterliegt, wenn nicht erst Hilfe beim unerlaubten Aufenthalt geleistet wird, sondern bereits auf der Vorstufe Hilfe zur unerlaubten Einreise aus humanitären Motiven geschaffen wird, um dem Flüchtling ein menschenwürdiges und friedliches Leben zu ermöglichen. In den erwähnten Verwaltungsvorschriften zu § 96 AufenthG wird eine mögliche Rechtfertigung nach § 34 StGB oder eben die Unzumutbarkeit normgemäßen Verhaltens angedeutet, wenn durch die Hilfeleistung eine akute Gefährdung höchstpersönlicher Rechtsgüter (z. B. des notwendigen Lebensbedarfs) abgewendet oder abgemildert wird. Regelung und Ausgestaltung des AufenthG und vor allem auch der Regelungen zum Schleuserwesen beruhen auf normativen Vorgaben der Europäischen Union. Da ist vor allem die EG-Menschenhandelsbeihilfe-DefinitionsRL – RL 2002/90/EG. Nach deren Art. 1 Abs. 1 legt jeder Mitgliedstaat angemessene Sanktionen für diejenigen fest, die a) einer Person, die nicht Angehörige eines Mitgliedstaats ist, vorsätzlich dabei helfen, in das Hoheitsgebiet eines Mitgliedstaats unter Verletzung der Rechtsvorschriften des betreffenden Staates über die Einreise oder die Durchreise von Ausländern einzureisen oder durch dessen Hoheitsgebiet zu reisen. Aber: Nach Abs. 2 kann jeder Mitgliedstaat beschließen, wegen der in Absatz 1 Buchstabe a) beschriebenen Handlungen in Anwendung seiner innerstaatlichen Rechtsvorschriften und Rechtspraktiken keine Sanktionen zu verhängen, wenn das Ziel der Handlungen die humanitäre Unterstützung der betroffenen Person ist. Das passt perfekt auf den betroffenen Journalisten, oder?

---

[51] Dazu *J. Kretschmer* ZAR 2013, 278; MüKo-StGB/*Joecks* (Fn. 29) § 27 Rn. 93.

Der kriminalpolitische Hintergrund der Strafvorschriften ist die Bekämpfung der Schleuserkriminalität. Die Bekämpfung des Schlepperunwesens ist notwendig, weil diese Personen aus Eigennutz die Unkenntnis und die wirtschaftliche Notsituation der illegal einreisenden Ausländer ausnutzen, die so selber leicht zu Opfern würden.[52] Schleuserwesen ist oftmals Teil der Organisierten Kriminalität. Auf deren Bekämpfung müssen die Strafnormen der Hilfe zur unerlaubten Einreise und zum unerlaubten Aufenthalt in Geltung und rechtspraktischer Anwendung und Auslegung abzielen. Im Rahmen der unionsrechtlichen Regelungen hat Österreich in § 120 Abs. 9 FremdenpolizeiG einen gesetzlichen Strafausschließungsgrund, wenn sich die Tat auf den Ehegatten, den eingetragenen Partner, die Kinder oder die Eltern bezieht. Die Tat ist dabei die einfache Förderung der rechtswidrigen Einreise und des unbefugten Aufenthalts. Das deutsche AufenthG enthält weder eine solche noch eine andere humanitäre Ausschlussklausel. Wiederholt wird in solchen Fällen auf die §§ 153 ff. StPO verwiesen.[53] Andere nehmen einen persönlichen Strafaufhebungsgrund aus Art. 6 GG an.[54] Das überzeugt dogmatisch nicht. Es ist Aufgabe und Verantwortung des Gesetzgebers, die Strafbarkeit und die Grenzen der Strafbarkeit zu bestimmen – Art. 103 Abs. 2 GG. Verhaltensweisen, die außerhalb des Schutzbereiches der strafrechtlichen Norm liegen, müssen bereits durch die gesetzgeberische Entscheidung aus dem strafbaren Bereich herausgenommen werden. Ansonsten drohen eine übermäßige Strafdrohung und die Gefahr ungerechter Bestrafung. Humanitäres Handeln wie medizinische[55] Versorgung, Ernährung, Unterbringung, Sprachunterricht, Kleidung, Geldspenden würden unter einem strafrechtlichen Risiko stehen. Das wirkt hemmend auf denjenigen, der menschlich handeln will. Vielleicht ist gerade das der rechtspolitische und gesetzgeberische Wille? Ich will es nicht denken oder glauben – Art 1 GG. Es in diesem Fall der Anschauung der Gerichte zu überlassen, ob die Fälle fehlender Strafwürdigkeit jeweils erkannt werden, hieße, entgegen der in Art. 103 Abs. 2 GG zum Ausdruck kommenden Kompetenzverteilung der insoweit unzuständigen Judikative die Entscheidung über das Ob der Strafbarkeit zu überlassen.[56] In solchen Fällen ist der Gesetzgeber aufgerufen, das materielle Recht klar zu konturieren, nicht für strafwürdig erachtetes Verhalten aus dem Anwendungsbereich von vornherein auszuscheiden und sich nicht allein auf Gestaltungsmöglichkeiten des Prozessrechts zu verlassen. Ein Beispiel hierfür ist in § 84 AsylG, Verleitung zur missbräuchlichen Asylantragstellung, dessen Absatz 6, der ein Angehörigenprivileg enthält. Soweit der Gesetzgeber sehenden Auges in Kauf genommen hat, dass im Rahmen einer Strafvorschrift typische, nicht strafwürdige Konstellationen als strafbar erfasst werden, und die gerechte Entlastung dieser Konstellationen –

---

[52] Dazu MüKo/*Gericke* (Fn. 3) § 96 AufenthG Rn. 9.

[53] Siehe BeckOK-AuslR/*Hohoff* (Fn. 3) § 95 AufenthG Rn. 26; MüKo/*Gericke* (Fn. 3) § 95 AufenthG Rn. 45.

[54] Siehe NK-Ausländerrecht/*Fahlbusch* (Fn. 1) § 96 Rn. 35.

[55] Dazu *Lehmann* ZAR 2008, 24, der die Lösung in § 34 StGB findet.

[56] So *Hassemer* im Sondervotum zu BVerfG v. 26.2.2008 – 2 BvR 392/07 – zu § 173 StGB, Rn. 126 f.

über den jeweiligen Einzelfall hinaus – von der Strafjustiz erhofft, verstößt er gegen das Übermaßverbot.[57] Dieses Verbot hätte den Gesetzgeber veranlassen müssen, eine differenzierende materielle Regelung zu schaffen, die typisierend nicht strafwürdige Fälle schon im Tatbestand ausscheidet. Darauf hat der Normadressat einen Anspruch. Der Bestimmtheitsgrundsatz – Art. 103 Abs. 2 GG und § 1 StGB – verlangt eine gesetzliche Fixierung des Normprogramms, welche dem Bürger eine Orientierung seines Handelns erlaubt und seinen Freiheitsraum gegen unvorhersehbare Eingriffe des Staates sichert.[58] Es geht um den rechtsstaatlichen Schutz des Normadressaten: Jedermann soll vorhersehen können, welches Verhalten verboten und mit Strafe bedroht ist.[59] Art. 103 Abs. 2 GG habe insofern freiheitsgewährleistende Funktion. Für den Gesetzgeber enthalte Art. 103 Abs. 2 GG in seiner Funktion als Bestimmtheitsgebot dementsprechend die Verpflichtung, wesentliche Fragen der Strafwürdigkeit oder Straffreiheit im demokratisch-parlamentarischen Willensbildungsprozess zu klären und die Voraussetzungen der Strafbarkeit so konkret zu umschreiben, dass Tragweite und Anwendungsbereich der Straftatbestände zu erkennen seien und sich durch Auslegung ermitteln ließen. Die allgemeinen rechtsstaatlichen Grundsätze, dass der Gesetzgeber im Bereich der Grundrechtsausübung alle wesentlichen Entscheidungen selbst treffen und dass er Rechtsvorschriften so genau fassen müsse, wie dies nach der Eigenart der zu ordnenden Lebenssachverhalte mit Rücksicht auf den Normzweck möglich sei, gälten danach für den besonders grundrechtssensiblen Bereich des materiellen Strafrechts besonders strikt. Das Bestimmtheitsgebot verlangt nach zutreffender Ansicht des BVerfG[60] daher, den Wortlaut von Strafnormen so zu fassen, dass die Normadressaten im Regelfall bereits anhand des Wortlauts der gesetzlichen Vorschrift voraussehen können, ob ein Verhalten strafbar ist oder nicht. Und hier ist dann das „oder nicht" hervorzuheben. Der Bürger ist in seinem Freiheitsraum eben auch vor übermäßigen Eingriffen der Strafverfolgungsorgane zu schützen. Humanitär bezwecktes und beabsichtigtes Handeln, das der Sicherung und Förderung des menschenwürdigen Daseins dient, darf keinem Strafbarkeitsrisiko unterliegen. Das muss bereits klar und deutlich strafausschließend im gesetzlichen Normappell zum Ausdruck kommen.

Solange das nicht der Fall ist, ist dem Strafbarkeitsrisiko für humanitäres Handeln durch eine restriktive Auslegung der §§ 95, 96 AufenthG, 26, 27 StGB im materiellen Recht zu begegnen. Das dogmatische Institut ist die Lehre der objektiven Zurechnung. Humanitär bezwecktes und beabsichtigtes Handeln, das ein menschenwürdiges Dasein fördert oder erleichtert oder wie im Fall des schwedischen Journalisten durch die Einreise erst ermöglicht, schafft keine rechtlich missbilligte Gefahr für die durch das AufenthG geschützten Rechtsgüter.[61] Die Steuerung und Begrenzung

---

[57] So *Hassemer* im Sondervotum zu BVerfG v. 26.2.2008 – 2 BvR 392/07 – zu § 173 StGB, Rn. 126 f.
[58] So *Fischer* (Fn. 26) § 1 Rn. 4.
[59] Siehe BVerfG NJW 2010, 3209, 3210 f.
[60] BVerfG NJW 2010, 3209, 3210 f.
[61] Siehe NK-Ausländerrecht/*Fahlbusch* (Fn. 1) § 96 Rn. 44 ff.

des Zuzugs von Ausländern – § 1 Abs. 1 AufenthG – wird allein gelegentlich des humanitären Handelns beeinträchtigt. Das AufenthG dient nach § 1 Abs. 1 auch der Erfüllung der humanitären Verpflichtungen der Bundesrepublik Deutschland – Flüchtlingsschutz und Menschenwürde. Diesem menschenrechtlichen und flüchtlingspolitischen Selbstverständnis müssen auch die Anwendung und die Auslegung durch die Strafgerichte und durch die sonstigen Strafverfolgungsorgane folgen.

„Wie sicher muss ich das wissen?" – Anforderungen an die kognitive Vorsatzkomponente beim unechten Unterlassungsdelikt

Von *Hans Kudlich* und *Elisa Hoven*

I. Hinführung

Der Jubilar ist beiden Verfassern seit Langem persönlich bekannt – wahrscheinlich sogar, ohne es selbst zu wissen: Die Verfasserin Hoven hörte als Studentin bei Klaus Rogall die Vorlesung Strafrecht II, so dass man ohne Übertreibung behaupten kann, dass sie schon ziemlich am Beginn ihrer strafrechtlichen Ausbildung auf den Jubilar getroffen ist. Der Verfasser Kudlich traf mit Klaus Rogall das erste Mal Ende der 1990-er Jahre als Assistent auf einer Tagung zum Europäischen Beweisrecht zusammen. Als er sich dort zaghaft vorstellte, wurde er zu seiner großen Überraschung vom Jubilar auf einen vor Kurzem erschienenen Aufsatz[1] angesprochen und war nicht nur von dieser freundlichen Begrüßung, sondern auf der Tagung auch vom Scharfsinn und den umfassenden strafprozessualen Kenntnissen Klaus Rogalls tief beeindruckt.

Zumal bei dieser Vorgeschichte und dem großen Respekt, den die Verfasser dem Jubilar zollen, ist die Wahl des Themas für einen Festschriftbeitrag immer schwierig: Entweder man droht sich von den Forschungsschwerpunkten des Geehrten zu entfernen – oder man läuft Gefahr, Eulen nach Berlin zu tragen. Hier haben die beiden Verfasser sich nun für den ersten Weg entschlossen und in der Festschrift für den großen Prozessualisten Klaus Rogall ein Thema aus dem materiellen Recht gewählt – freilich in der großen Hoffnung, dass er als langjähriger Strafrechtslehrer auch dieses mit Interesse lesen wird.

II. Anlass der Überlegungen

Anlass unserer Überlegungen zum Vorsatz beim unechten Unterlassungsdelikt ist die Entscheidung des 5. Strafsenats zum „Göttinger Transplantationsskandal".[2] In

---

[1] Vgl. *Kudlich*, JuS 1997, 696.
[2] Vgl. BGH NJW 2017, 3249 m. Anm. *Kudlich*; ferner dazu *Hoven*, NStZ 2017, 707 und *Jäger*, JA 2017, 873.

diesem Verfahren ging es u. a. um den Fall eines Chirurgen, der durch falsche Angaben die Vergabe von Organen an seine Patienten veranlasst hatte. Dem liegt folgendes Verfahren zur Organallokation zu Grunde: Die Organvergabe erfolgt zentral über die Vermittlungsstelle Eurotransplant und richtet sich nach dem sogenannten MELD-Score (Model of End Stage Liver Disease) eines Patienten. Der MELD-Score bildet – anhand verschiedener Parameter – die Wahrscheinlichkeit ab, mit der ein Patient innerhalb der nächsten drei Monate sterben wird. Je dringender also ein Patient das Organ benötigt, desto höher ist strukturell sein Score und desto eher erhält er das rettende Organ. Wird ein Spenderorgan gemeldet, erstellt Eurotransplant eine Match-Liste. Das Organ wird dabei zunächst dem Patienten mit dem höchsten MELD-Score angeboten. Lehnt der Patient oder das Transplantationszentrum das Organ ab (etwa weil die Risiken einer Operation aktuell zu hoch sind oder das Organ qualitativ nicht ausreichend ist), so wird es dem nächsten Patienten auf der Liste (mit dem nächsthöchsten MELD-Score) angeboten. Der angeklagte Arzt hatte nun gegenüber Eurotransplant wahrheitswidrig angegeben, dass bei seinen Patienten Nierenersatztherapien durchgeführt wurden; hierdurch erschienen die Betroffenen kränker, als sie es tatsächlich waren, und überholten auf der Match-Liste Patienten mit an sich höherem MELD-Score. Die Staatsanwaltschaft hatte den Arzt wegen versuchten Totschlags an den „überholten" Patienten" angeklagt. Der BGH verwarf die gegen den Freispruch durch das LG Göttingen eingelegte Revision – mit einer strafrechtsdogmatisch interessanten Begründung, der sich der vorliegende Beitrag widmen soll.

Das Handeln des Arztes sei, so der Senat, entweder als Unterlassen oder als aktives Tun in Form des Abbruchs eines rettenden Kausalverlaufs zu bewerten (richtig ist freilich die Einordnung als aktives Tun). In beiden Fällen setze eine Strafbarkeit wegen vollendeten Totschlags voraus, dass eine Rettung des Patienten ohne die Intervention des Täters „mit einer an Sicherheit grenzenden Wahrscheinlichkeit" eingetreten wäre (Quasi-Kausalität).[3] Dies sei jedoch nicht der Fall, da das Sterberisiko eines „überholten" Patienten auch im Falle einer Transplantation bei 5 bis 10 % liege.[4] Damit scheide aber nicht nur eine Vollendungsstrafbarkeit hinsichtlich etwaiger verstorbener Patienten auf der Liste aus,[5] sondern der gleiche Maßstab müsse nun, so der 5. Strafsenat, auch für die Prüfung des Tatentschlusses gelten.[6] Eine versuchte Tötung liege nur dann vor, wenn dem Tät bewusst sei, dass sein Handeln einen mit an Sicherheit grenzender Wahrscheinlichkeit eintretenden Rettungserfolg vereitele.[7] Es soll also nicht genügen, dass der Täter die „Quasi-Kausalität" seines Handelns lediglich für möglich gehalten hat; der Senat verlangt vielmehr die Vorstellung

---

[3] Vgl. BGH NJW 2017, 3249 (3254 Rn. 53).

[4] Vgl. hierzu auch die (zu einer noch geringeren Wahrscheinlichkeit führenden) bei *Jäger*, in: Kudlich/Jäger/Montiel (Hrsg.), Aktuelle Fragen des Medizinstrafrechts, 2017, S. 11 (19 f.) nachgewiesenen Zahlen.

[5] Zum Problem der objektiven Erfolgszurechnung auch *Jäger* (Fn. 4), S. 11 (18 ff.).

[6] Zur Versuchsstrafbarkeit auch *Jäger* (Fn. 4), S. 11 (23 ff.); *Bornhauser*, Die Strafbarkeit von Listenplatzmanipulationen, 2017, S. 199 ff.

[7] Vgl. BGH NJW 2017, 3249 (3254 Rn. 55).

einer mit an Sicherheit grenzenden Wahrscheinlichkeit der Erfolgsabwendung. In der Sache würde das ein (fast) sicheres Wissen vom Eintritt des hypothetischen Kausalverlaufs bedeuten und damit den Vorsatz für Fälle des Unterlassens und des Abbruchs von Rettungsmaßnahmen praktisch auf dolus directus II. Grades verengen.

III. Widerspruch zu bisheriger Rechtsprechung und Schrifttum

Mit seiner Entscheidung setzt sich der 5. Strafsenat in Widerspruch zur bisherigen Rechtsprechung des BGH und der nahezu einhelligen Meinung des Schrifttums (das allerdings teilweise keine explizite bzw. hinreichend deutliche Stellung zu dieser Frage bezieht). Der Senat legt diese Abweichung freilich nicht offen, sondern belegt seine Position mit zwei Urteilen des BGH sowie drei Quellen aus der Literatur.[8] Bei genauerer Betrachtung zeigt sich indes, dass keine der genannten Fundstellen das Erfordernis eines sicheren Wissens über den hypothetischen Kausalverlauf stützt.

1. Die bisherige Rechtsprechung des BGH

Weder das Urteil des 1. Strafsenats aus dem Jahr 1970 (1 StR 175/70) noch der Beschluss des 3. Strafsenats von 2007 (3 StR 497/06), welche beide vom 5. Senat angeführt werden, lassen sich auf den hier zu beurteilenden Sachverhalt übertragen. Weitere Entscheidungen sprechen eher für ein gegenteiliges Verständnis:[9]

a) In BGH 3 StR 497/06 konnte der Senat nicht feststellen, dass „dem Angeklagten die Möglichkeit einer Rettung überhaupt bewusst war"; die Annahme eines Tötungsvorsatzes scheiterte also nicht an der Ungewissheit über den Rettungs*erfolges*, sondern bereits an der fehlenden Kenntnis einer Rettungs*möglichkeit*.

b) Auch die Konstellation in BGH 1 StR 175/70 lässt sich mit der Manipulation eines Organtransplantationsverfahrens nicht vergleichen: Der garantenpflichtige Angeklagte hätte hier seine kleinen Kinder nur durch einen Wurf aus einen brennenden Haus vor dem Tod bewahren können. Der Senat stellte dazu fest, dass es der Vater „unwiderlegt für möglich gehalten [hatte], daß ein unglückliches Auftreffen der Kinder nach dem Hinauswerfen unter Umständen ebenfalls zu ihrem Tode führen könnte". In dieser Situation sah sich der Angeklagte einander widerstreitenden Hand-

---

[8] „Nach der Rechtsprechung des Bundesgerichtshofs muss dem Täter bewusst sein, dass der Rettungserfolg mit einer an Sicherheit grenzenden Wahrscheinlichkeit eintreten würde (vgl. BGH, Urteil vom 28. Juli 1970 – 1 StR 175/70, MDR 1971, 361, 362 [bei *Dallinger*]; wohl auch Beschluss vom 6. März 2007 – 3 StR 497/06, NStZ 2007, 469; zust. z.B. SSW-StGB/*Kudlich*, 3. Aufl., § 13 Rn. 38; LK-StGB/*Jescheck*, 11. Aufl., vor § 13 Rn. 96; *Rosenau*, a.a.O., S. 699; a.M. etwa *Sternberg-Lieben/Schuster*, in: Schönke/Schröder, StGB, 29. Aufl., § 15 Rn. 94 m.w.N.; *Verrel*, a.a.O., S. 467; *Haas*, HRRS 2016, 384, 395 f.)."

[9] Vgl. zum Folgenden auch bereits *Hoven*, NStZ 2017, 707 f.

lungs- und Unterlassungspflichten ausgesetzt. Denn einerseits war er verpflichtet, zur Rettung seiner Kinder tätig zu werden; andererseits war es ihm aber nicht erlaubt, sie durch aktives Tun zu töten. Aus dieser Kollision von Normbefehlen ergeben sich komplexe Fragen nach objektiven Handlungspflichten des Garanten und deren subjektiver Einschätzung bei selbständiger Setzung eines neuen Lebensrisikos, bei denen zudem auch die Zumutbarkeit eines (möglicherweise für die Kinder tödlichen) Tätigwerdens kaum selbstverständlich ist. Im aktuellen Fall des Göttinger Arztes spielen solche Erwägungen hingegen keine Rolle: Ihn trifft allein die Pflicht, Eingriffe in einen rettenden Kausalverlauf zu unterlassen. Ob von einem Garanten erwartet werden kann, eine potentiell tödliche „Rettungs"handlung vorzunehmen, ist zweifelhaft; dass es dagegen einem Arzt ohne Weiteres zuzumuten ist, auch möglicherweise erfolglose Rettungshandlungen nicht zu boykottieren und damit die Rettung a priori zu vereiteln, dürfte evident sein.[10]

c) Die vom 5. Strafsenat herangezogenen Entscheidungen tragen sein enges Vorsatzverständnis also nicht. Dagegen steht eine Vielzahl anderer Entscheidungen des BGH dieser Rechtsansicht – sei es ausdrücklich, sei es im Ergebnis erkennbar[11] – entgegen. Exemplarisch genannt seien etwa:

a) BGH 3 StR 96/84

„Der Senat versteht diese Ausführungen des LG so, daß sich der Angekl. über die Wirkung etwaiger Rettungsmaßnahmen nicht ganz im klaren war, er zwar in erster Linie annahm, daß sie ohnehin aussichtslos seien, er aber auch nicht ausschließen konnte, daß sie – allerdings unter Inkaufnahme schwerer Dauerschäden – Erfolg haben würden. Für das Revisionsverfahren ist daher davon auszugehen, daß der Angekl. auch für diesen von ihm für möglich gehaltenen Fall untätig bleiben wollte. Er unterließ Rettungsmaßnahmen also mit dem bedingten Vorsatz, den ohne ärztliches Eingreifen unmittelbar bevorstehenden Tod nicht unter Inkaufnahme schwerer Dauerschäden zu verhindern. Daher kommt eine Bestrafung wegen versuchter Tötung, begangen durch das Unterlassen ärztlicher Hilfsmaßnahmen, in Betracht."

b) BGH 4 StR 117/60

„Ein vollendetes Tötungsverbrechen würde dann vorgelegen haben, wenn die unterlassene Hilfe den Tod des Verletzten hätte verhüten können, ein versuchtes Tö-

---

[10] Vorsorglich: Dass auch der Göttinger Arzt diese Rettung wohl nicht aus „Spaß an der Freude" oder gar aus Bösartigkeit vereitelt hat, wird dabei nicht übersehen. Die durch die Manipulation beabsichtigte Rettung „seines" Patienten wäre aber allenfalls auf der Rechtfertigungsebene zu diskutieren, die freilich vom Senat nicht erwähnt wird (und zu der man auf der Grundlage der gängigen Rechtfertigungsdogmatik – insbesondere mit Blick auf den Grundsatz „keine Abwägung Leben gegen Leben" – auch kaum kommen könnte).

[11] Konkret: wenn in „dolus-eventualis-Konstellationen", ohne den Vorsatzgrad zu thematisieren, die Möglichkeit eines Versuchs als selbstverständlich angenommen wird.

tungsverbrechen dann, wenn dieser Nachweis nicht hätte erbracht werden können. Ein solches vollendetes oder versuchtes Tötungsverbrechen würde der Angekl. dann durch unechte Unterlassung begangen haben, weil er wegen seines vorausgegangenen für F. gefahrbringenden Tuns verpflichtet war, den drohenden tödlichen Erfolg abzuwenden."

c) BGH 4 StR 51/02

„Allein, dass die Misshandlungen im zweiten Tatkomplex durch die Angekl. ‚wahrscheinlich' hätten unterbunden werden können und dass ‚einige Wahrscheinlichkeit' der Lebensrettung bestanden hat, reicht hierfür nicht aus. Nach der Gesamtheit der rechtsfehlerfrei getroffenen Feststellungen haben sich die Angekl. (…) jeweils (lediglich) wegen versuchten Totschlags (durch Unterlassen) strafbar gemacht."

d) BGH 2 StR 582/99

„Bei dieser Fallkonstellation käme weiter auch versuchter Totschlag durch Unterlassen in Betracht. (…) Da der Angekl. seine Garantenpflicht erkannte, eine Rettung für möglich hielt und den Tod des Opfers gleichwohl billigend in Kauf nahm, [liegt] die Annahme eines versuchten Tötungsdeliktes nahe."

Angesichts der bislang eindeutigen Rechtsprechung überrascht es, dass der 5. Strafsenat die Rechtsfrage nicht dem Großen Strafsenat vorgelegt hat. Die Verengung des Vorsatzes auf sicheres Wissen über hypothetische Kausalverläufe würde schließlich nicht weniger als eine grundlegende Abkehr von der bisher geltenden Dogmatik insbesondere in Unterlassungsfällen bedeuten, welche – wie die soeben genannten Beispiele aus der Rechtsprechung belegen – bei Weitem nicht nur die im intuitiven Zugriff schwierigen und vielleicht auch zukünftig weniger relevanten Transplantationskonstellationen, sondern die Unterlassungsdogmatik insgesamt betreffen würde.

2. Die Meinungen im Schrifttum

Die vom 5. Strafsenat zitierten Quellen aus der Literatur bestätigen zwar den – richtigen – Befund einer Kongruenz von objektivem und subjektivem Tatbestand; sie schließen einen Eventualvorsatz bzgl. des Merkmals der Kausalität allerdings nicht aus. Rosenau etwa verneint einen Tatentschluss nur dann, wenn „der Kausalverlauf aufgrund der Vielschichtigkeit denkbarer Ausgänge bereits ex post nicht nachweisbar ist, [so dass] dieser für den Täter ex ante regelmäßig nicht in seinen wesentlichen Zügen als möglich [!] vorausgesehen werden" kann.[12] Die zitierte Fund-

---

[12] *Rosenau*, in: Hefendehl/Hörnle/Greco (Hrsg.), Festschrift für Bernd Schüneman, 2014, S. 699.

stelle in der noch von Jescheck bearbeiteten 11. Auflage des Leipziger Kommentars verhält sich zu der Frage nicht. Und auch Kudlich beschreibt die Quasi-Kausalität lediglich als Bezugspunkt des Vorsatzes, ohne jedoch eine bestimmte Vorsatzform vorauszusetzen.[13]

Demgegenüber findet sich im Schrifttum eine Vielzahl von Quellen, die einen bedingten Vorsatz mit Blick auf die Quasi-Kausalität ausdrücklich genügen lassen. So muss der Täter etwa bei Roxin „wenigstens mit der Möglichkeit rechnen, dass sein Eingreifen den Erfolg abwenden könnte"[14]. Nach Frister genügt gerade im Unterschied zum objektiven Tatbestand ein Fürmöglichhalten der Kausalität.[15] Gaede bezweifelt sogar die Geltung des Maßstabes der an Sicherheit grenzenden Wahrscheinlichkeit für die Vollendung; in jedem Fall bleibe die Verurteilung wegen eines versuchten Delikts.[16] Auch Sternberg-Lieben/Schuster gehen davon aus, dass sich der Vorsatz „nur auf den hypothetischen Verlauf, nicht auf den Beweismaßstab zu dessen Feststellung beziehen" muss.[17] Besonders deutlich formuliert es Verrel, bereits konkret zum Fall der Organtransplantation: „Es genügt, dass sich O. den Tod eines anderen Wartelistenpatienten als mögliche, wenn auch forensisch nicht rekonstruierbare Folge seiner Manipulation vorgestellt hat."[18]

IV. Wider die Voraussetzung sicheren Wissens über den hypothetischen Kausalverlauf

1. Widersinnige Konsequenzen

Die Rechtsprechung des 5. Strafsenats führt zu widersinnigen Konsequenzen und einer weitgehenden Aushöhlung der Unterlassungsstrafbarkeit. Folgt man der Logik des Senats, so muss der Täter stets positive Kenntnis von der (Quasi-)Kausalität seines Verhaltens haben. Demnach wäre eine Strafbarkeit auch des absichtlich handelnden Täters ausgeschlossen, sofern dieser nicht zugleich über sicheres Wissen vom Ausbleiben des Erfolges verfügt. Der Täter bliebe somit in folgenden Fällen straflos:

---

[13] Satzger/Schluckebier/Widmaier/*Kudlich*, StGB, 3. Aufl. 2016, § 13 Rn. 38. Dass man hier dem Co-Autor dieses Beitrags vorwerfen kann, an dieser Stelle nicht hinreichend explizit den bedingten Vorsatz bzw. die Voraussetzungen daran erläutert hat (so wie dies etwa bei *Sternberg-Lieben/Schuster*, in: Schönke/Schröder, StGB, 29. Aufl. 2014, § 15 Rn. 94 oder sehr anschaulich bei *Frister*, StrafR AT, 7. Aufl. 2015, Kap. 22 Rn. 51 erfolgt), steht auf einem anderen Blatt.

[14] *Roxin*, StrafR AT II, 2003, § 31 Rn. 186.

[15] *Frister* (Fn. 13), Kap. 22 Rn. 51.

[16] *Gaede*, in: Kindhäuser/Neumann/Paeffgen (Hrsg.), Nomos Kommentar zum StGB, 5. Aufl. 2017, § 13 Rn. 15.

[17] Schönke/Schröder/*Sternberg-Lieben/Schuster* (Fn. 13), § 15 Rn. 94.

[18] *Verrel*, MedR 2014, 464 (466).

(1) Der Vater sieht, dass sein Sohn ertrinkt. Er schätzt die Rettungswahrscheinlichkeit auf etwa 80 % und bleibt untätig. Der Sohn stirbt.

(2) Der Täter sieht, dass der Rettungsschwimmer einem Ertrinkenden zu Hilfe eilt. Er schätzt die Rettungswahrscheinlichkeit auf etwa 80 %. Da er ganz sicher gehen möchte, dass der andere stirbt, hält er den Rettungsschwimmer fest. Der andere ertrinkt.

(3) Der Täter wünscht den Tod seines Erbonkels. Zu diesem Zweck entwendet er, während das OP-Team bereits damit beginnt, den Bauch des Onkels zu öffnen, die für den Onkel vorgesehene Leber und zerstört sie. Der Onkel, der durch die Transplantation der Leber mit einer Wahrscheinlichkeit von 80 % gerettet worden wäre, verstirbt.

(4) T möchte sein Opfer O töten und schießt – obgleich nur mittelmäßiger Schütze – aus 50 m Entfernung auf den O. Dabei bemisst er die Wahrscheinlichkeit, den O lebensgefährlich zu verletzen, nur auf ca. 33 %. Gleichwohl trifft er O. Garant G sieht den getroffenen O liegen und erkennt, dass dieser ärztliche Hilfe benötigt. Er geht dabei aber davon aus, dass die Rettungschancen auch bei sofortiger Erster Hilfe und Alarmieren eines Notarztes nur bei ca. 75 % liegen. G bleibt untätig, O wird aber gerettet. Für T würde wohl trotz Annahme einer subjektiven Sicherheit von nur 33 % ein Tatentschluss angenommen, während er für G in der Logik der Entscheidung des 5. Senats verneint werden müsste.

Eine Straflosigkeit des Täters wäre im Übrigen auch dann anzunehmen, wenn er nur zu Unrecht von einer unsicheren Rettungschance ausgeht: Selbst wenn etwa nach sachverständiger Sicht eine Rettung mit an Sicherheit grenzender Wahrscheinlichkeit erfolgt wäre – die Quasi-Kausalität also objektiv vorläge –, der Täter die Rettung aber nur für weit überwiegend möglich, aber nicht für an Sicherheit grenzend wahrscheinlich gehalten hat, würde es ihm nach diesem Verständnis am notwendigen Vorsatz fehlen.

Die Rechtsprechung des Senats bietet der Verteidigung bislang ungeahnte Möglichkeiten. Da ein hypothetischer Rettungserfolg in aller Regel nicht mit Gewissheit vorherzusehen ist, wird das Vorbringen des Täters, er habe die Rettung des Opfers für denkbar, aber nicht für sicher gehalten, kaum zu widerlegen sein. Es erscheint fraglich, ob der Senat die weitreichenden Konsequenzen seiner Entscheidung bedacht und die Entstehung der erheblichen (und sachlich nicht nachvollziehbaren) Strafbarkeitslücken gewollt hat.[19] Die wenig einsehbaren Folgen des BGH-Urteils lassen an der Gültigkeit seiner Prämissen zweifeln.

---

[19] Sollte er dies tatsächlich so gewollt haben, hätte der 5. Strafsenat aufgrund der bestehenden Divergenz zu früheren Entscheidungen den Großen Strafsenat anrufen müssen.

2. Die „an Sicherheit grenzende Wahrscheinlichkeit" und ihre Rolle im objektiven Tatbestand

a) Mit Blick auf solche Ergebnisse wird man für das Strafrecht als normativer Wissenschaft und insbesondere im Bereich des Allgemeinen Teils, dessen Strukturen stärker von Rechtsprechung und Lehre als durch starre gesetzliche Vorgaben geprägt sind, durchaus davon ausgehen können, dass fernliegende Folgen an der Validität ihrer Prämissen zweifeln lassen. Wenn man also die Annahme teilt, dass in den unter 1. skizzierten Fällen die jeweilige Straflosigkeit – sei es als solche, sei es auch im systematischen Vergleich mit anderen Fällen – fragwürdig ist, spricht dies auch dafür, das vom 5. Strafsenat angenommene Erfordernis einer sicheren Kenntnis der Erfolgsabwendung infrage zu stellen.

Doch soll an dieser Stelle nicht stehengeblieben werden: Denn jenseits des Umstandes, dass das Urteil der „Fragwürdigkeit der Ergebnisse" letztlich dezisionistisch ist, müssen auch kontraintuitiv erscheinende Ergebnisse nicht notwendig gegen die zu ihnen führenden Verständnisweisen sprechen.[20] Eine gewisse Lückenhaftigkeit des strafrechtlichen Schutzes könnte auch intrasystematisch „gewollt" sein oder sich durch andere Argumente rechtfertigen.[21] Daher soll im Folgenden untersucht werden, was es mit der „an Sicherheit grenzenden Wahrscheinlichkeit" auf sich hat, die durch die Entscheidung des 5. Senats (scheinbar) in den subjektiven Tatbestand transponiert wurde. Ist man sich über die Bedeutung dieses Merkmals, das originär aus dem objektiven Unterlassungstatbestand herrührt, im Klaren, so lässt sich auch leichter begründen, wie es sich im subjektiven Tatbestand auswirken sollte (und wie möglicherweise gerade nicht).

b) Das Erfordernis, dass der Erfolg bei Hinzudenken der unterlassenen und von Rechts wegen zu fordernden Tätigkeit „mit an Sicherheit grenzender Wahrscheinlichkeit" entfallen muss, ist als Formulierung der „Quasi-Kausalität" und insoweit als sprachliche Anpassung der conditio-sine-qua-non-Formel auf Unterlassungskonstellationen in Rechtsprechung und Literatur nahezu einhellig anerkannt.[22] Die For-

---

[20] So *Jäger*, JA 2017, 873 (875).

[21] So etwa durch das Argument, das lauten könnte, dass in den genannten Fällen die ursprüngliche Gefahr (abgesehen von T in Fall 4, der aber ja auch bei 33 % Sicherheit haftet) nicht vom Täter geschaffen worden, sondern nur nicht abgewendet worden ist. Bei genauerer Betrachtung erscheint diese Begründung freilich wieder zweifelhaft, weil damit letztlich nichts Anderes zum Ausdruck gebracht wird als der Umstand, dass es sich um eine Unterlassungskonstellation oder aber um den Eingriff in einen rettenden Kausalverlauf handelt, welche beide als grundsätzlich haftungsauslösendes Verhalten anerkannt sind.

[22] Vgl. etwa aus der Rechtsprechung RGSt 15, 151 (153 f.); 58, 130 (131); ferner BGH NJW 1997, 2940; BGH NJW 2010, 1087 (1091); BGH NStZ 2012, 379 (380); aus der Literatur: *Freund*, in: Münchener Kommentar zum StGB, Bd. I, 3. Aufl. 2017, § 13 Rn. 201; Schönke/Schröder/*Stree*/*Bosch* (Fn. 13), § 13 Rn. 61; SSW/*Kudlich* (Fn. 13), § 13 Rn. 10; *Weigend*, in: Leipziger Kommentar, Bd. I, 12. Aufl. 2007, § 13 Rn. 72; *Joecks/Jäger*, StGB, Studienkommentar, 12. Aufl. 2018, § 13 Rn. 22; *Jescheck/Weigend*, StrafR AT, 5. Aufl. 1996, § 59 III.4; *Frister* (Fn. 13), Kap. 22 Rn. 23.

mulierung der „mit an Sicherheit grenzenden Wahrscheinlichkeit" legt bereits nahe, dass hiermit nur ein Beweismaßstab formuliert wird, der zwar in die materiell-rechtliche Definition mit aufgenommen wird, sich tatsächlich aber nur prozessual auswirkt. Weil in den Fällen des Unterlassens lediglich eine hypothetische, nicht aber eine naturwissenschaftlich verstandene Kausalität vorliegen kann und bei der für das Strafrecht erforderlichen Ex-post-Rekonstruktion eines Geschehensablaufs diesbezüglich nie letzte Sicherheit bestehen kann, lässt man für die prozessuale Beweiswürdigung als Kausalitätsnachweis genügen, dass bei Hinzudenken des geforderten Verhaltens der Erfolg mit an Sicherheit grenzender Wahrscheinlichkeit entfällt.[23]

Denkt man dieses „Merkmal" aber tatsächlich gleichsam streng prozessual, so könnte man es als außerhalb des materiell-rechtlichen Tatbestandes liegend erachten; in dieser Eigenschaft wäre es dann konsequenterweise auch nicht vorsatzrelevant.[24] Auch ohne dass dieser Schritt einer rein prozessualen Bedeutung dieses Bestandteils der Definition völlig explizit gemacht würde, wird ein solches Verständnis in der Literatur zumindest teilweise durch Formulierungen gestützt bzw. angedeutet, welche ebenfalls vom „Nachweis" bzw. von der „Sicherheit der Feststellungen" sprechen.[25]

c) Teilweise finden sich in der Literatur indes auch Formulierungen, welche eher nach einem echten objektiven Tatbestandsmerkmal als nach einer allein prozessual zu beachtenden Voraussetzung klingen.[26] Deshalb soll auch geprüft werden, ob sich am Ergebnis etwas ändert, wenn man in der Formulierung doch ein materiell-rechtliches Kriterium sieht. Wurzel der Überlegung ist auch hier wieder, dass es beim Unterlassungsdelikt keinen naturalistisch verstandenen „Wirkzusammenhang" des tatbestandlichen Verhaltens geben kann. Vielmehr ist die „Quasikausalität" ein normativer Zusammenhang zwischen Tathandlung und Erfolg.[27] Gleichwohl besteht ein

---

[23] Vgl. generell zu den Anforderungen, die an die Gewissheit eines Nachweises im Allgemeinen und an den Kausalitätsnachweis sub specie § 261 StPO gestellt werden, *Miebach*, in: Münchener Kommentar zur StPO, Bd. II, 2016, § 261 Rn. 51 ff., 71. Vgl. ferner BGH NJW 2010, 1087 (1091): „‚Mit an Sicherheit grenzender Wahrscheinlichkeit' ist nichts anderes als die überkommene Beschreibung des für die richterliche Überzeugung erforderlichen Beweismaßes (…)".

[24] Vgl. *Engländer*, JuS 2001, 958 (960 f.); dieser Möglichkeit zustimmend auch *Kudlich*, NJW 2017, 3255 (3256) und *Hoven*, NStZ 2017, 707 (708): „Für den Vorwurf der vollendeten Tat muss dem Täter die Ursächlichkeit seines Verhaltens nachgewiesen werden. Für den Versuch spielt es hingegen keine Rolle, ob der Erfolg gar nicht oder nicht durch den Täter bewirkt wurde; entscheidend ist allein der Entschluss des Täters, den Erfolg herbeiführen zu wollen. Die Quasi-Kausalität muss (ebenso wie der Erfolg selbst) im Rahmen der Versuchsprüfung also nicht tatsächlich vorliegen, sondern lediglich in der Vorstellung des Täters abgebildet werden". Eingehend auch *Bornhauser* (Fn. 6), S. 208 ff.

[25] So etwa bei MünchKomm-StGB/*Freund* (Fn. 22), § 13 Rn. 201; LK/*Weigend* (Fn. 22), § 13 Rn. 72; *Frister* (Fn. 13), Kap. 22 Rn. 23.

[26] So etwa, wenn von einer bloßen Angleichung der für das Begehen verbreiteten markanten conditio-sine-qua-non-Formel für das Unterlassen gesprochen wird, vgl. etwa *Jescheck/Weigend* (Fn. 22), § 59 III.4.

[27] Dies stellt freilich keinen strikten Gegensatz zum Begehungsdelikt dar, da dort jedenfalls unter Berücksichtigung der Grundsätze der objektiven Zurechnung insgesamt auch ein nor-

Unterschied darin, dass für Fälle des aktiven Tuns insoweit – vorbehaltlich der Erkenntnislücken bei komplexen Wirkmechanismen – zumindest in Verbindung mit dem Erfordernis des Erfolgs „in seiner konkreten Gestalt" vergleichsweise klare Aussagen möglich sind, während beim Unterlassen ein solcher Zusammenhang aufgrund der nur hypothetischen Wirkung des geforderten Verhaltens nicht mit gleicher Sicherheit festgestellt werden kann.

Exemplarisch: Stirbt ein Opfer an einem vom Täter aktiv abgegebenen Schuss, so ist die Feststellung, dass der Erfolg (Tod des Opfers) in seiner konkreten Gestalt (Tod durch Erschießen) ohne das Täterhandeln ausgeblieben wäre, vergleichsweise banal. Wird das angeschossene Opfer dagegen von einem garantenpflichtigen Dritten nicht versorgt, so ist die Feststellung, dass die dem Dritten mögliche Versorgung der Wunde auch zum Ausbleiben des Todes geführt hätte, mit wesentlich mehr Unsicherheiten behaftet. Um aufgrund dieser Unsicherheiten (und gegebenenfalls der Anwendung des Grundsatzes „in dubio pro reo") die vom Gesetzgeber in § 13 StGB ausdrücklich vorgesehene Möglichkeit einer Unterlassungsstrafbarkeit nicht leerlaufen zu lassen, wird der erforderliche Zusammenhang auf eine mit an Sicherheit grenzender Wahrscheinlichkeit reduziert.[28] Im Bild des Zusammenhangs als normative Größe könnte man auch sagen: Beim Unterlassungsdelikt wird normativ ein Minus gegenüber dem für das Begehungsdelikt entwickelten Kausalitätsbegriff für ausreichend erachtet.[29]

Wenn freilich dieser Wahrscheinlichkeitsgrad, d.h. also ganz konkret die Situation der mit an Sicherheit grenzenden Wahrscheinlichkeit, derjenige *tatsächliche Umstand* ist, unter den man schon unterhalb der Stufe einer tatsächlich festgestellten Kausalität objektiv eine „Quasikausalität" subsumiert – also verkürzt: die „tatbestandliche Situation der Quasikausalität" –, muss sich nach allgemeinen Vorsatzgrundsätzen der Vorsatz auch gerade nur auf diese Situation der Quasikausalität beziehen. Dafür müsste dann aber – wieder nach allgemeinen Regeln beurteilt – jeder Vorsatzgrad ausreichen, der auch sonst für das Strafrecht genügt. Anders gewendet: Wenn in Kauf genommen wird, dass ein Unterlassen tatsächlich kausal ist, d.h. dass es *tatsächlich* zu einer Verhinderung des tatbestandlichen Erfolges gekommen wäre, dann steckt darin erst recht auch die Inkaufnahme einer „mit an Sicherheit grenzenden Wahrscheinlichkeit" der Erfolgsverhinderung.[30] Ein Vorsatz, der das Plus einer

---

mativer Zusammenhang zwischen tatbestandlichem Verhalten (d.h. aktivem Tun) und Erfolgseintritt besteht.

[28] Anschaulich auch Schönke/Schröder/*Stree*/*Bosch* (Fn. 13) § 13 Rn. 61, wo von „Gewissheit oder an Gewissheit grenzend" die Rede ist, was deutlich macht, dass der Idealfall der Kausalität auch ein feststehender Zusammenhang ist, aus Praktikabilitätsgründen aber auch eine daran nur angrenzende Stufe akzeptiert wird.

[29] Vgl. zur Normativierung des Zusammenhangs nochmals Schönke/Schröder/*Stree*/*Bosch* (Fn. 13), § 13 Rn. 61; *Jescheck/Weigend* (Fn. 22), § 59 III.3; ferner *Frister* (Fn. 13), Kap. 22 Rn. 20 („logischer Zusammenhang").

[30] A.A. offenbar *Jäger* (Fn. 4), S. 11 (26 f.), der zwar einerseits auch formuliert: „Der Täter muss Umstände zumindest für möglich erachtet haben, die eine rechtliche Zurechnung be-

tatsächlichen Wirkung umfasst, schließt *a maiore ad minus* auch den Vorsatz zu einer nur in hohem Maße wahrscheinlichen Wirkung mit ein, und zwar unabhängig davon, mit welchem Vorsatzgrad eine solche Situation angenommen wird.

d) Damit bleibt der Ausgangspunkt des Senats zwar grundsätzlich zutreffend: Der subjektive Unterlassungstatbestand muss sich auf die objektiven Unterlassungstatbestandsmerkmale beziehen. Der Tatentschluss kann daher in dem Sinne nicht „weiter gehen" als der objektive Tatbestand, dass ein Vorsatz, der auf ein objektiv nicht tatbestandsmäßiges Verhalten gerichtet ist, auch zu keiner Versuchsstrafbarkeit führen kann.

Aber: Wenn aus dem Erfordernis einer mit an Sicherheit grenzender Wahrscheinlichkeit bei der (objektiven) Quasikausalität abgeleitet wird, der Täter müsse die Erfolgsanwendung für sicher halten, werden hiermit zwei Kategorien verwechselt: Es geht nämlich für den Tatentschluss nicht um die Sicherheit des Täters von einer „tatsächlichen" (Wirk-) Kausalität, sondern es geht um die Frage, ob – und zwar nach allgemeinen Grundsätzen, also gegebenenfalls auch bedingter! – Vorsatz hinsichtlich einer Konstellation vorliegt, in welcher der Erfolg mit an Sicherheit grenzender Wahrscheinlichkeit vereitelt worden wäre. Hält der Täter aber auch nur für möglich, dass durch sein Tun der Erfolg tatsächlich abgewendet worden wäre, umfasst dieser Vorsatz als Minus natürlich erst recht auch die Situation, dass der Täter für möglich hält, dass der Erfolg mit an Sicherheit grenzender Wahrscheinlichkeit abgewendet worden wäre.[31] Alles andere wäre auch widersinnig, da ansonsten eine *Einschränkung* des Kausalitätsbegriffs im objektiven Tatbestand zu *höheren Anforderungen* im subjektiven Tatbestand führen würde.

---

gründen.", dann aber – da sich „die Möglichkeitsvorstellung (…) nur auf die tatsächlichen Umstände von Erfolg und Kausalität, nicht aber auch die rechtliche Komponente der objektiven Zurechnung beziehen" könne, schließlich doch eine subjektive „Sicherheit der Vermeidung" beim Arzt fordert. Unseres Erachtens bleibt hierbei aber unbeachtet, dass der Täter, der sogar eine Ursächlichkeit seines Unterlassens für möglich hält, erst recht auch den „Umstand" für möglich erachtet, dass der Erfolg mit an Sicherheit grenzender Wahrscheinlichkeit entfallen wäre, bildet dies doch ein Minus gegenüber dem tatsächlichen Entfallen des Erfolges. So richtig daher die Forderung danach ist, dass der Täter auch Vorsatz bzw. Tatentschluss hinsichtlich der Voraussetzungen der objektiven Zurechnung haben muss – hinsichtlich *dieses* Aspekts (gleichviel, ob man ihn zu einem speziellen Kausalitätsbegriff beim Unterlassen oder zur objektiven Zurechnung zählt) hat der Täter bedingten Vorsatz. Zu anderen Aspekten der objektiven Zurechnung vgl. auch Fn. 32.

[31] Vergleichen lässt sich dies etwa mit der Teilnahme an einem Delikt, welches für den Täter dolus directus zweiten Grades voraussetzt wie etwa die Verleumdung nach § 187 StGB: Auch hier ist ausreichend, wenn ein Gehilfe sich mit dolus eventualis als möglich vorstellt, dass der Haupttäter sichere Kenntnis von der Unrichtigkeit der von ihm verbreiteten Tatsachen hat; dagegen ist keine eigene diesbezügliche sichere Kenntnis erforderlich. Gegen diesen Vergleich spricht auch nicht etwa der Umstand, dass es in den hier interessierenden Fällen um täterschaftliche Unterlassungen geht; denn das Beispiel soll nur die Struktur zweier hintereinandergeschalteter unterschiedlicher Gewissheitsgrade illustrieren.

3. Fazit

Zusammenfassend lässt sich also festhalten: Gleichgültig, ob man im Erfordernis der „mit an Sicherheit grenzenden Wahrscheinlichkeit" der Erfolgsverhinderung einen rein prozessualen Bewertungsmaßstab oder aber eine spezielle normative, materiell-rechtlich beachtliche Ausgestaltung des Zurechnungszusammenhanges sieht, kann jedenfalls die Begründung des BGH nicht überzeugen:[32] Ein Garant kann einen hinreichenden Unterlassungsentschluss auch fassen, wenn er nur mit bedingtem Vorsatz für möglich hält, mit seinem pflichtgemäßen Handeln den Erfolg abwenden zu können. Wo die Strafbarkeitsgrenze bei einer nur als vage angenommenen Rettungschance verläuft, mag im Einzelfall schwierig zu bewerten sein, so wie es eben auch sonst die Grenzziehung des (bedingten) Vorsatzes ist.[33] Eine an Sicherheit grenzende Wahrscheinlichkeit der Rettung muss der Täter aber jedenfalls nicht mit Gewissheit annehmen.

V. Schlussbetrachtung

Die Bewertung von Manipulationen im Transplantationsverfahren stellt das Strafrecht vor eine Vielzahl von Problemen. Intuitiv mag es (zu?) weitgehend erscheinen, eine vorsätzliche Missachtung von Verfahrensrichtlinien als Totschlag – mit einer Freiheitsstrafe nicht unter fünf Jahren! – zu bestrafen, zumal wenn es sich um ein Verhalten handelt, das potentiell sogar als altruistisches vorstellbar ist.[34] Nur kann die Lösung nicht darin bestehen, ein möglicherweise unerwünschtes Ergebnis durch die Aufgabe anerkannter – und sinnvoller – dogmatischer Grundsätze zu korrigieren. Mit der Forderung nach einem sicheren Wissen über den hypothetischen Kausalverlauf hat der 5. Strafsenat die Kategorien von Beweismaßstab und Tatbestandsvoraussetzungen, jedenfalls aber von objektiver Eintrittswahrscheinlichkeit des Erfolges und erforderlicher subjektiver Gewissheit von einer solchen Eintrittswahrscheinlichkeit vermischt und damit einen falschen Bezugspunkt für den Vorsatz des Täters zugrunde gelegt.

---

[32] Ob der BGH auch im Ergebnis Unrecht hat, ist eine andere Frage: Wenn es nämlich nicht nur um den beweisrelevanten Gesichtspunkt einer nicht hinreichenden Sicherheit, sondern angesichts der Komplexität des Vergabeverfahrens um eine fehlende Beherrschbarkeit und möglicherweise für bestimmte Konstellationen auch um die fehlende Einschlägigkeit eines Schutzzwecks (etwa soweit es um „überholte" Patienten weiter hinten auf der Liste geht) geht (vgl. dazu bereits *Kudlich*, NJW 2013, 917 [918 f.]), mag es an einer objektiven Strafbarkeitsvoraussetzung (in Gestalt der objektiven Zurechnung) fehlen, und auf diese muss sich in der Tat auch der Vorsatz beziehen (vgl. nochmals *Kudlich*, NJW 2013, 917 [919]).

[33] Siehe jüngst die Diskussion um den Berliner „Raser"-Fall; *Kubiciel/Hoven*, NStZ 2017, 439 (440).

[34] Ob im Göttinger Fall ein solcher Altruismus vorgelegen hat oder ob es z.B. auch um Prämien für die Durchführung von Transplantationen o. ä. gegangen ist, soll hier nicht beurteilt werden.

Schon vor rund 30 Jahren konnte der Jubilar feststellen, dass in „der Strafrechtswissenschaft (…) seit langem die Frage diskutiert (wird), welchen Einfluß hypothetische Kausal- bzw. Schadensverläufe auf die objektive Zurechnung eines Verhaltens zum Täter haben". Es bestehe im materiellen Recht aber – im Unterschied zu den von Klaus Rogall im damaligen Beitrag behandelten hypothetischen (Ermittlungs-) Verläufen im Prozessrecht – wenn „auch über die Ergebnisse kein vollständiges Einvernehmen erzielt worden" sein mag, „Klarheit über die Fragestellung und deren dogmatische Einordnung".[35]

Das ist im Grundsatz nicht zu bezweifeln – für die Behandlung hypothetischer Rettungsverläufe, wie sie im Kern sehr viele Unterlassungskonstellationen und erst recht die Eingriffe in rettende Kausalverläufe darstellen, hat der 5. Senat jedoch für eine zumindest vorübergehende Unklarheit gesorgt. Wir hoffen, in diesem Klaus Rogall gewidmeten Beitrag ein klein wenig zur Wiederherstellung der Klarheit beigetragen zu haben, so wie er es zu vielen Fragen des Prozessrechts meisterhaft getan hat.

---

[35] Vgl. *Rogall*, NStZ 1988, 385.

Unechte Unternehmungen, untaugliche Versuche

Von *Ernst-Joachim Lampe*

Unser Strafgesetzbuch definiert den Begriff „Unternehmen einer Tat" in § 11 I Nr. 6 als „deren Versuch und deren Vollendung" und nennt in den §§ 81 f., 130 f., 275, 184 ff., 307, 309, 316c und 357 diejenigen Tatbestände, die das „Unternehmen" unter Strafe stellen.

Die *gesetzliche Definition* des „Unternehmens" in § 11 I Nr. 6 ist sprachlich inkorrekt; denn „unternehmen" bedeutet „ins Werk setzen" und meint folglich, ebenso wie „begehen",[1] die Straftat als Ganze, die freilich Versuch und Vollendung umfasst. Allerdings ist es logisch unmöglich, Versuch und Vollendung einer Tat zugleich ins Werk zu setzen. Rechtsprechung und Literatur verstehen daher „unternehmen" derart, dass Versuch und Vollendung aufeinander folgen und „unternehmen" somit nur das ausdrückt, was auch sonst für die meisten Delikte gilt: dass außer ihrer Vollendung auch ihr Versuch strafbar sein soll. Indessen ist auch dieses Verständnis noch ungenau; denn jedes „Unternehmen" setzt im Unterschied zum „Begehen" ein Vorhaben (= etwas zuvor Gehabtes) voraus, das „ins Werk gesetzt" werden soll. Genauer ist es also, das Unternehmen als „Ins-Werk-Setzen eines Vorhabens" zu interpretieren,[2] und das Spezifische eines Unternehmensdelikts darin zu sehen, dass die dafür ausgewählten Mittel („Werkzeuge") der Unrechtsverwirklichung dienen sollen.

Ich werde im Folgenden die Anwendbarkeit dieser *Interpretation* auf die („echten") Unternehmensdelikte des geltenden Rechts prüfen (unten I.) und anschließend erörtern, ob in unserem Strafgesetzbuch (hierauf beschränke ich mich) weitere Delikte enthalten sind, die das Gesetz zwar nicht als „Unternehmensdelikte" definiert, die aber ihrer Mittel-Zweck-Bestimmung nach Unternehmensdelikte sind (unten II.). Abschließend werde ich untersuchen, ob diese („unechten") Unternehmensdelikte auch dann bestraft werden sollen, wenn die zu ihrer „Begehung" ausgewählten Hand-

---

[1] Duden, Bedeutungswörterbuch: unternehmen = (ein Vorhaben) ins Werk setzen; machen, tun, durchführen. Nahezu bedeutungsgleich das mitteldeutsche *begēn*, das allerdings auch unvorsätzliches Verhalten einschließt. Dazu *E.-J. Lampe*, GA 2009, S. 673 ff.

[2] Mit dieser Interpretation weiche ich von derjenigen ab, die *H. Schröder* (FS Kern, 1968, S. 457 ff.) gegeben hat und die seither in der Literatur verwendet wird: dass in den Unternehmensdelikten „der Gesetzgeber die Betätigung einer bestimmten Tendenz des Täters unter Strafe stellt, ohne dass diese einen tatsächlichen Erfolg gehabt zu haben braucht". Als Beispiel nennt *Schröder* u. a. das „Nachstellen" bei der Wilderei. Gegen die so interpretierte Rechtsfigur des Unternehmensdelikts *Ch. Sowada*, GA 1988, S. 195 ff., 199 ff.

lungsmittel die Chance zur Unrechtsverwirklichung nicht erhöht haben, weil sie „untauglich" waren (unten III.).

I.

Ich gehe von der Interpretation der Unternehmensdelikte durch Rechtsprechung und Literatur als einer Folge von Versuch und Vollendung aus, die in keinem Mittel-Zweck-Verhältnis zueinander stehen. Von dieser Grundlage aus stellt sich die Frage, warum der Gesetzgeber sich des Begriffs „unternehmen" bedient hat, um zusätzlich zur Vollendung auch den Tatversuch unter Strafe zu stellen, und warum ihm die generelle Anordnung der Versuchsstrafbarkeit für Verbrechen und die individuelle Anordnung für Vergehen dafür nicht ausgereicht hat? Da der Gesetzgeber selbst darauf keine Antwort gibt, ist die Lehre in die Bresche gesprungen. Sie hat den Grund darin gesehen, dass innerhalb der Unternehmensdelikte der Versuch der Vollendung *fiktiv* gleichstehen soll, damit erstens dem Täter die Chance zum strafbefreienden Rücktritt (§ 24) und zweitens dem Gericht das Recht zur Strafmilderung (§ 23 Abs. 2) genommen werden.[3] Was seinerseits diesen Grund materiell und kriminalpolitisch rechtfertigt, dazu äußert sich freilich auch die Lehre nicht. Und dem Gesetz lassen sich nur zwei Indizien entnehmen: Die Rechtfertigung *kann nicht* im höheren Unrecht der Unternehmensdelikte gegenüber Delikten mit getrennt angeordneter Versuchsstrafbarkeit liegen, denn selbst bei den schwersten Verbrechen erlaubt das Gesetz dem Gericht die Strafmilderung für den bloßen Versuch und dem Täter einen strafbefreienden Rücktritt vom Versuch bzw. die tätige Reue. Die Rechtfertigung *kann* folglich *nur* im besonderen Verhältnis zwischen versuchter und vollendeter Tat liegen: dass das Unrecht der versuchten Tat ausnahmsweise (fast) ebenso strafwürdig und strafbedürftig ist wie das der vollendeten Tat und dass daran auch ein freiwilliger Rücktritt nichts ändert.

Wann aber ist das der Fall? Vom Standpunkt eines reinen Täterstrafrechts ließe sich sagen: Niemals. Denn die Minderbestrafung des Versuchs gegenüber der Vollendung sei ein Relikt des inzwischen überwundenen Erfolgsstrafrechts und deshalb nicht nur bei den Unternehmensdelikten, sondern insgesamt aus unserem Strafrecht zu entfernen.[4] Doch dem ist entgegenzusetzen, dass das Erfolgsstrafrecht keineswegs

---

[3] Herrschende Meinung, vgl. etwa BGHSt 15, 198 (199); *H.-H. Jescheck/Th. Weigend*, Lb., 5. Aufl. 1996, § 49 VIII (S. 526 f.) m.w.N.; a.A. jedoch neuerdings *H. Radtke*, MüKo, 3. Aufl. 2017, § 11 Rn. 139 f.; *K. Hoffmann-Holland*, MüKo, 3. Aufl. 2017, § 24 Rn. 187 ff.; *U. Stein/ M. Deiters*, SK, 9. Aufl. 2017, § 11 Rn. 83.

[4] Noch *H. Welzel* (Lb., 11. Aufl. 1969, S. 173) sah hierin den Ausdruck des Gedankens, „dass bei der Tat, die im Versuchsstadium steckenbleibt, die verbrecherische Kraft des Willens grundsätzlich doch schwächer ist als bei einer Tatvollendung", und nannte die „Anschauungen, dass zur vollen Tat doch auch der Erfolg gehört", irrational. Vgl. dazu *E.-J. Lampe*, Das personale Unrecht, 1967, S. 95. Zum heutigen Diskussionsstand vgl. *Th. Hillenkamp*, LK, 23. Aufl. 2006, vor § 22 Rn. 45 ff., 55 ff., § 23 Rn. 8 ff.; *K. Hoffmann-Holland* (Fn. 3), § 22 Rn. 44 ff.; *Th. Fischer*, Komm., 64. Aufl. 2017, § 33 Rn. 2a/b, alle m.w.N.

ganz überwunden ist, dass der Gesetzgeber vielmehr eine Strafmilderung beim Tatversuch zwar nicht vorgeschrieben, aber ins Ermessen des Gerichts gestellt und damit an der Berücksichtigung des Erfolges für das Strafmaß festgehalten hat. Kriterien für die Bedeutung des Erfolgs beim Strafmaß bzw. für die Strafmilderung beim Versuch hat der Gesetzgeber allerdings nicht aufgestellt. Er hat das der Rechtsprechung überlassen, doch hat auch diese sich dabei schwer getan. Soweit sie den Tatrichter auf eine „Gesamtschau der Tatumstände und der Täterpersönlichkeit"[5] verwiesen hat, war das keine Hilfe; denn diese ‚Gesamtschau' muss der Tatrichter ohnehin bei jeder Strafzumessung vornehmen.[6] Die weiterhin benannten Kriterien „kriminelle Intensität" und „verbrecherischer Wille"[7] schlagen für die Strafmilderung des Versuchs ebenfalls nicht zu Buche, weil sie für die Vollendung entsprechend gelten. Wahrhaft hilfreich ist daher nur ein einziges versuchsspezifisches Kriterium: das Maß an *Gefährlichkeit*, das Versuch und Vollendung mal mehr, mal weniger einander näherbringt und das insbesondere mit der *Tauglichkeit der eingesetzten Mittel* zur Rechtsgutsverletzung korreliert.[8] Das *Fazit* für die Unternehmensdelikte lautet daher: Die tatrichterliche Legitimation für eine Minderbestrafung des Versuchs entfällt umso mehr, je tauglicher die im Versuchsstadium eingesetzten Begehungsmittel sind und je mehr ihr Einsatz das Unrecht der gesamten Tat mitbestimmt.

Damit komme ich zum zweiten Teil der Frage: Wann schließt die übereinstimmende Strafwürdigkeit und Strafbedürftigkeit von Versuch und Vollendung die Straffreiheit des Täters aufgrund seines freiwilligen Rücktritts vom Versuch aus? Der Gesetzgeber hat insoweit drei Gruppen von Unternehmensdelikten unterschieden:

- Bei der ersten Deliktsgruppe will er die Straffreiheit keineswegs ausschließen. Beim „Unternehmen" eines Hochverrats (§§ 81 und 82) erlaubt er vielmehr dem Gericht, einen Reue bekundenden Täter nicht zu bestrafen, wenn er sich zusätzlich zum Rücktritt von der Tatbegehung um die Beseitigung auch der zukünftigen *Gefährlichkeit* des versuchten Hochverrats bemüht (genauer: § 83a).[9] Eine analoge Anwendung dieser Sonderregelung wird im Schrifttum für das Delikt der Verleitung eines Untergebenen zu einer Straftat (§ 357) empfohlen.[10]
- Besonders häufig verwendet der Gesetzgeber den Begriff „unternehmen" innerhalb der zweiten Deliktsgruppe, die zusätzlich zur vollendeten die versuchte

---

[5] Vgl. etwa BGHSt 16, 351 ff.; *R. Zaczyk*, NK, 5. Aufl. 2017, § 23 Rn. 7 m.w.N. Kritisch *E. Horn*, in: GS Armin Kaufmann, 1989, S. 573 ff.

[6] BGHSt 28, 318 (319); u. ö.

[7] Vgl. § 46 II: „die Gesinnung, die aus der Tat spricht, und der bei der Tat aufgewendete Wille". Dazu *M. Walter*, in: GS Hilde Kaufmann, 1986, S. 493 ff.

[8] Vgl. etwa BGHSt 36, 1 (18 f.).

[9] Vgl. dazu *H.-U. Paeffgen*, NK, 5. Aufl. 2017, § 83a Rn. 2 ff.

[10] Vgl. *F. Zieschang*, LK, 12. Aufl. 2009, § 357 Rn. 14; *R. Schmitz*, MüKo, 2. Aufl. 2014, § 357 Rn. 36; *Sch/Sch/G. Heine/B. Weißer*, 29. Aufl. 2014, § 357 Rn. 11, anders allerdings *Sch/Sch/A. Eser/B. Hecker*, 29. Aufl. 2014, § 11 Rn. 46.

Ein- oder Ausfuhr bestimmter Mittel zur Begehung von Straftaten erfassen soll (§§ 130 II Nr. 3, 131 I Nr. 3, 184 I Nr. 4, 8, 9, 184a Nr. 2, 184b I Nr. 4, III, 184c I Nr. 4, 275 I, 276 I Nr. 1). Diesen Delikten zur Seite stehen weitere, die das Sich-Verschaffen solcher Mittel (§§ 184b I Nr. 2, 184c I Nr. 2, III) oder ihren Abruf aus den Telemedien (§ 184d II) betreffen. Die Gründe waren für den Gesetzgeber überall gleich: Er wollte Strafbarkeitslücken aufgrund von Beweisschwierigkeiten vermeiden, weil oft zweifelhaft ist, ob die Ein- oder Ausfuhr oder das Sich-Verschaffen bestimmter Mittel erst das Stadium des straflosen Versuchs oder bereits das der strafbaren Vollendung erreicht hat; denn Versuch und Vollendung gehen in den genannten Fällen nahtlos ineinander über. Allerdings sind prozessuale Gründe nicht geeignet, die Straffreiheit eines freiwillig von der Tat zurücktretenden Täters auszuschließen, während diese ihm beim Herstellen, Beziehen, Liefern, Vorrätighalten und Anbieten der genannten Mittel, erhalten bleibt.[11] Daher lautet das *Fazit:* Der Begriff „unternehmen" ist in den zitierten Normen so auszulegen, dass er die Straffreiheit *nicht ausschließt*.

Allerdings ist kriminalpolitisch umstritten, welche Gründe für die Straffreiheit eines freiwillig zurücktretenden Täters bei den vorstehend genannten Delikten bestehen bleiben sollen. Vorherrschend werden sie von der Lehre aus denjenigen Gründen hergeleitet, die andernfalls *für* die Bestrafung eines Täters sprechen. So erlangt der Täter nach der Theorie von der „goldenen Brücke" Straffreiheit, wenn die spezialpräventiven Gründe für seine Bestrafung entfallen, weil er sich auf seine Verpflichtung zur Rechtstreue besonnen hat und die Verwirklichung seines Vorhabens aufgibt. Nach der „Gnadentheorie" gewährt das Gesetz einem Täter Straffreiheit, wenn die generalpräventiven Gründe für seine Bestrafung entfallen, weil er durch seinen Rücktritt die rechtserschütternde Wirkung seiner Tat teilweise beseitigt und durch die Verdienstlichkeit seiner neu erwachten prosozialen Gesinnung seine Schuld teilweise getilgt hat. Und nach der heute vorherrschenden Kombinationstheorie treffen beide Gründe zusammen, weil beim freiwilligen Rücktritt der Täter zum einen die Sühnefunktion der Strafe teilweise vorwegnimmt und zum anderen sowohl den negativen Eindruck abschwächt, den seine Versuchstat im öffentlichen Bewusstsein erzeugt hat, als auch die Befürchtung, dass von ihm künftige Straftaten zu erwarten sind. Alle Theorien können auf den freiwillig vom „Unternehmen" einer der vorstehend genannten Straftaten zurücktretenden Täter ebenfalls angewandt werden. Denn wer das Ins-Werk-Setzen eines Vorhabens schon im Planungsstadium aufgibt, erzeugt *noch nicht einmal die entfernte Gefahr* einer Rechtsgutsverletzung, sodass weder für eine Sühne Raum bleibt noch ein präventiver Einsatz der Strafe kriminalpolitisch geboten ist. M.E. hat der Gesetzgeber das nicht anders gesehen, sondern den Ausdruck „unternehmen" in den genannten Normen lediglich verwendet, um zusätzlich zur Vollendung den Versuch bestimmter Begehungsalternativen unter Strafe zu stellen.[12]

---

[11] *U. Stein/M. Deiters* (Fn. 3), § 11 Rn. 83.
[12] So auch *U. Stein/M. Deiters* (Fn. 3), § 11 Rn. 81.

- Es bleibt eine dritte Gruppe von Delikten, deren Täter in den §§ 307 I, 309 I, II und 316c I Nr. 2 mit Strafe bedroht werden. In § 307 „unternimmt" der Täter, durch Freisetzen von Kernenergie eine Explosion herbeizuführen, in § 309 „unternimmt" er, Menschen einer gefährlichen ionisierenden Strahlung auszusetzen, und in § 316c ist Gegenstand seines „Unternehmens" die Herbeiführung einer Explosion oder eines Brandes, um ein Luftfahrzeug oder ein Schiff oder deren Ladung zu zerstören. Es handelt sich also allemal um Taten, die schon im Versuchsstadium ein beträchtliches Risiko für Leib oder Leben anderer Menschen oder für Sachen von bedeutendem Wert erzeugen und deren weiterer Verlauf für den Täter so wenig beherrschbar ist, dass er die Verwirklichung des Risikos dem Zufall überlassen muss.[13] Kriminalpolitisch ist es daher sinnvoll, ihm keine Straffreiheit zu gewähren, sobald er zur Tat unmittelbar angesetzt hat, aber ihm die Möglichkeit eines strafbefreienden Rücktritts solange zu erhalten, bis das Risiko entstanden ist: in § 307, bis er die Vorbereitung seiner Tat abgeschlossen, insbesondere die Sicherungsmechanismen gegen die freie radioaktive Abstrahlung der Kernenergie abgeschaltet hat;[14] in § 309, bis er die ionisierende Strahlung auf einen Menschen ausgerichtet hat;[15] und in § 316c I Nr. 2, bis er den Brand zwar gelegt, aber noch nicht entfacht oder (analog zu § 306e) wieder gelöscht hat, bevor eine Gefahr für das Luftfahrzeug oder Schiff oder dessen an Bord befindliche Ladung entstanden ist.[16] *Fazit:* Einem Täter, der durch den Gebrauch eines besonders gefährlichen Mittels eine unbeherrschbare Gefahr für ein hochwertiges Rechtsgut oder eine unbestimmte Vielzahl von Rechtsgütern erzeugt, kann für seinen freiwilligen Rücktritt von der weiteren Tatausführung keine Straffreiheit gewährt werden.

Meine Untersuchung führt somit zu dem *Gesamtergebnis:* dass Unternehmensdelikte keine Strafbefreiung beim Rücktritt im Versuchsstadium zulassen, wenn aufgrund der verwendeten Mittel bereits in diesem Stadium eine unbeherrschbare Gefahr für hochwertige Rechtsgüter entsteht; dass sie die Strafbefreiung nur unter erschwerten Bedingungen zulassen, wenn sie bereits im Versuchsstadium ein beson-

---

[13] Zusätzlich unterscheidet das Gesetz noch: Bleibt es bei der Gefährdung, dann kommt lediglich die Strafe des Unternehmensdelikts zur Anwendung. Resultiert dagegen aus der vorsätzlichen Gefährdung eine zumindest fahrlässige Verletzung der (mit)geschützten Rechtsgüter, dann erhöht sich die Strafe (u. U. abgestuft nach der Schwere der Verletzung). Einzelheiten der komplizierten Regelungen mögen hier dahinstehen (dazu §§ 307 II, 309 III und IV, 316c III).

[14] Ebenso *H. Wolff*, LK, 12. Aufl. 2008, § 307 Rn. 3 m.w.N.; *W. Kargl*, NK, 5. Aufl. 2017, § 307 Rn. 4 („Das Freisetzen von radioaktiver Energie allein genügt nicht."); *G. Wolters*, SK, 9. Aufl. 2016, § 307 Rn. 5 (Eine räumlich-zeitliche Nähe zu den geschützten Rechtsgütern ist erforderlich.).

[15] Ebenso *H. Wolff* (Fn. 14), § 309 Rn. 4 (Die Strahlung muss bei den gefährdeten Personen einen pathologischen Zustand hervorrufen können.).

[16] Ebenso *H. Esser*, AnwK, 2011, § 316c Rn. 32 m.w.N.; *H. Wolff* (Fn. 14), § 316c Rn. 42 (Das Einschmuggeln eines Sprengsatzes ist Vorbereitungshandlung.) Die Strafbarkeit weiterer Vorbereitungshandlungen (§ 316c IV) bleibt daneben bestehen.

ders sensibles Rechtsgut gefährden; dass sie im Übrigen aber die Straffreiheit eines freiwillig vom Versuch zurücktretenden Täters nach § 24 nicht verhindern.

II.

Ich nehme dieses Ergebnis nunmehr als Ansatz für meine Untersuchung, ob unser Strafgesetzbuch weitere Delikte enthält, die zwar die Struktur von Unternehmensdelikten haben könnten, aber vom Gesetzgeber als solche nicht ausgestaltet sind. In Betracht kommen *zweistufige Delikte*[17], worin die Täter auf einer ersten Stufe spezifisch gefährliche Mittel auswählen, um mit ihrer Hilfe auf einer zweiten Stufe strafbare Rechtsgutsverletzungen zu begehen.

Zur Strukturanalyse dieser Delikte knüpfe ich an die „finale Handlungslehre" an.[18] Ihr zufolge verläuft jede Handlung in zwei Sphären, einer gedanklichen und einer realen: „Sie beginnt mit der Vorwegnahme des Zieles, das der Täter verwirklichen will. Daran schließt sich – vom Ziele her – die Auswahl der zur Zielerreichung erforderlichen Handlungsmittel ... [sowie] die Berücksichtigung der Nebenfolgen, die mit den in Aussicht genommenen Kausalfaktoren neben der Zielerreichung verbunden sind", an. Gestützt hierauf „verwirklicht der Handelnde seine Handlung in der Realwelt. Er setzt die vorher ausgewählten Handlungsmittel (Kausalfaktoren) planmäßig in Gang."[19] Ich halte diese Analyse für korrekt, aber unvollständig, weil sie bei der Auswahl der zur Zielerreichung erforderlichen Handlungsmittel „völlig in der gedanklichen Sphäre" verbleibt und daher versäumt, eine sich in der realen Sphäre anschließende reale Auswahl der Handlungsmittel einzubeziehen. Beispielsweise wählt zum Zweck einer gefährlichen Körperverletzung der Täter nicht nur gedanklich eine Waffe (§ 224 I Nr. 2) als gefährliches Tatmittel aus, sondern er verschafft sie sich auch durch reale Handlungen. Zweistufige Delikte bestehen demnach aus zwei durch einen Tatplan miteinander verbundenen Handlungen: Die erste dient der Auswahl der gefährlichen Mittel zwecks Vorbereitung der zweiten Handlung, die zweite der Verletzung eines strafrechtlich geschützten Rechtsguts mit Hilfe der ausgewählten Mittel. Die erste Handlung kann sich auf die gedankliche Sphäre beschränken, wenn die zur Tat benötigten Mittel schon zur Verfügung stehen. Müssen die Mittel erst beschafft werden, dann muss die Auswahl auch die reale Sphäre durchlaufen.

Die *gefährliche Körperverletzung* (§ 224) ist das typische Beispiel eines zweistufigen Delikts. Der Gesetzgeber hat sie als Gefährdungsdelikt deklariert, aber er hat

---

[17] Sie dürfen nicht mit den zwei- bzw. mehraktigen Delikten verwechselt werden, die aus nacheinander ablaufenden Tathandlungen zusammengesetzt sind (vgl. dazu *H.-H. Jescheck/ Th. Weigend* [Fn. 3], § 26 II 5).

[18] Sie entnimmt die Analyse der Ethik von *N. Hartmann*, die wiederum an die gleichzeitigen Untersuchungen der biologischen Ethologie anschließt.

[19] *H. Welzel* (Fn. 4), § 8 I 1 (S. 34).

sie nicht als Unternehmensdelikt strukturiert. Dies erweist sich als widersprüchlich. Einerseits nämlich bezieht sich die angeordnete Straffolge nicht nur auf die Körperverletzung, sondern auch auf die Gefährlichkeit des Tatmittels;[20] anderseits kommt nicht zum Ausdruck, ob der Erfolg das Produkt eines gefährlichen Tatmittels sein muss oder ob es ausreicht, wenn der Täter ein gefährliches Mittel (z. B. eine Waffe) auf ungefährliche Weise (z. B. nur zum Schlag gegen das Opfer) oder ein an sich ungefährliches Mittel (z. B. einen Kugelschreiber) auf gefährliche Weise gebraucht (z. B. zum Stich ins Auge). Diesen Mangel muss die Interpretation ausgleichen.[21] Einen anderen Mangel des früheren Rechts hat der Gesetzgeber dagegen inzwischen beseitigt: Der Versuch weder der einfachen (§ 223 a.F.) noch der gefährlichen Körperverletzung (§ 223a a.F.) war früher strafbar, sodass die Bestrafung eines Täters wegen gefährlicher Körperverletzung davon abhing, ob das Opfer durch das gefährliche Tatwerkzeug wenigstens geringfügig verletzt wurde. Diesen Mangel konnte nur entweder die Ergänzung des Tatbestands um eine Versuchsstrafbarkeit oder seine Umwandlung in ein Unternehmensdelikt heilen. Ich habe mich seinerzeit für die Umwandlung in ein Unternehmensdelikt („Wer es auf gefährliche Weise unternimmt, einen anderen am Körper zu verletzen oder an der Gesundheit zu schädigen …") ausgesprochen.[22] Der Gesetzgeber hat den Tatbestand dagegen um eine Versuchsstrafbarkeit ergänzt. Und da der Versuch nicht nur die Körperverletzung, sondern auch das gefährliche Tatmittel umfasst, hat er in die erhöhte Strafdrohung nicht nur den versuchten Gebrauch eines gefährlichen, sondern auch eines ungefährlichen Tatmittels eingeschlossen.

Im Anschluss an § 224 hat der Gesetzgeber ferner die Tatbestände des *Diebstahls* und des *Raubs mit Waffen* (§ 244 I Nr. 1 und § 250 I Nr. 1) sowie der *bewaffneten Vergewaltigung* (§ 177 VII Nr. 1) geschaffen. Sie sind nach seiner Konzeption abstrakte Gefährdungsdelikte, weil ihr Täter die Waffe lediglich „bei sich führt" und sie beim Zugriff auf das in der Norm geschützte Rechtsgut (Eigentum bzw. sexuelle Selbstbestimmung) zur körperlichen Verletzung des Opfers lediglich verwenden kann. Strukturell sind sie jedoch wiederum keine Unternehmensdelikte, weil auch bei ihnen die Gefährlichkeit des Tatmittels durch die Gefährlichkeit eines Täters ersetzt wird, von dem noch ungewiss ist, ob er sich ihrer bei seiner Tat bedienen wird. Überdies genügt zur Versuchsbestrafung abermals die bloße Mutmaßung des Täters, dass er oder ein Mittäter eine Waffe im Gepäck hat.[23]

Weitaus genauer entspricht dem Charakter eines Unternehmensdelikts daher der *räuberische Angriff auf Kraftfahrer* (§ 316a). Er war früher sogar ein „echtes" Unternehmensdelikt, und heute könnte man ihn wiederum so ausgestalten, wenn man

---

[20] *H.-U. Paeffgen/M. Böse*, NK, 5. Aufl. 2017, § 224 Rn. 4, 41.

[21] Dazu *Th. Fischer* (Fn. 4), § 224 Fn. 7, 9, 9a m.w.N.

[22] Vortrag auf der Regensburger Strafrechtslehrertagung, abgedruckt in ZStW 83 (1971), S. 177 ff. Es sollten in einem Absatz 2 Angaben folgen, wann die Körperverletzung „auf gefährliche Weise" unternommen wird.

[23] BGHSt 27, 56 (57); *F. Haft*, JuS 1988, S. 364, 370.

(im Unterschied zur früheren Gesetzesfassung) die „Ausnutzung der besonderen Verhältnisse des Straßenverkehrs" als Mittel für den „Angriff" auf einen Kraftfahrer formulierte. Die entfallende Rücktrittsmöglichkeit nach § 24 müsste man dann freilich – in Übereinstimmung mit der sonst vom Gesetzgeber eingehaltenen Systematik – durch eine Sonderbestimmung ersetzen, die demjenigen Täter Straffreiheit gewährt, der nicht nur vom Angriff auf den Kraftfahrer freiwillig Abstand nimmt, sondern auch die „besonderen Verhältnisse des [fließenden] Straßenverkehrs" verlässt (etwa indem er das Fahrzeug am Straßenrand parken lässt). Die jetzige Gesetzesfassung führt dagegen infolge ihrer Einbeziehung auch des untauglichen Versuchs (§§ 12 I, 23 I) zu dem Ergebnis, dass bereits die irrtümliche Annahme, „die besonderen Verhältnisse des Straßenverkehrs auszunutzen", den Täter in den Strafbereich des § 316a bringt.[24]

Von weiteren Delikten, in denen ein gefährliches Mittel zur Rechtsgutsverletzung benutzt wird, können noch der *Betrug* (§ 263) und der *Gebrauch einer unechten Urkunde* (§ 267) als zwei Prototypen von Täuschungsdelikten genannt werden. Beim Betrug liegt es zwar fern, ihn als zweistufiges Unternehmensdelikt zu begreifen, doch wäre eine dahingehende Umwandlung seines Tatbestands relativ leicht: man müsste nur die „Vorspiegelung falscher oder Entstellung oder Unterdrückung wahrer Tatsachen" als gefährliche Mittel zur Irrtumserregung und Vermögensbeschädigung benennen. Ungefährliche Vorspiegelungen, Entstellungen oder Unterdrückungen von Tatsachen bräuchten dann nicht erst durch einschränkende Interpretation des Tatbestandes aus dem Tatbestand ausgeschlossen zu werden; wahre Behauptungen, die der Täter irrtümlich für falsch hält, fielen künftig ebenfalls nicht mehr in den Bereich der Versuchsstrafbarkeit.[25] Und was die Urkundenfälschung anbelangt, könnte der gefährliche Gebrauch einer falschen Urkunde innerhalb eines Unternehmensdelikts („Wer es durch den Gebrauch einer unechten Urkunde unternimmt, im Rechtsverkehr zu täuschen") dogmatisch klarer und kriminalpolitisch sinnvoller begrenzt werden als innerhalb der derzeit bestehenden Regelung, die auch den versuchten Gebrauch einer nur vermeintlich unechten Urkunde zur Täuschung im Rechtsverkehr als strafbar deklariert.

Fazit: In allen vorstehend genannten Delikten führt deren heutige Gesetzesfassung dazu, dass nicht nur die Benutzung real gefährlicher Tatmittel die Strafbarkeit begründet oder erhöht, sondern auch die Benutzung real ungefährlicher Mittel, sofern der Täter sie für gefährlich hält. M. E. reicht dagegen im Falle der versuchten Körperverletzung mit einem nur vermeintlich gefährlichen Werkzeug oder Mittel eine Verurteilung gemäß §§ 223, 22, 23 aus, um das Strafbedürfnis zu befriedigen. Und in den Fällen des bewaffneten Diebstahls, des bewaffneten Raubes und der bewaffneten Vergewaltigung ist m. E. ebenfalls ein Rückgang auf das Grunddelikt (§§ 242, 249, 177 I) sinnvoll, falls zwar die Täter meinten, für alle Eventualitäten

---

[24] Beispiel: Der Täter glaubt, das Fahrzeug halte nur kurzfristig an, während der Fahrer es tatsächlich bereits geparkt hat.

[25] So aber RGSt 50, 35 (36).

mit einer Waffe ausgerüstet zu sein, in Wahrheit aber für die Opfer insoweit keine Gefahr bestand. In den Fällen der §§ 316a, 263 und § 267 fehlt es allerdings an Grunddelikten, auf die man bei irriger Annahme der „besonderen Verhältnisse des Straßenverkehrs", der sozial relevanten Unwahrheit von Tatsachenbehauptungen oder der Unechtheit einer Urkunde die Strafbarkeit stützen könnte; doch scheinen mir diese Taten alsdann auch nicht so strafwürdig und strafbedürftig zu sein, dass ihre Strafbarkeit bestehen bleiben müsste.[26]

III.

Die vorgetragenen Einwände *gegen die Bestrafung des Versuchs mit untauglichen Mitteln* sind einzig vom Rechtsgefühl diktiert. Doch lassen sie sich auch durch Argumente sowohl aus dem Strafgesetz als auch aus dem Wesen des Rechts bzw. Unrechts abstützen.

Aus dem *Strafgesetz* ergibt sich *einerseits*, dass der Gesetzgeber den Versuch in § 22 von der „Vorstellung [des Täters] von der Tat" abhängig gemacht und sich damit eindeutig zur subjektiven Theorie bekannt hat, wonach allein der „betätigte rechtsfeindliche Wille"[27] die Versuchsbestrafung begründet. Zusätzlich ergibt sich aus § 23 III, dass er den Gerichten lediglich erlaubt, bei „grobem Unverstand" des Täters von der Bestrafung des Versuchs mit untauglichen Mitteln abzusehen. *Anderseits* stützt er überall dort, wo er ins Detail geht, die Strafe *nicht nur* auf den „rechtsfeindlichen Willen" des Täters, *sondern auch* auf den Schutzbedarf des bedrohten Rechtsguts, und bezieht dabei ausdrücklich auch die Gefährlichkeit des Tatmittels ins Kalkül ein.

Im Rahmen der vorliegenden Untersuchung bekräftigt der Gesetzgeber mittelbar die *Rechtsgutsgefährdung als Strafvoraussetzung*, wenn er einen strafbefreienden Rücktritt vom Straftatversuch nur einem Täter gewährt, der die von ihm geschaffene Gefahrenlage für ein Rechtsgut wieder beseitigt: grundsätzlich, indem er „freiwillig die weitere Ausführung der Tat aufgibt und deren Vollendung verhindert" (§ 24), zusätzlich, wenn es sich um ein besonders sensibles Rechtsgut handelt, indem er darüber hinaus gegen die künftige Gefährdung des Rechtsguts Vorsorge trifft (§ 83a, ferner § 320). Konsequent verweigert er die Strafbefreiung einem Täter, der zur Begehung eines gemeingefährlichen Unternehmensdelikts unmittelbar angesetzt hat (§§ 307 I, 309 I, II und 316c I Nr. 2 i.V.m. § 11 I Nr. 6). Bei anderen Delikten verschärft der Gesetzgeber das Strafmaß, wenn der Täter zur Begehung seiner Tat ein gefährliches Mittel verwendet hat (§§ 224, 244 I Nr. 1, 250 I Nr. 1, 177 VII Nr. 1). Allerdings lässt er die Strafschärfung auch bestehen, wenn der Täter lediglich glaubte, dass das von ihm verwendete Mittel gefährlich sei (§§ 22, 23). Und bei noch

---

[26] Die Aufhebung des § 316a ist vielfach gefordert worden (Nachw. bei *Ch. Sowada*, LK, 12. Aufl. 2008, § 316a Fn. 17).

[27] *M. von Buri*, GS 32 (1880), S. 321 ff., 332. Der Begriff „rechtsfeindlich" wird heute meistens durch „verbrecherisch" ersetzt. Vgl. *E.-J. Lampe* (Fn. 1), S. 679.

anderen Delikten, worin die Verwendung eines gefährlichen Mittels das Ob einer Strafe überhaupt erst begründet (§§ 263, 267), erstreckt er die Versuchsstrafbarkeit auf alle Täter, die ein nur ihnen als gefährlich erscheinendes Tatmittel verwenden.

Insgesamt wird die subjektive Theorie durch die Hinweise des Gesetzgebers auf die zusätzliche Bedeutung einer realen Rechtsgutsgefährdung durch das bei der Tat verwendete Mittel nicht außer Kraft gesetzt, sondern eher ergänzt.

Weitere Argumente gegen die Ausdehnung der Strafbarkeit auf den Versuch mit ungefährlichen Mitteln müssen daher der *politischen Funktion des Rechts* entnommen werden, der die staatlichen Gesetze untergeordnet sind. Sie lässt sich dahingehend bestimmen, dass das Recht ein Mittel zur Aufrechterhaltung der „verfassungsmäßigen Ordnung" (Art. 2 I GG) ist.[28] Den staatlichen Gesetzen ist daher ein Übergriff in den Bereich der Moral, dem der böse Wille des Täters angehört, nur in dem Umfang erlaubt, wie sie damit gleichzeitig die verfassungsmäßige Ordnung schützen. Da diese nicht dadurch gestört wird, dass ein Täter lediglich wähnt, bei seiner Straftat ein gefährliches Mittel zu benutzen, kann gegen ihn deswegen vom Staat keine Strafe verhängt (oder auch nur verschärft) werden. Ein Verstoß gegen die staatliche Ordnung liegt vielmehr nur dann vor, wenn ein zur Tat verwandtes Mittel entweder tatsächlich gefährlich ist oder wenn zumindest seine interaktionale Benutzung die soziale Beziehung zwischen dem Rechtsgutsinhaber und dem Täter nachteilig verändert, weil es als gefährlich wahrgenommen wird. Nur dann nämlich entsteht daraus jenes „Beziehungsunrecht"[29], das dem Täter zugerechnet wird und seine Bestrafung rechtfertigt. Bei der Bemessung der Strafe darf (und muss) dann freilich auch der in der Tat liegende Verstoß gegen das „Sittengesetz" (Art. 2 I GG) berücksichtigt werden; denn in die rechtliche Sühnung der Tat durch die staatliche Strafe ist traditionell auch die sozialmoralische Sühne eingebunden – weshalb der Täter nach der Verbüßung seiner Strafe als auch moralisch entsühnt in die Gesellschaft entlassen wird.

Aufgrund der Beteiligung auch sozialmoralischer Faktoren an der Strafe richten sich der Wert einer sozialen Beziehung sowie der Unwert, der ihrer Störung zukommt, nach der sozialen Bedeutung sowohl des angegriffenen Gutes als auch der moralischen Fürsorgepflicht, die den Täter im Hinblick auf das Gut trifft. Sozial vorrangige Rechtsgüter begründen einen hohen Schutzanspruch nicht nur gegen Verletzungen, sondern auch gegen Gefährdungen; moralisch vorrangige Fürsorgepflichten begründen hohe Anforderungen an die Vorsicht, dass den Rechtsgütern nicht nur vorsätzlich, sondern auch fahrlässig nichts geschieht. Und da sich all dies auch in der rechtlichen Ordnung niederschlägt, muss der Staat den strafrechtlichen Schutz sozial vorrangiger Rechtsgüter auch auf fahrlässige Gefährdungen erstrecken (z. B. § 315c), den strafrechtlichen Schutz moralisch vorrangiger Fürsorgeverhältnisse auch auf sozial mindergeschützte Rechtsgüter (z. B. § 171). Zusätzlich muss er frei-

---

[28] „Verfassungsmäßige Ordnung" ist die Gesamtheit der Rechtsnormen, die formell und materiell der Verfassung gemäß sind (BVerfGE 6, 37 f.; 91, 338 f.; 103, 115).

[29] Dazu *E.-J. Lampe* (Fn. 4), S. 211 ff., 223 ff.

lich dabei immer im Auge behalten, dass die Allgemeinheit auf den Schutz elementarer Werte und auf die Erfüllung elementarer Fürsorgepflichten mehr drängt als auf den Schutz kulturell hoher Werte und auf die Erfüllung kulturell hoher Fürsorgepflichten und dass sie deshalb vor allem nach Strafen für die Verletzung oder Gefährdung der elementaren Rechtsgüter und für die vorsätzliche oder fahrlässige Missachtung der elementaren Fürsorgepflichten verlangt.[30]

Resümee: Je mehr das Unrecht einer Tat in der Verwendung eines gefährlichen Tatmittels zum Ausdruck kommt, desto mehr empfiehlt sich für den Gesetzgeber die Formulierung von zweistufigen Unternehmensdelikten (Beispiel: Verwendung einer unechten Urkunde zur Täuschung im Rechtsverkehr). Wo der Gesetzgeber sich dennoch für eine Strafbarkeit des Versuchs neben der Vollendung entscheidet, sollte er grundsätzlich vermeiden, dass sich die Versuchsstrafbarkeit auch auf den Gebrauch eines tatsächlich ungefährlichen (untauglichen) Mittels zur Tatbegehung erstreckt. Das lässt sich am besten durch eine Definition des Versuchs erreichen, die kein Bekenntnis zu einer bestimmten Theorie enthält (Beispiel: „Eine Straftat versucht, wer *zu ihrer Begehung* unmittelbar ansetzt.")[31]. Im Einzelnen spielen für das Beziehungsunrecht zwischen Täter und Opfer jedoch die konkrete Strafbedürftigkeit des Täters sowie die konkrete Strafwürdigkeit der Rechtserschütterung eine Rolle, die von der (realen oder sozial wahrgenommenen) Gefahr für ein Rechtsgut ausgegangen ist. Entsprechend ist der strafbefreiende Rücktritt daran auszurichten, dass beide Gründe für eine Bestrafung nachträglich weggefallen sind: die Rechtserschütterung mit der Gefährdung des Rechtsguts, die Gefährlichkeit des Täters mit der Freiwilligkeit seines Rücktritts.

---

[30] Zum „Gesetz der Wertstärke", das dem Recht vorgegeben ist, vgl. *E.-J. Lampe*, Strafphilosophie, 1999, S. 126 ff. m.w.N. Die Forderung nach einer Bestrafung auch des Versuchs mit untauglichen Mitteln wird daher stets nur in Bezug auf elementare Rechtsgüter (insbesondere Leib und Leben) erhoben und ist auch nur insoweit berechtigt.
[31] Dazu *E.-J. Lampe* (Fn. 1), S. 677 ff.

Strafgründe und Geständnis

Rechtsidee, unerträglicher Autonomiegewinn und Sühne, Nach- und Vortatverhalten als verkappte Gesamtstrafenbildung

Von *Axel Montenbruck*

I. Humanes deutsches Strafrecht

Klaus Rogall hat sich nicht nur im praxisnahen Prozessrecht große Verdienste erworben, sondern etwa auch in den Sammelbänden „Mit Strafe leben?" und „Zur Aktualität der Todesstrafe" zwei beindruckende Beiträge zu „Sinn und Zweck des Strafens" geliefert.[1] Nachfolgend möchte ich versuchen, die deutsche Straftheorie mit der Strafpraxis zu verknüpfen und zudem mit der gesamtgesellschaftlichen Rechtspolitik zu verbinden, die Klaus Rogall seit seiner Zeit im Justizministerium mit im Blick hatte.

Das deutsche Strafrecht lässt sich aus ziviler Sicht, also *von außen* betrachtet, und je nach Blickwinkel demokratisch, politisch oder auch rechtsphilosophisch lesen und vielleicht folgendermaßen einordnen:

Das gesamte deutsche Strafrecht bildet zunächst einmal im Kern ein humanes Freund-[2] oder Mitbürger- oder besser „Nächstenstrafrecht", das im Übrigen neben den Strafgesetzen auch die konkreten Gerichtsurteile und den praktischen Vollzug umfasst. Es dient zwar der Verbrechensbekämpfung, aber es bildet derart zu einem Begriff verdichtet vorrangig kein Feindstrafrecht, weder in dem Sinne von Jakobs[3] noch eines im Sinne der romantischen Sozialverteidigung[4], noch im streng liberalen Sinne, dass der Täter nur den Preis für seine Tat erhalte und es bei der demo-

---

[1] *Rogall*, Strafe als Mittel der Abschreckung, in: Zöller (Hrsg.), Mit Strafen leben?, 1997, 236 ff.; *Rogall*, Justizmord? Todesstrafe im Strafrecht, in: Boulanger/Heyes/Hanfling (Hrsg.), Zur Aktualität der Todesstrafe, 2. Aufl., 2002, 45 ff.

[2] *Scheffler*, Freund- und Feindstrafrecht, in: Feltes/Pfeiffer/Steinhilper (Hrsg.), Schwind-Festschrift, 2006, 123 ff.

[3] Unter anderem: *Jakobs*, Zur Theorie des Feindstrafrechts, in: Rosenau/Kim (Hrsg.), Straftheorie und Strafgerechtigkeit, 2010, 167 ff., der dem Feindstrafrecht selbst auch das *Bürgerstrafrecht* gegenüber stellt.

[4] Zur Theorie der Sozialverteidigung siehe *Jescheck/Weigend*, Lehrbuch des Strafrechts, Allgemeiner Teil, 5. Aufl., 1996, 66. Zudem: *Ancel*, Die neue Sozialverteidigung, übersetzt von Melzer, nach der 2. Aufl. 1966, 1970.

kratischen Gesellschaft liege, auch die Todesstrafe zu verhängen.[5] Den Vollzug kennzeichnet deshalb auch nicht das Etikett „Verwahrvollzug".

Im Kern als ein *„Bürgerschutzrecht"* entworfen, dient das Strafrecht *nicht einmal vorrangig der Bestrafung*, sondern es bietet vor allem den betroffenen „Mit-Menschen", als Beschuldigten und als Gefangenen, den *Schutz vor Staatswillkür*, Art. 103, 104 GG. Auch achtet es inzwischen die Interessen und die Rechte der Opferseite, indem es den Täter-Opfer-Ausgleich ausgebaut und Opferanwälte anbietet.

Der zweite, der Rechtsfolgen- und eigentliche Strafteil des Strafrechts führt in der Lehre zumindest ein Nischendasein. Immerhin ragen die Straftheorien und die Konkurrenzlehre aus dem Halbdunkel des Sanktionsrechts heraus. Das gesamte Strafensystem unterscheidet sich dabei vom Deliktsteil durch den Zwang zur selten bedachten Umwertung von Qualitäten in Quantitäten. Der Not des Sanktionsrechts zum Schwarz-Weiß-Denken stehen auf der Deliktseite die bunten Tattypen, die immer noch farbige Rechtsgutslehre und/oder auch das Verfassungsdenken in einzelnen Grundwerten gegenüber. Aber für alle Taten werden dieselben Arten der Strafe angedroht und auch vollstreckt. Und vor dem Recht sind alle Menschen gleichwertig, auch wenn wir ihre besondere Individualität als Teil von Freiheit und Würde achten und schützen. Einzelne Menschen sind es auch, die wegen ihrer Taten im Vollzug einsitzen, und nicht ihre Taten. Diese Spannung von Tatstrafrecht und Menschenstrafe sollten wir anerkennen, aber auch sinnvoll mit ihr umgehen.

Für das Sanktionsrecht ist auf dessen *großen Rahmen* zu blicken. Danach gilt für das Strafen schon einmal, dass es auch beim grausamen Mord nicht streng Gleiches mit Gleichem vergilt, sondern dass wir das Strafen zivilisiert betreiben. Die *Todesstrafe ist abgeschafft* (Art. 102 GG, Art. 2 II Grundrechtecharta) und *unmenschliche oder erniedrigende Strafe oder Behandlung sind untersagt* (Art. 3 EMRK, Art. 4 Grundrechtecharta, vgl. auch. Art. 104 I GG).

Auch die sogenannte *lebenslange Freiheitsstrafe*, auf die Gerichte vor allem für den Mord zu erkennen haben, muss mit der Aussicht verbunden sein, der *Freiheit* je wieder teilhaftig zu werden[6], §§ 211, 57a StGB. Auf *Resozialisierungsangebote* besteht ein Anspruch.[7]

Dies alles sind nur Verbote, wir üben also *humanen Strafverzicht* und bieten Hilfen an. Aber mögliche Strafen sind oder wären eigentlich auch diejenigen Reaktionen, die wir uns aus guten Gründen untersagen. Auch die Todesstrafe ist eine Strafe.

---

[5] *Montenbruck*, Menschenwürde-Idee und Liberalismus – zwei westliche Glaubensrichtungen, 2. Aufl., 2016, 5. Kap. V (drei liberale Rechtfertigungen der Todesstrafe).

[6] Seit BVerfG 45, 187 (Leitsatz).

[7] Als Resozialisierungsgebot, abgeleitet aus Art. 1 I und Art. 2 GG, BVerfG 45, 187, 238 f.; BVerfG 98, 169, 200 ff.

II. Straftrechtspflege und Rechtsidee
aus Sicht des Bundesverfassungsgerichts

Wie ist das Strafen denn überhaupt zu begründen? Dazu sind an dieser Stelle[8] einige *Aspekte* herauszustellen, die es vielleicht verdienen, ins Licht gerückt zu werden.

Wenn wir schlicht die Entscheidungen des *Bundesverfassungsgerichts* zugrunde legen, liegt der Grund für das Strafen *nicht* einmal in der Verfassung selbst, sondern in unserer *Strafrechtskultur*, wie das Gericht in der Lissabon-Entscheidung ausführt.[9] Das *Grundgesetz* verbietet zwar bestimmte Strafen, aber das Strafen als solches ist offenbar von vorkonstitutioneller Art. „*Die lebenslange Freiheitsstrafe gehörte zu den althergebrachten Strafen, die der Grundgesetzgeber vorfand.*"[10] Damit steht also nicht nur die lebenslange Freiheitsstrafe, sondern auch das gesamte Strafrecht jedenfalls nicht unterhalb des Verfassungsrechts, sondern in seltsamer Weise *neben* ihm.

Die Komplexität der Ausführungen des Gerichts dazu lässt sich am besten im ersten Schritt auf die Worte „*faire und angemessene Strafrechtspflege*" eindampfen. Noch einmal vereinfacht geht es um das faire und angemessene Recht oder schlicht um die *Rechtsidee*, deren Kern die Idee der *Gerechtigkeit* bildet, die aus dem Rechtsstaatsprinzip abzuleiten ist, Art. 20 III GG.[11]

Damit greift das *Bundesverfassungsgericht* – in einer für das gesamte Rechtswesen naheliegenden Weise – auf die Idee des *Rechts* und den Gedanken des *Richtens* zurück, setzt ihn absolut und überträgt ihn auf das Strafen. So erklärt es ausdrücklich

---

[8] Ausführlicher zum Meinungsstand: *Montenbruck*, Deutsche Straftheorie. Ein Lehrbuch, 2. Aufl., 2017/8, 3. Kap. („Gegenwärtige Vereinigungstheorie und Sonderlehren").

[9] Lissabon-Entscheidung des BVerfG, 2 BvE 2/08 vom 30.6.2009, Absatz-Nr. 253: „Die Strafrechtspflege ist, sowohl was die Voraussetzungen der Strafbarkeit als auch was die Vorstellungen von einem fairen, angemessenen Strafverfahren anlangt, von kulturellen, historisch gewachsenen, auch sprachlich geprägten Vorverständnissen und von den im deliberativen Prozess sich bildenden Alternativen abhängig, die die jeweilige öffentliche Meinung bewegen".

[10] BVerfGE 45, 187 ff., Urteil vom 21. Juni 1977, Az. 1 BvL 14/76 (Lebenslange Freiheitsstrafe), Absatz-Nr. 267. Dort heißt es auch: „Schließlich steht auch Art. 19 Abs. 2 GG (Wesensgehaltsgarantie insbesondere des Grundrechts auf Freiheit der Person) der lebenslangen Freiheitsstrafe nicht entgegen. Dabei kommt es nicht darauf an, was unter ‚Antasten des Wesensgehalts' eines Grundrechts im Sinne des Art. 19 Abs. 2 GG zu verstehen ist (…)." Zur Diskussion um den „staatlichen Strafanspruch" als vorkonstitutionelles Recht siehe *Feltes*, Der staatliche Strafanspruch. Überlegungen zur Struktur, Begründung und Realisierung staatlichen Strafens, 2007, Teil 9. 1 ff.

[11] *Feltes*, Strafanspruch (Fn. 10), Teil 9. 8, wendet sich allerdings gegen die Ableitung aus dem Rechtsstaatsprinzip. „Für sich allein" sage es nichts zum Mittel der Strafe; zur Ableitung aus der allgemeinen Schutzpflicht gem. Art. 2 I GG, Teil 9. 9, dort auch zur Erweiterung auf die überindividuellen Rechtsgüter.

und gerade für das *Strafrecht*, dass das Rechtsstaatsprinzip die „*Forderung nach Gerechtigkeit*" mit umfasse.[12]

Meines Erachtens folgt daraus, dass der *Rechtsstaat* um seiner selbst willen auf die Strafe setzen muss, und zwar zumindest als ein *traditionell anerkanntes* Mittel. Das Krumme muss wieder gerade gerichtet werden. Schon Platon und Aristoteles[13] beschreiben die Gerechtigkeit als das Gerade-Rücken von etwas Krummem, und zwar je nach ihren Blickwinkeln staatspolitisch gewaltsam oder zivil und normativ. Bei Hegel führt das Gerade-Richten für das Strafrecht zur vergeistigten Heilungsidee vom „*Aufheben des Verbrechens*"[14]. Kommunikativ gewendet ist es der *Widerspruch* gegen das konkludente „Ich darf das" des Täters und es steckt auch im Prinzip des zivilen Schadensersatzes.

Allerdings setzt diese einfache Gerechtigkeitsidee das Wissen um das Gerade und damit auch um das Krumme, also um *Recht und Unrecht* sowie *Wert und Unwert*, bereits voraus. Auch muss das Krumme im Zeitpunkt des Richtens *noch fortbestehen*. Der Kern der Rechtsidee besteht also im *Ausgleichen*. Das Gerade-Richten beinhaltet eine Reaktion und stellt – wie die Aktion – eine *Handlung* dar. Tadelnde Worte allein genügen in der Regel nicht. Das Richten selbst beinhaltet zudem typischer Weise eine Art von *Zwang* gegenüber dem Krummen.

Man kann zwar auf Akte der Gegengewalt verzichten und das Krumme dulden, aber dann wirkt eine *zweite Idee* auf das strenge Recht des Richtens ein und mildert es oder hebt es auf.

Wer sich, wie die gesamte Rechtspraxis, auf die Sicht des *Bundesverfassungsgerichts* einlässt, wird also folgern können: Aus dem Kern der *Rechtsidee*, der Gerechtigkeit, ergibt sich – für sich allein betrachtet – zumindest *ein guter Grund* und zu-

---

[12] BVerfG, Europäischer Haftbefehl, Beschluss vom 15. Dezember 2015 – 2 BvR 2735/14 Absatz-Nr. 55: „Das Rechtsstaatsprinzip ist eines der elementaren Prinzipien des Grundgesetzes (…). Es sichert den Gebrauch der Freiheitsrechte, indem es Rechtssicherheit gewährt, die Staatsgewalt an das Gesetz bindet und Vertrauen schützt (…). Das Rechtsstaatsprinzip umfasst als eine der Leitideen des Grundgesetzes auch die Forderung nach materieller Gerechtigkeit (…) und schließt den Grundsatz der Rechtsgleichheit als eines der grundlegenden Gerechtigkeitspostulate ein (…)."

[13] *Platon*, Protagoras, in: Eigler (Hrsg.), Platon, Werke in acht Bänden. Griechisch und Deutsch, Band 8/1 (Buch I–VI) und Band 8/2 (Buch VII–XII), Sonderausgabe 1990, 83 ff., 325d f. („…wo nicht, so suchen sie ihn, wie ein Holz, das sich geworfen und gebogen hat, wieder gerade zu machen durch Drohungen und Schläge"); *Aristoteles*, Nikomachische Ethik, Dirlmeier (Übers.), 1999, Buch II 9, 1109b („Denn indem wir dem Verkehrten recht weit aus dem Weg gehen, werden wir zur Mitte gelangen, ähnlich wie man es macht, um krummes Holz gerade zu biegen."). Kant bietet eine verwandte Definition nicht des Richtens, sondern des abstrakten Rechts: *Kant,* Die Metaphysik der Sitten, 1797, Akademie Ausgabe, Band VI, 1904 ff., 233 („Das Rechte [rectum] wird als das Gerade theils dem Krummen, theils dem Schiefen entgegen gesetzt.").

[14] *Hegel*, Grundlinien der Philosophie des Rechts. Mit Hegels eigenhändigen Randbemerkungen in seinem Handexemplar der Rechtsphilosophie, 1820, hrsg. von Hoffmeister, 1995, § 137.

nächst einmal auch die *Rechtspflicht*, „gerade richtend" zu strafen. Gute humane Gegengründe mögen gleichwohl zum *Strafverzicht* führen, aber insofern handelt es sich dann um eine Konkurrenz von guten positiven und negativen Gründen, die auf einer höheren Ebene abzuwägen sind.

Das Strafrecht erweist sich also, gleich welcher Strafidee man vorrangig folgt, immer auch als ein Kind des Rechts und seiner Rechtsidee des Ausgleichens von Unrecht.

III. „Freiheit, Gleichheit und Solidarität" und die Strafe

Ausgangspunkt für die Gerechtigkeit bildet die Gleichheit und mit ihr die strenge *Wechselseitigkeit*. Gleiches ist mit Gleichwertigem zu vergelten. Den üblichen *Weg*, das Gerechte für diese Art von positiver wie negativer *Tauschgerechtigkeit* zu bestimmen, bieten zwar der Markt oder das Forum und damit auch das forensische Verfahren. Auf dem Forum aber agieren die Akteure, und es herrschen dort zumindest die Prinzipien von „Freiheit und Gleichheit". Es sind also *diese Werte der – bürgerlichen – Akteure*, mithin im Kern deren Wesen, die die *Grundwerte* bestimmen. Auch Leben, körperliche Unversehrtheit und die Fortbewegungsfreiheit gehören zur Handlungsfreiheit, Art. 2 II GG. Nur die Feinheiten und vor allem die Konflikte sind politisch auszuhandeln. Die allgemeine oder auch legale Art der Gerechtigkeit lautet bei und seit Aristoteles: *„Das Gerechte ist folglich die Achtung von Gesetz und bürgerlicher Gleichheit, das Ungerechte die Missachtung von Gesetz und bürgerlicher Gleichheit."*[15]

Das Recht, und so auch das Strafrecht selbst, „reagiert" vereinfacht auf Handlungen und Situationen, die die soziale Realität verändern oder zu verändern drohen. Es vertypt sie und auch die Reaktionen auf sie. Daraus gewinnt das gerechte Recht dann auch seine eigenständige Kraft.

Die Idee der letztlich blind ausgleichenden Gerechtigkeit regiert uns aber nicht allein. Sie bildet deshalb auch nur den *formalen Teil der Strafbegründung*.

Unser kontinentaleuropäisches Credo *„Freiheit, Gleichheit und Solidarität"* reicht weiter. Es enthält zwar die „Gleichheit", und diese bildet den Kern der Gerechtigkeit. Aber diese *Ausgleichsidee* bildet nur einen, wenn auch den vermittelnden Teil der Dreifaltigkeitsformel. Freiheit und Solidarität helfen weiter und sind mit dem Bundesverfassungsgericht als die „Verfassungsidentität"[16] im Sinne der Art. 1 und 20 i.V.m. Art. 79 II GG zu lesen, vereinfacht geht es um „den verfassten Menschen und um die verfasste Gesellschaft". Beide gelten dabei als souveräne „Akteure". Ihr verfasstes *Wesen* und ihre *Handlungen* bieten deshalb die beiden *Maßstäbe*, und zwar

---

[15] *Aristoteles*, Nikomachische Ethik (Fn. 12), Buch V, 5.–7. Kap., 1129b.
[16] BVerfG, Europäischer Haftbefehl, Beschluss vom 15. Dezember 2015 – 2 BvR 2735/14, Abs. Nr 55.

jeweils für ihre Untergebiete. Aber sie setzen auch *zusätzliche Grenzen* für das Streng-Gerechte.

Aus Art. 1 I GG ergeben sich für das Strafrecht das *Schuldprinzip*, die Verankerung der *Individualrechtsgüter* und auch der Verzicht auf inhumane Strafen. Art. 20 GG fügt die *Generalprävention* samt der staatlichen *Schutzaufgabe*, die vage *Werteordnung* und die alte Idee der Gnade in der Form der elternähnlichen *Daseinsfürsorge* hinzu.

Im Einzelnen:

Die Idee der „Solidarität" ist grundsätzlich als politisch-ethischer und auch empathischer Zusammenhalt zu umschreiben und somit als Kern einer *Lebensgemeinschaft* nach dem Modell der Familie (früher auch „Brüderlichkeit") zu verstehen. Sie drückt sich auch in der Fürsorgeidee aus (vgl. Kap. IV EU-Grundrechtecharta). In ihr steckt zudem der alte Verbund von *„Recht und Gnade"* oder *„Gerechtigkeit und Barmherzigkeit"*. Thomas von Aquin erklärt immer noch überzeugend: *„Gerechtigkeit ohne Barmherzigkeit ist Grausamkeit; Barmherzigkeit ohne Gerechtigkeit ist die Mutter der Auflösung."*[17] So hat auch das Bundesverfassungsgericht in seiner Entscheidung zur lebenslangen Freiheitsstrafe der Sache nach nur verlangt, die an sich schon eingeübte *Gnadenpraxis* zu verrechtlichen. Auf die Gerechtigkeitsebene gehoben, kann der Gesetzgeber eine Art der *zuteilenden* oder sozialen Gerechtigkeit dadurch üben, dass er die Strafe aus präventiven Gründen zumindest mildert. Der Verzicht auf Strafvollstreckung über das Institut der Strafaussetzung zur Bewährung bietet ein mächtiges Beispiel dafür.

Aber der eigentliche Grund für den Gesetzgeber, diesen Weg zu wählen, besteht in einer bestimmen zivilen Grundhaltung oder Art der Rechts- und Staatskultur. Die deutsche *Strafrechtskultur* verkörpert insofern die *humanistische* Idee der Solidarität, und zwar auch in der Weise, dass sie mit den Opfern und eben auch mit dem Täter mitempfindet. Insofern will sie schon um ihrer selbst willen kein hartes Vergeltungsstrafrecht. Vor allem die guten individualpräventiven Gründe von Liszts und seiner Schule haben diese Kultur in der Vergangenheit von der sozialen Seite her unterstützt.

Vorrang besitzt jedoch die *individualethische* Grundhaltung der Achtung der unantastbaren Menschenwürde, die unsere Strafrechtskultur als großes *allgemeines* Grundprinzip mitbestimmt. Die reaktive Gerechtigkeit wird deshalb nicht nur durch die Solidarität *begrenzt*, sondern vorrangig durch die Idee von der *bürgerlichen Freiheit* des Einzelnen, Art. 1 I, Art. 2 I GG, und damit auch *für jeden Einzelnen*, also auch für jeden Straftäter, *gedeckelt*.

Die Gesamtheit von „Freiheit, Gleichheit und Solidarität" spiegelt sich auch in der Strafe. Die Strafe entzieht dem Verurteilten nicht nur Teile seiner „Freiheit". Die

---

[17] *Thomas von Aquin*, Kommentar zum Matthäus-Evangelium 5, 2, Piper (Hrsg.), 1270/2011, Nr. 361. Zur Billigkeit als Einzelfallgerechtigkeit: *Radbruch*, Rechtsphilosophie, 1932, Dreier/Paulson (Hrsg.), 2. Aufl., 2003, 37, 69.

Strafe bildet auch einen Rechtnachteil im Sinne des Art. 5 EGStGB. Der Bestrafte verfügt nicht mehr in vollem Umfange über die gleichen Rechte, er büßt also Teile seiner „Gleichheit" ein. Es liegt auch kein Verstoß gegen das Diskriminierungsverbot des Art. 3 GG vor. Außerdem erleidet er einen Teilverlust an „Solidarität", unter anderem sind seine Kommunikationswege und -formen eingeschränkt, und er trägt einen sozialethischen Makel etc.

Aber das Schwergewicht des Strafübels liegt zu Recht auf dem „Freiheitsentzug, und zwar „wegen" der Begehung bestimmter Delikte. Diese vielfältigen Taten lassen sich wiederum wohl als *Anmaßung von Freiheitsrechten* durch den Täter zusammenfassen.

IV. Strafe: Ausgleich als Strafbegründung, Schuld als bloße Milderung, Schuld als humane Fiktion

In seiner Lissabon-Entscheidung erläutert das Bundesverfassungsgericht: „Dem Schutz der Menschenwürde liegt die Vorstellung vom Menschen als einem geistig-sittlichen Wesen zugrunde, das darauf angelegt ist, in Freiheit sich selbst zu bestimmen und sich zu entfalten (...)." Es bekennt sich also zur *Willensfreiheit*. Außerdem verbindet es die Freiheitsidee mit dem Gedanken der *Autonomie* des Menschen als einem sittlichen Wesen. Die Bürger- und Freienrechte erstarken zu Menschenrechten.

Aus der Freiheit ergibt sich zugleich die *Verantwortung* für das Eigene, also auch für die eigenen Taten. Deshalb gilt: Nur insoweit der Täter selbst die *höchstpersönliche Verantwortung* oder mit dem strafrechtlichen Begriff die „Schuld" für die Unrechtstat trägt, ist er zu bestrafen. Auch insofern ist schlicht auf das Bundesverfassungsgericht zu verweisen.[18]

Dabei ist zwischen der *Schuld* als dem Gegenstand und dem *Ausgleich*, also der Reaktion, besser zu trennen. Das *Ausgleichen* verkörpert im *Tatstrafrecht* die *strenge Gerechtigkeitsidee* und üblicher Weise geht es beim Geraderichten um „krumme" Taten. Das Geraderichten meint die *strenge Wechselseitigkeit* von Aktion und Reaktion.

---

[18] Mit vielen Verweisen auf frühere Entscheidungen: BVerfG, Europäischer Haftbefehl, Beschluss vom 15. Dezember 2015 – 2 BvR 2735/14 Absatz-Nr. 55: „Der Schuldgrundsatz ist somit zugleich ein zwingendes Erfordernis des Rechtsstaatsprinzips. Das Rechtsstaatsprinzip ist eines der elementaren Prinzipien des Grundgesetzes (...). Es sichert den Gebrauch der Freiheitsrechte, indem es Rechtssicherheit gewährt, die Staatsgewalt an das Gesetz bindet und Vertrauen schützt (...). ... Für den Bereich des Strafrechts werden diese rechtsstaatlichen Anliegen in dem Grundsatz aufgenommen, dass keine Strafe ohne Schuld verwirkt wird (...). Gemessen an der Idee der Gerechtigkeit müssen Straftatbestand und Rechtsfolge sachgerecht aufeinander abgestimmt sein (...). Die Strafe muss in einem gerechten Verhältnis zur Schwere der Tat und zum Verschulden des Täters stehen (...). In diesem Sinne hat die Strafe die Bestimmung, gerechter Schuldausgleich zu sein (...)."

Deshalb sind beim Verständnis der humanen Schuldstrafe die harten Alternativen mit zu bedenken, etwa die der *Todesstrafe* für die Mordtat, und wir haben uns im Sinne von Thomas von Aquin bei grausamen und erniedrigenden Gewalttaten ebenfalls die Vergeltung von Gleichem mit Gleichen vorzustellen. An die Stelle der alten Barmherzigkeit tritt die vor allem in der Menschenwürde gegründete Schuldidee. Sie selbst begründet die gerechte Strafe jedoch nicht, sondern beschreibt das zivilisatorische Maß für den *Verzicht* auf die an sich blind gerechte Reaktion mit dem Gleichwertigen im vollen Umfange.

Eine weitere These lautet – zumindest aus *zivilisatorischer* Sicht – also: Die *Schuld im engen Sinne,* also die Beziehung des Täters zur unrechtmäßigen Tat im Sinne der §§ 17 bis 20 StGB *begründet* die Strafe *nicht,* sie *mildert* sie nur.

Aus demselben Grunde kann auch die *Willensfreiheit* des Menschen als lediglich *begünstigend* „fingiert" werden. Selbst die *Neurophilosophie,* die vom *Libet*-Experiment ausgeht, attestiert dem homo sapiens zumindest die Eigenschaft, sich mithilfe der kulturellen „Illusion" der Willensfreiheit selbst zu organisieren.[19] So werden auch die Hirnforscher kaum im Alltag auf die humane Illusion der bürgerlichen Freiheitsrechte verzichten wollen. Der Mensch ist ohnehin ein „animal symbolicum"[20], das sich mit *Sprachen* und *Riten* kulturelle Binnenwelten erschafft und mit ihnen die Gesetze der Außenwelt zu ermitteln sucht.

V. Strafgrund der unerträglichen Autonomie – Ausgleich von Freiheitgewinn

Was aber begründet die Strafe dann aus materieller Sicht? Im Hinblick auf die Freiheitsidee und deren herausragende Bedeutung ergibt sich meines Erachtens eine leichte Verschiebung des vorrangigen Strafgrundes. Es geht nicht mehr vorrangig um den *Schaden,* den der Täter aus der Sicht der *Allgemeinheit* angerichtet hat, etwa als Rechtsgutverletzung oder Normgeltungsschaden[21]. Das sind – in sich schlüssige – generalpräventive Erwägungen.

Das Schuldprinzip setzt aber beim Täter an. Der Täter hat mit der Tat zwar auch, aber nicht vorrangig erklärt, die Tat und der Rechtsbruch dürften sein, sie also zur allgemeinen Maxime erhoben und damit die Allgemeinheit bedroht. Das entspräche dem Blickwinkel der verfassten Gesellschaft. Er aber, dem unsere Kultur die höchste Würde und die Freiheit zuerkennt, erklärt vielmehr in erster Linie: „*Ich* darf so han-

---

[19] Im Einzelnen *Montenbruck*, Straftheorie (Fn. 3), 13. Kap. („Determinismus und Strafe").

[20] *Lenk*, Das flexible Vielfachwesen. Einführung in die moderne philosophische Anthropologie zwischen Bio-, Techno- und Kulturwissenschaften, 2010, 21; *Cassirer*, Versuch über den Menschen: Einführung in eine Philosophie der Kultur, 1944/ 2007, 49 f. („Er lebt in einem symbolischen und nicht mehr bloß in einem natürlichen Universum").

[21] Etwa: *Jakobs*, unter anderem in: Norm, Person, Gesellschaft. Vorüberlegung zu einer Rechtsphilosophie, 1997, 103 ff.; *Freund*, Strafrecht Allgemeiner Teil, 2008, § 1 Rn. 10.

deln und *ich* darf das Recht negieren!" Mit der *Tatherrschaft* des Täters geht zudem einher, dass er sich als *„Herr"* über die fremden *Rechtsgüter* und auch über das Recht selbst aufwirft, mit einer Mordtat zum „Herrn über das Leben eines Menschen", den wir als unantastbar würdigen Menschen und Mitdemokraten begreifen. Er agiert also „gottgleich", indem er „Schicksal" spielt.

Aus demokratischer Sicht tötet oder schädigt er zudem entweder einen absoluten Mitherrscher oder das Gemeinwesen der Demokraten.

Seine Aussage lautet: *„Ich kann es und will es. Ich bin im Willen frei und zeige Euch, dass und wie ‚autonom' ich bin."* Er erklärt zugleich: *„Ich bin der Oberherr über fremde Güter."*

Aus seiner Sicht hat der Täter also mit seiner Tat einen *höchstpersönlichen Freiheitsgewinn* erzielt, der mit dem zivilrechtlichen Schadensersatz nicht auszugleichen ist.

Diese *Erfahrung* von *willkürlicher Freiheit* prägen nicht nur das Opfer und die Gesellschaft, sondern sie formt auch das Selbstbild des *Täters*, und zwar weit über die *Tat hinaus*. Ihr begegnet das Strafrecht mit einer *Gegenerfahrung*. Dieser Art des *inneren Freiheitsgewinnes* auf Seiten des Täters setzt es den Freiheitentzug entgegen. Sie schöpft insofern den unberechtigten Freiheitsgewinn ab. Das *Erlebnis* von Freiheitsgewinn ist durch eine der individuellen Tatschuld angemessene *Erfahrung* von Freiheitsverlust auszugleichen.

Der Freiheitbegriff ist dabei weit zu fassen. So stellt auch das Geld, das ihm die Geldstrafe abnimmt, geronnene Freiheit dar, denn das Eigentum gehört zu den Freiheitsrechten, Art. 14 GG. Auch der *sozialethische Makel* des Schuldspruchs greift in die Freiheitssphäre des Täters ein, wie der Straftatbestand der ungerechtfertigten üblen Nachrede belegt. Wir verwenden also eine zumindest *dreispurige* Art von Freiheitsentzug, denjenigen körperlicher Form, denjenigen des sozialen Meidens und die Einwirkung auf die Psyche des Täters, indem wir ihm eine neue Erfahrung aufnötigen.

Dieser dreifaltige Freiheitsverlust erweist sich also als *logische Reaktion* auf den immer noch *fortwährenden Freiheitsgewinn* auf Seiten des Täters, der sich ebenso dreifaltig darstellen ließe.

Wer jedoch nur blind gerecht straft, um ein *Übel* mit einem anderen *Übel* zu vergelten, der greift zu kurz. Er würde das *Übel nur verdoppeln*. Eine Rechtsgutsverletzung würde er lediglich durch eine zweite beantworten. So strafen wir zwar auch, aber nicht nur wegen *der vergangenen Tat*, sondern, und im Übrigen auch generalpräventiv, deshalb, weil die Wirkung der Tat in unsere jeweilige *Gegenwart* fortdauert. Aber vorrangig unterbinden wir eine latente *Dauerwirkung*.

Aus der Sicht des Täters stellt die Tat also einen, für die Gesellschaft *unerträglichen Freiheitsgewinn* dar, der, solange die Tat ungesühnt ist, fortwirkt. Im Schuldstrafrecht geht es somit darum, diesen ungerechtfertigten Freiheitsgewinn auszugleichen. *Das formale blinde Ausgleichen erhält dabei den für das Schuldstrafrecht not-*

wendigen individuellen Maßstab. Er nimmt dem einzelnen Täter exakt dasjenige, was ihm an individuellem *Autonomiegewinn* nicht zusteht.

Diese Reaktion, also der Rücktausch von Freiheit, führt dann *mittelbar* dazu, dass aus der sozialen Sicht (Art. 20 GG) der Rechtsbruch aufgehoben oder der sogenannte *Normgeltungsschaden* für die Allgemeinheit soweit möglich beseitigt wird.

Mit seiner Art der ausgelebten Autonomie bedroht der Täter zwar auch die *Gesellschaft*, das *Recht* und die *Rechtsgüter*, also Elemente der „Allgemeinheit", die die Lehren von der Generalprävention in den Mittelpunkt rücken. Wir kennen und bekämpfen diese Gefahr auch aus der individualpräventiven Sicht, etwa als Sorge vor dem Rückfall. Aber ein einzelner Täter greift in der Regel *nicht* das Normensystems als solches an, er will in ihm weiterleben. Er versteht sich nicht als Systemfeind. Der Täter setzt jedenfalls zumeist seine *eigenen* – autonom variierten – *Normen* nur als *Ausnahmeregeln* an die Stelle der allgemeinen Normen und schwingt sich auf diese Weise selbst zum *Gesetzgeber* auf. Dazu verwendet er in Anlehnung an sozialpsychologische Sichtweisen eine bestimmte Neutralisationstechnik.[22] Er *degradiert* hiernach andere Menschen oder die Gesellschaft zu *bloßen Objekten* und unterwirft sie seinen eigenen *höheren* Ich-Interessen.

Aus den *präventiven* Gründen der *Solidarität* könnten wir diese Reaktion, im Nächstenstrafrecht wie nachsichtige Eltern, *noch weiter mildern.* Denn auch wir, die wir demokratisch strafen, haben uns nicht blind an die Ausgleichsidee der Gerechtigkeit *allein* gebunden. Anders gewendet, auch wir sind Herren unserer Taten. Aber die *Begründung* der Strafe, die von den Gründen für die *Milderung* möglichst lange und mithilfe einer Mehrstufenlogik zu trennen ist, betreffen auch solche Erwägungen nicht.

VI. Bundesverfassungsgericht: „Schuld und Sühne" – Geständnis und Buße

Ein *geistig-sittliches* Wesen ist fähig, Schuld zu empfinden, und daraus folgt dann die Grundfähigkeit zur Sühne.

„*Schuld und Sühne*" stehen folgerichtig im Vordergrund, wie das Gericht in der Entscheidung zum Europäischen Haftbefehl herausstellt: „Auf dem Gebiet der Strafrechtspflege bestimmt Art. 1 Abs. 1 GG die Auffassung vom Wesen der Strafe und das Verhältnis von Schuld und Sühne (…). Der Grundsatz, dass jede Strafe Schuld voraussetzt, hat seine Grundlage damit in der Menschenwürdegarantie des Art. 1 Abs. 1 GG (…)."[23]

---

[22] *Sykes/Matza*, Techniken der Neutralisierung: Eine Theorie der Delinquenz, in: Sack/König (Hrsg.), Kriminalsoziologie, 3. Aufl., 1979, 360 ff.; *Neubacher*, Kriminologie, 3. Aufl., 2017, 8/17.

[23] BVerfG, Beschluss vom 15. Dezember 2015 – 2 BvR 2735/14 Absatz-Nr. 55.

In diesem Sinn ist also von einer deutschen Strafrechtskultur zu sprechen, und der Gedanke der Schuld, den das Strafrecht schon lange pflegt, ist mit dem der „Sühne" zu verbinden, den das Strafrecht und seine Wissenschaft bislang eher gemieden haben, obwohl die Strafrechtsgeschichte das Sühnen auch in der Rechtsform des *Sühnevertrages* kennt.[24]

Ein *konsequentes* Schuldstrafrecht muss *zuvorderst* von der *persönlichen Schuld* ausgehen, deren Kern das Strafrecht schon lange im *Unrechtsbewusstsein* des Täters sieht (§§ 17 bis 21 StGB). Außerdem muss es fortwährend auf die *persönliche Unrechtseinsicht* des Täters setzen.

Die Unrechtseinsicht des Täters tritt mit einem *Geständnis, einer confessio,* ins Licht der Welt. Sie beinhaltet die *persönliche Schuldübernahme* und führt im Idealfalle dazu, dass der Täter auch die für seinen Einzelfall *schuldangemessene* Strafe als „die Seine" übernimmt. Auf diese Weise „sühnt" er selbst seine Tat.[25] Er bestraft sich als ein autonomes Wesen selbst und wir verhelfen ihm dazu, indem wir das passende Recht zur Verfügung stellen. Wir wissen, dass es Unrecht gibt, denn es ist mit der Idee der *Freiheit* (auch zur Unvernunft) verbunden, und wir halten deshalb das Strafrecht vor, und zwar immer und vorrangig auch eines, das dem Täter dieses Angebot unterbreitet.

Im materiellen Strafrecht stecken das Geständnis und Elemente der Sühne in jeder – den eigentlichen zivilen Streit – beendenden *Schadenswiedergutmachung*, die § 46 II StGB beim Nachtatverhalten vor allem im Blick hat, sowie im *Täter-Opfer-Ausgleich* des § 46a und selbst noch in der *Kronzeugenregelung* des § 46b StGB.

Der würdige Täter muss die Strafe im Idealfalle also „als eigene" wollen und insofern auch *Eigenverantwortung* zeigen. Er richtet dann *sich selbst*, nach seinen eigenen Maßstäben, die er in seiner Parallelwertung in der Laiensphäre verinnerlicht hat, er reagiert auf seine Tat also selbst und erweist sich damit im Wortsinne also als „autonom".

VII. Geständnis als Ideal des Schuldstrafrechts, Zwangsstrafe als ultima ratio

Im Falle des Geständnisses (sei es im Erkenntnis- oder auch noch im Vollstreckungsverfahren) wird die der Tatschuld angemessene Strafe *noch einmal gemildert* oder die Vollstreckung erleichtert oder ausgesetzt. Dieses Angebot ist nicht (mehr)

---

[24] *Willoweit*, Rache und Strafe, Sühne und Kirchenbuße, Sanktionen für Unrecht an der Schwelle zur Neuzeit, in: Hilgendorf/Weitzel (Hrsg.), Der Strafgedanke in seiner historischen Entwicklung, 2007, 37 ff., 41 ff., geht für den Übergang in die Neuzeit von einer Gemengelage von „Rache und Strafe", „Sühne und Kirchenbuße" aus. Zudem: *Grommes*, Der Sühnebegriff in der Rechtsprechung. Eine ideologiekritische Betrachtung, 2006, 57 ff.

[25] Zugleich zu den Wirkungen der Verfahrensbeendigung und der Verurteilung: *Soden*, Confessio zwischen Beichte und Geständnis, 2010, etwa 175.

auf Gnade gegründet. Der Täter, also auch der Mörder, gilt uns weiterhin als Rechtssubjekt und verfügt daher über einen Rechtsanspruch auf ein solches Angebot zur *Resozialisierung*, die ohne *Unrechtseinsicht* nur schwerlich gelingen kann.

Aus der Sicht einer Zivilgesellschaft, die auf Schuld und Sühne setzt, enthält das Strafrecht also – selbst für den Mord mit der Aussicht auf bedingte Entlassung – ein *Versöhnungsangebot*.

Dafür muss der Täter aber – in der Regel – auch *etwas persönlich leisten*. Er muss die *Verantwortung* für die Tat und die nunmehr gemilderte Strafe als *die Seine* übernehmen. Diese Gegenleistung ist uns als den Strafenden den Strafverzicht „wert". Denn er erlaubt eine Art von Versöhnung, die *Rechtsfrieden* und *Rechtssicherheit* schafft. Der Rechtsfrieden und die Rechtssicherheit beziehen auch die *Opferseite*, mittelbar und auch unmittelbar, je nach Sichtweise und Deliktsart, mit ein. Die Traumatisierung des Opfers bewirkt einen *Verlust an Autonomie*, der mit der Wahrheitsfindung und Schuldübernahme zumindest gemildert werden kann. Ein Nebengewinn besteht in der Beschleunigung das Strafverfahrens[26], die der Verfassungsidee der Effektivität der Strafrechtspflege dient.

Wie bei jeder Konfliktlösung, aber auch wie bei jedem Vertrag, steht im Hintergrund der *Druck* von andernfalls drohenden *Alternativen*. Wer sich nicht versöhnen will, den trifft die gern so genannte volle Härte des Rechts. Doch jeder, der keinen Vertrag abschließt, der muss auf die Gegenleistung verzichten. Jeder private Vertrag enthält Elemente der *Erpressung* im Sinne der §§ 253, 240 StGB.

Das Versöhnungsangebot setzt die fortwährende Achtung des Täters und auch des Mörders, als würdigen Menschen und als Rechtsperson, vom Beginn der Ermittlung hin zur Vollstreckung und auch noch danach voraus. Er gliedert sich also nicht mit der Tat aus der Gesellschaft aus und wir sehen in ihm auch keinen Feind, er bleibt unser „Nächster". Deshalb kann und muss auch *mit ihm selbst* (und nunmehr nicht mit dem Familienverband des Täters) derart verhandelt werden, dass das „Schuld und Sühne" im Mittelpunkt steht.

Die *bedingte Entlassung* bei zeitiger Freiheitsstrafe beinhaltet dann vereinfacht „zu einem Drittel" ein humanes Versöhnungsangebot, § 57 StGB. Bei der Strafaussetzung zur Bewährung besteht es im Angebot eines gänzlichen Vollstreckungsverzichts. In der Regel beruht die bedingte Entlassung aus dem Vollzug auch *rechtstatsächlich* darauf, dass der Täter Unrechtseinsicht zeigt, vereinfacht also auf einem Geständnis, sodass es bei ihm (oder dem Beschuldigten oder Strafgefangenen) liegt, dieses konkrete Angebot anzunehmen.

Das Prozessrecht setzt den Gedanken der Angebote auf seine Weise um und fort. Eine *Vereinbarung* im Strafverfahren gemäß § 257c StPO dokumentiert den Vertragscharakter, auch wenn sie vielfach nur ein dürftiges Teilgeständnis beinhaltet. Aber auch diese Art von Sühnevertrag beruht zumindest im Grundansatz auf dem

---

[26] *Rogall*, Klaus, SK-StPO, Band II, 5. Aufl., 2016, vor § 133, Rn. 119.

Gedanken der Schuldmilderung durch ein *reuiges Geständnis*. Der Idealfall ist hier von der Praxis zu trennen.

Die Vereinbarung dient insofern derselben Ausrichtung, als sie selbst in der Form eines Teilgeständnisses noch dem prozessualen Ziel der Schaffung von *Rechtsfrieden* dient, weil sie faktisch mit dem *Verzicht auf Rechtsmittel* verbunden ist.

Generell gilt ohnehin, dass *Geständnisse zum gerichtlichen Alltag* gehören, sie bilden keine sensationelle Ausnahme.

Der Konflikt ist nicht nur aufgelöst, der Täter nimmt diese Strafe auch als die Seine an. Es handelt sich um den *Idealfall des Schuldstrafrechts*, den Gedanken der höchstpersönlichen Sühne als *Selbstbestrafung*. Er straft sich aber nicht (vorrangig) im rein moralischen Sinne Kants *mit der Tat* selbst.[27] Mit der Tat „verdient" der Täter sich nur die Strafe. Der Akt der Selbstbestrafung wird erst mit dem der *nachträglichen* Übernahme der Schuld und des Strafübels in die Wege geleitet. Im Vollzug „erfährt" er dann, wie auch Kant meint, erst, was seine Tat wert ist, allerdings dadurch, dass ihm seine *Freiheitserfahrung* durch eine angemessene *Gegenerfahrung* genommen wird.

Eine wirkliche „ultima ratio" stellt danach die *Zwangsstrafe* dar, die den uneinsichtigen Täter trifft. Der Schuldidee entspricht sie aber nur, wenn der Täter *daneben ein andauerndes Versöhnungsangebot* in Rechtsform erhält und weil ihm das *Unrechtsbewusstsein* nachgewiesen wurde. Nur auf diese Weise wird der Täter „nicht bloß" zum Objekt der Strafrechtspflege herabgestuft. All' dies bietet unser deutsches Strafrecht, wir sollten es nur offen legen.

VIII. Geständnis als Nachtatverhalten, verbüßte Tat als Vorstrafe: verkappte Gesamtstrafenbildung

Diese besondere Bedeutung des Geständnisses *kolldiert* mit dem Gedanken des Tatrechts, denn es handelt sich um ein *Nachtatverhalten*. Darüber ist kurz nachzudenken:

So kann man das Geständnis, um die große Idee des Tatschuldstrafrechts auch für die Strafzumessung aufrechtzuerhalten, wie es § 46 I StGB gebietet, mit der Rechtsprechung als Nachtatverhalten im Sinne einer *Indizkonstruktion* auf die Tat zurückrechnen, es als Indiz für die *damalige Einstellung des Täters zur Tat* deuten. Außerdem erweist der geständige Täter sich für die Zukunft als weniger gefährlich, so dass auch präventive Gesichtspunkte mittragen, die ohnehin nicht fest an die Tat selbst gebunden sind.[28]

---

[27] *Kant*, Metaphysik, 1797, AA, VI (Fn. 12), 333 (Inselbeispiel).
[28] *Meier*, B.-D., Nachtatverhalten und Strafzumessung, GA 2015, 443 ff., 445 (zur „Indizkonstruktion"), 447 („sowohl Schuld- als auch Präventionsgesichtspunkte"), 449 ff. (zum Geständnis).

Die *Bruchlinie* zwischen der Leitidee des *Tatstrafrechts*, den Bürger vor der Willkür des Staates zu schützen, und der Aufgabe des Sanktionsrechts, einen *Menschen* mit einer angemessenen Strafrechtsfolge zu belegen, tritt hier für die Tatgerichte zutage. Es ist also nach einer „praktischen Konkordanz" zu suchen, ohne in das alte Täterstrafrecht zu verfallen.

Dafür kennen und nutzen wir im Recht den Zwischenbegriff der „Person". So verlangt auch die Gesamtstrafenbildung gemäß § 54 I StGB, dass die „Person des Täters und die einzelnen Straftaten zusammenfassend gewürdigt" werden. Die „Person" erleidet die Strafe, nicht die Tat. Der Verurteilte büßt *einen Teil* seiner Personalität ein, und zwar im Sinne von Freiheit gemäß Art. 2 GG. Aber einen *anderen Teil* seiner Personalität behält er. Das Menschen- und alte Bürgerbild des *Prozessrechts*, nunmehr einschließlich des Vollstreckungsrechts, und das Verfassungsrecht belassen ihm die Stellung als Rechtssubjekt als einen Teil der Menschwürdewürde, Art. 1 I GG, auch im Vollzug. Grundsätzlich sitzen nicht einmal „Täter" ein, sondern ganzheitliche *Mit-Menschen* und würdige Rechtssubjekte, die sich *wegen* bestimmter Taten zu verantworten haben und dafür mit der Bewegungsfreiheit einen großen Teil ihrer Freiheit einbüßen.

Deshalb liegt es nahe, die Berücksichtigung von Nachtatverhalten als eine Art von *Gesamtstrafenbildung* zu begreifen. § 46 II StGB (und auch § 257c StPO) verrechtlicht diese *neue Tat*, die etwa auch in den Prozess eingeführt wird. Ohnehin bildet § 46 II StGB eine gesetzliche Regelung zur Strafschärfung und Strafmilderung, verbunden mit Regelbeispielen.

Ein zweiter überwölbender Ansatz ergibt sich aus den Strafgründen. Wer vorrangig nur reagiert und also blind zum Übel der (verschuldeten) Tat noch das Übel der Strafe hinzufügt, der muss zwischen Tat und Nachtatverhalten trennen.

Aber wer, wie hier vorrangig, vom *fortdauernden* Freiheitsgewinn und der Erfahrung ausgeht, die es dem Täter mit der Strafe zu nehmen gilt, weil dies *gerecht* ist, der begreift die Tat auf einer *höheren Ebene* als eine Art von *Dauerdelikt*. Dasselbe gilt ohnehin auch für diejenigen Ansätze, die das Hauptgewicht auf die *präventiven Strafbegründungen* legen. Für sie dauert die *Unrechts-* und die *Gefahrenlage* noch an, welcher Art sie im Einzelnen auch sein möge. Erst mit dem Verbund von *verbüßter Strafe* und hinreichender Bewährung ist sie – vorerst – beendet.

Die Kollision von Sanktions- und Tatstrafrecht reicht weiter: Denn auch nach der verbüßten Tat droht das Gesetz zumindest den weiterhin Tatgeneigten, dass die alte Tat als *strafschärfende Vorstrafe* in einem neuen Verfahren wiederauflebt. Auch in diesem Falle findet eine Art von *Gesamtstrafenbildung* statt, und zwar trotz Rechtskraft und Strafverbüßung. Die verhängte Strafe ist offenbar nur auf den *künftig guten*, also *rechtstreuen Menschen* ausgerichtet, der sich danach immer frei für das Recht und gegen das Unrecht entscheidet. Die Kollision mit einer wichtigen Prozessmaxime, der des „ne bis in idem", Art. 103 III GG, wird offenkundig. Sie bietet auf *dieser Ebene* eigentlich nur eine *bedingte Rechtskraft*. Dieses Dilemma überdecken wir wieder gern mit einer formal hilfreichen *Indizkonstruktion*. Die neue Schuld steigere der Umstand, dass der Täter sich die Vorstrafe nicht hat zur Warnung dienen lassen. Vielen rechtlichen „Konstruktionen" liegt eine derartige dogmatische Notlage zugrunde.

Eine neue Tat heißt: *„Ich* kann und will *trotzdem* Herr über fremde Güter sein." Ein neuerliches Geständnis eines Wiederholungstäters erweist sich dann als weniger überzeugend und geht auch deshalb mit einer umfangreicheren Strafe einher. Aber auch in diesem Falle bieten wir weiterhin Versöhnung an. Erst die *Sicherungsverwahrung*, §§ 66 ff. StGB, lässt uns den Glauben an das Gute im Täter, der den Kern der *Unschuldsvermutung* bildet, aufgeben. Wir wechseln nach der Tatverbüßung *zum Maßregelrecht*, fordern vom Täter durch sein Verhalten eine Art von *Gegenbeweis*, auf den hin wir sein Auftreten, und zwar im *Verbund mit allen Vortaten*, überprüfen. Die großen Verfassungsprinzipien der Tatschuld und der Rechtskraft dienen dem Bürgerschutz vor staatlichem Missbrauch der Strafgewalt. Sie dienen insofern dem *Vermeiden* von unberechtigter Strafe.

Aber die Strafe selbst trifft Menschen, und in der Regel auch solche, die als Täter mehr als eine Tat begangen haben. Schon das Bild von der *Einzeltat* beruht auf einer Reduktion der sozialrealen Komplexität, und auch hier mit dem Ziel, die gesetzlich bestimmten Tatbestände nicht aus dem Blick zu verlieren, Art. 103 II GG. Die Idee von der Gesamtstrafenbildung, die die *Einzeltaten* immer *voraussetzt*, und den Gerichten auch folgerichtig die Bildung von (fiktiven) *Einzelstrafen* abverlangt, zeigt dagegen das Dilemma der Spreizung von „Person und Taten". Mit ihm gilt es mit dem Gesetz in *zwei Stufen* umzugehen, und zwar dann ebenso auch beim *Geständnis* als gesondertes Nachtat- und für *Vorstrafen* als gesondertes Vortatverhalten. Das Gericht mag, wie auch sonst, die „Gesamtstrafe" schon kennen, aber es sollte in den Urteilsgründen das Ausmaß der Strafmilderung beziehungsweise den Umfang der Strafschärfung klar ausweisen und konkret begründen.

Beim Geständnis wird der Tatrichter dann auch dessen Bedeutung für die Gesichtspunkte von persönlicher Schuld und persönlicher Sühne, Unrechteinsicht und Rechtfrieden, Wahrheitsfindung und Opferstärkung vor den präventiven Gesichtspunkten mit Stichworten ansprechen und darunter das konkrete Verhalten des Angeklagten subsumieren. Im Vordergrund steht aber *nicht* die Effektivität der Strafrechtspflege im Sinne der Prozessökonomie, sondern der Akt der *Selbstbestrafung* und zweitrangig der *Rechtsfrieden*.

IX. Einige Thesen

Wir sollten also offen zweistufig vorgehen, und zwar im Sinne der Gesamtstrafenbildung bei Tatmehrheit. Dazu ist erst die Tatschuld im engen Sinne festzustellen und gegebenenfalls mit einer fiktiven Tatschuldstrafe zu belegen und danach das Nachtatverhalten zu berücksichtigen und mit dem Vortatverhalten zu einer Gesamtstrafe zu verbinden.

Im Großen und Ganzen beschreiten Gesetz und Praxis ohnehin diesen Weg, weil und wenn die Gerichte bei der Strafbemessung die gesonderte Abwägung von be- und entlastenden Umständen im Sinne des § 46 II StGB vornehmen und dabei vor allem das Geständnis und die Vorstrafen berücksichtigen, wobei sie es ohnehin gewohnt sind, bei Tatmehrheit eine Gesamtstrafe gemäß § 54 StGB zu bilden.

Wer autonom ist und denkt, der kann und muss für das Eigene, also auch seine Taten, die Verantwortung übernehmen. Die Idee der Autonomie bildet die Grundvoraussetzung nicht nur für das faire Verfahren im Strafprozess, sondern auch für den dort angebotenen Sühnevertrag. Er führt zu einer Art der Selbstbestrafung. Die Alternative der Zwangsstrafe stellt nur die ultima ratio dar. Nur ihr fester Verbund mit dem Nachweis des Unrechtsbewusstseins und dem ständigen Angebot der Versöhnung, auch noch im Vollzug, achtet die Menschenwürde des Täters.

Dabei lassen wir, die Strafenden, uns – im eigenen kollektiven Interesse – auch von den Vorzügen einer mitmenschlichen und auch noch mit dem Täter solidarischen Gesellschaftsidee leiten (Allgemeine Menschenrechte, Art. 1 II GG, und Sozialstaatsprinzip, Art. 20 I, 28 I GG).

Aus der Sicht des deutschen Strafrechts, des Strafprozessrechts und des Strafvollzugsrechts ist somit die These aufzustellen, dass es sich deshalb offen zur *Zweispurigkeit der Schuldstrafe* bekennen sollte.

Es existiert also grob geteilt:

(1) ein Schuldstrafrecht mit nachträglicher Unrechteinsicht, vor allem durch ein Geständnis, und der zusätzlichen Einsicht in Art und Umfang der Strafe, das in eine Art von Sühnevertrag einmündet,

(2) und als ultima ratio ein Zwangsstrafrecht ohne nachträgliche Unrechtseinsicht, vor allem ohne Geständnis des Täters, aber mit dem fortwährenden Angebot zur Versöhnung.

Den Strafgrund bildet – insoweit – jeweils der unerträgliche Zugewinn an Autonomie, und zwar eines würdigen und im Willen freien Menschen, Art. 1 I GG. Diesen Zugewinn hat sich der Täter mit der Tat willkürlich genommen und er hat ihn auch als „Herr über fremde Güter" erlebt. Diesen Freiheitsgewinn und diese auch fortwirkende Freiheitserfahrung gilt es, mit dem demokratischen Gegenakt des auf Gesetz gegründeten Urteilsspruchs – im Namen des Volkes – expressiv „zu Recht zu rücken" und zudem sozialreal mit einer angemessenen Gegenerfahrung auszugleichen.

Insgesamt, so zeigt sich auch, besteht der formale Rechtskern des Strafens, wie allen Rechts, im Ausgleichen, im Gerade-Richten von etwas Krummem.

Was und wie ausgeglichen wird, das bestimmen und formen die jeweiligen Rechtskulturen und ihre individuellen und kollektiven Akteure. In der Regel geht es auch aus der Sicht der Strafenden um deren Werte und um ihren Status, kurz um ihre *Autonomie*.

Strafaussetzung zur Bewährung bei illegalen Autorennen mit tödlichen Folgen?

Von *Hero Schall*

I. Die gesetzliche Ausgangslage

Die Vollstreckung einer Freiheitsstrafe von mehr als einem Jahr kann nach dem Gesetz bekanntlich unter drei Voraussetzungen zur Bewährung ausgesetzt werden: Vorausgesetzt ist zunächst eine günstige Sozialprognose gem. § 56 Abs. 1 StGB, ferner besondere Umstände i.S.d. § 56 Abs. 2 StGB und schließlich, dass die Vollstreckung der Freiheitsstrafe nicht um der Verteidigung der Rechtsordnung willen geboten ist (§ 56 Abs. 3 StGB). Die Schwierigkeiten in der Anwendung dieser gesetzlichen Vorgaben ergeben sich insbesondere daraus, dass es sich hier um Taten handelt, die mit Freiheitsstrafen über ein Jahr bis zu zwei Jahren geahndet werden, also einen beträchtlichen Unrechts- und Schuldgehalt aufweisen.[1] Das bedeutet ein erhebliches Spannungsverhältnis in dem Sinne, dass das Strafgericht die Aussetzungsentscheidung auf Umstände stützen muss, die zunächst einmal zu einer relativ hohen Strafe führen, die aber andererseits zugleich eine günstige Prognose und die mangelnde Notwendigkeit einer Verteidigung der Rechtsordnung begründen und dadurch ermöglichen, dass die Vollstreckung dieser Freiheitsstrafe zur Bewährung ausgesetzt wird. Notwendig für eine transparente und der revisionsrechtlichen Überprüfung standhaltende Bewährungsentscheidung[2] ist daher gerade hier eine strikte Differenzierung zwischen den oben genannten Voraussetzungen (positive Prognose, besondere Umstände, Verteidigung der Rechtsordnung).[3]

---

[1] BGHSt 29, 370 (371); BGH NStZ-RR 2014, 138; ebenso *Fischer*, StGB, 65. Aufl. 2018, § 56 Rn. 20; LK/*Hubrach*, 12. Aufl. 2008, § 56 Rn. 36; SSW-StGB/*Mosbacher/Claus*, 3. Aufl. 2016, § 56 Rn. 39; Sch/Sch/*Stree/Kinzig*, 29. Aufl. 2014, § 56 Rn. 35; SK-StGB/ *Schall*, 9. Aufl. 2016, § 56 Rn. 39.

[2] Zum (eingeschränkten) revisionsrechtlichen Prüfungsmaßstab s. u. unter III.2.

[3] Vgl. zu diesem Zusammenhang auch *Streng*, Strafrechtliche Sanktionen, 3. Aufl. 2012, Rn. 186; SK-StGB/*Schall* (Fn. 1), § 56 Rn. 41; so im Ergebnis auch *Fischer* (Fn. 1), § 56 Rn. 19, 23; *Jescheck/Weigend*, Strafrecht AT, 5. Aufl. 1996, S. 834.

II. Aktueller Ausgangsfall:
Kölner Autoraser-Fall von 2016

Zu welchen Rechtsfehlern und willkürlichen Ergebnissen eine Bewährungsentscheidung führt, die diese Orientierung an den differenzierten Maßstäben des § 56 StGB missachtet, offenbart eine aufsehenerregende Entscheidung des LG Köln, das zwei Teilnehmer eines illegalen Autorennens wegen fahrlässiger Tötung[4] zu Freiheitsstrafen von 1 Jahr und 9 Monaten bzw. 2 Jahren verurteilt, die Vollstreckung dieser Freiheitsstrafen aber zur Bewährung ausgesetzt hat.[5] Diese Entscheidung hat nicht nur wegen des zunehmenden Kriminalitätsphänomens illegaler Kraftfahrzeugrennen mit zumeist schwerwiegenden Folgen,[6] sondern gerade auch wegen der durchweg als zu milde empfundenen Aussetzung zur Bewährung für großes Interesse in nahezu allen Medien gesorgt.[7] Inzwischen hat der BGH[8] auf die Revision der Staatsanwaltschaft das Urteil aufgehoben wegen „durchgreifender Rechtsfehler" bei der Annahme besonderer Umstände i.S.d. § 56 Abs. 2 StGB (s. u. unter IV.) und bei der Prüfung der Frage, ob die Verteidigung der Rechtsordnung die Vollstreckung der verhängten Freiheitsstrafen gebiete (dazu unten unter V.).[9]

III. Zur positiven Sozialprognose (§ 56 Abs. 1 StGB)

1. Prognostische Bedeutung des Nachtatverhaltens

Nicht beanstandet hat der BGH die Erwägungen, mit denen das LG Köln für beide Angeklagten eine positive Sozialprognose bejaht hat. Das ist zwar insofern nachvollziehbar, als dafür einige erhebliche Umstände – wie soziale Eingliederung, Schulabschluss, berufliche Perspektive, keine bzw. keine „besonders gewichtigen" Vorstra-

---

[4] Zu dem seit 2017 geltenden Straftatbestand des § 315d StGB – „Verbotene Kraftfahrzeugrennen" s.u. Fn. 43.

[5] LG Köln, Urt. v. 14.4.2016 – 117 KLs 19/15 –, juris.

[6] Das LG Köln (Fn. 5, Rn. 226) registriert allein für das Frühjahr 2015 im Kölner Stadtgebiet drei Verkehrsunfälle mit tödlichem Ausgang aufgrund überhöhter Geschwindigkeit von Kraftfahrzeugen, bei denen jeweils der Verdacht eines illegalen Straßenrennens im Raum stand. Siehe zur Häufung solcher Autorennen auch die Begründung des Gesetzesentwurfs zur Strafbarkeit nicht genehmigter Kraftfahrzeugrennen im Straßenverkehr vom 26.10.2016, BT-Drs. 18/10145, S. 1, 7; *Eisele*, KriPoz 2018, 32 (32); *Kubiciel*, jurisPR-StrafR 15/2017 Anm. 1, S. 3 f.; *Neumann*, JURA 2017, 160 (160); *Piper*, NZV 2017, 70 (70, 72) m. zahlr. Rspr.-Nachw.; *Preuß*, NZV 2017, 105 (105); *Zieschang*, JA 2016, 721 (721) m.w.N.

[7] Vgl. nur die zahlreichen Online-Berichte – Stichwort „raser urteil köln"; s. auch die Nachw. bei *Preuß*, HRRS 2017, 23 mit Fn. 2, 3.

[8] BGH, Urt. v. 6.7.2017 – 4 StR 415/16 –, juris = NJW 2017, 3011 m. Anm. *Esposito*; s. auch Anm. *Kubiciel*, jurisPR-StrafR 15/2017 Anm. 1.

[9] Im erneuten Prozess vor einer anderen Strafkammer des LG Köln sind die Angeklagten nunmehr zu vollstreckbaren Freiheitsstrafen verurteilt werden (Urt. v. 22.3.2018 – 103 KLs 13/17).

fen, keine Zugehörigkeit zur sog. Raserszene – angeführt werden konnten.[10] Schwer nachvollziehbar ist allerdings die – vom BGH für vertretbar gehaltene[11] – Nichtberücksichtigung des provokanten Nachtatverhaltens des Angeklagten J. Dieser hatte sich an der Unfallstelle sehr besorgt um den Zustand seines Mercedes-Fahrzeugs gezeigt und gegenüber dem den Radaufstand markierenden Polizeibeamten geäußert: „Passen Sie auf mit der Sprühkreide, die Felgen haben 3.000 EUR gekostet." Im Übrigen zeigte er keine emotionale Regung oder Interesse am Gesundheitszustand des lebensgefährlich verletzten (und später verstorbenen) Opfers, „sondern wirkte auf die Umstehenden locker, unbeteiligt, desinteressiert und zu Scherzen aufgelegt."[12]

Dass Reue, Schuldeinsicht und Geständnis grundsätzlich zugunsten des Angeklagten zu Buche schlagen, ihr Fehlen daher nicht automatisch strafschärfend wirkt, ist heute zu Recht anerkannt.[13] Auch hartnäckiges Leugnen und andere Formen des Bestreitens der Tat (Verheimlichen der Tatbeute, Abschieben der Schuld auf andere u. a.) sind dem Angeklagten nicht anzulasten, soweit es sich dabei um „unvermeidbare Auswirkungen zulässigen Verteidigungsverhaltens" handelt.[14] Vorliegend aber bestehen zumindest Zweifel, ob der Angeklagte J. nicht mit seinem Verhalten und seiner Äußerung über diese Grenzen hinausgegangen ist. Denn es macht schon einen erheblichen Unterschied, ob ein Tatbeteiligter sich lediglich desinteressiert zeigt und den Tatvorwurf bestreitet[15] oder aber – wie hier – unmittelbar nach dem lebensgefährlichen (und letztlich tödlichen) Zusammenstoß mit dem Tatopfer zu Scherzen aufgelegt ist und den untersuchenden Polizeibeamten mit der in dieser Situation völlig unangemessenen Aufforderung provoziert, er solle mit der Sprühkreide aufpassen, die Felgen hätten 3.000 EUR gekostet. Wieso ein solches Nachtatverhalten lediglich „in rein moralischer Hinsicht ... anstößig und unglücklich erscheinen mag", aber keine rechtsfeindliche Einstellung des Angeklagten erkennen lassen solle,[16] ist schwer nachvollziehbar. Zumindest hätte die Kammer sich sorgfältig mit dieser Frage auseinandersetzen und prüfen müssen, ob die übrigen Umstände trotz dieses eindeutig negativen Aspekts[17] eine günstige Sozialprognose i.S.d. § 56 Abs. 1 StGB noch zu tragen vermögen. Dies umso mehr, als das Gericht den Ange-

---

[10] Vgl. LG Köln (Fn. 5), Rn. 209 ff.
[11] BGH (Fn. 8), Rn. 18.
[12] LG Köln (Fn. 5), Rn. 64.
[13] Vgl. nur Sch/Sch/*Stree/Kinzig* (Fn. 1), § 46 Rn. 41a, 42; *Streng* (Fn. 3), Rn. 575 f., 707 ff.; SK-StGB/*Horn/Wolters*, 9. Aufl. 2016, § 46 Rn. 153 ff. – jeweils m. zahlr. Nachw.
[14] BGH StV 2002, 74; BGH NStZ 1985, 545; s. im Übrigen nur die Nachw. bei Sch/Sch/ *Stree/Kinzig* (Fn. 1), § 46 Rn. 41a sowie *Streng* (Fn. 3), Rn. 574.
[15] Vgl. insoweit auch *Maurach/Gössel/Zipf/Dölling*, Strafrecht AT 2, 8. Aufl. 2014, § 63 Rn. 178: Auch eine Bagatellisierung des Tatgeschehens durch den Angeklagten sei nicht strafschärfend zu bewerten, „soweit er sich dabei in einer legitimen Verteidigungsposition bewegt."
[16] So die lapidare Feststellung des LG Köln (Fn. 5), Rn. 212.
[17] Das Gesetz nennt in § 56 Abs. 1 S. 2 StGB als Prognosebasis unter anderem die „Persönlichkeit des Verurteilten" sowie „sein Verhalten nach der Tat".

klagten in anderem Zusammenhang „schwere charakterliche Mängel" attestiert, die den Rückschluss zuließen, dass sie auch in Zukunft bereit seien, „die Sicherheit des Straßenverkehrs den eigenen Interessen unterzuordnen."[18]

2. Revisionsrechtliche Überprüfung

Der BGH macht es sich in seiner Revisionsentscheidung daher zu einfach, wenn er den Schluss des LG Köln auf eine fehlende rechtsfeindliche Einstellung des Angeklagten J. ohne Begründung schlicht für „vertretbar" erklärt.[19] Auch wenn die Strafzumessung grundsätzlich Sache des Tatgerichts ist und das Revisionsgericht nicht seine eigene Wertung an dessen Stelle setzen darf, so ist es jedenfalls dann zum Eingreifen befugt, wenn die Strafzumessungsentscheidung des Tatgerichts Rechtsfehler aufweist, was zum Beispiel dann der Fall ist, wenn die Zumessungserwägungen lückenhaft, unklar oder widersprüchlich sind, von unvollständigen oder unzutreffenden Tatsachen ausgehen oder gegen gesetzliche oder sonst anerkannte Wertungen verstoßen.[20] Dies gilt auch für die Bewährungsentscheidung: So ist zwar die Prognoseentscheidung selbst (die Erwartung, dass der Verurteilte künftig keine Straftaten mehr begehen wird) grundsätzlich „bis zur Grenze des Vertretbaren" hinzunehmen, doch gilt dies nur dann, wenn die Grundlagen der Überzeugungsbildung zutreffend gewählt, d. h. alle entscheidungserheblichen Umstände nachprüfbar benannt (vollständige Tatsachengrundlage) und auch hinreichend gewürdigt wurden.[21] Diese Voraussetzungen erfüllt das Urteil des LG Köln im Hinblick auf die Berücksichtigung des Nachtatverhaltens des J. und seiner Persönlichkeit – wie oben dargelegt – eindeutig nicht. Der BGH hätte daher bereits hier – sub specie positive Sozialprognose – Grund zur Aufhebung der Bewährungsentscheidung gehabt.[22]

---

[18] LG Köln (Fn. 5), Rn. 266, 269, 282, 284, 289.

[19] BGH (Fn. 8), Rn. 18.

[20] Vgl. nur *Bruns*, Das Recht der Strafzumessung, 2. Aufl. 1985, S. 264 ff., 302 ff.; *Streng* (Fn. 3), Rn. 745 ff.; ausführlich *Schäfer/Sander/van Gemmeren*, Praxis der Strafzumessung, 6. Aufl. 2017, Rn. 1505 ff. m. zahlr. Rspr.-Nachw.; s. auch BGH (Fn. 8), Rn. 15 ff.; BGH NStZ-RR 2017, 105 (106 f.).

[21] BGH StraFo 2016, 425; BGH NJW 2016, 2349 (2351); BGH NStZ-RR 2010, 306 (307); BGH NJW 2003, 3498; BGH NStZ 2001, 366 (367); ausführlich BayObLG NStZ-RR 2004, 42; OLG Karlsruhe StV 2008, 307 m.w.N.; ebenso *Fischer* (Fn. 1), § 56 Rn. 11; *v. Heintschel-Heinegg*, StGB, 2. Aufl. 2015, § 56 Rn. 42, 42.1; LK/*Hubrach* (Fn.1), § 56 Rn. 32 m. zahlr. Rspr.-Nachw.; SSW-StGB/*Mosbacher/Claus* (Fn.1), § 56 Rn. 49 ff.; *Schäfer/Sander/van Gemmeren* (Fn. 20), Rn. 245, 1537; Sch/Sch/*Stree/Kinzig* (Fn. 1), § 56 Rn. 60, 62.

[22] Die insoweit überraschende Zurückhaltung des Senats hat möglicherweise einen „arbeitsökonomischen" Hintergrund insofern, als die Rechtsfehler bei den weiteren Voraussetzungen der Strafaussetzung wohl unproblematischer festzustellen waren (s. nachfolgend unter IV. und V.).

IV. Die besonderen Umstände i.S.d. § 56 Abs. 2 StGB

1. Die „Besonderheit" der besonderen Umstände

Freiheitsstrafen zwischen mehr als einem Jahr und zwei Jahren können zur Bewährung ausgesetzt werden, „wenn nach der Gesamtwürdigung von Tat und Persönlichkeit des Verurteilten besondere Umstände vorliegen" (§ 56 Abs. 2 StGB). Schon dieser Wortlaut und auch die in § 56 StGB vorgegebene Unterscheidung zwischen Freiheitsstrafen bis zu einem Jahr und darüber hinausgehenden Strafen bis zu zwei Jahren lassen keinen Zweifel daran, dass die nach Absatz 2 verlangten Umstände in ihrem (Gesamt-)Gewicht über die Umstände hinausgehen, die das Gericht für die nach Absatz 1 zu stellende Legalprognose als ausreichend erachtet.[23] Sie müssen daher im Vergleich mit gewöhnlichen, durchschnittlichen Milderungsgründen „von besonderem Gewicht" sein,[24] wobei sich dieses besondere Gewicht auch aus dem Zusammentreffen mehrerer, für sich gesehen nur durchschnittlicher und einfacher Milderungsgründe ergeben kann (z. B. fehlende Vorstrafe, Aufklärungshilfe, Stabilisierung der Lebensverhältnisse, erstmalige Verbüßung von U-Haft, lange Dauer der seit der Tat vergangenen Zeit, durch die Tat bedingte berufliche Nachteile).[25] Dem Bemühen des Verurteilten, den durch die Tat angerichteten Schaden wiedergutzumachen, hat der Gesetzgeber durch die ausdrückliche Erwähnung in § 56 Abs. 2 S. 2 StGB besonderes Gewicht verliehen.[26]

Schon diese klaren Vorgaben des Gesetzes machen deutlich, dass sich das Gericht nicht – wie es das LG Köln getan hat –[27] damit begnügen kann, im Wesentlichen nur die Umstände wiederzugeben, die bereits die positive Sozialprognose begründen. Und ebenso fehlerhaft ist es, die Voraussetzungen des § 56 Abs. 2 StGB auf die Er-

---

[23] Zu dieser aus der gesetzlichen Systematik folgenden Konsequenz auch ausdrücklich SSW-StGB/*Mosbacher/Claus* (Fn. 1), § 56 Rn. 42; so der Sache nach auch *Bruns* (Fn. 20), S. 116; *v. Heintschel-Heinegg* (Fn. 21), § 56 Rn. 29; *Jescheck/Weigend* (Fn. 3), S. 834, 839; LK/*Hubrach* (Fn. 1), § 56 Rn. 38; *Maurach/Gössel/Zipf/Dölling* (Fn. 15), § 65 Rn. 18; MüKo-StGB/*Groß*, 3. Aufl. 2016, § 56 Rn. 45; NK-StGB/*Ostendorf*, 5. Aufl. 2017, § 56 Rn. 26 f.

[24] So schon BGHSt 29, 370 (371); s. auch *Fischer* (Fn. 1), § 56 Rn. 20, 22; LK/*Hubrach* (Fn. 1), § 56 Rn. 36; MüKo-StGB/*Groß* (Fn. 23), § 56 Rn. 44; Sch/Sch/*Stree/Kinzig* (Fn.1), § 56 Rn. 35 – jeweils m. w. Rspr.-Nachw. – Zur Abkehr von der Interpretation des § 56 Abs. 2 StGB als enge Ausnahmevorschrift (Beschränkung auf Taten in besonderer Konfliktlage) ausführlich *Schäfer/Sander/van Gemmeren* (Fn. 20), Rn. 235 ff.; s. auch MüKo-StGB/*Groß* (Fn. 23), § 56 Rn. 44; Sch/Sch/*Stree/Kinzig* (Fn. 1), § 56 Rn. 35.

[25] Ständige Rspr.: BGH (Fn. 7), Rn. 25; BGHSt 50, 299 (307 f.); BGH NStZ-RR 2016, 9; BGH NStZ 2010, 147; zahlr. weitere Rspr.-Nachw. bei *Fischer* (Fn. 1), § 56 Rn. 20, 22 und Sch/Sch/*Stree/Kinzig* (Fn.1), § 56 Rn. 38; s. auch LK/*Hubrach* (Fn. 1), § 56 Rn. 40, 41; MüKo-StGB/*Groß* (Fn. 23), § 56 Rn. 44, 47; NK-StGB/*Ostendorf* (Fn. 23), § 56 Rn. 29; SK-StGB/*Schall* (Fn. 1), § 56 Rn. 40.

[26] Zur Intention des Gesetzgebers s. BT-Drs. 12/6853, S. 22; s. auch LK/*Hubrach* (Fn. 1), § 56 Rn. 41; MüKo-StGB/*Groß* (Fn. 23), § 56 Rn. 48; Sch/Sch/*Stree/Kinzig* (Fn.1), § 56 Rn. 43.

[27] LG Köln (Fn. 5), Rn. 249 f., 261.

wartung zu stützen, dass die Angeklagten nicht erneut straffällig werden.[28] Eine solche Erwartung ist bereits Gegenstand und Inhalt der in § 56 Abs. 1 StGB normierten und vorrangig zu prüfenden[29] Legalprognose und kann daher als solche zur Begründung der für die Strafaussetzung nach Absatz 2 zusätzlich erforderlichen besonderen Umstände nichts beitragen.[30] Verwertbar sind zwar auch Umstände, die schon zur Begründung der Legalprognose herangezogen wurden,[31] jedoch immer nur insoweit, als es sich – wie oben dargelegt – allein oder in ihrem Zusammentreffen um Umstände „von besonderem Gewicht" handelt. Ob diese Voraussetzung erfüllt ist, hat das Gericht in Abgrenzung zu den bereits die positive Sozialprognose begründenden Umständen nachvollziehbar zu begründen.[32]

2. Gesamtwürdigung von Tat und Persönlichkeit

Ob besondere Umstände i.S.d. § 56 Abs. 2 StGB vorliegen, „die eine Strafaussetzung trotz des erheblichen Unrechts- und Schuldgehalts, der sich in der Strafhöhe widerspiegelt, als nicht unangebracht und als den allgemeinen vom Strafrecht geschützten Interessen nicht zuwiderlaufend erscheinen lassen,"[33] hat das Gericht im Wege einer Gesamtwürdigung von Tat und Persönlichkeit des Verurteilten zu beurteilen. Eine scharfe Trennung zwischen den in der Tat und den in der Persönlichkeit liegenden Umständen ist häufig nicht möglich, da einerseits einzelne Tatfaktoren zugleich die Persönlichkeit beleuchten, andererseits besondere Umstände in der Person auch die Tat mitgeprägt haben.[34] Notwendig ist daher eine Gesamtschau von Tat und

---

[28] So aber das LG Köln (Fn. 5), Rn. 249, 261.

[29] Die Notwendigkeit ihrer vorrangigen Prüfung betonen auch: BGH NStZ-RR 2015, 41 und 373 (374); BGH NJW 2014, 3797; BGH StV 2013, 85; ebenso *Fischer* (Fn. 1), § 56 Rn. 19; LK/*Hubrach* (Fn. 1), § 56 Rn. 45; Sch/Sch/*Stree/Kinzig* (Fn. 1), § 56 Rn. 36; SK-StGB/*Schall* (Fn. 1), § 56 Rn. 40; a.A. SSW-StGB/*Mosbacher/Claus* (Fn. 1), § 56 Rn. 42.

[30] Ebenso BGH (Fn. 7), Rn. 26; für strikte Trennung in diesem Sinne auch *Bruns* (Fn. 20), S. 309; SSW-StGB/*Mosbacher/Claus* (Fn. 1), § 56 Rn. 42; SK-StGB/*Schall* (Fn. 1), § 56 Rn. 38. Zumindest missverständlich ist daher die Aussage, die positive Sozialprognose sei auch für das Vorliegen besonderer Umstände von Bedeutung (so z. B. BGH StraFo 2016, 425; Lackner/Kühl/*Heger*, StGB, 28. Aufl. 2014, § 56 Rn. 19; *Streng* (Fn. 3), Rn. 185).

[31] Siehe dazu mit Rspr.-Nachw.: NK-StGB/*Ostendorf* (Fn. 23), § 56 Rn. 29; *Schäfer/Sander/van Gemmeren* (Fn. 20), Rn. 243; Sch/Sch/*Stree/Kinzig* (Fn. 1), § 56 Rn. 35, 38; SK-StGB/*Schall* (Fn. 1), § 56 Rn. 40.

[32] So der Sache nach auch BGH (Fn. 8), Rn. 26 f.

[33] So die seit BGHSt 29, 370 (371) allgemein anerkannte Bewertungsleitlinie; s. auch BGH StV 2013, 85; BGHR StGB § 56 Abs. 2 Gesamtwürdigung, unzureichende, Nr. 10; ebenso m.w. Rspr.-Nachw. *Fischer* (Fn. 1), § 56 Rn. 20; Lackner/Kühl/*Heger* (Fn. 30), § 56 Rn. 19; LK/*Hubrach* (Fn. 1), § 56 Rn. 36; MüKo-StGB/*Groß* (Fn. 23), § 56 Rn. 47; SSW-StGB/*Mosbacher/Claus* (Fn. 1), § 56 Rn. 39; *Schäfer/Sander/van Gemmeren* (Fn. 20), Rn. 238; Sch/Sch/*Stree/Kinzig* (Fn. 1), § 56 Rn. 35.

[34] BGHSt 29, 370 (380); BGHR § 56 Abs. 2 Gesamtwürdigung Nr. 5; BGH wistra 1994, 193; BGH StV 1983, 18; ebenso *Bruns* (Fn. 20), S. 116; LK/*Hubrach* (Fn. 1), § 56 Rn. 37, 45;

Täterpersönlichkeit.³⁵ Das bedeutet zum einen, dass die Frage, ob die im konkreten Fall zu berücksichtigenden Umstände bereits ein die Aussetzung der Vollstreckung rechtfertigendes „besonderes Gewicht" erlangen, umso strenger zu beurteilen ist, je stärker sich die verhängte Freiheitsstrafe der Zweijahresgrenze nähert.³⁶ In der Entscheidung zum oben genannten Ausgangsfall erwähnt das LG Köln zwar diesen allgemein anerkannten Grundsatz, geht aber in der Abwägung der einzelnen Umstände trotz der Höhe der verhängten Strafen (2 Jahre sowie 1 Jahr und 9 Monate) mit keinem Wort darauf ein.³⁷

Die notwendige Gesamtschau von Tat und Täterpersönlichkeit bedeutet des Weiteren, dass *sämtliche* die Tat und/oder die Täterpersönlichkeit betreffenden Umstände zu berücksichtigen und zu gewichten sind.³⁸ So kann beispielsweise ein besonderer Umstand i.S.d. § 56 Abs. 2 StGB darin gesehen werden, dass den schweren Tatfolgen (die die relativ hohen Freiheitsstrafen begründen) ein vergleichsweise geringes Verschulden gegenübersteht.³⁹ In diesem Sinne hat auch das LG Köln zur Begründung der eine Strafaussetzung rechtfertigenden besonderen Umstände unter anderem angeführt, „dass es sich um ein ungeplantes Fahrlässigkeitsdelikt gehandelt hat" bzw. „das Autorennen ... weder geplant noch vor Fahrtbeginn abgesprochen" war.⁴⁰ Dabei lässt die Kammer aber – wie auch der BGH zu Recht rügt –⁴¹ außer acht, dass es sich bei dem von den Angeklagten mit zwei leistungsstarken Fahrzeugen (Motorleistungen 171 und 233 PS) durchgeführten Autorennen um eine *bewusste* Gefahrschaffung handelte, die durch eine „besonders riskante und rücksichtslose Fahrweise"⁴² gekennzeichnet war. Darüber hinaus war die Tat auch dadurch wesent-

---

MüKo-StGB/*Groß* (Fn. 23), § 56 Rn. 45, 47; SSW-StGB/*Mosbacher/Claus* (Fn. 1), § 56 Rn. 38; Sch/Sch/*Stree/Kinzig* (Fn. 1), § 56 Rn. 37; SK-StGB/*Schall* (Fn. 1), § 56 Rn. 40.

³⁵ BGH NStZ-RR 2007, 232 (233); BGH NStZ-RR 1997, 68; BGHR § 56 Abs. 2 Gesamtwürdigung Nr. 5 u. 6; *Fischer* (Fn. 1), § 56 Rn. 23; NK-StGB/*Ostendorf* (Fn. 23), § 56 Rn. 26; Sch/Sch/*Stree/Kinzig* (Fn. 1), § 56 Rn. 37.

³⁶ BGH NJW 2016, 2349 (2351); BGH NStZ-RR 2015, 75 (76); weitere Rspr.-Nachw. bei *Fischer* (Fn. 1), § 56 Rn. 24 und *Schäfer/Sander/van Gemmeren* (Fn. 20), § 56 Rn. 241; ebenso Lackner/Kühl/*Heger* (Fn. 30), § 56 Rn. 21; LK/*Hubrach* (Fn. 1), § 56 Rn. 39; Sch/Sch/*Stree/Kinzig* (Fn. 1), § 56 Rn. 35; *Streng* (Fn. 3), Rn. 183; der Sache nach auch *Jescheck/Weigend* (Fn. 3), S. 834; NK-StGB/*Ostendorf* (Fn. 23), § 56 Rn. 30; s. auch MüKo-StGB/*Groß* (Fn. 23), § 56 Rn. 54.

³⁷ LG Köln (Fn. 5), Rn. 248.

³⁸ Vgl. *Fischer* (Fn. 1), § 56 Rn. 23; MüKo-StGB/*Groß* (Fn. 23), § 56 Rn. 45; Sch/Sch/*Stree/Kinzig* (Fn. 1), § 56 Rn. 37; *Streng* (Fn. 3), Rn. 185; SK-StGB/*Schall* (Fn. 1), § 56 Rn. 40; instruktiv dazu BGH NStZ-RR 2012, 202 (betr. Relativierung besonderer Umstände durch Fehlen eines Geständnisses).

³⁹ Vgl. BGH NStZ 1981, 434 (435); Lackner/Kühl/*Heger* (Fn. 30), § 56 Rn. 20 m.w.N.; *Streng* (Fn. 3), Rn. 184; zu weiteren Beispielen s. die Auflistung bei LK/*Hubrach* (Fn. 1), § 56 Rn. 40 ff.; MüKo-StGB/*Groß* (Fn. 23), § 56 Rn. 46; *Schäfer/Sander/van Gemmeren* (Fn. 20), Rn. 242.

⁴⁰ LG Köln (Fn. 5), Rn. 250, 259, 261.

⁴¹ BGH (Fn. 8), Rn. 27.

⁴² LG Köln (Fn. 5), Rn. 267, 280.

lich geprägt, dass jedenfalls der den Angeklagten zur Last gelegte Verstoß gegen das Rennverbot des § 29 Abs. 1 StVO a.F.[43] vorsätzlich begangen wurde,[44] da bei einem bewusst (wenn auch spontan) eingegangenen Kräftemessen ein lediglich fahrlässiges Verhalten der Natur der Sache nach nicht denkbar ist.[45]

Ein weiterer Rechtsfehler der Aussetzungsentscheidung des LG Köln ist darin zu sehen, dass es sich sub specie „besondere Umstände" mit der Aufzählung einiger weniger zugunsten der Angeklagten sprechender Umstände begnügt, ohne sie der erforderlichen Gesamtwürdigung zu unterziehen. So hätte es der von der Kammer festgestellte Sachverhalt unbedingt geboten, die positiven Umstände insbesondere der Schwere der Tat (unkalkulierbare Gefahr nicht nur für die an den Unfallfolgen verstorbene Radfahrerin G., sondern für eine Vielzahl von unbeteiligten Personen)[46] sowie den schweren psychischen Tatfolgen für die Familie des Tatopfers[47] gegenüberzustellen. Auch das provozierende Nachtatverhalten des Angeklagten J. (s. o. unter III.1.) hätte in die Gesamtwürdigung einbezogen werden müssen.[48]

V. Die Hürde der Verteidigung der Rechtsordnung

1. Kein Regel-Ausnahme-Verhältnis

Beträgt die verhängte Freiheitsstrafe mehr als sechs Monate, so sind vor eine Aussetzungsentscheidung nicht nur eine positive Sozialprognose sowie (bei Freiheitsstrafen über einem Jahr) besondere Umstände, sondern des Weiteren gesetzt, dass die Verteidigung der Rechtsordnung eine Vollstreckung der verhängten Strafe nicht gebietet (§ 56 Abs. 3 StGB). Wie bereits dargelegt (s. o. unter I.), handelt es sich dabei um drei unterschiedliche und selbstständig zu prüfende Voraussetzungen.

---

[43] Das bisher als Ordnungswidrigkeit geahndete illegale Autorennen (§§ 29 Abs. 1, 49 StVO a.F.) ist durch das Gesetz zur Strafbarkeit nicht genehmigter Kraftfahrzeugrennen im Straßenverkehr vom 30.9.2017 (BGBl. I S. 3532) nunmehr in § 315d StGB n.F. als Straftat erfasst, die im Fall der Erfolgsqualifizierung (Tod oder schwere Gesundheitsschädigung bzw. Gesundheitsschädigung einer großen Zahl von Menschen) mit Freiheitsstrafe bis zu zehn Jahren bestraft werden kann. Siehe zur Neufassung *Eisele*, KriPoZ 2018, 32 ff.; *Kubiciel/Hoven*, NStZ 2017, 439 ff.; *Neumann*, JURA 2017, 160 (168 ff.); *Piper*, NZV 2017, 70 ff.; *Preuß*, NZV 2017, 105 ff.; *Rostalski*, GA 2017, 585 (593 ff.); *Zieschang*, JA 2016, 721 ff.; s. auch die neue Kommentierung des § 315d bei *Fischer* (Fn. 1) und *Joecks/Jäger*, StGB, 12. Aufl. 2018.

[44] Bzgl. der weiteren Verkehrsverstöße (§§ 3 Abs. 1, 4 StVO) hat das LG Köln nur Leichtfertigkeit angenommen, doch legen die Feststellungen zum Sachverhalt („massives" bzw. „weites" Überschreiten der zulässigen Höchstgeschwindigkeit) die Annahme vorsätzlichen Handelns durchaus nahe.

[45] So auch BGH (Fn. 8), Rn. 27 m.w.N.

[46] LG Köln (Fn. 5), Rn. 224, 238, 267.

[47] Vgl. dazu LG Köln (Fn. 5), Rn. 225, 239; s. auch unten bei Fn. 70.

[48] Unkritisch dagegen *Preuß*, HRRS 2017, 23 (27), die von „ausführlicher Begründung" der besonderen Umstände spricht.

Im Ausgangsfall missachtet das LG Köln auch hier die notwendige Differenzierung der einzelnen Voraussetzungen, indem es bei Vorliegen besonderer Umstände i.S.d. § 56 Abs. 2 StGB eine Versagung der Aussetzung nach Absatz 3 „in der Regel" ausschließen will und sich auf die knappe Benennung einiger weniger Aspekte beschränkt.[49] Zwar mag die Verteidigung der Rechtsordnung einer Strafaussetzung rein faktisch eher selten entgegenstehen, wenn zuvor besondere Umstände i.S.d. § 56 Abs. 2 StGB bejaht wurden.[50] Diese statistische Einschätzung ändert jedoch nichts an der normativen Vorgabe: Die Systematik des § 56 StGB ergibt eindeutig, dass Absatz 3 einen Versagungsgrund gerade für den Fall vorsieht, dass trotz günstiger Sozialprognose und trotz besonderer Umstände unter dem Aspekt der Verteidigung der Rechtsordnung ein unabweisbares Bedürfnis nach Vollstreckung der verhängten Freiheitsstrafe besteht.[51] Dementsprechend hat das Gericht nach Begründung einer positiven Sozialprognose sowie nach Bejahung besonderer Umstände des Weiteren und ebenso gründlich[52] die dritte Voraussetzung zu prüfen – nämlich, ob unter Würdigung „aller die Tat und den Täter kennzeichnenden Umstände des Einzelfalles"[53] in den Augen der zutreffend unterrichteten Bevölkerung „eine Aussetzung der Strafe zur Bewährung im Hinblick auf schwerwiegende Besonderheiten des Einzelfalles für das allgemeine Rechtsempfinden schlechthin unverständlich erscheinen müsste und das Vertrauen der Bevölkerung in die Unverbrüchlichkeit des Rechts und in den Schutz der Rechtsordnung vor kriminellen Angriffen dadurch erschüttert werden könnte" bzw. ob „der bloße Strafausspruch ohne Vollstreckung von der Bevölkerung angesichts der außergewöhnlichen konkreten Fallgestaltung als un-

---

[49] LG Köln (Fn. 5), Rn. 254 f., 262.
[50] Ebenso *Esposito*, NJW 2017, 3013; LK/*Hubrach* (Fn. 1), § 56 Rn. 59; MüKo-StGB/*Groß* (Fn. 23), § 56 Rn. 42; der Sache nach auch NK-StGB/*Ostendorf* (Fn. 23), § 56 Rn. 37; Sch/Sch/*Stree/Kinzig* (Fn. 1), § 56 Rn. 44.
[51] So explizit schon BGHSt 24, 64 (69): „Denn diese Vorschrift geht gerade davon aus, dass dann, wenn die Gefahr, die der Erhaltung der Rechtstreue der Bevölkerung droht, übermächtig wird, die rein täterbezogenen, für die Aussetzung sprechenden Umstände, denen regelmäßig der Vorrang zukommt, ausnahmsweise zurückzutreten haben." Wie hier auch BGHR StGB § 56 Abs. 3 Verteidigung Nr. 14; BGH (Fn. 8), Rn. 29; Lackner/Kühl/*Heger* (Fn. 30), § 56 Rn. 15; LK/*Hubrach* (Fn. 1), § 56 Rn. 59 m.w.N.; SK-StGB/*Schall* (Fn. 1), § 56 Rn. 32, 34; so im Ergebnis auch *Esposito*, NJW 2017, 3013; *Fischer* (Fn. 1), § 56 Rn. 19; *v. Heintschel-Heinegg* (Fn. 21), § 56 Rn. 29; MüKo-StGB/*Groß* (Fn. 23), § 56 Rn. 38, 42; NK-StGB/*Ostendorf* (Fn. 23), § 56 Rn. 37; SSW-StGB/*Mosbacher/Claus* (Fn. 1), § 56 Rn. 38; Sch/Sch/*Stree/Kinzig* (Fn. 1), § 56 Rn. 46; *Streng* (Fn. 3), Rn. 173.
[52] Zumindest missverständlich und – wie das Vorgehen des LG Köln zeigt – irreführend ist daher die Aussage, bei Vorliegen besonderer Umstände i.S.d. § 56 Abs. 2 StGB sei die Strafvollstreckung auch unter dem Gesichtspunkt der Verteidigung der Rechtsordnung nicht geboten (so z.B. LK/*Hubrach* (Fn. 1), § 56 Rn. 59; zustimmend OLG Brandenburg NStZ-RR 2009, 168, 169; *Fischer* (Fn. 1), § 56 Rn. 14; *v. Heintschel-Heinegg* (Fn. 21), § 56 Rn. 23).
[53] BGHSt 24, 64 (66) ebenso BGHSt 24, 40 (46); BGH (Fn. 8), Rn. 29; weitere Rspr.-Nachw. bei Sch/Sch/*Stree/Kinzig* (Fn. 1), § 56 Rn. 49; s. auch *Schäfer/Sander/van Gemmeren* (Fn. 20), Rn. 222 f.

gerechtfertigte Nachgiebigkeit und unsicheres Zurückweichen vor dem Verbrechen verstanden werden könnte."⁵⁴

Veranlassung zu besonders sorgfältiger Prüfung dieser Voraussetzungen bestand im Kölner Autoraser-Fall schon wegen der Höhe der verhängten Freiheitsstrafen (2 Jahre bzw. 1 Jahr und 9 Monate). Denn ebenso wie die Strafgrenzen die Abwägung der besonderen Umstände beeinflussen (s. o. unter IV.2.), gewinnt auch der Aspekt der Verteidigung der Rechtsordnung umso größere Bedeutung, je mehr sich die verhängte Freiheitsstrafe der Zweijahresgrenze nähert.⁵⁵

2. § 56 Abs. 3 StGB als Ausnahmevorschrift

Die Verteidigung der Rechtsordnung „gebietet" die Vollstreckung der verhängten Freiheitsstrafe nur dann, wenn hierfür trotz günstiger Prognose ein unabweisbares Bedürfnis besteht.⁵⁶ § 56 Abs. 3 StGB ist daher als Ausnahmevorschrift in dem Sinne zu verstehen, dass das grundsätzlich vorrangige Einzelinteresse auf eine spezialpräventiv orientierte Strafzumessung (Strafaussetzung) hinter dem Allgemeininteresse auf nachdrückliche Verurteilung zurückstehen muss, wenn ansonsten die Rechtsbewährungsfunktion der Strafe gefährdet wäre.⁵⁷ Das Gericht hat daher in jedem Einzelfall zu prüfen, ob die Rechtsordnung nicht schon durch eine „Bewährungsstrafe",⁵⁸ d. h. durch Schuldspruch, Strafverhängung und (gegebenenfalls harte)

---

⁵⁴ So die von der Rspr. entwickelte und im Schrifttum übernommene Abgrenzung – s. nur BGHSt 24, 40 (45 f.) und 64 (66); BGHSt 53, 311 (320); s. ferner – jeweils m.w.Rspr.-Nachw. – LK/*Hubrach* (Fn. 1), § 56 Rn. 49; SSW-StGB/*Mosbacher/Claus* (Fn. 1), § 56 Rn. 34; *Schäfer/Sander/van Gemmeren* (Fn. 20), Rn. 221; Sch/Sch/*Stree/Kinzig* (Fn. 1), § 56 Rn. 48; SK-StGB/*Schall* (Fn. 1), § 56 Rn. 34; s. auch MüKo-StGB/*Groß* (Fn. 23), § 56 Rn. 37 i.V.m. § 47 Rn. 38 ff.

⁵⁵ Treffend dazu *Jescheck/Weigend* (Fn. 3), S. 834: „Die Abstufung ... macht deutlich, dass mit zunehmender Schwere der Tat das generalpräventiv orientierte Interesse am tatsächlichen Vollzug der Sanktion gegenüber dem spezialpräventiv begründeten Vollstreckungsverzicht an Bedeutung gewinnt." Wie hier auch BGHR StGB § 56 Abs. 3 Verteidigung Nr. 1 und 6; BGH NStZ 1985, 459; Lackner/Kühl/*Heger* (Fn. 30), § 56 Rn. 16; *Maiwald* GA 1983, 49 (59); MüKo-StGB/*Groß* (Fn. 23), § 56 Rn. 38; *Schäfer/Sander/van Gemmeren* (Fn. 20), § 56 Rn. 223.

⁵⁶ BGH NStZ 1988, 126 (127); LK/*Hubrach* (Fn. 1), § 56 Rn. 50; *Meier*, Strafrechtliche Sanktionen, 4. Aufl. 2015, S. 118; MüKo-StGB/*Groß* (Fn. 23), § 56 Rn. 38; NK-StGB/*Ostendorf* (Fn. 23), § 56 Rn. 37; Sch/Sch/*Stree/Kinzig* (Fn. 1), § 56 Rn. 47.

⁵⁷ So schon BGHSt 24, 64, 69 (s. Zitat oben in Fn. 51); ebenso *Maurach/Gössel/Zipf/Dölling* (Fn. 15), § 63 Rn. 110 f., § 65 Rn. 24; in diesem Sinne auch *Jescheck/Weigend* (Fn. 3), S. 838 f.; LK/*Hubrach* (Fn. 1), § 56 Rn. 50; MüKo-StGB/*Groß* (Fn. 23), § 56 Rn. 38; NK-StGB/*Ostendorf* (Fn. 23), § 56 Rn. 37; *Schäfer/Sander/van Gemmeren* (Fn. 20), Rn. 220; pointiert dazu *Maiwald* GA 1983, 49 (66): „Devise des Gesetzgebers: So viel Spezialprävention wie möglich, aber auch so viel Generalprävention wie nötig."

⁵⁸ Zum eigentlichen (über die Nichtvollstreckung der Freiheitsstrafe hinausgehenden) Inhalt der Strafaussetzung zur Bewährung s. SK-StGB/*Schall* (Fn. 1), § 56 Rn. 3, 4, 37 sowie § 56b Rn. 13 m.w.N.

Auflagen,⁵⁹ als ausreichend verteidigt angesehen werden muss. Verneint es diese Frage, so ordnet es die Vollstreckung der verhängten Freiheitsstrafe an, auch wenn dies spezialpräventiv ungünstige Folgen haben mag.⁶⁰

Wesentliches Kriterium für den Ausschlussgrund der Verteidigung der Rechtsordnung ist nach der oben genannten Abgrenzung der Fortbestand des Normvertrauens der Bevölkerung (s. o. unter V.1.). Nicht zu berücksichtigen ist daher das Interesse des Verletzten und seiner Angehörigen an einer Genugtuung für das begangene Unrecht,⁶¹ wohl aber das Bedürfnis nach einer Genugtuung, wie sie die auf die Unverbrüchlichkeit des Rechts vertrauende Bevölkerung angesichts der Besonderheit des konkreten Falles erwartet.⁶² Denn das Vertrauen in die Funktion der Rechtspflege wird immer dann gefährdet sein, „wenn in der Allgemeinheit die Überzeugung entstehen muss, dass schwere Verfehlungen des Täters nicht ihre gebührende Antwort erhalten."⁶³ Trotz des grundsätzlich generalpräventiv ausgerichteten Inhalts kann daher im Rahmen der Gesamtabwägung auch die Schwere der Schuld wesentliche Bedeutung erlangen.⁶⁴

3. Auf dem Prüfstand: Illegale Autorennen mit tödlichem Ausgang

Die für den Ausschlussgrund der Verteidigung der Rechtsordnung notwendige Beurteilung der jeweiligen Besonderheiten des Einzelfalls (o. unter V.1.) verbietet zwar eine Generalisierung im Hinblick auf bestimmte Delikte bzw. Deliktsgruppen. Gleichwohl hat die Rechtsprechung für eine Reihe von Delikten herausgearbeitet,

---

⁵⁹ Auch Auflagen (§ 56b StGB) erfüllen Unrechtsausgleichsfunktionen und können damit auch der Verteidigung der Rechtsordnung dienen; s. dazu SK-StGB/*Schall* (Fn. 1), § 56 Rn. 36, § 56b Rn. 2 f. m.w.N.; ebenso HK-GS/*Braasch*, 4. Aufl. 2017, § 56 Rn. 22; *Jescheck/Weigend* (Fn. 3), S. 839; MüKo-StGB/*Groß* (Fn. 23), § 56 Rn. 37, 38; Sch/Sch/*Stree/Kinzig* (Fn. 1), § 56 Rn. 53; s. auch LK/*Hubrach* (Fn. 1), § 56 Rn. 52; NK-StGB/*Ostendorf* (Fn. 23), § 56b Rn. 1.

⁶⁰ OLG Frankfurt NJW 1971, 1813; OLG Hamm NJW 1974, 1884; *Jescheck/Weigend* (Fn. 3), S. 839; Sch/Sch/*Stree/Kinzig* (Fn. 1), § 56 Rn. 54; im Ergebnis ebenso SSW-StGB/*Mosbacher/Claus* (Fn. 1), § 56 Rn. 33; vgl. auch schon BGHSt 24, 64 (69).

⁶¹ BayObLG JR 1978, 513 m. Anm. *Horn*; LK/*Hubrach* (Fn. 1), § 56 Rn. 52; *Meier* (Fn. 56), S. 117; MüKo-StGB/*Groß* (Fn. 23), § 56 Rn. 37; NK-StGB/*Ostendorf* (Fn. 23), § 56 Rn. 34; *Schäfer/Sander/van Gemmeren* (Fn. 20), Rn. 223; Sch/Sch/*Stree/Kinzig* (Fn. 1), § 56 Rn. 52; SK-StGB/*Schall* (Fn. 1), § 56 Rn. 36.

⁶² So zutreffend MüKo-StGB/*Groß* (Fn. 23), § 56 Rn. 37; der Sache nach auch HK-GS/*Braasch* (Fn. 59), § 56 Rn. 22; Sch/Sch/*Stree/Kinzig* (Fn. 1), § 56 Rn. 53; vgl. auch *Horn*, JR 1978, 514 (516 f.).

⁶³ *Maiwald* GA 1983, 49 (54 f.).

⁶⁴ So ausdrücklich OLG Karlsruhe NStZ-RR 2003, 246 (247); ebenso BGHSt 24, 40 (44, 47); LK/*Hubrach* (Fn. 1), § 56 Rn. 51; *Maurach/Gössel/Zipf/Dölling* (Fn. 15), § 63 Rn. 108; NK-StGB/*Ostendorf* (Fn. 23), § 56 Rn. 36; *Schäfer/Sander/van Gemmeren* (Fn. 20), Rn. 223; Sch/Sch/*Stree/Kinzig* (Fn. 1), § 56 Rn. 52; SK-StGB/*Schall* (Fn. 1), § 56 Rn. 36; a.A. *Meier* (Fn. 56), S. 117; MüKo-StGB/*Groß* (Fn. 23), § 56 Rn. 37.

dass bei ihnen die Prüfung eines Aussetzungsverbots näher liegt als bei anderen.[65] Dazu gehören z. B. auch Trunkenheitsdelikte und andere Verkehrsverstöße mit gravierender Pflichtwidrigkeit und schweren Folgen.[66]

In diese Kategorie wird man grundsätzlich auch Autorennen mit tödlichem Ausgang einzureihen haben. So ist im Ausgangsfall das Verhalten der beiden Angeklagten vor allem durch die bewusste Gefahrschaffung (s. o. unter IV.2.), durch grobe Rücksichtslosigkeit sowie durch eine äußerst aggressive Fahrweise schon vor der eigentlichen Kollision gekennzeichnet.[67] Das „besonders hohe Maß an Leichtfertigkeit"[68] führte nicht nur zu einer „unkalkulierbaren Gefahr für eine Vielzahl von unbeteiligten Personen"[69], sondern zum Tod der Radfahrerin G., die durch den Zusammenprall mit dem Fahrzeug des Angeklagten K. von der Straße geschleudert wurde. Erheblich ins Gewicht fallen auch die durch die Tat verursachten physischen und psychischen Folgen für die Angehörigen des Tatopfers, die wegen des engen und vertrauensvollen familiären Verhältnisses und der bestehenden häuslichen Gemeinschaft besonders gravierend waren (bzw. noch sind).[70]

Angesichts der festgestellten Häufung von illegalen Autorennen mit tödlichem Ausgang (s. o. unter II.) gewinnt der für den Ausschlussgrund des § 56 Abs. 3 StGB maßgebliche Gesichtspunkt, ob „durch die Entscheidung die Rechtstreue einer über die Besonderheiten des Einzelfalls aufgeklärten Bevölkerung beeinträchtigt wird und die Strafaussetzung von der Allgemeinheit als ungerechtfertigtes Zurückweichen vor der Kriminalität angesehen werden könnte",[71] hier besondere Bedeutung. Im Sinne der oben genannten Abgrenzung (s. o. unter V.1.) lassen sich il-

---

[65] Vgl. dazu nur die zahlreichen Rspr.-Nachw. bei Lackner/Kühl/*Heger* (Fn. 30), § 56 Rn. 17; LK/*Hubrach* (Fn. 1), § 56 Rn. 54; *Maurach/Gössel/Zipf/Dölling* (Fn. 15), § 65 Rn. 26; s. auch die Auflistung bei HK-GS/*Braasch* (Fn. 59), § 56 Rn. 24; *v. Heintschel-Heinegg* (Fn. 21), § 56 Rn. 26 f.; *Maiwald* GA 1983, 49 (57 ff.); MüKo-StGB/*Groß* (Fn. 23), § 56 Rn. 39; *Schäfer/Sander/van Gemmeren* (Fn. 20), Rn. 228 ff.; Sch/Sch/*Stree/Kinzig* (Fn. 1), § 56 Rn. 55 f.

[66] BGH NStZ 1994, 336; BayObLG NStZ 2005, 272; OLG Brandenburg NStZ-RR 2009, 168; OLG Hamm DAR 2014, 710; OLG Karlsruhe NZV 2008, 467; OLG Karlsruhe NStZ-RR 2003, 246 (247 f.) m.w.N.; s. auch *Fischer* (Fn. 1), § 56 Rn. 15 m.zahlr.Rspr.-Nachw.; Lackner/Kühl/*Heger* (Fn. 30), § 56 Rn. 17; LK/*Hubrach* (Fn. 1), § 56 Rn. 54; *Maiwald*, GA 1983, 49 (57 f.); *Schäfer/Sander/van Gemmeren* (Fn. 20), Rn. 228; Sch/Sch/*Stree/Kinzig* (Fn. 1), § 56 Rn. 56 f.

[67] Vgl. dazu LG Köln (Fn. 5), Rn. 267, 280; s. auch die Würdigung durch den BGH (Fn. 8), Rn. 31.

[68] LG Köln (Fn. 5), Rn. 224; s. auch dort Rn. 275, 289: „... war das Maß der Pflichtwidrigkeit und der verursachten Verkehrsgefährdung vorliegend außerordentlich hoch."

[69] LG Köln (Fn. 5), Rn. 224, 238, 267.

[70] Siehe dazu die Ausführungen des LG Köln (Fn. 5), Rn. 71 ff., 225 f., 239; zur Versagung der Strafaussetzung insbesondere wegen besonders schwerer Folgen für die Angehörigen des Todesopfers trotz zahlreicher mildernder Umstände s. OLG Hamm DAR 2014, 710. Zur straferschwerenden Berücksichtigung des Leids der Familienangehörigen s. *Preuß*, HRRS 2017, 23 (29 f.) m.w.N.; s. auch *Schäfer/Sander/van Gemmeren* (Fn. 20), Rn. 590 m.w.N.

[71] BGH (Fn. 8), Rn. 31.

legale Straßenrennen durchaus als „Ausdruck einer verbreiteten Einstellung" bewerten, „die eine durch einen erheblichen Unwertgehalt gekennzeichnete Norm nicht ernst nimmt und von vornherein auf die Aussetzung einer etwaigen Freiheitsstrafe vertraut."[72] Denn bei derart gefährlichen Autorennen handelt es sich regelmäßig – und besonders deutlich in dem Ausgangsfall des LG Köln – nicht lediglich um eine falsche Einschätzung einer Verkehrssituation oder eine bloße Überschätzung der eigenen Fähigkeiten im Umgang mit einem Kraftfahrzeug,[73] sondern um ein bewusst aggressives und grob rücksichtsloses Fahrverhalten schon im Vorfeld des dann späteren Zusammenpralls mit anderen Verkehrsteilnehmern (hier der Radfahrerin G.). Auch wenn eine Zugehörigkeit zur sog. Raserszene nicht erwiesen und der Entschluss zum Autorennen spontan und unüberlegt gefasst sein sollte,[74] so erschöpft sich das in höchstem Maße leichtfertige und zumeist über längere Strecken hinziehende Fahrverhalten nicht in einem „spontanen Fehlversagen … im Zusammenspiel mit einer Selbstüberschätzung eigener Fahrfertigkeiten und einer Fehleinschätzung der Beherrschbarkeit" des Fahrzeugs.[75] Vielmehr handelt es sich dann um einen Fall der „verantwortungslosen Raserei",[76] bei dem sich die Beteiligten aus eigennützigen Beweggründen bedenkenlos über Verkehrsregeln und die Sicherheitsinteressen anderer Verkehrsteilnehmer hinwegsetzen.[77] Unter Berücksichtigung der oben genannten schweren Folgen ist daher hier i.S.d. positiven Generalprävention die Vollstreckung der Freiheitsstrafe zur Erhaltung des Normvertrauens der Bevölkerung (grundsätzlich)[78] geboten. Und auch unter dem Aspekt der negativen Generalprävention besteht insoweit ein unabweisbares Bedürfnis, die spezialpräventiv ausgerichtete Strafaussetzung dem Allgemeininteresse auf nachdrückliche Verurtei-

---

[72] BGHSt 24, 40 (47); s. auch Sch/Sch/*Stree/Kinzig* (Fn. 1), § 56 Rn. 50 m.w.N.; zur Anwendung dieses Kriteriums auf grobe und rücksichtslose Verkehrsverstöße mit schweren Folgen s. OLG Karlsruhe NZV 2008, 467.

[73] Dazu, dass solches Fehlverhalten trotz schwerer (auch tödlicher) Folgen noch keine Vollstreckung der Freiheitsstrafen gem. § 56 Abs. 3 StGB gebietet, s. OLG Brandenburg NStZ-RR 2009, 168 (169); OLG Karlsruhe NStZ-RR 2003, 246 (248); OLG Karlsruhe NZV 2008, 467 (468 f.); Sch/Sch/*Stree/Kinzig* (Fn. 1), § 56 Rn. 57.

[74] Darauf stellt das LG Köln (Fn. 5), Rn. 246, 255, 262 offenbar entscheidend ab.

[75] So aber LG Köln (Fn. 5), Rn. 255.

[76] Instruktiv zu diesen Fällen OLG Karlsruhe NZV 2008, 467 m.w.N.; s. auch OLG Karlsruhe NStZ-RR 2003, 246 (248); *Esposito*, NJW 2017, 3013 f.; *Grünewald*, JZ 2017, 1069 f.; *Walter*, NJW 2017, 1350 (1350 f.); vgl. dazu auch BGHSt 53, 55 = NJW 2009, 1155 m. Anm. *Kühl* (betr. Autorennen mit tödlichen Folgen für den Beifahrer); OLG Celle StV 2013, 27 m. Anm. *Rengier*; bedenklich OLG Brandenburg NStZ-RR 2009, 168 (keine Verteidigung der Rechtsordnung trotz fahrlässiger Tötung von sechs Menschen). – Neuestens dazu BGH, Urt. v. 1.3.2018 – 4 StR 399/17 –, juris (Aufhebung und Zurückverweisung des Berliner Urteils).

[77] Zur Annahme eines bedingten Tötungsvorsatzes und daher Verurteilung wegen Mordes im Berliner Autoraser-Fall s. LG Berlin NStZ 2017, 471 = JZ 2017, 1062 m. Anm. *Grünewald*; s. dazu auch Besprechung *Jäger*, JA 2017, 786 ff.; *Kubiciel/Hoven*, NStZ 2017, 439 ff.; *Neumann*, JURA 2017, 160 (166 ff.); *Preuß*, NZV 2017, 303 ff.; *Rostalski*, GA 2017, 585 (586 ff.); *Walter*, NJW 2017, 1350 ff.

[78] Zur Berücksichtigung eventuell entgegenstehender Besonderheiten s.u. unter VI.

lung nachzuordnen,[79] um „zugleich künftigen ähnlichen Rechtsverletzungen potentieller Täter vorzubeugen."[80]

VI. Berücksichtigung entlastender Besonderheiten

Als Zwischenergebnis lässt sich nach alledem festhalten, dass bei illegalen Autorennen mit schweren Folgen eine Versagung der Strafaussetzung gem. § 56 Abs. 3 StGB jedenfalls naheliegt. Die erforderliche Gesamtwürdigung „aller die Tat und den Täter kennzeichnenden Umstände" (s. o. V.1.) kann freilich im Einzelfall dazu führen, dass aufgrund entlastender Besonderheiten eine Vollstreckung der Freiheitsstrafe zur Verteidigung der Rechtsordnung letztlich nicht geboten ist.[81] So hat etwa der BGH im Fall einer Trunkenheitsfahrt mit tödlichem Ausgang, bei der ebenfalls grundsätzlich eine Versagung der Strafaussetzung gem. § 56 Abs. 3 StGB naheliegt,[82] die Voraussetzungen der Verteidigung der Rechtsordnung aufgrund folgender Umstände verneint:[83] Der Angeklagte war nicht vorbestraft, gerade 21 Jahre alt, seine Blutalkoholkonzentration lag noch im Bereich der relativen Fahruntüchtigkeit, der Unfall beruhte nicht ausschließlich auf seinem Verschulden, der getötete Beifahrer hatte sich trotz der für ihn erkennbaren Alkoholisierung des Angeklagten zur Mitfahrt bereit gefunden, der „sehr sensible" Angeklagte litt erheblich unter dem Tod seines Freundes, war selbst bei dem Unfall schwer verletzt und hatte möglicherweise beruflich nachteilige Folgen hinzunehmen. Dass angesichts dieser vom BGH herausgestellten „Fülle von Besonderheiten" die Aussetzung der Freiheitsstrafe zur Bewährung (hier 1 Jahr und 3 Monate) entgegen der Vorinstanz bejaht wurde, ist überzeugend. Denn trotz der durch Alkohol im Straßenverkehr hervorgerufenen Gefahren und der tödlichen Unfallfolge wird man unter Berücksichtigung der zahlreichen und erheblichen zugunsten des Täters sprechenden Umstände nicht davon ausgehen können, dass die über diese Einzelheiten – und auch über die günstige Prognose des Täters! – unterrichtete Bevölkerung die Strafaussetzung zur Bewährung schlechthin

---

[79] Zum Verhältnis von Spezial- und Generalprävention im Zusammenhang mit § 56 Abs. 3 StGB s. o. unter V.2.

[80] BGHSt 24, 40 (44); ebenso BGHSt 34, 150 (151); BGH NStZ 1985, 165 (166); für die Berücksichtigung der negativen Generalprävention i.S.d. Abschreckung anderer potentieller Täter auch *Fischer* (Fn. 1), § 56 Rn. 14 m.w.N.; *v. Heintschel-Heinegg* (Fn. 21), § 56 Rn. 23; LK/*Hubrach* (Fn. 1), § 56 Rn. 49; *Maiwald*, GA 1983, 49 (60 f., 71 f.); *Meier* (Fn. 56), S. 117 f.; MüKo-StGB/*Groß* (Fn. 23), § 56 Rn. 37; Sch/Sch/*Stree/Kinzig* (Fn. 1), § 56 Rn. 50; a.A. *Bruns* (Fn. 20), S. 115; NK-StGB/*Ostendorf* (Fn. 23), § 56 Rn. 32.

[81] Beispiele für die einer Vollstreckung im Einzelfall gegebenenfalls entgegenstehenden Umstände bei LK/*Hubrach* (Fn. 1), § 56 Rn. 57; HK-GS/*Braasch* (Fn. 59), § 56 Rn. 26, 27; *v. Heintschel-Heinegg* (Fn. 21), § 56 Rn. 28; MüKo-StGB/*Groß* (Fn. 23), § 56 Rn. 41; s. auch die Rspr.-Nachw. bei *Schäfer/Sander/van Gemmeren* (Fn. 20), Rn. 227.

[82] Siehe oben unter V.3.

[83] BGH NJW 1990, 193; s. dazu auch *Schäfer/Sander/van Gemmeren* (Fn. 20), Rn. 229; vgl. auch BGH NStZ 1994, 336.

unverständlich bzw. als ungerechtfertigte Nachgiebigkeit und unsicheres Zurückweichen gegenüber Trunkenheitsverkehrsdelikten verstehen würde.

Vergleicht man die hier genannten Besonderheiten mit den vom LG Köln ins Feld geführten Umständen, so zeigt sich ein eklatanter Unterschied. Denn die Betonung des Fahrlässigkeitsdelikts, eines „spontanen Fehlversagens" sowie der fehlenden Zugehörigkeit zur „Raserszene" wird – wie bereits dargelegt –[84] dem tatsächlichen Verhalten der Angeklagten nicht gerecht. Und die (offenbar einbezogenen) unter dem Aspekt des § 56 Abs. 2 StGB genannten Umstände (keine bzw. nur eine Vorstrafe, Bekundung von Reue, spürbare Belastung durch den Unfall, soziale Eingliederung und berufliche Perspektive)[85] erreichen bei Weitem nicht das Gewicht, das notwendig wäre, um den durch das grob rücksichtslose Verhalten und die gravierenden Folgen hervorgerufenen rechtserschütternden Eindruck so weit abzumildern, dass die über die Einzelheiten des Falles unterrichtete Bevölkerung den Verzicht auf die Vollstreckung der Strafe nicht als schlechthin unverständlich empfinden müsste.[86]

VII. Resümee

Der Ausgangsfall des LG Köln zeigt einmal mehr die Notwendigkeit einer rechtlich strukturierten und dadurch rational begründeten Strafzumessungsentscheidung.[87] An dieser Forderung ist auch und gerade dann festzuhalten, wenn sich der Gesetzgeber wie in § 56 StGB so ausfüllungsbedürftiger und im Einzelfall schwer fassbarer Begriffe[88] wie der „besonderen Umstände" und der „Verteidigung der Rechtsordnung" bedient. Auch bei dem auf das Vertrauen bzw. Verständnis der Bevölkerung abstellenden Ausschlussgrund des § 56 Abs. 3 StGB handelt es sich um einen auslegungsfähigen Rechtsbegriff.[89] Die Frage der Gefährdung des Vertrauens in die Unverbrüchlichkeit der Rechtsordnung ist daher normativ, „jenseits von Re-

---

[84] Siehe oben unter IV.2. und V.3.
[85] LG Köln (Fn. 5), Rn. 249, 258, 261.
[86] Zur gleichen Bewertung gelangt auch das OLG Karlsruhe (NZV 2008, 467) im Fall einer „verantwortungslosen Raserei" mit tödlichem Ausgang – trotz mehrerer entlastender Umstände (soziale Integration des Angeklagten, familiäre Bindungen, besondere Haftempfindlichkeit, eigene Verletzung durch den Unfall); vgl. auch OLG Hamm DAR 2014, 710 (s. o. Fn. 70).
[87] Siehe zur entsprechenden Entwicklung des Strafzumessungsrechts nur *Bruns* (Fn. 20), S. 1 ff., 29 f.; *Jescheck/Weigend* (Fn. 3), S. 871 ff.; *Maurach/Gössel/Zipf/Dölling* (Fn. 15), § 62 Rn. 1 ff.; *Meier* (Fn. 56), S. 161 ff.; *Streng* (Fn. 3), Rn. 654 ff., 742 ff.
[88] Treffend zum Ausschlussgrund der Verteidigung der Rechtsordnung *Horn* in: SK-StGB, Loseblatt-Ausg., 6. Aufl. 1993 ff., § 56 Rn. 24: Niemand könne plausibel erklären, „wie eine Tat aussehen muss, damit sie ihre ‚gerechte' Antwort nur in vollstreckter Freiheitsstrafe finden kann."
[89] Instruktiv dazu OLG Celle JR 1980, 256 m. Anm. *Naucke*; s. auch *Maurach/Gössel/Zipf/Dölling* (Fn. 15), § 65 Rn. 25; MüKo-StGB/*Groß* (Fn. 23), § 56 Rn. 63.

gungen des Volksempfindens oder medialem Bestrafungsverlangen"[90] zu beantworten. Das schließt allerdings nicht aus, dass die sich in den Medien widerspiegelnden Reaktionen der Bevölkerung letztlich auch in die vom Strafrichter vorzunehmende Gesamtabwägung einfließen;[91] es bleibt aber eine Frage „der rechtlichen Beurteilung durch das Gericht, welche Auffassungen welcher Bürger welches Gewicht"[92] im Rahmen der Gesamtabwägung haben sollen. Ob im Falle der Nichtvollstreckung der Freiheitsstrafe die Rechtstreue der Bevölkerung gefährdet wäre, ist deshalb keine Frage des § 244 StPO, so dass Beweisanträge auf Durchführung von Repräsentativumfragen oder auf Vernehmung von Repräsentanten der Allgemeinheit unzulässig sind.[93]

Die vorstehenden Ausführungen dürften gezeigt haben, welch hohe Anforderungen an die Strafgerichte besonders bei Rechtsfolgeentscheidungen gestellt werden. Sie sollten aber zugleich deutlich gemacht haben, dass ihnen sowohl die Rechtsprechung als auch die Lehre mittlerweile so viel Rüstzeug zur Verfügung stellen, dass sie durchaus in der Lage sind, diese schwierigen Aufgaben zu meistern. Mit diesem positiven Ausblick widme ich diesen Beitrag dem Jubilar Klaus Rogall in freundschaftlicher Verbundenheit und mit den besten Wünschen zum 70. Geburtstag.

---

[90] *Franke*, NJW 2017, 3096.
[91] So nachdrücklich und zutreffend *Maiwald*, GA 1983, 49 (66 ff.); s. auch *Horn*, JR 1978, 514 (516, 518); MüKo-StGB/*Groß* (Fn. 23), § 56 Rn. 40; vgl. auch OLG Karlsruhe StV 1994, 188; LK/*Hubrach* (Fn. 1), § 56 Rn. 49; der Sache nach auch NK-StGB/*Ostendorf* (Fn. 23), § 56 Rn. 34.
[92] *Naucke*, JR 1980, 257 (259).
[93] BayObLG JR 1978, 513 m. Anm. *Horn*; OLG Celle JR 1980, 256 m. Anm. *Naucke*; s. auch LK/*Hubrach* (Fn. 1), § 56 Rn. 49; Sch/Sch/*Stree/Kinzig* (Fn. 1), § 56 Rn. 48; SK-StGB/*Wolters* (Fn. 13), § 47 Rn. 39.

Bemerkungen zur sog. Risikoerhöhungslehre am Beispiel von § 130 OWiG

Von *Ulrich Stein*

I. Das Thema: § 130 OWiG als punktuelle gesetzliche Festschreibung der Risikoerhöhungslehre?

§ 130 OWiG ist „eine ebenso interessante wie eigentümliche Vorschrift", die „modellhaft Probleme aus dem Allgemeinen und Besonderen Teil des Strafrechts widerspiegelt", namentlich der Unterlassungsdogmatik, der objektiven Zurechnung und der objektiven Bedingungen der Strafbarkeit bzw. Ahndbarkeit.[1] Ob der Gesetzgeber bei der inhaltlichen Konstruktion und der Formulierung dieses Bußgeldtatbestands eine glückliche Hand bewiesen oder vielmehr eine „dogmatische Missgeburt"[2] hervorgebracht hat, steht auf einem anderen Blatt. Klaus Rogall jedenfalls hat sich weder durch die unleugbar vorhandenen gesetzgeberischen Schwächen dieser Norm noch durch den damals sehr unbefriedigenden Diskussionsstand davon abhalten lassen, ihr eine ebenso umfassende wie grundlegende Abhandlung[3] zu widmen, von der man mit Fug sagen kann, sie habe die heutige Interpretation in wesentlichen Punkten geprägt; außerdem hat er diesen Tatbestand einer detaillierten, innovativen Kommentierung[4] unterzogen.

1. Die Gesetzesfassung bis zum 2. UKG 1994

Anknüpfungspunkt der folgenden Erwägungen ist die von Klaus Rogall schon frühzeitig[5] – noch vor der Änderung des Wortlauts von § 130 OWiG durch das 2. UKG[6] – vertretene These, die Verhaltensnorm, die diesem Tatbestand zugrunde liege, verbiete die Herbeiführung der konkreten Gefahr einer bestimmten Art von Zu-

---

[1] *Rogall*, ZStW 98 (1986), 573 (573, 574).

[2] So – sehr zugespitzt – *Schünemann*, Unternehmenskriminalität und Strafrecht, 1979, S. 116 Fn. 80.

[3] ZStW 98 (1986), 573–623.

[4] Karlsruher Kommentar zum Gesetz über Ordnungswidrigkeiten (KK-OWiG), seit der 2. Aufl. 2000, nunmehr in der 5. Aufl. 2018.

[5] ZStW 98 (1986), 573 (607 ff.). – Siehe ergänzend KK-OWiG/*Rogall*, 5. Aufl. 2018, § 130 Rn. 19 f., 38, 77, 113 ff.

[6] 31. StrÄndG – 2. UKG v. 27.06.1994, BGBl. I S. 1440.

widerhandlungen durch Unterlassen einer erforderlichen Aufsichtsmaßnahme, so dass der Eintritt einer solchen Zuwiderhandlungsgefahr den tatbestandlichen Erfolg ausmache; die Zuwiderhandlung selbst sei „Folge und Ausdruck" dieser Zuwiderhandlungsgefahr, womit die allgemeinen Zurechnungsprinzipien gälten. Dass das Tatverhalten der Aufsichtspflichtverletzung ein Unterlassen und die tatsächliche Zuwiderhandlung eine objektive Ahndbarkeitsbedingung sei, stehe dem nicht entgegen. Und schließlich sei es gerade auch mit Blick auf die Besonderheiten des Regelungsgegenstands dieser Vorschrift geboten und man werde durch ihren Wortlaut nicht gehindert, die allgemeinen Zurechnungsprinzipien jedenfalls bei diesem Tatbestand im Sinne der Risikoerhöhungslehre zu verstehen, die Erfüllung der Ahndbarkeitsbedingung also schon dann zu bejahen, wenn es bei der gebotenen Durchführung der Aufsichtsmaßnahme zwar möglicherweise ebenfalls, aber mit (wesentlich) geringerer Wahrscheinlichkeit zu der Zuwiderhandlung gekommen wäre.

Das Anliegen dieses Beitrags ist es zu zeigen, dass die These Klaus Rogalls zumindest in ihrem Kern zutrifft und insbesondere auch aus normen- und strafzwecktheoretischer Perspektive eine (zusätzliche) Bestätigung findet. Dazu bedarf es – begrenzt durch den hier unvermeidlich vorgegebenen engen Rahmen – vor allem auch eines Blicks auf den Grundgedanken des Merkmals des sog. Pflichtwidrigkeitszusammenhangs, dessen Konkretisierung die Risikoerhöhungslehre dient (II.), auf das Kausalitätserfordernis sowie die Trennbarkeit von Kausalität und Pflichtwidrigkeitszusammenhang bei Unterlassungsdelikten (III.) und schließlich auf die Funktion und Legitimation von objektiven Bedingungen der Strafbarkeit bzw. der Ahndbarkeit (IV.).

Allerdings ist zu bezweifeln, dass die These Klaus Rogalls bereits zu dem Zeitpunkt, als er sie aufstellte, mit dem Analogieverbot (Art. 103 Abs. 2 GG) vereinbar war. Als Ordnungswidrigkeit ahndbar war die Aufsichtspflichtverletzung nach der damaligen Formulierung des § 130 OWiG, wenn die Zuwiderhandlung „durch gehörige Aufsicht hätte verhindert werden können". Nun ist zwar einzuräumen, dass es eine Formulierung gibt, die ganz eindeutig und unmissverständlich zum Ausdruck gebracht hätte, die Aufsichtspflichtverletzung solle nur dann strafbar sein, wenn bei Durchführung der Aufsichtsmaßnahme die Zuwiderhandlung *mit Sicherheit* ausgeblieben wäre. Sie lautet: „... wenn die Zuwiderhandlung durch gehörige Aufsicht *verhindert worden wäre*". Die Verwerfung dieser und die Wahl der anderen Formulierung durch den Gesetzgeber, auch wenn diese andere das Wort „können" enthält, lässt für sich allein keineswegs den Schluss zu, *sprachlich* könne der Gesetzeswortlaut so verstanden werden, dass er auch diejenigen Fälle erfasst, in denen die Aufsichtsmaßnahme die Zuwiderhandlung *möglicherweise* verhindert hätte.[7] Vielmehr

---

[7] So aber *Rogall*, ZStW 98 (1986), 573 (612); KK-OWiG/*Rogall* (Fn. 5), § 130 Rn. 114; ihm zustimmend *Achenbach*, JuS 1990, 601 (604); *Hüneröder*, Die Aufsichtspflichtverletzung im Kartellrecht – § 130 OWiG, 1989, S. 124 ff.; *Ransiek*, Unternehmensstrafrecht, 1996, S. 101 Fn. 436. – Unklar BeckOK-OWiG/*Beck*, 18. Ed. 2018, § 130 Rn. 92, 92.1, der die gegensätzlichen Auffassungen referiert und zu der These *Rogalls* lediglich anmerkt, für sie könne „durchaus der Wortlaut der früheren Norm angeführt werden".

bedarf es zur Klärung dieser Frage einer genaueren sprachlichen Analyse. Sie zeigt, dass das Wort „können" in sprachlichen Kontexten dieser Art zwei ganz unterschiedliche sprachliche Bedeutungen haben kann. Erstens kann sich dieses Wort – am Beispiel einer *Abwandlung* des (früheren) Wortlauts von § 130 OWiG – auf „verhindern" beziehen: „... wenn *es sein könnte*, dass die Zuwiderhandlung durch gehörige Aufsicht *verhindert worden wäre*"; dann bringt es die Unsicherheit darüber zum Ausdruck, ob es bei Durchführung der Aufsichtsmaßnahme zu der Zuwiderhandlung gekommen wäre. Eine synonyme Formulierung wäre: „... wenn die Zuwiderhandlung durch gehörige Aufsicht *möglicherweise verhindert worden wäre*". § 130 OWiG lautete jedoch weder so noch sprachlich sinngleich. Der Gesetzgeber hat von einer zweiten, ganz anderen Bedeutungsmöglichkeit des Wortes „können" Gebrauch gemacht. Möglicherweise wird der Blick hierauf durch die passivische Formulierung verdeckt. Aktivisch gewendet würde sie lauten: „... wenn der Aufsichtspflichtige die Zuwiderhandlung durch gehörige Aufsicht hätte verhindern können". Bei dieser Art der Verwendung (ganz gleich ob aktivisch oder passivisch) ist „können" ein Synonym für „fähig sein, in der Lage sein". Die (damalige) gesetzliche Formulierung bedeutete also: „... wenn der Aufsichtspflichtige in der Lage war, die gebotene Aufsichtsmaßnahme durchzuführen und dadurch die Zuwiderhandlung zu verhindern", oder noch weiter aufgeschlüsselt und präzisiert: „... wenn der Aufsichtspflichtige *mit Sicherheit* in der Lage war, die gebotene Aufsichtsmaßnahme durchzuführen, und deren Durchführung die Zuwiderhandlung *mit Sicherheit* verhindert hätte". Wer es als Verfasser eines Gesetzestextes genügen lassen will, dass die Aufsichtsmaßnahme *möglicherweise* die Zuwiderhandlung verhindert hätte, muss dies durch eine Wortlautergänzung zum Ausdruck bringen (Beispiele: „... wenn die Zuwiderhandlung durch gehörige Aufsicht möglicherweise verhindert worden wäre"; „... wenn die Gefahr der Zuwiderhandlung durch gehörige Aufsicht verringert worden wäre").

Diejenigen Entscheidungen, die es – durchweg auf die Konstellation der Aufsicht durch Stichprobenkontrollen bezogen – zunächst bei unterschiedlich formulierten Bußgeldtatbeständen vornehmlich in Gesetzen des Besonderen Verwaltungsrechts[8] und später bei § 33 OWiG 1968 bzw. dem gleichlautenden § 130 OWiG 1975[9] genügen ließen, dass der Zuwiderhandlungsgefahr durch die gebotene Aufsichtsmaßnahme „weitgehend vorgebeugt worden wäre", waren damit sozusagen ihrer Zeit voraus. Die Entscheidung des BGH aus dem Jahre 1981[10] beendete die bis dahin herrschende Uneinheitlichkeit der Rechtsprechung und stellte ihre Übereinstimmung mit dem damaligen Gesetzeswortlaut her.

---

[8] BGHSt 25, 158 (163) zur Ordnungswidrigkeit gem. §§ 46, 67 Abs. 5 Nr. 2 WeinG 1971.
[9] OLG Koblenz, VRS 65, 457 (459); OLG Stuttgart, NJW 1977, 1410.
[10] BGH, wistra 1982, 34 m. Anm. *Möhrenschlager*. Im Anschluss an diese Entscheidung zur früheren Fassung ebenso KG, VRS 70, 29 (30); OLG Köln, wistra 1994, 315; OLG Zweibrücken, NStZ-RR 1998, 311 (312); zuvor bereits BGH, MDR 1976, 505.

2. Die Gesetzesfassung seit dem 2. UKG 1994

Dass eine extensivere Fassung des § 130 OWiG rechtspolitisch wesentlich sinnvoller gewesen wäre, steht auf einem anderen Blatt. Bereits die ursprüngliche Entwurfsfassung des 2. WiKG 1986[11] sah eine der heutigen Gesetzesfassung entsprechende Änderung vor („... wenn die Zuwiderhandlung durch gehörige Aufsicht verhindert oder wesentlich erschwert worden wäre"). Ihr stellte sich der Rechtsausschuss mit der Begründung entgegen, eine solche punktuelle Festschreibung der „Risikoerhöhungstheorie" sei nicht ratsam, weil diese ansonsten noch keine gesetzliche Anerkennung gefunden habe und die Beseitigung von „Beweisschwierigkeiten" kein hinreichender Grund sein könne, die Struktur der Vorschrift zu verändern.[12] Von der Wortlautänderung wurde daraufhin abgesehen.[13] Allerdings enthielt einige Jahre später der Entwurf des 2. UKG wieder den gleichen Änderungsvorschlag, der diesmal mit Unterstützung des Rechtsausschusses gegen den Widerstand des Bundesrats in die endgültige Gesetzesfassung einging.[14]

Daraus ergibt sich zugleich, dass die Entstehungsgeschichte ganz eindeutig für die Interpretation der Neufassung im Sinne der sog. Risikoerhöhungslehre spricht. Und vor allem gibt es ganz offenkundig keine andere sinnvolle (!) Möglichkeit, die Ergänzung „oder wesentlich erschwert" auszulegen. Denn schon aus der gesetzlichen Beschreibung des tatbestandlichen Verhaltens folgt mit aller Deutlichkeit, dass das gebotene Verhalten (die Aufsichtsmaßnahme) die Zuwiderhandlung verhindern – und das kann, da es die Ebene der Verhaltensnormen betrifft, nur heißen: aus der Ex-ante-Perspektive die Wahrscheinlichkeit einer Zuwiderhandlung verringern (s. u. II. 1.a]) – soll; die tatbestandsrelevante Gefahr, die mit dem verhaltensnormwidrigen Unterlassen der Aufsichtsmaßnahme verbunden ist, realisiert sich folglich darin, dass auch aus der ex-post-Perspektive die Wahrscheinlichkeit nicht verringert (oder anders und eigentlich präziser formuliert: die Wahrscheinlichkeit der Zuwiderhandlung wesentlich höher ist, als sie bei pflichtgemäßem Verhalten, also bei Durchführung der Aufsichtsmaßnahme, wäre).

Nun ist das Gesetz aber *so* nicht formuliert, sondern dort ist von einer (hypothetischen) „Erschwerung" der Zuwiderhandlung die Rede. Deshalb muss man sich auch bei der Neufassung vergewissern, dass die gefundene Interpretation, mag sich ihre Richtigkeit im Übrigen auch geradezu aufdrängen, nicht strafbarkeitsausdehnend den Rahmen des möglichen Wortsinns des Gesetzes verlässt. „Erschwert" (im Wortsinne) werden Zuwiderhandlungen beispielsweise dadurch, dass mittels unregelmäßiger Stichprobenkontrollen das Entdeckungsrisiko erhöht wird, dass durch mechanische oder elektronische Sperren oder durch Zugangsbeschränkungen sons-

---

[11] BT-Drucks. 10/318, insbes. S. 43.

[12] BT-Drucks. 10/5058, S. 37.

[13] Zum Ablauf des Gesetzgebungsverfahrens *Hüneröder* (Fn. 7), S. 30 ff.; KK-OWiG/*Rogall* (Fn. 5), § 130 Rn. 8.

[14] Zum Gesetzgebungsverfahren *Maschke*, Aufsichtspflichtverletzungen in Betrieben und Unternehmen, 1997, S. 3 ff.; KK-OWiG/*Rogall* (Fn. 5), § 130 Rn. 9.

tiger Art die Zugänglichkeit von Gegenständen, die sich als Tatwerkzeuge eignen, erschwert wird, dass durch Belehrung über nachteilige Konsequenzen von Zuwiderhandlungen ein entsprechender Motivationsdruck erzeugt wird usw. Schon diese Beispiele zeigen, dass dann, wenn man eine Maßnahme *sprachlich* als die Zuwiderhandlung „erschwerend" bezeichnen kann, damit jedenfalls *im Regelfall* zugleich eine Verringerung der Zuwiderhandlungsgefahr verbunden ist. Logisch denkbar sind aber – wenn auch praktisch nur ganz selten vorkommende – Ausnahmen in beiderlei Richtungen:

Erstens kann es ausnahmsweise so sein, dass durch eine bestimmte Art von Maßnahmen wie z.B. den Abbau von Zugangsschranken, den ausdrücklich erklärten Verzicht auf betriebsinterne negative Konsequenzen bei Zuwiderhandlungen usw. bestimmten Zuwiderhandlungen der „Reiz des (betriebsintern) Verbotenen" genommen wird; je nach Zusammensetzung, Befindlichkeit und Neigungen des Personals können solche Maßnahmen die Wahrscheinlichkeit von Zuwiderhandlungen verringern, die Nichtdurchführung solcher Maßnahmen im Verhältnis dazu also die Zuwiderhandlungswahrscheinlichkeit erhöhen. Zweifelhaft ist freilich schon, ob Maßnahmen solcher Art überhaupt rechtlich geboten sein können und, falls ja, ob sie unter das Merkmal „Aufsichtsmaßnahmen" subsumierbar, insbesondere vom Wortsinn („Aufsicht"?) erfasst sind. Wenn und soweit man allerdings zu dem Ergebnis kommt, dass sie geboten und unter dieses Merkmal subsumierbar sind, muss man – trotz „Risikoerhöhung" durch Unterlassen der Maßnahme – die Erfüllung der objektiven Ahndbarkeitsbedingung verneinen, weil sonst das Analogieverbot verletzt wäre. Denn davon, dass die geschilderten Maßnahmen die Zuwiderhandlung im sprachlichen Sinne dieses Wortes „erschwert" hätten, kann keine Rede sein. Insoweit lässt der Wortsinn also keine ganz uneingeschränkte Auslegung im Sinne der Risikoerhöhungslehre zu.

Zweitens kann es umgekehrt – und praktisch ebenfalls selten – vorkommen, dass eine gebotene Aufsichtsmaßnahme die Zuwiderhandlung im Wortsinne „erschwert" hätte, ohne jedoch die Zuwiderhandlungswahrscheinlichkeit zu verringern. Wenn sich beispielsweise herausstellt, dass die gebotene, aber nicht durchgeführte Aufsichtsmaßnahme bewirkt hätte, dass die Benutzung des betriebseigenen Werkzeugs für die Zuwiderhandlung nur mit einem stark erhöhten Aufwand an Kraft, Geschicklichkeit und Zeit möglich gewesen wäre, der Zuwiderhandelnde es aber aufgrund entsprechender Fähigkeiten und unumstößlichen Entschlusses mit Sicherheit trotzdem in der gleichen Weise benutzt hätte, dann ist keine Ahndung der Aufsichtspflichtverletzung nach § 130 OWiG möglich, weil die Aufsichtsmaßnahme die Zuwiderhandlungsgefahr nicht verringert hätte. Methodisch ist dies eine Reduktion des Bußgeldtatbestands, denn in dem Beispielsfall hätte die gebotene Maßnahme schon deshalb – sprachlich zwingend – eine „Erschwerung" der Zuwiderhandlung bewirkt, weil sie einen erhöhten Kraftaufwand notwendig gemacht hätte.

II. Der dogmatische Ausgangspunkt: Die Risikoerhöhungslehre bei Begehungs-Verletzungs-Delikten

Im Vorstehenden ging es (fast) nur darum, ob die Risikoerhöhungslehre mit dem Wortlaut der früheren und der gegenwärtigen Spezialregelung in § 130 OWiG vereinbar war bzw. ist, ob also diese Spezialregelung unter dem Aspekt der Wortsinngrenze im Sinne der Risikoerhöhungslehre ausgelegt werden darf. Diese Frage ist, wie gezeigt, zwar nicht für die frühere Gesetzesfassung, aber für die heutige mit nur geringfügigen Einschränkungen zu bejahen. Im Folgenden soll der davon zu unterscheidenden Frage nachgegangen werden, ob die Risikoerhöhungslehre eine im Grundsatz (d. h. vorbehaltlich der Einwände, die sich speziell für § 130 OWiG daraus ergeben könnten, dass es sich um ein Unterlassungsdelikt und bei dem Zuwiderhandlungserfordernis um eine objektive Ahndbarkeitsbedingung handelt, s. u. III. und IV.) zulässige Interpretation handelt, die sich insbesondere widerspruchsfrei in das Wertungsgefüge der Zurechnungslehre einfügen lässt und nicht in Konflikt mit höherrangigen Normen wie dem verfassungsrechtlichen Schuldprinzip gerät. Sollte diese Frage zu verneinen sein, dann wäre die Risikoerhöhungslehre generell zu verwerfen und speziell der Bußgeldtatbestand des § 130 OWiG verfassungskonform ahndbarkeitseinschränkend in der Weise zu reduzieren, dass der Passus „oder wesentlich erschwert" leerliefe. Andernfalls schließt sich die Zusatzfrage an, ob diese Lehre auch dort, wo keine ausdrückliche gesetzliche Regelung existiert, diejenige ist, die sich am besten (oder gar als einzige) in das Wertungsgefüge der Zurechnungslehre einpasst – dann hat jener Passus in § 130 OWiG nur die Funktion einer punktuellen Klarstellung –, oder ob sie eine zwar für sich zulässige, jedoch als Teil des Wertungsgefüges höchstens die zweitbeste Interpretationsmöglichkeit wäre – dann hat jener Passus konstitutiven Charakter, indem er für den Spezialfall des § 130 OWiG (zulässigerweise) ausdrücklich eine abweichende Lösung vorschreibt –.

Die Diskussion über die Zurechnungslehre oder auch nur über die dazu gehörende Risikoerhöhungslehre in ihrer ganzen Breite aufzugreifen, verbietet sich hier. Die folgenden Erwägungen müssen sich auf eine knappe Skizze der Problematik mit nur exemplarischen Nachweisen und auf einige ergänzende Anmerkungen beschränken.

1. Zum Stand der Diskussion über die Erfolgszurechnungsmerkmale

Aus der normentheoretischen Perspektive ist zu unterscheiden zwischen zwei Normen, die zwar inhaltlich in bestimmter Weise aufeinander bezogen sind, aber unterschiedliche Funktionen und daher auch unterschiedliche Konstitutionsprinzipien haben:[15]

---

[15] Insoweit sei verwiesen auf frühere Publikationen, jew. m.w.N.: *Stein*, Vorsatz- und Fahrlässigkeitsstraftaten – Grundzüge einer inhaltlichen und begrifflichen Rekonstruktion, 1993, Online-Publikation 2009 (Permalink: http://nbn-resolving.de/urn:nbn:de:hbz:6-

a) Die eine ist die Verhaltensnorm, aus der sich ergibt, welche Handlungen rechtlich verboten sind und welche nicht; sie sollen nicht nur in der Rückschau eine Bewertung von tatsächlich vorgenommenen oder hypothetischen Handlungen als rechtlich verboten oder erlaubt ermöglichen, sondern vor allem sollen sie den Adressaten zu einem bestimmten Verhalten, nämlich der Nichtvornahme verbotener Handlungen, verlassen („bestimmen"), sie sind also „Bestimmungsnormen". Diese Funktion können sie nur erfüllen, wenn sie ausschließlich an Umstände anknüpfen, die im Handlungszeitpunkt der Erkenntnis zugänglich sind (Maßgeblichkeit der strikten Ex-ante-Perspektive). Die Verhaltensnormen, die den Begehungs-Verletzungs-Tatbeständen zugrunde liegen, knüpfen an die konkrete Gefährlichkeit einer Handlung an, d.h. daran, dass sich unter Berücksichtigung aller aus der Ex-ante-Perspektive erkennbaren Umstände und Erfahrungssätze die Prognose ergibt, die Handlungsvornahme könnte bestimmte Arten von Kausalverläufen auslösen, an deren Ende die Verletzung eines Rechtsgutsobjekts der von dem jeweiligen Tatbestand gemeinten Gattung steht. Verboten (verhaltensnormwidrig) ist die Handlung wegen dieser Gefährlichkeit, wenn sie von der Rechtsordnung unter Berücksichtigung insbesondere des Wahrscheinlichkeitsgrads und möglichen Ausmaßes der Verletzung einerseits und individual- und/oder sozialnützlicher Aspekte der Handlung andererseits nicht mehr toleriert wird. Im Hinblick auf die hier interessierende spezielle Fragestellung ist zu betonen, dass eine das Verbot tragende Gefährlichkeit der Handlung auch darin liegen kann, dass sie eine ohnehin (also bei Nichtvornahme der Handlung) bestehende Gefährlichkeit *erhöht*. Das ist ganz unumstritten und hat nichts mit der sog. Risikoerhöhungslehre zu.

b) Die Sanktionsnorm, also – wenn es um i.w.S. strafrechtliche Rechtsfolgen geht – der Straftatbestand bzw. Bußgeldtatbestand, setzt zunächst einmal die (schuldhafte bzw. vorwerfbare) Verletzung der Verhaltensnorm, die dem jeweiligen Tatbestand zugrunde liegt (s.o. a]), voraus; das folgt schon zwingend aus dem verfassungsrechtlichen Schuldprinzip. Begrifflich erfasst wird die Verhaltensnormverletzung bei Fahrlässigkeitstatbeständen durch das Merkmal „Sorgfaltswidrigkeit der Handlung", bei Vorsatztatbeständen durch das Merkmal „unerlaubte Gefährlichkeit der Handlung" (als erstes Teilmerkmal des komplexen Tatbestandsmerkmals „objektive Zurechenbarkeit des Erfolgs").

Bei Verletzungsdelikttatbeständen muss darüber hinaus eine unter das tatbestandliche Erfolgsmerkmal subsumierbare Rechtsgutsobjektsverletzung eingetreten sein, die nicht nur „irgendwie" durch die verhaltensnormwidrige Handlung verursacht worden ist, sondern die sich als Realisierung gerade dieser in der Handlung liegenden Verhaltensnormwidrigkeit (Sorgfaltswidrigkeit bzw. unerlaubte Gefährlichkeit) darstellt. Das setzt die Ursächlichkeit (Kausalität) der Handlung für den Erfolgseintritt voraus; denn wenn die Verhaltensnormwidrigkeit der Handlung auf deren Gefährlichkeit, d.h. der Möglichkeit des Anstoßens eines zum Erfolgseintritt

---

60529610065); *ders.*, FS Küper, S. 607 ff.; *ders.*, FS Wolter, 2013, S. 521 ff. – Umfassender referierender Überblick bei SK-StGB/*Jäger*, Bd. I, 9. Aufl. 2017, Vor § 1 Rn. 60 ff., 96 ff.

führenden Kausalverlaufs liegt, dann kann sich diese Gefährlichkeit nur dadurch realisieren (= es kann nur dadurch etwas eintreten, das verhindert werden sollte – nichts anderes meint die Wendung „Realisierung einer Gefährlichkeit"), dass die Handlung tatsächlich einen Kausalverlauf anstößt, an dessen Ende die unter das tatbestandliche Erfolgsmerkmal subsumierbare Rechtsgutsobjektsverletzung steht.

Die (tatsächliche) Kausalität besagt freilich allenfalls, dass sich *irgendeine* Gefährlichkeit der Handlung realisiert hat. Um die Fälle einer Realisierung der *unerlaubten* Gefährlichkeit (der Sorgfaltswidrigkeit) herauszufiltern, hat man schon früh das Merkmal „Pflichtwidrigkeitszusammenhang" eingeführt,[16] das man zumeist auch heute noch versteht als Erfordernis einer „Kausalität" der Verhaltensnormwidrigkeit für den Erfolgseintritt; dementsprechend wendet man zur Feststellung die Conditio-sine-qua-non-Formel an, die herkömmlich auch zur Kausalitätsfeststellung verwendet wird: Der Pflichtwidrigkeitszusammenhang besteht, wenn bei pflichtgemäßem Verhalten der Erfolgseintritt ausgeblieben wäre; kann nicht nachgewiesen werden, dass er ausgeblieben wäre, dann ist – in dubio pro reo – prozessual vom Fehlen des Pflichtwidrigkcitszusammenhangs auszugehen. An dieser Stelle haken die Verfechter der sog. Risikoerhöhungslehre ein: Der Pflichtwidrigkeitszusammenhang bestehe schon dann, wenn aus der Ex-post-Perspektive, also bei Ausschöpfung aller, auch nachträglicher, Erkenntnismöglichkeiten bei pflichtgemäßem Verhalten der Erfolgseintritt weniger wahrscheinlich gewesen wäre, das verhaltensnormwidrige Verhalten im Vergleich zum pflichtgemäßen also zu einer (wesentlichen) *Risikoerhöhung* geführt hätte.

Hinzugekommen als weiteres, kumulativ zu verwirklichendes Merkmal der Gefährlichkeitsrealisierung ist der sog. Schutzzweckzusammenhang. Dieses Erfordernis ergibt sich zwanglos aus der Struktur der Verhaltensnormen: Sie ist verboten, weil sie *bestimmte* Arten von Kausalverläufen auslösen und dadurch zum Erfolgseintritt führen könnte; diese unerlaubte Gefährlichkeit kann sich nur realisieren, indem ein Kausalverlauf *solcher Art* (und nicht irgendein anders gearteter) ausgelöst wird und den Erfolg verursacht.

2. Anmerkungen zur Funktion und Definition des Merkmals „Pflichtwidrigkeitszusammenhang"

Schon ein erster Blick auf die geschilderte Definition der „Realisierung der Sorgfaltswidrigkeit bzw. der unerlaubten Gefährlichkeit" (s. o. 1. b]), die bis heute ganz herrschende Meinung ist, lässt eine offenkundige Inkonsistenz erkennen: Kausalität ist ein *naturgesetzlicher* Zusammenhang zwischen zwei *realen*, der Außenwelt angehörenden Gegenständen; die Conditio-Formel dient der Feststellung eines solchen

---

[16] Auch bezeichnet als „Rechtswidrigkeitszusammenhang" oder „Vermeidbarkeit des Erfolgs durch pflichtgemäßes Verhalten. Detaillierte Darstellungen – jew. m. umfangr. Nachw. – des im Detail und in der Argumentation recht komplexen Meinungsstands bei SK-StGB/*Jäger* (Fn. 15), Vor § 1 Rn. 112 ff., u. SK-StGB/*Hoyer* (Fn. 15), Anh, zu § 16 Rn. 66 ff.

naturgesetzlichen Zusammenhangs. Die Verhaltensnormwidrigkeit einer Handlung aber ist ein Werturteil, also etwas in diesem Sinne *Nicht-Reales*, etwas Gedachtes, der Zusammenhang zwischen ihr und dem Erfolgseintritt ein *normativer*. Im Übrigen entspricht die Definition des Pflichtwidrigkeitszusammenhangs, wie die herrschende Meinung sie nach wie vor verwendet, einer *früher* weitgehend konsentierten Fassung der Conditio-Formel („… wenn die Handlung nicht weggedacht werden kann, ohne dass auch der Erfolg entfiele", oder umformuliert: „… wenn bei Nichtvornahme der Handlung der Erfolgseintritt ausgeblieben wäre"). Inzwischen hat man sich recht weitgehend auf bestimmte Ergänzungen der Conditio-Formel verständigt, die dadurch mit der Formel von der naturgesetzlichen Bedingung konvergiert und zu einem *sehr weiten* Kausalitätsbegriff führt („… wenn die Handlung nicht weggedacht werden kann, ohne dass auch der Erfolg *in seiner konkreten Gestalt* entfiele, wobei „Reservursachen", die nicht tatsächlich wirksam geworden sind, unberücksichtigt zu bleiben haben und ferner von zwei Bedingungen, die zwar einzeln, aber nicht zusammen weggedacht werden können, ohne dass der Erfolg in seiner konkreten Gestalt entfiele, beide ursächlich sind").[17] Der Hintergrund dieser Entwicklung war die gleichzeitige Ausarbeitung einer Erfolgszurechnungslehre, bei der man zahlreiche Einzelfragen, die man bislang als Kausalitätsprobleme mit der Conditio-Formel in den Griff zu bekommen suchte, nunmehr mithilfe des Merkmals „Schutzzweckzusammenhang" differenzierter und normativ fundierter anging. An der Definition des Merkmals „Pflichtwidrigkeitszusammenhang" sind diese Veränderungen der Conditio-Formel vorbeigegangen.

Dies alles sollte Anlass genug sein, nochmals die Konstitutionsprinzipien der Verhaltensnormen und dort vor allem den Begriff der unerlaubten Gefährlichkeit bzw. der Sorgfaltswidrigkeit in den Blick zu nehmen, denn vornehmlich dieser stellt die Weichen, wenn es darum geht, die *Realisierung* der Verhaltensnormwidrigkeit zu definieren und in Merkmale zu fassen. Und tatsächlich zeigt sich bei näherem Hinsehen, dass dort bislang eine Ergänzung fehlt, die zwar letztlich nur klarstellenden Charakter hätte, deren Fehlen jedoch offenbar den Blick dafür verstellt, was mit „Realisierung der Verhaltensnormwidrigkeit" richtigerweise nur gemeint sein kann. Die (konkrete) Gefährlichkeit einer Handlung besteht darin, dass sich unter Berücksichtigung aller aus der Ex-ante-Perspektive erkennbaren Umstände und Erfahrungssätze die Prognose ergibt, die Handlungsvornahme könnte bestimmte Arten von Kausalverläufen auslösen, an deren Ende die Verletzung eines Rechtsgutsobjekts der von dem jeweiligen Tatbestand gemeinten Gattung steht (s. o. 1. a]). Der Grund dafür, die Handlung wegen dieser Gefährlichkeit zu verbieten, kann nur darin liegen, dass sich diese Handlung *auch „tatsächlich", d. h. aus der Ex-post-Perspektive (Berücksichtigung sämtlicher, auch erst im Nachhinein zugänglicher Erkenntnismöglichkeiten) als gefährlich erweisen und deshalb von ihr bestimmte Arten von Kausalverläufen ausgehen könnten, an deren Ende die Verletzung des Rechtsgutsobjekts steht*. Das Urteil „Realisierung der Verhaltensnormwidrigkeit" kann nur gefällt wer-

---

[17] Siehe statt aller die zusammenfassende Erläuterung bei Wessels/Beulke/*Satzger*, Strafrecht AT, 47. Aufl. 2017, Rn. 217 ff.

den, wenn tatsächlich (= aus der Ex-post-Perspektive) dasjenige vorlag bzw. geschehen ist, zu dessen Verhinderung die Verhaltensnorm diente, und dazu gehört zunächst einmal, dass sich die auf der Verhaltensnormebene nur aus der Ex-ante-Perspektive festgestellte, das Handlungsverbot tragende Gefährlichkeit aus der Ex-post-Perspektive bestätigt hat. Genau dies ist richtigerweise Gegenstand des Merkmals „Pflichtwidrigkeitszusammenhang".

Damit liegt zugleich schon auf der Hand, wie die Problematik, die unter dem Stichwort „Risikoerhöhungslehre" diskutiert wird, zu lösen ist: Wenn auf der Ebene der Verhaltensnorm (was dort nicht umstritten ist, s. o. II. 1.) ein Handlungsverbot darauf gestützt werden kann, dass – aus der dort maßgeblichen Ex-ante-Perspektive – die Handlungsvornahme zwar nicht risikobegründend, aber risiko*erhöhend* wäre, dann realisiert sich auf der Ebene der Sanktionsnorm die Gefährlichkeit, die das Handlungsverbot trägt, schon dann, wenn sich die dennoch vorgenommene Handlung „tatsächlich" (also ex post) als risiko*erhöhend* erweist (und dann tatsächlich zu einem im Schutzzweckzusammenhang stehenden Verletzungseintritt führt). Alles andere wäre unplausibel. Es ließe sich auch kein tragfähiger Grund angeben, weshalb in den Fällen des Handlungsverbots aufgrund einer (bloßen) Risikoerhöhung immer dann, wenn die Ex-ante- und die Ex-post-Perspektive vollkommen deckungsgleich sind, eine Sanktion wegen *vollendeter* Tat generell ausscheiden soll.

Nur am Rande sei ergänzt, dass diese Sichtweise eine Änderung des Vergleichsmaßstabs bei der Feststellung des Pflichtwidrigkeitszusammenhangs impliziert: Maßgeblich ist nicht ein (hypothetisches) ähnliches, aber gerade noch erlaubtes Verhalten (wobei letztlich immer noch ungeklärt scheint, wie dieses im Detail zu definieren ist und wann man auf das gänzliche Unterlassen einer Handlung der jeweiligen Art zurückgreifen muss), sondern stets die Unterlassung der verbotenen Handlung. Das muss schon deshalb so sein, weil auch auf der Ebene der Verhaltensnormen für die Frage, ob eine Handlung sorgfaltswidrig bzw. unerlaubt gefährlich ist, stets die Gefährlichkeitsdifferenz zwischen der tatsächlichen Handlung und der Nichtvornahme dieser Handlung den Ausschlag gibt; und außerdem ist, sobald nach der Wertung der Rechtsordnung die Gefährlichkeit einer Handlung das Maß des Erlaubten überschreitet, diese Gefährlichkeit als ganze unerlaubt und nicht nur die Differenz zwischen der Gefährlichkeit der tatsächlichen Handlung und der geringeren Gefährlichkeit einer gerade noch erlaubten hypothetischen ähnlichen Handlung. – Diese Änderung des Vergleichsmaßstabs beseitigt nicht nur das offenbar kaum lösbare Problem, das hypothetische erlaubte Verhalten zu bestimmen, sondern beantwortet mittelbar zugleich die Frage, wann im Kontext der Risikoerhöhungslehre eine Risikoerhöhung „erheblich" bzw. „wesentlich" ist: Sie ist es, wenn die Rechtsordnung auf der Ebene der Verhaltensnormen eine Handlung, die eine – dort aus der Ex-post-Perspektive festgestellte – Risikoerhöhung aufweist, wegen eben dieser Risikoerhöhung verbieten würde.

III. Trennbarkeit von Kausalität und Pflichtwidrigkeitszusammenhang bei Unterlassungstatbeständen?

Die Übertragbarkeit dieser These auf Unterlassungsdelikte[18] wäre zumindest sehr problematisch, wenn die bis heute wohl herrschende Sichtweise zuträfe, dass Kausalität (dort zumeist als „Quasi-Kausalität" bezeichnet) und Pflichtwidrigkeitszusammenhang bei dieser Deliktsart nicht voneinander trennbar sind[19]. Festgestellt werden sollen dementsprechend *beide* mithilfe der Formel, auf die auch für die Feststellung des Pflichtwidrigkeitszusammenhangs bei Begehungsdelikten zurückgegriffen wird, also die (nicht modifizierte) Conditio-Formel (s. o. II. 2. a]). Die Anwendung der Risikoerhöhungslehre würde dann bei Unterlassungstatbeständen zur Vollendungsstrafbarkeit bzw. -ahndbarkeit *ohne* Kausalitätsnachweis führen, was sogleich die Frage aufwerfen würde, ob dies der gesetzlich vorgegebenen Struktur vollendeter Taten und vor allem auch den verfassungsrechtlichen Vorgaben, insbesondere dem Schuldprinzip, genügen würde. Letztlich handelt es sich hierbei aber um ein Scheinproblem, das sich auflöst, sobald man sich vergewissert, dass der Kausalitätsbegriff bei Begehungs- und Unterlassungsdelikten keine relevanten Unterschiede aufweist und dementsprechend auch bei der Kausalitätsfeststellung die gleichen Regeln gelten müssen.

Erstens muss man sich von der Vorstellung lösen, dass „ursächlich" nur etwas real Existierendes sein kann, eine „Wirk"-Ursache, die – im mehr oder weniger bildhaften Sinne – einen Kausalverlauf „anstößt" oder ihn in eine andere Richtung lenkt; eine Unterlassung ist in diesem Sinne ein „Nichts", das folglich auch nichts „bewirken" kann. Der Funktion des Kausalitätserfordernisses entspricht diese Vorstellung weder auf der Ebene der Verhaltensnormen noch auf derjenigen der Sanktionsnormen. Handlungen sind verboten oder geboten, wenn und weil durch ihre Nichtvornahme bzw. Vornahme aufgrund von Naturgesetzen die Wahrscheinlichkeit des Eintritts von Rechtsgutsverletzungen verringert werden kann; die Verhaltensnormwid-

---

[18] Ausführl. SK-StGB/*Stein* (Fn. 15), Vor § 13 Rn. 22 ff. m.w.N. zum Meinungsstand und zu Detailfragen.

[19] Schwierig einzuordnen ist die Position *Rogalls* zu diesem Punkt. Er wendet sich zunächst gegen die herrschende Meinung, nach der die Risikoerhöhungslehre eine Aufgabe des Kausalitätserfordernisses bedeutet, spricht dann aber einerseits von einer „Zurechnung nach Wahrscheinlichkeitsregeln" und andererseits – insoweit in der Sache der hier vertretenen Auffassung zumindest nahe kommend – davon, dass die ex post festgestellte Risikominderung durch die (hypothetische) gebotene Aufsichtsmaßnahme „nur bedeuten [kann], daß vorhandene Risikofaktoren verändert worden wären. Dann wird es möglich, daß die verbleibenden Risikofaktoren den Erfolg allein nicht mehr zu erklären vermögen." Siehe seine Ausführungen in ZStW 98 (1986), 573 (610 ff., 612), andererseits aber auch in KK-OWiG (Fn. 5), § 130 Rn. 113 ff., die eher als Bezugnahme auf den Kausalitätsbegriff der herrschenden Meinung klingen. – Einem ergänzenden argumentativen Hinweis *Rogalls* (ZStW 98 [1986], 573 [611]), der für seinen Begründungsweg letztlich nicht tragend ist, soll hier nicht weiter nachgegangen werden: Bei § 130 OWiG sei es eine Besonderheit, dass die Risikorealisierung in einem menschlichen Verhalten bestehe, und ein solches falle „in den nichtdeterminierten Bereich" und unterliege „demgemäß keiner kausalgesetzlichen Beurteilung".

rigkeit der Vornahme bzw. Nichtvornahme einer Handlung realisiert sich darin, dass es wegen derjenigen Naturgesetze, an die schon die Verhaltensnorm anknüpft, zu einer Rechtsgutsverletzung kommt. Zwischen Handlungen und Unterlassungen besteht insofern kein relevanter Unterschied. Die Naturgesetze besagen, dass ein ursächlicher Zusammenhang stets in der Rückführbarkeit eines Erfolgseintritts auf einen Bedingungskomplex besteht, d. h. auf eine mehr oder weniger große Anzahl von positiven („anstoßenden") Bedingungen, zu denen auch Handlungen gehören können, und von negativen (Nichtvorhandensein bestimmter Umstände), zu denen auch Unterlassungen zählen. Dementsprechend können die Verhaltensnormen ihren Zweck, bestimmte Erfolgseintritte zu verhindern, je nach Situation dadurch erreichen, dass sie Handlungsverbote (= Verbote des Zustandebringens positiver Bedingungen) oder Handlungsgebote (= Verbote des Zustandebringens negativer Bedingungen) aufstellen.

Daraus ergibt sich zweitens, dass es nicht richtig sein kann, bei Begehungsdelikten einen weiten, durch die Formel von der gesetzmäßigen Bedingung oder – inhaltsgleich – durch die *modifizierte* Conditio-Formel operabel gemachten Kausalitätsbegriff zu verwenden, bei Unterlassungsdelikten hingegen einen engen Kausalitätsbegriff, dem die *unmodifizierte* Conditio-Formel zugeordnet ist. Vielmehr gilt hier derselbe Kausalitätsbegriff wie dort, und damit muss auch die Formel, mit der die Kausalität festgestellt werden soll, im Grundsatz – d. h. abgesehen von Umformulierungen, die aus den tatsächlichen Unterschieden zwischen Handlung und Unterlassung resultieren, ohne in normativer Hinsicht etwas zu ändern – die gleiche sein wie bei Begehungsdelikten. In der Tat lassen sich zu sämtlichen Konstellationen, die bei Begehungsdelikten auftreten können, Parallelen im Unterlassungsbereich finden, die nach den gleichen Regeln zu beurteilen sind; das kann hier nicht im Einzelnen erläutert werden.

Folglich sind Kausalität und Pflichtwidrigkeitszusammenhang bei den Unterlassungsdelikten in der gleichen Weise wie bei den Begehungsdelikten strikt voneinander zu trennen. Der Pflichtwidrigkeitszusammenhang ist so zu definieren wie im Begehungsbereich, es gilt also wie dort die Risikoerhöhungslehre. Rückwirkungen auf das Kausalitätsmerkmal im Sinne einer Erstreckung der Vollendungsstrafbarkeit auf Fälle, in denen „in Wahrheit" die Kausalität fehlt, kann es nicht geben.

IV. Geltung der Risikoerhöhungslehre für objektive Bedingungen der Strafbarkeit bzw. Ahndbarkeit?

Immer dann, wenn der Gesetzgeber die Strafbarkeit bzw. Ahndbarkeit (wie bei § 130 OWiG) oder eine qualifizierte Strafbarkeit oder Ahndbarkeit (insbesondere wegen vollendeter statt versuchter Tat) vom Eintritt bestimmter Verhaltensfolgen abhängig macht, und zwar solcher, zu deren Verhinderung die übertretene Verhaltensnorm diente, dann handelt es sich um ein Merkmal, das die Realisierung der Verhaltensnormwidrigkeit in dieser Verhaltensfolge verlangt. Dann gelten – soweit das Gesetz nicht für den jeweiligen Tatbestand eine Sonderregelung vorsieht – die allgemeinen Anforderungen (s. o. II. am Beipiel der Begehungs-Verletzungs-Tatbestände), und das bedeutet insbesondere auch, dass – wenn man der hier vertretenen Auffassung folgt – einheitlich auch die Risikoerhöhungslehre gilt. Ob es sich um ein zum objektiven Tatbestand gehörendes Erfolgsmerkmal handelt, für das bei Vorsatztatbeständen Vorsatzbezug erforderlich ist (§ 16 Abs. 1 StGB), um ein erfolgsqualifizierendes Merkmal im Sinne von § 18, für das auch bei Vorsatztatbeständen Fahrlässigkeitsbezug ausreicht, oder um eine objektive Bedingung der Strafbarkeit bzw. Ahndbarkeit, die weder Vorsatz- noch Fahrlässigkeitsbezug verlangt, ist unerheblich. Legitimationsprobleme bestehen nicht, denn jedenfalls lässt sich die Abhängigkeit der Strafbarkeit bzw. Ahndbarkeit bzw. einer Sanktionsverschärfung von der Verwirklichung solcher Tatfolgenmerkmale damit rechtfertigen, dass im Falle des Nachweises der Risikorealisierung die verbotsbegründende Gefährlichkeit des Tatverhaltens in besonderem Maße augenfällig wird und deshalb überhaupt erst oder in höherem Maße ein Sanktionsbedürfnis besteht.[20] Voraussetzung ist bei dieser Legitimationsbasis natürlich, dass der Tatschuldgehalt, der in der Verhaltensnormverletzung (unabhängig vom Eintritt einer Verhaltensnormverletzungsfolge) liegt, die zu verhängende Rechtsfolge trägt. Geht man bei § 130 OWiG davon aus – was hier nicht näher untersucht werden kann –, dass der Tatschuldgehalt, der in der Aufsichtspflichtverletzung als solcher liegt (also unabhängig davon, ob es zu einer Zuwiderhandlung gekommen ist), die im dortigen Absatz 3 vorgesehenen Rechtsfolgen trägt, dann ist also die gesetzliche Ausgestaltung des Zuwiderhandlungserfordernisses als objektive Ahndbarkeitsbedingung kein Hindernis, auf dieses Merkmal die allgemeinen Regeln der Erfolgszurechnung einschließlich der Risikoerhöhungslehre anzuwenden.

V. Fazit

Damit hat sich die These Klaus Rogalls im Ergebnis und auch in den wesentlichen Begründungspunkten fast durchgehend bestätigt: Das Zuwiderhandlungserfordernis in § 130 OWiG ist vom Gesetzgeber im Sinne einer ausdrücklichen Sonderregelung so ausgestaltet worden, dass die sog. Risikoerhöhungslehre anzuwenden ist; dass es sich bei der Aufsichtspflichtverletzung um ein Unterlassungsdelikt und bei der tatsächlichen Zuwiderhandlung um eine objektive Ahndbarkeitsbedingung handelt, steht dem nicht entgegen (s. o. III., IV.). – Allerdings kann dies wegen des Gesetzeswortlauts nur für die Fassung durch das 2. UKG 1994 gelten, nicht aber für die frühere Fassung (s. o. I.). Die immer noch verbreitete Ansicht, die Risikoerhöhungslehre bewirke bei Unterlassungsdelikten (und nur dort) eine „Aufweichung" des Kau-

---

[20] Grundsätzlich zur Legitimation von Merkmalen, die Verhaltensfolgen betreffen: *Stein*, Vorsatz- und Fahrlässigkeitsstraftaten (Fn. 15), S. 69 ff., 328 ff. m.w.N. und mit dem Ergebnis, dass solche Merkmale nicht tatschuld-, sondern nur strafbedürftigkeitsrelevant sein können.

salitätserfordernisses, überzeugt nicht; auch bei Unterlassungstatbeständen kann und muss strikt zwischen Kausalität und Pflichtwidrigkeitszusammenhang getrennt werden, und zwar prinzipiell in der gleichen Weise wie bei Begehungstatbeständen (s. o. III.). Die von dem Jubilar offengelassene Frage, ob die Risikoerhöhungslehre kraft Gesetzesinterpretation auch über § 130 OWiG hinaus gilt, ist zu bejahen (s. o. III. 2.). Jedoch sind an der Risikoerhöhungslehre (generell und nicht nur auf § 130 OWiG bezogen) bestimmte Korrekturen vorzunehmen (s. o. II. 2.).

Der Straftataufbau aus der Perspektive der Evolutionsforschung

Von *Wang Shizhou* und *Li Qian*

In der Entwicklung des modernen Strafrechts ist die Strafrechtslehre von großer Bedeutung. Ihr Fortschritt hat wesentlichen Einfluss auf den Zustand des Strafrechts. In sozialer Hinsicht und insbesondere im Hinblick auf den Schutz der Menschenrechte entwickelt sich die moderne Strafrechtslehre positiv, ganz gleich ob man den Stand der Strafrechtslehre in den unterschiedlichen Staaten betrachtet oder die Lehren, die einzelne Strafrechtswissenschaftler entwickelt haben. Daher ist es für die Rechtsstaatlichkeit in China als Entwicklungsland außerordentlich wichtig, dass man dort ein vollständiges Bild von der Entwicklung der modernen Strafrechtslehre gewinnt und insbesondere die wichtigsten Errungenschaften der Strafrechtslehre kennt.

Als Vertreter der chinesischen Rechtswissenschaft versuchen wir, durch diesen Beitrag einen umfassenden Überblick über die weltweite Entwicklung der Lehre vom Straftataufbau zu ermöglichen. Wir hoffen, dadurch eine internationale Diskussion der Strafrechtswissenschaftler anzuregen. Damit gratulieren wir Prof. Dr. Klaus Rogall zum 70. Geburtstag, der als bedeutender Rechtswissenschaftler zu der Entwicklung der chinesischen Strafrechtswissenschaft beigetragen hat.

I. Der Straftataufbau und die Evolutionsforschung

Der Begriff „Straftataufbau" kommt aus dem deutschen Wortschatz. Heute hat China ein weltoffenes Strafrecht gestaltet. In der internationalen Entwicklung des Strafrechts besteht aber immer noch eine große Vielfalt. Wir haben die ursprünglich sowjetische, vom heutigen Russland fortgeführte Theorie des viergliedrigen Straftataufbaus gesehen. Sie teilt die Straftatmerkmale auf in das Tatobjekt, den objektiven Tatbestand, das Tatsubjekt und den subjektiven Tatbestand.[1] Wir haben auch die Theorie des dreigliedrigen Straftataufbaus erlebt, die von Deutschland ausging[2] und später von Japan[3] rezipiert wurde. Danach besteht die Straftat aus der Tatbe-

---

[1] Russland: *N. F. Kuznetsova/I. M. Tyazhkova* (Hrsg.), *Daoxiu Huang* (Übersetzer), Lehrbuch des Strafrechts in Russland, Allgemeiner Teil, China-Legal-Verlag 2002.

[2] Deutschland: *Claus Roxin* (Autor), *Shizhou Wang* (Übersetzer), Strafrecht in Deutschland, Allgemeiner Teil Bd.1, Recht-Verlag 2005.

[3] Japan: *Noriyuki Nishida* (Autor), *Mingxiang Liu/Zhaowu Wang* (Übersetzer), Strafrecht in Japan, Allgemeiner Teil, Renmin-Universitäts-Verlag 2007.

standsmäßigkeit, der Rechtswidrigkeit und der Schuld. Wir haben die Theorie vom zweigliedrigen Straftataufbau in den Vereinigten Staaten und in England zur Kenntnis genommen, die in der Tradition des Common Law steht und zwischen „crime" und „defence" unterscheidet.[4] Leider haben einige chinesische Rechtswissenschaftler diese drei verschiedenen Straftataufbautheorien in streng getrennter Form einander gegenübergestellt, so dass sie in der Diskussion als konkurrierende gegensätzliche Theorien erschienen sind. Angesichts dieser Situation ist es notwendig, die Gesamtheit der Straftataufbautheorien, insbesondere die Regeln für die Gestaltung des Straftatbegriffs, zu überprüfen und zusammenzufassen. Wenn die chinesische Rechtswissenschaft ein konzeptionelles Verständnis der allgemeinen Entwicklung des Straftataufbaus erarbeitet, kann sie sich in der internationalen Diskussion frei positionieren, ohne sich festlegen zu müssen, ob sie zum System des Common Law oder des Civil Law gehört und welche Theorie sie übernehmen will. Dann kann sie auch unbefangen mit der Vielzahl von Theorien umgehen, ihre Stärken und Schwächen analysieren und dasjenige rezipieren, was für China nützlich ist. In diesem Sinne stellt sich die Straftataufbautheorie als Inbegriff der allgemeinen Regeln dar, die für die unterschiedlichen Straftatbestände gelten.

Was ist Evolutionsforschung? Dieser Begriff kann viele Bedeutungen haben. Das Phänomen der Bedeutungsvielfalt ist bei der Entwicklung wichtiger Theorien sehr verbreitet. Derselbe Begriff kann in unterschiedlichen Zusammenhängen und zu unterschiedlichen Zeiten ganz unterschiedliche Bedeutungen haben.[5] Man muss beachten, dass der Begriff in einem bestimmten Kontext verwendet wird. Zwar kann man über die Etymologie des Wortes „Evolutionserforschung" diskutieren, die chinesische Wissenschaft versteht darunter aber die bekannte Darwinsche Evolutionstheorie. Diese Theorie beinhaltet im Kern die Idee von der natürlichen Selektion. Auch in der Strafrechtslehre könnte es Entwicklungen dieser Art geben. Darwin hat auf seinen Weltreisen eine Vielzahl von fossilen biomorphen Lebewesen unter verschiedenen Umweltbedingungen entdeckt. Vielleicht kann die Evolutionsforschung für uns, die wir das Strafrecht und den Straftataufbau erforschen, eine wichtige Erkenntnisquelle sein. Das heißt: In der Entwicklung des Straftatbestands könnte zwischen einer früheren und einer späteren Form zu unterscheiden sein. Wir wollen damit nicht sagen, dass die Evolutionsforschung eine niedere Form und eine höhere Form hat, und wir wollen damit auch nicht sagen, dass der frühere und der spätere Straftatbegriff zueinander im Verhältnis von niederer und höherer Form stehen. Wir sprechen vielmehr nur von tatsächlichen Unterschieden. Zu den herausragenden Leistungen der chinesischen Philosophie gehört es, zu betonen, dass Wahrheit nur sein kann, was auf Fakten basiert. Es ist erforderlich, dass jegliche Theorie die

---

[4] USA: *George Fletcher* (Autor), *Shizhou Wang* u.a. (Übersetzer), Basic Concept of Criminal Law, Chinesische Universität für Politik und Rechtswissenschaft 2004.

[5] In China, in Bezug auf die allgemeine Beschreibung und Kontroverse der Evolutionsforschung, http://baike.baidu.com/link?url=ARNJ1XHela2tPGgdjvortACk4MtIdjusNPri_RPI3 FyQNE9VLX8vYWvbjGtMq5W7N58T3M8w-cEcUeWkEUdL5c6SVg3R_QWXG-527cAg WayI-zcfFlPZxyjF2iy_6Ayr (letzter Zugriff: 27.07.2017, 20:00).

Zeit ihrer Entstehung und Anwendung, die tatsächlichen Verhältnisse und die Folgen ihrer Anwendung berücksichtigt. In den frühen 1980er Jahren waren die Möglichkeiten der chinesischen Reform- und Öffnungspolitik, alle diese Aspekte zu bedenken, noch sehr begrenzt. Zu dieser Zeit achtete man noch nicht darauf, ob eine Theorie wirklich fortschrittlich ist. Unter den damaligen Verhältnissen hätte eine fortschrittliche Theorie ohnehin nicht funktioniert. Wenn jedoch die Wissenschaftler die relevanten Umstände und Entwicklungen durch akademische Arbeit erforschen und erkennen können, ist dies aus sozialwissenschaftlicher Perspektive von großer Bedeutung, vor allem für die Verwirklichung eines Rechtsstaats in China als einem sozialistischen Land. Die in diesem Beitrag erörterte Evolutionsforschung ist auf dieser Basis und in diesem Sinne aufgebaut.

Das Bild der Entwicklung der Strafrechtslehre, das in diesem Artikel gezeichnet wird, ist allerdings durch unseren Erkenntnisstand begrenzt. Wir müssen anerkennen, dass das Bild nur unsere Meinung wiedergibt. Unser Ziel ist es, dadurch eine Diskussion anstoßen. Das ist in China sehr wichtig. Es kann vor allem die jungen Rechtswissenschaftler fördern, die aus Deutschland, den Vereinigten Staaten und anderen Ländern nach China zurückgekehrt sind und von der Entwicklung neuer Theorien, neuen Leistungen und neuen Erkenntnissen berichten. Auch freuen wir uns darauf, mit deutschen Kollegen und mit Freunden auf der ganzen Welt darüber diskutieren zu können. Wir hoffen, dadurch unseren Horizont zu erweitern, unseren Geist zu stärken und unser akademisches Fundament auszubauen. Dafür ist es hilfreich, den akademischen Austausch mit unseren Kollegen und Freunden in aller Welt zu fördern.

II. Die Erforschung vollständiger Modelle des Straftataufbaus

Wenn man über den Straftataufbau redet, muss man zunächst darüber nachdenken, wo eigentlich das Problem liegt. Streng genommen sollte man, wenn man über dieses Problem in China diskutiert, mit der eigenen, also der chinesischen Geschichte beginnen. Wenn man heute über das Konzept des Straftatbestands spricht, werden sicher alle zustimmen, dass es um die Frage geht, welcher inneren Struktur der Straftatbegriff zu folgen hat und welche Bedingungen für seine Ausgestaltung gelten müssen. Allerdings muss sich die Reflexion und Diskussion über die Voraussetzungen des Straftataufbaus zuerst an der „lex" orientieren und diese respektieren. Tut sie dies nicht, ist die Diskussion sinnlos. Wenn der Gegenstand der Rechtswissenschaft nicht das geltende Recht und Gesetz ist, kann der jeweilige Herrscher allein und ohne Kontrolle und Begrenzung darüber entscheiden. Solange es Gesetze gibt, wird es sicher auch Zweifelsfragen hinsichtlich der Auslegung und der allgemeinen Regeln geben. Man kann aber in der chinesischen Geschichte sehen, dass insbesondere während der von Wohlstand geprägten alten Dynastien wie den Goldenen Jahren des Zheng Guan (AD 627–649) die Rechtsstaatlichkeit zunahm. In den Goldenen

Jahren der Tang-Dynastie wurde das berühmte „Tang-Lü-Gesetz" erlassen.[6] Obwohl in den alten Feudaldynastien theoretisch niemals die Entscheidungszuständigkeit des obersten Herrschers, also des Kaisers, verneint wurde, so wurde sie jedoch in Zeiten des Wohlstands während der Tang-Dynastie entweder offen eingeschränkt oder auf irgendeine Art durch ein effektiveres Regierungssystem intern begrenzt, wie z. B. durch das System der Kritiker-Beamten. Wenn die Entscheidungen des Kaisers einer Gegenkontrolle unterlagen, konnte dies zum Aufblühen des Landes beitragen. Wir können also vereinfacht sagen, dass die Goldene Zeit im alten China auch das Ergebnis von Rechtsstaatlichkeit war. Der Kaiser im alten China strebte nach Wohlstand, um mit seinen Erfolgen in die Geschichte einzugehen; jede der alten Dynastien sah sich offenbar in der Verantwortung, die besondere soziale Ordnung aufrechtzuerhalten. Daher kann man in der Zeit der Tang-Dynastie und anderer Dynastien, die große Leistungen erbracht haben, erste Diskussionen über die Merkmale der Straftat erkennen. Eine der bekanntesten Persönlichkeiten dieser Zeit, Zhang Fei (Geburtsdatum ist unbekannt), hat zwischen AD 265 und 290 ein Buch („Zhu Lü Biao") verfasst, in dem er schrieb: „Wenn man weiß, was man tut, aber trotzdem handelt, bedeutet es ‚Gu (Vorsätzlichkeit)'; wenn man die Anderen gar nicht berücksichtigt, aber selbstverständlich handelt, bedeutet es ‚Shi (Fahrlässigkeit)'; wenn man als Erster vorschlägt, etwas Schlimmes zu tun, handelt es sich um ‚ZaoYi (Anstiftung)'; wenn beide gemeinsam planen, etwas Schlimmes zu tun, handelt es sich um ‚Mou (Planen)'; wenn man die anderen anführt, um zusammen etwas Schlimmes zu tun, bedeutet es ‚Shuai (Führung)'."[7] Das ist sehr bemerkenswert, denn Zhang Fei hat bereits mit den Begriffen „Wissen" und „Wollen" gearbeitet und zwischen verschiedenen Formen der Beteiligung unterschieden. Er hat damit versucht, bestimmte spezifische Merkmale des Straftatbestands aufzuzeigen. Bereits die alten Chinesen haben also damit begonnen, Merkmale des Straftatbestands zu beschreiben und anzuwenden. Leider hat sich daraus aber noch keine Lehre gebildet, die hätte weitergegeben werden können.

Im Westen entwickelte sich der Straftatbestandsbegriff in zwei Richtungen: diejenige des Common Law und diejenige des Civil Law. Im Common Law hat die Diskussion über die Merkmale des Straftatbestands bereits vor etwa 1.600 Jahren begonnen. Die damaligen Richter erkannten, dass man nicht nur den „act or omission", sondern auch den „state of mind" zu berücksichtigen habe. Dann entwickelten die Richter allmählich zwei Konzepte: „actus reus" und „mens rea".[8] Diese beiden Konzepte wurden im Sinne von „harmful act" und „harmful intent" ins Chinesische übersetzt. Im System des Common Law werden die Bedingungen oder Elemente des Straftatbestands betont, was den gemeinsamen Entwicklungstrend des Strafrechts als Wissenschaft widerspiegelt. Allerdings hat die Entwicklung der Straftatbestandslehre im

---

[6] Tang-Dynastie: *Zhang Sun Wuji u. a.* (Autoren), *Junwen Liu* (Bearbeiter: Kollation der Interpunktion), Tang Lü Shu Yi, Zhonghua-Buchhandlung 1983.

[7] Altes Buch: Strafrecht verschiedener Dynastien, Massenverlag 1988, S. 51.

[8] Vgl. z.B. *Wayne R. LaFave*, Criminal Law, 4th Edition, Thomson/West-Verlag 2003, S. 239.

Common Law einen bestimmten sozialen und rechtlichen Hintergrund. Diese über einen langen Zeitraum entwickelte Struktur des Straftatbegriffs im System des Common Law ist auf jeden Fall ein wichtiger Bestandteil der Rechtslehre in den Common-Law-Ländern. China wollte als Entwicklungsland alle positiven kulturellen Leistungen der Menschheit studieren und verstehen. Es ist nicht so, dass wir die Leistungen des Common-Law-Systems nicht zur Kenntnis nehmen möchten. Es ist jedoch einfacher, die Rechtswissenschaft des Civil-Law-Systems zu verstehen, denn es entspricht der Denkweise des Civil Law, dass alle unterschiedlichen Varianten die Notwendigkeit der Bildung eines Gesamtsystems betonen. Deshalb ist es für uns leichter zu verstehen. Hingegen ist das Justizsystem des Common Law sehr abhängig von dem politischen System des jeweiligen Landes. Die wichtigsten Beispiele dafür sind erstens die Auswahl des Richters und zweitens die Auswahl der Jury. An der Auswahl der Jury kann man erkennen, wie schwierig es wäre, das Common-Law-System in China zu realisieren. Denn in China hält man die psychischen Aspekte menschlichen Verhaltens für sehr wichtig. Aus diesem Grund konzentrieren sich die chinesischen Rechtswissenschaftler beim Studieren der Prinzipien des westlichen Strafrechts und insbesondere der Entwicklung des Straftataufbaus vor allem auf das System des Civil Law.

Im System des Civil Law lässt sich die Entwicklung des Straftatbestandbegriffs ganz klar nachvollziehen. Die chinesischen Rechtswissenschaftler haben sich dabei besonders auf die wissenschaftlichen Leistungen des deutschen Strafrechts konzentriert. Warum das? Weil die Deutschen ihr Denken und ihre Geschichte besonders vollständig und detailliert aufgezeichnet und dokumentiert haben. Ihre Geschichte hat nicht nur positive Kapitel, sondern auch negative, zum Beispiel das Strafrecht der NS-Zeit. Klare und ausführliche Berichte, Dokumentationen und Begründungen erleichtern nicht nur das Studieren und Forschen durch chinesische Rechtswissenschaftler und Studenten, sondern erhöhen auch die Überzeugungskraft der Argumente und Schlussfolgerungen. In China beeinflusst das klar strukturierte deutsche Strafrecht die Forschung der Rechtswissenschaftler seit mehreren Generationen und ist für den Aufbau der Rechtsstaatlichkeit in China von großer Bedeutung.

III. Die frühere Gestaltung des Straftataufbaus

Die frühere Gestaltung des Straftataufbaus wurde bestimmt durch den damaligen Begriff des Straftatbestands. Für die Geschichte der Strafrechtstheorie ist die Straftatbestandslehre von zentraler Bedeutung. Allerdings war es nicht die deutsche Rechtslehre, die als erste den Begriff „Straftatbestand" geprägt hat. Vielmehr wurde das Konzept des „corpus delicti" aus dem römischen Recht übernommen und zur Lehre vom „Tatbestand" weiterentwickelt. Der römisch-rechtliche Grundsatz des „corpus delicti" bedeutete für den Richter, dass er niemanden strafrechtlich zur Verantwortung ziehen durfte, wenn nicht bestimmte Tatsachen bewiesen waren. Der wichtigste Punkt lautete: Die Straftat musste mit Sicherheit vollendet worden sein. Beispiele: Es musste eine Leiche geben, etwas musste gestohlen worden sein, ein Haus musste verbrannt sein, usw. Nur wenn ein solcher strafrechtlich relevanter Zustand eingetreten war, konnte der Richter verurteilen. Daher beschrieb der Straftatbestand von Anfang an einen Zustand, der bedeutete, dass die „Straftat" schon „begangen" war. Die deutsche Rechtslehre hat das Wort „corpus delicti" verwendet und ersetzt, etwa durch „Tatsachenbestand" und ähnliche Formulierungen, und schließlich das Wort „Tatbestand" benutzt. Der „Tatbestand" zeigt, dass der Aufbau einer Straftat bestimmten rechtlichen Voraussetzungen entsprechen muss.[9]

Natürlich entwickelte sich das frühe Konzept des Tatbestandes durch die sogenannte kausale Handlungslehre aus dem tatsächlichen Dasein der Straftat. Eine Straftat beginnt zuerst einmal mit der Handlung. Was ist eine Handlung? Man glaubte früher, dass die Handlung durch ihren physisch-kausalen Charakter zu definieren sei. Heute versteht man unter einer Handlung, vereinfacht gesagt, eine Muskelkontraktion. Die Handlung bedeutet die Kontraktion der Muskeln von Menschen. Jedoch muss nach der absoluten Straftheorie Hegels diese Kontraktion der Muskeln vom menschlichen Willen gesteuert worden sein. Die Gründe für eine solche Gestaltung des Straftatbestands liegen nicht nur darin, dass auf diesem Wege die feudale Willkür beschränkt werden konnte, sondern sie gehen auch zurück auf die im achtzehnten und neunzehnten Jahrhundert in Europa hervorgebrachten naturwissenschaftlichen Erkenntnisse. Die größten Fortschritte machte die Naturwissenschaft in dieser Zeit vor allem in der Physik und in den Ingenieurwissenschaften, namentlich in der Astronomie, der Mechanik, dem Maschinenbau, der Elektrotechnik, aber auch in vielen anderen Naturwissenschaften. Daher spielten die wissenschaftlichen Entwicklungen, die während der industriellen Revolution hervorgebracht und durch diese gefördert wurden, eine wichtige Rolle für das frühe Verständnis von der Straftat.[10] Der Idee, dass zum Begriff der Handlung die Steuerung durch Gedanken gehört, hat man sich in dieser Zeit aufgrund des Einflusses von Hegel nicht angeschlossen. Im Strafrecht beachtete man vor allem den tatsächlichen Eintritt eines Schadens auf der objektiven Seite, weniger die „bösen Gedanken" auf der subjektiven Seite. Der objektiv eingetretene Beschädigungszustand wurde betont, zum Beispiel dass jemand gestorben ist, dass etwas verloren ist, dass Häuser verbrannt sind, usw. Man achtete in erster Linie auf das von der Muskelkontraktion verursachte Schadensergebnis. Der frühe Begriff des Tatbestands der Straftat wurde durch diese Vorstellungen und Ideen geprägt. Diese Art der Umschreibung des Tatbestands steigerte sich in einer extremen Weise. Zum Beispiel hat der große Strafrechtler von Liszt die Straftat „Beleidigung" folgendermaßen definiert: Beleidigung ist eine unter den straf-

---

[9] Vgl. *Ernst Beling*, Die Lehre vom Verbrechen, Verlag J. C. B. Mohr 1906 S. 110 ff.; ders., Die Lehre vom Tatbestand, in: August Hegler (Hrsg.), Beiträge zur Strafrechtswissenschaft: Festgabe für Reinhard von Frank zum 70. Geburtstag am 16. August 1930, Bd. 1, Tübingen: J. C. B. Mohr 1930, S. 1 ff.; *Heinrich Schweikert*, Die Wandlungen der Tatbestandslehre seit Beling, Verlag C. F. Müller 1957, S. 7–9.

[10] *Claus Roxin*, Strafrecht AT Bd. 1, Grundlagen – Der Aufbau der Verbrechenslehre, 3. Aufl., München: C. H. Beck 1997, S. 185 ff.

rechtlichen Verbotsbedingungen stattfindende „Erregung von Luftschwingungen und von physiologischen Prozessen im Nervensystem des Angegriffenen". Die Urkundenfälschung kennzeichnete er als „strafbare Muskelerregung".[11] Heute können wir mit Sicherheit sagen, dass dies lächerlich ist. Es sollte jedoch beachtet werden, dass diese Vorstellung die deutsche Rechtslehre etwa hundert Jahre lang geprägt hat, nachdem Feuerbach 1801 in seinem Lehrbuch dem Grundsatz „nullum crimen, nulla poena sine lege" einen klaren Inhalt gegeben hatte. Entlang dieser Idee haben deutsche Strafrechtswissenschaftler aus dem Gesetz eine eigene Tatbestandslehre abgeleitet. Nachdem Beling um das Jahr 1900 die Tatbestandslehre entwickelt hatte, gab es in Deutschland eine bemerkenswerte Fortentwicklung der strafrechtlichen Theorien.

In der kausalen Handlungslehre wurde der Tatbestand geteilt. Zum einen betonte man den objektiven Schaden und die objektive Tat; zum anderen erkannte man den subjektiven Aspekt an, betont diesen aber nicht. Warum wurde der subjektive Aspekt nicht betont? Dies tat man nicht, weil man befürchtete, die subjektiven Voraussetzungen nicht beweisen zu können. Der subjektive Aspekt bezieht sich auf Vorgänge in den Köpfen anderer Personen und ist deshalb schwer zu beweisen. Die Denkweise der damaligen Naturwissenschaft bestimmte auch die obengenannte Dichotomie des Straftatbetands (subjektiver Aspekt und objektiver Aspekt). Diese Denkweise war in den Rechtswissenschaften ganz Europas einschließlich des damaligen zaristischen Russlands verbreitet. Die Forschungen der russischen und deutschen Rechtswissenschaftler wurden in diesem Bereich nach und nach verfeinert. Zum Beispiel wurde innerhalb des objektiven Aspekts differenziert zwischen der Tathandlung, dem Tatererfolg, einer klar definierten Kausalität, sogar zwischen Handlung und Unterlassung usw. Anfangs fehlte es diesen Konzepten an Präzision. Auch die frühe Formulierung von Feuerbach betonte noch die philosophische Grundlage und den objektiven Aspekt der Straftat. Wenn ein Konzept noch am Anfang seiner Entwicklung steht, sind die Bedeutungsmöglichkeiten oft sehr umfangreich. Deshalb brauchte man die Philosophie für die Rechtfertigung der verschiedenen Ansichten.[12] Dies ist ein sehr interessantes Phänomen, das aber im Einklang mit den Regeln der wissenschaftlichen Entwicklung steht. Allerdings hat sich die anfangs übereinstimmende deutsche und russische Begriffsverwendung später auseinanderentwickelt. Warum erwähnen wir hier Deutschland und Russland? Der Grund besteht darin, dass die Rechtswissenschaften beider Staaten durch die spätere Entwicklung weltweit einen Spitzenplatz erreicht haben. Beide haben einen großen Einfluss auf China genommen. Zum Beispiel wurde in der frühen Strafrechtstheorie nicht zwischen dem Tatobjekt und dem objektiven Tatbestand unterschieden, und es gab dafür auch keine Notwendigkeit. Diese ergab sich erst, nachdem der Schutzumfang der Straftat erweitert worden war, so dass man zwischen dem Schutz des Tatobjkts und dem Schutz der sozialen Beziehung im rechtlichen Sinne unterscheiden musste.

---

[11] *Claus Roxin*, Strafrecht AT Bd. 1 (Fn. 10), S. 189.
[12] Vgl. z. B. *Paul Johann Anselm Feuerbach*, Lehrbuch des gemeinen in Deutschland gültigen peinlichen Rechts, 5. Aufl., Gießen 1812, S. 13.

Diese Unterscheidung trifft der heutige russische viergliedrige Straftataufbau durch die Unterteilung in das Tatobjekt und den objektiven Tatbestand der Straftat. Im deutschen dreigliedrigen Straftataufbau findet man sie in der Unterscheidung zwischen Rechtsgut und Tatbestand. Darüber hinaus gewinnt der Straftatbegriff auch hinsichtlich der verschiedenen subjektiven Faktoren einschließlich der Vorsätzlichkeit, der Fahrlässigkeit, des Alters, des geistigen Zustands usw. nach und nach an Klarheit.

IV. Das Gesetzlichkeitsprinzip und die Evolution des Straftataufbaus

Nach der Errichtung des sowjetischen Regimes hatte sich die russische Rechtswissenschaft, obwohl die Strafrechtler der ehemaligen Sowjetunion die Straftatbestandslehre weiter erforschten, von der westeuropäischen Theorie schon weit entfernt. Wir glauben, dass der wichtigste Wendepunkt die Anerkennung oder Nichtanerkennung des Gesetzlichkeitsprinzips ist.[13] Es gibt zwei Entwicklungsrichtungen der Strafrechtslehre in Europa. Die eine Richtung entstand in der Sowjetunion, die andere in Deutschland und anderen Ländern. Die Strafrechtslehre in der ehemaligen Sowjetunion hatte großen Einfluss auf das chinesische Strafrecht. Die chinesische Strafrechtslehre wurde mithilfe der ehemaligen sowjetischen Strafrechtslehre etabliert und entwickelt. Die chinesischen Strafrechtswissenschaftler haben die Strafrechtslehre der ehemaligen Sowjetunion gründlich studiert. Im Jahre 1957 wurde das von Prof. Trainin verfasste Buch „Die allgemeine Theorie des Straftatbestands" ins Chinesische übersetzt,[14] was auf die Entwicklung des chinesischen Strafrechts einen großen Einfluss hatte. Auch die heutigen chinesischen Strafrechtswissenschaftler halten im Allgemeinen dieses Buch für die größte akademische Leistung des sowjetischen Strafrechts nach dem Zweiten Weltkrieg. Auf der Grundlage des viergliedrigen Straftataufbaus der ehemaligen Sowjetunion hat sich die chinesische Straftatbestandslehre mit eigenständigem Charakter herausgebildet. Zum Beispiel wurde in China das einflussreiche Modell „Crime–Liability–Strafe" entwickelt. Dabei bezieht sich „Crime" auf das Problem der Feststellung des Straftatbestands, „Liability" auf die Feststellung der strafrechtlichen Schuld, „Strafe" auf die Feststellung des zu verhängenden Strafmaßes.[15]

---

[13] In Bezug auf den Gesetzlichkeitsgrundsatz in der ehemaligen Sowjetunion siehe *Zidan Cao* u. a. (Übersetzer), Die wissenschaftliche Geschichte des sowjetischen Strafrechts, Recht-Verlag 1978. Diese Übersetzung spielt eine wichtige Rolle in China, aber dort wird der Autor des Originals nicht genannt. Der Übersetzer schreibt in der Einführung, dass dieses Buch viele Autoren hat, einschließlich der Kommunikationswissenschaftler *A. A. Piontkovsky* und *P. S. Romashkin* in der sowjetischen Akademie der Wissenschaften, Prof. *V. D. Menshagin* und Prof. *N. D. Durmanov* an der Moskauer Universität.

[14] Russland: *A. H. Trainin* (Autor), *Bingzhong Xue u. a.* (Übersetzer), Die allgemeine Theorie des Straftatbestands, Chinesischer Renmin-Verlag 1958.

[15] *Mingxuan Gao/Kechang Ma* (Hrsg.), Strafrechtlehre, 3. Aufl., Peking-Universitäts-Verlag, Hochschulbildungs-Verlag 2007, S. 1.

Wir haben oben bereits erwähnt, dass man bei der Entwicklung des Straftatbestands das Gesetz befolgen muss. Allerdings haben die chinesischen Strafrechtswissenschaftler lange Zeit nicht verstanden, warum die Strafrechtslehre in der ehemaligen Sowjetunion den Gesetzlichkeitsgrundsatz nicht anerkannt hat. Was ist der Grund dafür? Nach langer Untersuchung haben wir herausgefunden, dass das Hauptproblem des Strafrechts der ehemaligen Sowjetunion leider in deren „Dogmatismus" liegt. Mit anderen Worten: Solange die klassischen Autoren des Marxismus-Leninismus etwas nicht gesagt hatten, konnte man selbst es auch nicht sagen. Wenn man es dennoch sagte, galt man als Revisionist. So war die Situation in der ehemaligen Sowjetunion. In den Jahren 1957 und 1958 behandelte die Sowjetunion auch die kommunistische Partei Chinas auf diese Weise. Ein typisches Beispiel dafür ist der Beginn des „Großen Sprungs nach vorn" in ganz China. Es gibt hierfür kein russisches Wort. Als der chinesische Vorsitzende Herr Mao Zedong und der damalige Sowjetbotschafter den „Großen Sprung nach vorn" erwähnten, diskutierten die Chefdolmetscher beider Seiten darüber, wie dieser Begriff ins Russische übersetzt werden könnte. Sie entwickelten eine gute, für beide Seiten akzeptable Übersetzung. Nach dem Gespräch zwischen dem chinesischen Vorsitzenden Herrn Mao Zedong und dem Sowjetbotschafter veranstaltete die russische Seite sofort in der Botschaft ein Treffen des Botschaftspersonals, bei dem alle aufgefordert wurden nachzuforschen, an welcher Stelle in der marxistisch-leninistischen Literatur die Formulierung „Großer Sprung nach vorn" verwendet wird. Letztlich konnte niemand diese Formulierung in den marxistisch-leninistischen Büchern finden. Daraus schlossen sie, dass die Aufforderung der kommunistischen Partei Chinas zum „Großen Sprung nach vorn" nicht im Einklang mit den marxistisch-leninistischen Ansichten stehe.[16] Hier liegt das Problem. Im Ergebnis enthielt das Strafrecht der ehemaligen Sowjetunion von 1917 bis 1989 den Gesetzlichkeitsgrundsatz gar nicht. Obwohl die Strafrechtswissenschaft der ehemaligen Sowjetunion ab 1957 mit der Erforschung des Prinzips der Gesetzlichkeit begonnen hatte und auch der ehemalige sowjetische Führer Lenin bereits im Jahr 1922 die Frage nach einem sozialistischen Rechtssystem gestellt hatte, wurde der Gesetzlichkeitsgrundsatz in der Sowjetunion nie offiziell anerkannt. In der Strafrechtslehre der Sowjetunion glaubten die Rechtswissenschaftler, dass man das Gesetz grundsätzlich analog anwenden könne, also gelte der Gesetzlichkeitsgrundsatz nicht. So konnte man anhand seiner eigenen Prämissen den Inhalt des Straftatbestands bestimmen.

Hier gibt es ein entscheidendes Problem: Wie verhalten sich die marxistisch-leninistischen Autoren zum Gesetzlichkeitsgrundsatz? Es war sehr interessant, als wir in der Vergangenheit eine spezielle Studie über einen Straftatbestand, nämlich denjenigen der Gefährdung der nationalen Sicherheit, an der Peking-Universität durchführten. Als ich diesen Straftatbestand studierte, mobilisierte ich viele Studenten der Peking-Universität, um Dutzende von Büchern der klassischen marxistischen

---

[16] Russland: *Kudashev Rishat Sharafutdinovich* (Sprecher), *Shaofeng Zheng* (Schreiber), Simultan gedolmetschter Text des Treffens hochrangiger chinesischer und sowjetischer Führer, Zeitgenössischer China-Verlag 2010, S. 87.

Schriftsteller (Marx, Engels, Lenin, Stalin) zu lesen. Ich wollte dadurch erfahren, in welchem Buch und in welchem Zusammenhang der Gesetzlichkeitsgrundsatz angesprochen wird. Das Ergebnis war für mich schockierend. Es fand sich nichts über den Gesetzlichkeitsgrundsatz in diesen Büchern. Um dieses Ergebnis nochmals zu überprüfen, schickte die Peking University Law School sogar einen Doktoranden, der fließend Russisch sprach, für ein Jahr nach Russland. Er besuchte auch Kasan, die Heimatstadt von Lenin, wo er im Museum nach Literatur über den Gesetzlichkeitsgrundsatz suchte. Er berichtete nach seiner Rückkehr, dass auch dort in den klassischen marxistischen Büchern nichts über den Gesetzlichkeitsgrundsatz zu finden sei. Trotzdem hatte ich noch Zweifel. Deshalb wurde Prof. Gong Xiantian, eine Autorität auf dem Gebiet der Lenin-Forschung, von uns mit der folgenden Frage zu Rate gezogen: „Wissen Sie, ob man in den klassischen Werken des Marxismus-Leninismus, vor allem in Lenins klassischen Schriften, den Gesetzlichkeitsgrundsatz erwähnt? Wie dachte Lenin darüber? War er dafür oder dagegen? Wir haben nichts gefunden, es scheint keinen Gesetzlichkeitsgrundsatz in der Sowjetunion zu geben!" Prof. Gong Xiantian antwortete: „Diese Schlussfolgerung ist nicht nur genau, sie ist ganz genau!" Deshalb bin ich sicher, dass das sowjetische Strafrecht den Gesetzlichkeitsgrundsatz gar nicht kannte. Heute können wir die Gründe leicht verstehen. Natürlich hat das Gesetz in unterschiedlichen politischen Systemen unterschiedliche Funktionen. Die Diktatur des Proletariats, die der Marxismus anstrebte, sollte die alte staatliche Ordnung zerbrechen. Es war unmöglich, den Gesetzlichkeitsgrundsatz zu befürworten, bevor eine neue staatliche Ordnung hergestellt war. Solange die neue staatliche Ordnung noch nicht existierte, hätte die Einhaltung des Gesetzlichkeitsgrundsatzes bedeutet, dass man die Straftatbestände nach dem Gesetz der alten staatlichen Ordnung bestimmen und die Beschuldigten dementsprechend verurteilen oder freisprechen musste. Das ging nicht. Die Aufgabe, die sozialistische Rechtsstaatlichkeit zu stärken, wurde in der Zeit Lenins postuliert, aber Lenin starb bald darauf, und Stalin konnte das sozialistische Rechtssystem nicht aufrechterhalten.

Prof. Trainin war in der ehemaligen Sowjetunion ein sehr wichtiger Rechtswissenschaftler auf dem Gebiet der Straftatbestandslehre. Obwohl er das großartige Buch „Die allgemeine Theorie des Straftatbestands" geschrieben hat, wagte er es aber nicht, den Gesetzlichkeitsgrundsatz eindeutig anzuerkennen.[17] Die Leistungen seiner Theorie stehen jedoch offensichtlich unter dem Einfluss des Gesetzlichkeitsgrundsatzes. Aber seine Theorie ist im russischen Strafrecht nicht die herrschende Ansicht. Russland hat den Gesetzlichkeitsgrundsatz nach dem Zerfall der Sowjetunion in das Strafgesetzbuch von 1996 aufgenommen, danach begann man in Russland mit der weiteren Untersuchung der Straftatbestandslehre. Aber zu jener Zeit hatte sich das chinesische Strafrecht bereits gegenüber der ganzen Welt für Anregungen

---

[17] *Tienan Mi*, Das Straftatsystem von Prof. Trainin, Peking-Universitäts-Verlag 2014, S. 159 Fn. 1: Prof. Trainin hat nur in der 1. Auflage des Buches, die im Jahr 1947 erschien, den Gesetzlichkeitsgrundsatz in lateinischer Sprache genannt. In der 2. Auflage, die im Jahr 1953 erschien, und in späteren Auflagen des Buches steht nichts über diesen Grundsatz.

geöffnet, die russische Strafrechtslehre hat somit für die chinesische Strafrechtslehre nur noch rechtshistorische Bedeutung.

Eine Strafrechtslehre auf der Basis des Gesetzlichkeitsgrundsatzes wurde außerdem in den Ländern des Civil-Law-Systems entwickelt, vor allem in Westeuropa und dort in besonderem Maße in Deutschland.

Am Anfang wurde auch in Deutschland lediglich zwischen objektiver und subjektiver Seite unterschieden.[18] In den folgenden fast 100 Jahren hat die deutsche Rechtswissenschaft u. a. einen Straftataufbau hervorgebracht, der dem viergliedrigen Straftataufbau ähnlich ist, der aber nicht zur herrschenden Ansicht wurde.[19] Der Inhalt der Begriffe „objektive Seite" und „subjektive Seite" hat sich im weiteren Verlauf der Entwicklung stark verändert. Allmählich wurde die Bezeichnung „objektive Seite der Straftat" durch „Unrecht" ersetzt. Dieses Wort ist sehr interessant, weil es sich später erheblich weiterentwickelt hat. Das „Recht" im Sinne des Straftatmerkmals „Unrecht" bezeichnet nicht das Recht im Sinne des Inhalts eines Gesetzbuches. In der deutschen Sprache ist die ursprüngliche Bedeutung von „Recht" nur die „Richtigkeit" als Gegenbegriff zur „Unrichtigkeit". Das richtige Verständnis des Wortes ist sehr wichtig für die chinesische Übersetzung. „Unrecht" bedeutet „nicht richtig" oder „rechtswidrig". Daher weist die Bezeichnung der Straftat als „unrichtig" darauf hin, dass auf der objektiven Seite die Verbotsregelungen der Gesetze verletzt worden sind, und die Verwirklichung der objektiven Seite des Straftatbestands bringt zum Ausdruck, dass der herbeigeführte Zustand nicht „richtig" ist, also nicht dem Gesetz entspricht. Zwar kann man allein mithilfe des Begriffs „Unrecht" nicht feststellen, ob der herbeigeführte Zustand ein Verbrechen ist. Jedoch ist die Verwirklichung der objektiven Seite des Straftatbestands nicht mehr eine rein neutrale Bezeichnung. Sie bringt vielmehr zum Ausdruck, dass ein in der Gesellschaft geltendes Verbot verletzt wurde. Auch hinsichtlich der subjektiven Seite haben sich die Konzepte und Theorien weiter- und teilweise neu entwickelt. Es wurde angenommen, dass eine Handlung nur dann vorwerfbar ist, wenn man vorsätzlich oder fahrlässig den Tatbestand verwirklicht hat. Diese Vorwerfbarkeit wurde in der Strafrechtslehre „Schuld" genannt. Früher haben die Japaner das Wort „Schuld" mit „accountability" oder „culpability" übersetzt, was die Verantwortlichkeit für den herbeigeführten Zustand bedeutet. Etwa im Jahr 1900 wurde in Deutschland die dreigliedrige Straftataufbautheorie entwickelt. Schon damals hatte der deutsche Straftatbestand ein objektives und ein subjektives Element, also Unrecht und Schuld. Diese vier Wörter haben zwischenzeitlich Mischformen der Verwendung erlebt. Wenn man etwas Natürliches oder Tatsächliches beschreibt, dann ist es etwas Objektives; wenn man über die Verbotsmerkmale des Strafrechts diskutiert, bedeutet „Unrecht" eine Bewertung des objektiven Aspektes des Straftatbestands. Die ursprüngliche Bedeutung des deutschen Wortes „Schuld" ist „etwas schulden". Es bringt Folgendes zum Ausdruck: „Es ist

---

[18] Siehe Fn. 12.
[19] Vgl. *Thomas Vormbaum*, Einführung in die moderne Strafrechtsgeschichte, Heidelberg u. a. 2009, S. 120 f.

unrichtig, was Sie gemacht haben. Das, was Sie deshalb schulden, müssen Sie zurückzahlen. Wie wird es zurückgezahlt? Sie müssen zu einer Strafe verurteilt werden." Mit der Erhöhung der Anforderungen durch den Gesetzlichkeitsgrundsatz entwickelte sich danach allmählich eine immer anspruchsvollere und modernere Form der Straftatbestandslehre.

V. Die moderne Gestaltung des Straftataufbaus

Gegen Ende des 19. Jahrhunderts und Anfang des 20. Jahrhunderts gab es in den Natur- und Sozialwissenschaften weltweit große Fortschritte. Einer der wichtigsten Fortschritte war die Entwicklung einer neuen Psychologie des Denkens und einer Theorie zur Analyse der Handlungsstruktur.[20] Die neuesten wissenschaftlichen Erkenntnisse lauten, dass unter dem Aspekt des Denkens die menschliche Handlung immer einen bestimmten Zweck hat. Gibt es keinen solchen Zweck, kann man nicht von einer „Handlung" sprechen. Das ist die Kernthese der finalen Handlungslehre. Ein einfaches Beispiel: A plant B zu töten. A vergiftet das Essen des B, dann lässt er C dem B das vergiftete Essen geben. A ist dabei der Vorgesetzte des C. Auf die Anordnung oder Bitte des A gibt C dem B das vergiftete Essen, B stirbt daran. Die Frage ist, ob C strafbar ist. Nach der finalen Handlungslehre ist diese Frage leicht zu lösen. C verfolgt nur den Zweck, dem B das Essen zu geben, aber gerade nicht den Zweck, B zu töten. Der von C verfolgte Zweck ist gesetzlich nicht verboten. C ist daher nicht strafbar. So argumentiert die finale Handlungslehre. Nach dem Ersten Weltkrieg wurde die finale Handlungslehre in Europa in großem Umfang rezipiert, und sie beeinflusste auch die Strafrechtslehre in der damaligen Sowjetunion. In den etwa im Jahr 1930 erschienenen und übersetzten sowjetischen Büchern heißt es, dass eine Handlung auch einen subjektiven Aspekt hat. Zum Beispiel kann das Verhalten eines Schlafwandlers mangels subjektiver Zweckbestimmung nicht „Handlung" genannt werden. Bei dieser Entwicklung haben die Leistungen der Sozial- und Naturwissenschaften die Denkweise der Rechtswissenschaft stark beeinflusst. In der Entwicklung der gesamten Straftatbestandslehre gehört die Theorie der ehemaligen Sowjetunion zwar zur Richtung der kausalen Handlungslehre, in mancher Hinsicht aber wurden auch Teile der finalen Handlungslehre aufgenommen. Allerdings befürwortet die Strafrechtslehre in Japan im Grunde die kausale Handlungslehre.[21]

Durch die finale Handlungslehre hat sich die Struktur des Straftatbestands nochmals verändert. Nach dieser Lehre erfüllt die bloße objektive Muskelkontraktion nicht das im Strafrecht geltende Erfordernis einer „gefährlichen Tat". Wenn man zum Beispiel die Straftat des Diebstahls betrachtet, muss die Sache von einem anderen „weggenommen" werden. Nach der kausalen Handlungslehre ist

---

[20] *Claus Roxin*, Strafrecht AT Bd. 1 (Fn. 10), S. 189 ff.

[21] Japan: *Noriyuki Nishida* (Autor), *Mingxiang Liu/Zhaowu Wang* (Übersetzer), Strafrecht in Japan (Fn. 3), S. 60.

es ausreichend, dass die „Wegnahmehandlung" erfolgt. Das Problem betrifft die Anforderungen an den Straftatbestand: Der Diebstahlstatbestand erfordert nicht nur eine „Wegnahmehandlung", sondern eine „Diebstahlshandlung". Daher ist es in Bezug auf die objektive Seite des Straftatbestands nicht ausreichend, nur zu beweisen, dass die Sache von einem anderen „weggenommen" wurde. Es muss bewiesen werden, dass diese Sache von einem anderen „gestohlen" wurde. Wie kann man eine Diebstahlshandlung beweisen? Man muss dazu bei der Bewertung des Unrechts, also der Verbotsregelungen der objektiven Seite des Tatbestands, auch die Faktoren der subjektiven Seite beachten. Auf diese Weise verändert sich das Verhältnis zwischen Unrecht und Schuld bzw. zwischen der objektiven und der subjektiven Seite. Nach der viergliedrigen Straftataufbautheorie umfasst das Objektive das Tatobjekt und den objektiven Tatbestand, das Subjektive die Vorsätzlichkeit, die Fahrlässigkeit und andere subjektive Aspekte wie die Schuldfähigkeit und das Alter. Nun wurde diese Zuordnung geändert. Der Vorsatz bzw. die Fahrlässigkeit wurde von der objektiven Seite der Straftat getrennt; diese Elemente der subjektiven Seite, das Tatobjekt und die objektive Seite wurden zum „Unrecht" verbunden. Das „Unrecht" wird nun „Tatbestand" genannt, weil es alle Voraussetzungen eines Verstoßes gegen das straftatbestandliche Verbot erfüllt. Doch ist innerhalb des „Unrechts" die Unterscheidung zwischen Objektivem und Subjektivem weiterhin vorhanden. Es wird nämlich zwischen objektivem Tatbestand und subjektivem Tatbestand differenziert. Offensichtlich ist die Bedeutung dieses „Unrechts"-Begriffs eine andere als das obengenannte Verständnis vom „Unrecht".

Außerdem unterscheidet sich das Verständnis der „Schuld" nach der finalen Handlungslehre von dem der kausalen Handlungslehre. Die „Schuld" im Sinne der kausalen Handlungslehre war durch die subjektiven Merkmale „Vorsatz" oder „Fahrlässigkeit" definiert und wurde „psychologische Schuld" genannt. Heute gehören Vorsatz und Fahrlässigkeit zum subjektiven Tatbestand und nicht zur Schuld. Die „Schuld" umfasst nur die Schuldfähigkeit, das Alter usw. Wenn die Schuld als eigenständiger Prüfungspunkt in der dreigliedrigen Deliktsprüfung fungiert, bedarf es nicht nur der Untersuchung des Tatsubjekts, sondern auch der Berücksichtigung des Zwecks der Strafe. Daher wird sie nun als „normative Schuld" bezeichnet.

Die Einbeziehung des Zwecks der Strafe wird traditionell erörtert anhand eines von Kant ersonnenen Falls („Brett des Karneades"):[22] Ein Schiff geht unter. Die beiden Schiffbrüchigen A und O können sich auf eine im Meer treibende Planke retten. Diese Planke kann aber nur einen der beiden Schiffbrüchigen tragen. Daher drohen beide zu ertrinken. A stößt O deshalb von der Planke, um sich zu retten. A rettet sich auf diese Weise, O ertrinkt. Die Frage lautet, ob A strafbar ist. Zu dieser Frage gibt es unterschiedliche Meinungen, und sie unterscheiden sich auch sehr in den verschiedenen Ländern. Die meisten Chinesen sind der Ansicht, dass das Verhalten des A

---

[22] USA: *George Fletcher* (Autor), *Shizhou Wang u. a.* (Übersetzer), Basic Concept of Criminal Law (Fn. 4), S. 167–170.

nicht richtig ist.²³ A wäre wegen Totschlags strafbar. Allerdings ist die nächste Frage, ob seine Strafe gemildert werden darf oder ob er sogar ganz von der Strafe befreit werden darf. Diese Frage wird weltweit kontrovers diskutiert. A sollte jedenfalls nicht wegen vorsätzlicher Tötung zum Tode verurteilt werden dürfen! Aber warum soll er eine Strafmilderung bekommen oder sogar seine Verurteilung unzulässig sein? Es gibt hierzu weltweit unterschiedliche Auffassungen. Nach Kant ist die Handlung des A zwar nicht richtig, A darf aber nicht bestraft werden. Heute kann dieses Ergebnis mit dem Zweck der Strafe begründet werden. Wozu dient das Strafrecht? Zwar gibt es sehr viele Meinungen hinsichtlich des Zwecks der Strafe, aber man ist sich darüber einig, dass jedenfalls ein Zweck des Strafrechts darin liegt, weitere Straftaten zu verhindern, dass es also eine präventive Funktion hat. Der große Philosoph Kant hat den Karneades-Fall herangezogen. In diesem Extremfall wird A durch den menschlichen Überlebensinstinkt zu seinem egoistischen Verhalten gezwungen. Einem solchen Verhalten in einer Extremsituation kann man durch das Strafrecht nicht vorbeugen. Die Präventionsfunktion des Strafrechts, wie wir sie im Anschluss an die finale Handlungslehre als Teilaspekt der „Schuld" diskutieren, hat große Auswirkungen auf die Strafbarkeit des Täters.²⁴ Deshalb hat die Berücksichtigung des Strafzwecks bei der Prüfung der Strafbarkeit des Täters die Straftataufbautheorie bereichert. Die moderne Strafrechtslehre ermöglicht dadurch nicht nur die Verfolgung Schuldiger, sondern unter bestimmten Bedingungen auch die Berücksichtigung entschuldigender Umstände. Die moderne Strafrechtslehre zeigt mehr humanistische Fürsorge.

Auf der Grundlage der finalen Handlungslehre haben sich im modernen Strafrecht zahlreiche weitere Lehren entwickelt. Die einflussreichsten sind die soziale Handlungslehre und die personale Handlungslehre. Diese Lehren haben Konzept und Inhalt des Straftatbestands weiter ausdifferenziert und verfeinert. Die auf diese Weise entwickelte Strafrechtslehre ist in vielen Teilen der Welt ein Jahrhundert lang angewandt worden, in einigen Ländern bis heute. Natürlich ist es möglich, dass die von einzelnen Rechtswissenschaftlern entwickelte oder in einigen Staaten angewandte Straftataufbautheorie in einem bestimmten Stadium stagniert hat oder ihre Entwicklung in eine andere Richtung gegangen ist.

Die Straftatbestandslehre muss außerdem noch das Problem der Rechtswidrigkeit lösen. Nach dem Gesetzlichkeitsgrundsatz ist nur strafbar, wer den Tatbestand eines Strafgesetzes erfüllt. Unter den ehemals sowjetischen Strafrechtsrechtswissenschaftlern gab es eine intensive Diskussion; sie glaubten, dass der „Straftatbestand einzige Grundlage für die Strafbarkeit" sei.²⁵ Dieser Ansicht folgend ist der chinesischen

---

[23] Dies ist zumindest das Diskussionsergebnis in der juristischen Fakultät an der Peking University China Law Project. Wir haben über diesen Fall mit Gelehrten und Studenten auf der Welt 10 Jahre lang diskutiert.

[24] *Shizhou Wang*, Modernes Strafrecht: Allgemeiner Teil, Peking-Universitäts-Verlag 2011, S. 88 ff.

[25] *Zidan Cao u. a.* (Übersetzer), Die Geschichte der sowjetischen Strafrechtswissenschaft, Recht-Verlag 1978, S. 36 ff., insbes. S. 48 ff.

Rechtspraxis die Schlussfolgerung leicht gefallen, dass man strafbar ist, wenn man den Straftatbestand verwirklicht hat. Allerdings ist es nach der strafrechtlichen Gesetzgebung und Rechtspraxis zulässig, in bestimmten Situationen etwas nach dem Gesetz Verbotenes zu tun. Zum Beispiel ist die vorsätzliche Tötung zwar gesetzlich verboten, aber durch Notwehr gerechtfertigt, wenn die persönliche Sicherheit bedroht ist. Dies bedeutet, dass jemand einen anderen in rechtfertigender Notwehr töten darf, wenn der andere das Leben des Angegriffenen bedroht. In der Rechtspraxis gliedert sich die Prüfung in zwei Schritte: Erstens muss untersucht werden, ob der Straftatbestand erfüllt wurde; zweitens ist zu klären, ob es irgendeinen gesetzlichen Rechtfertigungsgrund gibt. Wenn ein solcher Rechtfertigungsgrund vorliegt, hat das Verhalten nicht den Charakter der „Unrichtigkeit" bzw. es ist kein Unrecht, obwohl es die Merkmale des Straftatbestands verwirklicht hat. Das bedeutet, dass diese Rechtfertigungsgründe den Handlungscharakter von „unrichtig" bzw. „Unrecht" in „richtig" bzw. „rechtmäßig" verwandeln. Hier ist mit „Rechtswidrigkeit" die „Richtigkeit" im Sinne von „Richtigkeit/Unrichtigkeit" gemeint. Wenn keine Rechtfertigungsgründe vorliegen, ist die tatbestandsmäßige Handlung rechtswidrig und somit strafbar.

In der modernen Strafrechtswissenschaft sind die Rechtswidrigkeit und die Schuld wichtige Teile des Straftataufbaus. Es gibt jedoch einen großen Unterschied in der Bedeutung des Ausschlusses der Rechtswidrigkeit und des Ausschlusses der Schuld. Zwar gibt es auf der Seite der Strafe eine Ähnlichkeit, nämlich insofern, als in beiden Fällen keine Strafe verhängt wird. Wenn die Rechtswidrigkeit ausgeschlossen ist, dann ist auch die Charakterisierung des Verhaltens als „Unrecht" ausgeschlossen. Die Handlung bekommt also durch die Verteidigung des Rechts den Charakter der Richtigkeit! Im Fall des Ausschlusses der Schuld wird der Charakter des „Unrechts" bzw. der Unrichtigkeit nicht ausgeschlossen, wobei unterschiedliche theoretische Begründungen hierfür denkbar sind. Jedenfalls behält die Handlung den Charakter der Unrichtigkeit. Der Grund für die Nicht-Bestrafung des Täters im Fall des Ausschlusses der Schuld liegt darin, dass die Handlung des Täters von der Gesellschaft entschuldigt wird. Dieser Unterschied ist in der Rechtspraxis sehr wichtig. Der chinesische Oberste Volksgerichtshof hat dazu bereits im Wu-Jinyan-Notwehr-Fall eine Entscheidung getroffen.[26] A, eine Mitbewohnerin von Frau Wu, war als Kellnerin in einem Hotel, das nicht weit von der Peking-Universität lag, tätig. B war der Freund von A. Später fand A heraus, dass B einen schlechten Charakter hatte und auch Diebstähle beging. Deshalb wollte sich A von B trennen. Dies führte dazu, dass B gemeinsam mit anderen männlichen Personen in einer Nacht im August um 3:00 Uhr in den Frauen-Schlafsaal des Hotels eindrang, um A herauszuholen. Während die Männer dies versuchten, ergriff Frau Wu ein Obstmesser, das auf dem Tisch lag, und stach einem der Komplizen des B in die Brust, woran er starb. In der ersten Instanz wurde entschieden, dass Frau Wu aus rechtfertigender Notwehr gehandelt habe

---

[26] 1., 2., 3., 4. und 5. Strafsenat des Obersten Volksgerichtshofs in China (Hauptbearbeiter), Leitfaden-Fälle des chinesischen Strafverfahrens (Straftaten gegen die Bürgerrechte, Straftaten gegen die demokratischen Rechte), Recht-Verlag 2009, S. 633 ff.

und nicht strafbar sei. Allerdings glaubte der Verteidiger des getöteten Opfers, dass Frau Wu zivilrechtlich zu einer Entschädigung verpflichtet sei. Er argumentierte, dass Frau Wu zwar nicht strafbar sei, aber die Beerdigungskosten usw. erstatten müsse. Schließlich entschied das Gericht, dass Frau Wu auch zivilrechtlich keine Verantwortung trage. Das ist richtig! Die Bedeutung der Unterscheidung zwischen Rechtswidrigkeit und Schuld liegt in der Rechtspraxis hauptsächlich darin, dass derjenige, der „richtig", also gerechtfertigt, handelt, nicht nur keine strafrechtliche Verantwortung trägt, sondern auch keine zivilrechtliche. Handelt man „rechtswidrig", aber ohne Schuld (entschuldigt), trägt man zwar keine strafrechtliche, aber zivilrechtliche Verantwortung. Daran können wir sehr deutlich sehen, dass sich der frühere Straftataufbau, der nur „Unrecht" und „Schuld" kannte, mit der Einführung der „Rechtswidrigkeit" zur dreigliedrigen Straftataufbautheorie entwickelt hat.

In der Folgezeit hat sich der Straftataufbau noch weiter entwickelt. Die neueste, aktuelle Entwicklung liegt darin, dass erneut versucht wird, „Unrecht" und „Rechtswidrigkeit" zu verbinden und zusammen als „Unrecht" zu bezeichnen. Dadurch würde „Unrecht" zum nunmehr dritten Mal neu definiert, die Bedeutung von „Unrecht" wäre daher nochmals eine andere als bisher. Seitdem der Strafzweck bei der Prüfung der „Schuld" berücksichtigt wird, hat die „Schuld" einen neuen Inhalt. Im Ergebnis weist der Straftataufbau eine neue Dichotomie auf, d. h. derzeit entwickelt sich die dreigliedrige Straftataufbautheorie in die Richtung einer zweigliedrigen. Wir müssen dies weiter beobachten und erforschen. Derzeit unterliegt allerdings der gesamte Straftataufbau einem solchen Entwicklungsprozess.

Es ist zu beachten, dass die Handlungslehre Voraussetzung, sogar Bestandteil der Straftatbestandslehre ist. Nach der kausalen und der finalen Handlungslehre sind heute die neuesten Handlungslehren die soziale und die personale. Mit „Person" ist in rechtlicher Hinsicht immer die vom Gesetz bezeichnete Person gemeint. Nach der personalen Handlungslehre ist Handlung jede Persönlichkeitsäußerung.[27] Die Handlungslehre hat also folgende Entwicklung genommen: Nach der kausalen Handlungslehre ist Handlung jede Muskelkontraktion. Nach der finalen Handlungslehre tritt der subjektive Zweck in Erscheinung. Nach der personalen Handlungslehre werden zusätzlich die Umweltfaktoren berücksichtigt. Die gleiche Handlung kann in unterschiedlichen Situationen einen anderen personalen Charakter haben. Vor einigen Jahren hat es in China einen Fall gegeben, der die Unterschiede deutlich macht. Dabei handelt es sich um den Liang-Li-Diebstahl-Fall, der sich am Shenzhen-Flughafen zugetragen hat. In diesem Fall hatte ein Passagier mehr als zehn Kilogramm Gold bei sich, welches mehr als drei Millionen Yuan wert war. Er legte den Goldbehälter in der Abflughalle neben einem Mülleimer ab. Wohin er dann ging, ist unklar. Frau Liang war als Putzfrau am Shenzhen-Flughafen tätig. Weil sie zuvor erlebt hatte, dass einige Passagiere ihre mitgenommenen Batterien wegwerfen, bevor sie ins Flugzeug einsteigen, dachte Frau Liang, dass in dem Behälter nur weggeworfene

---

[27] Deutschland: *Claus Roxin* (Autor), *Shizhou Wang* (Übersetzer), Strafrecht in Deutschland (Fn. 2), S. 160.

Batterien seien. Daher räumte sie den Goldbehälter weg. Dies geschah nur 33 Sekunden, nachdem der Passagier ihn dort abgelegt hatte. Die Verhandlung des Falls in Shenzhen dauerte mehr als ein Jahr. Letztlich wurde Frau Liang nicht bestraft. Auf der Grundlage der personalen Handlungslehre ist dieser Fall leicht zu beurteilen. Obwohl „33 Sekunden" nur nach einem kurzen Moment klingt, sind sie in einer lauten Umgebung wie einem Flughafen eine recht lange Zeit. Man kann in 33 Sekunden wahrscheinlich mehr als 100 Meter weit laufen, was dort schon eine große Entfernung ist. Nahm Frau Liang den Goldbehälter weg? Ja. Allerdings hatte Frau Liang einen Rechtfertigungsgrund: Sie hat das getan, was sie als Putzfrau tun sollte. Ist Liang Li wegen Diebstahls strafbar? Mit der personalen Handlungslehre kann man das Problem leicht lösen. Die Verfolgungsbehörde muss ausreichende Beweise haben, um jeden Zweifel auszuschließen. Frau Liang wäre strafbar, wenn sie eine Diebstahlshandlung vorgenommen und auch einen zielgerichteten Diebstahlswillen gehabt hätte. Doch ist in diesem Fall klar, dass Frau Liang beides nicht hatte.

Ähnlich gelagert ist ein anderer Fall, der sog. Xu-Ting-Fall.[28] Xu Ting war Wanderarbeiter, sein Bankkonto hatte nur 176,97 Yuan Guthaben, und er hatte keinen Überziehungskredit. Als Herr Xu eines Abends mit seiner Bankkarte Geld an einem Geldautomaten der Guangzhou City Commercial Bank abhob, bemerkte er, dass der Geldautomat nicht richtig funktionierte. Als er 1.000 Yuan als auszuzahlenden Betrag eingab, zahlte der Geldautomat 1.000 Yuan aus, aber es wurde eine Buchung von nur einem Yuan angezeigt. Daher stand Herr Xu die ganze Nacht vor dem Geldautomaten und gab die Auszahlungsanweisung 174-mal ein, sodass ihm 174.000 Yuan ausgezahlt wurden. Danach verschwand Herr Xu mit dem Geld. Nach dem damaligen chinesischen Gesetz wäre Herr Xu Ting wegen Diebstahls zu lebenslanger Haft zu verurteilen gewesen. Eine solche Bestrafung wäre offensichtlich zu hart. Herr Xu ist zwar wegen Diebstahls strafbar, aber er kann sich damit verteidigen, dass er der Versuchung des Geldes aufgrund des Geldautomatenfehlers nicht widerstehen konnte. Für einen Dollar konnte er tausend bekommen! Er war schließlich nur ein Tagelöhner! Daher ist er zwar strafbar, aber die Strafe war zu mildern. Unter dem Gesichtspunkt der Schuld ist zu berücksichtigen, dass der Zweck einer so hohen Strafe nur darin bestehen kann, den illegalen Erwerb großer Geldsummen durch planmäßiges Vorgehen zu verhindern, aber nicht darin, in einem Extremfall wie dem Geldautomatenfehler die Ausnutzung dieses Fehlers aufgrund der großen Versuchung des Geldes zu verhindern. Der Oberste Volksgerichtshof verurteilte Herrn Xu schließlich zu fünf Jahren Gefängnis.

Ein vollständiges Verständnis der modernen Strafrechtslehre hilft den Strafrechtlern beim weiteren Nachdenken darüber, welchen Stellenwert die von ihnen selbst gelernte und befürwortete Straftatbestandslehre hat. Natürlich ist das Lernen der Strafrechtslehre die eine Sache, aber ihre Anwendung ist eine andere. Die Entwick-

---

[28] 1., 2., 3., 4. und 5. Strafsenat des Obersten Volksgerichtshofs in China (Hauptbearbeiter), Leitfaden-Fälle des chinesischen Strafverfahrens (Straftaten gegen die nationale Sicherheit, Straftaten gegen die öffentliche Sicherheit, Straftaten gegen das Eigentum und Straftaten gegen die nationalen Interessen), Recht-Verlag 2009, S. 886.

lung des materiellen Strafrechts ist von der Entwicklung des Strafprozessrechts und der gesamten Rechtsstaatlichkeit abhängig. Damit sich in China als Entwicklungsland die Rechtsstaatlichkeit weiterentwickeln kann, ist es besonders hilfreich, wenn man sich ein umfassendes Bild von den Strafrechtslehren der ganzen Welt erarbeitet. Die chinesischen Rechtswissenschaftler müssen noch von den deutschen lernen. Wir brauchen noch die Kritik und die Hilfe von Prof. Dr. Klaus Rogall und anderen deutschen Strafrechtlern. Die chinesische Strafrechtswissenschaft hofft, den Kontakt und Austausch mit den deutschen Strafrechtlern zu stärken. Wir hoffen, dass dieser Beitrag einen solchen Austausch fördert.

Garantenpflicht nach eigenverantwortlicher Selbstgefährdung

Von *Mark A. Zöller*

I. Déjà-vu

Gelegentlich beschleicht einen auch bei neuen höchstrichterlichen Entscheidungen ein Déjà-vu-Gefühl. Schon während der Lektüre wächst der Verdacht, das Betreffende, wenngleich in anderer „Verpackung", schon einmal gelesen zu haben. Und häufig geht ein solcher Verdacht mit dem Gedanken einher, schon damals sachlich nicht recht überzeugt worden zu sein. Möglicherweise erging es nicht nur dem Verfasser dieser Zeilen, sondern geht es auch dem verehrten Jubilar in ähnlicher Weise in Bezug auf gleich zwei neuere Entscheidungen des Bundesgerichtshofs, in denen er sich erneut mit einem „modernen Klassiker" des Allgemeinen Teils des Strafgesetzbuchs befasst hat, der nicht nur die objektive Zurechnungslehre, sondern zugleich auch die Dogmatik der unechten Unterlassungsdelikte betrifft. Konkret geht es um die Frage, ob eine eigenverantwortliche Selbstgefährdung die Erfolgsabwendungspflicht eines Garanten entfallen lässt.

1. Der „GBL-Fall" (BGHSt 61, 21)

Der erste Fall betrifft einen Beschluss des 1. Strafsenats des BGH vom 5. 8. 2015[1]: Hier hatte A gemeinsam mit weiteren Personen schon im Verlauf des Nachmittags Alkohol sowie verschiedene Betäubungsmittel konsumiert. Gegen Abend begab sich die Gruppe dann in die Wohnung des A, wo alle Anwesenden weiterhin Alkohol, Amphetamin und Cannabis zu sich nahmen. Im weiteren Verlauf des Abends bot A den übrigen Personen in der Wohnung den Verzehr von Gammabutyrolacton (GBL) aus einer Glasflasche an. GBL wurde ursprünglich als Lösungsmittel in der Industrie und als Ausgangsstoff zur Herstellung von Pharmazeutika und Chemikalien eingesetzt. Es ist mittlerweile aber auch als Partydroge verbreitet, da es innerhalb weniger Sekunden im menschlichen Körper zu Gamma-Hydroxybuttersäure (GHB) umgewandelt wird, die u. a. auch unter dem Namen „Liquid Ecstasy" bekannt ist und der eine euphorisierende und stimmungsaufhellende Wirkung zugeschrieben

---

[1] BGHSt 61, 21; hierzu *Eisele*, JuS 2016, 276 ff.; *Herbertz*, JR 2016, 548 ff.; *Jäger*, JA 2016, 392 ff.; *B. Kretschmer*, medstra 2016, 167; *Roxin*, StV 2016, 428 f.; *Schiemann*, NJW 2016, 178 f.

wird.[2] Zunächst konsumierten nur A und F einige Milliliter GBL verdünnt in einem halben Liter Wasser. Dabei wies A seine Gäste ausdrücklich darauf hin, dass GBL keinesfalls unverdünnt zu sich genommen werden darf. Dennoch trank einige Zeit später O aus der in der Wohnung frei zugänglichen Flasche des A unverdünnt eine später nicht mehr feststellbare Menge. A und F, die davon ausgingen, dass O eine tödliche Dosis aufgenommen hatte, versuchten daraufhin erfolglos, den O zum Erbrechen zu veranlassen. Dieser verlor jedoch das Bewusstsein. Auch nachdem O nur noch alle sechs bis acht Sekunden atmete, blieb A untätig und nahm billigend in Kauf, dass dieser ohne das unverzügliche Herbeirufen ärztlicher Hilfe versterben werde. Hätte A zu diesem Zeitpunkt medizinische Hilfe angefordert, wäre das Leben von O mit an Sicherheit grenzender Wahrscheinlichkeit gerettet worden. So kamen Wiederbelebungsversuche der Besatzung eines erst geraume Zeit später eingetroffenen Rettungswagens zu spät und O verstarb.

2. Der „Ehegatten-Fall" (BGH NStZ 2017, 219)

Auch der zweite Fall, in dem es um das Verhältnis von eigenverantwortlicher Selbstgefährdung und Garantenpflichten ging, spielt eher in den Niederungen menschlichen Zusammenlebens. Er betrifft ein Urteil des 4. Strafsenats des BGH vom 24.11.2016[3], dem verkürzt folgender Sachverhalt zugrunde lag: Die Eheleute M und F lebten zum Tatzeitpunkt nur noch nebeneinander her. Infolge psychosomatischer Beschwerden hatte F seit dem Jahr 2008 immer mehr Gewicht verloren. Nach der Geburt zweier Kinder wog sie Anfang Mai 2013 bei einer Körpergröße von 1,57 m nur noch 34,5 kg. M, der sich überfordert fühlte, zog sich immer mehr zurück und ließ F auch mit dem Haushalt und der Betreuung der Kinder allein. Seit dem 30.4.2013 litt F nach dem Verzehr von Himbeeren an starken Bauchschmerzen und Durchfall. M erkannte zwar, dass die Lage ernst war, rief aber keinen Arzt und beschäftigte sich stattdessen lieber mit Computerspielen und sah fern. Auch als er nach seiner Rückkehr von der Arbeit am Nachmittag des 2.5.2013 bemerkte, dass F sich in Lebensgefahr befand und nur noch apathisch auf der Couch lag, unternahm er trotz der von ihr ausgehenden „Leichenkälte" nichts, weil er sich lieber ausschlafen wollte. Als F schließlich am nächsten Morgen in die Klinik aufgenommen wurde, wies sie nur noch eine Blutzuckerkonzentration von 21 mg/dl auf[4] und ihre Körpertemperatur lag unter 33 Grad Celsius. Den Ärzten gelang es jedoch, den Gesundheitszustand von F in der Folgezeit wieder zu stabilisieren.

---

[2] Näher *B. Kretschmer*, medstra 2016, 167.
[3] BGH NStZ 2017, 219; dazu *Jäger*, JA 2017, 222 f.; *ders.*, NStZ 2017, 222 f.
[4] Der Normwert liegt zwischen 110 und 140 mg/dl.

II. Die Lösung des BGH

In beiden geschilderten Fällen hat der BGH die erstinstanzliche Verurteilung wegen eines *vorsätzlichen unechten Unterlassungsdelikts* bestätigt. Im „GBL-Fall" führte dies zur Annahme eines Totschlags durch Unterlassen (§§ 212 Abs. 1, 13 Abs. 1 StGB), im „Ehegatten-Fall" zu einer gefährlichen Körperverletzung durch Unterlassen (§§ 223, 224 Abs. 1 Nr. 5, 13 Abs. 1 StGB).

Im „GBL-Fall" argumentierte der 1. Strafsenat wie folgt: Dem A komme hier mit Blick auf Rechtsgüter Dritter eine *Überwachungsgarantenstellung kraft tatsächlicher Sachherrschaft* über die Flasche als gefährlichem Gegenstand zu.[5] Der Umstand, dass der Konsum des unverdünnten GBL durch O eine eigenverantwortliche Selbstgefährdung darstellt, lasse die Strafbarkeit des A nicht entfallen.[6] Der Senat erkennt zwar an, dass eine eigenverantwortlich gewollte und verwirklichte Selbstgefährdung grundsätzlich nicht dem Tatbestand eines Körperverletzungs- oder Tötungsdelikts unterfällt, wenn sich das mit der Gefährdung vom Opfer bewusst eingegangene Risiko realisiert.[7] Schließlich bestrafen sowohl die §§ 211 ff. als auch die §§ 223 ff. StGB ausdrücklich nur die Tötung oder Verletzung *eines anderen*, also einer vom Täter verschiedenen natürlichen Person. Wer also eine eigenverantwortliche Selbstgefährdung veranlasst, ermöglicht oder fördert, beteiligt sich an einem Geschehen, das schon objektiv nicht tatbestandsmäßig ist. Sobald sich aber das von dem betroffenen Rechtsgutinhaber eingegangene Risiko realisiere, sei eine strafbewehrte Erfolgsabwendungspflicht aus § 13 Abs. 1 StGB und damit eine Unterlassungstäterschaft anzunehmen.[8] Als Hauptargument dient dem 1. Strafsenat die Überlegung, dass der sich selbst Gefährdende, hier also der unverdünnt GBL trinkende O, das eigene Rechtsgut zwar bewusst einem Risiko aussetze. Sofern sich aber das allein auf Selbstgefährdung angelegte Geschehen erwartungswidrig in Richtung des *Verlusts* des Rechtsguts entwickelt, umfasse die ursprüngliche Entscheidung des Rechtsgutinhabers nicht auch den Verzicht auf Maßnahmen zum Erhalt des nunmehr konkret gefährdeten Rechtsguts.[9] Kurz: der sich selbst Gefährdende will nach Ansicht des 1. Strafsenats zwar die Gefährdung seiner selbst, aber eben nicht zwangsläufig auch die Realisierung dieser Gefahr in Gestalt des Erfolgseintritts. Eine Person, die nach den allgemeinen Grundsätzen des § 13 Abs. 1 StGB Garant für das bedrohte Rechtsgut ist, treffe dann im Rahmen des tatsächlich Möglichen und ihr rechtlich Zumutbaren die Pflicht, den Eintritt des tatbestandlichen Erfolgs abzuwenden.[10]

---

[5] BGHSt 61, 21 (23).
[6] BGHSt 61, 21 (25 f.).
[7] BGHSt 61, 21 (25).
[8] BGHSt 61, 21 (26).
[9] BGHSt 61, 21 (27).
[10] BGHSt 61, 21 (27).

Ganz ähnlich hat rund 15 Monate später auch der 4. Strafsenat im „Ehegatten-Fall" argumentiert. Die eigenverantwortliche Selbstgefährdung wird hier in der unzureichenden Nahrungsaufnahme durch F gesehen.[11] Auch hier wird allerdings betont, dass für den Täter Garantenpflichten jedenfalls in dem Zeitpunkt bestehen, in dem aus dem allgemeinen Risiko eine besondere Gefahrenlage erwächst, was nach den erstinstanzlichen Feststellungen jedenfalls in der Nacht vom 2. auf den 3. 5. 2013 der Fall war. Hier hatte M auf das Herbeirufen medizinischer Hilfe verzichtet.[12] Diese Garantenstellung des M wird aus der bestehenden Lebensgemeinschaft der Ehegatten abgeleitet.

III. Vergleichbarkeit mit Suizidfällen?

Die beiden Fälle erinnern an Konstellationen, die bereits seit Jahrzehnten Gegenstand einer intensiven Debatte zwischen juristischem Schrifttum und der Rechtsprechung sind. Gemeint ist die Frage nach der Möglichkeit einer *Unterlassungstäterschaft bei Nichtverhindern einer freiverantwortlichen Selbsttötung*, beispielsweise wenn die Ehefrau den freiverantwortlich gefassten Tötungsentschluss ihres lebensmüden Ehemannes respektiert und dann in den Selbsttötungsvorgang nicht aktiv rettend eingreift.

Das Schrifttum hat in den Fällen solcher freiverantwortlicher Suizide zu Recht überwiegend eine Unterlassungstäterschaft verneint.[13] Wenn die zeitlich frühere und aktive Teilnahme am Suizid(-versuch) mangels teilnahmefähiger tatbestandsmäßiger Haupttat straflos ist, dann kann dieses eindeutige Ergebnis nicht dadurch unterlaufen werden, dass man für das anschließende passive Verhalten durch einen angeblichen Täterschaftswechsel eine Unterlassungstäterschaft konstruiert. Sähe man dies anders, so würde man – beispielhaft ausgedrückt – der Ehefrau zwar erlauben, für Ihren Mann in den Baumarkt zu fahren, dort ein Seil zu kaufen, dieses zu einer Schlinge zu knoten, am häuslichen Dachbalken zu befestigen und ihrem Mann um den Hals zu legen. Sobald er dann aber in der Schlinge hängt und das Bewusstsein verliert, müsste sie ihn wieder losschneiden, medizinische Hilfe herbeiholen und damit seinen Sterbewillen ignorieren. Zudem hinge eine Unterlassungsstrafbarkeit stets davon ab, ob der Garant nach Eintreten der Handlungsunfähigkeit des Opfers überhaupt noch anwesend ist und damit die notwendige physisch-reale Handlungsmöglichkeit besitzt. Derartige Wertungswidersprüche werden vermieden, wenn man mit der vorzugswürdigen und in der Rechtslehre mittlerweile eindeutig vorherrschenden Ansicht davon ausgeht, dass die aktive Teilnahme am Suizid ebenso wie die unterlassene Verhinderung nicht als Tötungsdelikt strafbar ist, sofern ihr eine freiver-

---

[11] Vgl. BGH NStZ 2017, 219 (221).
[12] BGH NStZ 2017, 219 (222).
[13] Vgl. nur *Roxin*, AT I, 4. Aufl. (2006), § 11 Rn. 112; *Lackner/Kühl*, 28. Aufl. (2014), vor § 211 Rn. 16; *Roxin*, Dreher-FS, 1977, 331 (348); *Fünfsinn*, StV 1985, 56 (57).

antwortliche Willensentscheidung des Lebensmüden zu Grunde liegt. Faktisch verlagert sich damit die Prüfung auf die Frage nach der Freiverantwortlichkeit des Selbsttötungsentschlusses.[14]

Die schon in sich nicht widerspruchsfreie[15] Rechtsprechung[16] gelangt ungeachtet solcher Ungereimtheiten in derartigen Fällen dennoch zu einer Strafbarkeit des Garanten wegen eines vorsätzlichen unechten Unterlassungsdelikts, wenn der Suizident (z. B. infolge von Bewusstlosigkeit) die Herrschaft über das Geschehen verloren hat und der Garant eine noch bestehende Rettungsmöglichkeit nicht wahrnimmt. Sie macht damit die Bejahung der Erfolgsabwendungspflicht für Garanten vorrangig von der Frage abhängig, ob der untätig bleibende Garant das vom Lebensmüden in Gang gesetzte Geschehen beherrscht hat und beherrschen wollte oder ob es an einem solchen Täterwillen deshalb fehlt, weil der Garant den freiwillig-ernsthaften Selbsttötungsentschluss des Suizidenten achten wollte und sich diesem mit bloßem Gehilfenvorsatz untergeordnet hat.[17] Dabei wird das Tatgeschehen allerdings künstlich aufgespalten. Nach einem beendeten Selbsttötungsversuch soll dem anwesenden oder hinzukommenden Garanten die Tatherrschaft in dem Augenblick zufallen, in dem der Suizident bewusstlos und handlungsunfähig wird, weil es von diesem Zeitpunkt an allein vom Willen des Garanten abhängt, ob der Schutzbefohlene zu Tode kommt oder nicht.[18] Das ist letztlich auch die Grundtendenz der hier vorgestellten Ausgangsfälle, in denen es – und darin könnte der entscheidende Unterschied liegen – allerdings nicht um eine freiverantwortliche Selbst*tötung*, sondern nur um eine Selbst*gefährdung* ging.

IV. Bewertung

Versucht man, schrittweise an eine systematische Lösung der hier vorgestellten Ausgangsfälle zu gehen, so ist als *Ausgangspunkt* festzustellen, dass eine Strafbarkeit wegen eines (vorsätzlichen oder fahrlässigen) *Begehungs*delikts in beiden geschilderten Fällen von vornherein ausschied. Im „Ehegatten-Fall" hatte M von vornherein kein aktives Tun in Richtung seiner Ehefrau F an den Tag gelegt. Stattdessen hat er ihrem Dahinsiechen über Jahre hinweg tatenlos zugesehen. Im „GBL-Fall" lässt sich immerhin überlegen, ob man für eine Strafbarkeit nicht an das Aufstellen bzw. Anbieten der Flasche mit dem Betäubungsmittel als aktives Tun anknüpfen

---

[14] Zu der Streitfrage, ob als Maßstab für die Freiverantwortlichkeit eine Orientierung an den Exkulpationsregeln der §§ 19, 20, 35 StGB, § 3 JGG oder den Grundsätzen der Einwilligungslehre zu erfolgen hat, vgl. nur *Wessels/Hettinger/Engländer*, BT 1, 41. Aufl. (2017), Rn. 48 m.w.N.

[15] Für einen Überblick *Ulsenheimer*, Arztstrafrecht in der Praxis, 5. Aufl. (2015), Rn. 656 ff.; *Hillenkamp*, Kühl-FS, 2014, 521 (522 ff.).

[16] BGHSt 13, 162 (166 f.); 32, 367 (374 ff.).

[17] OLG Düsseldorf NJW 1973, 2215.

[18] Vgl. BGHSt 32, 367 (374); BGH NJW 1960, 1821 f.

könnte. Dabei handelt es sich aber bei näherer Betrachtung nicht um die unmittelbar gefährdende Verhaltensweise. Eine besondere Gefahrenlage für das Leben des O entstand erst durch das von diesem *selbst* vorgenommenen Trinken der unverdünnten Flüssigkeit.[19] Insoweit kann man für die Begründung strafbaren Verhaltens in beiden Fällen – wenn überhaupt – nur an ein *Unterlassen*, und zwar das *Unterlassen des rechtzeitigen Herbeiholens medizinischer Hilfe*, anknüpfen.

Zur Begründung einer Garantenstellung lässt sich dabei *nicht auf Ingerenz abstellen*. Wenn die Beteiligung an einer Selbstgefährdung straflos ist, und dies gesteht auch der BGH zu,[20] wäre es widersprüchlich, hieraus den Vorwurf eines *pflichtwidrigen* gefährdenden Vorverhaltens abzuleiten.[21] Zudem ist speziell im „GBL-Fall" das in Rede stehende Tatmittel *keine illegale Droge*, die unter das Betäubungsmittelgesetz (BtMG) fällt. Vielmehr ist sie zumindest über einschlägige Webseiten jedenfalls im grenzüberschreitenden Internethandel ohne große Mühen erhältlich.[22]

Dies vorausgeschickt setzt der Versuch einer systematisch und dogmatisch überzeugenden Lösung der hier in Rede stehenden Fälle voraus, dass man das scheinbare *Spannungsverhältnis zwischen der Lehre von der objektiven Zurechnung und der Struktur der unechten Unterlassungsdelikte* ordnet. Die objektive Zurechnungslehre widmet sich – bei allem Streit im Detail – der Grundfrage, ob der im Einzelfall eingetretene Erfolg (hier der Tod von O bzw. die Verschlechterung des Gesundheitszustands von F) in den Verantwortungsbereich des Täters fällt, indem er gerade als „sein Werk" und nicht als das Werk eines Dritten, insbesondere des Opfers selbst oder des Zufalls, erscheint.[23] Objektiv zurechenbar ist ein Erfolg also immer dann, wenn durch das Verhalten *des Täters* eine rechtlich relevante Gefahr geschaffen worden ist und sich genau *diese* Gefahr im tatbestandsmäßigen Erfolg realisiert hat.[24] Im Wege der objektiven Zurechnung werden somit Verantwortungsbereiche normativ voneinander abgegrenzt. Dasselbe lässt sich auch für die Postulierung von Garantenpflichten bei den unechten Unterlassungsdelikten sagen, wenngleich die Abgrenzung von Verantwortungsbereichen hier auf einer anderen Ebene erfolgt. Auch bei § 13 StGB handelt es sich um eine Zurechnungsnorm.[25] Sie führt zu einer Gleichstellung des unechten Unterlassungsdelikts mit dem Begehungsdelikt.

Die *eigenverantwortliche Selbstschädigung oder Selbstgefährdung* zählt zu den weitgehend anerkannten Ausnahmefallgruppen, bei denen die Zurechnung einer Veränderung in der Außenwelt trotz eines bestehenden Kausalzusammenhangs nach Plausibilitätsgesichtspunkten abgelehnt wird. Sie beruht auf der Überlegung,

---

[19] *Eisele*, JuS 2016, 276 (277).

[20] BGHSt 61, 21 (25); BGH NStZ 2017, 219 (221).

[21] Zur grundsätzlichen Beschränkung der Ingerenz auf Fälle pflichtwidrigen Vorverhaltens vgl. nur Schönke/Schröder/*Stree/Bosch*, 29. Aufl. (2014), § 13 Rn. 35 f. m.w.N.

[22] *B. Kretschmer*, medstra 2016, 167; vgl. auch *Jäger*, JA 2016, 392 (393).

[23] *Wessels/Beulke/Satzger*, AT, 47. Aufl. (2017), Rn. 247.

[24] *Rengier*, AT, 9. Aufl. (2017), § 13 Rn. 60; *Wessels/Beulke/Satzger* (Fn. 23), Rn. 251.

[25] *Rengier* (Fn. 24), § 49 Rn. 1.

dass nach dem *Prinzip der Eigenverantwortlichkeit* jeder grundsätzlich nur für *sein eigenes* Verhalten verantwortlich sein kann.[26] Vergleichsweise rasch dürfte sich Einigkeit darüber erzielen lassen, dass der Weg für eine Zurechnung des Erfolgs und damit zu einer Bestrafung mit Hilfe eines unechten Unterlassungsdelikts in beiden Ausgangsfällen grundsätzlich frei gewesen wäre, wenn die Entscheidung des Opfers für seine Selbstgefährdung tatsächlich gar nicht freiverantwortlich war.[27] Ein Fehlen der Eigenverantwortlichkeit hätte schon bei O durchaus nahe gelegen, der vor dem Konsum des unverdünnten GBL bereits seit dem Nachmittag Alkohol und verschiedenste Betäubungsmittel konsumiert hatte. Stark bezweifeln lässt sich dies aber auch bei F, die nach Jahren der Abmagerung infolge von Essstörungen und einem extrem abgesenkten Blutzuckerspiegel, Bauchschmerzen und Durchfall nicht einmal mehr in der Lage war, eine Getränkeflasche zu halten.[28] Diese Zweifel werden auch dadurch genährt, dass der 4. Strafsenat des BGH in den Urteilsgründen des „Ehegatten-Falls" betont, dass F infolge ihres Zustands in ihre weitere Gesundheitsschädigung jedenfalls nicht wirksam *eingewilligt* hat.[29] Näher problematisiert und hinterfragt hat der BGH die Frage der Eigenverantwortlichkeit jedoch nicht. Offensichtlich hat er sich in beiden Fällen an die fehlenden erstinstanzlichen Feststellungen hierzu gebunden gesehen und das Vorliegen einer eigenverantwortlichen Selbstgefährdung in Anwendung des Grundsatzes in dubio pro reo schlicht unterstellt.

Aus dogmatischer Sicht ist aber davor zu warnen, Probleme der Nachweisbarkeit hinsichtlich einer eigenverantwortlichen Opferentscheidung durch die Begründung einer Unterlassungstäterschaft kompensieren zu wollen. Der BGH steht auf dem Standpunkt, dass derjenige, der eine Entscheidung zugunsten einer Selbstgefährdung trifft, nicht zwangsläufig auch den tatsächlichen Eintritt der Rechtsgutsverletzung will. Diese Differenzierung zwischen Selbst*gefährdung* und Selbst*schädigung* ist durchaus nachvollziehbar, können aus psychologischer Sicht doch viele Fälle der Selbstgefährdung letztlich Appell- oder Hilferufcharakter gegenüber dem sozialen Umfeld besitzen. Allerdings ist es nicht konsequent, wenn der BGH bei der Beurteilung der Frage, ob die Entscheidung auch eine freiverantwortliche Selbst*schädigung* umfasst, nicht auch dem Zweifelssatz größere Bedeutung einräumt. Schließlich wird sich die konkrete Gefühls- und Gedankenlage des Opfers im Nachhinein häufig nur schwer rekonstruieren lassen. Sofern aber im Einzelfall zweifelsfrei feststeht, dass sich die Entscheidung des Opfers nicht auch auf den Eintritt des Erfolgs erstreckt, dann hat der BGH jedenfalls im Ergebnis Recht, denn es fehlt insoweit gerade an

---

[26] Vgl. OLG Stuttgart JR 2012, 164; *Kühl*, AT, 8. Aufl. (2016), § 4 Rn. 84; *Frister*, AT, 7. Aufl. (2015), Kap. 10 Rn. 10 ff.; *Wessels/Beulke/Satzger* (Fn. 23), Rn. 259; *Eisele*, JuS 2016, 276 (277).
[27] Vom Fehlen eines freiverantwortlichen Selbsttötungsentschlusses war etwa der 2. Strafsenat des BGH im sog. „Cleanmagic-Fall" (BGH NStZ 2012, 319) ausgegangen, in dem das Opfer in Kenntnis des Risikos ein Reinigungsmittel zu sich genommen hatte, um ihren Freund zur Fortsetzung der von ihm zuvor beendeten Liebesbeziehung zu bewegen.
[28] So i. Erg. auch *Jäger*, NStZ 2017, 222 (223).
[29] BGH NStZ 2017, 219 (222).

einer freiverantwortlichen Entscheidung des Opfers. Existiert hier mindestens ein Garant, der zur Abwendung des konkret drohenden Erfolgs rechtlich verpflichtet war, dann ist der dennoch eingetretene Erfolg bei normativer Betrachtung „dessen Werk". Damit verlagert sich der Fokus auf die Frage, ob überhaupt eine Erfolgsabwendungspflicht entstanden ist, die im Tatzeitpunkt, also mit Eintritt einer konkreten Gefahr für die Rechtsgüter des Opfers, noch bestanden hat.

Insofern ist bei der Bewertung der beiden Ausgangsfälle zu differenzieren: Im „GBL-Fall" ist der *1. Strafsenat* letztlich zu Unrecht von einer Garantenstellung wegen Verantwortlichkeit für die mit GBL gefüllte Flasche als Gefahrenquelle ausgegangen. Der Grund für die Annahme einer solchen Garantenpflicht liegt letztlich darin, dass Außenstehende auf Gefahrenquellen in fremden Herrschaftsbereichen nicht einwirken dürfen und sich infolgedessen darauf verlassen müssen, dass derjenige, dem die Verfügungsgewalt und die Verantwortung innerhalb des eigenen Herrschaftsbereichs obliegt, die daraus herrührenden Gefahren unter Kontrolle hält und wirksame Sicherungsvorkehrungen gegen eine Schädigung seiner Mitmenschen trifft.[30] Eine Garantenstellung ließe sich vor diesem Hintergrund nur begründen, wenn das Opfer infolge des vorangegangenen Genusses von Alkohol und Betäubungsmitteln zu verantwortlicher Selbstgefährdung nicht mehr fähig gewesen oder wenn ihm die möglicherweise tödliche Wirkung des unverdünnt genossenen GBL nicht bewusst gewesen wäre.[31] Für eine solche Annahme fehlen aber entsprechende Feststellungen. Für die Mitglieder der Gruppe, die sich in der Wohnung des A aufhielten, war die Flasche mit unverdünntem GBL ebenso zugänglich wie für A. Und ebenso wie A waren auch sie durch vorangegangenen Alkohol- und Betäubungsmittelkonsum beeinträchtigt. Dennoch hatte A sogar ausdrücklich vor dem unverdünnten Konsum gewarnt. Eine gefährliche Wirkung kommt dem Stoff GBL, der ansonsten im Handel etwa als Lösungs- und Reinigungsmittel Verwendung findet, erst durch *Zweckentfremdung* als Partydroge zu.[32] Würde man aber schon den *bloßen Besitz* von Gegenständen zur Begründung einer Garantenstellung genügen lassen, die lediglich durch missbräuchliche Verwendung Schädigungseignung erhalten, so würde dies zu einer uferlosen strafrechtlichen Zustandshaftung führen. Man müsste bei Besuchern im eigenen Haus jeden Putz- und Arzneischrank, jede Glasschüssel, jede Besteckschublade, aber auch jede Treppenstufe peinlich genau überwachen, auch wenn man die Gäste zuvor vor allen denkbaren Gefahren gewarnt hat. Eine aus § 13 StGB abzuleitende, allgemeine Rechtspflicht, das eigene Herrschaftsgut vor dem selbstschädigenden Zugriff durch eigenverantwortlich handelnde Dritte abzusichern, besteht nicht. Eine Garantenstellung kann daher nur in Betracht kommen,

---

[30] Vgl. *Herbertz*, JR 2016, 548.

[31] *Roxin*, StV 2016, 428 (429).

[32] Zum generellen Ausschluss der Garantenstellung wegen Verantwortlichkeit für Gefahrenquellen, die erst durch bewusste und gewollte Zweckentfremdung seitens der verletzten Person gefährdet werden: LK/*Weigend*, StGB, Bd. 1, 12. Aufl. (2007), § 13 Rn. 58; NK-StGB/*Wohlers/Gaede*, Bd. 1, 5. Aufl. (2017), § 13 Rn. 46; Schönke/Schröder/*Stree/Bosch* (Fn. 21), § 13 Rn. 44, 47.

wenn gerade *der Garant* die Gefahrenquelle unter Verschluss und Kontrolle hält, außenstehende Dritte also keine oder nur unzureichende Zugriffsmöglichkeiten auf die jeweilige Sache, Anlage oder Einrichtung haben. Im GBL-Fall waren diese Voraussetzungen nicht gegeben, so dass richtigerweise nicht wegen Totschlags durch Unterlassen, sondern lediglich wegen unterlassener Hilfeleistung nach § 323c Abs. 1 StGB zu bestrafen gewesen wäre.

Im „Ehegatten-Fall" erfolgte die Verurteilung wegen gefährlicher Körperverletzung durch Unterlassen demgegenüber zu Recht. Hier konnte der 4. Strafsenat des BGH auf eine Beschützergarantenstellung aus enger familiärer Verbundenheit abstellen. Zwar lebten die Ehegatten M und F faktisch nur noch nebeneinander her. Allerdings schließt auch eine nicht mehr funktionierende Ehe das Fortbestehen einer Garantenstellung so lange nicht aus, wie die Zerrüttung nicht zum Getrenntleben oder zur völligen tatsächlichen Aufhebung der Lebensgemeinschaft führt.[33]

V. Fazit

Vor diesem Hintergrund ist die der Gesamtproblematik zu Grunde liegende Frage, ob es überhaupt eine Garantenstellung nach bzw. im Zusammenhang mit einer eigenverantwortlichen Selbstgefährdung geben kann, grundsätzlich positiv zu beantworten. Insofern erweisen sich die objektive Zurechnungslehre und die Dogmatik der unechten Unterlassungsdelikte faktisch als zwei sich nur teilweise überschneidende Kreise. Allerdings steht die grundsätzliche Befürwortung einer Garantenstellung auch in Fällen eigenverantwortlicher Selbstgefährdung des Opfers gleich unter mehreren Vorbehalten. Zunächst einmal bedarf schon die Frage des Vorliegens der Eigenverantwortlichkeit sorgfältiger Prüfung im Einzelfall. Fehlt es hieran, etwa weil das Urteilsvermögen des Opfers im Tatzeitpunkt durch Alkohol, Drogen oder Krankheit beeinträchtigt war, dann realisiert sich im tatbestandsmäßigen Erfolg nur die vom Täter geschaffene, rechtlich missbilligte Gefahr. Außerdem muss auch vor dem Hintergrund des Grundsatzes in dubio pro reo feststehen, dass sich die ursprüngliche Entscheidung des sich selbst gefährdenden Opfers nicht auch auf den *Verlust* des jeweiligen Rechtsguts bezogen hat. Ansonsten wäre der Rückgriff auf ein unechtes Unterlassungsdelikt normativ gesperrt und der Eintritt des Tötungs- bzw. Verletzungserfolgs bei normativer Betrachtung das Werk des Opfers. Und schließlich müssen die allgemeinen Entstehungsvoraussetzungen für die jeweilige Garantenstellung tatsächlich vorliegen. Der vermeintliche Wertungswiderspruch, dass infolge der Bejahung einer Unterlassungstäterschaft mit Eintritt einer besonderen Gefahrenlage die zuvor straflose Beteiligung an der Selbstgefährdung des Opfers durch einen Tatherrschaftswechsel allzu plötzlich in eine Strafbarkeit wegen eines unechten Unterlassungsdelikts umschlägt, lässt sich mit Blick darauf wieder relativieren, dass regelmä-

---

[33] *Fischer*, StGB, 64. Aufl. (2017), § 13 Rn. 19 ff.; *Rengier* (Fn. 24), § 50 Rn. 18 ff.; *Jäger*, NStZ 2017, 222 (223).

ßig schon der Versuch des unechten Unterlassungsdelikts mit Strafe bedroht ist.[34] Er ist im Übrigen der Erkenntnis geschuldet, dass sich die hier zur Illustration herangezogenen Fälle der Selbst*gefährdung* entgegen dem eingangs beschriebenen Déjà-vu-Gefühl im Endeffekt doch von den Konstellationen der Nichtverhinderung des freiverantwortlichen Suizids und damit einer Selbst*verletzung* unterscheiden.

---

[34] Zum Versuchsbeginn beim unechten Unterlassungsdelikt vgl. nur *Rengier* (Fn. 24), § 36 Rn. 33 ff. m.w.N.

III. Besonderer Teil des Strafrechts und des Rechts der Ordnungswidrigkeiten

Sicherungsbetrug im privatärztlichen Abrechnungswesen

Von *Werner Beulke*

I.

In jüngerer Zeit erfährt das Arztstrafrecht einen ungeahnten Aufschwung. Das motiviert mich, für den Festschriftbeitrag zugunsten von Klaus Rogall ein derzeit lebhaft diskutiertes Problem aus dem Bereich des privatärztlichen Abrechnungsbetruges aufzugreifen, zu dem es bis heute relativ wenig Rechtsprechung gibt[1]. Welche Überlegungen mich dabei konkret beschäftigen, lässt sich am besten anhand des folgenden Beispielsfalles darlegen, der für die tägliche ärztliche Abrechnungspraxis (in unterschiedlichen Varianten) eine bedeutende Rolle spielt:

> A, ein Orthopäde, behandelt seine Patienten mittels einer Spezial-Massage, für die es noch keine Nummer in der Gebührenordnung der Ärzte (GOÄ) gibt. Die zuständige Landesärztekammer ist der Auffassung, dass mangels einer ausdrücklichen Berücksichtigung in der GOÄ eine bestimmte Nummer der GOÄ aufgrund ihrer Verwandtschaft zur Behandlungsmethode des A analog angewandt werden kann, mit einem maximal zweimaligen Ansatz. Die privaten Krankenkassen, die A kontaktiert, erklären sich mit dieser analogen Anwendung der GOÄ-Nummer einverstanden, allerdings nur mit einer maximalen Sitzungsdauer von jeweils 30 Minuten pro Behandlungstag. A hält jedoch eine 30-minütige Behandlung für sinnlos. Ein therapeutischer Erfolg stelle sich bei seiner Behandlungsmethode erst ein, wenn die jeweilige Behandlung mindestens 60 Minuten dauere. A praktiziert deshalb über mehrere Jahre bei einer Vielzahl von Patienten unter Beachtung des jeweils zweifachen Ansatzes eine Massage mit einem Zeitaufwand von 60 Minuten an einem Tag pro Woche (Montag 10.00–11.00 Uhr). Im Rahmen der Abrechnung macht er aber gegenüber seinen (teils eingeweihten, teils insoweit gutgläubigen) Patienten nur eine 30-minütige Behandlung geltend (Montag 10.00–10.30 Uhr) und erfindet dann noch einen fiktiven Zweittermin, an dem in Wirklichkeit überhaupt keine Behandlung stattfindet (Donnerstag 10.30–11.00 Uhr). Die Patienten zahlen den in Rechnung gestellten Betrag und erhalten die Aufwendungen von ihrer privaten Krankenkasse erstattet. Als die Strafverfolgungsorgane gegen A wegen Betruges ermitteln, wendet dieser ein, die Leistung (insgesamt 60-minütige Massage) sei erbracht worden, er habe deshalb einen Anspruch auf diese Entlohnung. Ihm könne maximal ein strafloser Sicherungsbetrug vorgeworfen werden. Hat er recht?

---

[1] So schon *Lindemann*, NZWiSt 2012, 334; guter Überblick über den Diskussionsstand bei *Ulsenheimer*, Arztstrafrecht, 5. Aufl. 2015, Rn. 1120 ff., 1137 ff.

Dem Kern nach rankt sich der Beispielsfall um die Frage, ob die Grundsätze des wirtschaftlichen Vermögensbegriffs und des „Selbsthilfebetrugs"[2] eins zu eins auf das ärztliche Abrechnungswesen übertragen werden können. In der früheren Diskussion ging es vor allem um die Abrechnung bei den Vertragsärzten (Kassenärzten). Dort hat sich inzwischen gegen vehementen Widerstand im Schrifttum eine gefestigte Rechtsprechung herauskristallisiert, die i.S. einer „streng formalen Betrachtungsweise" dem Anwendungsbereich des straflosen Selbsthilfebetrugs enge Grenzen setzt. Deren Berechtigung ist im Folgenden nochmals auf den Prüfstand zu stellen, dann aber vor allem der Frage nachzugehen, ob auch bei den Privatärzten parallele Modifikationen anzuerkennen sind. Letzteren Standpunkt hat der Bundesgerichtshof in der Leitentscheidung BGHSt 57, 95 eingenommen, damit aber im Schrifttum noch lebhaftere Kritik erfahren. Die Praxis bemüht sich inzwischen mit möglichst viel Fingerspitzengefühl die anfallenden Probleme auf der Basis der Leitentscheidung BGHSt 57, 95 zu bewältigen[3]. Wie soll es weitergehen?

II.

Der Vermögensschaden im Rahmen des § 263 StGB ist – unter Berücksichtigung der auch für § 263 StGB gültigen Vorgaben des Bundesverfassungsgerichts – anhand eines objektiv individualisierenden Beurteilungsmaßstabes nach dem Prinzip der Gesamtsaldierung unter Berücksichtigung etwaiger unmittelbarer Schadenskompensationen festzustellen. Durch einen Vergleich zwischen dem Vermögensstand unmittelbar vor und unmittelbar nach der Vermögensverfügung ist zu ermitteln, ob eine nachteilige Vermögensdifferenz eingetreten ist, ohne dass diese Einbuße durch ein unmittelbar aus der Vermögensverfügung fließendes Äquivalent wirtschaftlich voll ausgeglichen wird[4]. Der Begriff des strafrechtlich geschützten Vermögens ist zwar umstritten und in seinen Randbereichen bis heute nicht abschließend geklärt, die Entwicklung ist jedoch geprägt durch eine Abkehr von extremen Auffassungen und eine Hinwendung zu vermittelnden Positionen[5]. Lange Zeit war die Rechtsprechung stark geprägt von einer extrem wirtschaftlich ausgerichteten Betrachtungsweise, die schon vom Reichsgericht begründet[6] und später durch den BGH gefestigt wurde. Seit BGHSt 2, 34 ist der sogenannte „Ganovenbetrug" anerkannt, bei dem es um die Bestrafung wegen Betruges seitens des Diebes geht, der seinen Mittäter

---

[2] Statt aller: *Wessels/Hillenkamp*, Strafrecht Besonderer Teil 2, 40. Aufl. 2017, Rn. 538 ff., 586; Satzger/Schluckebier/Widmaier-*Satzger*, StGB, 3. Aufl. 2016, § 263 Rn. 205 ff., 318; *Rengier*, Strafrecht Besonderer Teil I, 20. Aufl. 2018, § 13 Rn. 117 ff., 270; LK-*Tiedemann*, 12. Aufl. 2012, § 263 Rn. 265.

[3] So z.B. BGH wistra 2017, 492.

[4] BGH StV 2011, 726, 727; *Fischer*, StGB, 65. Aufl. 2018, § 263 Rn. 110; Schönke/Schröder-*Perron*, 29. Aufl. 2014, § 263 Rn. 99.

[5] Vgl. *Wessels/Hillenkamp*, BT 2 (Fn. 2), Rn. 530 ff.

[6] RGSt 44, 230.

um den „gerechten" Anteil an der Beute prellt. Trotz der weitgehenden zivilrechtlichen Schutzlosigkeit des deliktisch erworbenen Besitzes soll es nach strafrechtlichen Maßstäben im „Ganovenumfeld" keinen straffreien Raum geben. In diesem Punkt gehört der wirtschaftliche Vermögensbegriff inzwischen zu den gefestigten Grundsätzen der Rechtsprechung[7].

Dem extrem wirtschaftlichen Vermögensbegriff steht – nach Aufgabe des rein juristischen Vermögensbegriffs – vorrangig die im Schrifttum herrschende juristisch-ökonomische Vermittlungslehre gegenüber, die in unterschiedlichen Varianten alle Wirtschaftsgüter zum Vermögen einer Person zählt, die ihm unter dem Schutz der Rechtsordnung zu Gebote stehen oder die zumindest nicht rechtlich missbilligt werden[8].

Unstreitig ist allerdings, dass auch die Befürworter eines wirtschaftlichen Vermögensbegriffs das Vermögen nicht ausschließlich nach rein wirtschaftlichen Gesichtspunkten bestimmen, sondern darüber hinaus rechtliche Erwägungen einbeziehen, denn bei der Konkretisierung dessen, was die Rechtsgemeinschaft als „handfeste wirtschaftliche Position" betrachtet, spielen natürlich auch die Rechtsvorstellungen der Gemeinschaft mit hinein. Die herrschende Ansicht hält also im Prinzip am bewährten wirtschaftlichen Vermögensbegriff fest, ergänzt und korrigiert diesen jedoch in teilweiser Übereinstimmung mit der juristisch-ökonomischen Vermittlungslehre zur Vermeidung von Wertungswidersprüchen zwischen dem Zivil- und dem Strafrecht durch Einbeziehung normativer Wertungen[9]. Zutreffend spricht das BayObLG vom „Schaden im Rechtssinne"[10].

Normativ und zugleich auf eine „wirtschaftliche Betrachtungsweise" gestützt ist z. B. die Annahme einer schadensgleichen Vermögensgefährdung beim Anstellungsbetrug im Fall des Verschweigens einer früheren MfS-Tätigkeit bei der Einstellung als Polizeibeamter, wenn derartige Umstände „seiner Einstellung rechtlich entgegenstehen"[11]. Verwiesen sei ferner auf den Bettel- und Spendenbetrug, wenn gegen verwaltungstechnische Nachweisvorschriften verstoßen wird[12]. Der Vermögensschaden wird hier zusätzlich zu der Feststellung des einseitigen wirtschaftlichen Wertverlusts normativ dahingehend bewertet, ob der Verlust durch eine Rechtsnorm gerechtfertigt

---

[7] *Fischer* (Fn. 4), § 263 Rn. 89 ff., 102 ff.

[8] Einzelheiten bei *Wessels/Hillenkamp*, BT 2 (Fn. 2), Rn. 534 ff.

[9] Dölling/Duttge/Rössner-*Duttge*, Gesamtes Strafrecht, 4. Aufl. 2017, § 263 Rn. 39; *Wessels/Hillenkamp*, BT 2 (Fn. 2), Rn. 534; *Joecks/Jäger*, Studienkommentar StGB, 12. Aufl. 2018, § 263 Rn. 101 ff.; *Kindhäuser*, Strafrecht Besonderer Teil II, 9. Aufl. 2017, § 26 Rn. 17; *Krey/Hellmann/Heinrich*, Strafrecht Besonderer Teil 2, 17. Aufl. 2015, Rn. 606 ff.; *Schramm*, Strafrecht Besonderer Teil I, 2017, § 7 Rn. 102; LK-*Tiedemann* (Fn. 2), § 263 Rn. 186; *Satzger*, ZStW 109 (1997), 374; krit. Matt/Renzikowski-*Saliger*, StGB, 2013, § 263 Rn. 150.

[10] BayObLG NJW 1994, 200; s. auch MüKo-StGB-*Hefendehl*, Bd. 5, 2. Aufl. 2012, § 263 Rn. 582 (normativ-ökonomischer Vermögensbegriff).

[11] BGHSt 45, 1, 11; *Satzger* (Fn. 2), § 263 Rn. 276; LK-*Tiedemann* (Fn. 2), § 263 Rn. 173.

[12] BGH NStZ 2006, 625.

wird[13]. Weitere Beispiele lassen sich in unendlicher Vielzahl finden, so beim Leistungsbetrug in Form der täuschungsbedingt erlangten Beförderung mit der Bahn, ohne dass ein anderer Reisender zurückgewiesen wurde[14], oder beim Betrug, wenn der Eigentümer (und Erpressungsopfer) vom Täter und Erpresser die Sache zurückkauft, auch wenn der Herausgabeanspruch wirtschaftlich wertlos war[15]. Ein von mir in der Vorlesung stets auf Heiterkeit bei den Hörern stoßendes Beispiel ist der Verkauf von vorher subventionierter „Auslandsbutter" zum Preis von „Inlandsbutter", der trotz gleicher Konsistenz einen Betrug darstellt[16].

Konsequenz des wirtschaftlichen Vermögensbegriffs mit Anreicherung normativer Aspekte ist nach inzwischen ganz herrschender Ansicht nun allerdings auch die Verneinung des Schadens, wenn durch die Tathandlung zugleich die Erfüllung einer Verbindlichkeit erschlichen wird[17]. Dass auch dies als normative Korrektur der rein wirtschaftlichen Schadensermittlung zu bezeichnen ist[18], macht schon die Überlegung deutlich, dass rein wirtschaftlich betrachtet ein nicht erfüllter Anspruch natürlich sehr viel weniger wert ist als ein (täuschungsbedingt) erfüllter. Dennoch wird diese Korrektur einer wirtschaftlichen Betrachtungsweise von der ganz herrschenden Ansicht befürwortet[19]. Nach diesen Grundsätzen ist der sogenannte Selbsthilfebetrug, bei dem der Täter mit manipulierten Beweismitteln die Erfüllung eines existenten Anspruchs oder die Abweisung eines nicht existenten Anspruchs erreicht, straflos, wobei es im Ergebnis gleichgültig ist, ob bereits ein Schaden verneint wird[20] oder ob die „Rechtswidrigkeit" der angestrebten Bereicherung entfällt[21]. Ein Schadensausgleich durch Selbsthilfebetrug im Wege der täuschungsbedingten Eintreibung einer sonst nicht realisierbaren Forderung ist also im Prinzip möglich.

III.

Allerdings ist in unserem Zusammenhang eine wichtige Einschränkung der Straflosigkeit des sog. Selbsthilfebetrugs zu beachten: Eine Kompensationsmöglichkeit entfällt, sofern die Anspruchsvoraussetzungen fest umschrieben sind, der Täter sie jedoch nicht erfüllt. Ein geradezu klassischer Fall eines Abrechnungsbetruges, bei dem die Straflosigkeit nach diesen Regeln scheitert, ist nach Ansicht der Rechtspre-

---

[13] LK-*Tiedemann* (Fn. 2), § 263 Rn. 286.

[14] RGSt 42, 40, 41; LK-*Tiedemann* (Fn. 2), § 263 Rn. 18, 9.

[15] BGHSt 26, 346; LK-*Tiedemann* (Fn. 2), § 263 Rn. 195.

[16] BGHSt 12, 347; LK-*Tiedemann* (Fn. 2), § 263 Rn. 200.

[17] BGHSt 20, 136, 138; zur Abrechnung bei Aufträgen seitens staatlicher Stellen unter Geltung der VOB BGH NStZ-RR 2011, 312.

[18] Schönke/Schröder-*Perron* (Fn. 4), § 263 Rn. 117; LK-*Tiedemann* (Fn. 2), § 263 Rn. 194.

[19] Statt aller: *Fischer* (Fn. 4), § 263 Rn. 135; *Krey/Hellmann/Heinrich* (Fn. 9), Rn. 679.

[20] So z. B. BGHSt 20, 136; *Satzger* (Fn. 2), § 263 Rn. 317.

[21] BGHSt 3, 160, 162; 42, 268, 271; *Rengier*, BT I (Fn. 2); LK-*Tiedemann* (Fn. 2), § 263 Rn. 231, 264 f.

chung die auf Fehlern bei der Anordnung einer ärztlichen Leistung basierende fehlende Abrechnungsfähigkeit der von einem Vertragsarzt (also einem Kassenarzt) erbrachten, eigentlich sachgerecht vorgenommenen und indizierten Leistung. So soll von keinem straflosen Selbsthilfebetrug auszugehen sein, wenn der Vertragsarzt Leistungen, die seine Hilfskräfte ohne seine Anweisung erbracht haben, so abrechnet, als habe er eine entsprechende Anweisung erteilt[22]. Gerade beim ärztlichen Abrechnungsbetrug gegenüber gesetzlichen Krankenversicherungen zeigt sich also die Verzahnung von wirtschaftlichen und rechtlichen Aspekten besonders deutlich. Es kommt nicht nur darauf an, ob die von einem Arzt erbrachte Leistung „gut" oder „objektiv" den verlangten Preis „wert ist", sondern auch, ob die besonderen Regularien des Abrechnungssystems eine solche Abrechnung zulassen.

Natürlich ist das Plädoyer zugunsten dieser „streng formalen Betrachtungsweise"[23] keine Selbstverständlichkeit und die an ihr immer wieder aufflammende Kritik[24] gut nachvollziehbar, insbesondere wenn im Einzelfall ein zufriedener und inzwischen geheilter Patient dem Verfolgungseifer der Strafjustiz nur mit Unverständnis gegenübersteht. Zu einer Revision der herrschenden Ansicht zwingen die Bedenken gleichwohl nicht. Auch Auslandsbutter schmeckt dem Konsumenten genauso gut wie Inlandsbutter und dennoch bemühen wir trotz grundsätzlicher Befürwortung eines wirtschaftlichen Vermögensbegriffs das Strafrecht, wenn der Kunde über die Herkunft des Nahrungsmittels getäuscht wird. Die Legitimation der „streng formalen Betrachtungsweise" erschließt sich mir bereits aus dem seit 2009 geltenden strengen Punktesystem, das bewirkt, dass infolge der Honorarverteilung auf die einzelnen Ärzte der Vermögensschaden letztlich nicht bei der Krankenkasse hängen bleibt,

---

[22] BGH NStZ 1995, 85, 86 m. zust. Anm. *Hellmann*, S. 232 f.; BGH NStZ 2003, 313, 315 m. Anm. *Beckemper/Wegner*; *Dahm*, MedR 2003, 268; *Tiedemann*, Wirtschaftsstrafrecht, 5. Aufl. 2017, Rn. 736 ff.; LK-*Tiedemann* (Fn. 2), Rn. 188, 267; guter Überblick über Rechtspr. und Fallgruppen bei MüKo-StGB-*Hefendehl* (Fn. 10), § 263 Rn. 578–581 sowie *Hilgendorf*, in: Handbuch Wirtschafts- und Steuerstrafrecht, 4. Aufl. 2014, 13. Kap. Rn. 13 ff.; dazu auch *Bäume*, MedR 2014, 76; *Freitag*, Ärztlicher und zahnärztlicher Abrechnungsbetrug im deutschen Gesundheitswesen, 2009; *Schulte/Eberz*, MedR 2003, 388; *Schroth*, in: Roxin/Schroth (Hrsg.), Handbuch des Medizinstrafrechts, 4. Aufl. 2010, S. 187 ff.

[23] Statt aller: *Frister/Lindemann/Peters*, Arztstrafrecht, 2011, 2. Kap. Rn. 69, S. 148; MüKo-StGB-*Hefendehl* (Fn. 10), § 263 Rn. 578.

[24] Statt aller: *Badle*, NJW 2008, 1028; *Braun*, ZJS 2014, 39; *Ellbogen/Widmann*, MedR 2007, 10, 14; AnwKommentarStGB-*Gaede*, 2. Aufl. 2015, § 263 Rn. 143; *Gercke/Leimenstoll*, MedR 2010, 695; *Gaidzik*, wistra 1998, 329; *Grunst*, NStZ 2004, 533; *Hellmann/Herffs*, Der ärztliche Abrechnungsbetrug, 2006, Rn. 258; *Herffs*, wistra 2004, 281, 285; *Idler*, JuS 2004, 1007; *Jäger*, ZHW 2012, 185; *Krüger/Burgert*, ZWH 2012, 213; *Luig*, Vertragsärztlicher Abrechnungsbetrug und Schadensbestimmung, 2009, S. 121; *Saliger/Tsambikakis*, MedR 2013, 284; *Sommer/Tsambikakis*, in: Terbille/Clausen/Schroeder-Printzen, Münchner Anwaltshandbuch Medizinrecht, § 3 Strafrechtliche Arzthaftung, Rn. 141; Schönke/Schröder-*Perron* (Fn. 4), § 263 Rn. 111; *Saliger*, I. Roxin-FS, 2012, S. 307; *ders.*, ZIS 2011, 916; *Satzger* (Fn. 2), § 263 Rn. 268; *Schur*, in: Spickhoff, Medizinrecht, 2011, Nr. 600, § 263 Rn. 44; *Schur/Stein*, MedR 2001, 124; *Ulsenheimer* (Fn. 1), Rn. 1120 ff.; *ders.*, in: Laufs/Kern (Hrsg.), Handbuch des Arztrechts, 4. Aufl. 2010, § 151 Rn. 20 ff., 35 ff.; *Volk*, NJW 2000, 3385; *Walter*, Herzberg-FS, 2008, S. 763, 773.

sondern bei den korrekt abrechnenden Vertragsärzten, die ihr Regelleistungsvolumen überschritten haben und nun auf weitere Zahlungen für ihr Tätigwerden verzichten müssen[25]. Ein strafloser „Sicherungs-Dreiecksbetrug zulasten Dritter" stößt bei Missachtung der fest umschriebenen Anspruchsvoraussetzungen an seine Grenzen. Warum soll der korrekt abrechnende, alle Leistungsvoraussetzungen respektierende Kollege Vermögenseinbußen hinnehmen müssen, weil sich ein anderer Vertragsarzt über das Regelwerk hinwegsetzt? Die Gegner der „streng formalen Betrachtungsweise" im Bereich der gesetzlichen Krankenversicherung irren, wenn sie meinen, den sozialrechtlichen Vorgaben gehe es um Allgemeininteressen ohne Einfluss auf Inhalt oder Qualität der ärztlichen Leistung – gemeint dann wohl auch: ohne Einfluss darauf, was diese Leistung wert ist[26]. Wer die Zusammenhänge zwischen Art, Inhalt oder Qualität der ärztlichen Leistung mit dem vom Staat vorgegebenen Finanzierungssystem der Krankenversorgung nicht erkennt, frage einmal seine (insbes. älteren) Verwandten/Freunde aus Großbritannien, was sie im Krankheitsfalle an Hilfe zu erwarten haben. Die Lenkung im sozialpolitischen Allgemeininteresse erfolgt eben auch unter finanziellen Aspekten, um unser Gesundheitssystem insgesamt finanzierbar zu machen. Auch das Zulassungssystem ist ein Teil dieses Mechanismus. Der Topf, aus dem die Leistungen herrühren, ist gedeckelt. Wer sich ohne Berechtigung einen Teller Suppe aus der „Armenküche" erschleicht, schädigt die Mitbewerber, jedenfalls dann, wenn die Suppe nicht für alle reicht. Deshalb ist es richtig, von einem Betrug zu Lasten der die Mittel verwaltenden Krankenkasse auszugehen, wenn ein von der Kasse nicht zugelassener Arzt diesen Status vortäuscht und abrechnet[27]. An der „streng formalen Betrachtungsweise" führt – jedenfalls beim Vertragsarzt – kein Weg vorbei[28].

IV.

Fraglich erscheint lediglich, ob derartige Einschränkungen auch für die Abrechnung des Privatarztes auf der Basis der GOÄ (bei Zahnärzten GOZ) gelten, so wie dies die Rechtsprechung seit BGHSt 57, 95 vertritt. Dort ging es u. a. darum, dass die vom angeklagten Privatarzt in Rechnung gestellten Akupunkturbehandlungen

---

[25] Vert. *Ulsenheimer* (Fn. 1), Rn. 1106.
[26] *Satzger* (Fn. 2), § 263 Rn. 276.
[27] A.A. *Satzger* (Fn. 2), § 263 Rn. 276 f.; *Walter*, Herzberg-FS, 2008, S. 763.
[28] OLG Koblenz MedR 2001, 144; *Beckemper/Wegener*, NStZ 2003, 315; *Joecks/Jäger* (Fn. 9), § 263 Rn. 121; MüKo-StGB-*Hefendehl* (Fn. 10), § 263 Rn. 582; *Hellmann*, NStZ 1995, 233; *Magnus*, NStZ 2017, 249; *Stein*, MedR 2001, 124; LK-*Tiedemann* (Fn. 2), § 263 Rn. 188; *Kölbel*, in: Achenbach/Ransiek/Rönnau (Hrsg.), Handbuch Wirtschaftsstrafrecht, 4. Aufl. 2015, 1. Kap. 5 Rn. 207; MüKo-*Hefendehl*, § 263 Rn. 582; Schönke/Schröder-*Perron* (Fn. 4), § 263 Rn. 112; *Rengier* (Fn. 2), § 13 Rn. 212b; *Singelnstein*, wistra 2012, 417; Spickhoff/*Schuhr* (Fn. 24), § 263 StGB Rn. 44; *Stein*, MedR 2011, 126; Wessels/Hillenkamp BT 2 (Fn. 2), Rn. 580 m.w.N.; s. auch BGH NJW 2014, 3170 m. zust. Anm. *Brand*, ZWH 2014, 427 (zu Pflegeleistungen).

nicht von ihm selbst, sondern nur unter seiner Aufsicht von chinesischen Ärzten ausgeführt worden waren, die in Deutschland nicht approbiert waren. Ferner hatte er ärztliche Laborleistungen als eigene in Rechnung gestellt, die tatsächlich von einem externen ärztlichen Labor zu einem geringeren Preis erbracht worden waren. Die vom BGH in diesem Fall befürwortete Verurteilung des Arztes wegen Betruges mittels einer Übertragung der „streng formalen Betrachtungsweise" des Vertragsarztrechts auf die Abrechnung ärztlicher Leistungen gegenüber privatversicherten Patienten stellt eine elementare Neuorientierung mit weitreichenden strafrechtlichen Konsequenzen dar, die keineswegs selbstverständlich ist. Im privatärztlichen Bereich sollte es gerade keine so strengen Regularien geben wie bei der vergleichsweise engmaschigen Normierung durch die einschlägigen Regeln des SGB V[29]. Es wird zwischen Arzt und Patienten ein Behandlungsvertrag (§ 630a BGB) abgeschlossen. In Rechnung gestellt wird die ärztliche Leistung dem Patienten. Dieser schließt mit der Versicherung einen zivilrechtlichen Versicherungsvertrag ab (§§ 192 ff. VVG), der die Erstattung der Kosten regelt. Deshalb wird im Regelfall bei betrügerischer Abrechnung zunächst nicht die private Krankenversicherung, sondern der Patient getäuscht. Ob ihm überhöhte Leistungen in Rechnung gestellt werden, ergibt sich aus dem zivilrechtlichen Vertragsverhältnis. All das spricht eher gegen die Sichtweise des BGH. Auch sollten wir ohne Not keiner weiteren Ausdehnungen der Strafbarkeit das Wort reden[30]. Deshalb verdienen zunächst die Gegner der BGH-Rechtsprechung unsere besondere Aufmerksamkeit, wobei wir uns hier aus Raumgründen auf einige besonders wichtige und für die Gesamtdiskussion beispielhafte Stimmen beschränken müssen.

Allen voran entnimmt Tiedemann[31] der Möglichkeit der Analog-Bewertung ärztlicher Leistungen, die unter keine Gebührenziffer fallen (§§ 1 II S. 2; 2 GOÄ – relevant sei das vor allem für Alternativmedizin wie Nadelstich-Akupunktur und Osteopathie) sowie aus der Offenheit der GOÄ für abweichende privatautonome Leistungsvereinbarungen (§§ 1 II S. 2; 2 GOÄ), dass es bei der privatärztlichen Abrechnung im Gegensatz zum Vertragsarzt ausschließlich um die individuelle Vertragsbeziehung zwischen Arzt und Patient geht. Deshalb sei vor allem die „Alles-oder-Nichts"-Hypothese der Rechtsprechung abzulehnen, denn nach zivilrechtlichen Regeln müsse zumindest teilweise entlohnt werden. Dieser Einwand trifft aber unseren Beispielsfall gerade nicht – jedenfalls sofern es um die zweite halbe Stunde (30 Minuten am Donnerstag) geht. Dieser „Lufttermin" ist eben „nichts". Dass „Luftnummern" nicht kompensiert werden können, bestreitet eigentlich niemand[32]. Ferner hat bereits Lindemann, der die Leitentscheidung des BGH ebenfalls partiell für falsch hält, Tiedemann zutreffend entgegengehalten, dass die in der GOÄ vorgesehene partielle Öffnungsklausel für private Vereinbarungen nicht in Frage

---

[29] *Frister/Lindemann/Peters* (Fn. 23), 2. Kap. Rn. 49, S. 139; *Tiedemann*, Wirtschaftsstrafrecht (Fn. 22), Rn. 741 ff.
[30] Dazu auch *Ulsenheimer*, Steinhilper-FS, 2013, S. 225.
[31] *Tiedemann*, JZ 2012, 525; *ders.*, in: Wirtschaftsstrafrecht (Fn. 22), Rn. 741.
[32] *Satzger* (Fn. 2), § 263 Rn. 265.

stellt, dass dem Gebührenverzeichnis der GOÄ ein „ausschließliches und abschließendes" Preisrecht zu entnehmen ist[33]. Die Übertragung des vertragsärztlichen Abrechnungswesens auf die privatärztliche Liquidation scheitere nicht an mangelnder Vergleichbarkeit, vielmehr weise eine Rückbesinnung auf den Sinn und Zweck des Strafrechts den richtigen Weg. Wer eine Leistung erhalte, die „ihr Geld wert" sei, brauche nicht den Schutz des Strafrechts. Hier reichten berufsrechtliche und honorarregressrechtliche Konsequenzen. Natürlich erfreut mich dieser Appell an die „*ultima-ratio*-Funktion" des Strafrechts[34], gleichwohl erscheint er mir hier mit dieser Begründung nicht überzeugend, steht doch gerade zur Diskussion, was die erbrachte Leistung „wert" ist. Wirklich „rein formalen" (im Sinne von rechtstechnischen) Abrechnungsfehlern wird selbst im Rahmen der beim Vertragsarzt praktizierten „streng formalen Betrachtungsweise" Betrugsrelevanz abgesprochen[35]. Das muss dann selbstverständlich beim Privatarzt erst recht gelten. Lindemann selbst differenziert bei seiner Kritik an BGHSt 57, 95 zwischen dem Einsatz nicht zugelassener Ärzte (bei denen er einen Vermögensschaden bejaht) und den Fremdlaborleistungen (die ihr Geld wert gewesen seien, sodass § 263 StGB ausscheide). Eine solch partielle Besserstellung des manipulierenden Privatarztes erscheint mir jedoch willkürlich. Der Wert der Leistung wird in beiden Fallgruppen gleichermaßen durch die GOÄ bestimmt. Das spricht m. E. eher dafür, den Umstand, dass es sich im Einzelfall um taugliche Maßnahmen gehandelt hat, wie im Vertragsarztsystem[36] in der Strafzumessungsebene zu berücksichtigen.

Fundamentale Kritik üben des Weiteren u. a.[37] *Jäger*[38] und *Ulsenheimer*[39]. Die mangelnde Anrechnungsberechtigung mit einem Vermögensschaden gleichzusetzen, belaste den Schadensbegriff in unzulässiger Weise mit wertunabhängigen Faktoren und stelle deshalb eine „Wiederbelebung des längst aufgegebenen juristischen Vermögensbegriffs" dar[40]. Die obigen Ausführungen zum heute herrschenden Ver-

---

[33] *Lindemann*, NZWiSt 2012, 334, 337.
[34] Vertiefend *Beulke*, Neumann-FS, 2017, S. 519.
[35] *Ulsenheimer* (Fn. 1), Rn. 1145.
[36] BGH NStZ 1995, 85, 86 m. zust. Anm. *Hellmann*, NStZ 1995, 232; BGH NStZ 2003, 313 m. zust. Anm. *Beckemper/Wegner*; *Tiedemann*, JZ 2012, 525, 527.
[37] Statt aller: BeckOK-StGB/*Beukelmann*, 37. Ed. 1. 2. 2018, § 263 Rn. 132–132.3; *Brand/Wostry*, StV 2012, 619; *Frister*/Lindemann/Peters (Fn. 23), S. 206; *Braun*, ZJS 2014, 35; *Dann*, NJW 2012, 2001; *Dannecker*, in: Graf/Jäger/Wittig, Wirtschafts- und Steuerstrafrecht, 2. Aufl. 2017, § 263 Rn. 175; *Grunst*, NStZ 2004, 533 (536); MüKo-StGB-*Hefendehl* (Fn. 10), § 263 Rn. 583; *Idler*, JuS 2004, 1007; *Kraatz*, NStZ-RR 2013, *Mahler*, wistra 2013, 44; s. auch *Badle*, NJW 2008, 1028 f.; *Gercke/Leimenstoll*, MedR 2010, 695, 699; Matt/Renzikowski-*Saliger* (Fn. 9), § 263 Rn. 250; *Saliger*, HRRS 2012, 363, 366 f.; *Wittig*, Wirtschaftsstrafrecht, 4. Aufl. 2017, § 14 Rn. 107; zweifelnd auch Leitner/Rosenau-*Heger/Petsche*, Wirtschafts- und Steuerstrafrecht, 2017, § 263 Rn. 111; Lackner/Kühl/Heger-*Kühl*, 28. Aufl. 2014, § 263 Rn. 56.
[38] *Jäger*, ZWH 2012, 182 (186).
[39] *Ulsenheimer* (Fn. 1), Rn. 1151, 1153.
[40] I. E. ebenso u. a. *Grunst*, NStZ 2004, 533 (536); *Idler*, JuS 2004, 1007.

mögensbegriff haben jedoch zur Genüge deutlich gemacht, dass dieser Vorwurf nicht berechtigt ist. Eine juristische Anreicherung ist auch auf der Basis des wirtschaftlichen Vermögensbegriffs unstreitig. Es geht nur um das Mehr oder Weniger.

Die Tür für die Übertragung der „streng formalen Betrachtungsweise" auf das privatärztliche Abrechnungssystem in Form der Anerkennung von Ausstrahlungswirkungen der berufs- und gebührenrechtlichen Bestimmungen auf das zivilrechtliche Vertragsverhältnis und damit auch auf die Schadensfeststellung i.S.d. § 263 StGB steht also weiterhin offen[41].

V.

Wie intensiv bei der Schadensberechnung i.S.v. § 263 StGB im Rahmen privatärztlicher Liquidation juristische Belange einbezogen werden müssen, ergibt sich also nicht aus allgemeinen Erwägungen, sondern nur aus dem Sinn und Zweck der speziellen Regelungen des privatärztlichen Abrechnungssystems, so wie es in der GOÄ (GOZ) festgeschrieben ist. Dort (ergänzt durch die Muster-Berufsordnung der Bundesärztekammer, MBO-Ä) stoßen wir auf Vorgaben, die im Interesse des Patientenschutzes sowie der Finanzierbarkeit des deutschen Gesundheitswesens der Privatautonomie partielle Schranken setzen, und zwar auch unter finanziellem Aspekt. Saliger ist deshalb nicht zuzustimmen, wenn er die Unanwendbarkeit des § 263 StGB auf die hier in Rede stehenden Abrechnungsmängel im privatärztlichen Bereich mit dem Schutzbereich des Betruges begründet, der nur die Verfehlung primär individual-wirtschaftlich basierter Abrechnungsvoraussetzungen strafrechtlich sanktionieren könne[42]. Schon die Existenz einer einschlägigen Gebührenordnung mit all ihren Auswirkungen auf die privatärztliche Abrechnungspraxis dokumentiert das Gegenteil. Es handelt sich eben um Regularien, die sich auf die wirtschaftlichen Werte einer Leistung auswirken, da man offensichtlich auch im privatärztlichen Abrechnungswesen keine reine Marktwirtschaft mit freiem Spiel der Kräfte wünscht. Zwar nicht ganz so streng wie im Kassenarztrecht, gleichwohl aber in elementaren Entlohnungsfragen kaum weniger rigoros, wird in das private Arzt-Patientenverhältnis hineinregiert.

Bestimmt also die GOÄ einen fixen Satz inklusive maximaler Multiplikationsmöglichkeit, so wird der wirtschaftliche Wert dieser Leistung dadurch festgelegt. Eine dem Patienten gegenüber nicht offen ausgewiesene Abrechnung zu höheren als den zulässigen Gebührensätzen ist deshalb ganz offensichtlich eine schädigende Handlung i.S.d. Betrugstatbestandes[43]. Der Betrugsschaden entfällt auch nicht deshalb, weil nach Ansicht des Arztes (oder der einschlägigen Fachkreise) die abgerech-

---

[41] Zustimmend im Schrifttum u.a.: *Wessels/Hillenkamp*, BT 2 (Fn. 2), Rn. 580; *Rengier* (Fn. 2), § 13 Rn. 212c; *Schur*, wistra 2012, 265.
[42] Matt/Renzikowski-StGB-*Saliger* (Fn. 9), § 263 Rn. 250.
[43] BGH wistra 2003, 231; LK-*Tiedemann* (Fn. 2), § 263 Rn. 187.

nete Leistung wirtschaftlich eigentlich mehr wert wäre – was bei heutigen Pauschalgebühren für bestimmte medizinische Leistungen häufig der Fall sein dürfte. Dieses Schicksal teilen Ärzte z. B. auch mit Rechtsanwälten, die im Falle der Abrechnung nach den Grundsätzen des RVG nicht selten für sehr geringe Gebühren einen hohen Arbeitsaufwand betreiben müssen. Auch unser Bestattungswesen kennt solche Zwänge, indem die einschlägig tätigen Unternehmen sozialschwache Verstorbene zu einem Sozialtarif beerdigen müssen. Weitere Beispiele ließen sich unschwer finden.

Der Arzt hat auch im Bereich des Privatversicherungsrechts nicht etwa einen Anspruch auf „angemessene" Entlohnung seiner erbrachten Leistungen nach irgendwelchen „abstrakten" oder „objektiven" Maßstäben, vielmehr richtet sich sein Anspruch nach der GOÄ, was nicht ausschließt, dass er (wie andere Berufsgruppen auch) mit dem Patienten vertraglich ausnahmsweise höhere (und im Einzelnen ausgewiesene) Leistungsvereinbarungen treffen kann (§§ 1 II S. 2; 2 GOÄ). Wenn der Arzt für eine im Einzelfall schwierige Operation nach den Regeln der GOÄ nur eine relativ geringe Pauschgebühr bekommt, ist die ärztliche Leistung auch wirtschaftlich nur das wert, was die GOÄ für sie als Abrechnung zulässt. Gegebenenfalls kann in einem solchen Fall die Gebühr innerhalb eines gemäß § 5 Abs. 2 GOÄ vorgegebenen Gebührenrahmens entsprechend des Grades der Schwierigkeit der Operation erhöht werden (bis zum 2,3-fachen des Gebührensatzes); all das wird aber in der GOÄ speziell geregelt.

Diskussionswürdig ist allerdings, ob bei der Abrechnung über eine falsche Analogziffer eine Schadenskompensation in Betracht kommt, sofern die Leistung ansonsten medizinisch fachgerecht und im dargestellten Umfang erbracht wurde[44]. Sachgerecht ist eine solche Kompensation z. B., wenn sich erst im Nachhinein herausstellt, dass die vom Arzt eingesetzte Gebührenposition falsch ist und deshalb durch eine andere gleichwertige ersetzt werden kann[45]. Eine derartige Korrektur wird in der täglichen Abrechnungspraxis selbstverständlich auf korrektem Wege für alle Beteiligten erkennbar ausgewiesen. Sollte im Einzelfall eine solche Offenlegung fehlen, der Arzt vielmehr im Sinne eines straflosen Selbsthilfebetrugs den Austausch der Gebührenziffern täuschungshalber herbeiführen, so muss das noch nicht zwangsläufig die Möglichkeit einer Betrugsstrafbarkeit eröffnen. Dass „rein formale/rechtstechnische" Fehler selbst auf der Basis der „streng formalen Betrachtungsweise" nicht betrugsrelevant sind, wurde oben dargelegt, und dass das erst recht auch für den abrechnenden Privatarzt gelten muss, ist ebenfalls bereits konzediert worden. Es geht um die formalen Anspruchsvoraussetzungen, denen keine inhaltlichen, sondern „rein ordnungspolitische Funktionen" zukommen. Sie können strafrechtsneutral ausgetauscht werden. Da also auch nach der „streng formalen Betrachtungsweise" nicht jeder Formfehler betrugsrelevant ist, schlägt Schuhr vor, diesen

---

[44] Dafür *Kerstin Stirner*, Der privatärztliche Abrechnungsbetrug, 2015, S. 158.
[45] Vgl. BGH III ZR 117/06, BeckRS 2007, 00734.

Begriff von vornherein zu streichen[46]. Daran ist richtig, dass eine Klassifizierung als „eingeschränkt formale Betrachtungsweise" – jedenfalls im Rahmen der Abrechnung durch Privatärzte – treffender wäre. Damit wäre aber natürlich das Problem der sinnvollen Abgrenzung zwischen „rein ordnungspolitischen" Regelungen ohne geldwerte Fernwirkung und „marktsteuernden" Regelungen, die sich auch auf das gesamte Finanzierungssystem auswirken, nicht gelöst. Man sollte sich aber bei Beibehaltung der bisher gebräuchlichen Terminologie stets bewusst sein, dass auch die „streng formale Betrachtungsweise" kein Eldorado für verfolgungswütige Staatsanwaltschaften ist, die in jedem Abrechnungsfehler einen Ansatzgrund für ihr Tätigwerden sehen. Natürlich ist es schwierig, die „zwingenden" Abrechnungsmodi, die den wirtschaftlichen Wert der Leistung beeinflussen, von den bloß „rechtstechnischen"/„formalen" abzugrenzen, denen keine wertbeeinflussende Funktion zukommt und bei denen deshalb eine Schadenskompensation im Sinne des Betrugstatbestandes in Betracht kommt. Diese Aufgabe, die sich – wenn auch in einem etwas anderen Gewande – im Vertragsarztrecht ebenfalls stellt, lässt sich aber letztlich durch Rückgriff auf den Sinn und Zweck der Regeln der GOÄ lösen. Geht es um rein „bürokratische" Abrechnungsmodi, so sind diese „wertneutral" und deshalb kommt insoweit auch eine Schadenskompensation in Betracht – im Übrigen verbietet sich eine Saldierung.

Greift also z. B. der Privatarzt bei Zweifeln, welche Abrechnungsnummer eingreift, in das falsche Schubfach, so kann darauf allein noch kein bedingter Wille zur Betrugsbegehung abgeleitet werden. Die Grenze zur Strafbarkeit ist aber z. B. überschritten, wenn der Arzt eine Brustverkleinerung mit einem Eingriff an der Achillessehne verrechnen will, selbst wenn die jeweils abrechenbaren Gebühren bei beiden Leistungen gleich sein sollten. Auch wird eine im Juli des Jahres 2017 stattgefundene Behandlung nicht mittels einer vorgetäuschten gleichartigen Behandlung vom Juli 2018 kompensiert werden können. Hier geht es auch um wirtschaftliche Werte und nicht nur rein ordnungspolitische Entscheidungen.

Der Ansatz von BGHSt 57, 95 erweist sich also als richtig. Das Argument des BGH, dass eine Kompensation ausscheide, weil diese in unzulässiger Weise einen tatsächlich nicht gegebenen Sachverhalt und somit hypothetische Reserveursachen einbeziehe[47], überzeugt mich zwar nicht, da dies jedem straflosen Selbsthilfebetrug gleichermaßen entgegengehalten werden könnte, aber die Funktion der GOÄ wird zutreffend erfasst. Wenn in der Gebührenordnung festgelegt wird, dass ein vom Arzt selbst erstelltes Laborergebnis höher honoriert wird als Fremdlaborleistungen, so stehen dahinter auch gesundheitspolitische Grundsatz- und Lenkungsentscheidungen. Der Arzt, der die mit großem finanziellem Aufwand verbundenen Labormöglichkeiten selbst vorrätig hält, soll belohnt werden gegenüber demjenigen, der das Kostenrisiko auf ein spezielles anderes Institut abwälzt. Ferner soll es möglichst wenige Auslagerungen geben, um befürchteten Missbräuchen (z. B. durch Stellung

---

[46] *Schuhr*, NJW 2014, 3173.
[47] BGHSt 57, 95.

überhöhter Fremdrechnungen) entgegenzuwirken. Wer dies ignoriert und den Patienten täuschungsbedingt zur Bezahlung von Leistungen veranlasst, obwohl die in der GOÄ aufgelisteten Voraussetzungen nicht erfüllt sind, hat gegen das fein austarierte und im politischen Meinungsbildungsprozess nicht selten hart erkämpfte System der Krankenversorgung verstoßen. Eine nach diesen Maßstäben erhöhte Zahlung stellt sozusagen eine „Zweckverfehlung" dar, nach der ein Schaden trotz der erbrachten Gegenleistung festzustellen ist[48]. Nach der speziellen Abrechnungssystematik des privatärztlichen Kassenwesens ist eben (ein im Ausland ausgebildeter, in Deutschland aber nicht zugelassener) Arzt nicht gleich Arzt (mag er auch noch so sehr ein goldenes Händchen haben) und Blutprobe nicht gleich Blutprobe. Angesichts all dieser strikten Regeln erscheint mir eine Privilegierung des Privatarztes gegenüber dem Vertragsarzt nicht sachgerecht. Beide stehen unter dem Damoklesschwert der „streng formalen Betrachtungsweise". Die damit verbundene Ausweitung des strafrechtlichen Bereichs ist der unvermeidbare Preis, den wir für unser inzwischen nahezu unfinanzierbares, den Bürgern unseres Landes aber so am Herzen liegendes und so ausschweifend reguliertes Gesundheitssystem zahlen müssen.

Dem steht auch die neuere verfassungsrechtliche Rechtsprechung zu Untreue[49] und Betrug[50] und das dort herausgearbeitete „Verschleifungsverbot" nicht entgegen[51]. Das BVerfG hat normativen Gesichtspunkten bei der Bestimmung eines Schadens i.S.d. §§ 266, 263 StGB durchaus keine generelle Absage erteilt, sondern nur zur Zurückhaltung gemahnt und klargestellt, dass mit der Pflichtverletzung allein nicht bereits der Schaden begründet werden dürfe. Würde man die Entscheidung i.S. einer generellen Abkehr vom normativ geprägten Schadensbegriff fehlinterpretieren, wäre z.B. eine Betrugsstrafbarkeit in den anerkannten Fällen der Zweckverfehlung gänzlich ausgeschlossen. Das propagiert niemand. Dass es sich in unserem Beispielsfall um eine „Zweckverfehlung" im weiteren Sinne handelt, ist bereits hervorgehoben worden.

Das Verschleifungsverbot verbietet eben nur eine totale Gleichsetzung von Pflichtverletzung und Schadensherbeiführung und zwingt damit die Gerichte, dem Merkmal des Schadens eine eigenständige Bedeutung beizumessen. So muss z.B. bei der pflichtwidrigen Kreditgewährung durch Banken geprüft werden, ob ein errechenbarer Schaden vorliegt. Für die Frage, ob ein Verlust zu verzeichnen ist, ist (nach heute herrschender Ansicht) auf die rechtlichen Regeln des Bilanzrechts zurückzugreifen. Es ist also das Bilanz-„Recht", das der Schadensberechnung zugrunde gelegt werden muss. Der juristisch-wirtschaftliche Vermögensbegriff und das Verschlei-

---

[48] Vert. *Eisele*, Strafrecht BT II, 4. Aufl. 2017, Rn. 626 ff.; NK-StGB-Kindhäuser/Neumann/Paeffgen-*Kindhäuser*, 5. Aufl. 2017, § 263 Rn. 259; *Maurach/Schroeder/Maiwald*, Strafrecht Besonderer Teil 1, 10. Aufl. 2010, § 41 Rn. 120; diff. *Jäger*, Examens-Repetitorium Strafrecht Besonderer Teil, 7. Aufl. 2017, Rn. 362.

[49] BVerfGE 126, 170.

[50] BVerfG wistra 2012, 102.

[51] Ebenso *Lindemann*, NZWiSt 2012, 334 (338), s. insbes. Fn. 49; a.A. u.a. *Saliger*, HRRS 2012, 363, 366 f.; *ders.* Imme-Roxin-FS, 2012, S. 307.

fungsverbot widersprechen sich nicht. Im Gegenteil: Zusätzliche juristische Erwägungen liegen ganz auf der Linie des BVerfG. Aber jede Medaille hat zwei Seiten. Hier führt die von der GOÄ ausgehende Gewichtung des wirtschaftlichen Werts einer ärztlichen Leistung auch zur Limitierung seiner Ansprüche nach diesem Kanon. Das daraus folgende Verbot der Kompensation irgendwelcher Forderungen des Arztes mit fingierten anderen Leistungen, die gar nicht erbracht wurden, ist keine verbotene „Verschleifung" von Pflichtwidrigkeit und Schaden, sondern eine logische Konsequenz daraus, dass für die Schadensfeststellung nicht losgelöst von allen rechtlichen Implikationen allein die Kräfte des freien Marktes gelten, sondern dass jede Leistung im Umfeld ihres rechtlichen Rahmens zu bewerten ist. Auch die verfassungsrechtliche Karte zieht somit nicht.

Das Unbehagen, das vielerorts gegenüber der vom BGH befürworteten partiellen Gleichsetzung von vertragsärztlichem und privatärztlichem Liquidationswesen durchschimmert[52], vermag also letztlich nicht zu überzeugen. Die besseren Argumente sprechen für eine Ausstrahlungswirkung der berufs- und gebührenrechtlichen Bestimmungen auch auf das zivilrechtliche Vertragsverhältnis.

VI.

Wenden wir uns nun nochmals gezielt den Besonderheiten unseres Beispielsfalles zu, in dem die Krankenversicherung festgelegt hat, dass pro Behandlung nur ein Zeitrahmen von 30 Minuten erstattet wird, der Arzt aber 60 Minuten in einem Stück behandelt und davon 30 Minuten regulär in Rechnung stellt und für die weiteren 30 Minuten an einem anderen Tag einen (fiktiven) Zusatztermin erfindet und entsprechend abrechnet. Nach den dargelegten Regeln des juristisch „angereicherten" wirtschaftlichen Schadensbegriffs i.S.d. § 263 StGB wird einer privatärztlichen Leistung in dem Umfang, in dem die Rechtsordnung – hier in Form der GOÄ – ihr die Abrechenbarkeit versagt, gerade kein abstrakt wirtschaftlicher Wert beigemessen. Und so ist es auch bei der Vortäuschung von Behandlungsterminen, die gar nicht stattgefunden haben. Eine zweimalige 30-minütige Behandlung ist nicht dasselbe wie eine einmalige 60-minütige. Soweit durch die Möglichkeit der analogen Anwendung von Gebührenziffern Beurteilungsspielräume bestehen, liegt die Definitionshoheit über den Wert der Leistung bei den privaten Krankenversicherungen. Wenn sie die Abrechnung an einem 60-minütigen Termin ablehnen, so ist bei den Versicherten dieser privaten Krankenversicherung die ärztliche Leistung an diesem einen Termin nicht das Doppelte der entsprechenden Gebührennummer wert.

Mit anderen Worten: Der GOÄ kommt es nicht nur auf das Endprodukt (eine Stunde Arbeit am Patienten und dadurch z.B. Lockerung der Muskulatur) an, sondern

---

[52] Neben den bisher Genannten z.B. auch: *Fischer* (Fn. 4), § 263 Rn. 109a; *Joecks/Jäger* (Fn. 9), § 263 Rn. 122; *Stirner* (Fn. 44), passim; SK-StGB-*Hoyer*, 7. Aufl. 2004, § 263, Rn. 257.

gemäß § 12 Abs. 2 GOÄ auch auf den Weg dorthin (z. B. maximal 30 Minuten, maximal eine Sitzung pro Woche etc.). All diese Steuerungselemente des Abrechnungswesens sind Wirtschaftsfaktoren, die den Wert der Leistung beeinflussen. Die auf den Tag der Leistungserbringung beschränkte Abrechnungsmöglichkeit führt dazu, dass die Krankenversicherung für jeden Behandlungstermin gesondert den erstattungsfähigen Betrag festsetzt. Dies ist jeweils eine gesonderte Vermögensverfügung i.S.d. § 263 StGB. Wenn nach einem bestimmten Anrechnungsschlüssel über die Erstattungsfähigkeit der Leistungen des Ersttermins entschieden wird, geht es nur um diesen. Insoweit ist kein Schaden erkennbar. Die Entscheidung (Vermögensverfügung) über die Erstattungsfähigkeit des fingierten Zweittermins führt hingegen zu einem Vermögensschaden, da an diesem Tag keine Leistungen erbracht wurden. Etwaige „Überschüsse" aus dem Ersttermin können nicht schadenskompensierend in Ansatz gebracht werden.

Auch die oben angestellte Überlegung, dass u. U. ein Verstoß gegen „rein formale" bzw. „bloß rechtstechnische" Regularien einen straflosen „Sicherungsbetrug" nicht ausschließt, steht der Bejahung einer Betrugsstrafbarkeit nicht entgegen. Jedenfalls sofern mit der in absichtlicher Täuschung angeführten unzutreffenden Nummer schwierige gebührenrechtliche Abwägungen (Ausfüllung eines Beurteilungsspielraums) verbunden sind, kann von einem „wertneutralen" Austausch nicht mehr gesprochen werden. Die verschiedenen Gebührennummern sind dann nicht „gleichwertig". Zu diesem „Kernbereich" des Krankenkassenabrechnungssystems gehört, dass Leistungen, die überhaupt nicht erbracht wurden, nicht in Rechnung gestellt werden dürfen. Dementsprechend sind auch „fiktive" Termine („Luftleistungen") nicht abrechenbar. Die Steuerungsfunktion auch der Privatversicherer darf nicht auf dem Täuschungswege ausgehebelt werden. Die Aufteilung auf verschiedene Tage gehört nicht zu den „rein technisch-bürokratischen Regeln", deren Missachtung auch im Falle des Einsatzes der Täuschung keinen strafrechtlichen Vorwurf rechtfertigt. Würde A z. B. seine Heilbehandlung an einem Tag über die Dauer von sechs Stunden (in einem „Kompaktpaket") erbringen, käme niemand auf die Idee, diese Leistung nach den Regeln des straflosen Selbsthilfebetrugs mit zwölf halbstündigen, auf mehrere Wochen verteilte Sitzungen wirtschaftlich gleichzusetzen. Für eine einstündige Sitzung als Zusammenfassung von zwei halbstündigen Anwendungen kann nichts anderes gelten.

Die Versicherung hat bzgl. des „Ersttermins" nur teilweise geleistet – bzgl. des „Zweittermins" hat sie eine Nichtschuld beglichen. Hinzu kommt ein weiteres Problem: Die innere Verbindung beider Vorgänge ist so vage, dass jedem Missbrauch Tür und Tor geöffnet wäre. Damit ist das von der Rechtsprechung im Falle des Sicherungsbetrugs geforderte „In-Beziehung-Setzen" der beiden Forderungen angesprochen. Es soll gewährleisten, dass der Schuldner letztlich wirklich nur ein einziges Mal in Anspruch genommen werden kann[53]. Davon ist hier aber nicht auszugehen. Sollte z. B. die (zweifache) ärztliche Leistung auch auf zwei verschiedenen

---

[53] BGH NStZ-RR 2011, 312.

Rechnungen ausgewiesen worden sein, so läge die Gefahr zum Greifen nahe, dass über die „Zweitforderung" hinsichtlich des Scheintermins verfügt wurde und der Versicherungsnehmer gleichwohl zu einem anderen Zeitpunkt Ersatz für eine weitere halbstündige Behandlung (neben der bereits abgerechneten halbstündigen Behandlung) am „Echttermin" verlangt. Aber selbst bei einer einheitlichen Abrechnung erscheint es nicht ausgeschlossen, dass der Versicherungsmitarbeiter die zwei unterschiedlichen Termine in einer Rechnung nicht derart als Einheit versteht, dass er zwangsnotwendig davon ausgehen muss, dass durch die gemeinsame Abrechnung alle Ansprüche des Versicherungsnehmers erloschen sind, sodass der Versicherungsnehmer (Patient) auch keinerlei Nachforderungen hinsichtlich des Ersttermins geltend machen kann. Auch bei Ausweisung von zwei halbstündigen Anwendungen im Rahmen einer Rechnung wird vom Versicherungsmitarbeiter nämlich für den ersten (angeblich halbstündigen) Termin lediglich die Entscheidung getroffen, den Wert für diese abgerechnete halbe Stunde zu vergüten. Daneben vergütet er gesondert auch die für den „Zweittermin" ausgewiesene halbe Stunde. Natürlich kann er keinerlei Zusammenhänge zur nicht ausgewiesenen weiteren halben Stunde im „Ersttermin" erkennen. Wenn also irgendwann einmal doch ein Ausgleich für die zweite Hälfte der am „Ersttermin" geleisteten einstündigen Behandlung gefordert werden sollte, könnte die Versicherung nicht den Einwand geltend machen, diese Leistung sei bereits durch die In-Rechnung-Stellung der halbstündigen Behandlung am „Zweittermin" mit abgegolten. Da die inneren Zusammenhänge von A vertuscht worden sind, besteht somit selbst bei der Geltendmachung beider Leistungen (eine halbe Stunde im „Ersttermin" und eine halbe Stunde im „Zweittermin") in einer Abrechnung die Gefahr der Doppelbelastung. Gerade solchen Gefahren soll aber das Merkmal des „In-Beziehung-Setzens" im Rahmen von betrugsneutralen Kompensationen vorbeugen. In unserem Beispielsfall kommt also eine betrugsneutrale Kompensation des Schadens durch gleichzeitig erlangte Vermögensvorteile in Form des Wegfalls gleich hoher Verbindlichkeiten aus mehreren Gründen nicht in Betracht.

VII.

Es hat sich somit gezeigt, dass auch im privatärztlichen Abrechnungsbereich – ähnlich wie bei den Vertragsärzten – der Möglichkeit des straflosen Sicherungsbetrugs Grenzen gesetzt sind. Sie ergeben sich aus einer Unvereinbarkeit mit den Regelungen der GOÄ (GOZ), die auch im privatärztlichen Abrechnungsbereich eine „streng formale Betrachtungsweise" bedingen. Das wirkt sich auf die Lösung des Beispielfalles aus. Indem A die erbrachte Leistung (jeweils eine einstündige Behandlung) in der Rechnung in täuschender Weise auf zwei verschiedene Leistungstermine aufspaltete (jeweils 1 x 30 Minuten am tatsächlichen Behandlungstag und 30 Minuten an einem fingierten Termin), hat er denjenigen, die die Kosten tragen, einen Vermögensschaden i.S.v. § 263 StGB zugefügt. Ein „wirtschaftlicher" Schadensausgleich kommt insoweit nicht in Betracht, weil der Wert des Wirtschaftsguts „ärztliche

Leistung" im Bereich „Erstattung durch Privatversicherungen" anhand der Regeln der GOÄ zu ermitteln ist. Zum Kernbereich der durch den Erlass der GOÄ rechtspolitisch gewollten Steuerung des Gesundheitswesens gehört, dass nur Leistungen abgerechnet werden dürfen, die am konkreten Termin tatsächlich erbracht wurden. Die GOÄ wirkt insoweit im Rahmen eines „wirtschaftlichen Vermögensbegriffs mit rechtlicher Anreicherung" als Kompensationsverbot, das die Annahme eines bloßen straflosen „Selbsthilfebetruges" verbietet. Zwar dürfte es den meisten Patienten – soweit sie eingeweiht waren – gleichgültig gewesen sein, dass hier auch eine fiktive Zweitbehandlung abgerechnet wird, darauf kommt es aber nicht an, denn im Falle des voll informierten Patienten liegt ein mittäterschaftlich begangener Betrug gegenüber den privaten Krankenversicherungen vor[54], oder ein vom Patienten begangener Betrug mit Anstiftung durch A. Bei nicht eingeweihten Patienten ist von einem Betrug ihnen gegenüber auszugehen – der auch nicht deshalb entfällt, weil die privaten Krankenkassen seinen Schaden später ausgeglichen haben[55] – sowie zugleich von einem Betrug in mittelbarer Täterschaft gegenüber der Krankenkasse, wobei beide Betrugshandlungen zusammen einen einheitlichen Betrug ergeben[56].

Mit der Hoffnung, dass unser Jubilar diese Ansicht teilt oder zumindest für vertretbar hält, verbinde ich die besten Zukunftswünsche. Möge Klaus Rogall seine Gesundheit und seine beeindruckende Schaffenskraft noch lange bewahren!

---

[54] BGHSt 57, 95; *Kölbel*, in: Achenbach/Ransiek/Rönnau (Fn. 28), 1. Kap. 5 Rn. 214; *Lindemann*, NZWiSt 2012, 334; *Schroth* (Fn. 22), S. 143.
[55] *Lindemann*, NZWiSt 2012, 334, 335.
[56] Zur parallelen Konstruktion beim Betrug durch Zeitschriftenwerber s. BGHSt 21, 284.

Zur Verantwortung von Unternehmen für ihre Wertschöpfungskette

Von *Sabine Gless*

I. Einleitung

Mit seiner Systematisierung der Einzelelemente von § 30 OWiG und § 130 OWiG legte Klaus Rogall Grundlagen zum Verständnis des deutschen Modells einer im Ordnungswidrigkeitenrecht verankerten Unternehmensverantwortung.[1] Davon gehen seine Überlegungen zur adäquaten Weiterentwicklung aus, unter anderem zur sog. Konzernhaftung,[2] also zur Verantwortung von Unternehmen für gemeinsames Auftreten.

Juristische Personen sind, anders als natürliche Personen, keine biologisch vordefinierten Entitäten. Für den Zweck ihrer Geschäftstätigkeit wählt man die jeweils zweckmäßige Form. Die zuständigen Organe können ihr Geschäftsmodell durch Bildung von Konzernen und Zulieferketten realisieren und bestimmen insofern in gewissem Umfang ihre Verantwortung und ihr Haftungsrisiko selbst. Während man im Zivilrecht auf diese Phänomene mit neuen Haftungsinstituten, beispielsweise für Konzerne, agiert,[3] scheint das Strafrecht noch eher ratlos.[4] Eine natürliche Person kann sich nicht damit entlasten, dass zwar ihre rechte Hand einen Faustschlag ausgeführt, sie als Gesamtmensch diesen aber nicht gewollt habe.[5] Doch im Unternehmensstrafrecht ist der Einwand der Eigenverantwortung von Unternehmenstöchtern und Zulieferern relevant, selbst wenn diese komplett in die Produktionskette eines Unternehmens integriert erscheinen.[6]

---

[1] KK-OWiG-*Rogall*, 5. Aufl. 2018, §§ 30 und 130; *Rogall*, Dogmatische und kriminalpolitische Probleme der Aufsichtspflichtverletzung in Betrieben und Unternehmen (§ 130 OWiG), ZStW 98, 1986, 573.

[2] KK-OWiG-*Rogall* (Fn. 1), § 130 Rn. 27 ff. sowie § 30 Rn. 51 und 88 ff.

[3] Grdl. BGHZ 95, 330.

[4] Vgl. *Momsen*, in: Momsen/Grützner, Wirtschaftsstrafrecht, 2013, Kap. 1 C, 18; *Niesler*, in: Graf/Jäger/Wittig, Wirtschafts- und Steuerstrafrecht, 2011, § 130 OWiG Rn. 52; *Saliger*, in: Esser u. a., Wirtschaftsstrafrecht, 2017, § 13 StGB Rn. 29.

[5] Zu früheren Rechtsvorstellungen *Holzhauer*, Zur Vorgeschichte des Allgemeinen Persönlichkeitsrechts, in: Erichsen/Kollhosser/Welp (Hrsg.), Recht der Persönlichkeit, 1996, S. 51 ff.

[6] Vgl. aus strafrechtlicher Sicht *Engelhart*, in: Esser u. a., Wirtschaftsstrafrecht, 2017, § 130 OWiG Rn. 47 f. sowie aus zivilrechtlicher Sicht *Weller/Thomale*, Menschenrechtsklagen gegen deutsche Unternehmen, ZGR 2017, 509, 512 f.

Vor diesem Hintergrund erschließt sich die neuere Debatte zur Verantwortung von international tätigen Unternehmen für ihr Geschäftsmodell und die dafür notwendige Wertschöpfungskette mit Blick auf Umwelt- und Arbeitnehmerbelange oder den Schutz von grundlegenden Menschenrechten. Sie wird heute in Zusammenhang mit den von der UN verabschiedeten Leitprinzipien für Wirtschaft und Menschenrechte (UN Guiding Principles[7]) sowie deren Umsetzungsmechanismen in Europa und Deutschland – insbesondere der neuen EU Bilanzrichtlinie und den modifizierten Bilanzierungspflichten im HGB (siehe unten II.) – geführt.[8] Noch ist offen, unter welchen Umständen eine strafrechtliche Haftung für die grenzüberschreitende Inpflichtnahme eine Rolle spielen soll und kann.[9] In der Schweiz wenden sich Unternehmensvertreter vehement gegen neue grenzüberschreitende Sorgfaltsprüfungspflichten für Lieferketten, wie sie mit Hilfe der Konzernverantwortungsinitiative in der Bundesverfassung platziert werden sollen.[10] Sie sehen einen neuen „Rechtsimperialismus" heraufziehen.[11] In Deutschland verlief die Aufnahme der Pflicht zur nichtfinanziellen Erklärung ins HGB eher ruhig. Der Grund dafür war möglicherweise auch, dass derzeit nur wenige, große Unternehmen betroffen sind[12] und die strafbewehrte Ahndung von Bilanzierungsverstößen als unwesentlicher Nebenschauplatz erscheint. Die Reformanliegen in beiden Staaten könnten jedoch auf das Gleiche hinauslaufen: eine langfristige Erweiterung der Unternehmenshaftung für eine Kontrolle des Handelns Dritter. Offen ist, ob aufgrund des je eigenen Verständnisses von Geschäftsherrenhaftung und der divergierenden Ausgestaltung der Unternehmenshaftung in Nachbarländern wie der Schweiz und Deutschland gleichwohl unterschiedliche Konsequenzen folgen.[13]

Gegenstand des folgenden Beitrags ist eine schlaglichtartige Beleuchtung des deutschen Modells von Unternehmensverantwortung vor diesem Hintergrund, durch die Brille des Jubilars. Klaus Rogall selbst fordert einerseits Respekt vor den Organisationssphären von Geschäftsherren als Verantwortungsgrenzen.[14] Ande-

---

[7] http://www.ohchr.org/Documents/Publications/GuidingPrinciplesBusinessHR_EN.pdf (besucht am 8.12.2017).

[8] *Singelnstein*, in: Jeßberger/Kaleck/Singelnstein (Hrsg.), Wirtschaftsvölkerstrafrecht, 2015, S. 148 f.

[9] Vgl. *Rogall*, Kriminalstrafe für juristische Personen?, GA 2015, 261.

[10] Vgl. dazu http://konzern-initiative.ch (besucht am 24.11.2017) sowie *Velte*, Prüfung der nichtfinanziellen Erklärung nach dem CSR-Richtlinie-Umsetzungsgesetz, IRZ 2017, 325, 326 f.

[11] Vgl. *Felix Ehrat* im Interview mit *Peter Fischer* und *Sergio Aiolfi*, NZZ 8.11.2016, https://www.nzz.ch/wirtschaft/wirtschaftspolitik/konzernverantwortungsinitiative-die-initiative-ist-eine-mogelpackung-ld.126981; vgl. a. *Davide Scruzzi*, Konzernverantwortungsinitiative – Klagen aus aller Welt, NZZ vom 21.4.2015, 11.

[12] *Holzmeier/Burth/Hachmeister*, Die nichtfinanzielle Konzernberichterstattung nach dem CSR-Richtlinie-Umsetzungsgesetz, IRZ 2017, 215.

[13] Ausf. dazu *Gless/Schmidt*, Durchsetzung menschenrechtlicher Verantwortung von Unternehmen im smart mix – Strafe ohne Souverän?, Mohr Siebeck (im Druck).

[14] Vgl. etwa KK-OWiG-*Rogall* (Fn. 1), § 130 Rn. 39 ff. betreffend die Formulierung von Aufsichtspflichten; *Rogall*, 1986 (Fn. 1), 573, 606.

rerseits tritt er für eine angemessene Geschäftsherrenhaftung ein, die etwa auch für eine Konzernverantwortung offen ist.[15] Gleichzeitig plädiert er für eine Beibehaltung des deutschen bußgeldrechtlichen Modells der Unternehmensverantwortung und warnt vor einer strafrechtlichen Lösung.[16] Wäre das deutsche Modell für Unternehmensverantwortung geeignet, Responsibilität für ein bestimmtes Geschäftsmodell entlang einer weltweiten Wertschöpfungskette zu etablieren, wenn man Strafrecht in den „smart mix" neuer Unternehmenspflichten einbeziehen wollte?[17] Zwei Aspekte erscheinen von besonderer Bedeutung: Kann das materielle Recht überhaupt eine Verantwortung von Betriebsinhabern für eine international organisierte Lieferkette als Teil seines Unternehmens erfassen und falls ja, wäre eine Unternehmensverantwortung nicht gleichwohl räumlich auf Deutschland beschränkt?

II. Unternehmen als globale Verantwortungsträger?

Unternehmen gelangten als private Akteure vergleichsweise spät in das Blickfeld der Menschenrechtsdebatten, die international – etwa im Rahmen der UN mit den Arbeiten an der „Allgemeinen Erklärung der Menschenrechte" – seit vielen Jahrzehnten geführt wird.[18] Heute herrscht jedoch die Ansicht, dass multinationale Konzerne großen Einfluss auf eine Respektierung von Menschenrechten weltweit haben können – insbesondere, wenn Geschäftstätigkeit an Orten stattfindet, in denen Staatsgewalt schwach ist.[19] Unternehmen sollen deshalb in die Verantwortung genommen werden. Allerdings hat die Völkergemeinschaft bis jetzt keine generelle *völkerstrafrechtliche* Verantwortung für Konzerne vor internationalen Gerichten etabliert.[20]

Die Annahme der UN Guiding Principles on Business and Human Rights (*UN-Leitprinzipien*)[21] durch den UN Human Rights Council im Jahr 2011 stellt deshalb für viele einen Wendepunkt in der Zuschreibung von Verantwortung an Unternehmen und Konzerne für ihre Geschäftsmodelle dar, wenn diese entlang einer grenzüberschreitenden Wertschöpfungskette zu Verletzungen bestimmter Menschenrechte in Drittstaaten führen könnten. Die von John Ruggie als UN-Sonderbotschafter entwi-

---

[15] KK-OWiG-*Rogall* (Fn. 1), § 130 Rn. 27 ff.
[16] Vgl. etwa *Rogall*, 1986 (Fn. 1), 573 ff.; *ders.* (Fn. 9), 263.
[17] Ausf. dazu *Gless/Schmidt* (Fn. 13).
[18] Vgl. *Jeßberger*, Die *I.G. Farben* vor Gericht: Von den Ursprüngen eines „Wirtschaftsvölkerstrafrechts", JZ 2009, 924 f.
[19] *Peters*, Privatisierung, Globalisierung und die Resistenz des Verfassungsstaates, in: Mastronardi/Taubert (Hrsg.), Staats- und Verfassungstheorie im Spannungsfeld der Disziplinen, ARSP Beiheft Nr. 105, 2006, S. 100 ff.
[20] Dazu etwa: *Jeßberger*, in: Jeßberger/Kaleck/Singelnstein (Hrsg.) (Fn. 8), S. 13 ff.; zu Ansatzpunkten einer Haftung: *Frank Meyer*, Multinationale Unternehmen und das Völkerstrafrecht, Schweizer Zeitschrift für Strafrecht 131, 2013, 56 ff.
[21] http://www.ohchr.org/Documents/Publications/GuidingPrinciplesBusinessHR_EN.pdf (besucht am 8.12.2017).

ckelten 31 Leitlinien fordern Staaten auf, juristische Personen in die Pflicht zu nehmen, damit sie ihre Geschäftsmodelle auf Risiken überprüfen und bei ihrer Geschäftstätigkeit in allen Ländern, in denen sie tätig werden, auf Schutz für und Respekt vor Menschrechten achten.[22] Das – oft auch als ‚Ruggie Principles' bezeichnete – Soft Law fordert die Staaten auf, private Unternehmen in die Pflicht zu Schutz und Respektierung von grundlegenden Menschenrechten[23] zu nehmen und neue Rechtswege zu eröffnen.[24] Um mutmaßlichen Opfern adäquaten Rechtsschutz zu gewähren, kann zum Strafverfahren gegriffen werden, muss aber nicht. Es genügen genauso privatrechtliche oder sogar außerrechtliche Konfliktbeilegungsmechanismen.[25]

Die EU-Staaten haben diesen Auftrag 2014 in einer Änderung der EU-Bilanzrichtlinie übernommen. Ab 2018 müssen Unternehmen von bestimmter Größe oder Bedeutung in ihrem Rechnungsabschluss im Rahmen sog. nichtfinanzieller Angaben[26] ihr Geschäftsmodell sowie etwaige Risiken, etwa in Bezug auf Umwelt- und Arbeitnehmerbelange sowie Menschenrechte, und den Umgang mit diesen Risiken erläutern. Dies legt den Grundstein einer Verrechtlichung der bis dahin eher als eine Art Anstandsregeln wahrgenommenen Vorgaben.

Deutschland hat diese europarechtliche Verpflichtung durch eine Änderung des Handelsgesetzbuches umgesetzt: Nach § 289c HGB müssen Unternehmen von einer gewissen Größe oder Bedeutung in einer nichtfinanziellen Erklärung[27] ihr Geschäftsmodell mit Blick auf das im Lichte der UN Guiding Principles betriebsspezifische Risiko kurz beschreiben, mit besonderem Blick auf folgende Aspekte:

1. *Umweltbelange*, wobei sich die Angaben beispielsweise auf Treibhausgasemissionen, den Wasserverbrauch, die Luftverschmutzung, die Nutzung von erneuerbaren und nicht erneuerbaren Energien oder den Schutz der biologischen Vielfalt beziehen können,

2. *Arbeitnehmerbelange*, wobei sich die Angaben beispielsweise auf die Maßnahmen, die zur Gewährleistung der Geschlechtergleichstellung ergriffen wurden, die Arbeitsbedingungen, die Umsetzung der grundlegenden Übereinkommen

---

[22] *Saage-Maaß*, Ahndung wirtschaftsverstärkter Kriminalität – Geschäftsherrenhaftung als Ansatz zur Strafverfolgung leitender Manager für Menschenrechtsverletzungen im Konzern?, NK 2014, 228, 231 ff.; *Pieth*, Die strafrechtliche Haftung für Menschenrechtsverletzungen im Ausland, AJP 2017, 1011 f.

[23] *Weller/Thomale* (Fn. 6), 513 f.

[24] http://www.ohchr.org/Documents/Publications/GuidingPrinciplesBusinessHR_EN.pdf (besucht am 24.11.2017).

[25] Vgl. dazu *Kroker*, Menschenrechte in der Compliance, CCZ 2015, 120, 122 ff.

[26] Vgl. Richtlinie 2013/34/EU vom 26. Juni 2013, in der Fassung vom 29. September 2014, ABl. L 330 vom 15. November 2014, 1, die eine nichtfinanzielle Erklärung verlangt, die diejenigen Angaben enthält, die für das Verständnis des Geschäftsverlaufs, des Geschäftsergebnisses, der Lage des Unternehmens sowie der Auswirkungen seiner Tätigkeit erforderlich sind und sich mindestens auf Umwelt-, Sozial-, und Arbeitnehmerbelange, auf die Achtung der Menschenrechte und auf die Bekämpfung von Korruption und Bestechung beziehen.

[27] § 289b HGB.

der Internationalen Arbeitsorganisation, die Achtung der Rechte der Arbeitnehmerinnen und Arbeitnehmer, informiert und konsultiert zu werden, den sozialen Dialog, die Achtung der Rechte der Gewerkschaften, den Gesundheitsschutz oder die Sicherheit am Arbeitsplatz beziehen können,

3. *Sozialbelange*, wobei sich die Angaben beispielsweise auf den Dialog auf kommunaler oder regionaler Ebene oder auf die zur Sicherstellung des Schutzes und der Entwicklung lokaler Gemeinschaften ergriffenen Maßnahmen beziehen können,

4. *die Achtung der Menschenrechte*, wobei sich die Angaben beispielsweise auf die Vermeidung von Menschenrechtsverletzungen beziehen können, und

5. die *Bekämpfung von Korruption und Bestechung*, wobei sich die Angaben beispielsweise auf die bestehenden Instrumente zur Bekämpfung von Korruption und Bestechung beziehen können.[28]

Es sind alle Angaben zu machen, die für das Verständnis des Geschäftsverlaufs, des Geschäftsergebnisses, der Lage der Kapitalgesellschaft sowie der Auswirkungen ihrer Tätigkeit auf die in Absatz 2 genannten Aspekte erforderlich sind, einschließlich

1. einer Beschreibung der von der Kapitalgesellschaft verfolgten Konzepte, einschließlich der von der Kapitalgesellschaft angewandten Due-Diligence-Prozesse,

2. der Ergebnisse der Konzepte nach Nummer 1,

3. der wesentlichen Risiken, die mit der eigenen Geschäftstätigkeit der Kapitalgesellschaft verknüpft sind und die sehr wahrscheinlich schwerwiegende negative Auswirkungen auf die in Absatz 2 genannten Aspekte haben oder haben werden, sowie die Handhabung dieser Risiken durch die Kapitalgesellschaft,

4. der wesentlichen Risiken, die mit den Geschäftsbeziehungen der Kapitalgesellschaft, ihren Produkten und Dienstleistungen verknüpft sind und die sehr wahrscheinlich schwerwiegende negative Auswirkungen auf die in Absatz 2 genannten Aspekte haben oder haben werden, soweit die Angaben von Bedeutung sind und die Berichterstattung über diese Risiken verhältnismäßig ist, sowie die Handhabung dieser Risiken durch die Kapitalgesellschaft,

5. der bedeutsamsten nichtfinanziellen Leistungsindikatoren, die für die Geschäftstätigkeit der Kapitalgesellschaft von Bedeutung sind,

6. soweit es für das Verständnis erforderlich ist, Hinweisen auf im Jahresabschluss ausgewiesene Beträge und zusätzliche Erläuterungen dazu.[29]

---

[28] § 289c Abs. 2 HGB.
[29] § 289c Abs. 3 HGB.

Konzerne müssen (unter den Voraussetzungen von § 315b HGB) ebenfalls eine solche nichtfinanzielle Erklärung abgeben, die das Konzerngesamtgeschäftsmodell erläutert (§ 315c HGB).[30]

Zusammenfassend lässt sich festhalten, dass globale Anforderungen an Unternehmen als neue Verantwortungsträger für den Respekt vor grundlegenden Menschenrechten Eingang in das deutsche Recht gefunden haben. Die als *soft law* konzipierten UN Guiding Principles sind damit verrechtlicht und als Teil einer Bilanzierungspflicht in Deutschland nach § 331 HGB strafbewehrt.

III. Unternehmen als lokale Verantwortungsadressaten

Fraglich ist, welche Konsequenzen die neuen Rechtsvorschriften für betroffene Unternehmen haben könnten, etwa im Bereich des allgemeinen Strafrechts, also über die bloße Bilanzierungspflicht hinaus. Im Rahmen einer nichtfinanziellen Erklärung müssen Unternehmen die Risiken ihrer Geschäftsmodelle entlang ihrer Wertschöpfungskette erläutern. Sie werden dadurch unter anderem dazu gezwungen, betriebsspezifische Gefahren ihrer Geschäftstätigkeit für die Respektierung von Menschenrechten und anderen international geschützten Rechten zu identifizieren und Rechenschaft über das Ergreifen zumutbarer Gegenmaßnahmen abzulegen.[31]

1. Haftung für unrichtige nichtfinanzielle Erklärung

Zunächst einmal ist festzuhalten: Verstöße gegen die Pflichten zur Erstellung von nichtfinanziellen Berichten nach § 289c bzw. § 315c HGB werden geahndet.[32] Unternehmen haften für eine Verletzung von Bilanzierungspflichten betreffend eine nichtfinanzielle Erklärung, wenn eine verantwortliche Leitungsperson entweder selbst eine Falscherklärung abgibt oder aber die Buchhaltung bei Abgabe der Erklärung nicht ausreichend beaufsichtigt. Die Zurechnung von Unternehmensverantwortung für eine solche Pflichtverletzung erfolgt über §§ 30, 130 OWiG. Doch durch den deutschen Sonderweg über das Ordnungswidrigkeitenrecht ergeben sich immer wieder komplexe Fragen, unter anderem mit Blick auf die räumliche Geltung der Haftung.[33]

---

[30] Vgl. dazu § 334 Abs. 1 Nr. 3, § 334 Abs. 1 Nr. 4, § 340n, § 341n HGB.

[31] *Kaufmann*, Menschen- und umweltfreundliche Sorgfaltsprüfung im internationalen Vergleich, AJP 2017, 970.

[32] Vgl. § 331 Nr. 2 HGB.

[33] Vgl. *Schneider*, Der transnationale Geltungsbereich des deutschen Verbandsstrafrechts – de lege lata und de lege ferenda, ZIS 2013, 488 ff.; Zur Rechtslage in Österreich, der Schweiz und Liechtenstein vgl. *Wohlers*, Der Gesetzesentwurf zur strafrechtlichen Verantwortung von Unternehmen und sonstigen Verbänden, ZGR 2016, 369 ff., für einen weiteren Rechtsvergleich siehe: *Pieth/Ivory*, Corporate Criminal Liability, 2011.

Grund dafür ist die unter anderem von Klaus Rogall vertretene Ansicht, § 30 OWiG sei keine echte Zurechnungsnorm, sondern eine Art Rechtsfolgenregelung.[34] Das Unrecht werde allein durch die von der Leitungsperson verwirklichte Anknüpfungstat bestimmt.[35] Bei § 30 OWiG handelte es sich demnach weder um eine Ordnungswidrigkeit noch um eine Straftat des Unternehmens, sondern um eine allein die Verbandsgeldbuße zuweisende Norm.[36] Das die Sanktion rechtfertigende Unrecht soll so innerhalb der etablierten Strukturen des traditionellen Individualstrafrechts begründet werden. Es steht und fällt mit der individuellen Tat der Person mit Leitungsfunktion im Unternehmen. Dieses Verständnis von § 30 OWiG stützt sich unter anderem darauf, dass die Bemessung der Geldbuße von der Höhe der für die Anknüpfungstat angedrohten Geldbuße abhängt (§ 30 Abs. 2 Satz 2 OWiG) und eine Verfolgung nach der Verjährung der Anknüpfungstat nicht mehr möglich ist (§ 30 Abs. 4 Satz 3 OWiG).[37] Die Einordnung des § 30 OWiG hat gerade in der Diskussion um eine mögliche strafrechtliche Verantwortung für eine grenzüberschreitende Wertschöpfungskette eine maßgebliche Bedeutung: Denn versteht man § 30 OWiG als originäre die Verbandsgeldbuße zuweisende Norm, stellen sich grundlegende Fragen mit Blick auf die räumliche Reichweite der Unternehmensverantwortung (dazu im einzelnen unten IV.1.).

Als Anknüpfungstat kommt regelmäßig eine Aufsichtspflichtverletzung nach § 130 OWiG in Betracht.[38] Danach haften Betriebsinhaber, wenn sie die erforderlichen Aufsichtsmaßnahmen unterlassen und dadurch die Begehung von Straftaten im Unternehmen nicht verhindern oder wesentlich erschweren.[39] § 130 OWiG soll die typischen Zurechnungsprobleme überwinden, die sich aus der wirtschaftlich gewollten Arbeitsteilung und Dezentralisierung ergeben, infolge derer die Verantwortung für die Betriebsführung und das Handeln vor Ort auseinanderfallen.[40] Entsprechend könnte ein Unternehmen oder ein Konzern, dessen Leitungspersonen bei der Schilderung seines Geschäftsmodells wesentliche Risiken der Geschäftstätigkeit für Umweltbelange, Arbeitnehmerbelange, Sozialbelange, die Achtung der Menschenrechte oder Korruption gar nicht oder nicht ausreichend darlegen[41] in die Verantwortung genommen werden.[42]

---

[34] KK-OWiG-*Rogall* (Fn. 1), § 30 Rn. 8 ff.

[35] KK-OWiG-*Rogall* (Fn. 1), § 30 Rn. 88.

[36] Vgl. neben KK-OWiG-*Rogall* (Fn. 1), § 30 Rn. 14: *Bohnert*, Ordnungswidrigkeitengesetz, Kommentar, 3. Aufl. 2010, § 30 Rn. 5; *Niesler*, in: Graf/Jäger/Wittig, Wirtschafts- und Steuerstrafrecht (Fn. 4), § 30 OWiG Rn. 4; *Förster*, in: Rebmann/Roth/Herrmann, Gesetz über Ordnungswidrigkeiten, Kommentar, 8. Lfg. August 2004, Vor § 30 Rn. 11.

[37] *Rogall* (Fn. 9), 264.

[38] KK-OWiG-*Rogall* (Fn. 1), § 30 Rn. 89 ff.

[39] *Rogall*, 1986 (Fn. 1), 573.

[40] *Rogall*, 1986 (Fn. 1), 573, 574; s.a. *Schünemann*, Strafrechtsdogmatische und kriminalpolitische Grundfragen der Unternehmenskriminalität, wistra 1982, 42.

[41] Und keinen Ausnahmetatbestand geltend machen kann, wie etwa § 289e HGB.

[42] Vgl. *Holzmeier/Burth/Hachmeister* (Fn. 12), 215, 220.

Ob bzw. in welchem Umfang Unternehmen *in der Praxis* staatliche Verfolgung wegen Verletzung von Bilanzierungspflichten zu befürchten haben, steht auf einem anderen Blatt.[43] Es spricht einiges dafür, dass das bisher mit Zurückhaltung eingesetzte Instrument der Unternehmenshaftung nicht plötzlich zum grenzüberschreitenden Schutz von Umwelt- und Arbeitnehmerbelangen oder Menschenrechten zu flächendeckenden Ermittlungen eingesetzt wird. Vielmehr dürfte der Wunsch nach internationalem Handel dazu führen, die Schilderung des im Einzelfall relevanten Geschäftsrisikos aufgrund der zwangsläufigen Risiken internationaler Kooperationen eher großzügig zu akzeptieren. Weder die wirtschaftlich weiter entwickelten Staaten, noch die wirtschaftlich weniger weit entwickelten Staaten wünschen einen Abbau globaler Wirtschaftsbeziehungen.

Inhaber großer, multinationaler Betriebe in Deutschland sind aber nun in der Pflicht, ihr Geschäftsmodell über Staats- und Unternehmensgrenzen hinweg auf bestimmte Risiken zu prüfen und die ergriffenen Maßnahmen wahrheitsgemäß zu erläutern. Erklärt also künftig ein Unternehmen in seiner nichtfinanziellen Erklärung, es überprüfe regelmäßig bei Unternehmenstöchtern in Rumänien oder Zulieferern in Pakistan die Sicherheitsbedingungen in den Produktionsstätten, obwohl dies nicht geschieht oder wird auf ein komplexes Compliance-System verwiesen, obwohl vor Ort nur ein laxer Standard implementiert wird, und kann die Falscherklärung einer Leitungsperson zugerechnet werden, so muss sich das Unternehmen gegebenenfalls für Falschdeklarierung verantworten.[44] Viel hängt hier von der rechtlichen Bewertung einerseits des komplexen Zusammenspiels der Bilanzierungsvorschriften und andererseits der Anforderungen an eine vorsätzliche Verletzung der Deklarierungspflichten ab. In der Praxis kommt hinzu, dass eine Unternehmensbuße zwar theoretisch unabhängig davon ist, ob in Rumänien oder in Pakistan in einem Fabrikfeuer Menschen sterben, weil tatsächlich Vorgaben aus Übereinkommen der Internationalen Arbeitsorganisation (IAO) zu Arbeitnehmerrechten[45] nicht eingehalten wurden. Praktisch ist eine Ahndung aber natürlich nach einem Schadenseintritt sehr viel wahrscheinlicher.[46]

2. Geschäftsherrenhaftung für ein Geschäftsmodell und Wertschöpfungskette?

Tritt ein Schaden ein, bricht ein Fabrikfeuer bei einer Unternehmenstochter in Rumänien oder bei einem Zulieferer in Pakistan aus und können die Arbeiter nicht rechtzeitig ins Freie gelangen, weil es tatsächlich keine benutzbaren Notausgänge

---

[43] Vgl. dazu etwa: *Velte* (Fn. 10), 325, 326 f. Zu den rechtlichen Fragen treten natürlich praktische Probleme einer Ermittlungstätigkeit in einem komplexen Auslandssachverhalt, siehe dazu etwa *Kaleck*, in: Jeßberger/Kaleck/Singelnstein (Hrsg.) (Fn. 8), S. 222.

[44] §§ 331 zu den Vorsatzanforderungen siehe KK-OWiG-*Rengier* (Fn. 1), § 10 Rn. 3 ff.

[45] http://www.ilo.org/global/standards/lang-en/index.htm (besucht am 8.12.2017).

[46] Zum Problem des Durchsetzungsdefizits: Vgl. *Wittig*, in: Jeßberger/Kaleck/Singelnstein (Hrsg.) (Fn. 8), S. 241, 244.

gibt, dann stellt sich ferner die Frage, ob ein Unternehmen, sei es in der Funktion als Konzernmutter oder als Warenabnehmer, unter bestimmten Umständen nicht nur für eine Verletzung der Bilanzierungspflichten, sondern darüber hinaus für weitere Straftaten seiner Leitungspersonen einstehen müsste, wenn wahrheitswidrig eine Kontrolle der Arbeitssicherheit angegeben wurde. Bekanntermaßen schließt die Androhung von Geldbußen in Zusammenhang mit der Abgabe nichtfinanzieller Erklärung eine weiter gehende Verfolgung nicht aus. Die allgemeinen Vorschriften, etwa über strafbare Beteiligung, bleiben anwendbar. Würde also nachgewiesen, dass unter Mitwirkung einer Leitungsperson eines deutschen Abnehmers Maschinen vor Notausgänge gestellt wurden, um die Produktion beim Zulieferer zu beschleunigen, steht eine strafbare Beihilfe dieser Leitungsperson zu einer vorsätzlichen Straftat im Raum. Solche Fälle dürften in der Praxis jedoch eine rare Ausnahme sein.[47] Allerdings wäre für diesen Fall im deutschen Recht sogar vorgesorgt. Denn die inländische Strafbarkeit einer Teilnahmehandlung wird von vorneherein nicht durch die rechtliche Bewertung der im Ausland begangenen Haupttat limitiert: Nach § 9 Abs. 2 StGB gilt eine „Teilnahme ... sowohl an dem Ort begangen, an dem die Tat begangen ist, als auch an jedem Ort, an dem der Teilnehmer gehandelt hat oder im Falle des Unterlassens hätte handeln müssen oder an dem nach seiner Vorstellung die Tat begangen werden sollte. *Hat der Teilnehmer an einer Auslandstat im Inland gehandelt, so gilt für die Teilnahme das deutsche Strafrecht, auch wenn die Tat nach dem Recht des Tatorts nicht mit Strafe bedroht ist.*"

Praktisch relevant könnten aber eher jene Fälle werden, in denen Leitungspersonen im Hauptsitz eines Konzerns (oder auch vor Ort) annehmen, dass es bei der im Ausland angesiedelten Unternehmenstochter zu Rechtsverletzungen kommt, oder eine verantwortliche Person bei einem Abnehmer vermutet, dass ein Zulieferer selbst die international akkordierten Mindeststandards für Arbeitsschutz nicht einhält, aber gleichwohl untätig bleibt. Es geht also regelmäßig um Unterlassungs- und Fahrlässigkeitshaftung.[48] In Betracht käme hier insbesondere eine sog. Geschäftsherrenhaftung, die als solche heute grundsätzlich anerkannt, in ihren Voraussetzungen aber umstritten ist.[49]

---

[47] Vgl. etwa *Saage-Maaß* (Fn. 22), 228, 236; *Zerbes*, in: Jeßberger/Kaleck/Singelnstein (Hrsg.) (Fn. 8), S. 205, 226.

[48] *Rogall*, 1986 (Fn. 1), 573, 613.

[49] *Saage-Maaß* (Fn. 22), 228; zur grundsätzlichen Ausrichtung: BGHSt 54, 44 ff.; 57, 42 ff.; *Wittig* (Fn. 46), S. 247 ff.

*a) Von der Geschäftsherrenhaftung für die Betriebsstätte
zur Organisationshaftung*

Ihren Ursprung hat diese Garantenhaftung im Geschäftsbetrieb als Gefahrenquelle für die Rechtsgüter Dritter, die durch entsprechende Aufsicht und Weisung des Betriebsinhabers entschärft werden kann.[50]

Die Etablierung einer solchen Garantenstellung ist ungewöhnlich, weil der Betriebsinhaber strafrechtlich für seine Mitarbeiter haftet, die als erwachsene und urteilsfähige Menschen grundsätzlich selbst Verantwortung für ihr Handeln tragen, außer es liegen ganz besondere Umstände vor.[51] Die Geschäftsherrenhaftung rechtfertigt sich durch die Verantwortung für das Betriebsrisiko und die Kontrollmöglichkeiten durch arbeits- und organisationsbezogene Anweisungen.[52] Die Geschäftsherrenhaftung konnte sich durchsetzen, obwohl Wirtschaftsbetriebe an sich nicht nur gesellschaftlich gewünscht sind, sondern auch das unternehmerische Risiko immer wieder als wichtiger Faktor für Wirtschaftswachstum genannt wird. In der sich stetig verändernden Wirtschaftswelt wirft eine solche Garantenhaftung deshalb immer wieder die Fragen nach adäquater Grenzziehung für strafrechtliche Verantwortung auf.[53] Klaus Rogall hat in der Diskussion um eine strafrechtliche Verantwortung von Betriebsinhabern für ihre Mitarbeiter[54] kontinuierlich gegen eine Überbewertung von deren Eigenverantwortung und für ein entwicklungsoffenes Konzept der Geschäftsherrenhaftung plädiert.[55] Demgegenüber steht die Kritik, dass ein im Ursprung nicht nur rechtmäßiges, sondern letztlich grundrechtlich geschütztes Tun wie ein Wirtschaftsbetrieb nicht zu einer weit reichenden Verkehrssicherungspflicht für das Verhalten erwachsener Menschen führen kann.[56] Der Grundsatz, dass niemand *per se* für die Kontrolle des Verhaltens anderer, an sich vollverantwortlicher Personen zuständig sein könne, wird aber von jeher für Fälle eingeschränkt, in denen Menschen in Institutionen agieren, die in besonderer Weise hierarchisch auf Befehls- und Gehorsamsverhältnisse ausgerichtet sind, wie etwa das Militär.[57] Letztlich geht

---

[50] *Mansdörfer/Trüg*, Umfang und Grenzen der strafrechtlichen Geschäftsherrenhaftung, StV 2012, 432, 433.

[51] Zum Streit über die mittelbare Täterschaft kraft Organisationsherrschaft vgl. Schönke/Schröder/*Heine/Weißer*, StGB, 29. Aufl. 2014, § 25 Rn. 26 ff.

[52] SK-StGB/*Stein*, Bd. I, 9. Aufl. 2017, § 13 Rn. 29 ff. und 42; *Schneider/Gottschaldt*, Offene Grundsatzfragen der strafrechtlichen Verantwortlichkeit von Compliance-Beauftragten in Unternehmen, ZIS 2011, 573, 574; *Dannecker/Dannecker*, Die „Verteilung" der strafrechtlichen Geschäftsherrenhaftung im Unternehmen, JZ 2010, 981, 989.

[53] Grundlegend LK-*Weigend*, StGB, 12. Aufl. 2007, § 13 Rn. 56.

[54] Grundsätzlich kritisch: *Jakobs*, Strafrecht Allgemeiner Teil, 1985, 29/36, S. 664 f.; SK-StGB/*Rudolphi*, Bd. I, 7. Aufl. 2000, § 13 Rn. 35a; zur Illustration der Entwicklung vgl. SK-StGB/*Stein* (Fn. 52), § 13 Rn. 44.

[55] *Rogall*, 1986 (Fn. 1), 573, 578 ff.; *ders.* (Fn. 9), 260, 265.

[56] LK-*Weigend* (Fn. 53), § 13 Rn. 55 f. m.w.N.

[57] LK-*Weigend* (Fn. 53), § 13 Rn. 55; *Dannecker*, in: Rotsch (Hrsg.), Criminal Compliance (2014), § 5 Rn. 2 ff.

der Streit also darum, wie durch normative Barrieren adäquat Individualverantwortung abzugrenzen ist.[58] Hier ist in den vergangenen Jahren ein tiefgreifender Wandel zu verzeichnen, der sich auch im Verständnis der Geschäftsherrenhaftung niederschlägt, nämlich von einer Betriebsstätten-orientierten zu einer organisationsrechtlichen Betrachtung:[59] Zunehmend sieht man Betriebsinhaber in der Pflicht, ihr betriebsspezifisches Risiko von vorneherein so zu organisieren, dass die Beeinträchtigung der Rechtsgüter möglichst vermindert wird.[60] Heute scheint weniger die Aufsicht über einzelne Mitarbeiter im Vordergrund zu stehen als die Organisationstruktur, der „tone at the top", das Compliance Modell oder die Subkultur eines Unternehmens.[61] Die Pflichten zur Abwendung schädlicher Auswirkungen eines Betriebs werden breiter und können sich sogar auf Täter beziehen, die formell gar nicht dem eigenen Betrieb angehören, aber als verantwortliche Leitungspersonen fungieren, wie etwa faktische Geschäftsführer.[62] Insgesamt gilt: Denjenigen, die durch einen Geschäftsbetrieb einen dynamischen Vorgang in Gang setzen, der Gefahren für fremde Rechtsgüter schafft, müssen als Betriebsinhaber im Rahmen ihrer Weisungsherrschaft das Notwendige und Zumutbare unternehmen, um das betriebsspezifische Risiko abzuschirmen.[63]

b) Geschäftsherrenhaftung im Konzern

Vor diesem Hintergrund erschließt sich die Diskussion um die Konzernhaftung: Gilt eine solche Garantenhaftung nur im Einzelunternehmen oder auch in Zusammenhang mit anderen selbständigen Unternehmen, etwa im Konzernverbund? Die Antwort ist umstritten.[64] Klaus Rogall votiert grundsätzlich dafür, dass in Fällen, in denen eine faktische Geschäftsleitung eine Unternehmensgruppe so dirigiert, dass der Konzern ein betriebsspezifisches Risiko entwickelt, die *de facto* Geschäftsleitung auch in der Pflicht steht, dieses spezifische Betriebsrisiko so weit wie möglich

---

[58] Vgl. LK-*Weigend* (Fn. 53), § 13 Rn. 56 m.w.N.

[59] BGHSt 37, 106, 117 ff.; 40, 218, 237; 48, 331; *Roxin*, Organisationsherrschaft und Tatentschlossenheit, ZIS 2006, 293, 298 ff.; *Schubarth*, Zur strafrechtlichen Haftung des Geschäftsherrn, ZStrR 92 (1976), 370, 386 f., *Ambos*, Täterschaft durch Willensherrschaft kraft organisatorischer Machtapparate, GA 1998, 226, 239 f. sowie aus Sicht des Zivilrechts: *Weller/Thomale* (Fn. 6), 519 ff.

[60] KK-OWiG-*Rogall* (Fn. 1), § 130 Rn. 38; *Rogall*, 1986 (Fn. 1), 573, 616.

[61] *Kroker* (Fn. 25), 120.

[62] *Rogall*, 1986 (Fn. 1), 573; faktischer Geschäftsführer: 578.

[63] Vgl. *Stratenwerth*, Zukunftssicherung mit den Mitteln des Strafrechts?, ZStW 105, 1993, 679, 684; *Wittig* (Fn. 46), S. 241, 248 ff.

[64] Vgl. etwa BGH JR 2004, 245 ff. mit Anm. *Rotsch*; KK-OWiG-*Rogall* (Fn. 1), § 130 Rn. 27 ff. m.w.N.; *Theile*, in: Eisele/Koch/Theile, Der Sanktionsdurchgriff im Unternehmensverbund, 2014, S. 73 ff.; *Villard*, La compétence du juge Pénal suisse à l'égard de l'infraction reprochée à l'entreprise, Genève 2017, S. 333 ff.

nach außen abzuschirmen.⁶⁵ Ob eine solche Haftung in der Praxis greift, erscheint aber durchaus zweifelhaft, schon weil eine Konzernspitze grundsätzlich von einem rechtmäßigen Handeln der Vorstände der abhängigen Unternehmen ausgehen darf.⁶⁶ Nur wenn dieses Vertrauen erschüttert würde, müsste sie das ihr Mögliche und Zumutbare tun, um das betriebsspezifische Risiko der hierarchisch zusammenhängenden Unternehmen zu entschärfen, etwa durch Kontrollen und andere Maßnahmen.⁶⁷ Die Wachsamkeit einer Konzernspitze könnte sich aber mit offensichtlichen Risiken erhöhen: Wer eine Wertschöpfungskette über eine „weak-governance-zone" etabliert, könnte erhöhte Pflichten haben, hinzuschauen und zu reagieren als Unternehmen, die ihr Geschäftsmodell etwa ausschließlich in (West- und Mittel-)Europa verwirklichen.⁶⁸ Es gilt in jedem Fall Augenmaß zu wahren: Strafrechtliche Risiken dürfen nicht zu Hinderungsfaktoren für wirtschaftliche Entwicklung werden. Im Einzelnen ist ohnehin noch vieles unklar.⁶⁹ Denn es bleiben nicht nur die Voraussetzungen der Geschäftsherrenhaftung im Konzern umstritten,⁷⁰ es müssen unabhängig vom theoretischen Modell natürlich immer die (regelmäßig komplexen) Umstände im Einzelfall genau bewertet werden.⁷¹

c) Haftung für Geschäftsmodell und Wertschöpfungskette

Bejaht man eine Geschäftsherrenhaftung im Konzern grundsätzlich, so stellt sich die Frage, ob diese Idee entwicklungsfähig für eine Garantenhaftung, für ein Geschäftsmodell und die dafür notwendige Wertschöpfungskette ist. Wäre dieser

---

⁶⁵ KK-OWiG-*Rogall* (Fn. 1), § 130 Rn. 27 ff. mit umfassenden Hinweisen auf andere Ansichten.

⁶⁶ *Wirtz*, Die Aufsichtspflichten des Vorstandes nach OWiG und KonTraG, WuW 2001, 348 f.

⁶⁷ KK-OWiG-*Rogall* (Fn. 1), § 130 Rn. 27 und 43; *Niesler* (Fn. 4), Rn. 52; zust. *Grundmeier*, Rechtspflicht zur Compliance im Konzern, 2011, S. 68, 78 f.; *Wittig* (Fn. 46), S. 241, 249 f.

⁶⁸ Vgl. mit Blick auf die vorliegend diskutierte Fallkonstellation etwa: *Wittig* (Fn. 46), S. 241, 251 und 261.

⁶⁹ KK-OWiG-*Rogall* (Fn. 1), § 130 Rn. 27; *Niesler* (Fn. 4), Rn. 52 ff.; *Wittig* (Fn. 46), S. 241, 249 f.; *Theile* (Fn. 64), S. 73 ff.

⁷⁰ Vgl. dazu KK-OWiG-*Rogall* (Fn. 1), § 130 Rn. 27 mit vielen weiteren Nachweisen.

⁷¹ Vgl. dazu *Petermann*, in: Eisele/Koch/Theile, Der Sanktionsdurchgriff im Unternehmensverbund, 2014, S. 99 ff., 105 ff.; *Aberle/Holle*, in: Eisele/Koch/Theile, Der Sanktionsdurchgriff im Unternehmensverbund, 2014, S. 117, 118 ff.; *Tschierschke*, in: Eisele/Koch/Theile, Der Sanktionsdurchgriff im Unternehmensverbund, 2014, S. 137, 141 ff.; *D. Bock*, Strafrechtliche Aspekte der Compliance-Diskussion – § 130 OWiG als zentrale Norm der Criminal Compliance, ZIS 2009, 68, 70 ff.; *Achenbach*, Verbandsgeldbuße und Aufsichtsverletzung (§§ 30 und 130 OWiG) – Grundlagen und aktuelle Probleme, NZWiSt 2012, 321, 326 f.; *W. Bosch*, Verantwortung der Konzernobergesellschaft, ZHR 177, 2013, 454 ff.; *Gehring/Kasten/Mäger*, Unternehmensrisiko Compliance? Fehlanreize für Kartellprävention durch EU-wettbewerbsrechtliche Haftungsprinzipien für Konzerngesellschaften, CCZ 2013, 1, 4.

Weg eröffnet, dann könnte dem Anliegen der UN Guiding Principles nach einer Inpflichtnahme von Unternehmen gegebenenfalls so mit den Mitteln des Strafrechts Rechnung getragen werden.[72] Argumente für eine solche Haftung sind bereits seit längerer Zeit Teil der Diskussion über die Verrechtlichung der UN Guiding Principles.[73]

aa) Anknüpfung an Bilanzierungspflichten

Fraglich ist etwa, ob etwa die neuen Bilanzierungspflichten nach §§ 289c und 315c HGB als Anknüpfung für eine strafrechtliche Verantwortung dienen könnten. Sie verpflichten große Unternehmen, die – als Gruppe oder als Einzelbetrieb – grenzüberschreitend Geschäfte abwickeln, zur Identifikation und Dokumentation betriebsspezifischer Risiken für Umwelt- und Arbeitnehmerbelange oder für die Achtung von Menschenrechten.[74] Die neuen Vorschriften äußern sich jedoch nicht dazu, ob bzw. wie Bilanzpflichtige auf identifizierte Betriebsrisiken reagieren müssen oder über eine Verantwortung zur Abschirmung identifizierter Betriebsgefahren. Fraglich ist, wie dieses Schweigen zu interpretieren ist: Erschöpft sich die neue Verpflichtung zur Abgabe nichtfinanzieller Erklärungen in dem Zwang, sich bloß zu stellen, zielt sie damit auf einen durch die Gefahr der Kompromittierung ausgelösten sog. *nudging effect*: Denn bei Eintritt eines Schadensfalls wäre ein Unternehmen zumindest einem Reputationsschaden ausgesetzt, wenn die nichtfinanzielle Erklärung eine vielschichtige Überwachung ausweist, an deren Validität im Nachhinein berechtigte Zweifel bestehen. Schließt man sich dieser Auffassung an, wären die neuen Bilanzierungspflichten kaum ein geeigneter Ansatz für ein weit gehendes Haftungsregime. Man kann die Bilanzierungspflichten aber durchaus anders verstehen, nämlich als implizite Handlungsaufforderung: Spezifische Betriebsrisiken sollen nicht nur auf Papier geschrieben, sondern über die Dokumentationspflicht in eine Pflicht zum Hinschauen erwachsen, mit der Konsequenz, dass Wegschauen Verantwortung nach sich zieht. Damit wäre allerdings noch nicht die Frage beantwortet, wie eine adäquate Reaktion auf die Identifikation eines spezifischen Betriebsrisikos in einer Wertschöpfungskette aussehen müsste. Denn durch die Bilanzierungspflicht werden die Betriebsrisiken anderer, eigenständiger Unternehmen nicht zum eigenen Risiko. Vielmehr entsteht Verantwortung für die Handhabung eigener Risiken in einem Verbund mit anderen, die unter besonderen Umständen eine strafrechtliche Haftung begründen könnte.

Welche dieser Überlegungen durchgreifen wird, bleibt abzuwarten. Bei der Etablierung einer Garantenhaftung wäre wiederum zu berücksichtigen, dass die Organisation einer Wertschöpfungskette über verschiedene Unternehmenstöchter und Zulieferer grundsätzlich einem legitimen wirtschaftlichen Anliegen dient, dem insbe-

---

[72] Vgl. KK-OWiG-*Rogall* (Fn. 1), § 130 Rn. 84 ff.; *Pelz*, in: Hauschka/Moosmayer/Lösler, Corporate Compliance, 3. Aufl. 2016, Rn. 4.
[73] Vgl. etwa Art. 19a Abs. 1 lit. d) EU BilanzRL 2013/34/EU.
[74] Vgl. dazu: *Saage-Maaß* (Fn. 22), 228, 236; *Zerbes* (Fn. 47), S. 205, 226.

sondere das Gesellschaftsrecht Raum gewährt. Jedes Unternehmen trägt sein eigenes Risiko in der Kette. Bloße Zulieferer und eigenständige Handelspartner sind hierarchisch gleichgestellte Unternehmen, für deren Verhalten man an sich auch im Rahmen der Bilanzierungspflichten keine Verantwortung übernimmt, von deren Verhalten aber das eigene Geschäftsmodell abhängen kann. Selbst Menschenrechtsorganisationen, die sich für die Etablierung einer Sorgfaltsprüfungspflicht einsetzen, betonen, dass das Strafrecht *ultima ratio* bleiben soll und Unternehmen nur haften dürfen, wo sie kontrollieren oder einwirken können.[75]

bb) Auslegung von § 130 OWiG im Lichte der UN Guiding Principles

Eine bessere Basis für innovative Überlegungen zur Geschäftsherrenhaftung betreffend eine Wertschöpfungskette wäre möglicherweise ein neues Verständnis von § 130 OWiG – im Lichte der Annahme der UN Guiding Principles, der Änderung der EU Bilanzrichtlinie und der Etablierung der Pflicht zur nichtfinanziellen Erklärung.[76] Hier scheint zweierlei wichtig: eine Neubestimmung von „Betrieb" oder „Unternehmen", für die ein Inhaber zuständig ist und ein Überdenken der Definition von erforderlichen Aufsichtsmaßnahmen.

Während man früher unter „Betrieb" und „Unternehmen" noch vorwiegend eine mehr oder weniger übersichtliche Produktions- oder Arbeitsstätte verstanden hat, bestimmen heute Unternehmenskonglomerate und Lieferketten die Geschäftsmodelle wirtschaftlich.[77] Die Anerkennung dieses Umstandes spielte eine wesentliche Rolle für die Ausgestaltung der UN Guiding Principles.

„Normative Barrieren" der unternehmerischen Organisation[78] sind unter neuem Rechtfertigungszwang. Mit Blick auf die strafrechtliche Haftung etwa taucht immer wieder die Frage auf, ob Aufsichtsmaßnahmen parallel zu formal-rechtlicher Steuerungsmöglichkeit oder entlang einer faktischen Direktionsmacht zu definieren

---

[75] Vgl. Vorschlag für ein *Menschenrechtsbezogenes Sorgfaltspflichten-Gesetz* bei *Klinger/Krajewski/Krebs/Hartmann*, Verankerung menschenrechtlicher Sorgfaltspflichten von Unternehmen im deutschen Recht (report filed for NGOs, namely amnesty international, Brot für die Welt, Germanwatch and Oxfam), 2016 https://germanwatch.org/de/download/14745.pdf (besucht am 8.12.2017), S. 60.

[76] *Zerbes* (Fn. 47), S. 222 f. Vgl. ferner *Koch*, Der kartellrechtliche Sanktionsdurchgriff im Unternehmensverbund, ZHR 171, 2007, 554, 574 ff.; *Weller/Kaller/Schulz*, Haftung deutscher Unternehmen für Menschenrechtsverletzungen im Ausland, AcP 126, 2016, 387, 401 f.; *Villard* (Fn. 64), S. 333 ff.

[77] Technology is revolutionising supply-chain finance, Economist 12 October 2017, https://www.economist.com/news/finance-and-economics/21730150-squeezed-suppliers-and-big-corporate-buyers-stand-benefit-technology; Supply-chain management, Economist online Apr 6th 2009, http://www.economist.com/node/13432670 (besucht am 8.12.2017).

[78] Dazu LK-*Weigend* (Fn. 53), § 13 Rn. 56.

sind.[79] Wie weit eine Garantenhaftung jenseits von rechtlich fundierter Aufsichtspflicht auf tatsächliche Befehlsgewalt gegründet werden kann, ist offen. Mit Blick auf die dem Strafrecht eigentümliche Zurückhaltung ist hier einmal mehr auf die Selbstverständlichkeit hinzuweisen: Strafrecht darf weder Unmögliches noch Unfaires verlangen; dem ist bei der Ausgestaltung von Haftungsvoraussetzungen immer Rechnung zu tragen.[80] Garantenhaftung in einer Wertschöpfungskette könnte entsprechend nur dann eingreifen, wenn ein Unternehmen das für das Geschäftsmodell betriebsspezifische Risiko beherrscht und dirigiert – und nur so weit, wie ein hierarchisch gestuftes Zusammenwirken reicht etc.

Bei Fahrlässigkeitshaftung besteht die Gefahr, dass Gerichte nach Schadensfällen in der Versuchung sein können, im Nachhinein eine Aufsichts- oder Eingriffspflicht zu konstruieren, die a priori nicht formuliert worden wäre.[81]

d) Zwischenergebnis

Eine Geschäftsherrenhaftung für ein Geschäftsmodell ist nach der Verrechtlichung der UN-Guiding Principles durch die EU Bilanzrichtlinie und der Erweiterung der Bilanzierungspflichten nach deutschem HGB im Grundsatz durchaus denkbar. Es müssten allerdings dafür besondere Voraussetzungen gegeben sein, wie etwa eine spezifische Betriebsgefahr des konkreten Geschäftsmodells für die in den Bilanzierungsvorschriften genannten Belange, eine strikt hierarchisch organisierte Wertschöpfungskette, in der einzelne das Betriebsrisiko zumutbar entschärfen könnten etc. Denn auch die gesellschaftliche Forderung nach unternehmerischer Verantwortung in Zusammenhang mit Geschäftsmodellen, die auf einer weltweiten Wertschöpfungskette basieren, darf nicht dazu führen, dass das Strafrecht vom einzelnen Unmögliches verlangt.[82]

IV. Staatsgrenzen als Verantwortungsgrenzen?

Selbst wenn das materielle Recht, eine Weiterentwicklung der Geschäftsherrenhaftung für eine international organisierte Lieferkette erlaubte, stellt sich aus Sicht des deutschen Rechts noch immer die Frage, ob man das Anliegen der UN Guiding

---

[79] Vgl. dazu etwa LK-*Weigend* (Fn. 53), § 13 Rn. 55 f. einerseits und *Spießhofer*, Die neue europäische Richtlinie über die Offenlegung nichtfinanzieller Informationen – Paradigmenwechsel oder Papiertiger?, NZG 2014, 1287 andererseits.

[80] OLG Düsseldorf, wistra 1999, 115, 116; KK-OWiG-*Rogall* (Fn. 1), § 130 OWiG Rn. 39 ff.; *Geiger*, Nemo ultra posse obligatur – Zur strafrechtlichen Haftung von Compliance-Beauftragten ohne Disziplinargewalt, CCZ 2011, 170; *Wittig* (Fn. 46), S. 241 ff.

[81] Zum sog. „hindsight bias" vgl. etwa *Mansdörfer*, Zur Theorie des Wirtschaftsstrafrechts, 2011, Rn. 884.

[82] Vgl. etwa: *Singelnstein* (Fn. 8), S. 146; allg.: *Weigend*, in: Freund/Murmann/Bloy/Perron (Hrsg.), Grundlagen und Dogmatik des gesamten Strafrechtssystems, Festschrift für Wolfgang Frisch, 2013, S. 23.

Principles mit Mitteln des Strafrechts bzw. Ordnungswidrigkeitenrechts durchsetzen könnte. Denn der räumliche Geltungsbereich der Unternehmensverantwortung nach dem OWiG könnte einer Haftung in einer internationalen Wertschöpfungskette entgegenstehen.

1. Ordnungswidrigkeitenrecht als lokales Recht

Ordnungswidrigkeitenrecht gilt eher als lokales Recht, das Behörden erlaubt, auf einer Stufe unterhalb des echten Strafrechts flexibler auf bestimmte Formen des Rechtsungehorsams zu reagieren.[83] Das kommt in § 5 OWiG zum Ausdruck: Ordnungswidrigkeiten werden – vorbehaltlich einer anderslautenden gesetzlichen Regelung – nur geahndet, wenn sie innerhalb der Bundesrepublik Deutschland begangen werden.[84] Unternehmenstätigkeit weist demgegenüber schnell internationale Bezüge auf. Das zeigt gerade das Beispiel der globalen Wertschöpfungskette. Dem trägt das OWiG weder in den Regelungen zum räumlichen Geltungsbereich (§ 5, 7 OWiG) noch in der speziellen Norm zur Unternehmensverantwortung (§ 30 OWiG) Rechnung.

§ 30 OWiG selbst enthält gar keine Angaben dazu, wie in Fällen mutmaßlicher Unternehmensverantwortung mit Auslandsberührung vorzugehen ist. Da die räumliche Geltung von § 30 OWiG nicht speziell bestimmt wird, müssten die allgemeinen Regeln gelten. Fraglich ist aber, welche Regeln dies sein sollen. Letztlich sind drei Lösungsansätze denkbar:[85] Der räumliche Anwendungsbereich wird durch § 5 OWiG generell auf Deutschland beschränkt oder an die Strafanwendungsregeln des deutschen StGB geknüpft oder von der Verfolgbarkeit der Anknüpfungstat abhängig gemacht; letzteres hätte zur Konsequenz, dass bei Ahndung einer bloßen Ordnungswidrigkeit wiederum eine Beschränkung durch §§ 5, 7 OWiG eingriffe, aber bei Verfolgung einer Straftat die allgemeinen Strafanwendungsregeln nach §§ 3 ff. StGB zumindest in Betracht kämen.[86]

Eine Anwendung von § 5 OWiG auf jede Unternehmenshaftung nach § 30 OWiG überzeugt weder dogmatisch noch rechtspolitisch.[87] Sieht man – wie Klaus Rogall – § 30 OWiG als reine Rechtsfolgenzuweisung, die aus Rücksicht auf das Schuldprinzip im Ordnungswidrigkeitenrecht verortet ist,[88] dann zielt die Verankerung außer-

---

[83] Vgl. dazu etwa *Noak*, Einführung ins Ordnungswidrigkeitenrecht – Teil 1: Ahndungsvoraussetzungen, ZJS 2012, 175.

[84] KK-OWiG-*Rogall* (Fn. 1), § 5 Rn. 1 ff.

[85] Grundlegend dazu: *Schneider* (Fn. 33), 488 ff.

[86] Vgl. *Ambos*, in: Münchener Kommentar zum StGB, 3. Aufl. 2017, Vor § 3 Rn. 33.

[87] Vgl. a.: *Hetzer*, Verbandsstrafe in Europa, Wettbewerbsverzerrung durch Korruption, EuzW 2007, 78; *Ransiek*, Zur strafrechtlichen Verantwortung von Unternehmen, NZWiSt 2012, 46; *Wohlers* (Fn. 33), 365.

[88] KK-OWiG-*Rogall* (Fn. 1), § 30 Rn. 71. Vgl. a. *Dörr*, in: Kempf/Lüderssen/Volk (Hrsg.), Unternehmensstrafrecht, 2012, S. 23, 26; *Wittig*, Wirtschaftsstrafrecht, 2. Aufl. 2011, § 12 Rn. 11.

halb des StGB gerade nicht darauf, Unternehmensverantwortung auf das deutsche Territorium zu limitieren. Eine generelle Limitierung wäre auch unklug: Wenn § 30 OWiG weiter die Schlüsselnorm bleiben soll, mit der Deutschland seine internationale Verpflichtung zur strafrechtlichen Verfolgung von Unternehmen erfüllen will, empfiehlt es sich, deren Anwendbarkeit entweder an die allgemeinen Strafanwendungsregeln[89] oder an die Verfolgbarkeit der Anknüpfungstat[90] zu koppeln. Damit könnten Unternehmen in die Pflicht genommen werden, wie in den UN-Guiding Principles und der EU-Bilanzrichtlinie angelegt. Beschränkte man die Unternehmenshaftung mit dem bloßen Verweis auf deren ordnungswidrigkeitenrechtliche Verortung insgesamt auf Taten im Inland, wäre ohnehin nicht auszuschliessen, dass irgendwann der EuGH eine europarechtlich konforme Auslegung des Ordnungswidrigkeitenrechts vorgibt.[91]

Mit Blick auf die beiden verbleibenden Lösungsansätze ist zu klären, inwieweit die – für die Strafverfolgung von Menschen geschriebenen – Strafanwendungsregeln des deutschen StGB auf Unternehmen überhaupt übertragbar wären.[92] Diese Frage kann im Vorliegenden nur schlaglichtartig beleuchtet werden.

2. Strafrecht für Corporate Citizens

Für die Verletzung einer Bilanzierungspflicht betreffend eine nichtfinanzielle Erklärung werden Unternehmen gegebenenfalls zur Verantwortung gezogen, wenn ihre Leitungspersonen der Pflicht zur Abgabe dieser Erklärung in Deutschland nicht nachkommen oder hier ihre Aufsichtspflicht im Rahmen der Bilanzierung verletzen.[93] Insofern ergeben sich keine besonderen strafanwendungsrechtlichen Fragen.

Anders könnte dies für mögliche Straftaten entlang der Wertschöpfungskette sein, für die sich Leitungspersonen und nachfolgend Unternehmen unter besonderen Voraussetzungen, etwa im Rahmen einer Geschäftsherrenhaftung, verantworten müssen. Wendete man hier die allgemeinen Strafanwendungsregeln an, so wäre zunächst zu prüfen, ob es sich um eine Inlandstat handelt (§§ 3, 9 StGB): Eine solche liegt bekanntermassen nicht nur vor, wenn ein Täter im Inland handelt, sondern auch wenn er bei einem Unterlassungsdelikt im Inland hätte handeln müssen. Wie bereits erwähnt, dürften Fälle, in denen eine konkrete Teilnahme von Leitungspersonen deutscher Unternehmen an Straftaten in Drittländern nachgewiesen werden könne, eine rare Aus-

---

[89] Vgl. *Schneider* (Fn. 33), 489.
[90] KK-OWiG-*Rogall* (Fn. 1), § 30 Rn. 71; *Dörr* (Fn. 88), S. 26.
[91] Vgl. *Schneider* (Fn. 33), 489; MüKo-StGB-*Ambos* (Fn. 86), Vor § 3 Rn. 34 ff. und *Böse*, in: Böse/Meyer/Schneider (Hrsg.), Conflicts of Jurisdiction in Criminal Matters in the European Union, 2014, S. 63 ff.
[92] Vgl. dazu etwa MüKo-StGB-*Ambos* (Fn. 86), Vor § 3 Rn. 34 ff.; *Jeßberger*, Der transnationale Geltungsbereich des deutschen Strafrechts, 2011, S. 249; *Schneider* (Fn. 33), 489 ff.
[93] Vgl. BGHSt 42, 235; KK-OWiG-*Rogall* (Fn. 1), § 7 OWiG, Rn. 12; *von Galen/Maass*, in: Leitner/Rosenau (Hrsg.) Wirtschafts- und Steuerstrafrecht, 2017, § 130 OWiG Rn. 69 ff.; vgl. a. *Sieber*, Internationales Strafrecht im Internet, NJW 1999, 2065, 2069.

nahme sein.⁹⁴ Eine Fahrlässigkeitshaftung für vorhersehbare Schadensfälle käme schon eher in Betracht. Hier käme es im Einzelfall darauf an, ob das einer Leitungsperson allenfalls vorwerfbare Verhalten auf deutschem Boden zu verorten ist oder ob bei einem Schadenseintritt nach Missachtung von Umwelt- oder Arbeitnehmerbelangen oder bei Verletzung grundlegender Menschenrechte eine der besonderen strafanwendungsrechtlichen Verbindungen zur Begründung einer Jurisdiktion eingreift: Sei es, weil es sich um eine Auslandstat mit besonderem Inlandsbezug (§ 5 StGB) oder eine Tat gegen international geschützte Rechtsgüter (§ 6 StGB) oder eine nach dem Personalitätsprinzip (§ 7 Abs. 1 StGB) verfolgbare Tat handelt. Hier gilt es noch viel zu klären.⁹⁵ Um konsequent das Ziel der UN Guiding Principles zu erreichen, nämlich eigene Unternehmen in die Pflicht zu nehmen, läge etwa ein Einsatz des aktiven Personalitätsprinzips nahe, selbst wenn hier die Ahndung in Deutschland eine Strafbarkeit am Begehungsort voraussetzt.⁹⁶

Im Menschenstrafrecht gilt die Nationalität des mutmaßlichen Täters als ausreichende Verbindung, um eine Anwendung eines Strafgesetzes auf ein Verhalten im Ausland zu begründen.⁹⁷ Der Strafgesetzgeber nimmt von jeher für sich in Anspruch, das Verhalten seiner Bürger gegebenenfalls auch jenseits der Staatsgrenzen zu pönalisieren. Gilt das gleiche Recht in der Unternehmenshaftung? Dass sich juristische Personen bewusst in einem Staat als Rechtspersonen etablieren und damit der dortigen Rechtsordnung unterstellen, bedeutet nicht, dass sie für ein Verhalten mit Auslandsbezug nicht haften. Es bedeutet nur, dass sie sich nach den Regeln ihres Sitzstaates verantworten wollen. Unternehmen vermarkten sich zunehmend als „good corporate citizens". Insofern sollte man sie beim Wort nehmen und Unternehmen nach dem Recht ihres Heimatstaates für ihre Geschäftstätigkeit beurteilen, allenfalls auch als Entitäten. Das entspricht dem Gedanken der Konzernhaftung und wäre insofern kein „unfair surprise",⁹⁸ sondern in gewisser Weise nur die strafrechtliche Fortführung ihrer Selbstinszenierung als „Unternehmensbürger".⁹⁹

---

⁹⁴ Vgl. etwa *Saage-Maaß* (Fn. 22), 228, 236; *Zerbes* (Fn. 47), S. 205, 226.

⁹⁵ Vgl. *Gless/Schmidt* (Fn. 13).

⁹⁶ Der NRW Vorschlag: Verbandsstrafengesetz ordnet in § 3 Abs. 1 VerbStrG – anders als noch heute in § 5 OWiG vorgesehen – die sinngemäße Geltung des Allgemeinen Teils des StGB an, soweit dieser nicht ausschließlich auf natürliche Personen anwendbar ist und das VerbStrG keine abweichende Regelung enthält. Da zu den Vorschriften des Allgemeinen Teils des StGB auch die §§ 3 ff. StGB gehören, die den Geltungsbereich des Strafrechts regeln. § 2 Abs. 3 enthält in S. 1 eine Sonderregel für Zuwiderhandlungen im Ausland in den Fällen des § 2 Abs. 2 VerbStrG. § 2 Abs. 3 S. 2 VerbStrG bestätigt demgegenüber, dass die §§ 3–7 StGB durch diese Sonderregel unberührt bleiben.

⁹⁷ *Gless*, Internationales Strafrecht, 2. Aufl. 2015, Rn. 138.

⁹⁸ Dazu etwa auch aus privatrechtlicher Perspektive: *Forstmoser*, Liber amicorum für Andreas Donatsch, 2012, S. 712 f.; *Geisser*, Die Konzernverantwortungsinitiative, AJP 2017, 948.

⁹⁹ Vgl. *Arnell*, The Case for Nationality Based Jurisdiction, International and Comparative Law Quaterly, 50/2001, 955, 960.

Ein solcher strafanwendungsrechtlicher Lösungsansatz könnte auch die Kritik am deutschen Modell aus europarechtlicher Sicht entschärfen. Die Einwände gegen das OWiG-Modell sind vielschichtig und wirken in unterschiedlicher Weise ins Strafanwendungsrecht – unter anderem wäre eine Geschäftsherrenhaftung für eine internationale Wertschöpfungskette viel schwerer zu etablieren als eine Haftung für Desorganisation und „strukturelle Unverantwortlichkeit", wie sie etwa im Schweizer oder österreichischen Strafrecht grundsätzlich für eine Verbandshaftung ausreichen.[100] Unter welchen Voraussetzungen eine Anwendung des aktiven Personalitätsprinzips die Schwächen des deutschen Modelles kompensieren würde, ist im Einzelnen noch zu prüfen. Ein solcher Weg würde aber jedenfalls einen generellen Lösungsansatz eröffnen und das Stückwerk ersparen, wie es sich etwa derzeit in den punktuellen Erweiterungen deutscher Strafverfolgung in § 5 StGB zeigt. Der viel diskutierte Vorschlag aus NRW zum Verbandsstrafrecht empfiehlt ebenfalls die Anwendung allgemeiner Regeln auch im Bereich der Unternehmenshaftung.[101]

§ 30 OWiG ist heute die Schlüsselnorm, mit der Deutschland seine internationale Verpflichtung zur strafrechtlichen Verfolgung von Unternehmen erfüllen will. Das muss auch Konsequenzen bei der räumlichen Anwendbarkeit haben. Unternehmensverantwortung darf nicht *von vorneherein* an der Grenze enden. Wenn das deutsche Recht hier keinen Lösungsansatz bietet, dürfte dieser irgendwann von außen eingefordert werden, etwa vom Gerichtshof in Luxemburg – mit einer europarechtskonformen Auslegung des § 30 OWiG.[102] Die Umsetzung der EU Bilanzrichtlinie fordert wie viele andere EU-Vorgaben, dass gegenüber juristischen Personen zu ergreifende Sanktionen „wirksam, verhältnismäßig und abschreckend" sind.[103]

V. Fazit

Die als *soft law* von der Völkergemeinschaft akzeptierten UN Guiding Principles haben in Deutschland – über die EU-BilanzRL und deren Umsetzung in den Bilanzierungspflichten nach HGB – Eingang ins Recht gefunden:[104] Große Unternehmen müssen die mit ihrem Geschäftsmodell verbundenen Risiken und die zur Risikominimierung ergriffenen Massnahmen erklären. Kommen sie dieser Bilanzierungspflicht nicht nach, haften sie gegebenenfalls über §§ 30, 130 OWiG. Praktisch

---

[100] Dazu etwa *Pieth*, Braucht Deutschland ein Unternehmensstrafrecht?, KJ 2014, 276 ff.; *Zerbes* (Fn. 47), S. 205, 233.

[101] § 2 Abs. 3 des Entwurfs. *Zieschang*, Das Verbandsstrafgesetzbuch. Kritische Anmerkungen zu dem Entwurf eines Gesetzes zur Einführung der strafrechtlichen Verantwortlichkeit von Unternehmen und sonstigen Verbänden, GA 2014, 91 ff.

[102] *Schneider* (Fn. 33), 488 ff.

[103] Vgl. etwa zu den EU-Anforderungen: *Zieschang* (Fn. 101), 97. Auch wenn nach herrschender Meinung im deutschen Schrifttum das EU-Recht nicht zur Einführung strafrechtlicher Sanktionen verpflichtet: *Rogall* (Fn. 9), 261 m.w.N.

[104] Siehe §§ 289a–289f sowie §§ 334 Abs. 1 Nr. 3, 4, 340n, 341n HGB.

sind sie damit in der Pflicht, ihre Wertschöpfungskette, auch und gerade bei Zusammenwirken mit Unternehmen im Ausland, auf das betriebsspezifische Risiko für Umweltbelange, Arbeitnehmerbelange, Sozialbelange oder die die Achtung der Menschenrechte und anderen in den Bilanzierungsvorschriften des HGB genannten Belange zu untersuchen und zusammen mit bei ihrer Handhabung identifizierten Risiken zu dokumentieren.[105] Unklar erscheint noch, welche Konsequenzen aus diesen neuen Bilanzierungspflichten für eine strafrechtliche Haftung folgen könnten. Man könnte einerseits die neuen Pflichten als bloßes Transparenzgebot mit mittelbarem *„nudging effect"* verstehen. Andererseits drängt sich vor dem Hintergrund der Entwicklung der Geschäftsherrenhaftung die Frage auf, ob Betriebsinhaber nicht künftig weitergehend für identifizierte Risiken einstehen müssen, wenn sie offensichtliche und abschirmbare Risiken ignoriert haben, obwohl eine Reaktion möglich und zumutbar gewesen wäre. Die jetzt entfachte Diskussion dürfte noch viele Facetten der neuen Herausforderungen hervorbringen. Praxis und Strafrechtswissenschaft müssen einen gangbaren Weg zwischen Menschenrechtsanliegen, einer als *ultima ratio* verstandenen Strafverfolgung und wirtschaftlichen Überlegungen finden, die für alle Seiten die Chance zur Weiterentwicklung offen halten. Die ersten strafrechtlichen Überlegungen zeigen bereits, dass das deutsche Modell einer im Ordnungswidrigkeitenrecht verankerten Unternehmensverantwortung für einen internationalen Kontext weiterentwickelt werden muss. Die Begrenzung einer Unternehmensverantwortung auf das eigene Hoheitsgebiet wird zu Recht kritisiert. Fraglich ist, ob die allgemeinen Regeln des Strafanwendungsrechts auf ein Konzept der Unternehmensverantwortung ohne weiteres übertragen werden können. Es ist zu erwarten, dass *der Jubilar* sich in die Diskussion einschalten und dazu beizutragen wird, den Widerspruch zwischen einer an wirtschaftlichen Gegebenheiten orientierten Geschäftsherrenhaftung und der im Ordnungswidrigkeitenrecht verankerten Unternehmensverantwortung im Lichte der neuen Entwicklung aufzulösen. UN Guiding principles, EU Bilanzrichtlinie und Initativen im gesamten Europa[106] sollten für die deutsche Strafrechtswissenschaft Anlass sein, die Ausgestaltung ihres Haftungsinstitutes zu überprüfen.

---

[105] Vgl. *Holzmeier/Burth/Hachmeister* (Fn. 12), 215, 220; *Parrish*, The Effect's Test: Extraterritoriality's Fifth Business', Vanderbilt Law Review, 61/2008, 1455, 1469.

[106] Parallel zur Schweizer Konzernverantwortungsinitiative (siehe oben Fn. 10) wurde in Frankreich das Loi n° 2017-399 du 27 mars 2017 relative au devoir de vigilance des sociétés mères et des entreprises donneuses d'ordre erlassen, zu dessen (umstrittener) Verfassungskonformität, der Conseil constitutionnel mit der Décision n° 2017–750 DC du 23 mars 2017 Stellung genommen hat.

Zur konzerndimensionalen Reichweite der Verletzung der Aufsichtspflicht in Betrieben und Unternehmen (§ 130 OWiG)

Von *Erik Kraatz*

I. Einleitung

Vor etwas über 30 Jahren bemängelte der hoch verehrte Jubilar noch, dass die Lehre der in § 130 OWiG enthaltenen „ebenso interessanten wie eigentümlichen Vorschrift über die Verletzung der Aufsichtspflicht in Betrieben und Unternehmen" die „ihr gebührende Aufmerksamkeit"[1] versage. Dies hat sich längst gewandelt. In unserem modernen, immer mehr auf Arbeitsteilung und Delegation angelegten Wirtschaftsleben[2] unter beständigem (vom Jubilar jüngst bekräftigten[3]) nationalen Festhalten am Grundsatz „societas delinquere non potest" (eine Gesellschaft kann sich nicht vergehen)[4] ist die Bedeutung des § 130 OWiG stetig gewachsen, der die mit einer „organisierten Unverantwortlichkeit"[5] verbundenen Ahndungslücken der faktischen Enthaftung durch Übertragung von Verantwortungsbereichen auf untere Hierarchieebenen gerade zu schließen sucht[6]. So sieht der Tatbestand der Aufsichtsverletzung – wie es der Jubilar so treffend formulierte[7] – „den Menschen unter den Bedingungen der arbeitsteiligen Wirtschaft als Risiko-

---

[1] *Rogall*, ZStW 98 (1986), 573 ff.

[2] Vgl. nur *Caracas*, Verantwortlichkeit in internationalen Konzernstrukturen nach § 130 OWiG, 2014, S. 25; *Hegnon*, CCZ 2009, 57; *Kraatz*, Wirtschaftsstrafrecht, 2. Aufl. 2017, Rn. 39.

[3] *Rogall*, GA 2015, 260 ff. zum 2013 vorgelegten, an § 130 OWiG angelehnten Gesetzesentwurf Nordrhein-Westfalens (abrufbar unter www.justiz.nrw.de).

[4] Vgl. nur BGHSt 3, 130 (132); umfassend zu de lege ferenda vorgeschlagenen Modellen eines Unternehmensstrafrechts *Laue*, Jura 2010, 339 ff.; *Schünemann*, in: Leipziger Kommentar zum Strafgesetzbuch, Band 1, 12. Aufl. 2007, Vor § 25 Rn. 22 ff.; *Volk*, JZ 1993, 429 ff.; umfassend zu Verbandskriminalstrafen in anderen Ländern *Rogall*, in: Karlsruher Kommentar zum Gesetz über Ordnungswidrigkeiten, 4. Aufl. 2014, § 30 Rn. 263 ff.

[5] Vgl. nur *Altenburg/Peukert*, BB 2014, 649 (652); *Bosch*, Organisationsverschulden in Unternehmen, 2002, S. 13 f.; *Caracas* (Fn. 2), S. 25; *Kraatz*, Die fahrlässige Mittäterschaft, 2006, S. 110 f.; *Otto*, Jura 1998, 409.

[6] Zutreffend *Hunsmann*, DStR 2014, 855; *Niesler*, in: Graf/Jäger/Wittig, Wirtschafts- und Steuerstrafrecht, 2. Aufl. 2017, § 130 OWiG Rn. 3.

[7] *Rogall* (Fn. 4), § 130 Rn. 2.

faktor an und verpflichtet den Geschäftsherrn, den spezifischen personellen Gefahren entgegenzuwirken", die sich aus der Erweiterung seiner Handlungsmöglichkeiten durch den arbeitsteiligen Einsatz von Mitarbeitern ergeben. Hierzu erklärt § 130 OWiG es für ordnungswidrig, wenn der Inhaber eines Betriebes oder Unternehmens vorsätzlich oder fahrlässig die Aufsichtsmaßnahmen unterlässt, die erforderlich sind, um in dem Betrieb oder Unternehmen Zuwiderhandlungen gegen Pflichten zu verhindern, die den Inhaber treffen und deren Verletzung mit Strafe und Geldbuße bedroht ist, wenn eine solche Zuwiderhandlung begangen wird, die durch gehörige Aufsicht verhindert oder wesentlich erschwert worden wäre. Die Norm ermöglicht so als zentrale strafrechtliche Compliance-Norm[8] bei ansonsten nur rudimentären Regelungen einer Geschäftsherrenhaftung im Strafrecht mit einem konkreten und judizierbaren Unterlassungstatbestand, die Verantwortlichkeit auf den Unternehmens- bzw. Betriebsinhaber[9] und damit den wirtschaftlichen Profiteur für in seinem Unternehmen/Betrieb begangene Straftaten zu erweitern, und ist längst zu einem „festen Bestandteil der deutschen Strafverfolgungspraxis geworden"[10], der mit Bußgeldern teils in schwindelerregenden Millionenhöhen auch in der Bevölkerung wachsende Aufmerksamkeit genießt.

Finden Straftaten sogar „im Schutz" komplexer, dezentral organisierter Konzernstrukturen, möglicherweise sogar innerhalb internationaler Konzerngeflechte statt und ist der „wirkliche Verantwortliche" nur schwer auszumachen, eine klassische Individualrechnung gar faktisch kaum möglich[11], so verwundert ein Blick in den Wortlaut des § 130 OWiG schon, enthält dieser trotz stetiger Erweiterung[12] doch keinerlei ausdrückliche Regelungen zu Konzernen oder Unternehmensverbänden. Ob § 130 OWiG dennoch eine „konzerndimensionale Reichweite"[13] besitzt, so dass die Muttergesellschaft eine sanktionsbewehrte Aufsichtspflicht als Inhaberin der Tochtergesellschaft oder des Gesamtkonzerns trifft und die Muttergesellschaft so über § 30 OWiG (Geldbuße gegen juristische Person bei Straftat oder Ordnungswidrigkeit ihres Organs) beispielsweise für den allein von Mitarbeitern der Tochtergesellschaft begangenen Kartellrechtsverstoß mit einer Geldbuße belegt werden kann[14], zählt zu einem „der seit langem ungeklärten Probleme" des Wirtschaftsstrafrechts[15], das

---

[8] Vgl. nur *Bock*, ZIS 2009, 68 (70); *Caracas*, CCZ 2015, 167; zum Verhältnis von § 130 OWiG und Compliance siehe nur *Niesler* (Fn. 6), § 130 OWiG Rn. 9 ff.

[9] *Engelhart*, in: Esser/Rübenstahl/Saliger/Tsambikakis, Wirtschaftsstrafrecht, 2017, § 130 OWiG Rn. 14.

[10] *Caracas*, CCZ 2015, 167.

[11] Vgl. nur *Caracas* (Fn. 2), S. 55.

[12] Vgl. zur Gesetzesgeschichte nur *Altenburg/Peukert*, BB 2014, 649 (652 f.) (zur 8. GWB-Novelle – BGBl. 2013 I, S. 1738); *Maschke*, Aufsichtspflichtverletzungen in Betrieben und Unternehmen, 1997, S. 6 ff.

[13] *Ziegler*, in: Blüm/Gassner/Seith, Ordnungswidrigkeitengesetz, 2016, § 130 Rn. 10 f.

[14] Vgl. zu dieser Problematik nur *Bürger*, WuW 2011, 130 ff.; *Schreitter*, NZKart 2016, 253 ff.

[15] *Achenbach*, NZWiSt 2012, 321 (325).

sogar als „von einer Klärung weit entfernt"[16] bezeichnet wird. Diese allgemeine Fragestellung hat für das angedeutete Kartellrechtsverstoßbeispiel dadurch an Brisanz gewonnen, dass in der europäischen Rechtsprechung der in Art. 101 AEUV und Art. 23 Verordnung (EG) Nr. 1/2003 verwendete Begriff des „Unternehmens" als „jede eine wirtschaftliche Tätigkeit ausübende Einheit, unabhängig von ihrer Rechtsform und der Art der Finanzierung"[17] verstanden wird und daher über eine juristische Person hinaus auch die Verbindung mehrerer juristischer Personen wie Mutter- und Tochtergesellschaft im Sinne eines Vertragskonzerns, eines rein faktischen Konzerns oder sogar einer Unternehmensvereinigung als wirtschaftliche Einheit erblickt[18], sodass einem Unternehmensinhaber – obgleich das europäische Recht eine Aufsichtspflichtverletzung im Sinne des deutschen § 130 OWiG nicht kennt – im Wege richterlicher Rechtsfortbildung insgesamt die Verantwortlichkeit für das Fehlverhalten seiner Mitarbeiter aufgrund der Verantwortlichkeit des Inhabers für seine Mitarbeiter und deren Tun[19] zugerechnet und so eine gesamtschuldnerische Haftung der Muttergesellschaft für die Zahlung der gegen das Tochterunternehmen verhängten Kartell-Geldbuße statuiert wird. Angesichts dieses europäischen „Zurechnungsmodells sui generis"[20] mahnte bereits der Bundesrat in seiner Stellungnahme zum Regierungsentwurf der 8. GWB-Novelle an, die nationale „erhebliche Rechtsunsicherheit" durch eine „gesetzgeberische Klarstellung" zu beseitigen[21]. Hierzu kam es jedoch weder allgemein in § 130 OWiG noch speziell im Gesetz gegen Wettbewerbsbeschränkungen (GWB)[22], so dass diese praktisch bedeutsame nationale Rechtsfrage weiterhin „höchst umstritten"[23] ist.

II. Konzern als Unternehmen

Teilweise wird ein Konzern – ausgehend von der aktienrechtlichen Beschreibung in § 18 Abs. 1 AktG als Zusammenfassung eines herrschenden und eines oder mehreren abhängigen Unternehmens unter der einheitlichen Leitung des herrschenden Unternehmens – nur als eine Summe einzelner selbstständiger Unternehmen angesehen, nicht aber selbst als ein Unternehmen oder Betrieb, so dass die Konzernobergesellschaft auch nicht als „Betriebsinhaber" (und damit über § 9 OWiG deren

---

[16] *Gürtler*, in: Göhler, Gesetz über Ordnungswidrigkeiten, 17. Aufl. 2017, § 130 Rn. 5a.
[17] Ständige Rechtsprechung der Unionsgerichte seit EuGH, NJW 1991, 2891 f. – *Höpfner*.
[18] Vgl. hierzu nur *Mansdörfer/Timmerbeil*, EuZW 2011, 214 (215).
[19] EuG, Slg. 2009 II, 3554 (3557); hierzu *Kling*, WRP 2010, 506 ff.
[20] *Mansdörfer/Timmerbeil*, EuZW 2011, 214 (217).
[21] BT-Drs. 17/9852, S. 40.
[22] Die Bundesregierung erachtete die Regelung des § 130 OWiG für ausreichend: BT-Drs. 17/9852, S. 49.
[23] *Ziegler* (Fn. 13), § 130 Rn. 10.

Organ) mit Aufsichtspflichten gegenüber der Tochtergesellschaft anzusehen sei[24]; das Direktionsrecht des geschäftsführenden Organs der Konzernobergesellschaft, die nur das eigene „Unternehmen" im Sinne einer marktbezogenen Tätigkeit betreibe, nicht aber auch das der Tochtergesellschaft oder eines Konzerngesamtverbandes[25], reiche wegen der gesellschaftsrechtlichen Selbstständigkeit nicht in die innere Konzernorganisation hinein[26]. „Jedes andere Verständnis würde das gesellschaftsrechtliche Trennungsprinzip ad absurdum führen und die Rechtsfähigkeit der juristischen Person negieren."[27]

Mit den Begriffen des „Unternehmens" und des „Betriebs" lehnte der Gesetzgeber den § 130 OWiG an § 50a StGB a.F.[28] an[29], den heutigen § 14 StGB, der in § 9 OWiG eine Entsprechung findet und in § 9 Abs. 2 S. 3 OWiG dem Inhaber eines Betriebes den Unternehmensinhaber gleichstellt. Eine eigene Definition des Betriebs- wie Unternehmensbegriffs enthält das Ordnungswidrigkeitengesetz indes nicht. Ausgehend von einem vor allem im Arbeitsrecht (von Jacobi[30] begründeten) gebräuchlichen Begriffsverständnis[31] werden unter einem Betrieb räumlich zusammengefasste, von einem einheitlichen Leitungsapparat gesteuerte[32] organisatorische Einheiten von personellen, sachlichen und immateriellen Mitteln verstanden, mit denen bestimmte arbeitstechnische Zwecke verfolgt werden, die über die Deckung des Eigenbedarfs hinausgehen.[33] Der gleichgestellte Begriff des „Unternehmens" ist insoweit weiter gefasst[34]: Jacobi sah bereits die Verschiedenheit im Zweck: Beim „Unternehmen"

---

[24] Vgl. nur *Hermanns/Kleier*, Grenzen der Aufsichtspflicht in Betrieben und Unternehmen, 1987, S. 25; *Gürtler* (Fn. 16), § 130 Rn. 5a; *Vogt*, Die Verbandsgeldbuße gegen eine herrschende Konzerngesellschaft, 2009, S. 285.

[25] Vgl. nur *Rust*, NZKart 2015, 502 (503); *Schreitter*, NZKart 2016, 253 (260).

[26] *Förster*, in: Rebmann/Roth/Herrmann, Gesetz über Ordnungswidrigkeiten, 24. Aktualisierung, Stand: 2016, § 130 Rn. 5.

[27] *Rust*, NZKart 2015, 502 (503).

[28] § 50a StGB in der Fassung des Einführungsgesetzes zum Gesetz über Ordnungswidrigkeiten (EGOWiG) vom 24.5.1968, BGBl. I, S. 503 ff.

[29] BT-Drs. V/1269, S. 70.

[30] *Jacobi*, Betrieb und Unternehmen als Rechtsbegriffe, 1926, S. 9; *ders.*, Grundlehren des Arbeitsrechts, 1927, S. 286.

[31] Vgl. nur BAGE 1, 175 (178); BAGE 52, 325 (329); BAG, NZA 1989, 190; BAG, NZA 2004, 618; BAG, NZA 2010, 906 (908); *Richardi*, in: Richardi, Betriebsverfassungsgesetz, 15. Aufl. 2016, § 1 Rn. 16 f.

[32] So BAGE 121, 7 (11 f.); BAG, NZA 2010, 906 (908).

[33] Vgl. nur *Beck*, in: Graf, Beck'scher Online-Kommentar zum Gesetz über Ordnungswidrigkeiten, 16. Edition, Stand: 15.7.2017, § 130 Rn. 27 ff.; *Engelhart* (Fn. 9), § 130 OWiG Rn. 19; *Minkoff*, Sanktionsbewehrte Aufsichtspflichten im internationalen Konzern, 2016, Rn. 178; *Niesler* (Fn. 6), § 130 OWiG Rn. 15; *Perron*, in: Schönke/Schröder, Strafgesetzbuch, 29. Aufl. 2014, § 14 Rn. 28/29; *Rogall* (Fn. 4), § 9 Rn. 75.

[34] Dennoch wird dem Unternehmensbegriff teilweise keine selbstständige Bedeutung zuerkannt: so von *Böse*, in: Nomos-Kommentar zum Strafgesetzbuch, 5. Aufl. 2017, § 14 Rn. 37; *Bohnert/Krenberger/Krumm*, Ordnungswidrigkeitengesetz, 4. Aufl. 2016, § 130 Rn. 4; *Roxin*, Strafrecht Allgemeiner Teil, Band II, 2003, § 27 Rn. 128.

werde im Gegensatz zum Betrieb die Vereinigung von personellen, sachlichen und immateriellen Mitteln „durch das von einem Rechtssubjekt (oder mehreren Rechtssubjekten) gemeinsam verfolgte Ziel, ein bestimmtes Bedürfnis zu befriedigen", gebildet.[35] In diesem Sinne erweitert der Unternehmensbegriff den räumlich begrenzten betriebsbezogenen Blick, der in der Tat Zweifel an der Erfassung von Konzernen als Gesellschaftsverbänden aufwirft, um eine Sichtweise allein bezogen auf den wirtschaftlichen Einsatz eines bestimmten Kapitals, so dass in einer organisatorischen Verbindung stehende, einen gemeinsamen, in der Regel wirtschaftlichen Zweck verfolgende Betriebe (die wiederum aus einer oder mehreren Betriebsstätten bestehen können) zu einem einheitlichen Unternehmen vereint sein können.[36] Da dieser Unternehmensbegriff (wie der Betriebsbegriff) nicht auf bestimmte Rechtsformen beschränkt ist[37], können auch Konzerne dem Unternehmensbegriff unterfallen[38], sofern ein einheitlicher (satzungsmäßiger) wirtschaftlicher Unternehmensgegenstand des Konzerns existiert[39] und dem Organ der Konzernobergesellschaft ein (z.B. nach § 308 Abs. 1 S. 1 AktG[40]) rechtliches oder aufgrund innerer Strukturen ein (etwa im Aktienrecht vom Gesetzgeber ausweislich § 311 AktG akzeptiertes[41]) faktisches Weisungsrecht hinsichtlich der Leitung der abhängigen Gesellschaft zukommt, so dass die Konzernobergesellschaft in einzelne Entscheidungen der abhängigen Gesellschaft und damit des Gesamtkonzerns im Hinblick auf den gemeinsamen wirtschaftlichen Zweck hineinwirken kann.

III. Konzernobergesellschaft als „Unternehmensinhaber"

Damit ist jedoch noch keine abschließende Entscheidung über die höchst umstrittene Frage gefällt, ob die Konzernobergesellschaft als „Unternehmensinhaberin" und damit als Normadressatin anzusehen ist und inwieweit (unternehmensbezogene) Aufsichtspflichten der Mutter- gegenüber der Tochtergesellschaft bestehen (können).

---

[35] *Jacobi*, 1926 (Fn. 30), S. 20.

[36] So zutreffend *Beck* (Fn. 33), § 130 Rn. 30; *Engelhart* (Fn. 9), § 130 Rn. 21; *Minkoff* (Fn. 33), Rn. 179; *Radtke*, in: Münchener Kommentar zum Strafgesetzbuch, 3. Aufl. 2017, § 14 Rn. 93; *Rogall* (Fn. 4), § 9 Rn. 76.

[37] *Bohnert/Krenberger/Krumm* (Fn. 34), § 130 Rn. 5; *Caracas* (Fn. 2), S. 60; *Koch*, in: Hüffer/Koch, Aktiengesetz, 12. Aufl. 2016, § 15 Rn. 9.

[38] Ebenso *Beck* (Fn. 33), § 130 Rn. 31; *Bock*, ZIS 2009, 68 (71); *Engelhart* (Fn. 9), § 130 OWiG Rn. 23; *Lemke/Mosbacher*, Ordnungswidrigkeitengesetz, 2. Aufl. 2005, § 130 Rn. 7; *Rogall* (Fn. 4), § 130 Rn. 27; *U. Schneider*, ZGR 1996, 225 (244).

[39] Vgl. *Kubis*, in: Münchener Kommentar zum Aktiengesetz, Band 2, 3. Aufl. 2013, § 119 Rn. 72.

[40] Vgl. hierzu etwa *Hölters*, in: Hölters, Aktiengesetz, 3. Aufl. 2017, § 76 Rn. 52.

[41] Vgl. *Altmeppen*, in: Münchener Kommentar zum Aktiengesetz, Band 5, 4. Aufl. 2015, § 311 Rn. 31.

1. Die strenge rechtsformale Sichtweise

Der Bundesgerichtshof ließ in einem „Mixbeton"-Beschluss aus dem Jahre 1981 zwar (aufgrund eines jedenfalls unvermeidbaren Verbotsirrtums) offen, ob die Konzernobergesellschaft gegenüber der abhängigen Tochtergesellschaft eine Aufsichtspflicht i.S.d. § 130 OWiG treffe, er betonte aber, dass die Tochtergesellschaft „mit eigener Rechtspersönlichkeit ausgestattet und als solche [und nicht die Konzernobergesellschaft] auch Inhaberin des Gesellschaftsunternehmens"[42] sei. Dieser Andeutung folgt eine verbreitete Literaturansicht und lehnt (insbesondere) unter Verweis auf den auch in Konzernstrukturen geltenden gesellschaftsrechtlichen Trennungsgrundsatz (rechtliche Selbstständigkeit und eigene Rechtsträgerschaft der Konzerngesellschaften), nach dem die Konzernobergesellschaft bloße Gesellschafterin der Tochtergesellschaft sei[43], für diese die Stellung einer Unternehmensinhaberin sowie eine unternehmensbezogene Aufsichtspflicht über die Tochtergesellschaft i.S.d. § 130 OWiG teils gänzlich ab[44], teils beschränkt auf den Konzernbereich ohne direkten Durchgriff auf das Tochterunternehmen[45], teilweise wird eine Ausnahme dafür gemacht, dass es sich um eine 100 %-ige Tochtergesellschaft der Obergesellschaft handelt[46] oder dass sich die Konzernobergesellschaft vertraglich zur Übernahme und Einhaltung der der Tochtergesellschaft originär obliegenden Aufsichtspflicht verpflichtet habe[47]. Zwar könne der Begriff des Unternehmensinhabers, den der Bundesgerichtshof 1994 sogar mit dem „Unternehmensträger" gleichsetzte[48], in unterschiedlichen Rechtsgebieten dem jeweiligen Normzweck entsprechend unterschiedlich ausgelegt und einer Konzernobergesellschaft theoretisch aufgrund einer tatsächlichen Leitungsmacht gegenüber der abhängigen Tochtergesellschaft eine Unternehmerinhaberschaft zuerkannt werden; eine derartige rein faktische Betrach-

---

[42] BGH, GRUR 1982, 244 (247).

[43] *Kahlenberg/Heim*, BB 2016, 1863 (1870); *Schreitter*, NZKart 2016, 253 (259 f.).

[44] So *Bürger*, WuW 2011, 130 (135); *Deselaers*, WuW 2006, 118 (123); *Förster* (Fn. 26), § 130 Rn. 5; *Hellmann/Beckemper*, Wirtschaftsstrafrecht, 4. Aufl. 2013, Rn. 959; *Hermanns/Kleier* (Fn. 24), S. 25; *J. Koch*, ZHR 171 (2007), 554 (570); *ders.*, AG 2009, 564 (565 ff.); *Krohs/Timmerbeil*, BB 2012, 2447; *Kutschelis*, Korruptionsprävention und Geschäftsleiterpflichten im nationalen und internationalen Unternehmensverbund, 2013, S. 278 f.; *Pelz*, DB 2015, 2739 (2740 f.); *Ransiek*, Unternehmensstrafrecht, 1996, S. 105 f.; *Schreitter*, NZKart 2016, 253 (258); *Spindler*, in: Goette/Habersack, Münchener Kommentar zum Aktiengesetz, Band 2, 4. Aufl. 2014, § 91 AktG Rn. 53; *ders.*, in: Fleischer, Handbuch des Vorstandsrechts, 2006, § 15 Rn. 127 f.; *Thomas/Legner*, NZKart 2016, 155 (160); *Vogt* (Fn. 24), S. 281 ff. (allerdings mit einer Ausnahme für faktische Konzerne).

[45] *Gürtler* (Fn. 16), § 130 Rn. 5.

[46] So *W. Bosch*, ZHR 177 (2013), 454 (464); *Tiedemann*, NJW 1979, 1849 (1852 f.); *ders.*, NJW 1993, 23 (30); hiergegen *Gürtler* (Fn. 16), § 130 Rn. 5.

[47] So *Achenbach*, NZWiSt 2012, 321 (326 f.); *ders.*, NZKart 2014, 473 (477); *Dreher*, ZWeR 2004, 75 (102 ff.); *Gürtler* (Fn. 16), § 130 Rn. 5; *Wirtz*, WuW 2001, 342 (348 f.); eine faktische Struktur, in einzelne Entscheidungen der Tochtergesellschaft hineinwirken zu können, ausreichen lassend: *Bohnert/Krenberger/Krumm* (Fn. 34), § 130 Rn. 7.

[48] BGHZ 125, 366 (374); ebenso *Kahlenberg/Heim*, BB 2016, 1863 (1869).

tungsweise würde jedoch einerseits zu einer gespaltenen Auslegung führen, da beim Einzelunternehmen formal auf den gesellschaftsrechtlichen Rechts- bzw. Unternehmensträger abgestellt werde und nicht auf eine faktische Leitungsmacht eines Gesellschafters[49], sowie andererseits zu „unüberschaubaren Zurechnungskaskaden auf rechtlich unsicherer Basis"[50] führen, die etwa auch eine Haftung von Mehrheitsgesellschaftern über § 130 OWiG ermöglichen würde, da auch diese „das Unternehmensgeschehen je nach Kompetenzabgrenzung in erheblichem Maße beeinflussen"[51] könnten. Zudem widerspreche eine Inhaberstellung der Konzernobergesellschaft der ratio legis des § 130 OWiG, der die Verletzung betriebsbezogener Aufsichtspflichten sanktioniere, denen sich der Inhaber nicht durch Delegation soll entziehen können; eine Aufsichtspflicht einer Konzernobergesellschaft könne aber überhaupt erst durch eine Delegation seitens der Tochtergesellschaft entstehen, deren Inhaber rechtlich lediglich Adressat einer diese betreffenden Aufsichtspflicht sei.[52] Schließlich bestünde für eine Erstreckung des § 130 OWiG auf Konzernobergesellschaften auch kein kriminalpolitisches Bedürfnis, bestünde doch zum einen die Möglichkeit der Haftung der Konzernobergesellschaft für ein pflichtwidriges Unterlassen und damit eine Haftung über §§ 8, 14 OWiG bzw. im Rahmen einer zumindest fahrlässigen Nebentäterschaft.[53] Und selbst wenn im Einzelfall lediglich eine Haftung des Inhabers der Tochtergesellschaft bestünde, so sei dies keine „zweckwidrige Haftungslücke", „sondern Ausdruck eines mit dem Verschuldensprinzip verzahnten gesellschaftsrechtlichen Organisationsmodells, das vom Gesetzgeber so gewünscht"[54] sei.

2. Die rein faktische Sichtweise

Demgegenüber hat das Bundeskartellamt in seiner Etex-Entscheidung vom 9.2. 2009[55] eine Konzernobergesellschaft als Unternehmensinhaberin i.S.d. § 130 OWiG angesehen, sei ein Konzern doch faktisch nicht anders organisiert als ein Unternehmen, mit der Folge, dass die Konzernobergesellschaft eine Aufsichtspflicht habe, wenn sie bestimmte Tätigkeiten an von ihr abhängige Tochtergesellschaften delegiere und daher die Obergesellschaft bzw. über § 9 OWiG deren Organe unabhängig von der rechtlichen Selbstständigkeit der Tochtergesellschaft nach § 130 OWiG sanktio-

---

[49] *Vogt* (Fn. 24), S. 285 ff.
[50] *Gürtler* (Fn. 16), § 130 Rn. 5.
[51] *Hermanns/Kleier* (Fn. 24), S. 25.
[52] So insbesondere *J. Koch*, ZHR 171 (2007), 554 (572 f.); *ders.*, AG 2009, 564 (568 ff.); *ders.*, WM 2009, 1013 (1018).
[53] So *Gürtler* (Fn. 16), § 130 Rn. 5; *J. Koch*, ZHR 171 (2007), 554 (572 f.); *ders.*, AG 2009, 564 (570 f.); *Vogt* (Fn. 24), S. 287 f.
[54] *Schreitter*, NZKart 2016, 253 (259).
[55] Fallbericht des Bundeskartellamts vom 9.2.2009, Az. B1–200/06, vgl. hierzu auch den Fallbericht vom 12.4.2012, Az. B1–200/06-P2-U13, beide abrufbar über www.bundeskartellamt.de.

niert werden könnten. Zivilrechtlich hat das Oberlandesgericht Jena mit Urteil vom 12. 8. 2009[56] diese Sichtweise geteilt und dem Geschäftsführer einer Konzernobergesellschaft die Pflicht für ein geeignetes Kontrollsystem auferlegt, das Scheinbuchungen sowohl in der Muttergesellschaft als auch in Tochtergesellschaften des Konzerns unterbinden könne. Weite Teile des Schrifttums[57] teilen diese Sichtweise und stellen alleine oder jedenfalls maßgeblich auf eine rein faktische Betrachtungsweise ab: Die rechtliche Selbstständigkeit einer Konzern-Tochtergesellschaft umfasse nicht die Selbstbestimmung ihres Schicksals; insoweit bestehe vielmehr ein faktisches Durchgriffsrecht der Konzernleitung[58], sofern der Konzern so strukturiert sei, dass die Konzernobergesellschaft jedenfalls faktisch die Leitung auch über die Tochtergesellschaften inne habe, d. h. steuernd in die Geschäftsentscheidungen der Tochtergesellschaften faktisch eingreifen könne. Lediglich das Abstellen auf eine faktische Leitungsmacht als von „rechtlich konstruierten Verantwortungsmatrixen und kapitalbezogenen Beteiligungsverhältnissen unabhängiger Bewertungsmaßstab" werde dem Normzweck des § 130 OWiG sowie dem auch im Ordnungswidrigkeitenrecht geltenden Schuldprinzip gerecht.[59] In diesem Sinne entschied 2014 auch das Oberlandesgericht München[60] zum Münchener Flughafenkonzern, dass zwar grundsätzlich keine „originäre gesellschaftsrechtliche Aufsichtspflicht der Muttergesellschaft gegenüber dem Tochterunternehmen" bestehe (hier bezogen auf ein Kontrollsystem zur Vermeidung eines Lohnsplittingmodells der Tochtergesellschaft als strafrechtlich relevante Beitragsvorenthaltung), nach den konkreten Umständen des Einzelfalles bei einer tatsächlichen Einflussnahme der Konzernmutter auf die Tochtergesellschaft aber bestehen könne.

3. Eigene Sichtweise

Als Rechtsbegriff ist der „Inhaber eines Unternehmens" der Auslegung zugänglich. Der reine Wortlaut ermöglicht hierbei sowohl ein Verständnis gesellschaftsrechtlich im Sinne des das Unternehmen betreibenden formalen Unternehmensträgers, so dass eine Konzernobergesellschaft zwar Gesellschafterin der Tochtergesellschaft sei, nicht aber (mangels Betreibens des Unternehmens der Tochtergesell-

---

[56] OLG Jena, NZG 2010, 226 ff.

[57] Hierzu zählen *Caracas* (Fn. 2), S. 81 ff.; *ders.*, CCZ 2015, 167 (168 ff.); *Engelhart* (Fn. 9), § 130 OWiG Rn. 24; *Grützner/Leisch*, DB 2012, 787 (790 f.); *Karst*, WuW 2012, 150 (152); *Leipold*, ZRP 2013, 34 (35); *Lemke/Mosbacher* (Fn. 38), § 130 Rn. 7; *Mansdörfer/Timmerbeil*, WM 2004, 362 (368); *Pampel*, BB 2007, 1636 (1637); *Raum*, in: Langen/Bunte, Kartellrecht-Kommentar, 12. Aufl. 2014, § 81 GWB Rn. 25; *Rogall* (Fn. 4), § 130 Rn. 27.

[58] Vgl. statt vieler *Thiemann*, Aufsichtspflichtverletzung in Betrieben und Unternehmen, 1976, S. 157.

[59] *Caracas*, CCZ 2015, 167 (168).

[60] StV 2016, 35 ff.

schaft) der Inhaber von deren Unternehmen[61], andererseits aber auch ausgehend vom Gesamt-Konzern als Unternehmen, dass dessen Inhaberin die Konzernobergesellschaft sei. Systematisch helfen weder der Inhaberbegriff in § 793 BGB (Recht einer Schuldverschreibung auf den Inhaber) noch § 613a BGB (Betriebsübergang auf einen neuen Inhaber) weiter[62], sind diese doch auch dort gesetzlich nicht näher bestimmt und verbleibt es zudem jedem Rechtsgebiet überlassen, Begrifflichkeiten auch autonom auszulegen, insbesondere wenn dies durch eine unterschiedliche Schutzrichtung der einzelnen Normen angezeigt ist.

Historisch gesehen sanktionierten die Vorgängervorschriften in § 23 WiStG 1949[63] bzw. § 5 WiStG 1954[64] bei einer in einem Betrieb begangenen Gesetzesverletzung den Inhaber oder Leiter bei einer Aufsichtspflichtverletzung. Hierbei wurde zwar jeweils ausdrücklich normiert, dass der Betriebsinhaber auch selbst eine juristische Person sein könne (wie es auch für § 130 OWiG anerkannt ist[65]), eine Klärung des Inhaberbegriffs lässt sich aber auch hier nicht entnehmen. § 33 OWiG 1968[66], der erst 1974 in § 130 OWiG überführt wurde, spricht im Gesetzestext bereits vom Inhaber eines Betriebes oder Unternehmens, in der Entwurfsbegründung wird synonym vom „Geschäftsherrn" gesprochen, den die Pflichten des Arbeitgebers, des Herstellers einer Ware, Betreibers einer Anlage oder Teilnehmers am Außenwirtschaftsverkehr treffen würden[67], was nahe legt, dass der Gesetzgeber als Inhaber den Betreiber des Geschäftsbetriebes verstand, vergleichbar mit dem in der Vorgängervorschrift des § 151 Abs. 1 der Gewerbeordnung für das Deutsche Reich vom 1.7. 1883[68] noch genannten „Gewerbetreibenden bei Ausübung des Gewerbes", den in dieser Eigenschaft wie ein Allein-Gewerbetreibender die entsprechenden, mit dem Geschäftsbetrieb verbundenen Pflichten treffen. Dies legt zwar ein gewisses Verständnis des Inhabers als faktischen Geschäftsbetreiber nahe, mehr aber auch nicht.

Damit rückt der bereits angedeutete Gesetzeszweck in den Mittelpunkt: Die an einen Gewerbetreibenden gestellten rechtlichen Ge- und Verbote sind derart zahlreich, dass er diese mit steigender Betriebsgröße nicht mehr alle alleine erfüllen kann. Im Falle der Pflichtendelegation an Mitarbeiter nimmt der Inhaber als primärer Pflichtenträger die Pflicht nicht wahr und verletzt diese scheinbar selbst nicht, während der die Pflicht wahrnehmende und möglicherweise verletzende Mitarbeiter selbst nicht Pflichtenträger ist. Hierin liegt jedoch bezogen auf an die Sonderpflichtenstellung anknüpfende Sonderdelikte nur scheinbar eine „Rechtsanwendungslü-

---

[61] Vgl. zur Wortlautauslegung für die strenge rechtsformale Sichtweise nur *J. Koch*, ZHR 171 (2007), 554 (570 ff.); *ders.*, AG 2009, 564 (567).
[62] Vgl. hierzu nur *Minkoff* (Fn. 33), Rn. 181 f.
[63] WiGBl. 1949, S. 193 ff.
[64] BGBl. I, S. 175.
[65] Vgl. nur *Beck* (Fn. 33), § 130 Rn. 35.
[66] BGBl. I, S. 481 ff.
[67] BT-Drs. V/1269, S. 67 f.
[68] RGBl. S. 177 ff.

cke"[69] oder eine „Sanktionslücke"[70]. Es ist (insbesondere in der Fahrlässigkeitsdogmatik) nämlich längst anerkannt, dass in Fällen vertikaler Arbeitsteilung der Übernehmende zwar selbst die sorgfaltsgerechte Ausführung der übernommenen Aufgabe als eigene (primäre Sorgfaltspflicht) trifft und der Delegierende grundsätzlich darauf vertrauen kann und darf, „dass der andere seine Pflicht tun werde"[71] (sog. Vertrauensgrundsatz)[72]. Die bei ihm verbliebene (sekundäre) Sorgfaltspflicht erschöpft sich dann lediglich in einer sorgfältigen Auswahl, einer ausreichenden Instruktion und einer (zumindest stichprobenhaften) Überwachung des Untergebenen, wobei Auswahl, Instruktion und Überwachung umso sorgsamer ausfallen müssen, je höherrangiger die mit der Tätigkeit verbundenen Rechtsgutsgefahren sind. Insbesondere darf einem bestimmten Untergebenen eine Aufgabe nur dann übertragen werden, wenn der Delegat über ausreichende Kenntnisse und Fähigkeiten zur Pflichterfüllung verfügt[73]; zudem sind ex ante notwendig erscheinende organisatorische Vorkehrungen zur Vermeidung der aus einer vertikalen Arbeitsteilung naturgemäß resultierenden Gefahren (insbesondere Kommunikations- und Abstimmungsfehler) zu treffen[74] (etwa Personaleinteilungen, Sicherstellung der apparativen Ausstattung, Funktionsfähigkeit und Wartung der Geräte sowie die Unterweisung des Personals in der Bedienung von Geräten[75]). Diese trotz Delegation beim Pflichtenträger verbundene sekundäre Pflicht begründet unabhängig vom generellen Streit um eine Garantenstellung des Betriebsinhabers für Pflichtverstöße der Mitarbeiter[76] jedenfalls begrenzt auf die Wahrnehmung der delegierten Pflicht durch den auserkorenen Mitarbeiter eine Garantenstellung des Delegierenden (im Schrifttum wird teils von einer „garantenähnlichen"[77] „Verkehrssicherungspflicht des Betriebs- oder Unternehmensinhabers als Gefahrenverursacher"[78] gesprochen), so dass dieser über § 13 StGB bei einer Straftat des Untergebenen bzw. über § 8 OWiG bei einer Ordnungswidrigkeit im Regelfall weiter haftet, jedoch mit einer durch den Vertrauensgrundsatz nur begrenzten Aufsichtspflicht. Vor diesem Hintergrund erscheint § 130 OWiG in anderem Licht: Die Norm erhebt das potenzielle unechte Unterlassungsdelikt des Inhabers bezogen auf die Straftat oder Ordnungswidrigkeit des Mitarbeiters zu einem

---

[69] *W. Bosch*, ZHR 177 (2013), 454 (465).

[70] *Achenbach*, NZWiSt 2012, 321 (322); *J. Koch*, AG 2009, 564 (568 f.).

[71] *E. Schmidt*, Der Arzt im Strafrecht, 1939, S. 193.

[72] Vgl. nur BGH, MedR 2007, 304 (305); *Sternberg-Lieben/Schuster*, in: Schönke/Schröder, Strafgesetzbuch, 29. Aufl. 2014, § 15 Rn. 151; *Ulsenheimer*, in: Laufs/Kern, Handbuch des Arztrechts, 4. Aufl. 2010, § 140 Rn. 26; *Wilhelm*, Jura 1985, 183 (187).

[73] Vgl. nur BGH, NJW 1984, 655 f.; OLG Köln, VersR 1982, 453 f.

[74] *Duttge*, in: Prütting, Fachanwaltskommentar Medizinrecht, 2. Aufl. 2012, § 222 StGB Rn. 10; ebenso *Hart*, Festschrift für Laufs, 2006, S. 843 (864 f.).

[75] Vgl. nur BGH, NJW 1982, 699 f.

[76] Siehe hierzu nur BGHSt 57, 42 ff.; *Hellmann/Beckemper* (Fn. 44), Rn. 951 ff.; *Roxin* (Fn. 34), § 32 Rn. 137 ff.; *Schlösser*, NZWiSt 2012, 281 ff.

[77] *Gürtler* (Fn. 16), § 130 Rn. 2; *Lemke/Mosbacher* (Fn. 38), § 130 Rn. 2.

[78] *Ziegler* (Fn. 13), § 130 Rn. 3.

echten Unterlassungsdelikt[79], bei dem die Einhaltung der sekundären Aufsichtspflicht als eigenständige Sonderpflicht insoweit verselbstständigt ist, als diese subjektiv von der Begehung der Straftat oder Ordnungswidrigkeit abgekoppelt ist, die lediglich als objektive Bedingung der Ahndung[80] ausgestaltet ist, auf die sich der Vorsatz oder die Fahrlässigkeit des Inhabers nicht zu beziehen braucht. Würde man das Unrecht aber als sich in der Aufsichtspflichtverletzung erschöpfend ansehen und mit Teilen des Schrifttums § 130 OWiG damit als abstraktes Gefährdungsdelikt[81] ansehen, so wäre diese Normstruktur angesichts des (ausweislich § 3 OWiG) auch im Ordnungswidrigkeitenrecht geltenden[82] Bestimmtheitsgrundsatzes (Art. 103 GG) mehr als verfassungsrechtlich bedenklich, existiert doch weder eine von der Straftat oder Ordnungswidrigkeit abgeschnittene Aufsichtspflicht als solche und ist die als bloße objektive Bedingung der Ahndung ausgestaltete Zuwiderhandlung des Betriebsmitarbeiters ausweislich von § 130 Abs. 3 OWiG (Charakter der Zuwiderhandlung als Straftat oder Ordnungswidrigkeit maßgeblich für die Bußgeldhöhe) und § 131 Abs. 2 OWiG (Antragsdelikt, wenn die Zuwiderhandlung ein Antragsdelikt ist) gerade nicht unrechts- und schuldirrelevant und kann daher gerade nicht von den Bezugspunkten von Vorsatz oder Fahrlässigkeit ausgenommen werden.[83] Diese Bedenken lassen sich aber vermeiden, wenn man die Aufsichtspflicht im hiesigen Sinne als sekundäre Sorgfaltspflicht versteht, bei der der Inhaber entweder aufgrund konkreter (aus der vertikalen Arbeitsteilung naturgemäß resultierender) Gefahren im Einzelfall ex ante notwendig erscheinende organisatorische Vorkehrungen zu treffen oder aufgrund konkreter Zweifel an den notwendigen Kenntnissen oder Fähigkeiten des Mitarbeiters oder an der ordnungsgemäßen Pflichterfüllung durch den Mitarbeiter Maßnahmen zu treffen hat, dass der Delegat bei der Aufgabenausführung hinreichend überwacht und unterstützt wird. Eine Anknüpfung an die Nichtabwendung derart konkreter Gefahren der von der Straftat oder Ordnungswidrigkeit als objektive Bedingung der Ahndung sanktionierten Pflichtverletzung – vom Jubilar als „Nichtabwendung von Zuwiderhandlungsgefahren"[84] bezeichnet – als „Unterlassung von Aufsichtsmaßnahmen" i.S.d. § 130 OWiG, worauf sich Vorsatz oder Fahrlässigkeit zu beziehen hat (mit der Folge eines konkreten Gefährdungsdelikts[85]), führt zu einer

---

[79] Vgl. nur BGH, NStZ 1985, 77; *Bohnert/Krenberger/Krumm* (Fn. 34), § 130 Rn. 2; *Rogall* (Fn. 4), § 130 Rn. 17; *Ziegler* (Fn. 13), § 130 Rn. 1.
[80] Vgl. nur OLG Frankfurt a.M., wistra 1985, 38; *Beck* (Fn. 33), § 130 Rn. 14; *Rogall* (Fn. 4), § 130 Rn. 17.
[81] So *Adam*, wistra 2003, 285 (289); *Beck* (Fn. 33), § 130 Rn. 14 ff., *Bosch* (Fn. 5), S. 324 f.
[82] Vgl. nur BVerfGE 55, 144 (152); BVerfGE 81, 132 (135); BVerfGE 87, 399 (411); BVerfG, NJW 2016, 1229.
[83] Vgl. zu diesen verfassungsrechtlichen Bedenken nur *Rogall*, ZStW 98 (1986), 573 (588 ff.); *ders.* (Fn. 4), § 130 Rn. 118 f.; *Schünemann*, wistra 1982, 41 (47 f.); *Thiemann* (Fn. 58), S. 120.
[84] *Rogall*, ZStW 98 (1986), 573 (596); *ders.* (Fn. 4), § 130 Rn. 19.
[85] So zutreffend *Achenbach*, wistra 1998, 296 (299); *Bohnert/Krenberger/Krumm* (Fn. 34), § 130 Rn. 2; *Rogall* (Fn. 4), § 130 Rn. 19.

„unter Schuldgesichtspunkten unbedenklichen und den Bestimmtheitsanforderungen genügenden [tatbestandlichen] Verhaltensbeschreibung"[86].[87]

Hiervon ausgehend ist als „Inhaber" derjenige anzusehen, den im konkreten Einzelfall die Erfüllung der dem Unternehmen betreffenden primären Pflicht trifft, die (mit der Folge einer verbleibenden sekundären Pflicht) an einen Betriebsmitarbeiter delegiert wird, der durch deren Verletzung eine Straftat oder Ordnungswidrigkeit begeht.[88] Hierbei ist zwingend zu differenzieren: Knüpft die Pflicht an die Geschäftstätigkeit des Gesamtkonzerns an, so ist – wie aufgezeigt – der Konzern als „Unternehmen" anzusehen, bei dem grundsätzlich die Geschäftsführung der Konzernobergesellschaft als Inhaber des Konzerns anzusehen ist. Knüpft die Pflicht demgegenüber alleine an die Geschäftstätigkeit der Tochtergesellschaft an, so spricht die gesellschaftsrechtliche Selbstständigkeit der Tochtergesellschaft grundsätzlich für eine Inhaberschaft von deren Geschäftsleitung. Dies schließt es jedoch nicht aus, dass dennoch im Einzelfall die Konzernobergesellschaft bzw. deren Geschäftsleitung bezogen auf einzelne betriebliche Pflichten der Tochtergesellschaft als „Inhaber" anzusehen ist. Hierfür genügt freilich eine rein gesellschaftsrechtliche Kapitalbeteiligung genauso wenig[89] wie ein Gewinnabführungsvertrag (§ 291 Abs. 1 S. 1 AktG). Eine Pflichtenzuständigkeit der Konzernobergesellschaft begründen kann dagegen nicht nur die Eingliederung der Tochtergesellschaft in die Muttergesellschaft nach §§ 319 ff. AktG[90], ein Beherrschungsvertrag (§ 291 Abs. 1 S. 1 AktG) mit der Folge, sämtliche Vorstandspflichten der Tochtergesellschaft an die Muttergesellschaft zu übertragen[91], oder auch ein Unternehmensvertrag, in dem die Konzernobergesellschaft gleichfalls für die Erfüllung bestimmter unternehmerischer Pflichten im Außenverhältnis als zuständig bestimmt wird. Vielmehr kann der Konzern auch so organisiert werden, dass der Konzernobergesellschaft jedenfalls rein tatsächlich ein steuernder Eingriff in die Geschäftstätigkeit und damit in die innere Organisationsstruktur der Tochtergesellschaft möglich und sie daher faktisch für die Erfüllung einer konkreten betrieblichen Pflicht der Tochtergesellschaft zuständig und diese an Betriebsmitarbeiter der Tochtergesellschaft oder des Konzerns zu delegieren in der Lage ist. Dass dies gleichfalls eine Inhaberstellung begründen kann, zeigt ein Vergleich mit einem Einzelunternehmen, bei dem eine Pflichtenstellung wie die Abfüh-

---

[86] *Rogall* (Fn. 4), § 130 Rn. 19.

[87] Gleichfalls auf die Verhinderung von Zuwiderhandlungsgefahren als Tatbestandsmerkmal abstellend *Gürtler* (Fn. 16), § 130 Rn. 9; *Hellmann/Beckemper* (Fn. 44), Rn. 960; *Otto*, Jura 1998, 409 (414); *Rogall*, ZStW 98 (1986), 573 (595 ff.); *ders.* (Fn. 4), § 130 Rn. 19.

[88] Ebenso grundsätzlich *Achenbach*, in: Achenbach/Ransiek/Rönnau, Handbuch Wirtschaftsstrafrecht, 4. Aufl. 2015, 3. Kap. Rn. 42; *Engelhart* (Fn. 9), § 130 OWiG Rn. 25; *Niesler* (Fn. 6), § 130 OWiG Rn. 18; *Rogall* (Fn. 4), § 130 Rn. 25.

[89] Für eine faktische Herrschaft genügt es daher nicht, wenn es sich bei der Tochtergesellschaft lediglich um eine 100 %-ige Tochter der Muttergesellschaft handelt: ebenso *Deselaers*, WuW 2006, 118 (123).

[90] Ebenso *W. Bosch*, ZHR 177 (2013), 454 (465).

[91] Ebenso *Ziegler* (Fn. 13), § 130 Rn. 21; aA *W. Bosch*, ZHR 177 (2013), 454 (465).

rung von Sozialversicherungsbeiträgen den Geschäftsführer (§ 14 Abs. 1 Nr. 1 StGB) trifft. Handelt es sich beim formellen Geschäftsführer lediglich um einen Schein-Geschäftsführer ohne eigene tatsächliche Kompetenzen im Innenverhältnis, so ist ihm die Pflichterfüllung unmöglich und damit erst recht mangels Kompetenzen eine Pflichtendelegation an Mitarbeiter, so dass er weder als Organ i.S.d. §§ 14 Abs. 1 Nr. 1 StGB, 9 Abs. 1 Nr. 1 OWiG[92] noch als „Inhaber" i.S.d. § 130 OWiG angesehen werden kann. Umgekehrt ist ein faktischer Geschäftsführer, der zwar rein tatsächlich Geschäftsführeraufgaben wahrnimmt, jedoch hierzu nicht durch einen rechtswirksamen Bestellungsakt bestimmt wurde, aufgrund der in §§ 14 Abs. 3 StGB, 9 Abs. 3 OWiG gesetzlich zum Ausdruck kommenden „faktischen Betrachtungsweise" jedenfalls dann als „Geschäftsführer" anzusehen, wenn seine Tätigkeit von der für eine Bestellung als Geschäftsführer bzw. Vorstand zuständigen (in der Regel: einfachen) Mehrheit des zuständigen Gesellschaftsorgans gebilligt wird.[93] Denn dann liegt nicht nur eine einseitige Wahrnehmung von Leitungsaufgaben durch den „faktischen Geschäftsführer" vor, sondern dieser ist hierzu (im Sinne einer konkludenten Bestellung[94]) derart legitimiert, dass dies eine Strafbarkeitsausdehnung auf den Geschäftsführer rechtfertigt.[95] Dann muss dies mit der Folge einer Inhaberschaft der Geschäftsleitung der Konzernobergesellschaft auch im Rahmen des § 130 OWiG gelten[96], solange die tatsächliche Einwirkungsmöglichkeit von der für eine Bestellung des geschäftsführenden Organs notwendigen Mehrheit des für die Bestellung notwendigen Organs der Tochtergesellschaft gebilligt wird. Nur dort, wo die Tochtergesellschaft in ihrer Erfüllung der konkreten betrieblichen Pflicht nicht eine faktische Einflussnahme der Obergesellschaft in einer Weise billigt, dass die Obergesellschaft für die Pflichterfüllung zuständig wird, verbleibt die ordnungswidrigkeitenrechtliche Verantwortlichkeit der Tochtergesellschaft zur Einhaltung der betriebsbezogenen Pflicht erhalten.

IV. Fazit

Der Streit um eine Unternehmensinhaberschaft im Konzern kann somit nicht generell beantwortet werden. Maßgeblich ist zwar, wer (ursprünglicher) Adressat einer betrieblichen Pflicht ist, die an einen Betriebsmitarbeiter delegiert und deren Verletzung durch den Betriebsmitarbeiter letztlich zur Zuwiderhandlung geführt hat, die

---

[92] KG, wistra 2002, 313 (314); OLG Hamm, NStZ-RR 2001, 173.

[93] OLG Karlsruhe NJW 2006, 1364; *Schünemann* (Fn. 4), § 14 Rn. 73; aA *Tiedemann*, in: Scholz, GmbH-Gesetz, 10. Aufl. 2010, § 84 Rn. 22: Einstimmigkeit.

[94] So BGHSt 46, 62 (65).

[95] Vgl. nur BGHSt 21, 101 (103); BGHSt 31, 118 (122); BGHSt 46, 62 (64); BGH, NStZ 2017, 149; aA *Radtke* (Fn. 36), § 14 Rn. 124: Verletzung der Wortlautgrenze des § 14 Abs. 3 StGB.

[96] Die Bedeutung der Rechtsprechung zum „faktischen Geschäftsführer" für den Streit um die Inhaberschaft im Konzern i.S.d. § 130 OWiG betont auch *Hesberg*, jurisPR-Compl 1/2017 Anm. 5.

als objektive Bedingung der Ahndung in § 130 OWiG ausgestaltet ist.[97] Der Pflichtenadressat im Einzelfall ist aber – worin dem Oberlandesgericht München nur zugestimmt werden kann – „stets von den konkreten Umständen des Einzelfalls abhängig"[98]. Eine formelle gesellschaftsrechtliche Stellung bildet zwar ein gewichtiges Indiz, das aber im Einzelfall durch faktische Gegebenheiten überspielt werden kann, so dass selbst bei an sich auf die Tochtergesellschaft bezogenen betrieblichen Pflichten bei rechtlicher Vereinbarung oder hinreichender Billigung tatsächlicher Einflussnahme (gleich dem Leitungsorgan) durch das zuständige Gesellschaftsorgan der Tochtergesellschaft die Konzernobergesellschaft als Unternehmensinhaberin i.S.d. § 130 OWiG anzusehen ist.[99] Für den praktisch wichtigen Bereich des Kartellordnungswidrigkeitenrechts hat der Gesetzgeber zwar den Unternehmensbegriff in § 81 Abs. 4 GWB aus Gründen der Harmonisierung dem europäischen Verständnis einer wirtschaftlichen Einheit nachgebildet[100], die vom Bundesrat im Rahmen der Beratungen zur 8. GWB-Novelle geforderte Klarstellung zur Anwendbarkeit in Konzernstrukturen[101] ist aber nicht Gesetz geworden und daher weiterhin mit einer angesichts erheblicher Bußgeldhöhen nur schwer hinnehmbaren Rechtsunsicherheit verbunden. Es kann nur gehofft werden, dass der Gesetzgeber dies zeitnah beseitigt und aus diesem Anlass auch über eine gesetzgeberische Klarstellung in § 130 OWiG nachdenkt, dass eine Aufsichtspflichtverletzung nur bei bestehenden „Zuwiderhandlungsgefahren" tatbestandlich ist, auf die als hoffentlich baldiges normiertes Tatbestandsmerkmal sich der Vorsatz bzw. die Fahrlässigkeit beziehen muss. Dies würde dem Vorschlag des Jubilars[102] aus Gründen der Rechtssicherheit die gesetzlichen Weihen verleihen, die dieser verdient.

---

[97] Die dogmatischen Bedeutung der Aufsichtspflicht als sekundäre Sorgfaltspflicht aufgrund der Delegation bedingt eine Begrenzung des Umfangs der Aufsichtspflicht durch den Vertrauensgrundsatz: vgl. nur *Rogall* (Fn. 4), § 130 Rn. 28.

[98] OLG München, StV 2016, 35.

[99] Die Durchführung effektiver konzernweiter Compliance-Programme besitzt dann eine maßgebliche sanktionsrechtliche Funktion. Allgemein zur Ausgestaltung einer ordnungsgemäßen Compliance-Organisation jüngst *Hoffmann/Schieffer*, NZG 2017, 401 ff.

[100] So ausdrücklich BT-Drs. 15/3640, S. 66 f.

[101] So BT-Drs. 17/9852, S. 40.

[102] *Rogall*, ZStW 98 (1986), 573 (596); *ders.* (Fn. 4), § 130 Rn. 19.

Überlegungen zu einem Entwurf über Leihmutterschaft

Von *Yener Ünver**

I. Einführung

Ziel dieses Aufsatzes ist die Bewertung des Gesetzesentwurfes des Gesundheitsministeriums der Türkischen Republik über Leihmutterschaft, wonach diese verboten werden und als Straftatbestand geregelt werden soll. Der Grund, weshalb dieses Thema auf die Tagesordnung des türkischen Gesundheitsministeriums und Gesetzgebers gerückt ist, ist einerseits der Umstand, dass türkische Staatsbürger – ob verheiratet oder ledig – zum Zwecke der künstlichen Befruchtung ins Ausland zu einer Sperma- bzw. Eizellenbank reisen, um ihren langersehnten Kinderwunsch zu erfüllen, zumal es keine entgegenstehende Regelung gibt. Andererseits ist die Zahl derjenigen verheirateten Paare gestiegen, die (sogar zusammen mit Ärzten und Arzthelferinnen von türkischen Medizinkliniken und Firmenbeauftragten) ins Ausland, insbesondere in die türkische Republik Nordzypern, nach Griechenland, nach Kreta, in die Ukraine, nach Georgien und Russland reisen, um dort im Wege eines Leihmutterschaftsvertrages oder durch einen Kaufvertrag über Spermien und Eizellen ein Kind zu bekommen, das sie dann später als ihr eigenes Kind im Personenstandsregister eintragen lassen. Da sich der aktuelle Gesetzesentwurf insbesondere auf ein Verbot der Leihmutterschaft konzentriert, wird in diesem Beitrag der Entwurf nur in dieser Hinsicht bewertet. Da die Verordnung über Therapieanwendungen zur Unterstützung der Fortpflanzung und Zentren zur Unterstützung der Fortpflanzung, auf welche unten näher eingegangen werden soll, nur für solche IVF-Baby-Zentren/Retortenbabyzentren (Zentren, die eine in-vitro-Fertilisation durchführen) verwaltungsrechtliche Sanktionen vorsieht (verwaltungsrechtliche Geldbußen oder als Sanktion eine vorübergehende bzw. – bei Wiederholung – fristlose Einstellung der Betriebsaktivitäten), welche dem türkischen Gesundheitsministerium untergeordnet sind, können diese Handlungen in der Türkei heimlich und in begrenzter Zahl durchgeführt werden. Im Ausland wird die Durchführung dieser Handlungen keiner Sanktion unterworfen.

Im türkischen Rechtssystem ist der Ehebruch seit 1995 keine Straftat mehr. Es ist nicht strafbar, wenn jemand im In- oder Ausland aufgrund eines nichtehelichen Bei-

---

* Übersetzt von *Zehra Başer Dógan*, wiss. Mitarbeiterin am Lehrstuhl für Strafrecht und Strafprozessrecht, Juristische Fakultät der Özyeğin-Universität Istanbul.

schlafs schwanger wird. Jedoch ist es strafbar, wenn jemand ein Kind, das nicht sein leibliches ist oder das er durch das Institut der Leihmutterschaft bekommen hat, als sein eigenes Kind im Personenstandsregister – als habe es ein verheiratetes Paar durch einen natürlichen Beischlaf oder durch künstliche Befruchtung bekommen – registrieren lässt. Sofern auf diese Weise einem öffentlichen Amt mitgeteilt wird, dass diese verheiratete Frau, das Kind durch eine eigene Schwangerschaft bekommen hat, fällt dies unter einen anderen Straftatbestand. Dies kann je nach Art und Weise der Handlung eine Urkundenfälschung und/oder Falschaussage vor einem öffentlichen Amt und eine Personenstandsfälschung darstellen, worauf unten umfassend eingegangen werden soll. Sofern der Gesetzesentwurf des Ministeriums verabschiedet wird, wird aus türkischer Sicht die Registrierung des von einer Leihmutter (eine dritte, nichtgenetische, jedoch rechtliche Mutter aufgrund der Geburt) im In- oder Ausland geborenen Kindes im Personenstandsregister als das im In- oder Ausland geborene eigene eheliche oder nichteheliche Kind der (genetischen, erwerbenden) Mutter strafbar, selbst wenn die Handlung im Durchführungsland erlaubt ist. Selbst wenn die Handlung im Durchführungsland keine Straftat darstellt, im Gegenteil sogar legal ist, wird diese nach türkischem Recht als Straftat angesehen werden und strafprozessrechtlich verfolgt und ermittelt werden können, und folglich wird auch Strafklage erhoben werden können.

II. Türkische Rechtslage

Bei dem Institut der *„Leihmutterschaft"* wird in der türkischen Literatur die das Kind austragende Mutter auch als *vermietete Mutter, vermietete Gebärmutter, Leihmutter* oder *Ersatzmutter* bezeichnet.[1]

In unseren Gesetzen befindet sich keine ausdrückliche, unmittelbar verbietende gesetzliche Regelung, was die Leihmutterschaft anbelangt. Auch im Grundgesetz gibt es zu diesem Thema keine Regelung.

Aus den Artikeln 1, 4 Abs. 1-ğ, Art. 19 Abs. 1-ç, Art. 20 Abs. 5. und Art. 20 Abs. 7-a der Verordnung über Therapieanwendungen zur Unterstützung der Fortpflanzung und Zentren zur Unterstützung der Fortpflanzung, welche am 30. September 2014 offiziell im Gesetzesblatt (mit der Nummer 29135) verkündet wurde und dieses Thema direkt erfasst, sind Begriffe wie „verheiratete Paare", „zukünftige Mutter-Ehemann-Paare", „Paare", „die Paare gemeinsam", „beide Teile der Paare" enthalten, woraus folgt, dass die künstliche Befruchtung nur bei verheirateten Paaren angewandt werden und das Embryo in die Gebärmutter der verheirateten zukünftigen Mutter eingepflanzt werden kann. Im Umkehrschluss aus diesen Regelungen folgt, dass eine Leihmutterschaft, eine Gebärmutter-Vermietung oder die Einpflanzung

---

[1] *Yener Ünver*, Türkiye'ye Ceza Hukuku Açısından Sun'i Döllenme, İlaç ve Tıp Alanında Ceza Hukuku, Etik ve Tıbbi Sorunlar (Publikation der juristischen Fakultät der Yeditepe Universität, Publikationsnr. 15), Istanbul 2008, S. 61.

eines durch künstliche Befruchtung entstandenen Embryos in die Gebärmutter einer dritten Person nicht gestattet ist. In den dem Gesundheitsministerium untergeordneten Kliniken erfolgt die Anwendung ebenfalls in dieser Richtung (sofern keine andere heimliche Anwendung existiert).

Art. 22 Abs. 4 der Verordnung, welche die Aufbewahrungskriterien der Fortpflanzungszellen und des Gonaden-Gewebes regelt, besagt, dass die Aufbewahrungsdauer ein Jahr betragen muss. Sofern diese ein Jahr überschreiten sollte, ist durch schriftliche Anfrage ein unterschriebenes schriftliches Einverständnis der betroffenen Person einzuholen.

Falls die betroffene Person, von der die Fortpflanzungszellen und das Gonaden-Gewebe stammen, das jährliche Protokoll nicht erneuert oder falls sie ausdrücklich anfragt oder stirbt, werden die Fortpflanzungszellen und das Gonaden-Gewebe entsorgt und das Vorgehen protokolliert.

Sofern von den Paaren mehrere Embryonen erhalten werden, können die Embryonen eingefroren und aufbewahrt werden, wenn beide Teile der Paare damit einverstanden sind. Sofern die Aufbewahrungsdauer ein Jahr überschreitet, muss das verheiratete Paar durch ein unterschriebenes Schreiben sein Einverständnis für die Fortdauer der Aufbewahrung mitteilen.

Falls beide Teile der Paare es fordern oder einer stirbt oder falls die Ehe gerichtlich geschieden wurde oder die Wartefrist abgelaufen ist, werden die Embryonen durch eine durch den Vorstand gegründete Kommission entsorgt; dieser Vorgang wird protokolliert.

Weiterhin müssen zu dieser Thematik die Straftat der Personenstandfälschung nach Art. 231 des tStGB[2], die Straftatbestände der Urkundenfälschung gemäß den Art. 204–212 und insbesondere die Falschaussage bei der Herstellung einer öffentlichen Urkunde nach Art. 206 tStGB und die Art. 12 und 13 des tStGB, die die Strafverfolgung von im Ausland begangenen Taten regeln, berücksichtigt werden.

Art. 282 des türkischen Zivilgesetzbuches, der die positive Regelung zu den o.g. Regelungen im Familienrecht darstellt, besagt Folgendes:

„Die Abstammung zwischen Mutter und Kind wird durch die Geburt begründet. Die Abstammung zwischen dem Kind und dem Vater wird durch die Heirat mit der Mutter, durch Anerkennung oder durch richterliche Entscheidung begründet. Die Mutterschaft/Vaterschaft kann auch durch Adoption begründet werden."

Der hier thematisierte Gesetzentwurf sieht einfach ausgedrückt eine zwingende Gefängnisstrafe für Personen vor, die durch das Institut der Leihmutterschaft Kinder bekommen. Zudem wird in dem Entwurf geregelt, dass *„Personen, die diese Hand-*

---

[2] Art. 231 Abs. 1 tStGB lautet folgendermaßen: „Wer die Abstammung des Kindes verändert oder unterdrückt, wird mit einer Freiheitsstrafe von einem Jahr bis zu drei Jahren bestraft."

lungen im Ausland vornehmen lassen oder sie vermitteln ..., mit einer Gefängnisstrafe bestraft" werden.

Wenn diese Norm zum Gesetz wird, wird sie eine Sonderregelung in diesem Bereich darstellen und nach den Konkurrenzregeln vorrangig angewandt, denn dieser Straftatbestand würde in gewissen Fällen je nach Art und Weise der Tatverwirklichung vorrangig und alleine in Betracht kommen, sofern die Handlung nicht mehrere Straftatbestände erfüllt. Aufgrund der verbreiteten Vornahme dieser Handlungen im Ausland und des Ziels einer effektiven Anwendung dieser neuen zu erwartenden Strafnorm wird mit großer Wahrscheinlichkeit – auch wenn dies zur Zeit in dem Entwurf nicht vorgesehen ist – bei der Verabschiedung eines solchen Gesetzes in einem zusätzlichen Absatz in Art. 12 oder 13 tStGB vorgesehen werden, dass die betroffene Person auch in der Türkei bestraft werden kann, falls diese Handlungen im Ausland begangen wurden und dort mit Strafe bedroht werden, selbst dann, wenn die betroffene Person im Ausland verurteilt wurde.

III. Contra-Argumente gegen das Institut der Leihmutterschaft

Die contra-Argumente gegen die Leihmutterschaft sind größtenteils nichtjuristischer Art und haben eher religiösen, ethischen, psychologischen, traditionellen und sozialen Charakter.

Das Amt für religiöse Angelegenheiten, das dem Premierminister der türkischen Republik untergeordnet ist, beantwortet von Zeit zu Zeit Fragen von Personen, die über religiöse Angelegenheiten aufgeklärt werden möchten (Art. 136 tGG). Diese Behörde hat am 5. Januar 2002 die Frage, ob es aufgrund der Vorgehensweise in Ordnung wäre, ein Kind im Wege der in-vitro-Fertilisation zu bekommen und eine Leihmutterschaft in Anspruch zu nehmen, folgendermaßen beantwortet: Die Leihmutterschaft sei aus islamischen Gesichtspunkten nicht akzeptabel, die Anwendung der in-vitro-Fertilisation verletze menschliche Gefühle und stelle einen Ehebruch dar und sei daher nicht gestattet. Jedoch ist der Oberste Ausschuss für Religionsangelegenheiten des Amtes für religiöse Angelegenheiten nicht gegen die IVF und steht einer IVF zum Zwecke der Erfüllung des Kinderwunsches verheirateter Paare nicht entgegen. Der Oberste Ausschuss für Religionsangelegenheiten erklärt jedoch, dass eine IVF zwischen offiziell nicht verheirateten Personen aus religiösen Gründen nicht zu befürworten sei. Hierbei wird sowohl das Institut der Leihmutterschaft an sich abgelehnt als auch die künstliche Befruchtung, selbst wenn die Spermien und Eizellen der Eltern benutzt werden, sofern diese nicht verheiratet sind.[3]

---

[3] Diyanetten Fetva: Taşıyıcı Annelik Zina Unsurları Taşır (Fetwa/Beschluss des Amtes für Religionsausübung: Die Leihmutterschaft hat den Charakter eines Ehebruchs), http://www.mynet.com/haber/guncel/diyanetten-fetva-tasiyici-annelik-zina-unsurlari-tasir-1759997-1 (Zugriffsdatum: 22.03.2015; 09:18).

Einige Medienorgane bezeichnen die Zeugung eines Kindes mithilfe der Leihmutterschaft als uneheliches Verhalten und sittenlos und fordern von politischen Ämtern, dass sie dieses Vorgehen verhindern. Dieselben Medienorgane behaupten auch unter Bezugnahme auf Äußerungen einiger wichtiger Geistlicher, dass die Leihmutterschaft mit dem Islam nicht zu vereinbaren bzw. nicht erlaubt sei, dass diese als gesetzeswidrig und unsittlich bezeichnet werden müsse, da die gebärende Mutter und der genetische Vater nicht verheiratet seien, dass die Anwendung des Instituts der Leihmutterschaft in der Türkei keine rechtliche, soziologische und psychologische Grundlage aufweise und außerdem unsere immateriellen Werte verletze, dass diese Methode die Begriffe Mutter, Vater und Familie entleere und das Institut der Familie, welches einer der Grundwerte der Gesellschaft sei, erschüttere, dass dieses die Grundprinzipien der Rechtsphilosophie und der guten Sitten vernichte und die Heiligkeit des menschlichen Lebens und die Unantastbarkeit der Familie zum Gegenstand des Handels mache.[4]

Die Grundargumente derjenigen, die aus ethischen Gründen gegen die Leihmutterschaft sind, sind die Missbrauchsgefahr, nämlich, dass eine Frau ohne ihren Willen dazu gezwungen wird, ein fremdes Kind auszutragen, und dass es unsittlich sei, dass ein Mensch seinen eigenen Körper für das Ziel eines anderen zum Mittel mache; vor allem dann, wenn damit ein materieller Vorteil erlangt werde, werde eine Person ausgenutzt.

Einige rechtliche Argumente sind, dass es problematisch werde, wenn sich die biologisch-genetischen Eltern während der Schwangerschaft für eine Scheidung entscheiden, denn dann könne die Leihmutter nicht gezwungen werden, die Schwangerschaft zu beenden. Falls die Mutter die Schwangerschaft nicht beendet, stellt sich die Frage, wer das Sorgerecht erlangen soll, die Leihmutter oder die genetische Mutter. Als weiteres Problem wird entgegenbracht, dass zu erwarten sei, dass die genetischen Eltern die Leihmutter zu einer gesunden Ernährung zwingen, ihr verbieten zu rauchen und Mittel wie Alkohol zu konsumieren und sie zu einer anderen Lebensweise zwingen. Ein derartiger Eingriff in die Lebensweise eines anderen sei nicht akzeptabel. Zudem sei problematisch, ob die Leihmutter, nachdem sie das Kind nach der Geburt der genetischen Mutter übergeben hat, das Recht habe, das Kind zu sehen und eine persönliche Beziehung zu diesem aufzubauen.

Aus medizinischen Gesichtspunkten wird die Leihmutterschaft ebenfalls kritisiert. Hierbei wird damit argumentiert, dass aufgrund des Hormons Oxytocin, welches bei der Geburt produziert wird, eine Bindung zwischen dem Baby und der Leihmutter entstehe und die Leihmutter die Erwartung habe, Mutter zu werden, und daher eine Bindung an das Kind entwickele und folglich eine psychologische Krise erleben werde, wenn man ihr das Kind nach der Geburt wegnimmt.[5]

---

[4] Bu Ahlaksızlığı Önleyin! (Verhindert diese Unsittlichkeit!), http://www.yenisoz.com.tr/bu-ahlaksizligi-onleyin-haber6764 (Zugriffsdatum: 05.1.2018; 12:00).

[5] *Deniz Sami Cevher*, Bakıcı Taşıyıcı Annelik ve Yumurta-Sperm Bankacılığı Üzerine, Türkiye Biyoetik Dergisi 2017, Band 4, Heft 2, S. 97–99.

Diejenigen, die in der Türkei gegen die Leihmutterschaft sind, führen aus, dass der menschliche Körper zu einer Ware gemacht werde, und lehnen den Verkauf von Kindern ab. Die Inanspruchnahme einer Leihmutterschaft im Ausland erfolgt nicht immer unproblematisch. Manchmal wehrt sich die Leihmutter dagegen, das Kind abzugeben, oder verlangt im Nachhinein mehr Geld (als vereinbart), oder aber die bestellende, genetische Mutter überlegt es sich anders und möchte das Kind nicht mehr. Manchmal kommt es dazu, dass die bestellende, genetische Familie nach der Geburt kein Visum für das betreffende Land bekommt und daher dort nicht einreisen und folglich das Kind nicht abholen kann oder aber bei der Einreise in die Türkei Probleme bekommt oder gezwungen ist, falsche Urkunden für die Meldung des Kindes im Personenstandesregister herzustellen, indem es das Kind als ihr eigenes vorgibt, was strafrechtlich relevant sein könnte. Weiterhin wird der Frauenhandel zum Zwecke der Leihmutterschaft, also der Umstand, dass Leihmütter unter Zwang zu wirtschaftlichen Zwecken in ein anderes Land gebracht werden, ebenfalls als eine Menschenrechtsverletzung angesehen. Ein Grund, warum Menschen die Leihmutterschaft in Anspruch nehmen, ist der, dass das Adoptionsverfahren rechtlich begrenzt möglich bzw. sehr schwierig ist.[6]

Weiterhin werden folgende contra-Argumente gegen das Institut der Leihmutterschaft vorgebracht: Einige Menschen sehen dieses Institut als einen Beruf an und benutzen ihren Körper als ein Werkzeug, es komme dazu, dass dies unter Druck und damit unfreiwillig geschehe; der wirtschaftliche Status der Leihmutter sei normalerweise auch niedrig; manchmal komme es dazu, dass die Leihmutter entgegen dem Vertrag das Kind nicht abgebe oder im Nachhinein den Kontakt mit dem Kind aufrechterhalte, wodurch das Verhältnis zwischen der (genetischen) Mutter und dem Kind geschädigt werde und das Kind dadurch psychische Probleme aufweisen könne; es könne zu Problemen führen, wenn die Leihmutter sich für eine Abtreibung entscheide; diese Methode sei mit der Menschenwürde nicht vereinbar, in der Anwendung komme es auch gelegentlich zu Problemen bei dem Kostenersatzanspruch und bei Versicherungsfragen der Leihmutter. Diese Methode könne sowohl aus medizinischer als auch sozialer Sicht zu Problemen führen.[7]

IV. Pro-Argumente für eine gesetzliche Regelung der Leihmutterschaft

Die befürwortende Ansicht, die sich an rechtliche, soziale, wirtschaftliche und medizinische Gründe anlehnt, sieht das Institut der Leihmutterschaft als erforderlich

---

[6] *Ebru Şensöz Malkoç*, Milletlerarası Özel Hukukta Boşluk: Taşıyıcı Annelik, http://www.ssplatform.com/Dergi/676/Milletlerarasi-ozel-hukukta-bosluk-Tasiyici-annelik.aspx (Zugriffsdatum: 04.01.2018; 01:00).

[7] Siehe *Yener Ünver* (Fn. 1), S. 59–62.

und sinnvoll und als geeignetes Mittel an, die illegale Anwendung dieses Instituts im In- oder Ausland zu verhindern.

Einige dieser Autoren wenden sich gegen die Geistlichen, die die Leihmutterschaft als eine Sünde darstellen, und tragen vor, dass man die Eizellen und Spermien, die in die Gebärmutter der Leihmutter eingepflanzt werden, „als Gäste, die uns zu Hause besuchen" bewerten müsse. Denn dadurch werde kinderlosen Frauen ermöglicht, mithilfe der sich entwickelnden Medizintechnik Kinder zu bekommen. Daher solle man Menschen, die sich nach Kindern sehnen, nicht im Stich lassen, indem man diese Methode verbiete. Wissenschaftler, die dieser Ansicht sind, verweisen wiederum auf das Prinzip, dass „im Islam jederzeit Gäste willkommen sind", dass reiche Leute ohnehin einen Weg finden würden, um ein Kind zu bekommen, und diesen Wunsch im Ausland unproblematisch verwirklichen können, dass jedoch arme, verzweifelte Menschen diese Möglichkeit eben nicht haben. Weiterhin komme sowohl für das Land als auch für diese Personen ein ernster wirtschaftlicher Verlust in Betracht, wenn diese Personen ins Ausland reisen und das Geld im Ausland ausgeben. Weiterhin werde diese Methode in Wirklichkeit willentlich und nicht mit Zwang angewandt. Zudem wird damit argumentiert, dass jede Frau das Recht habe, Mutter zu werden. Diese Autoren erklären weiterhin, dass es irrational sei, die Leihmutterschaft mit einem Ehebruch gleichzusetzen und dass sogar in vielen Ländern, die durch islamisches Recht regiert werden (so wie der Iran), dieser Vorgang erlaubt sei und dass solche Verbote in der Türkei, die ein demokratischer Staat ist, nicht akzeptabel seien.[8]

In der Literatur wird die Leihmutterschaft mit der in der Türkei praktizierten religiösen Trauung (durch den Imam) mit einer zweiten Frau (dies wird als *„Heirat einer Nebenfrau"* oder *„eines Kebsweibes"* bezeichnet, bei der nur eine religiöse Eheschließung vorliegt, jedoch keine offizielle/amtliche) verglichen. Nach diesen Autoren werden die Kinder der Nebenfrau regelmäßig als die Kinder der ersten offiziell verheirateten Frau und des Mannes eingetragen. Mit dieser Begründung wird vorgetragen, dass eine Legalisierung der Leihmutterschaft ein richtigerer Weg sei, als die Menschen zu einer inoffiziellen Zweitehe zu verleiten. Denn der eigentliche Kern dieses Problems sei, dass sich Menschen ein eigenes Kind wünschen. Natürlich müsse hier das türkische Zivilgesetzbuch verändert und die Voraussetzungen der Leihmutterschaft und die sonstigen damit verbundenen Fragen gesetzlich geregelt werden. Der Umstand, dass die Leihmutterschaft verboten wird, führe aber dazu, dass durch das Institut der Nebenfrau *„de facto"* doch eine Leihmutterschaft angewandt werde. Dieses Problem könne durch eine Gesetzesänderung behoben werden.[9]

---

[8] http://www.medimagazin.com.tr/ikac.sanayi//tr-tasiyici-annelik-tartismasi-8-681-13271.html (Zugriffsdatum: 11.11.2017; 00:32).

[9] Şükran Şıpka, Taşıyıcı Annelik Yasallaşsın, http://www.cumhuriyet.com.tr/haber/turkiye/725278/Prof. Dr. Sukran Sipka Tasiyici annelik yasallassin.html (Zugriffsdatum: 12.11.2017; 10:30).

Selbst wenn diese Autoren nicht darauf eingehen, der Grund warum Menschen in der Türkei eine Nebenfrau bevorzugen, ist nicht nur der, dass sie ihr eigenes Kind bekommen möchten, sondern gleichzeitig der, dass sie einen Sohn haben möchten. Andererseits ist der psychologische, soziologische, religiöse, sittliche und traditionelle Hintergrund zu ermitteln, warum der türkische Bürger in der Türkei eine Nebenfrau, eine Ehe mit mehreren Personen oder eine Leihmutterschaft im Ausland bevorzugt, anstatt ein Kind zu adoptieren, zumal eine Vielzahl von Kindern auf eine Adoption wartet.

Diejenigen, die zugunsten der Leihmutterschaft argumentieren, führen aus, dass dieses Institut in sehr vielen wichtigen europäischen Ländern vollkommen oder teilweise unter bestimmten Bedingungen legal angewandt werde; dass der Missbrauch durch vorbeugende Maßnahmen verhindert werden könne; dass durch eine Handelssperre der Missbrauch des menschlichen Körpers und menschenunwürdige Anwendungen verhindert werden können; dass durch neue gesetzliche Regelungen ein angemessenes Institut wie die Adoption geschaffen und angewandt werden könne; dass der Wille der Mutter, die durch ihre eigenen Eizellen ein Kind bekommen hat, beachtet werden solle; dass durch die Adoption eines Kindes einer anderen Person dieses Problem nicht gelöst werden könne; dass innerhalb der Gesellschaft eine große Erwartung bestehe, dass jede gesunde (nicht behinderte) Frau medizinisch ein Kind bekommen müsse; und dass die meisten Frauen jegliche medizinische, wirtschaftliche, rechtliche und strafrechtliche Risiken in Kauf nehmen und auf irgendeine Weise mithilfe dieses Instituts versuchen, ein Kind zu bekommen.[10]

V. Fazit

Dass türkische Staatsbürger unter anderem in die türkische Republik Nordzypern[11] reisen, um dort eine Leihmutterschaft in Anspruch zu nehmen, entspricht den Tatsachen. Bis zum 15. August 2016 gab es zwar keine ausdrückliche Regelung hierzu, jedoch wurde diese Methode in Zypern angewandt. An dem genannten Datum wurde sodann eine Regelung über Therapiezentren zur Unterstützung der Fortpflanzung und Therapiemethoden zur Unterstützung der Fortpflanzung verabschiedet, die unter gewissen Voraussetzungen die Leihmutterschaft erlaubt. Die Leihmutterschaft ist nunmehr nicht mehr unerlaubt. Sie wird gestattet, soweit einige rechtliche Formalitäten erfüllt werden. Einige der Voraussetzungen betreffen das Alter und stellen ethische Bedingungen dar, andere wiederum betreffen medizinisch-gesundheitliche Fragen hinsichtlich der Leihmutter und des Kindes. Da es für türkische Staatsbürger aufgrund des Preises, der Sprache und der Verbindung weniger problematisch ist, nach Zypern zu reisen, ist Zypern ein bevorzugtes Land. Nach der neuen Regelung

---

[10] Siehe *Yener Ünver* (Fn. 1), S. 61–63.
[11] D.h.: der türkische Teil von Zypern.

kann eine Frau eine andere als Leihmutter heranziehen, sofern die Voraussetzungen in der betreffenden Vorschrift erfüllt sind.[12]

Solche Verbote verhindern eigentlich nicht, dass Menschen ins Ausland reisen, um durch das Institut der Leihmutterschaft ein Kind zu bekommen. Aufgrund dieser Verbote wird die Mutterschaft zwischen dem Geborenen und der biologischen Mutter verneint; genau dies zeigt, dass sich die tatsächliche Wahrheit und die rechtliche Wahrheit widersprechen. Auch wenn seit dem römischen Recht nach dem Prinzip ‚die Mutter ist immer bestimmt' angenommen wird, dass die gebärende Frau die Mutter des Kindes ist, ist dieser Grundsatz heute nicht mehr selbstverständlich. Aufgrund neuer Therapiemethoden zur Unterstützung der Fortpflanzung und der Fortschritte in der Medizintechnik und des sozialen Wandels müssten die Gesetze zum internationalen Privatrecht verändert werden und auf nationaler oder internationaler Ebene die Leihmutterschaft durch gesetzliche Regelungen legalisiert werden.[13]

Nach Ansicht von Psychologen kann der Umstand der Wegnahme des Kindes von der Leihmutter oder die Abgabe des Kindes an die genetische Mutter bei der Leihmutter einige psychische Probleme verursachen, und diese können Schwierigkeiten bei der Überwindung von Zweifeln und inneren Wirrungen haben. Auch wenn Klinikpsychologen versuchen, diese Situation (die Leihmutterschaft) mit dem Begriff der ‚Amme' vergleichen,[14] ist dies keine zutreffende Feststellung. Bei dem Modell der Amme geht es um etwas anderes als um die Unterscheidung zwischen der Leihmutter und der genetischen Mutter. Vielmehr wird die gebärende Mutter beim Stillen, also bei der Ernährung des Kindes, durch eine andere Frau für eine längere Zeit unterstützt, weil sie selbst keine Milch produzieren kann. Aus psychologischer Sicht besteht zwar zwischen dem Kind und der Amme eine emotionale Bindung, jedoch ist sowohl aus biologischer als auch aus juristischer Sicht die gebärende Frau die Mutter, es tritt keine Leihmutter, Leihgebärmutter, vermietete Mutter oder vermietete Gebärmutter dazwischen. Aus diesen Gründen kommen die rechtlichen Probleme, die Gegenstand dieses Beitrags sind, in diesem Fall nicht in Betracht und kamen auch bislang nicht vor.

Das Institut der Leihmutterschaft müsste in der Türkei gesetzlich legalisiert werden. Den Menschen müsste die Möglichkeit geboten werden, ihr eigenes Kind zu bekommen, ohne dass sie eine Adoption angehen oder sich vom Ehepartner scheiden bzw. vom Partner trennen müssen, um eine andere zeugungsfähige Person zu heiraten oder mit dieser zusammenzuleben, obwohl sie eigentlich rechtlich bzw. tatsächlich die Möglichkeit haben, ein Kind zu bekommen. Denn diese Menschen haben das Be-

---

[12] http://www.kibrisgazetesi.com/saglik/tasiyici-annelik-kkktcde-yasal/29456 (Zugriffsdatum: 02.12.2017; 14:00).
[13] *Ebru Şensöz Malkoç*, Milletlerarası Özel Hukukta Boşluk: Taşıyıcı Annelik, http://www.ssplatform.com/Dergi/676/Milletlararasi-ozel-hukukta-bosluk-Tasiyici-annelik.aspx (Zugriffsdatum: 04.01.2018; 01:05).
[14] *Serap Alptekin*, Taşıyıcı Annelik Üzerine, http://www.dokudanismanlik.com/makaleler-tasiyici-annelik-uzerine.pho (Zugriffsdatum: 10.11.2017; 08:00).

dürfnis, in der Ehe oder nichtehelichen Beziehung ein eigenes Kind zu bekommen, wofür sie sehr vieles in Kauf nehmen und opfern.

Anstatt die Menschen durch Verbote in einen rechtlich und medizinisch problematischen Bereich zu drängen, müsste zur Verhinderung des Missbrauchs das Institut der Leihmutterschaft unter besonderen Voraussetzungen gesetzlich vorgesehen werden. Durch die gesetzliche Regelung einer Leihmutterschaft sollte sowohl das Interesse der Mutter als auch das des Kindes gewahrt werden. Der Einwand, dass der Mensch durch diese Methode zum Werkzeug gemacht werde und sein Körper Gegenstand des Handels werde oder dass sich die Parteien während oder nach der Schwangerschaft doch anders entscheiden oder ihre Verpflichtungen nicht erfüllen oder dass Personen dauernd ihre Gebärmutter entgeltlich vermieten und das Institut missbrauchen, kann durch gesetzliche Regelungen verhindert werden.[15]

Das Einzige, was bei einer Leihmutterschaft nicht akzeptabel ist, ist, dass die Spermien und Eizellen, die der Leihmutter eingepflanzt werden, nicht vom verheirateten Ehepaar stammen, dass also die bestellenden Paare vollkommen unterschiedlich von denjenigen Personen sind, von denen die Spermien oder Eizellen stammen. Dies ist die einzige Situation, die rechtlich nicht vorgesehen werden darf. Denn in diesem Fall wird der menschliche Körper in menschenunwürdiger Weise wie die Bestellung einer Sache, wie eine Ware behandelt. Denn hier erwartet das verheiratete oder nicht verheiratete Paar von der Leihmutter, den Embryo auszutragen und ihm (dem Paar) das Kind nach der Geburt zu übergeben, obwohl die eingepflanzten Spermien und Eizellen von einer dritten Person stammen. Genau dies ist rechtlich nicht akzeptabel.

Eine zweite denkbare Wahrscheinlichkeit, die in diesem Zusammenhang in Frage kommt, ist, dass die Leihmutter mit ihren eigenen Eizellen und den Spermien des Mannes (vom bestellenden Paar) ein Kind gebärt. In diesem Fall ist ohnehin nicht die Rede von einer Leihmutterschaft, unabhängig davon, ob eine IVF vorliegt oder eine Schwangerschaft durch Beischlaf. Hier liegt nur eine Schwangerschaft im Wege der künstlichen Befruchtung vor, von einer Leihmutterschaft kann hier nicht die Rede sein.

Wie auch in dem Entwurf des Ministeriums vorgesehen, soll die Leihmutterschaft durch Schaffung eines neuen Straftatbestandes verboten werden. Dies ist jedoch kein geeigneter Weg, dieses Ziel zu erreichen, und wird die vorliegende Methode und das Verhalten der Menschen nicht verhindern können. Es darf nicht durch gesetzliche Regelungen unmöglich gemacht werden, dass Menschen ihre Abstammungslinie fortsetzen und Nachkommen bekommen, Familien gründen und sich fortpflanzen. Selbst wenn es zurzeit keinen besonderen Straftatbestand gibt, fallen die betreffenden Handlungen bereits unter andere Straftatbestände; selbst grenzüberschreitende Handlungen können strafrechtlich verfolgt werden. Jedoch hält das Vorhandensein

---

[15] *Yener Ünver*, Ceza Hukuku Açısından Taşıyıcı Annelik, Tıp Hukuku Dergisi, Oktober 2015, 8. Ausgabe, S. 292.

dieser Taten und die Wahrscheinlichkeit, dass diesbezüglich Klagen erhoben werden, die Menschen nicht davon ab, ihre Entscheidungen und Präferenzen durchzusetzen. Diese Entscheidung und ihre Durchsetzung mit dem Ziel, ein Kind zu bekommen, verwirklicht den Straftatbestand der Personenstandsfälschung nach Art. 231 tStGB. Weiterhin werden dadurch die Regelungen in der o.g. Verordnung über Zentren zur Unterstützung der Fortpflanzung verletzt und die Straftaten der Nichtanzeige einer Straftat nach den Art. 278, 279, 280 tStGB und vor allem die Fälschung einer öffentlichen Urkunde und der Falschaussage vor einem öffentlichen Amt verwirklicht, und schließlich verletzt dieses Verhalten auch die Regelungen über die Familie und Abstammung im Zivilgesetzbuch.[16]

Zur Zeit wird in der Türkei das Verbot der Leihmutterschaft durch eine Verordnung geregelt, was nach Art. 13 tGG und nach den Entscheidungen des EuGH für Menschenrechte gegen das Prinzip verstößt, wonach zur Einschränkung von Grundrechten ein Gesetz erforderlich ist.

Es verstößt gegen die ersten zwei Artikel der Europäischen Biomedizinkonvention (Art. 1: Gegenstand und Ziel, und Art. 2: Vorrang des menschlichen Lebens).

Im Gegensatz zum vorliegenden Entwurf des Ministeriums sollte die Leihmutterschaft durch gesetzliche Regelungen legalisiert werden. Zunächst müssten die Normen im türkischen Zivilgesetzbuch über das Kind und die Familie verändert werden. Diese Veränderungen müssten sich im Strafgesetzbuch derart widerspiegeln, dass das Institut der Leihmutterschaft weder als kriminell im technischen Sinne noch als verwaltungsrechtswidrig eingestuft wird. Weiterhin müsste vor allem auch detailliert geregelt werden, wie das überragende Interesse des Kindes/das Kindeswohl geschützt werden soll, wenn die Leihmutter oder die bestellenden biologisch-genetischen Eltern vor, während oder nach der Schwangerschaft vom Vertrag zurücktreten. Hierbei müssten Normen, die gegen die Menschenwürde verstoßen, gestrichen werden. Es müssten detaillierte Regelungen getroffen werden, damit ausgeschlossen wird, dass jemand menschenunwürdig zum Werkzeug gemacht wird. Weiterhin müsste der Verstoß gegen das Handelsverbot und die rechtswidrige Abtreibung, um die Geburt des Kindes zu verhindern, durch Regelungen verhindert werden. Zudem müsste der Schutz aller Kinder und ihrer Menschenwürde bei einer Mehrlings-Schwangerschaft und der Schutz der Rechte der genetischen und auch der rechtlichen Mutter gewährleistet werden, und die Einzelheiten des Leihmutterschaftsvertrages müssten umfassend geregelt werden.

Es müssten die Normen im türkischen Zivilgesetzbuch wie solche über die Geburt, den Erwerb der Persönlichkeit, das Kinderbekommen und die o.g. Verordnung und das Personenstandsgesetz geändert und alle vorhandenen und wahrscheinlichen Missbrauchsfälle durch präventive Maßnahmen verhindert werden. Es müssten die

---
[16] Siehe *Yener Ünver*, Ceza Hukuku Açısından Taşıyıcı Annelik, Tıp Hukuku Dergisi, Oktober 2015, 8. Ausgabe, S. 329 und 334.

besonderen Voraussetzungen und jegliche rechtliche Folgen des Instituts der Leihmutterschaft – die ganze Rechtsordnung erfassend – effektiv geregelt werden.

Autoren der türkischen Lehre, die der Ansicht sind, dass die Leihmutterschaft durch Schaffung von gesetzlichen Regelungen erlaubt werden sollte, tragen grundsätzlich vor, dass die Gegenansicht nicht überzeugend sei. Diese Ansicht betont, dass unter Beachtung des überragenden Interesses des Kindes und der genetischen Situation eine gesetzliche Regelung geschaffen werden müsse, die die rechtliche Bindung zwischen der genetischen Mutter und dem Kind begründet und schützt, und sie betont außerdem, dass, falls das überragende Interesse des Kindes es erfordert, auch hinsichtlich der Leihmutter u. a. Regelungen zum Sorgerecht, zur Erbschaft und dem Recht, das Kind zu sehen, getroffen werden sollten. Darüber hinaus wird gefordert, dass bei der Leihmutterschaft die Erlangung irgendeines materiellen Vorteils (Entgelt) verboten werden sollte, dass das Thema durch den Gesetzgeber selbst geregelt werden sollte, anstatt dies der Verwaltungspraxis zu überlassen, und dass die Verstöße gegen die vorhandenen Normen ausdrücklich durch Gesetz sanktioniert werden sollten.[17]

Die Verabschiedung eines Gesetzes, das auf dem Entwurf des Gesundheitsministeriums beruht, wird das vorhandene Problem nicht beheben. Im Gegenteil wird es, anstatt ein tatsächliches Problem, das auch zu unterschiedlichen rechtlichen Problemen führt, zu lösen, das Problem vergrößern und neue Probleme verursachen. Wir sind der Ansicht, dass das Ministerium, noch bevor der Entwurf als Gesetz verabschiedet wird, von seinem Vorhaben absehen sollte; es sollte genau das Gegenteil vom Entwurf, nämlich die Gestattung des Instituts der Leihmutterschaft im türkischen Recht so weit und gesichert wie möglich, angestrebt werden, und zwar durch Vorlegen eines neuen Gesetzesentwurfs. Dabei sollte das Ministerium nicht, wie von einem Teil der Gesellschaft und einiger Medien gefordert, sittliche, religiöse oder traditionelle Lebensansprüche beachten, sondern rechtliche, medizinische, tatsächliche und menschliche Bedürfnisse und Probleme lösungsorientiert angehen.

---

[17] *Hakan Hakeri*, Taşıyıcı Annelik, Internationales Symposium zum Gesundheitsrecht in der türkischen Republik Nordzypern vom 16–17. Oktober 2014 (gemeinsame Publikation seitens der Rechtsanwaltskammer der Türkischen Republik und der Rechtsanwaltskammer der türkischen Republik Nordzypern), Ankara 2015, S. 91.

Aporien beim Lebensschutz

Über Möglichkeit und Rechtfertigung eines rigorosen und formalisierten Schutzes

Von *Petra Velten*

I. Das Rechtsgut Leben und seine Tabuisierung

Das Rechtsgut Leben genießt im Strafrecht besonderen, absoluten Schutz[1]. Es gilt als unantastbar. Die §§ 211, 212 StGB sind „Alles oder Nichts"-Recht.[2] Die Unantastbarkeit betrifft unterschiedliche Aspekte. Erstens: *Wenn* es sich um menschliches Leben handelt, ist der Lebensschutz *nicht abgestuft*. Jedes Leben verdient unabhängig von seiner Beschaffenheit oder Dauer (bzw. vom Lebensstadium) denselben, rigorosen Schutz. Es ist gleichwertig und darf nicht aufgewogen werden gegen längeres, gesünderes Leben oder das Leben vieler. Zweitens: Jeder finale Eingriff bzw. Angriff[3] ist unzulässig und wird tabuisiert. Das Leben ist *unverfügbar,* das Rechtsgut uneingeschränkt indisponibel. Solange die leibliche Existenz bejaht werden muss, ist Organtransplantation (abgesehen von den Ausnahmefällen der Lebendspende) ausgeschlossen[4] und Sterbehilfe zugunsten dessen, für den das Leben seinen Wert verloren hat, nur eingeschränkt möglich. Drittens: Die Formalisierung betrifft auch die *Todesdefinition* und den *Begriff des Menschen*. Nicht der geistige Tod soll maßgeblich sein: Jedes Leben, auch als „bloße körperliche Hülle", genießt die-

---

[1] *Neumann*, in: Kindhäuser/Neumann/Paeffgen (Hrsg.), Nomos Kommentar zum StGB, 5. Auflage, 2017, Vorbem. § 211 Rn. 4; *Eser*, in: Schönke/Schröder (Hrsg.), Strafgesetzbuch, 28. Auflage, 2010, Vorbem. §§ 211 ff. Rn. 14; *Schneider*, in: Joecks/Miebach (Hrsg.), Münchener Kommentar zum StGB, 2. Auflage, 2014, Vorbem. §§ 211 ff. Rn. 27 ff. mit Kritik unter Rn. 29.

[2] Zwar sind die einverständliche Lebensgefährdung und die Lebensgefährdung im Notstand zulässig, nach neuerer (dogmatisch sauber nur schwer begründbarer) Auffassung auch die bewusste Lebensverkürzung durch Beendigung lebensverlängernder Maßnahmen. Das bedeutet zwar, dass das Rechtsgut nicht schlechthin unverletzlich ist, wohl aber gegen alle Angriffe geschützt ist, die sich als Tötungsstrategie darstellen.

[3] Ob dies in gleichem Maße für Handlungspflichten von Garanten gilt, ist ein Sonderproblem.

[4] § 3 Abs. 2 TPG stellt – wie auch §§ 211 ff. StGB – auf den Eintritt des Todes ab, ohne diesen zu definieren.

sen weiten Schutz, obwohl die „Chance auf ein weiteres Leben"[5] im Sinne eines „Er"lebens definitiv nicht mehr besteht. Konkret geht es um folgende Fallkonstellationen: das Verbot der Aufopferung menschlichen Lebens zur Rettung anderer, ganz unabhängig davon, welche Lebenserwartung und Lebensqualität die Personen haben, durch deren Tötung das Leben anderer gerettet werden könnte, den Schutz des Menschen vor sich selbst im Fall der §§ 216, 217 StGB, die Erstreckung des Tötungsverbots auf Menschen, deren Großhirn tot ist, die kein Bewusstsein haben und dies nie mehr erlangen werden, die Definition des Menschen durch seine Abstammung.

So evident die Notwendigkeit scheint, das Leben unabhängig von seiner Qualität (für den Rechtsgutsinhaber wie für die Allgemeinheit) zu schützen, so sehr sind Tabuisierungen in manchen Fällen nicht praktikabel und es bricht sich in manchen Konstellationen dann doch ein materielles Kriterium Bahn.[6] Zudem ist zu fragen, ob es sich wirklich um Tötungs„tabus" handelt, die nur eine Gesinnung etablieren wollen, eine „heilige Scheu vor Eingriffen in den menschlichen Corpus"[7] und eine undifferenzierte Reaktion auf historische Euthanasiepraxis und Instrumentalisierung des Menschen zum Nutzen der Volkswohls. In der Tat kann ich der Auffassung nicht folgen, wonach es „bei dem Tötungsverbot nicht um die Erhaltung des einzelnen Menschen, sondern um die Bejahung der ‚Idee des Lebens' überhaupt, um die ‚Wahrung des Lebensrechtes' und die daraus folgende Unantastbarkeit unschuldigen Lebens"[8] gehen soll. Gleiches gilt für den Einsatz der Tötungsdelikte, um einer „Kultur der Suizide"[9] entgegenzuwirken. Ob es nicht doch darum geht, in der jeweiligen Handlungssituation selbst das Leben Einzelner zu schützen, ist hier das Thema. Nur, wenn man den Grund (und die Reichweite) dieser Tabuisierung wirklich versteht, kann man ernsthaft darüber diskutieren, in welchen Konstellationen dieser Überhang an Schutz zulässig bzw. sinnvoll ist und in welchen nicht. In diesem Sinne hat der Jubilar ausgeführt, zwar werde allgemein behauptet, menschliches Leben sei einer wertmäßigen Abstufung a priori nicht zugänglich, eine Abwägung „Leben gegen Leben" komme aber nur im Grundsatz nicht in Betracht. Dieser durchaus berechtigte Grundsatz sei aber keiner Verallgemeinerung zugänglich und letztlich auch gar nicht durchzuhalten.[10]

Folgende Ansätze sollen hier verfolgt werden: Dieser absolute Lebensschutz beruht zum einen auf Kompetenzerwägungen, es soll soweit wie möglich verhindert werden, dass sich ein anderer die *Definitionskompetenz* darüber anmaßen kann, ob das Opfer noch lebt oder ob es noch leben will oder gar, ob es (im Vergleich zu an-

---

[5] *Dencker*, NStZ 1992, Zum Erfolg der Tötungsdelikte, S. 311 (314) mit Kritik an der Rechtsgutsbestimmung der h.L.
[6] Treffend *Dencker*, NStZ 1992, S. 311 (314).
[7] *Dencker*, NStZ 1992, S. 311 (314).
[8] *Lenckner*, Der rechtfertigende Notstand, 1965, S. 61.
[9] Vgl. aber BT-Drucks. 18/5373, 11, auch 2, 8 zu § 217 StGB.
[10] *Rogall*, NStZ 2008, S. 1 (2).

deren) verdient, zu leben. Zum anderen beruht er auf spezifisch mitteleuropäischem – *nichtutilitaristischen* – *Denken*. Im angelsächsischen Raum, der weithin durch einen pragmatischen Utilitarismus geprägt ist, ist die Unverfügbarkeit nicht so selbstverständlich.[11] In den aktuellen Bekenntnissen zu einer Formalisierung des Schutzes spiegelt sich auch die Reaktion auf die Erfahrungen mit dem Dritten Reich, das dem angeblich lebensunwerten Leben (Ballastexistenzen) nicht nur den Schutz versagte, sondern es systematisch vernichtete. Zum Teil verbarg sich damals die Aberkennung des Schutzes im völkischen Interesse hinter der Fassade des Mitleids.[12]

Es soll hier in erster Linie darum gehen, den rationalen Kern, der hinter diesem Unantastbarkeitsprinzip steckt, trotz scheinbarer Inkonsistenzen herauszuschälen und die Differenzierungen herauszuarbeiten, die dem einheitlichen Begriff „Unantastbarkeit" zugrunde liegen. Schließlich soll gezeigt werden, wo neuerdings gesetzgeberische Entscheidungen erforderlich wären.

II. Die Tabuisierung des Angriffsobjekts (die Begriffe Mensch und Leben)

Die h.M. definiert das Leben formal[13] als rein körperliche (leibliche) Existenz des Menschen.[14] Diese Definition stellt bewusst nicht auf das ab, was den Menschen ausmacht, nämlich seine Fähigkeit zu geistigen Leistungen und sein Empfinden[15]. Menschen, die zu höheren menschlichen Leistungen außerstande sind, wie etwa Alzheimerpatienten in fortgeschrittenem Stadium, sollen aus dem Schutzbereich der §§ 211 ff. StGB nicht herausfallen.[16] Für die Dauer des Lebens soll es darauf ankommen, ob der Körper noch lebt, für die Abgrenzung von anderen Lebewesen darauf,

---

[11] Vgl. den Überblick über die Fälle US v Holmes; R. v Dudley und Stephens (Mignonette) sowie Re A (Children) bei *Bott*, In dubio pro Straffreiheit? Untersuchungen zum Lebensnotstand, 2011, S. 315 m.w.N.

[12] Siehe *Binding/Hoche*, Die Freigabe der Vernichtung unwerten Lebens, ihr Maß und ihre Form, 1920, S. 34, die paradoxerweise warnen: „Der Haß kann auch die Maske des Mitleides annehmen und Kain erschlug seinen Bruder Abel."

[13] Siehe nur *Neumann* (Fn. 1), § 211 Rn. 26, 32 m.w.N.; zur Kritik *Dencker*, NStZ 1992, S. 311 (313 f.).

[14] Die Kehrseite dieser formalen Definition ist es jedoch letztendlich, dass sich die inhaltliche Frage nach dem Subjekt des Todes dann in die Frage nach dem Begriff des Lebens und des Todes hineinverlagert: letztlich kann man, worauf *Kurthen/Linke*, in: Hoff/in der Schmitten (Hrsg.), Wann ist der Mensch tot?, 1994, S. 81 (82 f.) hinweisen, die Frage danach, wann jemand lebt oder tot ist, nicht beantworten, ohne inhaltlich festzulegen, wer (welches Subjekt) lebt.

[15] Siehe dazu etwa *Di Fabio*, in: Maunz/Dürig (Hrsg.), GG, 63. Erg.-Lfg. 2011, Art. 2 Abs. 2 Satz 1 Rn. 17; *Heun*, Der Hirntod als Kriterium des Todes des Menschen – Verfassungsrechtliche Grundlagen und Konsequenzen, JZ 1996, S. 213 (215); *Starck*, in: v. Mangoldt/Klein/Starck (Hrsg.), GG, Band I, 4. Auflage, 1999, Art. 2 Abs. 2 Rn. 176.

[16] *Hoerster*, Definition des Todes und Organtransplantation, Universitas 1997, S. 42 (46).

dass er vom Menschen abstammt. Von qualitativen Eigenschaften soll der Lebensschutz also nicht abhängen. Mit dieser Formalisierung wird verhindert, dass sich Rechtsanwender anmaßen, für eine andere Person festzulegen, ob diese (im Hinblick auf ihre geistigen Leistungen oder ihre Gefühlswelt) des Schutzes wert ist.

1. Die Todeskriterien

Die Todeskriterien[17] harmonieren mit dieser strikt formalen Rechtsgutsbestimmung als „körperliche Existenz" nicht ganz. Eigentlich müsste das Leben geschützt sein, solange der Körper als Gesamtsystem funktioniert. Es gibt Fälle, in denen trotz Gehirntodes der Körper des Menschen noch autonome vegetative Funktionen aufweist, also nicht abstirbt, sondern als Körper weiterlebt. Nach der h.M. lebt der Mensch jedoch nur so lange im Sinne der §§ 211 ff. StGB, wie diese vegetativen Gesamtfunktionen vom *Gehirn* aufrechterhalten werden.[18]

Als inkonsequent wird diese Todesdefinition daher zunächst von jenen angegriffen, die eine radikale Formalisierung befürworten und die Grundkonzeption konsequent zu Ende denken: Wenn der Grund für den Lebensschutz allein die Körperlichkeit sei, behandele diese Auffassung viele Lebende als tot. Dann müsse man darauf abstellen, ab welchem Zeitpunkt der Gesamtorganismus dem Prinzip der Entropie unterliege, also Energie an die Umwelt abgebe (abkühle) und nicht seinen eigenen energetischen Status aufrechterhalte. Solange Herz und Kreislauf trotz Hirntodes

---

[17] Zu deren geschichtlicher Entwicklung vgl. *Velten*, in: Triffterer/Rosbaud/Hinterhofer (Hrsg.), Salzburger Kommentar zum StGB, 37. Auflage, 2017, Vorbem. §§ 75 ff. Rn. 261 ff. Problematisiert wird auch die Zuverlässigkeit der Todesdiagnostik. Sie erfolgt durch eine stufenweise Prüfung: Im ersten Schritt wird geprüft, ob eine primäre oder sekundäre Hirnschädigung vorliegt und bestimmte Befunde wie Intoxikation, Sedierung, Hypothermie oder Hypovolämie auszuschließen sind. Dann wird überprüft, ob der Patient tatsächlich im Koma liegt, der Ausfall des Hirnstammes wird durch Kontrolle der Hirnstammreflexe und der fehlenden Spontanatmung nachgewiesen. Im dritten Schritt ist die Irreversibilität der Hirnschädigung festzustellen. Nach der Durchführung der klinischen Untersuchungen und des Apnoetestes ist ein EEG vorgeschrieben. Falls die EEG-Untersuchung nicht möglich ist, muss eine Dopplersonographie zur Feststellung des Zirkulationsstopps durchgeführt werden. Dieses Diagnoseverfahren ist mittlerweile heftiger Kritik ausgesetzt, seine Eignung ist zu bezweifeln: Mittels funktioneller Bildgebung hat sich in zahlreichen Fällen (nämlich 11 %), in denen Menschen mit traditionellen Mitteln für hirntot erklärt worden sind, eine permanente Gehirndurchblutung nachweisen lassen. Siehe dazu die Nachweise bei *Müller*, Revival der Hirntod-Debatte: Funktionelle Bildgebung für die Hirntod-Diagnostik, Ethik Med 2010, S. 5 (13 ff.). Bei der Untersuchung mit dem EEG werden beispielsweise das Kleinhirn und das Mittelhirn überhaupt nicht erfasst, nur kortikale elektrische Aktivitäten werden gemessen und auch diese nicht vollständig. Die American Academy of Neurology monierte dementsprechend 2010, dass viele Details der klinischen Untersuchungen, die für die Hirntoddiagnostik Standard sind, den Kriterien einer evidenzbasierten Medizin nicht entsprächen: Unklar sei, welches die richtige Beobachtungszeit sei, um die Unumkehrbarkeit des Hirntodes festzustellen; zudem sei die Zuverlässigkeit der verschiedenen Atemstillstandstests und der verschiedenen apparativen Verfahren zweifelhaft.

[18] Vgl. dazu im Einzelnen die Nachweise bei *Velten* (Fn. 17), Vorbem. §§ 75 ff. Rn. 16.

weiterfunktionieren und die Körperfunktionen ansonsten erhalten, müsse in solchen Fällen der Eintritt des Todes schon mit dem Hirntod verneint werden. Die Funktionen des Stammhirns sind ebenso ersetzbar wie die Funktionen von Herz und Lunge. Warum also soll die Substituierbarkeit von Atmung und Herz dazu führen, den Tod beim Ausfall dieser Organe zu verneinen, nicht aber die Substituierbarkeit von Stammhirnfunktionen (die vegetative Steuerung)? Das Abstellen auf den Hirntod sei eine willkürliche Zäsur zwischen gleichwertigen körperlichen Funktionen. Geht es um eine strikte Formalisierung des Rechtsguts, dann erscheint das Hirntodkriterium als ein Sündenfall, als eine Konzession an Bedürfnisse der Organtransplantation und der Kontingentierung medizinischer Leistungen.

Wer den Hirntod als maßgebliches Todeskriterium wählt, dem kommt es offenbar in Wirklichkeit doch nicht auf den Schutz bloßer Leiblichkeit an. Hinter dem Rücken der Normanwender setzt sich die materielle Definition durch: Dass man schon den Gehirntod ausreichen lässt, ist nur erklärlich, wenn und weil es im Kern doch um den Schutz des Menschen als empfindungsfähiges oder sogar geistiges Wesen geht. Aber auch damit harmonieren die Todeskriterien nicht. Wenn es wirklich nur um den Schutz des Menschen als empfindungsfähiges Wesen gehe, so lautet eine Kritik aus entgegengesetzter Richtung, sei das Abstellen auf den Gesamthirntod zu weit.[19] Dann würden viele Tote als Lebende geschützt. Empfindungsunfähig sei der Mensch nämlich schon dann, wenn die Funktionen des Großhirns ausgefallen seien. Wenn nur das spezifisch Menschliche schutzwürdig sei, dann reiche der Teilhirntod als Todeskriterium. Ein materielles Rechtsgutsverständnis, das den Menschen nicht als bloßen Körper, sondern als empfindungsfähiges menschliches Wesen schützt, müsste, so diese Auffassung, den Teilhirntod ausreichen lassen.

Es gibt allerdings eine Lesart, die für das Gesamthirntodkriterium spricht und dennoch konsistent ist. Das hängt einerseits damit zusammen, dass für das Recht (als eine Ordnung, die stets auch das „quis judicabit", die Durchsetzung des Rechts, im Auge haben muss) andere Maßstäbe gelten, als für die ethische Beurteilung einzelner Entscheidungen, andererseits damit, dass viele unserer medizinischen „Kenntnisse" gerade in diesem Bereich vorläufigen Charakter haben. Richtigerweise schützen §§ 211, 212 StGB tatsächlich den Menschen als empfindungsfähiges Wesen. Nicht erforderlich sind spezifische (der Gattung Mensch zuzuordnende) geistige Fähigkeiten.[20] Der irreversible Untergang der Empfindungsfähigkeit beendet das Leben.[21] Jenseits der unten zu begründenden Tabuisierung gibt es keinen Grund, Körper, die weder Bewusstsein aufweisen noch Empfindungen haben können noch zu einem solchen Leben zurückkehren können, zu schützen. Wüssten wir genau, wo

---

[19] *Merkel*, Früheuthanasie. Rechtsethische und strafrechtliche Grundlagen ärztlicher Entscheidungen über Leben und Tod in der Neonatalmedizin, 2011.

[20] Vgl. aber *Hoerster*, Universitas 1997, S. 42 (46).

[21] Enger *Dencker*, NStZ 1992, S. 311 (314): Irreversible Bewusstlosigkeit, aufgrund irreversibler schwerer Hirnschädigung, die zum alsbaldigen Stillstand aller Hirntätigkeit führen wird. Hier wird der Sache nach nur der bewusst nicht mehr erlebte Prozess des Sterbens aus dem Schutzbereich der §§ 211 ff. StGB ausgeklammert.

diese Funktionen angesiedelt sind bzw. wann oder wodurch sie definitiv beendet sind, gäbe es keinen Grund das rein körperliche, ganz sicher und irreversibel vollkommen empfindungslose Leben zu schützen.

Dieser Kernbereich des Schutzes beschreibt daher nur das *Rechtsgut* als ratio der §§ 211 ff. StGB, *nicht als Angriffsobjekt*. Das Rechtsgut Leben ist enger zu verstehen als das Angriffsobjekt der Tötungsdelikte. Angriffsobjekt ist nicht nur das empfindungsfähige Leben, dies wird weiter gefasst, indem statt auf den Teilhirntod auf den Gesamthirntod abgestellt wird. Eine solche Tabuisierung des Angriffs auf das menschliche Leben dient dazu, auch noch in Zweifelsfällen einen effektiven Schutz des Lebens als empfindungsfähiges Leben zu gewährleisten. Sie lässt §§ 211 ff. StGB in diesen Randbereichen als Gefährdungsdelikte erscheinen.

Rechtsnormen müssen anders beurteilt werden als ethische Normen, auch, wenn sie natürlich ethischen Maßstäben genügen sollen. Letztere können als rein geistige Regeln konzipiert werden, die es erlauben, Verhalten in einem bestimmten, vollständig beschriebenen Einzelfall zu beurteilen. Demnach wäre es legitim, eine Person von Beatmungsgeräten abzuschalten, wenn sie nichts mehr spürt. Das ist bei Rechtsnormen anders: Da die Normen nichts selbst entscheiden, müssen sie als Befugnisse und Befugnisgrenzen sowohl von Bürgern als auch von Normanwendern mit Blick auf deren Definitionsmacht[22] ausgestaltet sein. Berücksichtigt werden müssen Erkenntnisunsicherheiten, individuelle Kenntnisdefizite, vorschnelle Urteile und Missbrauch. Würde man den Menschen in §§ 211 ff. StGB als empfindungsfähiges Wesen definieren, wäre der Sache nach (bei Betrachtung der Bestimmungsnorm) stets nur eine solche Tötung (als vorsätzliche) verboten, bei welcher der Täter für möglich hält, dass derjenige, den er tötet, noch Empfindungen haben kann. Für ihn würde die Bestimmungsnorm gelten: „Wen Du für empfindungsunfähig hältst, dessen körperliche Funktionen darfst Du beenden." Glaubt er dies nicht ernsthaft, käme nur eine fahrlässige Tötung in Betracht, obwohl die Gefährlichkeit einer solchen Anmaßung über typisches Fahrlässigkeitsunrecht hinausgeht. Gefahren, die von Unwissenheit, ungesichertem Wissen, einer Leichtfertigkeit im Umgang mit den Lebensinteressen des Opfers ausgehen, zu bekämpfen, erfordert, dass das Angriffsobjekt der Deutungsmacht des Täters, aber auch der Justiz, weitgehend entzogen wird. Zum Schutz empfindungsfähiger Menschen muss der Lebensschutz auf diejenige menschliche Existenz ausgedehnt werden, die nichts mehr empfinden kann. Dann lautet die Bestimmungsnorm: Du darfst die Lebensfunktionen einer Person nicht beenden, solange sein Gehirn (oder gar sein Köper) noch lebt. Dann versagt der Schutz erst, wenn der Täter es leichtsinnig nicht für möglich hält, dass der Ge-

---

[22] Lehrreich *Binding/Hoche* (Fn. 12), S. 28 ff., S. 31 ff., dort wird einerseits als Voraussetzung für die Tötungsbefugnis „die volle Achtung des Lebenswillens aller, auch der kränkesten und gequältesten und nutzlosesten Menschen" betont, um wenig später für die „unheilbar Blödsinnigen" zu behaupten, diese hätten „weder den Willen zu leben noch zu sterben. So gibt es ihrerseits keine beachtliche Einwilligung in die Tötung, andererseits stößt diese auf keinen Lebenswillen, der gebrochen werden müßte. Ihr Leben ist absolut zwecklos, aber sie empfinden es nicht als unerträglich".

hirntod schon eingetreten (bzw. das Erkalten des Organismus schon begonnen hat). Das Problem der Definitionskompetenz tritt nicht nur für die BürgerInnen als Normadressaten auf, sondern auch im Verhältnis zur Justiz. Hier ist es praktisch noch relevanter, weil sich in der Rechtsprechung auch gesellschaftliche Irrtümer niederschlagen. Ein Beispiel hierfür ist die Einschätzung sogenannter Apalliker: In juristischen wie medizinischen Publikationen wurde ihnen zunächst unterschiedslos jede Empfindungsfähigkeit abgesprochen. Sie stünden im Hinblick auf Bewusstsein den Hirntoten gleich, dies sei ein gesichertes Faktum.[23] Mittlerweile weiß man, dass diese Annahme in ihrer Absolutheit falsch ist, in vielen Fällen reagieren Apalliker neuronal auf Ansprache, haben einfache affektive Zustände und sind empathiefähig. In seltenen Fällen weisen sie sogar reflexives Bewusstsein auf. Es fehlten bis zu diesen neuen Untersuchungen genaue Kenntnisse und Messungen der noch vorhandenen neuronalen Aktivitäten.

So ging man bis in die 1970er Jahre davon aus, dass im Falle des apallischen Syndroms die Hirnrinde vollkommen zerstört ist. Hier wurden vorschnell Kategorisierungen auf bloße *Verhaltensbeobachtung* gestützt[24]: Von Patienten, die heute dem MSC (Minimally Concious State) oder dem PVS (Persistent Vegetative State) zugeordnet werden, wurde anfangs ohne weiteres angenommen, dass ein kompletter Ausfall der Hirnrinde den Zustand hervorrufe und daher keinerlei höhere Funktionen mehr vorhanden seien. Heute weiß man, dass sie einfache affektive Zustände haben und empathiefähig sind, in seltenen Fällen sogar ein reflexives Bewusstsein aufweisen[25]. Einige Patienten sind in der Lage, Sprache zu verstehen. Erst seit Ende der 1990er Jahre lautet die Differenzialdiagnose „Zustand minimalen Bewusstseins". Doch auch dann noch wurde vor allem in juristischen Diskursen noch immer die Auffassung als herrschend kolportiert, jene Patienten würden keine Form von Bewusstsein aufweisen.[26] Schließlich scheint es mittlerweile bei Menschen mit MSC zu gelingen, deren Bewusstseinszustand durch Tiefenhirnstimulation zu verbessern, was (auch über die berichteten Fälle hinaus) zur Vorsicht bei der Prognose der Irreversibilität von Komazuständen veranlassen sollte.[27] Zweifel am aktuellen Kenntnisstand über Bewusstsein rufen auch Untersuchungen über Stressreaktionen im Moment der Organentnahme hervor. Sie haben gezeigt, dass bei zwei von 30 als hirntot diagnostizierten Organspendern die Konzentrationen der Botenstoffe Noradrenalin, Dopamin und Adrenalin sowie Blutdruck und Herzfrequenz bei der Organentnahme

---

[23] Etwa *Merkel*, Tödlicher Behandlungsabbruch und mutmaßliche Einwilligung bei Patienten im apallischen Syndrom, ZStW 107 (1995), S. 557 (571): „Selbstverständlich lebt der apallische Patient, aber er erlebt nicht mehr als ein Hirntoter: nichts. Das ist nach allen wissenschaftlichen Erkenntnissen gesichertes Faktum". Siehe auch *Moos*, in: Höpfel/Ratz (Hrsg.), Wiener Kommentar zum StGB, 2. Auflage, 2018, Vorbem. §§ 75–79 Rn. 52.

[24] Kritisch insofern *Kotchoubey/Lang*, Aus den Tiefen des Bewusstseins, Gehirn&Geist 9/2011, S. 28 (30 ff.).

[25] *Kotchoubey/Lang*, Gehirn&Geist 9/2011, S. 28 (28 ff.).

[26] Etwa *Merkel*, ZStW 107 (1995), S. 557 (571).

[27] *Müller*, Ethik Med 2010, S. 5 (13 ff.).

sprunghaft anstiegen. Umstritten ist, ob es sich dabei um Rückenmarksreflexaktivität handelt oder sogar um Schmerzreaktionen.[28]

Hätte die Justiz nach damaligem Stand der Wissenschaft den Begriff „Mensch als empfindungsfähiges Wesen" definieren müssen, so hätte sie wegen der Tötung von Apallikern nicht verurteilen dürfen. Es wäre Menschen der strafrechtliche Schutz entzogen worden, obwohl der Stand der Wissenschaft gerade in diesem Bereich in besonderem Maße vorläufigen, ungesicherten Charakter hat. Wir verfügen weder über klare Definitionen von Bewusstsein noch über Kenntnisse betreffend das Verhältnis von neuronalen Aktivitäten und sogenannten Qualia (mentale Zustände mit einem Erlebnisaspekt[29]), ungesichert sind Existenz und erkenntnistheoretischer Status von Qualia, geschweige denn, dass es dafür jenseits der Äußerungen über Empfindungen selbst überhaupt ein Maß gäbe. Es lassen sich Indikatoren dafür entwickeln, *wann* jemand etwas fühlt, abgeleitet daraus, dass wir die neuronalen Vorgänge bei Menschen messen können, die uns mitteilen, dass sie etwas fühlen.[30] Strukturell lassen diese Erkenntnismöglichkeiten aber keine sicheren Erkenntnisse darüber zu, dass nur derjenige fühlt, der vergleichbare Aktivitätsmuster aufweist.[31] Unsere Erkenntnisse darüber, wann jemand etwas empfindet, *was* er empfindet, gelten als in besonderem Umfang unsicher.[32]

Es ist deshalb sinnvoll, durch eine formale Begriffsbestimmung im Fall des fundamentalen Lebensschutzes besonders naheliegenden voreiligen Zugriffen auf wissenschaftliche Erkenntnisse oder auch eigene Erkenntnisse einen Riegel vorzuschieben, weil die Gefahr besteht, dass auch empfindungsfähige Wesen getötet werden. Wie immer bei Gefährdungsdelikten ist jedoch zu fragen, ob einerseits das Ausmaß der Gefährdung das Verbot und seine Sanktionierung trägt, andererseits Gegeninter-

---

[28] *Müller*, Ethik Med 2010, S. 5 (14).

[29] Unter Qualia versteht man den Erlebnisgehalt eines mentalen Zustandes: Berühmt geworden ist die Qualia-Debatte durch den Aufsatz „Wie fühlt es sich an, eine Fledermaus zu sein?", *Nagel,* The Philosophical Review. Cornell University, *What is it like to be a bat?,* Ithaca 83/1974, S. 435–450.

[30] Etwa indem man aus der bisherigen Kenntnis von neuronalen Korrelaten von Gefühlszuständen wegen deren Fehlens auf das Fehlen des entsprechenden Gefühls schließt. Das aber würde voraussetzen, dass man die möglichen physiologischen Korrelate vollständig kennt. Hierauf weisen vor allem *Hoff/in der Schmitten,* in: Hoff/in der Schmitten (Hrsg.), Wann ist der Mensch tot?, 1994, S. 153 (159) hin. Siehe dazu auch *Gadenne,* Drei Arten von Epiphänomenalismus und die Kenntnis eigener Bewusstseinszustände, e-Journal Philosophie der Psychologie Nr. 3, 2005, S. 1 ff., der sich freilich mehr mit dem sich aus der Begriffsbestimmung ergebenden Dilemma im Hinblick auf die Annahme der „kausalen Geschlossenheit" auseinandersetzt.

[31] Neuere Vorstöße zur Messung von Bewusstsein durch vergleichende Analyse der Hirnstromaktivitäten etwa bei der Vorführung von Videos können daher nur Falsch-Positives verhindern, das Gegenteil machen sie wahrscheinlicher, aber alles andere als sicher.

[32] Geht man mit Teilen der Wissenschaftstheorie davon aus, dass Verifizierung nicht möglich ist, sondern nur Falsifikation, dann kann sicheres Wissen nicht nur nicht erwartet, sondern auch nicht verlangt werden. Daher kann es nur darauf ankommen, wie gut gesichert ein Ergebnis ist.

essen des Opfers und Dritter der wirklich flächendeckenden Tabuisierung entgegenstehen (wie z. B. bei strikter Formalisierung). Man wird damit ja auch solche Eingriffe verbieten, die objektiv – aber noch nicht mit Sicherheit erkennbar – keinen empfindungsfähigen Menschen treffen würden. In solchen Fällen können durch das Verbot Interessen Dritter tangiert sein, ohne dass dies zum Schutz empfindungsfähiger Personen wirklich erforderlich wäre. Wenn zu viele nach der Kerndefinition Tote als Lebende behandelt werden, können Interessen des Opfers an einem würdevollen, selbstbestimmten Lebensende betroffen sein (einschließlich der Gefahr der endlosen, vielleicht qualvollen Lebensverlängerung) oder das Interesse Dritter an Freiheit von Versorgungslasten oder der Teilhabe an medizinischen Rettungschancen oder auch an transplantierbaren Organen. Wenn das Risiko der Tötung empfindungsfähiger Personen nach der Definition des lebenden Menschen fernliegt, dann ist auch in solchen Fällen, in denen keine Gegeninteressen im Spiel sind, der Unrechtsgehalt einer Tötung zu gering. Früher – ohne Intensivmedizin und Möglichkeit der Organtransplantation – war dies kein Problem: Weder bestand die Gefahr einer endlosen, vielleicht doch qualvollen Lebensverlängerung, noch „stahl" der Tote dem versorgungsbedürftigen Schwerkranken das Bett auf der Intensivstation, noch bestand die Gefahr, dass zum Schutze eines Toten ein anderer auf ein transplantierbares Organ verzichten musste. Daher käme eine grenzenlose Tabuisierung (etwa durch Abstellen auf den Gesamtorgantod) nicht in Betracht. Es besteht Bedarf nach einer Definition, die den Todesbegriff nicht möglichst weit, sondern möglichst präzise fasst, sodass weder materiell Tote als lebendig noch materiell Lebende als tot erfasst werden. Es ist darauf abzustellen, wann und ob die Gefahr des Übergriffs auf empfindungsfähige Wesen naheliegt. Festzuhalten ist, dass es eine Lesart der § 211 ff. gibt, die konsistent ist. Allerdings zeigen die Ausführungen auch, dass die Tötungsdelikte durch die modernen gesellschaftlichen Entwicklungen unbestimmt geworden sind. Eine gesetzgeberische Wertentscheidung hinsichtlich der Schutzwürdigkeit fehlt aktuell. Wie weit der Lebensschutz gehen soll, müsste unter gründlicher Auseinandersetzung mit neuesten medizinischen Kenntnissen noch einmal entscheiden werden.[33] Welches das Angriffsobjekt der Tötungsdelikte ist, sollte nicht die Sache der Rechtsprechung sein. So wäre etwa zu diskutieren, ob nicht anstelle des Hirntodkriteriums mit Dencker genügen soll, dass irreversible Bewusstlosigkeit aufgrund irreversibler schwerer Hirnschädigung eingetreten ist, die zum „alsbaldigen" (nach der Entscheidung: spätestens in „wenigen Stunden" eintretenden) Stillstand aller Hirntätigkeit führen wird.[34]

---

[33] Da auch ansonsten im Körper neuronale Systeme existierten, etwa im Rückenmark oder im Darm, sei nicht auszuschließen, dass auch diese Träger von Empfindungen seien, *Hoff/in der Schmitten* (Fn. 30), S. 200 ff.; anders *Heun*, JZ 1996, S. 213 (215).
[34] *Dencker*, NStZ 1992, S. 311 (315).

2. Die Abstammung als Kriterium für menschliches Leben (Der Begriff des Menschen)

Nach der h.M. ist ein Mensch jedes Lebewesen, das von Menschen abstammt.[35] Nach der klaren Fassung des Gesetzes schützen §§ 211 ff. StGB nicht alle empfindungsfähigen Wesen, sondern nur Menschen. Umgekehrt zeichnen sich nicht alle Menschen durch spezifische die Menschheit gegenüber anderen Arten charakterisierende Merkmale aus. Doch der Begriff des Menschen (als Spezies) kann nicht vollständig – d. h. nicht im gesamten Anwendungsbereich des Gesetzes – auf diese Weise bestimmt werden. Für das Gros aller Fälle genügt es zwar, auf die *Abstammung* als formales Merkmal des durch zwei Menschen gezeugten Wesens abzustellen. Aber in Zeiten, in denen künstliche Befruchtung und Klonen möglich sind, erfasst Abstammung in diesem Sinne nicht alle schützenswerten Personen. Abstammung bzw. Zugehörigkeit zur Spezies Mensch ist kein qualitatives Kriterium. Aber in den Randbereichen kommt man ohne Schutz*würdig*keitserwägungen nicht aus: Die Abstammung taugt weder als notwendiges noch als hinreichendes Kriterium für menschliche Existenz. Sie war solange ausreichend, als „Mischwesen" undenkbar waren. Mittlerweile gibt es nicht nur Organtransplantationen zwischen verschiedenen Spezies; es lassen sich menschliche Gene oder Stammzellen Tieren applizieren und umgekehrt. So wird z.B. darüber diskutiert, ob die Übertragung neuronaler menschlicher Stammzellen in Gehirne von Primaten deren kognitive Fähigkeiten jenen von Menschen annähert.[36] Die Forscher wandten diese Methode an, um die mit der Mikroenzephalie verbundenen Entwicklungsstörungen zu untersuchen. Darüber hinaus ist es Wiener Forschern gelungen, aus embryonalen Stammzellen „zerebrale Organoide" zu bilden.[37] Die Fortschritte der Biotechnologie machen eine qualitative Definition des menschlichen Lebens nicht nur theoretisch, sondern (auf lange Sicht) auch praktisch erforderlich. Probleme werfen (vor allem für die Zukunft) die Möglichkeiten

---

[35] In den meisten Kommentierungen und Lehrbüchern finden sich erstaunlicherweise nur Ausführungen zu Beginn und Ende des Lebens, der Begriff Mensch wird für so selbstverständlich gehalten, dass er nicht definiert wird, das Menschsein per Abstammung wird aber offenbar vorausgesetzt; siehe aber auch: *Rittler*, Strafrecht. Besonderer Teil, 2. Auflage, 1962, S. 2; s. auch *Moos* (Fn. 23), Vorbem. §§ 75–79 Rn. 7 der explizit darauf abstellt, ob es sich um ein von Menschen gezeugtes und geborenes Lebewesen handelt.

[36] Siehe dazu zuletzt Der Standard v. 10.03.2013: „Forschern ist es gelungen, Mäuse zu erschaffen, deren Gehirne zum Teil aus menschlichen Gehirnzellen bestehen. Im Test zeigten sich die Nager hinsichtlich ihrer geistigen Fähigkeiten dann auch tatsächlich herkömmlichen Artgenossen deutlich überlegen"; näher *Michaud-Rochester*, Health and Medicine v. 08.03. 2013, Human brain cells make mice smarter, abrufbar unter: http://www.futurity.org/health-medicine/human-brain-cells-make-mice-smarter (08.03.2017).

[37] Vgl. dazu *Lancaster/Renner/Martin/Wenzel/Bicknell/Hurles/Homfray/Penninger/Jackson/Knoblich*, Cerebral organoids model human brain development and microcephaly, nature 501/2011, S. 373 ff., diese Organoide unterscheiden sich bislang qualitativ erheblich von Menschengehirnen, es fehlt das Blutgefäßsystem; dazu auch *Klymkowski*, Is it time to start worrying about conscious human „mini-brains"?, 2017, abrufbar unter: http://blogs.plos.org/scied/2017/08/01/is-it-time-to-start-worrying-about-conscious-human-mini-brains/ (01.08.2017).

der Verschiebung der Artgrenzen durch die aktuellen Entwicklungen der Biotechnologie wie künstliche Fortpflanzung, Stammzellforschung, aber auch der Transplantation tierischer Organe (interspezifische Xenotransplantation) und Klonen auf. Wenn man Abstammung theoretisch als Erzeugung durch geschlechtliche Fortpflanzung versteht, dann wären etwa durch reproduktives Klonen entstandene Personen ausgeschlossen. Auch darüber hinaus verbleiben noch Probleme, da bei diesen Personen oft nur ein Teil ihrer Zellen das Resultat dieser geschlechtlichen Zeugung ist.

Unter *Klonen* versteht man im wissenschaftlichen Sprachgebrauch die ungeschlechtliche Vermehrung von Zellen oder Organismen durch Kerntransfer, wobei genetisch identische Individuen entstehen. Es ist immer noch ungeklärt, ob das Klonen von Menschen zu Fortpflanzungszwecken gelingen kann, auch wird die Frage in absehbarer Zeit kaum praktisch relevant werden. Zudem ist das Klonen zu Fortpflanzungszwecken verboten; das besagt § 6 des Embryonenschutzgesetzes. Nach aktuellem Erkenntnisstand birgt jeder Versuch, Menschen zu Fortpflanzungszwecken zu klonen, ein extrem hohes Risiko von schwersten Gesundheitsschäden, Fehlbildungen, Missbildungen, schweren Krankheitssyndromen und stark eingeschränkter Lebenserwartung der so heranwachsenden Menschen.[38]

Daneben ist es heute bereits möglich, Mischwesen, nämlich *Chimären- oder Hybrid-Embryonen* herzustellen. *Hybride* sind Wesen mit Zellen, deren jede einzelne ein Gemisch aus tierischen und menschlichen Bestandteilen darstellt. *Chimären* dagegen sind Wesen, die z. T. aus tierischen, z. T. aus menschlichen Zellen bestehen. *Hybride* entstehen dadurch, dass eine entkernte tierische Eizelle mit menschlichen Zellkernen versehen wird. Die Zellhybriden, die die Forscher bisher auf diese Weise geschaffen haben, bestanden zum weitaus größten Teil aus menschlichem und nur zu 0,1 Prozent aus tierischem Material.[39] Diese Hybriden sind bisher äußerst kurzlebig. *Chimären* entstehen dadurch, dass einem Grundorganismus Zellen einer anderen Spezies hinzugefügt werden. Dies geschieht etwa durch Xenotransplantation. Dabei werden etwa Stammzellen aus dem Knochenmark eines Menschen in den Fötus eines Tieres injiziert. Dort verteilen sich die Zellen im Körper des Fötus und siedeln sich in unterschiedlichen Organen an, beginnen sich zu teilen und entwickeln sich zu Gewebe. Das Produkt dieser Manipulation ist eine Zelle, die alle Eigenschaften einer normalen menschlichen befruchteten Eizelle aufweist. Auf diese Weise werden in tierischen Körpern menschliche Organe gezüchtet und später implantiert. Auch sind bereits Tiere mit Anteilen menschlicher Zellen im Gehirn versehen worden. Durch die Injektion menschlicher Stammzellen in die Gehirne soll z. B. die Entstehung von Krebs und Stammzelltherapien erforscht werden. Sofern das Gehirn der

---

[38] Siehe zum Ganzen *Kersten*, Das Klonen von Menschen, 2004, S. 6 ff.; *Nationaler Ethikrat*, Klonen zu Fortpflanzungszwecken und Klonen zu biomedizinischen Forschungszwecken, 2004, abrufbar unter: www.ethikrat.org/dateien/pdf/Stellungnahme_Klonen.pdf (27.3.2012).
[39] FAZ v. 02.04.2008, Heftige Diskussionen um Mensch-Kuh-Chimäre, abrufbar unter: http://www.faz.net/aktuell/wissen/leben-gene/stammzellenforschung-heftige-diskussionen-um-mensch-kuh-chimaere-1539981.html (02.04.2008).

Versuchstiere bereits ausgereift ist, sind keine nennenswerten Veränderungen in der Funktionsweise der Gehirne zu befürchten. Unbekannt sind die Folgen der Injektion menschlicher Zellen z.B. in der Embryonalentwicklung. Es ist unklar, ob allein die Art der Zellen oder aber die Struktur des Gehirns maßgeblich ist für seine Leistungen. Letzterenfalls wäre die Gefahr eines Wesens mit tierischem Aussehen und menschlichen kognitiven und emotionalen Dispositionen geringer. Problematischer könnte schon die Implantation von menschlichen Gehirnteilen in tierische Gehirne im Embryonalstadium sein, vor allem dann, wenn es sich beim Empfänger um einen Primaten handelt.[40]

Die Exklusion von Mischwesen und geklonten Menschen vom Schutz der §§ 211 ff. StGB kommt nicht in Betracht. Sie würde erheblich zu weit gehen und wird von der h.M. daher auch gar nicht erwähnt, geschweige denn diskutiert. Bereits Menschen nach einer Xenotransplantation (die tierische Organe haben) sind insofern Mischwesen, als sie partikulares und nicht vollständig humanes Lebenspotential aufweisen. Die Kategorisierung solcher Mischwesen ist methodisch insofern problematisch, als *formale Kriterien* kaum zur Verfügung stehen und alle diskutablen qualitativen Kriterien zu Inkonsistenzen führen: Auf die Gattung kann man nicht abstellen, da diese Wesen zwei Gattungen angehören. Würde man die gleichen, rein *materiellen Kriterien* anwenden (die der oben entwickelten Rechtsgutsdefinition zugrunde liegen), wäre jedes Mischwesen ein Mensch. Für diese wird bei der Definition des Lebens auf die Empfindungsfähigkeit abgestellt. Das würde bei der Definition des Menschen zu Problemen führen: Es wären dann auch Tiere mit menschlichen Organen von §§ 211 ff. StGB erfasst. Will man nicht umgekehrt jedes Mischwesen als Nichtmensch qualifizieren, käme zunächst eine rein *quantitative* Definition in Betracht: Anstelle der Abstammung könnte man auf den Anteil der menschlichen Gene oder Zellen abstellen. Dieses Kriterium ist allerdings ungeeignet, weil die Quantität wenig über die phänotypische Ähnlichkeit aussagt.

Es kommen mithin nur *qualitative Kriterien* in Betracht. Damit hat man aber *zwei Kategorien von Menschen: „Abstammungsmenschen" und „Menschen dem Wesen nach", deren Schutzwürdigkeit inhaltlich mit zweierlei Maß gemessen wird.* §§ 211 ff. StGB meinen primär das Leben des „Abstammungsmenschen". Dies wäre um seiner Empfindungsfähigkeit und seiner Spezies willen (die ihn qua Spezies zum alter ego macht) geschützt. Hier wird also artspezifisches Leben wegen der Vernunft- und Moralfähigkeit *der Art* geschützt, wegen seiner Zugehörigkeit zur Gattung des höheren Wesen Mensch. Anders beim Mischwesen. Das Leben des Mischwesens wird um seines individuellen Wesens als Mensch willen garantiert. Es wird also erst durch besondere Eigenschaften (und deren Herkunft) zum alter ego. An dieser Diskrepanz kommt aber eine Lösung nicht vorbei, die einerseits nicht völlig auf den Schutz von Mischwesen verzichten und andererseits die Entscheidung des Ge-

---

[40] Die Darstellung des Vorstehenden beruht auf den Darstellungen von *Podbregar*, Chimären. Künstliche Mensch-Tier-Mischwesen: Hybris oder Chance?, abrufbar unter: http://www.scinexx.de/dossier-497-1.html (29.5.2013).

setzgebers für eine herausgehobene Schutzwürdigkeit des Gattungsmenschen (auch dort, wo er nur zu einfachen Empfindungen fähig ist) respektieren will. Diese Reduktion des Schutzes auf Abstammungsmenschen wäre aber angesichts dessen, dass bereits jede Xenotransplantation Mischwesen erzeugt, die nicht mehr vollständig vom Menschen „abstammen", dass also auch die Grenzziehung zwischen „Abstammungsmenschen" und „Menschen ihrem Wesen nach" eine fließende ist, kaum zu vertreten. Für die Schutzwürdigkeit des „Menschen seinem Wesen nach" muss es darauf ankommen, ob er seiner menschlichen biologischen Basis spezifisch menschliche Fähigkeiten verdankt. Zu entscheiden ist dabei, auf welche Eigenschaften es ankommt und ob es darauf ankommt, ob diese Eigenschaften die Kategorisierung als Mensch schon dann auslösen, wenn sie der menschlichen Fähigkeit (in welchem Umfang?) angenähert ist. Dafür liefert das Gesetz keinerlei Hilfestellung. In freier Wertung sollte (lückenfüllend) darauf abgestellt werden, ob das Mischwesen die kortikalen Zellen *und* Strukturen eines Menschen aufweist, die ihn zu reflexivem Bewusstsein zumindest virtuell befähigt.

Unproblematisch sind demnach Konstellationen, bei denen einige Organe oder Organteile eines Tieres (etwa die Herzklappe eines Schweines) einem Tier oder einem Menschen transplantiert wurden oder umgekehrt. Das Tier als Träger menschlicher Organe wäre kein Mensch, der Mensch, dem tierische Organ(teil)e transplantiert wurden, ein Mensch dank seiner Abstammung durch natürliche Zeugung. Schwieriger ist die Beurteilung der aktuell noch nicht relevanten Konstellationen von Tieren, die menschliche Zellen im Gehirn zu Chimären machen. Haben sich keine kortikalen Strukturen entwickelt, die reflexives Bewusstsein in einem für Menschen typischen Ausmaß zulassen, ist das Mischwesen de lege lata nicht gem. §§ 211 ff. StGB geschützt. Auch hier ist eine Entscheidung des Gesetzgebers erforderlich.

3. Konsequenz: Tötungsdelikte als unbestimmte Normen

Die Fortschritte von Medizin und Biologie haben vor allem eines gezeigt: Die Tötungsdelikte waren früher klare, bestimmte Normen, was das Rechtsgut und das Tatobjekt angeht. Das hat sich durch den wissenschaftlichen Fortschritt geändert. Die hier aufgezeigten Lösungsvorschläge dürfen über eins nicht hinwegtäuschen: Die Frage, wer den Schutz der §§ 211 ff. StGB verdient, bedarf dringend einer Entscheidung des Gesetzgebers. Die Desiderate können durch eine Fortschreibung der ursprünglichen gesetzgeberischen Anliegen nicht behoben werden, denn hier fehlt jede konsistente Wertung, aus der sich sowohl sachgerecht als auch konsistent alle Fälle lösen ließen. Die Rechtsprechung hat aktuell bereits die an sich gesetzgeberische Aufgabe übernommen, neue Wertentscheidungen zu treffen, und wird dies in absehbarer Zukunft weiter tun müssen. Das widerspricht dem Grundgedanken des Art. 103 Abs. 2 GG.

III. Die Unverfügbarkeit menschlichen Lebens

Absolut ist der Lebensschutz auch insofern, als grundsätzlich weder andere Personen zur Rettung ihrer Interessen töten dürfen, noch der Rechtsgutsträger auf diesen Schutz verzichten kann. Wenn ein Verhalten einmal als Tötung angesehen wird, scheidet regelmäßig[41] jeder Zugriff auf das Rechtsgut aus; es darf nicht einmal dem Lebensinteresse anderer geopfert, noch darf es von seinem Träger preisgegeben werden. An dieser Unverfügbarkeit werden immer mehr Zweifel angemeldet.[42] Deren Reichweite und auch ihre mögliche Berechtigung kann man besser beurteilen, wenn man die Grundgedanken genau analysiert. Hier spielt zusätzlich zur Definitionskompetenz eine Rolle, dass wir Eingriffe nicht utilitaristisch rechtfertigen.

1. Verbot der Aufopferung menschlichen Lebens

Es entspricht der herrschenden Auffassung, dass das menschliche Leben keiner Abwägung unterliegt.[43] Das bedeutet dreierlei. Erstens: Der Wert des menschlichen Lebens ist nicht abstufbar. Die Dauer des Lebens modifiziert das Recht auf Leben nicht. Ob ein Mensch noch sein ganzes Leben vor sich hat oder nur noch wenige Jahre oder vielleicht Tage, begründet keinen Wertunterschied. Zweitens: Der Wert des Lebens ist unabhängig von Verdiensten oder zukünftiger Bedeutung für die Gemeinschaft oder sonstigen Eigenschaften der Person. Drittens: Das Leben vieler Menschen ist genauso viel wert wie das Leben eines Einzelnen.

a) Keine Aufrechnung von Gemeinwohl und Einzelwohl

Alle drei konkreten Abwägungsverbote beruhen auf einem Grundgedanken über das Verhältnis der Menschen zueinander innerhalb der Gemeinschaft: Jede Person verdient gleiche Achtung und soll gleiche Rechte haben. Der Blickwinkel, der der Bewertung zugrunde liegt, ist strikt individuell, nicht kollektiv. Anders als utilitaristische Rechtfertigung, die das Gemeinwohl dem Wohl der Einzelnen überordnet, also die Maximierung des Gemeinwohls anstrebt, berücksichtigt nichtutilitaristische

---

[41] Ausnahmen gelten im Fall von für das Leben nur riskanten Angriffen, aber auch im Falle der Notwehr; kritisch insofern *Nowakowski*, Das österreichische Strafrecht in seinen Grundzügen, 1955, S. 133, der darin eine Abwägung sieht; anders insoweit zu Recht *Frister*, GA 1988, S. 291 (301 f.); zur Kritik der Unverfügbarkeitsthese siehe *Dreier*, Grenzen des Tötungsverbotes – Teil 2, JZ 2007, S. 261 (268).

[42] *Ladiges*, Die notstandsbedingte Tötung von Unbeteiligten im Fall des § 14 Abs. 3 LuftSiG – ein Plädoyer für die Rechtfertigungslösung, ZIS 2008, S. 129 (133); *Hirsch*, in: Hettinger (Hrsg.), Festschrift für Wilfried Küper zum 70. Geburtstag, 2007, S. 149 (161): „Übersolidarisierung" durch Untersagung jeder Rettungshandlung; *Sinn*, Tötung Unschuldiger auf Grund § 14 III Luftsicherheitsgesetz – rechtmäßig?, NStZ 2004, S. 585 (588).

[43] *Roxin*, Pflichtwidrigkeit und Erfolg bei fahrlässigen Delikten, ZStW 74 (1962), S. 411 (429); *Lenckner* (Fn. 8), S. 31; *Küper*, Tötungsverbot und Lebensnotstand, JuS 1981, S. 785 (793).

Rechtfertigung jede Perspektive gleich: Für jede Person ist ihr Leben gleich viel wert, können hundert Personen auf Kosten einer Person gerettet werden, stehen einander nicht hundert Leben einerseits und ein Leben andererseits gegenüber, sondern 101 mal kollidieren jeweils zwei Lebensinteressen. Die Legitimation von Vergesellschaftung liegt nicht in der Verwirklichung des Wohls der Mehrheit, sondern in der allseitigen Reziprozität von Nehmen und Geben[44]. Aus diesem Grundsatz folgt nicht nur das Prinzip des allgemeinen Gesetzes, sondern auch das Verbot der Aufopferung und das Gebot der Lastengleichheit von Eingriffen[45]. Bestimmte schwere Eingriffe (wie die Strafe) müssen daher überwiegend im Wege der Zurechnung gelöst werden. Das erklärt auch die Ergebnisunterschiede zwischen (Defensiv-)notstand und Notwehr oder Aggressivnotstand.[46]

Aus diesem Grundprinzip allein lässt sich freilich zunächst nur ein Abwägungsverbot herleiten, nicht aber die Auflösung dieses Konflikts durch den Vorrang des Eingriffsguts. Wir wissen zwar nun, dass der Umstand, dass das Leben von hundert Menschen auf dem Spiel steht, keinen akzeptablen Grund dafür liefert, einen anderen zu opfern. Wir wissen aber nicht, wer von beiden gerettet werden soll, wenn etwa zwei Leben einander gegenüberstehen. Das Aufopferungsverbot untersagt den Eingriff in das Leben und lässt den Tod der bereits gefährdeten Personen geschehen. Das lässt sich allein aus der Gleichwertigkeit der jeweiligen Lebensinteressen nicht herleiten. An sich würde eine radikale Gleichbewertung der Interessen ein Patt, eine Unlösbarkeit des Konflikts nahelegen. Als Zwischenergebnis ist festzuhalten: Es kollidieren stets nur die Lebensinteressen jeweils Einzelner, nicht Einzelner und vieler. Das Leben vieler ist dem Leben des Einzelnen nicht überlegen, aber eben auch nicht unterlegen. Wie lässt sich also die h.M. begründen?

b) Vorrang des status quo/Verbot der Aufopferung von Leben

Betrachtet man zunächst die Kriterien, nach denen die Kollision aufgelöst wird, dann scheint es darauf anzukommen, ob es sich um einen Eingriff (um eine Verschlechterung des status quo) oder um den Schutz vor Gefahren (eine Verbesserung des status quo) handelt. Wenn das Leben vieler Menschen bedroht ist, z. B. weil ein Zug ungebremst auf sie zufährt, darf nach h.M. niemand das Leben eines anderen

---

[44] Darunter verstehen einige einen fundamentalen, quasitranszendentallogischen Geltungsanspruch von Moral und Recht, vgl. nur *Habermas*, Faktizität und Geltung, 1992, S. 109 ff.; zu den vertragstheoretischen Herleitungen vgl. hier den Überblick bei *Saliger*, in: von Hirsch/Neumann/Seelmann (Hrsg.), Solidarität im Strafrecht, 2013, S. 61 ff.; *Coninx*, Das Solidaritätsprinzip im Lebensnotstand, 2012, S. 29 ff.

[45] Zu den angeblichen Grenzen des Aufopferungsverbots vor allem in für den Staat und die Allgemeinheit existenziellen Bedrohungssituationen oder darüber hinaus vgl. *Isensee*, in: Pawlik/Zaczyk (Hrsg.), Festschrift für Günther Jakobs, 2007, S. 205 (230); *Depenheuer*, in: ders. et al. (Hrsg.), Staat im Wort, Festschrift für Isensee, 2007, S. 43 (57); *Pawlik*, JZ 2004, S. 1045 (1053 ff., 1055).

[46] *Frister*, GA 1988, S. 291.

opfern, um sie zu retten. Diese Menschen müssen „ihr Schicksal"[47] hinnehmen und dürfen es nicht auf andere überwälzen. Das Schicksal wird der Sphäre des Bedrohten zugeordnet. Anders ist dies im Fall der echten Pflichtenkollision: In Fällen der Kollision von Solidaritätspflichten nimmt die h.M. ein Patt an, in Fällen der Kollision von Rettungspflichten und Eingriffsverboten ist hingegen das Eingriffsverbot schlagend.[48] Nach einem von Hörnle vorgetragenen Beispiel handelt die Mutter, die im Falle eines Schiffsunglücks dem Sohn und nicht der Tochter die Schwimmweste überreicht, rechtmäßig, wenn sie aber einem Kind, das sich bereits die Schwimmweste übergestreift hat, diese wieder entreißt und dem anderen Kind überreicht, handelt sie rechtswidrig.[49] Man könnte auch sagen, der status quo genießt Vorrang.[50] Warum ist das so?[51]

aa) Formale Gründe: Friedensstörung

Der erste sich unmittelbar aufdrängende Gedanke ist die Interpretation einer Rechtsordnung als Friedensordnung: Das Prinzip des Verbots des *Eingriffs* verbürgt eine gewisse Evidenz und eignet sich als Ordnungskriterium: Der Status quo, der besonderen Schutz genießt, ist erkennbar, die Störung ist verboten. Das entspricht dem archaischen Prinzip „wer angefangen hat, setzt sich ins Unrecht".[52] Dieses formale

---

[47] Zu Recht weist *Coninx* (Fn. 44), S. 38 ff., S. 84 ff. darauf hin, dass ursprünglich die Duldungspflicht des vom Schicksal „vorgesehenen" Schadens sakral, durch den göttlichen Willen, gerechtfertigt wurde, ebenso wie der römisch-rechtliche Grundsatz „casus sentit dominus" nicht im Sinne eines Sphärendenkens (casus sentit *dominus*) zu verstehen ist, sondern dass maßgeblich ist, dass Zufallsschäden von demjenigen, den sie ereilen, nicht abgewälzt werden dürfen (*casus* sentit dominus). Verbreitet ist aktuell eine Rezeption im Sinne des Sphärendenkens, *Ladiges*, ZIS 2008, S. 129 (132).

[48] Vgl. nur *Fischer*, Strafgesetzbuch und Nebengesetze, 65. Auflage, 2017, § 34 Rn. 10; *Lackner/Kühl*, Strafgesetzbuch, 29. Auflage, 2018, § 34 Rn. 7; *Schlehofer*, in: Joecks/Miebach (Hrsg.), Münchener Kommentar zum Strafgesetzbuch, 3. Auflage, 2017, Vor. §§ 32 ff. Rn. 215; *Roxin*, Strafrecht, Allgemeiner Teil, Bd. 1, 4. Auflage, 2006, § 16 Rn. 33 f.; *Jescheck/Weigend*, Strafrecht, Allgemeiner Teil, 5. Auflage, 1996, S. 361; *Lenckner* (Fn. 8), S. 30; a.A. *Delonge*, Die Interessenabwägung nach § 34 StGB und ihr Verhältnis zu den übrigen strafrechtlichen Rechtfertigungsgründen, 1987, S. 126.

[49] *Hörnle*, in: Putzke u.a. (Hrsg.), Strafrecht zwischen System und Telos, Festschrift für Rolf Dietrich Herzberg zum 70. Geburtstag am 14. Februar 2008, S. 555.

[50] *Weigend*, ZIS 2017, S. 599 (602).

[51] Ich übergehe dabei diejenigen Ansätze, die von einem spezifisch strafrechtlichen Aspekt, nämlich dem unterschiedlichen Handlungsunrecht von Tun und Unterlassen, ausgehen, das vor allem auf der größeren Schwierigkeit der Normbefolgung für den Adressaten einer Handlungspflicht beruht, vgl. zu dieser Diskussion *Coninx* (Fn. 44), S. 183 ff.

[52] Als Alternative käme allenfalls ein Prinzip des Vorrangs der Rettung in Betracht, für das aber nichts spricht. Aus der Wertgleichheit selbst resultiert allenfalls ein Abwehrrecht, keine Berechtigung. Es lässt offen, was richtig oder falsch ist. Wenn bei jeder Lebensgefahr, die nur durch Opferung fremden Lebens beseitigt werden kann, ein solches Patt bestünde, dann wäre der rechtsfreie Raum weitgehend ein Normalfall. An die Stelle des Gewaltmonopols würde der Kampf aller gegen alle treten.

Prinzip stellt jedoch lediglich eine schwache Begründung dar. Es dient der Klarheit und Rechtssicherheit und beruht nicht auf materiellen Gerechtigkeitsvorstellungen. Dies ist allerdings keine materielle Rechtfertigung, deren Gedanken eine Gerechtigkeit beanspruchende Lösung für jeden Einzelfall darstellt. Wie weit man zurückgehen darf, um den Grund des Konflikts zu ermitteln, sagt dieser Grundsatz im Übrigen auch nicht. Es fragt sich, ob eine materielle Legitimation aufzufinden ist.

bb) Grundgedanke der Autonomie

Als eine solche materielle Legitimation des genannten Prinzips wird häufig die liberale Grundidee der *Autonomie* ins Feld geführt.[53] Ein wenig erinnert sie an das biblische Gleichnis von den Talenten. Rechtsgüter werden den Rechtssubjekten als *deren* Rechte zugeteilt. Rechte sind das Gegenteil einer Vergesellschaftung. Rechtsinhaber dürfen mit ihren Rechten im Prinzip nach Belieben verfahren; Dritte (vor allem Individuen, aber auch der Staat) sind von dieser Sphäre ausgeschlossen und müssen diese Rechte respektieren. Die Entscheidungskompetenz steht dem Rechtsinhaber zu. Niemand darf paternalistisch darüber bestimmen, wie jemand mit seinen Rechten bzw. Rechtsgütern vernünftig umgeht. Daher kann aber auch niemand sich vor dem Gebrauch dieser Freiheit präventiv schützen: Die Organisation dieses Bereichs ist in dieser Konzeption der Kontrolle Dritter entzogen. Dem Recht auf alleinige Organisation seiner Sphäre wird dann auch das strikte Verbot des Eingriffs in fremde Sphären zugeordnet. Die Kehrseite dieser Freiheit ist es dann aber, dass der Betreffende für den Erhalt des Rechts grundsätzlich allein zuständig ist. Daraus resultiert der Rangunterschied zwischen dem Verbot des „neminem laede" und dem Gebot der Solidarität. Solidarität ist in geringerem Maße[54] (oder überhaupt nicht[55]) geschuldet, weil Not oft als gescheiterte Selbstverwirklichung aufgefasst wird. Wer sein Eigentum verschleudert, ist selbst verantwortlich, wenn er seine lebenswichtige Operation nicht selbst bezahlen kann. Ausnahmen stellen Notsituationen dar, die ubiquitär und unabhängig von eigenen Leistungen sind.

Diese Konzeption (die im Übrigen strafrechtsübergreifend ist) hält *als generelle Idee*, die letztlich auch Demokratie als Form der Vergesellschaftung infrage stellt, kritischer Überprüfung nicht stand. Sie verewigt den Status quo und schneidet den Regress in die Vergangenheit ab: Da es keine natürliche Zuordnung von Sachen zu Personen gab, muss es ursprünglich einmal einen Prozess der Aneignung gegeben

---

[53] *Pawlik*, Der rechtfertigende Notstand, 2002, S. 83 ff., S. 323 (Konnexität von Herrschaft und Verantwortung); *ders.*, Das Unrecht des Bürgers, 2013, S. 99 ff. m.w.N.; im Kontext des Notstands vgl. auch *Frisch*, in: Paeffgen u. a. (Hrsg.), Festschrift für Ingeborg Puppe zum 70. Geburtstag, 2011, S. 425 (428 f.); *Köhler*, in: Hoyer u. a. (Hrsg.), Festschrift für Friedrich-Christian Schroeder zum 70. Geburtstag, 2006, S. 257 (267 ff.).

[54] *Pawlik*, Notstand (Fn. 53), S. 66 ff., nämlich als eine Pflicht, die direkt nur den Staat trifft, nicht den einzelnen Bürger und die darum nur gegen Entschädigung auf ihn übergewälzt werden darf.

[55] *Haas*, Kausalität und Rechtsverletzung, 2002, S. 258 ff.

haben.[56] Dieser Prozess wird systematisch ausgeblendet, obwohl er ungerecht sein kann und jedenfalls zur Ungleichheit zwischen der aktuellen Generation von Individuen geführt hat. Gleichverteilt ist in dem Konzept nicht die Verfügungsgewalt als Ausgangsbasis, sondern nur die abstrakte *Möglichkeit*, über Rechtsgüter zu verfügen. Die Ausgangslage entbehrt deshalb einer ihr natürlich innewohnenden Gerechtigkeit. Sie ermöglicht sogar anderen die Zerstörung von materieller Autonomie derjenigen, die nur haben *können*, aber nichts (oder wenig) haben. Das Autonomieprinzip als Differenz zwischen eigener und fremder Sphäre, Eingriff und Inanspruchnahme ist nicht per se gerecht.[57] Das Autonomieprinzip kann als allgemeines (vom jeweiligen Rechtsgut unabhängiges) Gerechtigkeitsprinzip den Vorrang des Status quo, wie er stets mit der Zuteilung von Rechten verbunden ist, nicht legitimieren.

Etwas anderes gilt allerdings *speziell für das Rechtsgut Leben*. Anders als bei der Nutzung von natürlichen Ressourcen gibt es hier eine Art natürlicher Zuordnung:[58] Jeder hat nur sein eigenes Leben. Daher ist es gerecht, das Leben selbst von der Vergesellschaftung auszunehmen. Zugleich ist dies der einzige Modus, Kollisionen von Lebensinteressen einer sachlich gerechten rechtlichen Regelung zu unterwerfen. Der Verzicht auf jede Regulierung würde den Stärkeren begünstigen. Mit dem Vorrang des Status quo und der Entgegensetzung von Eingriff und Hilfe wird – wie bei vielen Gerechtigkeits- und Kollisionsproblemen – letztlich der Zufall zum Moderator für Verteilungsgerechtigkeit.[59] Würfeln oder (in gewisser Weise auch das) Prioritätsprinzip sind Verteilungsprinzipien, denen vor allem die Aufgabe zufällt, überhaupt eine Entscheidung herbeizuführen, die jedenfalls – mangels eines sachlichen Kriteriums – nicht ungerecht sein kann. Früher bezeichnete freilich die Rede vom „Schicksal", das man hinnehmen muss, nicht den Zufall, sondern das von Göttern einer Person zugedachte (und darum gerechte) Geschick, heute redet man zwar weiterhin vom Schicksal, meint damit aber in Wirklichkeit den Zufall.[60] Das Schicksal (hier der Zufall) darf „ungerecht" sein, nicht aber derjenige, der eingreift. Inhaltlich ist dieses Kriterium denkbaren Alternativen überlegen: Es gilt abgesehen vom Defensivnotstand unabhängig von möglichen Ursachen der Gefahr und genügt Evidenzanforderungen.

---

[56] Instruktiv dazu *Marx*, Karl, Das Kapital, Bd. I, Siebenter Abschnitt: Ursprüngliche Akkumulation, 1968, S. 741 ff.

[57] Auch das Recht, die eigene Sphäre interventionsfrei zu organisieren, ist keine Legitimation, denn es ist keine echte Freiheit, sofern sie auf materieller Ungleichbehandlung beruht. Übrig bleibt allenfalls eine Art utilitaristischer Rechtfertigung dieser Sphärenkonzeption, wonach die Privilegierung einiger im Ergebnis jedem Einzelnen zugutekommt, sodass die Einzelnen ohne die Privilegierung der Minderheit noch schlechter gestellt wären. Dieses Konzept steht und fällt jedoch mit seiner empirischen Nachweisbarkeit.

[58] Das ist freilich nur solange ein unproblematisches Konzept, als man unter Leben nur die Existenz als solche fasst und nicht die Möglichkeit, darüber zu bestimmen, was man tut oder erlebt.

[59] In Fällen struktureller Not können hier aber wieder Gerechtigkeitsprobleme auftreten. Zur Bedeutung des Zufalls als Verteilungsprinzip eingehend *Coninx* (Fn. 44), S. 43 ff. m.w.N.

[60] Vgl. zu dem umgekehrten Weg, Tun und Unterlassen wegen des unterschiedlichen Gewichts des Verhaltensunrechts zu differenzieren, *Coninx* (Fn. 44), S. 183 ff. m.w.N.

Die Genese einer Gefahr ist nämlich in der Situation für Außenstehende oft nicht nachvollziehbar. Ob ein anderer zufällig in Gefahr geraten ist oder selbstverschuldet (etwa weil er ins Wasser gestoßen wurde oder weil er hineingesprungen ist), kann derjenige, der ihm den Platz im Rettungsboot räumen müsste, vielleicht gar nicht erkennen. Das gegenteilige Entscheidungskriterium (Vorrang genießt, wer akut in Gefahr ist), wäre damit stets belastet und mangels Evidenz als Selbsthilfebefugnis ungeeignet. Das spricht alles dafür, das Recht auf Leben als Zuweisung einer Sphäre zu verstehen. Die Freiheit von Zugriffen Dritter und der Allgemeinheit wird mit der Belastung durch zufällige Gefahren für das Leben erkauft. Damit sind Lösungen abgeschnitten, die in der Literatur für viele Fälle der sog. Gefahrengemeinschaft vorgetragen werden,[61] denn allein die Rolle als Eingreifender oder Eingriffsopfer ist maßgeblich für die Verteilung von Duldungspflicht bzw. Abwehrrecht. Die Konsequenzen dieser (der h.M. weitgehend entsprechenden) Konzeption sind im Einzelnen hoch umstritten. Hier soll nur auf zwei aktuelle Probleme kurz eingegangen werden.

Bezweifelt wird, ob dies auch dann noch gilt, wenn die Überlebensdauer desjenigen, der in Anspruch genommen wird, beschränkt, er also „so gut wie tot"[62] ist, wenn etwa ein Flugzeug mit hundert Insassen zum Absturz gebracht werden soll, um zu verhindern, dass es wenige Zeit später in ein Hochhaus gesteuert werden soll? Ist dies materiell überhaupt ein Eingriff in dessen Rechtsgut Leben? Hier werden teilweise Ausnahmen von der Unverfügbarkeit des Lebens angenommen, und zwar einerseits mit der vertragstheoretischen Begründung, dass die Betroffenen in ihren Tod einwilligen würden, wenn sie (nicht wissend, ob sie zu den Geretteten oder den Getöteten zählen würden) als potentielles Notstandsopfer in einer potentiellen Notstandslage zu entscheiden hätten. Wessen Überlebenschancen in der konkreten Notstandssituation nicht mehr verbessert werden können, weil er sein Leben in jedem Fall verloren hat, der würde mit seiner Opferung einverstanden sein.[63] Da aber die Situation im Hinblick auf das, wofür man die verbleibende Lebenszeit noch nutzen kann, sich auch jeder Beurteilung von außen entzieht, spricht doch mehr dafür, die Kompetenz für diese Entscheidung eben nicht Dritten zu übertragen und bei der geschilderten Regel zu bleiben. Denn der letztlich entscheidende Aspekt der Zeitspanne dürfte sich schwer standardisieren lassen: Das Gewicht auch einer kurzen Lebensspanne kann für den Einzelnen sehr unterschiedlich sein. Wer etwa noch Bilanz ziehen oder einem anderen etwas mitteilen will, dem wird das Überleben auch für kurze Dauer wichtiger sein, als anderen.[64] Die mit dem vorzeitigen Tod verbundenen Opfer entziehen sich also entgegen der grundlegenden Annahme einem fremden Urteil, sofern sie nicht kommuniziert werden können. All

---

[61] Vgl. *Ladiges*, ZIS 2008, S. 129 (133) und *Coninx* (Fn. 44), S. 94 ff., beide m.w.N.
[62] Formulierung von *Dencker*, NStZ 1992, S. 311 (313 ff.), aber für einen wesentlich klareren Fall, das Opfer war bewusstlos und im Begriff zu sterben.
[63] *Coninx* (Fn. 44), S. 242 ff.
[64] Vgl. dazu auch *Küper*, JuS 1981, S. 785 (793).

dies spricht für die Lösung der h.M.[65] Es bliebe nur übrig, wie dies Ladiges vorschlägt, von dem Grundsatz der Unabstufbarkeit abzugehen, und doch die Höherwertigkeit des längeren Lebens zu begründen.[66] Auch dagegen spricht jedoch, wie gezeigt, dass es für die Abwägung stets auf die nicht zugängliche Binnenperspektive ankommt, auch dies spricht für die Zuweisung einer Kompetenz.

Der Fall wirft ein weiteres schwieriges Abgrenzungsproblem auf, dem sich der Jubilar gewidmet hat: Nach h.M. gilt das Aufopferungsverbot im Fall des Defensivnotstands gegenüber demjenigen nicht, aus dessen Sphäre die Gefahr stammt.[67] Von niemandem könne die Aufopferung von Leben und Gesundheit verlangt werden, der sich einer entsprechenden Gefahr aus fremder Sphäre ausgesetzt sehe. Wer ist Beteiligter, wer Unbeteiligter?[68] Die Flugzeuginsassen seien Teil der körperlichen Gefahren, die den am Boden befindlichen Personen drohen; sie treffe eine „Zustandsverantwortlichkeit", die das Urteil erlaube, dass die Gefahr aus einer Sphäre stammt, an der sie in ihrem Sosein Anteil haben. Es handelt sich um eine Art indirekter Benutzung als Tatmittel, nämlich als Geisel.[69] Dementsprechend seien Besatzungsmitglieder und die Passagiere auch rechtlich verpflichtet, die Terroristen anzugreifen und die drohende Gefahr zu beseitigen, wenn sie es denn könnten.[70] Nach dem hier vertretenen Konzept kommt es (zumindest) darauf an, ob aus der Sphäre einer Person die Quelle der Lebensgefahr in dem Sinne rührt, dass sie durch sie begründet oder erhöht wird. Die Flugzeuginsassen sind Unbeteiligte.

Ob diese Prinzipien auch für den Fall des *autonomen Fahrens* gelten, wenn der Programmierer entscheiden muss, ob er einem Auto, das auf 100 Personen zusteuert, den „Befehl" geben darf, in einer solchen Situation doch den einzelnen Fußgänger anzusteuern, ist umstritten.[71] Dabei müssen zwei Fragen unterschieden werden:

---

[65] *Fischer*, Strafgesetzbuch und Nebengesetze, 63. Auflage, 2016, § 34 Rn. 16; *Lackner/Kühl*, Strafgesetzbuch, 28. Auflage, 2014, § 34 Rn. 7; *Zieschang*, in: Jähnke/Laufhütte/Odersky (Hrsg.), Leipziger Kommentar, 12. Auflage, 2006, § 34 Rn. 74; *Lenckner/Perron*, in: Schönke/Schröder (Fn. 1), § 34 Rn. 24; *Roxin* (Fn. 48), § 16 Rn. 39 f.; *Wessels/Beulke*, Strafrecht, Allgemeiner Teil, 37. Auflage, 2007, Rn. 316a; *Jakobs*, Strafrecht. Allgemeiner Teil, 2. Auflage, 1993, Rn. 13/23; *Günther*, Strafrechtswidrigkeit und Strafunrechtsausschluss, 1983, S. 346; *Mitsch*, GA 2006, S. 11 (23); *Koch*, JA 2005, S. 745 (747); *Sinn*, NStZ 2004, S. 585 (591); *Jäger*, ZStW 115 (2003), S. 765 (789).

[66] *Ladiges*, ZIS 2008, S. 129 (136 ff.).

[67] *Rogall*, NStZ 2008, S. 1 ff.

[68] Hier werden unterschiedliche Abgrenzungskriterien vorgeschlagen: die rechtliche Zuständigkeit für die Gefahr, *Jakobs* (Fn. 65), Rn. 13/47; die Frage, ob die Gefährdung auf einen „freien Organisationsakt" des Opfers rückführbar sei, *Pawlik*, Notstand (Fn. 53), S. 304 ff., S. 321 ff.; *ders.*, GA 2003, S. 12 (19 ff.); *ders.*, JZ 2004, S. 1045 ff.; die Verursachung einer Gefahrerhöhung, *Merkel*, JZ 2007, S. 384 (384 f.).

[69] *Hirsch* (Fn. 42), S. 149 (155) m.w.N.

[70] *Rogall*, NStZ 2008, S. 1 (3); ebenso *Köhler* (Fn. 53), S. 257 (267 ff.).

[71] Vgl. etwa: *Gleß/Weigend*, ZStW 126 (2014), S. 561 ff.; *Gleß/Janal*, JR 2016, S. 561; *Hilgendorf*, in: Beck (Hrsg.), Jenseits von Mensch und Maschine, 2012, S. 119 ff.; *Joerden*, in: Hilgendorf/Günther (Hrsg.), Robotik und Gesetzgebung, 2013, S. 195 ff.; *Ziemann*, in: Hilgendorf/Günther (Hrsg.) (a.a.O.), S. 183 ff.; *Engländer*, ZIS 2016, S. 608; *Weigend*, ZIS

die nach dem Inhalt der Programmierung und die nach der Strafbarkeit des Programmierers. Für den Inhalt des Programms gelten die hier entwickelten Grundsätze unverändert: Das Programm kann keinen anderen Inhalt haben, als die Entscheidung eines menschlichen Fahrers. Denn diese Programmierung ist nichts anderes als die Konkretisierung der vorstehend entworfenen Regeln für bestimmte Situationen. Die Programmierung einer falschen Regel unterscheidet sich qualitativ nicht von der Anwendung der falschen Regel in einer Situation als Fahrer. In der relevanten Situation muss unterschieden werden zwischen dem Eingriff und der Rettung. Diejenigen Personen, mit denen das Auto bei unverändertem Verlauf kollidieren würde, sind Opfer des Schicksals, diejenigen, auf welche das Auto durch eine Änderung des Fahrverhaltens zusteuert, sind Opfer eines Eingriffs. Insbesondere darf – entgegen neueren Vorschlägen – nicht die Entscheidungsregel selbst miteinbezogen werden, um festzustellen, wer Opfer und wer Geretteter ist. Dagegen wird eingewandt, wer programmiere, lege das Schicksal einer Person erst fest, denn es gebe keinen vorgezeichneten Weg, den das Auto nimmt. Damit würde die Möglichkeit der Differenzierung zwischen Eingriff und Inanspruchnahme schwinden.[72] Zum Zeitpunkt der Regelung gebe es noch keinen Status quo, man könne nicht zwischen naturgegebenen, zufälligen Lebensgefahren und vom Täter neu geschaffenen unterscheiden. Zufall und Schicksal würden ununterscheidbar, sodass nur noch eine Lösung nach den Grundsätzen der Pflichtenkollision, nicht aber gem. § 34 StGB[73] in Betracht komme. Es kollidiere dann keine Handlungspflicht (für den Fahrer: Steuere nach rechts, rette B, C und D) mit einer Unterlassungspflicht (Unterlasse es, auf A zuzusteuern), sondern eine Handlungspflicht (Programmiere: Rettung B, C und D) mit einer Handlungspflicht (Programmiere: Rettung A). Gleichwertig seien die Pflichten nur, wenn es um die Kollision A gegen B ginge (hier sei dann der Programmierer in seiner Entscheidung frei), sobald jedoch dem Lebensinteresse von A das von B, C und D gegenüberstehe, sei das von B, C und D überwiegend.[74] Das überzeugt mich nicht, auch weil meine Prämissen andere sind: Zunächst kommt man dann, wenn man das Abwägungsverbot aus den Grundsätzen einer nichtutilitaristischen Rechtfertigung herleitet, auch in dem Fall, in dem mehrere auf Kosten einer Person gerettet werden sollen, zu einem Patt bzw. rechtsfreien Raum. Zudem geht es nicht um die strafrechtliche Verantwortlichkeit des Programmierers, sondern um den Inhalt des Programms. Auch ergibt sich in den Fällen des § 34 StGB die Auflösung der Pattsituation zugunsten der Unterlassungspflicht nicht aus dem Grund, weil Unterlassen einen geringeren Unrechtsgehalt aufweist als Tun, sondern weil der Grundsatz „casus sentit dominus" richtig ist. Daher lässt sich m. E. auch für den Programmierer in den meisten Fällen der Unterschied zwischen Zufall und Eingriff sinngemäß

2017, S. 599 ff. Allgemein zu Zurechnungen an Roboter *Schuhr*, in: Hilgendorf (Hrsg.), Robotik im Kontext von Recht und Moral, 2014, S. 13 ff.

[72] *Weigend*, ZIS 2017, S. 599 (602); *Hevelke/Nida-Rümelin*, Jahrbuch für Wissenschaft und Ethik 19 (2015), S. 5 (10 ff.).

[73] Der ja die Kollision einer Handlungs- mit einer Unterlassungspflicht voraussetzt.

[74] *Weigend*, ZIS 2017, S. 599 (603).

durchhalten: Die Programmierung hat ja eine Art Tatbestand (eine Situation): „Wenn (bei *unveränderter* Fahrtrichtung) das Auto B, C und D erfassen würde, dann soll es dahin steuern, wo A steht." Bei einer solchen Programmierung ist der Zufall die „tatbestandlich" beschriebene Situation einschließlich des hypothetischen Kausalverlaufs[75], der Eingriff das Ausweichen. Daher trifft der Einwand m. E. zu, man könne mit gleicher Berechtigung gegenüber einer expliziten gesetzlichen Regelung eines solchen Kollisionsfalls für autonom handelnde Personen vorbringen, durch die Regelung werde das Schicksal determiniert, damit fehle es am Eingriff.[76] Das widerspricht aber vor allem der Herleitung der Kollisionsregel aus den oben geschilderten Prinzipien: Es ging um die Gewinnung einer akzeptablen Entscheidungsregel, die anstelle des Rechts des Stärkeren das Prinzip der Gleichheit setzt und den rechtsfreien Raum vermeidet.

Zusammengefasst ergibt sich Folgendes: Die Unverfügbarkeit des Lebens in seiner Ausformung als Verbot der Aufopferung beruht auf drei unterschiedlichen Grundüberlegungen: Das eine ist die Gleichwertigkeit eines jeden individuellen Lebens und die Absage an eine utilitaristische Rechtfertigung, die den Einzelnen der Übermacht des Gemeinwohls unterwirft. Es kollidieren immer einzelne Lebensinteressen. Weil sich aus dieser Überlegung aber nicht ableiten lässt, wessen Interesse im Konfliktfall Vorrang gebührt, kommt ein weiterer Gedanke hinzu: Rechtsgüter werden als Rechte zugeteilt, mit der Folge, dass der bis dato nicht gefährdete Rechtsgutsinhaber Vorrang genießt. Der Unterschied zwischen Zufall (Schicksal) und Eingriff entscheidet darüber, wer von zwei Personen den Tod hinnehmen muss. Hinzu kommt, dass eine Beurteilung der Bedeutung des Lebens für jeden Einzelnen von außen unmöglich ist und spezifische Missbrauchsmöglichkeiten eröffnet, sodass es gute Gründe gegen die Abstufung des Lebensschutzes gibt.[77]

2. Indisponibilität: Tötung auf Verlangen und Strafbarkeit der geschäftsmäßigen Förderung der Selbsttötung

Die Tötung auf Verlangen ist auch dann strafbar, wenn der Tod dem wirklichen Willen des Opfers entspricht. Das Verbot mündet schlimmstenfalls für denjenigen, der sich nicht mehr selbst töten kann, in eine Pflicht zum Weiterleben.[78] In anderen Fällen führt es dazu, dass der Suizident seinen Tod aus eigener Kraft herbeiführen muss und ohne Beistand auskommen muss. Die Gründe für eine solche Tabuisierung

---

[75] Dazu passt es, dass nach neuer Auffassung Reserveursachen – wie ich finde zu Recht – die Kausalität einer Handlung für den Erfolg ausschließen (*Frister*, Strafrecht Allgemeiner Teil, 7. Auflage, 2015, Kap. 9 Rn. 27 m.w.N.).

[76] *Engländer*, ZIS 2016, S. 608 (613).

[77] Hier ist immer vom geborenen Leben die Rede.

[78] In einem solchen Fall hat das BVerwG eine Verhinderung der würdigen Selbsttötung dadurch, dass ihm der Zugang zu einem Betäubungsmittel verwehrt wird, das ihm eine würdige und schmerzlose Selbsttötung ermöglicht, für unzulässig erklärt: BVerwG, Urt. v. 2.3. 2017 – 3 C 19.19 mit Besprechung *Kuhli*, ZIS 2017, S. 243.

sind nahezu erschöpfend diskutiert[79] und sollen hier daher nur knapp zusammengetragen werden. Bestimmte Rechtfertigungsstrategien scheiden in einem säkularen, vom Prinzip der Menschenwürde geprägten Staat von vornherein aus: Eine Pflicht zu leben, *weil man anderen nützlich sein könnte*, weil also ein Interesse an der Existenz und den Leistungen des Sterbewilligen besteht, lässt sich nicht begründen. Ebenso wenig vermag eine *sozialethische Missbilligung* des Suizids[80] ein Verbot der geschäftsmäßigen Förderung der Selbsttötung oder der einverständlichen Fremdtötung zu rechtfertigen.[81] Zunächst besteht ein moralischer Konsens bezüglich der Ächtung des Suizids nicht mehr.[82] Vor allem kommt der Moralschutz als Gegenstand strafrechtlicher Ge- und Verbote nicht in Betracht: Die Trennung von Recht und Moral und die Pluralität von Ethiken ist ein Grundsatz moderner säkularer Staaten.[83] Ebenso wenig taugt die Erwägung, die §§ 216, 217 StGB seien erforderlich, um den *besonderen Wert des Rechtsguts Leben zu demonstrieren*.[84] Der Verstoß gegen das Verbot der Tötung auf Verlangen bzw. der professionellen Selbstmordbeihilfe muss selbst geeignet sein, Rechtsgüter zu schädigen oder gefährden, die Herstellung einer allgemeinen Werthaltung ist der Sinn von strafbewehrten Verboten.[85]

Viele rechtfertigen die Pflicht des Einzelnen zum Weiterleben ausschließlich *paternalistisch*. Es gebe generell und für niemanden einen guten Grund für den Wunsch[86], nicht weiterzuleben zu wollen. Das bedeutet jedoch eine Bevormundung des einzelnen Menschen in seiner individuellen Lebensgestaltung. Eine sich darauf gründende Rechtfertigung würde dem Autonomieprinzip grundlegend widersprechen. Vom Autonomieprinzip gedeckt sind solche Selbsttötungen, die gemessen an den eigenen Interessen und Wertmaßstäben einer Person vernünftig erscheinen.

---

[79] *Sternberg-Lieben*, Die objektiven Schranken der Einwilligung im Strafrecht, 1997, S. 103 ff.; *Arthur Kaufmann* bei *Meyer*, ZStW 83 (1971), S. 251 f.; *Marx*, Zur Definition des Begriffs „Rechtsgut", 1992, S. 64, S. 82; *Mosbacher*, Strafrecht und Selbstschädigung, 2001, S. 14 ff.; *R. Schmitt*, in: Schroeder u.a. (Hrsg.), Festschrift für Reinhart Maurach zum 70. Geburtstag, 1972, S. 117 f. (vgl. aber auch dessen Ausführungen in JZ 1979, S. 466 f.); krit. auch *Kindhäuser*, Strafgesetzbuch, Lehr- und Praxiskommentar, 7. Auflage, 2017, § 216 Rn. 2; *Müssig*, Mord und Totschlag, 2005, S. 351; gegen eine Einschränkung *Dölling*, in: Kern et al. (Hrsg.), Festschrift für Adolf Laufs zum 70. Geburtstag, 2006, S. 767; vgl. auch *Schöch/ Verrel*, GA 2005, S. 553 (582); *Heger*, in: Lackner/Kühl (Fn. 65), § 216 Rn. 1 m.N.; *Neumann/ Saliger*, in: NK-StGB (Fn. 1), § 216 Rn. 3 m.w.N.; zum Ganzen *Rosenau*, in: Heinrich u.a. (Hrsg.), Strafrecht als Scientia Universalis, Festschrift für Claus Roxin zum 80. Geburtstag, 2011, S. 577 (586 ff. m.w.N.).

[80] So für Österreich ausdrücklich *Moos* (Fn. 23), § 78 Rn. 3.

[81] Vgl. dazu auch *Lengauer*, Selbstmord und Fremdtötung, JSt 2016, S. 109 (110).

[82] *Moos* (Fn. 23), § 78 Rn. 3.

[83] Vgl. aber *Kneihs*, Grundrechte und Sterbehilfe, 1997, S. 500.

[84] *Kubiciel*, ZIS 2016, S. 396 (398); *Saliger*, in: NK-StGB (Fn. 1), § 217 Rn. 2.

[85] Und auch die Sanktion dient der Stabilisierung der so ermittelten Verhaltensnorm, nicht der Bekräftigung des Rechtsguts.

[86] Paradigmatisch *Geilen*, Suizid und Mitverantwortung, JZ 1974, S. 145 (148); dagegen *v. Hirsch/Neumann*, „Indirekter" Paternalismus im Strafrecht am Beispiel der Tötung auf Verlangen (§ 216 StGB), GA 2007, S. 671 ff.

Wer entscheidet, dass für ihn ein Leben nur unter bestimmten Bedingungen lebenswert ist, handelt nicht schon deshalb unfrei, weil andere diese Maßstäbe für überzogen halten.

In Betracht kommen jedoch folgende, differenzierte Rechtfertigungen: Die Verhinderung von *Missbräuchen* einerseits, sowie eine *partiell paternalistische Begründung* andererseits. Auch wenn man die Freiheit zum Suizid als Ausfluss der Autonomie anerkennt, bleibt ein Schutzbedürfnis. Es geht um die Verhinderung von Todesfällen, die *übereilt*[87] oder aufgrund einer *nichtautonomen Entscheidung* gefällt wurden oder bei denen *Kommunikationsfehler* vorliegen.[88] Es sollen Tötungen vermieden werden, die nur scheinbar konsentiert sind oder zwar konsentierte, aber unfreie Tötungen, sowie solche Tötungen, bei denen der Konsens bzw. der Sterbewille keinen Bestand haben wird. Als unfrei kann nicht jede in einer Ausnahmesituation, in Verzweiflung und aufgrund von Leid getroffene Entscheidung angesehen werden, in einer Ausnahmesituation befindet sich jeder Suizident.[89] Nur eine solche Entscheidung, die eigenen Wertmaßstäben und Interessen des Betroffenen selbst evident nicht standhält, ist unfrei. Als heuristisches Kriterium bietet sich die Überlegung an, ob das Opfer (zur Besinnung gekommen) einem potentiellen Retter dankbar wäre.[90] Eine Entscheidung hingegen, die das Opfer auch bei längerer Reflexion treffen würde, ist autonom. Seine Bewertung bestimmter Lebensumstände als intolerabel ist zu akzeptieren. Solche Umstände prägen sein Leiden am Leben und können von Außenstehenden nicht nachvollzogen werden. Es ist daher nicht gerechtfertigt anzunehmen, dass das Gros aller Selbstmorde unfrei ist.[91] Nur weil objektiv kein Grund für eine Depression vorliegt, heißt das nicht, dass der Betroffene (soweit sie nicht beseitigt ist und werden kann) darunter leidet. Man darf den Betreffenden nicht zwingen, die Leiden, welche durch eine wiederkehrende Depression oder etwa durch chronische Schmerzen verursacht werden, zu ertragen. Fehlt ihm die gesellschaftliche Anerkennung oder hat er sie wegen eines Fehlverhaltens verspielt, darf man ihn nicht zwingen, die permanente Missachtung zu erleben. Etwas anderes gilt, wenn es sich nur um eine depressive Episode oder um die Verkennung der Situation handelt. Der Druck, der von sozialen Normen oder Moden ausgeht, schließt die Autonomie eines Suizids nicht aus, auch wenn derartige Normen gesellschaftlich hoch problematisch sind. Verhindert werden soll durch Indisponibilität zudem, dass zwischen Täter und Opfer Unklarheiten dahingehend auftreten, ob das Opfer seinen eigenen Tod ernsthaft will.

---

[87] *Jakobs*, in: Haft u. a. (Hrsg.), Strafgerechtigkeit, Festschrift für Arthur Kaufmann zum 70. Geburtstag, 1993, S. 459 (468 ff.); siehe auch *Fuchs/Reindl-Krauskopf*, Strafrecht BT I, 5. Auflage, 2015, S. 15.

[88] Auch dann stehe die Gefahr einer Voreiligkeit ernsthaft in Rede; vgl. *Jakobs* (Fn. 87), S. 459 (471).

[89] *Arzt/Weber/Heinrich/Hilgendorf*, Strafrecht. Besonderer Teil, 3. Auflage, 2015, § 3 Rn. 26.

[90] *Arzt/Weber/Heinrich/Hilgendorf* (Fn. 89), § 3 Rn. 27.

[91] So aber noch *Geilen*, JZ 1974, S. 145 (148 ff.).

Die §§ 216, 217 StGB müssen nun geeignet und erforderlich sein, unfreie Selbstmorde zu verhindern. Das lässt sich für § 216 StGB prinzipiell bejahen, für § 217 StGB jedoch nicht. Würde man die *Tötung auf Verlangen* wegen und im Rahmen der Autonomie (mangels Handlungsunrechts) straffrei stellen, dann wären nicht nur Fälle straflos, in denen die Tötung wirklich dem Willen des Opfers entspricht. Vielmehr wären auch solche Fälle straffrei, in denen das Opfer einen übereilten Entschluss gefasst hat, wenn es sich etwa aus einer zeitweiligen Verstörung heraus selbst getötet hat oder aufgrund einer entsprechenden Bitte getötet wurde und der Täter dies nicht erkannt hat. Die Erlaubnis, jemanden aufgrund seines ernsthaften Verlangens zu töten, würde daher die „Erlaubnis" umfassen, jemanden zu töten, der dies übereilt oder ohne ernsthafte Entscheidung verlangt, sofern nur der Täter an eine ernsthaft erteilte Einwilligung glaubt. Zudem stellt sie faktisch diejenigen straffrei, die zwar wissen, dass jemand sich aus einer vorübergehenden Verzweiflung bzw. aus Not oder wegen einer psychischen Erkrankung den Tod wünscht, aber sich auf ihre gegenteilige Überzeugung berufen können. Eine solche Berufung auf die eigene Überzeugung könnte nicht widerlegt werden. Daher ginge die Erlaubnis (die Bestimmungsnorm) normativ wie faktisch weiter, als der objektive Tatbestand vermuten ließe.[92] Die Tötung auf Verlangen ist daher ein Gefährdungsdelikt, die geschäftsmäßige Suizidförderung lässt sogar die abstrakte Gefahr der Generierung einer erhöhten Nachfrage und damit der Steigerung der Suizidrate genügen, eine Verletzung – indem ein ernsthaft Sterbewilliger den Tod finden muss – setzen beide nicht voraus. Die Ausgestaltung als Verletzungsdelikt wäre zwar möglich, würde aber keinen zureichenden Schutz gewährleisten.

Der Gesetzgeber kann zwar das *Verbot* auf die Tötung des ernsthaft Sterbewilligen beschränken, aber mit einem solchen Verbot *schützt* er nicht hinreichend, wem der Sterbewille fehlt. Es ist unmöglich, *ex ante* trennscharf zwischen dem Schutz des nicht ernsthaft Sterbewilligen einerseits und des den eigenen Tod Befürwortenden andererseits zu unterscheiden. Nur wegen (und in den Fällen) dieser Unmöglichkeit kommt eine Rechtfertigung der §§ 216, 217 StGB aber überhaupt in Betracht. Um eine utilitaristische Legitimation[93] handelt es sich dabei nicht, weil auch aus der Sicht des jeweiligen Rechtsgutsträgers bei der Normierung offen ist, ob er in der Situation zu denjenigen zählt, deren Interesse durch das Verbot geopfert wird (also den ernsthaft Sterbewilligen), oder zu jenen, deren Interesse geschützt wird (denjenigen, die keinen „echten", autonomen Sterbewunsch haben). Die Verbote der Tötung auf Verlangen und der Mitwirkung am Selbstmord sind demnach *Gefährdungsdelikte:* Die ex post ernsthaft konsentierte Tötung ist verboten, weil ex ante stets unsicher ist, ob ein echter Konsens besteht. Damit ergeben sich auch die Grenzen der Legitimation: Nur, soweit es dem Gesetzgeber nicht möglich ist, die Fälle eines ernsthaften Todeswillens auszugrenzen, kann ein überschießendes Verbot gerechtfertigt sein. Soweit es jedoch möglich ist, diejenigen Konstellationen (als Voraussetzung der Dis-

---

[92] Kritisch zur Legitimität des Missbrauchsarguments aber *Jakobs* (Fn. 87), S. 459 (468 bei Fn. 30); vgl. dazu auch *Frister* (Fn. 75), Kap. 15 Rn. 6 f. zur Einwilligung allgemein.

[93] Dazu *Velten* (Fn. 17), Vorbem. §§ 75 ff. Rn. 20.

ponibilität) genauer zu beschreiben, in denen mit sehr hoher Wahrscheinlichkeit der Wille autonom gebildet wird (z. B. Leiden, physische Unfähigkeit sich selbst zu töten), ist ein überschießendes Verbot unverhältnismäßig.[94] Denkbar wäre auch eine Beratungsregelung (ähnlich wie bei den Vorschriften über die Abtreibung) als weniger einschneidender Lebensschutz als ein generelles Verbot.[95] Für § 217 StGB reicht auch das indessen nicht. Die Vorschrift kann nicht darauf gestützt werden, dass einer allgemeinen Suizidkultur entgegengewirkt werden muss.[96] Allenfalls, wenn das verbotene Verhalten konkret die Gefahr nicht autonomer Suizide erhöht, lässt sich eine (schwache) Legitimation finden. Nun erleichtert die geschäftsmäßige Suizidhilfe zwar die Durchführung von Suiziden, dass sie die Anzahl der nicht autonomen Entscheidungen zum Suizid erhöht, dafür spricht nichts.

Die Indisponibilität des Rechtsguts resultiert weder aus einem Allgemeininteresse an der Aufrechterhaltung des Tötungstabus, noch aus der sozialethischen Missbilligung des Selbstmords, sondern aus der Gefahr für das individuelle Lebensinteresse des jeweiligen Opfers. Sie trägt § 216 StGB, nicht aber § 217 StGB.

IV. Fazit

Das Rechtsgut Leben genießt absoluten Schutz; damit ist ausgesagt, dass Leben nicht je nach seiner unterschiedlichen Qualität abgestuften Schutz verdient, aber auch, dass es unantastbar ist. Dieser Grundgedanke, dem die Formalisierung des Rechtsgutes, seine Unabwägbarkeit, aber auch die Indisponibilität zugeordnet werden, verliert bei genauerer Betrachtung einiges an Evidenz und bedarf differenzierter Begründung.

1. Soweit es um das Angriffsobjekt, den Menschen, geht, lassen sich die Tötungsdelikte nicht konsistent als Verletzungsdelikte mit einem von inhaltlichen Qualifikationen völlig befreiten Rechtsgut begreifen. In Wirklichkeit wird ein zumindest partiell materielles Rechtsgutsverständnis zugrunde gelegt und dies ist auch sinnvoll. Das gilt zunächst für die Todeskriterien. Formal ist das Rechtsgutsverständnis nur insofern, als es nicht darauf ankommt, ob spezifisch menschliche Fähigkeiten erhalten bleiben. Aber menschliches Leben kann (und wird) nicht als rein körperliche Existenz verstanden. *Rechtsgut* ist vielmehr der Mensch in seiner körperlichen Exis-

---

[94] Siehe auch *Velten* (Fn. 17), Vorbem. §§ 75 ff. Rn. 84 für Konstellationen, bei denen Weiterleben mit Qualen verbunden ist; *Kubiciel*, JZ 2012, S. 601 (602 f.); *ders.*, ZIS 2016, S. 396 (398), teleologische Reduktion des § 217 StGB, wonach die Gefahren eines nicht hinreichend durchdachten Sterbeplans plausibel zu begründen seien (a.A. *Weigend/Hoven*, ZIS 2016, S. 681); so auch *Jakobs* (Fn. 87), S. 459 (467 f., 470), wonach es um Schutz des Lebens vor Voreiligkeit ginge; s. auch *v. Hirsch/Neumann*, GA 2007, S. 671 (674 f., 687 ff.).

[95] Vgl. auch *Weigend/Hoven*, ZIS 2016, S. 681; *Hilgendorf*, JZ 2014, S. 454 (548); *Roxin*, NStZ 2016, S. 185 (189 f.).

[96] So aber BT-Drucks. 18/5373, 11, auch 2, 8 zu § 217 StGB, zur Legitimation von Gefährdungsdelikten, vgl. *Velten*, Normkenntnis und Normverständnis, 2002, S. 237 ff.

tenz mit Empfindungen oder Bewusstsein. Um Bürgern und Justiz die Definitionskompetenz darüber zu entziehen, ob bzw. wann jemand empfindungsfähig ist oder Spuren von Bewusstsein aufweist, ist es sinnvoll, als *Angriffsobjekt* den Menschen anzusehen, der noch nicht hirntot ist. Damit werden aber auch solche Verhaltensweisen verboten, die das Rechtsgut nicht verletzen. Die Tötungsdelikte sind insoweit Gefährdungsdelikte. Diese Festsetzung sollte aber der Gesetzgeber vornehmen. Ähnliches gilt für den *Begriff des Menschen*. Auch hier rechtfertigen Kompetenzerwägungen den Rückgriff auf die rein formale Definition als Wesen, das von Menschen abstammt. Niemand soll entscheiden können, ob ein anderer angesichts seiner Fähigkeiten verdient zu leben. Diese formale Definition ist durch den Fortschritt der Medizin unzureichend geworden. Inzwischen sind Mischwesen denkbar, deren „Abstammung" von Mensch oder Tier unklar ist. Hier kommt an sich nur eine qualitative Definition in Betracht, diese darf aus den genannten Gründen in den klaren Fällen die Definition über die Abstammung nicht ersetzen. Sie ihr für diese besonderen Fälle an die Seite zu stellen, ist eine gesetzgeberische Aufgabe.

2. Um ein Gefährdungsdelikt (mit dem *Individual*rechtsgut Leben) handelt es sich auch beim Verbot der Tötung auf Verlangen bzw. der Förderung des Selbstmords. Die Berechtigung eines solch umfassenden Schutzes ist hier allerdings nicht so evident: Soll der Einzelne vor übereilten, nicht autonomen Entscheidungen, Scheinkonsens und Missbräuchen geschützt werden, wäre zu fragen, ob nicht (ähnlich wie bei den Vorschriften über die Abtreibung) eine Beratungsregelung einen weniger einschneidenden Lebensschutz darstellt als ein generelles Verbot. Das strafrechtliche Verbot der geschäftsmäßigen Suizidförderung lässt sich aus Gründen des Rechtsgüterschutzes nicht legitimieren.

3. Soweit die Unverfügbarkeit des Lebens die Rettungstötung im aggressiven Notstand untersagt, spielen zwar auch Kompetenzüberlegungen eine Rolle, sie führen jedoch nicht zu einer Tabuisierung i.e.S. Vielmehr wird ausschließlich dem Rechtsgutsinhaber die Kompetenz vorbehalten, über den Wert seines Lebens im Verhältnis zu anderen zu entscheiden. Zwischen den Bürgern gilt jedes Leben als *gleich*wertig. Es darf also nicht nach Dauer, Wert usw. unterschieden werden, um den Vorrang des einen vor dem anderen Leben zu begründen. Das gilt selbst für kurze Zeitspannen. Ein Verbot des Eingriffs (also des *Vorrangs* des Erhaltungs- vor dem Rettungsgut) ergibt sich aber nur aus der zusätzlichen Erwägung, dass es einer Entscheidungsregel bedarf und der Zufall, der das eine Leben in Gefahr gebracht hat (ähnlich einem Los), ein akzeptableres Verteilungsprinzip darstellt als (im Fall des rechtsfreien Raums) das Recht des Stärkeren oder der prinzipielle Vorrang des Eingreifenden.

Das neue Ordnungswidrigkeitenrecht im Datenschutzrecht

Von *Heinrich Amadeus Wolff*

I. Die Datenschutzreform 2016

1. Die Rechtslage bis Mai 2018

Bis zur Reform des Datenschutzes im Jahr 2016 war das allgemeine Datenschutzrecht im Wesentlichen durch drei Rechtsquellen geprägt. Auf europäischer Grundlage gab es die alte, bis Mai 2018 geltende Datenschutzrichtlinie[1] (DSRL), sowie das Bundesdatenschutzgesetz (BDSG-alt), das die Datenverarbeitung durch Bundesbehörden und durch private Stellen regelte sowie die Landesdatenschutzgesetze, die die Datenverarbeitung durch Landesbehörden sowie organisatorische Regeln zum Gegenstand hatten. Das Ordnungswidrigkeitenrecht kam in der DSRL nicht vor. Art. 24 DSRL forderte nur, dass die Mitgliedstaaten geeignete Maßnahmen ergreifen, um die volle Anwendung der Bestimmung dieser Richtlinie sicherzustellen. Insbesondere legen die Mitgliedstaaten die Sanktionen fest, die bei Verstößen gegen die zur Umsetzung dieser Richtlinie erlassenen Vorschriften anzuwenden sind. Dagegen sah das BDSG ein repressives Sanktionssystem mit Bußgeldvorschriften in § 43 BDSG und einer Strafvorschrift in § 44 BDSG vor. Das Ordnungswidrigkeitenrecht im Datenschutzrecht war daher bis zum Mai 2018 durch die normalen ordnungswidrigkeitenrechtlichen Grundsätze in Deutschland geprägt.

2. Der Reformprozess ab 2012

Anfang 2012 begann das Rechtssetzungsverfahren für eine Datenschutzreform auf europäischer Ebene, die im Jahr 2016 zu verbindlichen Rechtsakten führte, die ab Mai 2018 uneingeschränkt gelten, u.a. mit dem Entwurf zu einer Datenschutz-Grundverordnung für den allgemeinen Datenschutz KOM (2012) 11 endg. (DSGVO-E(KOM)).[2] Die Gründe für die Datenschutzreform dürften zumindest

---

[1] Richtlinie 95/46/EG des Europäischen Parlaments und des Rates vom 24. Oktober 1995 zum Schutz natürlicher Personen bei der Verarbeitung personenbezogener Daten und zum freien Datenverkehr.

[2] s. dazu etwa *Jens Eckardt*, EU-Datenschutz VO – Ein Schreckgespenst oder Fortschritt?, CR 2012, 195; *Niko Härting*, Starke Behörden, schwaches Recht – Der neue EU-Daten-

die folgenden drei Gesichtspunkte gewesen sein.[3] (a) Der erste Grund lag im Alter der alten Datenschutzregeln. Sie stammen aus einer Zeit vor dem Internet und dem Smart-Phone. Die alten Datenschutzbestimmungen können zwar interpretatorisch an die neue Lage angepasst werden, dennoch sind etwa im Anwendungsbereich der Datenschutzbestimmungen sowohl bei deren Durchsetzbarkeit, als auch bei ihrer Auslegung Schwierigkeiten entstanden. Besonders deutlich werden sie etwa an dem „Spickmich-Beschluss" des BGH, der ohne großes Federlesen eine Auslegung contra legem am Beispiel des § 29 BDSG verwirklichte.[4] (b) Weiter hat die Europäische Union durch den Vertrag von Lissabon durch Art. 116 Abs. 2 AEUV eine klare Kompetenzbefugnis für das Datenschutzrecht im umfassenden Sinne erhalten, die bis dahin in dieser Form nicht bestand.[5] (c) Darüber hinaus kam hinzu, dass nach Auffassung der Kommission die Umsetzung der Richtlinie in den Mitgliedstaaten sehr unterschiedlich war, was für die Unternehmen zu einem unbefriedigenden Zustand führte, da sie in den unterschiedlichen Mitgliedstaaten mit unterschiedlichem Datenschutzrecht zu kämpfen hatten.

Wie der lange Entstehungsprozess schon vermuten lässt, haben sich die Regeln im Rahmen des Gesetzgebungsverfahrens nicht unerheblich verändert.[6] Das Datenschutzrecht war innerhalb der rechtssetzenden Instanzen in erheblicher Weise umstritten. Das Parlament verfolgte eine stark grundrechtsbezogene Perspektive; die Kommission versuchte erfolglos, sich selbst weitreichende Konkretisierungsbefugnisse zuzuweisen; der Rat hatte die eigene Verwaltung und die Verantwortlichen stärker im Blick. Dazu kamen nationale Sonderwünsche. Dies führte dazu, dass die Verordnung nicht immer ein konsistentes Regelungswerk ist, sondern auch vage Formelkompromisse enthält. Beispiele sind die Regelung über das Kohärenzverfahren, den betrieblichen Datenschutzbeauftragten und die Verbandsklage sowie das Zertifizierungsverfahren (man zertifiziert die Einhaltung des Rechts). Die Bedeutung des Gesetzesvorhabens und der enorme Druck aus Wirtschaft und Zivilgesellschaft spiegeln sich beispielsweise in den 3.999 Änderungsanträgen wieder, die bei dem Berichterstatter des Europäischen Parlaments eingereicht wurden.[7]

---

schutzentwurf, BB 2012, 459 ff.; *Gerrit Hornung*, Eine Datenschutz-Grundverordnung für Europa?, ZD 2012, 99 ff.; *Kay v. Lewinski*, Europäisierung des Datenschutzrechts, DuD 2012, 564 ff.

[3] s. dazu *Martin Selmayr/Eugen Ehmann*, in: Eugen Ehmann/Martin Selmayr, Datenschutz-Grundverordnung, 2017, Einführung, Rn. 18 ff.; *Heinrich Amadeus Wolff*, in: Peter Schantz/ders., Das neue Datenschutzrecht, 2017, Rn. 8.

[4] BGHZ 181, 328 ff.; m. Anm. von *Stefan Brink*, Die informationelle Selbstbestimmung – umzingelt von Freunden?, CR 2017, 433 ff. und *Anna Bettina Kaiser*, Bewertungsportale im Internet – die Spick-mich-Entscheidung des BGH, NVwZ 2009, 1474 ff.

[5] s. dazu *Heinrich Amadeus Wolff*, in: Ulrich Häde/Carsten Nowak/Matthias Pechstein, Frankfurter Kommentar zu EUV, GRC und AEUV, Bd. 2, 2017, Art. 16 AEUV, Rn. 1 f.

[6] *Martin Selmayr/Eugen Ehmann* (Fn. 3), Einführung, Rn. 45 ff.

[7] *Peter Schantz*, in: ders./Heinrich Amadeus Wolff (Fn. 3), Rn. 200.

3. Die Grundstruktur des neuen Rechts

Die materiellen Änderungen der Datenschutz-Grundverordnung (DSGVO) im Vergleich zur Richtlinie fielen anders aus, als man es bei abstrakter Betrachtung vermutet hätte.[8] Vereinfacht gesprochen haben sich im Bereich des materiellen Datenschutzrechts wenige Änderungen ergeben, dabei sind aber die Bestimmungen zum Verfahren, der Koordination der Behörden und den Sanktionen im Vergleich zur Richtlinie deutlich weiter entwickelt worden. Der größte Unterschied liegt zunächst in dem Wechsel der Handlungsform von Richtlinie zur Verordnung im Sinne von 288 AEUV. Die materiellen Grundprinzipien der Datenschutzrichtlinie wurden aufrechterhalten, insbesondere im Bereich der Rechtfertigung der Datenverarbeitung wurden die Richtlinienbestimmungen fast wörtlich in die Datenschutz-Grundverordnung übernommen. Die Trennung zwischen sensiblen und nicht sensiblen Daten ist aufrechterhalten worden. Das unionsrechtliche Verständnis der Zweckbindung ist geblieben, die verfahrensrechtlichen Anforderungen wurden marginal verändert dahingehend, dass die Meldepflichten aufgehoben wurden, dafür aber eine Datenschutzfolgepflicht eingeführt wurde. Gewisse Neuerungen führte die Datenschutz-Grundverordnung ein, indem der Anwendungsbereich der Datenschutz-Grundverordnung für Angebote, die sich an den Verbraucher in Europa richten, klargestellt wird. Das Recht auf Vergessen wurde etwas stärker ausgearbeitet. (Art. 17 Abs. 2). Neu eingeführt wurde ein Recht auf Datenübertragbarkeit (Art. 20 Verordnung) ebenso wie die Datenschutzfolgeabschätzung und die Sicherstellungspflicht des Unternehmers. Die Zuständigkeiten der Aufsichtsbehörden wurden verändert. Für unternehmerische Entscheidungen, die ganz unionsrechtlich weit gelten, soll nun eine Aufsichtsbehörde zuständig sein. Unter den Aufsichtsbehörden wurden dafür Koordinationspflichten eingeführt. Schließlich wurde das Sanktionssystem deutlich verschärft.

4. Der Konkretisierungsbedarf der DSGVO

Die Datenschutzgrundverordnung heißt Grundverordnung, weil sie einen erheblichen Konkretisierungsbedarf aufwirft. Dieser Konkretisierungsbedarf beruht auf mehreren Umständen, wie zunächst auf den schon erwähnten Umständen der entstehungsgeschichtlich zu erklärenden Formelkompromisse (a), der Übernahme zentraler Regeln aus der DSRL, die normtypologisch schon umsetzungsbedürftig sind (b). Weiter versucht (c) die Verordnung mit wenigen Normen die Datenverarbeitung ganz unterschiedlicher Konstellationen zu erfassen, vom Brötchenkauf bis zum Gesundheitscheck und der Steuerverwaltung. Schließlich enthält die Verordnung darüber hinaus noch eine unendliche Anzahl von Öffnungsklauseln,[9] die dazu führen, dass es trotz der eigentlichen Einheitlichkeit der Verordnung partielles mitgliedstaatliches

---
[8] s. dazu *Peter Gola*, Datenschutzgrundverordnung, 2017, Einl., Rn. 24 ff.
[9] Ausführliche Übersicht bei *Jürgen Kühling/Mario Martini/Johanna Heberlein/Benjamin Kühl/David Nink/Quirin Weinzierl/Michael Wenzel*, Die Datenschutz-Grundverordnung und das nationale Recht, 2016, S. 14 ff.

Recht geben wird. Die Öffnungsklauseln knüpfen systematisch an unterschiedliche Ansatzpunkte an, so dass es intern zu Überschneidungen kommt; Ansatzpunkte sind: Art der Dateien (besondere Kategorien von Daten); Ziel der Verarbeitung (öffentlicher und privater Bereich); Rechte des Betroffenen und teilweise an die Lebenssachverhalte (9. Abschnitt). Man spricht daher von einer hinkenden Verordnung[10], oder einem „Hybrid"[11]. Der Adressat der Konkretisierungsermächtigungen hat sich interessanterweise im Laufe des Gesetzgebungsverfahrens verändert. Der Entwurf der Kommission übertrug der Kommission an vielen entscheidenden Stellen die Befugnis zum Erlass von Durchführungsrechtsakten und delegierten Rechtsakten, um die DSGVO zu konkretisieren; mitunter konnte man von einer Richtlinie mit Konkretisierungsauftrag an die Kommission sprechen. Die in Kraft getretene Fassung verschiebt die Konkretisierungsbefugnis in vielen Punkten, wenn auch nicht denselben, hin zu den Mitgliedstaaten.[12] Es ist daher unbestritten, dass es trotz der Geltung der Datenschutz-Grundverordnung in Deutschland noch nationalrechtliche Regelungen gibt, aufgrund der Kompetenzlage im Datenschutzrecht sowohl auf Bundesebene als auch auf Landesebene. Die alten Rechtsgrundlagen können nicht aufrechterhalten werden. Grundsätzlich sehen die DSGVO und die JI-RL eine Übergangsperiode von zwei Jahren vor. Die DSGVO ist erst ab 25.05.2018 (Art. 99 Abs. 2 DSGVO) anwendbar. Am 28. April bzw. 12. Mai 2017 verabschiedeten Bundestag und Bundesrat das neue BDSG, das im Wesentlichen im Mai 2018 in Kraft getreten ist. Die Novellierung des BDSG verfolgt dabei vor allem drei Ziele, die sich deutlich in der Systematik des neuen BDSG widerspiegeln:[13] Im Bereich der DSGVO soll sie die Regelungen schaffen, die für ihre Durchführung erforderlich sind. Ferner setzt sie die hier nicht zu behandelnde Richtlinie im Bereich Justiz und Inneres durch allgemein Regeln um (§§ 45 ff. BDSG-neu). Schließlich hält das neue BDSG auch einen allgemeinen datenschutzrechtlichen Rahmen für die Regelungen bereit, die weder in den Anwendungsbereich der DSGVO noch der JI-RL fallen (wie etwa Militär, Nachrichtendienste, bestimmte Kulturbereiche sowie Gnadenrecht und auf Landesebene bezogen etwa kommunale Ehrungen).

---

[10] *Matthias Ruffert*, in: Christian Calliess/Matthias Ruffert (Hrsg.), EUV/AEUV, 5. Aufl., 2016, Art. 288 AEUV, Rn. 21.

[11] *Jürgen Kühling/Mario Martini*, Die Datenschutz-Grundverordnung: Revolution oder Evolution im europäischen und deutschen Datenschutzrecht?, EuZW 2016, 448 (449).

[12] *Benedikt Buchner*, Grundsätze und Rechtmäßigkeit der Datenverarbeitung unter der DS-GVO, DuD 2016, 155 (160).

[13] *Peter Schantz*, in: ders./Heinrich Amadeus Wolff (Fn. 3), Rn. 200.

II. Die Ordnungswidrigkeiten nach der DSGVO im Überblick

1. Absicherung des materiellen Rechts

Ein wesentliches Anliegen der DSGVO besteht darin, die Einhaltung ihrer Normen abzusichern. Der (eher vage gehaltene) materielle Standard soll zumindest Realität werden. Dies bildet zunächst den Grund für die starke Ausgestaltung der Rechte der betroffenen Person, mitsamt deren Klagemöglichkeiten.[14] Darüber hinaus stehen die Kontrolle und Sanktion im Zentrum ihrer Regelungsanliegen. Zur Kontrolle zählt die ausgesprochen ausufernde Regelung zum System der Aufsichtsbehörden mit effektiven Eingriffsbefugnissen gem. Art. 58 DSGVO. Zu den Sanktionen die in Art. 83 DSGVO geregelten Ordnungswidrigkeitentatbestände sowie die in Art. 84 DSGVO vorgesehene Ermächtigung der Mitgliedstaaten, weitere Sanktionen vorzusehen. Die Einführung von erheblichen Geldbußen wird als wichtige Fortentwicklung des europäischen Datenschutzrechts verstanden.[15]

2. Art. 83 DSGVO im Überblick

Die Regelungen zu den Ordnungswidrigkeiten sind in Art. 83 der Verordnung zusammengefasst, der allerdings eine ausgesprochen lange Bestimmung ist. Der Aufbau ist eigenwillig.[16] Abs. 1 legt die Maßstäbe für das gesamte Geldbußenrecht fest und verlangt, dass diese in jedem Einzelfall wirksam, verhältnismäßig und abschreckend sind. Abs. 2 legt in einem ausführlichen Katalog der Sache nach elf Kriterien fest, die für die Bestimmung der Höhe einer Geldbuße im konkreten Einzelfall zu berücksichtigen sind. Gleichzeitig verlangt er die Verhängung von Geldbußen und sieht kein Ermessen vor. Abs. 3 regelt die Fälle der „Tatmehrheit" bei datenschutzrechtlichen Verstößen und sieht als Höchstbetrag den Gesamtbetrag der Geldbuße des schwersten Verstoßes vor. Die Absätze 4 und 5 enthalten sowohl die Tatbestände der Ordnungswidrigkeiten als auch Höchstbeträge für die jeweiligen Geldbußen.

Nur solche Verletzungen, die in Abs. 4, Abs. 5 vorgesehen sind, sind Ordnungswidrigkeiten nach der DSGVO. Die Normen, die gemäß *Abs. 4* als Ordnungswidrigkeiten mit dem milderen Rahmen belegt sind, sind Verstöße gegen die Einbindungsvorschriften von Kindern, gegen die Anonymisierungsgebote des Art. 11 DSGVO, gegen die Pflichten für den Verantwortlichen und den Auftragsverarbeiter gemäß den Art. 25–39 DSGVO sowie gewisse Normen im Zusammenhang mit den Zertifizierungsvorschriften und den Verhaltensregeln. Dem höheren Geldbußerahmen zugeordnet sind Verstöße gegen die Grundsätze für die Verarbeitung personenbezoge-

---

[14] *Peter Gola* (Fn. 8), Art. 83, Rn. 1.
[15] *Paul Nemitz*, in: Eugen Ehmann/Martin Selmayr (Fn. 3), Art. 83 Rn. 1; *Tim Wybitul*, EU-Datenschutz-Grundverordnung in der Praxis – Was ändert sich durch das neue Datenschutzrecht?, BB 2016, 1077 ff.
[16] s. dazu *Paul Nemitz*, in: Eugen Ehmann/Martin Selmayr (Fn. 3), Art. 83, Rn. 4.

ner Daten gemäß Art. 5 DSGVO, das Rechtmäßigkeitsangebot der Verarbeitung gemäß Art. 6 DSGVO, die Bedingung der Einwilligung gemäß Art. 7 DSGVO und die besonderen Datenschutzkategorien. Ebenfalls hierzu werden die Betroffenenrechte gemäß der Art. 12–22 DSGVO gezählt, sowie die Übermittlungsbestimmungen an Drittstaaten und – überraschenderweise – die Pflichten, die die Mitgliedstaaten aufgrund der Öffnungsklauseln regeln. Die beiden Ordnungswidrigkeitengruppen unterscheiden sich insofern, als diese mit dem geringeren Rahmen sich mehr an Pflichten des Verantwortlichen orientieren, während jene mit dem höheren Rahmen sich mehr an Schutzbestimmungen für den Betroffenen orientieren. Bei der zulässigen Sanktionsobergrenze werden zwei Differenzierungen eingeführt. Zunächst ist die Höhe der Sanktionsobergrenze unterschiedlich, je nachdem ob es um Verstöße nach Abs. 4 oder Abs. 5 geht. Weiter wird unterschieden, ob der Verantwortliche eine natürliche Person oder ein Unternehmen ist. Im ersten Fall bildet die Sanktionsobergrenze einen Geldbetrag (entweder 10.000 oder 20.000 Euro). Im zweiten Fall kann anstelle des Geldbetrages ein Prozentsatz des gesamten weltweit erzielten Jahresumsatzes festgesetzt werden, sofern dies einen höheren Betrag darstellt. Nach Abs. 6 kann auch eine Geldbuße gegen eine Missachtung von Anweisungen von Aufsichtsbehörden vorgesehen werden.

Abs. 7 ermächtigt die Mitgliedstaaten bei Verantwortlichen, die Behörden sind, die Geldbuße nicht zuzulassen. Deutschland hat von dieser Möglichkeit nicht Gebrauch gemacht. Die Zulassung von Ordnungswidrigkeiten gegen Behörden wäre in Deutschland ein Paradigmenwechsel.[17] Dies deshalb, weil die Ordnungswidrigkeiten als alte Übertretungen aus dem deutschen Strafrecht entstanden sind und das Strafrecht wiederum auf dem Schuldprinzip beruht, der wiederum gedanklich an die Autonomie des Menschen anknüpft. Diese Anknüpfung an die Autonomie ist mit einer an Recht und Gesetz gebundenen und demokratisch legitimierten Staatsverwaltung schwer vereinbar. Daher erklärt § 43 Abs. 3 BDSG-neu ausdrücklich, dass gegen Behörden oder öffentliche Stellen keine Geldbußen verhängt werden. Wirtschaftsunternehmen des Bundes sind von dieser Ausnahme nicht erfasst. Abs. 8 stellt klar, dass das Verfahren zum Erlass von Geldbußen und die sich hieran anschließenden gerichtlichen Verfahren den Anforderungen des Unionsrechts und der Mitgliedstaaten entsprechen müssen. Abs. 9 enthält Sonderregelungen für die Staaten, die keine Geldbuße kennen und meint damit Dänemark und Estland.

Die Ordnungswidrigkeitensanktionen in Art. 83 DSGVO sollen keine abschließende Beschreibung der Sanktion von Verstößen gegen das Datenschutzrecht bilden. Dies wird an Art. 84 DSGVO deutlich, nach dem die Mitgliedstaaten die Vorschriften über andere Sanktionen für Verstöße gegen diese Verordnung – insbesondere für Verstöße, die keiner Geldbuße gemäß Art. 83 DSGVO unterliegen – festlegen und alle zu deren Anwendung erforderlichen Maßnahmen treffen. Diese Sanktionen müssen gem. Art. 84 Abs. 1 S. 2 DSGVO wirksam, verhältnismäßig und abschreckend

---

[17] *Michael Frenzel*, in: Paal/Pauly, DS-GVO, 2017, Art. 83 Rn. 28.

sein. Art. 84 Abs. 1 DSGVO besitzt vor allem einen eröffnenden Charakter.[18] Gemäß Art. 84 Abs. 2 DSGVO teilt die Kommission bis zum 25. Mai 2018 die Rechtsvorschriften, die sie aufgrund von Abs. 1 erlässt, mit. Ebenso auch alle späteren Änderungen. Die Notifizierungspflicht gilt für eine neue Regel.[19]

3. Der Charakter der unionsrechtlichen Ordnungswidrigkeiten

Art. 83 DSGVO spricht zwar von Ordnungswidrigkeiten, meint damit aber offensichtlich ein Sanktionssystem, das sich von den deutschen Ordnungswidrigkeiten, die bis zum Jahr 2018 für das Ordnungswidrigkeitenrecht gelten, grundlegend unterscheidet. Wobei die Struktur nicht völlig neu ist, sondern auch aus dem Ordnungswidrigkeitenrecht des Wettbewerbsrechts bekannt.[20] Die Unterschiede beruhen zunächst auf dem Gesichtspunkt, dass die Verhängung der Geldbuße vom Normtext des Art. 83 Abs. 2 DSGVO grundsätzlich zur Pflicht gemacht wird.[21] Dies folgt zunächst aus dem Normtext von Abs. 4 („werden"), von Abs. 5 („werden") und von Abs. 2 S. 1 („werden zusätzlich zu oder anstelle"). Weiter folgt es aus der Entstehungsgeschichte. Die Frage des Ermessens war zwischen Parlament und Kommission auf der einen Seite und Rat auf der anderen Seite umstritten und erstere setzten sich durch.[22] Weiter folgt es aus dem Sinn der Norm, abschrecken zu wollen.

Zweitens gehen die Ordnungswidrigkeiten nach Art. 83 Abs. 2 DSGVO grundsätzlich den Abhilfemaßnahmen der Aufsichtsbehörden nach Art. 58 DSGVO vor. Der Verordnung ist es daher wichtiger, dass abschreckende Geldbußen verhängt werden, als dass der vorliegende Verstoß selbst abgestellt wird.[23] Es handelt sich um eine klare Zielsetzung, mittels der Geldbuße allein für eine effektive Sanktionierung von Datenschutzverstößen zu sorgen.[24]

---

[18] *Michael Frenzel*, in: Paal/Pauly (Fn. 17), Art. 84 Rn. 8.

[19] *Michael Frenzel*, in: Paal/Pauly (Fn. 17), Art. 84 Rn. 7.

[20] *Paul Nemitz*, in: Eugen Ehmann/Martin Selmayr (Fn. 3), Art. 83, Rn. 6; *Jan Philipp Albrecht*, Das neue EU-Datenschutzrecht – von der Richtlinie zur Verordnung, CR 2016, 88 (96).

[21] *Paul Nemitz*, in: Eugen Ehmann/Martin Selmayr (Fn. 3), Art. 83 Rn. 9; *Matthias Bergt*, in: Kühling/Buchner, Datenschutz-Grundverordnung, 2017, Art. 83, Rn. 30; *Jan Philipp Albrecht*, Das neue EU-Datenschutzrecht – von der Richtlinie zur Verordnung, CR 2016, 88 (96); a.A. *Niko Härting*, Datenschutz-Grundverordnung, 2016, Rn. 251; *Michael Frenzel*, in: Paal/Pauly (Fn. 17), Art. 83, Rn. 10 ff.

[22] *Matthias Bergt*, in: Kühling/Buchner (Fn. 21), Art. 83, Rn. 8.

[23] *Matthias Bergt*, in: Kühling/Buchner (Fn. 21), Art. 83, Rn. 31; *Paul Nemitz*, in: Eugen Ehmann/Martin Selmayr (Fn. 3), Art. 83, Rn. 7.

[24] *Paul Nemitz*, in: Eugen Ehmann/Martin Selmayr (Fn. 3), Art. 83, Rn. 7.

Drittens sieht Art. 83 DSGVO kein Verschulden als Tatbestandsvoraussetzung für die Verwirklichung der Tatbestände vor.[25] Der Schuldgrundsatz gilt nicht aufgrund unionsrechtlicher Anordnung. Dieser Befund ist vom Text her verhältnismäßig deutlich. So legt Art. 83 Abs. 2 S. 2 lit. b DSGVO fest, dass bei der Höhe der Geldbuße berücksichtigt werden muss, ob der Verstoß vorsätzlich oder fahrlässig, d. h. verschuldet, begangen wird, woraus die Literatur zutreffender Ansicht nach schließt, dass das Unionsrecht für das Vorliegen des Tatbestandes selbst kein Verschulden verlangt. Unterstützt wird dies durch die Entstehungsgeschichte. Die Entwürfe von Kommission und Rat sahen ausdrücklich das Vorliegen von Fahrlässigkeit und Vorsatz als Voraussetzung für eine Sanktion vor, was das Parlament anders sah.[26] Hinsichtlich der Feststellung des Sachverhaltes greift beim Ordnungswidrigkeitenrecht im Datenschutzbereich noch die Besonderheit, dass nach Art. 24 Abs. 1 DSGVO der Verantwortliche nachweisen muss, dass er alle Anforderungen der Datenschutzverordnung eingehalten hat. Art. 5 Abs. 2 DSGVO bestätigt dies. Diese Darlegungspflicht gilt nicht nur von der Verordnung her im Verwaltungs- und Zivilverfahren sondern auch im Geldbußeverfahren.[27] Wegen des fehlenden Verschuldenserfordernisses legt die Datenschutzgrundverordnung auch keine weiteren Voraussetzungen für die Verwirklichung des Tatbestandes fest, außer der Verletzung einer Datenschutzbestimmung durch den Verantwortlichen oder den Auftragsdatenverarbeiter. Daraus schließt die Literatur, dass es völlig gleichgültig ist, wer innerhalb des Organisationsbereiches des Verantwortlichen den Verstoß verursacht hat. Es gehe um eine verwaltungsrechtliche Sanktion sui generis.[28] Ist das Ordnungswidrigkeitenrecht nach deutschem Verständnis im Grenzbereich von Strafrecht und Verwaltungsrecht eingeordnet, ist es nach Art. 83 DSGVO nur noch materielles Verwaltungsrecht. Die Ordnungswidrigkeit ist nach europäischem Verständnis erfüllt, wenn beim Verantwortlichen Bestimmungen der Datenschutzgrundverordnung, die von ihm zu beachten sind, verletzt werden, unabhängig davon, ob für den Fall einer juristischen Person diese Verletzung auf das vertretungsberechtigte Organ zurückgeht oder auf „einfache Mitarbeiter". Nur für die Berechnung der Höhe der Geldbuße kann die Frage, ob Verschulden vorliegt und bei wem das Verschulden vorliegt, ob bei Organen, vertretungsberechtigten Personen, leitenden Angestellten oder einfachen Sachbearbeitern, eine Rolle spielen.[29] Zu guter Letzt kennt das Unionsrecht auch keine Verjährungsregelung.

Wie dieser Überblick zeigt, hat diese unionsrechtliche Ordnungswidrigkeitensanktion mit dem in Deutschland und auch im Datenschutzrecht bis März 2018 gel-

---

[25] *Paul Nemitz*, in: Eugen Ehmann/Martin Selmayr (Fn. 3), Art. 83, Rn. 17; *Matthias Bergt*, in: Kühling/Buchner (Fn. 21), Art. 83, Rn. 34 ff.; *Niko Härting* (Fn. 21) Rn. 253, a.A. *Michael Frenzel*, in: Paal/Pauly (Fn. 17), Art. 83, Rn. 14.

[26] *Matthias Bergt*, in: Kühling/Buchner (Fn. 21) Art. 83, Rn. 10.

[27] *Matthias Bergt*, in: Kühling/Buchner (Fn. 21) Art. 83, Rn. 111; *Tim Wybitul*, ZD 2016, 253 (254) (Beweislast).

[28] *Paul Nemitz*, in: Ehmann/Selmayr (Fn. 3), Art. 83, Rn. 17.

[29] *Paul Nemitz*, in: Ehmann/Selmayr (Fn. 3), Art. 83, Rn. 17.

tenden Ordnungswidrigkeitenverständnis wenig gemeinsam. In Deutschland sind die Ordnungswidrigkeiten als Bagatellstrafen konstruiert, die als eine Sanktion für eine verschuldete Verletzung von Ordnungsregeln eingestuft werden und ein geringfügiges ethisches Unwerturteil des Staates über die Handlung des Betroffenen enthalten. Es gilt das Opportunitätsprinzip bei der Verhängung. Die unionsrechtliche Konstruktion ist völlig anders. Die Ordnungswidrigkeiten werden danach zu einer verwaltungsrechtlichen Maßnahme, bei der der Schuldgrundsatz nicht greift, die Kausalität der Verletzung die Verantwortlichkeit auslöst, das Legalitätsprinzip gilt und ein Vorwurf mit der Sanktionierung nicht notwendig verbunden ist.

Es handelt sich um eine repressive Verwaltungssanktion, die durch ihre Art der Verhängung und die Höhe ihrer Sanktion vor allem abschreckend wirken soll. Die Abschreckung soll sich individuell und generalpräventiv entfalten.[30] An Stelle einer verschuldensunabhängigen Pflicht, eingetretene Verletzungen abzustellen, und einer verschuldensabhängigen repressiven Sanktion kommt es zu einer verschuldensunabhängigen pekuniären Last, die bei Verletzung der Normen automatisch eintritt.

Durch den Automatismus von „Sanktion folgt auf verursachte Verletzung" wird die Verarbeitung personenbezogener Daten im Anwendungsbereich der Datenschutzgrundverordnung zu einem „gefahrgeneigten Vorgang". Wer Daten verarbeitet, kann dies nur noch unter der Bedingung tun, eine staatliche Geldforderung im Falle einer Verletzung ohne weitere Voraussetzungen auszulösen. Die Verarbeitung personenbezogener Daten steht unter der Bedingung, dass man bei objektiver Verletzung der Bestimmungen der Datenschutzgrundverordnung notwendig mit einer Geldbuße belegt wird. Ist die Verletzung nicht vorwerfbar bzw. die Verletzung nicht beweisbar, aber auch nicht belegbar, fällt die Geldbuße geringer aus, als wenn die Verletzung verschuldet erfolgte und eindeutig ist, vom Recht vorgesehen ist die Geldbuße aber dennoch. Es geht um ein pekuniäres Normstabilisierungssystem, bei dem durch die pauschale Fälligkeit einer Geldleistung bei Verletzung die Einhaltung der Norm sichergestellt wird, ohne dass es um eine subjektive Verantwortlichkeit geht.

Im Gegensatz zu dem System in Deutschland ist die Handhabung der verwaltungsrechtlichen repressiven Geldsanktionen für die Verwaltung deutlich einfacher. Beweisfragen und Verschuldensfragen spielen allenfalls für die Höhe der Sanktion eine Rolle. Dazu hilft hier auch noch die Darlegungslast des Verantwortlichen. Der Nachteil liegt auf der Seite des Bürgers. Die Vorwerfbarkeit ist keine Voraussetzung mehr für die Fälligkeit der Geldbuße. Angesichts der Alltäglichkeit der Datenverarbeitung im wirtschaftlichen Umfeld werden alltägliche Handlungsbereiche wie die Datenverarbeitung nach deutschem Verständnis zu einem gefahrgeneigten Verhalten, das Gefährdungssanktionen auslöst, die bisher nur in gesellschaftlich eingegrenzten, mit besonderen Gefährdungen verhaltenen Bereichen wie Betrieb eines Autos oder Betrieb gefährlicher Anlagen bekannt war.

---
[30] *Paul Nemitz*, in: Ehmann/Selmayr (Fn. 3), Art. 83, Rn. 1.

III. Der Weg des neuen BDSG

1. Die Unterstellung der Ordnungswidrigkeit unter das deutsche System

Es ist offensichtlich, dass die unionsrechtliche Prägung nur möglich war, weil eine große Zahl anderer Mitgliedstaaten die verschuldensunabhängige verwaltungsrechtliche repressive Sanktion wie das Ordnungswidrigkeitenrecht im Unionssinne schon kannten, andererseits wäre die Mehrheit im Rat bei Erlass der Verordnung nicht denkbar gewesen. Dennoch sind die Systemunterschiede aus deutscher Sicht enorm. Dies führte dazu, dass der deutsche Gesetzgeber diese Besonderheit des unionsrechtlichen Ordnungswidrigkeitenrechts ignorierte und die Ordnungswidrigkeiten auf das deutsche System umstellte. Gemäß § 41 Abs. 1 BDSG-neu werden die unionsrechtlichen Ordnungswidrigkeiten in das deutsche Recht integriert. Ausgenommen von der Integration werden nur solche Fragen, wie insbesondere die Höhe der Geldbuße und die Zuständigkeit für die Verhängung, die Art. 83 DSGVO selbst regelt. Der ausdrückliche Anwendungsbefehl für das OWiG war schon deshalb notwendig, weil dieses gem. § 2 OWiG nur für Bundes- und Landesrecht gilt. Gemäß § 41 Abs. 2 BDSG-neu sind hinsichtlich des Verfahrens wegen eines Verstoßes nach Art. 83 Abs. 4–6 DSGVO die Vorschriften über das Verfahren nach dem OWiG entsprechend anwendbar.

Durch § 41 Abs. 1 BDSG-neu wird auf diese Weise die verwaltungsrechtliche repressive Sanktion zu einer Ordnungswidrigkeit nach deutschem Verständnis. Durch den Verweis wird das Verschuldenserfordernis wieder eingeführt, da § 10 OWiG zur Anwendung kommt. § 47 OWiG eröffnet das Verfolgungsermessen, die Verjährungsregeln gem. §§ 31 ff. OWiG greifen. Das unionsrechtliche Ordnungswidrigkeitenrecht bildet dann keinen Fremdkörper mehr und sowohl die Aufsichtsbehörden als auch die betroffene Wirtschaft können sich hinsichtlich des Ordnungswidrigkeitenrechts im Kern an den Grundsätzen orientieren, die sie bisher kannten.

Es drängt sich allerdings die Frage auf, ob diese Integration der unionsrechtlichen Sanktion in das deutsche Verständnis zulässig ist. Die Einfügung des Verschuldens als Voraussetzung ist, wie auch die Unterscheidung von § 41 Abs. 1 und § 41 Abs. 2 BDSG-neu verdeutlicht, keine Verfahrensfrage. Eine ausdrückliche Ermächtigung oder Öffnungsklausel hinsichtlich der materiellen Voraussetzungen des Ordnungswidrigkeitentatbestandes sieht Art. 83 DSGVO nicht vor, sodass man über die Zulässigkeit des Handelns des deutschen Gesetzgebers durchaus streiten kann. Nach der hier vertretenen Ansicht dürfte die Integration der europäischen Ordnungswidrigkeitensanktion in das deutsche Ordnungswidrigkeitenrecht jedoch von Art. 83 DSGVO gedeckt sein[31], zwar nicht durch eine ausdrückliche Ermächtigung, aber durch das Gesamtsystem aus folgenden Gründen:

---

[31] s.a. *Heinrich Amadeus Wolff*, in: Peter Schantz/ders. (Fn. 3), Rn. 1130.

Art. 83 Abs. 9 DSGVO sieht den Fall vor, dass die Rechtsordnung eines Mitgliedstaates Geldbußen nicht kennt. Für diesen Fall will die DSGVO keine Festsetzung einer Geldbuße durch die Aufsichtsbehörden, sondern durch die Gerichte. Diese Norm akzeptiert der Sache nach, wie EG 151 verdeutliche, dass die Ordnungswidrigkeiten der DSGVO in Dänemark im Gewand des Strafverfahrens und als Strafe verhängt werden. Daran ist erkennbar, dass Art. 83 DSGVO von der Implementierung einer Befugnis zur Verhängung von Ordnungswidrigkeitensanktionen der Aufsichtsbehörde in dem jeweiligen Mitgliedstaat abhängig ist und insofern auf eine Teilumsetzung angewiesen ist. Weiter ist die Vorstellung, Dänemark würde für Strafen kein Verschulden als Voraussetzung vorsehen, nicht sehr naheliegend. In gleiche Richtung weist Art. 83 Abs. 8 DSGVO, der eine Ausgestaltung des Ordnungswidrigkeitenrechts verlangt, die den effektiven Rechtsschutz gewährleistet. Die Norm ist eigentlich überflüssig, weil diese Gewährleistung schon durch Art. 78 Abs. 1 DSGVO garantiert ist, verdeutlicht aber, dass das Europarecht den Ordnungswidrigkeitentatbestand nicht abschließend regeln möchte. Auch die Möglichkeit gem. Art. 83 Abs. 7 DSGVO, Behörden herauszunehmen, und die Pflicht gem. Art. 83 Abs. 3 BDSG-alt, das Verfahren zu regeln, legt offen, dass die Verordnung eine Integration in das Ordnungswidrigkeitenrechtssystem möchte, das die Mitgliedstaaten kennen. Dann wird das Unionsrecht wohl auch den Charakter der Ordnungswidrigkeiten mit Bagatellcharakter akzeptieren, mit den Folgen für das Opportunitätsprinzip, dem Schuldgrundsatz, der Beweisregelung und der Verjährung.

Nicht überzeugend wäre demgegenüber mit den Integrationsschranken des Art. 23 Abs. 1 GG zu argumentieren. Im Bereich des Strafrechts würde die Pflicht zur Strafverhängung bei fehlendem Verschulden die Integrationsschranke berühren (Art. 23 Abs. 1 S. 3 i.V.m. Art. 79 Abs. 3 GG i.V.m. Art. 1 Abs. 1 GG), bei den Ordnungswidrigkeiten ist dies nicht der Fall, trotz des systematischen Bruchs.[32] Ordnungswidrigkeiten gem. Art. 83 DSGVO setzen daher nach deutschem Verständnis Verschulden voraus.

2. Die Schwelle der Wirksamkeit und Abschreckung

Geht man von der Zulässigkeit der Integration des europäischen Ordnungswidrigkeitenrechts in das nationale Ordnungswidrigkeitenrecht aus, wird man die Grenze des Art. 83 Abs. 9 DSGVO ebenfalls heranziehen müssen. Danach ist sicherzustellen, dass die dann entstehende Geldbuße wirksam, verhältnismäßig und abschreckend ist. Es stellt sich daher die Frage, ob das deutsche Recht, das die Verjährung, das Opportunitätsprinzip und den Schuldgrundsatz kennt, eine ausreichend wirksame und abschreckende Sanktion im Sinne des Unionrechts sein kann. Dies hängt davon ab, wie sehr die deutschen Grundsätze im Ergebnis einer Verhängung der Ordnungswidrigkeit entgegenstehen könnten, das ist im Einzelnen zu prüfen.

---

[32] *Michael Frenzel*, in: Paal/Pauly (Fn. 17), Art. 83 Rn. 8; a.A. *Niko Härting* (Fn. 21), Rn. 253.

a) Verschuldenserfordernis und Haftung juristischer Personen

Der Verschuldensgrundsatz in Deutschland prägt auch das Verständnis der Ordnungswidrigkeitenverwirklichung bei juristischen Personen. Nach deutschem Verständnis folgt die Verantwortlichkeit im Sinne des Ordnungswidrigkeitenrechts der juristischen Person einer Tatbestandsverwirklichung einer natürlichen Person, die eine näher beschriebene Repräsentantenstellung bei der juristischen Person wahrnimmt (§ 30 Abs. 1 OWiG). § 30 OWiG gestattet die Verhängung von Geldbußen gegen juristische Personen und Personenvereinigungen, obschon diese nicht selbst, sondern nur mittels ihrer Organe und Vertreter handeln können.[33] Der Verstoß wird de jure so zugerechnet, wie wenn sie selbst gehandelt hätten.[34] Die Sanktion gegenüber der juristischen Person kann dabei abweichen von der Sanktion gegen die natürliche Person (§ 30 Abs. 2 OWiG). Von dieser Konstruktion weicht die Datenschutzgrundverordnung ersichtlich ab. Dort ist der Verantwortliche selbst, gleich ob juristische Person oder nicht, derjenige, der die Ordnungswidrigkeit begeht. Anders als im deutschen Recht gibt es nicht zwei Ordnungswidrigkeitenverfahren, die voneinander getrennte Schicksale haben können, sondern ein Ordnungswidrigkeitenverfahren. Geht man von der Geltung des Verschuldenserfordernisses nach deutschem Verständnis aus, liegt es nahe, die unionsrechtlich bindende Vorgabe, dass der Verantwortliche selbst die Ordnungswidrigkeiten begehen kann, so zu verstehen, dass das Verschulden der in § 30 Abs. 1 OWiG genannten Repräsentanten der juristischen Person zugerechnet wird. Auf diese Weise werden die Voraussetzungen für die Verhängung einer Ordnungswidrigkeit nach deutschem Verständnis aber erheblich von der Verhängung einer Ordnungswidrigkeit nach unionsrechtlichem Verständnis abweichen, weil der datenschutzrechtliche Verstoß eines „einfachen Mitarbeiters" der juristischen Person nicht über § 30 Abs. 1 OWiG zugerechnet werden könnte.

Das Problem verringert sich, weil über § 130 OWiG ein Organisationsverschulden eingeführt wird. § 130 OWiG begründet die Haftung des Inhabers für ein Organisationsverschulden, das dann über § 30 OWiG auch der juristischen Person zugerechnet werden kann.[35] Die Aufsichtspflichtverletzung nach § 130 OWiG ist in der Praxis die bedeutsamste Anknüpfungstat des § 30 OWiG. Im Allgemeinen werden Straftaten und Ordnungswidrigkeiten im Betrieb und Unternehmen nämlich nicht durch Organe usw., sondern unterhalb des Leitungsbereichs durch Personen begangen, deren Fehlverhalten als Bezugstat nach § 30 OWiG nicht ausreicht. Die Aufsichtspflichtverletzung ermöglicht daher einen „Durchgriff" auf den Unternehmensträger, wenn ein nach § 30 OWiG tauglicher Repräsentant der juristischen Person zumindest seine Aufsichtspflicht verletzt hat.[36]

---

[33] *Bohnert/Krenberger/Krumm*, OWiG, 4. Aufl., 2016, § 30, Rn. 18.
[34] *Bohnert/Krenberger/Krumm* (Fn. 33), § 30, Rn. 18.
[35] *Bohnert/Krenberger/Krumm* (Fn. 33), § 30, Rn. 3.
[36] *Klaus Rogall*, in: Karlsruher Kommentar zum OWiG, 4. Aufl., 2014, § 30, Rn. 92.

Berücksichtigt man den Umstand, dass das Ausmaß der Organisationspflicht des Verantwortlichen durch Art. 24 DSGVO sehr streng zu sehen ist, weil danach der Verantwortliche die Pflicht hat, durch technische und organisatorische Maßnahmen sicherzustellen, dass die Vorgaben der Datenschutzverordnung eingehalten werden, dürften sich die Auswirkungen, die die Einführung des Verschuldenserfordernisses nach deutschem Recht auf das Ordnungswidrigkeitenrecht im Ergebnis hat, sehr gering halten. Berücksichtigt man, dass nach europäischem Recht das Verschulden hinsichtlich der Höhe der Geldbuße eine erhebliche Rolle spielt (Art. 83 Abs. 2 DSGVO), wird der Unterschied im Ergebnis zur deutschen Konstruktion verhältnismäßig gering sein. In den Fällen, in denen nach deutschem Recht eine Geldbuße ausscheidet, weil kein Organisationsverschulden vorliegt und auch kein sonstiges Verschulden vorliegt, wird auch nach Unionsrecht die Geldbuße verhältnismäßig gering sein.

Es ist nicht ausgeschlossen, dass durch die Konstruktion der Zurechnung über § 30 OWiG, § 130 OWiG und stellenweise § 9 OWiG, die Verfolgung der Ordnungswidrigkeiten in Deutschland bei juristischen Personen erschwert wird. Es wäre im Einzelfall denkbar, die nationalrechtlichen Vorschriften des OWiG hinsichtlich der Zurechnung von juristischen Personen dann über das Effektivitätsgebot, das unionsrechtlich gilt, wenn nationales Recht zur Umsetzung von Europarecht eingeführt wird, heranzuziehen und das OWiG so auszulegen, dass eine Zurechnung zur juristischen Person ggf. leichter ermöglicht wird. Im Ergebnis wird man daher die Divergenz für nicht so erheblich ansehen können, dass gewissermaßen die erforderliche Wirksamkeit in Frage gestellt wird. Das deutsche Verschuldenserfordernis wird man daher als unionsrechtskonform ansehen können.

b) Verjährung

Das deutsche Recht kennt Verjährungsregeln. Die Verjährungsregeln spielen im Ordnungswidrigkeitenrecht eine große Rolle und können daher durchaus die Wirksamkeit der Sanktion in Frage stellen. Würde man daher die Einfügung der Verjährungsregeln ebenso wie die Einführung der Verschuldensregelung allein über die Systemkonformität bewirken, müsste man die Verjährung gegebenenfalls europarechtskonform einschränkend dahingehend auslegen, dass der Verjährungsbeginn deutlich nach hinten verlegt wird. Andererseits bleibt aber die Möglichkeit, die Verjährung als Verfahrensvoraussetzung zu verstehen. In dem Fall könnte man dann auf die ausdrückliche Öffnungsklausel in Art. 83 Abs. 7 DSGVO zugreifen. Es mag bestreitbar sein, dass die Verjährung als Verfahrensvorschrift anzusehen ist, andererseits betrifft die Verjährung die Art und Weise der Durchsetzung und kann daher begrifflich durchaus als Verfahrensfrage eingestuft werden.

c) Der Grundsatz nemo tenetur se ipsum accusare

Gilt bei dem Ordnungswidrigkeitenrecht der Verschuldensgrundsatz, greift zunächst im Ausgangspunkt die Selbstbelastungsfreiheit.[37] Der Betroffene ist daher nicht verpflichtet, sich selbst zu belasten. Nach deutschem Verständnis folgt aus der Menschenwürde in Verbindung mit der allgemeinen Handlungsfreiheit bzw. dem Recht auf ein faires Verfahren der Grundsatz, dass niemand verpflichtet ist, sich selbst anzuklagen („Nemo tenetur se ipsum accusare"). Der EuGH ist dem gegenüber deutlich großzügiger und beschränkt die Selbstbelastungsfreiheit auf Strafverfahren und auf Aussagen.[38]

Das Unionsrecht kennt eine strenge Meldepflicht bei der Verwirklichung bestimmter Datenschutzverstöße (Art. 33 DSGVO). Die Meldepflicht verpflichtet den Verantwortlichen dazu, ggf. auch schuldhafte Verletzungen von mit Ordnungswidrigkeiten beschwerten Tatbeständen zu offenbaren. Würde die Selbstanzeigepflicht dazu führen, dass der Betroffene wegen des selbst angezeigten Normverstoßes eine Ordnungswidrigkeit auferlegt bekommt, läge darin zutreffenderweise eine Verletzung der Selbstbelastungsfreiheit.[39] Die Meldepflicht wird selbst durch den nemo tenetur-Grundsatz nicht verändert, allerdings wirkt sich die Verwertbarkeit dieser Meldung auf das Sanktionsverfahren aus.[40] Einer solchen Verletzung ist vorzubeugen, indem man ein ungeschriebenes Verwertungsverbot für das anschließende Ordnungswidrigkeitenverfahren annimmt. Aus diesem Grunde normiert das deutsche Recht sowohl für das Ordnungswidrigkeitenverfahren als auch für die im deutschen Recht vorgesehenen Straftatbestände ein Verwertungsverbot (§ 43 Abs. 4 BDSG-neu). Die Gesetzesbegründung stützt die Einfügung von § 43 Abs. 4 BDSG-neu auf die Öffnungsklausel gemäß § 83 Abs. 8 DSGVO, das heißt die Gewährleistung von angemessenen Verfahrensgarantien.[41] Die Verwertungsverbote sind begrifflich Verfahrensgarantien, sodass man grundsätzlich von einer Kompatibilität mit der Öffnungsklausel ausgehen kann. Das Problem ist allerdings, dass die Datenschutzgrundverordnung in dem Erwägungsgrund 85 ausdrücklich vorsieht, dass *die Meldung zu einem Tätigwerden der Aufsichtsbehörde im Einklang mit ihren in dieser Verordnung festgelegten Aufgaben und Befugnissen führen* kann. Ob damit ein Ausschluss einer Regelung wie § 43 BDSG-neu gewollt ist, ist nicht ganz eindeutig, aber wohl eher zu verneinen.

---

[37] s. dazu *Klaus Rogall*, Der Beschuldigte als Beweismittel gegen sich selbst, 1977.

[38] EuGH, Entsch. v. 18.10.1989, Rs. 374/87, Orkem gegen Kommission der Europäischen Gemeinschaften, Rn. 29 in EuZW 1991, 412 ff.

[39] Vgl. ausführlich dazu *Heinrich Amadeus Wolff*, Selbstbelastung und Verfahrenstrennung, 1996, S. 129 ff.; *Mario Martini*, in: Paal/Pauly (Fn. 17), Art. 33, Rn. 27.

[40] Vgl. dazu ausführlich: *Heinrich Amadeus Wolff* (Fn. 39), S. 99 ff.

[41] BT-Drs. 18/11328, S. 109.

d) Ne bis in idem

Eine Regelung zum Verbot der Doppelbestrafung enthält das BDSG-neu nicht, es greifen somit die allgemeinen Regeln. Der ne bis in idem-Grundsatz gilt nach deutschem Recht insbesondere nach Art. 103 Abs. 3 GG bekanntlich nicht, wenn die erste Sanktion in einer Ordnungswidrigkeit besteht.[42] Das Ordnungswidrigkeitenrecht sieht im einfachen Recht gewisse vergleichbare Wirkungen vor. Insbesondere mit dem Verfolgungshindernis von § 56 Abs. 4 OWiG, dennoch sind die Rechtsfolgen nicht vollständig vergleichbar. Unionsrechtlich und gemäß der Europäischen Menschenrechtskonvention wird der Grundsatz bekanntlich weniger streng gehandhabt. Die Einordnung als Strafe erfolgt dort in einer umfassenden Einzelfallbetrachtung. So können Ordnungswidrigkeitensanktionen durchaus Strafe im Sinne des internationalen ne bis in idem-Satzes sein.[43] Da über § 43 BDSG der deutsche Gesetzgeber Unionsrecht ausführt, muss er bei der Ausführung auch die unionsrechtlichen Grundrechte und somit das Verbot der Doppelbestrafung mit Art. 49 Abs. 2 GRC beachten. Sollten die Ordnungswidrigkeiten gemäß dem Unionsrecht daher Strafe im Sinne von Art. 49 GRC sein, was von der Literatur mit sorgfältiger Begründung nachvollziehbar angenommen wird[44], würden insofern unmittelbar die Garantien des Art. 49 eingreifen und somit dem Betroffenen keine Benachteiligung durch die Einfügung des deutschen Systems drohen.

IV. Schluss

Das Ordnungswidrigkeitenrecht der Datenschutzgrundverordnung ist unionsrechtlich geprägt und weicht vom deutschen Verständnis des Ordnungswidrigkeitenrechts von der Struktur her erheblich ab, auch wenn die Auswirkungen sich wegen der Bemessungsgrundsätze gemäß Art. 83 Abs. 2 Datenschutzgrundverordnung in Grenzen halten würden. Der deutsche Gesetzgeber hat durch die Anwendung des deutschen Ordnungswidrigkeitenrechts im Vollzug das europarechtliche Ordnungswidrigkeitenrecht in das nationale Gewand gesteckt. Auf diese Weise erleichtert er erheblich die Anwendung des Ordnungswidrigkeitenrechts. Unionsrechtlich ist dieses Vorgehen nicht völlig jedem Zweifel erhaben, nach der hier vertretenen Position aber rechtlich wohl zulässig.

---

[42] Vgl. *Schmidt-Aßmann*, in: Maunz/Dürig, Grundgesetz, Dezember 1992, Lieferung 30, Art. 103, Rn. 289; *Hans-Joachim Lutz*, in: Karlsruher Kommentar zum OWiG (Fn. 36), § 56, Rn. 37.

[43] EGMR, Urt. v. 15.02.2009, Sergey Zolotukhin gegen Russland, NJOZ 2010, 2630 ff.

[44] *Matthias Bergt*, in: Kühling/Buchner (Fn. 21), Art. 83, Rn. 16.

Überlegungen zur Zeitgemäßheit einzelner Vorschriften im dreizehnten Abschnitt des Besonderen Teils des Strafgesetzbuchs

Von *Gereon Wolters*

Die Herausgeber haben der Festgabe für Klaus Rogall, meinem geschätzten Mitautor im Systematischen Kommentar zum Strafgesetzbuch, den passenden wie verheißenden Titel „Strafrechtswissenschaft und Gesetzgebung als System" gegeben. Auf den Leib geschneidert ist er, weil Klaus Rogall seit jeher steht für das Streben, die Theorie auch in die Praxis zu tragen, was sich eindrucksvoll etwa in seinen konstruktiv kritischen Überlegungen zur Einführung der „Kriminalstrafe für juristische Personen"[1] zeigt. Sprachlich wird in ihm darüber hinaus ein systemisches Miteinander betont, das Ideal einer *wechselseitigen* Befruchtung dergestalt beschrieben, dass einerseits gute Strafgesetzgebung nicht auskommen sollte ohne begleitende Wissenschaft, letztere aber anderseits auch praktischen Anforderungen genügen muss.

I. Annäherung

Nun scheinen die heutigen legislatorischen Zeiten nicht nur schnellerlebig als jene, in welchen eine „Große Strafrechtskommission" mit Unterstützung höchstrenommierter Strafrechtslehrer Hunderte Monate verwenden und Tausende Seiten füllen durfte, um herauszufinden, „ob die Reform nötig und ob ihr Zeitpunkt günstig ist";[2] es dürfte auch aus der Mode gekommen sein, dass in Gesetzgebungsverfahren die „Lebendigkeit unserer Wissenschaft" auch nur wahrgenommen, geschweige denn Vergleichbares wie der „alte Schulenstreit" oder der „neue Streit um die finale Handlungslehre" für bedeutsam erachtet wird[3] oder Forscher wie Binding und Liszt oder mit Kant, Feuerbach und Hegel „drei sich folgende Sterne"[4] der Philosophie und Theorie des Strafrechts Erwähnung finden. Ganz nüchtern betrachtet, stößt die heutige Wissenschaft weit weniger häufig Neues an, wird in Gesetzgebungsverfahren

---

[1] GA 2015, 260 ff. Siehe auch seinen ersten Überblick in: SK-StGB, 9. Aufl. (2017), Vor § 19 Rdnr. 44.

[2] So der Auftrag des Bundesministers der Justiz *Neumayer*, in: Niederschriften über die Sitzungen der Großen Strafrechtskommission, Band 1, Grundsatzfragen, Sitzung 1 bis 13 (1954), S. 20.

[3] So Bundesminister der Justiz *Neumayer* (Fn. 2), S. 20.

[4] Bundesminister der Justiz *Neumayer* (Fn. 2), S. 21.

zwar angehört, dort aber selten (mit-)gestaltend erhört, muss sich vielmehr zumeist fügen in eine Rolle der reagierenden Kommentatorin von anderweitig Gesetztem. Wenn sie sich auch tunlichst vor der (schmollenden) Behauptung hüten sollte, sie hätte es per se besser gewusst als die demokratisch legitimierten Gesetzgebungsorgane, hat sie aber durchaus stets das ins Werk Gebrachte kritisch zu würdigen. Hierzu gehört zuvörderst, Gesetz Gewordenes schulmäßig auszulegen und hierdurch Mittler zwischen Legislative und Judikative zu sein. Eine kriminalpolitisch ausgerichtete Wissenschaft sollte sich aber auch dergestalt verstehen, dass sie geltende Strafgesetze, seien sie gerade in Kraft getreten oder auch (mit ihren [zumeist] preußischen Vorgängern) auf eine inzwischen zweihundertjährige Geschichte blickend, darauf abklopft, ob sie sich noch „in die Zeit" fügen, ob sie anzupassen sind oder ob man sich ihrer vielleicht auch einmal ganz entledigen sollte.

Letzterer Aspekt der „Entrümpelung"[5] des Strafgesetzbuchs hat zwar bisher nicht gerade im Vordergrund des wissenschaftlichen Interesses gestanden, eine gewisse Art aufgeklärter Gegenbewegung dürfte aber durch die immer höhere Schlagzahl strafgesetzgeberischer Aktivitäten ausgelöst worden sein.[6] Als Beispiele einschlägiger Aufmerksamkeit der Fachkreise mögen sich zeigen die Auseinandersetzungen um die Grundgesetzkonformitäten des (sehr alten)[7] § 173 StGB[8] und des (sehr neuen) § 217 StGB.[9] Nur sehr selten erreicht das Thema strafgesetzlicher Aufräumarbeiten die öffentliche Wahrnehmung, zuletzt indes sogar vereinzelt die Zeitungsaufmacher und Hauptnachrichtensendungen: Auf der einen Seite gab die Kontroverse um die (wohl allseits als unerwünscht erachtete) Reichweite des § 103 StGB dieser Vorschrift nicht nur ein persönliches Gesicht („Böhmermann-Paragraph"), sondern beflügelte ihre zügige Abschaffung;[10] war *Duchesne* Geburtshelfer des damaligen § 49a RStGB, erwies sich hier die Namensgebung wie ein Grabgesang. Demgegenüber wird man die jüngste, durch die Verurteilung einer Ärztin[11] ausgelöste Diskussion um den judiziell abseitigen, zwischen „‚klimatischem' Präventionseffekt" und „Übermaßmodus der Kriminalisierung"[12] stehenden § 219a StGB nennen können, die zwar ebenfalls zahlreiche Rufe nach seiner Streichung haben laut werden lassen,

---

[5] *Hoven*, ZStW 129 (2017), 334.

[6] Jüngst hat die „Zeitschrift für die Gesamte Strafrechtswissenschaft" (ZStW 129 [2017]) diesem Thema mit Aufsätzen von *Hoven* (334), *Stuckenberg* (349), *Jahn/Brodowski* (363), *Kindhäuser* (382), *Prittwitz* (390), *Kaspar* (401), *Kinzig* (415), *Bernd Heinrich* (425), *Bernd-Dieter Meier* (433), *Duttge* (448), *Nestler* (467), *Kubiciel* (473), *Tonio Walter* (492), *Weigend* (513) und *Valerius* (529) fast ein ganzes Heft gewidmet.

[7] Dazu näher *Wolters*, in: SK-StGB, 9. Aufl. (2018), § 173 Rdnr. 2.

[8] Dies bejahend BVerfGE 120, 224. Eingehend *Wolters* (Fn. 7), § 173 Rdnr. 2.

[9] *Sinn*, in: SK-StGB, 9. Aufl. (2017), Vor § 217 Rdnrn. 10 ff.; *Saliger*, in: NK-StGB, 5. Aufl. (2017), § 217 Rdnr. 6. S. auch die Ablehnung eines Antrags auf Erlass einer einstweiligen Anordnung BVerfG NJW 2016, 558.

[10] Durch das am 1. Januar 2018 in Kraft getretene „Gesetz zur Reform der Straftaten gegen ausländische Staaten" vom 17. Juli 2017 (BGBl. I S. 2439).

[11] Amtsgericht Gießen, Urteil vom 24. November 2017 – 507 Ds – 501 Js 1503/15.

[12] *Reinhard Merkel*, in: NK-StGB, 5. Aufl. (2017), § 219a Rdnr. 4.

aber auch – bis in bischöfliche Silvesterpredigten[13] – zum Anlass genommen worden sind, nicht nur die Existenzberechtigung dieser Randvorschrift zu unterstreichen,[14] sondern einmal mehr die generelle Strafwürdigkeit des Schwangerschaftsabbruchs zu betonen, also sogar den gesellschaftlich befriedenden verfassungsgerichtlichen Kompromiss[15] in Zweifel zu ziehen.

Im Folgenden soll eine „Entrümpelung" gar nicht an den „großen" Themen festgemacht werden, sondern nur ein Beitrag am Beispiel eines Bereichs geleistet werden, der sich in seiner äußeren Gestalt als besonders wechselhaft zeigt: dem dreizehnten Abschnitt des Besonderen Teils des Strafgesetzbuchs mit den „Straftaten gegen die sexuelle Selbstbestimmung". Dabei wird bewusst gerade kein Schwerpunkt auf das sowohl fach- als auch gesellschaftsöffentlich vielbeachtete „Gesetz zur Verbesserung des Schutzes der sexuellen Selbstbestimmung",[16] das allem voran § 177 StGB tiefgreifend verändert hat, gelegt, sondern anhand eines ersten Überblicks hingewiesen auf ältere Vorschriften, deren Streichung angezeigt scheint.

II. Grundlegendes

Erkennt man bei allen Zweifeln – ganz im Sinne Feuerbachs – die präventive Wirkung des Kriminalrechts einmal an, hat der Staat mit der Strafgewalt das schärfste Schwert, Normen (positiv) zu bilden und Verhalten (negativ) zu lenken, in der Hand. Es in einem Rechtsstaat zu führen setzt demnach *selbstverständlich* voraus, größtes Augenmaß anzulegen, es also nur dann und dort einzusetzen, wo mildere Mittel – jedenfalls mit überwiegender Wahrscheinlichkeit – ausscheiden. Schon in jedem kleineren Lehrwerk finden sich eben dies umschreibende Formeln vom „fragmentarischen Charakter" bzw. der „Subsidiarität" des Strafrechts oder der tragende Gedanke, es dürfe nur die „ultima ratio" der Legislative sein.

Machen wir uns aber nichts vor: Die Praxis der Gesetzgebung ist eine andere, häufig werden einzelne Ereignisse (wie „die" Silvesternacht zu Köln,[17] zeitweilige Anstiege von Wohnungseinbrüchen[18] bzw. Übergriffe auf Rettungskräfte und Polizis-

---

[13] So der Kölner Kardinal *Rainer Maria Woelki*, nach: Süddeutsche Zeitung vom 2. Januar 2018, S. 6 („Vergehen gegen die Wahrheit").

[14] Der *Jubilar* sieht in seiner Kommentierung keinen Handlungsbedarf (vgl. *Rogall*, in: SK-StGB [Fn. 1], § 219a Rdnr. 1).

[15] BVerfGE 88, 203; s. dazu den Überblick bei *Rogall*, in: SK-StGB (Fn. 1) Vor §§ 218 ff. Rdnrn. 40 ff.

[16] So vor allem der durch das „Fünfzigste Gesetz zur Änderung des Strafgesetzbuches – Verbesserung des Schutzes der sexuellen Selbstbestimmung" vom 4. November 2016 (BGBl. I S. 2460) eingeführte § 184j StGB („Belästigung aus Gruppen").

[17] „Fünfzigstes Gesetz zur Änderung des Strafgesetzbuches – Verbesserung des Schutzes der sexuellen Selbstbestimmung" vom 4. November 2016 (BGBl. I S. 2460).

[18] „Fünfundfünfzigstes Gesetz zur Änderung des Strafgesetzbuches – Wohnungseinbruchsdiebstahl" vom 17. Juli 2017 (BGBl. I S. 1226).

ten[19]) als Grund für die Initiative genannt, ein Strafgesetz anzupassen (will sagen: zu verschärfen), ohne dass sie auch nur einen belastbaren Anlass für die Annahme einer Gesetzeslücke böten oder kriminologischen Erkenntnissen folgten. Fast scheint es so, als wolle der Gesetzgeber mit Etiketten wie „Verbesserung des Schutzes"[20] bzw. „Stärkung des Schutzes"[21] oder „Bekämpfung"[22] bzw. der „Verbesserung der Bekämpfung"[23] seine Schlagkraft auch sprachlich unterstreichen, obwohl es doch zu den kriminologischen Binsenweisheiten gehören dürfte, dass Strafschärfungen keine derartigen Wirkungen zeitigen. Geradezu grotesk mutet es an, wenn „Respekt und Wertschätzung"[24] dem sich Sträubenden mit dem blinkenden Stahl des Strafrechts eingebläut werden soll.[25]

Es ist zu besorgen, dass diese „Kriminalpolitik mit leichter Hand" mehr Schaden als Nutzen stiftet, obwohl man doch an sich (um das Bild weiter zu bemühen) hoffen (dürfen) sollte, dass die Hand am scharfen Schwert eine sehr besonnene und besonders geübte ist. Kaum denkbar erscheint es allerdings, dass sich das gesellschaftliche Miteinander dergestalt dynamisch und dramatisch verändert, dass es in den vergangenen zwei Dekaden mehr als einhundert Änderungsgesetzen des Kernstrafrechts bedurft hätte (die in der Regel eine Mehrzahl von Vorschriften betroffen haben). Es verwundert nicht, dass sich diese legislative Lässigkeit auch in der Anwendung (!) des Rechts spiegelt, es etwa (nicht nur von Studierenden)[26] als Argument vorgebracht

---

[19] Kaum hat das „Zweiundfünfzigste Gesetz zur Änderung des Strafgesetzbuches – Stärkung des Schutzes von Vollstreckungsbeamten und Rettungskräften" vom 23. Mai 2017 (BGBl. I S. 1226) am 30. Mai 2017 Geltung erlangt und damit die Strafdrohung für „tätliche Angriffe" in § 114 StGB mit deutlich schärferer Strafdrohung belegt, lässt sich der Bundesminister für Justiz und Verbraucherschutz *Heiko Maas* anlässlich einzelner Vorfälle zitieren, derartige Angriffe müssten „härter bestraft" werden (Süddeutsche Zeitung vom 3. Januar 2018, S. 5 [„Mit Raketen …"]).

[20] Wie das am 10. März 2017 in Kraft getretene „Gesetz zur Verbesserung des Schutzes gegen Nachstellungen" vom 1. März 2017 (BGBl. I S. 386).

[21] Wie das am 30. Mai 2017 in Kraft getretene „Gesetz zur … Stärkung des Schutzes von Vollstreckungsbeamten und Rettungskräften" vom 23. Mai 2017 (BGBl. I S. 1226).

[22] Wie das am 26. November 2015 in Kraft getretene „Gesetz zur Bekämpfung der Korruption" vom 20. November 2015 (BGBl. I S. 2025) oder das am 4. Juni 2016 in Kraft getretene „Gesetz zur Bekämpfung von Korruption im Gesundheitswesen" vom 30. Mai 2016 (BGBl. I S. 1254).

[23] Wie das am 15. Oktober 2016 in Kraft getretene „Gesetz zur Verbesserung der Bekämpfung des Menschenhandels …" vom 11. Oktober 2016 (BGBl. I S. 2226).

[24] So ausdrücklich BT-Drucks. 18/11161 S. 1. Vgl. dazu den treffenden Titel des Beitrags von *Singelnstein*, in: Süddeutsche Zeitung vom 2. Februar 2017: „Respekt entsteht nicht durch Drohung".

[25] *Wolters* (Fn. 7), § 114 Rdnr. 2.

[26] Siehe etwa BGHSt 44, 233 (243); BGH NStZ 2016, 596 (598); weitere Beispiele bei *Scheffler*, NStZ 1996, 67 (68). Dazu allgemein *Krey*, ZStW 101 (1989), 838 (841 ff.); *Hirsch*, Festschrift Tröndle (1989), 19 ff. Siehe aber demgegenüber auch BGH StV 2016, 212 (215): „Es ist dann vielmehr Aufgabe des Gesetzgebers zu entscheiden, ob er die Strafbarkeitslücke bestehen lassen oder durch eine neue Regelung schließen will".

wird, eine bestimmte Deutung sei gerade deswegen einer anderen vorzugswürdig, weil nur mit ihr „Strafbarkeitslücken" geschlossen würden.[27]

Mag diese praktische Bestandsaufnahme auch ernüchternd sein, so wird man jedenfalls in der Theorie im Ausgangspunkt seltene Einmütigkeit finden: Das Strafrecht hat *allein* die Aufgabe, besonders sozialschädliche Verhaltensweisen zu bekämpfen.[28] Dass dieses heute Selbstverständliche nicht immer so war, zeigt sich nachdrücklich auf dem Feld des Sexualstrafrechts. Im dreizehnten Abschnitt des Strafgesetzbuchs für das Deutsche Reich („Verbrechen und Vergehen wider die Sittlichkeit") bildete noch die *sittliche Anstößigkeit* und *Moralwidrigkeit* des Verhaltens („unzüchtige Handlung") den wesentlichen Anknüpfungspunkt für die Strafbarkeit.[29] Zwar wurde schon früh erkannt, dass „die Sittlichkeit" wie kaum ein anderer Bereich vor allem dem jeweiligen Zustand der Gesellschaft unterworfen ist, und bereits bei Reformüberlegungen Anfang des zwanzigsten Jahrhunderts betont, dass die Frage, wie „das Geschlechtsleben des Menschen natürlich am besten geordnet ist, … heute erst sehr unvollkommen" beantwortet werden kann.[30] Dennoch bedurfte es für die Abkehr vom Schutzgut der Aufrechterhaltung „der" Sittlichkeit insgesamt eines Jahrhunderts. So ließ sich noch die Begründung des Entwurfs eines Strafgesetzbuchs von 1962 von der „unbestreitbaren (!) Erkenntnis" leiten, „dass die Reinheit und Gesundheit des Geschlechtslebens eine außerordentlich wichtige Voraussetzung für den Bestand des Volkes und die Bewahrung der natürlichen Lebensordnung ist und dass namentlich unsere heranwachsende Jugend eines nachdrücklichen Schutzes vor sittlicher Gefährdung bedarf".[31] Erst die höchstrichterliche Auseinandersetzung[32] mit dem Roman „Die Memoiren der Fanny Hill" läutete den Abschied von der Vorstellung ein, das Strafgesetz habe die (wie immer gefasste) Sittenordnung zu bewahren und einen moralischen Standard des erwachsenen Bürgers durchzusetzen. Vielmehr habe es allein die Aufgabe, „die Sozialordnung der Gemeinschaft vor Störungen und groben Belästigungen zu schützen".[33]

So sah denn auch der spätere Reformgesetzgeber im Schutz der „sittlichen Grundanschauungen des Volkes"[34] kein Leitkriterium mehr, sondern verfolgte (wohl auch der Einschätzung folgend, dass das Strafrecht „gerade auf diesem Gebiet … weit mehr Schaden als Nutzen stiften könne"[35]) mit dem am 1. Januar 1974 in Kraft ge-

---

[27] Zu dieser „Auslegungsmethode" s. den Überblick bei *Kertai*, JuS 2011, 976 ff.
[28] Siehe hier nur *Rengier*, Strafrecht Allgemeiner Teil, 9. Aufl. (2017), § 3 Rdnr. 6.
[29] Hierzu und zu Folgendem s. bereits *Wolters*, in: SK-StGB, 9. Aufl. (2017), Vor § 174 Rdnr. 1.
[30] *Mittermaier*, VDB IV (1906), S. 4 f.
[31] BT-Drucks. 4/650 S. 359 (Hervorhebung hier).
[32] Zur Entwicklungsgeschichte der „Sittlichkeitsdelikte" s. den breiten Überblick bei *Hörnle*, in: LK-StGB, 12. Aufl. (2010), Vor § 174 Rdnrn. 1 ff.
[33] BGHSt 23, 40 (43 f.).
[34] So noch BT-Drucks. 4/650 S. 359.
[35] Vgl. BT-Drucks. 4/650 S. 359.

tretenen vierten Gesetz zur Reform des Strafrechts vom 27. November 1973[36] das Ziel, den Bereich des Strafbaren auf *gravierende* sozialschädliche Verhaltensweisen zu beschränken.[37]

Auf dieser Grundlage sollen die folgenden Überlegungen zwei unterschiedliche Aspekte aufnehmen: *Erstens* sind solche Strafvorschriften in diesem Abschnitt aufzuzeigen, welche bereits durch ein erstes Sieb fallen dürften, weil schon der Bezug zu einem belastbaren Rechtsgut kaum auszumachen ist, vielmehr das Moralwidrige zumindest im Vordergrund steht. Vergröbernd wird man diesem Kreis auch solche Delikte zuordnen dürfen, die zwar ein Rechtsgut erkennen lassen, die sich aber als das möglicherweise nicht (mehr) taugliche Instrument für seinen Schutz erweisen. Bei dieser Kategorisierung sollte man sich aber stets gewahr sein, dass mit ihr spätestens seit der Entscheidung des Bundesverfassungsgerichts zur Inzestvorschrift[38] das Verdikt der Grundgesetzwidrigkeit nicht zwangsläufig verbunden sein dürfte. *Zweitens* wird der Frage nachzugehen sein, ob an Vorschriften festgehalten werden sollte, bei denen sich zwar ein Rechtsgut beschreiben lässt, von wirklicher („gravierender") Schädlichkeit aber nicht zu sprechen, vielmehr eher von sozialer Lästigkeit die Rede sein dürfte, was in dem Bewusstsein geschieht, sich auf „vermintes Gelände" zu begeben.[39]

III. Strafvorschriften mit zweifelhaftem Rechtsgutbezug

Als Vorschrift ohne belastbares Rechtsgut und damit reine Moralwidrigkeit dürfte die Verbreitung etc. pornographischer Schriften, die „sexuelle Handlungen von Menschen mit Tieren zum Gegenstand" haben (Darstellung von zoophilem Verhalten) besonders ins Auge stechen.[40] Der Umgang mit gewalt- und tierpornographischen Schriften wird durch die Strafvorschrift des § 184a StGB in einem wesentlich breiteren Spektrum als durch § 184 Abs. 1 StGB erfasst.[41] Der Reformgesetzgeber ist im Jahre 1974 davon ausgegangen,[42] dass Schriften mit gewalt-, tier- und kinderpornographischem Inhalt bei Personen mit einschlägigen Neigungen als „Auslöser" zu diesbezüglichen Verhaltensweisen (Gewalt zur Erreichung sexueller Ziele, sexueller Missbrauch von Kindern und „Sodomie") wirken können.[43] Auch sollte hier (wegen

---

[36] BGBl. I S. 1725.

[37] Siehe dazu *Dreher*, JR 1974, 45; *Hanack*, NJW 1974, 1; *Horstkotte*, JZ 1974, 84; *Laufhütte*, JZ 1974, 46; *Sturm*, JZ 1974, 1.

[38] BVerfGE 120, 224. Siehe dazu hier nur *Weigend*, ZStW 129 (2017), 513 (517 ff.).

[39] Siehe auch *Weigend*, ZStW 129 (2017), 513 (515): „Die (straf-)rechtliche Regelung von Sexualität ist ein vermintes Gelände".

[40] Siehe *Weigend*, ZStW 129 (2017), 513 (525): „Ein klarer Kandidat für die Streichliste".

[41] Siehe zum früheren Recht den Überblick bei *Laubenthal*, Sexualstraftaten (2000), Rdnrn. 852 ff.

[42] Dazu eingehend *Schroeder*, Pornographie, Jugendschutz und Kunstfreiheit (1992), S. 23 ff.

[43] Vgl. *Duttge/Hörnle/Renzikowski*, NJW 2004, 1065 (1070).

vermutet erhöhter Gefahr für die „soziale Orientierung" Jugendlicher) kein Kompromiss mehr gemacht werden zugunsten der Freiheit des einzelnen Erwachsenen, sich mit (auch „harter") Pornographie zu befassen.

Immerhin als Argument lässt sich dies hinsichtlich der Schriften, die Gewalttätigkeiten- und Kinderpornographie zum Gegenstand haben, hören: Hier lässt sich nämlich – dem § 131 StGB[44] vergleichbar – jedenfalls ein mittelbarer Rechtsgutbezug dergestalt herstellen, dass die Norm ein Verhalten verbietet, das typischerweise oder auch nur gelegentlich in spätere *strafbare* Handlungen mündet. So stellen „echte" sexualbezogene Gewalttätigkeiten in der Regel Körperverletzungs- oder Nötigungsunrecht (§§ 223 ff., § 240, § 177 StGB) und die „echte" Vornahme etc. sexueller Handlungen an etc. Kindern stets Missbrauchsunrecht (§§ 176 bis 176b StGB) dar. Es dürfte also im Rahmen der gesetzgeberischen Entscheidungsprärogative liegen, hier schon das Vorfeld in Gestalt eines abstrakten Gefährdungs- oder auch nur Risikodelikts mit Strafe zu bewehren: Insoweit wird an § 184b (und – schon wegen europarechtlicher Vorgaben – auch an § 184c) StGB festzuhalten sein. Dabei ist es eine andere (nicht hier zu behandelnde) Frage, ob die aktuelle Lozierung der Gewalttätigkeitsmodalität sinnvoll ist oder es nicht sachgerecht wäre, sie als Qualifikation in § 131 StGB einzustellen.

Demgegenüber vermag sich aber hinsichtlich der daneben erfassten pornographischen Schriften, die sexuelle Handlungen von Menschen *mit Tieren* zum Gegenstand haben, der Schutzzweck nur schwer zu erschließen. Wird nämlich hervorgehoben, dass der sexuelle Verkehr mit Tieren heute – im Unterschied zum früheren § 175 RStGB – strafrechtlich *erlaubt* ist,[45] wird sich eine mittelbare Rechtsgutbeeinträchtigung jedenfalls nicht damit begründen lassen, das Verhalten schaffe Anreize für *strafbares* Unrecht. Selbst wenn man jüngste – von Pressberichten (!?) über „Tierbordelle" ausgelöste – gesetzgeberische Bestrebungen, im Tierschutzgesetz (!) eine entsprechende Strafbewehrung (wieder) einzuführen,[46] nachvollziehen möchte, dürfte nachdrücklich daran zu zweifeln sein, ob ein entsprechendes Vorfelddelikt angezeigt ist; jedenfalls wäre es im Sexualstrafrecht erkennbar unzutreffend platziert, da mit ihm gänzlich andere Ziele verfolgt würden. Das Verbot der Verbreitung von Schriften dieses Inhalts an Erwachsene mit ihrem Einverständnis mag sich danach allenfalls damit begründen lassen, dass ein entsprechender Markt ausgetrocknet und dadurch mittelbar die Würde potentieller (menschlicher) Darsteller geschützt wird,[47] ein Ziel, das kaum als hinreichende Legitimation für eine Strafvorschrift reichen dürfte.

---

[44] Vgl. *Rudolphi/Stein*, in: SK-StGB, 8. Aufl. (2006), § 131 Rdnr. 2.

[45] Einen schmalen Anwendungsbereich mag allenfalls § 17 Nr. 2 des Tierschutzgesetzes offen halten.

[46] Siehe BR-Drucks. 300/12 S. 36.

[47] Kritisch *Fischer*, StGB, 65. Aufl. (2018), § 184a Rdnr. 8; *Weigend*, ZStW 129 (2017), 513 (525).

§ 180 Abs. 1 StGB, bis heute zuweilen mit dem früher gebräuchlichen Begriff „Kuppelei" betitelt,[48] begegnet ähnlichen Bedenken: Er verbietet es jedermann, durch „Vermittlung" oder „Gewähren und Verschaffen von Gelegenheit" sexuellen Handlungen einer Person unter sechzehn Jahren „Vorschub" zu leisten. Hier führt die Nennung der – schon im Allgemeinen wenig aussagekräftigen[49] – „ungestörten sexuellen Entwicklung des Minderjährigen" als Schutzgut ins Absurde, weil die insoweit zu „schützende" Person den sexuellen Kontakt mit dem Dritten nicht nur wünscht, sondern ihn nach den Buchstaben des Strafgesetzes auch ausdrücklich leben darf, von fremdbestimmter Sexualität also gerade keine Rede ist.[50] Auch dürfte eine etwaige gesetzgeberische Vermutung kaum tragen, es solle mit dieser Vorschrift eine bereits laufende sexuelle Fehlentwicklung des Jugendlichen durch Vorenthalten der Grundlagen für weitere entsprechende Aktivitäten verhindert bzw. aufgehalten werden, da das eigentliche sexuelle Verhalten gerade Ausfluss der Selbstbestimmung und daher zurecht erlaubt ist.[51] Im Übrigen zeigt sich der Systembruch einer vertypten Teilnahme bei der Betonung des Umstandes besonders deutlich, dass der Gehilfe für eine Handlung bestraft wird, die lediglich mittelbar bewirkt, was nicht nur straflos ist, sondern er sogar selbst und eigenhändig mit der „geschützten" Person vornehmen dürfte.[52] Diese Wertungswidersprüche sollten dadurch beseitigt werden, dass die Strafbarkeit allein dort begründet wird, wo die Handlung fremdes, gegen unter sechzehnjährige Personen gerichtetes *Unrecht* (§ 174 Abs. 1 Nr. 1, § 176 Abs. 2 und § 182 Abs. 3 StGB) fördert. Da insoweit § 27 StGB ausreichen dürfte, liegt es nahe, § 180 Abs. 1 StGB gänzlich zu streichen.

Unter dem Gesichtspunkt des (mittelbaren) Rechtsgüterschutzes und damit der Legitimation der Vorschrift schwieriger zu beurteilen sind die die „einfache" Pornographie betreffenden Tatbestände des § 184 Abs. 1 StGB:

Verhältnismäßig wenig Schwierigkeiten bereitet noch dessen Nummer 9, nach dem Vollendungsstrafe bereits verwirkt, wer den Versuch macht, pornographische Schriften aus Deutschland auszuführen, sofern dies geschieht in der Absicht, die Schriften selbst oder aus ihnen gewonnene Stücke im Ausland unter Verstoß gegen die (nach der vielleicht unzutreffenden Vorstellung des Täters)[53] dort geltenden Strafgesetze selbst zu verbreiten oder öffentlich zugänglich zu machen oder anderen eine solche Verwendung zu ermöglichen.[54] Nicht nur dürfte die Bestrafung aus dieser Vorschrift „im Hinblick auf die weltweite Zugänglichkeit einfach-pornogra-

---

[48] Siehe *Wolters* (Fn. 29), § 180 Rdnr. 1.
[49] Dazu *Wolters* (Fn. 29), § 176 Rdnr. 3.
[50] Zur Beschreibung des Rechtsgutes des Absatzes 1 s. *Hörnle* (Fn. 32), § 180 Rdnrn. 1 ff.
[51] *Wolters* (Fn. 29), § 180 Rdnr. 2; s. auch *Weigend*, ZStW 129 (2017), 513 (524).
[52] *Renzikowski*, in: MüKo-StGB, 3. Aufl. (2017), § 180 Rdnr. 6.
[53] Vgl. OLG Karlsruhe NJW 1987, 1957.
[54] Dazu *Schreibauer*, Pornographieverbot (1999), S. 283 ff.

fischen Materials im Internet geradezu absurd" anmuten,[55] auch dürfte der Schutz „der Beziehungen der Bundesrepublik zum jeweiligen Ausland" in diesem Bagatellbereich kaum einen legitimen Anknüpfungspunkt bieten.

Mit den in den Nummern 1 bis 8 dieser Vorschrift zusammengefaßten Verboten der Verbreitung pornographischer Schriften sollen nach herkömmlicher Deutung – teils alternativ, teils kumulativ – zwei Rechtsgüter erfaßt werden: einmal der in sexueller Entwicklung begriffene Jugendliche gegen Störungen,[56] zum anderen der (auch erwachsene) Einzelne gegen ungewollte Konfrontation mit Pornographie.[57] Um das „Sittlichkeitsempfinden der Allgemeinheit"[58] – was immer darunter zu verstehen gewesen sein mag – geht es also nicht mehr, ebenso wenig um den „Schutz der Sexualverfassung, die mit Ehe und Familie auf eine Verschmelzung von Eros und Sexus gerichtet ist".[59]

Bei der Aufstellung der Pornographieverbote zum Jugendschutz hat sich der Gesetzgeber für die Form der „abstrakten Gefährdungsdelikte" mit ihren Vor- und Nachteilen entschieden: Einerseits kommt es nicht darauf an, dass der konkrete, mit Pornographie befaßte Jugendliche in seiner sexuellen Entwicklung tatsächlich (nachteilig?) gestört worden ist oder auch nur gestört werden konnte; andererseits ist der abschließende Verbotskatalog so fragmentarisch, dass viele Möglichkeiten einer Beeinträchtigung des in sexueller Entwicklung begriffenen Jugendlichen durch Pornographie weiterhin bestehen bleiben.

Wenn der Gesetzgeber (bisher) angenommen hat, dass ein Jugendlicher durch pornographische Schriften in seiner sexuellen Entwicklung tatsächlich und wohl auch negativ gestört werden kann,[60] wird man wohl noch anerkennen können, dass seine Hypothese als Legitimation solange genügt, wie ein gegenteiliger, wissenschaftlich fundierter Nachweis fehlt; auch wird die eindeutige Fassung des geltenden Gesetzes den Vorschlägen[61] zuwiderlaufen, die Vorschriften *nicht* anzuwenden, wenn eine solche Gefahr im konkreten Fall offensichtlich ausgeschlossen ist.

---

[55] Äußerst kritisch zu diesem Rechtsgut und zur Vereinbarkeit mit dem Schuldprinzip *Fischer* (Fn. 47), § 184 Rdnr. 22; ähnlich *Ziethen/Ziemann*, in: AnwK, 2. Aufl. (2015), § 184 Rdnr. 26. Zum Ganzen auch *Bottke*, Festschrift Buchner (2009), 141 (147).
[56] Kritisch daher zur Bezeichnung der Schutzrichtung als „Jugendschutz" *Fischer* (Fn. 47), § 184 Rdnr. 1.
[57] So auch BVerwG NJW 2002, 2966 (2969); *Frommel*, in: NK-StGB, 5. Aufl. (2017), §§ 184 bis 184e Rdnr. 7; kritisch dazu *Hörnle*, JZ 2002, 1062 (1063); kritisch zur Notwendigkeit dieses Schutzes *Fischer* (Fn. 47), § 184 Rdnr. 3.
[58] Siehe *Mittermaier*, VDB IV (1906), S. 143 ff.
[59] So aber noch *Tröndle*, StGB, 48. Aufl. (1997), § 184 Rdnr. 4; kritisch *Lautmann*, ZRP 1980, 44 (45); s. zu den Schutzzwecken umfassend *Schreibauer* (Fn. 54), S. 71 ff.
[60] Vgl. allgemein zu den Erkenntnissen der Wirkungsforschung *Frommel* (Fn. 57), §§ 184 bis 184e Rdnr. 8.
[61] *Perron/Eisele*, in: Schönke/Schröder, StGB, 29. Aufl. (2014), § 184 Rdnr. 6; *Hörnle*, in: MüKo-StGB, 3. Aufl. (2017), § 184 Rdnr. 5.

Auch wenn man aber einen legitimen Zweck erkennen mag, so sollte sich die Kriminalpolitik dennoch der Frage stellen, ob an einem Verbot „einfacher" Pornographie festgehalten werden sollte.[62] So mutet es schon auf den ersten Blick ambivalent bis bigott an, dass die heutige Gesellschaft bis hinein in den Kindergarten durchzogen wird von sexualisiertem Körperkult, gleichzeitig aber der offene Umgang mit Sexualität (zum angeblichen Schutz der Jugend) tabuisiert wird.

Darüber hinaus fragt sich auch, ob mit dem Verbot der in § 184 Abs. 1 StGB beschriebenen „klassischen" Vertriebswege von verkörperten Schriften nicht eine strafrechtliche Scheinwelt aufgebaut wird, die – auch unter Beachtung des § 184d StGB – hinter den tatsächlichen Gegebenheiten in einer vollzugsdefizitären Weise zurückbleibt, dass eine Rechtfertigung vor dem Gleichheitssatz schwer fallen dürfte. So erscheint es doch bedenklich, dass bei dem Überlassen eines Pornoheftchens an einen heute sexuell in aller Regel bereits sehr erfahrenen Siebzehnjährigen Kriminalstrafe droht, wo jeder Zweitklässler, der nur die einfachsten Funktionen des Computers kennt, beispielsweise über die Suchseite von „Google" unter den Begriffen „Sex" oder „Porno" zwischen Milliarden (!) Ergebnissen wählen kann. So ist beispielsweise das besonders verbreitete Angebot „youporn.com" mit Abertausenden – äußerst expliziten – Filmen entsprechenden Inhalts in „Ultra High Definition" ohne jede ernsthafte Zugangshürde für jedermann erreichbar. Mögen auch diese Verbreitungsformen – über § 184d StGB – von den Pornographieverboten formal erfasst sein, so zeigen doch schon die Größenordnungen, dass insoweit dem Strafrecht jede Kontrolle entgleiten muss.[63] Trotz dieser Herausforderung moderner Kommunikation hält der Gesetzgeber am Grundtatbestand des § 184 Abs. 1 StGB fest, obwohl seine Struktur mit weit vorgelagerten abstrakten Gefährdungsdelikten allein an den klassischen Vertriebsformen orientiert ist.[64] Zeitgemäß wäre es, die Vorschrift jedenfalls drastisch zu vereinfachen und auf den Jugendschutz zu konzentrieren: Einfache Pornographie sollte danach jedenfalls solange verbreitet werden dürfen, wie effektive Maßnahmen (vgl. § 184d Abs. 1 Satz 2 StGB) zum Ausschluss Jugendlicher ergriffen werden.[65] Da trotz der allgegenwärtigen tatsächlichen Präsenz pornographischen Materials (und übrigens auch ständig wachsender Tendenz Jugendlicher, sich mit- und untereinander entsprechend zu präsentieren)[66] auch nur ansatzweise belastbare Untersuchungen zu negativen Effekten auf die Entwicklung junger Menschen fehlen,[67] dürfte gar viel dafür sprechen, die einfache Pornographie im Kernstrafrecht sub specie Jugendschutz ganz zu entkriminalisieren; verbleibende Restzweifel

---

[62] Vgl. *Bottke* (Fn. 55), 141 (142), der (mit kritischem Unterton) ein Rechtsgut der „sexualmoralischen Gesundheit" auszumachen glaubt.

[63] Vgl. *Fischer* (Fn. 47), § 184 Rdnr. 3b.

[64] Hier mag die „‚symbolische' Bedeutung" betont werden (*Bottke* [Fn. 55], 141 [142]).

[65] *Hörnle*, NStZ 2004, 150 (151).

[66] Siehe Abschlussbericht der Reformkommission zum Sexualstrafrecht (2017), S. 243.

[67] Vgl. Abschlussbericht der Reformkommission zum Sexualstrafrecht (2017), S. 242 ff. und S. 356 f.

sind durch Instrumente des Jugendschutzgesetzes (JuSchG) durchaus wirksam (genug) zu zerstreuen.

Unter vergleichbaren Gesichtspunkten sollte die Notwendigkeit des abstrakten Gefährdungstatbestands des § 184g StGB, der Prostitutionsausübungen in der Nähe einer Örtlichkeit oder eines Hauses bestraft, die bzw. das von Personen unter achtzehn Jahren bestimmungsgemäß besucht bzw. bewohnt wird, überprüft werden. Solange Prostitution als Teil des gesellschaftlichen Zusammenlebens erlaubt ist, versteht es sich jedenfalls nicht von selbst, dass die Jugend diese nicht wahrnehmen, den unbefangenen Umgang mit ihr nicht lernen soll.

IV. Strafvorschriften mit nicht gravierender Sozialschädlichkeit

Nimmt man die Formel der „ultima ratio" ernst, hat sich die Kriminalpolitik auch dann die Frage zu stellen, ob das Aufstellen einzelner Strafvorschriften geboten ist, wenn sich ein legitimer Zweck (sprich: hinreichender Rechtsgutbezug) beschreiben lässt. Der Umstand, dass sich eine Norm „irgendwie" rechtfertigen lässt, wie es sich am Beispiel des verfassungsgerichtlichen Windens um die Legitimation des Geschwisterinzests[68] geradezu schulmäßig zeigt, bedeutet nämlich naturgemäß nicht, dass sie auch zwingend erforderlich ist.

In diese Kategorie der auf den Prüfstand zu stellenden Vorschriften dürften diejenigen Straftatbestände fallen, welche – vereinfachend – die *ungewollte Konfrontation* mit fremder Sexualität beschreiben. In diesem Bereich wird in besonderer Weise zu fragen sein, ob die nach durchschnittlichen Maßstäben unerwünschte sinnliche Wahrnehmung derart gravierend in die persönlichen Interessen eingreift, dass sie als mehr als nur lästig einzuordnen ist. Das gesellschaftliche Zusammenleben ist von mannigfachen und vielfältigen Eindrücken geprägt, die sich manche oder gar die meisten Menschen ersparen möchten:[69] So mag sich mancher stören an dem auf die Straße speienden Mitbürger, an den im Stadtpark laut Musik hörenden Jugendlichen oder an den am Bahnhofseingang in Gruppen umherstehenden Wohnungslosen, viele an der übelriechenden oder ins Mobiltelefon brüllenden Mitfahrerin in der Straßenbahn, beinahe jeder an einer obszön pöbelnden, sturztrunkenen oder aggressiv bettelnden Person in der Fußgängerzone. Täglich ist man schlechtem, teils üblem Benehmen ausgesetzt, das stets unerwünscht, gelegentlich höchst lästig und sicher kein „Vorbild für die Jugend", aber ebenso sicher auch nicht strafwürdig ist. Grundsätzlich kann erwartet werden, dass der Einzelne einer ungewollten Konfrontation ausweicht, indem er etwa in der Straßenbahn den Wagen, im Stadtpark die Bank oder auf der Straße den Bürgersteig wechselt oder einfach weghört bzw. wegsieht. Wenn ein solches Ausweichen im gewöhnlichen Umgang mit anderen Men-

---
[68] Zusammenfassend *Wolters* (Fn. 7), § 173 Rdnr. 2.
[69] Siehe auch *Weigend*, ZStW 129 (2017), 513 (521 f.).

schen noch erträglich erscheint, fragt sich doch, warum ein derartiges Verhalten im Bereich der Konfrontation mit fremder Sexualität nicht zuzumuten ist.

Im Bereich der hier angesprochenen „Konfrontationsdelikte"[70] hervorstechend dürfte § 183 Abs. 1 StGB sein, nach dem (nur) „ein Mann" bestraft wird, „der eine andere Person durch eine exhibitionistische Handlung belästigt". Schon die Formulierung („lästig") macht erkennbar, dass die Handlung kaum Opferschäden zu verursachen in der Lage ist, sondern dem Bereich des schlicht Unliebsamen, vielleicht Erschreckenden, in Erinnerung Bleibenden,[71] aber nicht Strafwürdigen zugehören dürfte. Obwohl dieses zwar deviante, jedoch unter großem Antriebsdruck stehende Verhalten nach kriminologischen Erkenntnissen gerade nicht den Beginn einer gefährlichen Verlaufsentwicklung im Sexualbereich markiert,[72] haben die Schöpfer des vierten Gesetzes zur Reform des Strafrechts vor vierzig Jahren an der Strafvorschrift festgehalten. Ein moderner Reformgesetzgeber sollte sich dieser Frage erneut annehmen.[73]

Verfassungsrechtlich bedenklich ist jedenfalls die Wertung, die Subjektsqualität nur auf ein Geschlecht zu beschränken.[74] Hier meint zwar das *Bundesverfassungsgericht* annehmen zu dürfen, dass Art. 3 Abs. 2 und 3 GG auf diese Bestimmung des Sexualstrafrechts „evident" nicht anwendbar sei,[75] da der zu ordnende Lebenstatbestand „überhaupt nur in *einem* Geschlecht verwirklicht werden" könne und die Ungleichbehandlung daher auf „der natürlichen Verschiedenheit der beiden Geschlechter" beruhe.[76] Dies dürfte indes fehlgehen: Wenn nämlich die Tat des § 183 Abs. 1 StGB in der „Zurschaustellung"[77] des Geschlechtsteils liegt, ist offensichtlich, dass sie keineswegs *allein* von Männern an den Tag gelegt werden kann. Lässt man bei der gezielten Präsentation innerlich die Tendenz genügen, eine andere Person zu ärgern, zu belästigen oder einzuschüchtern,[78] dürften vielmehr auch jene Lebenssachverhalte vom Begriff erfasst sein, in welchen eine Frau durch eine gezielte sexualbezogene Provokation (etwa der Bewegung „Femen") Aufmerksamkeit für ihr – sei es auch berechtigtes (politisches) – Anliegen erzeugen möchte. Möchte die

---

[70] Dazu eingehend *Weigend*, ZStW 129 (2017), 513 (519 ff.).

[71] *Weigend*, ZStW 129 (2017), 513 (519).

[72] Dazu *Hörnle* (Fn. 61), § 183 Rdnr. 3; *Laufhütte/Roggenbuck*, in: LK-StGB, 12. Aufl. (2010), § 183 Rdnr. 1; *Weigend*, ZStW 129 (2017), 513 (521); s. aber auch *Fischer* (Fn. 47), § 183 Rdnrn. 2 f.

[73] Siehe dazu den Abschlussbericht der Reformkommission zum Sexualstrafrecht (2017), S. 236 f.

[74] Dazu bereits eingehend *Wolters*, GA 2014, 556 (558 ff.).

[75] BVerfG vom 22. März 1999 – 2 BvR 398/99 Rdnr. 2 mit Hinweis auf BVerfGE 6, 389 (423 f.); bestätigt durch BVerfGE 36, 41 (45).

[76] BVerfGE 6, 389 (423 f.). Kritisch dazu *Wolters*, GA 2014, 556 (559); so auch *Weigend*, ZStW 129 (2017), 513 (521 [einschließlich Fußnote 36]).

[77] So zum Begriff „Exhibition": *Wahrig*, Deutsches Wörterbuch, 7. Aufl. (2002) und *Kluge*, Etymologisches Wörterbuch der deutschen Sprache, 23. Aufl. (1999).

[78] So etwa *Hörnle* (Fn. 61), § 183 Rdnrn. 6 f.; vgl. *Wolters*, GA 2014, 556 (560).

Norm vor unerwünschter Konfrontation mit sexualbezogenen Belästigungen bewahren,[79] ließe sie hernach eine verfassungsgemäße Rechtfertigung dafür vermissen, warum der Täterkreis auf Zugehörige eines Geschlechts begrenzt ist. Ein Satz nämlich, dass eine Frau einen Mann oder eine Frau nicht sexualbezogen *belästigen* könne oder aber einer solchen Konfrontation stets kein Gewicht zukäme, dürfte seriöserweise nicht aufzustellen sein. Aber selbst wenn man mit der überwiegenden Meinung für die innere Tatseite die Absicht des Handelnden verlangt, sich durch die Entblößung selbst oder die durch sie vermittelte Reaktion des Wahrnehmenden sexuell zu erregen,[80] treten offene Brüche hervor: So ist es nicht ersichtlich, dass nicht auch weibliche Sexualität vergleichbare Abweichungen zeigen mag. Auch der Gesetzgeber geht hiervon übrigens aus, wie § 183 Abs. 4 StGB zeigt, der die exhibitionistische Handlung einer Frau ausdrücklich erwähnt, er würdigt dieses Phänomen aber nicht im Sinne einer Gleichbehandlung der Geschlechter bei der Strafandrohung, sondern lediglich als privilegierend auf der Ebene der Strafvollstreckungsentscheidung. So nachvollziehbar letztere Wertung angesichts der kriminologischen Besonderheiten ist, so sachgrundlos erscheint erstere Unterscheidung, die sich gleich doppelt auswirkt: Nur die Gruppe männlicher Personen wird in ihrem Recht beschnitten, sich frei, also auch exhibitionistisch zu entfalten, zugleich wird allen Menschen zugemutet, exhibitionistisches Verhalten aus der Gruppe weiblicher Personen zu erdulden.

Der Gesetzgeber hat sich bei seiner letzten Befassung mit § 183 StGB im Jahre 2008[81] einmal mehr ganz bewusst entschieden, nicht nur an der Strafbarkeit, sondern auch an der bestimmten biologischen Täterqualität festzuhalten.[82] Es dürfte beinahe eine Dekade danach gute Gründe dafür geben, diese Vorschrift zu streichen. Eine freiheitliche Gesellschaft, ausgestattet mit „kriminalpolitischer Weisheit",[83] wird nämlich mit dieser Belästigung jedenfalls dann leben können, wenn Erwachsene mit fremder Sexualität konfrontiert werden.[84] Erwägen mag man, ob an der Strafbarkeit sub specie Jugendschutz festgehalten werden sollte; hier böte sich ein einheitliches Konfrontationsdelikt (unter Einbeziehung des § 184g StGB, so man ihn belassen möchte) an.

Ähnliche Überlegungen streiten auch für eine Streichung des § 183a StGB, nach dem die Vornahme sexueller Handlungen in der Öffentlichkeit bestraft wird, wenn sie absichtlich oder wissentlich ein Ärgernis erregen:[85] Nach herkömmlichem Verständnis soll diese Vorschrift nicht „das Allgemeininteresse an der Respektierung der verbreiteten sozial-moralischen Grundanschauung, dass sexuelle Handlungen

---

[79] *Wolters* (Fn. 29), § 183 Rdnr. 2.
[80] *Wolters* (Fn. 29), § 183 Rdnr. 4.
[81] Näher *Wolters* (Fn. 29), § 183 Rdnr. 1.
[82] Vgl. *Laubenthal*, Handbuch Sexualstraftaten (2012), Rdnr. 717.
[83] *Weigend*, ZStW 129 (2017), 513 (520).
[84] Vgl. aber Abschlussbericht der Reformkommission zum Sexualstrafrecht (2017), S. 239; vgl. bereits *Wolters*, GA 2014, 556 (561 f.).
[85] Siehe Abschlussbericht der Reformkommission zum Sexualstrafrecht (2017), S. 239.

nicht in die Öffentlichkeit gehören",[86] sondern den Einzelnen davor schützen, dass er mit sexuellen Handlungen anderer ungewollt konfrontiert wird,[87] was bei ihrer „öffentlichen" Vornahme mit entsprechender Tendenz besonders wahrscheinlich ist. Auch hier ist die Schwelle der Erheblichkeit nicht überschreiten, dieses „Urgestein der ‚Sittlichkeitsdelikte'"[88] sollte die nächste Reform nicht überdauern; etwaig erforderlicher Schutz gewährt das Polizeirecht über die „öffentliche Ordnung".

Bereits vor dem Hintergrund des Jugendschutzes ist angeklungen, dass die Streichung der einfachen Pornographie (§ 184 Abs. 1 StGB) jedenfalls unter dem Gesichtspunkt des Schutzes vor ungewollter Konfrontation wünschenswert erscheint.

Auch sollte darüber nachgedacht werden, ob auf § 184f StGB verzichtet werden kann. Die Ausübung der verbotenen Prostitution stellt eine Qualifikation des § 120 Abs. 1 Nr. 1 OWiG dar, die auch als Verwaltungsunrecht mit erhöhter Geldbuße geahndet werden könnte.

Sind bisher nur bereits länger geltende Strafvorschriften in den Blick genommen worden, so gibt Gesagtes doch Anlass, auch eine durch das „Gesetz zur Verbesserung des Schutzes der sexuellen Selbstbestimmung"[89] neu eingeführte zu betrachten: Konnte eingangs die Hoffnung ausgedrückt werden, dass nach heutiger Lesart allein das *Schädliche* als strafwürdiges Unrecht kategorisiert werden sollte, so scheint sich § 184i StGB als Rückschritt zu erweisen. So deuten der tatbestandlich verlangte Erfolg der „Belästigung" schon sprachlich und die Anordnung formeller Subsidiarität systematisch an, dass hier – vergleichbar dem zu § 183 StGB Aufgezeigten – Verhaltensweisen erfasst werden, welche den Charakter der Bagatelle aufweisen,[90] mithin durch das Raster des § 184h Nr. 1 StGB fallen, der in diesem Abschnitt gerade als quantitativer Aspekt[91] die Schädlichkeit und damit auch Strafwürdigkeit kennzeichnet. Genau dies zeigt sich bei genauerer Betrachtung sogar als das gesetzgeberische Ziel: So sollen ausdrücklich Handlungen, welche „die Schwelle der sexuellen Erheblichkeit *nicht* erreichen, zukünftig strafrechtlich zweifelsfrei erfasst werden".[92] Die Logik ist dabei schon entwaffnend: Die spezifischen Handlungen sind nach dem Maßstab des Gesetzes „im Hinblick auf das geschützte Rechtsgut" (hier also: die sexuelle Selbstbestimmung) *nicht* „von einiger Erheblichkeit", dennoch sind sie „geeignet, das geschützte Rechtsgut der sexuellen Selbstbestimmung in einem Ausmaß

---

[86] Lackner/*Kühl*, StGB, 28. Aufl. (2014), § 183a Rdnr. 1; dagegen *Laufhütte/Roggenbuck* (Fn. 72), § 183a Rdnr. 1.

[87] *Perron/Eisele* (Fn. 61), § 183a Rdnr. 1 mit weiteren Nachweisen; vgl. auch *Horstkotte*, JZ 1974, 84 (90), der geschützt sieht den „Anspruch des einzelnen auf Achtung seiner Anschauungen"; vgl. auch *Fischer* (Fn. 47), § 183a Rdnr. 2; *Hörnle* (Fn. 61), § 183a Rdnr. 1; *Börner*, in: AnwK, 2. Aufl. (2015), § 183a Rdnr. 1.

[88] *Weigend*, ZStW 129 (2017), 513 (522).

[89] Vom 4. November 2016 (BGBl. I S. 2460).

[90] Vgl. *Noltenius*, in: SK-StGB, 9. Aufl. (2017), § 184i Rdnr. 2 („unterhalb einer strafrechtlich bedeutsamen Rechtsverletzung").

[91] Vgl. *Wolters* (Fn. 29), § 184h Rdnr. 10.

[92] BT-Drucks. 18/9097 S. 30 (Hervorhebung hier).

zu tangieren, dass sie als strafwürdig anzusehen sind".[93] Gesetzestechnisch dürfte also von einer Korrektur einer nach wie vor geltenden Legaldefinition zu reden sein.

V. Ausblick

Angesichts der eingangs skizzierten politischen wie gesellschaftlichen Kriminalisierungsspirale[94] scheint eine allzu große Aussicht auf Entrümpelung oder auch nur Entstaubung des Strafrechts zwar nicht zu bestehen, wohl aber sollte mit *Weigend* das Ziel, „das Strafrecht an klaren, rational begründbaren Zwecken auszurichten, die Anstrengung wohl wert" bleiben.[95]

Gerade deswegen kann der Strafrechtswissenschaft und der Gesetzgebung gewünscht werden, dass Klaus Rogall beiden noch viele, viele Jahre als befruchtender Geist und kritischer Begleiter erhalten bleibt. Weit darüber hinaus möge ihm noch lange alles Gute, Gesundheit und Glück beschieden sein.

---

[93] So ausdrücklich BT-Drucks. 18/9097 S. 30.
[94] Vgl. bereits *Sick/Renzikowski*, Festschrift Schroeder (2006), 603 (616).
[95] *Weigend*, ZStW 129 (2017), 513 (528).

IV. Deutsches, ausländisches, supranationales und internationales Strafverfahrensrecht

Zur Rechtmäßigkeit legendierter Kontrollen

Von *Anna H. Albrecht*

I. Einführung

Im Jahre 1992 hat *Klaus Rogall* untersucht, unter welchen Voraussetzungen präventiv erlangte Erkenntnisse zu Zwecken der Strafverfolgung umgewidmet werden können, und dies abgelehnt, wenn der Umweg über das Polizeirecht der Umgehung strafprozessrechtlicher Voraussetzungen dient.[1] Ebendies ist der Einwand der ablehnenden Literatur[2] gegen die in den letzten Jahren zunehmende[3] Praxis sog. legendierter Kontrollen, bei denen Erkenntnisse auf präventiv-polizeilicher Ermächtigungsgrundlage erhoben und in das Strafverfahren eingeführt werden. Im vergangenen Jahr hat nun auch der Bundesgerichtshof zur Zulässigkeit entsprechender Maßnahmen tragend Stellung genommen[4] und eine solche Umgehung für einen typischen Fall verneint.

Die gegensätzliche Beurteilung legendierter Kontrollen[5] in Rechtsprechung und Literatur beruht maßgeblich auf einer grundsätzlich unterschiedlichen Einschätzung darüber, in welchen Fällen eine Beweiserhebung auf eine strafprozessuale Rechtsgrundlage gestützt werden muss. Während die Literatur einen Rückgriff auf eine präventiv-polizeiliche Rechtsgrundlage schon als unzulässig erachtet, wenn eine Maß-

---

[1] *Rogall*, NStZ 1992, 45, 47.

[2] *Hauschild*, in: Münchener Kommentar zur StPO Bd. 1, 2014, § 108 Rn. 7; *Gubitz*, NStZ 2016, 128 ff.; *Wohlers/Jäger*, in: Systematischer Kommentar zur StPO Bd. II, 5. Aufl. 2016, § 105 Rn. 5c; *Kölbel*, in: Münchener Kommentar zur StPO Bd. 2, 2016, § 163 Rn. 28; *Lenk*, StV 2017, 692 ff.; *Mosbacher*, JuS 2016, 706 ff.; Meyer-Goßner/*Schmitt*, Strafprozessordnung, 60. Auf. 2017, § 105 Rn. 1a f.; *Müller/Römer*, NStZ 2012, 543 ff.; *Schiemann*, NStZ 2017, 657 f.; kritisch a. *Brodowski*, JZ 2017, 1124 ff.

[3] *Huth/Proyer*, Der Kriminalist 11/2012, 10; *Nowrousian*, Kriminalistik 2012, 174.

[4] BGH, Urt. v. 26.04.2017, Az. 2 StR 247/16 = NJW 2017, 3173 ff. = NStZ 2017, 651 ff. m. Anm. Schiemann; s. dazu a. *Albrecht*, HRRS 2017, 446 ff.; *Brodowski*, JZ 2017, 1124 ff.; *Kochheim*, KriPoZ 2017, 316 ff.; *Lenk*, StV 2017, 692 ff.; *Löffelmann*, JR 2017, 588 ff.; *Mitsch*, NJW 2017, 3124 ff. Bisher hatte der BGH diese Frage nur obiter dicta gestreift, s. dazu den Überblick bei *Albrecht*, HRRS 2017, 446 (448).

[5] s. die Nachweise in Fn. 2 gegenüber der Entscheidung des BGH sowie *Huth/Proyer*, Der Kriminalist 11/2012, 10 ff.; *Kochheim*, KriPoZ 2017, 319; *Nouwrousian*, Heimliches Vorgehen und aktive Täuschung im Ermittlungsverfahren, 2015; *ders.*, Kriminalistik 2011, 370 ff.; *ders.*, Kriminalistik 2012, 174 ff.; *ders.*, Kriminalistik 2013, 105 ff.; *ders.*, NStZ 2015, 625 ff.; *Tönsgerlemann*, AW-Prax 2012, 168 ff.

nahme auch repressiven Zwecken dient, hält der Bundesgerichtshof es für ausreichend, dass sie auch mit dem Ziel der Gefahrenabwehr vorgenommen wird.[6] Dass dies in dem vom Bundesgerichtshof entschiedenen Sachverhalt entgegen seiner Einschätzung nicht der Fall war und daraus ein Verbot der Verwertung der durch die Maßnahme erlangten Erkenntnisse folgen muss, wurde an anderer Stelle bereits dargelegt.[7] In diesem Beitrag soll eine umfassendere Untersuchung legendierter Kontrollen jenseits solch eindeutiger Fälle folgen.

1. Der praktische Bedarf nach legendierten Kontrollen

Der Bedarf nach legendierten Ermittlungsmaßnahmen kann aus der Sicht der Strafverfolgungsbehörden dann bestehen, wenn sie eine offen durchzuführende Ermittlungsmaßnahme ergreifen wollen, ohne dem Beschuldigten das dieser zugrunde liegende Ermittlungsverfahren zu offenbaren. Dadurch soll insbesondere vermieden werden, dass fortdauernde heimliche Sachverhaltserforschungsmaßnahmen für die weiteren Ermittlungen entwertet werden oder sich der Beschuldigte durch Flucht einer Festnahme entzieht.[8] Praktisch relevantes Beispiel sind Ermittlungen gegen die Betäubungsmittelkriminalität, bei denen die Strafverfolgungsbehörden im Rahmen einer Telekommunikationsüberwachung von einer bevorstehenden Kurierfahrt erfahren und das Auto durchsuchen sowie die Betäubungsmittel sicherstellen möchten. Um die Existenz eines bereits laufenden Ermittlungsverfahrens zu verheimlichen, werden diese Durchsuchungen zunehmend im präventiven Gewand, etwa im Rahmen einer allgemeinen Verkehrskontrolle der Polizei nach § 36 Abs. 5 StVO[9], einer zollamtlichen Überwachung gem. § 10 Abs. 2 ZollVG[10] oder auf polizeirechtlicher Grundlage[11] legendiert durch- und die durch sie erlangten Beweismittel in das Strafverfahren eingeführt. Zum Teil schließen sich weitere Ermittlungsmaßnahmen an, bei denen das ursprüngliche Ermittlungsverfahren weiterhin weder dem Beschuldigten offenbart noch in den Akten dokumentiert wird.[12]

---

[6] s. dazu IV.

[7] *Albrecht*, HRRS 2017, 446 ff. Neben den gekennzeichneten gedanklichen Parallelen unter II.1. und 2.a. finden sich daher auch solche in den Nachweisen.

[8] So auch in der Entscheidung des BGH NJW 2017, 3173 (3178 f.).

[9] So etwa die nicht veröffentliche Entscheidung der Vorinstanz zu BGH NJW 2017, 3173 ff., LG Limburg, Urt. v. 01.03.2016, Az. 4 Js 12755/15-5 Kls; abl. BGH NJW 2017, 3173, 3174; BGH NStZ 1984, 270 (271); OLG Celle NZV 2013, 409 (410).

[10] s. dazu *Klötzer-Assion*, ZWH 2017, 160 f.

[11] BGH NStZ-RR 2016, 176; s. dazu auch *Voigt*, StV 2017, 435 ff.; *Mosbacher*, JuS 2016, 706 ff.

[12] s. dazu BGH NStZ 2010, 294; BGH NJW 2017, 3173 (3715); dazu a. *Albrecht*, HRRS 2017, 446 (453 ff.); *Lenk*, StV 2017, 692 (698 f.); *Löffelmann*, JR 2017, 596 (602).

2. Die Gefahr einer Umgehung strafprozessualer Vorgaben durch legendierte Kontrollen

Die Kritik an diesem Vorgehen knüpft daran an, dass die Behörden die Maßnahme trotz deren Einbindung in ein strafrechtliches Ermittlungsverfahren auf eine gefahrenabwehrrechtliche Ermächtigungsgrundlage stützen, die den Maßstab für die Rechtmäßigkeit in formeller wie materieller Hinsicht festlegt. Da derselbe Grundrechtseingriff je nach präventiver oder repressiver Zielrichtung unterschiedlichen Eingriffsvoraussetzungen unterliegt, begründet ein solcher Umweg über das Gefahrenabwehrrecht stets die Möglichkeit, dass Erkenntnisse in das Strafverfahren eingeführt werden, die gemäß den Vorgaben der Strafprozessordnung jedenfalls im Zeitpunkt ihrer Erhebung nicht hätten erlangt werden können. Schließlich werden die strafprozessualen Anforderungen an Grundrechtseingriffe auch jenseits des Erfordernisses eines Anfangsverdachts in der Regel höher liegen,[13] weil die gefahrenabwehrrechtlichen Vorschriften die Abwendung konkreter Gefahrensituationen auch für bedeutendste Rechtsgüter legitimieren, während das Strafverfahren „nur" der Durchsetzung des öffentlichen Strafverfolgungsinteresses und damit lediglich mittelbar dem Rechtsgüterschutz dient.

Ebendiese Unterschiede in den Eingriffsvoraussetzungen machen sich die Strafverfolgungsbehörden bei einer legendierten Kontrolle gezielt zunutze, insbesondere die Entbehrlichkeit einer richterlichen Anordnung von Durchsuchungen nach § 105 Abs. 1 Satz 1 StPO. Hintergrund sind aber nicht Zweifel, eine solche erlangen zu können; vielmehr dürften im Regelfall die materiellen Voraussetzungen gem. § 102 StPO aufgrund der Erkenntnisse aus den heimlichen Ermittlungsmaßnahmen hinreichend belegt sein. Den Strafverfolgungsbehörden geht es auch nicht darum, dem Beschuldigten die präventive Rechtmäßigkeitskontrolle durch den Richter zu nehmen. Das ist nur sichere Nebenfolge des eigentlichen Ziels, die Offenlegung des zugrunde liegenden Ermittlungsverfahrens zu verhindern, die mit der Bekanntgabe des strafprozessualen Durchsuchungsbeschlusses und seiner Begründung[14] notwendig verbunden wäre.

Sind die Erkenntnisse erst einmal erhoben, wird auch bei ihrer Umwidmung zu strafprozessualen Zwecken nicht umfassend sichergestellt, dass die restriktiveren Voraussetzungen gemäß der Strafprozessordnung eingehalten werden. Zunächst herrscht Uneinigkeit darüber, auf welche Rechtsgrundlage diese Umwidmung zu stützen ist, ob auf § 161 Abs. 1 oder auf Abs. 2 StPO,[15] obwohl der letztere im Wort-

---

[13] s.a. *Bäcker*, Kriminalpräventionsrecht, 2015, S. 489; *Singelnstein*, ZStW 120 (2008), 854 (882); vgl. a. die Gegenüberstellung bei *Bertram*, Die Verwendung präventiv-polizeilicher Erkenntnisse im Strafverfahren, 2009, S. 175 ff.

[14] BGH NStZ 2003, 273; *Hauschild*, in: MK-StPO Bd. 1 (Fn. 2), § 105 Rn. 24.

[15] Für eine Anwendbarkeit des § 161 Abs. 2 StPO nur bei einer irgendwie gearteten Begrenzung der strafprozessualen Ermächtigung auf bestimmte Straftaten *Rehbein*, Die Verwertbarkeit von nachrichtendienstlichen Erkenntnissen aus dem In- und Ausland im deutschen Strafprozess, 2011, S. 231; *Singelnstein*, ZStW 120 (2008), 854 (879); *Voigt*, StV 2017, 435;

laut auf Erkenntnisse aus Maßnahmen begrenzt ist, die nur bei dem Verdacht bestimmter Straftaten zulässig sind und zu denen die Durchsuchung nach §§ 102 ff. StPO nicht gehört.[16] Dennoch soll für die weitere Betrachtung der zweite Ansatz zugrunde gelegt werden, weil er mit seinem Zuschnitt auf Erkenntnisse aus besonders eingriffsintensiven Maßnahmen die Umwidmung von mindestens ebenso engen Vorgaben abhängig machen wird wie Absatz 1.[17] Und obwohl die Regelung des Absatzes 2 auf dem Gedanken des hypothetischen Ersatzeingriffs beruht, wird die Gefahr einer Umgehung strafprozessualer Voraussetzungen auch bei dieser restriktiven Sichtweise nicht hinreichend gebannt. Zunächst gelten die Einschränkungen ausweislich des Gesetzeswortlauts nur dann, wenn die erlangten Erkenntnisse zu Beweiszwecken umgewidmet werden sollen; eine anderweite Nutzung als Spurenansatz oder Anknüpfungspunkt für einen Anfangsverdacht unterliegt den Vorgaben des § 161 Abs. 2 StPO jedenfalls nach der praktisch vorherrschenden Auffassung nicht.[18] Auch reicht aus, dass die strafprozessualen Voraussetzungen erst im Zeitpunkt der Umwidmung, und nicht schon in dem der Datenerhebung, erfüllt waren.[19] Und schließlich herrscht Uneinigkeit, in welchem Umfang die materiellen Voraussetzungen der Maßnahme tatsächlich vorliegen müssen.[20]

---

wohl auch *Löffelmann*, JR 2017, 596 (602); *Mitsch*, NJW 2017, 3124 (3125); nur bei einer Begrenzung auf Katalogstraftaten etwa *Kölbel*, in: MK-StPO Bd. 2 (Fn. 2), § 161 Rn. 46; a.A. spezifisch für legendierte Kontrollen BGH NJW 2017, 3173; LG Münster NStZ 2016, 126 (127); *Mosbacher*, JuS 2016, 706 (708); allgemein *Zöller*, in: Heidelberger Kommentar zur Strafprozessordnung, 5. Aufl. 2012, § 161 Rn. 31; *Plöd*, in: Kleinknecht/Müller/Reitberger, Kommentar zur Strafprozessordnung, Stand: 56. EL. 2009, § 161 Rn. 25; wohl auch *Griesbaum*, in: Karlsruher Kommentar zur Strafprozessordnung, 7. Aufl. 2013, § 161 Rn. 35; *Ziegler/Vordermayer*, in: Satzger/Schluckebier/Widmaier, StPO, 2. Aufl. 2016, § 161 Rn. 27.

[16] Dieses unterschiedliche Verständnis könnte seinen Grund u. a. in der Beurteilung des Rechtszustandes vor Schaffung des § 161 Abs. 2 StPO 2008 haben. Zuvor war umstritten, ob § 161 Abs. 1 StPO eine hinreichend bestimmte Rechtsgrundlage für eine solche Umwidmung war (vgl. *Wohlers*, Systematischer Kommentar zur Strafprozessordnung Bd. III, 4. Aufl. 2011, § 161 Rn. 51 ff.; *Singelnstein*, ZStW 120 [2008], 854 [874 ff.]; *Zöller*, in: Roggan/Kutscha [Hrsg.], Handbuch zum Recht der Inneren Sicherheit, 2. Aufl. 2006, S. 497). Wer dies bejaht, könnte für nicht vom Wortlaut des Absatzes 2 erfasste Maßnahmen weiterhin auf Absatz 1 zurückgreifen; wer dies ablehnt, wird nun § 161 Abs. 2 StPO heranziehen.

[17] *Albrecht*, HRRS 2017, 446 (448 f.).

[18] BT-Drs. 16/5846, S. 64; *Griesbaum*, in: KK-StPO (Fn. 15), § 161 Rn. 36; *Kölbel*, in: MK-StPO Bd. 2 (Fn. 2), § 161 Rn. 45; kritisch demgegenüber *Singelnstein*, ZStW 120 (2008), 854 (884 ff.); *Zöller*, in: HK-StPO (Fn. 15), § 161 Rn. 32.

[19] BGHSt 54, 69 (79 Rn. 25) zu § 100d Abs. 5 Nr. 3 StPO a.F. (nun § 100e Abs. 6 Nr. 3 StPO); *Singelnstein*, ZStW 120 (2008), 854 (882); *Wohlers/Deiters*, in: Systematischer Kommentar zur Strafprozessordnung Bd. III, 5. Aufl. 2016, § 161 Rn. 44.

[20] BGH NJW 2017, 3173 (3177); *Engelhardt*, Verwendung präventivpolizeilich erhobener Daten im Strafprozess, 2011, S. 172 ff.; *Zöller*, in: HK-StPO (Fn. 15), § 161 Rn. 31: vollständiges Vorliegen der materiellen Voraussetzungen; einschr. *Wohlers/Deiters*, in: SK-StPO Bd. III (Fn. 19), § 161 Rn. 44; *Kölbel*, in: MK-StPO Bd. 2 (Fn. 2), § 161 Rn. 47. Zur Erheblichkeit der formellen Voraussetzungen einschließlich einer richterlichen Anordnung statt vieler BGH NJW 2017, 3173 (3177); *Ziegler/Vordermayer*, in: SSW-StPO (Fn. 15), § 161 Rn. 27; a.A. *Mitsch*, NJW 2017, 3124 (3125, 3127).

II. Einwände bei repressiver Rechtsnatur der Durchsuchung

Die überwiegende Auffassung in der Literatur geht deshalb davon aus, dass legendierte Kontrollen von vornherein den Vorgaben des Strafprozessrechts genügen müssen. Ist diese Voraussetzung nicht erfüllt, wird die Zulässigkeit dieser Maßnahme zum einen wegen der Umgehung des Richtervorbehalts, zum anderen wegen des Verstoßes gegen das Gebot der Offenheit bei Durchsuchungen in Zweifel gezogen.

1. Umgehung des Richtervorbehalts

In Einklang mit den Mindestvorgaben aus Art. 13 Abs. 2 GG bedürfen Durchsuchungen nach Gefahrenabwehrrecht nur dann einer richterlichen Anordnung, wenn sie Wohnungen betreffen.[21] In den Vorschriften der allgemeinen Verkehrs- und Zollkontrolle, die nicht auf Wohnungen gerichtet sind, ist ein Richtervorbehalt nicht vorgesehen. Während die Durchsuchung im präventiven Bereich also im Regelfall im Ermessen der Gefahrenabwehrbehörden liegt, setzt sie im repressiven Bereich gem. § 105 Abs. 1 StPO grundsätzlich die Anordnung durch einen Richter voraus. Da diese auch bei der Umwidmung der Erkenntnisse nicht nachgeholt wird, lautet ein maßgeblicher Einwand, dass vor der Verwertung der Erkenntnisse zu keinem Zeitpunkt die nach Strafprozessrecht erforderliche richterliche Kontrolle der Durchsuchung stattfindet.[22] Ist die legendierte Kontrolle eigentlich eine strafprozessuale Maßnahme, würde die präventive Rechtmäßigkeitskontrolle durch den Richter nach § 105 Abs. 1 StPO, die ausgleichen soll, dass der Betroffene durch den Überraschungscharakter der Durchsuchung in seinen Rechtsschutzmöglichkeiten eingeschränkt wird,[23] strukturell unterlaufen.[24]

2. Verstoß gegen das Gebot zur Offenheit bei Durchsuchungen

Die präventive Einkleidung einer repressiven Durchsuchung beeinträchtigt aber nicht nur die präventiven, sondern auch die gegenwärtigen und nachträglichen Kontrollmöglichkeiten. Dem Betroffenen bleibt verborgen, dass die Maßnahme hätte richterlich angeordnet werden und auch im Übrigen den engeren Voraussetzungen der Strafprozessordnung genügen müssen.

---

[21] s. dazu etwa § 24 Abs. 1 S. 1 des Brandenburgischen PolG; § 37 Abs. 1 S. 1 ASOG Berlin; § 39 Abs. 1 des Hessischen SOG; § 42 Abs. 1 S. 1 PolG NRW.
[22] *Gubitz*, NStZ 2016, 128; *Lenk*, StV 2017, 692 (697); *Mosbacher*, JuS 2016, 706, 708; Meyer-Goßner/*Schmitt* (Fn. 2), § 105 Rn. 1b; *Mitsch*, NJW 2017, 3124 (3126); *Müller/Römer*, NStZ 2012, 543 (544); *Schiemann*, NStZ 2017, 657 (658); *Wohlers/Jäger*, in: SK-StPO Bd. II (Fn. 2), § 105 Rn. 5c; s. dazu a. *Albrecht*, HRRS 2017, 446 (451 f.).
[23] Statt vieler BVerfGE 103, 152 (151); *Amelung*, NStZ 2001, 337 (338); *Tsambikakis*, in: Löwe-Rosenberg, StPO Bd. 3, 26. Aufl. 2014, § 105 Rn. 25 m.w.N.
[24] *Albrecht*, HRRS 2017, 446 (452).

a) Gehalt des Offenheitsgebots

Dem entspricht der Einwand, dass legendierte Kontrollen gegen das Gebot der Offenheit[25] der Durchsuchung verstießen,[26] das sich aus einer Gesamtschau der Vorschriften zum Verfahren bei Durchsuchungen ergibt: Die §§ 105 Abs. 2, 106 Abs. 1 StPO sehen die Anwesenheit von Durchsuchungszeugen und des Inhabers des Durchsuchungsobjekts vor; § 107 StPO verpflichtet die Ermittlungsbehörden – soweit nicht zuvor gemäß § 35 StPO geschehen –[27] nach Beendigung der Durchsuchung auf Verlangen u. a. den Grund der Durchsuchung, wenn sie beim Beschuldigten durchgeführt wurde, die Straftat sowie die sichergestellten und beschlagnahmten Gegenstände schriftlich mitzuteilen.

Diese Kritik bedarf schon deswegen einer genaueren Untersuchung, weil die Durchsuchung als solche erkennbar durchgeführt wird, dem Beschuldigten also gar nicht verborgen bleibt.[28] Anders als bei heimlichen Ermittlungsmethoden wie der Telekommunikationsüberwachung, die der Beschuldigte gar nicht bemerken mag, ist er damit keiner erhöhten Gefahr ausgesetzt, sich unbewusst selbst zu belasten. Der Einwand fehlender Offenheit und auch seine Verknüpfung mit dem vorgenannten Vorwurf einer unzulässigen Beeinträchtigung des Rechtsschutzes erklären sich daher nur, wenn die Offenheit gemäß ihrem Zweck weit verstanden wird: Während der Durchsuchung soll der Betroffene in der Lage sein zu überwachen, ob die Voraussetzungen der Durchsuchung gegeben sind und ihre Grenzen eingehalten werden; nach der Durchführung soll er ebendies gerichtlich überprüfen lassen können.[29] Effektiv ist diese Überprüfung aber nur dann, wenn er nicht nur um die Maßnahme an sich weiß, sondern ihm auch der Maßstab erkennbar ist, nach dem sich ihre Zulässigkeit beurteilt. Führt die Polizei die Maßnahme als gefahrenabwehrrechtliche durch, täuscht sie sogar vor, dass nur die geringen Vorgaben nach Gefahrenabwehrrecht erfüllt sein müssen, und nimmt dem Betroffenen damit jeden Anlass, auch die Einhaltung der engeren Voraussetzungen nach Strafprozessrecht zu überprüfen. Je

---

[25] Zur Offenheit der Durchsuchung statt vieler BVerfGE 115, 166 (195); BGHSt 51, 211 (212 ff.); *Hoffmann-Holland/Koranyi*, ZStW 125 (2014), 837 ff.; a.A. *Hofmann*, NStZ 2005, 121 (123).

[26] *Gubitz*, NStZ 2016, 128; *Lenk*, StV 2017, 692 (697); *Mosbacher*, JuS 2016, 706 (708); Meyer-Goßner/*Schmitt* (Fn. 2), § 105 Rn. 1b; *Müller/Römer*, NStZ 2012, 543 (544, 546); *Schiemann*, NStZ 2017, 657 (658); *Wohlers/Jäger*, in: SK-StPO Bd. II (Fn. 2), § 105 Rn. 5c.

[27] s. dazu *Bruns*, in: KK-StPO (Fn. 15), § 107 Rn. 2

[28] s. hierzu und zu Folgenden a. *Albrecht*, HRRS 2017, 446 (452 f.).

[29] BGHSt 51, 211 (212 f., 215); s. allgemein zur Bedeutung der Offenheit für die Erlangung effektiven Rechtsschutzes BVerfGE 109, 279 (364 f.); BVerfG NJW 2012, 833 (838); *Bertram* (Fn. 13), S. 100 ff.; *Hoffmann-Holland/Koranyi*, ZStW 125 (2014), 837, (842, 844 f.); *Kutschera*, NVwZ 2003, 1296 ff.; *Weßlau*, Vorfeldermittlungen – Probleme der Legalisierung „vorbeugender Verbrechensbekämpfung" aus strafprozessrechtlicher Sicht, 1989, S. 205; *Velten*, Befugnisse der Ermittlungsbehörden zu Information und Geheimhaltung, 1995, S. 81 ff.

größer die Diskrepanz zwischen den präventiven und den repressiven Voraussetzungen der Maßnahme ist, desto größer ist das dadurch bedingte Rechtsschutzdefizit.

Diesem Einwand wird in der Literatur vereinzelt entgegengesetzt, dass aktives Verschleiern außerhalb von Vernehmungen stets und insbesondere auch ohne ausdrückliche gesetzliche Gestattung erlaubt, im Interesse effektiver Strafverfolgung sogar geboten sei.[30]

b) Fehlen einer gesetzlichen Aussage zur allgemeinen Zulässigkeit eines Verheimlichens und aktiver Täuschungen

Tatsächlich trifft die Strafprozessordnung keine allgemeine Aussage zur Zulässigkeit oder Unzulässigkeit heimlichen Vorgehens und aktiver Täuschungen. Soweit Ermittlungsmaßnahmen nicht ohnehin für den Betroffenen erkennbar sind, sieht das Gesetz grundsätzlich eine Offenlegung vor, wie bei der Durchsuchung auch bei der Beschlagnahme im Wege der Bekanntgabe der Anordnung gem. § 35 StPO oder aber bei heimlichen Ermittlungsmaßnahmen durch eine grundsätzlich unverzügliche Mitteilung gem. § 101 Abs. 5 S. 1 StPO. Dem stehen Vorschriften gegenüber, die gestatten, bei einer Gefährdung des Untersuchungszwecks an sich offenzulegende Informationen vorübergehend zurückzuhalten, wie beispielsweise (erneut) § 101 Abs. 5 S. 1 StPO oder § 147 Abs. 2, Abs. 4, 5 StPO. Ähnlich ist das Bild bei der Täuschung: Hier steht § 136a StPO als einer Vorschrift, die eine bewusste aktive Täuschung untersagt, § 110a StPO zum Einsatz verdeckter Ermittler gegenüber, dessen Legendierung notwendigerweise mit aktiven Täuschungen einhergeht. Beide ließen sich ebenso als Deklaration eines allgemeinen Grundsatzes wie als vom gesetzlichen Regelfall abweichende Sonderregelung verstehen. Einmal ließe dies auf die grundsätzliche Zulässigkeit,[31] das andere Mal auf die grundsätzliche Unzulässigkeit einer aktiven Täuschung schließen.

Allerdings dürften die vorgenannten Vorschriften in Zielsetzung und Anwendungsbereich für eine solche Verallgemeinerung zu eng sein. So wird zwar dem Täuschungsverbot in § 136a StPO eine Ausstrahlungswirkung zugesprochen.[32] Es ist aber zu bezweifeln, dass dieses in seiner Striktheit auf legendierte Kontrollen übertragbar ist.[33] Während die übrigen in § 136a StPO untersagten Vernehmungsmethoden wie Misshandlung und Quälerei, das Verabreichen von Mitteln oder Hypnose schon aus sich heraus und unabhängig von ihren Folgen gegen die Menschenwürde

---

[30] *Nowrousian*, Heimliches Vorgehen (Fn. 5), S. 75, 77; *ders.*, Kriminalistik 2012, 174 (175 f.); *ders.*, Kriminalistik 2011, 370 (373); *ders.*, NStZ 2015, 625 (627).

[31] So etwa *Nowrousian*, Kriminalistik 2011, 370 (371 f.); *ders.*, Kriminalistik 2012, 174 (175); *ders.*, NStZ 2015, 625 (627).

[32] *Gleß*, in: Löwe-Rosenberg, StPO Bd. 4, 26. Aufl. 2007, § 136a Rn. 4.

[33] Vgl. a. BGHSt 42, 139 (155 f.); s.a. *Hauck*, Heimliche Strafverfolgung und Schutz der Privatheit, 2014, S. 230; *Rogall*, in: SK-StPO Bd. II (Fn. 2), § 136a Rn. 22, 24; *Schuhr*, in: MK-StPO Bd. 1 (Fn. 2), § 136a Rn. 80.

verstoßen,[34] ergibt sich die besondere Sensibilität der Täuschung nach überwiegender Auffassung aus ihrer Instrumentalisierung gegen die Mitwirkungsfreiheit des Beschuldigten,[35] die Instrumentalisierung des Beschuldigten selbst als Beweismittel.[36] § 136a StPO regelt unmittelbar die besonders sensible Vernehmungssituation, in der die freie Willensentschließung und -betätigung des Beschuldigten hinsichtlich einer möglichen Selbstbelastung in besonderem Maße gefährdet und daher schutzbedürftig ist,[37] und wird auf vernehmungsähnliche Situationen analog angewendet.[38] Ausstrahlen soll das Täuschungsverbot zudem auf die Fälle der Tatprovokation durch Lockspitzel,[39] in denen die Willensfreiheit mit dem Ziel einer „tätlichen Selbstbelastung" beeinträchtigt wird. Die Situation einer Durchsuchung, die von als solchen erkennbaren Polizeibeamten offen durchgeführt und lediglich als Gefahrenabwehrmaßnahme getarnt wird, ist damit nicht vergleichbar.[40] Denn der Beschuldigte soll durch sie nicht zu einer Selbstbelastung veranlasst werden. Eine besondere Gefahr für seine Freiheit der Mitwirkung bei der konkreten Beweiserhebung wird weder bezweckt noch ist sie faktisch gegeben.[41] Entsprechendes gilt, soweit das Bundesverfassungsgericht ein Täuschungsverbot aus dem allgemeinen Fairnessgrundsatz ableitet: Auch in diesem Fall ging es um eine Beeinträchtigung der Einlassungsfreiheit.[42]

Umgekehrt ist aber auch die Regelung des § 110a Abs. 2 StPO, die dem verdeckten Ermittler die Legendierung gestattet, nicht verallgemeinerungsfähig. Dagegen sprechen der spezielle Kontext und die restriktiven Vorgaben dieser Vorschrift.[43] Das einfache Recht erweist sich damit bei der Frage eines allgemeinen Täuschungsverbots nicht als aussagekräftig. Die Antwort muss deshalb auf der verfassungsrechtlichen Ebene gesucht werden.

---

[34] *Schuhr*, in: MK-StPO Bd. 1 (Fn. 2), § 136a Rn. 43; *Gleß*, in: LR Bd. 4 (Fn. 32), § 136a Rn. 39.

[35] s. dazu etwa *Verrel*, in: Paeffgen/Böse/Kindhäuer u. a. (Hrsg.), FS Puppe, 2011, S. 1629; *Lindner*, Täuschungen in der Vernehmung des Beschuldigten, 1988, S. 41 ff.; *Starck*, in: v. Mangoldt/Klein/Starck, Grundgesetz Bd. 1, 6. Aufl. 2010, Art. 1 Rn. 59.

[36] Vgl. *Weßlau*, ZStW 110 (1998), 1 (26).

[37] *Rogall*, in: SK-StPO Bd. II (Fn. 2), § 136a Rn. 28 m.w.N.; *Schuhr*, in: MK-StPO Bd. 1 (Fn. 2), § 136a Rn. 75; vgl. a. BGHSt 40, 66 (72).

[38] Statt vieler *Rogall*, in: SK-StPO Bd. II (Fn. 2), § 136a Rn. 25 ff.

[39] *Gleß*, in: LR Bd. 4 (Fn. 32), § 136a Rn. 4.

[40] s. dazu auch *Hauck* (Fn. 33), S. 254: keine grundsätzliche Betroffenheit der Menschenwürde bei heimlichen Ermittlungsmaßnahmen.

[41] Vgl. BGHSt 33, 217 (223 f.).

[42] BVerfGE 109, 270 (324); vgl. a. *Soiné*, NStZ 2010, 596 (597).

[43] *Dencker*, StV 1994, 667 (681 f.).

c) Erfordernis einer gesetzlichen Ermächtigung für ein Verheimlichen und aktive Täuschungen

Auch wenn das Gesetz ein Verheimlichen und Verschleiern nicht allgemein untersagt und insbesondere bestimmte Kriminalitätsbereiche sich kaum ohne ein solches aufklären lassen,[44] ist es schon mit dem Gesetzesvorbehalt nicht zu vereinbaren, daraus auf die allgemeine Zulässigkeit eines solchen Vorgehens zu schließen.[45] Heimliches Vorgehen bedarf stets einer gesetzlichen Gestattung, weil es den in der Maßnahme liegenden Grundrechtseingriff noch weiter intensiviert.

aa) Erhöhung der Eingriffsintensität durch Verheimlichen und aktives Täuschen im Allgemeinen

Obwohl schon das Führen eines Ermittlungsverfahrens an sich grundrechtsrelevant ist,[46] wird eine allgemeine Pflicht der Strafverfolgungsbehörden, dem Beschuldigten ein Ermittlungsverfahren offenzulegen, nicht angenommen.[47] Erst die Vernehmung des Beschuldigten nach § 163a StPO, die spätestens vor Abschluss der Ermittlungen und nur bei einer Anklageerhebung erfolgen muss, soll sicherstellen, dass er von den gegen ihn laufenden Ermittlungen erfährt und nicht von der Anklage überrascht wird.[48]

Anders ist dies bei einzelnen, ausdrücklich geregelten Ermittlungsmaßnahmen. Zwar begründet nach der Rechtsprechung die Heimlichkeit einer Maßnahme nicht per se deren Unzulässigkeit.[49] Sie muss aber in besonderem Maße gerechtfertigt werden.[50] Dies gilt zunächst deshalb, weil sie die Möglichkeiten des Betroffenen einschränkt, die Rechtmäßigkeit der Ermittlungsmaßnahme zu überprüfen und überprüfen zu lassen sowie das eigene Verhalten bei ihrem Fortdauern anzupassen; darüber hinaus erhöht heimliches Vorgehen die Eingriffsintensität einer Maßnahme aber auch deshalb erheblich, weil die Furcht vor Überwachung die gesamte Kommunika-

---

[44] BVerfGE 57, 250 (284); BGHSt 32, 115 (120 f.); s.a. *Hofmann*, NStZ 2005, 121 (123 f.).

[45] So aber *Nowrousian*, Kriminalistik 2011, 370 (371 ff.); *ders.*, Kriminalistik 2012, 174 (175); s. aber a. *Nowrousian*, Heimliches Vorgehen (Fn. 5), S. 189, 195.

[46] Vgl. dazu die Diskussion zum Erfordernis einer Rechtsschutzmöglichkeit gegen die Verfahrenseinleitung und -fortführung, s. etwa den Überblick bei *Erb*, in: Löwe-Rosenberg, StPO Bd. 5, 26. Aufl. 2008, § 160 Rn. 67 ff.; *Kölbel*, in: MK-StPO Bd. 2 (Fn. 2), 2016, § 160 Rn. 54 ff. m.w.N.; a.A. etwa *Weßlau* (Fn. 29), S. 208.

[47] s.a. BGHSt 39, 335 (346); BGH NJW 2017, 3173 (3178); *Löffelmann*, JR 2017, 596 (600); *Soiné*, NStZ 2010, 596 (597); kritisch gegenüber diesem geltenden Gesetzesstand etwa *Erb*, in: LR Bd. 5 (Fn. 46), § 163a Rn. 29a m.w.N.

[48] Vgl. *Kölbel*, in: MK-StPO Bd. 2 (Fn. 2), § 163a Rn. 13; *Erb*, in: LR Bd. 5 (Fn. 46), § 163a Rn. 27.

[49] BVerfGE 109, 279 (313, 324); BGHSt 42, 139 (151).

[50] BVerfGE 118, 168 (197 f.); 120, 274 (325); zustimmend *Löffelmann*, JR 2017, 596 (600).

tion hemmen kann.[51] Die Verhältnismäßigkeitserwägungen, die in den Eingriffsvoraussetzungen für eine offene Durchführung gesetzlich konkretisiert sind, lassen sich deshalb auf eine entsprechende, aber heimlich durchgeführte Maßnahme nicht übertragen. So hat der Bundesgerichtshof die Onlinedurchsuchung wegen ihrer Heimlichkeit als „eine Zwangsmaßnahme mit einem neuen, eigenständigen Charakter" kategorisiert, die nicht auf die Vorschriften zur offenen Durchsuchung gestützt werden kann;[52] die Anordnung und Durchführung heimlicher Maßnahmen muss danach „hohe[n] formelle[n ...] und materielle[n] Anforderungen" genügen, wie sie auch in den Ermächtigungsgrundlagen für heimliche Maßnahmen nach den §§ 100a ff. StPO vorgesehen sind.[53] Daraus folgt ein Grundsatz der Offenheit staatlichen oder auch polizeilichen bzw. strafverfolgungsbehördlichen Handelns[54] insoweit, als die heimliche Durchführung einer Maßnahme nur bei gesetzlicher Ermächtigung zulässig sein kann, für die die Ermittlungsgeneralklausel nicht ausreichen mag.

Die Zulässigkeit von aktiven Täuschungen wird man von noch strengeren Kriterien abhängig machen müssen als das bloße Verheimlichen, weil sie nicht nur eine Unkenntnis des Betroffenen ausnutzt, sondern sogar aktiv eine Fehlvorstellung hervorruft. Dieser Einordnung wird entgegengesetzt, dass der Gesetzgeber den mit aktiven Täuschungen verbundenen Einsatz des verdeckten Ermittlers als weniger eingriffsintensiv einordnet als den Einsatz heimlicher Ermittlungsmaßnahmen wie der Telekommunikationsüberwachung oder des Lauschangriffs.[55] Anders als im Fall der legendierten Kontrolle haben Verheimlichen und aktives Täuschen bei den dort verglichenen Maßnahmen jedoch einen unterschiedlichen Gegenstand: Die aktive Täuschung über die Identität einer Person, deren Anwesenheit dem Betroffenen bekannt ist, hat geringeres Gewicht als der Einsatz heimlicher Ermittlungsmaßnahmen, weil sich der Betroffene im ersten Fall immerhin der Wahrnehmung durch eine andere Person bewusst ist und seine Kommunikation darauf einstellen kann. Vergleicht man hingegen Verdecken und aktive Täuschung in Bezug auf dieselbe Tatsache, so erscheint die aktive Täuschung schon deswegen als intensiver, weil sie den Betroffenen in falscher Sicherheit wiegt und ihn daher sogar von selbstschützenden Maßnahmen abhalten kann. Damit gilt erst recht ein grundsätzliches Verbot von Täu-

---

[51] s. dazu etwa BVerfGE 107, 299 (321); 115, 320 (353); 120, 274 (325); *Dencker*, StV 1994, 667 (684); *Denninger*, in: Lisken/Denninger, Handbuch des Polizeirechts, 5. Aufl. 2012, B 64 f.; *Hauck* (Fn. 33), S. 130.

[52] BGHSt 51, 211 (215).

[53] BGHSt 51, 211 (216).

[54] *Bernsmann/Jansen*, StV 1998, 217 f. mit historischem Hintergrund; *Bertram* (Fn. 13), S. 98 ff.; *Hefendehl*, StV 2001, 700 (703); *Ott*, Verdeckte Ermittlungen im Strafverfahren, 2008, S. 77 ff.; *Weßlau* (Fn. 29), S. 205 ff.; *Wolter*, GA 1988, 49 (88); *Zerbes*, Spitzeln, Spähen, Sponieren, 2010, S. 49 ff.; unter Ableitung aus dem Demokratieprinzip *Velten*, Transparenz staatlichen Handelns und Demokratie, 1996; s.a. *dies.*, Befugnisse (Fn. 29), S. 81 ff.; a.A. BGHSt 42, 139 (150 f.); offengelassen in BGHSt 339, 335 (346 f.); differenzierend *Dencker*, StV 1994, 667 (677 ff.).

[55] So aber *Nowrousian*, Heimliches Vorgehen (Fn. 5), S. 74; *ders.*, NStZ 2015, 625 (626) unter Verweis auf BT-Drucks. 12/989, S. 41.

schungen, das zum Teil – wie im Anwendungsbereich des § 136a StPO – unumstößlich ist und im Übrigen – wie im Anwendungsbereich des § 110a Abs. 2 StPO – allenfalls durch eine gesetzliche Regelung suspendiert werden kann.[56]

bb) Erhöhung der Eingriffsintensität durch Verheimlichen und aktives Täuschen bei legendierten Kontrollen im Besonderen

Legendierte Kontrollen haben die zuvor genannten eingriffsintensivierenden Wirkungen heimlicher Ermittlungsmaßnahmen allerdings nur zum Teil. Weil sich der Beschuldigte der Anwesenheit von Polizeibeamten bewusst ist, entfällt die Gefahr einer unbewussten Selbstbelastung während der Maßnahme selbst, die bei heimlichen Ermittlungsmethoden bezweckt, bei Vernehmungen hingegen durch das Täuschungsverbot vermieden werden soll. Sie besteht nur insoweit fort, als dass von der Durchsuchung zu trennende verdeckte Ermittlungsmaßnahmen gegen den oder die Beschuldigten durch das Verschleiern des zugrundeliegenden Ermittlungsverfahrens weiterhin wirksam bleiben. Vor dieser Fehlvorstellung schützt die Strafprozessordnung nicht. Sie beruht nicht auf einer aktiven Täuschung, weil die Durchführung der Durchsuchung auf präventiv-polizeilicher Grundlage keinerlei Aussage darüber trifft, ob gegen den Betroffenen auch strafrechtlich ermittelt wird (s. IV.). Eine allgemeine Pflicht zur Offenlegung besteht nach Vorhergesagtem nach h.M. nicht. Es bleibt damit die Beeinträchtigung des Rechtsschutzes. Wie schwer diese wiegt, richtet sich insbesondere nach der Eingriffsintensität der jeweiligen Maßnahme.

cc) Gesetzessystematik bei Durchsuchungen

Einer Ermächtigungsgrundlage bedarf die Durchführung legendierter Kontrollen aber auch aus gesetzessystematischen Gründen, weil, wie dargelegt, ein Verschweigen und Verschleiern der Rechtsnatur dem gesetzlichen Gebot der offenen Durchführung von Durchsuchungen widerspricht. Zwar unterliegt auch dieses Grenzen. So ist in § 106 Abs. 2 StPO nur bei Durchsuchungen, die nicht verdächtige Personen betreffen, vorgesehen, diesen vorab den Zweck der Maßnahme mitzuteilen; bei Durchsuchungen, die sich gegen den Beschuldigten selbst richten, soll die Mitteilung demgegenüber unter dem Vorbehalt stehen, dass ebendieser Zweck nicht gefährdet wird.[57] Gestattet ist damit aber nur, den Zweck und nicht die gesamte Maßnahme oder ihre Rechtsnatur zu verschweigen, noch dazu zeitlich begrenzt, bis gem. § 107 StPO auf Verlangen schriftliche Mitteilung über den Grund der Durchsuchung und die Straftat zu erteilen ist. Die Zurückhaltung soll damit allein die Effektivität der konkreten Durchsuchung sicherstellen, nicht aber darüber hinausgehenden Untersuchungszwecken dienen.

---

[56] s. dazu etwa *Dencker*, StV 1994, 667 (674 ff.).
[57] *Hauschild*, in: MK-StPO Bd. 1 (Fn. 2), § 106 Rn. 13; *Wohlers/Jäger*, in: SK-StPO Bd. II (Fn. 2), § 106 Rn. 25 m.w.N.

Bestätigt wird dies durch die Vorschriften der §§ 33 Abs. 4, 101 Abs. 5, 147 Abs. 2, 4 StPO. Sie regeln eine solche Ausnahme von einer grundsätzlichen Pflicht zur Offenlegung – durch die vorherige Anhörung vor Erlass einer Entscheidung, die Mitteilung über die Durchführung einer heimlichen Maßnahme oder die Gewährung von Akteneinsicht – für Fälle, in denen die Einhaltung ebendieser Pflicht den Untersuchungszweck gefährden würde.

c) Fehlen einer gesetzlichen Ermächtigung zum Verheimlichen und aktiven Täuschen

Da bei der Durchsuchung eine solche Ausnahme gesetzlich nicht vorgesehen ist, werden in der Literatur eine analoge Anwendung entsprechender Vorschriften oder die Herausarbeitung eines allgemeinen Rechtsgrundsatzes erwogen. Herangezogen werden die bereits erwähnten Vorschriften der §§ 101 Abs. 5, 147 Abs. 2 StPO, weil sie ebenfalls ein gesetzliches Gebot zur Offenlegung durchbrechen.[58]

Dies deutet aber darauf hin, dass schon die allgemeinen Voraussetzungen einer analogen Anwendung fehlen. Die Regelungen heben die gesetzliche Offenlegungspflicht nur punktuell auf. Daher ist schon fraglich, ob eine planwidrige Regelungslücke bei der Durchsuchung zu füllen ist. Jedenfalls sind beide Vorschriften in ihrem Anwendungsbereich eng begrenzte Ausnahmeregelungen, die schon aus diesem Grund nicht analogiefähig sind[59] und auch nicht als Ausdruck eines allgemeinen Grundsatzes verstanden werden können.

Schließlich ist bei beiden Vorschriften überdies fraglich, ob eine analoge Anwendung überhaupt die erstrebte Rechtsfolge begründete. Erforderlich wäre eine Vorschrift, die zu aktiven Täuschungen ermächtigt, um nicht den Untersuchungszweck *weiterer* Ermittlungsmaßnahmen zu gefährden. Eine aktive Täuschung sehen aber weder § 147 Abs. 2 noch § 101 Abs. 5 StPO vor.[60] Die Zurückstellung der Information gestattet § 101 Abs. 5 StPO nach überwiegender Auffassung auch nur so lange, wie die *spezifische* Maßnahme weitere Erkenntnisse hervorbringen kann.[61]

Bei § 147 Abs. 2 StPO ist dies anders: Mangels Bezug zu einer konkreten Maßnahme muss der durch Akteneinsicht gefährdete Untersuchungszweck weiter verstanden werden, nämlich als derjenige der Ermittlungen in ihrer Gesamtheit. Die Möglichkeit der Zurückstellung ist aber auch hier begrenzt: Nach Satz 2 sind bei

---

[58] *Nowrousian*, Kriminalistik 2011, 370, 371.

[59] BGH NStZ 2010, 294; zu § 101 Abs. 5 StPO Meyer-Goßner/*Schmitt* (Fn. 2), § 101 Rn. 19.

[60] s.a. bezüglich § 147 Abs. 2 StPO *Nowrousian*, Heimliches Vorgehen (Fn. 5), S. 24 ff.; *ders.*, Kriminalistik 2011, 370, 371; anders aber bezügl. § 101 Abs. 5 StPO, S. 33 ff.

[61] *Hauck*, in Löwe-Rosenberg, StPO Bd. 3, 26. Aufl. 2014, § 101 Rn. 39; Meyer-Goßner/*Schmitt* (Fn. 2), § 101 Rn. 19; *Nowrousian*, Kriminalistik 2011, 370, 371; wohl auch *Wolter/Jäger*, in: SK-StPO Bd. II (Fn. 2), § 101 Rn. 29; a.A. *Günther*, in: MK-StPO Bd. 1 (Fn. 2), § 101 Rn. 56.

vollzogener oder angeordneter Untersuchungshaft „dem Verteidiger die für die Beurteilung der Rechtmäßigkeit der Freiheitsentziehung wesentlichen Informationen in geeigneter Weise zugänglich zu machen", und es wird diskutiert, ob das Recht auf rechtliches Gehör es nicht gebietet, diese Regelung trotz ihres engen Wortlauts auf andere Zwangsmaßnahmen einschließlich der Durchsuchung zu übertragen.[62] Zu diesen wesentlichen Informationen zählen aber nicht nur diejenigen Inhalte, auf die das Gericht seine Entscheidung stützt. Der Anspruch auf rechtliches Gehör verlangt, dass Einsicht in sämtliche Aktenbestandteile gewährt wird, die auch dem Gericht vorgelegt werden.[63] Selbst das kann aber unzureichend sein,[64] wenn – wie für zulässig erachtet[65] und in dem vom 2. Strafsenat entschiedenen Fall geschehen[66] – auch dem Gericht potentiell entscheidungsrelevante Informationen vorenthalten werden. So ist im Vorgehen bei legendierten Kontrollen angelegt, den Hintergrund der Maßnahme zu verschweigen, der aber die Verwertbarkeit der Beweise ausschließen kann. Gerade diejenigen Umstände, die das Gericht nicht ohnehin schon kennt und zur Begründung seiner Entscheidung heranziehen will, muss der Verteidiger vorbringen können.

Wie bei § 147 Abs. 2 Satz 2 StPO geht es bei dem Verschleiern der repressiven Rechtsnatur einer Durchsuchung um einen Ausgleich zwischen dem Interesse der Strafverfolgungsbehörden an der Geheimhaltung der bisherigen Ermittlungen einerseits und demjenigen des Betroffenen an einer hinreichenden Information zur Erlangung effektiven Rechtsschutzes andererseits. Sollte also die Ausnahme vom Offenlegungsgebot im Wege einer Analogie übertragbar sein, dann muss dies auch für ihre Grenzen gelten.

Erst recht scheidet ein argumentativer Rückgriff auf § 161 Abs. 1 StPO aus.[67] Unabhängig von der Frage, ob die Vorschrift taugliche Rechtsgrundlage für andere verdeckte Ermittlungsmaßnahmen sein kann,[68] stehen dem für die Durchsuchung die

---

[62] Bejahend etwa *Beulke*, in: SSW-StPO (Fn. 15), § 147 Rn. 39; einschr. *Thomas/Kämpfer*, in: MK-StPO Bd. 1 (Fn. 2), § 147 Rn. 29; *Wohlers*, in: SK-StPO Bd. III (Fn. 19), § 147 Rn. 66a: spätestens im Beschwerdeverfahren; a.A. *Laufhütte*, in: KK-StPO (Fn. 15), § 147 Rn. 16.

[63] *Beulke/Witzigmann*, NStZ 2011, 254 (259 f.); *Börner*, NStZ 2010, 417 (421); *Kempf*, StV 2001, 206 (207); *Thomas/Kämpfer*, in: MK-StPO Bd. 1 (Fn. 2), § 147 Rn. 27; *Wohlers*, in: SK-StPO Bd. III (Fn. 19), § 147 Rn. 65; s.a. *Kühne/Esser*, StV 2002, 383 (390 ff.) sowie *Pauly*, StV 2010, 492 unter Verweis auf die entsprechende Rechtsprechung des EGMR; a.A. wohl BVerfG NJW 1994, 3219 (3220).

[64] A.A. *Nowrousian*, Heimliches Vorgehen (Fn. 5), S. 86.

[65] So etwa *Wohlers*, in: SK-StPO Bd. III (Fn. 19), § 147 Rn. 6; a.A. *Albrecht*, HRRS 2017, 446 (456 f.). Eingehend zur Bedeutung einer vollständigen Dokumentation der Ermittlungen in der Akte *Velten*, Befugnisse (Fn. 29), S. 67 ff., 205 ff.

[66] BGH NJW 2017, 3173 (3174, 3179).

[67] s. aber *Nowrousian*, Heimliches Vorgehen (Fn. 5), S. 24.

[68] Für einen zu Recht kritischen Überblick über die Diskussion s. etwa *Günther*, in: MK-StPO Bd. 1 (Fn. 2), § 110a Rn. 27 ff.; *Wolter/Jäger*, in: SK-StPO Bd. II (Fn. 2), § 110a Rn. 3 ff.

vorgenannten Erwägungen zu Vorbehalt und Systematik des Gesetzes zwingend entgegen. Die Regelung der offenen Durchsuchung sperrt insoweit ein Ausweichen auf die Generalklausel.[69]

3. Folgen für die Verwertbarkeit

Da die Strafverfolgungsbehörden den Richtervorbehalt bei legendierten Kontrollen strukturell umgehen und durch das Verschleiern der Rechtsnatur der Durchsuchung den Rechtsschutz weiter schwächen, sind die auf diese Weise erlangten Erkenntnisse im Strafverfahren nicht verwertbar.[70] Dem lässt sich auch nicht entgegensetzen, dass in der Regel auch die materiellen strafprozessualen Voraussetzungen der Durchsuchung gegeben sein dürften, weshalb ein zuvor angerufener Richter die Durchsuchung angeordnet und ein nachträglich angerufenes Beschwerdegericht diese Anordnung bestätigt hätte.[71] Wie Rogall schon vor 30 Jahren warnte, würde es den Richtervorbehalt aushöhlen, wenn die Verwertung von unter Verstoß gegen den Richtervorbehalt erlangten Erkenntnissen durch eine solche Berücksichtigung hypothetischer Ermittlungsverläufe legitimiert wird.[72] Für Beeinträchtigungen der Möglichkeit, nachträglichen Rechtsschutz zu erlangen, gilt dies entsprechend.

III. Entfallen der Einwände bei präventiv-polizeilicher Rechtsnatur der Durchsuchung

Alle diese Einwände haben zur Prämisse, dass sich die Zulässigkeit legendierter Kontrollen nach den Vorgaben des Strafverfahrensrechts richtet. Reicht demgegenüber aus, dass die Maßnahme die präventiv-polizeilichen Voraussetzungen erfüllt, gehen sie ins Leere.

Einer richterlichen Anordnung bedarf es nach diesen im Regelfall nicht. Auch ist der Beschuldigte durch die offene Durchführung als gefahrenabwehrrechtliche Maßnahme hinreichend informiert. Denn ist sie danach schon bei dem Vorliegen der präventiv-polizeilichen Voraussetzungen rechtmäßig, reicht aus, wenn der Betroffene die Maßnahme an diesen Vorgaben messen und messen lassen kann. In der Durchführung als gefahrenabwehrrechtliche Maßnahme liegt keine aktive Täuschung über

---

[69] s.a. *Wohlers/Jäger*, in: SK-StPO Bd. II (Fn. 2), § 105 Rn. 5c.

[70] s. dazu *Albrecht*, HRRS 2017, 446 (453); *Lenk*, StV 2017, 692 (697); *Mitsch*, NJW 2017, 3123 (3126).

[71] Für eine grundsätzliche Berücksichtigung hypothetischer rechtmäßiger Ermittlungsverläufe, soweit kein Fall eines bewussten oder willkürlichen Verfahrensverstoßes vorliegt statt vieler BGHSt 51, 285, 295 f.; BGH NJW 2007, 2269, 2271; s.a. *Roxin*, NStZ 1989, 375, 379.

[72] *Rogall*, NStZ 1988, 385 (391); kritisch auch *Hauschild*, in: MK-StPO Bd. 1 (Fn. 2), § 105 Rn. 39; *Mosbacher*, JuS 2016, 706 (707); *ders.*, NJW 2007, 3686 (3687); *Krehl*, NStZ 2003, 461 (464 f.); *Krekeler*, NStZ 1993, 263 (264); *Wohlers/Jäger*, in: SK-StPO Bd. II (Fn. 2), § 105 Rn. 75.

den Lauf von strafrechtlichen Ermittlungen (s. II.2.c)bb), IV.) – und damit schon gar keine Legendierung der Kontrolle.

Wurden die Erkenntnisse rechtmäßig auf gefahrenabwehrrechtlicher Grundlage erhoben, können sie auch nach der restriktiveren Umwidmungsvorschrift des § 161 Abs. 2 StPO im Strafverfahren verwertet werden, wenn – was im Regelfall zu bejahen ist – im Zeitpunkt der Umwidmung die materiellen Voraussetzungen der Durchsuchung nach Strafprozessrecht gegeben sind. Eine richterliche Kontrolle ist auch bei der Umwidmung der Erkenntnisse nicht nachzuholen, da selbst die restriktivere Umwidmungsgrundlage des § 161 Abs. 2 StPO von der Einhaltung der formellen Voraussetzungen entbindet (s. o.). Damit besteht kein Richtervorbehalt, der umgangen werden könnte,[73] und ist nicht erkennbar, weshalb die Erkenntnisse nicht verwertet werden könnten.[74] Weisen weder die Datenerhebung noch die Umwidmung einen Verfahrensverstoß auf, so fehlt der Anknüpfungspunkt für ein unselbstständiges Verwertungsverbot. Gründe für ein selbstständiges Verwertungsverbot sind nicht ersichtlich.

IV. Die Bestimmung der Rechtsnatur der Maßnahme

Die Zulässigkeit legendierter Kontrollen hängt deshalb davon ab, wie die Rechtsnatur der Maßnahme zu bestimmen ist und ob sie demzufolge (nur) gefahrenabwehrrechtlichen oder (auch) strafprozessualen Vorgaben genügen muss. Dass Letzteres jedenfalls dann der Fall ist, wenn die präventive Zweckrichtung vollständig hinter der repressiven zurücktritt, wurde an anderer Stelle bereits erläutert.[75] Im Folgenden soll eine allgemeine Beurteilung für Maßnahmen mit doppelter Zwecksetzung versucht werden.

Die Vorschrift des § 161 Abs. 2 StPO lässt sich dafür nicht fruchtbar machen.[76] Sie trifft allein eine Aussage dazu, unter welchen Voraussetzungen u. a. präventiv-polizeilich erhobene Daten zur Verwertung im Strafverfahren umgewidmet werden können. Die Regelung knüpft also an bereits erhobene Daten an und setzt deren Erhebung auf einer nicht-strafprozessualen Ermächtigungsgrundlage voraus. Ob die gewählte Rechtsgrundlage auch die richtige war, besagt sie nicht. Müssten Maßnahmen mit (auch) strafprozessualer Zwecksetzung stets (auch) strafprozessualen Vorgaben genügen, so wäre für die Anwendung des § 161 Abs. 2 StPO zwar insoweit weder Raum noch Bedarf. Die Vorschrift hätte aber immer noch einen eigenständigen Anwendungsbereich bei der Umwidmung solcher Daten, die durch Polizeibehörden zu

---

[73] Vgl. etwa BGH NJW 2017, 3173 (3177); LG Münster NStZ 2016, 126 (127); *Nowrousian*, Heimliches Vorgehen (Fn. 5), S. 103 f.

[74] Erwogen von BGH NJW 2017, 3173 (3176; 3177); bejahend *Mitsch*, NJW 2017, 3124 (3125 ff.); wie hier *Brodowski*, JZ 2017, 1124 (1126 ff.); *Kochheim*, KriPoZ 2017, 319.

[75] *Albrecht*, HRRS 2017, 446 (449 ff.).

[76] A.A. *Brodowski*, JZ 2017, 1124 (1126).

rein präventiven Zwecken, etwa noch vor Entstehung eines Anfangsverdachts, oder aber von Behörden, die keinerlei Doppelfunktion haben, erhoben worden sind. Auch den Gesetzgebungsmaterialien ist kein Hinweis in die eine oder die andere Richtung zu entnehmen.

Ebenso wenig hilft ein Blick darauf weiter, welche Aufgabe die Polizeibehörden zuvörderst hätten verfolgen müssen, ob sie immer der Gefahrenabwehr[77] oder aber wegen des Legalitätsprinzips immer der Strafverfolgung den Vorrang einräumen[78] oder aber bei Gleichrangigkeit der Zwecke[79] anhand des Einzelfalls entscheiden müssen.[80] Das würde bedeuten, von der Pflicht auf die tatsächliche Zwecksetzung zu schließen und der Behörde damit eine insoweit rechtmäßige Entscheidung zu unterstellen.[81] Doppelfunktionale Maßnahmen sind zudem gerade dadurch charakterisiert, dass ihre beiden Zwecke gleichlaufen und damit auch zeitgleich verwirklicht werden. Werden Betäubungsmittel sichergestellt, um sie als Beweismittel zu verwerten, sind damit zugleich die Gefahren gebannt, die mit ihrem Inverkehrbringen entstehen würden;[82] werden sie sichergestellt, um ihr Inverkehrbringen zu vermeiden, können sie über § 161 Abs. 2 StPO als Beweismittel in das Strafverfahren eingeführt werden. Die Festlegung eines Vorrangs erscheint damit teilweise schwierig und auch nicht zielführend.[83]

Dennoch wird vereinzelt[84] mit dem Legalitätsprinzip begründet, dass doppelfunktionale Maßnahmen bei Vorliegen eines Anfangsverdachts[85] bzw. bei Ermittlungen gegen einen konkreten Beschuldigten[86] stets auf strafprozessualer Grundlage durchzuführen seien. Überwiegend wird diese Auffassung darauf gestützt, dass anderenfalls die strafprozessualen Voraussetzungen umgangen würden.[87] Eine solche Umgehung setzt jedoch voraus, dass strafprozessuale Voraussetzungen tatsächlich einzuhalten sind (s. III.), was hier noch zu bestimmen ist. Zudem hätte diese Auffassung zur Folge, dass auch die entsprechende Gefahrenabwehrmaßnahme den in der Regel

---

[77] Statt vieler *Kniesel*, ZRP 1987, 377 (378).

[78] So etwa *Schoreit*, DRiZ 1981, 401 (402); *ders.*, NJW 1985, 169 (172).

[79] So etwa BGH NJW 2017, 3173 (3176).

[80] *Tönsgerlemann*, AW-Prax 2012, 168 (170); zustimmend *Nouwrousian*, Kriminalistik 2013, 105 (107).

[81] *Schenke*, in: Hilgendorf/Eckert (Hrsg.), FS Knemeyer, 2012, S. 383 (392 f.).

[82] *Schiemann*, NStZ 2017, 657.

[83] s.a. *Schenke*, in: FS Knemeyer (Fn. 81), S. 383, 395.

[84] *Schoreit*, DRiZ 1982 401, 402.

[85] *Gubitz*, NStZ 2016, 128; *Hefendehl*, StV 2001, 700 (705); *Huth/Proyer*, Der Kriminalist 2012, 10 (11); Meyer-Goßner/*Schmitt* (Fn. 2), § 105 Rn. 1b; *Müller/Römer*, NStZ 2012, 543 (547); *Schiemann*, NStZ 2017, 657 (658); *Schoreit*, in: Karlsruher Kommentar zur Strafprozessordnung, 6. Aufl. 2008, § 152 Rn. 18c; *ders.* DRiZ 1982, 401 (402 f.); *Wohlers/Jäger*, in: SK-StPO Bd. II (Fn. 2), § 105 Rn. 5c; tendenziell auch *Lenk*, StV 2017, 692 (695).

[86] *Mosbacher*, JuS 2016, 706 (709).

[87] Meyer-Goßner/*Schmitt* (Fn. 2), § 105 Rn. 1b; *Lenk*, StV 2017, 692 (695 f.); *Müller/Römer*, NStZ 2012, 543 (546 f.); *Schiemann*, NStZ 2017, 657 (658).

engeren Voraussetzungen der Strafprozessordnung unterworfen wäre und damit der Anwendungsbereich vieler präventiver Vorschriften und die Effektivität der Gefahrenabwehr eingeschränkt würden.[88] Das betrifft im Besonderen solche gefahrenabwehrrechtlichen Vorschriften, die im Regelfall Sachverhalte erfassen, die einen Straftatverdacht begründen. Ein Beispiel hierfür ist § 10 Abs. 3 ZollVG, der die Bediensteten der Zollverwaltung zu einer Durchsuchung ermächtigt, wenn zureichende tatsächliche Anhaltspunkte dafür bestehen, dass die zu durchsuchende Person bestimmte Waren vorschriftwidrig bei sich führt, und damit ein Anfangsverdacht eines strafbewehrten Verstoßes etwa gegen das Waffen- oder Betäubungsmittelgesetz begründet ist.[89] Gleiches gilt für Vorschriften wie § 35 Abs. 1 Nr. 2 ASOG Berlin und § 37 Abs. 1 Nr. 2 des Hessischen SOG. Sie gestatten die Durchsuchung einer Sache, wenn „Tatsache die Annahme rechtfertigen, dass sich in ihr eine Person befindet, die widerrechtlich festgehalten", also i.S.v. § 239 StGB ihrer Freiheit beraubt wird. Die Schaffung der – in weiten Teilen ohnehin fragwürdigen – Vorfeldstrafbarkeiten hätte dann sogar einen schädlichen Effekt auf die Gefahrenabwehr, weil mit diesen häufiger und früher zu den präventiven Zielen repressive hinzutreten und nach dieser Auffassung das Strafverfahrensrecht das Gefahrenabwehrrecht verdrängte. Damit verbunden sind kompetenzrechtliche Bedenken: Änderungen im Straf- und Strafverfahrensrecht durch den Bundesgesetzgeber könnten die Anwendbarkeit des in die Kompetenz der Länder fallenden Gefahrenabwehrrechts begrenzen.[90] Denselben Einwänden ist die wohl noch herrschend[91] befürwortete Kategorisierung doppelfunktionaler Maßnahmen anhand des Schwerpunkts der Maßnahme ausgesetzt, weil eine repressive Schwerpunktsetzung den Rückgriff auf das Gefahrenabwehrrecht sperrt. Vorzugswürdig ist danach eine Auffassung, die auch bei Gemengelagen zulässt, Maßnahmen zu Zwecken der Gefahrenabwehr schon bei Vorliegen der gefahrenabwehrrechtlichen Voraussetzungen durchzuführen.

Zusätzlich zu verlangen, dass wegen der auch repressiven Zwecksetzung die strafprozessualen Voraussetzungen erfüllt sein müssen, erscheint daneben prima facie entbehrlich. Schließlich sei der Eingriff in die durch die Maßnahme betroffenen Grundrechte schon bei Vorliegen der präventiv-polizeilichen Voraussetzungen hinreichend gerechtfertigt; an dieser Rechtfertigung könne sich durch einen mit der

---

[88] BGH NJW 2017, 3173 (3176).
[89] So auch BGH NJW 2017, 3173 (3175); *Nowrousian*, Heimliches Vorgehen (Fn. 5), S. 106 ff.; *ders.*, Kriminalistik 2013, 105 (106).
[90] So a. BGH NJW 2017, 651 (654); *Brodowski*, JZ 2017, 1124 (1126); *Rieger*, Abgrenzung doppelfunktionaler Maßnahmen, S. 117; *Schenke*, in: FS Knemeyer (Fn. 81), S. 383 (386 f.); *Schiemann*, NStZ 2017, 657 (658).
[91] Statt vieler BVerwGE 47, 255 (262 f.); in BVerwG NVwZ 2001, 1285 (1286) allerdings begrenzt auf die Rechtswegabgrenzung; VGH NW NVwZ-RR 2005, 540; *Erichsen*, Jura 1993, 45 (49); *Kutscha*, in: Handbuch zum Recht der Inneren Sicherheit (Fn. 16), S. 84; *Würtenberger*, in: Ehlers/Fehling/Pünder (Hrsg.), Besonderes Verwaltungsrecht Bd. 3, 2. Aufl. 2013, § 137 Rn. 137, s. aber a. Rn. 140; *Welp*, NStZ 1995, 602; *Zöller* NVwZ 2005, 1235 (1240); s.a. den Überblick über die unterschiedlichen Ausprägungen bei *Schmidbauer*, in: Manssen/Jachmann/Gröpl (Hrsg.), FS Steiner, 2009, S. 734 (740 ff.).

Maßnahme zugleich verfolgten repressiven Zweck nichts ändern. Dementsprechend wird es als ausreichend erachtet, dass die Maßnahme bereits nach einer der einschlägigen Rechtsgrundlagen zulässig ist,[92] oder der Polizei ein Wahlrecht hinsichtlich der Rechtsgrundlage eingeräumt.[93] Dabei wird verkannt, dass die strafprozessuale Zwecksetzung die grundrechtlichen Wirkungen einer Maßnahme in der Regel verstärkt. Strafprozessuale Ermittlungsmaßnahmen betreffen nicht nur wie Gefahrenabwehrmaßnahmen die durch die unmittelbare Durchführung verkürzten Grundrechte wie die Unverletzlichkeit der Wohnung, die Fortbewegungs- oder auch allgemeine Handlungsfreiheit. Zugleich werden mit ihnen zielgerichtet personenbezogene Daten erhoben, die gespeichert und im Strafverfahren verwertet werden sollen.[94] Die in der Regel engeren Kautelen des Strafprozessrechts tragen deshalb auch dem Umstand Rechnung, dass Strafverfolgung mit einem gezielten Eingriff in das Recht auf informationelle Selbstbestimmung[95] verbunden ist.[96] Bei einer vergleichbaren gefahrenabwehrrechtlichen Maßnahme ist die Erhebung von Daten in der Regel[97] allenfalls faktische Nebenfolge.

---

[92] *Schwan*, VerwArch 70, 1979, 109 (129 f.); *Ahlers*, Grenzbereich zwischen Gefahrenabwehr und Strafverfolgung, 1998, S. 133; *Conrad*, Der sogenannte Justizverwaltungsakt, 2011, S. 140; *Dörschuck*, Kriminalistik, 1997, 770 (774); wohl auch LG Münster NStZ 2016, 126 (127); i. Erg. a. *Nowrousian*, Kriminalistik 2012, 174 (175 f.). s. die Kritik demgegenüber bei *Bertram* (Fn. 13), S. 214, 221 f.; *Walden*, Zweckbindung und -änderung präventiv und repressiv erhobener Daten im Bereich der Polizei, 1994, S. 191; s.a. *Gusy*, StV 1991, 499: „Rosinentheorie".

[93] *Bäcker* (Fn. 13), S. 358; *Emmerig* DVBl. 1958, 338 (342); wohl auch BGH NJW 2017, 3173 (3176); *Brodowski*, JZ 2017, 1124 (1126); kritisch gegenüber einem solchen Wahlrecht, weil die Polizei dann über die Anforderungen an die Rechtmäßigkeit ihres eigenen Handelns selbst entscheiden könnte, etwa *Hefendehl*, StV 2001, 700 (705); *Kutscha*, in: Handbuch zum Recht der Inneren Sicherheit (Fn. 16), S. 84; i. Erg. a. *Schoch*, in: Dencker/Marxen u.a. (Hrsg.), FS Stree/Wessels, 1993, S. 1095 (1115).

[94] Zur besonderen Grundrechtsrelevanz eines solchen repressiven Verwendungszusammenhangs s. etwa *Weßlau* (Fn. 29), S. 196.

[95] Soweit nicht schon das spezifische Grundrecht vor der Datenerhebung schützt, so zu Art. 13 GG in Bezug auf staatliche Überwachung BVerfGE 109, 279 (325 f.).

[96] Vgl. a. *Bertram* (Fn. 13), S. 219 f.; s. dazu a. BVerfGE 113, 348 (384 f.); *Bernsmann/Jansen*, StV 1998, 217 (218); *Puschke*, Die kumulative Anordnung von Informationsbeschaffungsmaßnahmen im Rahmen der Strafverfolgung, 2006, S. 64 ff.; *Singelnstein*, ZStW 120 (2008), 854 (855 f.); zur Bedeutung des Zwecks der Datenerhebung und ihrer mittelbaren Folgen für die Annahme eines Eingriffs in das Recht auf informationelle Selbstbestimmung s. *Bertram* (Fn. 13), S. 75 m.w.N.; *Rogall*, Informationseingriff und Gesetzesvorbehalt im Strafprozess, 1992, S. 64, s. auf S. 39 ff. aber auch die kritische Analyse ebendieses Grundrechts. Für ein restriktives Verständnis a. *Hauck* (Fn. 33), S. 303 ff.

[97] Anderes gälte für die sog. Strafverfolgungsvorsorge, mittels derer Daten zur Verfolgung noch nicht begangener Straftaten erhoben werden, so man sie denn – anders als etwa *Klaus Rogall* (SK-StPO Bd. I, 4. Aufl. 2013, § 81g Rn. 1 m.w.N.: „genuines Strafprozessrecht"; s.a. *Bertram* [Fn. 13], S. 152 ff.; *Eisenberg/Singelnstein*, GA 2006, 168, 170; *Rudolph*, Antizipierte Strafverfolgung, 2005, S. 213 ff.; *Wolter*, in: Kühne/Jung/Kreuzer/Wolter [Hrsg.], FS Rolinski, 2002, 273 [277], S. 273 [277], jeweils m.w.N.) – überhaupt der Gefahrenabwehr zuordnet (so etwa *Walden* [Fn. 92], S. 156 ff.; vgl. a. *Gärditz*, Strafprozess und Prävention, 2003, S. 323 ff.). In jedem Fall wären die Standardmaßnahmen des Polizeirechts nicht auf

Soweit die Verwertung der Erkenntnisse im Strafverfahren in Frage steht, muss sich die Rechtmäßigkeit der Maßnahme also nach Strafprozessrecht richten. Doppelfunktionale Maßnahmen sind daher anhand beider Rechtsgrundlagen auf ihre Rechtmäßigkeit zu überprüfen.[98] Für die Verfolgung des jeweiligen Zwecks ist aber nur die einschlägige Rechtmäßigkeitsprüfung maßgeblich, sodass ein gespaltenes Rechtmäßigkeitsurteil möglich ist.[99] Liegen die strafprozessualen Voraussetzungen nicht vor, so ist die Verwertbarkeit nach allgemeinen Grundsätzen zu beurteilen. Eines Rückgriffs auf § 161 Abs. 2 StPO bedarf es nicht, da bei einer Mitverfolgung repressiver Zwecke keine Umwidmung vorliegt.[100]

V. Schluss

Legendierte Kontrollen müssen, soweit es um die Verwertung der Erkenntnisse im Strafprozess geht, auch den Anforderungen nach Strafprozessrecht genügen. Tun sie dies nicht, unterliegen die durch sie gewonnenen Erkenntnisse einem Verwertungsverbot.

Andere Möglichkeiten, das der Durchsuchung zugrunde liegende Ermittlungsverfahren zu verheimlichen, haben die Strafverfolgungsbehörden de lege lata nicht. Auch eine Anordnung durch die Staatsanwaltschaft[101] lässt auf strafrechtliche Ermittlungen rückschließen. Zudem ist deren Eilzuständigkeit wie auch diejenige der Ermittlungspersonen nach § 105 Abs. 1 Satz 1 StPO nur bei Gefahr im Verzug begründet. Im Regelfall ist aber nicht zu befürchten, dass die mit der Anrufung des Richters oder des Staatsanwalts verbundene Verzögerung zum Beweisverlust führt, da sich die Notwendigkeit eines Eingreifens anhand der Erkenntnisse aus den verdeckten Ermittlungsmaßnahmen langfristig abzeichnet. Der drohende Verlust

---

diese zusätzliche Zwecksetzung zugeschnitten, weshalb der dadurch begründeten Erhöhung der Eingriffsintensität im Rahmen der Verhältnismäßigkeitsprüfung in besonderem Maße Rechnung zu tragen wäre.

[98] *Albers*, Die Determination polizeilicher Tätigkeit in den Bereichen der Straftatenverhütung und der Verfolgungsvorsorge, 2001, S. 96; *Bertram* (Fn. 13), S. 216 ff.; *Kugelmann*, Polizei- und Ordnungsrecht, 2012, 1. Kap. Rn. 64; *Löffelmann*, JR 2017, 592 (599); *Rieger* (Fn. 90), S: 147 ff.; *Schoch*, in: ders. (Hrsg.), Besonderes Verwaltungsrecht, 15. Aufl. 2013, 2. Kap. Rn. 11; *Schenke*, in: FS Knemeyer (Fn. 81), S. 383, 388; *Schmidbauer*, in: FS Steiner (Fn. 91), S. 734 (746 ff.); *Thiel*, Die „Entgrenzung" der Gefahrenabwehr, 2011, S. 95 f.; *Walden* (Fn. 92), S. 191 ff.; *Welp*, NStZ 1995, 602; *Wolter*, Jura 1992, 520 (526); alternativ zur „Schwerpunkt-Lösung" *Lenk*, StV 2017, 692 (697).

[99] *Bertram* (Fn. 13), S. 220 f.; *Graulich*, NVwZ 2014, 685 (690); *Lenk*, StV 2017, 692, 697; *Rieger* (Fn. 90), S. 148; *Walden* (Fn. 92), S. 191, 193 f.

[100] s.a. *Bertram* (Fn. 13), S. 223 ff.; *Rieger* (Fn. 90), S. 162 f.; *Walden* (Fn. 92), S. 194; streitig ist, ob eine Umwidmung über § 161 Abs. 2 StPO aber möglich ist, wenn die Maßnahme nur gefahrenabwehrrechtlich zulässig ist, s. dazu *Bertram* (Fn. 13), S. 224.

[101] s. dazu *Huth/Proyer*, Der Kriminalist 11/2012, 10 (14).

künftiger Beweise durch eine Offenlegung der Ermittlungen begründet Gefahr im Verzug hingegen nicht.[102]

Andere Lösungsansätze setzen an der Mitteilung des Durchsuchungsbeschlusses an.[103] Allerdings ist eine Zurückhaltung der richterlichen Anordnung insgesamt entsprechend den Erwägungen zur gesetzlich vorgeschriebenen Offenlegung der Durchsuchung nicht mit dem Gesetz vereinbar. Denselben Bedenken ist die Übergabe eines nur unvollständigen Durchsuchungsbeschlusses ausgesetzt, der etwa unter Hinweis auf eine Gefährdung des Untersuchungszwecks die Begründung verschweigt.[104] Ein solches Vorgehen hat der Bundesgerichtshof dennoch in anderer Sache gebilligt. Gestattet ist danach allerdings nur die offengelegte Zurückhaltung der Gründe, nicht der richterlichen Durchsuchungsanordnung an sich.[105] Zudem sind in jedem Fall die gesuchten Gegenstände sowie die Tatsachen, die die Auffindevermutung begründen, anzugeben.[106] Der Hintergrund strafrechtlicher Ermittlungen tritt auch damit deutlich hervor.[107]

Der Bedarf nach einer solchen Ermittlungsmaßnahme[108] ließe sich also nur de lege ferenda durch eine Regelung decken, die es gestattet, den Hintergrund repressiver Durchsuchungen bei einer Gefährdung des Zwecks weiterer Ermittlungsmaßnahmen vorübergehend zurückzuhalten.[109] In Anbetracht des Umfangs, in dem die Strafprozessordnung schon jetzt etwa in den §§ 101 Abs. 5 S. 1, 110a, 147 Abs. 2 StPO ein Verschweigen und Täuschen gestattet, erschiene eine solche Regelung durchaus systemkonform. Sie wäre aber nur dann auch verhältnismäßig, wenn sie in ihrem Anwendungsbereich auf besonders konspirative Bereiche schwerer Kriminalität beschränkt wird. Geboten wäre zudem, im Ausgleich für die Einschränkung der Rechtsschutzmöglichkeiten des Beschuldigten den präventiven Rechtsschutz zu verschärfen, etwa auch bei Gefahr im Verzug auf einer richterlichen Anordnungskompetenz zu bestehen oder aber jedenfalls diejenige der Ermittlungspersonen auszuschließen und bei staatsanwaltschaftlicher Anordnung eine nachträgliche richterliche Bestätigung zu verlangen.[110] Zudem wäre der Beschuldigte entsprechend der

---

[102] s.a. *Müller/Römer*, NStZ 2012, 543 (544).

[103] s. dazu *Huth/Proyer*, Der Kriminalist 11/2012, 10 (13 f.).

[104] s. dazu *Huth/Proyer*, Der Kriminalist 11/2012, 10 (13 f.).

[105] BGH NStZ 2003, 273 (274); NJW 2017, 2359 m.w.N.

[106] BGH NJW 2017, 2359.

[107] s. a. *Tönsgerlemann*, AW-Praxis 2012, 168 (170).

[108] Zum Bedarf s. etwa *Tönsgerlemann*, AW-Praxis 2012, 168 (169).

[109] So auch *Löffelmann*, JR 2017, 596 (600); *Müller/Römer*, NStZ 2012, 543 (547); Meyer-Goßner/*Schmitt* (Fn. 2), § 105 Rn. 1b; *Wohlers/Jäger*, in: SK-StPO Bd. II (Fn. 2), § 105 Rn. 5c.

[110] Zum Erfordernis eines Richtervorbehalts bei heimlichen Maßnahmen etwa BVerfGE 120, 274 (331); 125, 260 (338 f.); abgeleitet aus Art. 8 EMRK, soweit dessen Schutzbereich betroffen ist, *Hauck* (Fn. 33), S. 213.

Regelung des § 101 Abs. 5 Satz 1 StPO nachträglich über den wahren Charakter der Maßnahme aufzuklären.[111]

Präventiv oder auch neutral eingekleidete Durchsuchungen werden bei einer solchen Regelung allerdings stets das Misstrauen der entsprechenden Kriminalitätsbereiche hervorrufen. Das ist aber bei einer Legitimierung der Praxis durch die Rechtsprechung ohne gesonderte Rechtsgrundlage nicht anders. Effektiv war die Legendierung von Kontrollen – den naiven und uninformierten Beschuldigten ausgenommen – wohl gerade deswegen, weil sie für unzulässig gehalten wurde. Insofern erscheint ohnehin zweifelhaft, ob die rechtsstaatlich grundsätzlich bedenkliche Praxis legendierter Kontrollen in Zukunft noch nutzbringend eingesetzt werden kann.

---

[111] Vgl. a. *Denninger*, StV 1992, 401 (405).

Die Einstellung des Verfahrens: Prototyp alternativer Verfahrensausgänge in einer zunehmend globalisierten Strafprozesslehre?

Von *Theoharis Dalakouras*

I. Einleitung

Die Abstandnahme von der Strafverfolgung wird aus verfahrenstechnischer und systemischer Perspektive als institutionelle Abbildung des Opportunitätsprinzips eingeordnet. Der Vorrang der Zweckmäßigkeit in bestimmten Fällen, dem sich der Grundsatz der obligatorischen Verfolgung von Verbrechen (Legalitätsprinzip) aus unterschiedlichen Gründen beugt, erscheint in unserem Gesetz als Ausnahme.[1] Es ist jedoch bemerkenswert, dass – angesichts auch der zeitgenössischen Tendenzen zur Entlastung der Gerichte – die Idee der Erweiterung des Anwendungsgebietes des Opportunitätsprinzips immer häufiger betont wird.

Als bestehende klassische Anwendungsfälle des Opportunitätsprinzips sind de lege lata im griechischen Strafverfahren die folgenden vorgesehen:

1. *Das Absehen von der Strafverfolgung in Fällen von Erpressung oder Betrug*, wenn das öffentliche Interesse nicht geschädigt ist und die Offenlegung der Straftat nicht deutlich wichtiger ist (Artikel 45 grStPO). Es handelt sich hier um einen eigentümlichen Fall der Rechtskraft im materiellen Strafrecht, welche durch Anordnung des Staatsanwaltes herbeigeführt wird.[2]

---

[1] Artikel 44, 45, 45^A grStPO sowie eine Reihe von Bestimmungen in besonderen strafrechtlichen Gesetzen wie z.B. Artikel 83 Abs. 2 G. 3386/2005 (Absehen von Strafverfolgung bei illegal eingewanderten Ausländern). Treffend wird darauf hingewiesen, dass die angesprochene Zweckmäßigkeit nicht wörtlich genommen werden sollte, da es sich in Wahrheit um die Anwendung des Grundsatzes der Verhältnismäßigkeit (Artikel 25 Abs. 1d grGG) handelt, wonach „die Verfolgung nicht stattfinden kann, wenn durch wiedergutmachende Leistungen des Täters von dem durch ihn verursachten sozialen Schaden nichts übrig bleibt", s. *N. Androulakis*, Grundbegriffe des Strafverfahrens, 4. Aufl. 2012, S. 62 Fn. 40 und S. 65; *N. Androulakis*, Beschleunigung des Ermittlungsverfahrens im Strafprozess – um jeden Preis, PoinChr (Poinika Chronika) 2011, 161 ff. (166).

[2] s. *N. Androulakis*, Grundbegriffe (Fn. 1), S. 284; *Th. Dalakouras*, Die funktionale Zuständigkeit des Staatsanwaltes des Strafkammergerichtes im Licht der Regelungen des G. 3160/2003, PoinChr 2004, 590; *B. Adabas*, in: L. Margaritis, Die Strafprozessordnung, Auslegung der einzelnen Artikel, Bd. I, 2011, Artikel 45 Rn. 1.

2. *Das Absehen von der Strafverfolgung bei Minderjährigen* in Fällen des Verdachts der aufgeführten Übertretungen oder Vergehen (Artikel 45^A grStPO). Mit der Einführung dieser Bestimmung passt sich die griechische Rechtsordnung der Empfehlung Nr. R (87) 18 des Europarats über die „*Vereinfachung der Strafjustiz bei Minderjährigen*" an, aber auch anderen Empfehlungen des Europarates, wie der Nr. R (92) 16.[3]

3. *Das Absehen von der Strafverfolgung von Zeugen im öffentlichen Interesse* wie z. B. in Fällen der Bekämpfung der Korruption (Artikel 45b grStGB)[4]. Der diesen Personen gewährte besondere Schutz[5] wird ergänzt durch die Anordnung der Möglichkeit des dauerhaften Absehens von der Strafverfolgung in Fällen einer Klage gegen diese Personen wegen vorsätzlicher Begehung eines Meineides oder/und einer verleumderischen Diffamierung[6].

4. *Das Absehen von der Strafverfolgung wegen des Verbrechens der Körperverletzung durch Fahrlässigkeit* (Artikel 315 Abs. 1 d und e grStGB), die begangen wurde während der – nicht der Beförderung von Personen oder Sachen zum

---

[3] s. S. *Giovanoglou*, Maßnahmen restaurativer Justiz im Strafrecht für Minderjährige, PoinChr 2008, 25; *Th. Dalakouras*, PoinChr 2004, 591; *Ch. Dimopoulos/K. Kosmatos*, Jugendrecht, 2. Aufl. 2010, S. 1 ff.; *K. Kosmatos*, Die neuen Änderungen im Jugendstrafrecht mit dem G. 3860/2010, PoinDik (Poiniki Dikaiosini) 2010, 807: *L. Margaritis*, Minderjährige Täter und strafrechtlicher (prozeduraler) Ordnungsrahmen, PoinDik 2006, 44; *A. Pitsela*, Die strafrechtliche Behandlung der Kriminalität der Minderjährigen, 7. Aufl. 2013, S. 296 ff.

[4] Vgl. auch Artikel 33 des Übereinkommens der UN-Konvention gegen die Korruption (2003), welches mit dem G. 3666/2008 (A 105) bestätigt wurde, und Artikel 22 des Übereinkommens des Europarats (1999), das mit dem G. 3560/2007 (A 103) bestätigt wurde, sowie die diesbezüglichen Empfehlungen insbesondere an die Länder der Organisation für wirtschaftliche Zusammenarbeit und Entwicklung (OECD) im Rahmen der 3. Bewertung zur Anwendung des Übereinkommens der OECD zur Bekämpfung der Bestechung im internationalen geschäftlichen Verkehr.

[5] Vergleichbar mit diesem generellen Fall der Schutzgewährung für Zeugen erscheinen auf der einen Seite die Regelung in Artikel 5 Abs. 5 des G. 2713/1999 betreffend die innerdienstlichen Angelegenheiten der griechischen Polizei, welcher vorsieht, dass die Zeugen – auf Antrag der Staatsanwaltschaft – in diesen Fällen einschließlich derjenigen Fälle, die Delikte in Bezug auf den Dienst betreffen (Artikel 235–246 und 252–263 A), den notwendigen Polizeischutz erhalten, und auf der anderen Seite die Regelung in Artikel 9 des G. 2928/2001, die den Zeugenschutz beim Verdacht der organisierten Kriminalität vorsieht. – Siehe außerdem die Empfehlung Nr. R (97) 13 des Ministerkomitees des Europarates mit dem Titel „Einschüchterung der Zeugen und deren Verteidigungsrechte" und hierzu *K. Vathiotis*, Der Zeugenschutz nach Artikel 9 des G. 2928/2001, PoinChr 2001, 1045 ff.; *Th. Dalakouras*, Zeugenschutz: Eine rechtsstaatliche Herausforderung, PoinDik 2004, 1166 ff.

[6] Als ein Gegengewicht zu dieser Möglichkeit wird zutreffend die Befugnis des Staatsanwalts hervorgehoben, die Erklärung zu widerrufen, durch der Status als Zeuge des öffentlichen Interesses entstanden ist. Die Einhaltung rechtsstaatlicher Grundsätze wird durch die korrekte Anwendung der Maßnahme garantiert; so setzt das dauerhafte Absehen von der Strafverfolgung einerseits voraus, dass die Person bei der Strafverfolgung Mithilfe leistet und damit das öffentliche Interesse unterstützt, zum anderen muss zwischen dem Staatsanwalt, der das Korruptionsverfahren führt, und dem Staatsanwalt, dem die Verfolgung des jeweiligen anderen Delikts anvertraut ist, eine Einigung erzielt werden.

Zwecke des Erwerbs des Lebensunterhalts dienenden – Fahrt mit einem Fahrzeug, wenn der Betroffene erklärt hat, dass er nicht die Strafverfolgung des Täters wünscht.

5. *Das Absehen von der Strafverfolgung bei dem Verbrechen der Vergewaltigung* (Artikel 344 in Verbindung mit Artikel 336 grStGB), wenn das Opfer erklärt hat, dass das Bekanntwerden der Strafverfolgung seine ernste psychische Schädigung zur Folge haben würde.

6. *Die Einstellung von Verfahren seitens der Vorgesetzten oder Verwaltungsdienste der Griechischen Polizei,* die nachgewiesene Bagatelldelikte der ihnen Unterstellten betreffen (Artikel 14 G. 1481/1984).[7]

7. *Der Verzicht auf die Verfolgung im Falle drogenabhängiger Täter* (Artikel 32 G. 4139/2013 betr. Drogen), wobei als Rechtsfolge die Teilnahme an Behandlungsprogrammen für Abhängige außerhalb von Haftanstalten vorgesehen ist. Es ist offensichtlich, dass die in diesem Fall gewährte Nichtverfolgung – die zur Mitarbeit an der Überwindung der Abhängigkeit motivieren soll und damit dem Ziel wirklicher Rehabilitation dient –, die Möglichkeit vollen Beweises voraussetzt.[8]

8. *Das Absehen von der Strafverfolgung der Einreise oder der Ausreise eines Ausländers in das bzw. aus dem griechischen Staatsgebiet ohne die vorgeschriebenen Formalitäten,* wenn das Absehen zu dem Zweck der sofortigen Abschiebung in das Land seiner Herkunft oder seines Ursprunges geschieht (Artikel 83 Abs. 2 G. 3386/2005).[9] Dieses Absehen von der Strafverfolgung kann sich, wie zu Recht vorgeschlagen wurde[10], auf fast alle Vergehen nach dem Ausländergesetz erstrecken, die im Zusammenhang mit der illegalen Ein- oder Ausreise stehen, wie z. B. den Gebrauch gefälschter Reisedokumente bei der illegalen Ein- oder Ausreise (Artikel 87 Abs. 7 G. 3386/2005).

9. *Das bedingte Absehen von der Strafverfolgung wegen Straftaten häuslicher Gewalt* (Artikel 11, 12 und 13 G. 3500/2006). Die Besonderheit dieser Bestimmun-

---

[7] Eine entsprechende Regelung enthält auch Artikel 48 G. 3585/2007 für Bagatelldelikte, deren Begehung bestätigt wird von agronomischen Angestellten der Griechischen Agrophilaki. Denn auch für diese Fälle ist die Möglichkeit der Nichtweiterleitung dieser Verstöße an den öffentlichen Ankläger und damit der Einstellung des Verfahrens vorgesehen, was die Einschränkung der Strafverfolgung impliziert. Siehe diesbezüglich *Ch. Sevastidis*, KPD (grStPO), Bd. I, 2011, S. 472.

[8] s. *N. Paraskevopoulos/K. Kosmatos*, Drogen. G. 4139/2013, 3. Aufl. 2013, S. 266; *L. Kotsalis/M. Margaritis/I. Farsedakis*, Drogen. G. 4139/2013, 3. Aufl. 2013, S. 269; vgl. *S. Pavlou*, Drogen, 3. Aufl. 2008, S. 281 ff.

[9] *Th. Dalakouras*, Besonderheiten des Strafverfahrens gegen Ausländer, PoinChr 2007, S. 194 ff.; *I. Dogiakos*, Gerichtsordnungsfragen im Bereich der Rechtsvorschriften für Ausländer, in: ESDI, Kriminalität und Rechtsstaatlichkeit, 2009, S. 310; *Ch. Sevastidis* (Fn. 7), S. 470.

[10] *G. Kaloudis*, Beschleunigung des Strafverfahrens. Realität oder Utopie? PoinChr 2012, S. 153 ff.

gen besteht darin, dass auch nach einer Vereinbarung im Rahmen einer Mediation[11] der Fall seitens der Staatsanwaltschaft nicht endgültig eingestellt wird[12], sondern die Prozessakte wird wieder aus dem Archiv gezogen und das Strafverfahren nach den strafprozessualen Bestimmungen wiederaufgenommen, falls die strafrechtliche Mediation unentschuldigt nicht beendet wird.

10. *Das Absehen von Strafverfolgung in Fällen der Entschädigung des Betroffenen* (Artikel 384 und 406^A grStGB). Der zu diesem Zweck obligatorisch vorgesehene besondere Grund für das Absehen von der Strafverfolgung, welcher zum Abschluss der Bearbeitung des Falles zwingt und die Gesamtheit fast aller Verbrechen gegen das Privateigentum und Vermögen betrifft[13], führt zur so genannten „gerichtlichen Abstandnahme von der Verhandlung" *(dejudiciarisation judiciaire).*[14]

II. Die endo-systematische Legitimierung dieses Rechtsinstituts

Wie treffend formuliert wurde, „[gilt] das vollständige gerichtliche Verfahren [...] überall als überholt [...]"[15]. Diejenigen, die Bedenken gegen die Funktionsfähigkeit des kontinentalen Systems haben und gegen dessen Abwendung von seinen theoretischen Wurzeln, finden Zustimmung im Bereich des common law mit entsprechenden Bedenken gegen die moralische Haltbarkeit der „Vereinbarung tatsächlicher

---

[11] Welche normalerweise vor dem Beginn der Strafverfolgung stattfindet, aber mit Ausnahme des auf frischer Tat festgestellten Vergehens nach Einleitung der entsprechenden Verfolgung (Artikel 12 Abs. 1 G. 3500/2006).

[12] Gemäß Artikel 13 Abs. 3 des G. 3500/2006 erlischt der Strafanspruch des Staates für das jeweilige Verbrechen nach Ablauf von drei Jahren seit der getroffenen Vereinbarung, da in der Zwischenzeit die Prozessakte und die begleitende Bestimmung des Staatsanwaltes, welche die Bedingungen der strafrechtlichen Mediation beinhaltet, in einem speziellen Archiv abgelegt werden. s. bezüglich der strafrechtlichen Vermittlung die vom Europarat herausgegebenen Empfehlungen R (87) 18 „über die Vereinfachung des Strafverfahrens", R (87) 20 „über die gesellschaftliche Reaktion auf Kriminalität der Jugendlichen" und R (99) 19 „über die Mediation in Strafsachen" und über diese *S. Alexiadis*, Europäische Kriminalpolitik, 2007, 357 et passim; vgl. zustimmend *Papadopoulou-Klamari*, Gedanken über das G. 3500/2006. Die geschützten Personen und der Zweck des Gesetzes, NoV (Nomiko Vima) 2012, 233 ff.; *D. Simianitis*, Fragen zu der Rechtsvorschrift zur häuslichen Gewalt, PoinDik 2011, 1206 ff.; *A. Charalampakis*, Die gesetzgeberischen und rechtswissenschaftlichen Entwicklungen im Bereich des Strafrechts, welche Familien- oder Geschwisterbeziehungen betreffen, PoinChr 2011, 562 ff.; *A. Stefanidou*, Häusliche Gewalt, 2010, S. 18 ff.; *P. Brakoumatsos*, Das G. 3500/2006 zur Bekämpfung der häuslichen Gewalt, PoinDik 2007, 1460.

[13] Mit den einzigen Ausnahmen der Straftaten des Raubes (Artikel 380 grStGB) und der Erpressung (Artikel 385 grStGB).

[14] Siehe *C. Mylonopoulos*, Die „Zufriedenheit des Opfers" und die „strafrechtliche Versöhnung" im G. 3904/2010, PoinDik 2011, 53 ff.

[15] Siehe *M. Damaskas*, Negotiated Justice in International Criminal Courts, 2. International Journal of Criminal Justice 2004, S. 1019; *ders.*, The Faces of Justice and State Authority, Yale University Press 1986, S. 57 ff. et passim.

Umstände" und die Begrenzung des Grundsatzes der Wahrheitssuche durch das Konsensprinzip.[16]

Die idealistische absolut obligatorische Strafverfolgung steht in fast keiner Rechtsordnung im Einklang mit der Rechtswirklichkeit. Die schrittweise Einschränkung der Rolle der aus einer höchst autoritären Einstellung geborenen Strafprozessordnung zugunsten anderer, alternativer Verfahren, welche zur Entlastung der Gerichte durch Vermittlung, Versöhnung und Verfahrensbeendigung beitragen[17], hat in vielen europäischen Rechtsordnungen des kontinentalen Systems eine gesetzgeberische Priorität erlangt[18], genießt aber zugleich auch eine besondere Förderung durch die Empfehlung Nr. R (87) 18 des Europarates.

Sie erlegt den Gesetzgebern auf – wenn auch nur in knapper Form –, die alternativen Verfahren mit den traditionellen Grundsätzen des Strafprozessrechtes zu harmonisieren und sie endo-systematisch weiter zu legalisieren.

1. Grundsätze, die prima facie gegen die alternativen Verfahren und gegen die Zweckmäßigkeit der Konsensbildung im Rahmen der Strafverfolgung sprechen

Die Argumente gegen die Aufnahme von alternativen Verfahren in den Strafprozess basieren auf und korrelieren mit dem Wertungsgehalt von Verfahrensprinzipien wie insbesondere den Grundsätzen der Suche nach der materiellen Wahrheit und der Gesetzmäßigkeit. Der Grundsatz der Suche nach der materiellen Wahrheit[19] erlegt

---

[16] Siehe zu Problemstellungen dieser Art mit beiderlei Blickrichtungen aus der griechischen (inländischen und übersetzten) Literatur vor allem *Th. Weigend*, Der Zusammenbruch des Prüfungsideals. Die prozeduralen Verhandlungen dringen in das deutsche Strafverfahren ein, PoinChr 2011, 167 ff.; *M. Hettinger*, Prozessuale Vereinbarungen im Strafverfahren als eine Frage der Rechtsstaatlichkeit, PoinChr 2011, 401 ff.; *G. Kalfelis*, Die rasanten Veränderungen im Europäischen Verfahrensrecht, PoinChr 2011, 241 ff.; *Ch. Mylonopoulos*, Der Träger [strafrechtlicher] Verhandlung (plea bargaining). Gedanken über die theoretischen Grundlagen und deren praktische Anwendung, PoinChr 2013, 81 ff. Vgl. allgemein im Zusammenhang mit der restaurativen Justiz und deren Anwendung in einer Reihe von Rechtsordnungen *A. Pitsela/E. Symeonidou-Kastanidou* (Eds.), Restorative Justice in Criminal Matters, Athen/Thessaloniki 2013, 23 ff.; *Ch. Mylonopoulos*, Die „Zufriedenheit des Opfers" und die „strafrechtliche Versöhnung" im G. 3904/2010, PoinDik 2011, 54 ff; *O. Namias*, Forschungen über Ausnahmen von dem Grundsatz der Rechtmäßigkeit während der Durchführung des Strafverfahrens zur Entlastung der Strafjustiz, PoinChr 1985, 1083 ff. (1089).

[17] Siehe *N. Livos*, Die gedanklichen Grundlagen der griechischen Strafprozessordnung, PoinChr 2005, S. 300 ff.; *Th. Dalakouras*, Strafprozessordnung, Bd. I, 2012, S. 173; *ders.*, Das Sammeln von Beweismaterial, PoinChr 2011, 253.

[18] Fortgeschritten in der Einführung alternativer Verfahren sind schon u.a. Deutschland, Österreich, Schweiz, Frankreich, Italien, die Niederlande, Spanien, Dänemark, Norwegen, Finnland, Polen, Estland, Litauen, Russland, Georgien, Ungarn, Bulgarien und Griechenland. s. die Hinweise bei *A. Pitsela/E. Symeonidou-Kastanidou* (Eds.) (Fn. 16), S. 11 ff.

[19] Wie sie z.B. den Artikeln 239 Abs. 2, 274 Satz b, 327 Abs. 1 Satz a, 351 und 352 grStPO zugrunde liegt; vgl. *N. Androulakis*, Grundbegriffe des Strafverfahrens (Fn. 1), S. 181 ff.;

die effektive Überprüfung der Anklagen auf, ohne Raum für Zustimmungen und „Tatsachenvereinbarungen" zu lassen, welche sich mit dem Grundsatz des öffentlichen Interesses an der Durchführung des Verfahrens nicht vereinbaren lassen. Dasselbe trifft auch auf den Grundsatz der Rechtmäßigkeit zu[20], welcher noch dazu dem Verständigungsverfahren Grenzen setzt und die einheitliche Behandlung der Verdächtigen oder Angeklagten erfordert.

Mit ähnlicher Zielrichtung werden ergänzend weitere Grundsätze herangezogen, so der Grundsatz der Gleichheit, welcher vor allem bei der Einstellung von Verfahren wegen Finanzverbrechen reicher Täter missachtet wird[21], als auch der Grundsatz der Öffentlichkeit, der in einvernehmlichen Verfahren eingeschränkt wird[22], aber auch der Grundsatz des Schuldausgleichs, welcher in den Fällen verletzt wird, in denen keine der Schuld entsprechende Strafe auferlegt wird und es deshalb keine angemessene Gegenleistung gibt[23].

Natürlich wird die Gegensätzlichkeit dieser Grundsätze nicht als ein in systematischer Hinsicht unüberwindliches Hindernis für die Einführung von alternativen und allgemein konsensualen Verfahren betrachtet. Da dieser Gegensatz weder absolut ist noch der unverzichtbare Kern der Grundrechte und Verfassungsgrundsätze verletzt wird, kann keine Rede davon sein, dass die Gegensätzlichkeit keine Einbindung in das griechische Strafverfahrenssystem zulässt. Zudem entspricht dies der in unserem System vorherrschenden Relativierung des Grundsatzes der Suche nach der materiellen Wahrheit im Lichte der Grundsätze des Rechtsstaates, des fairen Verfahrens, aber auch der Notwendigkeit des Schutzes von Rechtsgütern des Einzelnen und der

---

Th. Dalakouras, Strafprozessrecht (Fn. 17), S. 105 ff.; *A. Karras*, Strafprozessrecht, 4. Aufl. 2012, S. 21 ff.; *A. Konstandinidis*, Strafprozessrecht, 2013, S. 12; *A. Papadamakis*, Strafverfahren, 6. Aufl. 2012, S. 241 ff.; *A. Kostaras*, Die Suche nach der Wahrheit im Strafverfahren, Heft. A, 1988, S. 23 ff. mit weiterer Bibliographie.

[20] Wie dieser den Artikeln 43 und 47 grStPO zugrunde liegt; siehe die Hinweise bei *N. Androulakis* (Fn. 1), S. 62 f.; *K. Stamatis*, a.a.O., S. 47 ff.; vgl. *Meyer-Goßner*, Strafprozessordnung, 59. Aufl. 2016, § 152 Rn. 2 ff. mit weiteren Verweisungen.

[21] Siehe dazu *Th. Weigend*, Absprachen in ausländischen Strafverfahren – Eine rechtsvergleichende Untersuchung zu konsensualen Elementen im Strafprozess, 1990, S. 58 ff.; *B. Schünemann*, Absprachen im Strafverfahren? – Grundlagen, Gegenstände und Grenzen, Gutachten B zum 58. Deutschen Juristentag, in: Verhandlungen des 58. DJT, München 1990, Bd. I, S. 7 ff.; vgl. *Chr. Mylonopoulos* (Fn. 16), PoinChr 2013, 81.

[22] Siehe *Roxin/Schünemann*, Strafverfahrensrecht, 27. Aufl. 2012, S. 103 ff. und ausführlicher mit heftiger Kritik einerseits *B. Schünemann*, Wetterzeichen vom Untergang der deutschen Rechtskultur – Die Urteilsabsprachen als Abgesang auf die Gesetzesbindung der Justiz und den Beruf unserer Zeit zur Gesetzgebung, 2005, und andererseits *Duttge*, Möglichkeiten eines Konsensualprozesses nach deutschem Strafprozessrecht, ZStW 115 (2003), 539 ff.; vgl. *Mylonopoulos* (Fn. 16), S. 81.

[23] Siehe *Th. Weigend* (Fn. 21), S. 59; *Roxin/Schünemann* (Fn. 22), S. 103; *Kühne*, Strafprozessrecht, 8. Aufl., S. 455; vgl. *Mylonopoulos* (Fn. 16), S. 82; *ders.*, Strafrecht, GM I, 2007, S. 17, wonach „der Gesetzgeber […] nicht nur nach oben, sondern auch nach unten verpflichtet [wird]", da auch ein „Verbot der Reduzierung des strafrechtlichen Schutzes unter ein erträgliches Maß" besteht.

Allgemeinheit (Privatsphäre, Geheimnisse, Datenschutz usw.) durch die Einführung von Beweisverboten[24] sowie dem Umstand, dass die Ziele des Strafverfahrens vielfältig sind.[25] Die Suche nach der materiellen Wahrheit tritt zurück im Interesse der Wiederherstellung des Rechtsfriedens, wie auch die institutionelle und effektive Justiz in vielen Fällen (z. B. bei Verjährung, tätiger Reue, Rücktritt vom Versuch, strafrechtlicher Versöhnung) zu Gunsten des Rechtsfriedens zurücktritt. Dieser spiegelt viel mehr als jeder andere Grundsatz die Ansprüche des Zusammenhalts des prozessualen Systems und der praktischen Harmonie der gegensätzlichen Interessen wider.

2. Grundsätze, welche die Einführung und Anwendung alternativer Verfahren im Rahmen des Strafprozesses beschränken

Angelpunkt der zu dieser Kategorie gehörenden Grundsätze ist der verfassungsrechtliche Grundsatz der Achtung der Menschenwürde (Artikel 2 grGG)[26]. So ist es offensichtlich, dass die Integration und Anwendung eines alternativen Verfahrens im Rahmen des Strafprozesses durch diese Menschenwürdegarantie beschränkt wird, was bedeutet, dass sowohl die uneingeschränkte Zustimmung der betroffenen Person als auch die Vermeidung unangemessenen Drucks mit dem Ziel der Wahl der alternativen Möglichkeit des Abschlusses seines strafrechtlichen Verfahrens immer zu überprüfen ist.[27]

In die gleiche Richtung zielt regelungstechnisch auch die von dem obigen Grundsatz abgeleitete Unschuldsvermutung für den Angeklagten (Artikel 6 Abs. 2

---

[24] Darauf hinweisend *N. Androulakis* (Fn. 1), S. 203 ff.; *Th. Dalakouras*, Verbotene Beweismittel: Dogmatische Grundlagen der Institution der Beweisverbote im Strafverfahren, PoinChr 1996, 321 ff.; *N. Dimitratos*, Die Entwicklung der Grundlage der Beweisverbote im griechischen Strafverfahrensrecht, PoinChr 2001, 5 ff.; *Ch. Naintos*, Beweisverbote im Strafprozess, 2010, S. 15 ff.; *A. Kontantinidis*, Der Grundsatz der freien Beurteilung der Beweismittel und die Beweisverbote in: A. Konstantinidis/Th. Dalakouras (Hrsg.), Einführung in das Strafprozessrecht, 2014, S. 327 ff.; vgl. *Roxin/Schünemann* (Fn. 22), § 24 D I Rn. 15 ff.; *H. H. Kühne*, Strafprozessrecht, 8. Aufl., § 54 I Rn. 880 ff.; *K. Rogall*, Der Beschuldigte als Beweismittel gegen sich selbst, 1977, S. 210 ff.; *ders.*, Stand und Entwicklungstendenzen der Lehre von den strafprozessualen Beweisverboten, ZStW 91, 1 ff.

[25] Siehe z. B. *Neumann*, Wahrheit im Recht. Zur Problematik und Legitimität einer fragwürdigen Denkform, 2004, S. 31 ff.; *Ch. Mylonopoulos* (Fn. 16), S. 85 f.; *Th. Dalakouras*, Über den Zweck des Strafverfahrens, Plog (Poinikos Logos) 2007, 1195 ff.

[26] Siehe eingehend *K. Konstandinidis*, Strafrecht und Menschenwürde, 1987, S. 40 ff.; *Th. Antoniou*, Der Respekt vor dem Wert des Menschen als Grundsatz und Recht in der Verfassung des Jahres 1975, 2010, S. 25 ff.; vgl. umfänglich *Holzhüter*, Konkretisierung und Bedeutungswandel der Menschenwürdenorm des Artikel 1 Abs. 1 des Grundgesetzes, 1989, S. 22 ff.; *H. Hofmann*, Das was die Menschenwürde verspricht, in: Rechtsdenken, Bd. 3, 2009, S. 19 ff.; *U. Neumann*, Die Tyrannei des „Wertes des Menschen", in: Rechtsdenken, Bd. 3, 2009, S. 67 ff.

[27] Unter diesem Aspekt erscheint es absolut notwendig, die Freiwilligkeit einer jeden solchen Zustimmung sicherzustellen; dies verlangt insbesondere der Respekt vor der Willensfreiheit des Zustimmenden.

EMRK), die jede Verwertung von belastenden Aussagen zum Nachteil des Angeklagten im Rahmen eines erfolglosen einvernehmlichen Verfahrens verbietet. Hier fügt sich auch der speziellere „nemo-tenetur"-Grundsatz (Artikel 14 Abs. 3 c IPBPR i.V.m. Artikel 223 Abs. 4 und 273 Abs. 2 Abschn. b grStPO)[28] ein, welcher das Verbot enthält, auf den Angeklagten Druck auszuüben – insbesondere durch Androhung eines ungünstigeren Verfahrensausgangs –, um ihn zum Akzeptieren eines alternativen Verfahrens zu veranlassen.

Entsprechend anzuwenden ist auch der Grundsatz des rechtlichen Gehörs gemäß Artikel 20 Abs. 1 grGG[29], welcher die Gewährleistung der Verteidigungsrechte der Beteiligten in solchen Verfahren vorschreibt. Demnach ist jedes Verfahren als problematisch anzusehen, welches entweder ohne die Anwesenheit des Angeklagten erfolgt oder mit der Verletzung des Rechts auf angemessene Vorbereitung oder anderer grundlegender Rechte verbunden ist oder auf unklarer oder unzutreffender Rechtsgrundlage basiert, wie z.B. in den Fällen der bewusst zu weit gefassten Anklageschrift mit vielen Anklagepunkten *(overcharging)*, so dass Druck auf den Angeklagten ausgeübt wird, bei einigen von diesen seine Schuld einzugestehen[30] oder ein unwahres Geständnis abzulegen.

Dies gilt auch für den weiterreichenden Grundsatz des fairen Gerichtsverfahrens (Artikel 6 EMRK), welcher im Prozess sowohl die Wahrung der Rechte der Parteien als auch die Erfüllung der entsprechenden Pflichten der Strafverfolgungsorgane verlangt, um die Integrität des Strafverfahrens, dessen Unparteilichkeit und dessen angemessene Dauer abzusichern, aber auch die Richtigkeit jeglicher Art von Entscheidungen sicherzustellen.[31]

---

[28] Siehe zustimmend *O. Tsolka*, Der Grundsatz „nemo tenetur se ipsum prodere/accusare" im Strafverfahren, 2002, S. 1 ff.; *D. Symeonidis*, Das Verbot des Zwangs zur Selbstbelastung und die Beweisverwertung von Zeugenaussagen des im Nachhinein Angeklagten im Strafverfahren, PoinDik 2004, 453 ff.; *Th. Papakyriakou*, Der Grundsatz der Selbstbelastungsfreiheit in der griechischen Rechtsordnung im Lichte der jüngeren Rechtsprechung des EGMR, 2009, S. 1 ff.; vgl. eingehender *K. Rogall*, Der Beschuldigte als Beweismittel gegen sich selbst, 1977; *Bosch*, Aspekte des nemo-tenetur-Prinzips aus verfassungsrechtlicher und strafprozessualer Sicht, 1998; *Verell*, Die Selbstbelastungsfreiheit im Strafverfahren, 2001.

[29] Eingehend zu dieser Problematik *A. Karras*, Der Grundsatz der gerichtlichen Anhörung im Strafverfahren, 1989, S. 59 ff. mit weiteren Verweisungen.

[30] Siehe *G. Kalfelis* (Fn. 16), S. 243 ff.; *Chr. Mylonopoulos* (Fn. 16), S. 81.

[31] Dazu *I. Androulakis*, Kriterien des fairen Strafverfahrens gemäß Artikel 6 der EMRK, 2000, S. 10 ff.; *Rzepka*, Zur Fairneß im deutschen Strafverfahren, 2000, S. 12 ff.

3. Grundsätze, die für die Anwendung alternativer Verfahren im Rahmen des Strafprozesses sprechen

Von zunehmender Bedeutung ist in dieser Kategorie der Grundsatz der Ökonomie des Strafverfahrens[32], welcher die Durchführung des Strafverfahrens in einer Weise gebietet, die nicht zu unnötigen Verzögerungen führt, andererseits aber auch nicht die Erfüllung des Justizgewährleistungsanspruchs gefährdet.

Dementsprechend wirkt sich der Grundsatz der Beschleunigung des Verfahrens zugunsten der konsensualen Verfahrensweisen aus. Er gebietet die Beendigung des Strafverfahrens in angemessener Zeit, ohne dabei die Notwendigkeit einer angemessenen und wirksamen Bestrafung der Verbrechen zu leugnen.[33]

Schließlich begrenzt auch der Grundsatz der Verhältnismäßigkeit (Artikel 25 grGG)[34] die Anwendbarkeit alternativer Verfahren, indem er sie nicht etwa grundsätzlich verbietet, sondern in verfassungskonformer Weise fördert, insbesondere durch den Grundsatz der Erforderlichkeit.

Im Lichte all dessen, was zuvor erörtert wurde, sollte nicht mehr bestritten werden, dass die Förderung alternativer Lösungen im Rahmen unseres prozessualen Systems möglich ist.

III. Die rechtspolitische Notwendigkeit einer Erweiterung des Anwendungsbereichs alternativer Verfahren

Das abzusehende Übermaß an Störungen der Funktion unserer Strafjustiz, zu denen beispielsweise die lange Dauer der Verhandlungen[35] sowie der Überfüllung der Gefängnisse zählen, zeigt immer wieder und immer dringlicher den Bedarf an intensiver Suche nach alternativen Formen der Beendigung von Strafverfahren.

---

[32] Siehe *A. Karras* (Fn. 16), S. 47 ff.; vgl. ebenso *S. Stamatopoulos*, Der Grundsatz der Ökonomie im Zivilprozess, 2003, S. 73 ff.; *Chr. Mylonopoulos* (Fn. 16), S. 87, der den Grundsatz der Verfahrensökonomie verbindet mit der Forderung nach rationaler Durchführung des Strafverfahrens (Grundsatz der Praktikabilität).

[33] Ausführlicher und mit erweiterter Fragestellung *N. Androulakis*, Beschleunigung des Ermittlungsverfahrens im Strafprozess – um jeden Preis?, PoinChr 2011, 161 ff.

[34] Zustimmend dazu *Th. Dalakouras*, Grundsatz der Verhältnismäßigkeit und strafprozessuale Zwangsmaßnahmen, 1994, S. 49 ff.; *N. Dimitratos*, Der Grundsatz der Verhältnismäßigkeit, NoV 2007, 43 ff.; *A. Zachariadis*, Der Grundsatz der Verhältnismäßigkeit und faires Verfahren, PoinChr 2006, 873 ff.; *A. Tzanetis*, Fragen der Umsetzung des Grundsatzes der Verhältnismäßigkeit in internationalen Regelungen, PoinChr 2006, 201 ff.

[35] Die „verspätete" Justiz stellt die Hauptursache der Verurteilung Griechenlands durch den EGMR dar, weil 46 % der Verurteilungen die Verletzung der Regelungen des Artikels 6 Abs. 1 Satz 1 der EMRK betreffen, wonach „innerhalb angemessener Frist" verhandelt werden muss, s. die Angaben des griechischen Justizministeriums (353 Verurteilungen wegen „ungerechtfertigter Verspätung" bis Anfang 2011).

Als wünschenswerte Lösungen erscheinen verschiedene Aspekte alternativer Formen zur Entlastung der Gerichte durch Konsensverfahren. Selbstverständlich ist jedoch, dass die Konsensverfahren die Festigung des Vertrauens der Bürger im Blick haben müssen, und zwar sowohl bei der Gestaltung des institutionellen Rahmens als auch bei der Bestimmung der mitwirkenden Verfahrensbeteiligten, die durch gegenseitige Erklärungen zum Erzielen eines Konsenses beitragen sollen.[36] Ebenso selbstverständlich ist weiter, dass die wirksame Durchführung dieser Verhandlungen systematisch durch unterstützende funktionale Voraussetzungen abzusichern ist. Eines der wichtigsten Argumente für die institutionelle Legitimierung der Konsensverfahren im Rahmen eines Rechtsstaates ist die Entlastung der Gerichte, also die Verringerung der Anzahl von Fällen, die im regulären Verfahren verhandelt werden.[37]

Wegweiser für die Einführung von weitergehenden Regelungen über das Absehen von der Strafverfolgung oder über die außergerichtliche Erledigung bestimmter Straftaten in das griechische prozessuale System können die Regelungen anderer Länder des kontinentaleuropäischen Rechtssystems sein.

1. Vergleichende Übersicht

a) Das französische Modell

Die Erhebung des Grundsatzes der Zweckmäßigkeit zu einem vorrangigen Grundsatz im französischen Recht[38] macht dieses Modell, das die funktionale Zuständigkeit des Staatsanwalts stärkt, zum Vorbild für die Durchführung zahlreicher Verfahren, und zwar auch alternativer Verfahren. Falls der örtlich zuständige Staatsanwalt der Auffassung ist, dass der Sachverhalt, der ihm zur Kenntnis gelangt ist, eine strafbare Handlung darstellt, welche von einem Täter begangen wurde, dessen Personalien und Adresse bekannt sind, und falls keine anderen Hindernisse rechtlicher Art für die Strafverfolgung bestehen, so entscheidet nach Artikel 40 Abs. 1 CPP in der Fassung des G. 2004-204 vom 9. März 2004 dieser Staatsanwalt, ob es angemessen ist, ein Strafverfahren einzuleiten oder ein alternatives, in den Artikeln 41-1 und 41-2 CPP beschriebenes Verfahren durchzuführen oder das Verfahren einzustellen.[39]

---

[36] s. *Th. Dalakouras* (Fn. 17), PoinChr 2011, 253 ff.

[37] Unter diesem Aspekt erscheint die Reform der Bestimmungen über die sachliche Zuständigkeit sehr problematisch, die bei Vergehen und Verbrechen in erster Instanz weitgehend Verhandlungen durch Einzelrichter vorsehen.

[38] Siehe ausführlicher *M. Herzog-Evans*, Procédure Pénale, 2. Aufl. 2009, S. 94; *G. Stefani/G. Levasseur/B. Bouloc*, Procédure Pénale, 21. Aufl. 2007, S. 582; vgl. *K. Papadopoulos*, Das Strafverfahren im französischen Recht, PoinDik 2010, 1050 ff.; ferner *D. Symeonidis*, Die Position und die Rolle des zeitgenössischen Staatsanwalts unter dem Aspekt des Datenvergleichs und damit zusammenhängende Probleme nach dem Inkrafttreten des G. 3160/2003, in: E. Kroustalakis (Hrsg.), Die Rolle des Staatsanwalts in der zeitgenössischen Gesellschaft, Athen (Komotini) 2005, S. 50 (78 ff.).

[39] Dazu *F. Fourment*, Procédure Pénale, 2008, S. 138; *K. Papadopoulos* (Fn. 38), S. 1055.

Die erweiterte Anwendung des „Grundsatzes der freien Entscheidung der Staatsanwaltschaft"[40] im Anfangsstadium des Strafverfahrens hat als Konsequenz die Erhöhung des Anteils der eingestellten strafrechtlichen Verfahren durch Entscheidung des Staatsanwaltes. Bedeutend ist die Menge der Verfahren, die mangels öffentlichen Interesses an der Strafverfolgung eingestellt werden, da man der Auffassung ist, dass die öffentliche Ordnung und darüber hinaus der soziale Frieden nicht in nennenswertem Maße beeinträchtigt ist, und zwar entweder aufgrund der (moralischen oder sozialen) Geringfügigkeit des Verbrechens oder aufgrund der Geringfügigkeit des hervorgerufenen Schadens oder aufgrund persönlicher Eigenschaften oder Motive des Täters oder aufgrund des Wunsches des Opfers und zur Vermeidung seiner Bloßstellung.[41]

Von besonderem Interesse sind hierbei die sogenannten wiedergutmachenden alternativen Verfahren (Artikel 41-1 franzStPO), die als „Dritter Weg" (troisieme voie) der Straftatbekämpfung jenseits und außerhalb des Strafverfahrens geregelt sind.[42] Die wiedergutmachenden Verfahren können bei allen Straftaten angewendet werden, sie erfordern einen hohen Grad der Beteiligung des Täters und zielen auf die Wiederherstellung der Rechtsordnung ab durch die Wiedergutmachung des Schadens des Opfers oder die Einweisung des Täters in ein geeignetes therapeutisches Rehabilitationsprogramm. Dazu zählen[43]: (i) die Ermahnung des Täters zur Erfüllung seiner gesetzlichen Verpflichtungen, (ii) die Einweisung des Täters in ein Rehabilitationsprogramm oder die therapeutische Rehabilitation unter der Aufsicht der zuständigen Behörde, (iii) die Wiederherstellung der Legalität durch Verpflichtung des Täters, innerhalb eines bestimmten Zeitraumes einen rechtmäßigen Zustand herzustellen, (iv) die Wiedergutmachung des Schadens des Opfers, (v) bei wiederholter häuslicher Gewalt die Verpflichtung des Täters zur Verlegung seines Wohnsitzes und zur medizinischen oder psychologischen Beobachtung und (vi) die strafrechtliche Mediation zur Vermeidung wiederholten rechtswidrigen Verhaltens in der Zukunft.

---

[40] Zu diesem Grundsatz, welcher die Befugnisse des französischen Staatsanwaltes erheblich erweitert, siehe unter anderem *J. Pradel*, Procédure Pénale, 6. Aufl. 1992, S. 362 ff.; *K. Papadopoulos* (Fn. 38), S. 1055.

[41] Ausführlich dazu *G. Stefani/G. Levasseur/B. Bouloc* (Fn. 38), S. 582 ff.; *F. Fourment* (Fn. 39), S. 97. Siehe auch *K. Papadopoulos* (Fn. 39), S. 1058 ff., dem zufolge der Anteil der eingestellten Verfahren nach den statistischen Daten des französischen Ministeriums der Justiz des Jahres 2006 19,6 % aller Fälle einer beantragten Verfahrenseinleitung betrug.

[42] So *K. Papadopoulos* (Fn. 39), S. 1057 mit weiteren Informationen zur legislativen Absicherung.

[43] s. bereits *S. Choursoglou*, Der strafrechtliche Kompromiss in der französischen Rechtsordnung, PoinChr 2000, 299 ff. (301); *K. Papadopoulos* (Fn. 39), S. 1059.

b) Ähnliche Modelle

In die gleiche Richtung wie das französische Modell bewegt sich eine Gruppe von Rechtsordnungen Kontinentaleuropas, namentlich die *belgische* und die *niederländische*, in denen während der Durchführung des Strafverfahrens gleichfalls dem Grundsatz der Zweckmäßigkeit der Vorrang eingeräumt wird. Die Initiative zur Förderung des Verfahrens zur Wiedergutmachung wird in beiden prozessualen Systemen dem Staatsanwalt auferlegt und umfasst in der Regel den Bereich der leichten und, abhängig von der Gestaltung des konkreten Falls, der mittelschweren Kriminalität. Erwähnenswert sind in diesem Zusammenhang auch die Bestimmungen der Artikel 216 belgStGB und Artikel 74 niederlStGB, die strafrechtliche Mediationsverfahren vorsehen und deren Anordnung dem Staatsanwalt zuweisen.[44]

Formen alternativer Wiedergutmachungsverfahren entsprechend der französischen StPO kennt und implementiert auch das *spanische Recht* seit dem In-Kraft-Treten der sog. Ley Organica 5/2000, welche in diesen Fällen den Vorrang des Grundsatzes der Zweckmäßigkeit statuiert hat.[45]

Traditionell eingegliedert in die gleiche Gruppe der Rechtsordnungen wird auch *Italien*, das allerdings im Jahre 1989 mit der neuen StPO die systematische Richtung und die Verfahrensrollen des angelsächsischen Modells adoptiert und sich damit – wegen der Stellung des Staatsanwaltes als Prozesspartei – von den Strukturmerkmalen des kontinentalen Systems entfernt hat.[46]

c) Das deutsche Modell

Wegen der überragenden Bedeutung des Grundsatzes der Gesetzmäßigkeit im deutschen Strafprozessrecht wurde der Möglichkeit des Absehens von der Strafverfolgung gem. §§ 153–153e dStPO bei deren Einführung im Jahr 1975 zunächst mit einigem Misstrauen begegnet.[47] In der Praxis wurde er aber schnell angenommen und zu einem wirksamen Mittel zur Entlastung der Strafgerichte.[48]

---

[44] Siehe einerseits *Gross*, Die Reform des belgischen Vorverfahrens. Änderungen des Code d' instruction criminelle durch die „Loi Franchimont" vom 5. März 1998, ZStW 2000, 235 ff. und andererseits *Tak*, Das Ermittlungsverfahren in den Niederlanden, ZStW 2000, 170 ff.; vgl. auch *Ch. Mylonopoulos* (Fn. 16), PoinDik 2011, 54 ff.

[45] Siehe detaillierter *E. Gimenez-Salinas/I. Colomer/L. Toro í Lienas/S. Salsench í Linares*, Restorative Justice in Spain, in: A. Pitsela/E. Symeonidou-Kastanidou (Eds.) (Fn. 16), S. 213 ff.

[46] Zu der neuen italienischen Form des prozessualen Rechtsystems siehe *Conso-Grevi*, Profili del nuovo codice di procedura penale, 1993; *Corso*, in: v.d. Wyngaert (Hrsg.), Criminal procedure systems in the European Community, 1993, 223 ff.; *Th. Dalakouras*, Die neue italienische StPO: Unglücklicher Riss in der kontinentalen Gesetzes- oder Modellperspektive, YPER 1993, 475 ff.; *G. Kalfelis*, Strafprozessordnung – Studien zur Vertiefung, 2006, S. 19 ff.

[47] Siehe z. B. *Schmidhäuser*, JZ 1973, 529; *Hanack*, Gallas-FS, 1973, 339; vgl. neuerdings und kritisch sowohl *M. Hettinger* (Fn. 16), S. 401 ff. als auch *Roxin/Schünemann* (Fn. 22), § 14 B 11 Rn. 14 ff.

Erstens kann die Staatsanwaltschaft mit Zustimmung des für die Hauptverfahrenseröffnung zuständigen Gerichts[49] sowohl bei geringfügigen Vergehen (§ 153 dStPO) als auch dann, wenn das Gesetz die Möglichkeit des Absehens von Strafe vorsieht (§ 153b dStPO), von der Strafverfolgung absehen, wenn die Schuld des Täters als gering anzusehen wäre und kein öffentliches Interesse an der Strafverfolgung besteht.[50]

Zweitens kann bei Vergehen geringeren oder mittleren Gewichts die Staatsanwaltschaft gem. § 153a StPO mit der Zustimmung des für die Eröffnung des Hauptverfahrens zuständigen Gerichtes sowie des Beschuldigten vorläufig von der Erhebung der Anklage absehen, wenn sie zugleich dem Beschuldigten Auflagen oder Weisungen erteilt. Als Auflagen oder Weisungen kommen in Betracht: (i) die Erbringung einer bestimmten Leistung zur Wiedergutmachung des durch die Tat hervorgerufenen Schadens, (ii) die Zahlung eines Geldbetrages an eine gemeinnützige Einrichtung oder an die Staatskasse, (iii) die Erbringung gemeinnütziger Leistungen, (iv) die Erfüllung von Unterhaltspflichten in einer bestimmten Höhe, (v) der Versuch, einen Ausgleich mit dem Opfer zu erreichen und dabei die Tat ganz oder zum wesentlichen Teil wiedergutzumachen oder deren Wiedergutmachung anzustreben, (vi) die Teilnahme an einem sozialen Trainingskurs und (vii) die Teilnahme an einem Aufbauseminar gemäß § 2b Abs. 2. Satz 2 oder an einem Fahreignungsseminar nach § 4a des Straßenverkehrsgesetzes. Die Erfüllung der durch den Staatsanwalt festgesetzten Bedingungen führt zu einer dauerhaften Einstellung der Strafverfolgung der Straftat, soweit es sich um ein Vergehen und nicht um ein Verbrechen handelt.[51]

---

[48] Siehe *Rieß*, ZRP 1983, 93; LR/*Beulke*, Die Strafprozessordnung und das Gerichtsverfassungsgesetz, Großkommentar, 26. Aufl., § 153 Rn. 3 mit Nebeneinanderstellung und statistischen Daten des Jahres 2005. Nach *Hettinger* (PoinChr 2011, 405 mit weiterer Verweisung auf *Heghmanns*, ZRP 2001, 554 ff.), werden pro Jahr von der Staatsanwaltschaft ungefähr 450.000–500.000 Strafverfahren wegen Geringfügigkeit eingestellt.

[49] Die Zustimmung des Gerichtes ist gem. § 153 Abs. 1 Satz 2 StPO in den dort bezeichneten geringfügigen Fällen nicht erforderlich.

[50] Der Anwendungsbereich dieser Bestimmung umfasst hauptsächlich Straftaten geringeren Gewichtes (Vergehen) wie den Ladendiebstahl oder das Erschleichen von Beförderungsleistungen (§ 265a StGB), aber auch leichtere Steuerstraftaten (§ 398 AO) oder die Beschaffung von illegalen Drogen zum Eigenkonsum (§ 31a BtMG).

[51] Hinsichtlich des Nichtvorliegens eines Verstoßes gegen die Unschuldsvermutung gem. Artikel 6 Abs. 2 EMRK durch die Einstellung der Strafverfolgung gegen Auflagen und Weisungen gem. § 153a StPO siehe BVerfG, MDR 91, 891; SächsVerfGH, StraFo 2009, 108; *Fezer*, ZStW 106, *33; Meyer-Goßner* (Fn. 20), § 153a Rn. 2; kritisch aber wegen der Erweiterung des Bereichs der „Grauzone der Zweckmäßigkeit" und des Fehlens gerichtlicher Kontrolle der betreffenden Entscheidungen *Salditt*, E.-Müller-FS 2008, S. 611 und *Hettinger* (Fn. 16), S. 406; *ders.*, E Müller-FS 2008, S. 272. Vgl. weiterhin *Schöch*, AK-StPO, Bd. 2, Teilbd. 1, 1992, § 153a Rn. 71, nach welchem § 153a das „operative Feld der prozessualen Vereinbarungen im Strafprozess" bildet.

Drittens kann der Staatsanwalt bei Straftaten, die eine Besonderheit der Tat, des Angeklagten oder des Opfers aufweisen (§§ 153c, 153d, 153e, 154b, 154c, 154e StPO), zugunsten wichtiger nationaler Interessen oder zugunsten überwiegender öffentlicher Interessen auf die Strafverfolgung verzichten.[52]

In dieselbe rechtspolitische Richtung bewegt sich das *österreichische* prozessuale System, da es ähnlich wie das deutsche Recht z. B. mit den §§ 198 – 207 öStStPO die Wiedergutmachung fördert.[53]

2. Vorschläge de lege ferenda

Das Rechtsinstitut des Absehens von der Strafverfolgung ist wegen der Entlastung der Gerichte als nützlich anzusehen, jedenfalls dann, wenn es mit Blick auf die Struktur des strafrechtlichen Systems als Ganzes harmonisiert wird.

Insbesondere die fortschreitende Ausweitung der staatsanwaltschaftlichen funktionellen Zuständigkeiten muss auf zwei Ebenen problematisiert werden: einerseits auf der rechtlichen Ebene durch die Festlegung von Kriterien, nach denen sich die Staatsanwaltschaft richten werden muss (Konkretisierung des besonderen öffentlichen Interesses an der Strafverfolgung), und durch Kontrolle der Befolgung dieser Kriterien (Überprüfung durch den Vorgesetzten innerhalb der Staatsanwaltschaft, gerichtliche Überprüfung[54]), was das Vertrauen der Verfahrensbeteiligten und der Gesellschaft in die Rolle des Staatsanwaltes als ein unabhängiges und unparteiisches Justizorgan festigen kann;[55] andererseits auf der Ebene der Personalausstattung, die unverzüglich verbessert werden muss, damit das spezifische operative Vorgehen zielgenauer und effektiver wird.

---

[52] Siehe ausführlicher *Meyer-Goßner* (Fn. 20), §§ 153c – 153f und 154 – 154c StPO.

[53] Dazu *Burgstaller,* Diversion in Österreich. Eine Zwischenbilanz, Ottenstein 2007; *E. E. Fabrizy,* Die österreichische StPO und wichtige Nebengesetze, Kurzkommentar, 10. Aufl., Wien 2008, §§ 198 – 209; *Miklau,* Der österreichische Weg zur Diversion im Strafrecht, Michalek-FS 2005, S. 297 ff.; *Schütz,* Diversionsentscheidungen im Strafrecht, 2003; *Schwaighofer,* Zum Anwendungsbereich der Diversion bei Jugendstraftaten, RZ 2001, 60 ff.

[54] Diskutabel ist hierbei der Vorschlag, ein Klageerzwingungsverfahren (§§ 172 – 177 dStPO) einzuführen, so dass ein übermäßiger Machtzuwachs des Staatsanwaltes vermieden wird, siehe *Chr. Mylonopoulos* (Fn. 16), S. 89 mit weiteren Nachweisen; *Rieß,* Roxin-FS, 2001, S. 1319 ff. Erwähnenswert ist jedoch auch die Feststellung, dass diese Institution im deutschen Recht – trotz ihres Zieles der Stärkung des Grundsatzes der Gesetzmäßigkeit auf Initiative des Opfers durch den Gerichtsweg – keine wesentliche praktische Bedeutung für die Strafverfolgung hat, da das Verfahren selten angewandt wird und noch seltener erfolgreich endet (siehe *K. Volk,* Grundkurs StPO, 6. Aufl. 2008, S. 110).

[55] Siehe allgemein dazu *E. Kroustalakis* (Hrsg.), Die Rolle des Staatsanwalts in der zeitgenössischen Gesellschaft – Institutionsrahmen und Perspektiven, 2005, S. 21 ff.; vgl. die Leitlinien für die Rolle der Staatsanwälte, aufgeführt in der Resolution der Generalversammlung der Vereinten Nationen Nr. 45/166 vom 18.12.1990 sowie in der Empfehlung R (2000) 19 des Ministerkomitees des Europarates.

Hinsichtlich einer Stärkung der staatsanwaltschaftlichen operativen Befugnisse werden als wünschenswerte Alternativen einerseits vorgeschlagen, Bestimmungen von zweifelhafter Legitimität (wie die der bedingten Einschränkung der Strafverfolgung gemäß Artikel 31 G. 4198/2013) abzuschaffen, und andererseits wird der Vorschlag gemacht, den Anwendungsbereich des speziellen Verfahrens gegen auf frischer Tat Ertappte einzuschränken.

Da die Ausweitung der staatsanwaltlichen funktionalen Zuständigkeit mit gerichtlicher Kontrolle, aber auch mit einer erweiterten Zuständigkeit der Amtsrichter[56] kombiniert werden muss, ist es angebracht, das Anwendungsgebiet der abgekürzten Verfahren bei Vergehen (Artikel 414 grStPO) zu erweitern. Dies erweist sich als notwendig, um die Gerichte im Bereich der leichten Kriminalität zu entlasten und darüber hinaus den Amtsgerichten zu ermöglichen, das Ermittlungsverfahren als vorrangige Aufgabe durchzuführen. Die damit zu erreichende Modernisierung des Ermittlungsverfahrens erleichtert die Anwendung der Institution des Absehens von der Strafverfolgung, da die für die Entscheidung des Staatsanwalts notwendigen Informationen zuvor aktenkundig gemacht worden sind.

3. Im gegenwärtigen griechischen prozessualen System zu empfehlende Formen des Absehens von der Strafverfolgung

Im Lichte der vorangegangenen Überlegungen erweist sich als sinnvoll und praxisgerecht, den Vorschlag zur Regelung des Absehens von der Strafverfolgung auf zwei bestimmte Richtungen zu konzentrieren, die beide auf rationale Art zur Entlastung der Gerichte beitragen würden.

Insbesondere wird als eine alternative Form der Beendigung des Strafverfahrens vorgeschlagen:

(i) Die Einführung einer Regelung nach dem Vorbild des Artikels 40 Abs. 1g der französischen StPO (CPP)[57] oder des § 191 der österreichischen StPO[58], welche die Einstellung des Verfahrens bei Vergehen in Fällen geringer und mittlerer Schwere erlaubt, wenn dies durch die Umstände der Ausführung der Tat und durch den Grundsatz „minima non curat praetor" gerechtfertigt ist. Diese Regelung muss sich auf Fälle erstrecken, bei welchen die Störung der Rechtsordnung als gering einzustufen ist und zugleich besondere Umstände (geringes Gewicht der angedrohten Rechtsfolgen, Mitverschulden des Opfers, seine Ablehnung der Verfolgung von Amts wegen) oder Eigenschaften in der Person des Täters (z. B.

---

[56] Siehe zur Notwendigkeit der Stärkung sowohl der Funktion des Ermittlungsverfahrens der Polizei als auch der funktionalen Zuständigkeit des Amtsrichters *Th. Dalakouras* (Fn. 17), PoinChr 2011, 254 ff.

[57] Siehe ergänzend Fn. 41.

[58] Diese Bestimmung gilt für Straftaten, die nur mit Geldstrafe oder mit einer Freiheitsstrafe bis zu drei Jahren bedroht sind. Siehe *Venier*, Einstellung und Anklage im neuen Strafprozessrecht, ÖJZ 2007, 905 ff.; *Fabrizy* (Fn. 53), § 191 Rn. 1 ff.

Krankheit, Behinderung, Alter) vorliegen oder der Täter direkt und spontan die Verletzung der Rechtsordnung wiedergutgemacht hat.

(ii) Die Einführung einer Regelung, die derjenigen des § 153a der deutschen StPO[59] oder des § 198 der österreichischen StPO entspricht, indem sie das Absehen von der Verfolgung bestimmter Vergehen unter Auflagen und Weisungen zulässt.

Da dieses Verfahren (Diversion) nicht nur zur Entlastung der Gerichte führt, sondern parallel zum Rechtsfrieden auch das Vertrauen der Verfahrensbeteiligten in das prozessuale System befördern soll, ist es wichtig, die wesentlichen Voraussetzungen seiner Anordnung im jeweiligen Fall unter Wahrung der Mindestgarantien eines jeden rechtsstaatlichen prozessualen Systems klarzustellen. Zu diesen Garantien gehören offenkundig die folgenden:

(a) Die Respektierung des Grundsatzes der Verhältnismäßigkeit, so dass das Rechtsinstitut des Absehens von der Strafverfolgung nicht auf andere Formen der Verfahrensbeendigung, namentlich wegen unzureichender Beweismittel oder offensichtlich unbegründeter Anzeige, übertragen wird. Daher muss selbstverständlich gewährleistet sein, dass nur bei Vorliegen der erforderlichen Beweismittel dem Verdächtigen die Einstellung unter Auflagen oder Weisungen angeboten werden darf.

(b) Die Absicherung der Zustimmungsfreiheit des Verdächtigen im Hinblick auf das Absehen von der Strafverfolgung. In dieser Hinsicht muss gesetzlich sichergestellt werden, dass die Zustimmung des Verdächtigen nicht als Bekenntnis seiner Schuld angesehen und darüber hinaus bei Nichterfüllung der Bedingungen der Diversion nicht zu seinen Lasten als Beweismittel für seine Schuld verwendet werden darf.

(c) Der Anspruch auf alle im Rahmen des Ermittlungsverfahrens vorgesehenen Rechte des Verdächtigen. Von besonderer Bedeutung ist dabei der Anspruch des Verdächtigen auf einen Verteidiger, der zur Wahrung der Rechtsstaatlichkeit des gesamten Diversionsverfahrens (Konsens, einzelne Bedingungen, Verpflichtungen) beitragen kann.

(d) Der Anspruch des Opfers auf Informationen über die mögliche Einstellung des Verfahrens unter bestimmten Auflagen und Weisungen und die Berücksichtigung seiner Interessen bei der Auswahl dieser Bedingungen.

(e) Die Möglichkeit einer der Entscheidung vorangehenden Kontrolle der staatsanwaltlichen Tätigkeit.

---

[59] Siehe bereits *N. Androulakis*, PoinChr 2011 (Fn. 1), S. 165 ff.; *Chr. Mylonopoulos* (Fn. 54), S. 89 Fn. 43. Vgl. auch *N. Livos* (Fn. 17), PoinChr 2011, 659.

Die Entbindung von der ärztlichen Schweigepflicht durch den gesetzlichen Vertreter im Strafprozess

Von *Helmut Frister*

I. Einführung

In den aktuellen Kommentierungen zur Strafprozessordnung kann man nahezu unisono nachlesen, dass die Entbindung von der Verpflichtung zur Verschwiegenheit nach § 53 Abs. 2 S. 1 StPO höchstpersönlicher Natur sei und deshalb nicht durch einen gesetzlichen Vertreter erklärt werden könne.[1] Klaus Rogall schert bei der Erörterung dieser Frage aus dem Zitierkarussell aus. Er vertritt im Systematischen Kommentar zur Strafprozessordnung die Auffassung, dass auf die Entbindung von der Schweigepflicht die in § 52 Abs. 2 StPO getroffene Regelung über die Ausübung des Zeugnisverweigerungsrechts entsprechend anzuwenden sei.[2] Da selbst in einem Großkommentar nicht genug Raum ist, um jede Einzelfrage ausführlich zu erörtern, hat er seine Auffassung nicht näher begründet. Dies gibt mir die Gelegenheit, mich in diesem kleinen Beitrag an einer solchen Begründung zu versuchen.

Dazu lege ich zunächst dar, dass die als Beleg für die in der strafprozessualen Literatur vorherrschende Auffassung zitierte Rechtsprechung durchweg die postmortale Schweigepflicht betrifft, bei der sich die Frage, ob ein gesetzlicher Vertreter den Arzt von der Schweigepflicht entbinden kann, nicht stellt, weil unsere Rechtsordnung eine gesetzliche Vertretung Verstorbener nicht kennt (unter II.). Im Anschluss wende ich mich allgemein den Befugnissen eines gesetzlichen Vertreters zu und lege dar, dass es keinen tragfähigen Grund gibt, diese bei einwilligungsunfähigen Patienten nicht auf die Entbindung von der ärztlichen Schweigepflicht zu erstrecken (unter III.). Darauf aufbauend erörtere ich die Konsequenzen für den Strafprozess, zu denen insbesondere die entsprechende Anwendung des § 52 Abs. 2 StPO auf die Entbindung von der Schweigepflicht gehört (unter IV.).

---

[1] BeckOK-StPO/*Huber* (28. Ed. 1.7.2017), § 53 Rn. 42; *Eisenberg*, Beweisrecht (10. Aufl. 2017), Rn. 1255; HK-StPO/*Gercke* (5. Aufl. 2012), § 53 Rn. 39; KK-StPO/*Senge* (7. Aufl. 2013), § 53 Rn. 48; KMR/*Neubeck* (74. EL Mai 2015), § 53 Rn. 39; Meyer-Goßner/*Schmitt*, StPO (60. Aufl. 2017), § 53 Rn. 48; LR/*Ignor-Bertheau*, StPO (27. Aufl. 2018), § 53 Rn. 81; MüKo-StPO/*Percic* (1. Aufl. 2014), § 53 Rn. 58; Radtke/Hohmann/*Otte*, StPO (1. Aufl. 2011), § 53 Rn. 4; SSW-StPO/*Eschelbach* (3. Aufl. 2018), § 53 Rn. 48.

[2] SK-StPO/Rogall (4. Aufl. 2014), § 53 Rn. 201.

II. Keine einschlägige Rechtsprechung

Die in der strafprozessualen Kommentarliteratur vorherrschende Auffassung beruft sich in erster Linie auf ein Urteil des Reichsgerichts aus dem Jahr 1936.[3] Das Urteil hatte über die Revision gegen eine im Zusammenhang mit einer Selbsttötung[4] erfolgte strafrechtliche Verurteilung zu entscheiden, die auf der Aussage von drei Ärzten beruhte, die der Vorsitzende der Strafkammer darüber belehrt hatte, dass die Mutter der Verstorbenen sie wirksam von ihrer Schweigepflicht entbunden habe. Das Reichsgericht wies die Revision des Angeklagten zwar – mit fragwürdiger Begründung[5] – zurück, führte aber in seinem Urteil aus, dass die Belehrung des Vorsitzenden „rechtsirrig" sei.[6] Die Befugnis zur Entbindung von der Schweigepflicht sei als „höchstpersönliches Recht dessen, der sich dem Arzt anvertraut" nicht vererblich.[7] Sie könne nach dem Tod des Geheimhaltungsberechtigten auch nicht von den nächsten Angehörigen ausgeübt werden, so dass die Mutter die Ärzte nicht wirksam von der Schweigepflicht habe entbinden können.[8]

Gegen den im damaligen Schrifttum[9] erwogenen Übergang der Befugnis zur Entbindung von der Schweigepflicht auf die nächsten Angehörigen spreche insbesondere die Überlegung, dass die Interessen des Verstorbenen und seiner Hinterbliebenen auseinandergehen könnten. Wegen der möglichen Interessenkonflikte sei das Interesse des Verstorbenen grundsätzlich besser gewahrt, wenn der „unparteiisch und gewissenhaft abwägende Arzt pflichtgemäß darüber entscheidet, ob er das ihm Anvertraute geheim halten oder offenbaren soll und will".[10] Für die Entscheidung des Arztes verwies das Reichsgericht auf den damaligen § 13 RÄrzteO[11], dessen Absatz 3 die Offenbarung von Geheimnissen rechtfertigte „zur Erfüllung einer Rechtspflicht oder sittlichen Pflicht oder sonst zu einem nach gesundem Volksempfinden berechtigten Zweck und wenn das bedrohte Rechtsgut überwiegt".

Die Berufung der in der strafprozessualen Literatur vorherrschenden Auffassung auf dieses Urteil geht bereits insofern fehl, als es die Entbindung von der Schweige-

---

[3] RGSt 71, 21.

[4] Dem Urteil des Reichsgerichts ist nicht zu entnehmen, aufgrund welchen Verhaltens und wegen welcher Straftat die Verurteilung erfolgt ist.

[5] Das Gericht begründete die Zurückweisung der Revision damit, dass die Strafkammer die Ärzte nicht zu einer Aussage gezwungen habe (RGSt 71, 21 [23]). Jedoch bestand auch nach damaligem Recht bei einer Entbindung von der Schweigepflicht kein Zeugnisverweigerungsrecht, so dass die Ärzte aufgrund der Belehrung des Vorsitzenden davon ausgehen mussten, zur Aussage verpflichtet zu sein.

[6] RGSt 71, 21 (22).

[7] RGSt 71, 21 (22).

[8] RGSt 71, 21 (22).

[9] *Sauter*, Das Berufsgeheimnis und sein strafrechtlicher Schutz, in: v. Lilienthals strafrechtliche Abhandlungen, Heft 123 (1910), S. 141 ff.

[10] RGSt 71, 21 (22).

[11] Reichsärzteordnung vom 13. Dezember 1935, RGBl. I, S. 1433.

pflicht durch den gesetzlichen Vertreter nicht thematisiert.[12] Die Bezeichnung der Befugnis zur Entbindung von der Schweigepflicht als „höchstpersönliches Recht" scheint zwar darauf hinzudeuten, dass diese Befugnis nicht durch einen gesetzlichen Vertreter ausgeübt werden kann. Jedoch ist der Begriff höchstpersönlich mehrdeutig. Von einem höchstpersönlichen Recht spricht man auch, wenn ein Recht an die Person gebunden ist und deshalb nicht verkehrsfähig ist, d. h. weder veräußert noch vererbt werden kann. Ein in diesem Sinne höchstpersönliches Recht ist z. B. auch die Befugnis zur Einwilligung in einen ärztlichen Heileingriff, die gleichwohl nach allgemeiner Auffassung durch einen gesetzlichen Vertreter ausgeübt werden kann. Daher lässt sich der Bezeichnung der Entbindungsbefugnis als höchstpersönliches Recht nicht die Aussage entnehmen, dass eine Entbindung von der Schweigepflicht durch einen gesetzlichen Vertreter grundsätzlich ausgeschlossen sei.

Hinzu kommt, dass die Befugnis des Arztes zur Offenbarung von Geheimnissen ohne Entbindung von der Schweigepflicht nach dem § 13 RÄrzteO weiter reichte als heute. Das Reichsgericht ging bei seinem Verweis auf die pflichtgemäße Entscheidung des Arztes ersichtlich davon aus, dass dieser auch ohne Entbindung von der Schweigepflicht dazu berechtigt sein könne, Geheimnisse zu Strafverfolgungszwecken zu offenbaren. Dies wird heute zu Recht anders beurteilt. Weil das staatliche Strafverfolgungsinteresse schon kein notstandsfähiges Rechtsgut im Sinne des § 34 StGB ist,[13] jedenfalls aber dieses Interesse die ärztliche Schweigepflicht nach der in § 53 StPO zum Ausdruck kommenden gesetzlichen Wertung[14] nicht wesentlich überwiegt, ist eine Offenbarung von Geheimnissen allein zu Strafverfolgungszwecken ohne eine (mutmaßliche) Einwilligung des Betroffen nicht zu rechtfertigen.[15] Die Auffassung, eine Entbindung von der Schweigepflicht könne nicht durch einen gesetzlichen Vertreter erfolgen, hat deshalb heute Konsequenzen, die in der Entscheidung des Reichsgerichts sicherlich nicht intendiert waren.[16]

Die nachfolgende bundesdeutsche Rechtsprechung hat sich ebenfalls nicht mit der Möglichkeit einer Entbindung von der Schweigepflicht durch den gesetzlichen Vertreter eines Patienten befasst. Strafrechtliche Entscheidungen zu dem Problemkreis gibt es – soweit ersichtlich – keine und die in diesem Zusammenhang zitierten

---

[12] Dem Urteil des Reichsgerichts lässt sich nicht einmal entnehmen, ob die Verstorbene im Zeitpunkt der Selbsttötung noch minderjährig und die Mutter dementsprechend ihre gesetzliche Vertreterin war.

[13] So zutreffend NK-StGB/*Neumann* (5. Aufl. 2017), § 34 Rn. 31; SK-StGB/*Hoyer* (9. Aufl. 2017), § 34 Rn. 10; a.A. Schönke/Schröder/*Perron*, StGB (29. Aufl. 2014), § 34 Rn. 11, alle m.w.N.

[14] Dazu treffend SK-StPO/*Rogall* (Fn. 2), § 53 Rn. 2: Mit der Regelung des § 53 StPO weise das Gesetz „den durch die Schweigepflicht geschützten Interessen eine die Strafverfolgungsinteressen verdrängende Werthaltigkeit zu"; vgl. ferner *Michalowski*, ZStW Bd. 109 (1997), S. 519 (531).

[15] LK/*Schünemann*, StGB (12. Aufl. 2009), § 203 Rn. 141; NK-StGB/*Kargl* (Fn. 13), § 203 Rn. 66; SK-StGB/*Hoyer* (Fn. 13), § 203 Rn. 90; für besonders schwerwiegende Straftaten a.A. Schönke/Schröder/*Lenckner/Eisele*, StGB (Fn. 13), § 203 Rn. 31a.

[16] Vgl. dazu näher unter IV.

zivilrechtlichen Entscheidungen betreffen – ebenso wie schon das Urteil des Reichsgerichts – sämtlich die Frage, ob und inwieweit eine Entbindung von der postmortalen Schweigepflicht durch die Erben oder nächsten Angehörigen möglich ist. Die Kläger verlangten in den zugrundeliegenden Verfahren die Offenbarung von der postmortalen Schweigepflicht unterfallenden Tatsachen, um etwaige Fehler bei der ärztlichen Behandlung des Verstorbenen,[17] in einer Erbauseinandersetzung dessen Testierunfähigkeit[18] oder in einem Versicherungsprozess die Unfreiheit von dessen Selbsttötung[19] nachweisen zu können.

Zwar hat der IV. Zivilsenat des Bundesgerichtshofs – unter Bezugnahme auf die Bezeichnung der ärztlichen Schweigepflicht als „höchstpersönlich" in der referierten Entscheidung des Reichsgerichts – in einer dieser Entscheidungen explizit festgestellt, dass „bei Lebzeiten des Patienten grundsätzlich nur dieser den Arzt von seiner Verschwiegenheit entbinden" könne.[20] Da diese Feststellung jedoch lediglich als Einleitung für die Erörterung der Frage fungiert, ob und inwieweit die Befugnis zur Entbindung von der Schweigepflicht auf die Erben oder nächste Angehörige übergehen kann, ist kaum anzunehmen, dass der Senat hierbei das Problem einer gesetzlichen Vertretung im Blick hatte. Sehr viel näher liegt die Interpretation, dass er lediglich zum Ausdruck bringen wollte, dass zu Lebzeiten des Patienten die Entbindung von der Schweigepflicht nur durch eine ihm selbst zuzurechnende Erklärung und nicht etwa durch nahe Angehörige erfolgen könne.

Zusammenfassend ist damit festzustellen, dass die in den Kommentierungen zur Strafprozessordnung vorherrschende Auffassung, eine Entbindung von der Schweigepflicht könne nicht durch einen gesetzlichen Vertreter erklärt werden, in der Rechtsprechung keine Grundlage findet. Aus den vorliegenden gerichtlichen Entscheidungen ergibt sich zwar, dass die Entbindung von der Schweigepflicht insofern ein höchstpersönliches Recht ist, als es an die Person des Patienten gebunden ist und deshalb nach dessen Tod nicht auf die Erben oder nahe Angehörige übergeht. Die Frage, ob die Befugnis zur Entbindung von der Schweigepflicht nur höchstpersönlich oder bei einwilligungsunfähigen Patienten auch durch einen gesetzlichen Vertreter ausgeübt werden kann, ist damit aber nicht beantwortet. Sie ist in der Rechtsprechung noch nicht explizit entschieden und kann nur durch Anwendung der allgemein für die Entscheidungsbefugnis gesetzlicher Vertreter geltenden Regeln beantwortet werden.

---

[17] BGH NJW 1983, 2627.
[18] BGH NJW 1984, 2893; BayObLG NJW 1987, 1492.
[19] LG Naumburg NJW 2005, 2017.
[20] BGH NJW 1984, 2893 (2895); ähnlich schon der VI. Zivilsenat BGH NJW 1983, 2627 (2628).

III. Die Befugnis des gesetzlichen Vertreters zur Entbindung von der ärztlichen Schweigepflicht außerhalb des Strafprozesses

Bei der Formulierung dieser Regeln ist als erstes daran zu erinnern, dass eine gesetzliche Vertretung auch eine Entscheidungsbefugnis in persönlichen Angelegenheiten des Vertretenen beinhaltet bzw. zumindest beinhalten kann. Das Sorgerecht der Eltern umfasst nicht nur die Vermögenssorge, sondern auch die Sorge für die Person des Kindes (§ 1626 Abs. 1 S. 2 BGB). Schon aufgrund ihres verfassungsrechtlichen Erziehungsauftrags aus Art. 6 Abs. 2 S. 1 GG sind die Eltern bei der Ausübung der Personensorge zur Regelung einer Vielzahl sehr persönlicher Angelegenheiten des noch nicht entscheidungsfähigen minderjährigen Kindes berechtigt. Ebenso kann bei Volljährigen eine rechtliche Betreuung (§ 1896 BGB) z. B. auch für gesundheitliche Angelegenheiten angeordnet werden. Sie gibt dem Betreuer die Befugnis zu tief in die Lebensgestaltung des Betroffenen eingreifenden Entscheidungen und kann ihn gemäß §§ 1901a Abs. 2 S. 1, 1904 Abs. 4 BGB sogar dazu ermächtigen, auf der Grundlage des mutmaßlichen Willens des Betreuten gemeinsam mit dem behandelnden Arzt über Leben und Tod zu entscheiden.

Demgegenüber gibt es in unserer Rechtsordnung nur wenige Rechte, die in dem Sinne höchstpersönlich sind, dass sie nicht durch einen gesetzlichen Vertreter ausgeübt werden können. Ausdrücklich im Gesetz geregelt ist eine derartige Höchstpersönlichkeit insbesondere für die Eingehung der Ehe (§ 1311 S. 1 BGB) und die Errichtung eines Testaments (§ 2064 BGB). Bei diesen Rechten geht das Gesetz davon aus, dass die generelle Verpflichtung der gesetzlichen Vertreter, zum Wohl des Vertretenen unter Berücksichtigung von dessen mutmaßlichem Willen und dessen Wünschen[21] zu entscheiden (vgl. §§ 1626 Abs. 2, 1627 S. 1, 1901 Abs. 2, 1901a Abs. 2 BGB), das Fehlen einer eigenen verantwortlichen Entscheidung des Betroffenen nicht kompensieren kann. Demensprechend ist hier nicht nur eine gesetzliche Vertretung, sondern erst recht ein unmittelbarer Rückgriff auf den mutmaßlichen Willen ausgeschlossen. Die Begründung einer Ehe oder eine Änderung der gesetzlichen Erbfolge kann selbstverständlich nicht durch eine nur mutmaßliche Einwilligung bzw. Erklärung erfolgen.

Schon der Ausschluss eines Rückgriffs auf den mutmaßlichen Willen bei nur höchstpersönlich auszuübenden Rechten macht deutlich, dass es sich bei der Entbindung von der Schweigepflicht nicht um ein derartiges Recht handeln kann. Denn es ist unumgänglich und dementsprechend allgemein anerkannt,[22] dass sich eine Befug-

---

[21] Vgl. zur subjektiven Prägung des Wohls insbesondere im Betreuungsrecht etwa MüKo-BGB/*Schwab* (7. Aufl. 2017), § 1901 Rn. 10 f. m.w.N.
[22] LK/*Schünemann* (Fn. 15), § 203 Rn. 130; NK-StGB/*Kargl* (Fn. 13), § 203 Rn. 61; Ratzel/*Lippert*, Kommentar zur Musterberufsordnung der deutschen Ärzte (6. Aufl. 2015), § 9 MBO Rn. 56; Ratzel/Luxemburger/*Giring*, Handbuch Medizinrecht (3. Aufl. 2015), Kap. 15 Rn. 134; SK-StGB/*Hoyer* (Fn. 13), § 203 Rn. 84; Schönke/Schröder/*Lenckner/Eisele* (Fn. 13), § 203 Rn. 27 m.w.N.

nis zur Offenbarung der Schweigepflicht unterfallender Tatsachen nicht nur aus dem erklärten, sondern auch aus dem mutmaßlichen Willen eines aktuell nicht entscheidungsfähigen Patienten ergeben kann. Informiert z. B. ein Arzt die Ehefrau seines Patienten darüber, dass ihr Mann bewusstlos ins Krankenhaus eingeliefert wurde, so ist die darin liegende Offenbarung schweigepflichtiger Tatsachen selbstverständlich durch die mutmaßliche Einwilligung des bewusstlosen Patienten gerechtfertigt.[23] Gleiches gilt, wenn der Arzt zur Behandlung eines bewusstlosen Patienten den Rat eines außenstehenden Experten in Anspruch nehmen will und diesem die für die Erteilung des Rats notwendigen medizinischen Befunde offenbart.

Selbst nach dem Tod des Patienten ist eine Rechtfertigung der Offenbarung der Schweigepflicht unterfallender Tatsachen durch mutmaßliche Einwilligung noch möglich. Die oben[24] dargestellte zivilrechtliche Rechtsprechung schließt zwar eine Entbindung von der postmortalen Schweigepflicht durch Erben oder nahe Angehörige aus, will aber die Frage, ob und inwieweit der Arzt nach dem Tod seines Patienten schweigepflichtige Tatsachen offenbaren darf, explizit nach dem mutmaßlichen Willen des Verstorbenen beurteilen. Ob und in welchem Umfang eine Offenbarung nach dem Tode des Patienten zulässig sei, hänge von dem Willen des Verstorbenen ab, den der Arzt als „mit Recht und Pflicht zur Verschwiegenheit betrauter Treuhänder"[25] zu ermitteln habe. Lasse sich eine positive Willensäußerung nicht feststellen, dann müsse dessen mutmaßlicher Wille erforscht, also geprüft werden, ob er die konkrete Offenlegung durch den Arzt mutmaßlich gebilligt oder missbilligt hätte.[26]

In Ermangelung einer über den Tod hinausreichenden gesetzlichen Vertretung mag man bei einem Verstorbenen in erster Linie dem Arzt selbst die Aufgabe zuweisen, dem mutmaßlichen Willen seines Patienten hinsichtlich der Offenbarung der Schweigepflicht unterfallender Tatsachen zur Geltung zu verhelfen. Solange der Patient lebt, ist es jedoch Aufgabe der Sorgeberechtigten bzw. des Betreuers oder eines Vorsorgebevollmächtigten, die notwendigen Entscheidungen für einen aufgrund fehlender geistiger Reife bzw. psychischer Beeinträchtigungen nicht zu einer selbstbestimmten Entscheidung fähigen Patienten zu treffen. Sie und nicht der Arzt sind die von der Rechtsordnung vorgesehenen „Treuhänder" für nicht selbstbestimmungsfähige Personen, haben deren Rechte und Interessen zu wahren und dabei auch den mutmaßlichen Willen zu bestimmen und ihm soweit möglich Rechnung zu tragen.

Dementsprechend ist allgemein anerkannt, dass der Arzt für die Vornahme eines Heileingriffs bei nicht einwilligungsfähigen Personen grundsätzlich der Einwilli-

---

[23] Vgl. NK-StGB/*Kargl* (Fn. 13), § 203 Rn. 61; Schönke/Schröder/*Lenckner/Eisele* (Fn. 13), § 203 Rn. 27, beide m.w.N.

[24] Vgl. unter II.

[25] So die Formulierung in BGH NJW 1983, 2627 (2628); vgl. auch LG Naumburg NJW 2005, 2017 (2018).

[26] BGH NJW 1983, 2627 (2629); BGH NJW 1984, 2893 (2895); BayObLG NJW 1987, 1492; LG Naumburg NJW 2005, 2017 (2018 f.).

gung der Sorgeberechtigten bzw. des Betreuers oder Vorsorgebevollmächtigten bedarf. Soweit diese zur Wahrung der Interessen des Patienten bestellten „Treuhänder" ihren Beurteilungsspielraum nicht überschreiten, wird der mutmaßliche Wille eines nicht einwilligungsfähigen Patienten durch ihre Entscheidung verbindlich festgestellt. Anders ist dies nur, wenn die Verweigerung der Einwilligung das Wohl des Kindes bzw. der betreuten Person pflichtwidrig gefährdet. In solchen Ausnahmefällen können die Ärzte die nicht erteilte Einwilligung nach § 1666 Abs. 1, Abs. 3 Nr. 5 BGB bzw. §§ 1908i Abs. 1 S. 1, 1837 Abs. 2 S. 1 BGB gerichtlich ersetzen lassen und in besonders dringlichen Fällen u. U. auch schon vor der gerichtlichen Entscheidung unaufschiebbare Eingriffe vornehmen, um das Leben ihrer Patienten zu erhalten oder diese vor schweren und länger andauernden gesundheitlichen Schädigungen zu bewahren.[27]

Die Regelung des § 1901a BGB bestätigt ebenfalls, dass die Feststellung eines mutmaßlichen Willens grundsätzlich Aufgabe des gesetzlichen Vertreters ist. Ihr Absatz 1 verpflichtet den Betreuer, für die Beachtung einer Patientenverfügung Sorge zu tragen. Treffen die Festlegungen einer solchen Verfügung auf die aktuelle Lebens- und Behandlungssituation nicht zu, so hat er gemäß Absatz 2 die Behandlungswünsche oder den mutmaßlichen Willen des Betreuten festzustellen und auf dieser Grundlage zu entscheiden, ob er in eine ärztliche Maßnahme einwilligt oder nicht. Dass der Patientenwille gemäß § 1901b Abs. 1 S. 2 BGB mit dem Arzt zu erörtern ist und bei fehlendem Einvernehmen zwischen Betreuer und Arzt das Unterlassen lebenserhaltender oder zur Verhütung eines schweren und länger andauernden gesundheitlichen Schadens erforderlicher Behandlungsmaßnahmen gemäß § 1904 Abs. 2, 4 BGB der Genehmigung des Betreuungsgerichts bedarf, ändert nichts daran, dass § 1901a Abs. 2 BGB in erster Linie dem Betreuer die Aufgabe zuweist, den mutmaßlichen Willen des Patienten festzustellen und für diesen zu entscheiden.[28]

Nach alledem gibt es keinen Grund, dem gesetzlichen Vertreter ausgerechnet die Befugnis zur Entbindung von der Schweigepflicht zu verweigern. Selbstverständlich ist diese Befugnis gegenüber dem Willen eines einwilligungsfähigen Patienten subsidiär, so dass sie bei Jugendlichen, die bereits hinreichend reif sind, um selbst über die Entbindung der Schweigepflicht zu entscheiden, und bei Erwachsenen, denen ungeachtet fortbestehender Einwilligungsfähigkeit ein Betreuer zur Seite gestellt worden ist, nicht gegen deren Willen ausgeübt werden kann. Aber wenn ein Patient selbst nicht einwilligen kann, ist auch hinsichtlich der Entscheidung über die Entbindung von der Schweigepflicht in erster Linie der gesetzliche Vertreter dazu berufen, dessen Rechte und Interessen zu wahren, dabei den mutmaßlichen Willen zu bestimmen und ihm soweit möglich Rechnung zu tragen. Vorbehaltlich einer Überschreitung des Beurteilungsspielraums wird auch insoweit der mutmaßliche Willen eines nicht einwil-

---

[27] Vgl. dazu Spickhoff/*Knauer/Brose,* Medizinrecht (2. Aufl. 2014), § 223 StGB Rn. 59; *Schmitz,* Rechtfertigender Notstand bei internen Interessenkollisionen (2013), S. 93, beide m.w.N.

[28] Vgl. BeckOK-BGB/*G. Müller* (43. Ed. 15.6.2017), § 1901a Rn. 23 f.; MüKo-BGB/ *Schwab* (Fn. 21), § 1901a Rn. 39 ff., beide m.w.N.

ligungsfähigen Patienten durch die Entscheidung seines gesetzlichen Vertreters verbindlich festgestellt.

Etwas anderes ergibt sich auch nicht aus der Erwägung, wegen möglicher Interessenkonflikte sei das Interesse des Patienten besser gewahrt, wenn der „unparteiisch und gewissenhaft abwägende Arzt" dessen mutmaßlichen Willen hinsichtlich der Offenbarung der Schweigepflicht unterfallender Tatsachen bestimme.[29] Zwar ist es durchaus richtig, dass aus einem persönlichen Näheverhältnis, wie es insbesondere zwischen Eltern und Kindern, aber auch in dem häufigen Fall einer gesetzlichen Betreuung durch nahe Angehörige besteht, Interessenkonflikte resultieren können. Aber dies gilt nicht nur für die Entbindung von der Schweigepflicht, sondern in gleicher Weise auch für andere Entscheidungen, zu denen ein gesetzlicher Vertreter befugt ist, ohne dass dadurch dessen Entscheidungsbefugnis in Frage gestellt würde. Solange kein konkreter Interessenkonflikt vorliegt,[30] geht das Gesetz zu Recht davon aus, dass das aus der persönlichen Nähe resultierende besondere Interesse an der Person des Vertretenen die damit notwendigerweise verbundene abstrakte Gefahr von Interessenkollisionen deutlich überwiegt.

Zusammenfassend ist somit festzustellen, dass die Entbindung von der ärztlichen Schweigepflicht kein nur höchstpersönlich auszuübendes Recht ist. Soweit der betroffene Patient nicht selbst entscheiden kann, obliegt es dessen gesetzlichem Vertreter, nach Maßgabe des von ihm festzustellenden mutmaßlichen Willens über die Entbindung von der Schweigepflicht zu entscheiden. Die in der strafprozessualen Kommentarliteratur vorherrschende gegenteilige Auffassung weicht ohne tragfähige Begründung von den ansonsten geltenden Regeln zur Reichweite der Entscheidungsbefugnis gesetzlicher Vertreter ab. Sie steht zudem in deutlichem Gegensatz zu der außerhalb des Prozessrechts vorherrschenden Auffassung[31] und alltäglichen Praxis. Die Einwilligung in die Weitergabe der Patientendaten an vom Arzt beauftragte Abrechnungsstellen z. B. wird bei nicht einwilligungsfähigen Patienten durch deren gesetzliche Vertreter erteilt, ohne dass auch nur jemand auf den Gedanken käme, dass diese dazu aufgrund der höchstpersönlichen Natur der Entscheidung nicht befugt sein könnten. Gleiches gilt etwa für die Einwilligung in die Weitergabe von Patientendaten im Rahmen von mit einwilligungsunfähigen Patienten durchgeführten Studien.

---

[29] Vgl. die allerdings dort nur auf Verstorbene bezogene Überlegung in RGSt 71, 21 (22).
[30] Solchen konkreten Interessenkonflikten trägt das Gesetz im Allgemeinen durch die §§ 181, 1629 Abs. 2 S. 1, Abs. 2a, Abs. 3 S. 1, 1795 Abs. 1, 2 i.V.m. 1908i Abs. 1 S. 1 BGB und im Strafprozess durch die unter IV. noch zu erörternde Regelung des § 52 Abs. 2 S. 2 StPO Rechnung.
[31] LK/*Schünemann* (Fn. 15) § 203 Rn. 94; MüKo-StGB/*Cierniak/Niehaus* (3. Aufl. 2017), § 203 Rn. 61; Ratzel/*Lippert* (Fn. 22) § 9 MBO Rn. 55; allgemein für die Möglichkeit einer Vertretung SK-StGB/*Hoyer* (Fn. 13), § 203 Rn. 76; NK-StGB/*Kargl* (Fn. 13) § 203 Rn. 52.

IV. Konsequenzen für den Strafprozess

Prozessuale Besonderheiten, die die Abweichung von der sich aus den allgemeinen Regeln ergebenden und außerhalb des Prozessrechts anerkannten und praktizierten Lösung rechtfertigen könnten, sind nicht ersichtlich. Die in § 53 Abs. 2 S. 1 StPO vorgesehene Entbindung von Verpflichtung zur Verschwiegenheit entspricht – wie Rogall in seiner Kommentierung zu Recht ausführt[32] – der Einwilligung in die Verwirklichung des Straftatbestands des § 203 Abs. 1 StGB. Nach dem Grundgedanken des § 53 Abs. 2 S. 1 StPO soll der Arzt[33] kein Zeugnisverweigerungsrecht mehr haben, wenn der Patient in die Offenbarung der betreffenden Tatsachen im Strafprozess einwilligt. Dementsprechend sind auf die prozessuale Entbindung von der Verpflichtung zur Verschwiegenheit die materiellrechtlichen Regeln anzuwenden, nach denen es grundsätzlich die Aufgabe des gesetzlichen Vertreters ist, anstelle eines einwilligungsfähigen Patienten über die Erteilung einer Einwilligung zu entscheiden.

Für die Anwendung der materiellrechtlichen Regeln über die Entbindung von der Schweigepflicht auch im Strafprozess spricht nicht zuletzt die Überlegung, dass nur auf diese Weise den Interessen insbesondere einwilligungsunfähiger Verletzter Rechnung getragen werden kann. Wer die prozessuale Entbindung von der Schweigepflicht wie die Eingehung einer Ehe oder die Errichtung eines Testaments behandeln, d. h. als ein nur höchstpersönlich auszuübendes Recht einordnen will, muss konsequenterweise auch einen Rückgriff auf den mutmaßlichen Willen ausschließen. Damit würde aber den Interessen eines nicht einwilligungsfähigen Patienten vor allem deshalb ein Bärendienst erwiesen, weil eine Offenbarung von Geheimnissen allein zu Strafverfolgungszwecken durch § 34 StGB nicht zu rechtfertigen ist.[34] Ein Arzt dürfte demnach der Schweigepflicht des § 203 Abs. 1 Nr. 1 StGB unterfallende Tatsachen im Strafprozess nicht einmal dann offenbaren, wenn dies evidentermaßen dem Interesse seines nicht einwilligungsfähigen Patienten entspricht.

Sagt z. B. in einem Strafverfahren wegen sexuellen Kindesmissbrauchs das noch nicht einwilligungsfähige mutmaßliche Opfer der Tat mit Einwilligung seiner Eltern und entsprechend seinem eigenen natürlichen Willen gegen den Angeklagten aus, so wäre es nach der in der strafprozessualen Kommentarliteratur vorherrschenden Auffassung nicht möglich, den Arzt, der das Kind nach der Tat untersucht hat, von seiner Schweigepflicht zu entbinden, damit er durch seine Aussage im Strafprozess die Angaben des Kindes bestätigt. Der Arzt könnte sich zwar nach Rechtsprechung[35] und herrschender Lehre[36] auch ohne Entbindung von der Schweigepflicht dafür entscheiden, von seinem Zeugnisverweigerungsrecht keinen Gebrauch zu machen, würde

---

[32] SK-StPO/*Rogall* (Fn. 2), § 53 Rn. 200 m.w.N.

[33] Entsprechendes gilt natürlich für die übrigen der Vorschrift unterfallenden Geheimnisträger.

[34] Vgl. dazu bereits unter II. mit den Nachweisen in Fn. 13–15.

[35] RGSt 19, 364 (365 f.); 48, 269 (270); BGHSt 9, 60 (61 f.); 15, 200 (202); 18, 146 (147 f.); 42, 73 (76); weitere Nachweise bei SK-StPO/*Rogall* (Fn. 2), § 53 Rn. 21 Fn. 96.

[36] Vgl. zum Streitstand in der Literatur eingehend SK-StPO/*Rogall* (Fn. 2), § 53 Rn. 22 ff.

sich dann aber in Ermangelung eines Rechtfertigungsgrundes gemäß § 203 Abs. 1 Nr. 1 StGB strafbar machen. Auch wenn es aufgrund des Strafantragserfordernisses (§ 205 Abs. 1 S. 1 StGB) in einem derartigen Fall in aller Regel zu keiner Strafverfolgung des Arztes kommen wird, liegt es auf der Hand, dass eine solche Lösung nicht richtig sein kann.

Im Ergebnis kann deshalb kein Zweifel bestehen, dass den Interessen einwilligungsunfähiger Personen im Strafprozess nur hinreichend Rechnung zu tragen ist, wenn zur Rechtfertigung der Offenbarung der ärztlichen Schweigepflicht unterfallender Tatsachen auf ihre Interessenlage und ihren mutmaßlichen Willen zurückgegriffen werden kann. Da die Wahrung der Interessen und die Bestimmung des mutmaßlichen Willens einwilligungsunfähiger Personen die Aufgabe des gesetzlichen Vertreters ist, hat dieser Rückgriff grundsätzlich in der Weise zu erfolgen, dass der gesetzliche Vertreter für den Patienten über die Entbindung von der Schweigepflicht entscheidet. Die Rechtfertigung einer den Tatbestand des § 203 Abs. 1 Nr. 1 StGB verwirklichenden Aussage durch mutmaßliche Einwilligung scheidet – solange der Patient nicht verstorben ist[37] – insofern aus, als im Strafprozess stets genug Zeit zur Verfügung steht, um die Entscheidung des gesetzlichen Vertreters einzuholen.

Der gesetzliche Vertreter hat bei seiner Entscheidung über die Entbindung von der Schweigepflicht bereits nach allgemeinen Grundsätzen die Wünsche des von ihm Vertretenen in angemessener Weise zu berücksichtigen. Ein darüber hinausgehendes Mitspracherecht des einwilligungsunfähigen Patienten besteht in den Fällen, in denen der Patient zur Zeugnisverweigerung nach § 52 Abs. 1 StPO berechtigt ist. Es ergibt sich aus der dem § 52 Abs. 2 S. 1 StPO zu entnehmenden gesetzlichen Wertung, dass auch nicht einwilligungsfähige Personen ihre nahen Angehörigen nicht belasten müssen, wenn dies ihrem natürlichen Willen widerspricht. Dieser Wertung ist bei der Entscheidung über die Entbindung von der Schweigepflicht in der Weise Rechnung zu tragen, dass in einem gegen nahe Angehörige einwilligungsunfähiger Patienten geführten Strafverfahren deren gesetzlicher Vertreter den Arzt nicht gegen den Willen des Vertretenen von der Schweigepflicht entbinden kann.

Die Wertung des § 52 Abs. 2 S. 2 StPO ist zur Lösung der Fälle heranzuziehen, in denen der gesetzliche Vertreter selbst Beschuldigter ist. Weil der Beschuldigte aufgrund seines erheblichen Eigeninteresses am Ausgang des Verfahrens zur Wahrnehmung der Rechte und Interessen Dritter im Strafverfahren ungeeignet ist, kann er und

---

[37] In Ermangelung einer über den Tod hinausreichenden gesetzlichen Vertretung kann für die Rechtfertigung eines Bruches der postmortalen Schweigepflicht – entsprechend der unter II. referierten Rechtsprechung der Zivilgerichte (vgl. die Nachweise in Fn. 17–19) – auch im Strafprozess nur unmittelbar auf den mutmaßlichen Willen des Verstorbenen zurückgegriffen werden. Da dieser von dem Arzt selbst zu ermitteln ist, wird man insoweit allerdings den auf diesen Fall bereits nach seinem Wortlaut nicht passenden § 53 Abs. 2 S. 1 StPO nicht anwenden, d.h. zwar eine materielle Berechtigung, aber keine prozessuale Verpflichtung des Arztes zur Aussage annehmen können.

– zumindest bei gemeinsamem Sorgerecht[38] – auch der nicht beschuldigte Elternteil gemäß § 52 Abs. 2 S. 2 StPO nicht über die Ausübung des Zeugnisverweigerungsrechts entscheiden. Auf die Entbindung von der Schweigepflicht ist diese Regelung entsprechend anzuwenden, so dass in den Fällen, in denen der gesetzliche Vertreter eines einwilligungsunfähigen Patienten selbst Beschuldigter ist, stets ein gemäß § 1909 Abs. 1 S. 1 BGB zu bestellender Ergänzungspfleger[39] über diese Entbindung zu entscheiden hat. Die entsprechende Anwendung des § 52 Abs. 2 S. 2 StPO setzt – anders als das Mitspracherecht analog § 52 Abs. 2 S. 1 StPO – nicht voraus, dass der einwilligungsunfähige Patient zur Zeugnisverweigerung gemäß § 52 Abs. 1 StPO berechtigt ist. Ob er der mutmaßlich durch die Tat Verletzte ist, ist ebenfalls unerheblich.[40]

V. Schluss

Das Ergebnis der vorstehenden Überlegungen ist schnell zusammengefasst. Es besteht in der Bestätigung der von Klaus Rogall im Systematischen Kommentar zur Strafprozessordnung in wenigen Sätzen skizzierten Auffassung, dass auf die Entbindung von einer gegenüber einwilligungsunfähigen Patienten bestehenden Schweigepflicht die Regelung des § 52 Abs. 2 StPO entsprechend anzuwenden ist. Ich gratuliere Klaus Rogall herzlich zum Geburtstag, wünsche ihm für die Zukunft alles Gute, insbesondere weiterhin viel Freude an der wissenschaftlichen Betätigung und dem Tennissport, und hoffe auf viele weitere gemeinsame Jahre im Systematischen Kommentar zur Strafprozessordnung.

---

[38] Die herrschende Meinung erstreckt den im Gesetz nur bei gemeinsamem Sorgerecht vorgesehenen Ausschluss auch auf den Fall, dass dem nicht beschuldigten Elternteil das Sorgerecht allein zusteht; vgl. zu dieser „berichtigenden Auslegung" SK-StPO/*Rogall* (Fn. 2), § 52 Rn. 83 m.w.N.

[39] Zu dessen Bestellung SK-StPO/*Rogall* (Fn. 2), § 52 Rn. 84 m.w.N.

[40] Vgl. dazu SK-StPO/*Rogall* (Fn. 2), § 52 Rn. 83 m.w.N.

Warum gerade Beweisverbot?
Ketzerische Bemerkungen zur Figur des Beweisverwertungsverbots

Von *Luís Greco*

I. Einleitung

Unter den mehreren Tausenden Seiten, die der Jubilar Klaus Rogall in Form von Monografien, Aufsätzen, Rezensionen und vor allem Kommentierungen den verschiedensten Themen des Straf- und Strafprozeßrechts gewidmet hat, befinden sich seine Beiträge zur Lehre von den Beweisverboten womöglich an vorderster Stelle. Er ist dafür bekannt, die zu einem beachtlichen Teil auf Intuitionen basierende Abwägungs*lösung* der Rechtsprechung zu einer gewisse Vorrangregeln kennenden Abwägungs*theorie* (der von ihm sogenannten „normativen Fehlerfolgenlehre") ausgebaut zu haben.[1] Auch jemand, der sich dieser Auffassung nicht anschließen kann,[2] wird sich der Überzeugungskraft vieler ihrer tragenden Prämissen nicht entziehen können. Ich möchte im vorliegenden Beitrag aufzeigen, dass das konsequente Zu-Ende-Denken dieser Prämissen in den meisten Fällen gerade *nicht* zur Figur des Beweisverwertungsverbots führt.

Bekannt sind die Klagen über die hilflos kasuistische, wilde Landschaft der Beweisverbote, die gegenüber einer rationalen Rekonstruktion durch die miteinander konkurrierenden Verwertungsverbotslehren renitent bleibt.[3] Auch dann, wenn der Ju-

---

[1] *Rogall*, ZStW 91 (1979), 1 (31 und passim, noch ohne diese Bezeichnung); *ders.*, in: Wolter (Hrsg.), Zur Theorie und Systematik des Strafprozeßrechts, 1985, S. 113 (141, 155 ff.); *ders.*, NStZ 1988, 385 (391 ff.); *ders.*, JZ 1996, 945 (946 ff., 954 f.); *ders.*, in: Höpfel/Huber (Hrsg.), Beweisverbote in Ländern der EU und in vergleichbaren Rechtsordnungen, 1999, S. 119 ff. (121, 137 ff., mit instruktiver Zusammenfassung dieser Vorrangregeln auf S. 147 f.); *ders.*, FS Grünwald, 1999, S. 523 ff. (546 f.); *ders.*, FS Hanack, 1999, S. 293 ff. (293 ff.); *ders.*, JZ 2008, 818.

[2] *Greco*, Strafprozesstheorie und materielle Rechtskraft, 2015, S. 220 ff.

[3] Etwa *Wolter*, in: Roxin/Widmaier (Hrsg.), FS 50 Jahre BGH, Bd. IV, 2000, S. 963 ff. (965); *Jahn*, Gutachten C zum 67. DJT, 2008, S. 18, 20 ff., 47 ff. (u. a. mit den Feststellungen, „dass ein prinzipieller Erkenntnisfortschritt nicht bewirkt wurde" [S. 18]; „unbefriedigender Zustand" [S. 20]); *Heghmanns*, ZIS 2016, 404; *Roxin/Schünemann*, Strafverfahrensrecht, 29. Aufl., 2017, § 24 Rn. 14.

bilar diese Einschätzung nicht teilt,[4] muss eingeräumt werden, dass ein Koordinatensystem, das zu beschreiben vermag, in welchen Situationen genau (vor allem bei welchen Fehlern in der Beweiserhebung) die Rechtsfolge eines Beweisverbots am Platze ist, noch nicht vorliegt, obwohl es an wissenschaftlichen Bemühungen in diesem Sinne nicht gerade fehlt. Die Abwägungstheorie kann so verstanden werden, als würde sie aus dieser Not eine Tugend machen:[5] Einzelfallbezogene Abwägungen bringen nämlich nichts Anderes hervor als einzelfallbezogene Lösungen; die Kasuistik sei insofern vorprogrammiert. Im Folgenden soll hingegen das Problematische an der Notsituation in seiner ganzen Brisanz aufgezeigt und eine auf den ersten Blick sehr pessimistische Diagnose entwickelt werden: Der Grund, weshalb wir jenseits der bereits entschiedenen Fallkonstellation nicht im Voraus wissen, wann ein Beweisverbot vorliegt, liegt darin, dass wir wohl ebenso wenig wissen, warum es Beweisverbote überhaupt gibt. Ich hoffe damit dennoch, das Interesse des Jubilars wecken zu können, dessen eigene Diskussionsbeiträge immer als „Anstoß für mehr Realismus und Redlichkeit" zu verstehen waren.[6]

Ausgangspunkt meiner Überlegungen, die vor allem, aber nicht nur, die Figur der sog. unselbständigen Beweisverwertungsverbote vor Augen haben,[7] wird – ganz im Sinne der Grundprämisse der auch vom Jubilar vertretenen Abwägungslehre, dass aus der Verletzung einer Beweiserhebungsregel sich nicht mit Notwendigkeit ein Verbot der Verwertung des erhobenen Beweises ergebe[8] – die Feststellung sein, dass es in der Regel an einem Grund fehlt, Verfahrensfehler und Wahrheitssuche miteinander zu verknüpfen (u. II.: fehlende Konnexität zwischen Verfahrensfehler und Verwertungsverbot). In einem zweiten Schritt werde ich mich auf der Suche nach diesem Verbindungsglied begeben; dieses wird vor allem dort auffindbar sein, wo es um Regeln geht, deren Einhaltung der verbesserten Wahrheitsfindung dient (u. III. 1.). Ich wende mich sodann Theorien zu, die sich als Versuche deuten lassen, diese Konnexität herzustellen (so die Beweisbefugnislehre und die Lehre von den Informationsbeherrschungsrechten, u. III. 2.), oder die als Absage an diese Konnexität angesehen werden können (u. IV.: Disziplinierungsgedanke). Danach werde ich auf einen allgegenwärtigen, aber dennoch selten explizit angesprochenen Hintergrund der Diskussion hinweisen, der dieser zu einem nicht unbeträchtlichen Teil den

---

[4] *Rogall*, JZ 2008, 819: „Die Beweisverbotslehre gehört in der Wissenschaft zu den am besten aufgearbeiteten Rechtsfragen."

[5] Vgl. etwa *Rogall*, ZStW 91 (1979), 43; *ders.*, NStZ 1988, 392: „Bestand und Grenzen der Verwertungsverbote sowie deren Reichweite stehen nicht ein für allemal fest, sondern lassen sich nur anhand einer fallbezogenen, wertenden Betrachtung feststellen ..."; *ders.*, JZ 1996, 948 (anlässlich einer Diskussion über die Fernwirkungsfrage): „Man wird im Ergebnis gut tun, globale Lösungen zu vermeiden."; ebenso *Ambos*, Beweisverwertungsverbote, 2010, S. 49: „Die ‚richtige' Entscheidung hat von Fall zu Fall zu erfolgen, eine gewisse Kasuistik ist also kaum vermeidbar"; BGHSt 38, 214 (219).

[6] So *Rogall*, FS Hanack, 1999, S. 295.

[7] Grdl. zur Unterscheidung zwischen selbständigen und unselbständigen (d.h. von einer fehlerhaften Beweiserhebung unabhängigen) Beweisverboten *Rogall*, ZStW 91 (1979), 3.

[8] Für die entspr. Nachw. u. Fn. 20.

Boden entzieht: Es gibt nämlich im deutschen Strafverfahrensrecht mehrere Umwege, die sicherstellen, dass das Beweisverbot nicht greift bzw. dass der Schuldige, selbst wenn es greift, auch ohne das unverwertbare Beweisstück verurteilt wird (u. V.: Neutralisierung der Beweisverwertungsverbote). Ich schließe meine Überlegungen mit einem Plädoyer für einen alternativen Zugang zu dem vorliegenden Problem, und mit einem Vorschlag, sich über die Gewährung von Schadensersatz für bestimmte Regelverletzungen Gedanken zu machen.

II. Das Grundproblem: Fehlende Konnexität zwischen Verfahrensfehler und Verwertungsverbot

Ausgangspunkt jeder Argumentation über Beweisverwertungsverbote ist eine ungefähre, mehr oder weniger explizite Vorstellung über den Grund, weshalb es Beweisverbote überhaupt gibt. So kann man auch die verschiedenen Lehren von den Beweisverboten deuten, nämlich als Versuche einer Antwort auf diese Kernfrage.[9] Im folgenden Abschnitt will ich aufzeigen, dass dieses Unterfangen weitgehend zum Scheitern verurteilt ist; denn ein guter Grund, weshalb man auf einen Verfahrensfehler mit dem Ausschluss des darauf beruhenden Beweises reagieren sollte, ist selten ersichtlich. Mehr noch: es soll deutlich werden, dass die wohl wichtigsten dieser Theorien, nämlich die Schutzzwecktheorie und die Abwägungslehre, dies auch weitgehend anerkennen.

1. Fehlende Konnexität bei der Verletzung grundrechtsschützender Vorschriften

Es bietet sich an, die These mit Hilfe der *Schutzzwecktheorie* und ihres Paradebeispiels, nämlich des Medizinalassistentenfalls (BGHSt 24, 125) zu entwickeln. Hier hatte bekanntlich ein Medizinalassistent und nicht, wie gesetzlich vorgeschrieben, ein Arzt eine Blutprobe gem. § 81a StPO gewonnen. Der BGH beschloss die Verwertbarkeit der Blutprobe vor allem mit dem Argument, das Arzterfordernis bezwecke allein den Schutz der körperlichen Unversehrtheit bzw. der Gesundheit des Betroffenen und weise keinerlei Beziehung zur Qualität des gewonnenen Beweises (128 f.), d. h. zur Wahrheitsfindung, auf.[10]

Es ist also bereits bezeichnend, dass der Paradefall, an dem die Schutzzwecklehre gerne erläutert wird, ein Fall der Ablehnung eines Beweisverbots ist. Denn der sich in dieser Argumentation äußernde Gedanke ist generalisierbar: nämlich als These, dass viele Regeln des Strafprozesses, die die Wahrheitssuche modulieren bzw. ihr Schranken setzen, für die Wahrheitssuche selbst extern sind. Sie sind Ausdruck des Grundsatzes, dass die Wahrheit nicht um jeden Preis zu haben ist (nach der immer wieder

---

[9] Überblick über diese Lehren bei *Roxin/Schünemann* (Fn. 3), § 24 Rn. 21 ff.
[10] Krit. aber *Ambos* (Fn. 5), S. 58 ff.

zitierten Wendung aus BGHSt 14, 358 [365]): nicht etwa um den Preis der Gefährdung der körperlichen Unversehrtheit bzw. der Gesundheit des Menschen, wenn ein Arzt nirgendwo auffindbar ist. Auch im Strafverfahren sind Grundrechte zu beachten (Art. 1 III GG). Ist aber die Schranke bereits missachtet worden, leuchtet nicht mehr ein, weshalb es zu einem Beweisverwertungsverbot kommen sollte. Denn die Nichtberücksichtigung des Beweises macht die Regelverletzung nicht wieder rückgängig, ändert an der bereits eingetretenen Gesundheitsgefährdung überhaupt nichts.[11]

Mit anderen Worten: es *fehlt an einer inneren Konnexität* zwischen der Regel, die es zu beachten galt, der Wahrheitssuche und somit auch dem Beweisverbot.[12]

2. Fortsetzung: Zur Inkonnexität und ihrer Fragwürdigkeit

Dieses Grundproblem wird bestätigt durch drei zusätzliche Überlegungen.

a) Die erste beruht auf dem erheblichen Zuwachs der Instanzen strafprozessualer Grundrechtseingriffe. Die im öffentlichen Recht eingetretene Stärkung des Gesetzesvorbehalts insbesondere, aber nicht erst seit der Anerkennung eines Grundrechts auf informationelle Selbstbestimmung (BVerfGE 65, 1) hat zu einer weitgehenden Veränderung des Erscheinungsbilds der StPO geführt, die zu einem nicht geringen Teil eine Auflistung von Ermächtigungsgrundlagen für Grundrechtseingriffe verkörpert.[13] Diese Eingriffe erfolgen zwar im Rahmen eines Strafprozesses und in Verfolgung eines repressiven Zwecks; sie bleiben aber zugleich *prozessextern bzw. doppelfunktional*[14] in dem Sinne, dass es bei den einschlägigen Regeln sogar in erster Linie darum geht, die betroffenen Grundrechte angemessen zu schützen, d. h. außerprozessual zu wirken. M.a.W.: Ermächtigungsgrundlagen für Grundrechtseingriffe weisen zur Wahrheitssuche im Grundsatz keine innere Verbindung auf. Sie sind weitere Aus-

---

[11] And. *Störmer*, Dogmatische Grundlagen der Verwertungsverbote, 1992, S. 223 ff.; *ders.*, Jura 1994, 627 f., mit dem Argument, dass sich aus der Grundrechtsverletzung Sekundäransprüche (insb. auf Unterlassen) ergäben; ähnliche Konstruktion bei *Sauer*, JZ 2011, 23 ff. (28 ff.) am Beispiel des Verbots der Folter u.a. in Art 3 EMRK. Die Verwertung im Gerichtssaal ist indes keine Verletzung der körperlichen Unversehrtheit (Art. 2 II GG), der unverletzlichen, aber bereits verletzten Wohnung (Art. 13 GG) bzw. keine Folter; dies könnte bzgl. der Wohnung nur anders sein, wenn Art. 13 GG die Grundlage für weitere Rechte wäre, die die in der Wohnung aufbewahrten Informationen zum Gegenstand haben, also von Informationsbeherrschungsrechten – eine These, zu der wir u. 3. und sodann III. 2. b) zurückkehren werden. s.a. u. Fn. 116.

[12] Ähnlich bereits *Haffke*, GA 1973, 65 ff. (77), wenn auch etwas über das Ziel hinausschießend und *Fezer*, Grundfragen der Beweisverwertungsverbote, 1995, S. 16, der ebenfalls ein „wesentliches Brückenglied" zwischen verletzter Beweiserhebungsnorm und der Rechtsfolge eines Verwertungsverbots vermisst.

[13] Vgl. – wenn auch inzw. etwas veraltet – *O. König*, Die Entwicklung der strafprozessualen Zwangsmaßnahmen im Ermittlungsverfahren seit 1877, 1991; zur Entwicklung des Gesetzesvorbehalts und seinen verfahrensrechtlichen Implikationen ferner u. III. 2. a).

[14] Grdl. zu diesem Begriff *Niese*, Doppelfunktionale Prozeßhandlungen, 1950, S. 57 ff., 107 ff.

prägungen des Gedankens, dass ein bestimmter Preis selbst für die Wahrheit zu hoch wäre, also externe Schranken der Wahrheitsfindung. Weshalb es aber wegen der Missachtung dieser Vorschriften zur Verwerfung der sich ergebenden Beweise kommen sollte, ist alles andere als klar.[15]

Das Gesagte wird vor allem daran ersichtlich, dass die Grundrechtseingriffe, obwohl in der StPO vorgesehen, *von der Beschuldigtenstellung in vielfacher Hinsicht unabhängig* sind. Einige lassen sich gegen Nicht-Beschuldigte verhängen (beispielsweise §§ 81c, 94 ff., 103 StPO).[16] Selbst bei denjenigen, die allein den Beschuldigten betreffen, würde sich an der Schwere nichts ändern, wenn sie – unter Missachtung des Gesetzes – allein gegen einen Dritten gerichtet würden: Eine längerfristige Observation (§ 163f StPO) bleibt ein Eingriff in Art. 2 I i.V.m. Art. 1 I GG, unabhängig davon, ob es gegen den Observierten einen Tatverdacht und ein formell eingeleitetes Ermittlungsverfahren gibt.

Gerade diese Konstellation, in der die prozessuale Regel verletzt wird, ohne dass es um den Beschuldigten geht, verdeutlicht besonders augenfällig das Problem mangelnder Konnexität und rückt die Idee des Verzichts auf einen bereits gewonnenen Beweis in ein besonders fragwürdiges Licht. Einem Nicht-Beschuldigten hilft ein Beweisverbot nämlich überhaupt nicht. Mehr noch: auch dem Beschuldigten, der in Wahrheit unschuldig ist, ist nicht gedient. Der, der nach dem Volksmund „nichts zu verbergen hat", hat in der Regel nichts davon, dass Beweise nicht verwertet werden.[17] Auch dann, wenn man es selten offen sagt:[18] Beweisverbote kommen als externe Schranken der Wahrheitsfindung *in erster Linie dem Schuldigen zugute.*[19] Es ist

---

[15] So bereits *Niese* (Fn. 14), S. 139; insofern war es konsequent, wenn in der früheren Literatur Autoren wie *Grünwald*, JZ 1966, 489 (495 Fn. 61) und *Dencker*, Verwertungsverbote im Strafprozeß, 1977, S. 22 ff., die den Beweisverboten Raum verschaffen wollten, der Kategorie der doppelfunktionalen Handlung ablehnend gegenüberstanden.

[16] Zum Ganzen Problemkreis *Eckstein*, Ermittlungen zu Lasten Dritter, 2013.

[17] Deshalb sieht die h.L. Verwertungsverbote allein als Belastungsverbote an: *Grünwald*, JZ 1966, 490; *Rogall*, in: Höpfel/Huber (Fn. 1), S. 144; *ders.*, JZ 2008, 830; *Roxin/Schäfer/Widmaier*, FS Strafrechtsausschuss Bundesrechtsanwaltkammer 2006, S. 435 ff. („Mühlenteichtheorie"); *Jahn* (Fn. 3), S. 112 ff.; *Eschelbach*, SSW-StPO, 2. Aufl., 2016, § 136 Rn. 120 f.; *Heghmanns*, ZIS 2016, 412; *Roxin/Schünemann* (Fn. 3), § 24 Rn. 29. Es wird auch eine gegenteilige Auffassung vertreten, etwa *Küpper*, JZ 1990, 418 (für Verletzungen des Kernbereichs privater Lebensgestaltung); *Löffelmann*, Die normativen Grenzen der Wahrheitserforschung im Strafverfahren, 2008, S. 124 ff. (wegen Rechte Dritter, die der Verwertung entgegenstehen) und (etwa für den Fall der Folter) *Ambos*, StV 2009, 151, 158; *ders.* (Fn. 5), S. 18 m. Fn. 12; im allgemeinen *Seebode*, FS Otto, 2007, S. 999 ff. (1005); s.a. BGH NStZ 2008, 706 (die Frage offen lassend). Heißt das wirklich, man würde dem Entlastungsbeweis die Berücksichtigung versagen und wissend einen Unschuldigen schuldig sprechen?

[18] Vgl. jedoch die mutigen Worte von *Amar*, The Constitution and Criminal Procedure, Yale, 1997, etwa S. 119, 154 ff. (156: „the exclusionary rule rewards the guilty man, and only the guilty man, precisely because he is guilty"), und öfter, der den Ausschluss von Beweisen deshalb als eine „upside-down rule" (119) bezeichnet.

[19] Zur Vermeidung von Missverständnissen: auch Schuldige haben Grundrechte, auch prozessualer Art, die es unabhängig von ihrer Schuld zu achten gilt (vgl. auch in Auseinan-

befremdlich, dass Grundrechte, um die es im Rahmen der Beweisverbotslehre angeblich in erster Linie gehen soll, also Rechtspositionen, die von Schuld und Unschuld prinzipiell unabhängig sind, von dieser Lehre in Wahrheit so gut wie nur dann geschützt werden, wenn der Grundrechtsträger schuldig ist.

b) Die zweite Bestätigung der gerade behaupteten grundsätzlichen Inkonnexität von zu beachtender prozessualer Regel und Beweisverbot kommt von der *Abwägungslehre*, deren Kerngedanke in vielen Urteilen des BGH nahezu wortgleich beschrieben wird. Es sei zu beachten, „daß ein Beweismittelverwertungsverbot einen der wesentlichen Grundsätze im Strafverfahren einschränkt, nämlich den, daß das Gericht die Wahrheit erforschen und dazu die Beweisaufnahme von Amts wegen auf alle Tatsachen und Beweismittel, die von Bedeutung sind, zu erstrecken hat. Diesem Grundsatz gegenüber bildet das Beweisverwertungsverbot eine Ausnahme, die im Einzelfall hingenommen werden muß".[20]

Die Benutzung von Fachterminologie verschleiert an sich klare Zusammenhänge. Es ist einfacher, ein Beweisverwertungsverbot zu postulieren, als – was das Gleiche bedeutet – dafür einzutreten, dass man sich sehenden Auges auf eine unvollständige Urteilsgrundlage stützt, oder, noch pointierter: dass man ein auf Unwahrheit beruhendes Urteil in Kauf nimmt.[21] „Nichtverwertung verkürzt offensichtlich die Grundlagen, auf die sich die Beweiswürdigung stützt und schafft eine über das Unvermeidliche weit hinausreichende virtuelle Realität."[22] „If you supress evidence, you're supressing truth."[23] Beweisverbote sind also zumindest zu einem großen Teil *Wahrheitsverbote*.[24] Das verbindet sich mit dem gerade Ausgeführten: Weil der Unschul-

---

dersetzung mit weiteren Überlegungen von Amar, die dies weitgehend bestreiten, *Greco* [Fn. 2], S. 258 f.). Das Problem besteht darin, einen Grundrechtsschutz vorzusehen, auf den man sich so gut wie nur als Schuldiger sinnvoll berufen kann (ähnl. Sorgen auch bei BGHSt 24, 239 [240 f.]).

[20] BGHSt 27, 355 (357); bestätigend etwa BGHSt 35, 32 (34); 37, 30 (32); 40, 211 (217); 42, 372 (377); 44, 243 (249); 51, 285 (290); 54, 69 (87); 58, 84 (96); BGH NStZ 2016, 551 (553); BVerfGE 130, 1 (28); BVerfG NJW 2009, 3225; 2011, 2417 (2419). Zust. *Weigend*, ZStW 113 (2001), 281 (289); *Ambos* (Fn. 5), S. 49; *Radtke*, in: Goldenstein (Hrsg.), Mehr Gerechtigkeit. Aufbruch zu einem besseren Strafverfahren, 2011, S. 131 ff. (135 f.); *ders.*, Liber amicorum Landau, 2016, S. 407 ff. (416); *Heghmanns*, ZIS 2016, 409; in der Sache ebenso *Rogall*, JZ 2008, 822 f.; krit. *Fezer* (Fn. 12), S. 29 f.; *Wolter* (Fn. 3), S. 966 f., 968, 988 f.; *Jäger* Beweisverwertung und Beweisverwertungsverbote im Strafprozess, 2003, S. 108; SSW-*Eschelbach*, 2. Aufl., 2016, § 136 Rn. 84; wohl auch MüKo-StPO/*Kudlich*, 2014, Einl. Rn. 464. Dass dieses Regel-Ausnahme-Verhältnis keine deutsche Eigentümlichkeit verkörpert, zeigt *Kato*, 67. DJT, Bd. II/2, 2008, S. 87 ff. (zu Japan).

[21] Vgl. etwa *Koriath*, Über Beweisverbote im Strafprozeß, 1994, S. 18: „Dilemma der Beweisverbote"; *Ambos* (Fn. 5), S. 24. Der Vorschlag von *Jäger* (Fn. 20), S. 257 ff., stattdessen einzustellen, ist nicht nur dogmatisch fragwürdig, sondern in Wahrheit die Wiederkehr des Freispruchs zweiter Klasse (krit. auch *Roxin/Schünemann* [Fn. 3], § 24 Rn. 28).

[22] *Rogall*, in: Höpfel/Huber (Fn. 1), S. 142.

[23] *Rothwax*, Guilty. The Collapse of Criminal Justice, New York, 1996, S. 62.

[24] Die in der Literatur vorhandenen Milderungsversuche (exemplarisch *Eisenberg*, Beweisrecht der StPO, 10. Aufl. 2017, Rn. 329: „kein Antagonismus zwischen Beweisverboten

dige die Wahrheit nicht zu fürchten hat, ist ein Wahrheitsverbot in erster Linie ein *Gebot der Begünstigung eines Schuldigen.*

Die überwiegende Auffassung, vor allem die Abwägungslehre, könnte diese bewusst emphatisch formulierte Beschreibung hinnehmen und sie ins Positive zu wenden versuchen:[25] Man treffe sehenden Auges eine falsche Entscheidung, weil es Wichtigeres gebe, als richtig zu entscheiden. Dass dieses Vorrangverhältnis richtig bestimmt ist, also dass es Wichtigeres gibt als die Wahrheit, soll hier nicht bestritten werden. Mir reicht vorliegend die Feststellung, dass die Gründe, auf die Wahrheit zu verzichten, mit der Wahrheit nichts zu tun haben; weshalb es auf dieser Grundlage unklar wird, warum es notwendigerweise zu einem Verzicht auf die Wahrheit bzw. zu einem Beweisverbot kommen muss.

c) Die dritte Überlegung hört sich weniger ketzerisch an. Sie betont das *Zufällige an der Rechtsfolge des (unselbständigen) Beweisverwertungsverbots.* Bei der Beweisgewinnung erfolgt ein Fehler; was soll sich daraus ergeben? Die Palette an möglichen Antworten ist äußerst bunt. Zusätzlich zu den extremen Alles-oder-Nichts-Lösungen (Einstellung/„bloße Ordnungsvorschrift") kommen in Betracht: Beweisverwendungsverbot, Beweisverwertungsverbot (mit/ohne Fernwirkung), Korroboration durch andere Beweise, sorgfältige Beweiswürdigung, Strafzumessungslösung, Vollstreckungslösung. Man könnte auch das ins Positive wenden und behaupten, die Vielzahl an Rechtsfolgen sei ein Zeichen für eine ausdifferenzierte Dogmatik, die auch Grautöne wahrzunehmen vermag. Dem könnte man aber nur zustimmen, wenn die Differenzierungen tragfähig begründet und in sich nachvollziehbar erschienen. Dass dies aber nur teilweise der Fall ist,[26] kann bereits an einem einzigen Beispiel dargelegt werden, nämlich der fehlenden Belehrung über die Konsularbenachrichtigungspflicht aus Art. 36 I lit. b) WÜK.[27] Hier waren sich sogar die verschiedenen BGH-Senate uneinig: der 5. Senat hielt den Beweis für verwertbar, gewährte aber einen Vollstreckungsrabatt.[28] Der 3. Senat wollte nicht einmal von diesem Zu-

---

und Wahrheitserforschung"; s.a. *Renzikowski*, FS Lampe, 2003, S. 791 ff. [799 f.]) treffen nur bei einigen Beweisverboten zu, nämlich den epistemisch begründeten (näher u. III. 1. a]), und selbst dies nur unter bestimmten Umständen. Kein Ausweg ist auch, die Spannung mittels eines „prozessualen" Wahrheitsbegriffs abzumildern, so *Lesch*, FS Volk, 2009, S. 311 ff. (316 ff.); zur Kritik am prozessualen Wahrheitsbegriff *Greco* (Fn. 2), S. 178 ff.

[25] So etwa *Wohlers*, FS Wolter, 2013, S. 1182: „Die Bereitschaft, Erkenntnisse, die faktisch vorhanden sind, nicht zu verwerten ... ist ein Prüfstein dafür, welchen Wert eine Rechtskultur den schützenden Förmlichkeiten des Verfahrens zumisst."

[26] So kann für eine Verletzung des Beschleunigungsgebots offensichtlich kein Beweisverwertungsverbot in Betracht kommen.

[27] Zum Ganzen *Pest*, JR 2015, 359 ff. Ein weiteres Beispiel ist die Behandlung des Falls, in dem der belehrte Beschuldigte trotz Verlangens nach einem Verteidiger weiter befragt wird und aussagt (s. einerseits BGHSt 42, 15 [5. Strafsenat], andererseits BGH [1. Strafsenat] NStZ 1996, 452), krit. *Herrmann*, NStZ 1997, 209 („gespaltene Zunge" des BGH); s. später BGHSt 58, 301 (3. Strafsenat), wo die Entscheidung des 1. Strafsenats nicht einmal angeführt wird.

[28] BGHSt 52, 48 (54, 56).

geständnis etwas wissen.[29] Das BVerfG hob die Entscheidung des 5. Senats auf (jedoch nicht wegen ihres Inhalts, sondern wegen ihrer nicht hinreichenden Berücksichtigung der Rspr. des IGH) und verwies die Sache an den 4. Senat zurück.[30] Diesem zufolge war ein Beweisverwertungsverbot „nicht von vornherein ausgeschlossen", vorliegend aber nicht zu bejahen; der Vollstreckungslösung stand der 4. Senat skeptisch gegenüber, enthielt sich aber einer endgültigen Stellungnahme.[31] Die Frage kehrte danach zurück zum BVerfG, welches eine Behandlung des Fehlers als relativer Revisionsgrund i.S.v. § 337 StPO für ausreichend erachtete.[32] Ein stimmiges, nicht vom Zufall geprägtes Bild ließe sich erst dann zeichnen, wenn es zwischen dem Fehler und der Fehlerfolge eine innere Verwandtschaft gäbe.

3. Grundrechtsschützende Beweisverwertungsverbote: Grundrechte gegen fremdes Wissen

Das bisher Entwickelte ließe sich auch auf folgende Weise grob zusammenfassen: Beweisverwertungsverbote kommen dem Grundrecht in der Regel *zu spät* und nur *zufällig*. Ist das aber nicht eine vorschnelle Generalisierung?

In der Tat gibt es hier eine wichtige Gruppe von Ausnahmen. Die erste Fallkonstellation, in der sie sich manifestiert haben, war das Abspielen einer ohne Wissen des Aufgezeichneten gewonnenen Tonbandaufnahme (BGHSt 14, 358; 34, 39; BVerfGE 34, 238). Die Fälle sind heute einfach gelöst, weil nicht allein das Herstellen der Aufnahme (§ 201 Abs. 1 Nr. 1 StGB: „aufnehmen"), sondern auch deren nachträgliches Abspielen (Abs. 1 Nr. 2: „einem Dritten zugänglich machen") in der Hauptverhandlung von einer Strafvorschrift erfasst wird. Selbst wenn es die Bestimmung von Nr. 2 nicht gäbe,[33] wäre im Zugänglichmachen eine weitere Verletzung des Rechts am eigenen Wort als Komponente des allgemeinen Persönlichkeitsrechts zu sehen,[34] so dass es einen prima facie Grund gäbe, den Beweis nicht zu erheben. Hier ist es so, dass die Verwertung nicht grundrechtsindifferent ist, sondern einen weiteren, sogar selbständigen Grundrechtseingriff verkörpert. Dieselbe Situation liegt dann vor, wenn der Kernbereich privater Lebensgestaltung missachtet wird:[35] Hier ist ein Verwertungsverbot in der Tat aus denselben Gründen am Platz (§ 100d II StPO), denn Sinn der Zuerkennung einer privaten Sphäre ist es, anderen bestimmte Informationen vorzuenthalten.

---

[29] BGHSt 52, 110 (118); gegen die Vollstreckungslösung in einem obiter dictum auch BGH 3 StR 97/11, HRRS 2011, Nr. 756.

[30] BVerfGK17, 380 (= NJW 2011, 207), freilich ohne Stellungnahme zur Vollstreckungslösung.

[31] BGH 4 StR 643/10, BeckRS 2011,16904 Rn. 17 ff., 28.

[32] BVerfG NJW 2014, 532 (533 f.).

[33] So war es zu der Zeit von BGHSt 14, 358.

[34] BGHSt 14, 358 (363 f.).

[35] Zuletzt BGHSt 57, 71 – Selbstgespräch im KFZ.

Ich generalisiere den anhand dieser Beispiele sichtbar werdenden Gedanken: Es gibt *Grundrechte*, deren Schutzbereich sich gerade *gegen fremdes Wissen* richtet, und dies sowohl gegen die Erlangung, als auch gegen Weitergabe und Benutzung dieses Wissens. Einige Dimensionen des allgemeinen Persönlichkeitsrechts haben genau diese Schutzrichtung; bei Art. 10 GG geht es so gut wie nur darum. Ob es weitere solcher Rechte gibt, muss hier noch offen bleiben. Es können sich also Beweisverbote – häufig sogar in der stärkeren Form von sog. Verwendungsverboten[36] – unmittelbar aus solchen *wissens- bzw. informationsbezogenen Grundrechten* ergeben. Das ist auch der richtige Kern der Lehre von den Informationsbeherrschungsrechten, auf die wir u. III. 2. b) zurückkommen werden. Auf nicht informationsbezogene Grundrechte ist der Gedanke aber nicht übertragbar. Hier kommt das Beweisverbot, wie gesagt, zu spät und zufällig.[37]

4. Erstes Zwischenfazit

Es leuchtet kaum ein, warum aus einem Verfahrensfehler, aus dem ein Beweismittel hervorgeht, ein Verbot der Verwertung dieses Beweismittels folgen sollte. Dies ist insbesondere dann unklar, wenn der Fehler auf der Missachtung einer Regel beruht, deren vorrangiger Zweck im (außerprozessualen) Grundrechtsschutz liegt. Anders verhält es sich nur bei Grundrechten gegen fremdes Wissen, wie vor allem bei bestimmten Aspekten des allgemeinen Persönlichkeitsrechts oder beim Fernmeldegeheimnis (Art. 10 GG).

III. Auf der Suche nach der Konnexität

Dass wir den inneren Zusammenhang zwischen den prozessualen Regeln und der Wahrheitsfindung allgemein vermisst haben, heißt noch lange nicht, dass es ihn nicht geben könnte. Nicht alle prozessualen Regeln müssen in dem Sinne doppelfunktional sein, dass sie primär dem Schutz eines Grundrechts dienen, dessen Existenz und Achtungsanspruch verfahrensunabhängig ist; einige dieser Regeln könnten ein engeres Verhältnis zur Wahrheitsfindung aufweisen (u. 1.). Zudem könnte man den Versuch unternehmen, die Konnexität auf einer theoretischen Ebene mittels eines weiteren

---

[36] Diese verbieten nicht erst die Verwertung im Rahmen der Beweisaufnahme, sondern jede Benutzung, auch etwa als Spurenansatz, s. näher u. V.; zum Begriff des Verwendungsverbots auch *Singelstein*, ZStW 120 (2008), 854 ff. (865 ff.); *Löffelmann* (Fn. 17), S. 49 ff., 208 ff.; *Roxin/Schünemann* (Fn. 3), § 24 Rn. 63; *Eisenberg* (Fn. 24), Rn. 335, 358 ff.; *Reinbacher/ Werkmeister*, ZStW 130 (2018), im Erscheinen; und anhand des Verwendungsverbots aus § 393 II AO *Rogall*, FS Kohlmann, 2003, S. 465 ff. (482 ff.). Für ein neueres Beispiel BGHS 58, 84 (92 ff.).

[37] Würde man dem entgegenhalten, dass der Grundrechtsschutz hier letztlich institutionell erfolge – das Beweisverbot käme für den Beschuldigten zwar zu spät, aber für die restliche Bevölkerung, deren Grundrechte ebenso nicht missachtet werden dürfen, noch rechtzeitig – dann verträte man in Wahrheit einen Disziplinierungsansatz, auf den u. IV. eingegangen wird.

Arguments herzustellen, das sich vor allem aus dem Diskussionszusammenhang über die verschiedenen Lehren von den Beweisverboten ergeben könnte (u. 2.).

1. Konnexität durch prozessuale Regeln

a) Epistemisch begründete Beweiserhebungsverbote

aa) Gerade die ältere Literatur, die die Figur der Beweisverbote in einem auf Wahrheit und Gerechtigkeit gerichteten Verfahren[38] noch als Fremdkörper wahrnahm, bemühte sich gelegentlich um eine funktionale bzw. konsequentialistische Deutung dieser Verbote in dem Sinne, dass es bei ihnen doch um die Wahrheitsfindung gehe. In den Worten von Eberhard Schmidt: „Alle Zwangsmaßnahmen haben als prozessuale Vorschriften eben in erster Linie die prozessuale Funktion, der gerichtlichen Wahrheitsfindung die rechtsstaatlich zulässigen und *auf Grund forensischer Erfahrung notwendigen Wege* bindend vorzuschreiben".[39] Paradigmatisch war seine Argumentation etwa zu § 55 StPO: diese Bestimmung beruhe auf der Gefahr, dass der „Zeuge in erhebliche Versuchung zu wahrheitswidriger Aussage kommen würde";[40] daraus ergäbe sich (entgegen BGHSt 1, 39; 11, 213) ein Beweisverbot für den Fall, dass der Zeuge ohne eine Belehrung gem. § 55 II StPO eine Aussage tätigte.[41] Ebenso argumentierte Schmidt bzgl. der Blutentnahme durch einen Medizinalassistenten: „Der Gesetzgeber sieht offenbar nur in der durch einen Arzt erlangten Blutprobe ein generell verläßliches Beweismittel ..."[42]

Der Gedanke lässt sich also so formulieren: die gerade unterbreitete These, dass der Ausschluss eines Beweises Ausschluss von Wahrheit ist, stimmt wenigstens in einem Teilbereich nicht. Es gibt unzuverlässige Beweise, die die Wahrheitsfindung in falsche Bahnen lenken und diese deshalb von vornherein trüben können. Insofern kann Wissen auch der Wahrheit abträglich sein. Diese Alltagspsychologie war im 19. Jahrhundert ein Teil der Begründung für die öffentliche und mündliche Hauptverhandlung vor einem Geschworenengericht: Diese sollten vom Gehalt des schriftlichen, geheimen und deshalb unzuverlässigen Ermittlungsverfahrens gerade keine

---

[38] In diesem Sinne bekanntlich vor allem *Eb. Schmidt*, Lehrkommentar zur StPO und zum GVG, Teil I, 2. Aufl., 1964, Rn. 20, 23, 329; weitere Nachw. zu den Vertretern dieser Auffassung bei *Greco* (Fn. 2), S. 237 Fn. 861.

[39] *Eb. Schmidt*, MDR 1970, 461 ff. (464) – kursiv von mir.

[40] *Eb. Schmidt*, JZ 1958, 599 ff. (auch zu Zeugnisverweigerungsrechten aus §§ 52 ff. StPO mit beeindruckender historischer Herleitung); *ders.*, Deutsches Strafprozeßrecht. Ein Kolleg, 1967, Rn. 144; *Niese*, JZ 1953, 219 (223; zu allen Rechten aus §§ 52 ff. StPO); *Rudolphi*, MDR 1970, 93 (98); *Chao*, Einwirkungen der Grundrechte auf die Beweisverbote im Strafprozessrecht, 2009, S. 92; *Roxin/Schünemann* (Fn. 3), § 24 Rn. 48; teilw. auch *Jahn* (Fn. 3), S. 73: „ganz besonders unzuverlässiges Beweismittel"; wohl auch *Ambos* (Fn. 5), S. 57; abl. BGHSt 11, 213 (215) und etwa *Schroth*, JuS 1998, 969 (972).

[41] *Eb. Schmidt*, JZ 1958, 601; *Rudolphi, Roxin/Schünemann, Jahn* und *Ambos*, wie letzte Fn.

[42] *Eb. Schmidt*, MDR 1970, 464.

Kenntnis haben, und erst dieser „jungfräuliche Geist"[43] der Unkenntnis versetze sie in die Lage, über die materielle Wahrheit der Anklage zu urteilen.[44] Der vor allem von Schünemann empirisch festgestellte Perseveranz-Effekt bestätigt diese alltagstheoretische Beobachtung,[45] welche die moderne Psychologie auch in einer Reihe weiterer Konstellationen kennt.[46]

bb) Den Gedanken kann man nicht infrage stellen wollen; unklar ist allein seine Reichweite. Dass Nichtwissen gerade für denjenigen, der zur Wahrheit gelangen möchte, hilfreich sein kann, und dass bestimmte Regeln des Strafverfahrens, die man insofern als *epistemisch bzw. erkenntnistheoretisch begründete Beweiserhebungsverbote* bezeichnen könnte, auf diesem Gedanken beruhen, dürfte einleuchten.[47] Welche aber diese Regeln genau sind, erscheint alles andere als ausgemacht.[48]

(1) Wohl aber dürfte der gesamte Komplex von Regeln, deren Sinn es ist, die Mündlichkeit abzusichern, d. h. §§ 250 ff. und vor allem § 252 StPO, dem der Jubilar wichtige Überlegungen gewidmet hat,[49] hierhin gehören.[50] Auch wenn man in

---

[43] Den Ausdruck (virgin mind) entnehme ich *Damaska*, The Faces of Justice and State Authority, Yale, 1986, S. 137, müsste sich aber in viel früheren Stellungnahmen nachweisen lassen.

[44] Zur mündlichen Hauptverhandlung als beste Garantie der materiellen Wahrheit und Gerechtigkeit etwa *Leue*, Der mündliche, öffentliche Anklage-Prozeß und der geheime schriftliche Untersuchungsprozeß in Deutschland, 1840, S. 13; *Hepp*, Anklageschaft, Oeffentlichkeit und Mündlichkeit des Strafverfahrens, 1842, S. 90 f.; *Mittermaier*, Die Mündlichkeit, das Anklageprinzip, die Oeffentlichkeit und das Geschwornengericht, 1845, S. 253, 281; *Glaser*, Zur Reform des Strafprocesses, in: Gesammelte kleinere Schriften über Strafrecht, Civil- und Strafprocess, Bd. 2, 1868, S. 81 ff. (98, 115 f.).

[45] *Schünemann*, GA 1978, 171 (noch ohne den Vorschlag, dem Richter Aktenkenntnis vorzuenthalten); *ders.* in: Kerner u.a. (Hrsg.), Deutsche Forschungen zur Kriminalitätsentstehung und Kriminalitätskontrolle, 1983, S. 1109 (1145 ff.); *ders.*, FS Pfeiffer, 1988, S. 461 ff. (477 f.); *ders.*, StV 2000, 159 (163 f.); *ders.*, ZStW 114 (2002), 1 (51 ff.); *ders.*, FS Wolter, 2013, S. 1115 ff.; *ders.*, StraFo 2015, 180 f.; *Roxin/Schünemann*, § 1 Rn. 16, § 69 Rn. 1.

[46] Vgl. *Kahnemann*, Thinking, Fast and Slow, London u.a., 2012, S. 156 ff.

[47] s. bereits *Grünwald*, JZ 1966, 493 ff. Neuerdings stellt *Radtke*, Liber Amicorum Landau, 2016, S. 421 ff. die Zuverlässigkeit der gewonnenen Information an zentrale Stelle seines Abwägungsmodells; s.a. *Amelung*, Informationsbeherrschungsrecht im Strafprozeß, 1990, S. 14 ff., der Beweisverbote zum Schutz der Wahrheitsfindung kennt; und *Trüg/Habetha*, NStZ 2008, 482, die §§ 53, 55, 136a und 252 StPO wohl als epistemisch begründet ansehen; abl. jedoch *Rogall*, ZStW 91 (1979), 16.

[48] So fand *Eb. Schmidt*, wie gerade gesehen (o. Fn. 42), selbst für § 81a StPO eine epistemische Begründung und folgerte deshalb aus dessen Verletzung ein Beweisverwertungsverbot.

[49] *Rogall*, FS Otto, 2007, S. 973 ff. I.S. einer (mindestens teilweise) epistemischen Begründung von § 252 StPO *Wetzel*, Jura 2017, 1024 (1033).

[50] Ebenso *Amelung* (Fn. 47), S. 15, der aus der Verletzung dieser Vorschriften Beweisverbote zum Schutz der Wahrheitsfindung herleitet; *ders.*, GS Schlüchter, 2002, S. 417 ff. (420 f.); wohl auch *Pelz*, Beweisverwertungsverbote und hypothetische Ermittlungsverläufe, 1993, S. 120 f.; teilw. and. *Grünwald*, JZ 1966, 493 f. Damit wird nicht behauptet, dass der Schutz der Wahrheistfindung die einzige Grundlage dieser Vorschriften ist.

Deutschland seit fast 100 Jahren ohne das Geschworenengericht auskommt, bleibt es dabei, dass die öffentliche und mündliche Hauptverhandlung zu einem guten Teil epistemisch begründet ist, d.h. als bestes (wenn auch nicht als einziges) Mittel zur Auffindung der materiellen Wahrheit.[51] Man könnte diese Gruppe von Regeln als *hauptverhandlungsschützende Beweiserhebungsverbote* bezeichnen. Die Verletzung einer solchen Regel *kann* mit einem Beweisverwertungsverbot belegt werden, sozusagen mittels eines zweistufigen (regelkonsequentialistischen) Arguments: Selbst wenn im Einzelfall diese Verletzung die Wahrheit enthüllt, bedeutet die Heranziehung dieses Beweismittels lang- und sogar mittelfristig eine Entwertung der Hauptverhandlung und somit eine Gefährdung der Wahrheitsfindung in vielen weiteren Verfahren. Hier wird also nicht die Wahrheitsfindung von außen beschränkt, sondern es ist das allgemeine Anliegen, in möglichst vielen Fällen die Wahrheit zu finden, das zur Inkaufnahme eines auf Unwahrheit beruhenden einzelnen Urteils führt.

(2) Auch Rechte des Beschuldigten, sich an der Beweisgewinnung zu beteiligen, insb. seine Anwesenheits- und Fragerechte, §§ 168c,[52] 168d,[53] 224, 257 StPO, dienen (nicht nur, aber zugleich[54]) der Wahrheitsfindung,[55] möglicherweise ebenso das Konfrontationsrecht (Art. 6 III d EMRK).[56] Auch bei der Verletzung dieser *beteiligungsermöglichenden Vorschriften* liegt ein Beweisverbot *nahe:* denn ein Beweis, der sich als Insichgeschäft des Staates und seiner Organe ergibt, bleibt in höchstem Maße fragwürdig, weil einseitig.

cc) Ich habe damit aber nicht behauptet, dass in diesen Fällen ein Beweisverbot zwingend ist. Dies liegt an zweierlei Überlegungen, einer argumentationstheoretischen und einer prozessstrukturellen. Die erste, die eher die erste Gruppe, d.h. die hauptverhandlungssichernden Regeln betrifft, hängt mit der *Instabilität zweistufiger Argumentationen* zusammen, was in der philosophischen Diskussion über den Regel-

---

[51] Vgl. zusätzlich zu den o. Fn. 44 angegebenen Nachweisen aus der klassischen Strafprozessrechtsliteratur BVerfGE 86, 288 (318): Hauptverhandlung als „größtmögliche Gewähr für die Erforschung der Wahrheit"; *Schünemann*, GA 1978, 161, 164 f.; *Radtke*, in: Goldenstein (Fn. 20), S. 145; *Duttge*, ZStW 115 (2003), 539 (558).

[52] Für Beweisverbot bei Verletzung dieses Rechts auch *Schroth*, JuS 1998, 974 f.; *Lesch*, FS Volk, 2009, S. 315; *Eisenberg* (Fn. 24), Rn. 383; speziell für die Verletzung der Benachrichtigungspflicht nach § 168c V StPO mit der Folge eines Beweisverbots BGHSt 26, 232; BGH NStZ 1989, 282.

[53] *Schroth*, JuS 1998, 974 f.

[54] Hinter diesen Vorschriften steht noch die Gewährleistung des rechtlichen Gehörs (so bzgl. § 168c BGHSt 26, 332 [335]), was ebenfalls die Rechtsfolge eines Beweisverbots stützt, s.u. b) ee).

[55] *Grünwald*, JZ 1996, 493 ff.; *Amelung*, FS Bemmann, 1997, S. 505 ff. (514 ff.); *ders.*, GS Schlüchter, 2002, S. 418; *ders.*, FS Hilger, 2003, S. 327 ff. (328 f.).

[56] And., nämlich i.S. einer Beweiswürdigungslösung, BGHSt 46, 93 (103 ff.; krit. *Gleß*, NJW 2001, 3606); für eine epistemische Einordnung des Konfrontationsrechts und ein diesbezügliches Beweisverbot *Grünwald*, JZ 1996, 494; *Thörnich*, ZIS 2017, 37 (41); s.a. die Überlegungen von *Weigend*, FS Wolter, 2013, S. 1145 ff. (1163 f.).

konsequentialismus häufig thematisiert wird.[57] Was geschieht, wenn gerade die Missachtung der Regel im Einzelfall die gute Folge, die die Regeln fördern soll, herbeizuführen geeignet ist? Hier gerät derjenige, der zweistufig argumentiert, in das Dilemma, entweder an der (nutzlosen, sogar schädlichen) Regel festzuhalten und sich somit dem Vorwurf des Regelfetischismus auszusetzen, oder diese fallen zu lassen, d. h. allgemeine Regeln überhaupt aufzugeben (also auf eine akt- bzw. handlungskonsequentialistische Position zurückzufallen).

Das andere, prozessstrukturelle Problem betrifft eher die zweite Gruppe, also die beteiligungsermöglichenden Vorschriften und auch die Schmidt'sche Argumentation im Allgemeinen: Im reformierten Strafverfahren ist die Glaubwürdigkeit eines Beweismittels nicht vorab durch den Gesetzgeber, sondern im Rahmen der *richterlichen Beweiswürdigung* zu klären.[58] Die Postulierung von Beweisverboten, die nicht dem Schutz der Hauptverhandlung dienen, sondern dieser vielmehr Inhalte entziehen, ihren „Inbegriff" (§ 261 StPO) also entleeren, ist somit bereits im Grundsatz fragwürdig. Die Hauptverhandlung ist der Ort, über den Wahrheitswert eines Beweises zu entscheiden; über diesen Wahrheitswert lässt sich sehr schwer nach allgemeinen Regeln urteilen, sondern nur im Zusammenspiel mit den weiteren Beweismitteln. Deshalb ist es zumindest zweifelhaft, wenn man die Beweisverbote der §§ 55 oder 136a StPO als epistemisch begründet ansieht; vielleicht liefert diese Einordnung trotzdem die beste, oder doch weniger schlechte Erklärung für diese Beweisverbote (näher u. b] und IV.).

b) Verletzung von Regeln der Justizförmigkeit bzw. der Verfahrensgerechtigkeit bzw. der Verfahrensfairness

aa) Wir haben uns mit zwei Gruppen von Regeln beschäftigt: Regeln, die einen außerprozessualen Zweck der Grundrechtssicherung verfolgen, deren Verletzung (bis auf eine Ausnahme: Grundrechte gegen Wissen) keinen inneren Zusammenhang zu einem Beweisverwertungsverbot aufweist; und Regeln, die das innerprozessuale Anliegen der Wahrheitsfindung absichern wollen, bei denen es sich wohl anders verhält. Vielleicht gibt es weitere Gruppen von Regeln, für deren Verletzungen Beweisverbote postulierbar erscheinen. Die Rubrik, unter der man diese Regeln zusammenfassen könnte, ist die der Justizförmigkeit, die bei Eberhard Schmidt[59] dasjenige be-

---

[57] Nachw. zu dieser Diskussion bei *Greco*, Lebendiges und Totes in Feuerbachs Straftheorie, 2009, S. 132 Fn. 87.
[58] So *Küpper*, JZ 1990, 417; *Pelz* (Fn. 50), S. 118; *Amelung* (Fn. 47), S. 15; *ders.*, FG Hilger, 2003, S. 328: „Fremdkörper"; *ders.*, GS Schlüchter, 2002, S. 420.
[59] *Eb. Schmidt*, Lehrkommentar zur Strafprozeßordnung und zum Gerichtsverfassungsgesetz, Teil II, 1. Aufl. 1957, Rn. 12; *ders.*, JZ 1958, 597 f.; *ders.*, Deutsches Strafprozessrecht. Ein Kolleg, 1967, Rn. 5. Dabei begreift Schmidt die Justizförmigkeit nicht als Eigenwert, sondern als Funktion von Wahrheit und Gerechtigkeit (Lehrkommentar, ebda.: „... nur in einem ‚justizförmigen' Verfahren sind Wahrheitsermittlung und Gerechtigkeitsfindung möglich.")

zeichnete, das neben die klassischen Strafprozesszwecke der Wahrheit und Gerechtigkeit tritt und in vielen neueren Lehrbüchern als selbstständiger, dritter Zweck des Strafprozesses genannt wird.[60] Andere sprechen von Regeln der Verfahrensgerechtigkeit;[61] wenn man sich eine positivrechtliche Verankerung wünscht, zieht man den Begriff des fairen Verfahrens heran.[62] Der Gehalt dieser Regeln lässt sich in erster Annäherung negativ umschreiben: Sie dienen weder dem Schutz prozessunabhängiger Grundrechte,[63] noch der prozessualen Wahrheitsfindung; es geht bei ihnen also gerade nicht um die zwei Gruppen von Regeln, die wir o. II. 3. und III. 1. a) unterschieden haben. Ins Positive gewendet: diese Regeln sollen die Stellung des Beschuldigten als Prozesssubjekt, was immer das auch bedeutet, sichern. Die Verletzung einer Vorschrift, die „dazu bestimmt ist, die Grundlagen der verfahrensrechtlichen Stellung des Beschuldigten oder Angekl. im Strafverfahren zu sichern",[64] dürfte ein starker Kandidat für ein Beweisverbot sein.[65]

bb) Die abstrakte Umschreibung fällt einfach; unschwer ist es auch, sich Paradebeispiele auszudenken. Einen frontaleren Widerspruch zu dem Prozesssubjeksstatus des Beschuldigten als die *Folter* kann man sich nicht vorstellen. Dies belegt jedoch nur, dass Folter verboten sein muss; zu den Rechtsfolgen der Missachtung dieses Verbot ergibt sich aus dieser Bewertung nichts. Vielmehr fehlt es auch hier zunächst[66] an jeglicher Konnexität zwischen der Regel, die verletzt wurde, und dem Beweisverwertungsverbot: dies wird auch daran ersichtlich (s. o. II. 2.) dass die Folter nicht erst im Strafverfahren verboten ist, sondern überhaupt; dass die Folterung eines beliebigen Dritten genauso verwerflich ist wie die eines Beschuldigten; und dass die Zuerkennung eines Beweisverwertungsverbots in erster Linie für den Schuldigen einen Trost bietet, den Unschuldigen dagegen zunächst mit leeren Händen da stehen lässt.

---

[60] *Roxin/Schünemann*, Strafverfahrensrecht, § 1 Rn. 3 ff., die neben den klassischen Zwecken (die unter den Begriff der materiell richtigen Entscheidung zusammengefasst werden), Rechtsfrieden und Prozessordnungsmäßigkeit als Prozesszwecke ansehen; ähnl. *Beulke*, Strafprozessrecht, 13. Aufl. 2016, Rn. 3 ff.; *Kühne*, LR-StPO, 27. Aufl., 2016, Einl. B Rn. 51.

[61] Vgl. insb. *Neumann*, ZStW 101 (1989), 52; nähere Diskussion dieses Begriffs m. w. Nachw. bei *Greco* (Fn. 2), 243 ff., 251 ff.

[62] Zum genaueren Gehalt dieses schillernden Begriffs vor allem *Rogall*, SK-StPO, 5. Aufl., 2016, Vorbemerkungen vor § 133, Rn. 101 ff. und *Paeffgen*, SK-StPO, 4. Aufl., 2012, Art. 6 EMRK Rn. 50 ff.; kursorisch *Schroeder*, in: Roth (Hrsg.), Europäisierung des Rechts, 2010, S. 183 ff. (186 ff.); *Frisch* und *Greco*, in: Hilgendorf/Schünemann/Schuster (Hrsg.), Verwirklichung und Bewahrung des Rechtsstaats, 2018, im Erscheinen.

[63] And. aber *Neumann*, ZStW 101 (1989), 52 (61, 63).

[64] BGHSt 38, 214 (220); 38, 372 (374); 42, 15 (21); 58, 301 (307 Rn. 21).

[65] In diesem Sinne *Küpper*, JZ 1990, 417: Beweisverbote als „Ausprägungen des fair-trial-Gedankens im Strafprozeß"; *Heghmanns*, ZIS 2016, 410 f., mit Beweisverboten auf Grundlage von „erheblichem Erfolgsunrecht", das auf einer Störung der Waffengleichheit oder der Verfahrensbalance beruhen soll; *Jugl*, Fair trial als Grundlage der Beweiserhebung und Beweisverwertung im Strafverfahren, 2016, S. 67 ff. s.a. *C. Schneider*, Beweisverbote aus dem Fair-Trial-Prinzip des Art. 6 EMRK, 2013.

[66] Zur Möglichkeit, auch hier epistemisch zu argumentieren, sogleich u. cc).

Vielleicht hält man dem entgegen, diese Argumentation berücksichtige nicht hinreichend, dass es hier, anders als bei der Verletzung von grundrechtsschützenden Ermächtigungsnormen, um eine völlige Negierung der Verfahrensposition des Beschuldigten geht. Nach der Folter gibt es ihn nur als Objekt, nicht mehr Subjekt des Verfahrens; oder, wie es Amelung formuliert, wird der Staat seiner Straflegitimation verlustig, weil er nicht mehr als Wahrer des Rechts auftreten kann.[67] Wenn dem aber so ist, wofür in der Tat vieles spricht,[68] dann ist aber die passende Rechtsfolge kein Beweisverbot, sondern ein *Verfahrenshindernis*[69] (oder sogar ein Strafaufhebungsgrund[70]). Ein Verfahren ohne ein Prozesssubjekt ist ein der Legitimität entbehrendes Verfahrens; ist der Fehler nicht mehr korrigierbar, schlägt er sich sozusagen metastasenartig auf das ganze Verfahren nieder, verliert dieses sein Sinn als rechtliches Verfahren. Hier wirkt das Beweisverbot als bequeme, flexible Beschwichtigungslösung, welche der eigentlich gebotenen Rechtsfolge ihre Bissigkeit nimmt.[71]

cc) Heißt das, dass *§ 136a III 2 StPO* eigentlich unbegründet ist? Nach dem Gesagten liegt es zunächst nahe, in der Vorschrift einen geschichtlich bedingten[72] Ausdruck von Verlegenheit zu erblicken, erklärbar zum einem, weil man bei Folter (zu Unrecht) nicht einstellen möchte, zum anderen, weil man dies bei Misshandlung, Täuschung und Ermüdung offensichtlich nicht tun kann. Eine andere Möglichkeit ist es, zum Argumentationsmodell von Eberhard Schmidt zurückzukehren[73] und das Verbot bestimmter Vernehmungsmethoden gem. § 136a I StPO (mindestens auch[74]) als epistemische Regel zu deuten,[75] womit dann das Problem der fehlenden Konnexität überwunden würde.

---

[67] *Amelung* (Fn. 47), S. 20 ff. Amelung möchte aber hieraus nur Beweisverbote ableiten. s.a. *Müssig*, GA 1999, 119 ff. (126): Ruinierung der Person des Beschuldigten.

[68] Zum „Wesen" der Folter *Greco*, FS Schünemann, 2014, S. 69 ff.

[69] Im Sinne eines Verfahrenshindernisses im Folterfall auch *Wolter*, SK-StPO (Loseblatt, 1994), vor § 151 Rn. 210; *Saliger*, ZStW 116 (2004), 32 (61, bei „schwerster Folter"); *Jahn* (Fn. 3), S. 104 f.; „nur" für ein Verwertungsverbot *Seebode*, FS Otto, 2007, S. 1001 ff. (wenn auch mit Fernwirkung); *Ambos* (Fn. 5), S. 100 f. Gegen Einstellungslösungen aber bereits BGHSt 24, 239 (bzgl. der rechtsstaatswidrigen Verfahrensverzögerung); 32, 345 (350 ff.); 32, 283; 42, 191 (193, bzgl. der Verletzung von § 136a I StPO); *Rogall*, ZStW 91 (1979), 1 (44) und mit besonderem Nachdruck *ders.*, JZ 2008, 829 („mit dem Gesetz offensichtlich nicht vereinbar, in der Sache völlig unangemessen und verfassungsrechtlich nicht geboten" – auf die Zustimmung des Jubilars kann ich insoweit nicht hoffen).

[70] Wie es *I. Roxin* seit langem für die rechtsstaatswidrige Tatprovokation vertritt, s. zuletzt *dies.*, FS Neumann, 2017, S. 1359 ff. (1372 f.).

[71] Heißt das, man hätte im Daschner-Gäfgen-Metzler-Fall entgegen BVerfG NJW 2005, 656 einstellen müssen? Womöglich allein deshalb nicht, weil es hier in Wahrheit nicht um Folter ging (vgl. *Greco*, FS Schünemann, 2014, S. 81) – und wahrscheinlich nicht einmal um unmenschliche Behandlung (so aber EGMR [Große Kammer] NJW 2010, 3145 Rn. 108).

[72] Vgl. bereits *Eb. Schmidt*, Lehrkommentar (Fn. 59), § 136a Rn. 3; zur Geschichte der Vorschrift näher SK-StPO/*Rogall*, 5. Aufl. 2016, § 136a Rn. 1 ff.

[73] Vgl. o. bei Fn. 40.

[74] Denn die Gefährdung der Wahrheitsfindung kann allenfalls eine sekundäre Begründung dafür liefern, weshalb Folter nicht hinnehmbar ist, s. bereits *Greco* (Fn. 57), S. 131 ff.

dd) Wie steht die gerade entwickelte Argumentation aber zur *Belehrungspflicht gem. § 136 I 2 StPO*, einer Bestimmung, deren Verletzung erst nach einer langwierigen Entwicklung mit einem Beweisverbot versehen wurde (BGHSt 38, 214),[76] an dessen Berechtigung soweit ersichtlich gegenwärtig niemand zweifelt? Auch wenn man die Belehrungspflicht, wie es naheliegt, als Regel der Verfahrensgerechtigkeit im gerade beschriebenen Sinne einordnet, könnte man versuchen, das Beweisverwertungsverbot als *Ausgleich des prozessualen Nachteils* zu verstehen, den der unbelehrte Beschuldigte durch sein Geständnis erleidet. Vielleicht ließe sich dieser Gedanke generalisieren: Beweisverbote wären ein Ausgleich für die Vorteile, die der Staat sich durch Verletzung der Regeln des prozessualen Spiels verschafft; sie dienen also der Wiederherstellung von Verfahrensgerechtigkeit bzw. Fairness in ihrer Konkretisierung als Waffengleichheit. Ein ähnlicher Gedanke wird vor allem zur Begründung von Beweisverboten bei Verstößen gegen Richtervorbehalte herangezogen.[77]

Dieser Gedanke ist aber aus zwei Gründen fragwürdig.[78] Erstens bleibt es schon ganz allgemein unklar, warum der Ausgleich gerade und allein durch die Inkaufnahme einer auf unwahren Grundlagen beruhenden Entscheidung erfolgen muss. Beweisverbot, Beweiswürdigungslösung, Strafzumessungs- oder Strafvollstreckungsrabatt usw. (s. o. II. 2. c]) – alle diese „Lösungen" werden als Ausgleich für verschiedene prozessuale Regelverletzungen vertreten, ohne dass man recht weiß, weshalb gerade sie.[79] Die Notwendigkeit der Ausarbeitung einer umfassenden Fehlerfolgenlehre wurde vom Jubilar wiederholt hervorgehoben.[80] Ein angemessener Ausgleich muss dem Auszugleichenden irgendwie „verwandt", d. h. konnex sein – genau hieran scheint es hier aber zu fehlen, wenn die Belehrungspflicht als Regel der Verfahrensgerechtigkeit und damit als äußere Schranke der Wahrheitsfindung verstanden wird.

Zweitens, und jetzt konkret auf die Regel des § 136 I 2 SPO bezogen, ist schwer ersichtlich, inwiefern das Beweisverbot überhaupt als guter Ausgleich fungieren kann. Wie sogleich näher ausgeführt werden soll (u. V.), kennt das deutsche Strafverfahren mehrere Mechanismen, deren Sinn es ist, zu verhindern, dass das Beweisverbot ergebnisrelevant wird.

---

[75] So in der Tat *Jahn* (Fn. 3), S. 25; *Beulke*, Jura 2008, 666 (bzgl. der Folter); *Ambos* (Fn. 5), S. 26; *ders.*, StV 2009, 151, 158 (spezifisch zu Folterbeweisen); *Radtke*, Liber Amicorum Landa, 2016, S. 415; *Eisenberg* (Fn. 24), Rn. 400a (zur Folter); ähnl. zum amerikanischen Fifth Amendment *Amar* (Fn. 18), S. 71. Spätestens aber beim Täuschungsverbot würde diese These in Schwierigkeiten geraten (vgl. *Amelung* [Fn. 47], S. 15); abl. auch *Ranft*, FS Spendel, 1992, S. 719 ff. (725); *Pelz* (Fn. 50), S. 118.

[76] Näher zu dieser Entwicklung SK-StPO/*Rogall*, 5. Aufl. 2016, vor § 133 Rn. 184 ff.

[77] Vgl. BGHSt 51, 285 (291 Rn. 23: „... weil der Staat ... aus Eingriffen ohne Rechtsgrundlage kein Nutzen ziehen soll ..."); *Roxin*, NStZ 2007, 616 (617); *Ambos* (Fn. 5), S. 59; *Hüls*, ZIS 2009, 164 (neben anderen Argumenten).

[78] Von der unangemessenen Spielmetaphorik erst einmal abgesehen (*Greco* [Fn. 2], S. 245 ff., zumal es wohl möglich wäre, bei der Formulierung des Arguments ohne sie auszukommen.

[79] Vgl. bereits o. II. 2. c) und auch *Greco* (Fn. 62).

[80] Zuletzt *Rogall*, JZ 2008, 829.

Vertritt also der Beitrag die eigentlich nicht nur ketzerische, sondern skandalöse These, dass BGHSt 38, 214 falsch war? Vor diesem Skandal schrecke ich noch zurück. Es bleibt aber dabei, dass wir nach dem bisher Gesagten nicht genau wissen, warum dieses Ergebnis richtig sein soll. Einen Ausweg könnte vielleicht die Einordnung auch der *Belehrungsregel als (mindestens auch) epistemisch begründet* bieten:[81] die Regel würde etwa auf der Erfahrung beruhen, dass Personen, die irrtümlich von einer nicht bestehenden Aussagepflicht ausgehen, besonders gefährdet seien, Geständnisse für Taten abzulegen, die sie in Wahrheit nicht begangen haben. Mag sein, dass dieses Erfahrungsurteil teilweise zutrifft; ob dies allerdings zur Postulierung einer allgemeinen Erfahrungsregel ausreicht, die auch die Gewissheit widerspiegelt, mit der das Beweisverwertungsverbot allgemein für richtig erachtet wird, dürfte zu bezweifeln sein. Eine alternative Deutung, die in der Belehrungspflicht einen weiteren Ausdruck des Grundsatzes, dass Wahrheit nicht um jeden Preis gewonnen werden darf, scheint intuitiv viel näher zu liegen – mit der Folge, dass ein mögliches Beweisverbot, wenn überhaupt, nicht aus der Natur der Regel über die Belehrung folgen kann, sondern aus anderen Überlegungen (etwa aus dem Disziplinierungsgedanken – dazu sogleich mehr, u. IV.]).

ee) Nur für eine Gruppe von Normen der Verfahrensgerechtigkeit ist hier eine Konzession zu machen: nämlich diejenigen, die mit dem *rechtlichen Gehör* (Art. 103 I GG) zusammenhängen, die sich also mit der o. a) bb) (2) genannten Gruppe der beteiligungsermöglichenden Vorschriften weitgehend decken. Der Grundsatz des rechtlichen Gehörs verbietet es, gerichtliche Entscheidungen auf Gründe zu stützen, zu denen die Beteiligten nicht vorher Stellung nehmen konnten[82] und beinhaltet somit auch ein Verbot der Heranziehung von bestimmten Beweisen, also ein Beweisverwertungsverbot.

c) Zweites Zwischenfazit

Es gibt eine Gruppe von prozessualen Regeln, aus deren Verletzung ein Beweisverwertungsverbot nachvollziehbar folgt: nämlich Regeln, deren Sinn es ist, den Erfolg der Wahrheitsfindung abzusichern (*epistemisch begründete Regeln*). Welche Regeln dies genau umfasst, ist alles andere als klar; zumindest der Bereich, in dem es um die Abschottung der Hauptverhandlung gegenüber dem Ermittlungsverfahren geht, gehört dazu, ferner die Vorschriften über die Beteiligung des Beschuldigten bzw. Angeklagten an der Wahrheitsfindung (Anwesenheits- und Fragerechte), darüber hinaus wohl § 136a I StPO.

Weshalb sich aus Verletzungen von *Regeln der Verfahrensgerechtigkeit* Beweisverbote ergeben sollten, bleibt unbeantwortet. Aus derart gravierenden Verletzun-

---

[81] Eine solche Einordnung findet sich auch bei SSW-StPO/*Eschelbach*, 2. Aufl., 2016, § 136 Rn. 87, 90.

[82] Vgl. etwa *Remmert*, in: Maunz/Dürig, Grundgesetz-Kommentar, 81. EL September 2017, Art. 103 I Rn. 76: „gesamter Verfahrensstoff" als Bezugspunkt des rechtlichen Gehörs.

gen, welche die Legitimität des Verfahrens insgesamt betreffen (Paradebeispiel: Folter), sollte nicht bloß ein Beweisverbot, sondern eine Verfahrenseinstellung folgen; was bei der Verletzung sonstiger Regeln, wie vor allem der Belehrungspflicht aus § 136 I 2 StPO gilt, weiß man in Wahrheit noch nicht. Nur aus Verfahrensregeln, die das rechtliche Gehör absichern, lassen sich Beweisverbote zwingend schlussfolgern.

2. Konnexität durch Theorie

Man könnte ferner versuchen, den inneren Zusammenhang zwischen Regelverletzung und Wahrheitsfindung nicht mehr dadurch herzustellen, dass über die Natur der Regel nachgedacht wird, sondern auf theoretischem Weg, d. h. durch die Einführung von zusätzlichen Prämissen, die nachvollziehbar machen, weshalb im Einzelfall auf die Informationsquelle verzichtet werden müsse. In der Literatur werden vor allem zwei derartige Konstruktionen angeboten, zum einen die Beweisbefugnislehre insb. von Sydow und Dallmeyer, die die Wahrheitsgewinnung im Strafverfahren als Grundrechtseingriff deutet, zum anderen die von Amelung entwickelte Lehre von den Informationenbeherrschungsrechten.

a) Die Beweisbefugnislehre

aa) Sydow,[83] Dallmeyer,[84] Singelnstein[85] und wohl auch Eschelbach[86] schlagen vor, den Standpunkt der Rspr., dass Wahrheitsfindung und Beweisverwertung im Strafprozess eine Selbstverständlichkeit sind, Beweisverbote deshalb als Ausnahmen anzusehen seien (o. II.), auf den Kopf zu stellen. Jede Beweisgewinnung und -verwertung verkörpere einen Grundrechtseingriff, weshalb es für sie einer Rechtsgrundlage bedürfe.[87] Die Verletzung einer Beweiserhebungsnorm bedeutet also, dass

---

[83] *Sydow*, Kritik der Lehre von den „Beweisverboten", 1976, S. 5 ff.; nahestehend *Koriath* (Fn. 21), S. 27 ff., 61 f., 105.

[84] *Dallmeyer*, Beweisführung im Strengbeweisverfahren, 2. Aufl., 2008, S. 32 ff., 43 f., 44 ff., 56, 91 ff.; *Jahn/Dallmeyer*, NStZ 2005, 297 ff. (303 ff.).

[85] *Singelnstein*, FS Eisenberg, 2009, S. 643 ff. (645 ff., 652 ff.); *ders.*, in: Barton/Kölbel/Lindemann (Hrsg.), Wider die wildwüchsige Entwicklung des Ermittlungsverfahrens, 2015, S. 251 ff. (257 ff.).

[86] *Eschelbach*, SSW-StPO, 2. Aufl., 2016, § 136 Rn. 90 ff.

[87] Diese Prämissen teilt auch *Jahn* (Fn. 3), S. 66 ff.; *ders.*, StraFo 2011, 117 (125 ff.), der sein Konzept ebenfalls als Beweisbefugnislehre bezeichnet. Es bestehen aber beachtliche Unterschiede zu den im Text behandelten Autoren: für Jahn ist nicht die Erhebungsnorm, sondern § 244 II StPO die Ermächtigungsgrundlage für die Verwertung (*Jahn* [Fn. 3], S. 68 ff.; *ders.*, FS Stöckel, 2010, S. 270 ff.; vor ihm bereits *Störmer*, Jura 1994, 393 ff. [398]; *Müssig*, GA 1999, 124); bei ihm können also rechtswidrige Beweise verwertet werden, solange dies nicht unverhältnismäßig ist und dem Wesensgehalt von Grundrechten nicht widerspricht (*Jahn* [Fn. 3], S. 71 ff.), so dass er zu einem Ergebnis gelangt, das sich von der von ihm mit besonderer Schärfe kritisierten Abwägungslehre nur in Nebenaspekten unterscheidet

der Beweis ohne Rechtsgrundlage gewonnen wurde und erst recht, dass eine Verwertung nicht stattfinden darf.[88] Es ergibt sich somit ein auch in der früheren Rspr. und Literatur[89] vertretener Automatismus beim Aufstellen von Beweisverboten. Bezieht sich der behauptete Eingriff auf das *Recht auf informationelle Selbstbestimmung*,[90] dann ist die Konnexität in der Tat schlüssig dargelegt: auch dieses Recht richtet sich nämlich gegen fremdes Wissen (o. II. 3.).[91] Die Wiederherstellung eines Rechts auf Selbstbestimmung über Informationen heißt, dass man dem Berechtigten allein, und nicht dem Staat, die Verwendung der Informationen gestattet.

bb) Das Problem ist aber, dass der Ansatz aus mehreren Gründen nicht überzeugt.[92]

(1) Wie es der Jubilar in mehreren wichtigen Arbeiten zu diesem Grundrecht belegt hat,[93] steht das Recht auf informationelle Selbstbestimmung unabhängig von seiner faktischen Anerkennung im Verfassungs- sowie im Datenschutzrecht „auf tönernen Füssen".[94] Denn eine „Befugnis des Einzelnen, grundsätzlich selbst über die

---

(ähnl. Kritik bei *Rogall*, JZ 2008, 821; *Hüls*, ZIS 2009, 162; MüKo-StPO/*Kudlich*, 2014, Einl. Rn. 455; krit. a. *Beulke*, Jura 2008, 656).

[88] *Dallmeyer* (Fn. 84), S. 94 und öfter; SSW-StPO/*Eschelbach*, 2. Aufl., 2016, § 136 Rn. 90.

[89] RGSt 8, 122; 20, 186 (in beiden Urteilen ging es um Verletzungen der §§ 250 ff. StPO, also um hauptverhandlungsschützende epistemisch begründete Vorschriften im o. 1. a) bb) (1) genannten Sinne, so dass die allgemeinere Behauptung, „gesetzlich unzulässige Beweismittel" dürften nicht verwertet werden, auch als obiter dictum angesehen werden kann); *Eb. Schmidt*, MDR 1970, 461 (464), mit der Begründung, alle prozessualen Zwangsmaßnahmen seien epistemisch fundiert; *Spendel*, NJW 1966, 1102 (1108).

[90] So *Dallmeyer* (Fn. 84), S. 40 ff., 48 ff.; SSW-StPO/*Eschelbach*, 2. Aufl., 2016, § 136 Rn. 93; *Singelnstein*, FS Eisenberg, 2009, S. 646 ff.

[91] Weshalb *Eschelbach*, SSW-StPO, 2. Aufl., 2016, § 136 Rn. 94 die Beweisverwertung als einen aus Verletzung dieses Rechts abgeleiteten Folgenbeseitigungsanspruch begreifen kann.

[92] Auf den aus praktischer Perspektive naheliegenden Einwand, der Automatismus sei aus Gründen der Funktionstüchtigkeit der Strafrechtspflege nicht hinnehmbar, verzichte ich, nicht weil die Theorie über die Praxis gesetzt wird, sondern weil die Widerstände der Praxis hier als Zeichen für theoretische Mängel angesehen werden, die viel weiter reichen als die Ablehnung des Automatismus.

[93] *Rogall*, GA 1985, 1 (9 ff., 12: „bedauerliche Fehlleistung des Bundesverfassungsgerichts"); *ders.*, ZStW 103 (1991), 907 (919 ff., 922 ff., 926: „Ein solches Recht existiert nicht."); *ders.*, Informationseingriff und Gesetzesvorbehalt im Strafprozess, 1992, S. 41 ff., 57 f.; weitgehend übereinstimmend *Duttge*, Der Begriff der Zwangsmaßnahme im Strafprozeßrecht, 1995, S. 36, 78 ff, 186 ff., 191; *ders.*, Der Staat 36 (1997), 281 (304 ff., 308); ähnl., wenn auch nicht so pointiert, *Ernst*, Verarbeitung und Zweckbindung von Informationen im Strafprozeß, 1993, S. 60 f., 65; 191; *Grimm*, JZ 2013, 585 ff. (585 f.). Nebenbei: die nachfolgende Kritik beruht nicht auf einem Grundrecht auf Sicherheit oder auf verwandten Auffassungen (etwa *Pitschas/Aulehner*, NJW 1989, 2353 ff.), sondern auf einer Vorstellung über den *Begriff des subjektiven Rechts*, die hier nicht ausführlich entfaltet werden kann. Ihr Mindestgehalt ist eine gewisse Immunität dahingehend, dass etwas, das dem Träger entzogen werden kann, schlichtweg weil ein anderer ein Interesse daran hat, kein subjektives Recht verkörpern kann.

[94] *Rogall*, ZStW 103 (1991), 907 (922).

Preisgabe und Verwendung seiner persönlichen Daten zu bestimmen",[95] obwohl diese Daten nicht einmal privat sein müssen, da es „unter den Bedingungen der automatischen Datenverarbeitung kein ‚belangloses' Datum mehr"[96] gebe, heißt nichts anderes als die „Gefahr der Schaffung eines allgemeinen Dateneigentums".[97] Informationen, vor allem solche über die Begehung von Straftaten „gehören" grundsätzlich niemandem, sondern der Geschichte. Sie sind „öffentliche Güter".[98] Geschichtsschreibung kann kein Grundrechtseingriff sein.

Das postulierte Recht auf informationelle Selbstbestimmung mag als Schutz des allgemeinen Persönlichkeitsrechts vor bestimmten, bereichsspezifischen Gefahren Sinn haben, insbesonderen solchen der Datenverarbeitung.[99] Immer geht es aber um das allgemeine Persönlichkeitsrecht; ein Persönlichkeitsrecht des Schuldigen auf Geheimhaltung seines Verbrechens lässt sich dagegen nicht postulieren, und dies nicht einmal als prima facie, „schwaches" Recht. Nebenbei erlaube ich mir die Bemerkung, dass sich auch im Datenschutzrecht kritische Stimmen zu dem Gründungsmythos dieses Rechtsgebiets zu Wort melden.[100]

(2) Diese Überlegungen münden unmittelbar in den nächsten Einwand. Es ist nachvollziehbar und wohl zu begrüßen, dass es dem BVerfG durch die Postulierung von „schwachen" Rechten wie der allgemeinen Handlungsfreiheit (Art. 2 I GG)[101] und der informationellen Selbstbestimmung gelungen ist, verfassungsrechtliche Anknüpfungspunkte zur Aktivierung des Gesetzesvorbehalts zu kreieren: Jedes Verbot, auch des Reitens im Walde,[102] ist somit ein Eingriff, der eines Gesetzes bedarf; die Volkszählung,[103] womöglich jede Informationserhebung ebenso.[104] Wenn das der primäre Sinn dieser Konstrukte ist – denn die weitere Hürde, nämlich die Verhältnismä-

---

[95] BVerfGE 65, 1 (43).

[96] BVerfGE 65, 1 (45); 120, 378 (398 f.): KFZ-Kennzeichen.

[97] So insb. *Rogall*, GA 1985, 11; *ders.* (Fn. 93), S. 41; ebenso *Duttge*, Der Staat 36 (1997), 30341.

[98] *Sieber*, CR 1995, 100 (111).

[99] Dezidiert in dem Sinne, dass dieses Recht allein die automatische Datenverarbeitung zum Gegenstand hat, *Rogall*, GA 1985, 13 und ihm folgend BGH NJW 1991, 2651; ähnl. *Ernst*, Verarbeitung und Zweckbindung von Informationen im Strafprozeß, 1993, S. 60 f., 65; and. die h.M., etwa BVerfGE 78, 77 (84 f.); *Schlink*, Der Staat 1986, 233 ff. (248); *Wolter*, GA 1986, 49 ff. (58 f.); *Grimm*, JZ 2013, 586.

[100] Vgl. etwa *Bull*, Informationelle Selbstbestimmung – Vision oder Illusion?, 2. Aufl. 2011, m.z.Nachw. S. 16 Fn. 24, 45 ff.; *ders.*, Sinn und Unsinn des Datenschutzes, 2015, S. 22; *ders.*, JZ 2017, 797 (799 ff., 805 m.v.w.N.); *Ladeur*, DÖV 2009, 45 (49 f.: „Recht auf Willkür"); *Grimm*, JZ 2013, 585. Zu weitgehend freilich das populärwissenschaftliche, aber lesenswerte Buch von *Heller*, Post-Privacy, 2011, insb. S. 74 ff., der für einen Abschied von Privatsphäre und Datenschutz plädiert.

[101] Im sog. Elfes-Urteil, BVerfGE 6, 32 (36 ff.).

[102] BVerfGE 80, 137.

[103] BVerfGE 65, 1 (41 ff.).

[104] Zu dieser Entwicklung näher *Kloepfer*, JZ 1984, 685 (687 ff.); *Rogall*, ZStW 103 (1991), 907 ff.; *ders.* (Fn. 93), S. 1 ff., 14 ff.

ßigkeit, lässt sich mit Wohlwollen immer überwinden – dann werden die Zweifel bezüglich ihrer Qualität als (individuelle) Grundrechte nur unterstrichen.[105] Denn das Vorhandensein eines Gesetzes hat in erster Linie eine institutionelle bzw. objektivrechtliche Bedeutung, nicht eine individuelle. Das zeigt sich auch daran, dass es bei der Intensität des Eingriffs in dieses „Grundrecht" auf informationelle Selbstbestimmung regelmäßig auf die Anzahl der Überwachten (sog. „Streubreite" des Eingriffs[106]) und auf einen gesamtgesellschaftlichen „Einschüchterungseffekt"[107] ankommt. Dass dem Individuum mittels dieser Konstrukte die Befugnis gewährt wird, im Prozesswege (zuletzt mittels der Verfassungsbeschwerde) die Missachtung des Gesetzesvorbehalts zu rügen, belegt noch nicht, dass hier materiell etwas anderes vorliegt als Prozessstandschaft. Es heißt noch lange nicht, dass der Schuldige ein eigenes, individuelles Recht gegen die Aufklärung seiner Tat hat.

(3) Selbst wenn man dies anders sähe und der Beweisbefugnislehre Recht gäbe, wäre die Verwertung eines fehlerhaft erhobenen Beweises in der Regel nicht mehr als eine Verletzung des „schwachen" Grundrechts auf informationelle Selbstbestimmung, sodass drei berichtigende Worte des Gesetzgebers ausreichen würden, um das Problem zur Makulatur werden zu lassen. Wenn der Gesetzgeber eine allgemeine Rechtsgrundlage zur Verwertung rechtswidrig erlangter Beweise schafft – die an der Verhältnismäßigkeit niemals scheitern würde,[108] vor allem dann nicht, wenn diese Verwertung nach Maßgabe der Abwägungslehre erfolgen würde –, gibt es die von der Beweisbefugnislehre vermisste Beweisbefugnis. Dass soweit ersichtlich die Vertreter dieser Auffassung bisher nirgendwo den Vorschlag eines solchen § 244 IIa bzw. § 261a StPO unterbreitet haben,[109] lässt sich als Zeichen deuten, dass das Problem woanders liegt.

---

[105] *Rogall*, GA 1985, 12, zur informationellen Selbstbestimmung: „... formelles, inhaltsleeres Recht, das im Wesentlichen nur der Begründung des Gesetzesvorbehalts dient ..."; *ders.* (Fn. 93), S. 41; aus der öffentlich-rechtlichen Lit. *Hoffmann-Riem*, AöR 123 (1998), 513 (523 f.); *Ladeur*, DÖV 2009, 54 f. Die objektiv-rechtliche Dimension des Datenschutzes wird sogar von dessen führenden Vertretern hervorgehoben, s. etwa *Denninger*, KritJ 1985, 215 (220 f.); *Simitis*, NJW 1986, 2975 (2796).

[106] Etwa BVerfGE 115, 320 (354 ff.); BVerfG NJW 2009, 1405 (1407 Rn. 29); krit. *Ladeur*, DÖV 2009, 53; *Bull*, Informationelle Selbstbestimmung (Fn. 100), S. 100.

[107] BVerfGE 65, 1 (42 – ohne dieses Wort zu gebrauchen); 113, 29 (46); 115, 320 (354); 120, 378 (402, 430). Zwar bezieht sich das Gericht in den zitierten Entscheidungen regelmäßig auf die „Freiheit des Einzelnen"; dies kommt aber einem fragwürdigen Schutz von Gefühlen nahe, was man durch eine objektiv-rechtliche Interpretation vermeiden würde.

[108] Eingeräumt von *Singelnstein*, FS Eisenberg, 2009, S. 654.

[109] Bzw. – sollte dies dem Bestimmtheitsgrundsatz nicht genügen – eines § 81a IV, eines § 53 III StPO usw. Andeutungsweise in diesem Sinne aber *Singelnstein*, FS Eisenberg, 2009, S. 654. Das wäre ein weiterer Schritt in Richtung überspannter Verrechtlichung, an der das Datenschutzrecht nicht unerheblich leidet (s. bereits *Rogall* [Fn. 93], S. 8, der im Anschluss an Kloepfer von einer „Verrechtlichungsextase" spricht; aus dem neueren Schrifttum etwa *Kingreen/Kühling*, JZ 2015, 213 ff.; *Bull,* Sinn und Unsinn [Fn. 100], S. 55 ff.), die im vorliegenden Zusammenhang nichts anderes als einem „gesetzesförmigen Grundrechtsleerlauf" (Ausdruck von *Denninger*, KritJ 1985, 215 ff. [216]) gleichkäme.

b) Informationsbeherrschungsrechte

Die insb. auf Amelung[110] zurückgehende Lehre von den Informationsbeherrschungsrechten könnte man als nicht bundesverfassungsgerichtspositivistische, sondern als wissenschaftlich-kritisch durchreflektierte Version der soeben dargestellten Auffassung deuten. Sie versteht Beweisverwertungsverbote als Folgenbeseitigungsansprüche aus der Verletzung bestimmter Rechte von Individuen; nur sind diese Rechte nicht nur ein unspezifisches, „schwaches" Recht auf informationelle Selbstbestimmung, sondern in erster Linie Rechte über bestimmte Bereiche, die mit den „starken" Rechten aus Art. 10, 13 GG korrelieren, aus dem Zeugnisverweigerungsrecht eines Angehörigen oder dem allgemeinen Persönlichkeitsrecht hervorgehen.[111]

Die Lehre nimmt an dem Vorzug der zuletzt untersuchten Auffassung teil: Auch ihr gelingt es, die von uns vermisste Konnexität reibungslos herzustellen,[112] denn Informationsbeherrschungsrechte sind Rechte gegen fremdes Wissen (o. II. 3), so dass die folgerichtige Aufhebung ihrer Verletzung („informationelles Erfolgsunrecht")[113] u.a. der Verzicht auf die Verwertung der Information sein muss. Zudem entgeht sie den Einwänden, die sich gegen eine auf das „Recht" auf informationelle Selbstbestimmung gestützte Auffassung richteten.[114]

Ob man ihr Weiteres entgegenhalten kann,[115] kann hier offen gelassen werden. Das zentrale Problem liegt m. E. an einer Stelle, die von der Kritik selten angesprochen wird: nämlich dass es jenseits des allgemeinen Persönlichkeitsrechts und des Fernmeldegeheimnisses (Art. 10 GG) schwer fällt, von Rechten über Informationen, d. h. gegen fremdes Wissen zu sprechen. Schon bei Art. 13 GG leuchtet es wenig ein, dass es hier um den Schutz von Informationen geht, da sich diese (nach Kenntnisnahme) nicht mehr innerhalb der räumlichen Sphäre der Wohnung befinden.[116] Wäre

---

[110] *Amelung* (Fn. 47), S. 24 ff., 30 ff.; *ders.*, FS Bemmann, 1997, S. 505 ff.; *ders.*, FS Roxin I, 2001, S. 1259 ff. (1260 ff.); *ders.*, GS Schlüchter, 2002, S. 423 ff.; *ders.*, FS Hilger, 2003, S. 327 ff.; teilw. auch *Störmer* (Fn. 11), S. 226 ff., 235 – zu dessen Auffassung auch o. II.; nahestehend *Schroth*, JuS 1998, 973, 974; *Eisenberg* (Fn. 24), Rn. 371.

[111] Vgl. die Liste der Rechte auf Informationsbeherrschung in *Amelung* (Fn. 47), S. 33 ff.

[112] Diese Mühe macht sich explizit *Störmer* (Fn. 11), S. 205 f.

[113] *Amelung*, FS Bemmann, 1997, S. 508.

[114] Der Einwand, dass sie ohne eine Rückanbindung an dieses Recht ohne Stütze sei (so *Rogall*, FS Grünwald, 1999, S. 533; *Eisenberg* [Fn. 24], Rn. 367a), verfehlt gerade den besonderen Vorzug dieser Auffassung; s. die Replik von *Amelung*, FS Roxin I, 2001, S. 1265 f.

[115] Insb. *Rogall*, in: Wolter (Fn. 1), S. 153; *ders.*, StV 1996, 513 (517 f.); *ders.*, in: Höpfel/Huber (Fn. 1), S. 139 f.; *ders.*, FS Grünwald, 1999, S. 531 ff.; s. ferner *Pelz* (Fn. 50), S. 101 ff.; *Fezer* (Fn. 12), S. 35 ff.; *Weßlau*, StV 1995, 278; *Jäger* (Fn. 20), S. 100 ff.; *Beulke*, Jura 2008, 656; s.a. die vor allem gegen die Kritik des Jubilars gerichtete Replik von *Amelung*, FS Roxin I, 2001, S. 1263 ff. sowie *ders.*, FS Bemmann, 1997, S. 510 ff.

[116] So aber nicht nur Amelung, sondern auch BVerfGE 109, 279 (325 f.), wenn es heißt, Art. 13 GG sei Maßstab nicht allein für die Gewinnung von Informationen aus Wohnungen, sondern auch für deren Gebrauch. Diese Rspr., die Gewinnung und Verwertung von Informationen als Eingriffe in dasselbe Grundrecht deutet (etwa BVerfGE 100, 313 [359]; 141, 220 [327], beide m.w.N.), funktioniert aber nur für wissensbezogene Grundrechte. Es leuchtet

dem nicht so, dann wären die Vorschriften über die Beschlagnahme zugleich Eingriffe in Art. 13 GG. Oder soll Art. 14 GG auch ein Recht vermitteln, dass andere von den Sachen des Eigentümers nichts erfahren? Man weiß also nicht, wo es Informationsbeherrschungsrechte gibt; Amelung bietet eher eine Liste als eine Theorie dieser Rechte.

c) Drittes Zwischenfazit

Die Versuche der Beweisbefugnislehre und der Lehre von den Informationsbeherrschungsrechten, im Wege theoretischer Konstruktionen darzulegen, warum sich aus einer Rechtsverletzung gerade ein Beweisverwertungsverbot ergeben soll, bleiben unzureichend.

IV. Verzicht auf Konnexität: Disziplinierung

Es gäbe indes noch einen weiteren Weg: man könnte in Frage stellen, dass es, wie in diesem Beitrag bisher postuliert, einer Konnexität zwischen Verfahrensfehler, Wahrheitsfindung und Beweisverbot bedürfe. Dazu bräuchte man zwar ein Argument. Dieses taucht aber in der Diskussion immer wieder auf, und liegt besonders nahe, wenn man sich an § 136 I 2 StPO und an die Verlegenheit, in die uns die Reflexion über diese Vorschrift gebracht hatte (o. III. 1. b]), erinnert: Gemeint ist der Gedanke der Disziplinierung.[117]

Man könnte ihn so rekonstruieren: In der Tat bedeute der Ausschluss eines Beweises die Inkaufnahme einer auf unwahren Grundlagen beruhenden Entscheidung. Jedoch gehe es im Strafverfahren um mehr als nur um Wahrheit. Das Strafverfahren habe sicherzustellen, dass seine Regeln von den Strafverfolgungsinstanzen auch eingehalten werden; überlässt man diesen die Früchte ihrer Fehler, dann schwächt man diese Regeln ab, bis zu ihrer praktischen Abschaffung hin. Dies wird vor allem an § 136 I 2 StPO ersichtlich: Wenn das ohne Belehrung gewonnene Geständnis verwertbar ist, dann ist diese Vorschrift nicht mehr zwingendes Recht, sondern, wie es in der älteren Rspr. hieß,[118] eine „bloße Ordnungsvorschrift". Ähnliche Argumente

---

nicht ein, dass die Verwertung einer gem. § 81a StPO gewonnenen Blutprobe einen erneuten Eingriff in das Recht auf körperliche Unversehrtheit (Art. 2 II 1 GG) verkörpern soll; s.a. o. Fn. 11.

[117] Im früheren deutschen Schrifttum taucht das Argument in der Regel bei Stellungnahmen zu konkreten Vorschriften, insb. zu §§ 136a III, auch in Verbindung mit 69 III StPO, vgl. *Baumann*, GA 1959, 33 (36, bzgl. § 136a Abs. 3 StPO); *Grünwald*, JZ 1966, 491, 495; im Allgemeinen für die Disziplinierung durch Beweisverbote *Prittwitz*, StV 1984, 302 (305); *Conen*, FS Eisenberg, 2009, S. 459 ff.; *Weigend*, ZStW 113 (2001), 281 (290); *Ambos* (Fn. 5), S. 19 f.; *Pest*, JR 2015, 367; *Eisenberg* (Fn. 24), Rn. 363; *Kasiske*, Jura 2017, 16 (17, bei bewussten und planmäßigen Verstößen).

[118] BGHSt 22, 170 (173 ff.); zu diesem Begriff *Rudolphi*, MDR 1970, 99 f.; *Bohnert*, NStZ 1982, 5; *Jahn* (Fn. 3), S. 42 ff.; *Rogall*, JZ 2008, 823.

könnte man zu verschiedenen Beweisverboten konstruieren, vor allem für einige der im Gesetz vorgesehenen (insb. § 136a III StPO).[119] In der Rspr. wird das Disziplinierungsargument gelegentlich sogar offen[120] – vor allem bei bewussten bzw. objektiv willkürlichen Rechtsverstößen – bemüht, um die Rechtsfolge eines Beweisverbots zu begründen.[121]

So überzeugend wie diese Überlegungen zunächst klingen – einer näheren Reflexion halten sie nicht stand. Die Kritik am Disziplinierungsgedanken ist bekannt und kann hier daher knapp wiedergeben werden.[122] Er scheitert nämlich am Fehlen einer anderen Konnexität, nämlich der zwischen dem Beweisverbot und der bezweckten Maßregelung der Verfolgungsperson, die den Fehler zu verantworten hat. In den viel zitierten Worten eines amerikanischen Kritikers: „The criminal is to go free because the constable has blundered."[123] Es ist ferner zweifelhaft, ob der konkrete Polizist bzw. Staatsanwalt oder Richter ein Interesse an der Überführung des Beschuldigten hat; das wird je nach Verfolgungseifer des Beamten von Fall zu Fall anders zu beantworten sein, so dass auf diese Überlegung keine allgemeine Theorie gegründet werden kann. Vor allem bleibt unklar, weshalb diese Maßregelung mittels einer Begünstigung des Beschuldigten (genauer: des Schuldigen s. o. II. 2.) erfolgen soll, und nicht etwa durch die unmittelbare Verhängung einer Sanktion gegen den, der die Regel missachtet hat.[124]

---

[119] Vgl. zusätzlich zu den in Fn. 117 Zitierten *Ambos* (Fn. 5), S. 25.

[120] BGHSt 51, 285 (293) wonach: „… jedenfalls grobe Verstöße nicht sanktionslos gelassen werden dürfen".

[121] BGHSt 24, 125 (131); 51, 285; 61, 266 (275 Rn. 24); *Ranft*, FS Spendel, 1992, S. 719 ff. (729, allgemein); *Roxin*, NStZ 1989, 376 (379); *ders.*, NStZ 2007, 616, 617; *Beulke*, Jura 2008, 658; *Heghmanns*, ZIS 2016, 409 f. (wegen „besonders schweren Handlungsunrechts"); m. abw. Begründung *Amelung*, NJW 1991, 2533 (2537).

[122] BGHSt 32, 345 (356) – nicht allein im engeren Zusammenhang der Beweisverbotsdiskussion; *Dencker* (Fn. 14), S. 52 ff.; *Rogall*, ZStW 91 (1979), 15 f.; *ders.*, in: Wolter (Fn. 1), S. 149; *ders.*, in: Höpfel/Huber (Fn. 1), S. 131 f.; *Amelung* (Fn. 47), S. 17 ff.; *ders.*, NJW 1991, 2534; *ders.*, FS Roxin I, 2001, S. 1263; *ders.*, GS Schlüchter, 2002, S. 422; *Pelz* (Fn. 50), S. 126 ff.; *Koriath* (Fn. 21), S. 58 f.; *Jäger* (Fn. 20), S. 70 f.; *Jahn* (Fn. 3), S. 58 („Inkommensurabilitätsprinzip"); *Chao* (Fn. 40), 88 f.; *Kubiciel*, GA 2013, 206 ff. (232 f.); *Heghmanns*, ZIS 2016, 405 f. Der verbreitete Hinweis, die Lehre sei nur im amerikanischen Strafverfahren am Platz (so etwa *Dencker* [Fn. 14], S. 26; *Roxin/Schünemann* [Fn. 3], § 24 Rn. 27), übertreibt die Unterschiede zwischen den sog. Prozesssystemen und übersieht, dass Wahrheit für jedes gute Strafverfahrenssystem wichtig ist (*Greco* [Fn. 2], insb. S. 80 f., 181 ff.), weshalb auch der Disziplinierungsgedanke gerade und auch von amerikanischen Autoren kritisiert wird, etwa von *Amar* (Fn. 18), S. 27 ff., 138, 157; *Stuntz*, The Collapse of American Criminal Justice, Cambridge, Massachussets/London, 2011, S. 220; *Jacobi*, NotreDameLR 87 (2011), 585 (592 ff.); *Pizzi*, UColLR 82 (2011), 679 (691 ff.).

[123] Votum von Justice Cardozo, in: People v. Defore, Court of Appeals of New York, 242 N.Y. 13; 150, N.E. 585, 587 (1926).

[124] Die neueren Versuche, der Kritik dadurch Rechnung zu tragen, dass es nicht mehr um die Disziplinierung des konkret ermittelnden Beamten gehen soll, sondern um die institutionelle Absicherung der Regeln einer rechtsstaatlichen Strafrechtspflege (*Conen*, FS Eisenberg, 2009, S. 467; *Hüls*, ZIS 2009, 164; *Eisenberg* [Fn. 24], Rn. 368), verwandeln den Diszipli-

V. Zur Neutralisierung von Beweisverboten im deutschen Strafprozessrecht

Beweisverbote sind nicht nur – von Ausnahmen abgesehen – dürftig begründet; auch und gerade für denjenigen, dessen Rechte verletzt werden, sind sie ein viel zu schwacher Trost. Denn im heutigen deutschen Strafverfahrensrecht gibt es klare Zeichen dafür, dass die Integration dieses erst nachträglich hinzugekommenen Instituts[125] in das Regelungsgefüge noch nicht gelungen ist. Es wird nämlich so gut wie sicherstellt, dass selbst die Bejahung eines Beweisverwertungsverbots im Endergebnis keinen großen Unterschied macht. Beweisverbote werden im deutschen Strafprozess systematisch neutralisiert, und dies nicht durch einen, sondern durch mehrere Mechanismen.

Es beginnt bereits mit dem Begriff der Beweis*verwertung:* ein Beweisverwertungsverbot verbietet im Grundsatz allein die Einführung des Beweismittels in den Inbegriff der Hauptverhandlung und somit seine Heranziehung zur Begründung der Überzeugung des Gerichts.[126] Seine *Verwendung*, insbesondere als sog. Spurenansatz, bleibt in der Regel unberührt,[127] m.a.W.: Das unter Verletzung von § 136 I 2 StPO gewonnene Geständnis lohnt sich, wenn man daraufhin etwa in der Wohnung des Beschuldigten inkriminierende Gegenstände findet. Insbesondere kommt dem Beweisverwertungsverbot grundsätzlich *keine Fernwirkung* zu:[128] auf die mittels Wohnungsdurchsuchung erlangten Tatwerkzeuge darf sich das Gericht durchaus in seinem Urteil berufen.[129] Das unverwertbare Beweismittel kann z.T. auch dann verwertet werden, wenn es auf *hypothetisch rechtmäßigem Wege* gewinnbar wäre[130] oder wenn der verteidigte Angeklagte es unterlässt, dem (begründet[131]) zu

---

nierungsgedanken in eine Regel der Verfahrensgerechtigkeit, womit das o. 1. b) Ausgeführte einschlägig wird.

[125] Grdl. war hier bekanntlich *Beling*, Die Beweisverbote als Grenzen der Wahrheitserforschung im Strafrecht, 1903; die Diskussion fing erst 1950 mit der Einfügung von § 136a StPO an und erreichte einen ersten Höhepunkt mit dem 46. Juristentag v. 1966.

[126] Vgl. *Rogall*, JZ 2008, 822: „Beweiswürdigungs- bzw. Berücksichtigungsverbote"; *Roxin/Schünemann* (Fn. 3), § 24 Rn. 21, 64; *Eisenberg* (Fn. 24), Rn. 356. Zur weitgehend ungeklärten Frage nach der sog. Vorwirkung von Beweisverboten etwa MüKo-StPO/*Kudlich*, 2014, Einl. Rn. 486 f.

[127] BGH NStZ 1996, 200 (201); *Heghmanns*, ZIS 2016, 404; *Roxin/Schünemann* (Fn. 3), § 24 Rn. 59 f., m.w.N. aus der Rspr.

[128] Etwa BGHSt 27, 355 (358); 51, 1 (7 ff.); 55, 314 (318 f.); BGH NStZ 1996, 200 (201); and. OLG Düsseldorf NStZ 2017, 177 (180) m. krit. Bspr. *Radtke*; mind. teilw. and. *Rogall*, ZStW 91 (1979), 1 (40); *ders.*, JZ 1996, 948 f.; *ders.*, in: Höpfel/Huber (Fn. 1), S. 148; *Amelung* (Fn. 47), S. 49 ff.; *ders.*, FS Bemmann, 1997, S. 509; *ders.*, FS Roxin I, 2001, S. 1262; *ders.*, GS Schlüchter, 2002, S. 428 f., wenn auch nicht für die auf der Sicherung der Wahrheitsfindung beruhenden Verwertungsverbote; *Störmer* (Fn. 11), S. 239 ff., 254.

[129] Krit. *Spendel*, NJW 1966, 1105: „geradezu rabulistisch".

[130] BGHSt 24, 125 (130); BGH NStZ 1989, 375 (376); NStZ 2016, 551 (m. krit. Bspr. *Ha. Schneider*, der zu Recht einen Fall grober Missachtung für gegeben erachtet); eine Grenze zieht die Rspr. aber im Fall bewusster bzw. grober Missachtung, so zuletzt BGHSt 61, 266

widersprechen;[132] und selbst wenn eine Verwertung stattfindet, verhindert das *strenge Revisionsrecht*, das für Verfahrensrügen eine anspruchsvolle Darstellungslast (§ 344 II 2 StPO) vorsieht[133] und Revisionen eine äußerst geringe Erfolgsquote zuteil werden lässt,[134] dass der Fehler behoben wird. Dieser muss zudem im Freibeweisverfahren bewiesen werden,[135] ohne dass der in-dubio-Grundsatz eingreift.[136]

Zudem gibt es *prozessstrukturelle Probleme*. Die Berufsrichter (and. als die Laienrichter[137]) kennen die Ermittlungsakten, somit auch die Beweise, deren Verwertung unzulässig ist. Anders ist dies im amerikanischen Strafprozess: Über das Eingreifen der sog. exclusionary rule des amerikanischen Rechts wird im sog. Pre-Trial, also vor der Hauptverhandlung entschieden, mit der Folge, dass die zum Urteil berufenen Mitglieder des Gerichtskörpers nicht einmal von der Existenz des ausgeschlossenen Beweismittels erfahren.[138] Im älteren deutschen Schrifttum wurde das, was man hierzulande dem Richter zumutet – nämlich so zu entscheiden, als hätte er das unverwertbare Beweisstück nicht zur Kenntnis genommen – als unrealistische „psychologische Akrobatik" kritisiert, und deshalb der Vorschlag gemacht, den „kontaminierten" Richter auszuschließen.[139] Dies geschieht aber bekanntlich

---

(276 f. Rn. 26); s. zum Ganzen *Rogall*, NStZ 1998, 385 und auch *Jahn/Dallmeyer*, NStZ 2005, 297 ff.; *Trüg/Habetha*, NStZ 2008, 487; *Jäger*, FS Wolter, 2013, 958 ff.; monografisch *Pelz* (Fn. 50), passim.

[131] BGHSt 52, 38 (42).

[132] Grdl. BGHSt 38, 214 (225 f.); ständig ausgedehnt, etwa BGHSt 42, 15 (22 ff.: Missachtung des Rechts auf Verteidigerkonsultation); BGHSt 51, 1 (3: Fehler bei Anordnung einer Telekommunikationsüberwachung); BGHSt 52, 38 (41 ff.: keine Benachrichtigung nach Art. 36 WÜK); BGH NStZ 1996, 200 (202); StV 2001, 545; StV 2016, 771; s.a. BGH NStZ 2017, 602 (603: in Erwägung gezogen bei Verletzung des Konfrontationsrechts); s. dennoch BGHSt 61, 266 (keine Widerspruchslösung bei fehlerhafter Durchsuchung); BGH StV 2016, 772 (ebensowenig bei einer Verletzung von § 136a I StPO). Nachw. und Kritik an dieser sog. Widerspruchslösung bei *Roxin/Schünemann* (Fn. 3), § 24 Rn. 34; krit. auch *Rogall*, JZ 2008, 830.

[133] Hierzu statt aller SK-StPO/*Frisch*, 4. Aufl. 2014, § 344 Rn. 44 ff.

[134] Vgl. die empirische Untersuchung von *Barton*, StV 2004, 332 ff. (336 ff.) und auch *Roxin/Schünemann* (Fn. 3), § 24 Rn. 34, die sich auch auf diese Untersuchung berufen.

[135] BGHSt 16, 164 (166 f.); 38, 214 (224); 44, 129 (132 f.); 51, 1 (5); BGH NStZ 1997, 609; NJW 2009, 3589 Rn. 11.

[136] BGHSt 16, 164 (167); 31, 395 (400); BGH NStZ 1989, 375 (376) m. krit. Amn. *Roxin*, ebenda, 377 ff. (378); krit. auch *Trüg/Habetha*, NStZ 2008, 487, die an BGH NStZ 1997, 609 erinnern; *Jahn*, FS Stöckel, 2010, S. 277 f.; monografisch *Eder*, Beweisverbote und Beweislast im Strafprozess, 2015.

[137] Vgl. m.w. Nachw., auch zur Kritik an dieser nach wie vor zutreffenden Auffassung, *Roxin/Schünemann* (Fn. 3), § 46 Rn. 6.

[138] Vgl. *Zalman*, Criminal Procedure. Constitution & Society, 6. Aufl. 2010, S. 448; *Amelung* (Fn. 47), S. 47 f., mit weiteren Nachw. Das amerikanische Strafverfahren kennt jedoch seine eigenen Neutralisierungsmechanismen, s. bereits *Greco* (Fn. 2), S. 58, 206.

[139] *Grünwald*, JZ 1966, 500 f.: „Musterfall der Besorgnis der Befangenheit"; *Dünnebier*, MDR 1964, 965 (967 Fn. 27: § 30 StPO bejahend); *Amelung* (Fn. 47), S. 47 f.; *Jahn* (Fn. 3), S. 98 f. („Weiterwirkung eines Beweisverwertungsverbots"); *ders.*, FS Stöckel, 2010, S. 286;

nicht. Vielmehr zeigt die neuere Vorschrift des § 257c IV 3 StPO, die für den Fall einer gescheiterten Absprache zwar die Verwertung des Geständnisses verbietet, aber den Richter, der das Geständnis gehört hat, über die Sache entscheiden lässt, dass der Gesetzgeber – wie vor ihm die Rspr.[140] – diese Gefahren nicht ernst nimmt.[141]

Im Ergebnis sind also Beweisverwertungsverbote keine Regeln der Überzeugungsbildung, sondern *Regeln der revisionsfesten Abfassung von Urteilsgründen*. Ein aus der Verletzung von § 136 I 2 StPO hervorgehendes Beweisverwertungsverbot bedeutet nur, dass derjenige, der das Urteil begründet, die Überzeugung des Gerichts nicht auf das Geständnis stützen darf, sondern auf die mittels der aufgrund dieses Geständnisses erfolgten Durchsuchung entdeckten Tatspuren. Sind diese unzureichend – was selten der Fall sein wird, denn das Gericht darf über den Wert dieses Beweismittels „nach seiner freien Überzeugung" (§ 261 StPO) urteilen – kann das Gericht aus eigenem Antrieb nach weiteren Beweisen suchen (§ 244 II StPO), deren Vorhandensein ihm später eine revisionssichere Urteilsbegründung ermöglichen wird.

Es verwundert deshalb nicht, wenn Jahn, der sich für das weitere Schicksal von fünf jüngeren Strafverfahren interessierte, in denen der BGH ein Urteil wegen der Verletzung eines Beweisverwertungsverbots kassierte, herausfand, dass nur eines dieser Verfahren mit einem Freispruch endete.[142] Es würde sich lohnen, die schmale Untersuchungsbasis, die allein die in der amtlichen Sammlung vom 50. bis zum 55. Band veröffentlichten Entscheidungen berücksichtigte, zu erweitern; mir ist nicht bekannt, ob es weitere Forschung in diesem Sinne gibt.[143]

---

ders., StraFo 2011, 121; *Löffelmann* (Fn. 17), S. 180 ff., 291 f., mit dem Vorschlag einer funktionalen Trennung von anordnendem (d.h. über das Beweisverbot entscheidendem) und erkennendem Gericht; ausf. *Lindemann*, in: Barton/Kölbel/Lindemann (Fn. 87), S. 127 ff.; s.a. *Küpper*, JZ 1990, 420 und *Eisenberg* (Fn. 24), Rn. 331; der Ausdruck „psychologisches Akrobatenstück" findet sich bei *Eb. Schmidt*, NJW 1968, 1209 (1218), der aber hierin kein großes Problem erblickt; denn dasselbe Problem betreffe auch die Kenntnis der Akten des Ermittlungsverfahrens. In der Tat: ein Beleg dafür, dass es weitere grundlegende, ungelöste Probleme in der deutschen Prozessrechtsstruktur gibt (vgl. *Greco*, GA 2016, 1, 7 f. m. Nachw. Fn. 62). Gegen diese Kritik jedoch *Rogall*, ZStW 91 (1979), 43. Keine Lösung bietet die in der Wissenschaftstheorie geläufige Unterscheidung von Entdeckungs- und Begründungszusammenhang (so aber *Koriath* [Fn. 21], S. 48 f.), denn die Überzeugung des Gerichts sollte idealiter allein auf Grundlage von verwertbaren Beweisen gebildet, d.h. von ihnen verursacht werden. Die Hauptverhandlung soll nicht nur nachträglich Begründungen liefern, sondern die Wahrheitsfindung, d.h. ihre Entdeckung ermöglichen.

[140] BGHSt 42, 191 (193 f.).
[141] Es fällt schwer, dem Gesetzgeber Naivität zu unterstellen; optimistisch wäre die Deutung, er bezwecke Arbeitsentlastung auch auf Kosten der richterlichen Unbefangenheit, pessimistisch die, er möchte Verurteilungen eines geständigen Schuldigen über Umwege sicherstellen.
[142] *Jahn*, StraFo 2011, 117 (118 ff.); s.a. *Walter*, in: Roth (Hrsg.), Europäisierung des Rechts, 2010, S. 291 ff. (308).
[143] Vgl. jedoch OLG Düsseldorf NStZ 2017, 177 (180), das gem. § 354 StPO in der Sache selbst entschieden und auf Freispruch erkannt hat (hierzu krit. *Radtke*, ebda., 180). Hier ging

Eines jedoch dürfte klar sein: In einem Prozesssystem, das Beweisverwertungsverbote durch und durch zu neutralisieren weiß, können sie nur eine andere Funktion haben, als die Rechte des Beschuldigten zu wahren. Sie geben dem Verteidiger Revisionsgründe, der Wissenschaft ein Exerzierfeld, der höchstrichterlichen Rechtsprechung die Gelegenheit, ihr Bekenntnis zum rechtstaatlichen, justizförmigen Verfahren zu bekräftigen, dem Tatrichter die Freiheit, den zu verurteilen und zu bestrafen, der wirklich schuldig ist. Der Beschuldigte aber, um dessen Rechte es vermeintlich geht, wird, – wenn er schuldig ist – früher oder später, mit kürzerer oder längerer Begründung verurteilt. Ist er unschuldig, dann betrifft ihn die ganze Diskussion über Beweisverbote überhaupt nicht.

VI. Endbilanz; Plädoyer für die Suche nach Alternativen (etwa für eine Schadensersatzlösung)

1. Das Ergebnis ist ernüchternd. Beweisverwertungsverbote, denen zunächst das Grundproblem anhaftet, dass sie Folge der Verletzung einer Regel sein sollen, die mit der Wahrheitsfindung prinzipiell nichts zu tun hat (o. II.), lassen sich zwar unter bestimmten Voraussetzungen begründen. Dies ist vor allem bei er Missachtung von *Rechten, die sich gegen fremdes Wissen richten* (allgemeines Persönlichkeitsrecht; Art. 10 GG), bei der *Verletzung epistemisch begründeter Beweiserhebungsverbote*, also von Regeln der Beweisgewinnung, die den Sinn haben, die Zuverlässigkeit dieses Vorgangs zu sichern (§ 250 ff. StPO). Für die Verletzung grundlegender Verfahrensregeln (Folter, teilw. auch § 136a I StPO) ist nur die Einstellung wegen eines Verfahrenshindernisses die angemessene Rechtsfolge (and. freilich § 136a III StPO); anders verhält es sich nur bei *Regeln, die das rechtliche Gehör* sichern oder konstituieren. Weshalb aus § 136 I 2 StPO ein Verwertungsverbot hervorgehen soll, wissen wir nicht; vielleicht, weil diese Belehrungspflicht (auch) epistemisch begründet ist.

Jenseits dieser drei Bereiche, deren Grenzen zudem alles andere als klar sind, sind Beweisverbote keine gute Lösung.[144] Sie lassen sich weder mittels der Beweisbefugnislehre (o. III. 2. a]), noch des Disziplinierungsgedankens (o. IV.) begründen. Es bleibt vielmehr dabei, dass sie ein fragwürdiges Institut sind, das dem Unschuldigen gar nichts, dem Schuldigen allenfalls eine etwas spätere, mit höherem Aufwand formulierte Verurteilung bringt.

Wenn man Beweisverwertungsverbote für wichtig erachtet – was in den drei beschriebenen Fällen geboten ist –, muss man für die Beseitigung der oben beschrie-

---

es aber um einen Beschuldigten, der angeblich an ADHS litt und auf Marihuana angewiesen war, und die Pflanzen nicht zum Handeltreiben, sondern überwiegend zum Eigenverbrauch („Kollegen" durften mitrauchen) anbaute – m.a.W., um einen Fall, in dem die Strafwürdigkeit bereits sehr fraglich erscheint.

[144] Wenn das Gesetz sie anordnet (Liste etwa bei *Roxin/Schünemann* [Fn. 3], § 24 Rn. 22; *Beulke* [Fn. 60], Rn. 456), muss man sich mit ihnen abfinden, was nicht immer heißt, dass die Lösung eine gute ist.

benen Neutralisierungsmechanismen eintreten (o. V.). Bei einigen wäre das zwar möglich und wohl auch vorzugswürdig (Widerspruchslösung; Ausschluss des durch die Kenntnis des Beweisstücks „kontaminierten" Richters), andere hingegen, die mit der Idee der freien Beweiswürdigung und mit der Orientierung des Strafverfahrens an den Zwecken der Wahrheit und Gerechtigkeit zusammenhängen, nicht. Somit ist festzuhalten: in einem Strafverfahren, für das Wahrheit von Bedeutung ist – und ein Strafverfahren, bei dem das nicht der Fall ist, ist kein gutes[145] – können Beweisverbote nicht wirklich ein Zuhause haben (II. 2.).

2. Ich schließe meine ketzerischen Bemerkungen mit einem Plädoyer ab. Die Mühen, die sich die Wissenschaft macht, über Beweisverbote zu theoretisieren, und die Schwierigkeiten der Praxis, mit diesem Institut Frieden zu schließen, könnten ein Zeichen dafür sein, dass man sich über alternative Wege Gedanken machen sollte, die Rechte des Beschuldigten (gerade auch des Unschuldigen) und die Justizförmigkeit des Verfahrens zu garantieren. Es könnte nämlich sein, dass der allseitig beklagte unbefriedigende Zustand der Beweisverbotsdogmatik damit zusammenhängt, dass sie als schlechte Lösung empfunden werden, also dass die hier entwickelten Argumente nur dasjenige explizit machen, was viele intuitiv bereits wissen.

Ich würde hier deshalb für das Nachdenken über zwei Alternativen plädieren, die beide über die engen Grenzen des Strafprozessrechts hinausgehen.[146]

a) Die erste ließe sich als „Fairness-Garantie durch Strafrecht"[147] bezeichnen: ernst gemeinte Disziplinierung bzw. Sanktionierung kann nicht durch die Belohnung des schuldigen Angeklagten, sondern nur durch *Bestrafung des regelbrechenden Strafverfolgungsbeamten* erfolgen.[148] Dies ist bereits de lege lata weitgehend möglich: die grundrechtsschützenden Beweiserhebungsnormen sind zu einem großen Teil Rechtfertigungsgründe für ein an sich tatbestandsmäßiges Verhalten. Der Medizinalassistent begeht eine strafbare Körperverletzung,[149] der Polizist, der den Richtervorbehalt bewusst oder willkürlich missachtet, einen Hausfriedensbruch. Auch bei der Tatprovokation sollte über die Bestrafung des Provozierenden als Anstifter nachgedacht werden.[150] Eventuelle Irrtümer sind in aller Regel[151] bestenfalls (vermeidbarer) Verbotsirrtum. Auch bei der Entlockung eines Geheimnisses von

---

[145] Vgl. *Greco* (Fn. 2), S. 181 ff.

[146] s.a. *Löffelmann*, JR 2009, 10 ff. (12): „Ein bisschen Kreativität könnte da nicht schaden."

[147] *Roxin/Schünemann* (Fn. 3), § 24 Rn. 51.

[148] *Roxin/Schünemann* (Fn. 3), § 24 Rn. 27; *Löffelmann* (Fn. 17), S. 172 ff.; s.a. *Rogall,* in: Höpfel/Huber (Fn. 1), S. 145: kein Verwertungsverbot, wenn die Wiederherstellung des Rechts mit außerprozessualen Mitteln (insb. mit der Bestrafung des Regelbrechers) möglich ist.

[149] *Roxin/Schünemann* (Fn. 3), § 24 Rn. 51.

[150] Hierfür *Greco*, StraFo 2010, 252 ff. (256 f.); *Roxin/Schünemann* (Fn. 3), § 37 Rn. 8; *Eidam*, StV 2016, 129 ff. (131); und auch BGH NStZ 2014, 277 Rn. 48.

[151] Wenn auch nicht immer, s. den Fall in BGHSt 42, 73, bei dem eher ein vorsatzausschließender Irrtum vorliegen dürfte.

einem zeugnisverweigerungsberechtigten Berufsgeheimnisträger macht sich der Vernehmende gem. §§ 203, 26 StGB strafbar.[152]

Die Probleme dieses alternativen Modells liegen auf der Hand. Erstens ist es viel zu lückenhaft: nicht alle Grundrechte, die im Strafverfahren berührt werden können, werden auch strafrechtlich geschützt. Ferner und vor allem: selbst dort, wo dieser Schutz bereits de lege lata vorgesehen ist, ist mit Anwendungsdefiziten zu rechnen;[153] Überwacher überwachen ungern sich selbst.

b) Vor allem würde ich deshalb vorschlagen, dass man – eine Anregung des Jubilars aufgreifend[154] – eine *Schadensersatz- bzw. Entschädigungslösung* in Erwägung zieht,[155] deren Grundzüge ich hier nur in gröbster Form skizzieren kann. Sie würde nicht nur für die Verletzung von eingriffsermächtigenden, grundrechtsschützenden Regeln zu gewähren sein, sondern auch bei einer Verletzung des Grundrechts auf ein faires Verfahren. Der Schaden wäre ein immaterieller, dessen Ersatz also die engen Grenzen dessen, was wir bereits im Staatshaftungsrecht tun,[156] überschreiten würde. Ob dieser Schadensersatz im Wege eines staatshaftungsrechtlichen Verfahrens, im Strafverfahren selbst bzw. in einer Art Adhäsionsverfahren oder nach dem Vorbild des StREG (§§ 10, 13) bzw. von §§ 198 ff. GVG zu verlangen wäre, müsste noch nachgedacht werden.

Dem Ersatz eines immateriellen Schadens haftet zwar immer der Verdacht des Inkonnexen an, was traditionell durch den Hinweis auf die mit ihr einhergehende Monetarisierung von Rechten bzw. auf den von ihr ermöglichten Freikauf von Rechtsverletzungen immer wieder behauptet wurde.[157] Weil aber die Möglichkeit, Rechte folgenlos zu verletzen, diese noch mehr entwertet als ihre Monetarisierung bzw. die Freikaufmöglichkeit, konnte sich der Ersatz des immateriellen Schadens durchsetzen, wenn auch in etwas zurückhaltender Form (vgl. § 253 I BGB: Ersatz „nur in den durch das Gesetz bestimmten Fällen"). Die Inkonnexität ist aber hier immerhin kleiner als die, die zwischen Regelverletzung und Beweisverbot besteht.

---

[152] Weshalb sich der Jubilar zu Recht fragt, ob diese Strafbarkeit das Beweisverbot nicht entbehrlich mache, *Rogall*, JZ 1996, 952; zu Beweisverboten in dieser Konstellation *Eisenberg* (Fn. 24), Rn. 377 ff.

[153] Vgl. zu dem Problem der Selektivität der Strafverfolgung bei Straftaten aus dem Staatsapparat heraus allgemein *Eisenberg/Kölbel*, Kriminologie, 7. Aufl. 2017, § 27 Rn. 24 ff. (mit Nachw. zur sog. „Cop Culture"), § 46 Rn. 20 ff.

[154] *Rogall*, JZ 2008, 829; auch der BGH lässt in einem (aufgehobenen, s. o. Fn. 27) Urteil die Entschädigungsfrage offen und bezeichnet als in Betracht kommende Rechtsgrundlagen eine Analogie zum StrEG oder zu § 465 II StPO, BGHSt 52, 48 (57 f.) (krit. aber zur finanziellen Kompensation eines Verfahrensfehlers). Ob die nachfolgenden Überlegungen de lege lata oder ferenda gemeint sind, muss hier offen bleiben; es könnte sich lohnen, über die Tragfähigkeit der vom BGH angedeuteten Analogien nachzudenken.

[155] *Amar* (Fn. 18), S. 41 f., 107 ff., 115 f.

[156] *Ossenbühl/Cornils*, Staatshaftungsrecht, 6. Aufl. 2013, S. 111 f.

[157] Hierzu etwa *Medicus/Lorenz*, Schuldrecht AT, 21. Aufl. 2015, Rn. 673.

Vor allem hätte eine solche Alternative den Vorteil, den richtigen Kern der vom Jubilar vertretenen Abwägungslösung ernst zu nehmen, nämlich dass die Wahrheit nicht ausgeschlossen werden sollte; eine unaufrichtige Neutralisierung wäre auch nicht mehr nötig. Naheliegenden fiskalischen Bedenken hinsichtlich der mit einem solchen System verbundenen Kosten können zum einen dadurch abgeschwächt werden, dass sich der Staat mindestens in Extremfällen (nach dem Vorbild von Art. 34 S. 2 GG[158]) einen Regress gegen den regelverletzenden Strafverfolgungsbeamten vorbehält, zum anderen dadurch, dass das bestehende System, das gegebenenfalls zur Wiederholung von langwierigen Hauptverhandlung zwingt, über deren Endergebnisse sich alle Beteiligten schon von Anfang an klar sind, nicht gerade kostenfrei ist.

---

[158] Nach Art. 34 S. 2 GG bei Vorsatz oder grober Fahrlässigkeit vorbehalten, vgl. dazu etwa *Ossenbühl/Cornils* (Fn. 156), S. 119 ff.; Maunz/Dürig/*Papier*, Grundgesetz-Kommentar, 71. EL, 2017, Rn. 298 ff.

Zu den Anordnungsvoraussetzungen der Telekommunikationsüberwachung nach § 100a StPO und zu den Folgen ihrer Missachtung

Bemerkungen anlässlich eines Falls aus der Rechtspraxis

Von *Volker Haas*

I. Einleitung

Rogall gehört ohne Zweifel zu den führenden Strafprozessualisten in Deutschland. Die Qualität seiner Kommentierung zentraler Vorschriften der Strafprozessordnung setzt Maßstäbe. Es ist deshalb nicht einfach, ein strafprozessuales Thema zu finden, das geeignet wäre, dem Jubilar neue Einsichten zu vermitteln. Die nachfolgenden Ausführungen betreffen die Telekommunikationsüberwachung und damit Vorschriften, die der verehrte Jubilar nicht kommentiert hat. Dies ist allerdings nicht der Grund, warum der Verfasser sich gerade diesen Themenkomplex als Gegenstand seines Beitrags ausgesucht hat. Denn Rogall hat sich in mehreren Abhandlungen den Beweisverboten gewidmet.[1] Und auf diese geht ausschnittweise der dem Jubilar mit den besten Wünschen gewidmete Beitrag ein. Der Grund liegt vielmehr darin, dass sich das nachfolgend gekürzt und anonymisiert geschilderte prozessuale Geschehen in der Rechtspraxis tatsächlich abgespielt hat und daher ein Schlaglicht auf die Art und Weise wirft, wie in Deutschland mit den gesetzlichen Vorgaben der Strafprozessordnung umgegangen wird. Zudem wirft das prozessuale Geschehen Rechtsfragen auf, deren Beantwortung nicht in allen Kommentaren mit der erforderlichen Genauigkeit dargestellt wird. Schließlich stellen sich auch Rechtsprobleme, deren richtige Lösung bisher von der Rechtsprechung möglicherweise noch nicht erkannt worden ist. Im Folgenden wird zunächst der einschlägige prozessuale Sachverhalt geschildert. Im Anschluss daran werden die einschlägigen Rechtsfragen bzw. Rechtsprobleme zur Sprache gebracht.

---

[1] *Rogall*, ZStW 91 (1979), S. 1 ff.; *ders.*, Beweisverbote im System des deutschen und des amerikanischen Strafverfahrensrechts, in: Wolter (Hrsg.), Zur Theorie und Systematik des Strafprozessrechts, 1995, S. 113 ff.; *ders.*, Grundsatzfragen der Beweisverbote, in: Höpfel et al. (Hrsg.), Beweisverbote in Ländern der Europäischen Union, 1999, S. 119 ff.; *ders.*, in: Samson et al. (Hrsg.), Festschrift für Grünwald, 1999, S. 523 ff.; *ders.*, in: Ebert et al. (Hrsg.), Festschrift für Hanack, 1999, S. 293 ff.; *ders.*, JZ 2008, S. 818 ff.

II. Ausgangspunkt: das Prozessgeschehen

Im Zuge eines Ermittlungsverfahrens wegen bandenmäßigen Betäubungsmittelhandels wird die Telekommunikation eines der Beschuldigten überwacht. Dabei läuft die Handynummer einer unbekannten Person auf. Aufgrund der vielen aufgezeichneten Telefonate vermutet die Kriminalpolizei, dass es zu mehreren Treffen zwischen dem Beschuldigten und der unbekannten Person gekommen ist. Anschließend führt die Kriminalpolizei eine „Quellenvernehmung" durch. Der V-Mann, der von dem vernehmenden Polizeibeamten geduzt wird, sagt aus, dass der Nutzer der Handynummer die Person A sei. A *solle* gemeinsam mit zwei weiteren Personen B und C einen schwunghaften Rauschgifthandel unter anderem in dem Café R betreiben. Der B *solle* für den A das Rauschgift in seiner Wohnung in der B-Straße bunkern. Und der C *solle* in dem Café R und in den Kneipen für den A Rauschgift verkaufen. Der V-Mann nennt schließlich noch die Telefonnummer des C. In einem polizeilichen Vermerk wird die Verdachtslage unter Schilderung der Einzelheiten dahingehend zusammengefasst, dass die Beschuldigten dem Rauschgifthandel nachgehen *sollen*. Die Staatsanwaltschaft beantragt bei dem zuständigen Ermittlungsrichter die Anordnung der Telekommunikationsüberwachung. Dem Antrag wird durch Beschluss des Ermittlungsrichters stattgegeben. In den Gründen bejaht der Ermittlungsrichter aufgrund der Aussagen des V-Manns und der auf weiteren Ermittlungsmaßnahmen beruhenden Erkenntnisse das Vorliegen tatsächlicher zureichender Anhaltspunkte. Die weiteren Ermittlungsmaßnahmen bestehen im Abgleich mit den Daten der polizeilichen Informationssysteme. Dabei wird festgestellt, dass B und C in der Vergangenheit schon einmal wegen BtM-Delikten in Erscheinung getreten sind. A ist allerdings in der Datenbank nicht gespeichert. Durch Folgebeschlüsse des Ermittlungsrichters wird die Anordnung der Telekommunikationsüberwachung jeweils um drei Monate verlängert bzw. auf weitere Telefonnummern erweitert, die von dem Beschuldigten genutzt werden. In ihrer Begründung stützen sich die Beschlüsse jeweils nicht nur auf die Quellenvernehmung, sondern auch auf die Erkenntnisse der Telekommunikationsüberwachung, die auf der vorangehenden Anordnung beruhen, und auf sonstige Erkenntnisse der weiteren Ermittlungen, die allerdings nur in der Beobachtung bestehen, dass der Beschuldigte ein weiteres Handy benutzt.

III. Das Vorliegen eines auf Tatsachen gründenden Verdachts der Begehung einer Katalogtat

Die Anordnung der Telekommunikationsüberwachung setzt nach § 100a Abs. 1 StPO bestimmte Tatsachen voraus, die den Verdacht begründen, dass jemand als Täter oder Teilnehmer eine Katalogtat (einschließlich des strafbaren Versuchs) begangen hat. Einigkeit besteht in der fachgerichtlichen Rechtsprechung darüber, dass weder ein hinreichender Tatverdacht im Sinne des § 203 StPO noch ein dringender Tatverdacht im Sinne des § 112 Abs. 1 StPO erforderlich ist, sondern dass ein einfacher Tatverdacht genügt.² Der Tatverdacht darf ungeachtet dessen laut Rechtsprechung nicht nur unerheblich sein.³ In der Kommentarliteratur wird vereinzelt sogar ein erheblicher Tatverdacht gefordert.⁴ Es bleibt allerdings zu berücksichtigen, dass – wie auch die Judikatur anerkennt – der Tatverdacht *auf bestimmten Tatsachen* beruhen muss.⁵ Es wird damit eine gesetzliche Voraussetzung aufgestellt, die sich beim normalen Anfangsverdacht nicht findet (vgl. § 160 Abs. 1 StPO). Diese soll angesichts des Gewichts des Grundrechtseingriffs bedeuten, dass es einer *hinreichenden* Tatsachenbasis bedarf, wie der Bundesgerichtshof unter Verweis auf die Rechtsprechung des Bundesverfassungsgerichts behauptet.⁶ Bloße Vermutungen, vage Anhaltspunkte⁷ bzw. Gerüchte oder Gerede⁸ sind daher nicht ausreichend. Es soll schlüssiger Umstände bedürfen, die die Begehung einer Katalogtat nahelegen.⁹ Der Tatverdacht müsse durch schlüssiges Tatsachenmaterial einen hinreichenden Konkretisierungsgrad aufweisen.¹⁰ Bei der Beurteilung, ob ein derartiger Tatverdacht gegeben ist, soll die Lebenserfahrung bzw. die kriminalistische Erfahrung Berücksichtigung finden dürfen.¹¹ Dem Anordnenden wird insoweit von der ständigen Rechtsprechung und von der Kommentarliteratur ein Beurteilungsspielraum zugestanden.¹²

Diese Vorgaben scheinen sich jedoch nicht wesentlich von den Kriterien zu unterscheiden, die für das Vorliegen eines normalen Anfangsverdachts gemäß den §§ 152 Abs. 2, 160 Abs. 1 StPO ohnehin herangezogen werden. Denn auch der Anfangsverdacht muss sich auf konkrete Tatsachen stützen. Er bedarf einer zureichenden Tatsachenbasis bzw. einer tatsächlichen Grundlage.¹³ Diese muss schlüssig sein,

---

² BGHSt 41, 30, 33; 48, 240, 248, BGH, Urteil vom 26. Februar 1980 – 5 StR 9/80; NStZ 2010, S. 711 f.; NStZ-RR 2016, S. 346; OLG Hamm, NStZ 2003, S. 279; Kriminalistik 2016, S. 556 f.
³ BGHSt 41, 30, 33; BGH, NStZ 2010, S. 711; NStZ-RR 2016, S. 346; *Meyer-Goßner*/ Schmitt, StPO, 60. Auflage, 2017, 100a Rn. 9.
⁴ Vgl. *Bruns*, in: KK-StPO, 7. Auflage, 2013, § 100a Rn. 32.
⁵ BGH, NStZ 2010, S. 711; NStZ-RR 2016, S. 346; BGH, Urteil vom 26. Februar 1980 – 5 StR 9/80; OLG Hamm, NStZ 2003, S. 279.
⁶ BGH, NStZ 2010, S. 711; NStZ-RR 2016, S. 346.
⁷ BGH, NStZ 2010, S. 711; NStZ-RR 2016, S. 346; OLG Hamm, NStZ 2003, S. 279; Kriminalistik 2016, S. 556 f.; *Meyer-Goßner*/Schmitt, StPO (Fn. 3), 100a Rn. 9.
⁸ OLG Hamm, NStZ 2003, S. 279; *Bruns*, in: KK (Fn. 4), § 100a Rn. 32.
⁹ OLG Hamm, NStZ 2003, S. 279.
¹⁰ BGH, NStZ 2010, S. 711 f.; NStZ-RR 2016, S. 346; *Bruns*, in: KK (Fn. 4), § 100a Rn. 32.
¹¹ BGHSt 41, 30, 33; BGH, NStZ 2010, S. 711 f.; OLG Hamm, NStZ 2003, S. 279; *Meyer-Goßner*/Schmitt, StPO (Fn. 3), § 100a Rn. 9; *Bruns*, in: KK (Fn. 4), § 100a Rn. 32.
¹² BGHSt 41, 30, 33; 47, 362, 365; 48, 240, 248; BGH, NStZ-RR 2016, S. 346; *Meyer-Goßner*/Schmitt, StPO (Fn. 3), § 100a Rn. 9.
¹³ *Meyer-Goßner*/Schmitt, StPO (Fn. 3), § 152 Rn. 4; *Diemer*, in: KK (Fn. 4), § 152 Rn. 7; *Beulke*, in: LR, Bd. 5, 26. Auflage, 2008, § 152 Rn. 22, 25; *Plöd*, in: KMR, Bd. 3, 56. EL, 2009, § 152 Rn. 19.

soll nicht der Verdacht jeglicher Rationalität entbehren. Zwar reichen entfernte Indizien zur Begründung des Anfangsverdachts aus,[14] nicht jedoch vage Anhaltspunkte und bloße Vermutungen.[15] Dies entspricht offenbar cum grano salis der soeben wiedergegebenen Rechtsprechung und Kommentierung zu den Anordnungsvoraussetzungen des § 100a StPO.

Es ist freilich einzuräumen, dass ungeachtet dessen die Auffassung vertreten wird, dürftige und ungeprüfte Angaben sowie Gerüchte würden genügen.[16] Wäre diese Ansicht zutreffend, dann ergäbe sich ein gewisser Unterschied zum Tatverdacht, der auf bestimmten Tatsachen gründet. Allerdings wäre kritisch nachzufragen, warum Gerüchten als Beweisanzeichen eine stärkere bzw. höhere Beweiskraft zukommen soll als bloßen Vermutungen – wobei offenbar unter *bloßen* Vermutungen im Unterschied zu *begründeten* Vermutungen spekulative Einschätzungen verstanden werden, denen als Fundament eine Tatsachenbasis fehlt, die nach kriminalistischer Erfahrung einen Grund für die Schlussfolgerung bietet, es könne eine verfolgbare Tat begangen worden sein. Dass Gerüchte im Allgemeinen als berechtigter Anlass für eine begründete Vermutung anzuerkennen sind, wäre freilich zu bestreiten. Vielmehr würden die Strafverfolgungsbehörden, wenn sie allein schon aufgrund des Bestehens eines Gerüchts das Vorliegen eines Anfangsverdachts bejahen, den ihnen auch im Rahmen der §§ 152 Abs. 2, 160 Abs. 1 StPO zuzugestehenden Beurteilungsspielraum[17] überschreiten. Der tiefere Grund dafür liegt darin, dass Gerüchte für sich gesehen eigentlich nichts anderes sind als bloße Vermutungen, die in der Sozialgemeinschaft von Mitglied zu Mitglied weitergetragen werden und Verbreitung gefunden haben. Es ist daher zur Vermeidung von Inkonsistenzen der Ansicht zu folgen, die verlangt, dass das betreffende Gerücht durch zusätzliche Tatsachen als plausibel erscheinen müsse.[18] Dann aber bestätigt sich der Eindruck, dass die Voraussetzungen des auf bestimmten Tatsachen beruhenden Verdachts und des normalen Anfangsverdachts synchronisiert werden und letztlich kein nennenswerter Unterschied zwischen beiden bestehen würde.

Die Rechtsprechung beider Senate des Bundesverfassungsgerichts beweist jedoch eindeutig, dass die Hürden des auf bestimmten Tatsachen gründenden Verdachts höher sind als diejenigen des einfachen Anfangsverdachts. In dem Urteil vom 14.07.1999, das die Verfassungsmäßigkeit der Telekommunikationsüberwachung durch das G 10-Gesetz betraf, hat das Bundesverfassungsgericht die Regelungen die-

---

[14] *Meyer-Goßner*/Schmitt, StPO (Fn. 3), § 152 Rn. 4; *Diemer*, in: KK (Fn. 4), § 152 Rn. 7; *Plöd*, in: KMR (Fn. 13), § 152 Rn. 18.

[15] *Meyer-Goßner*/Schmitt, StPO (Fn. 3), § 152 Rn. 4; *Diemer*, in: KK (Fn. 4), § 152 Rn. 7; *Beulke*, in: LR (Fn. 13), § 152 Rn. 22; *Plöd*, in: KMR (Fn. 13), § 152 Rn. 19.

[16] *Plöd*, in: KMR (Fn. 13), § 152 Rn. 18.

[17] BGH, NJW 1970, S. 1543; NStZ 1988, S. 510; *Meyer-Goßner*/Schmitt, StPO (Fn. 3), § 152 Rn. 4; *Diemer*, in: KK (Fn. 4), § 152 Rn. 7; *Plöd*, in: KMR (Fn. 13), § 152 Rn. 20; anderer Ansicht *Weßlau*, in: SK-StPO, Bd. 3, 4. Auflage, 2011, § 152 Rn. 16.

[18] *Diemer*, in: KK (Fn. 4), § 152 Rn. 7; vgl. auch die Einschränkung bei *Beulke*, in: LR (Fn. 13), § 152 Rn. 22, dass ein Gerücht ausreichen *könne*.

ses Gesetzes, die den Bundesnachrichtendienst verpflichteten, die aus der Fernmeldeüberwachung erlangten Daten anderen Behörden zur Erfüllung ihrer Aufgaben zu übermitteln (§ 3 Abs. 5 S. 1 G 10 i.V.m. Abs. 3 S. 1 G 10), für unvereinbar mit Art. 10 GG erklärt. Insbesondere hat das Bundesverfassungsgericht die Verdachtsvoraussetzungen moniert, deren Vorliegen den Bundesnachrichtendienst rechtlich zur Weitergabe der zur Verfolgung von Straftaten relevanten Daten an die Strafverfolgungsbehörden gezwungen hat. Die tatsächliche Basis, die die Annahme eines Tatverdachts rechtfertige, sei, verglichen mit derjenigen, die § 100a StPO für die Überwachungen der Telekommunikation fordere, relativ niedrig angesetzt. Während dort „bestimmte Tatsachen" den Verdacht begründen müssten, genügten für die Übermittlung von Daten nach dem G 10-Gesetz tatsächliche Anhaltspunkte. Im Hinblick auf die nicht geringe Schwere des Eingriffs in das Grundrecht auf Wahrung des Fernmeldegeheimnisses gemäß Art. 10 GG erscheine es verfassungsrechtlich vielmehr geboten, eine Tatsachenbasis für den Verdacht vorzuschreiben, die derjenigen in § 100a StPO entspreche. Es müsse sichergestellt sein, dass nicht im Wesentlichen Vermutungen, sondern *konkrete und in gewissem Umfange verdichtete Umstände als Tatsachenbasis* für den Verdacht vorlägen.[19] Der vom Bundesverfassungsgericht beanstandete Begriff der tatsächlichen Anhaltspunkte entspricht demjenigen der tatsächlichen zureichenden Anhaltspunkte und somit dem Begriff des Anfangsverdachts.

Im Urteil des Bundesverfassungsgerichts vom 12.03.2003, das die Verfassungsmäßigkeit der gemäß § 12 FAG richterlich angeordneten Auskunft von Vermittlungsdaten betraf, hat das Bundesverfassungsgericht gleichlautend geäußert, dass für die Rechtfertigung der Übermittlung von Verbindungsdaten auch die Intensität des gegen den Beschuldigten bestehenden Verdachts entscheidend sei. Aufgrund bestimmter Tatsachen müsse anzunehmen sein, dass der Beschuldigte *mit hinreichender Wahrscheinlichkeit* Straftaten von erheblicher Bedeutung begangen habe. Es bedürfe einer *gesicherten Tatsachenbasis*, bloße Vermutungen würden nicht genügen. Dasselbe soll – wie das Bundesverfassungsgericht unter Rückgriff auf den Begriff der bestimmten Tatsachen meint – entsprechend den §§ 100a, 100b Abs. 1 S. 2 StPO für die weitere Anordnungsvoraussetzung gelten, dass der Anordnungsadressat als Nachrichtenmittler angesehen werden kann.[20] Ebenso hat das Bundesverfassungsgericht im Urteil über den Großen Lauschangriff vom 03.04.2004 gefordert, dass *verdichtete Umstände als Tatsachenbasis* für den Verdacht vorhanden sein müssten. Nur *bereits ermittelte und in Antrag und Anordnung genannte Tatsachen* kämen für die jeweilige Bewertung in Frage. Da sich die akustische Wohnraumüberwachung nur gegen den Beschuldigten richten und erst als letztes Mittel der Strafverfolgung eingesetzt werden dürfe, müsse aufgrund der bereits vorliegenden Erkenntnisse eine *erhöhte Wahrscheinlichkeit* für die Begehung der Katalogtat bestehen. Ungeachtet dessen soll es keines hinreichenden oder sogar dringenden Tatver-

---

[19] BVerfGE 100, 313, 394, Rn. 271, 277 ff.
[20] BVerfGE 107, 299 ff., Rn. 80 ff.

dachts bedürfen.[21] Bekanntlich setzt § 100c Abs. 1 StPO ebenso wie § 100a Abs. 1 StPO das Vorliegen bestimmter verdachtsbegründender Tatsachen voraus. Schließlich stellt das Bundesverfassungsgericht in seinem Beschluss vom 12.10.2011, der die Verfassungsmäßigkeit des Gesetzes zur Neuregelung der Telekommunikationsüberwachung betraf, unter Berufung auf die gerade zitierte Rechtsprechung fest, dass *der durch bestimmte Tatsachen begründete Verdacht höheren Anforderungen als der bloße Anfangsverdacht unterliege*, wenn er auch nicht den Grad eines hinreichenden oder gar dringenden Tatverdachts erreichen müsse. Er erfordere eine *konkretisierte Verdachtslage*.[22]

Fasst man die Rechtsprechung des Bundesverfassungsgerichts zusammen, dann stützt sich die geforderte *erhöhte Wahrscheinlichkeit* bei dem auf bestimmten Tatsachen gründenden Verdacht auf zwei Säulen: der *gesicherten Tatsachenbasis* bzw. den *ermittelten Tatsachen, die in dem Antrag und in der Anordnung genannt werden müssen*, auf der einen Seite und der *konkretisierten Verdachtslage* bzw. den *verdichteten Umständen* auf der anderen Seite. Was bedeutet dies genau? Hier sei folgender Rekonstruktionsvorschlag unterbreitet: Die erste Säule fordert auf einer ersten Stufe das Vorliegen eines Beweismittels (nicht notwendigerweise im Sinne des Strengbeweises), das einen Sachverhalt unter Beweis stellt. Es darf aufgrund des Beweismittels kein vernünftiger Zweifel an diesem Sachverhalt bestehen, so dass er unter Zugrundelegung des Ermittlungsstandes im Zeitpunkt der Entscheidung als gesicherte und ermittelte Tatsache gelten kann. Schlüssigkeit ist insoweit nur eine notwendige, aber keine hinreichende Bedingung. Die Tatsache wiederum muss auf einer zweiten Stufe unmittelbar die Möglichkeit der Begehung einer sanktionierbaren und verfolgbaren Tat belegen. Die zweite Säule betrifft offenbar nicht die Verdachtsgründe, sondern den Verdachtsgegenstand. Die prozessuale Tat muss aufgrund der ermittelten Indizien schon durch einen höheren Grad an Einzelheiten, die sich auf die Tatzeit, den Tatort, die Tatausführung und das Tatobjekt beziehen, konkretisiert oder individualisiert sein. Beide Säulen sorgen in ihrer Addition für die im Vergleich zum allgemeinen Anfangsverdacht erhöhte Wahrscheinlichkeit. Die Auffassung des Bundesgerichtshofs, dass ein einfacher, nicht nur unerheblicher Tatverdacht bei § 100a Abs. 1 StPO genüge, missachtet diese Vorgaben des Bundesverfassungsgerichts. Zu beanstanden ist zudem, dass der Bundesgerichtshof von einer hinreichenden statt von einer gesicherten Tatsachenbasis spricht. Hinreichend ist die Tatsachenbasis eben nur dann, wenn sie aus gesicherten Tatsachen besteht. Indem der Bundesgerichtshof dieses Kriterium eliminiert, löst er sich auch auf dieser Ebene von den Vorgaben des Bundesverfassungsgerichts und behält sich vor, selbst darüber zu entscheiden, wann die Tatsachenbasis hinreichend ist. Es ist daher zu befürchten, dass der Bundesgerichtshof die strengen Anforderungen des Bundesverfassungsgerichts nach eigenem Gutdünken aufweicht und durch mildere Maßstäbe ersetzt, ohne diese Abweichung explizit auszuweisen.

---

[21] BVerfGE 109, 279 ff., Rn. 257 ff.; vgl. auch BVerfGE 113, 348 ff., Rn. 111.
[22] BVerfGE 129, 208 ff., Rn. 273.

Unerklärlicherweise greifen aber selbst die Kammerentscheidungen des Bundesverfassungsgerichts die Parameter der Senatsrechtsprechung nicht deutlich genug auf. So verlangen die Kammerentscheidungen im rechtlichen Kontext der Überwachung der Telekommunikation lediglich, dass die Verdachtsgründe über vage Anhaltspunkte und bloße Vermutungen hinausreichen müssten. Bloßes Gerede, nicht überprüfte Gerüchte und Vermutungen würden nicht genügen. Für erforderlich halten die Kammern einen Schluss, der sich aufgrund von Lebenserfahrung oder kriminalpolitischer Erfahrung fallbezogen auf Zeugenaussagen, Observationen oder andere sachliche Beweisanzeichen stützt.[23] Dass jeder Verdacht auf ein Beweismittel (wenn auch nicht notwendigerweise im Sinne des Strengbeweises) zurückzuführen ist, versteht sich von selbst. Die Zurückführung des Verdachts auf Zeugenaussagen, Observationen oder andere sachliche Beweisanzeichen impliziert daher keine Änderung der Anforderungen im Verhältnis zum normalen Anfangsverdacht. Qualifiziert man das Beweismittel selbst als die gesicherte Tatsachenbasis, wird diese zu einer redundanten Anordnungsvoraussetzung, die stets erfüllt wäre. Ihre intendierte einschränkende Funktion ginge somit verloren.

Lediglich in den Großkommentaren werden die Vorgaben des Bundesverfassungsgerichts aufgegriffen,[24] wenn auch teilweise in dem fragwürdigen Bestreben, diese mit der bisherigen Rechtsprechung der Strafgerichte zu harmonisieren – fragwürdig deswegen, weil dieses Bestreben Disparates nicht in seiner Verschiedenheit aufdeckt, sondern verdeckt. So soll es einer *hinreichend gesicherten* Tatsachenbasis bedürfen. Dieser normativen Relativierung ist ebenso wenig zu folgen wie der Ansicht, dass die Tatsachenbasis ihr Fundament in schlüssigem Beweismaterial finden könne.[25] Schlüssigkeit gewährleistet noch keine Sicherheit. Sie ist – wie oben angedeutet – lediglich Grundvoraussetzung eines jeden Verdachts. Ergänzend wird das Kriterium der Kammerentscheidungen aufgegriffen, unter Umständen genüge es, wenn aufgrund von Lebenserfahrung oder kriminalpolitischer Erfahrung fallbezogen auf Zeugenaussagen, Observationen oder andere sachliche Beweisanzeichen auf die Begehung einer Katalogtat geschlossen werden könne.[26] Insoweit ist auf die Kritik des letzten Absatzes zu verweisen. Zustimmung verdient jedoch ungeachtet dessen die Forderung, dass mit *einiger Wahrscheinlichkeit* auf die Begehung der Katalogtat geschlossen werden können müsse.[27] Diese Formulierung bietet eine nachvollziehbare Wiedergabe bzw. Interpretation der einen erhöhten Verdachtsgrad fordernden Auffassung des Bundesverfassungsgerichts. Es bedarf – so kann abschließend festgestellt werden – eines qualifizierten Verdachts.[28]

---

[23] BVerfG, NJW 2006, S. 2974, 2975; NJW 2007, S. 2749, 2751.
[24] *Bär*, in: KMR, Bd. 2, 79. EL, 2016, § 100a Rn. 17; *Hauck*, in: LR, Bd. 3, 5. Auflage, 2014, § 100a Rn. 50; *Wolter*, in: SK-StPO, Bd. 2, 5. Auflage, 2016, § 100c Rn. 41.
[25] *Bär*, in: KMR (Fn. 24), § 100a Rn. 17.
[26] *Hauck*, in: LR (Fn. 24), § 100a Rn. 50.
[27] *Hauck*, in: LR (Fn. 24), § 100a Rn. 50.
[28] *Wolter*, in: SK-StPO (Fn. 24), § 100c Rn. 41.

Orientiert man sich hingegen strikt an den Vorgaben der Senatsrechtsprechung des Bundesverfassungsgerichts, kann kein Zweifel bestehen, dass im vorangestellten prozessualen Sachverhalt die Anordnungsvoraussetzungen für die Telekommunikationsüberwachung bei der ersten Anordnung nicht erfüllt waren. Es mag dahinstehen, ob die Bekundungen des V-Manns, auf die sich der erste Anordnungsbeschluss des Ermittlungsrichters im Wesentlichen stützt, schon einen Anfangsverdacht im Sinne der §§ 152 Abs. 2, 160 Abs. 1 StPO begründet haben. Keinesfalls jedoch bestand eine gesicherte Tatsachenbasis bzw. lagen ermittelte Tatsachen und damit die im Vergleich zum Anfangsverdacht höheren Anforderungen vor. Denn es wird bei der sog. Quellenvernehmung des V-Manns deutlich, dass dieser selbst als Zeuge vom Hörensagen möglicherweise nur ein Szenegerücht wiedergibt, wie seinen Formulierungen unschwer zu entnehmen ist. Die Wahl des Wortes „soll" signalisiert, dass die Aussageperson selbst keine Gewähr für die Richtigkeit ihrer Aussage übernimmt, weil sie offenbar Informationen aus dritter Hand weitergibt und offenlässt, in welcher Weise die dritte Hand ihrerseits an ihre Informationen gelangt ist – durch eigene Wahrnehmung oder durch Informationen weiterer Personen. Der Aussage des V-Manns ist noch nicht einmal zu entnehmen, was er selbst wahrgenommen hat. Nur dann, wenn die Voraussetzung erfüllt wäre, dass der V-Mann berichtet, was er selbst wahrgenommen hat, könnte das Bekundete im Falle der Glaubhaftigkeit der Bekundung als ermittelte Tatsache gelten und damit als Grundlage für die Anordnung der Telekommunikationsüberwachung dienen. Gegen das Vorliegen einer gesicherten Tatsachenbasis bzw. ermittelter Tatsachen spricht zudem, dass die Glaubwürdigkeit des V-Manns nicht überprüft worden ist. In der Kommentarliteratur wird teilweise mit gutem Grund auf die Notwendigkeit einer derartigen Überprüfung bei Aussagen von V-Leuten hingewiesen.[29] Warum auf eine derartige Überprüfung verzichtet werden konnte, wird im Anordnungsbeschluss mit keinem Wort ausgeführt. Es sei hinzugefügt, dass die weiteren Ermittlungen – der Datenabgleich mit den polizeilichen Informationssystemen und die Beobachtung der Nutzung eines weiteren Handys durch den Beschuldigten – den notwendigen Verdachtsgrad nicht stützen. Die aus diesen Ermittlungsmaßnahmen gewonnenen Erkenntnisse werden zudem – wie es aber das Bundesverfassungsgericht verlangt – in den Anordnungsbeschlüssen nicht konkret benannt. Letzteres betrifft auch die mögliche Berufung auf die Telefonate des Beschuldigten mit dem Beschuldigten des anderen Verfahrens, die Anlass der Quellenvernehmung gewesen sind. In den Akten finden sich keine Protokolle der gegen diesen Beschuldigten angeordneten Telekommunikationsüberwachungsmaßnahmen, die einen Verdacht belegen könnten.

Das OLG Hamm hat zwar in einem Fall die auf die Aussage eines V-Manns gestützte Anordnung der Telefonüberwachung nach den §§ 100a, b StPO als rechtmäßig qualifiziert. Es ist jedoch aufgrund der Darstellung des prozessualen Sachverhalts nicht klar, ob der V-Mann eigene Wahrnehmungen geschildert hat oder nicht. Seine Aussage wird dahingehend wiedergegeben, der Mitangeklagte habe mit Drogen ge-

---

[29] *Bär*, in: KMR (Fn. 24), § 100a Rn. 17; vgl. auch *Bruns*, in: KK (Fn. 4), § 100a Rn. 32.

handelt. Das Wort „soll" wird in den Gründen des Beschlusses insoweit nicht erwähnt. Aufgrund der von dem V-Mann offengelegten zahlreichen Einzelheiten – die Art der Drogen, der Umfang des Handels, die Abnehmer und der Ort der Übergabe – lagen nach Auffassung des OLG Hamm schlüssige Umstände vor, die nach der Lebenserfahrung zu der Annahme berechtigten, dass der Mitangeklagte als Täter eines Verstoßes gegen das BtM-Gesetz in Betracht gekommen sei.[30] Fragwürdig ist die Einschätzung des OLG Hamm, dass allein schon aufgrund der genannten Einzelheiten das Vorliegen eines bloßen Gerüchts oder bloßer Mutmaßungen zu verneinen war. So kann es sich bei der denkbaren Beschuldigung, der Musiklehrer M sei in seiner Wohnung während der Musikstunden am Montagnachmittag gegenüber seiner Schülerin S schon mehrfach sexuell übergriffig geworden, durchaus um ein bloßes Gerücht oder eine bloße Vermutung handeln. Gerüchte und Mutmaßungen können in konkretisierter Gestalt auftreten. Die Schlüssigkeit von Umständen reicht eben für den auf bestimmte Tatsachen gründenden Verdacht nicht aus. Es ist allerdings zuzugestehen, dass es – ebenso wie in dem oben vorangestellten prozessualen Geschehen – nicht an der hinreichenden Konkretisierung des Verdachts fehlt. Zu beachten ist ungeachtet dessen, dass das OLG Hamm nicht die Kriterien des Bundesverfassungsgerichts seiner Entscheidung zugrunde gelegt hat, weil im Zeitpunkt der Entscheidung lediglich das erste der einschlägigen Judikate des Bundesverfassungsgerichts als Maßstab dienen konnte, in dem es lediglich durch die zweite Säule dem Eingriff in das in Art. 10 GG geregelte Grundrecht auf Wahrung des Fernmeldegeheimnisses Grenzen gezogen hat.

IV. Zur Folge der Missachtung der Anordnungsvoraussetzungen: das Beweisverwertungsverbot und seine Reichweite

Es kann daher festgehalten werden: Selbst in Anbetracht des dem Ermittlungsrichter zustehenden Beurteilungsspielraums ist von der Rechtswidrigkeit der ersten Anordnung der Telekommunikationsüberwachung auszugehen. Angesichts der aufgezeigten Mängel ist die erste Anordnung der Telekommunikationsüberwachung unvertretbar. Die aus einer unvertretbaren und damit rechtswidrigen Anordnung der Telefonüberwachung unmittelbar gewonnenen Erkenntnisse dürfen nicht verwertet werden. Dies soll insbesondere für Fälle gelten, in denen es – wie im vorliegenden Fall – an einer wesentlichen sachlichen Voraussetzung für die Anordnung der Maßnahme nach § 100a Abs. 1 StPO fehlt.[31] Konsequenz ist daher infolge des Beweiserhebungsverbots ein unselbständiges Verwertungsverbot bezüglich der Aufzeichnungen, die auf dieser ersten Anordnung unmittelbar beruhen. Ob schon die Verkennung des Anordnungsmaßstabs durch den Ermittlungsrichter für ein Beweisverwertungsverbot ausreicht, kann hier dahingestellt bleiben.

---

[30] OLG Hamm, NStZ 2003, S. 279.
[31] BGHSt 31, 304, 308; 32, 68, 70; 41, 30, 31; 47, 362, 365; 48, 240, 248.

Wie ist aber die Rechtslage bezüglich der Aufzeichnungen, die auf den Folgebeschlüssen beruhen, zu beurteilen? Insoweit stellt sich das Problem, dass die Folgebeschlüsse sich nicht nur auf die Quellenvernehmung stützen, sondern auch auf die Erkenntnisse der vorangehenden Telekommunikationsmaßnahmen. In der Kommentarliteratur firmiert dieses Problem unter dem Titel „Fernwirkung von Beweisverwertungsverboten". So heißt es unter Berufung auf den bisher zu wenig beachteten Beschluss des Bundesgerichtshofs vom 07. 03. 2006,[32] dass eine Fernwirkung bei einer Kette aufeinander folgender Telekommunikationsmaßnahmen nicht bestehe. Andernfalls führe die Fernwirkung des Beweisverwertungsverbots im Falle der Rechtswidrigkeit der ersten Telekommunikationsmaßnahme bei den nachfolgenden Telekommunikationsüberwachungsmaßnahmen zu einem Dominoeffekt.[33] Trägt die zitierte Entscheidung diese Verallgemeinerung? Die Verurteilung des Angeklagten stützte sich im Wesentlichen auf Zufallserkenntnisse, die anlässlich der Überwachung und Aufzeichnung der Telekommunikation beim gesondert verfolgten B in dem gegen ihn geführten Ermittlungsverfahren gewonnen wurden. Gegen B hatte der Ermittlungsrichter durch zwei Beschlüsse Telekommunikationsüberwachungsmaßnahmen wegen des Verdachts des gewerbsmäßigen unerlaubten Handeltreibens mit Betäubungsmitteln angeordnet. Der diesen Beschlüssen zugrunde liegende Verdacht gegen B gründete sich auf Erkenntnisse aus einer weiteren Telekommunikationsüberwachungsmaßnahme gegen den ebenfalls gesondert verfolgten Ba. Die den Verdacht gegen Ba begründenden Erkenntnisse entstammten ihrerseits aus einer Telekommunikationsüberwachungsmaßnahme beim gesondert verfolgten F.[34] Der Bundesgerichtshof ist in seinem Beschluss von der Feststellung ausgegangen, dass die Anordnungen der Telekommunikationsüberwachungsmaßnahmen gegen B frei von Rechtsfehlern gewesen seien, welche ein Beweisverwertungsverbot begründen könnten. Er stellt sodann den Grundsatz auf, dass im Fall einer Kette aufeinander beruhender Telekommunikationsüberwachungsmaßnahmen die Überprüfung der Rechtmäßigkeit auf die Anordnung der Telekommunikationsüberwachungsmaßnahme beschränkt sei, der die verwerteten Erkenntnisse unmittelbar entstammen. Einschränkend heißt es allerdings im Folgesatz, dass eine Fernwirkung bei Rechtswidrigkeit nur einer vorgelagerten, *für das Verfahren selbst nicht unmittelbar beweiserheblichen* Telekommunikationsüberwachungsmaßnahme nicht anzuerkennen sei.[35]

Im hier vorangestellten prozessualen Geschehen handelt es sich jedoch offensichtlich um eine für das Verfahren selbst beweiserhebliche Telekommunikationsüberwachungsmaßnahme. Würde also der Bundesgerichtshof die aufgestellten Grundsätze nicht anwenden? Dies ist fraglich, weil die besagte Einschränkung in den Leitsätzen der Entscheidung nicht zu finden ist. Es bleibt also ein Stück Unklar-

---

[32] BGHSt 51, 1 ff.

[33] *Bruns*, in: KK (Fn. 4), § 100a Rn. 68; *Meyer-Goßner*/Schmitt, StPO (Fn. 3), § 100a Rn. 38; *Bär*, in: KMR (Fn. 24), § 100a Rn. 62; im Ergebnis wohl auch *Hauck*, in: LR (Fn. 24), § 100a Rn. 166.

[34] BGHSt 51, 1 ff.

[35] BGHSt 51, 1 ff.

heit. Und dies gilt auch dann, wenn man sich mit gutem Grund die Frage stellt, warum man überhaupt einen Unterschied zwischen Telekommunikationsüberwachungen machen soll, die in dem betreffenden Verfahren beweiserheblich sind oder nicht. Der Senat gibt keine explizite Antwort auf diese Frage. Ganz allgemein soll im Hinblick auf den Beschleunigungsgrundsatz vermieden werden, alle Telekommunikationsüberwachungsmaßnahmen anhand des gesamten Aktenbestandes überprüfen zu müssen. Insbesondere soll dies dann gelten, wenn Akten fremder Verfahren beizuziehen und auszuwerten sind. Gleichwie: Für die Klärung, ob die Grundsätze des Beschlusses auf den vorliegenden Fall übertragbar sind, scheint die Feststellung des Bundesgerichtshofs, dass die Folgeanordnungen rechtmäßig gewesen seien, relevanter zu sein. Für die Beurteilung der Rechtsansicht des Senats ist es entscheidend zu wissen, ob der Verdacht gegen B im Sinne des § 100a Abs. 1 StPO *unmittelbar* aus der Telekommunikationsüberwachung gegen Ba resultierte. Wenn dies nicht der Fall gewesen wäre und die verdachtsbegründenden Tatsachen nur mittelbar aus der Telekommunikationsüberwachung gegenüber Ba stammt hätten, dann würde sich in der Tat das Problem der Fernwirkung von Beweisverwertungsverboten stellen. Würde man mit der Rechtsprechung im Grundsatz eine derartige Fernwirkung ablehnen,[36] wäre die Bewertung der rechtlichen Qualität des Anordnungsbeschlusses zu Lasten des B seitens des Bundesgerichtshofs nicht zu beanstanden.

Gegenteilig würde die Beurteilung der Rechtsansicht des Senats ausfallen, wenn die verdachtsbegründenden Tatsachen gegen B *unmittelbar* aus der Telekommunikationsüberwachung gegen Ba gewonnen worden wären. In diesem Fall bedürfte es überhaupt nicht einer Anerkennung der Fernwirkung von Beweisverwertungsverboten, um ein Verwertungsverbot der unmittelbar aus den Folgebeschlüssen resultierenden Erkenntnisse anzunehmen! Warum? Der Grund besteht darin, dass die jeweils nachfolgende Anordnung der Telekommunikationsüberwachung das aus der vorangehenden rechtswidrigen Anordnung resultierende Beweisverwertungsverbot verletzt hätte. Dieser Verstoß hätte jeweils ein *originäres* Beweisverwertungsverbot bezüglich der auf dem Folgebeschluss unmittelbar beruhenden Aufzeichnungen zur Folge. Der nachfolgende Anordnungsbeschluss hätte auch nicht rechtmäßig erlassen werden können, weil bei ausschließlicher Anknüpfung an die Beweislage der Quellenvernehmung der von § 100a Abs. 1 StPO geforderte, auf bestimmte Tatsachen gründende Verdacht nicht vorgelegen hätte. Die Rechtswidrigkeit der Ermittlungsmaßnahme, die infolge der unter Verstoß gegen das Prozessrecht erlangten Informationen durchgeführt wurde, markiert somit den entscheidenden Unterschied zu den Konstellationen, in denen die umstrittene Fernwirkung von Beweisverwertungsverboten zu Recht debattiert wird. Um ein Beispiel zu nennen: Gegen den Beschuldigten B wird aufgrund eines bestehenden Anfangsverdachts ein Ermittlungsverfahren wegen Mordes eingeleitet. Die spezifischen Verdachtsvoraussetzungen des § 100a Abs. 1 StPO liegen nicht vor. Gleichwohl ordnet der zuständige Ermittlungsrichter die Telekommunikationsüberwachung an. In einem der abgehörten Telefonate äußert

---

[36] BGHSt 27, 355, 358; 32, 68, 71; 34, 362, 364; 35, 32, 34; 51, 1 ff.

der Beschuldigte B gegenüber einer dritten Person, wo er die Leiche im Wald vergraben hat. Die Strafverfolgungsbehörden finden die Leiche am angegebenen Ort. In diesem Fall infiziert die Rechtswidrigkeit der Telekommunikationsüberwachungsmaßnahme nicht die rechtliche Bewertung der veranlassten Suche nach der Leiche und ihrer Ausgrabung. Dieser Fortgang des Ermittlungsverfahrens ist dann prozesskonform, wenn eine Fernwirkung von Beweisverwertungsverboten nicht besteht. Die Strafverfolgungsbehörden hätten auch ohne die Ergebnisse der Telekommunikationsüberwachung an dem Ort nach der Leiche suchen und diese ausgraben dürfen. Der Zusammenhang zwischen der Telekommunikationsüberwachung auf der einen Seite und der Suche nach der Leiche und ihrer Ausgrabung auf der anderen Seite ist rein faktischer Natur: Ohne die erste Ermittlungsmaßnahme wäre die zweite Ermittlungsmaßnahme nicht vollzogen worden.

Prämisse dieser Analyse ist allerdings, dass – begrifflich betrachtet – eine Verwertung, auf die sich das Verbot beziehen könnte, nicht nur bei der richterlichen Beweiswürdigung im Rahmen der Urteilsfindung stattfinden kann, sondern auch schon im Ermittlungsverfahren. Dies ist freilich keineswegs selbstverständlich. In der Literatur wird insoweit – sofern dieser Punkt überhaupt explizit thematisiert wird – die These aufgestellt, dass die Verwertung originär Berücksichtigung eines Beweismittels bei der Beweiswürdigung gemäß § 261 StPO sei. Allerdings sollen die Beweisverwertungsverbote eine Vorwirkung in den vorangehenden Verfahrensstadien entfalten können, weil auch schon bei Entscheidungen in diesen Verfahrensstadien wie bei der Anklageerhebung (§ 170 Abs. 1 StPO) und der Zulassung zur Hauptverhandlung (§ 203 StPO) in Rechnung zu stellen sei, wenn ein Beweismittel im Hauptverfahren einem Verwertungsverbot unterliege.[37] Wäre dieser Standpunkt zutreffend, dann könnte – wenn man die eigens zu begründende Vorwirkung außer Betracht ließe – die nachfolgende Anordnung der Telekommunikationsüberwachung sowohl im vom Bundesgerichtshof zu entscheidenden Fall wie auch in dem hier vorangestellten Prozessgeschehen nicht deswegen rechtswidrig sein, weil sie die Verdachtsbegründung auf die unmittelbar aus der vorangehenden Telekommunikationsüberwachung gewonnenen Erkenntnisse gestützt hat.

Richtiger Auffassung nach handelt es sich jedoch bei den Beweisverwertungsverboten um Normen, die es – wie schon Rogall unter Verweis auf die §§ 136a, 163 Abs. 3 S. 2 StPO zutreffend in seinem ersten grundlegenden Aufsatz über die Beweisverbote dargelegt hat[38] – in allen Verfahrensstadien verbieten, bestimmte Beweise zum Gegenstand der Beweiswürdigung und damit zur tatsächlichen Grundlage von Entscheidungen der Strafrechtspflege zu machen. Davon geht auch die Rechtsprechung aus.[39] Dies kann unter Umständen auch schon bei der Entscheidung

---

[37] *Kudlich*, in: MK-StPO, Bd. 1, 1. Auflage, 2014, Einleitung, Rn. 449, 486.

[38] *Rogall*, ZStW 91 (1979), S. 1, 8; ebenso *Gössel*, in: LR, Bd. 1, 27. Auflage, 2016, Einleitung L, Rn. 17.

[39] Vgl. BGH, Urteil vom 02.09.2015 – 5 StR 312/15.

über die Einleitung eines Ermittlungsverfahrens der Fall sein,[40] aber ebenso bei der Entscheidung über die Durchführung strafprozessualer Zwangsmaßnahmen. Der Bundesgerichtshof ist in seiner Entscheidung auf keine dieser Fragen eingegangen, wie es allerdings notwendig gewesen wäre, wenn die Verdachtsvoraussetzungen für die Anordnung der Telekommunikationsüberwachung gegen B unmittelbar auf der jeweils vorangehenden Anordnung beruht hätten. Dass Verwertungsverbote schon im Ermittlungsverfahren zu beachten sind, wird auch aus den abschließenden Überlegungen zu ihren verfassungsrechtlichen Grundlagen in der hier zur Diskussion stehenden Fallkonstellation deutlich.

V. Das (verfassungs-)rechtliche Fundament des Beweisverwertungsverbots

Damit gelangt der Beitrag zu der im Hinblick auf das Institut der Verfassungsbeschwerde praktisch wie theoretisch interessanten Frage, ob und wann bei der Missachtung der Anordnungsvoraussetzungen des § 100a Abs. 1 StPO ein Verwertungsverbot rechtlich und sogar verfassungsrechtlich abgeleitet werden kann. Die Frage kann nicht beantwortet werden, ohne auf das Problem einzugehen, auf welchen Grund sich ein Verwertungsverbot überhaupt stützen kann. Dabei werfen die vorzustellenden Überlegungen auch ein gewisses, wenn auch bei Weitem kein vollständiges Licht auf die auch von Rogall vertretene normative Fehlerfolgenlehre, die im Grundsatz die Abwägungstheorie aufgreift und ebenso wie diese bei der Bewertung der normativen Konsequenzen von Verfahrensfehlern die Strafverfolgungsinteressen der Allgemeinheit einkalkuliert.[41]

Das Bundesverfassungsgericht vertritt in ständiger Rechtsprechung ganz allgemein die Auffassung, dass die Beurteilung, ob ein Verwertungsverbot besteht, in erster Linie den zuständigen Fachgerichten obliegt.[42] Zwar soll die Gewährleistung der Grundrechte auch den Gebrauch der durch den Eingriff erlangten Erkenntnisse umfassen.[43] Es soll aber ungeachtet dessen kein Rechtssatz des Inhalts existieren, dass im Fall einer rechtsfehlerhaften Beweiserhebung die Verwertung der gewonnenen

---

[40] *Meyer-Goßner*/Schmitt, StPO (Fn. 3), § 152 Rn. 4; *Weßlau*, in: SK-StPO (Fn. 17), § 152 Rn. 16; *Wohlers*, in: SK-StPO (Fn. 17), § 160 Rn. 53 f.; *Plöd*, in: KMR (Fn. 13), § 152 Rn. 19; offenbar auch *Beulke*, in: LR (Fn. 13), § 152 Rn. 26, der allerdings von einer Vorwirkung spricht.

[41] *Rogall*, ZStW 91 (1979), S. 1, 31 ff.; *ders.*, FS Grünwald (Fn. 1), S. 523, 546; *ders.*, FS Hanack (Fn. 1), S. 293, 303 f.; kritisch zum Ansatz *Jäger*, Beweisverwertung und Beweisverwertungsverbote im Strafprozess, 2003, S. 109 f.

[42] BVerfG, NJW 2005, S. 656; NJW 2007, S. 499; NJW 2008, S. 3035, 3054; NJW 2009, S. 3556.

[43] BVerfGE 109, 279, 325 f.; BVerfG, NJW 2009, S. 3225.

Beweise stets unzulässig sei.[44] Das Rechtsstaatsprinzip gestatte und verlange die Berücksichtigung der Belange einer funktionstüchtigen Strafrechtspflege, ohne die der Gerechtigkeit nicht zum Durchbruch verholfen werden könne.[45] Daran gemessen bedeute ein Beweisverwertungsverbot eine Ausnahme, die nur aufgrund einer ausdrücklichen gesetzlichen Vorschrift oder aus übergeordneten wichtigen Gründen im Einzelfall anzuerkennen sei.[46] So hat das Bundesverfassungsgericht unmittelbar aus den Grundrechten ein absolutes Beweisverwertungsverbot bisher nur in Fällen anerkannt, in denen der absolute Kernbereich privater Lebensgestaltung berührt wird.[47] Überdies hält das Bundesverfassungsgericht aus verfassungsrechtlicher Sicht Beweisverwertungsverbote nur bei schwerwiegenden, bewussten oder willkürlichen Verfahrensverstößen, bei denen grundrechtliche Sicherungen planmäßig oder systematisch außer Acht gelassen worden sind, für geboten.[48] Ist diese ständige Rechtsprechung des Bundesverfassungsgerichts rechtlich haltbar oder nicht?

Die Antwort fällt eindeutig aus: Zumindest in der in diesem Beitrag zur Diskussion stehenden Fallkonstellation steht die Auffassung des Bundesverfassungsgerichts, die Postulierung eines (verfassungs-)rechtlichen Verwertungsverbots habe den Vorbehalt, dass die Belange einer funktionstüchtigen Strafrechtspflege zu beachten seien, auf tönernen Füßen. Der Grund dafür ist denkbar einfach: Stellt der Gesetzgeber bestimmte materielle Eingriffsvoraussetzungen als Hürden für die Anordnung und Durchführung strafprozessualer, der Erforschung der prozessualen Tat dienender Zwangsmaßnahmen auf, die die Grundrechte des Bürgers tangieren, wägt er zwischen dem Interesse des Bürgers an Wahrung der Integrität seiner Rechtssphäre auf der einen Seite und dem Strafverfolgungsinteresse auf der anderen Seite – also dem Interesse der Allgemeinheit an der Aufklärung der prozessualen Tat und der darauf gegebenenfalls beruhenden Bestrafung des schuldigen Täters – ab. Dabei umfasst die Aufklärung der Tat sämtliche Stadien des Tatnachweises – angefangen vom Ermittlungsverfahren bis hin zur Beweiswürdigung bei der Urteilsfindung im Hauptverfahren. Der Gesetzgeber berücksichtigt bei der Abwägung also nicht nur isoliert die Beweiserhebung, sondern auch die spätere Verwertung der gewonnenen Beweise. Diese zu ermöglichen ist alleiniger Zweck der Beweiserhebung. Dass die Funktion der in Frage stehenden Zwangsmaßnahme, die Verurteilung des Beschuldigten zu ermöglichen, bei der Würdigung ihrer Verhältnismäßigkeit nicht außer Acht gelassen werden darf, versteht sich von selbst. Prämisse dieser Einsicht ist, dass die betreffenden Ermittlungsbefugnisse vom Gesetzgeber deswegen den Strafverfolgungsbehörden verliehen worden sind, weil nach seiner Einschätzung ohne diese die vollständige Aufklärung der Tat und damit gegebenenfalls die Bestra-

---

[44] BVerfG, NJW 2000, S. 3556; NJW 2000, S. 3557; NStZ 2000, S. 489, 490; NStZ 2006, S. 46; NJW 2007, S. 499; NJW 2009, S. 3556.

[45] BVerfGE 33, 367, 383; 34, 238, 248; 38, 125 f.; 46, 214, 222; BVerfG, NJW 2009, S. 3225.

[46] BVerfG, NJW 2009, S. 3556.

[47] BVerfGE 109, 279, 320; BVerfG, NJW 2011, S. 2417 ff.

[48] BVerfGE 113, 29, 61; BVerfG, NJW 2011, S. 2417 ff.

fung des Täters unter Umständen nicht erreichbar wäre (vgl. § 100a Abs. 1 Nr. 3 StPO).

Sind die materiellen Eingriffsvoraussetzungen gegeben, gebührt also dem Strafverfolgungsinteresse, mithin dem Aufklärungs- und etwaigen Bestrafungsinteresse der Allgemeinheit nach Einschätzung des Gesetzgebers der Vorrang. Das Interesse des Bürgers an Wahrung der Integrität seiner Rechtssphäre wird als nachrangig behandelt und muss daher den Interessen der Allgemeinheit weichen. Sind hingegen die materiellen Eingriffsvoraussetzungen nicht erfüllt, haben nach dem Willen des Gesetzgebers die Belange der Strafrechtspflege gegenüber den Belangen des Bürgers zurückzustehen. Dabei macht die Bewertung des Gesetzgebers im Rahmen der Antizipation der verschiedenen Prozessverläufe nicht bei der Erhebung der Beweise halt, sondern erstreckt sich nach dem oben Gesagten auch auf ihre Verwertung. In den Fällen, in denen die Anordnungsvoraussetzungen einer strafprozessualen Zwangsmaßnahme nicht vorliegen, bevorzugt daher der Gesetzgeber zugunsten der Grundrechte der Bürger, dass die Beweise nicht erhoben und verwertet werden. Umgekehrt bewertet es der Gesetzgeber unter diesen Voraussetzungen negativ, dass die Beweise erhoben und verwertet werden. Dabei beruht die negative Beurteilung der Beweis*verwertung* allein darauf, dass zuvor der Beweis nicht erhoben werden *sollte*. Die negative Präferenz ändert sich aus diesem Grund nicht dadurch, dass es entgegen der Vorgaben des Gesetzgebers dennoch zu einer Beweiserhebung gekommen ist. Fezer ist daher beizupflichten, dass sich die in der Abwägung zwischen dem Strafverfolgungsinteresse und dem Individualrechtsschutz getroffene Entscheidung des Gesetzgebers, der Aufklärung und Wahrheitsfindung Grenzen zu setzen, nicht mit der Zuwiderhandlung erledigt habe.[49] Daraus folgt: Würde man unter Missachtung der materiellen Eingriffsvoraussetzungen eine prozessuale Zwangsmaßnahme durchführen und dann ungeachtet des Verstoßes gegen das Beweiserhebungsverbot die gewonnenen Beweismittel verwerten, würde man durch die Verwertung dieser Beweismittel den Willen des Gesetzgebers missachten, das Aufklärungs- und etwaige Bestrafungsinteresse der Allgemeinheit als nachrangig zu behandeln. Es besteht daher insoweit ein absolutes Beweisverwertungsverbot. Einer ausdrücklichen gesetzlichen Anordnung eines Verwertungsverbots wie bei § 136a StPO bedarf es nicht. Vielmehr würde der Gesetzgeber, wenn er der Verwertung zustimmen würde, widersprüchlich handeln. Dies gilt freilich nur solange, wie sich die gesetzlichen Grenzen der Eingriffsbefugnisse der oben umschriebenen Abwägung verdanken.

Rogall deutet die hier vertretene Auffassung schon an, wenn er meint, dass die Wertentscheidung des Gesetzgebers, die Aufklärungstätigkeit aus Schutzerwägungen zu beschränken, nicht unterlaufen werden dürfe. Das Gleiche müsse grundsätzlich für die Beurteilung des verbotswidrig Erforschten gelten.[50] Die Formulierung

---

[49] *Fezer*, Grundlagen der Beweisverwertungsverbote, 1995, S. 25 ff.; anderer Ansatz bei *Grünwald*, Das Beweisrecht der Strafprozessordnung, 1993, S. 143 ff.
[50] *Rogall*, ZStW 91 (1979), S. 1, 21.

zeigt jedoch, dass Rogall zwischen Aufklärung und Verwertung trennt. So lehnt Rogall die Ansicht, dass das Beweisverwertungsverbot seine normative Grundlage in der Beweiserhebungsvorschrift finde, dezidiert ab.[51] Fraglich ist jedoch, ob sich dieser Standpunkt in der vorliegenden Fallkonstellation damit vereinbaren lässt, dass der Gesetzgeber im Rahmen der Verhältnismäßigkeitsprüfung bei der Festsetzung der Eingriffsvoraussetzungen das Interesse an der Verwertung der aufgefundenen Beweismittel bis hin zum Urteilsspruch schon berücksichtigt hat. Für eine Abwägung nach Maßgabe des Strafverfolgungsinteresses bliebe infolgedessen kein Raum mehr.[52] Damit soll freilich nicht gesagt sein, dass der Abwägungstheorie bzw. der Fehlerfolgenlehre generell eine Absage zu erteilen sei. Sie könnte dort von Relevanz sein, wo sich aus den gesetzlichen Regelungen ein Verwertungsverbot nicht ableiten lässt und das Gesetz eine Lücke aufweist.[53]

Verfassungsrechtlicher Natur ist dieses absolute Verwertungsverbot dann, wenn sich die materiellen Eingriffsvoraussetzungen aus verfassungsrechtlichen Vorgaben ableiten, wie es das Bundesverfassungsgericht gerade bei Eingriffen in die Telekommunikation im Hinblick auf Art. 10 GG angenommen hat. Denn unter dieser Voraussetzung entspricht es dem Willen des Verfassungsgebers, dass die Belange der Strafrechtspflege zurückzustehen haben und insoweit auf die Aufklärung des Sachverhalts und gegebenenfalls auf die Bestrafung des Täters zu verzichten ist. Und auf verfassungsrechtlicher Ebene gilt: Da die Effektivität der Strafrechtspflege schon bei der verfassungsrechtlichen Festsetzung der Eingriffsvoraussetzungen der fraglichen prozessualen Zwangsmaßnahme berücksichtigt worden ist, kann das verfassungsrechtliche Gebot der Funktionstüchtigkeit der Strafrechtspflege nicht die Verwertung von Beweismitteln verlangen, die ohne den rechtswidrigen Eingriff in das geschützte Grundrecht überhaupt nicht hätten erlangt werden können. Wäre eine von Verfassungs wegen nicht hinzunehmende Beeinträchtigung der Effektivität der Strafrechtspflege zu beklagen, müssten konsequenterweise die Eingriffsvoraussetzungen der in Rede stehenden prozessualen Zwangsmaßnahmen gelockert werden. Die Abwägungslösung des Bundesverfassungsgerichts, die die Belange der Strafrechtspflege auf der einen Seite und die Schwere des Verfahrensverstoßes auf der anderen Seite in die Waagschale wirft, droht also in der hier zur Diskussion stehenden Fallkonstellation mit der einen Hand das zu nehmen, was die Verfassung bzw. der Gesetzgeber mit der anderen gegeben haben. Sie wäre daher in ihrer Anwendung auf diese Fallkonstellation – man verzeihe das strenge Urteil – willkürlich. Und so ist es alles andere als erstaunlich, dass völlig unvorhersehbar ist, wann die Rechtsprechung des Bundesverfassungsgerichts einen Verfassungsverstoß durch Verwertung von Beweismitteln bejaht. Nicht entscheidend ist also die Schwere des Verfahrensverstoßes als Abwägungstopoi, sondern allein der Umstand, dass bei der Anordnung

---

[51] *Rogall*, FS Hanack (Fn. 1), S. 293, 301 f.

[52] Ebenso *Schröder*, Beweisverwertungsverbote und die Hypothese rechtmäßiger Beweiserlangung im Strafprozess, 1992, S. 52; *Fezer* (Fn. 49), S. 30.

[53] Vgl. *Rogall*, FS Hanack (Fn. 1), S. 293, 297; *Fezer* (Fn. 49), S. 28; *Beulke*, ZStW 103 (1991), S. 657, 663 f.; *ders.*, Strafprozessrecht, 12. Auflage, 2012, Rn. 485.

und Durchführung der prozessualen Zwangsmaßnahme spezifisches Verfassungsrecht verletzt worden ist. Die planmäßige oder systematische Außerachtlassung grundrechtlicher Sicherungen ist dafür keine Voraussetzung und damit für die Annahme eines Verfassungsverstoßes in der hier erörterten Fallkonstellation völlig unerheblich. Es ist daher zu hoffen, dass das Bundesverfassungsgericht seine Rechtsprechung revidiert.

VI. Ausblick

Vielleicht kann der Jubilar der einen oder anderen Erwägung der ihm gewidmeten Ausführungen etwas abgewinnen. Wie auch immer: Es bleibt zu hoffen, dass der Jubilar noch viele Jahre in ungebrochener Vitalität die Strafrechtswissenschaft mit seinen Beiträgen bereichert. Insbesondere bleibt zu hoffen, dass Rogall der Strafrechtswissenschaft als führender Kommentator des Strafprozessrechts lange erhalten bleibt!

Multiple Sanktionierung von Unternehmen und *ne bis in idem*

Von *Frank Meyer*

I. Einleitung

Wenige Themen sind so eng mit dem Werk von Klaus Rogall verbunden wie dasjenige der Sanktionierung juristischer Personen.[1] Der Jubilar hat sich immer wieder intensiv mit den Möglichkeiten einer Strafbarkeit juristischer Personen befasst und mit seiner Kommentierung zu § 30 OWiG Maßstäbe gesetzt. Seine Auseinandersetzung mit den Haftungskonzepten und Sanktionsformen beschränkt sich dabei nicht auf das Hier und Jetzt, sondern wirft zugleich einen Blick auf zahlreiche ausländische Rechtsordnungen und die Zukunft der Unternehmenssanktionierung insgesamt.[2]

Dieser Beitrag zu seinen Ehren beschäftigt sich mit einer Problematik, die mit der Ausbreitung der Unternehmensstrafbarkeit und dem wachsenden Erfindungsgeist im Sanktionenrecht schon jetzt große Bedeutung gewonnen hat und künftig sogar noch spürbar an Brisanz gewinnen dürfte. Die Rede ist von der mehrfachen und multidimensionalen Verfolgung von Wirtschaftsstraftaten. Multiagentur-Ansätze[3] und komplexe Regulierungsmodelle haben in einer Entente cordiale mit der Ausdifferenzierung von Sanktionsformen dafür gesorgt, dass sich Unternehmen und ihr Führungspersonal oftmals einer Vielzahl von aufsichts- und sanktionsbefugten Einrichtungen ausgesetzt sehen. Der Trend zur Einführung und kumulativen Nutzung neuer oder modifizierter Sanktionsformen wird besonders im Unionsrecht deutlich.[4] Die imma-

---

[1] Zuletzt *Rogall*, Kriminalstrafe gegen juristische Personen?, GA 2015, 260–266; KK-OWiG/*Rogall*, 4. Aufl. 2014, OWiG § 30 Rn. 115 ff.

[2] Vgl. KK-OWiG/*Rogall* (Fn. 1), § 30 Rn. 115 ff., 129.

[3] Vgl. *Ligeti/Simonato*, Multidisciplinary investigations into offences against the financial interests of the EU: a quest for an integrated enforcement concept, in: Galli/Weyembergh (Hrsg.), Do labels still matter?, 2014, S. 81; *Jamin*, Blurring boundaries between administrative and criminal law: from the perspective of an EU agency, in: Galli/Weyembergh (Hrsg.), Do labels still matter?, 2014, S. 213.

[4] Im Finanzmarktrecht s. z.B. Art. 111 Abs. 2 Richtlinie 2014/59/EU des Europäischen Parlaments und des Rates vom 15. Mai 2014 zur Festlegung eines Rahmens für die Sanierung und Abwicklung von Kreditinstituten und Wertpapierfirmen und zur Änderung der Richtlinie 82/891/EG des Rates, der Richtlinien 2001/24/EG, 2002/47/EG, 2004/25/EG, 2005/56/EG, 2007/36/EG, 2011/35/EG und 2013/36/EU sowie der Verordnung (EU) Nr. 1093/2010 und

nent grenzüberschreitende Natur wirtschaftlicher und wirtschaftsstrafrechtlicher Sachverhalte führt dazu, dass das Phänomen der multiplen Sanktionierung zudem nicht nur in einer wachsenden Zahl von Jurisdiktionen, sondern zunehmend auch in grenzüberschreitender Dimension auftreten kann. Diesbezüglich ist beispielsweise an die Nutzung von Insiderinformationen in einer Mehrzahl von Handelsplätzen, an europaweite Hackerangriffe und Verbreitung von Schadsoftware oder an EU-weite Mehrwertsteuerkarussells zu denken.

Das Ende der Fahnenstange scheint hier noch lange nicht erreicht. Die absehbare Ausweitung der Sanktionierbarkeit von juristischen Personen und die Innovationsgeschwindigkeit bei (neuen) Regulierungsmodellen in diversen Branchen (zuletzt insb. im Kapitalmarktrecht) einschließlich neuer Sanktionsarten dürften die Lage noch verschärfen. Das gilt erst recht, wenn Bemühungen Erfolg haben, die Haftung im Konzern auszuweiten.[5] Für Unternehmen erwachsen daraus nicht nur erhebliche Koordinierungsprobleme im Schnittfeld von Strafrecht, Zivilrecht, Aufsichtsrecht und Presserecht. Unternehmensanwälte stehen vor der großen Herausforderung, angesichts der Multiplikation von Sanktions- und Aufsichtsmechanismen ein koordiniertes, kohärentes Vorgehen (bei transnationalen Sachverhalten auch in verschiedenen Ländern) sicherzustellen, das Interessen wahrt und Haftungsrisiken minimiert.

Die potenziell gravierenden Auswirkungen solcher multidimensionaler Ansätze legen es nahe, ihre Vereinbarkeit mit europäischen Grundrechten kritisch zu hinterfragen. Die Bandbreite der potenziell betroffenen Rechtsgarantien reicht vom Verhältnismäßigkeitsgrundsatz (Art. 47 GRC) bis zu den Grundfreiheiten. In den Vordergrund soll vorliegend aber das Doppelverfolgungsverbot (*ne bis in idem*) gerückt werden. Hierfür bestehen gleich mehrere aktuelle Anlässe. Weitgehend unbemerkt vom deutschsprachigen Schrifttum hat der EGMR seine Rechtsprechungslinie zur Duplizität straf- und verwaltungsrechtlicher Verfahren entscheidend zum Nachteil der Sanktionsadressaten modifiziert. Seit der Zolotukhin-Entscheidung trat der Strafklageverbrauch mit jeder Verhängung einer strafrechtlichen oder strafrechtsähnlichen Sanktion für den gesamten Lebenssachverhalt ein, dem die sanktionierte Rechtsverletzung entstammt. Sobald eine Entscheidung in Rechtskraft erwuchs, mussten alle weiteren Verfahren mit zumindest strafähnlichem Charakter sofort angehalten werden. Diese konsequente Rechtsprechung brachte nicht nur gewachsene nationale Strukturen durcheinander, sondern gefährdete zugleich die Wirksamkeit der Rechtsdurchsetzung über Multiagentur-Ansätze und gestufte Verfahren. Findigen Rechtsvertretern konnte danach die geschickte Ausnutzung der expansiven Rechtsprechung des EGMR zum Begriff der strafrechtlichen Anklage eine attraktive Handlungsoption bieten, indem durch zügige Zahlung einer Buße und Verzicht auf Rechtsbehelfe Rechtskraft in einem Verfahrensstrang geschaffen und damit andere

---

(EU) Nr. 648/2012 des Europäischen Parlaments und des Rates, ABl. EU L 173/190 v. 12.06. 2014.

[5] Einen neuen Impuls in diese Richtung setzte jüngst die Konzernverantwortungsinitiative in der Schweiz; www.konzern-initiative.ch.

u. U. (kern-)strafrechtliche Verfahren blockiert wurden. Geschickt agierende Unternehmen hatten somit die Möglichkeit, multiple Verfahren und Multiagenturansätze zu torpedieren. Umgekehrt konnten aus der Nachlässigkeit und fehlenden Abstimmung zwischen den einzelnen verfahrensführenden Behörden Zufälligkeiten und Ungleichheiten bei der Sanktionierung resultieren, die aber bis zur Feststellung des Ne-bis-in-idem-Schutzes (oft erst durch den EGMR) zugleich zu einer erheblichen Mehrfachbelastung der Unternehmen führen konnten.

Ohne diese Verwerfungen und den rechtspolitischen Druck seitens der Mitgliedstaaten offen zu konstatieren, hat der EGMR Ende 2016 diese Rspr. in der Sache „A. und B./Norwegen" aus heiterem Himmel in eine entscheidend verfolgungsfreundlichere Richtung modifiziert. Er lässt nun parallele oder abgestufte kriminalstrafrechtliche und verwaltungsstrafrechtliche Sanktionierungen zu, wenn ein materieller und zeitlicher Zusammenhang zwischen ihnen besteht („*lien substantiel*") und die kombinierte Ahndung für den Betroffenen zugleich vorhersehbar und insgesamt (ggf. durch Anrechnung der ersten Sanktion) verhältnismäßig ist.[6]

Dieser Richtungsschwenk rief schon kurz darauf die Unionsgerichte auf den Plan. In nicht weniger als drei Schlussanträgen drängte GA Sánchez-Bordona den Gerichtshof dazu, seinen bisherigen Weg fortzusetzen und für unionsrechtlich determinierte Sachverhalte weiterhin einen strengeren Ne-bis-in-idem-Schutz zu gewähren. Dem europäischen Rechtsraum drohte damit ein Auseinanderfallen der Schutzstandards zwischen den großen europäischen Gerichtshöfen. Die Auswirkungen für betroffene Unternehmen konnten ganz erheblich sein. Ob und wie weitgehend ein Unternehmen in Europa Schutz gegen Mehrfachverfolgung genießt, wäre entscheidend davon abhängig gewesen, ob die Mehrfachverfolgung in einem EU-Staat auftritt und (selbst für EU-Mitgliedstaaten) ob der jeweilige Sachverhalt in den Anwendungsbereich des Unionsrechts fällt oder nicht (Art. 51 GRC). Denn der Ne-bis-in-idem-Schutz aus Art. 50 GRC würde nur dann aktiviert, wenn ein Mitgliedstaat Unionsrecht durchführt. Ein solcher Rechtszustand erscheint rechtspraktisch kaum haltbar, wären doch die Adressaten unionsrechtlich induzierter Sanktionen besser gestellt als andere. Auch normativ ließe sich diese Divergenz nicht begründen, soweit die jeweiligen Ne-bis-in-idem-Garantien auf dieselben Rechtsgrundsätze zurückgeführt werden. Dieser Umstand mag dazu beigetragen haben, dass auch der EuGH die Einladung des EGMR annimmt und in drei neuen Urteilen vom März 2018 (abweichend von seiner Grundausrichtung in „Åkerberg Fransson") seinerseits eine Einschränkung des Ne-bis-in-idem-Schutzes im Interesse effektiver Sanktionierung vornimmt. Damit ist zwar ein einheitliches Grundrechtsniveau gesichert, allerdings um den Preis einer drastischen Reduktion des Schutzumfangs. Der vorliegende Festschriftbeitrag soll einen konstruktiven Beitrag zur Behebung dieses unbefriedigenden Zustandes leisten und untersuchen, ob EGMR und EuGH zu einer strengeren Linie zu-

---

[6] EGMR (GK) – *A. u. B.*/NOR, Urt. v. 15.11.2016, 24130/11 u. 29758/11, Rn. 112 ff.; EGMR – *Nykänen*/FIN, Urt. v. 20.05.2014, 11828/11, Rn. 50; EGMR – *Nilsson*/SWE, Entsch. v. 13.12.2005, 73661/01.

rückfinden sollten. Hierzu gilt es an den Ausgangspunkt der Problematik zurückzukehren: den Begriff der Sanktion in der EMRK. Denn Risiko und Ausmaß der Mehrfachverfolgung korrelieren mit der Weite des konventionsrechtlichen Strafbegriffs. Die sehr weitgehende, expansive EGMR-Praxis soll daher kurz gestreift und ihre negativen Nebenwirkungen knapp geschildert werden (II.). Danach wird ein Blick auf die Evolution der EGMR-Rspr. zu parallelen oder abgestuften Verfahren geworfen (III.). Diese kurze Analyse bildet den Hintergrund für die Schlussfolgerungen des Generalanwalts, deren Hauptargumente vorgestellt werden, um sie sodann mit den neuen Grundsatzurteilen des EuGH zu kontrastieren (IV.). Zum Abschluss (V.) soll nicht allein der Frage nachgegangen werden, welche Seite mit Blick auf den Schutzzweck des Grundsatzes über die besseren Argumente verfügt. Vielmehr sollen auch die Auswirkungen für grenzüberschreitende Fälle und die wirksame Durchsetzung des Unionsrechts als dezidiert unionsrechtliche Problemkreise aufgezeigt werden. Diese Betrachtungen lassen erste Rückschlüsse darauf zu, wie eine kohärente, grundrechtskonforme Lösung in Europa aussehen sollte, welche dabei die Interessen der Nationalstaaten an einer effektiven, flexiblen und innovativen Sanktionspraxis nicht ignoriert.

II. Der konventionsrechtliche Sanktionsbegriff

Der konventionsrechtliche Strafbegriff wurde primär im Kontext von Art. 6 entwickelt[7] und strahlt auf andere Garantien wie Art. 7 oder den Ne-bis-in-idem-Schutz aus.[8] Die Prüfung folgt standardmäßig den sog. „Engel"-Kriterien,[9] die der EGMR in einem nicht abreißenden Strom von Entscheidungen fortlaufend substantiiert und aus- bzw. subdifferenziert. Entstanden sind ein innerer Bereich des Kernstrafrechts und eine ausgreifende Peripherie mit sog. strafähnlichen Sanktionen.[10] In diese Kategorie können (abhängig von der konkreten nationalen Ausgestaltung) Berufsverbote, das Verbot, bestimmte Verträge abzuschließen oder bestimmte Tätigkeiten auszuüben, der Ausschluss von öffentlichen Zuwendungen oder Ausschreibungen, Genehmigungs- und Lizenzentzug, die öffentliche Bekanntgabe von Verurteilungen,[11] Be-

---

[7] Vgl. Karpenstein/Mayer-EMRK/*Meyer*, 2. Aufl. 2015, Art. 6 Rn. 23 ff.

[8] EGMR (GK) – *Zolotukhin*/RUS, Urt. v. 10.02.2009, 14939/03, Rn. 53; EGMR – *Nilsson*/SWE, Entsch. v. 13.12.2005, 3661/01; *Peters/Altwicker*, Europäische Menschenrechtskonvention, 2. Aufl. 2012, § 24 Rn. 9.

[9] EGMR – *Engel* u.a./NED, Urt. v. 08.06.1976, A 22, Rn. 34 f., 82.

[10] Vgl. zum Beispiel die Unterschiede zwischen österreichischen und italienischen Verbandssanktionen bei *Staffler*, Das Spektrum italienischer Verbandssanktionen im Spiegel der Rechtsprechung, Zeitschrift für Europarecht, Internationales Privatrecht & Rechtsvergleichung (ZfRV) 2017, 76.

[11] Ihr Zweck variiert erkennbar. Im Finanzmarktrecht soll die allgemein zugängliche Publikation von Tätern und Verstoß gezielt zur öffentlichen Stigmatisierung und Abschreckung dienen. Die Abschreckungskraft der verhängten Sanktionen soll durch ihre Publikation gesteigert werden, nicht zuletzt indem (potenziellen) Tätern bewusst gemacht wird, dass Ver-

richtigungspflichten, Zwangsaufsicht, Verbandsauflösung, aber auch die Vermögensabschöpfung fallen, die je nach Einziehungskonzept und nationaler Einstufung (1. Engel-Kriterium!) strafrechtsähnlich sein kann.

Trotz ihrer teils stark unterschiedlichen Schärfe und Typik lösen solche strafähnliche Sanktionen jedoch durchgängig die Anwendbarkeit der strafrechtlichen Konventionsgarantien aus. Während dies im Rahmen der Fairnessgarantie zu einer Verwässerung und Unberechenbarkeit der Fairnessstandards führen kann, weil sich der EGMR immer wieder zu sachlich gebotenen Differenzierungen auf der Anwendungsebene gezwungen sieht und Art. 6 bei nur strafähnlichen Sanktionen ohnehin nicht mit gleicher Strenge gelten soll,[12] ist diese Art des grundrechtsdogmatischen Feintunings beim *ne bis in idem* als Entweder-Oder-Garantie nicht möglich. Da dem Ne-bis-in-idem-Grundsatz sowohl in der EMRK als auch im Unionsrecht ein (ebenfalls weiter) faktischer Tatbegriff („idem") zugrunde liegt, der dementsprechend keine Abstufungen nach Art der Sanktion und Rechtsverletzung gestattet, wächst die Sperrwirkung dieser Garantie unvermeidlich mit der Ausweitung des Strafbegriffs. Sie reicht deshalb weit über das Kriminalstrafrecht hinaus.[13] Dieses

---

folgung und Sanktionierung reale Risiken sind. Zwecke und mögliche Schwere der Sanktion (Eingriffe in Persönlichkeitsrecht der betroffenen Personen oder in wirtschaftliche Betätigungsfreiheit) sprechen für eine Einstufung als Strafrecht im weiteren Sinn; vgl. Richtlinie 2014/91/EU des Europäischen Parlaments und des Rates vom 23. Juli 2014 zur Änderung der Richtlinie 2009/65/EG zur Koordinierung der Rechts- und Verwaltungsvorschriften betreffend bestimmte Organismen für gemeinsame Anlagen in Wertpapieren (OGAW) im Hinblick auf die Aufgaben der Verwahrstelle, die Vergütungspolitik und Sanktionen, ABl. EU L 257/186 v. 28.08.2014, Art. 99b; Verordnung (EU) Nr. 1286/2014 des Europäischen Parlaments und des Rates vom 26. November 2014 über Basisinformationsblätter für verpackte Anlageprodukte für Kleinanleger und Versicherungsanlageprodukte, ABl. EU L 352/1 v. 9.12.2014, Art. 29; Richtlinie 2013/50/EU des Europäischen Parlaments und des Rates vom 22. Oktober 2013 zur Änderung der Richtlinie 2004/109/EG des Europäischen Parlaments und des Rates zur Harmonisierung der Transparenzanforderungen in Bezug auf Informationen über Emittenten, deren Wertpapiere zum Handel auf einem geregelten Markt zugelassen sind; Richtlinie 2003/71/EG des Europäischen Parlaments und des Rates betreffend den Prospekt, der beim öffentlichen Angebot von Wertpapieren oder bei deren Zulassung zum Handel zu veröffentlichen ist, sowie der Richtlinie 2007/14/EG der Kommission mit Durchführungsbestimmungen zu bestimmten Vorschriften der Richtlinie 2004/109/EG, ABl. EU L 294/13, Art. 29; Richtlinie (EU) 2015/849 des Europäischen Parlaments und des Rates vom 20. Mai 2015 zur Verhinderung der Nutzung des Finanzsystems zum Zwecke der Geldwäsche und der Terrorismusfinanzierung, zur Änderung der Verordnung (EU) Nr. 648/2012 des Europäischen Parlaments und des Rates und zur Aufhebung der Richtlinie 2005/60/EG des Europäischen Parlaments und des Rates und der Richtlinie 2006/70/EG der Kommission, ABl. EU L 141/73 v. 05.06.2015, Art. 60; Verordnung (EU) 2016/1011 des Europäischen Parlaments und des Rates vom 8. Juni 2016 über Indizes, die bei Finanzinstrumenten und Finanzkontrakten als Referenzwert oder zur Messung der Wertentwicklung eines Investmentfonds verwendet werden, zur Änderung der Richtlinie 2008/48/EG und 2014/17/EU sowie der Verordnung (EU) Nr. 596/2014, ABl. EU L 171/1 v. 29.6.2016, Art. 45.

[12] Zur Unterscheidung Karpenstein/Mayer-EMRK/*Meyer* (Fn. 7), Art. 6 Rn. 27.

[13] Vgl. EGMR – *Gradinger*/AUT, Urt. v. 23.10.1995, 15963/90, Rn. 53; EGMR – *Menarini Diagnostics S.R.L.*/ITA, Urt. v. 27.09.2011, 43509/08; EGMR – *Sismanidis u. Sitaridis/GRE*, Urt. v. 09.06.2016, 66602/09 u. 71879/12, Rn. 45 f.

Korrespondenzverhältnis stellt mit der Zeit staatliche Sanktions- und Regulierungsansätze und -praxen in Frage, die sich über die Jahre gebildet haben. Und während die Gewährung abgeschwächter Fair-Trial-Standards in lediglich strafrechtsähnlichen Verfahren noch zu bewältigen ist, entfaltet *ne bis in idem* eine Guillotine-Wirkung, die besonders schwer wiegt, weil sich die involvierten Behörden oftmals gar nicht abzustimmen scheinen. Und selbst wenn sie es tun, kann die praktische Koordinierung Schwierigkeiten bereiten, welche sich durch die Unschärfen der EGMR-Rspr. im Randbereich des Strafrechtsähnlichen noch verstärken. Die Wechselwirkung des Ne-bis-in-idem-Schutzes mit dem Strafbegriff ist mithin praktisch verhängnisvoll. Ob sie (gleichwohl) normativ überzeugend ist, hängt nicht zuletzt vom jeweiligen Schutzzweck der Konventionsgarantien ab.

III. Das konventionsrechtliche Ne-bis-in-idem-Verbot und mehrstufige Verfahren

Das konventionsrechtliche Verbot der wiederholten Verfolgung und Bestrafung wegen derselben Tat findet sich in Art. 4 ZP VII EMRK. Bis zum Eintritt der Rechtskraft schließt Art. 4 ZP VII die Führung zweier paralleler Verfahren wegen derselben strafbaren Handlung nicht aus.[14] Mit Eintritt der Rechtskraft einer strafrechtlichen Entscheidung wird die weitere oder neuerliche Verfolgung eines Normverstoßes in einem aufsichtsrechtlichen, verwaltungs- oder steuerrechtlichen Verfahren jedoch unzulässig, soweit dort die Anordnung strafrechtsähnlicher Rechtsfolgen im Raum steht. Dies gilt im Übrigen auch umgekehrt. Die Durchführung von Verfahren mit anderer Rechtsnatur sowie die Anordnung dezidiert nicht-strafrechtlicher Rechtsfolgen bleiben weiterhin möglich, womit der Kategorisierung der Zusatzsanktionen und Nebenfolgen (im nationalen Recht und aus EGMR-Sicht) eine elementare Bedeutung zuwächst. Die Konsequenzen bekam eine ganze Reihe von Mitgliedstaaten zu spüren, die vor allem im Wirtschafts- und Steuerrecht zur effektiven Sanktions- und Präventionssteuerung kombinierte Sanktionierungsansätze nutzen, die gezielt mit parallelen oder sukzessiven aufsichtsrechtlichen, verwaltungsrechtlichen und strafrechtlichen Verfahren arbeiten. In Steuerverfahren sah der EGMR den Anwendungsbereich von *ne bis in idem* mit der Auferlegung von Bußen und Aufschlägen, die keinen rein erstattenden, sondern (aufgrund ihrer empfindlichen Höhe) einen punitiven oder abschreckenden Charakter aufwiesen, als eröffnet an.[15] Auch die rechts-

---

[14] EGMR – *Boman*/FIN, Urt. v. 17.02.2015, 41604/11, Rn. 41; EGMR – *Garaudy*/FRA, Entsch. v. 24.06.2003, 65831/01; EGMR – *Häkkä*/FIN, Urt. v. 20.05.2015, 758/11, Rn. 48. Allenfalls könnte es sich um ein fairness-relevantes Problem der innerstaatlichen Zuständigkeitsverteilung handeln; instruktiv *van Bockel*, The ‚European' Ne Bis In Idem Principle, in: ders. (Hrsg.), Ne bis in idem in EU law, 2016, S. 13 (17 f.).

[15] EGMR – *Lucky Dev*/SWE, Urt. v. 27.11.2014, 7356/10 = NJOZ 2016, 196; EGMR – *Glantz*/FIN, Urt. v. 20.05.2014, 37394/11; EGMR – *Häkkä*/FIN, Urt. v. 20.05.2014, 758/11; EGMR – *Nykänen*/FIN, Urt. v. 20.05.2014, 11828/11; EGMR – *Pirttimäki*/FIN, Urt. v. 20.05.2014, 35232/11.

kräftige Verhängung einer Verwaltungsbuße durch die Finanzmarktaufsicht löste das Doppelverfolgungsverbot für die geahndete Marktmanipulation aus.[16]

Zu beachten ist in diesem Zusammenhang freilich, dass der EGMR streng dem rechtlichen Trennungsprinzip folgt, weshalb es auch nach der Sanktionierung der juristischen Person möglich bliebe, gegen einzelne Mitglieder der Unternehmensleitung oder Aufsichtsgremien vorzugehen.[17] Sobald sich das Verfahren, wie im Fall „Menci", gegen ein „Einzelunternehmen" ohne eigene Rechtspersönlichkeit richtet, ist ein erneutes Vorgehen gegen den Unternehmer als natürliche Person freilich nicht mehr möglich.[18] Natürlich könnte man grundsätzlich hinterfragen, ob das zivilrechtliche Trennungsprinzip im Kontext kriminalrechtlicher Verfolgung – zumindest bei Fällen weitestgehender materieller Identität von Unternehmen und natürlichen Personen und dementsprechender Parallelität der rechtlichen Pflichten (bei der eine Sanktionierung ansetzen könnte) – nicht zu einer artifiziellen Verdoppelung der Sanktionsobjekte führt. Was für den Wirtschaftsverkehr sinnvoll ist, kann im Strafrecht zu übermäßigen Haftungslasten führen. Diese Diskussion soll an dieser Stelle aber nicht weitergeführt werden.

Die Guillotine-Wirkung der ersten Sanktionierung stellt viele Nationalstaaten vor erhebliche Probleme. Sie bringt die Architektur nationaler Regulierungsansätze durcheinander, sowohl was die Gestaltung der Sanktionssysteme anbelangt als auch in Bezug auf die zeitliche Abfolge der Sanktionierung im konkreten Fall. Dabei scheinen die Probleme nicht nur praktischer Natur zu sein; man denke z. B. an den erhöhten institutionellen Aufwand, den frühzeitige wechselseitige Informations- und Koordinierungsobliegenheiten verursachen, um einen vorzeitigen und u. U. materiell unbefriedigenden Strafklageverbrauch zu vermeiden. Der letztgenannte Aspekt schlägt den Bogen zur normativen Seite. Aus Sicht der betroffenen Nationalstaaten stellt sich das gestufte bzw. zweigleisige Verfahren als ein Instrument dar, das einen Ausgleich zwischen den Interessen der Allgemeinheit (an effektiver Regulierung und gerechter Ahndung) und des Betroffenen (an berechenbarem Vorgehen und gerechter Individualisierung der Sanktion) im Einzelfall eröffnet. Anzumerken bleibt dazu allerdings, dass die einzelstaatlichen Rechtsvorschriften und Gepflogenheiten bezüglich der Kumulierung von straf- und verwaltungsrechtlichen Sanktionen eine große Bandbreite aufweisen.[19] Sie reichen von unabgestimmter Zweigleisigkeit über koordinierte Mehrstufigkeit bis zu integrierten eingleisigen Modellen.

---

[16] EGMR (GK) – *Grande Stevens* u. a./ITA, Urt. v. 4. 3. 2014, 18640/10 u. a. = NJOZ 2015, 712.

[17] Vgl. EGMR – *Pirttimäki*/FIN, Urt. v. 20. 05. 2014, 35232/11, Rn. 51; EuGH – Orsi u. Baldetti, Rs. C-217/15 u. 350/15.

[18] GA Sánchez-Bordona, Schlussanträge vom 12. September 2017, Rs. C-524/15 (Menci).

[19] GA Sánchez-Bordona, Schlussanträge vom 12. September 2017, Rs. C-524/15 (Menci), Rn. 65.

Die betroffenen Mitgliedstaaten stellte die EGMR-Rspr. jedoch zweifelsohne vor die Herausforderung, Unverträglichkeiten und Zufälligkeit zu vermeiden, um weiterhin die gewünschten Sanktions- und Steuerungseffekte erzielen zu können. Vor allem aber schien es, dass die strikte Linie des EGMR letztlich darauf hinauslief, entweder auf zweigleisige Vorgehen zu verzichten oder die nicht-kernstrafrechtlichen Verfahren zu bereinigen, indem jede Maßnahme gestrichen (oder unterlassen) wird, der strafrechtsähnliche Konnotationen zugeschrieben werden könnten.

Mit der neuen Leitentscheidung „A. und B/Norwegen" vollzieht der Gerichtshof eine Kehrtwende,[20] die den betroffenen Mitgliedstaaten sehr gelegen kommen dürfte. Er gestattet die Fortführung einer parallelen oder gestuften kumulativen Sanktionierung mit strafrechtsähnlichen und strafrechtlichen Sanktionen, um den mitgliedstaatlichen Behörden weiterhin ein flexibles, effektives Sanktionieren zu erlauben.[21] Der EGMR ermöglicht bewusst eine (abgestimmte) Kombination strafrechtsähnlicher mit kernstrafrechtlichen Verfahren und Sanktionen, um im konkreten Fall mit komplementären Maßnahmen auf unterschiedliche Aspekte sozialen Fehlverhaltens eingehen zu können.[22]

Kaschiert wird diese an Sanktionseffektivität und -flexibilität orientierte Neuausrichtung des EGMR mit einer (scheinbar) zwanglosen Anknüpfung an eine frühere, kaum wahrgenommene Rechtsprechungslinie im Verkehrsrecht.[23] Diese Fälle sind dadurch gekennzeichnet, dass zwar eine sukzessive Ahndung derselben Tat mit unterschiedlichen Sanktionen durch verschiedene Stellen erfolgte, diese Folgen aber für die betreffenden Taten rechtlich von vornherein als kumulative Auswirkungen ihres Fehlverhaltens vorgesehen und geregelt waren (Geld- oder Freiheitsstrafe, gemeinnützige Arbeit resp. Entzug der Fahrerlaubnis).[24] Die multiplen Rechtsfolgen wurden daher nicht nur zeitnah angeordnet, sondern stellten sich vor allem als direkte und vorhersehbare Konsequenz der ersten (strafrechtlichen) Verurteilung dar. In der Rechtssache „Nilsson" argumentierte der EGMR daher schlüssig mit der „sufficiently close connection in substance and time" zwischen den Sanktionen,[25] die mithin als einheitlicher, kumulativ strafklageverbrauchender Akt anzusehen waren. Das

---

[20] EGMR (GK) – *A. u. B.*/NOR, Urt. v. 15.11.2016, 24130/11 u. 29758/11: In dieser Sache waren die Bf. strafrechtlich verurteilt worden, nachdem das finanzbehördliche Verfahren bereits rechtskräftig abgeschlossen war. Dessen strafrechtsähnlicher Charakter ergab sich aus der Höhe des Strafzuschlags von 30%. Allerdings liefen die Verfahren im konkreten Fall parallel. Die Anklage war zum Zeitpunkt der finanzbehördlichen Entscheidung schon erhoben. Das geschickte Vorgehen der Angeklagten, welche die Buße umgehend entrichteten und Rechtskraft herbeiführten, hätte die Fortsetzung des Strafverfahrens aushebeln können.

[21] EGMR (GK) – *A. u. B.*/NOR, Urt. v. 15.11.2016, 24130/11 u. 29758/11, Rn. 123.

[22] EGMR (GK) – *A. u. B.*/NOR, Urt. v. 15.11.2016, 24130/11 u. 29758/11, Rn. 133.

[23] EGMR (GK) – *A. u. B.*/NOR, Urt. v. 15.11.2016, 24130/11 u. 29758/11, Rn. 113.

[24] EGMR – *R.T.*/SUI, Entsch. v. 30.05.2000, 31982/96; ebenso weitere Verkehrsfälle: EGMR – *Maszni*/ROM, Urt. v. 21.09.2006, 59892/00, Rn. 68 ff.; EGMR – *Boman*/FIN, Urt. v. 17.02.2015, 41604/11, Rn. 43; EGMR – *Nilsson*/SWE, Entsch. v. 13.12.2005, 73661/01.

[25] EGMR – *Nilsson*/SWE, Entsch. v. 13.12.2005, 73661/01.

erscheint nicht unplausibel. Die Verfahren waren wegen ihrer inneren, funktionell-abgestimmten Verbindung komplementär und konnten als Elemente eines „single set of proceedings" angesehen werden.[26] Sie ließen sich jeweils auf eine strafrechtliche Verurteilung zurückführen.

Übertragen auf wirtschafts- und steuerrechtliche Sachverhalte heißt das für den EGMR, dass parallel oder abgestuft kriminalstraf- und verwaltungsstrafrechtliche Sanktionsverfahren zulässig sind, wenn die Verfahren unterschiedlichen, aber komplementären Zwecken dienen (was Überlappungen im generalpräventiven Bereich nicht ausschließt, soweit sie sich anderweitig, insb. bzgl. Schuldausgleich und Schadensausgleich, ergänzen)[27], die mehrfache Ahndung für den Betroffenen vorhersehbar ist, die verhängten Sanktionen auch in ihrer Gesamtheit verhältnismäßig sind (und dies durch Anrechnung oder sonstige Berücksichtigung gewährleistet ist) und ein hinreichender materieller und zeitlicher Zusammenhang („*lien substantiel*") zwischen den Verfahren besteht.[28]

Diese permissive Haltung erscheint nicht vollständig durchdacht. Die Anknüpfung an die verkehrsrechtlichen Präjudizien unterschlägt die Verschiedenheit der Ausgangssituationen. Anders als im Verkehrsrecht liegt i.d.R. weder eine einheitliche gesetzliche Regelung, welche bereits die Verhängung der verschiedenen Sanktionen (ggf. durch unterschiedliche Behörden) vorsieht, noch eine Rückbindung an eine strafrechtliche Verurteilung vor.[29]

Während die nachfolgenden verkehrsrechtlichen Maßnahmen eher einer Strafvollstreckung ähneln, geht es im Wirtschafts- und Steuerrecht bei der zweiten Entscheidung um eine eigenständige Sanktionierung anhand eigener Beurteilungs- und Ermessenskriterien. Ferner ging in den verkehrsrechtlichen Fällen stets eine strafrechtliche Verurteilung voran,[30] während es sich in wirtschaftsrechtlichen Konstellationen gerade andersherum verhalten kann, weil eine strafrechtliche Reaktion oftmals als weitere (zweite) Sanktion für ausgewählte Fälle vorbehalten wird. Es fehlt daher aus Sicht des Betroffenen auch an einer vergleichbaren Einheitlichkeit und Vorhersehbarkeit. Das wirtschaftsrechtliche Handlungsrepertoire ist deutlich vielge-

---

[26] *Ravasi*, Human Rights Protection by the ECtHR and the ECJ, 2017, S. 257 f.

[27] Zur Frage der *fragmentation of the same offence* im Lichte der Ne-bis-in-idem-Garantie vgl. *Nazzini*, Parallel Proceedings in EU Competition Law, in: van Bockel (Hrsg.), Ne Bis In Idem in EU Law, 2016, S. 131 (145 ff.).

[28] EGMR (GK) – A. u. B./NOR, Urt. v. 15.11.2016, 24130/11 u. 29758/11, Rn. 112 ff., zu den Kriterien Rn. 132 ff.; *Leach*, Taking a Case to the European Court of Human Rights, 4. Aufl. 2017, Rn. 6.896: „… combination of proceedings are integrated to form a coherent whole …"; *Staffler*, Parallele Verfahren in idem factum als zulässige Doppelverfolgung?, Anm. zu EGMR (GK) 15.11.2016, A und B/Norwegen, Nr. 24130/11 und 29758/11, ÖJZ 2017, 161 (163 f.).

[29] Die verkehrsrechtlichen Regelungen intendierten wohl auch die Entlastung der Strafgerichte; diese Ratio hat in den wirtschaftsrechtlichen Regulierungsmodellen weit weniger Relevanz.

[30] EGMR – *Boman*/FIN, Urt. v. 17.02.2015, 41604/11, Rn. 43.

staltiger und in seiner Anwendung (bewusst) flexibler gehalten. Überdies ließe sich abschließend anmerken, dass sich die Verstöße und Sanktionen auch ihrer Natur nach unterscheiden.

Auch praktisch dürfte die Umsetzung der neuen Linie einige Probleme bereiten. Die Handhabung des Ne-bis-in-idem-Schutzes wird zusätzlich durch neue, inhaltlich unbestimmte Kriterien und Einzelfallbewertungen erschwert.[31] Eine solche Rspr. ist anfällig für Entscheidungsfindung nach rechtspolitischem Bedarf. Es ist weithin unklar, wie eng man das materielle und zeitliche Band schnüren muss, damit mehrfache, gestufte Sanktionierungen als funktionell-abgestimmte Elemente eines einheitlichen „set of proceedings" und mithin einmalige Verfolgung angesehen werden können.

Schon bei der Komplementarität der verfolgten Zwecke beginnen die Schwierigkeiten. Die Gefahr der Doppelverfolgung kann von vornherein nur dann entstehen, wenn die Verhängung mehrerer straf- oder strafähnlicher Sanktionen droht. Es liegt aber gerade im Wesen der strafrechtsähnlichen Sanktionen, dass sie meistens zugleich präventiv, abschreckend und retributiv wirken sollen. Sie verhalten sich für gewöhnlich nicht komplementär zu Kriminalstrafen, sondern stellen ihnen gegenüber ein Minus dar. Allenfalls dann, wenn man im Kernstrafrecht primär das soziale Stigma des Unwerturteils als prägend bezeichnet, ergibt sich eine klare qualitative Trennlinie zu strafähnlichen Sanktionen. Wollte der EGMR hierauf abstellen, gäbe er aber partiell seinen weiten Strafbegriff für Art. 4 ZP VII auf. Ob stattdessen gemeint ist, dass die strafrechtsähnliche Sanktion sich eher am Rand des Strafrechtsähnlichen bewegen muss, bleibt ebenfalls offen. Tatsächlich wird man sich wohl jeden Einzelfall ansehen müssen, da es auch vorstellbar ist, dass im konkreten Fall zwei strafrechtsähnliche Sanktionen aufeinandertreffen und die mit ihnen verfolgten Zwecke auch untereinander divergieren. Soweit sie im konkreten Fall schwerpunktmäßig unterschiedlichen Zwecken dienen sollen (Kompensation vs. Retribution; Abschreckung vs. Spezialprävention), ist eine komplementäre Wirkung vorstellbar. Je stärker strafrechtlich jedoch beide Verfahren bzw. Maßnahmen erscheinen, desto eher wird man ein gestuftes Vorgehen für unzulässig halten müssen. Und hier scheint das Hauptproblem der zweigleisigen oder mehrstufigen Systeme zu liegen. Denn gerade den neu diskutierten Sanktionsformen im Finanzmarktrecht und auch andernorts werden (zu Recht) multiple Zwecke nachgesagt. Geldsanktionen (wie Bußen oder Abschöpfung) sind regelmäßig repressiv konstruiert und sollen abschreckend wirken. Dieses Abschreckungsdogma ist nahezu allen neueren EU-Rechtsakten eigen. Angesichts der weitgehenden Überlappung der Sanktionszwecke wird ein eindeutiges Komplementaritätsverhältnis sich meist nur feststellen lassen, wenn die Verwaltungssanktion nicht strafrechtsähnlich ist. Dann wäre der Schutzbereich der Ne-bis-in-idem-Garantie aber von vornherein nicht eröffnet.

---

[31] Richter *Albuquerque*, diss. op., EGMR (GK) – *A. u. B.*/NOR, Urt. v. 15.11.2016, 24130/11 u. 29758/11, Rn. 40 ff.; krit. auch *Staffler* (Fn. 28), 161 (165).

Auch ob eine mehrfache Ahndung für den Betroffenen vorhersehbar ist, dürfte vom Einzelfall abhängen. Das Kriterium bereitet lediglich dann keine Probleme, wenn die Stufensanktionen gemeinsam gesetzlich geregelt oder zumindest erkennbar Teile eines gemeinsamen Regulierungsmodells sind. Diese Aspekte spielen auch für den notwendigen materiellen und zeitlichen Zusammenhang eine Rolle („*lien substantiel*"). Besteht keinerlei Verbindung zwischen den Verfahren und handelnden Behörden, ist er offensichtlich zu verneinen.[32] Eine (wechselseitige) rechtliche Abhängigkeit im Verfahrensgang oder beim Rechtskrafteintritt oder die Tatbestandswirkung von Feststellungen auf der ersten Stufe sind taugliche Indikatoren.[33] Als Indikator für einen materiellen Zusammenhang lassen sich auch Mechanismen zur Vermeidung von Mehrfachermittlungen oder doppelter Beweiswürdigung erachten. Nicht selten erfolgen aufsichts- und steuerrechtliche Bewertungen aber eigenständig und unabhängig von der strafrechtlichen Bewertung.

Auf vergleichbare inhaltliche Unklarheiten stößt man beim zeitlichen Zusammenhang nicht, und dennoch ist wertungsmäßig offen, welche Zeitabstände mit dem Leitmotiv der Einheitlichkeit nicht mehr vereinbar sind. Einer echten Parallelität oder Synchronität bedarf es nicht.[34] Jahrelange Verzögerungen erscheinen hingegen nicht hinnehmbar,[35] wobei im Moment völlig unklar ist, wo hier die Grenzen des Konventionskonformen verlaufen. Unklar ist schon, inwiefern materielles und zeitliches Moment miteinander korrelieren müssen und ob eine enge materielle Verbindung längere Zeitabläufe rechtfertigen könnte. Im Interesse der Vorhersehbarkeit spricht einiges dafür, zu verlangen, dass ein Strafverfahren spätestens unmittelbar nach Abschluss eines materiell mit ihm verbundenen Verwaltungsverfahrens eingeleitet wird. Im umgekehrten Fall wird man auch von einer Verwaltungsbehörde, die strafrechtlich bereits vorgeklärte Verfehlungen behandelt, umgehendes Handeln verlangen müssen, um den Einheitlichkeitsschein nicht zu zerstören. Am leichtesten ist noch das Erfordernis der Verhältnismäßigkeit zu realisieren, z. B. durch Gesamtabwägungen oder Anrechnungen.

Nicht aus dem Blick geraten darf bei der Detailarbeit an den neuen Kriterien des EGMR der Schutzzweck der Garantie. Das Ausleiern des Doppelverfolgungsverbots im Interesse nationaler Sanktionierungsmodelle erscheint mit dem Wesenskern des Schutzguts nur schwer vereinbar zu sein. Allerdings ist dieser Kern weit weniger eindeutig, als mancher glauben mag.[36] Der Ne-bis-in-idem-Grundsatz wird einerseits im

---

[32] EGMR – *Häkka*/FIN, Urt. v. 20.05.2015, 758/11, Rn. 50.
[33] EGMR – *Häkka*/FIN, Urt. v. 20.05.2015, 758/11, Rn. 50.
[34] Vgl. EGMR – *Jóhannesson u. a.*/ISL, Urt. v. 18.05.2017, 22007/11, Rn. 54, wonach der Zeitraum von neun Jahren zwischen dem Steuer- und Strafverfahren dem durch *A. u. B.*/NOR aufgestellten Kriterium des substantiellen und zeitlichen Näheverhältnisses nicht genügt.
[35] GA Sánchez-Bordona bewertete einen Zeitraum von mehr als einem Jahr (aus Unionssicht) als zu lang, GA Sánchez-Bordona, Schlussanträge vom 12. September 2017, Rs. C-524/15 (Menci), Rn. 125.
[36] Vgl. ausf. zu Ratio und Funktionen *van Bockel*, The Ne bis in idem principle in EU law: a conceptual and jurisprudential analysis, 2010, S. 25 ff., zusammenfassend bei *ders.* (Fn. 14),

Fairness-Grundsatz verortet,[37] wobei der Aspekt der Rechtssicherheit im Vordergrund steht.[38] Der Gedanke der materiellen Gerechtigkeit tritt demzufolge nach Eintritt der Rechtskraft zurück. Diese Sichtweise überzeugt allerdings nur dann, wenn die Rechtssicherheit tatsächlich die Korrektur einer materiellen Fehlerhaftigkeit abschneidet. Das ist nicht zwingend der Fall. Vielmehr kann man die Garantie andererseits als Ausdruck des rechtsstaatlichen Willkürverbots sehen, welches Sanktionserhöhungen nach Abschluss der Sache, rechtliche Neubewertungen, neue Verfolgungsversuche bei fortbestehenden Verdachtsmomenten u. ä. unterbinden soll. Daneben finden sich auch materiell-rechtliche Ableitungen, die den Rechtsfrieden der Person (als Aspekt der Menschenwürde) in den Vordergrund stellen.[39] Anders als beim Rechtsfriedensaspekt lässt sich ein Menschenwürdebezug für juristische Personen nicht herstellen. Gleichwohl gilt *ne bis in idem* anerkanntermaßen auch für juristische Personen, wird dann aber primär von der rechtsstaatlichen Fairnesskomponente getragen.

IV. Die unionsrechtliche Lage

1. Parallelverfahren vor dem EuGH

Das offensichtliche Spannungsverhältnis zwischen Schutzweck und neuer Rechtsprechung hat auch die Unionsjustiz auf den Plan gerufen. GA Sánchez-Bordona ergriff als Erster in den Schlussanträgen zur Rechtssache „Menci" die Gelegenheit, die neue Rspr. des EGMR rundweg abzulehnen und für das Unionsrecht die Beibehaltung eines höheren Schutzniveaus einzufordern.[40] Konsequent arbeitet er heraus, dass die Rechtssicherheit der Betroffenen durch die neue EGMR-Linie massiv beeinträchtigt zu werden droht. Die vom EGMR postulierten, einhegenden Kriterien än-

---

S. 13 f.; *Radtke*, in: Böse (Hrsg.), Enzyklopädie Europarecht, Bd. 9, 2013, § 12 Rn. 8 ff., 11 ff.

[37] EGMR – *Nikitin*/RUS, Urt. v. 20.07.2004, 50178/99, Rn. 35; ebenso Schomburg/Lagodny/Gleß/Hackner-*Schomburg*, Internationale Rechtshilfe in Strafsachen, 5. Aufl. 2012, Art. 54 SDÜ Rn. 65: allgemeiner Grundsatz der Rechtsstaatlichkeit; *Radtke* (Fn. 36) § 12 Rn. 1; Karpenstein/Mayer-EMRK/*Sinner* (Fn. 7) Art. 4 ZP VII Rn. 1.

[38] Vgl. auch GA Sánchez-Bordona, Schlussanträge vom 12. September 2017, Rs. C-524/15 (Menci), Rn. 37; GA Sánchez-Bordona, Schlussanträge vom 12. September 2017, verb. Rs. C-596/16 u. C-597/16 (Di Puma u. a.), Rn. 65.

[39] *Peters/Altwicker* (Fn. 8), § 24 Rn. 8; auf das Persönlichkeitsrecht abstellend *Mansdörfer*, Das Prinzip des ne bis in idem im europäischen Strafrecht, 2004, S. 17 f. (213 ff.); für eine Verschränkung materieller Schutzzwecke (insb. Menschenwürde) mit prozessualen Rechtssicherheitsaspekten *Eser*, in: J. Meyer (Hrsg.), Charta der Grundrechte der Europäischen Union, 4. Aufl. 2014, Art. 50 GRC Rn. 7.

[40] GA Sánchez-Bordona, Schlussanträge vom 12. September 2017, Rs. C-524/15 (Menci), Rn. 72; GA Sánchez-Bordona, Schlussanträge vom 12. September 2017, Rs. C-537/16 (Garlsson Real Estate), Rn. 71.; GA Sánchez-Bordona, Schlussanträge vom 12. September 2017, verb. Rs. C-596/16 u. C-597/16 (Di Puma u. a.), Rn. 73.

derten daran nichts, sondern schürten aufgrund ihrer inhaltlichen Unbestimmtheit beträchtliche Rechtsanwendungsunsicherheiten.[41] Diese Auswirkungen ließen sich auch nicht mit dem Ziel, eine effektive, flexible Sanktionierung zu ermöglichen, rechtfertigen. Zum einen sei der Beweis nicht erbracht worden, dass es dazu eines zweigleisigen Verfahrens wirklich bedarf, wie der Blick in die Mitgliedstaaten zeige. Dort konkurrierten nämlich verschiedene Modelle, ohne dass sich signifikante Diskrepanzen in Sachen Effektivität offenbarten. Zum anderen sei eine solche Einschränkung auch mit Art. 52 GRC unvereinbar, weil es letztlich den Wesensgehalt der Garantie berührt,[42] wenn nach Rechtskraft einer ersten strafrechtlichen Entscheidung unter bestimmten Umständen doch nochmals verfolgt werden dürfte; dies gelte unabhängig davon, ob es sich bei der ersten Entscheidung um eine Verurteilung oder einen Freispruch handelte.[43]

Eine Einschränkung lasse sich auch nicht mit dem Wirksamkeitsparadigma begründen, das die Durchführung des Unionsrechts beherrscht. Die Pflicht zur Anwendung wirksamer, verhältnismäßiger und abschreckender Sanktionen obliege den Mitgliedstaaten allgemein und unabhängig davon, ob sie sich eines ein- oder zweigleisigen Systems bedienen. Die Sanktionsregelung müsse unabhängig vom gewählten Mechanismus wirksam sein und zugleich eine Doppelverfolgung unbedingt vermeiden.[44] Der Generalanwalt geht wohl zutreffend davon aus, dass weder die durchzuführenden Unionsrechtsakte selbst ein zweigleisiges oder mehrstufiges Sanktionsmodell fordern, noch deren wirksame Durchsetzung unbedingt ein solches Modell bedingt.[45]

Es macht die Vorentscheidungsverfahren besonders interessant, dass sie im Kern um die wirksame Durchsetzung des Unionsrechts kreisen. Daher lag der (auch im Verfahren geäußerte) Gedanke nicht fern, Anleihen bei der Taricco-Rspr. des EuGH zu nehmen und den Anwendungsvorrang des Unionsrechts zu thematisieren. Im Unterschied zu „Taricco" steht der effektiven Durchsetzung des Unionsrechts aber nicht primär nationales Recht entgegen, sondern der primärrechtliche Ne-bis-in-idem-Schutz der GRC.[46] Es ist bemerkenswert, dass GA Sánchez-Bordona keinen

---

[41] GA Sánchez-Bordona, Schlussanträge vom 12. September 2017, Rs. C-524/15 (Menci), Rn. 56.
[42] GA Sánchez-Bordona, Schlussanträge vom 12. September 2017, Rs. C-537/16 (Garlsson Real Estate), Rn. 77; GA Sánchez-Bordona, Schlussanträge vom 12. September 2017, Rs. C-524/15 (Menci), Rn. 82.
[43] Vgl. GA Sánchez-Bordona, Schlussanträge vom 12. September 2017, verb. Rs. C-596/16 u. C-597/16 (Di Puma u. a.), Rn. 71.
[44] GA Sánchez-Bordona, Schlussanträge vom 12. September 2017, verb. Rs. C-596/16 u. C-597/16 (Di Puma u. a.), Rn. 80; GA Sánchez-Bordona, Schlussanträge vom 12. September 2017, Rs. C-537/16 (Garlsson Real Estate), Rn. 73.
[45] GA Sánchez-Bordona, Schlussanträge vom 12. September 2017, verb. Rs. C-596/16 u. C-597/16 (Di Puma u. a.), Rn. 46.
[46] In Taricco „löst" der EuGH die Kollisionsproblematik dadurch, dass er die GRC-Relevanz (sachlich nicht überzeugend) verneint. Dennoch besteht ein impliziter Widerspruch. Nach den Schlussanträgen in der Sache „Menci" dürfen defizitäre Systeme oder Systemfehler

Zweifel daran aufkommen lässt, dass *effet utile* und Loyalitätsgebot hier an ihre unionsrechtsimmanenten Grenzen stoßen. Eine Einschränkung des Grundrechts sei nicht dadurch zu rechtfertigen, dass die Mitgliedstaaten verpflichtet sind, wirksame, verhältnismäßige und abschreckende Sanktionen gegen Marktmissbrauch oder Mehrwertsteuerbetrug sicherzustellen.

Über die abwehrrechtliche Funktion hinaus legen die Ausführungen des Generalanwalts nahe, dass die Mitgliedstaaten eine Pflicht trifft, einen besonderen Mechanismus zu schaffen, der verhindern soll, „dass durch die Kumulierung strafrechtlicher und verwaltungsrechtlicher Sanktionen gegen den Grundsatz ne bis in idem verstoßen wird".[47] Eine solche Pflicht kennt weder das Konventionsrecht, noch erwähnt sie das Unionsrecht ausdrücklich. Sie kann nicht anders denn als eine grundrechtsimmanente Schutzpflicht aus Art. 50 GRC verstanden werden. Zusätzlich zur Bekräftigung der Abwehrfunktion leitet der Generalanwalt mithin auch positive Verpflichtungen aus der GRC ab. Das ist ein konsequenter Schritt, denn wie die zahlreichen Ne-bis-in-idem-Fälle vor „A. u. B." illustrieren, musste der Doppelverfolgungsschutz erst mühsam vor dem EGMR erstritten werden, ohne etwas an den zuvor erlittenen faktischen Belastungen ändern zu können. Es besteht mithin ein grundrechtlicher Schutzbedarf, um unzulässige Doppelverfolgung schon im Ansatz zu unterbinden.

2. Doppelverfolgungsschutz unter Effektivitätsvorbehalt

Wer nach den fulminanten, überzeugend begründeten Schlussanträgen gehofft hatte, dass auch der EuGH sich diesen Einsichten nicht verschließen würde, sieht sich heute eines Besseren belehrt. In drei Urteilen vom 20. März 2018 schneidet der EuGH den Ne-bis-in-idem-Schutz für multiple Sanktionierungen neu zu[48] und wendet sich damit von seiner früheren Åkerberg-Rspr. ab. Der Luxemburger Gerichtshof geht dabei einen anderen dogmatischen Weg als der EGMR. Er gründet seine Entscheidung nicht auf eine präzisierende, einschränkende Auslegung des Schutzbereichs über einen „*lien substantiel*", sondern nimmt gestützt auf Art. 52 Abs. 1 GRC eine Einschränkung des Schutzbereichs zur effektiven Realisierung von Unionszielen vor. In allen Rechtssachen ging es um die Ahndung von Verstößen gegen harmonisiertes Unionsrecht, zu dessen wirksamer Durchsetzung die nationalen Behörden ausdrücklich verpflichtet waren, konkret Marktmanipulation, Insiderhandel, Mehrwertsteuerhinterziehung. Hieraus ergab sich einerseits die Anwendbarkeit des Effektivitätsprinzips (als Ausfluss der Pflicht zur loyalen Zusammenarbeit)

---

nicht zu Lasten des Einzelnen gehen; in „Taricco" war gerade dies die Konsequenz der EuGH-Lösung.

[47] GA Sánchez-Bordona, Schlussanträge vom 12. September 2017, Rs. C-537/16 (Garlsson Real Estate), Rn. 81; GA Sánchez-Bordona, Schlussanträge vom 12. September 2017, verb. Rs. C-596/16 u. C-597/16 (Di Puma u. a.), Rn. 75.

[48] EuGH, Urt. v. 20.03.2018 verb. Rs. C-596/16 u. 597/16 (di Puma und Zecca); EuGH, Urt. v. 20.03.2018, Rs. C-537/16 (Garlsson Real Estate u. a.).

und andererseits die Geltung der GRC, namentlich Art. 50. In diesem Spannungsfeld versucht der EuGH zu einem differenzierten Ausgleich zu gelangen. In der neuen Leitentscheidung „Menci" gestattet der EuGH die strafrechtliche Verfolgung einer Mehrwertsteuerhinterziehung, nachdem wegen derselben Tat bereits eine Verwaltungssanktion rechtskräftig verhängt worden war.[49] In den beiden anderen, am selben Tag entschiedenen Rechtssachen wird ein weiteres (laufendes) Verwaltungsstrafverfahren demgegenüber für unzulässig erklärt, weil in einem Strafverfahren wegen derselben Tat (zwischenzeitlich) bereits eine rechtskräftige Entscheidung ergangen war.[50]

Gemein ist allen drei Urteilen, dass alle die Einschränkbarkeit von *ne bis in idem* bejahen und die Voraussetzungen für die Kumulierung von strafrechtlichen Sanktionen und Verwaltungssanktionen (Geldbußen) übereinstimmend abstrakt-generell ausbuchstabieren.[51] Danach muss eine solche Kumulierung als Einschränkung des Grundsatzes *ne bis in idem* gem. Art. 52 Abs. 1 GRC gesetzlich vorgesehen sein und eine Zielsetzung verfolgen, die dem Gemeinwohl dient, z. B. der Erhebung der gesamten im jeweiligen Hoheitsgebiet der Mitgliedstaaten geschuldeten Mehrwertsteuer oder dem Schutz der Integrität der Finanzmärkte und des Vertrauens der Öffentlichkeit in Finanzinstrumente. Dabei geht der EuGH davon aus, dass das Unionsrecht den Mitgliedstaaten bei der Auswahl der Mittel zur Verfolgung dieser Ziele die Wahlfreiheit belässt, ob ein einstufiges oder mehrstufiges Sanktionsregime implementiert wird. Eine Kumulierung könne und dürfe diesen Zielen zulässig dienen. Ein allgemeines Kumulierungsverbot würde den Staaten diese Wahlfreiheit dagegen nehmen.[52] Diese beiläufige Feststellung des EuGH ist schon als solche bemerkenswert, weil die Wahlfreiheit bei der Erfüllung öffentlicher Aufgaben nur im Rahmen der Grundrechte bestehen kann, während hier deren bloße Erhaltung als solche eine Einschränkung des Grundrechtsrahmens legitimiert. Gestattet das nationale Recht mehrgleisige Sanktionsverfahren, müssen weitere Bedingungen erfüllt sein, die sich zumindest auf den ersten Blick an der EGMR-Rspr. orientieren. Die verschiedenen Sanktionsstränge müssen komplementäre Ziele verfolgen, die ggf. verschiedene Aspekte desselben rechtswidrigen Verhaltens betreffen,[53] wobei Letzteres nicht weiter exploriert wird. Ferner müssen klare und präzise Regeln es dem Bürger gestatten, vorherzusehen, wann und wie eine Kumulierung in Betracht kommt.[54] Zudem sei eine Koordinierung der Stränge untereinander (durch eine generelle nationalstaatliche Regelung und bei der tatsächlichen Rechtsanwendung) dergestalt er-

---

[49] EuGH, Urt. v. 20.03.2018, Rs. C-524/15 (Menci).

[50] EuGH, Urt. v. 20.03.2018, verb. Rs. C-596/16 u. 597/16 (di Puma und Zecca); EuGH, Urt. v. 20.03.2018, Rs. C-537/16 (Garlsson Real Estate u. a.).

[51] EuGH, Urt. v. 20.03.2018, Rs. C-524/15 (Menci), Rn. 63.

[52] EuGH, Urt. v. 20.03.2018, Rs. C-524/15 (Menci), Rn. 47; EuGH, Urt. v. 20.03.2018, Rs. C-537/16 (Garlsson Real Estate u. a.), Rn. 49.

[53] EuGH, Urt. v. 20.03.2018, Rs. C-524/15 (Menci), Rn. 44.

[54] EuGH, Urt. v. 20.03.2018, Rs. C-524/15 (Menci), Rn. 49, 51; EuGH, Urt. v. 20.03.2018, Rs. C-537/16 (Garlsson Real Estate u. a.), Rn. 51.

forderlich, dass die Belastung auf das „zwingend Erforderliche" beschränkt bleibt. Die Schwere der kumulierten Sanktionen dürfe aggregiert nicht das hinsichtlich der Schwere der Tat zwingend Erforderliche übersteigen.[55] Die rechtliche Prüfung dieser Voraussetzungen obliegt den zuständigen mitgliedstaatlichen Gerichten.

Zu den aufgestellten Kriterien ließe sich vieles sagen. Vorliegend kann jedoch nur eine kurze kritische Reflektion der Entscheidungsgründe erfolgen. Ausgangspunkt der Überlegungen des EuGH ist die Einschränkbarkeit von Art. 50 GRC, die ohne nähere Ausführungen mit einem Hinweis auf früheres Fallrecht begründet wird.[56] Allerdings ging es in der zitierten Entscheidung „Spasic" um die transnationale Anwendung des Ne-bis-in-idem-Schutzes und dabei primär um die spezifische Frage, ob die altbekannten, einschränkenden Voraussetzungen von Art. 54 SDÜ auch für Art. 50 GRC Bestand haben sollten. Für den Geltungsumfang der Garantie im innerstaatlichen Bereich gibt die Entscheidung nicht viel her. Nimmt man die abstrakte Möglichkeit der Einschränkung von *ne bis in idem* allein wegen der Existenz von Art. 52 GRC schlichtweg hin, wäre aber jedenfalls zu vertiefen gewesen, inwiefern das Effektivitätsprinzip, das ausweislich der jüngeren Leitentscheidungen „Taricco" und „M.A.S. und M.B." seine Grenzen in der GRC finden soll, nun umgekehrt die Einschränkung der sie eigentlich einschränkenden Grundrechte rechtfertigen soll. Bedenkt man zudem, dass *ne bis in idem* eine „Entweder-Oder"-Garantie und demzufolge Abwägungen und Gradierungen eigentlich nicht zugänglich ist, hätte man auch mehr Argumente zur Wesensgehaltsgarantie erwartet als die bloße Behauptung ihrer Einhaltung. Das vom EuGH vorgetragene Argument, dass die Einschränkung nur unter abschließend festgelegten Voraussetzungen zulässig ist, womit das Recht nicht als solches in Frage gestellt werde,[57] ist jedenfalls unzureichend. Der Hinweis verkennt die Bedeutung der Wesensgehaltsgarantie. Der Wesensgehaltsschutz zielt nicht allein darauf ab, dass nach einem Eingriff quantitativ noch ein substantieller Anwendungsbereich für die Garantie in anderen Konstellationen bleibt, sondern auch darauf, ob der konkrete Eingriff qualitativ den Kern des Grundrechts negiert. Und genau dies geschieht zweifelsohne, weil die Ne-bis-in-idem-Garantie unter den genannten Voraussetzungen schlichtweg nicht mehr gilt. Sie degeneriert partiell zu einem Übermaßverbot.

Die Komplementaritätsbedingung wirkt auf den ersten Blick wie eine Anleihe beim EGMR. Dieses Erfordernis ist im Zusammenspiel mit der berechenbaren Strukturierung des mehrstufigen Verfahrens (inklusive der Regelung der Übergänge und Abstimmung der Rechtsfolgen) aus EGMR-Sicht zentral, um die (vermeintliche) Einheit des Verfahrens vermittelt über die Integriertheit der Sanktionsstränge nachzuweisen. Bei Art. 50 GRC ist es weniger eindeutig, welche Funktion die Teilele-

---

[55] EuGH, Urt. v. 20.03.2018, Rs. C-524/15 (Menci), Rn. 52 f.; EuGH, Urt. v. 20.03.2018, Rs. C-537/16 (Garlsson Real Estate u.a.), Rn. 48, 54 ff.

[56] Vgl. EuGH, Urt. v. 20.03.2018, Rs. C-524/15 (Menci), Rn. 40.

[57] EuGH, Urt. v. 20.03.2018, Rs. C-524/15 (Menci), Rn. 43; EuGH, Urt. v. 20.03.2018, Rs. C-537/16 (Garlsson Real Estate u.a.), Rn. 45.

mente erfüllen sollen. Für den EuGH soll es denn auch hinreichen, dass Verwaltungssanktionen vorsätzliche und nicht vorsätzliche Verstöße ahnden und abschrecken, während das Strafrecht besonders schwere, gesellschaftsschädliche Verstöße zusätzlich abschrecken und ahnden will.[58] Das ist nicht deckungsgleich mit dem Verständnis des EGMR, der zumindest im Ansatz qualitativ unterschiedliche Zwecke verlangt. In den EU-Fällen wird aber derselbe Zweck verfolgt, wobei das Strafrecht lediglich quantitativ im Sinne eines Mehr auf einen von der Verwaltungssanktion nicht abgedeckten Unrechts- und Schuldteil reagiert. Auf die Einhaltung dieser Stufenfolge sollten die Staaten auch deshalb aufmerksam achten, weil der EuGH in den weiteren Entscheidungen in den Rechtssachen „Garlsson Real Estate u. a." und „Di Puma und Zecca" die Kumulierungsmöglichkeit entscheidend einschränkt. Ein weiteres (laufendes) Verwaltungsstrafverfahren wird unzulässig, wenn in einem Strafverfahren wegen derselben Tat bereits eine rechtskräftige Entscheidung ergangen ist. Insgesamt zeigt sich im Vergleich, dass die EuGH-Linie viel stärker vom Effektivitätsgedanken als vom Aspekt der Einheitlichkeit des Verfahrens geprägt ist.

Die Anforderungen an eine berechenbare rechtliche Regelung der Kumulierung fallen sehr niederschwellig aus. Es hat den Anschein, als genüge die abstrakte Festschreibung der parallelen straf- und verwaltungsrechtlichen Verantwortlichkeit und ihrer abgestuften Sanktionierbarkeit in einem legislativen Dekret. Hingegen bedarf die praktisch äußerst bedeutsame Ermessensausübung, wann welcher Weg zu beschreiten ist (und wann es insbesondere eines strafrechtlichen Mehrs bedarf), offenbar keiner konkretisierenden Anwendungsregeln oder -prinzipien.

Die Koordinierungsbedingung verlangt nach wechselseitiger Information und Berücksichtigung der Sanktionsfolgen.[59] Hierzu genügt es nicht, wenn nur die Anrechnung der Verwaltungsbuße vorgeschrieben ist. Auch die Kumulierung von Geldbuße und Freiheitsstrafe verlangt nach einer Regelung.[60] In der Sache wird damit ein Übermaßverbot statuiert, auch wenn der EuGH missverständlich vom „zwingend Erforderlichen" spricht. Es war gewiss nicht die Absicht des EuGH, das normale Sanktionsermessen der mitgliedstaatlichen Gerichte auf das unerlässliche Mindestmaß zu reduzieren.

Verallgemeinernd ist danach künftig zwischen drei Konstellationen zu differenzieren. Hauptscheidelinie ist, ob zuerst die strafrechtliche oder die verwaltungsrechtliche Entscheidung in Rechtskraft erwächst. Innerhalb des strafrechtlichen Strangs ist ferner danach zu unterscheiden, ob es sich um ein freisprechendes oder verurteilendes Erkenntnis handelt.

---

[58] EuGH, Urt. v. 20.03.2018, Rs. C-524/15 (Menci), Rn. 45; EuGH, Urt. v. 20.03.2018, Rs. C-537/16 (Garlsson Real Estate u.a.), Rn. 47.

[59] Vgl. EuGH, Urt. v. 20.03.2018, Rs. C-537/16 (Garlsson Real Estate u.a.), Rn. 8 ff.

[60] Daran fehlte es in EuGH, Urt. v. 20.03.2018, Rs. C-537/16 (Garlsson Real Estate u.a.), Rn. 60.

Ist zunächst eine Verwaltungsstrafe verhängt und rechtskräftig geworden,[61] darf mithin unter den in „Menci" genannten Voraussetzungen im Anschluss eine weitere Kriminalstrafe verhängt werden. Wird eine strafrechtliche Entscheidung dagegen rechtskräftig, bevor eine verhängte Verwaltungsstrafe ihrerseits bestandskräftig wird,[62] soll der Ne-bis-in-idem-Schutz eingreifen und auch das Effektivitätsprinzip keine Abweichung zulassen, weil die strafrechtliche Sanktion für sich betrachtet schon geeignet ist, für eine wirksame, verhältnismäßige und abschreckende Ahndung zu sorgen (woran auch der spätere Erlass der Strafe nichts ändern soll).[63]

Der EuGH scheint bei strafrechtlichen Entscheidungen insofern davon auszugehen, dass eine effektive Sanktionierung stets möglich ist und daher für ein Verwaltungsverfahren kein Bedarf mehr besteht. Diese Sichtweise steht im Einklang mit dem sehr limitierten Komplementaritätsverständnis, das der EuGH den Urteilen zugrunde legt. Danach kann letztlich nur das Strafrecht das Verwaltungsrecht komplementieren, aber nicht umgekehrt. Ob das in der Sache zutreffend ist, muss schon deshalb mit einem Fragezeichen versehen werden, weil die Chronologie der Ereignisse nicht notwendig einer strukturierten Planung folgt, sondern auch von Zufälligkeiten sowie gewolltem oder ungewolltem Eintritt der Rechtskraft in dem einen oder anderen Verfahrensstrang abhängt, zumal wenn die Verfahren nicht ausgesetzt werden können, um das Ergebnis des jeweils anderen abzuwarten. Diese effektivitätserschöpfende Wirkung sollen auf den ersten Blick sowohl verurteilende als auch freisprechende Urteile entfalten.[64] Eindeutig entschieden wurde Letzteres aber nur für den seltenen Fall, dass das Urteil aufgrund gesetzlicher Regelung[65] nach kontradiktorischer Verhandlung Feststellungswirkung in Bezug auf den fraglichen Sachverhalt (Tatsachenfeststellungen bzgl. des Nichtvorliegens eines Insidergeschäfts) entfaltet.[66] Dass offensichtlich keine weitere Sanktionierung mehr erforderlich ist, hing aber entscheidend davon ab, dass das Nichtvorliegen der Straftat tatsächlich festgestellt wurde und eine gesetzliche Regelung zur Rechtskrafterstreckung existierte. Es

---

[61] EuGH, Urt. v. 20.03.2018, Rs. C-524/15 (Menci), Rn. 12 f.

[62] So EuGH, Urt. v. 20.03.2018, Rs. C-537/16 (Garlsson Real Estate u.a.), Rn. 13 f.

[63] EuGH, Urt. v. 20.03.2018, verb. Rs. C-596/16 u. 597/16 (di Puma und Zecca), Rn. 44; EuGH, Urt. v. 20.03.2018, Rs. C-537/16 (Garlsson Real Estate u.a.), Rn. 57, 62 f. – aber unter dem ominösen Vorbehalt, dass diese Verurteilung geeignet ist, die Straftat wirksam, verhältnismäßig und abschreckend zu ahnden. Konkret waren die möglichen Verwaltungssanktionen auch von der strafrechtlichen Sanktionskompetenz mitumfasst. Es wäre also ein *one-stop-shop* im Strafverfahren möglich gewesen.

[64] EuGH, Urt. v. 20.03.2018, verb. Rs. C-596/16 u. 597/16 (di Puma und Zecca), Rn. 42: offensichtlich keine weitere Sanktionierung mehr erforderlich.

[65] Die Feststellung, dass keine Straftat vorliege, erwuchs gem. Art. 654 CCP auch hinsichtlich etwaiger Verwaltungsverfahren in Rechtskraft.

[66] EuGH, Urt. v. 20.03.2018, verb. Rs. C-596/16 u. 597/16 (di Puma und Zecca), Rn. 12, 28 ff. Unklar bleibt, inwiefern der Umstand relevant ist, dass die Aufsichtsbehörde am Strafverfahren (als Nebenkläger) beteiligt war und dadurch Einfluss auf die Feststellung des Sachverhalts nehmen und sich vergewissern konnte, dass die staatliche Reaktion effektiv ausfällt, vgl. Rn. 33.

bleibt offen, ob dies auch dann gälte, wenn das tatsächliche Nichtvorliegen einer Rechtsverletzung in einem Verwaltungsverfahren festgestellt wird, keine ausdrückliche gesetzliche Regelung zur Feststellungswirkung existiert oder ein Freispruch auf verbleibenden tatsächlichen Zweifeln an der Schuld oder auf Rechtsgründen beruht. Ebenso könnte es sich mit rechtskraftfähigen Einstellungsentscheidungen verhalten, da diese zumeist nicht feststellen, dass die erhobenen Vorwürfe tatsächlich unzutreffend sind. Es ist nicht ausgemacht, dass die Wirksamkeit des Unionsrechts in diesen Fällen nicht doch die Verhängung einer strafähnlichen Verwaltungssanktion ermöglicht. Damit wäre aber eine substantielle Rückabwicklung des europäischen Ne-bis-in-idem-Schutzes verbunden, den der EuGH durch Erweiterung des Kreises erledigender Entscheidungen zuletzt immer grundrechtsfreundlicher gestaltet hatte. Die neuen Urteile laden Mitgliedstaaten geradezu ein, gezielt mehrstufige Sanktionsverfahren zu schaffen, um sich die Möglichkeit einer zweiten Sanktionschance zu erhalten und die Rechtskraftwirkung einer ersten, in der Sache ergangenen Entscheidung zu unterlaufen,[67] zumindest in solchen Fällen, in denen die Mitgliedstaaten sich auf eine Pflicht zur effektiven Verfolgung von Unionszielen berufen können. Die Folge wäre dann ein „Zwei-Klassen"-Ne-bis-in-idem für Fälle mit und ohne Unionsbezug, in denen die beschriebene Einschränkung von *ne bis in idem* nicht eingreifen würde.[68]

V. Konsequenzen und Entscheidungsfaktoren auf Unionsebene

Der EuGH rückt mit seinen neuen Urteilen von der bisherigen Grundsatzentscheidung „Åkerberg Fransson" ab[69] und lässt eine Kumulierung von verwaltungsrechtlichen Sanktionen mit strafrechtlichem Charakter und Kriminalstrafen grundsätzlich zu. In welchem Umfang die Grundrechtseinschränkung gilt, hängt nach den neuen Leitlinien vom Ergebnis des Erstverfahrens und dessen rechtlichem Charakter ab, womit Zufälligkeiten der Boden bereitet wird. Der EuGH vermeidet mit dieser Einschränkungsjurisprudenz ein signifikantes Auseinanderfallen der Schutzstandards zwischen Europaratsraum und Unionsraum in einer wirtschaftsrechtlich und rechtspolitisch zentralen Regulierungsfrage.

Man darf sich fragen, ob der EuGH auch aus eigener Initiative zu dieser drastischen Verkürzung des Doppelverfolgungsschutzes gelangt wäre. Es entbehrt nicht der Ironie, dass gerade dem EGMR, dessen Jurisdiktion in EU-Sachen nennenswerte Teile des Schrifttums gleichsam als Erlösung herbeisehnen, wohl das zweifelhafte Verdienst zukommt, einer massiven Einschränkung eines der fundamentalsten

---

[67] Die bisherige Rechtsprechung, wonach das Effektivitätsprinzip nicht die Rechtskraft antastet bzw. keine Durchbrechung verlangt, hat weiter Bestand; EuGH, Urt. v. 20.03.2018, verb. Rs. C-596/16 u. 597/16 (di Puma und Zecca), Rn. 31.
[68] Anzumerken ist aber, dass Art. 52 Abs. 1 GRC den Kreis der zulässigen gesellschaftlichen Ziele nicht auf Unionsziele reduziert.
[69] Vgl. EuGH (GK), Rs. C-617/10 (Åkerberg Fransson), ECLI:EU:C:2013:105, Rn. 34, 36.

rechtsstaatlichen Grundsätze den Boden bereitet zu haben.[70] Der Weg in die bewusste Divergenz schien dem EuGH demgegenüber wohl wenig verlockend. Es wäre aber grundrechtsdogmatisch und -teleologisch der bessere Weg gewesen. Dies zeigt sich deutlich, wenn man weitere Entscheidungsfaktoren einbezieht, namentlich denjenigen der Konsistenz mit dem Schutzzweck oder die potenziellen Auswirkungen auf die transnationale Geltungsdimension. Die Ausführungen des Generalanwalts sind konsequent an den Schutzzweck des Menschenrechts rückgebunden, während dem EGMR-Urteil das Kompromissformelhafte deutlich anzusehen ist. Der Weg des EGMR ebnet den Weg in eine schwer prognostizierbare Einzelfalljudikatur und ist für nationale Entscheidungsträger nicht leicht zu handhaben. Einem Grundrecht, dessen Markenkern die Rechtssicherheit ist, dürfte das kaum gerecht werden.

Zu bedenken ist in diesem Zusammenhang, dass den Mitgliedstaaten Möglichkeiten offenstehen, um den prima vista harschen Rechtswirkungen eines strengen Doppelverfolgungsschutzes schonend abzuhelfen, nämlich einerseits durch bessere Koordinierung der Sanktionierung (z. B. durch integrierte Eingleisigkeit oder zumindest eine kumuliert einphasige Sanktionierung) und andererseits durch eine „Entstrafrechtlichung" des zweiten Gleises. Weder steht das Unionsrecht einem zweigleisigen Modell mit strafrechtlichem und nicht-strafrechtlichem Strang entgegen,[71] noch diktiert es ein bestimmtes Vollzugssystem, solange die Mindesteffektivität gewährleistet bleibt. Dies wäre auch insofern konsequent, weil es das Übel der Proliferation strafähnlicher Sanktionen und der Einführung mehrgleisiger Sanktionsmodelle an der Wurzel angeht.[72] Die Mitgliedstaaten könnten die konventionsrechtliche Qualität ihrer Sanktionen überprüfen (und ggf. Korrekturen vornehmen) oder zumindest für eine bessere (zeitlich-inhaltliche) Abstimmung ihrer Sanktionsprozesse sorgen. Das kann im Einzelfall zugegebenermaßen schwierig sein und unter Umständen zu mehr Strafverfahren oder Einbußen bei der Verfolgungseffektivität führen.

Nicht unwichtig ist in diesem Zusammenhang, dass beide Gerichtshöfe offenbar nicht als Alternativen erwägen, den Sanktionsbegriff zu trimmen oder den Weg für eine stärkere Differenzierung des Begriffs nach Eigenart und Wesen des jeweils betroffenen Grundrechts zu ebnen. Das ist konsequent, wenn man den Ne-bis-in-idem-Schutz im Fairness-Prinzip verwurzelt sieht, wie es die herrschende Auffassung tut.

Abschließend sind die potenziellen Konsequenzen der neuen EGMR-Linie für die transnationale Grundrechtsdimension zu beleuchten, zu der sich die EuGH-Urteile nicht verhalten. Obgleich Art. 4 ZP VII EMRK nicht grenzüberschreitend gilt, kann diese Facette nicht ausgeblendet werden. Die transnationale Dimension ist zwar im Unionsrecht vom Freizügigkeitsschutz (und gegenseitiger Anerkennung)

---

[70] Der EuGH nimmt denn auch gerne über die Kohärenzklausel in Art. 52 Abs. 3 GRC auf die EGMR-Rspr. Bezug; EuGH, Urt. v. 20. März 2018, Rs. C-524/15 (Menci), Rn. 60 f.

[71] Vgl. GA Sánchez-Bordona, Schlussanträge vom 12. September 2017, Rs. C-524/15 (Menci), Rn. 29.

[72] In diese Richtung auch GA Sánchez-Bordona, Schlussanträge vom 12. September 2017, Rs. C-524/15 (Menci), Rn. 89.

bestimmt,[73] jedoch liegt diesen Erwägungen ein einheitliches Verständnis von „bis" und „idem" zugrunde, das zwischen den einzelnen Geltungsdimensionen von Art. 50 GRC nicht unterscheidet. Die Anpassung an den EGMR hat mithin erhebliche Folgen im transnationalen Verhältnis. Die mitgliedstaatlichen Behörden und in letzter Konsequenz der EuGH haben zu klären, wie zu verfahren ist, wenn sich die multiplen Agenturen und Sanktionsspuren auf mehrere Mitgliedstaaten bzw. unionale Ebenen verteilen. Das ist kein unrealistisches Szenario, wenn man an die wachsende Zahl von supranationalen Regulierungsinstanzen oder die gerade aus der Taufe gehobene Europäische Staatsanwaltschaft denkt. Es ist erwartbar, dass Strafverfolgungsbehörden resp. nationale Verwaltungsbehörden ihrerseits denselben Sachverhalt aufgreifen. Auch zwischen den Mitgliedstaaten sind Konstellationen vorstellbar, bei denen im Land X ein strafrechtsähnliches Verwaltungsverfahren läuft, während im Land Y wegen derselben Sache strafrechtlich ermittelt wird. Ab wann man hier aber von einem mehrgleisigen oder abgestuften Verfahren, von Komplementarität oder einem „lien substantiel" sprechen kann, ist völlig offen. Eine rechtssichere Anwendung ist nicht einmal im Ansatz gewährleistet, sondern durch die Anbindung an das Effektivitätsprinzip zusätzlich erschwert. Vielmehr spräche der Freizügigkeitsschutz verstärkend dafür, die Standards nicht aufzuweichen. Es ist nicht abwegig, dass die drohenden Unwägbarkeiten (gerade auch im Unternehmensbereich) zu einer Beeinträchtigung der Freizügigkeitsausübung führen würden.[74] Der EuGH hätte daher standhaft bleiben und versuchen müssen, den EGMR im Sinne effektiveren Grundrechtsschutzes zu einem Umdenken zu bewegen; dies wäre im Kontext von *ne bis in idem* nicht das erste Mal gewesen.[75]

Einzuräumen ist abschließend allerdings – und dies mag den EuGH zu seinen Urteilen bewogen haben –, dass ein Beibehalten der bisherigen Linie im Unionsrecht mittelfristig ernsthafte Probleme für dessen Wirksamkeit verursachen kann. Zu-

---

[73] EuGH – Van Esbroeck, Rs. C-436/04, Rn. 33 ff., ECLI:EU:C:2006/165 = NJW 2006, 1781; EuGH – Gasparini u. a., Rs. Rs. C-467/04, Rn. 27, ECLI:EU:C:2006:610 = NJW 2006, 3403; EuGH – Van Straaten, Rs. C-150/05, Rn. 45 ff., ECLI:EU:C:2006:614 = NJW 2006, 3406; EuGH – Kretzinger, Rs. C-288/05, Rn. 33, ECLI:EU:C:2007:441 = NStZ 2008, 166; *van Bockel*, 2010 (Fn. 36), S. 64 ff.; *Meyer*, in: Ambos/König/Rackow, Rechtshilferecht in Strafsachen, 2014, § 83 IRG Rn. 890.

[74] Zwar existiert auch noch keine Entscheidung des EuGH zur Einbeziehung von juristischen Personen in den grundfreiheitlichen Schutz bei Art. 54 SDÜ. Es spricht normativ jedoch nichts gegen eine Einbeziehung; *Hackner*, Das teileuropäische Doppelverfolgungsverbot insbesondere in der Rechtsprechung des Gerichtshofs der Europäischen Union, NStZ 2011, 425 (428). Die eigene Freizügigkeit juristischer Personen liefert einen analogen Grund für einen transnationalen, rechtssystemübergreifenden Doppelverfolgungsschutz; ebenso *Letzien*, Internationale Korruption und Jurisdiktionskonflikte: Die Sanktionierung von Unternehmen im Fall der Bestechung ausländischer Amtsträger, 2018, S. 326 f. m.w.N.; *Vervaele*, Ne Bis In Idem: Towards a Transnational Constitutional Principle in the EU?, Utrecht Law Review 2013, 211. Die Anwendbarkeit von Art. 54 SDÜ scheint in Rspr. und Literatur nicht weiter hinterfragt zu werden.

[75] Zu denken ist hier an die vom EGMR mit dem Zolotukhin-Urteil vollzogene Anpassung des Tatbegriffs.

nächst wachsen Unternehmen bei grenzüberschreitenden Fällen zusätzliche Optionen zu, durch geschicktes Handeln eine effektive Durchführung des Unionsrechts zu torpedieren und einen EU-weiten Strafklageverbrauch herbeizuführen, wenn die Behörden sich nicht grenzübergreifend abstimmen und nicht schnell genug reagieren. Überdies erhöht die unterschiedliche Bandbreite der Sanktionsverfahren und -arten in den Mitgliedstaaten das Risiko des Strafklageverbrauchs, aber auch die Anforderungen an die Steuerung des Sanktionsprozesses zur Erreichung einer adäquaten Rechtsfolge. Ein unorganisiertes, unabgestimmtes Vorgehen einzelner Staaten kann in einem vorzeitigen Strafklageverbrauch enden, wobei dessen Eintritt mit Blick auf die Engel-Kriterien bei derselben Maßnahme wegen unterschiedlicher Einstufungen von Nebenfolgen und Sanktionsarten durch die Mitgliedstaaten divergieren kann.[76]

Diese Divergenzen erschweren die Rechtsanwendung und erhöhen das Verbrauchsrisiko. Zusätzlich führt die mitunter recht disparate Sanktionslandschaft dazu, dass unionsrechtliche Verstöße zu ungleichmäßig oder ineffektiv sanktioniert werden. Man könnte als Lösung insofern an ein unionsweites Verfolgungs- und Aufsichtsregister denken. Am Ende des Tages könnte sich die Union aber sogar gezwungen sehen, als Ausgleich für einen hohen Ne-bis-in-idem-Standard (ggf. beschränkt auf einzelne unionsrechtlich regulierte Bereiche) stärkere Vorkehrungen für eine Vereinheitlichung der multiplen Sanktionierung von Unternehmen durch Harmonisierung der Sanktionen und Enforcement-Modelle zu schaffen. Auch die nationalen Rechtskraftregelungen sind weiterhin uneinheitlich und geben dem Risiko von Schutzdisparitäten und Zufälligkeiten weitere Nahrung. Auch diesbezüglich entbehrt es nicht der Ironie, dass gerade die neuen Urteile des EuGH anschaulich die Zufälligkeiten zum Vorschein treten lassen, die sich aus der Verknüpfung mit nationalen Tatbestands- und Rechtskraftregelungen ergeben können.

Weniger akuter Anpassungsbedarf dürfte im Bereich der Unternehmenshaftung herrschen. Auch deren Formen spielen für den Ne-bis-in-idem-Schutz eine Rolle; denn abhängig davon, welchem Haftungskonzept gefolgt wird, verschiebt sich auch der tatsächliche Anknüpfungspunkt und damit das „idem". Der faktische Tatbegriff von EGMR und EuGH dürfte die Unterschiede zwar zu einem erheblichen Grad auffangen, insb. über die Anknüpfungstat als Bindeglied, doch kann ein Auseinanderfallen der sanktionierten Lebenssachverhalte in Bezug auf betroffene Unternehmen nicht ausgeschlossen werden. Allerdings scheint sich eine breite Konvergenzbewegung im europäischen Bereich abzuzeichnen, die sich am PIF-Modell der EU orientiert und Eingang in zahlreiche Rechtsakte gefunden hat, so zuletzt in der RL (EU) 2017/1371 zum Schutz der finanziellen Interessen der Union. Sie

---

[76] Es stellt sich dann die Frage, auf wessen Bewertung es ankommen soll. Orientiert man sich an der Lesart des Mantello-Urteils, muss es auf das Rechtsverständnis des Erstverfolgungsstaates ankommen. Entscheidend war dort, ob die Strafklage nach dem Recht dieses Staates auf nationaler Ebene endgültig verbraucht ist; EuGH 11.11.2010 – Rs C-261/09 (Mantello), Slg 2010 I-11477 Rn. 45 ff. Mitgliedstaaten sind dabei verpflichtet, die Auffassung des Erstverfolgungsstaates einzuholen und zu beachten.

könnte zu einer spürbaren Annäherung der Haftungskonzepte führen. Ungeachtet dessen verbleiben beim Strafklageverbrauch hinsichtlich juristischer Personen noch eine Menge offener Fragen. Unklar ist beispielsweise auch, wie weit sich die verbrauchende Wirkung im Falle einer möglichen Konzernhaftung erstrecken würde. Eindeutig scheint für den Moment nur, dass eine Sanktionierung sowohl des Unternehmens als auch der Unternehmenseigner als natürliche Personen aufgrund des rechtlichen Trennungsprinzips selbst bei weitestgehender wirtschaftlicher Identität möglich bleibt. Auf diesem Weg kann es weiterhin zu einer zumindest faktischen Mehrfachsanktionierung kommen.

VI. Schluss

Es hat sich gezeigt, dass der Grundsatz *ne bis in idem* immer dann auf den Plan tritt, wenn nach nationalen Rechtsvorschriften verwaltungsrechtliche und strafrechtliche Sanktionen kumuliert werden können, soweit die verwaltungsrechtlichen Rechtsfolgen materiell strafrechtlicher Natur sind. Wie wichtig die Auseinandersetzung mit dieser Thematik ist, verdeutlicht ein Blick auf das Werk des Jubilars. Die Entwicklung der Unternehmenshaftung und der Sanktionsformen ist noch weit von ihrem Ende entfernt. Wie der vorstehende Beitrag gezeigt haben sollte, ist es dabei wichtig, sich die Wechselwirkungen von Haftungskonzepten und Sanktionsmechanismen mit fundamentalen Verfahrensgrundsätzen wie *ne bis in idem* bewusst zu machen. Die tiefschürfenden und vorausschauenden Studien von Klaus Rogall schaffen dafür eine hervorragende Ausgangsbasis.

Gewinnung der Überzeugung des Richters bei der Täteridentifizierung

Von *Klaus Miebach*

I. Ein nicht untypischer Fall

Der Angeklagte bestreitet, eine Körperverletzung mit Todesfolge begangen zu haben. Er sei zwar am Tatort gewesen, als das Opfer von mehreren zusammengeschlagen und gegen den Kopf getreten worden sei, habe selbst aber einige Meter entfernt gestanden.

Dem Hauptbelastungszeugen, einem Freund des Getöteten, der den Angeklagten in der Hauptverhandlung mit „100-prozentiger Sicherheit" wiedererkannt haben will, war in der Tatnacht von der Polizei ein Foto vorgelegt worden, auf dem er den Angeklagten nicht erkannt hat. Er habe ihn allerdings später als Täter wiedererkannt, als die Schwester des Opfers ihn auf dessen Facebook-Profil aufmerksam gemacht hat. Seine weitere Aussage in der Hauptverhandlung, auch andere an der Tat Beteiligte mit „100-prozentiger Wahrscheinlichkeit" wiedererkannt zu haben, revidierte er später.

Ein anderes Opfer, Freundin des bei dieser Schlägerei Getöteten, das selbst von einer Faust an der Schläfe getroffen worden war, sagte in der Hauptverhandlung aus, sie könne sich an die Schlägerei kaum noch erinnern, sie leide unter Gedächtnislücken, den Angeklagten erkenne sie aber als den Täter wieder. „Ich bleibe bei meiner Aussage, ich bin mir sicher." Als ihr Wochen nach der Tat Bilder vorgelegt wurden, sagte die seit dem Tode ihres Freundes unter einer posttraumatischen Belastungsstörung leidende, psychologisch behandelte Zeugin: „Alles in mir drin sagt mir, dass er es war."

Ein dritter Zeuge hat den Angeklagten, den er bei einer Gegenüberstellung als den Täter identifiziert hatte, in der Hauptverhandlung nicht wiedererkannt, während ein weiterer Zeuge, der den Angeklagten bei einer Einzellichtbildvorlage nicht wiedererkannt hatte, sich in der Hauptverhandlung zu 100 % sicher war, in dem Angeklagten den Täter wiederzuerkennen.

Andere Beweismittel sind nicht vorhanden. Darf der Richter den Angeklagten aufgrund dieser Zeugenaussagen verurteilen oder muss er ihn nach dem Zweifelssatz freisprechen?

II. Die Zeugenaussage und die Wahrnehmungssituationen

Das Gericht darf den Angeklagten nur verurteilen, wenn es nach seiner aus dem Inbegriff der Hauptverhandlung geschöpften Überzeugung (§ 261 StPO) von der Schuld des Angeklagten überzeugt ist. Das setzt in den Fällen, in denen der Angeklagte, der schweigt oder seine Schuld bestreitet, und der unter Umständen durch Aussagen anderer Zeugen oder von Mittätern entlastet wird und nur oder vornehmlich durch die Aussage eines Wiedererkennungszeugen der Täterschaft überführt werden kann, voraus, dass das Gericht von der Glaubhaftigkeit der Zeugenaussage des oder der Wiedererkennungszeugen oder der Glaubhaftigkeit der den Angeklagten entlastenden Zeugenaussagen überzeugt ist.

Weil das Wiedererkennen auf dem Vergleich zwischen dem visuellen Eindruck in der Hauptverhandlung mit dem Erinnerungsbild über frühere Wahrnehmungen beruht, soll der Zeuge bekunden, ob der Eindruck, den er von der ihm in der Hauptverhandlung gegenübergestellten Person erhält, mit seinem Erinnerungsbild von der früheren Wahrnehmung oder von mehreren früheren Wahrnehmungen vom Erscheinungsbild des Angeklagten übereinstimmt. Ausgangspunkt der Glaubhaftigkeitsprüfung ist deshalb die Aussage des Zeugen in der Hauptverhandlung. Dabei wird der Zeuge zunächst eingehend über seine Wahrnehmungen von dem Angeklagten am Tatort gehört, bevor er in einem zweiten Schritt Ausführungen über das erste Wiedererkennen, das im Wege einer Einzel- oder Wahllichtbildvorlage oder auch einer Video-Einzel- oder Wahlgegenüberstellung erfolgt sein kann, macht. Hat ein wiederholtes Wiedererkennen durch nochmalige Lichtbildvorlagen oder Gegenüberstellungen stattgefunden, so muss der Zeuge auch insoweit eingehend gehört werden, weil die Gefahr besteht, dass das Erinnerungsbild an die erste Wiedererkennung regelmäßig durch weitere Wiedererkennungen überlagert wird.

Weil die Überprüfung der Glaubhaftigkeit der Zeugenaussage und die Bestimmung ihres Beweiswertes für die Überzeugungsbildung des Gerichts[1] neben der Berücksichtigung aller objektiven und subjektiven Umstände der ersten Wahrnehmung des Zeugen vom Täter am Tatort und aller Umstände der ersten Wiedererkennung und ggfs. der späteren Wiedererkennungen und wegen der mit einer Wiedererkennung verbundenen menschlichen Unzulänglichkeiten und anderer Unsicherheitsfaktoren,[2] z. B. fehlerhaft durchgeführten Wiedererkennungsmaßnahmen, häufig an ihre Grenzen stößt, bedarf sie regelmäßig einer besonders sorgfältigen Prüfung. Dabei muss der Tatrichter die einzelnen Beweisanzeichen für oder gegen die Täteridentifikation mit allen anderen Indizien in eine Gesamtschau einstellen, weil erst die Würdigung des gesamten Beweisstoffs letztlich darüber entscheidet, ob der Richter seine Überzeugung von der Schuld des Angeklagten und den sie tragenden Feststellungen gewinnt.[3]

---

[1] BGH 29.11.2016 – 2 StR 472/16, NStZ-RR 2017, 90 (91).

[2] s. dazu u. a. schon BGH 24.2.1994 – 4 StR 317/93, NStZ 1994, 295 = BGHSt 40, 66 (69) und BGH 12.4.1994 – 4 StR 142/94, NStZ 1994, 597 (598); Anm. zu beiden Entscheidungen *Eisenberg*, NStZ 1994, 598 f.

[3] BGH 15.9.2016 – 4 StR 351/16, NStZ 2017, 104 m. Anm. *Eisenberg*, 105 f.

Im Folgenden sollen zunächst die einzelnen Stationen der Wahrnehmung und des Wiedererkennens dargestellt werden.

III. Das erste Wahrnehmen

1. Die Wahrnehmung des Zeugen von dem Täter im Tatzeitpunkt

Die Beurteilung zuverlässigen Wiedererkennens hängt maßgeblich von den in der ersten Aussage des Wiedererkennungszeugen geschilderten Details vom Erscheinungsbild des Täters im Tatzeitpunkt ab. Diese Wahrnehmung unterliegt einer Reihe von Einflussfaktoren, die sie stark beeinträchtigen und ihren Beweiswert erheblich mindern können.

a) Äußeres Erscheinungsbild

Zur Täterbeschreibung gehört zunächst die Darstellung der Situation, in welcher der Zeuge den Täter wahrgenommen hat, und aller Umstände, so z.B., ob er ein unbeteiligter Dritter oder das Opfer der Straftat war. Notwendig sind Ausführungen dazu, ob die konkrete Wahrnehmungssituation ein Wiedererkennen des Angeklagten überhaupt ermöglichte, z.B. dann, wenn die Zeugin zum Tatzeitpunkt im Bett lag und schlief, wach wurde, erschreckt hochfuhr und von einem Täter mit einem Stock bedroht wurde, ihn nur von der Seite gesehen hat und er maskiert war[4] oder den unteren Teil seines Gesichtes zeitweise mit einem Pullover bedeckt hatte.[5]

Die Täterbeschreibung muss – soweit möglich – neben Details zum Gesicht des Täters wie Gesichtsform, Haar- und Barttracht auch eine Beschreibung der Gesamterscheinung sowie weiterer individueller Merkmale enthalten.[6] Dabei ist zu berücksichtigen, dass bei der Täteridentifizierung die Wahrnehmung individueller Merkmale des Erscheinungsbildes des Täters durch die gleichzeitige Wahrnehmung von Einzelheiten der Täterbekleidung oder anderer Gegenstände, z.B. Bewaffnung, beeinträchtigt werden kann.[7]

b) Subjektive Beeinträchtigungen

Die Fähigkeit zuverlässigen Wahrnehmens wird (neben den äußeren Bedingungen wie z.B. Sichtverhältnisse/Helligkeit/Dunkelheit/kurze Beobachtungszeit[8])

---

[4] BGH 25.9.2012 – 5 StR 372/12, NStZ-RR 2012, 381 (382).
[5] BGH 29.11.2016 – 2 StR 472/16, NStZ-RR 2017, 90 f.
[6] BGH 15.9.2016 – 4 StR 351/16, NStZ 2017, 104 m. krit. Anm. *Eisenberg*; vgl. dazu u.a. BGH 26.7.2017 – 2 StR 132/17.
[7] „Lederjackenfall" BGH 25.1.2006 – 5 StR 593/05, NStZ-RR 2006, 212 (213); s. zum „Waffenfokus" *Eisenberg*, Beweisrecht StPO, 4. Aufl. 2002, Rn. 1391; *Bender/*Nack, Tatsachenfeststellung vor Gericht, 2. Aufl. 1995, Rn. 726; nähere Nachweise bei *Jansen*, Zeuge und Aussagepsychologie, 2. Aufl. 2012, Rn. 463 ff.
[8] BGH 8.12.2016 – 2 StR 480/16, NStZ-RR 2017, 91 m.w.N.

maßgeblich beeinflusst von möglichen subjektiven Beeinträchtigungen[9] wie z. B. der Sehfähigkeit,[10] von Drogenkonsum oder Alkoholeinfluss[11] oder einer seelischen/psychischen Erkrankung oder psychischen Ausnahmesituation des Zeugen bei der Tat (z. B.: Vergewaltigungsopfer).[12] Auch kann das Wahrnehmen in starkem Maße von weiteren subjektiven Bedingungen abhängen, z. B. dass die Wahrnehmung vom Täter auch von der Erwartung des Zeugen aufgrund vorheriger Erfahrungen, aufgrund von Vorurteilen oder einer besonderen Motivation abhängt. So kann z. B. der Gesichtsausdruck des Täters in der Weise wahrgenommen werden, dass er die sozialpsychologisch geprägten Einstellungen und Überzeugungen des Wahrnehmenden bestätigt und ihnen entspricht.[13] Nicht unberücksichtigt bleiben darf für die Wahrnehmung und Beschreibung des Täters das Alter des Zeugen. So können bei kindlichen Zeugen bei der Beobachtung Wahrnehmung und Fantasievorstellung ineinander übergehen.[14]

2. Die Dokumentation der ersten Wahrnehmung in den Ermittlungsakten

Vor dem ersten Wiedererkennen (z. B. im Rahmen einer Wahllichtbildvorlage) und nicht erst im Zusammenhang mit ihr sollte zeitnah eine möglichst umfassende und präzise Täterbeschreibung aufgenommen werden. Auch hier kommt den genannten Einflussfaktoren eine besondere Bedeutung zu. Das gilt auch für den Eindruck von dem Zeugen, wenn dem Vernehmenden von dem Normalen abweichende Besonderheiten des Zeugen in der Vernehmungssituation auffallen. Auch muss z. B. dokumentiert werden, ob ein Dolmetscher mitgewirkt hat. Zusätzlich kann auf der subjektiven Seite eine nicht zu unterschätzende Rolle spielen, dass der Zeuge unter einem gewissen Druck steht, weil er im Hinblick auf die genaue Beschreibung des Erscheinungsbildes die Erwartung der Polizei spürt, möglichst detailreich zu berichten und so zur Täteridentifizierung beizutragen. Andererseits kann die Zuverlässigkeit der Täterbeschreibung durch an den Zeugen gerichtete Suggestivfragen stark in Frage gestellt werden. Wird bei der Täterbeschreibung gleichzeitig ein Phantombild erstellt, ist auch dieses wegen seiner Bedeutung für das weitere Verfahren bis hin zum Revisionsgericht zu den Akten zu nehmen.

---

[9] s. dazu auch *Nöldeke*, Zum Wiedererkennen des Tatverdächtigen bei Gegenüberstellungen und Bildvorlagen, NStZ 1982, 193 (194) m.w.N.

[10] Vgl. näher *Kühne*, NStZ 1985, 252.

[11] BGH 26.5.2009 – 5 StR 57/09; KG 12.3.2012 – (4) 121 Ss 27/12 (42/12), NStZ-RR 2012, 354 (355).

[12] Vgl. zum Ganzen *Jansen* (Fn. 7), Rn. 467 ff., z. B. auch eine Intelligenzminderung.

[13] Nähere Nachweise bei *Kühne*, NStZ 1985, 252 (253); *Glatzel*, StV 2003, 189; *Jansen* (Fn. 7), Rn. 466, jeweils m.w.N.

[14] *Brause*, NStZ 2007, 505 (508 f); *Jansen* (Fn. 7), Rn. 475 ff.

IV. Das erste Wiedererkennen

1. Allgemeines

Das erste Wiedererkennen kann im Wege einer Einzelbildvorlage, einer Wahllichtbildvorlage, d. h. einer gleichzeitigen Vorlage einzelner Lichtbilder oder einer sequenziellen Vorlage der Lichtbilder, die auch durch computer-generierte Vergleichsbilder erfolgen kann, auch durch eine ggfs. verdeckte Einzel- oder Wahlgegenüberstellung, auch im Wege einer Videogegenüberstellung, stattfinden. In besonderen Fällen ist es auch zulässig, dem Tatzeugen die Auswahlpersonen durch einen venezianischen Spiegel einzeln und nacheinander zu zeigen.[15]

Manchmal sieht der Zeuge auch zufällig ein Bild des potentiellen Täters auf einem Fahndungsfoto oder in den Medien, z.B. in einer Zeitung, im Fernsehen oder im Internet. Nicht selten sind die Fälle, in denen ein an der Aufklärung der Straftat interessierter Zeuge durch Eigenrecherche z. B. bei Facebook oder sonst im Internet[16] den potentiellen Täter sucht und möglicherweise auch glaubt, ihn wiederzuerkennen. Verwertbar sind auch von einem Zeugen mit einem Handy/iPhone erstellte Videodateien.[17]

Eine ähnliche Wiedererkennungsproblematik besteht in Bußgeld- und verkehrsstrafrechtlichen Verfahren. Hier muss der Tatrichter häufig den Betroffenen anhand eines bei einer Verkehrsüberwachungsmaßnahme gefertigten Lichtbildes, Fotos oder Messvideos identifizieren.[18]

2. Durchführung der Wiedererkennungsmaßnahmen

Grundsätzlich ist zur Bestimmung des Beweiswertes der Zeugenaussage zu unterscheiden, ob der Zeuge den potentiellen Täter erstmalig nach dem Wahrnehmen zur Tatzeit als einzelne Person wahrnimmt, sei es zufällig, aufgrund einer Eigeninitiative oder auf einem ihm vorgelegten Einzellichtbild, oder ob er ihn erstmalig auf mehreren Fotos oder zusammen mit anderen Personen gegenübergestellt wird.

Bei Lichtbildvorlagen oder Gegenüberstellungen ist besonders wichtig, dass alle Auswahlfotos oder Auswahlpersonen der von dem Augenzeugen gegebenen Täterbeschreibung so gut wie unter den jeweiligen Umständen möglich entsprechen, insbesondere in Aussehen, Größe und Alter, und dass das Foto oder die Person des Tatverdächtigen sich äußerlich im Übrigen möglichst wenig von den Auswahlpersonen

---

[15] KG 13. 10. 1980 – (1) 1 StE 2/77, NStZ 1982, 215 (216).

[16] Zum Beweiswert des Wiedererkennens durch eine eigene Recherche im Internet zu Recht kritisch *Pott*, JR 2015, 462 ff.

[17] BGH 7. 1. 2016 – 2 StR 202/15, JR 2016, 542 m. Bespr.-Aufsatz *Wohlers*, 509 ff.

[18] s. dazu *Huckenbeck/Krumm*, Täteridentifizierung durch Lichtbilder in der verkehrsrechtlichen Praxis, NZV 2017, 453; BGH 31.5.2017 – 5 StR 149/17, NStZ-RR 2017, 288 m.w.N.; KG 1.8.2017 – 3 Ws (B) 158/17, NStZ-RR 2017, 387; s. auch *Himmelreich/Halm*, NStZ 2005, 323.

unterscheidet, insbesondere in der Art der Kleidung, im sonstigen Habitus, sowie dass alles vermieden wird, was eine suggestive Wirkung auf den Augenzeugen dahin haben könnte, der Täter müsse sich unter den Auswahlpersonen befinden.[19]

Bei einer Wahllichtbildvorlage sollen einem Zeugen Lichtbilder von wenigstens 8 Personen vorgelegt werden. Das entspricht auch Nummer 18 RiStBV. Dabei ist es vorzugswürdig, ihm diese nicht gleichzeitig sondern nacheinander – sequenziell – vorzulegen oder bei Einsatz von Videotechnik vorzuspielen.[20]

Für die Wahlgegenüberstellung gilt grundsätzlich, dass dem Zeugen nicht nur der Beschuldigte, sondern zugleich „eine Reihe" anderer Personen (Nr. 18 RiStBV) gleichen Geschlechts, ähnlichen Alters und Größe sowie ähnlichen Erscheinungsbildes (z. B. Haartracht und Habitus, Art der Kleidung) gegenüber zu stellen sind,[21] wobei eine Zahl von mindestens 8 Vergleichszeugen empfehlenswert ist.[22]

3. Dokumentation

a) Alle für die Beurteilung des Wiedererkennungsaktes maßgeblichen Umstände des Hergangs der Lichtbild- oder Personengegenüberstellung sind in möglichst umfassender Weise zu dokumentieren. Dies gilt namentlich für den Hergang der Lichtbildvorlage und der Gegenüberstellung. Die Reaktionen und Bekundungen des Augenzeugen sowie die Fragen oder Hinweise der Vernehmenden sollen möglichst wortgetreu festgehalten werden. Gegen die Aufnahme der Gegenüberstellung eines Beschuldigten mit einem Video-Gerät (vgl. § 81b StPO) bestehen keine verfassungsrechtlichen Bedenken.[23]

b) Werden zur Auswahl und Eingrenzung des Kreises der möglichen Tatverdächtigen dem Augenzeugen Lichtbilder vorgelegt, sind alle vorgelegten Bilder bzw. originalgetreue Abzüge grundsätzlich den Akten beizufügen. Ist die Beifügung der Lichtbilder in Ausnahmefällen nicht möglich, beispielsweise weil es sich um eine Vielzahl von Bildern handelt (Lichtbilderkartei der Polizei), so sind die vorgelegten Lichtbilder bzw. Karteiteile in den Akten so genau zu bezeichnen, dass sie bei Bedarf beigezogen und dadurch der Beurteilung durch den Tatrichter zugänglich gemacht werden.[24]

---

[19] Vgl. z.B. OLG Karlsruhe 17.3.1983 – 3 HEs 77/83, NStZ 1983, 377 (378).

[20] Std. Rspr.: BGH 9.11.2011 – 1 StR 524/11, NStZ 2012, 172 m.w.N.; generell zur sequenziellen Vorlage *Odenthal*, NStZ 2001, 580.

[21] BGH 24.2.1994 – 4 StR 317/93, BGHSt 40, 66 (68) = NJW 1994, 1807; BGH 17.3.1982 – 3 StR 793/81, NStZ 1982, 342; zum Ganzen auch *Nöldeke*, NStZ 1982, 193 m.w.N.

[22] BGH 9.11.2011 – 1 StR 524/11, NStZ 2012, 172 (173).

[23] BVerfG 27.9.1982 – 2 BvR 1199/82, NStZ 1983, 84.

[24] Vgl. zum Ganzen OLG Karlsruhe 17.3.1983 – 2 HEs 77/83, NStZ 1983, 377 (278) m.w.N.; s. auch *Nöldeke*, NStZ 1982, 193 (194).

c) Neben den Äußerungen des Augenzeugen zum Sicherheitsgrad der Wiedererkennung („80 % Wahrscheinlichkeit") sind auch in der Person des Augenzeugen liegende und für den Vernehmenden erkennbare Besonderheiten oder Auffälligkeiten (z. B. psychische Verfassung) aufzunehmen.[25]

4. Der Beweiswert des ersten Wiedererkennens

a) Ausschlaggebende Bedeutung

In der Hauptverhandlung sieht der Zeuge den Angeklagten wieder. Diesem Wiedererkennen ist regelmäßig nach der Täterwahrnehmung zumindest ein Wiedererkennen, z. B. Einzel- oder Wahllichtbildvorlage, häufig aber mehrere Wiedererkennungssituationen (z. B. zusätzliche Gegenüberstellung, zweite Wahllichtbildvorlage), also ein wiederholtes Wiedererkennen, vorausgegangen. Weil bei jedem wiederholten Erkennen das ursprüngliche Erinnerungsbild von dem bei der ersten Wiedererkennungssituation als Täter wiedererkannten Beschuldigten überlagert und insoweit verfälscht werden kann,[26] und dem wiederholten Wiedererkennen deshalb wegen dieser Überlagerung des ursprünglichen Erinnerungsbildes nur eine zusätzlich deutlich verminderte Verlässlichkeit zukommt,[27] kommt es ausschlaggebend auf die ersten Wiedererkennen an. Dem ersten Wiedererkennen kommt deshalb – bei fehlerfreier Durchführung der Wiedererkennungsmaßnahme – ein hoher Beweiswert zu,[28] weil nur das erste Wiedererkennen unverfälscht das Ergebnis des vom Zeugen angestellten Vergleichs zwischen seiner Erinnerung über die Wahrnehmung der Tat und seiner Wahrnehmung bei der Lichtbildvorlage oder der Gegenüberstellung erbringt.

b) Geringerer Beweiswert bei fehlerhafter Durchführung

aa) Für alle Wiedererkennungsmaßnahmen

Bei jeder Wiedererkennungsmaßnahme ist entscheidend: Fehler bei ihrer Durchführung sind in der Regel nicht wieder gutzumachen und beeinträchtigen den Beweiswert des Wiedererkennens als Beweismittel für das gesamte Verfahren.[29] Erfolgt das erste Wiedererkennen z. B. in einer Form, die dem kriminalistischen Erfahrungs-

---

[25] MüKo-StPO/*Maier*, Bd. I, 2014, § 88 Rn. 62.
[26] BGH 21.7.2009 – 5 StR 235/09, NStZ 2010, 53 (54) – Fahndungsfoto; BGH 28.6.1961 – 2 StR 194/61, BGHSt 16, 204 (205) = NJW 1961, 2070; *Nöldeke*, NStZ 1982, 193 m.w.N.; *Brause*, NStZ 2007, 505 (509); *Odenthal*, StV 2012, 683 (684) m.w.N.
[27] BGH 25.9.2012 – 5 StR 372/12, NStZ-RR 2012, 381; BGH 25.1.2006 – 5 StR 593/05, NStZ-RR 2006, 212.
[28] OLG Karlsruhe 17.3.1983 – 3 HEsw 77/83, NStZ 1983, 377 m. Anm. *Odenthal*, NStZ 1984, 137 m.w.N.; MüKo-StPO/*Maier* (Fn. 25), § 58 Rn 58; *Odenthal*, NStZ 1985, 433.
[29] BGH 28.6.1961 – 2 StR 194/61, BGHSt 16, 204 (206); OLG Karlsruhe 17.3.1983 – 3 Hes 77/83, NStZ 1983, 377.

satz widerspricht, dass wegen der Suggestivwirkung, die sehr stark von dem Wissen geprägt sein kann, der zu Identifizierende werde bereits von den Ermittlungsbehörden als Täter verdächtigt, oder entspricht die Wiedererkennungsmaßnahme nicht den Erfordernissen des subjektiven Auswahlverfahrens,[30] kann ein solcher Fehler nach allgemein überzeugender Meinung auch später durch eine weitere regelrechte Wiedererkennung nicht mehr korrigiert werden.[31] Deshalb stellt sich bei der fehlerhaften Durchführung der Wiedererkennung[32] die Frage, ob das Ergebnis einer solchen Wiedererkennung unverwertbar ist, oder ob ihm nur ein möglicherweise stark eingeschränkter Beweiswert zukommt. Abzulehnen ist die Auffassung, dass der Wiedererkennung bei einer fehlerhaften Durchführung gar kein Beweiswert zukommt.[33] Nach einhelliger Auffassung in der Rechtsprechung gilt, dass dem Ergebnis eines fehlerhaft durchgeführten Wiedererkennungsverfahrens jedenfalls ein geringer, mitunter – je nach Fehler – nur äußerst geringer Beweiswert zukommt.[34]

Eine das Wiedererkennen stark beeinträchtigende Fehlerquelle kann schon vor der einzelnen Wiedererkennungsmaßnahme liegen, nämlich z. B. dann, wenn der Zeuge Umstände wahrnimmt, die den Angeklagten als Verdächtigen erscheinen lassen. So sollte z. B. in der Dienststelle der Polizei kein für den Augenzeugen vor seiner Gegenüberstellung sichtbares Fahndungsplakat aufgehängt sein.[35] Auch sollte ausgeschlossen werden, dass sich Wiedererkennungszeugen, die ein Fahndungsfoto in der Polizeidienststelle gesehen haben, vor der Einsichtnahme in die Lichtbildauswahl über ihre Wahrnehmungen unterhalten können. Dass der Zeuge den Verdächtigen schon vor der Gegenüberstellung in einer auffallenden Weise, etwa in Begleitung eines Polizeibeamten oder in Handschellen sehen kann, ist zu verhindern.[36]

bb) Fehlerhafte Einzelbildvorlage

Eine Einzellichtbildvorlage ist wegen der suggestiven Wirkung, die von dem Wissen ausgeht, dass der zu Identifizierende als Täter verdächtigt wird,[37] zur Wiedererkennung regelmäßig ungeeignet.[38]

---

[30] Vgl. BGH 21.7.2009 – 5 StR 235/09, NStZ 2010, 53 (54); Beispiel „Schöne Augen": BGH 19.11.1997 – 2 StR 470/96, NStZ 1998, 266 (267); *Köhnken/Sporer*, Identifizierung von Tatverdächtigen durch Augenzeugen, 1990, S. 163 ff.

[31] MüKo-StPO/*Miebach*, Bd. II, 2016, § 261 Rn. 250 ff. m.w.N.

[32] Vgl. BGH 17.3.1982 – 2 StR 793/81, NStZ 1982, 342; MüKo-StPO/*Maier* (Fn. 25), § 58 Rn. 58.

[33] *Odenthal*, Die Gegenüberstellung im Strafverfahren, 2. Aufl. 1992, S. 106 ff. m.w.N.

[34] s. BGH 29.11.2016 – 2 StR 472/16, NStZ-RR 2017, 90 (91); BGH 21.7.2009 – 5 StR 235/09, NStZ 2010, 53 (54).

[35] s. BGH 29.11.2016 – 2 StR 472/16, NStZ-RR 2017, 90 (91); BGH 21.7.2009 – 5 StR 235/09, NStZ 2010, 53 (54).

[36] BGH 28.6.1961 – 2 StR 194/61, BGHSt 16, 204 ff. m.w.N.; MüKo-StPO/*Miebach* (Fn. 31), § 261 Rn. 264 m.w.N.

[37] MüKo-StPO/*Maier* (Fn. 25), § 58 Rn. 57.

cc) Fehlerquelle Wahllichtbildvorlage

Bei einer Wahllichtbildvorlage sollen einem Zeugen Lichtbilder von wenigstens 8 Personen vorgelegt werden.[39] Auch wenn der Zeuge angibt, eine Person als den Täter erkannt zu haben, sollten ihm – wie auch bei der Lichtbildvorlage – die weiteren Vergleichspersonen gezeigt werden, denn zum einen kann der Zeuge dadurch etwaige Unsicherheiten in seiner Beurteilung erkennen, zum anderen wird der Beweiswert der Wiedererkennung gesteigert. Dabei ist es vorzugswürdig, ihm diese nicht gleichzeitig. sondern nacheinander (sequenziell)[40] vorzulegen oder (bei Einsatz von Videotechnik)[41] zu zeigen.

Die überflüssige Mitteilung, in der Bildserie befinde sich das Bild des Verdächtigen, stellt (gerade noch) keine unzulässige Suggestion des Tatzeugen dar, es sei denn, dass die Unbefangenheit des Zeugen beim Wiedererkennungsvorgang durch Hinzutreten weiterer Umstände unsachgemäß in eine bestimmte Richtung gelenkt wird.

Allerdings hat der BGH darauf hingewiesen, dass es sich von selbst versteht, dass darüber hinausgehende Kommentare seitens der Vernehmungsbeamten das Ergebnis einer Wiedererkennungsleistung entscheidend entwerten können, z.B. durch einen besonderen Hinweis auf das Lichtbild des Tatverdächtigen[42] oder durch fehlerhafte Ausgestaltung von Lichtbildbögen, so z.B., wenn das Lichtbild des Verdächtigen größer ist als die übrigen.[43]

Wird die Wahlbildvorlage vor der Vorlage bzw. beim Vorspielen von acht Lichtbildern abgebrochen, weil der Zeuge erklärt hat, eine Person wiedererkannt zu haben, macht dies das Ergebnis der Wahllichtbildvorlage zwar nicht wertlos, kann aber ihren Beweiswert deutlich mindern.[44]

Immer häufiger werden bei der Wahllichtbildvorlage als Vergleichsbilder computergenerierte Bilder nicht existierender Personen verwendet.[45] Hierbei werden Lichtbilder existierender Personen zur Erstellung von Vergleichsbildern so verfremdet, dass die ursprünglich abgebildete Person auf dem Vergleichsbild nicht mehr zu er-

---

[38] BGH 8.12.2016 – 2 StR 480/16, NStZ-RR 2017, 91 m.w.N.; so schon BGH 17.3.1982 – 2 StR 793/81, NStZ 1982, 342.

[39] BGH 9.11.2011 – 1 StR 524/11, NStZ 2012, 283 m.w.N.

[40] BGH 19.3.2013 – 5 StR 79/13, NStZ 2013, 725; BGH 9.3.2000 – 4 StR 513/00, NStZ 2000, 419 m.w.N.; BGH 14.4.2011 – 4 StR 501/11, NStZ 2011, 648; vgl. MüKo-StPO/*Miebach* (Fn. 31), § 261 Rn. 264; vgl. *Odenthal*, StV 2012, 683; *ders.*, NStZ 2001, 580 ff.).

[41] BGH 9.11.2011 – 1 StR 524/11, NJW 2012, 791 = NStZ 2012, 283 = JR 2012, 167 m. Anm. *Eisenberg; Bender/Nack/Treuer*, Tatsachenfeststellung vor Gericht, 3. Aufl. 2007, Rn. 1257, 1251 m.w.N.

[42] BGH 7.1.1993 – 4 StR 588/92, StV 1993, 234.

[43] BGH 19.11.1997 – 2 StR 470/97, NStZ 1998, 266.

[44] BGH 9.11.2011 – 1 StR 524/11, NStZ 2012, 172; vgl. *Odenthal*, StV 2012, 683.

[45] s. dazu im Einzelnen *Odenthal*, StV 2012, 683 (686).

kennen ist. Die digitale Herstellung von Vergleichsbildern beinhaltet zudem die Möglichkeit, den Grad der Ähnlichkeit durch vorgegebene besonders ungewöhnliche Merkmale zu beeinflussen. Das macht es je nach Beweislage erforderlich, dass das Gericht die Überprüfung des Zustandekommens einer Identifizierung auch darauf erstrecken muss, nach welchen Kriterien die Vergleichsbilder ausgewählt worden sind.[46]

dd) Fehlerquelle Wahlgegenüberstellung

Auch bei einer Wahlgegenüberstellung wird der Beweiswert des Wiedererkennens nicht schon dadurch gemindert, dass dem Zeugen vorher gesagt worden ist oder ihm der Eindruck vermittelt wurde, er könne davon ausgehen, dass sich unter den Gegenübergestellten auch der Tatverdächtige befinde.[47] Im Übrigen ist auf die Fehlerquellen bei der Wahllichtbildvorlage zu verweisen.

V. Wiederholtes Wiedererkennen

1. Fragwürdige Verlässlichkeit

Nach den gesicherten Erkenntnissen der kriminalistischen Praxis ist die Verlässlichkeit eines erneuten Wiedererkennens fragwürdig, weil es durch das vorangegangene Wiedererkennen beeinflusst werden kann; in der Regel wird der beim ersten Wiedererkennen gewonnene Eindruck das ursprüngliche Erinnerungsbild überlagern.[48]

Weil nur das erste Wiedererkennen das Ergebnis des vom Zeugen angestellten Vergleichs zwischen seiner Erinnerung über die Wahrnehmung bei der Tat und seiner Wahrnehmung bei dem ersten Wiedererkennen (z. B. Lichtbildvorlage, Gegenüberstellung) unverfälscht erbringt, stellt sich die Frage nach dem Beweiswert eines wiederholten oder mehrfachen Wiedererkennens.

Zu weitgehend ist die Auffassung, dass ein revisibler Erfahrungssatz, dass dem wiederholten Wiedererkennen gar kein Beweiswert zukommt, besteht und deshalb

---

[46] *Odenthal*, StV 2012, 683 (686) m.w.N.

[47] BGH 14.4.2011 – 4 StR 501/10, NStZ 2011, 648 (649) m.w.N.

[48] So schon BGH 28.6.1961 – 2 StR 194/61, BGHSt 16, 204 m.w.N; seitdem ständige Rspr.; OLG Brandenburg 25.1.2017 – (1) 53 SS 74/16 (1/17), StV 2017, 663; OLG Köln 13.12.1991 – Ss 379/91, StV 1992, 412. Dazu ausführlich MüKo-StPO/*Miebach* (Fn. 31), § 261 Rn. 262 ff.; *Odenthal* (Fn. 33), S. 106 ff.; *Brause* NStZ 2007, 505 (509) m.w.N; zu der ähnlichen Problematik, dass auch bei Akteneinsicht des Nebenklägers vor seiner Zeugenaussage in der Hauptverhandlung die Gefahr besteht, dass die Erinnerung an selbst erlebtes Geschehen und die Erinnerung an den Inhalt der Äußerung hierüber sich so vermischt haben, dass bei der späteren Zeugenaussage eine Unterscheidung erschwert oder gar unmöglich ist, weil jede Aktivierung des Gedächtnisinhalts auch zu dessen Konsolidierung führt: s. m.w.N. *Miebach*, NStZ-RR 2016, 329 (331, 332).

dem wiederholten Wiedererkennen jeder Beweiswert abzusprechen ist. Diesem Wiedererkennen komme auch dann kein Beweiswert zu, wenn der Tatrichter das wiederholte Wiedererkennen als Bestätigung der ersten Identifizierung berücksichtigt, weil auch dies nicht mit kriminalistischen Erkenntnissen zu vereinbaren sei.[49] Denn eine Bestätigung könne das wiederholte Wiedererkennen nur dann sein, wenn ihm ein – wenn auch geringfügiger – eigener Beweiswert zukommt. Jedes dem ersten nachfolgende weitere Wiedererkennen sei aber völlig wertlos, weil eine Beeinflussung durch die erste Identifizierung niemals ausgeschlossen werden könne.[50] Die Anführung des wiederholten Wiedererkennens als „Bestätigung" sei zwar solange unbedenklich, wie sich aus den Urteilsgründen ergebe, dass der Tatrichter schon aufgrund des ersten Wiedererkennens seine Überzeugung gewonnen habe. Ergebe sich aber, dass das Gericht noch letzte Zweifel gehabt hat, die erst durch die Bestätigung des ersten Wiedererkennens bei einer wiederholten Gegenüberstellung ausgeräumt worden sind, sei das Urteil mit diesem Erfahrungssatz über den Beweiswert des wiederholten Wiedererkennens nicht zu vereinbaren. Der BGH hat dazu ausgeführt, dass eine Bestätigung sicheren Wiedererkennens zwar keinen beträchtlich vertieften Beweiswert hat, jeder Zweifel des Zeugen im Rahmen der persönlichen Konfrontation mit dem Angeklagten in der Hauptverhandlung Anlass zu kritischer Hinterfragung der ausschlaggebenden ersten Wiedererkennung gibt.[51]

2. Eingeschränkter Beweiswert

Nach der Rechtsprechung und der ganz überwiegenden Meinung im Schrifttum kommt dem wiederholten Wiedererkennen ein je nach den Besonderheiten der Beweislage abzustufender mehr oder weniger eingeschränkter Beweiswert zu. Entscheidender Beweiswert kann einem wiederholten Wiedererkennen allerdings in Fällen nicht beigemessen werden, in denen weitere wesentliche Beweismittel nicht zur Verfügung stehen oder das wiederholte Wiedererkennen nur herangezogen wird, um Zweifel aufgrund der ersten Identifizierung auszuräumen.[52]

Im Folgenden stehen dazu Entscheidungen aus der neueren Rechtsprechung im Vordergrund,[53] in denen der Zeuge bei allen Wiedererkennungen den Täter identifiziert hat oder aber nicht eindeutiges oder widersprüchliches Wiedererkennen vorliegt.[54]

Für alle Fallgruppen gilt, dass der Tatrichter die Ermittlung des Beweiswerts regelmäßig in einer eingehenden Beweiswürdigung – in einer durch das Revisionsge-

---

[49] Dazu ausführlich *Odenthal* (Fn. 33), S. 106 ff.
[50] So auch *Schweling*, MDR 1969, 179.
[51] BGH 15.5.2013 – 5 StR 123/13.
[52] Vgl. dazu BGH 4.3.1997 – 1 StR 778/96, NStZ 1997, 355; MüKo-StPO/*Maier* (Fn. 25), § 58 Rn. 69.
[53] s. dazu *Miebach*, NStZ-RR 2014, 233 (236) und NStZ 2016, 329 (333).
[54] s. dazu *Odenthal* (Fn. 33), S. 108 ff.

richt nachvollzieh- und nachprüfbaren Weise – darzulegen und zu bestimmen hat.[55] Das Gericht muss in den Urteilsgründen in jedem Fall insbesondere deutlich machen, ob ihm die Gefahr bewusst war, dass ein Zeuge in der Hauptverhandlung den Angeklagten nicht in seinem Erscheinungsbild mit dem Täter verglichen hat, sondern mit der von ihm schon vorher z. B. anlässlich einer Wahllichtbildvorlage oder Gegenüberstellung identifizierten Person.[56] Es muss alle objektiven und subjektiven Wahrnehmungsbedingungen des Zeugen problematisieren und erkennbar machen und im Einzelnen begründen, worauf es seine Überzeugung von der Glaubhaftigkeit der Aussage und der Schuld des Angeklagten oder seiner Unschuld in Fällen stützt, in denen der Zeuge den Täter nicht wiedererkennt, Zweifel an seiner Wiedererkennung hat oder den Angeklagten als Täter identifiziert hat, das Gericht aber aufgrund einer Gesamtschau aller Umstände gleichwohl oder nicht von der Schuld des Angeklagten überzeugt ist. Bei der Beurteilung der Wiedererkennungsleistung hat das Gericht einen gewissen Spielraum, z. B. darf es dem Umstand, dass die Täterbeschreibung des Opfers nicht auf den Angeklagten passt, nicht jeglichen Beweiswert absprechen.[57]

Dazu folgende Fälle, die beispielhaft die für die Praxis bestehenden Probleme der Überzeugungsbildung bei der Wiedererkennung deutlich machen und die Antwort auf die am Ende des ersten Kapitels aufgeworfene Frage geben.

a) Durchgehendes Wiedererkennen

aa) Stützt sich das Gericht in der Hauptverhandlung auf ein Wiedererkennen des Angeklagten als Täter, muss es im Urteil mitteilen, ob und ggfs. an welche Identifizierungsmerkmale der Zeuge sein Wiedererkennen geknüpft hat.[58] Die Urteilsgründe müssen eine genaue Wiedergabe der Bekundungen des Tatzeugen zur Begründung seiner Wiedererkennung enthalten. Deshalb ist der Tatrichter regelmäßig aus sachlich-rechtlichen Gründen verpflichtet, die Angaben des Zeugen zur Täterbeschreibung zumindest in gedrängter Form wiederzugeben und diese Täterbeschreibung zum Äußeren und zum Erscheinungsbild des Angeklagten zu seiner Aussage des Zeugen in der Hauptverhandlung in Beziehung zu setzen. Während die Übereinstimmung in einigen auffallenden Merkmalen eine Wiedererkennung überzeugend absichern kann, sprechen unüberbrückbare Widersprüche zwischen Täterbeschreibung und den Merkmalen der als wiedererkannt geglaubten Person gegen die Richtigkeit des Wiedererkennens.[59] Der Tatrichter darf sich auch nicht auf die subjektive Gewiss-

---

[55] Eingehend und m.w.N. BGH 29.11.2016 – 2 StR 472/16, NStZ-RR 2017, 90; s. dazu MüKo-StPO/*Wenske* (Fn. 31), § 267 Rn. 269 m.w.N.

[56] BVerfGE 30.4.2003 – 2 BvR 2045/02, NStZ-RR 2003, 299 (302); BGH 27.2.1996 – 4 StR 6/96, NStZ 1996, 350 (351) m.w.N.

[57] BGH 26.7.2017 – 2 StR 132/17.

[58] BGH 31.5.2017 – 5 StR 149/17, NStZ-RR 2017, 288.

[59] MüKo-StPO/*Maier* (Fn. 25), § 58 Rn. 70.

heit des Zeugen beim ersten Wiedererkennen[60] eines ihm bislang unbekannten Täters verlassen, sondern muss anhand objektiver Kriterien nachprüfen, welche Beweisqualität dieses Wiedererkennen hat, insbesondere wenn der Täter maskiert war[61] oder der Zeuge eine ihm vorher unbekannte Person nur kurze Zeit beobachten konnte,[62] und dies in den Urteilsgründen für das Revisionsgericht nachvollziehbar darlegen. Darüber hinaus sind in den Urteilsgründen auch diejenigen Gesichtspunkte niederzulegen, auf denen die Folgerung des Tatrichters beruht, dass insoweit tatsächlich Übereinstimmung besteht.[63] Bei der Würdigung einer zusammenfassenden Wertung eines Zeugen zur Identifizierung des Angeklagten kommt es auch auf die dieser Wertung zugrundeliegenden, von dem Zeugen mehr oder weniger substantiierten Tatsachen an, also darauf, welche äußeren Merkmale für das Wiedererkennen maßgebend waren.[64]

bb) Beruht das erste Wiedererkennen auf einem Foto, z. B. einem Messfoto,[65] einem Foto aus einer Zeitung[66] oder aus anderen Medien oder auf einem Bild, das der Zeuge durch eigene Recherche im Internet gesehen hat,[67] auf einem Fahndungsaushang[68] oder einem Standbild aus einer Videoaufzeichnung[69] oder einem Phantombild[70], besteht die naheliegende Möglichkeit, dass bei dem Zeugen die originäre Erinnerung schon durch das einzelne Foto „überschrieben" worden ist. Bestehen bereits nach Inhalt oder Qualität des Fotos Zweifel an seiner Erinnerung als Grundlage für eine Identifizierung, ist die tatrichterliche Überzeugung von der Identität des Angeklagten mit einer bildlich erfassten Person anhand von Einzelmerkmalen des Erscheinungsbildes zu belegen. Dabei muss sich das Gericht mit der Ergiebigkeit des Bildes und seiner Eignung als Identifizierungsgrundlage umso intensiver auseinandersetzen, je schlechter die Bildqualität ist.[71]

cc) Das Urteil muss Ausführungen dazu enthalten, ob das erste Wiedererkennen auf einer Einzellichtbildvorlage oder einer Wahllichtbildvorlage beruht; wegen der

---

[60] Vgl. *Odenthal*, NStZ 1985, 433 (435 ff.); OLG Koblenz 28. 9. 2000 – 2 Ss 216/00, NStZ-RR 2011, 110.

[61] s. KK-StPO/*Ott*, 7. Aufl. 2013, § 261 Rn. 29d m.w.N.

[62] BGH 8. 12. 2016 – 2 StR 480/16, NStZ-RR 2017, 91 m.w.N.

[63] BGH 29. 11. 2016 – 2 StR 472/16, NStZ-RR 2017, 90; BGH 17. 2. 2016 – 4 StR 412/15; vgl. BGH 9. 10. 1991 – 3 StR 178/91.

[64] BGH 17. 2. 2016 – 4 StR 412/15; BGH 9. 10. 1991 – 3 StR 178/91.

[65] s. dazu ausführlich *Huckenbeck/Krumm*, NZV 2017, 453 ff.

[66] BGH 29. 11. 2016 – 2 StR 472/16, NStZ-RR 2017, 90 (91); BGH 19. 3. 2013 – 5 StR 79/13, NStZ 2013, 725.

[67] Zu Recht kritisch *Pott*, JR 2015, 462 ff.

[68] BGH 19. 3. 2013 – 5 StR 79/13, NStZ 2013, 725; BGH 21. 7. 2009 – 5 StR 235/09, NStZ 2010, 53 (54).

[69] Dazu BGH 31. 5. 2017 – 2 StR 149/17, NStZ-RR 2017, 288.

[70] BGH 26. 7. 2017 – 2 StR 132/17.

[71] BGH 31. 5. 2017 – 5 StR 149/17, NStZ-RR 2017, 288 m.w.N.; BGH 19. 12. 1995 – 4 StR 170/95, BGHSt 41, 376 (384).

damit verbundenen erheblichen Suggestivwirkung kommt dem Wiedererkennen aufgrund einer Einzellichtbildvorlage ein deutlich geringerer Beweiswert zu.[72] Bei einer – erneuten – Identifizierung des Angeklagten durch den Zeugen in der Hauptverhandlung muss das LG in Betracht ziehen, dass insoweit eine verstärkte Suggestibilität der Identifizierungssituation besteht.[73] Der Beweiswert wird weiter erheblich gemindert, wenn einer Einzellichtbildvorlage eine Einzelgegenüberstellung folgt.[74] Es muss nachvollziehbar werden, ob und ggfs. mit welcher Begründung der Zeuge den Angeklagten bei der ersten Gegenüberstellung wiedererkannt hat.[75] Dabei ist auch beweiswürdigend zu berücksichtigen, ob der Wiedererkennungszeuge bewusst oder unbewusst weiteren Einflussfaktoren ausgesetzt war.[76] Das Gericht muss in den Urteilsgründen auch erkennen lassen, dass es sich der Mängel einer fehlerhaften Gegenüberstellung und der dadurch bedingten Beeinträchtigung bewusst war. Ein etwas höherer Beweiswert kann einer solchen Gegenüberstellung allenfalls beigemessen werden, wenn der Zeuge den Beschuldigten schon lange kannte oder wiederholt mit ihm zusammentraf.[77]

b) Widersprüchliches Wiedererkennen

Erkennt der Zeuge den Angeklagten schon bei einzelnen Wiedererkennungsmaßnahmen oder in der Hauptverhandlung nicht wieder, stellt dies einen gewichtigen Umstand dar, der gegen die Zuverlässigkeit einer früheren oder späteren Identifizierung durch den Zeugen sprechen könnte.[78] Aus den Urteilsgründen muss in diesen Fällen erkennbar werden, dass der Tatrichter alle Umstände jeder Identifizierung oder Nichtwiedererkennung gesehen hat.

aa) Die Strafkammer hatte ihr den Angeklagten verurteilendes Erkenntnis im Wesentlichen auf die Wiedererkennung des Angeklagten durch die Zeugin gestützt. Der BGH hat das Urteil aufgehoben, weil die Strafkammer nicht hinreichend bedacht hatte, dass aufgrund erheblicher Mängel der Wiedererkennungsleistung der Zeugin nur ein äußerst geringer Beweiswert zukommt, weil die Zeugin den Angeklagten lediglich auf einer Einzelbildvorlage erkannt hatte, ihn aber bei der sequenziellen Lichtbildvorlage und der Videogegenüberstellung nicht zu identifizieren vermochte.

---

[72] BGH 30.3.2016 – 4 StR 102/16, NStZ-RR 2016, 223; BGH 25.9.2012 – 5 StR 372/12, NStZ-RR 2012, 381: „äußerst geringer Beweiswert".

[73] BGH 29.11.2016 – 2 StR 472/16, NStZ-RR 2016, 90 m.w.N.; s. auch BGH 25.9.2012 – 5 StR 372/12, NStZ-RR 2012, 381; BGH 28.6.1961 – 2 StR 194/61, BGHSt 16, 204 (205 f.); vgl. ferner BGH 19.11.1997 – 2 StR 470/97, BGHR StPO § 261 Identifizierung 13; BVerfG 30.4.2003 – 2 BvR 2045/02, NStZ-RR 2003 (302); vgl. dazu BGH 21.7.2009 – 5 StR 235/09, NStZ 2010, 53; BGH 1.10.2008 – 5 StR 439/08, BGHR StPO § 261 Identifizierung 17.

[74] BGH 19.11.1997 – 2 StR 470/96, NStZ 1998, 266 m.w.N.

[75] MüKo-StPO/*Maier* (Fn. 25), § 58 Rn. 63 m.w.N.

[76] MüKo-StPO/*Miebach* (Fn. 31), § 261 Rn. 258 m.w.N.

[77] Vgl. dazu *Nöldeke*, NStZ 1982, 193.

[78] BGH 17.3.2005 – 4 StR 581/04; MüKo-StPO/*Miebach* (Fn. 31), § 261 Rn. 263 m.w.N.

Dies hätte Zweifel an ihrer Fähigkeit zur Wiedererkennung des Täters wecken und Anlass zu der naheliegenden Annahme geben müssen, die Zeugin könne durch den mit der Einzelbildvorlage verbundenen suggestiven Effekt beeinflusst worden sein. Durch die anlässlich der Einzelbildvorlage geäußerte Einschätzung der Zeugin, sie sei sich hinsichtlich der Identifizierung zu 85 % sicher, werde die Verlässlichkeit der Wiedererkennung nicht gesteigert, sondern zusätzlich herabgesetzt. Angesichts des danach gravierend verringerten Beweiswerts der Identifizierung des Angeklagten, auf die das Landgericht seine Überzeugung maßgeblich gestützt hat, fehlt es insgesamt an einer ausreichenden Tatsachengrundlage, die den Schluss auf die für die Überzeugungsbildung erforderliche hohe Wahrscheinlichkeit der Täterschaft des Angeklagten zugelassen hätte.[79]

bb) Die Zeugin hat den Angeklagten bei einer Wahllichtbildvorlage von 8 Vergleichsfotos auf dem Foto Nr. 6 (von Juli 2011) als den Täter wiedererkannt. Unter den Fotos befand sich unter der Nr. 1 auch ein Foto von dem eineiigen Zwillingsbruder des Angeklagten. In der Hauptverhandlung konnte die Zeugin keine Aussage darüber treffen, ob der Angeklagte oder dessen Zwillingsbruder der Täter gewesen war. Im Berufungsverfahren wurde erneut eine Wahllichtbildvorlage durchgeführt, bei der ein Passfoto des Angeklagten von August 2014 verwendet wurde. Bei dieser Gelegenheit hat die Zeugin den Angeklagten aus 8 Vergleichsfotos, unter denen auch ein Bild des Zwillingsbruders war, wiedererkannt, in der Hauptverhandlung vor dem Berufungsgericht dagegen nicht. Das OLG Brandenburg[80] hat ausgeführt, dass schon ein Nichtwiedererkennen in der Hauptverhandlung gegen die Zuverlässigkeit der früheren Identifizierung im Ermittlungsverfahren spreche. Zwar könne auch diese Vermutung widerlegt werden, jedoch seien auch hier erhöhte Anforderungen an die Beweiswürdigung zu stellen. Dies gelte insbesondere, wenn – wie hier – eineiige Zwillinge als Täter in Frage kommen. Wird nicht die stets zuverlässigere Gegenüberstellung, sondern eine Wahllichtbildvorlage gewählt, sei erforderlich, dass die verwendeten Lichtbilder von Zwillingen in einem engen zeitlichen Abstand sowohl zueinander als auch zur Tatzeit gefertigt worden sind. Nur so können sie für eine vergleichende Betrachtung tauglich sein. Auch eher pauschal gehaltene Unterscheidungsmerkmale zwischen dem Angeklagten und dem Zwillingsbruder, die zudem in den Urteilsgründen nur allgemein beschrieben worden sind, seien nicht geeignet, um die durch das vorherige zweimalige Nichtwiedererkennen des Täters bestehenden Zweifel an der Zuverlässigkeit des Wiedererkennens bei den polizeilichen Wahllichtbildvorlagen auszuräumen.

cc) Die Zeugen P. und H. hatten den unmaskierten Täter noch am Tattag ausführlich beschrieben, ihn allerdings bei einer Lichtbildvorlage mit über 200 Lichtbildern nicht wiedererkannt. Beide Zeugen identifizierten bei einer weiteren Vorlage von 6 Lichtbildern den Mittäter R., der dem Angeklagten recht ähnlich sieht, als einen

---

[79] BGH 25. 9. 2012 – 5 StR 372/12, NStZ-RR 2012, 381 (382); BGH 21. 7. 2009 – 5 StR 235/09, NStZ 2010, 53. jeweils m.w.N.

[80] OLG Brandenburg 25. 1. 2017 – (1) 53 Ss 74/16 (1/17), StV 2017, 663.

der beiden Täter wieder. Bei einer weiteren Lichtbildvorlage mit 7 verschiedenen Lichtbildern im Passbildformat erkannte der Zeuge P. den Angeklagten mit 80-prozentiger Wahrscheinlichkeit wieder, zum vollständigen Abgleich seiner Erinnerung habe aber der Gesamteindruck gefehlt. In einer während der Hauptverhandlung durchgeführten – ausgelagerten – polizeilichen Gegenüberstellung hat der Zeuge P. den Angeklagten mit 100-prozentiger Wahrscheinlichkeit wiedererkannt, ebenso hatte er den Angeklagten danach in der fortgesetzten Hauptverhandlung zweifelsfrei wiedererkannt. Der BGH[81] hat das verurteilende Erkenntnis des Landgerichts aufgehoben, weil das Landgericht, das auf eine Gesamtschau der konstanten und in sich stimmigen Aussagen des Zeugen P. bei der Polizei und in der Hauptverhandlung abgestellt, die Problematik der suggestiven Wirkung früherer Wahrnehmungen auf das jeweils spätere Wiedererkennen[82] aber nicht ausreichend bedacht hatte. Soweit es – im Ansatz zutreffend – maßgeblich auf das erste Wiedererkennen auf dem Lichtbild abstellt hatte, hat es nicht näher erörtert, dass der Zeuge P. wegen des ihm fehlenden körperlichen Gesamteindrucks lediglich eine Sicherheit von 80 % angeben konnte. Auf die – ohne Beeinflussung durch Lichtbilder – weitgehend mit dem Erscheinungsbild des Angeklagten in der Hauptverhandlung übereinstimmenden ersten Beschreibung der Zeugen P. und H. hat das Landgericht seine Überzeugung nicht gestützt. Der BGH war bei dem hier vorliegenden Fehlen offensichtlicher Identifizierungsmerkmale nicht in der Lage, dem Zusammenhang der Urteilsgründe eine sichere Tatsachengrundlage für die Überzeugung des Landgerichts von der Täteridentifizierung zu entnehmen. Darüber hinaus sei, was in einem solchen Fall erforderlich gewesen wäre, vom Landgericht nicht problematisiert worden, ob die ausschlaggebende Wahllichtbildvorlage den Erfordernissen des subjektiven Auswahlverfahrens entsprochen habe.

---

[81] BGH 21.7.2009 – 5 StR 235/09, NStZ 2010, 53 ff. m. Anm. *Schneider.*
[82] Vgl. dazu auch *Brause*, NStZ 2007, 505 (509) m.w.N.

Entführt, angeklagt, verurteilt –
Bemerkungen zum Fall Bamberski/Krombach
im Lichte des deutschen Strafprozessrechts

Von *Wolfgang Mitsch*

I. Einleitung

Vor einigen Jahren erregte großes Aufsehen ein Fall von privater Selbstjustiz, dem jahrelange ergebnislose Bemühungen deutscher und französischer Strafverfolgungsbehörden um Herstellung von Strafgerechtigkeit nach einem mutmaßlich strafrechtlich relevanten Todesfall vorausgegangen waren. Der in den Fall als Vater des Opfers involvierte französische Staatsbürger André Bamberski nahm schließlich die Dinge selbst in die Hand und sorgte dafür, dass der einzige Tatverdächtige, der deutsche Staatsangehörige Dieter Krombach, von der französischen Justiz mit der Verurteilung zu einer langjährigen Freiheitsstrafe wegen Körperverletzung mit Todesfolge zur Verantwortung gezogen wurde. Bamberski selbst wurde wegen seiner unten noch näher zu schildernden Eigenmächtigkeit ebenfalls bestraft. Dieser „Fall Bamberski" oder – nach dem Namen des Tatopfers benannte – „Fall Kalinka", der bzw. dessen interessante rechtliche Thematik in der Strafrechtsliteratur erstaunlicherweise überhaupt nicht aufgegriffen wurde, ist Inspirationsquelle untenstehender Ausführungen, mit denen der Verfasser die Hoffnung verbindet, Klaus Rogall zu seinem 70. Geburtstag eine Freude machen zu können. Da im Mittelpunkt strafverfahrensrechtliche Fragestellungen stehen, dürfte der Beitrag das ohnehin breite Interessenspektrum des Jubilars nicht verfehlen. Zudem hat sich der Verfasser selbst bei dem Bemühen, den Fall rechtlich in den Griff zu bekommen, Anregungen in Texten aus der Feder Klaus Rogalls geben lassen.

II. Der Fall

Möglicherweise wird der Fall – im Züricher Tagesanzeiger immerhin als „Der größte Justiz-Thriller der Nachkriegszeit" bezeichnet – doch noch die Aufmerksamkeit der Strafrechtswissenschaft auf sich ziehen, nachdem im Oktober 2016 eine Verfilmung der Ereignisse unter dem Titel „Im Namen meiner Tochter" in die Kinos kam und dieses Filmwerk inzwischen auch mittels Träger- und Telemedien allgemein zugänglich ist. Hier werden zunächst einmal die wesentlichen Fakten basierend auf Medienberichten anlässlich des Strafverfahrens gegen André Bamberski in Mülhausen aus dem Jahre 2014[1] kurz zusammengefasst: Am 10. Juli 1982 wurde die damals 14-jährige Französin Kalinka Bamberski im Haus des Dieter Krombach in Lindau tot aufgefunden. Kalinka war die Tochter von Danielle und André Bamberski, beide französische Staatsbürger. Danielle Bamberski heiratete nach der Scheidung von André Bamberski den 1935 geborenen Deutschen Dieter Krombach, der in Lindau als Kardiologe praktizierte. Die Obduktion des Leichnams ergab keine eindeutigen Erkenntnisse über die mutmaßliche Todesursache. Zu einer Anklage Krombachs kam es mangels hinreichenden Tatverdachts nicht, ein Klageerzwingungsantrag André Bamberskis blieb ohne Erfolg. Ermittlungen der französischen Justiz führten zur Anklage Krombachs vor einem Pariser Schwurgericht. Im März 1995 wurde Krombach in Abwesenheit wegen Körperverletzung mit Todesfolge zu 15 Jahren Freiheitsstrafe verurteilt. Auslieferungsersuchen Frankreichs an Deutschland und Österreich wurden jeweils abschlägig beschieden. Im Auftrag von André Bamberski wurde Dieter Krombach in der Nacht vom 17. zum 18. Oktober 2009 im Landkreis Lindau von zwei Männern überwältigt und gefesselt nach Mülhausen in Frankreich gebracht. Krombach erlitt bei dem Überfall eine Schädelfraktur. Polizeibeamte fanden den Verletzten in Mülhausen und überstellten ihn der Justiz in Paris. Am 22. Oktober 2011 wurde Dieter Krombach von einem Pariser Strafgericht wegen Körperverletzung mit Todesfolge zu 15 Jahren Freiheitsstrafe verurteilt. Er soll Kalinka im Juli 1982 mit einem Schlafmittel betäubt haben, um sie zu vergewaltigen. André Bamberski wurde wegen seiner Beteiligung an der Entführung Krombachs am 18. Juni 2014 von einem Gericht in Mülhausen zu einer einjährigen Freiheitsstrafe verurteilt, deren Vollstreckung zur Bewährung ausgesetzt wurde. Im Oktober 2017 entschied das Gericht in Paris, den inzwischen 82-jährigen und gesundheitlich angeschlagenen Dieter Krombach nicht vorzeitig aus der Haft zu entlassen.[2]

III. Die rechtliche Problematik nach deutschem Recht

Die hier rechtlich zu würdigenden historischen Vorgänge wären auf Grund ihrer territorialen Bezüge und der Staatszugehörigkeit der hoheitlich tätigen Polizei- und Justizbeamten dem Maßstab des französischen Straf- und Strafverfahrensrechts zu unterstellen. Um zu erfahren, wie die Sachverhalte im Licht des deutschen Rechts zu beurteilen sind, sei der Fall geringfügig abgewandelt: Ein Deutscher nimmt in Frankreich einen französischen Staatsangehörigen gefangen und bringt ihn nach Deutschland, wo dieser von Polizeibeamten gefunden, der Strafjustiz übergeben und letztendlich von einem deutschen Strafgericht verurteilt wird.

---

[1] Z. B. der Artikel „Wem dient das Recht?" von *Elisabeth Raether* in der ZEIT vom 15.5. 2014, S. 11.

[2] DPA-Meldung „Aussetzung der Haftstrafe im Fall Kalinka abgelehnt" in Frankfurter Allgemeine Zeitung vom 27. Oktober 2017, S. 6.

1. Die rechtlich relevanten Bestandteile des Falles

Dieter Krombach wurde von einem Pariser Gericht verurteilt, weil er sich – unfreiwillig – auf französischem Territorium befand und von den für die Einleitung des Strafverfahrens zuständigen Staatsorganen als Dieter Krombach identifiziert wurde. Zu einer Verurteilung wäre es also nicht gekommen, wenn die physische Person Dieter Krombach nicht auf französisches Staatsgebiet verbracht worden wäre. Darüber hinaus wäre es trotz dieser erzwungenen Anwesenheit Krombachs in Frankreich nicht zu der Verurteilung gekommen, wenn die Justiz nicht erfahren hätte, dass der in Mülhausen aufgefundene Verletzte ein Mann ist, der im Verdacht steht, im Juli 1982 in Lindau am Bodensee den Tod der 14-jährigen Kalinka Bamberski verursacht zu haben. Wäre die Anonymität Krombachs gewahrt worden, hätte seine Entführung nach Frankreich das Strafverfahren oder dessen Fortgang nicht ausgelöst. Mit anderen Worten: Nicht nur die gewaltsame Verbringung Krombachs von Deutschland nach Frankreich, sondern auch die Identifizierung Krombachs durch Polizei und Justiz des französischen Staates sind tatsächliche Bedingungen, ohne die Verfahren und Verurteilung Krombachs in Paris nicht möglich gewesen wären. Deswegen ist bei der rechtlichen Würdigung der zur Verurteilung Krombachs führenden Ereignisse an diesen beiden Punkten anzusetzen: die Identifizierung und die Entführung Krombachs. Sollte die Feststellung der Identität Krombachs oder zumindest deren Verwendung für strafprozessuale Zwecke unzulässig gewesen sein, könnte dies Konsequenzen für die Zulässigkeit des Strafverfahrens und der Verurteilung haben. Aber auch im Fall einer rechtmäßigen Identifizierung könnten Verfahren und Verurteilung rechtlichen Einwänden ausgesetzt sein, weil ihnen tatsächlich der kriminelle Akt der Entführung vorausgegangen ist und deswegen der Makel Frucht eines schweren Verbrechens zu sein anhaftet. Diese beiden rechtlichen Gesichtspunkte sollen im Folgenden mit Bezug auf den richtungsverkehrten Fall „von Frankreich nach Deutschland entführt" dem Maßstab des deutschen Rechts gegenübergestellt werden.

2. Feststellung der Identität des Entführten

a) Strafprozessrechtliche Identitätsfeststellung

Im Falle eines gegen einen Menschen bestehenden Straftatverdachts die Identität des Verdächtigen festzustellen ist notwendig, um ein ordnungsgemäßes Strafverfahren durchführen zu können. Daher muss es den Strafverfolgungsbehörden gestattet sein, auf Identifizierung dieser Person hinzuwirken. Daran kann im Grunde kein Zweifel bestehen. Ob dem unbekannten Verdächtigen eine Pflicht zur aktiven Angabe der Personalien auferlegt werden darf oder dies bereits ein Verstoß gegen den nemo-tenetur-Grundsatz wäre, kann hier dahingestellt bleiben. Klar ist, dass die Bußgeldvorschrift des § 111 OWiG einer derartigen Pflicht zur Preisgabe der eigenen

Identität keine Rechtsgrundlage gibt, sondern eine solche vielmehr voraussetzt.[3] Aus der Beschränkung der strafprozessualen Schweigebefugnis des Beschuldigten (§§ 136 Abs. 1 S. 2, 243 Abs. 5 S. 1 StPO) auf sachbezogene Angaben lässt sich zwar eine Pflicht zur (wahrheitsgemäßen und vollständigen) Angabe des eigenen Namens und weiterer Identifikationsmerkmale im Wege eines Umkehrschlusses ableiten.[4] Das betrifft jedoch nur die Situation der Vernehmung, die eine ganz andere ist als diejenige, um die es hier geht. Im Falle einer Beschuldigtenvernehmung i.S.d. § 136 StPO ist die Identität des zu Vernehmenden bekannt, weil entweder der Beschuldigte darüber zuvor freiwillig Auskunft gegeben hat, Zeugen ihn identifiziert haben oder Polizei und Staatsanwaltschaft Maßnahmen nach § 163b Abs. 1 StPO getroffen haben. Zweck der Vernehmung zur Person ist es sicherzustellen, dass die zur Vernehmung erschienene Person auch tatsächlich der Beschuldigte ist, gegen den sich das Strafverfahren richtet. Es soll verhindert werden, dass eine „falsche" Person vernommen wird. Finden Polizeibeamte hingegen eine unbekannte hilflose Person, die – wie Krombach – Opfer einer Straftat geworden ist, ist die Identifizierung zunächst einmal der erste Schritt zur Gewinnung der Erkenntnis, dass es sich bei dieser Person um einen Verdächtigen oder sogar schon einen Beschuldigten handelt. Während die Angabe der Personalien gegenüber der Vernehmungsperson gem. § 136 StPO im Regelfall keinerlei selbstbelastende Wirkung hat, bringt die Aufhebung der Anonymität der bislang unbekannten Person diese einer Strafverfolgung oder bestimmten Strafverfolgungsmaßnahmen – wie z. B. Festnahme, Verhaftung – erheblich näher und hat somit eine gravierende Verschlechterung ihrer Lage zur Folge. Diese Person kann deswegen nicht verpflichtet sein, den Polizeibeamten Namen und sonstige personbezogene Daten zu nennen. Insbesondere folgt eine solche Pflicht nicht aus § 163b Abs. 1 StPO.[5] Aus dieser Norm erwächst dem zu Identifizierenden lediglich eine Duldungspflicht gegenüber den von Polizei oder Staatsanwaltschaft zwecks Identitätsfeststellung getroffenen Maßnahmen[6]. Zur Feststellung der Identität eines entführten und wie ein verschnürtes Paket abgelegten Mannes taugt § 163b Abs. 1 StPO als Rechtsgrundlage indessen nicht. Damit die Identifizierung zulässig ist, muss der Betroffene „einer Straftat verdächtig sein". Dazu genügt es nicht, dass – wie im Fall Dieter Krombach – verdachtsbegründende Tatsachen existieren und diese vielleicht sogar schon in irgendeinem Staatsanwaltschaftssprengel den Anstoß zu Ermittlungen gegeben haben. Vielmehr muss der die Identifizierungsmaßnahmen durchführende Beamte durch eigene Verdachtsmutmaßungen zur Iden-

---

[3] OLG Hamm NJW 1988, 274; BayObLG NStZ 1988, 466; *Rogall*, in: Karlsruher Kommentar zum OWiG, 4. Aufl. 2014, § 111 Rn. 3; *Schuhr*, in: Münchener Kommentar zur StPO, Bd. 1, 2014, § 136 Rn. 18; a.A. *Rieß*, JA 1980, 293 (294).

[4] Für dieses argumentum e contrario die h.M., vgl. z.B. *Meyer-Goßner/Schmitt*, StPO, 60. Aufl. 2017, § 136 Rn. 5; *Rieß*, JA 1980, 293 (294); *Roxin/Schünemann*, Strafverfahrensrecht, 28. Aufl. 2014, § 25 Rn. 6; a.A. KK-OWiG-*Rogall* (Fn. 3), § 111 Rn. 34; *Gleß*, in: Löwe-Rosenberg, StPO, Bd. 4, 26. Aufl. 2007, § 136 Rn. 19.

[5] LR-*Gleß* (Fn. 4), § 136 Rn. 19; *Seebode*, JA 1980, 493 (494).

[6] *Meyer-Goßner/Schmitt* (Fn. 4), § 163b Rn. 6: Die Identität kann mit vielerlei Mitteln festgestellt werden.

titätsfeststellung veranlasst worden sein. Er muss also die Person, deren Identität er feststellt, als Straftatverdächtiger wahrgenommen haben und die Identitätsfeststellung mit der Intention betreiben, dadurch die Einleitung und Durchführung eines Strafverfahrens gegen den Verdächtigen zu ermöglichen. Der Anblick eines verletzten und hilflosen Menschen gibt keinerlei verdachtserregenden Impuls und somit keinen Anstoß zu einer strafprozessualen Verdächtigen-Identitätsfeststellung. Wenn in einer derartigen Situation die Identität der Person festgestellt wird, dann zu dem Zweck ihr zu helfen, Angehörige zu benachrichtigen, wegen der Verletzungen eventuell mit dem Hausarzt Kontakt aufzunehmen und dergleichen mehr. Da die Identifizierung – egal zu welchem Zweck – ein Eingriff in das Recht des Betroffenen auf informationelle Selbstbestimmung ist, bedarf es einer Rechtsgrundlage. § 163b Abs. 1 StPO scheidet als Befugnisnorm aus. Die Feststellung der Identität muss also eine andere gesetzliche Grundlage haben. Diese kann § 163b Abs. 2 StPO sein, sofern die Verfassung der verletzt und hilflos aufgefundenen Person den Polizeibeamten ausreichend Grund für die Mutmaßung gibt, dass die Ursache der Notlage eine Straftat zum Nachteil dieser Person ist. Diese kommt dann als Tatzeuge sowie gegebenenfalls für eine körperliche Untersuchung gem. § 81c StPO in Betracht[7] und kann zur Aufklärung der – im Falle einer gewaltsamen Verschleppung auf das Gebiet eines anderen Staates auch erheblichen[8] – Straftat beitragen. Dass zur Erreichung dieses Zweckes eine Identitätsfeststellung geboten sein kann, liegt auf der Hand. Die entscheidende Frage ist jedoch, ob es zulässig ist, die Informationen, deren Gewinnung gegen eine nichtverdächtige Person gerichtet war, in der Informationsverwendungsphase umzuwidmen in Informationen, die nunmehr gegen dieselbe Person zum Zwecke der Ermöglichung strafverfolgender Maßnahmen benutzt werden. Dieselbe Frage stellt sich, wenn der Identitätsfeststellung eine Befugnisnorm des Polizeirechts zugrunde gelegt werden kann. Deshalb wird – unten c) – darauf eingegangen, nachdem die Zulässigkeit einer Identitätsfeststellung auf polizeirechtlicher Grundlage erörtert worden ist.

b) Polizeirechtliche Identitätsfeststellung

Sofern die Polizei nicht von Dritter Seite – wahrheitsgemäße oder mit Unwahrheiten präparierte – Hinweise erhalten hat[9], muss sie ihre Maßnahmen anhand der selbst wahrgenommenen Tatsachen rechtlich und tatsächlich organisieren. Der Anblick eines bewusstlosen und schwer verletzten Menschen, dessen Zustand zudem noch Produkt eines Verbrechens zu sein scheint, fordert Polizeibeamten auf, ihrer Rolle als „Freund und Helfer" gerecht zu werden. In juristischen Kategorien ausge-

---

[7] *Wolter*, in: SK-StPO, Bd. III, 4. Aufl. 2011, § 163b Rn. 49.
[8] Zu dieser verfassungsrechtlich gebotenen Einschränkung vgl. SK-StPO-*Wolter* (Fn. 7), § 163b Rn. 41.
[9] Im Entführungsfall Krombach war der französischen Polizei von einem anonymen Hinweisgeber vorgespiegelt worden, dass sie an dem Ort, wo Krombach von seinen Entführern ausgesetzt wurde, einen aus dem Strafvollzug entwichenen Strafgefangenen finden würde.

drückt, haben die Beamten zu prüfen, ob die Voraussetzungen präventiv-polizeilichen Eingreifens, also einer polizeilichen Aufgabe und Befugnis erfüllt sind. Zu der polizeilichen Aufgabe, Gefahren für die öffentliche Sicherheit und Ordnung abzuwenden, gehört die Aufgabe der Verhinderung von Schäden an rechtlich geschützten Individualgütern.[10] Die drohende Verschlechterung des gesundheitlichen Zustands und die bereits bestehende und andauernde Beeinträchtigung der persönlichen Freiheit der entführten Person signalisieren also den Polizeibeamten, dass hier eine Aufgabe vorliegt, für deren Erfüllung sie zuständig sind. Bestätigt wird dies durch die in vielen Polizeigesetzen vorhandenen Befugnisnormen über „Schutzgewahrsam", der im Interesse von Personen, die sich in hilfloser Lage befinden, angeordnet werden kann.[11] Diese Norm setzt voraus, dass die hilflose Lage Indikator einer polizeilichen Aufgabe ist. Die Befugnis zur Feststellung der Identität einer Person wird der Polizei von den Polizeigesetzen der Länder unter anderem „zur Abwehr einer Gefahr" verliehen, vgl. z. B. § 12 Abs. 1 Nr. 1 BbgPolG.[12] In Gefahr befindet sich eine Person, die von Kriminellen gefangen genommen, gefesselt und in diesem hilflosen Zustand an einen anderen Ort gebracht und dort ausgesetzt worden ist. Wenn die Polizei also beschließt, dieser Person zu helfen, und es dafür erforderlich ist, ihre Identität festzustellen, um z. B. Angehörige oder einen bestimmten Arzt informieren zu können, ist dafür eine gesetzliche Befugnisgrundlage vorhanden.

c) Verwendung der durch Identitätsfeststellung gewonnenen Informationen

Welche hoheitlichen Maßnahmen die Polizei mithilfe der durch Informationsfeststellung erlangten Erkenntnisse anordnen und durchführen darf, ist eine Frage der zulässigen Datenverwendung. Diese steht mit der Datenerhebung in einem sachlichen Zusammenhang, da die Rechtmäßigkeit der Datenerhebung an einen Zweck gekoppelt ist, der im Normalfall auch der Datenverwendung zugrunde gelegt wird (Grundsatz der Zweckbindung), z. B. § 38 Abs. 1 S. 1 BbgPolG.[13] Derselbe Zweck, der die Datenerhebung legalisiert, verleiht auch der anschließenden Verwendung der Daten Legalität. Denn schließlich macht es nur Sinn, eine Datenerhebung zu erlauben, wenn diese einer Datenverwendung dient, die ihrerseits zulässig ist. Die Antizipation einer rechtmäßigen Datenverwendung verleiht der vorgelagerten Datenerhebung ihre Legalität. Im Umkehrschluss ist die Rechtmäßigkeit einer Datenverwendung zunächst einmal anzuzweifeln, wenn sie einem anderen Zweck dient als dem, der die Erhebung der Daten veranlasste und ihre Erlaubtheit begründete. Ein Zweckaustausch in der Verwendungsphase stellt einen neuerlichen und die Beeinträchtigung vertiefenden Grundrechtseingriff dar.[14] Ausgeschlossen ist die Zulässig-

---

[10] *Götz/Geis*, Allgemeines Polizei- und Ordnungsrecht, 16. Aufl. 2017, § 4 Rn. 18.
[11] *Götz/Geis* (Fn. 10), § 8 Rn. 37.
[12] *Götz/Geis* (Fn. 10), § 8 Rn. 12.
[13] *Götz/Geis* (Fn. 10), § 17 Rn. 76; *Hefendehl*, StV 2001, 700 (705); *Singelnstein*, ZStW 120 (2008), 854 (856).
[14] *Hefendehl*, StV 2001, 700 (705); *Singelnstein*, ZStW 120 (2008), 854 (856).

keit einer Zweckänderung indessen nicht. Das gilt auch für die Nutzung präventivpolizeilich erhobener Daten zum Zwecke der Strafverfolgung.[15] Voraussetzung der Zulässigkeit einer Datenverwendung, deren Zweck ein anderer ist als der, dem die Datenerhebung galt, ist eine eindeutige und klare gesetzliche Grundlage.[16]

Schon an diesem formalen Erfordernis fehlt es im Hinblick auf Identitätsfeststellungen auf der Grundlage des § 163b Abs. 2 StPO. Wenn danach die Identität einer nicht verdächtigen Person „zur Aufklärung einer Straftat" festgestellt werden darf, dann liegt einem dieser Befugnisnorm konformen Datenerhebungsakt jedenfalls nicht die Intention zugrunde, die erhobenen Daten zum Zwecke der Einleitung eines Strafverfahrens gegen die „nicht verdächtige" Person zu verwenden. Vielmehr ist die Straftataufklärungsförderung, die das identitätsfeststellende Strafverfolgungsorgan sich von der Person verspricht, ihrer durch konkrete Anhaltspunkte indizierten Eignung als Zeuge oder Augenscheinsobjekt zuzuschreiben.[17] Das Identifizierungsergebnis dazu zu nutzen, mithilfe einschlägiger Dateien herauszufinden, dass die als nichtverdächtig angesprochene Person tatsächlich ein Verdächtiger oder vielleicht sogar ein Beschuldigter ist, bedeutet eine klare Abweichung von dem Datenerhebungszweck, der in § 163b Abs. 2 StPO zugrunde gelegt wird.[18] Die Strafprozessordnung enthält keine Norm, die eine derartige Zweckänderung überhaupt – geschweige denn in der gebotenen Klarheit – für zulässig erklärt. Materiell legalisierbar wäre das Nachschieben eines neuen Verwendungszwecks durchaus. Das Zauberwort, das den Strafverfolgungsbehörden legale Handlungsoptionen schenkt, an die beim Datenerhebungsakt noch nicht zu denken war, heißt „hypothetischer Ersatzeingriff".[19] Wenn die Identitätsfeststellung von Anfang an zu dem Zweck zulässig gewesen wäre, zu dem die auf anderer Zweckbasis gewonnenen Informationen jetzt verwendet werden sollen, ist letzteres legitim und – sofern das positivgesetzlich umgesetzt wurde – auch legal. § 161 Abs. 2 StPO ist eine Frucht des Denkmodells „hypothetischer Ersatzeingriff".[20] Es ist indessen nicht zu erkennen, dass diese Norm auf die hier thematisierte Situation anwendbar ist. Eine bislang unverdächtige Person zum Beschuldigten zu machen, ist keine Datenverwendung „zu Beweiszwecken". Die Annahme, für eine Verwendung der Daten, die nicht Beweiszwecken dient, brauche man gar keine gesetzliche Erlaubnis,[21] verkennt die Eingriffstiefe, die mit der Zweckänderung verbunden ist. Ohne sie bliebe der Betroffene weiterhin eine unverdächtige Person. Mangels gesetzlicher Gestattung ist somit die Nutzung der nach § 163b Abs. 2 StPO gewonnenen personenbezogenen Daten zur Einleitung oder Fortsetzung

---

[15] *Götz/Geis* (Fn. 10), § 17 Rn. 79.
[16] *Götz/Geis* (Fn. 10), § 17 Rn. 72; *Hefendehl*, StV 2001, 700 (705); *Singelnstein*, ZStW 120 (2008), 854 (860).
[17] *Meyer-Goßner/Schmitt* (Fn. 4), § 163b Rn. 15.
[18] *Singelnstein*, ZStW 120 (2008), 854 (858) mit dem zutreffenden Hinweis, dass schon die Verwendung der Daten in einem anderen Strafverfahren eine Zweckänderung ist.
[19] *Götz/Geis* (Fn. 10), § 17 Rn. 76; *Singelnstein*, ZStW 120 (2008), 854 (861).
[20] *Meyer-Goßner/Schmitt* (Fn. 4), § 161 Rn. 18b.
[21] So offenbar *Meyer-Goßner/Schmitt* (Fn. 4), § 163b Rn. 18d.

eines Strafverfahrens gegen den Betroffenen eine Verletzung des Rechts auf informationelle Selbstbestimmung.

Wird die Identität einer in hilfloser Lage aufgefundenen Person auf der Grundlage des Gefahrenabwehrrechts ermittelt, sei die Verwendung dieses Wissens für Zwecke der Strafverfolgung „grundsätzlich zulässig". Dies folge „allgemein aus § 161 Abs. 1 S. 1 StPO".[22] Das ist jedoch eine überschießende Textinterpretation. § 161 Abs. 1 S. 1 StPO ist lediglich eine Konkretisierung der allgemeinen Amts- und Rechtshilfepflicht, die Behörden in Bund und Ländern gemäß Art. 35 GG bilateral haben. Darüber, welche Auskünfte von der Staatsanwaltschaft gefordert und von der angefragten Behörde erteilt werden dürfen, besagt § 161 Abs. 1 S. 1 StPO nichts. Das ist Gegenstand anderer Regelungen, insbesondere des Polizeigesetzes, das auf den konkreten Datenerhebungsfall angewendet wurde.[23] Wurden z. B. die personenbezogenen Daten der hilflosen Person von Beamten des brandenburgischen Polizeidienstes auf der Grundlage des § 12 Abs. 1 Nr. 1 BbgPolG erhoben, ist die Datenverwendung gem. § 38 Abs. 1 S. 1 BbgPolG zum Zwecke der weiteren – z. B. medizinischen – Versorgung des Betroffenen zulässig. Die Verwendung der Daten zur Einleitung strafverfahrensrechtlicher Schritte gegen den Betroffenen wäre eine Zweckänderung, die gem. § 38 Abs. 1 S. 2 BbgPolG zulässig ist, wenn die brandenburgische Polizei die Daten auch für diesen Zweck erheben dürfte.[24] Bei lediglich abstrakter Auslegung dieser Voraussetzung genügt der Verweis auf § 163b Abs. 1 StPO, um die Zulässigkeit dieser zweckändernden Datenverwendung zu begründen. Indessen ist eine fallbezogen konkrete Prüfung geboten: es müssen im Zeitpunkt der Datenerhebung auch die tatsächlichen Umstände vorgelegen haben, die der Polizei eine Identitätsfeststellung nach § 163b Abs. 1 StPO gestattet hätten. Es müssten also tatsächliche Anhaltspunkte für die Vermutung vorgelegen haben, dass hinreichender Anlass für die Durchführung eines Strafverfahrens gegen diese Person besteht. Diese Anhaltspunkte sind in einem Fall wie dem des nach Frankreich verschleppten Dieter Krombach jedoch erst nach Identifizierung vorhanden. Solange die Polizeibeamten nicht wissen, dass es sich bei dem fremden Mann um Krombach handelt, können sie keinerlei Zusammenhang mit dem Todesfall Kalinka Bamberski herstellen. Verdächtig wird der zu Identifizierende erst nach Feststellung seiner Identität. Für eine hypothetische Identifizierung auf der Grundlage des § 163b Abs. 1 StPO fehlen also die tatsächlichen Voraussetzungen. Deshalb darf die Kenntnis von der Identität des Betroffenen auch nicht zu Strafverfolgungsmaßnahmen verwendet werden, die ohne diese Kenntnis überhaupt nicht möglich wären.

Der entscheidende Grund dafür, dass die Identitätsfeststellung bei einer unverdächtigen hilflosen Person nicht dazu genutzt werden darf, den deanonymisierten

---

[22] *Götz/Geis* (Fn. 10), § 17 Rn. 79; *Pieroth/Schlink/Kniesel*, Polizei- und Ordnungsrecht, 7. Aufl. 2012, § 15 Rn. 14.

[23] *Singelnstein*, ZStW 120 (2008), 854 (863).

[24] Zu berechtigten Bedenken gegen diese landesgesetzliche Regelung vor dem Hintergrund der konkurrierenden und vorrangigen Gesetzgebungszuständigkeit des Bundes für Strafverfahrensrecht (Art. 74 Abs. 1 Nr. 1 GG) *Hefendehl*, StV 2001, 700 (706).

Tatverdächtigen strafrechtlich zu verfolgen, ist ein anderer: Eine verletzte Person darf niemals in die Dilemma-Situation versetzt werden, die dringend benötigte medizinische Hilfe nur um den Preis von Nachteilen erlangen zu können, die sie veranlassen könnten, auf diese Hilfe zu verzichten. Wer Opfer eines Unfalls oder einer Straftat geworden ist, darf nicht dem Risiko ausgesetzt werden, infolge der empfangenen Hilfeleistungen gravierende Nachteile zu erleiden, die dadurch vermieden werden könnten, dass die Hilfeleistungen unterbleiben. Dies ist ein Gebot der Humanität, das jedem Hilfebedürftigen gegenüber zu achten ist, ohne Ansehen der Person. Straftäter sind davon nicht auszunehmen. Besteht für den Verletzten die Gefahr, dass durch die ihm zuteil werdenden Rettungsmaßnahmen seine Identität als gesuchter Straftatverdächtiger aufgedeckt wird, gerät er in die Zwangslage, entweder die Rettung abzulehnen und demzufolge schlimmstenfalls zu versterben oder die Hilfe anzunehmen, und die Konsequenz der Strafverfolgung in Kauf zu nehmen. Von Seiten des Staates diese Zwangslage auszunutzen und das anlässlich einer Rettungsaktion zufällig gewonnene Wissen über die gerettete Person in Strafverfolgungsmaßnahmen umzumünzen, ist eine zutiefst unmoralische, verabscheuungswürdige Vorgehensweise, der entschieden entgegenzutreten ist.

Das geltende Recht anerkennt dieses Prinzip an verschiedenen Stellen. Die in § 203 Abs. 1 Nr. 1 StGB strafbewehrte ärztliche Schweigepflicht dient vordergründig dem Schutz des individuellen Geheimhaltungsinteresses des Patienten.[25] Dieses Interesse könnte der Patient aber selbst dadurch schützen, dass er dem Arzt keine Gelegenheit gibt, geheimhaltungsbedürftige Tatsachen zu erfahren. Praktisch bedeutet das, den Gang zum Arzt zu unterlassen. Daran wird deutlich, dass der tiefere Grund der Schweigepflicht darin besteht, den Kranken davor zu bewahren, im Interesse der Geheimhaltung die eigene Gesundheit aufs Spiel zu setzen, im Extremfall den eigenen Tod zu riskieren. Den Schutzzweck des § 203 Abs. 1 Nr. 1 StGB erklärt also am einleuchtendsten das „viktimodogmatische Prinzip".[26] Auch ein schwer verletzter oder erkrankter Straftäter soll sich einem Arzt anvertrauen können, ohne dies mit der (Furcht vor) Auslieferung an die Strafverfolgungsbehörde bezahlen zu müssen. Dem dient auch das Zeugnisverweigerungsrecht des Arztes gem. § 53 Abs. 1 S. 1 Nr. 3 StPO und das damit verbundene Beschlagnahmeverbot des § 97 Abs. 1 Nr. 2, Nr. 3 StPO.[27] Hätten die Polizeibeamten den verletzten Krombach sogleich „unidentifiziert" zu einem Arzt gebracht, der dann die Identität dieses Patienten in Erfahrung gebracht hätte, wäre den Strafverfolgungsbehörden nach deutschem Strafprozessrecht der Zugriff auf dieses ärztliche Wissen verwehrt. Des Weiteren scheint der oben skizzierte Grundgedanke auch in der Behandlung „berufstypischer" Leistungen mit Strafvereitelungseffekt auf: Ungeachtet aller dogmatischen Begründungsdifferenzen besteht doch im Grunde Konsens darüber, dass alltägliche sozial-

---

[25] *Lenckner/Eisele*, in: Schönke/Schröder, StGB, 29. Aufl. 2014, § 203 Rn. 3: „in erster Linie das Individualinteresse an der Geheimhaltung".
[26] *Schünemann*, in: Leipziger Kommentar zum StGB, Bd. 6, 12. Aufl. 2010, § 203 Rn. 16.
[27] *Grünwald*, Das Beweisrecht der Strafprozessordnung, 1993, S. 146; *Rengier*, Die Zeugnisverweigerungsrechte im geltenden und künftigen Strafverfahrensrecht, 1979, S. 16.

adäquate Dienstleistungen nicht dadurch zu strafbarer Strafvereitelung i.S.d. § 258 StGB werden, dass der Leistungsempfänger ein Straftäter ist, dem es dank dieser Unterstützung gelingt, sich der Strafverfolgung zumindest für „geraume Zeit" zu entziehen. Das gilt z.B. für ärztliche Behandlungsmaßnahmen.[28] Aus alledem folgt: Die Polizei darf den hilfebedürftigen Bürger identifizieren, wenn nur so polizeiliche Hilfeleistung für diese Person möglich ist. Sie darf aber die Identifizierung nicht auf die Gewinnung von Erkenntnissen ausdehnen, deren einzige Zweckbestimmung die Ermöglichung strafverfolgender Maßnahmen ist. Werden solche Erkenntnisse gleichwohl gewonnen, dürfen sie nicht zu Strafverfolgungszwecken verwendet werden. Es spricht viel dafür, dass die französische Polizei sich diese Selbstbeschränkung nicht auferlegt hat und deswegen die Verfolgung Dieter Krombachs durch die französische Justiz ermöglicht wurde.

3. Gewaltsame Verbringung auf ausländisches Staatsgebiet

Im Fall Krombach liegt somit ein rechtswidriger Eingriff in das Recht auf informationelle Selbstbestimmung vor. Das mag nicht auf den ersten Blick erkennbar sein. Ganz deutlich unübersehbar und deshalb gewiss im Vordergrund stehend ist aber die evident rechtlich fragwürdige Nutznießung des kriminellen Entführungsaktes (vgl. § 234 Abs. 1 StGB) durch die Strafverfolgungsbehörden. Fast möchte man sich empören, der Staat begebe sich auf das Niveau der Komplizenschaft mit Verbrechern, ernte Früchte eines vergifteten Baums. Aber Emotionalität allein schafft keine Überzeugung von der juristischen Richtigkeit einer unbestreitbar zutreffenden moralischen Verurteilung. Dazu bedarf es einer dogmatischen Herleitung aus geltenden Gesetzen. Dass es darum im deutschen Strafverfahrensrecht nicht zum Besten bestellt ist, bestätigt das vorliegende Thema.

a) Entführungen als Thema des Strafprozessrechts

Da die deutschsprachige Strafprozessrechtsliteratur einen Fall des Musters Bamberski/Krombach noch nicht in ihrem Repertoire hat, bietet es sich an, den Weg zu einer konsensfähigen rechtlichen Einordnung durch den Vergleich mit einer Thematik zu suchen, bei der die Akteure auf der Entführerseite Staatsorgane sind. Zielführend könnte der Versuch einer Parallele zur Situation der „völkerrechtswidrigen Entführung" sein.

aa) Völkerrechtswidrige Entführung durch staatliche Hoheitsträger

Entführungen zum Zwecke der Ermöglichung eines Strafverfahrens gegen den Entführten im Zielland wurden der Öffentlichkeit vor allem dann bekannt, wenn

---

[28] *Schönke/Schröder/Stree/Hecker* (Fn. 25), § 258 Rn. 22.

es sich bei dem Betroffenen um eine prominente Person handelte.[29] So wurde der ehemalige SS-Sturmbannführer Adolf Eichmann angeblich von Mitarbeitern des israelischen Geheimdienstes Mossad im Jahr 1960 in Argentinien gekidnappt und nach Israel gebracht.[30] Dort wurde Eichmann der Prozess gemacht, der bekanntlich mit der Verurteilung zum Tod und der Hinrichtung endete. Ähnlich gestaltete sich die Verbringung des PKK-Führers Abdullah Öcalan in die Türkei, nachdem ihn Mitglieder des türkischen Geheimdienstes in Kenia gefangen genommen hatten. Da diese Aktionen den sie veranlassenden Staaten (Israel, Türkei) zuzurechnen waren, hatten sie auf Grund ihrer territorialen Beziehung zu den Aufenthaltsorten der Entführten eine völkerrechtliche Erheblichkeit. Als Umgehung des Auslieferungsrechts und ungerechtfertigter Übergriff in die territoriale Souveränität des fremden Aufenthaltsstaates ist die Entführung eine Verletzung von Völkerrecht.[31] Welche rechtlichen Konsequenzen daraus für das Strafverfahren gegen die entführte Person abzuleiten sind, ergibt sich freilich nicht unmittelbar aus Völkerrecht. Soweit der Beschuldigte in dem gegen ihn gerichteten Strafverfahren Vorteil daraus ziehen könnte, dass der Staat, der die Justizhoheit über dieses Strafverfahren hat, gegen Völkerrecht verstoßen hat, würde es sich allenfalls um einen Rechtsreflex handeln.[32] Denn unmittelbare Rechtsfolgen aus Völkerrecht sind nur gegenüber Völkerrechtssubjekten möglich, also den Staaten und internationalen Organisationen. Das hätte praktische Konsequenzen im Fall eines Verzichts des verletzten Staates auf Geltendmachung der völkerrechtlichen Restitutionsansprüche gegen den Verletzerstaat. Eine Erweiterung des persönlichen Geltungsbereichs von Völkerrecht auf Individuen hat die Etablierung des Völkerstrafrechts gebracht, das aber offensichtlich keine Anknüpfungspunkte für den hier diskutierten Gegenstand hat. Das Rechtsgebiet, aus dem sich ein Urteil über das durch die Entführung ermöglichte Strafverfahren ableiten lassen muss, ist somit das nationale Strafprozessrecht des Staates, in dem das Verfahren stattfindet. Zum „Strafprozessrecht" in diesem Sinne gehören auch das nationale Verfassungsrecht, soweit es Einfluss auf strafverfahrensrechtliche Rechtsthemen hat, sowie das Europarecht, soweit es – wie die EMRK – unmittelbar Bestandteil des nationalen Rechts ist oder dessen Auslegung und Anwendung beeinflusst.

bb) Private Entführungen

Dass einem im Ausland untergetauchten Tatverdächtigen in Deutschland der Prozess gemacht werden konnte, weil Privatpersonen ihn ohne Beteiligung staatlicher Organe gewaltsam und unter Verletzung des am Ergreifungsort geltenden Rechts

---

[29] *Vogler*, FS Oehler, 1985, S. 379.

[30] Überblick über Ergreifung Eichmanns und den anschließenden Prozessverlauf bei *Baumann*, JZ 1963, 110 (111), zur Würdigung des von der Verteidigung erhobenen Entführungseinwands durch das Bezirksgericht Jerusalem a.a.O. S. 113, eigene Stellungnahme des Autors a.a.O. S. 117. Siehe auch *Wilske*, ZStW 107 (1995), 48 (75).

[31] *Vogler* (Fn.29), S. 379 (382).

[32] *Vogler* (Fn. 29), S. 379 (386).

nach Deutschland verbracht haben, ist – wie gesagt – als Gegenstand von veröffentlichten Gerichtsentscheidungen oder rechtswissenschaftlicher Literatur nicht vorhanden. Eine gewisse Ähnlichkeit mit dieser Situation weisen Festnahmen unter Überschreitung der rechtlichen Grenzen des § 127 Abs. 1 StPO auf. Dazu gibt es Rechtsprechung und Literatur in großer Fülle. Indessen richtet sich das Interesse hauptsächlich auf die Rechtmäßigkeitsvoraussetzungen der Festnahme und die materiellstrafrechtliche Bewertung von diese Voraussetzungen nicht erfüllenden Taten. Dagegen werden etwaige verfahrensrechtliche Folgen einer nicht gerechtfertigten Festnahme nicht erörtert. Daher wird es hier nicht möglich sein, von der unten [b) aa)] zu erörternden strafverfahrensrechtlichen Qualität der staatlich veranlassten völkerrechtswidrigen Entführung unmittelbar eine Brücke zu schlagen zur parallelen Thematik der illegalen Entführung mit ausschließlicher Beteiligung ziviler Täter. Um also überhaupt zu erfahren, wie sich die verfahrensrechtliche Beurteilung rechtswidriger verfahrensfördernder Handlungen darstellt und möglicherweise ändert, wenn der rechtswidrig handelnde Akteur nicht ein Repräsentant des strafverfolgenden Staates, sondern ein Bürger ist, wird ein Umweg in ein Gebiet gemacht, wo die Diskussion über die rechtliche Bedeutung des Austausches eines staatlichen Amtsträgers gegen einen Bürger schon lange breiten Raum einnimmt: die beweisrechtliche Verwertbarkeit von Informationen, die dem Gericht mittels rechtswidrigen Handelns einer nicht im staatlichen Auftrag handelnden Privatperson zugeführt worden sind [unten b) bb)].

b) Verfahrensrechtliche Konsequenzen

aa) Völkerrechtswidrige Entführung

Mit der Gefangennahme Adolf Eichmanns vergleichbare prominente Fälle völkerrechtswidriger Entführung, für die die Staatsgewalt der Bundesrepublik Deutschland die Verantwortung trägt, haben sich noch nicht ereignet. Aber zu einigen einschlägigen, wenngleich weniger spektakulären Vorgängen unter Beteiligung deutscher Hoheitsträger gibt es Rechtsprechung und Erwähnung in der Literatur.[33] Dies ermöglicht eine gewisse Orientierung bei der Suche nach der Antwort auf die Frage, wie in einem derartigen Fall das deutsche Strafprozessrecht das Strafverfahren bewerten würde, welchen Einfluss also der Völkerrechtsbruch auf den Gang des Verfahrens hätte. Das kodifizierte Strafverfahrensrecht selbst bietet diese Orientierung nicht an. Das Thema „völkerrechtswidrige Entführung" ist in der Strafprozessordnung nirgends expliziter Gegenstand einer Regelung. Der BGH nutzt diesen Freiraum[34], den die gesetzgeberische Untätigkeit eröffnet, sich der Mühe einer dogmatisch kohärenten und dem Schutzbedürfnis des Entführten gerecht werdenden Lö-

---

[33] *Hillenkamp*, NJW 1989, 2841 (2844).

[34] In einem solchen Vakuum „können Worte, Phrasen, Formulierungen und Redensarten gefunden werden, die jede Lösung des hier behandelten Problems zu tragen scheinen", *F. A. Mann*, ZaöRV 47 (1987), 469 (484).

sung zu entziehen, und bekommt dabei auch noch die Unterstützung des BVerfG. Mit beschämender Begründungsinsuffizienz hat sich der BGH um diesen „Schandfleck auf der Weste des Rechtsstaats"[35] nicht gekümmert und die Existenz eines eigenen Abwehrrechts des entführten Angeklagten gegen die staatliche Beteiligung an dem Schurkenstück schlicht geleugnet.[36] Rechte habe nur der Staat, dessen territoriale Souveränität durch den völkerrechtswidrigen Hoheitsakt des Entführerstaates verletzt wurde. Mache jener gegen diesen den Anspruch auf Rückführung des Entführten auf sein Staatsgebiet nicht geltend, gebe es keine rechtlichen Hindernisse, die der Durchführung eines Strafverfahrens durch die Strafrechtspflegeorgane des Entführerstaates entgegenstünden.[37] Das BVerfG will in der Verschleppung eines Menschen auf fremdes Staatsgebiet grundsätzlich keine Rechtsstaatswidrigkeit sehen, diesem Gedanken allenfalls in „extrem gelagerten Ausnahmefällen" nähertreten. Ansonsten habe das Interesse an der Durchsetzung des staatlichen Strafanspruchs Vorrang.[38] In der überwiegenden Literatur erhebt sich kein Widerspruch gegen diese Rechtsprechung, meist beschränkt sich die Behandlung des Themas auf Hinweise ohne Stellungnahme[39] oder eine „Nachbetung der Entscheidungen".[40]

Die Ausnahme sind klare Worte, wie Martin Schubarth sie in seinem Aufsatz „Faustrecht statt Auslieferungsrecht" findet: „Ein Strafverfahren, dessen Durchführung nur aufgrund einer rechtswidrigen Verschleppung möglich wurde, ist mit einem eklatanten rechtstaatlichen Makel behaftet, der nicht mit Floskeln unter den Tisch gewischt werden kann, wie: der Rechtsstaat könne nämlich nur ‚verwirklicht' werden, wenn sichergestellt sei, dass Straftäter im Rahmen der geltenden Gesetze abgeurteilt und einer gerechten Bestrafung zugeführt würden."[41] Ähnlich entschieden ist die Stellungnahme von F. A. Mann in dem Aufsatz „Zum Strafverfahren gegen einen völkerrechtswidrig Entführten": Illegalität dürfe niemals Früchte tragen[42] und die Ausnutzung einer Völkerrechtsverletzung, die zugleich eine klare Verletzung von Menschenrechten darstelle, sei mißbräuchlich und rechtsstaatswidrig.[43] Werde es erst einmal den Strafverfolgungsbehörden freigestellt, gewaltsame Entführungen im Ausland durchzuführen, entstehe „eine Anarchie, die unerträglich ist, gewiß den Grundgedanken des Verfassungsrechts und des Menschenrechtsschutzes widerspricht und im Rechtsinteresse verhindert werden muß".[44] Den „Vorwurf arglistigen Verhaltens", dem sich ein Staat aussetzen würde, der die Lage eines völkerrechtswid-

---

[35] *Schünemann*, 140 Jahre Goltdammer's Archiv, 1993, S. 215 (229, 238).
[36] *Schünemann* (Fn. 35), S. 215 (231).
[37] BGH NStZ 1984, 563; 1985, 464.
[38] BVerfG NJW 1986, 1427 (1429); 1986, 3021 (3022); krit. *Schünemann* (Fn. 35), S. 215 (230).
[39] So z. B. *Kühne*, Strafprozessrecht, 9. Aufl. 2015, Rn. 669.
[40] *Schünemann* (Fn. 35), S. 215 (232).
[41] *Schubarth*, StV 1987, 173 (174).
[42] *F. A. Mann*, ZaöRV 47 (1987), 469 (484).
[43] *F. A. Mann*, ZaöRV 47 (1987), 469 (485).
[44] *F. A. Mann*, NJW 1986, 2167 (2168).

rig Entführten dazu ausnutzt, die Strafverfolgung gegen diesen zu betreiben, hebt Vogler hervor.[45] Zudem werde gegen den Geist des in § 136a StPO für einen Teilbereich kodifizierten allgemeingültigen Gebotes fairer und menschlicher Behandlung von Beschuldigten verstoßen.[46]

Die Zurückhaltung, die Rechtsprechung und mehrheitlich die Literatur üben, wenn für angemessene Konsequenzen des verfahrensbegünstigenden Völkerrechtsbruchs eingetreten werden soll, dürfte daran liegen, dass ausschließlich eine prozessrechtliche Konsequenz im Raum steht, mit der über das Ziel hinausgeschossen würde: Ein Verfahrenshindernis wäre eine unverhältnismäßige Reaktion auf das Unrecht, das nicht hinnehmbar ist und eine entschiedene Antwort des Rechtsstaates braucht. Aber diese Antwort sollte nicht der unumkehrbare Abbruch des Verfahrens sein, zumal wenn in Betracht gezogen wird, dass der Beschuldigte möglicherweise über kurz oder lang auch mit legalen Mitteln der Verfahrensherrschaft unterworfen worden wäre. Es bedarf also einer anderen weniger rigorosen dogmatischen Kategorie, die vermutlich bessere Chancen hätte, akzeptiert zu werden.[47] Erforderlich und ausreichend ist die Wiederherstellung des Status, den der Beschuldigte vor dem kriminellen Eingriff in seine persönliche Freiheit hatte und ohne ihn noch hätte. Dieser hatte zwar die rechtskonforme Durchführung des Strafverfahrens vorübergehend gehemmt, was aber kein Grund war, die Bemühungen der Strafverfolgungsbehörden um einen prozessrechtsgemäßen Fortgang des Verfahrens endgültig einzustellen. Schünemann hat dazu den passenden Vorschlag eines „vorübergehenden Inhaftierungsverbots" gemacht und es ist nicht zu sehen, warum man ihm nicht folgen sollte.[48] Eine Verfahrensfortsetzung einschließlich der das Verfahren abschließenden Verurteilung, die nur dadurch ermöglicht wurde, dass dem Entführten nicht sein rechtmäßiger Status zurückgegeben wurde, ist rechtswidrig. Das Urteil kann erfolgreich mit der Revision angefochten werden.

bb) Entführung als Selbstjustiz

Damit ist jedoch noch keine Lösung gefunden, die unmittelbar auf den Fall übertragen werden könnte, dass die Verschleppung des Beschuldigten auf fremdes Staatsgebiet kein hoheitlicher Akt mit zumindest indirekter Beteiligung von Staatsorganen, sondern eine Straftat von Bürgern ist, für die dem Staat zunächst einmal keine Verantwortung zuzuschreiben ist. Die verfahrensrechtlichen Folgen einer von Privatpersonen begangenen Entführung und anschließender Zuführung des Beschuldigten zur Strafverfolgung gleichen denen einer völkerrechtswidrigen Entführung, sofern das Handeln der nichtstaatlichen Akteure den staatlichen Strafverfolgungsorganen zuzu-

---

[45] *Vogler* (Fn. 29), S. 379 (390).
[46] *Vogler* (Fn. 29), S. 379 (391).
[47] *Kühne*, in: Löwe-Rosenberg, StPO, Bd. 1, 26. Aufl. 2006, Einl. K Rn. 47.
[48] *Schünemann* (Fn. 35), S. 215 (234 ff.); ähnlich *Paeffgen*, in: SK-StPO, Bd. IV, 4. Aufl. 2011, Anhang § 206a Rn. 32: „…jedenfalls aber das Verfahren einzustellen und den Beschuldigten dem ‚Opferstaat' zurückzugeben."

rechnen ist. Eine solche Konstellation lag einem vom OLG Düsseldorf entschiedenen Fall zugrunde, da der niederländische Beschuldigte vor der – ihrerseits völkerrechtswidrigen – Festnahme durch deutsche Grenzbeamte von mehreren Landsleuten mit Waffengewalt gezwungen worden war, seine Verbringung in die Nähe der deutsch-niederländischen Grenze zu dulden.[49] Im Fall „Bamberski/Krombach" war diese Voraussetzung indessen nicht erfüllt. Die französische Polizei wurde des gekidnappten Krombach erst ansichtig, nachdem die Entführer ihn in Mülhausen vor der Polizeistation ausgesetzt hatten. Deshalb sind auch die folgenden Bemühungen um die rechtliche Einordnung einer gewaltsamen Verbringung des Beschuldigten vom Ausland nach Deutschland bezogen auf den Fall einer dem Staat nicht zurechenbaren Entführung. Wie oben schon in Erinnerung gerufen wurde, gibt es eine ähnlich strukturierte Problematik im Bereich der unselbständigen Beweisverwertungsverbote: Diese knüpfen an rechtsfehlerhaftes Verhalten von Strafverfolgungsorganen bei der Beweisergebnisgewinnung an, so wie dem vereinzelt befürworteten Verbot der prozessualen Ausnutzung der Lage eines Entführten eine dem Staat zurechenbare Entführung zugrunde liegt. Eine Parallelität und Ähnlichkeit der Problemstellungen liegt also vor: Einerseits die (Un-)Verwertbarkeit von Beweisergebnissen, die der Strafverfolgungsbehörde durch rechtswidriges Verhalten einer Privatperson verschafft worden sind, andererseits die (Un-)Zulässigkeit der Durchführung eines Strafverfahrens gegen einen Beschuldigten, dessen unfreiwilliger Aufenthalt im Machtbereich der Strafverfolgungsbehörden durch eine von Privatpersonen begangene Entführung herbeigeführt wurde.

Zu den ungeklärten Fragen der Lehre von den Beweisverwertungsverboten gehört die Verwertbarkeit von Beweismitteln, die den Strafverfolgungsbehörden infolge rechtswidrigen Handelns von Privatpersonen in die Hände gefallen sind. Noch hält sich die überwiegend vertretene Auffassung, dass beweismittelproduzierendes Handeln von Bürgern nicht am Maßstab des Strafprozessrechts gemessen werden kann[50] und daher die derivativ begründete Herrschaft der staatlichen Strafverfolgungsbehörde über das Beweismittel kein strafprozessrechtswidriger Zustand ist. Daher entstehe grundsätzlich kein Beweisverwertungsverbot.[51] Allenfalls bei schwersten Rechtsverletzungen – z.B. Geständniserpressung durch Folter – soll etwas anders gelten.[52] Behauptet hat sich diese „Adressatentheorie" zuletzt im Zusammenhang mit dem Ankauf illegal erlangter Steuerdaten durch deutsche Finanzbehörden und deren anschließende Verwertung in Strafverfahren gegen die betroffenen Steuerpflichtigen wegen des Vorwurfs der Steuerhinterziehung.[53] Ungeachtet der

---

[49] OLG Düsseldorf NJW 1984, 2050 (2051).
[50] *Kölbel*, NStZ 2008, 241 (242); dagegen *Grünwald* (Fn. 27), S. 163; *Rogall*, ZStW 91 (1979), 1 (41); *Trüg/Habetha*, NStZ 2008, 481 (488).
[51] BGHSt 27, 355 (357); 36, 167 (173); *Kleinknecht*, NJW 1966, 1537 (1542).
[52] *Hellmann*, Strafprozessrecht, 2. Aufl. 2006, Rn. 477, 530; *Jäger*, Beweisverwertung und Beweisverwertungsverbote im Strafprozess, 2003, S. 125; *Kleinknecht*, NJW 1966, 1537 (1543); *Roxin/Schünemann* (Fn. 4), § 24 Rn. 65; *U. Schroth*, JuS 1998, 969 (979).
[53] Zum Sachverhalt vgl. *Kühne*, FS Roxin, 2011, S. 1269 (1271).

Strafbarkeit sowohl des „Datenverkäufers"[54] als auch des deutschen „Datenkäufers" nach ausländischem – schweizerischem – Recht[55] sehen die Gerichte kein strafverfahrensrechtliches Verwertungshindernis und die Verfassungsgerichte – das Bundesverfassungsgericht[56] und der Verfassungsgerichtshof Rheinland-Pfalz[57] – keine Verletzung des Grundgesetzes und der Landesverfassung. Indessen hat es abweichende Stellungnahmen auch schon früher gegeben.[58] Die anrüchige Praxis des Ankaufens von illegalen „Steuer-CDs" hat die Gegenmeinung beflügelt und insbesondere der treffenden Rüge zusätzliche Durchschlagskraft verschafft, die Behörden eines Rechtsstaates dürften sich nicht auf das Niveau des „Hehlers"[59] von Beweismaterial krimineller Herkunft hinabbegeben.[60] Vorgeschlagen wird auch eine analoge Anwendung des § 136a StPO.[61] Dies überzeugt insoweit, als der Verwerflichkeitsgrad der Ernte krimineller Früchte den verbotenen Vernehmungsmethoden gleichkommt.[62] Die strafbewehrte Verhaltensanweisung an den Bürger verliert an Glaubwürdigkeit, wenn die für die Anwendung des Strafrechts zuständigen Hoheitsträger selbst Nutzen aus strafbaren Vortaten ziehen und zur Durchsetzung staatlicher Strafansprüche verwenden. „Crime does not pay" wird dem Empfänger wirtschaftlicher Vorteile kriminellen Ursprungs gesagt, wenn ihm gem. §§ 73 ff. StGB Taterträge abgenommen und dabei nach dem „Bruttoprinzip" eventuell sogar noch sein tatmakelfreies Vermögen konfisziert wird. Für staatliche Strafverfolgungsbehörden soll das aber nicht gelten. Mit der zunehmend Zuspruch erlangenden Gegenmeinung ist das abzulehnen und die Verwertung der hehlerisch erlangten Beweismittel im Strafverfahren zu verbieten.

c) Folgenbeseitigung statt Folgenverschlimmerung

Obwohl die rechtliche Konsequenz der Entführung des Beschuldigten nicht ein „Beweisverwertungsverbot" ist, können die oben angestellten Überlegungen und gezogenen Schlussfolgerungen übertragen werden. Berührungspunkte mit der Verwertungsverbotsthematik bestehen ohnehin, da die physische Anwesenheit des Beschuldigten Wahrheitsfindungsakte ermöglicht, die in einem Abwesenheitsverfahren nicht möglich wären. Zumindest als Augenscheinsobjekt ist der Entführte Gegenstand richterlicher Beobachtung und Quelle von Schlüssen, die zur Schuldüberzeu-

---

[54] *Ostendorf*, ZIS 2010, 301 (303).
[55] *Kühne* (Fn. 53), S. 1269 (1272 ff., 1281).
[56] BVerfG, Beschl. v. 9.11.2010 – 2 BvR 2101/09.
[57] VerfGH Rheinland-Pfalz, Urt. v. 24.2.2014 – VGH B 26/13.
[58] *Gössel*, Strafverfahrensrecht, 1977, S. 193, der für die Anwendbarkeit des § 136a StPO auf Verhalten von Privaten plädiert; a.A. *Hellmann* (Fn. 52), Rn. 477.
[59] *Schroeder/Verrel*, Strafprozessrecht, 7. Aufl. 2017, Rn. 132.
[60] So schon *Joerden*, JuS 1993, 927 (928); *Koriath*, Über Beweisverbote im Strafprozeß, 1994, S. 102.
[61] *Ostendorf*, ZIS 2010, 301 (307).
[62] *Schünemann*, NStZ 2008, 305 (309); *Trüg/Habetha*, NStZ 2008, 481 (490).

gungsbildung beitragen können. Zudem haftet die festgestellte Rechtsstaatswidrigkeit der Verfahrenspraxis der Verwertung von Beweismitteln krimineller Provenienz ebenso an wie die Aufrechterhaltung einer durch Entführung herbeigeführten Anwesenheit des Beschuldigten zur Vermeidung der Hauptverhandlungshemmnisse gem. §§ 230, 338 Nr. 5 StPO. Deshalb gibt es noch eine weitere Parallele: die Situation des Beschuldigten nach einer rechtswidrigen Beweisgewinnung wie nach einer kriminellen Entführung trägt die Merkmale eines gegen den Staat gerichteten Folgenbeseitigungsanspruchs. Da Staatsorgane durch den rechtswidrigen Beweisgewinnungsakt den Beschuldigten in eine Prozesslage gebracht haben, in der ihm aus der Verwertung der erlangten Beweise weitere Nachteile drohen, ist der Staat verpflichtet, diese Nachteile zu verhindern. Er muss die Folgen der rechtswidrigen Beweisgewinnung beseitigen. Dies geschieht durch Nichtverwertung der Beweise.[63] Wenngleich dieser Vorschlag in der Debatte um die dogmatische Bewältigung der Beweisverwertungsverbote zwar Anerkennung, aber wenig Gefolgschaft gefunden hat,[64] verdeutlicht er die „Schuldner"-Position, in der sich der Staat auch gegenüber dem Entführungsopfer befindet. Der Entführte ist ein Straftatopfer und die Lage, in der sich der Entführte infolge der Straftat befindet, hat der Staat zu beseitigen. Dem steht nicht entgegen, dass die Lage durch aktives Fehlverhalten von Bürgern geschaffen wurde und dem Staat dieses Verhalten nicht zuzurechnen ist.[65] Nicht das Verhalten der Zustandsverursacher ist Grund des Folgenbeseitigungsanspruchs, sondern der rechtswidrige Zustand.[66] Soweit Hoheitsträger oder Private auf Veranlassung des Staates diesen Zustand aktiv herbeigeführt haben, ist der Staat zur Beseitigung verpflichtet. Auf Verschulden kommt es dabei nicht an. Anerkanntermaßen kann jedoch auch Unterlassen Grundlage eines Folgenbeseitigungsanspruchs sein.[67] Existiert ein rechtswidriger Zustand, weil die zuständigen staatlichen Behörden seine Entstehung nicht verhindert haben, müssen sie ihn wenigstens beseitigen, damit die Lage des Entführten nicht noch schlimmer wird.[68] Auch hier spielt es keine Rolle, dass die Nichtverhinderung der Straftat keinen Verschuldensvorwurf begründet. Ausreichender Grund des Folgenbeseitigungsanspruchs ist, dass es rechtswidrig war, die Entführung nicht zu verhindern. Wenn also der Staat verpflichtet ist, aktiv dafür zu sorgen, dass der Entführte nicht mehr unter den Folgen der Entführung leiden muss, dann ist er erst recht verpflichtet, das Leiden des Entführten nicht weiter zu verschlimmern. Genau das tut aber eine Strafjustiz, die den auf kriminelle Weise herbeigeführten Zwangsaufenthalt eines Tatverdächtigen in ihrem Hoheitsbereich dazu ausnutzt, Strafverfolgungsmaßnahmen gegen ihn durchzuführen.

---

[63] *Amelung*, Informationsbeherrschungsrechte im Strafprozeß, 1990, S. 38.
[64] *Jäger* (Fn. 52), S. 101 ff.
[65] Anders *Amelung* (Fn. 63), S. 68.
[66] *Baldus/Grzeszick/Wienhues*, Staatshaftungsrecht, 4. Aufl. 2013, Rn. 53; *Bumke*, JuS 2005, 22 (23); *Kemmler*, JA 205, 908; *Ossenbühl/Cornils*, Staatshaftungsrecht, 6. Aufl. 2013, S. 379; *Schoch*, Jura 1993, 478 (483).
[67] *Baldus/Grzeszick/Wienhues* (Fn. 66), Rn. 44.
[68] *Brunhöber*, GA 2010, 571 (587).

IV. Schluss

„Die Union bildet einen Raum der Freiheit, der Sicherheit und des Rechts, in dem die Grundrechte und die verschiedenen Rechtsordnungen und -traditionen der Mitgliedstaaten geachtet werden" heißt es in Art. 67 Abs. 1 AEUV. In den Ohren eines Dieter Krombach müssen diese schönen Worte wie Hohn klingen. Die lächerlich niedrige Strafe gegen André Bamberski ist ein Schlag ins Gesicht aller, die das Gewaltmonopol des Staates für eine achtenswerte Einrichtung halten. Wenn aber unter „Recht" auch „Faustrecht" zu subsumieren ist und die rabiate Vorgehensweise der Rechtstradition unserer westlichen Nachbarn entspricht, löst sich der scheinbare Widerspruch zu Unionsrecht auf. Nur: Möchte man gern unter solchen Bedingungen in diesem Raum leben? Natürlich nicht. Zeichnet sich doch „der liberale Rechtsstaat der Bundesrepublik Deutschland auf der Grundlage des Grundgesetzes" dadurch aus, „dass er dem Verbrechen nicht auf gleicher Ebene begegnen will". Die Strafprozessordnung weigere sich, „die Anwendung von staatlich autorisierter Gewalt zum Zwecke der Verbrechensbekämpfung den Mitteln und Methoden der Verbrecher selbst anzupassen."[69] So soll es sein. Hoffen wir also, dass die deutsche Strafjustiz den Mut zu dieser Selbstbeschränkung aufbringt, falls es einmal zu einem der Affäre Bamberski/Krombach ähnlichen Entführungsfall in der umgekehrten Bewegungsrichtung (Zielland Deutschland) kommen sollte.

---

[69] *Kühne* (Fn. 39), Rn. 880.

Verständigungsversuche, informelle Beweiswürdigung, informelle Verwertungsverbote

Zur Bindungswirkung nicht zustande gekommener Verfahrensabsprachen

Von *Carsten Momsen* und *Sarah Lisa Washington*

I. Einleitung

Klaus Rogall hat die Dogmatik der Beweisverwertungsverbote in Deutschland geprägt. Zentrale Anliegen seines mit „Abwägungslösung" nur unvollkommen und unpräzise umschriebenen Ansatzes sind der Schutz zentraler Prozess(grund)rechte sowie die Rechtssicherheit und der effektive Einsatz beschränkter Ressourcen.[1] Besser gekennzeichnet wird der Ansatz daher auch als „normative Fehlerfolgenlehre".[2] Zu bewerten ist vereinfacht gesagt, ob die Schwere des Verfahrensfehlers und die durch den Fehler eingetretene qualitative Verletzung von Interessen eine Fehlerkorrektur erzwingen oder ob sich eine ressourcenschonende Lösung ohne Neuverhandlung oder Wiederholung wesentlicher Teile der Beweisaufnahme rechtfertigen lässt.[3]

Ein Konsens im Hinblick auf Begründung und Anwendung sowie Reichweite und Einschränkung der Beweisverbote ist nach wie vor noch nicht am Horizont erkennbar. Es sei denn, man möchte die basale Erkenntnis, dass jedenfalls auch die im Einzelfall konkret betroffenen Interessen abgewogen werden müssen[4], ernsthaft als einen solchen bezeichnen. Man könnte allenfalls polemisierend feststellen, dass Beweisverbote in weniger Fällen eingreifen, als man meinen möchte, und auch bei ihrem Eingreifen und ihrer Nichtbeachtung in sehr viel weniger Fällen zu einer erfolgreichen Verfahrensrüge führen, als sie eigentlich sollten. Die Lage bleibt also ungeachtet der substanziellen Beiträge des Jubilars unübersichtlich. Durch die 2009[5] legalisierte und zugleich beschränkte Praxis der Absprachen im Strafverfahren haben sich zudem eine Vielzahl neuer Verwertungsfragen ergeben. Diese zeigen gelegentlich auch noch die irritierende Tendenz, sich nicht ohne Weiteres aus der Systematik der bisherigen Handhabung der Verwertungsverbote oder der Systematik des

---

[1] *Rogall*, FS-Hanack, 1999, S. 293 ff.; *ders.*, FS-Grünwald, 1999, S. 523 ff.; *ders.*, JZ 2008, 818.
[2] So bezeichnet bspw. von SSW-StPO/*Beulke*, 3. Aufl. 2018, Einleitung Rn. 270 m.w.N.
[3] *Rogall*, ZStW 91 (1979), 1 ff., 31 f.; *ders.*, FS-Hanack (Fn. 1), S. 293 ff.
[4] BVerfG JR 2012, 211 ff.; BVerfG StV 2008, 1 ff.; BGHSt 54, 69 ff.
[5] Gesetz v. 29. Juli 2009 (BGBl. I, S. 2353), Begründung: BT-Drs. 16/12310.

Strafverfahrens beantworten zu lassen. Das liegt unter anderem daran, dass genau hier die Schnitt- und Bruchstelle zwischen klassischen inquisitorischen und modernen adversatorischen Elementen des deutschen Strafprozesses liegt. Diese adversatorischen Elemente allerdings werden keineswegs durchgängig als „modern" wahrgenommen, sie erscheinen einigen Teilnehmern des Diskurses offenbar geradezu als aggressive Neophyten im Biotop des deutschen Strafverfahrens, welche es mit allen Mitteln zu bekämpfen gilt[6], will man nicht eines Tages als eine Art Archäozon in einem amerikanisierten Strafverfahren aufwachen, in dem man sich mangels vertrauter Parameter nicht mehr zurechtfindet. Matter of fact hat sich aber der Gesetzgeber dazu entschlossen, auch um den Preis der bereichsspezifischen Aufweichung einiger Verfahrensgrundsätze[7] von einer reinen inquisitorischen Verfahrensform Abschied zu nehmen. Jedenfalls um der größeren Effizienz willen werden zunehmend adversatorische Elemente zugelassen. Wer allerdings diese Entwicklung erst mit dem oben bereits angesprochenen Verständigungsgesetz beginnen sieht, wäre zu spät aufgewacht. Denn die statistisch häufigsten Erledigungsformen sind seit geraumer Zeit die dem Opportunitätsprinzip verpflichteten §§ 153 ff. StPO sowie das hinsichtlich seines dogmatischen Hintergrunds eher unklare Strafbefehlsverfahren. Hier steht zwar im Vordergrund die beschleunigte Abwicklung von Verfahren, jedoch dient dies auch dem Beschuldigten bzw. Angeschuldigten, ohne dessen Zustimmung das Verfahren im Regelfall nicht entsprechend beendet werden kann.[8] Auf der Strecke bleibt allerdings nicht selten die sogenannte Wahrheitsermittlung[9]. Schon diese holzschnittartige Beschreibung zeigt, dass über einen zentralen Aspekt des Strafverfahrens disponiert wird, nämlich eben diese Wahrheitsermittlung. Unter Umständen auch über die Gerechtigkeit als transzendierendem Verfahrenszweck.[10] Auch hier haben wir es evident mit Verhandlungen, genauer gesagt mit dem Versuch von Verständigungen zu tun. Jede Verfahrensbeendigung, die voraussetzt, dass die zentralen Verfahrensbeteiligten ihr Einverständnis erklären, sich „einigen", ist eine Verständigung, der im Regelfall Verhandlungen vorausgehen. Dass die Öffnung für Verhandlungen auch eine Öffnung für Ungleichbehandlungen ist, lässt sich nicht vermeiden, da die Verhandlungspositionen auch bei hypothetisch exakt identischen Sachverhal-

---

[6] *Fischer*, ZEIT v. 27.3.2013: „Der Deal zerstört das Recht – Das Verfassungsgericht hat die Praxis des Geständnishandels abgesegnet. Damit geht Macht vor Gesetz."

[7] *Moldenhauer/Momsen*, Absprachen aus revisionsrechtlicher Sicht, JA 2002, 415 ff.

[8] SSW-StPO/*Momsen* (Fn. 2), § 407 Rn. 1 f.; in beiden Fällen steht Effizienz- bzw. Ressourcenschonung im Vordergrund.

[9] Das Konzept der „Wahrheitsermittlung", welches in inquisitorischen Systemen regelmäßig betont wird, ist nicht unproblematisch. Fischer bezeichnet den Begriff Wahrheit als einen der „im Nichts ruht [...]. Er bezieht sich auf sein Gegenteil, ohne es benennen zu können." Vgl. *Fischer*, Über die Wahrheit, Eine Kolumne von Thomas Fischer, Zeit Online, abrufbar unter http://www.zeit.de/gesellschaft/zeitgeschehen/2015-09/strafprozess-wirklichkeit-wahrheit-fischer-im-recht/seite-2 (zuletzt 15.10.2017).

[10] Anders als es im amerikanischen Konzept der „Criminal Justice" mitschwingt, findet sich in jüngeren Publikationen zu den Grundlagen des deutschen Strafverfahrens allerdings relativ wenig zum Stichwort Gerechtigkeit. Es wird im Allgemeinen ersetzt durch die nicht synonymen Begriffe „Rechtsfrieden" und „Rechtsstaatlichkeit".

ten differieren: Unterschiedliche Ressourcen bei den Gerichten oder Staatsanwaltschaften, unterschiedliche Ressourcen zur Verteidigung, pars pro toto. Das Risiko einer Ungleichbehandlung scheint im Hinblick auf Absprachen besonders aktuell. Absprachen führen zu einer Bedeutungssteigerung des Vorverfahrens. Diejenigen die hier im Hinblick auf Verteidigung gut aufgestellt sind, haben einen Vorteil. Problematisch daran ist nicht zuletzt, dass im deutschen Strafverfahren aufgrund der Verteilung der Kompetenzen und der Zuständigkeit desselben Gerichts in Zwischen- und Hauptverfahren wesentliche Punkte der Beweiserhebung im Vorverfahren vorentschieden werden.

Fassen wir zusammen: Formen der Verständigung sind seit Jahrzehnten ein konstitutives Element des deutschen Strafverfahrens; sie gelangen durch das Verständigungsgesetz noch ein Stück weiter in die Hauptverhandlung hinein, sind aber auch dort keineswegs Neophytnormen.

II. Verfahrensabsprachen, Verhandlungspositionen und Verwertungsverbote

Bei in vielen auch grundlegenden Fragen noch erheblichem Begründungs- und Evaluierungsbedarf würde sich aus der Architektur eines inquisitorisch angelegten Verfahrens eigentlich nahezu zwingend ergeben, dass die mit der Öffnung für Verhandlung verbundene Relativierung des Aufklärungsgrundsatzes eine Stärkung der Kontrolle dieser Verständigungen durch die Gerichte bedingt. Ansonsten droht ein relativer Bedeutungsverlust der richterlichen Verfahrensherrschaft.

Allerdings sind verhandlungsbasierte Verständigungen nicht viel wert und noch weniger attraktiv, wenn sie unter einem generellen Vorbehalt richterlicher Genehmigung stehen, da damit die autonome Stellung der beteiligten Verfahrenssubjekte untergraben wird.

Diese Konvergenz zumindest teilweise antagonistischer Interessen bzw. Prinzipien kennzeichnet die Stellung der Beweisverbote im Bereich von Verständigungen. Einerseits müsste es besonders rigide Beweisverwertungsverbote geben, wenn das, was ausgehandelt wurde, bestandskräftig sein soll. Heißt, die gerichtliche Kontrolle wäre auf ein Minimum zu beschränken. Andererseits müssten den Gerichten weitreichende Überprüfungsmöglichkeiten zur Verfügung stehen, wenn Wahrheitssuche und Herstellung von Gerechtigkeit[11] möglichst wenig beeinträchtigt werden sollen. Das spräche für eine verminderte Bedeutung von Beweisverwertungsverboten.

Hinzu tritt – in gewisser Weise absprachespezifisch ausgeformt – die oben angesprochene Frage latent angelegter Diskriminierungen der Verhandlungspartner, die

---

[11] Oder ihr prozessualer Schatten, der Rechtsfrieden; vgl. *Momsen*, Verfahrensfehler und Rügeberechtigung, 1996, S. 339 ff.

mit schlechten oder sogar unzureichenden Ressourcen ausgestattet sind. Dahinter steht der Grundsatz der Verfahrensfairness (Art. 6 Abs. 1 Satz 1 EMRK). Will man ausschließen, dass strukturell oder individuell schwächere Verhandlungspartner „über den Tisch gezogen", genauer gesagt, unter unzulässigem Druck zur nur scheinbar freiwilligen Aufgabe von Verfahrensrechten genötigt werden, so bedarf es ebenfalls einer dichten gerichtlichen Kotrollmöglichkeit. Was aber bedeutet dies im Hinblick auf das Eingreifen von Beweisverboten? Denkbar wäre es, die Bedeutung der Verwertungsverbote generell einzuschränken, um schon dem Tatgericht eine permanente Perspektive zur Korrektur zu ermöglichen.

Man könnte aber auch erwägen, sie nur zugunsten des schwächeren, also benachteiligten Verhandlungspartners zu relativieren. Will sagen: Die aus einer Position der Stärke de facto freiwillig aufgegebenen Verfahrenspositionen sind einer Kontrolle auch durch die Annahme weitreichender Verwertungsverbote tendenziell entzogen, die unter Druck aufgegebenen Verfahrensrechte müssen einer gerichtlichen Kontrolle zugänglich gemacht werden. Verwertungsverbote dürfen dies nicht hindern. Art. 6 Abs. 1 Satz 1 EMRK weist ausschließlich individualschützende Tendenz auf. Daher wird der Grundsatz des „Fair Trial" richtigerweise einhellig so interpretiert, dass er auch dann nicht zugunsten der Staatsanwaltschaft wirkt, wenn diese einmal in der unterlegenen Rolle sein sollte.[12] Zugunsten des dritten möglichen Beteiligten an einer Verständigung, des Gerichts also, kann er schon strukturell nicht eingreifen, da das Gericht gerade zur Gewährleistung des fairen Verfahrens verpflichtet ist.

Zu diskutieren ist demnach eine Auflockerung der Beweisverwertungsverbote ausschließlich zugunsten des Angeklagten, soweit es um solche Verbote geht, die im Zusammenhang mit (fehlgeschlagenen) Absprachen stehen.

Wie gerade die Einbeziehung der §§ 153 ff. StPO in den Kontext der Verständigungen deutlich macht, müsste den dargelegten Erwägungen auch und gerade für das Ermittlungs- und Zwischenverfahren nachgegangen werden, da hier schon aufgrund der weniger scharf umrissenen Verfahrensposition der Verteidigung ein höheres Gefährdungspotential bestehen müsste. Entsprechendes gilt im Hinblick auf das Strafbefehlsverfahren. Aus Anlass einer aktuellen Entscheidung soll hier jedoch lediglich die formalisierte Absprache in der Hauptverhandlung Gegenstand der Analyse sein.

III. Erörterung des Verfahrensstands und Versuch der Verständigung

Akzeptiert man für den Moment die gängige Praxis der Verständigung in der Hauptverhandlung sowie die gegenwärtige Fassung des § 257c StPO als deren verfassungsgemäße Grundlage, so fokussiert sich eine Betrachtung der Verwertungsverbote gleichsam automatisch auf die Regelung in § 257c Abs. 4 Satz 3 StPO. Diese

---

[12] HKGS/*Dölling/Maschewitz*, 4. Aufl. 2017, Vor § 1 StPO Rn. 67.

formuliert das rechtsstaatlich zentrale Verwertungsverbot: „Das Geständnis des Angeklagten darf in diesen Fällen nicht verwertet werden."

Schaut man sich die beiden vorhergehenden Sätze des Abs. 4 näher an, so muss man zunächst einmal eine Begriffsklärung vornehmen. Was genau sind „diese Fälle", die Satz 3 in Bezug nimmt? In der einschlägigen Kommentarliteratur ist die Rede von der „gescheiterten" Verständigung, „etwa infolge ihres Widerrufs".[13] Sind also nur einmal erfolgte und dann wiederaufgekündigte Verständigungen gemeint – oder auch solche, die gar nicht erst zustande gekommen sind?

Liegt eine gescheiterte Absprache im Sinne des Gesetzes auch vor, wenn nur Verständigungsgespräche aufgenommen werden, diese aber gar nicht erst in eine – zumindest vorübergehende – Verständigung münden?

Der Gesetzestext dürfte die eingeleitete, aber nicht zustande gekommene Verständigung noch ebenso umfassen wie die zunächst geschlossene Absprache, von der wieder abgerückt wird. Vorausgesetzt, man interpretiert die Anbindung an die Sätze 1 und 2 nicht so, dass einerseits dort zwingend ein zwischenzeitlicher Erfolg im Sinne einer „vollendeten" Verständigung vorausgesetzt wird und dies auch für die Formulierung in Satz 3 anzunehmen ist.

Mit Fokus auf den Zweck des Satz 3 müsste die Situation (Geständnis) bei nicht erfolgreichen Verständigungsgesprächen vergleichbar sein mit derjenigen bei der von der Norm unzweifelhaft erfassten aufgekündigten Absprache. Der Blick in die Gesetzesmaterialien zeigt zunächst, dass die Situation der unvollendeten Verständigung nicht unter § 257b StPO fallen soll. Denn dort heißt es: „Eine Regelung der Verständigung enthält § 257b hingegen nicht. Die Vorschrift beschränkt sich auf kommunikative Elemente, die der Transparenz und Verfahrensförderung dienen, aber nicht auf eine einvernehmliche Verfahrenserledigung gerichtet sind. Diese ist in § 257c gesondert geregelt".[14] Werden also bereits Verständigungsgespräche aufgenommen, so greift § 257b StPO eindeutig nicht (mehr) ein.[15] Ebenso eindeutig dient Abs. 4 Satz 3 dem Schutz des durch eine Verständigung entstandenen Vertrauens zugunsten des Angeklagten.

Soweit ersichtlich ist die eingeleitete, aber nicht zustande gekommene Verständigung bislang nicht näher unter dem Blickwinkel der Verwertbarkeit des Geständnisses diskutiert worden.

---

[13] So bspw. SSW-StPO/*Beulke* (Fn. 2), Einleitung Rn. 254.
[14] BT-Drs. 16/12310, S. 13.
[15] SSW-StPO/*Ignor* (Fn. 2), § 257b Rn. 4 weist indes zu Recht darauf hin, dass der Normzweck nicht so eindeutig zu bestimmen ist, da die allgemeinen Erwägungen, BT-Drs. 16/12310, S. 2, so verstanden werden können, dass gerade auch an eine Vorbereitung von Verständigungen gedacht war. Die Begründung der konkreten Regelung (a.a.O., S. 13) lässt diese Interpretation jedoch nicht zu, so auch *Ignor* (a.a.O.).

IV. Absprachebereitschaft, Vertrauensschutz, Risikosphären

Dies könnte daran liegen, dass keine formalen Geständnisse im „Verhandlungsstadium" abgegeben werden. Alles andere wäre eine schlechte Verteidigung. Jedoch muss von Seiten des Angeklagten im Regelfall zumindest verbindlich signalisiert werden, dass ein Geständnis in Betracht kommt, um eine Absprachebereitschaft der anderen Verfahrensbeteiligten zu wecken bzw. zu vertiefen. Soll es zu ernsthaften und konkreten Verhandlungen über eine Verständigung kommen, dann muss bereits während dieser Verhandlungen klar sein, was das Geständnis beinhaltet. Die Freispruchverteidigung würde hier also bereits entscheidende Trümpfe aus der Hand geben und damit stellt sich die Frage des Vertrauensschutzes als Kehrseite der Verwertungsfrage zumindest in paralleler Struktur.

Zum anderen wäre denkbar, dass die Ankündigung einer Geständnisbereitschaft nicht als Verwertungsproblem gesehen wird, weil diese Information nicht im engeren Sinne als Beweis nutzbar ist, da die beweisrechtlichen Kriterien eines Geständnisses bspw. auch in seiner Konkretheit liegen.

Letztlich ließe sich eventuell argumentieren, dass die aufgezeigte Situation ein klassisches Verteidigungsdilemma ist, welches eben bestimmte Anforderungen an das taktische Verständnis der Verteidigung stellt, aber ausschließlich in deren Risikosphäre fällt. Diese Argumentation mag vor dem Hintergrund eines rein inquisitorischen Verfahrensmodells überzeugend sein. Sie berücksichtigt aber weder die Dynamik eines Verständigungsprozesses noch die Neujustierung der prozessualen Machtbalance, die damit verbunden ist.

1. Geständnis, Geständnisbereitschaft und Ankündigung eines Geständnisses

Will man die prozessualen Interessenlagen, insbesondere die Schutzbedürftigkeit, vergleichen, bietet es sich mit Blick auf § 257c Abs. 4 Satz 3 StPO an, zu untersuchen, ob das, was in der „Verhandlungsphase" der Verständigung (hier synonym mit „Verständigungsgespräch" verwendet) im Hinblick auf das mögliche Geständnis offengelegt werden muss, bereits vergleichbaren Schutz beanspruchen kann, wie das später im Rahmen der „vollendeten" Verständigung dann tatsächlich abgegebene Geständnis. Die Anforderungen an eine geständige Einlassung als Beweismittel sind scheinbar hoch. Zwar geht aus § 254 StPO nicht hervor, welche Kriterien eine Einlassung erfüllen muss, um als Geständnis zu gelten, jedoch verlangt man wie im Ermittlungsverfahren auch ein „umfassendes" und ausreichend detailreiches Geständnis, um dieses anhand anderer Beweismittel überprüfen zu können.[16] Nur dann könne es ermöglichen, auf weitere Beweiserhebungen zu verzichten. Vor Inkrafttreten des Verständigungsgesetzes gingen die Senate des BGH davon aus, dass nur ein qualifiziertes Geständnis die verfahrensbeendende Wirkung einer Absprache herbeiführen

---

[16] Vgl. bspw. *Eisenberg*, StPO, 9. Aufl. 2015, Rn. 727.

könne.[17] Dies findet sich jedoch in § 257c StPO nicht wieder. Der Bundesrat wies zwar im Gesetzgebungsverfahren darauf hin, dass die Anforderungen an ein Geständnis i.R. § 257c StPO bedenklich unpräzise sind, notwendig sei ein „qualifiziertes Geständnis".[18] Allerdings sollte nach Ansicht des Bundesrats das Geständnis auch bei gescheiterter Absprache verwertbar sein.[19] Die Bundesregierung hat beiden Punkten widersprochen und sich im Ergebnis durchgesetzt. Eine bestimmte Qualität eines Geständnisses wird nicht vorausgesetzt, es darf nach geltender Rechtslage nicht verwertet werden.[20] Das bedeutet, dass im Fall einer nachträglich gescheiterten Verständigung auch ein relativ pauschales Geständnis, wenn es den Verfahrensbeteiligten zur Herbeiführung der Verständigung ausreichend erschien, grundsätzlich nicht verwertet werden darf. Mit der aktuellen Rechtsprechung ist allerdings das Gesetz so zu verstehen, dass auch bloße Pauschal- oder Formalgeständnisse im Einzelfall ausreichen können, um eine Verständigung herbeizuführen, lediglich ein bloßes Nichtbestreiten reicht nicht aus.[21] Wie die Stellungnahme der Bundesregierung zeigt, geht es eben gerade darum, eine Verständigung auch dann nicht auszuschließen, wenn das Geständnis so wenig Details bietet, dass eine Verifizierung kaum möglich ist.[22] Dahinter steht auch die Erwägung, dass Absprachen in frühen Hauptverhandlungssta-

---

[17] BGHSt 50, 40 ff., 49; SSW-StPO/*Ignor* (Fn. 2), § 257c Rn. 51.

[18] BT-Drs. 16/12310, S. 18: „Der unserem Verfahrensrecht innewohnende Amtsaufklärungsgrundsatz erfordert zwingend ein qualifiziertes Geständnis. Denn nur dieses ermöglicht richterliche Überzeugungsbildung.
Unabdingbare Voraussetzung einer Verfahrensabsprache ist ein Geständnis, das derart konkret ist, dass eine Überprüfung möglich ist und eine Übereinstimmung mit der Aktenlage festgestellt werden kann. Ein Formalgeständnis reicht nicht aus. Nach der geständigen Einlassung dürfen keine Zweifel an deren Richtigkeit bestehen, nur dann kann von einer weiteren Sachaufklärung abgesehen werden. Das Gericht muss nachvollziehbar von der Wahrhaftigkeit der gemachten Angaben überzeugt sein. Denn das Gericht hat immer eigenverantwortlich zu beurteilen, ob der Angeklagte die ihm vorgeworfene Straftat auch wirklich begangen hat. Es darf deswegen einem abgesprochenen Geständnis nicht blind vertrauen, sondern muss es auf seine Glaubhaftigkeit prüfen. Es soll zukünftig gerade nicht möglich sein, dass – wie derzeit manchmal Praxis – der Angeklagte über seinen Verteidiger eine ausgefeilte Erklärung verlesen lässt, im Anschluss keine weiteren Nachfragen des Gerichtes beantwortet und gleichwohl in den Genuss eines überobligatorischen Strafnachlasses kommt."

[19] BT-Drs. 16/12310, S. 18, 19 („Das Entfallen der Bindung nach Satz 1 steht der Verwertung des Geständnisses des Angeklagten nicht entgegen."), 21.

[20] BT-Drs. 16/12310, S. 21: „Auf eine Festlegung der erforderlichen ‚Qualität' eines Geständnisses ist zu verzichten. Zu vielfältig sind die denkbaren Fallgestaltungen. Zusätzliche Kriterien wie die Umfassendheit oder Nachprüfbarkeit eines Geständnisses wären zu unbestimmt und könnten Besonderheiten des Einzelfalles nicht ausreichend Rechnung tragen. So sind z.B. Konstellationen denkbar, in denen, z.B. bei bedingt aussagekräftiger Kette anderer Beweise, eine umfängliche Nachprüfbarkeit nicht voll gewährleistet sein kann."

[21] BGH StraFo 2013, 250; OLG Hamm StraFo 2011, 515; SSW-StPO/*Ignor* (Fn. 2), § 257c Rn. 52; siehe aber HKGS/*König/Harrendorf* (Fn. 12), § 257c Rn. 16.

[22] Die Anforderungen an ein Geständnis sind in der Literatur nach wie vor umstritten; vgl. *Meyer-Goßner/Schmitt*, StPO, 60. Aufl. 2017, § 257c Rn. 17; *Jahn/Müller*, NJW 2009, 2628; näher SSW-StPO/*Ignor* (Fn. 2), § 257c Rn. 51; HKGS/*König/Harrendorf* (Fn. 12), § 257c Rn. 16.

dien besonders effizient sind, weil relativ viel an Beweisaufnahme, die ansonsten noch hätte durchgeführt werden müssen, entfallen kann. Dass die Wahrheitsermittlung hier durch eine Wahrheitsvermutung ersetzt werden kann, wurde in Kauf genommen.

Für den Gegenstand unserer Betrachtung, die letztlich erfolglosen Verständigungsgespräche, ist genau dieser Punkt von Bedeutung. Darf die Verständigung auf einer Wahrheitsvermutung aufbauen, so bezieht sich das Verwertungsverbot im Falle der gescheiterten Verständigung auf ebendiese Wahrheitsvermutung.

Lässt man die statistisch vermutlich nicht sehr relevante Situation außer Betracht, dass eine Verständigung gänzlich ohne Bezugnahme auf ein Geständnis zustande kommen könnte[23], so wird deutlich, dass sich die Situation einer zunächst zustande gekommenen und später gescheiterten Absprache im Falle eines wenig detailreichen Geständnisses praktisch nicht von der Situation erfolgloser Verständigungsgespräche unterscheidet, in deren Rahmen ein Geständnis angeboten und inhaltlich skizziert wird.

In beiden Situationen wäre eine weitere Beweisaufnahme für einen Schuldspruch erforderlich, aber in beiden Fällen würde der weitere Verfahrensablauf vorgeprägt. Dementsprechend ist die Interessenlage in Bezug auf die Nichtverwertung des Geständnisses und eine Nichtverwertung der kommunizierten Geständnisbereitschaft, erst recht eines angebotenen inhaltlich bereits umrissenen Geständnisses vergleichbar.

2. Risikosphären und Vertrauensschutz

Vertraut der Angeklagte aber auch in vergleichbarer Weise darauf, dass ein Geständnis nicht verwertet wird? Scheitert eine zunächst zustande gekommene Absprache nachträglich, so besteht eine normative und faktische Erwartung, dass das Verfahren in der vereinbarten Weise endet. Das bedeutet, alle Beteiligten, vor allem aber der Angeklagte, können sich entsprechend darauf einrichten. Dass hier Vertrauen in die Verbindlichkeit entsteht, verdeutlich das Beispiel eines vereinbarten Strafrahmens von 1 Jahr und 6 Monate bis zu 2 Jahren, verbunden mit der Zusicherung, dass die Strafe zur Bewährung ausgesetzt werden wird. Dieses Vertrauen ist zwar nicht absolut geschützt[24], ist jedoch zunächst einmal ein notwendiges Korrelat der Bindungswirkung.[25] Notwendiges Korrelat zum geschützten Vertrauen auf das erzielte Ergebnis ist das Verwertungsverbot für das im Rahmen der Absprache abgegebene Geständnis – sowie die Transparenz in Bezug auf die weggefallene Bindung.

---

[23] Gesetzlich intendiert ist ein Geständnis als Voraussetzung der Verständigung, vgl. BT-Drs. 16/12310, S. 13.

[24] § 265c Abs. 4 Satz 1 und 2 StPO beschreiben abschließend die Situationen, in denen andere Verfahrensinteressen das geschützte Vertrauen überlagern.

[25] BT-Drs. 16/12310, S. 15 f.; ausf. zur Entwicklung der Bindungswirkung MüKo-StPO/*Jahn/Kudlich*, 2016, § 257c Rn. 147; SSW-StPO/*Ignor* (Fn. 2), § 257c Rn. 81 ff.

Letztere ist nichts anderes als die Verlängerung des zunächst für das Eintreten und den Umfang der Bindung geltenden Transparenzgebots. Hierzu näher unter V.

Blickt man auf die Sätze 1 und 2 des Absatz 4, so zeigen sich zwei unterschiedliche Begründungsstränge für den Wegfall der Bindungswirkung: Zum einen gewichtige Verfahrensinteressen der Allgemeinheit, sofern diese erst nach der Verständigung bekannt werden.[26] Hier liegt letztlich eine Konzession an den Anspruch vor, das Verfahren müsse im Ergebnis der Gerechtigkeit dienen.[27] Im anderen Fall kann die Bindungswirkung entfallen, wenn eine Partei der Absprache, der Angeklagte, seine absprachegemäß geschuldeten Leistungen nicht erbringt. Hier lassen sich verschiedene weitere Begründungsstränge identifizieren: der Gedanke des Rücktritts vom Vertrag wegen vertragswidrigen Verhaltens, der Gedanke der rechtsmissbräuchlich bewirkten Verständigung, ggf. der prozessualen Verwirkung.[28] Richtigerweise fordert man auch hier, dass gerade infolge dieses absprachewidrigen Verhaltens die ausgehandelte Strafe nicht mehr tat- und schuldangemessen ist.[29] Letztlich geht es also immer um eine Art „Wegfall der Geschäftsgrundlage" aus der Perspektive der Allgemeinheit, stellvertretend wahrgenommen durch das Tatgericht.

Man kann aber auch eine Differenzierung der Risikosphären vornehmen. Satz 1 knüpft nicht an ein Verhalten des Angeklagten an, sondern gewissermaßen an eine Art normativ höhere Gewalt. Satz 2 hingegen verweist die Enttäuschung des Vertrauens eindeutig in die Risiko- und Verantwortungssphäre des Angeklagten bzw. der Verteidigung.

Interessanterweise ist einer der Hauptgründe für die Annahme des Absatz 4 Satz 2, dass der Angeklagte gar kein Geständnis ablegt oder dieses in Umfang und Inhalt nicht den Vereinbarungen entspricht.[30] Daher gehört es zur sachgerechten Verteidigung, die Erwartungen an das zu erbringende Geständnis möglichst genau zu verhandeln und festschreiben zu lassen.[31] In allen Fällen aber greift Satz 4 – das Geständnis ist unverwertbar. Grund ist die Kompensation des enttäuschten Vertrauens, selbst dann, wenn der Angeklagte dies zu vertreten hat. Ein Grund für die richtigerweise umfassende Kompensation durch das Verwertungsverbot liegt darin, dass der Angeklagte nicht selbst an der eigentlichen Verhandlung teilnehmen kann.

Betrachtet man die Ratio von Bindungswirkung und Vertrauensschutz sowie von Wegfall der Bindung und Verwertungsverbot, so zeigt sich wiederum kein Grund, warum die Situation der erfolglosen Verständigungsversuche anders zu behandeln

---

[26] Wie frei das Gericht ist, diesen Grund anzunehmen, ist nach wie vor Gegenstand einer intensiven Diskussion; näher SSW-StPO/*Ignor* (Fn. 2), § 257c Rn. 94 ff.; MüKo-StPO/*Jahn/Kudlich* (Fn. 25), § 257c Rn. 158 ff.

[27] BT-Drs. 16/12310, S. 14.

[28] Dazu *Momsen* (Fn. 11), S. 104 ff.

[29] BGH StV 2013, 484.

[30] SSW-StPO/*Ignor* (Fn. 2), § 257c Rn. 97; MüKo-StPO/*Jahn/Kudlich* (Fn. 25), § 257c Rn. 171.

[31] *Schlothauer*, StraFo 2011, 487 ff., 493.

wäre. Aus dem Vorgesagten folgt geradezu, dass eine lege artis geführte Verteidigung nicht nur eine allgemeine Geständnisbereitschaft erklären sollte, sondern im Gegenteil möglichst detailliert abspricht, was Inhalt des Geständnisses sein wird. Der einzige Gesichtspunkt für eine andere Bewertung wäre, dass die Aufnahme von Verständigungsgesprächen eben per se risikoreich ist. Dies aber überzeugt schon deshalb nicht, weil keineswegs die Mehrzahl der Initiativen von der Verteidigung ausgeht und es eine ganze Reihe von Konstellationen gibt, in denen es irrational wäre, die Aufnahme der Gespräche zu verweigern, selbst dann, wenn auch eine Freispruchverteidigung möglich erscheint. Man denke nur an die Situation, dass das Gericht mitteilt, mit Mitangeklagten werde es zu entsprechenden Verhandlungen kommen. Hier gebietet es im Grunde genommen häufig schon die Pflicht, sich über den Prozessstand auf dem Laufenden zu halten und nicht den Verlust prozessualer Handlungsfähigkeit zu riskieren, zumindest zunächst an entsprechenden Gesprächen teilzunehmen. Interessant ist hier ein Blick auf die USA – das Land des Plea Bargaining. Seinen Mandanten über die Möglichkeit einer Absprache und Angebote der Staatsanwaltschaft nicht auf dem Laufenden zu halten – unabhängig davon ob ein Geständnis aus Anwaltsperspektive sinnvoll erscheint – wäre ein grober Verstoß gegen Verteidigungspflichten und kann zur Aufhebung eines späteren Urteils führen.[32]

V. Transparenz und Fairnessgrundsatz und geschützte Räume

Das was Gegenstand der Bindungswirkung ist, wie auch das Entfallen der Bindungswirkung muss seitens des Gerichts für die übrigen Verfahrensbeteiligten, vor allem aber für den Angeklagten transparent gemacht werden. Ersteres schon, weil der Angeklagte nur vollständig informiert zustimmen kann, letzteres, weil dem Angeklagten klar sein muss, dass er sein künftiges Verteidigungsverhalten und ggf. auch die künftige Lebensplanung (s. o.) umstellen muss. Richtigerweise folgt dies aus dem Fairnessgrundsatz, der es u. U. auch gebieten kann, dem Angeklagten eine Aussetzung analog § 265 Abs. 4 StPO zu gewähren.

1. Transparenzgebot und Fairnessgrundsatz

Die Bedeutung des Transparenzgebots zeigt ein kürzlich ergangener Beschluss des 3. Strafsenats[33] zugleich mit einer interessanten neuen Facette der Verknüpfung von Absprachen und Verwertungsverboten auf. Denn der Senat hebt eine Entscheidung aufgrund der nicht ausreichenden Mitteilung nach § 257 Abs. 3 Satz 1 StPO auf. Die Entscheidung betrifft eine letztendlich nicht zustande gekommene Absprache, mit anderen Worten ein erfolgloses Verständigungsgespräch. Zutreffende Ratio

---

[32] Vgl. *Richard v. Lippke*, The Ethics of Plea Bargaining, Oxford 2011, S. 183 ff.

[33] BGH, Beschluss v. 10.01.2017 – 3 StR 216/16. Dass die Aufhebung sich nur auf den Strafausspruch erstreckt, ist überraschend, insoweit nicht ganz klar ist, warum eine Freispruchmöglichkeit nicht mehr bestand, dazu s. u. VI.

der Entscheidung ist, der Angeklagte habe sein weiteres Prozessverhalten möglicherweise mangels ausreichender Information nicht zutreffend abwägen können, da ihm wesentliche Punkte der Verständigungsgespräche (das Tatgericht erwog einen minderschweren Fall, eine Aussetzung zur Bewährung erschien zumindest möglich, die Staatsanwaltschaft lehnte beides letztlich kategorisch ab) nicht oder nur rudimentär mitgeteilt wurden. Das Gericht habe sich nicht darauf verlassen dürfen, dass der Verteidiger den Angeklagten in jeder Hinsicht umfassend informiere. Damit bringt der Senat in diesem Fall kein Misstrauen gegenüber der Verteidigung, individuell oder institutionell, zum Ausdruck, sondern weist zu Recht darauf hin, dass es keine Gewähr dafür gibt, dass anderen Verfahrensbeteiligten, insbesondere, wenn sie legitimerweise interessengeleitet kommunizieren, keine Wahrnehmungsfehler oder -defizite unterlaufen. Ein Beruhen konnte daher nicht ausgeschlossen werden.

Entscheidend ist jedoch, dass der Senat klar und überzeugend zu erkennen gibt, dass die Verständigungsgespräche selbst, unabhängig davon, ob sie im Ergebnis in eine verbindliche Absprache münden oder nicht, Auswirkungen auf den weiteren Verfahrensverlauf und die Verteidigungsoptionen und -strategien haben können. Verneint wird damit eine Risikozuweisung à la „wer sich in die Gefahr von Verständigungsgesprächen begibt, muss selbst für sich sorgen" sowie die Annahme, Verständigungsgespräche fänden abseits des eigentlichen Prozessgeschehens statt und könnten dieses nicht beeinflussen.

Wiederum zeigt sich die Parallele zwischen nachträglich gescheiterter Verständigung und erfolglosem Verständigungsgespräch.

2. Geschützte Räume für Verständigungsgespräche als Gebot der Verfahrensfairness?

Angesichts der nachhaltigen Konsequenzen, welche sich allein aus der Aufnahme von Verständigungsgesprächen ergeben können, wäre es theoretisch wünschenswert, diese Gespräche in einer Art prozessual geschützten bzw. abgeschirmten Raum stattfinden zu lassen. Denn eine gewissermaßen in der Natur des Menschen begründete Folge lässt sich nicht vermeiden. Alle Verfahrensbeteiligten, vor allem das Gericht, wissen, dass es etwas zu gestehen gibt, wenn ein Geständnis angeboten und noch dazu inhaltlich ausgeführt wird. Psychologisch prägt dies die künftigen Wahrnehmungen unweigerlich, führt zu erwartungsbasierten Wahrnehmungsfehlern bei der nachfolgenden Beweiswürdigung, die selbst bei kritischer Reflektion nicht vollständig zu verhindern sind.[34] Müsste nicht in einer idealen Welt eine andere Kammer die Verständigungsgespräche führen? Das wäre indes weder wünschenswert noch praktikabel, da umfassende Akten- und Verfahrenskenntnis vorausgesetzt und damit erhebliche Verfahrensverzögerungen vorprogrammiert wären. Auch die etwas prakti-

---

[34] *Daniel Kahnemann*, Thinking, Fast and Slow, 2012; dessen Erkenntnisse übertragen auf US-amerikanische Verfahren überzeugend *L. Song Richardson/Phillip Atiba Goff*, Self-Defense and the Suspicion Heuristic, Iowa Law Review, Vol. 98 (2012), 293 ff.

kablere Alternative, dass dem Gericht ein oder mehrere Richterinnen und Richter nur für diesen Zweck beigegeben werden, erscheint allenfalls auf den ersten Blick verführerisch. Die Problematik der kognitiven Dissonanz ergibt sich immer, wenn eine Absprache und ein damit verbundenes Geständnis im Raum steht – unabhängig davon ob es lediglich bei Gesprächen bleibt oder eine einmal geschlossene Absprache nachträglich scheitert. Vereinfacht gilt *that which has been seen cannot be unseen*.

Das mit Verständigungen sehr viel intimer vertraute US-amerikanische Verfahrensrecht kennt eine pragmatische Alternative, die sogenannten „Proffer Letters"[35] oder in bildhafter Umschreibung „Queen for a Day Letters".[36] Diese lassen sich, so-

---

[35] https://definitions.uslegal.com/p/proffer-agreement: „In the context of criminal law, a proffer agreement is a written agreement between federal prosecutors and individuals under criminal investigation which permit these individuals to give the government information about crimes with some assurances that they will be protected against prosecution. Witnesses, subjects or targets of a federal investigation are usually parties to such agreements. Proffer agreements are not complete immunity agreements. Although the government cannot use actual proffer session statements against the individual in its case-in-chief, the information provided can be used to follow up leads and conduct further investigations. If those leads and further investigations lead to new evidence, the new evidence can be used to indict and convict the individual who gave the information in the proffer session. Proffer agreements typically contain a clause allowing the government to impeach you with your proffer statement in a subsequent proceeding if your testimony is inconsistent with your proffer"; zuletzt abgerufen am 13.9.2017.

[36] http://www.lacriminaldefenseattorney.com/Legal-Dictionary/Q/Queen-for-a-Day.aspx: „A ‚Queen for a Day', commonly referred to as a ‚Proffer' or ‚Proffer Letter', is an agreement to conduct an interview between a federal prosecutor (Assistant United States Attorney, or ‚AUSA') and a prospective defendant (person under criminal investigation) regarding information he or she may have pertaining to some criminal activity. The purpose of this interview for the potential defendant is to obtain some type of leniency or immunity from the Government in exchange for that information. The prosecutor's purpose is to obtain an honest and credible preview of what the potential defendant knows about certain crimes and how he or she would testify at trial. In exchange for a look at this potential testimony, the AUSA promises not to use the Queen for a Day statements or information against the potential defendant in the government's case-in-chief. The person interviewed can be a witness, person of interest, or a target of the investigation. The meeting takes place in the offices of the federal prosecutor and is usually conducted in the presence of the defendant's attorney, the AUSA, and federal agents.

Generally, before the Queen for a Day session takes place, the defendant's attorney will have several discussions with the prosecutor to obtain an idea of the scope of the meeting and to find out what the defendant stands to gain from cooperating with the government. There is an implied promise that the defendant will be offered a plea agreement or immunity, if and only if, federal prosecutors are convinced that the information offered by the defendant is truthful, and that the information will lead to the conviction of other more culpable defendants. The written agreement provided by federal prosecutors will not state any unconditional promises of immunity or specific plea arrangements. There is only an informal understanding between the defendant, defendant's attorney, and the federal prosecutor. This is where an experienced criminal defense attorney makes all the difference to the defendant and the negotiations. If the defendant does not tell the truth in the meeting or if the negotiating process breaks down, then all bets are off, and the defendant can now be indicted using derivative information from the statements made during the Queen for a Day session. In other words, the

weit sie im Rahmen von Absprachen erfolgen³⁷, stark vereinfacht als Probegeständnisse eines Zeugen vor den Prosecutors (nachfolgend Staatsanwaltschaft) beschreiben und dienen dazu, konkret zu testen, ob angesichts der Informationen, die gegeben werden können, ein Schutz vor Strafverfolgung gewährt werden könnte. Kommt es zu keiner Einigung, so darf dieses Geständnis und dessen Inhalte nicht als unmittelbares Beweismittel in dem konkreten Fall genutzt werden. Die Queen of the Day Letters gelten aber als sehr risikoreich, weil der Umstand, dass ein Geständnis angeboten wird, als Grundlage für weitere Ermittlungen dienen *kann*. Die Reichweite der Immunität hängt von dem konkreten Angebot der Staatsanwaltschaft ab. Die Queen of the Day Letters bieten insoweit nicht nur keine Immunität, sondern ermöglichen der Staatsanwaltschaft, gezielter nach Beweisen zu suchen und letztlich die Ermittlungen mit einem „besseren Gefühl" in Richtung einer gezielten Verurteilung zu führen und zu beenden.³⁸ Diese Folgen sind allerdings in den USA weniger prekär als im deutschen System, da die Staatsanwaltschaften ohnehin eine stärker zielgerichtete Beweiserhebung durchführen dürfen, als ihre deutschen Kollegen, denn die Prosecutors haben eine echte Parteistellung im adversatorischen Verfahren. Dementsprechend liegt deren Fokus nicht so sehr auf der Erhebung von Entlastungsbeweisen – ist also zielgerichtet auf eine Verurteilung. Dass hier erhebliche Diskriminierungs-

---

prosecutors cannot use the actual statements provided in the meeting but are free to use the defendant's statements to follow up leads and further their investigations. If they discover new evidence against the defendant, that new evidence can also be used to convict the defendant. Queen for a Day statements can also be used to impeach the defendant if he or she testifies at trial and the AUSA believes the witness is lying."; zuletzt abgerufen am 13.9.2017.

³⁷ „Proffer Letters" kommen keinesfalls ausschließlich im Zusammenhang mit Absprachen zur Anwendung, sondern können von der Staatsanwaltschaft verwendet werden, wenn sie befürchtet ein Zeuge wird aufgrund von Selbstbezichtigungsrisiken nicht aussagen und sich auf den fünften Zusatzartikel der Verfassung berufen.

³⁸ Näher: *Solomon L. Wisenberg:* Queen For A Day: The Dangerous Game of Proffers, Proffer Agreements and Proffer Letters: „Why are proffers so risky, since your words are not supposed to be used against you at a subsequent trial? To begin with, unlike immunity or plea agreements, proffer agreements do not prevent the government from making derivative use of your statements. In other words, although the government cannot use your actual proffer session statements against you in its case-in-chief, it can use the information that you provide to follow up leads and conduct further investigations. If those leads and further investigations capture new evidence, such evidence can be used to indict and convict you. Even if the prosecutor is not able to develop new information from your proffer, he will gain a tactical advantage from seeing (at the proffer session) how you fare under the pressure of tough questioning, how you present yourself as a witness and, most importantly, what your theory of the case is. This will better prepare him to build his evidence against you and to cross-examine you at trial, should you choose to testify, and will thus boost his self-confidence. Moreover, if, like many suspects, you implicate yourself in criminal activity during the proffer session, the prosecutor will feel better about prosecuting you, because he will ‚know' in his heart of hearts that you are guilty. (If the AUSA believes that you lied during your proffer session, he can indict you under Section 1001 of the federal criminal code for false statements to the government. As a practical matter, this is almost never done.)"; http://www.wisenberglaw.com/Articles/Queen-For-A-Day-The-Dangerous-Game-of-Proffers-Proffer-Agreements-and-Proffer-Letters.shtml; zuletzt abgerufen am 13.9.2017.

und Fehlurteilspotentiale schlummern, ist bekannt.[39] Vor allem aber erstrecken sich diese formal legitimen Auswirkungen nur auf die Staatsanwaltschaften, nicht aber das Gericht. Denn das Gericht hat in diesem Verfahrensstadium mit der Beweiserhebung nichts zu tun. Allerdings läge es sehr nahe, die hier angestellten Erwägungen auf das deutsche Ermittlungsverfahren zu übertragen (in diesem Stadium kommt dem Queen of the Day Agreement auch in den USA die entscheidende Bedeutung zu). Dort wäre es lohnend, dieses Instrument mit der deutschen Verfahrenspraxis zu vergleichen.

In der US-amerikanischen Hauptverhandlung existiert ein Zwittermodell aus „geschütztem Raum" und Verwertungsverbot, das sich eventuell als Modell für Vorgespräche zu Absprachen eignet. Einerseits ist das Verfahren vor amerikanischen Jurys im Falle erfolgreicher „Objections" in den Blick zu nehmen. Hier wird das Gericht in der Regel die Jury ermahnen, „alles was sie in den vergangenen Minuten gehört haben, darf in keiner Weise Ihre Entscheidung beeinflussen". Andererseits werden Rechtsfragen unter Ausschluss der Jury, die allein über den Schuldspruch zu befinden hat, in einem Vorverfahren entschieden (*motion in limine*).

In der deutschen Hauptverhandlung lässt sich auch dieses Modell nicht umsetzen, da es keinen der Jury vergleichbaren Spruchkörper gibt, der, ohne mit Verfahrensfragen befasst zu sein, nur materiell über den Schuldspruch ausschließlich auf Basis der zugelassenen Beweise entscheidet. Allerdings gibt es in den USA auch „bench trials". Dort würde dann auch von dem Richter selbst erwartet werden „alles was er in den letzten Minuten gehört hat zu vergessen". Dann wiederum befinden wir uns in einer Situation, die der deutschen nicht unähnlich ist.

In den USA gibt es ein ausdifferenziertes Beweisrecht, welches die Zulässigkeit von Beweismittel, Beweisthema und Beweismethode umfassend regelt. Dem deutschen inquisitorischen Prozessrecht sind solche Regelungen größtenteils fremd und dies führt dann zu Problemen, wenn konsensuale Prozesselemente in den deutschen Strafprozess integriert werden. 410 (a) (1) Federal Rules of Evidence verbietet es, einen aufgehobenen Deal in einem späteren Verfahren zu verwenden.

VI. Informelle Beweiswürdigung, Verzerrungseffekt und erhöhte Darstellungslast

Die Grundidee der unter dem Titel „geschützte Räume" diskutierten Institute ist jedoch in jeder Jurisdiktion relevant. Ganz ähnlich wie bei Beweisverwertungsverboten geht es darum, dass ein Urteil nur mit den Beweismitteln gewonnen wird, die prozessordnungsgemäß erhoben wurden – Rechtsstaatlichkeit und Fairness.

---

[39] Gleichwohl beeindruckend bspw. die Fallschilderung „The Story of Dan Bright" von *Dan Bright/Justin Nobel/Clive Stafford Smith*, 2016.

1. Informelle Beweiswürdigung

Die Idee des Beweisverwertungsverbots begegnet uns hier, in der Situation des erfolglosen Verständigungsgesprächs jedoch in modifizierter Form: Das, was formal nie zu einem Beweis geworden ist, darf nicht wie ein Beweis gewürdigt werden. Allerdings greift ein echtes Verwertungsverbot hier ins Leere. Denn das im Rahmen der Verständigungsgespräche angebotene und ausgeführte Geständnis ist nur gleichsam ein Schatten des als Beweis abgegebenen Geständnisses. Ebenso wenig greifbar ist die Würdigung dieses Geständnisses. Häufig werden bestimmte, belastende Beweismittel für die Überzeugungsbildung des Gerichts allein deshalb besonders plausibel, weil man weiß, was man nicht wissen dürfte: Der Angeklagte könnte gestehen, also weiß das Gericht, dass es keinen Verdächtigen, sondern einen Täter vor sich hat, weiß, dass die Unschuldsvermutung bloße Fiktion ist.

Diese Beweiswürdigung ist in aller Regel eine schattenhafte Beweiswürdigung, ein nicht mit gedruckter Subtext der Urteilsgründe. Nennen wir sie „informelle Beweiswürdigung".

2. Verzerrungseffekte

Die Effekte von Urteilsheuristiken und kognitiven Verzerrungen können seit der Verleihung des Nobelpreises an Kahnemann als einschlägig bekannt gelten und sollten im Bewusstsein jedes Gerichts präsent sein. Dass sie es häufig nicht sind, liegt gleichsam in ihrer Natur. Grob zusammengefasst ist es einem Gericht in aller Regel nicht möglich, alle Beweise zu erheben und umfassend zu würdigen, es muss eine Auswahl nach rationalen Kriterien getroffen werden. Das Problem ist gewissermaßen schon die Festlegung der Kriterien, die von bestimmten Vorbefassungen und Erwartungen geprägt wird. Dieser Vorgang wiederholt sich der Sache nach bei der Würdigung der Beweise und führt zu verzerrten Interpretationen, der Vorgang der Würdigung wird prädeterminiert.[40] Konkret: Die Kenntnis der Geständnisbereitschaft und die weitergehende Kenntnis des Inhalts des angebotenen Geständnisses werden allzu leicht unbewusst steuern, welche Beweise nach den erfolglosen Verständigungsgesprächen noch erhoben werden und werden genauso die Bewertung eventuell widersprechender Beweise zugunsten der Beweise beeinflussen, die sich mit dem nicht erfolgten Geständnis vereinbaren lassen.

---

[40] Für juristische Bewertungsprozesse s. wiederum *Daniel Kahnemann* (Fn. 34); *L. Song Richardson/Phillip Atiba Goff*, Self-Defense and the Suspicion Heuristic, Iowa Law Review, Vol. 98 (2012), 293 ff.; psychologisch *Julia Shaw*, Das trügerische Gedächtnis, 2016; *Steven Sloman/Philip Fernbach*, The Knowledge Illusion, 2017; *Sara E. Gorman/Jack M. Gorman*, Denying to the Grave, 2017.

3. Erhöhte Darlegungslast

Wie kann dem begegnet werden? Das Unbewusste muss bewusst und transparent gemacht werden. Dem Urteil muss zu entnehmen sein, dass das Gericht sich der Tatsache bewusst war, dass es einerseits von einem potentiellen Geständnis Kenntnis hat und es andererseits die Verurteilung gerade darauf nicht gestützt hat. Der Weg, dies zu erreichen, führt zunächst ins Revisionsrecht. Die Lückenlosigkeit der Darstellung der Beweiswürdigung in den Urteilsgründen wurde durch die revisionsgerichtliche Rechtsprechung zur Darstellungsrüge immer weitergehend abgesichert.[41] Die Beweiswürdigung soll widerspruchsfrei sein. Aber – und das ist im Sinne der Verfahrensfairness und Transparenz von größerer Bedeutung – sie muss auch erkennen lassen, dass das Gericht sich mit naheliegenden alternativen Deutungsmöglichkeiten auseinandergesetzt hat.[42]

Entsprechend der dort entwickelten Prinzipien muss das Gericht auch erkennen lassen, dass es sich der naheliegenden Möglichkeit einer verzerrenden informellen Beweiswürdigung bewusst war.

Konkret: Haben Verständigungsgespräche stattgefunden, so muss der mögliche Inhalt einer Verständigung gem. § 257c Abs. 3 Satz 1 bekanntgegeben und gem. § 273 Abs. 1a StPO protokolliert werden. Zwar folgt aus dem Wortlaut des § 257c Abs. 3 Satz 1 nicht zwingend, dass die Bekanntgabe des Inhalts auch für erfolglose Verständigungsgespräche gilt, jedoch ergibt sich dies aus dem Zweck der Norm – dem Transparenzgebot – sowie aus der Systematik der Normen über Erörterungen in Zwischen- und Hauptverfahren. Nach § 243 Abs. 4 Satz 1 StPO muss der Inhalt von Erörterungen nach den §§ 202a, 212 StPO bekanntgegeben werden, wenn deren Gegenstand die Möglichkeit einer Verständigung gem. § 257c StPO war. Die Bedeutung des Transparenzgebots formuliert der 3. Senat:

„Nach dieser Vorschrift ist über Erörterungen zu berichten, die außerhalb einer laufenden Hauptverhandlung stattgefunden haben und deren Gegenstand die Möglichkeit einer Verständigung (§ 257c StPO) gewesen ist. Davon ist auszugehen, sobald bei den Gesprächen ausdrücklich oder konkludent die Möglichkeit und die Umstände einer Verständigung im Raum stehen. Das ist jedenfalls dann zu bejahen, wenn Fragen des prozessualen Verhaltens in Konnex zum Verfahrensergebnis gebracht werden und damit die Frage nach oder die Äußerung zu einer Straferwartung naheliegt (BVerfG, Urteil vom 19. März 2013 – 2 BvR 2628/ 10 u. a., BVerfGE 133, 168, 216; BGH, Urteil vom 23. Juli 2015 – 3 StR 470/14, NJW 2016, 513, 514).

Das war hier entgegen der vom Generalbundesanwalt in seiner Antragsschrift vertretenen Auffassung der Fall. Das prozessuale Verhalten des Angeklagten war in Bezug auf Strafzumessungsfragen thematisiert worden. Es ging im Wesentlichen darum, ob im Falle einer ge-

---

[41] Deutlich in BGHSt 38, 14; vgl. auch SSW-StPO/*Momsen* (Fn. 2), § 337 Rn. 48 ff., *Hamm*, Die Revision in Strafsachen, Rn. 265 ff.

[42] Verstoß gegen § 261 StPO, wenn die nahe liegende Möglichkeit eines anderen Geschehensablaufs unerörtert bleibt – BGH 24.10.2001, 3 StR 237/01; vgl. KK-StPO/*Gericke*, 7. Aufl. 2013, § 337 Rn. 29.

ständigen Einlassung sowie eines Täter-Opfer-Ausgleichs (§ 46a StGB) die Annahme eines minder schweren Falles des seinerzeit noch in Rede stehenden besonders schweren Raubes (§ 250 Abs. 3 StGB) und auf dieser Grundlage die Verhängung einer Bewährungsstrafe in Betracht komme. Sogar über die Höhe des von dem Angeklagten im Rahmen eines Täter-Opfer-Ausgleichs an den Nebenkläger zu zahlenden Schmerzensgeldes war bereits gesprochen worden. (…)

Die Mitteilungspflicht umfasst nicht nur die Tatsache, dass es solche Erörterungen gegeben hat, sondern erstreckt sich auch auf deren wesentlichen Inhalt. Dementsprechend ist darzulegen, von welcher Seite die Frage einer Verständigung aufgeworfen wurde, welche Standpunkte die einzelnen Gesprächsteilnehmer vertraten und auf welche Resonanz dies bei den anderen am Gespräch Beteiligten jeweils stieß (BVerfG, Urteil vom 19. März 2013 – 2 BvR 2628/10 u. a., BVerfGE 133, 168, 217; BGH, Beschlüsse vom 5. Oktober 2010 – 3 StR 287/ 10, BGHR StPO § 257c Abs. 1 Erörterungen 1; vom 10. Dezember 2015 – 3 StR 163/15, juris Rn. 9). *Das gilt auch dann, wenn eine Verständigung im Sinne des § 257c Abs. 3 StPO – wie hier – letztlich nicht zustande kam* (BGH, Beschlüsse vom 5. Oktober 2010 – 3 StR 287/10, BGHR StPO § 257c Abs. 1 Erörterungen 1; vom 9. April 2014 – 1 StR 612/13, NStZ 2014, 416, 417; vom 5. Juni 2014 – 2 StR 381/13, BGHSt 59, 252, 255)."[43]

Konsequenz des so konkretisierten Transparenzgebots und des Fairnessgrundsatzes ist es, dass das spätere Urteil erkennen lässt, dass Geständnisbereitschaft und sonstige Informationen „aus den Verhandlungen" nicht informell verwertet und nicht im Wege einer informellen Beweiswürdigung bewertet wurden. Die naheliegende Möglichkeit der informellen Beweiswürdigung ist daher offenzulegen, wenn sie besteht, weil erfolglose Verständigungsgespräche – auch über ein mögliches Geständnis – geführt wurden. Diese führen zu einer erhöhten Darstellungslast. Das Gericht muss deutlich machen, dass die Beweise auch dann keine andere Deutung nahelegen würden, wenn zu keinem Zeitpunkt konkret ein Geständnis angeboten worden wäre.[44]

4. Revisibilität

Wird eine Mitteilung nach § 243 Abs. 4 Satz 1 StPO, dass erfolglose Verständigungsgespräche stattgefunden haben, unterlassen, so fällt das Urteil der Revision anheim. Wird diese Mitteilung unterlassen, so folgt die Aufhebung auf eine Rüge nach § 275 Abs. 1a StPO – unter den § 243 Abs. 4 Satz 1 StPO richtigerweise zu fassen ist. Der Schlussstein des Transparenzgebots muss dementsprechend sein, dass der fehlende Hinweis in der Beweiswürdigung der Urteilsgründe darauf, dass ein Geständnis im Rahmen eines erfolglosen Verständigungsgesprächs angeboten und ggf. konkretisiert wurde, bei der Würdigung der Beweise im Übrigen keine Rolle gespielt hat, weil diese für sich genommen überzeugend begründen, dass kein alternativer Ge-

---

[43] BGH, Beschluss v. 10.01.2017 – 3 StR 216/16, Rn. 12 ff. (Hervorhebung v. Verf.).
[44] Denkbar wäre, die Darstellung auch anhand von Verantwortungssphären orientieren – von wem ging die Initiative zur Verständigung aus – konnte die Verteidigung rational ein Gesprächsangebot verweigern, usw.

schehensverlauf naheliegt. Eine weitere Form der Darstellungsrüge, deren Anerkennung zur Transparenz von Verständigungsgesprächen beitragen wird.

Die Effektivität dieser Lösung ist begrenzt im Verhältnis zu der an sich wünschenswerten Trennung von „Gericht der Absprache" und Gericht der (weiteren) Hauptverhandlung. Diese liegt auch in einem Geschworenengerichtssystem näher. Die hier vorgeschlagene Erhöhung der Transparenz im Innen- wie im Außenverhältnis erscheint jedoch als ein notwendiger Schritt.

VII. Desillusionierung

Sicher werden die vorstehenden Ausführungen zunächst für Irritationen auf Seiten der Tatgerichte sorgen. Denn sie scheinen einen Generalverdacht der Voreingenommenheit auszusprechen. Dies ist indes bei genauer Betrachtung nicht der Fall. Die Aktualisierung des Transparenzgebots in den Urteilsgründen dient der Selbstreflexion. Der Zwang, sich im Rahmen der schriftlichen Niederlegung der Beweiswürdigung damit auseinanderzusetzen, dass einmal ein Geständnis in möglicherweise sehr detaillierter Form erörtert wurde, bringt die sicherlich häufig unbewusste informelle Beweiswürdigung zurück in das Bewusstsein. Dies kann dazu beitragen, für die weitere Beweiswürdigung den Fehler der kognitiven Dissonanz zu verhindern.

Eine „Desillusionierung" im Brecht'schen Sinne in Bezug auf die eigene Objektivität.

Der Rechtsstaat verbirgt sich

Wo endet das Geheimhaltungsrecht des Verfassungsschutzes? Welchen Rang hat die „Vorwegnahme der Hauptsache", wenn es um Einsicht in Akten des Verfassungsschutzes geht und die Ereignisse jahrelang zurückliegen? Was gilt der Mensch im Staat?

Von *Hans-Ullrich Paeffgen*

Der Aufsatz ist dem geschätzten ehemaligen Assistenten-Kollegen, Mitherausgeber und Mitautor des SK-StPO und hochangesehenen Strafrechts- und Prozeßrechtswissenschaftler in kollegialer Verbundenheit gewidmet.

I. Einleitung

Im Folgenden möchte ich eine rechtlich mir delikat erscheinende Konstellation anhand eines – menschlich tragischen, aber wegen seiner Bezüge auf einen realen Fall auch darstellerisch problematischen – Falles beleuchten.[1]

II. Exposition

1. Es geht um einen libyen-stämmigen Akademiker islamischen Bekenntnisses an einer sächsischen Universität, nennen wir ihn Omar X. Er hatte im Rahmen eines wissenschaftlichen Austausches sein Studium der Chemie an einer süddeutschen Universität aufgenommen und an einer norddeutschen mit der Promotion zum Dr. chem. abgeschlossen. Um sich weiter zu qualifizieren und zu spezialisieren, nahm er eine drittmittelfinanzierte Stelle an einer sächsischen Universität an, was zur Folge hatte, daß sein Arbeitsvertrag jährlich neu abgeschlossen werden mußte. Nachdem sich diese Prozedur zwischen 2006 und 2010 unproblematisch jedes Mal wie-

---

[1] Auf den Fall bin ich durch Hinweise eines Freundes, des ehemaligen sächsischen Datenschutzbeauftragten und Anwaltes in dieser Sache, *Thomas Giesen*, gestoßen. Er hat mir freundlicherweise mit Diskussionsbeiträgen und einer kritischen Durchsicht des Beitrags beigestanden, wofür ihm auch an dieser Stelle nachdrücklich gedankt sei! – Aus Gründen des Ehr- und Personenschutzes wurden einige, die Person kennzeichnenden Umstände verändert, ohne daß die Sachprobleme dadurch beeinträchtigt worden wären.

derholte, Omar X. 2010 sogar eine Daueraufenthaltserlaubnis erteilt worden war,[2] wurde ihm nach Auslauf der 4. Periode eine erneute Verlängerung seitens des Rektorats ohne Nennung von Gründen verweigert.[3] – Der Omar X. sehr schätzende Institutsdirektor bemühte sich um eine anderweitige Anstellung für ihn, was auch für ein Jahr gelang, – die dann aber, erneut ohne Begründung, ihr Ende fand. Nach mehrmonatiger Arbeitslosigkeit bekam er an einem außeruniversitären wissenschaftlichen Institut eine Beschäftigung, aus der er – nach einem halben Jahr, dafür aber wiederum ohne Begründung – wieder entlassen wurde.[4]

Von da an blieb der Betroffene arbeitslos, obschon er sich in etwa 150 Fällen international um offene Stellen beworben hatte. Als entscheidender Makel entpuppte sich stets der Umstand, daß er nicht nachvollziehbar motivieren konnte, wieso er dreimal (ohne Angabe von Gründen) seinen Arbeitsplatz verloren hatte, – was gerade im *wissenschaftlichen* Arbeitsleben absolut unglaublich ist, aber zu erklären für eine allfällige Neuanstellung unverzichtbar gewesen wäre.[5] Wegen der veränderten politischen Verhältnisse sah er für sich und seine Familie – seinen Kindern wollte er eine gute Bildung ermöglichen – keine Chancen, in sein libysches Heimatland zurückzukehren. Erst nach mehreren Jahren gelang es ihm, sich selbständig zu machen und mit Kleinaufträgen ein, für einen naturwissenschaftlich ausgebildeten und erfolgreichen Akademiker, mickriges Einkommen von etwas mehr als 1500,– €/Monat zu erwirtschaften.[6]

2. Der Betroffene wandte sich nach den für ihn unerklärlichen Arbeitsplatzverlusten in jahrelangen Bemühungen erfolglos an den Ausländerbeauftragten, an

---

[2] … was bekanntlich nicht ohne die Mitwirkung des Verfassungsschutzes geschehen kann …

[3] Bezeichnend für die (Charakter- und Geistes-)Haltung der Amtsinhaber gegenüber – wenn auch drittmittelfinanzierten – Mitarbeitern der Universität ist, dass die Bemühungen des Betroffenen – und selbst des Institutsdirektors (!) – um ein Gespräch mit dem Rektor – und entsprechende Schreiben – sämtlich unbeantwortet blieben!

[4] Obwohl sich der Institutsleiter um dessen Fortbeschäftigung bemühte. Ausnahmsweise sei einmal ein Originalzitat des Betroffenen zu seiner Unterredung mit dem dortigen Leiter kolportiert: Letzterer meinte zu ihm: „Wir müssen Deinen Vertrag beenden. Wir müssen das, was von oben kommt, akzeptieren. Wir bekommen ja von oben auch unser Geld. Du musst hier Dein Büro sofort verlassen. Bitte sofort 'rausgehen. Schnell!" Dies, obwohl der Leiter ihm an sich zugewandt gewesen war; – gleichwohl kamen keine weiteren Erläuterungen. Immerhin war ihm die Angelegenheit offensichtlich sehr peinlich.

[5] Selbst wenn seinerzeit Skandale wie der von *Harvey Weinstein* noch nicht in aller Munde waren, dazu nur exemplarisch: Hollywood-Produzent: Der Skandal um Harvey Weinstein, Spiegel v. 21.10.2017, http://www.spiegel.de/panorama/leute/harvey-weinstein-der-skandal-im-ueberblick-a-1173747.html, haben solche abrupten Vertrags-„beendigungen" gleichsam wie von selbst eine solche sexuelle Übergriffigkeits-Konnotation.

[6] Daß es in der ganzen Angelegenheit nicht um Qualitätsmängel im Leistungsprofil des Betroffenen ging, mag immerhin die Tatsache belegen, daß sein ehemaliger Institutsleiter sich nach seiner Emeritierung selbständig gemacht und im Rahmen dieser Neugründung jenem eine Stelle angeboten hat. Inwieweit dies zu einer Konsolidierung seiner finanziellen Verhältnisse führen wird, bleibt abzuwarten.

den Landtag und schließlich an das Landesamt für Verfassungsschutz (LfV). Dieses hatte den Betroffenen mit Schreiben vom 25. 9. 2015 über einige – nichtssagende – zu seiner Person gespeicherten Daten in Kenntnis gesetzt,[7] wobei eine weitergehende Auskunftserteilung unter Berufung auf die in § 9 Abs. 2 Nr. 1, 2 und 4 SächsVSG genannten Gründen versagt wurde.

Daraufhin hat sich der Betroffene, auf Rat einer Fraktionsmitarbeiterin im Landtag, an den Sächsischen Datenschutzbeauftragten gewandt. Von ihm erhielt er schließlich am 29. 3. 2016 die Auskunft, daß die Nicht-Verlängerung seines befristeten Arbeitsvertrages bzw. die Kündigung während der Probezeit darauf beruhten, daß das LfV *rechtswidrig* Daten an seine damaligen Arbeitgeber übermittelt habe. Der Sächsische Datenschutzbeauftragte teilte dem Betroffenen mit, daß zwar die Sammlung von Informationen über ihn rechtmäßig gewesen sei und bei der Auskunftserteilung die gesetzlichen Vorgaben des § 9 SächsVSG eingehalten worden seien. Doch habe die Datenübermittlung an die verschiedenen Arbeitgeber nicht den gesetzlichen Vorgaben (da es solche einfach nicht gibt,[8] war die Datenübermittlung per se rechtswidrig) entsprochen, weshalb der Datenschutzbeauftragte ein *Beanstandungsverfahren* nach § 29 SächsDSG gegen das LfV eingeleitet und gegenüber dem zuständigen Innenminister eine Beanstandung am 28. 4. 2016 ausgesprochen hatte. Den Text der Beanstandung teilte der Sächsische Datenschutzbeauftragte dem Betroffenen mit. Allerdings blieben die Interna des LfV und die den Arbeitgebern mitgeteilten Daten und die damit verbundenen Umstände geschwärzt – und damit dem Betroffenen verborgen. Dazu ist der Datenschutzbeauftragte, ohne Bewegungsspielraum, verpflichtet (§ 18 Abs. 6 und 7 SächsDSG).

Der Betroffene hat dann vom LfV gleichwohl – naheliegenderweise – deutlich weitergehende Auskünfte verlangt, als ihm in dem jämmerlich-nichtssagenden Schreiben des LfV vom 25.9. 2015 zuteil geworden war: Er verlangte Auskunft über die zu seiner Person gespeicherten Daten, soweit diese an Dritte (seine ehemaligen Arbeitgeber) übermittelt worden waren. Er wollte um die Einzelheiten der Übermittlungsvorgänge – eben auch wegen der allfälligen Haftung der handelnden Amtsträger – wissen. Dabei sollte ihm vorrangig Auskunft durch Akteneinsicht gewährt werden. Er wollte zwar die Namen der handelnden Amtspersonen und die Ansprechpartner bei seinen ehemaligen Arbeitgebern sowie die ihnen übermittelten Daten über sich selbst erfahren. Ausdrücklich verzichtete er jedoch auf alle Daten zu allfälligen menschlichen Quellen des LfV, mithin zur Herkunft der Daten über ihn. Er vermutet, daß er als leitendes Mitglied eines in der Universität angesiedelten

---

[7] Z.B., daß die Meldedaten des Betroffenen beim LfV vorlägen oder daß er im Internet mit seinem Lebenslauf und seinem Publikationsverzeichnis auf der Homepage seiner ehemaligen Anstellungs-Uni gelistet gewesen sei (!).

[8] Selbst wenn man hier an Fälle unmittelbarer polizeilicher Gefahrenabwehr – oder zwecks Einleitung eines Strafverfahrens zu denken beliebte, was natürlich *nicht* mit der gleichzeitigen Erteilung der Daueraufenthaltserlaubnis zusammenginge, – so bliebe immer noch das kardinale Defizit, daß Rektor/Institutsleiter/sonstige Arbeitgeber nach meinem Kenntnisstand keine tauglichen Adressaten solcher Informationen wären.

und von ihr unterstützten Clubs für islamische Studenten als angeblicher *Islamist* angeschwärzt worden sein könnte. Er sei zwar gläubiger Moslem, – aber eben kein Islamist, kein Gefährder, kein Eiferer, – sondern ein bekennender Anhänger der grundgesetzlichen Ordnung. Irgendwelche straf- oder ausländerrechtserheblichen Verfahren gegen ihn seien weder in der Ausländerbehörde, noch bei der Polizei oder der StA anhängig gewesen noch anhängig. Während seiner Beobachtung durch das LfV wurde ihm schließlich die Daueraufenthaltserlaubnis gewährt (sic!).

Weitergehende Auskunft dazu hatte er in Form von Bitten um (hinsichtlich der Quellen geschwärzte) Akteneinsicht später am 28. 4. 2016 – formlos abgelehnt am 9. 6. 2016 – und erneut am 14. 6. 2016 erfolglos (abgelehnt am 1. 7. 2016) beantragt. Mittels dieser begehrten Auskünfte wollte der Betroffene einen Schadensersatzprozeß gegen das LfV anstrengen: Die Datenübermittlung von dort an seine Arbeitgeber sei eine unerlaubte Handlung nach § 823 BGB gewesen.

III. Suche nach einstweiligem Rechtsschutz

Gegen die immer neue pauschale Ablehnung seiner Anträge suchte der Betroffene im Verfahren gem. § 123 VwGO einstweiligen Rechtsschutz, der ihm aber sowohl von dem VG Dresden wie dem OVG Bautzen verwehrt wurde.

Der Betroffene motivierte seinen §-123-VwGO-Antrag mit seinem datenschutzrechtlichen Auskunftsanspruch sowie damit, daß er auf die begehrte Auskunft seitens des LfV angewiesen sei, weil er gegen den Freistaat Sachsen eine *Amtshaftungs-*Klage aufgrund jener rechtswidrigen Datenübermittlung vor dem LG Dresden anbringen wolle. Jene von ihm begehrte Auskunft durch Akteneinsicht sei eilbedürftig. Er wolle nur, so sein Petitum, in den Wissensstand versetzt werden, in den das LfV seine ehemaligen Arbeitgeber – *rechtswidrigerweise* – nacheinander versetzt habe. Darauf habe *er*, anders als jene, einen (Rechts-)Anspruch.

IV. Der Entscheid des VG Dresden

Dieses Begehren auf Erlaß einer einstweiligen Anordnung lehnte das VG Dresden mit Beschluß vom 27. 9. 2016 ab (6 L 506/16). Dem Antragsteller müßten bei Abwarten des Hauptsacheverfahrens tatsächlich wesentliche Nachteile drohen, die Entscheidung in der Hauptsache gleichsam zu spät kommen (§ 123 Abs. 1 Satz 1, Abs. 3 VwGO, § 920 Abs. 2 ZPO). Daran fehle es hier. – Darauf, daß der Betroffene seit über sechs Jahren keinerlei Anstellung im öffentlichen (wie auch im privaten[9]) Dienst mehr bekommen konnte – und mit der – (aufgrund der bisherigen Informationslage) letztlich ins Blaue schießenden, *vorgeblich vorgreiflichen* – Amtshaftungs-

---

[9] Angesichts der unerklärbaren „plötzlichen" – und völlig unmotivierten – Vertragsbeendigungen/Kündigungen.

klage auf einen erneut *jahrelangen Rechtsstreit* vor den Zivilgerichten verwiesen wird, – geht das VG geschickterweise erst gar nicht ein.

Das VG[10] willfahrte damit dem LfV. Eine darüber hinausgehende Beauskunftung würde die ordnungsgemäße Erfüllung der Aufgaben des Landesamtes für Verfassungsschutz beeinträchtigen und dem Wohl des Freistaates Nachteile bereiten, da sie Vorgänge beträfen, die nach dem Gesetz oder ihrem Wesen nach geheim zu halten seien (§ 1 SächsVwVfG i.V.m. § 29 Abs. 2 VwVfG).[11] Die Akten enthielten Unterlagen, die Rückschlüsse auf Mitarbeiter, Methoden und Informationsquellen des Landesamtes für Verfassungsschutz zuließen, – obwohl nach Informations*quellen* ausdrücklich *nicht* gefragt war (!). Deren Bekanntwerden würde die Fähigkeit des Landesamtes für Verfassungsschutz zur Aufgabenerfüllung beeinträchtigen. Soweit der Beschwerdeführer sein Grundrecht auf informationelle Selbstbestimmung anführe, stünde dieses unter einem allgemeinen Gesetzesvorbehalt (Art. 33 Abs. 3 S. 3 SächsVerf). In Bezug auf die nachrichtendienstliche Datenverarbeitung enthielte das SächsVSG eine abschließende bereichsspezifische Datenschutzregelung, die den allgemeinen datenschutzrechtlichen Regeln vorgehe (§ 2 Abs. 4 SächsDSG). Dem gegenüber stehe das Interesse des Beschwerdegegners am Erhalt der Funktionsfähigkeit des Verfassungsschutzes. Der Schutz der Mitarbeiter und Methoden der Informationserhebung und -verarbeitung als unbedingt notwendige Bedingungen des nachrichtendienstlichen Geheimschutzes seien so bedeutsam, daß sie eine Einstufung der Informationen als Verschlusssachen gemäß § 4 SächsSÜG erzwängen. – Dies gelte auch für mögliche relevante Schriftstücke für die Geltendmachung von Ansprüchen des Beschwerdeführers, diese können aus Geheimhaltungsgründen grundsätzlich nicht vorgelegt werden.[12]

Ein weitergehender Auskunftsanspruch, insbesondere über den Inhalt oder die Empfänger von Datenübermittlungen, existiere nicht. Seitens des Beschwerdeg-

---

[10] Als kleines Schmankerl zur Illustration der Sorgfalt, mit der sächsische Verwaltungsrichter zu Werke gehen, wenn es um einen „popeligen" Ausländer geht, sei immerhin erwähnt, daß man sich in einem Beschluß v. 27.9.2016 für die Versagung von Auskünften auf die Auskunftsverweigerungsgründe „von § 12 Abs. 2 SächsVSG" berief. – Nur, wer je schon einmal in diesen Paragraphen-Absatz hineingeschaut hat, wird feststellen müssen, daß die Vorschrift keinerlei Verweigerungsgründe enthält, wohl aber Gründe für die Übermittlung von Daten an die StA und, ggfls., die Polizei – in Fällen von tatsächlichen Anhaltspunkten für die Erforderlichkeit solcher Übermittlungen zur Verhinderung oder Verfolgung von Staatsschutzdelikten oder solchen Delikten, die sich gegen das Leben oder in erheblichem Maße gegen die körperliche Unversehrtheit oder gegen Sach- und Vermögenswerte von erheblicher Bedeutung richten. Man geht wohl nicht fehl, wenn man vermutet, daß das VG § 9 Abs. 2 Nr. 1, 2 und 4 SächsVSG gemeint haben könnte; – immerhin war das Gesetz ja wenigstens schon mal richtig. – Und wir wissen ja alle: Errare humanum est!

[11] Entscheidungsmaxime: Nicht die unerlaubten Handlungen des LfV, sondern deren Veröffentlichung sind staatsschädigend – und deshalb rechtswidrig.

[12] Jene, vermeintlich *speziellere, Regelung* müßte allerdings genau diese gleiche Konstellation regeln; doch nach meinem bescheidenen Wissen enthält das SächsVSG für die Geheimhaltung *offenkundig rechtswidrigen* Staatshandelns – derzeit noch – *keine* ausdrücklichen Ermächtigungen!?

ners bestehe gemäß § 9 Abs. 1 S. 2 SächsVSG keine Verpflichtung zur Auskunftserteilung hinsichtlich der Empfänger von Übermittlungen. – Der Rechtslaie würde vielleicht auf den ‚dummen' Gedanken verfallen, daß dann, wenn ein solcher Anspruch nicht ausdrücklich im Sächs VSG vorgesehen sei, das SächsDSG gölte. Nicht so natürlich unsere rechtsgelehrten Richter.

Überhaupt: Damit, daß der gesetzliche Geheimhaltungsanspruch in Bezug auf Arbeitsweise und Methoden sowie Mitarbeiter (nicht: auf die Quellen!) des LfV seiner Natur nach nur eine *gesetzeskonforme* Arbeit zu schützen bezwecken darf, hat sich das Gericht kluger-, wenn auch nicht sachgerechterweise erst gar nicht befaßt.

V. Beschwerdeentscheid des OVG Bautzen

1. a) Die hiergegen erhobene Beschwerde wies das OVG Bautzen mit Beschluß vom 11.4.2017 zurück (5 B 262/16). Das VG habe den Antrag zu Recht abgelehnt. Die Erfolgsaussichten in der Hauptsache seien nach dem derzeitigen Erkenntnisstand nach Meinung des OVG-Senates offen.[13] Der Betroffene könne sich nicht darauf berufen, daß die Regelung des § 9 SächsVSG nicht für Daten gelte, die rechtswidrig an Dritte übermittelt worden seien. Eine solche Einschränkung ergebe sich nicht aus dem Wortlaut der Vorschrift und sei auch mit dessen Schutzzweck[14] nicht vereinbar. Die Prüfung der Auskunftsverweigerungsgründe sei des Weiteren nicht deshalb obsolet, weil die Daten ohnehin an Dritte weitergegeben worden seien. Da der Betroffene nicht Beteiligter eines Verwaltungsverfahrens i.S.v. § 13 VwVfG sei, könne er sich außerdem nicht auf ein Akteneinsichtsrecht gemäß § 1 SächsVwVfZG i.V.m. § 29 VwVfG berufen.[15] Ob der Antragsgegner seine Ablehnung auf weitergehende Auskunft zu Unrecht auf § 9 Abs. 2 Nr. 1, 2 und 4 SächsVSG gestützt habe, könne nicht mit hinreichender Wahrscheinlichkeit festgestellt werden.

Hierbei verwies das OVG auf die gegenüber dem Betroffenen mit Schreiben vom 29.3.2016 getroffenen Feststellungen des Sächsischen Datenschutzbeauftragten. Die Prüfung der Auskunftsverweigerungsgründe des Antragsgegners sei daher nur durch Einsicht in die Akten des Betroffenen möglich, jedoch komme die Durchführung eines In-Camera-Verfahrens bereits im einstweiligen Rechtsschutz nicht in Betracht, weil es bereits am Anordnungsgrund für die begehrte Vorwegnahme der Hauptsache fehle.[16] Die Vorwegnahme der Hauptsache wäre nur möglich, wenn

---

[13] Natürlich ohne diese These auch nur mit der Andeutung eines Argumentes zu motivieren!

[14] Dieser „Schutzzweck" ist wohl das „Ansehen des Staates" oder so etwas ähnlich Schönes ...!?

[15] Ein Rechtslaie könnte auf den verwegenen Gedanken kommen, daß das Opfer einer Persönlichkeitsrechtsverletzung natürlich ein Beteiligter am Verfahren sei, sobald es Auskunft dazu beantrage.

[16] Das PKH-Gesuch ist folglich kein möglicher Anordnungsgrund – jedenfalls aus der Sicht des OVG.

ohne sie schwere und unzumutbare, anders nicht abwendbare Nachteile drohen würden, die durch eine Entscheidung in der Hauptsache nicht mehr rückgängig gemacht werden könnten. Die beabsichtigte Amtshaftungsklage könne der Betroffene auch ohne die begehrte Auskunft erheben. Das Prozeßrecht biete geeignete Handhaben, um in solchen Fällen den Schutz grundrechtlicher Gewährleistungen nicht leer laufen zu lassen. Ergänzend hat das OVG auf die Regelung des § 148 ZPO verwiesen, wonach der Amtshaftungsprozeß wegen Vorgreiflichkeit einer verwaltungsgerichtlichen Auskunftsklage ausgesetzt werden könne. Selbst wenn durch den zu erwartenden Zeitverlust im Fall einer notwendigen Auskunftsklage dem Beschwerdeführer *unzumutbare schwere und irreparable Nachteile* drohen würden, gebiete dies nicht eine Vorwegnahme der Hauptsache, weil er nicht glaubhaft gemacht habe, daß er aufgrund der rechtswidrigen Datenübermittlung heute keine angemessene Beschäftigung finden könne.[17] Daß das LfV den Betroffenen schon seit Jahren im Ungewissen hielt, spielte für das OVG offenbar keine Rolle; ebenso wenig des letzteren Grundrecht auf informationelle Selbstbestimmung und dessen Wiederherstellung. Viel wichtiger ist ihm das (verlogen falsche, weil eben nicht *rechts*basierte) ‚Ansehen des Staates'.[18]

Wenn man die Aussage des OVG auf ihren Kern reduziert, so besagt sie: Der Zivilrechtsweg (Amtshaftungsklage) sei vorgreiflich. Der ist zwar ohne die entsprechenden Informationen des LfV nicht völlig aussichtslos, führt aber notwendigerweise – nach geraumer Zeit – zu einer Aussetzung, um in ein In-camera-Verfahren – eine Auskunftsklage gegen das LfV – als Zwischenrechtsstreit zu münden.[19] – Man merkt so richtig das besonders geläuterte Verständnis der beteiligten Richter von dem grundrechtsgleichen Recht des „speedy trial"![20]

---

[17] Diesen Satz muß man sich auf der Zunge zergehen lassen: Trotz – unterstellt – drohender *unzumutbar schwerer und irreparabler Nachteile* sei nicht plausibel gemacht, daß er keine Privatanstellung bekommen könne. Welcher wirtschaftliche Idiot – mit Verlaub – soll einen libyschen Chemiker anstellen, den mehrere öffentliche Dienststellen ohne Angabe von Gründen geschaßt haben? Solche Äußerungen können nur aus dem Munde von Leuten kommen, die nie in ihrem Leben in wirtschaftlichen Konkurrenz-Situationen gestanden haben. – Auch die 150 Bewerbungen sind natürlich keine entsprechende Glaubhaftmachung!

[18] Vielleicht schwurbeln im Hinterkopf des einen oder anderen der beteiligten rechtsgelehrten Richter noch Sentenzen aus der Rechtsgeschichtsvorlesung wie „The king can do no wrong!" (Rex non potest peccare!) herum. Dazu etwa, durchaus problematisch, *Kant*, Metaphysik der Sitten, Rechtslehre (1./2. Aufl. 1797/1798) [WBG Studienausgabe (1956)], S. 435 (436 f., 437 ff.). Doch auch eine solche Pseudoparallele verschlüge nichts, weil dieser Satz, wenn überhaupt, eben nur für den *König*, – und eben gerade nicht für dessen Beamten gegolten hat, – so auch ausdrücklich *Kant*, a.a.O., S. 436 f., jedenfalls für die Justiz, – und, vor allem, derartige Axiome in Zeiten einer parlamentarischen Demokratie als überwunden anzusehen sein sollten.

[19] Welchen Rang gibt das OVG dem *Grundrecht* des Betroffenen darauf, die Einzelheiten des Geschehens, die über ihn heimlich grassierenden Daten und die Täter im Amt (§ 203 Abs. 2 StGB) kennen zu lernen? Keinen!

[20] Dazu, aus strafprozessualer Perspektive, gründlich: *Paeffgen*, Zur historischen Entwicklung des „Beschleunigungsdenkens" im Straf(prozeß)recht, GA 2014, 275 ff.

Deswegen, so aber das OVG, könne man erst recht nicht im einstweiligen Rechtsschutz über die Verwaltungsgerichte den Grund zu ermitteln suchen, warum der Betroffene seit sieben (!) Jahren vor eine unsichtbare Mauer rennt, was sein Bemühen um die Fortsetzung oder Neubegründung von einer Anstellung etwa im öffentlichen Dienst anlangt. Dabei ist besonders „charmant", daß auch das OVG merkt, daß das Zivilgericht mit der Amtshaftungsklage alleine nicht fertig würde. Vielmehr müßte es das Verfahren dann notgedrungen aussetzen, damit zunächst einmal vor dem VG eine verwaltungsgerichtliche Auskunftsklage erhoben würde. Dann sähe man sich – günstigstenfalls: in etwa zwei Jahren (wohlwollend betrachtet – für den Fall eines sicher zu erwartenden Rechtsmittels des LfV[21]) vor demselben Gericht, freilich einer anderen Spruchkammer, wieder.[22]

Auch die Behauptung, daß es ein „In-camera"-Verfahren nicht geben könne, bleibt argumentativ im Vordergründig-Formalen stecken: So heißt es sub Rn. 24 im Wortlaut:[23]

„Denn die Einleitung des Zwischenverfahrens gemäß § 99 Abs. 2 VwGO setzt grundsätzlich eine förmliche Verlautbarung des Gerichts des Hauptsacheverfahrens voraus, dass es die zurückgehaltenen Akten, Unterlagen oder Dokumente für die Aufklärung des entscheidungserheblichen Sachverhalts benötigt (vgl. u. a. BVerwG v. 2.11.2010, BVerwG 20 F 2.10, Rn. 10)."[24] „Schon daran fehlt es hier."

Das ist nun wenig verwunderlich, da das Verfahren ja noch gar nicht zum Hauptsacheverfahren gediehen ist. Allerdings räumt das OVG ein, daß es einer solchen Verlautbarung nicht notwendig bedürfe, um sich dann argumentativ aber gleich wieder aus dem Staube zu machen (Rn. 25):

„Zwar ist eine solche Verlautbarung ausnahmsweise entbehrlich, wenn die zurückgehaltenen Unterlagen zweifelsfrei rechtserheblich sind. Das ist der Fall, wenn die Pflicht zu deren Vorlage bereits Streitgegenstand des Hauptsacheverfahrens ist und die Entscheidung des Hauptsacheverfahrens von der allein anhand des Inhalts der strittigen Akten zu beantwortenden Frage abhängt, ob diese Akten – aus materiell-rechtlichen Gründen – geheimhaltungsbedürftig sind (st. Rspr., u. a. BVerwG v. 2.11.2010, BVerwG 20 F 2.10, Rn. 11/ 1 2, m.w.N.). Hauptsacheverfahren i.S.v. § 99 Abs. 2 VwGO kann auch ein vorläufiges Rechtsschutzverfahren sein, in dem es entscheidungserheblich auf die Erfolgsaussichten in dessen Hauptsache (z.B. in dem zugrunde liegenden Klageverfahren) ankommt (vgl.

---

[21] Für den, in Sachsen keineswegs sicher zu erwartenden, Fall eines den Forderungen des Betroffenen entsprechenden Entscheides des VG, – wie man ohne Sarkasmus nach dem bisherigen geschmeidigen „Abtauchen" aller angerufenen Gerichte prognostizieren darf.

[22] Vielleicht ist das ja auch das wahre Motiv: daß man angesichts der allgemeinen Arbeitslast in der Justiz alles „abbügelt", was man nur irgendwie vom Schreibtisch bekommen kann.

[23] OVG Sachsen 5 B 262/16 v. 11.4.2017.

[24] https://www.jurion.de/urteile/bverwg/2010-11-02/bverwg-20-f-210/?q=BVerwG+20+F+2.10+-%2C+juris+&sort=1.

BVerwG, Beschl. v. 11.6.2010 – 20 F 12.09 –, juris[25] Rn. 6, zur Konkurrentenklage[26]).
Hier trifft das jedoch nicht zu."

Stattdessen fährt es, a.a.O., Rn 26, fort:

„Bei einer Klage in der Hauptsache auf die vorliegend begehrte Auskunft würde es zwar entscheidungserheblich darauf ankommen, ob die Akten des LfV aus den vom LfV geltend gemachten materiell-rechtlichen Gründen des § 9 Abs. 2 SächsVSG geheimhaltungsbedürftig sind, was sich – wie ausgeführt – allein anhand des Inhalts der strittigen Akten beantworten lässt. Im vorläufigen Rechtsschutzverfahren ist dies jedoch nicht der Fall, weil es hier am Anordnungsgrund für die begehrte Vorwegnahme der Hauptsache fehlt. Nur wenn die begehrte Auskunft bei der gebotenen Folgenabwägung so dringlich gewesen wäre, dass die Hauptsache hätte vorweg genommen werden müssen, wäre es entscheidungserheblich auf den Inhalt der strittigen Akten des LfV angekommen. Dementsprechend liegen auch im Beschwerdeverfahren die Voraussetzungen für das hier erneut beantragte ‚in-camera'-Verfahren nicht vor."[27]

Das ist aber ein etwas „hohles" Argument, eine petitio principii[28] – oder, wenn man es noch schärfer zuspitzen wollte, ein argumentum ad verecundiam (in relatione ad se ipsum).[29] Denn daß es am Anordnungsgrund für die begehrte Vorwegnahme der

---

[25] https://www.jurion.de/urteile/bverwg/2010-06-11/bverwg-20-f-1209/?q=BVerwG++20+F+12.09+&sort=1.

[26] Dort heißt es in der nämlichen Rn. 6 aber ausdrücklich: „Beruft sich die Behörde auf die Geheimhaltungsbedürftigkeit der Akten, muss das Gericht der Hauptsache zunächst darüber entscheiden, ob es die zurückgehaltenen Unterlagen benötigt, um den entscheidungserheblichen Sachverhalt umfassend aufzuklären. Denn für den Zwischenstreit über die Rechtmäßigkeit der Verweigerung muss klargestellt sein, was er zum Gegenstand haben soll. Ein Beweisbeschluss oder eine vergleichbare förmliche Äußerung des Hauptsachegerichts zur Klärung der rechtlichen Erheblichkeit des Akteninhalts für die Entscheidung des Rechtsstreits ist aber ausnahmsweise entbehrlich, wenn die zurückgehaltenen Unterlagen zweifelsfrei rechtserheblich sind." … „Eine förmliche Äußerung zur Entscheidungserheblichkeit ist jedoch ausnahmsweise auch dann entbehrlich, wenn offensichtlich ist, dass nur mit Hilfe der Unterlagen, deren Vorlage verweigert wird, gerichtlich geklärt werden kann, ob der vor dem Hauptsachegericht geltend gemachte Anspruch besteht (Beschluss vom 3. März 2009 – BVerwG 20 F 9.08 – […] Rn. 6). Ein solcher Fall ist bei einer Konkurrentenklage, bei der es um die Rechtmäßigkeit der Bewerberauswahl geht, die die Antragsgegnerin auf der Grundlage der abgegebenen Angebote getroffen hat, offensichtlich gegeben (vgl. Beschluss vom 15. August 2003 – BVerwG 20 F 3.03 – BVerwGE 118, 352 [BVerwG 15.08.2003 – 20 F 3/03] <355>)." – Die cruziale Frage war also, warum die Evidenz bei einer Konkurrentenklage gegeben ist, obwohl lt. BVerwG „hier nicht der Fall vor[liegt], dass die Pflicht zur Vorlage der Behördenakten Streitgegenstand des Verfahrens zur Hauptsache ist und die dortige Entscheidung von der – allein anhand des Inhalts der umstrittenen Akten zu beantwortenden – Frage abhängt, ob die Akten, wie von der Behörde geltend gemacht, geheimhaltungsbedürftig sind." – im vorliegenden Fall aber nicht Ähnliches gilt? Hierzu verschweigt sich das OVG vornehm.

[27] Es sei auch nicht erkennbar, inwieweit sich die berufliche Situation des Betroffenen im Falle einer erfolgreichen Amtshaftungsklage oder bereits durch die Erteilung der begehrten Auskunft ändern werde; OVG Sachsen 5 B 262/16 v. 11.4.2017, Rn. 23 (S. 10 i.Orig.).

[28] Eine Beweiserschleichung, indem man das Behauptete als gegeben ansieht.

[29] Ein Argument unter Berufung auf die Hochachtung für sich selbst.

Hauptsache fehle, kann man nur dann annehmen, wenn man die beträchtlichen Rechts- und personalen Einbußen des Betroffenen geflissentlich ignoriert.

Weder das VG noch das OVG befaßten sich verbal mit der wesentlichen Beschränkung des Auskunftsbegehrens, nämlich mit dem *Verzicht* des Betroffenen darauf, die menschlichen Quellen und die Herkunft der Daten erfahren zu wollen. Das macht noch einmal deutlich, daß den Gerichten ein zentraler Gesichtspunkt aus dem Blickfeld geraten ist, nämlich welchen Zweck die gesetzlichen Regeln über die Geheimhaltung verfolgen (dürfen): Es kann doch redlicherweise nur der Zweck sein, daß allein *rechtmäßiges Handeln* des LfV von Rechts wegen abgeschirmt zu werden verdient!? Nicht so die VGe, die sich mit aller Macht bemühen, rechtswidriges Handeln des LfV vor den Opfern, den Gerichten (sich selbst[30]) und den Kontrollgremien abzuschirmen.

b) Nun ist einzuräumen, daß im Prozeßrecht eine beträchtliche Formenstrenge herrscht. Aber: Prozeßrecht ist kein Selbstzweck, sondern ein schlichtes Instrument zu Verwirklichung des materiellen Rechts durch Wahrheits- und Gerechtigkeitssuche.[31] Wenn aber eine Behörde, unter der Tarnkappe des ihr zugestandenen Geheimnisschutzes, Berufskarrieren und – als „Abfallprodukt"[32] – die Gesundheit des Betroffenen – und in diesem Rahmen auch die der unter dem Streß des Ehemannes und Vaters leidenden Ehepartners und der Kinder schwer erschüttert, dann sollte das eigentlich hinreichender Anlaß sein, über (helfende) Auswege nachzusinnen.

Jedenfalls sollten die Regeln zur Auskunftsverweigerung nicht dazu herhalten können und dürfen, *offensichtlich rechtswidriges* Verhalten des LfV zu kaschieren. Dies gilt jedenfalls dann und soweit, wie die Identität von Hinweisgebern, Auskunftspersonen, Vertrauenspersonen und andere Quellen wirksam geschützt bleibt. Denn die gesetzliche Erlaubnis dafür, daß bestimmte, eng begrenzte Teile staatlichen Handelns dem davon Betroffenen und der Öffentlichkeit verborgen und damit der Kontrolle durch diese (und selbst der Gerichte) entzogen werden, – immerhin wird dem Betroffenen insoweit jeder Rechtsschutz abgeschnitten, – setzt voraus, daß die so bemerkenswert privilegierte staatliche Institution/Behörde dieses Recht nur dann und soweit in Anspruch zu nehmen berechtigt sein und werden kann, als

---

[30] Motto: Was ich nicht weiß, macht mich nicht heiß!

[31] Ausführlich dazu – für das Strafprozeßrecht – *Paeffgen*, Vorüberlegungen zu einer Dogmatik des Untersuchungshaft-Rechts (1986), S. 15 ff., 18 ff., – was aber über diesen Rechtsbereich hinaus generalisierungsfähig ist.

[32] Modern würden manche das wohl als „Collateralschaden" bezeichnen wollen! Daß die systematische Zerstörung einer Berufskarriere für den Betreffenden aber i.d.R. nicht ohne gesundheitliche Schäden abläuft, dürfte auch dem abgestumpftesten Angehörigen des LfV geläufig sein. Ob man in einem solchen Zusammenhang dann noch von nicht-beabsichtigt, aber in Kauf genommen sprechen darf, um diese wunderbare Distinktion in der Begriffs-Verwendung aufzugreifen, darf man durchaus bezweifeln. In der Rechtsprechung des BGH zur Vorsatz-Absichts-Abgrenzung würde man dafür sogar Anwendungs-Fälle finden. Scharf gegen diese alt-eingeführte, aber in ihrer Kriterienbildung wie ihrer Handhabung äußerst problematische Sichtweise etwa: NK-StGB/*Puppe*, 5. Aufl. 2017, § 15 Rn. 23 ff., vgl. auch Rn. 106 ff.

sie sich minutiös an ihre Zuständigkeiten, Aufgaben und Befugnisse hält. Nur das gesetzeskonforme Handeln des LfV kann, wenn überhaupt, rechtlich privilegiert sein. Einfach gesagt: Brächte ein LfV-Mitarbeiter jemanden zu Tode, wäre das (auch) kein Fall, der klandestin behandelt zu werden verdiente. Das Gleiche muß dann aber gleichermaßen gelten, wenn Mitarbeiter des LfV den Kreis ihrer Befugnisse flagrant übertreten (§ 203 Abs. 2 StGB[33]). Sie unterfallen dann dem allgemeinen Gesetz.

c) Angesichts des dem Betroffenen angesonnenen Kreiselverweises an dieselben Gerichte mit demselben Klageziel – und demselben Zwischen-„in-camera"-Verfahren – nur eben viele Jahre später, nach Einlegung einer Amtshaftungsklage –, müßte der normale Jurist, dem es weniger um Arbeitsabdrängung geht, doch vielleicht auch einmal *etwas intensiver* über eine richtige Lösung, und sei es eine Analogie- oder eine sonstige Lösung extra legem, nachdenken. Die Unlust, sich vom Eingefahrenen zu entfernen und eigenständige Wege zur *Gerechtigkeit* zu finden, zeichnet den staatlich ausgerichteten und einfallslosen Juristen aus. Phantasie entwickelt ein solcher allenfalls dann, wenn es darum geht, dem Dienstherrn die eigentlich verdiente Blamage zu ersparen.[34]

2. a) Immerhin sei auf W.-R. Schenke verwiesen,[35] der in einer nicht ganz unähnlichen Situation (Fall, bei dem die nach § 99 Abs. 1 S. 1 VwGO gerichtlicherseits um Aktenvorlage bzw. sonstige Informationsweitergabe ersuchte Fachbehörde trotz eines gebotenen Geheimnisschutzes die die Geheimnisschutzinteressen eines Betroffenen berührenden Akten an das Gericht vorlegen [bzw. Auskunft erteilen] lassen will[36]) nicht den geringsten Anstoß nimmt, eine *Analogie zu § 99 Abs. 1 S. 2 VwGO* vorzuschlagen.[37] Wörtlich heißt es bei ihm:

---

[33] Die Tatsache, daß das Geschehen – durch die tätige Mithilfe sächsischer Gerichte – inzwischen verjährt ist, spielt für die Schadensersatzfrage keine Rolle.

[34] Dem geschichtlich ein wenig Interessierten mag dazu eine dem zunächst hannoverschen, später preußischen Justizminister *Adolph Leonhardt* zugeschriebene Bemerkung einfallen, der bei der Beratung des GVG so oder ähnlich sagte: „Solange ich über ihre Beförderungen bestimme, bin ich gern bereit, den Richtern ihre sogenannte (!) Unabhängigkeit zu konzedieren.", zitiert nach *Eugen Schiffer* (Reichsjustizminister a.D.), Die Deutsche Justiz, 2. Aufl. 1949, S. 245 ff.

[35] Dem, als im Verwaltungsrecht vielleicht nicht ganz Unbekanntem, möglicherweise eher sachdienliche Hinweise zugetraut werden als einem Periöken aus dem Strafrecht. Ebenso wie *Schenke:* Eyermann/*Geiger*, VwGO, 14. Auflage 2014, § 99 Rn. 22a. Zust. in der Sache, aber die Notwendigkeit einer Analogie bestreitend (wegen Art. 17 GG): *Gärditz*, in: Gärditz, VwGO, 2013, § 99 Rn. 63.

[36] Überschrift des Abschnitts: „Rechtsschutz gegen eine drohende unbefugte Weitergabe von geheimnisgeschützten Akten und sonstigen Informationen durch die Fachbehörde".

[37] *W.-R. Schenke*, NVwZ 2008, 938 (940): „Rechtsschutz kommt in diesen Fällen nur dadurch in Betracht, dass der Geheimnisgeschützte analog § 99 Abs. 1 S. 2 VwGO bei der obersten Aufsichtsbehörde einen Antrag stellt, der durch das Hauptsachegericht um Vorlage ersuchten Behörde die Vorlage zu verbieten."

„Auch hier ist offensichtlich, dass es für den Geheimnisgeschützten eine Rechtsschutzmöglichkeit gem. Art. 19 Abs. 4 GG geben *muss.*"[38]

b) Unter der Überschrift „Vorläufiger Rechtsschutz durch eine einstweilige Anordnung" fährt W.-R. Schenke dann fort:

„Nicht zu verkennen ist allerdings, dass keine Gewähr dafür besteht, dass die Behörde tatsächlich ihrer materiellrechtlichen Pflicht zur Nichtweitergabe nachkommt. In Fällen dieser Art kommt zur Sicherung der ‚Stillhaltepflicht' der Fachbehörde die Beantragung einer *einstweiligen Anordnung gem. § 123 VwGO* in Betracht. Eine Umgehung des ‚in-camera'-Verfahrens ist hier bei der Entscheidung eines Verwaltungsgerichts über den Erlass einer einstweiligen Anordnung nicht zu befürchten, da das Bestehen der materiell-rechtlichen Pflicht zur vorläufigen Nichtvorlage nicht davon abhängt, ob tatsächlich Gründe des Geheimnisschutzes bestehen, die einer Vorlage entgegenstehen. Es reicht bereits aus, dass die Nichtverletzung des Geheimnisschutzes nicht offensichtlich ist."[39]

c) Und bei einer weiteren Konstellation (Rechtsschutz gegen eine bereits erfolgte Informationsweitergabe[40]) steht W.-R. Schenke nicht an,[41] zu formulieren:

„In einem solchen Fall droht, über die dem Hauptsachegericht eröffnete Möglichkeit zur Kenntnisnahme von geheimnisgeschützen Informationen hinausreichend, die Gefahr, dass mit deren Weitergabe an das Hauptsachegericht den Verfahrensbeteiligten über § 100 Abs. 1 VwGO eine Möglichkeit zur Kenntnisnahme von Betriebs- und Geschäftsgeheimnisse enthaltenden Akten eröffnet wird. Der Geheimnisschutz wird dadurch noch weiter durchlöchert. Deshalb liegt auf der Hand, dass auch hier die Möglichkeit eines gerichtlichen Rechtsschutzes durch Art. 19 Abs. 4 GG gefordert wird. Dabei geht es um die Sicherung des sonst allgemein anerkannten, *nach h.M. sogar verfassungsrechtlich garantierten Anspruchs* auf Beseitigung der sich aus dem rechtswidrigen behördlichen Handeln ergebenden fortdauernden Beeinträchtigung des Verletzten, den so genannten *Folgenbeseitigungsanspruch.*[42] Dass die prozessuale Durchsetzung eines solchen Anspruchs nicht allein deshalb unterbleiben kann, weil dem Betroffenen vor der Informationsweitergabe die Möglichkeit eingeräumt ist, sich gegen diese im Wege einer Analogie zu § 99 Abs. 1 S. 2 VwGO bzw. ein dieses Verfahren flankierenden vorläufigen gerichtlichen Rechtsschutz zur Wehr zu setzen, sollte auf der Hand liegen, denn diese Analogie hilft dann nicht weiter, wenn der Geheimnisgeschützte *gar keine Kenntnis von einer bevorstehenden Aktenvorlage* besaß und diese inzwischen erfolgte oder sie trotz des Ergreifens entsprechender Rechtsbehelfe von der Verwaltung bereits getätigt wurde."[43]

---

[38] Ebenda; Herv. v. hiesigen *Verf.*

[39] Ebenda, sub c); Herv. v. hiesigen *Verf.*

[40] Also der Konstellation wie hier!

[41] *W.-R. Schenke,* NVwZ 2008, 938 (941, bei Fn. 11–13).

[42] Unter Verweis u. a. auf: BVerwG, DÖV 1971, 857 (858); DÖV 1989, 774 (775); *W.-R. Schenke,* JuS 1990, 370 (371 ff.); *W. Roth,* DVBl 1996, 1401; *Schoch,* VerwArch 79 (1988), 1 (34 ff.).

[43] *W.-R. Schenke,* NVwZ 2008, 938 (940) (Herv. v. hiesigen *Verf.*), – gegen Eyermann/ *Geiger* (Fn. 35), § 99 Rn. 15; Bader/*Kuntze,* VwGO, 4. Aufl. 2004, § 100 Rn. 5 i.V.m. § 99 Rn. 12 (= Bader/*Stuhlfauth,* VwGO, 6. Aufl. 2014, § 100 Rn. 5 i.V.m. § 99 Rn. 12), die auf die Möglichkeit geheimnisgeschützter Personen verweisen, einen Antrag analog § 99 Abs. 1

d) Auch bleibt für den Rechtslaien dunkel, wie das OVG sich der Einsicht verschließen kann, daß ein „In-camera"-Verfahren nach § 99 VwGO, das der Betroffene beim VG angetragen hatte, hier zum Zuge kommen könne: Die Ausführungen seien hier gleichfalls im Wortlaut wiedergegeben:

„24. Angesichts dessen ist es schließlich nicht zu beanstanden, dass das Verwaltungsgericht den bei ihm gestellten Antrag des Antragstellers auf Durchführung eines ‚in-camera'-Verfahrens gemäß § 99 Abs. 2 VwGO nicht an den zuständigen Fachsenat des Oberverwaltungsgerichts abgegeben hat (§ 99 Abs. 2 Sätze 3 und 4 VwGO). Denn die Einleitung des Zwischenverfahrens gemäß § 99 Abs. 2 VwGO setzt grundsätzlich eine förmliche Verlautbarung des Gerichts des Hauptsacheverfahrens voraus, dass es die zurückgehaltenen Akten, Unterlagen oder Dokumente für die Aufklärung des entscheidungserheblichen Sachverhalts benötigt (vgl. u. a. BVerwG, Beschl. v. 2.11.2010 – 20 F 2.10 –, juris Rn. 10). Schon daran fehlt es hier.

25. Zwar ist eine solche Verlautbarung ausnahmsweise entbehrlich, wenn die zurückgehaltenen Unterlagen zweifelsfrei rechtserheblich sind. Das ist der Fall, wenn die Pflicht zu deren Vorlage bereits Streitgegenstand des Hauptsacheverfahrens ist und die Entscheidung des Hauptsacheverfahrens von der allein anhand des Inhalts der strittigen Akten zu beantwortenden Frage abhängt, ob diese Akten – aus materiell-rechtlichen Gründen – geheimhaltungsbedürftig sind (st. Rspr., u.a. BVerwG, Beschl. v. 2.11.2010 – 20 F 2.10 –, juris Rn. 11/1 2, m.w.N.). Hauptsacheverfahren i.S.v. § 99 Abs. 2 VwGO kann auch ein vorläufiges Rechtsschutzverfahren sein, in dem es entscheidungserheblich auf die Erfolgsaussichten in dessen Hauptsache (z.B. in dem zugrunde liegenden Klageverfahren) ankommt (vgl. BVerwG, Beschl. v. 11.6.2010 – 20 F 1 2.09 –, juris Rn. 6, zur Konkurrentenklage). Hier trifft das jedoch nicht zu.

26. Bei einer Klage in der Hauptsache auf die vorliegend begehrte Auskunft würde es zwar entscheidungserheblich darauf ankommen, ob die Akten des LfV aus den vom LfV geltend gemachten materiell-rechtlichen Gründen des § 9 Abs. 2 SächsVSG geheimhaltungsbedürftig sind, was sich – wie ausgeführt – allein anhand des Inhalts der strittigen Akten beantworten lässt. Im vorläufigen Rechtsschutzverfahren ist dies jedoch nicht der Fall, weil es hier am Anordnungsgrund für die begehrte Vorwegnahme der Hauptsache fehlt. Nur wenn die begehrte Auskunft bei der gebotenen Folgenabwägung so dringlich gewesen wäre, dass die Hauptsache hätte vorweg genommen werden müssen, wäre es entscheidungserheblich auf den Inhalt der strittigen Akten des LfV angekommen. Dementsprechend liegen auch im Beschwerdeverfahren die Voraussetzungen für das hier erneut beantragte ‚in-camera'-Verfahren nicht vor."[44]

Der immer wiederholte Kern der Ablehnungsargumentation ist also, daß der *Anordnungsgrund* fehle. Dafür wird aber, im Unterschied zu der Breite der sonstigen Ausführungen, *kein* Wort der Begründung verloren. Merke: Bei zentralen Stellen

---

S. 2 VwGO zu stellen und vorläufigen gerichtlichen Rechtsschutz in Anspruch zu nehmen, – was, wie figura zeigt, allenfalls außerhalb von Sachsen möglich ist, – aber immerhin dem hier Erwogenen als Möglichkeit tendenziell entspricht. Vgl. ferner Kopp/*Schenke*, VwGO, 23. Aufl. 2017, § 99 Rn. 17 ff.

[44] OVG 5 B 262/16 v. 11.4.2017. – Wie formuliert *Thoas* es so treffend: „Man spricht vergebens viel, um zu versagen. Der Andre hört von allem nur das Nein.", *Goethe*, Iphigenie auf Tauris, (1787; BI Bd. 6 [1901]) 1. Akt, 3. Szene, S. 31 Z. 450 f.

der prozessualen Darlegungen gilt in Deutschlands Obergerichtsbarkeit noch immer der alte Grundsatz: „Sic volo, sic jubeo. Stat pro ratione voluntas!"[45]

e) Natürlich ist der Quellenschutz ein wichtiger Aspekt für die Arbeit von Geheimdiensten. Ohne entsprechende Zusagen werden sich manche Informationen gar nicht erheben lassen. Aber um jenen ging es ja, wie wiederholt ausdrücklich angemerkt, gar nicht! Inwiefern man hingegen unter Berufung auf die Arbeitsweise und die -methoden des LfV das Berufs- und Seelenleben einer ganzen Familie einfach soll ruinieren dürfen, ohne daß die geringste Kontrolle in bezug auf die Wahrhaftigkeit der Aussagen/Indizien stattfände, das ist hier die eigentliche kruziale Frage. Der unselige NSU-Prozeß mit seinen kaum glaublichen Ermittlungspannen, Verstrickungen von Landesverfassungsschutzämtern in die rechtsradikale Szene und daraus resultierenden Verschleierungen ist eines von vielen weiteren Beispielen, wie sich die Geheimdienst-Behörden hinter einem Schutzwall von vermeintlichen „Notwendigkeiten" verstecken, um ihrer – in vielen Fällen gesetzeswidrigen – Tätigkeit nachzugehen.[46]

Wie man jemandem, der seit Jahren mit anonymen Verdächtigungen aus der Quelle des LfV kämpft, sagen kann, er solle erst einmal das – ohne Detail-Informationen schwer behinderte – Hauptsache-Verfahren durchführen, das dafür – bei gängigem Verlauf durch die Instanzen – vielleicht in 4 Jahren beendet wäre, – das läßt einen doch mehr als ein wenig daran zweifeln, daß die OVG- wie auch späterhin die Verfassungsrichter/-innen noch mit ihren Füßen auf dem Boden der Wirklichkeit – und des Rechts – stehen. Man möchte annehmen, sie antizipierten eine der vielen wunderbaren Sentenzen, die unser Verfassungsschutzminister, Thomas de Maizière, im Laufe seiner Dienstzeit abgesondert hat, – und die jeden Verfassungsjuristen im Mark erglühen lassen muß: „Datenschutz ist schön, aber in Krisenzeiten wie diesen hat Sicherheit Vorrang!"[47]

---

[45] Frei: „So will ich es, also befehle ich es so! An der Stelle einer Begründung steht der (mein) Wille.", *Juvenal*, Satire VI, S. 223 (dort allerdings: „sit pro ratione voluntas").

[46] Traurige Berühmtheit hat in diesem Punkt die unsägliche NSA-Affäre erlangt; dazu gleich noch ein kleiner Nachklang.

[47] So Bundesinnenminister *Thomas de Maizière* (CDU) in den Tagesthemen der ARD, dazu etwa: *Stefan Krempl*, Bundesinnenminister: Datenschutz ist „schön", Sicherheit ist besser, Heise v. 24.3.2016, https://www.heise.de/newsticker/meldung/Bundesinnenminister-Datenschutz-ist-schoen-Sicherheit-ist-besser-3150745.html. Verwunderlicherweise replizierte selbst *Mathias Döpfner*, Chef des Axel-Springer-Konzern und bislang nicht eben an der Tete der Datenschutzverfechter marschierend, in der *Merkel*-Jubelpostille „Die Welt", der Satz aus dem Mund des Ministers sei ein „Skandal" und ein „Offenbarungseid des Rechtsstaates", *Döpfner*, Wer Freiheiten aufgibt, verdient keine Sicherheit, Die Welt v. 23.3.2016, https://www.welt.de/debatte/article153631617/Wer-Freiheiten-aufgibt-verdient-keine-Sicherheit.html. Schön zu dem erstaunlichen Versagen der Sicherheitsdienste in Belgien, trotz all ihrer vielfältigen Informationen, in dem der, auch nicht als Hetzblatt gegen *Merkel*/CDU verschrienen FAZ: *Don Alphonso*, Datenschutz ist schön und Staatsversagen ist hässlich. FAZ v. 24.3.2016, http://blogs.faz.net/deus/2016/03/24/datenschutz-ist-schoen-und-staatsversagen-ist-haesslich-3280/.

Daß der Staat weder Selbstzweck ist, noch Selbstsinn hat, muß wohl auch in der Justiz manchenorts noch erlernt werden.

VI. Das „Summing up" des SächsLVerfG

Das LVerfG,[48] das hernach in dieser Angelegenheit per Verfassungsbeschwerde angegangen wurde, faßte das Petitum und den Sachverhalt zutreffend zusammen: Der Beschwerdeführer habe die Verletzung des Grundrechts auf informationelle Selbstbestimmung (Art. 33 SächsVerf), des Grundrechts auf effektiven Rechtsschutz (Art. 38 SächsVerf) und des Anspruchs auf ein gerechtes und zügiges öffentliches Verfahren sowie des Rechts auf Verteidigung (Art. 78 Abs. 3 SächsVerf) gerügt. Er könne hinsichtlich der Subsidiarität seiner Verfassungsbeschwerde nicht auf eine mögliche Entscheidung im Hauptsacheverfahren verwiesen werden. Das Verfahren im einstweiligen Rechtschutz dauere schon ein Jahr (die 5 Jahre, in denen der Betroffene arbeitslos *und* ahnungslos gehalten wurde, blieben unerwähnt); es sei auch nicht ersichtlich, daß das vorläufige Auskunftsersuchen gegenüber einem endgültigen Auskunftsersuchen nur einen begrenzten Inhalt habe.[49] Ein weiteres jahrelanges Warten sei dem Beschwerdeführer wegen der Dringlichkeit des effektiven Rechtsschutzes nicht zumutbar.

Bisher habe das Landgericht seit einem halben Jahr nicht über seinen Prozeßkostenhilfeantrag entschieden.[50] Die begehrte Auskunft sei zudem eine Form der unmittelbaren Gewährleistung des Menschenrechts auf Datenschutz. Die Datenübermittlung durch den Antragsgegner verstoße gegen Art. 33 SächsVerf. Das OVG habe zu Unrecht angenommen, daß der Auskunftsanspruch nicht zweifelsfrei bestehe, obwohl sich der Antrags*gegner* aufgrund der rechtswidrigen Datenübermittlung nicht auf ein Auskunftsverweigerungsrecht berufen könne. Dem Betroffenen drohten durch die verweigerte Auskunft schwere und unzumutbare Nachteile.

VII. Der Entscheid des SächsLVerfG

Doch das Verfassungsgericht gibt – bemerkenswerterweise – in allem dann, gleichwohl, den Vorinstanzen Recht![51] Nicht ohne darauf hinzuweisen, daß die all-

---

[48] SächsLVerfG Vf. 81-IV-17 v. 15.6.2017.

[49] Auch hier blieb der ausdrückliche Verzicht auf Informationen zu den Quellen und sonstigen Datenherkünften unerwähnt.

[50] Das ist inzwischen geschehen, mit einem in dieser Leidensgeschichte des Betroffenen erstaunlichen, weil diesmal positivem Ausgang.

[51] Soweit es sich nicht auf den – allerdings elementaren – Grundsatz der Subsidiarität beruft, der für Verfassungsbeschwerden gegenüber noch nicht vollständig abgeschlossenen Gerichtsverfahren beruft – und die Klage insoweit für unzulässig erklärt, vgl. § 27 Abs. 2 Satz 1 SächsVerfGHG. So sub II. 1.

fällige Verletzung des Grundrechts auf effektiven Rechtsschutz des Betroffenen (Art. 38 SächsVerf) im Verfahren des einstweiligen Rechtsschutzverfahrens, mittels der Verfassungsbeschwerde unzulässigerweise gerügt worden sei, – weil diese nicht den Begründungsanforderungen genügt habe (§ 27 Abs. 1, § 28 SächsVerfGHG).[52] Kernaussage des LVerfG ist, daß der Antragsteller bereits jetzt eine Amtshaftungsklage gegen den Freistaat Sachsen einlegen könne. Dafür sei weder Akteneinsicht[53] noch eine verwaltungsgerichtliche Entscheidung über die Rechtmäßigkeit der Datenübermittlungen erforderlich. Ein Schadensersatzanspruch könne stets im Hauptsacheverfahren geltend gemacht werden, böte aber selbst im Falle eines Bestehens keine Grundlage für eine einstweilige Anordnung.

Die Ausführungen des LVerfG zur mangelnden Glaubhaftmachung eines Anordnungsgrundes würde man, wenn die Angelegenheit nicht so tragisch-traurig wäre, leicht unter der Rubrik „Juristenhumor" unterbringen können.[54] Das LVerfG vermeint im übrigen nonchalant – und ohne wirkliche Vertiefung, – die Eilbedürftigkeits-Hinweise beiseiteschieben zu können.

VIII. Keine Wege aus dem vermeintlichen gesetzlichen Dilemma?

Dabei sei daran erinnert, daß man manchmal – um ein für sinnvoll erkanntes Ziel zu erreichen – auch ungewöhnliche Wege, – vielleicht sogar einmal extra legem – gehen muß! So sei in diesem Kontext einmal in Erinnerung gerufen, daß – ohne eine entsprechende Ermächtigung – trotz eines so zentralen Prozeßrechtsgrundsatzes wie dem der Unmöglichkeit einer Rechtskraftdurchbrechung *ohne* gesetzliche ausdrückliche Ermächtigung – in der Ziviljustiz genau derartige Sonderfälle gleichwohl weitgehend anerkannt sind für den Fall des sittenwidrig erlisteten Titels, – mit der Folge eines Anspruchs auf Unterlassung der Zwangsvollstreckung aus einem *rechtskräftigen* Urteil sowie auf Herausgabe des Titels (!).[55] Bei allen dogmatischen Streitigkeiten zur jeweiligen Begründung, Konturierung und den allfälligen Voraussetzungen hat die Justiz[56] – bisweilen sogar unter Verzicht auf das kryptische Kriterium „Erfordernis zusätzlicher besonderer Umstände"[57] – eine derartige Durchbrechung wegen Sittenwidrigkeit bejaht.[58]

---

[52] Ebenda, sub II. 2.

[53] Wie man dem Freistaat prozessual erfolgreich eine schadensersatzpflichtige schuldhafte Pflichtverletzung soll vorwerfen können, wenn man nicht weiß, was das LfV den verschiedenen Arbeitgebern „gesteckt" hat, wäre einmal interessant gewesen, von den des Zivilrechts vielleicht doch schon etwas zu lange entwöhnten Verfassungsrichtern/-innen zu erfahren.

[54] Dazu, verschiedentlich, *Paeffgen*, Küper-FS (2007), S. 389 ff.

[55] So schon früh: RGZ 61, 359 (365 f.). Später u. a. etwa: RGZ 155, 55 (60 f.).

[56] Jüngst sogar unter ausdrücklicher Billigung des BVerfG, BVerfG BeckRS 2016, 46239 Rn. 20.

[57] RGZ 163, 287 (290); RGZ 165, 26 (28); RGZ 168, 1 (12).

IX. Statt eines Fazits: Irritierte Betroffenheit – und eine unfromme Wunsch-Phantasmagorie

1. Der Grad, in dem verdeckte Quellen – und deren Schutz – die heutige (Straf-, aber nicht nur diese) Prozeßlandschaft beherrschen, ist geradezu erschütternd.[59] An der Spitze dieses durch diverse Verfassungsschutzämter erfolgende Am-Nasenring-durch-die-Manege-Ziehen von Gericht, Betroffenen und Öffentlichkeit reitet natürlich der derzeit noch laufende NSU-Prozeß.[60]

Eine weitere „Sternstunde" unseres vielgerühmten Quellenschutzes bei den diversen Verfassungsschutzämtern und der Polizei ist derjenige von Anis Amri zu nennen, der in dem grauenvollen Mordanschlag auf dem Berliner Breitscheidplatz kulminierte.[61]

---

[58] Etwa: BGHZ 101, 380 (385 f.); zur Genese und dem derzeitigen Diskussionsstand etwa: MüKo-BGB/*Wagner*, 7. Aufl. 2017, § 826 Rn. 227 ff.; OK-BGB/*Förster* (43. Ed. 15.6.2017), § 826 Rn. 200 ff. Vgl. dazu i.e.: *Prütting/Weth*, Rechtskraftdurchbrechung bei unrichtigen Titeln, 2. Aufl. 1994, S 31 ff.

[59] Exemplarisch: *Martin Bernstein*, Prozess in München: Welche Rolle spielen verdeckte Ermittler im Waffenhändler-Prozess?, SZ v. 11.12.2017, http://www.sueddeutsche.de/muenchen/prozess-in-muenchen-welche-rolle-spielen-verdeckte-ermittler-im-waffenhaendler-prozess-1.3786121.

[60] Als kleine Blütenlese: NSU-Ausschuss hält Vertuschung beim Verfassungsschutz für erwiesen, Die Welt v. 19.7.2012, https://www.welt.de/newsticker/news3/article108336106/NSU-Ausschuss-haelt-Vertuschung-beim-Verfassungsschutz-fuer-erwiesen.html; *Maik Baumgärtner* u.a., Verfassungsschutz und NSU: Der Feind hört mit, Spiegel v. 31.01.2013, http://www.spiegel.de/panorama/justiz/verfassungsschutz-und-nsu-tonband-enthaelt-gespraech-mit-v-mann-brandt-a-880693.html; *Andreas Förster*, Verfassungsschutz – Das NSU-Versagen wurzelt in Bad Kleinen, Cicero v. 26.6.2013, https://www.cicero.de/innenpolitik/verfassungsschutz-das-nsu-versagen-wurzelt-bad-kleinen/54882; *Andreas Förster*, NSU-Prozess – Im Namen der Vertuschung, Cicero v. 6.8.2014, https://www.cicero.de/innenpolitik/nsu-prozess-im-namen-der-vertuschung-verfassungsschutz/58031; *Stefan Aust* u.a., Wie nah war der Verfassungsschutz den NSU-Mördern?, Die Welt v. 1.3.2015, https://www.welt.de/politik/deutschland/article137918258/Wie-nah-war-der-Verfassungsschutz-den-NSU-Moerdern.html. Vgl. i.ü., wenn auch als Quelle vielleicht nicht über jeden Zweifel erhaben, so doch mit interessanten Details: *Martin Kreickenbaum*, NSU-Tribunal klagt Merkel und Verfassungsschutz an, World Socialist Web Site v. 23.5.2017, https://www.wsws.org/de/articles/2017/05/23/trib-m23.html.

[61] Auch hier – als kleine Blütenlese – etwa: *Andrea Marshall/Susanne Opalka*, Ein Jahr nach dem Breitscheidplatz-Attentat – Der Fall Amri – Chronologie der Behördenfehler, RBB v. 19.12.2017, https://www.rbb24.de/politik/hintergrund/chronologie-behoerden-pannen-widersprueche-fall-amri.html; *Jens Schneider*, Terroranschlag in Berlin: Der Bericht zum Fall Amri ist eine Chronik des Versagens, SZ v. 12.10.2017, http://www.sueddeutsche.de/politik/terroranschlag-in-berlin-der-bericht-zum-fall-amri-ist-eine-chronik-des-versagens-1.3706860; Terroranschlag Breitscheidplatz: Anis Amri wurde bereits seit 2015 überwacht, Zeit v. 17.12.2017, http://www.zeit.de/politik/deutschland/2017-12/anis-amri-terroranschlag-ueberwachung; *Frida Thurm/Kai Biermann*, Anschlag auf dem Breitscheidplatz: Berliner Polizeiführung versagte nach Amri-Attentat, Zeit v. 8.12.2017, http://www.zeit.de/gesellschaft/zeitgeschehen/2017-12/anschlag-breitscheidplatz-berliner-polizei-einsatzkonzept-anis-amri.

Zwar ist es im vorliegenden Fall bisher – glücklicherweise – noch zu keinem Todesfall gekommen (der hier aber allenfalls auf der Seite des Betroffenen und seiner Familie eintreten könnte). Doch nimmt die Nachsicht der agierenden Gerichte mit den *rechtswidrigen* Machenschaften des LfV schon wunder, um nicht zu sagen: Sie ist frappant!

2. Daß aber nicht nur der konkrete Schutz von Quellen, sondern darüber hinaus auch die bloße interne Vorgehensweise des LfV *für sich* bereits Schutz vor dem Betroffenen einer schweren Persönlichkeitsrechtsverletzung und vor der – wie figura zeigt – bitter nötigen Kontrolle durch Gerichte und Öffentlichkeit genießt, ist eine offensichtlich neue Spirale in den Windungen des totalen Sicherheits-Anspruch verströmenden Staates. Dieser Prozeß bietet einen Blick hinter die Kulissen eines osmotisch um sich greifenden Staatsverständnisses, in dem sich – seit DDR-Zeiten – wenig geändert hat, – trotz anderer, und überwiegend im Westen ausgebildeter, Juristen. Er offenbart in aller Bizarrerie: Der heimlich beobachtende Staat generiert für jeden (nicht selten: bloß vermeintlich) abgeschlagenen Problem-„Kopf" zwei neue, meist noch giftigere, – wie jene berühmt-berüchtigte Lernäische Hydra![62]

a) Wenn der Staat aber seine heimlichen Erkenntnisse zweck- und rechtswidrig an Dritte übermittelt, die sie zweck- und rechtswidrig verwenden können/sollen (!?) – dazu noch Erkenntnisse, die inhaltlich falsch sind (denn sonst wären sie ja, angesichts der Pflicht zur Gefahrenabwehr, längst zweckgemäß verwandt worden, etwa in der Versagung des weiteren Aufenthaltes) – dann sollte er doch wenigstens zu seinem Tun stehen und sich allfälligen Kontrollen eröffnen, – gleichsam nach Art eines ‚Geständnisses'.

b) Es lassen sich, zweitens, Defizite erkennen, wenn der Staat sich in seinem Tun *verbirgt*:[63] Weil er seiner Natur nach eine *öffentliche Veranstaltung* ist, steht ihm das Verbergen nur zu, wenn und soweit solches ihm *gesetzlich gestattet* wird. Zweck der Nicht-Öffentlichkeit kann es dabei nicht sein, etwa ihn selbst aus der Kontrolle, die im demokratischen Staat auch eine (gestufte) Öffentlichkeit voraussetzt, herauszuhalten, sondern Teile seines Verhaltens einer Form der (mindestens: teil-)öffentlichen Kontrolle zuzuführen, weil und soweit dieses Verhalten Menschen vereinnahmt und folglich eine *öffentliche* Kontrolle deren personale Rechte verletzen würde. Diese vereinnahmten Menschen (Quellen des LfV) sind im Grundsatz vertretbarerweise vor zuviel Öffentlichkeit zu schützen. *Nur* soweit es um derartige menschliche Quellen des geheim tätigen Staates und deren – unabweisbaren – Schutz geht, kann es gestattet angesehen werden, die Kontrolle staatlichen Handelns klandestin zu halten.

---

[62] Nun sollte man (gerade) von Justiz-Angehörigen keine herkulischen Leistungen erwarten. Aber wenn sie sich nur schon einmal etwas in die Betroffenen-Rolle hineindächten und ihre bürgerrechts-bagatellisierende Phantasie ein wenig umpolten, wäre schon manches gewonnen.

[63] Das erinnert sehr an den sich nach dem Brudermord vor Gott verbergenden *Kain:* „Soll ich meines Bruders Hüter sein?" – Die einzig richtige Frage an ihn kann nur sein: „Was hast Du getan?"

Seine internen abstrakten Regeln des Handelns dürften insoweit ebenfalls nur schutzwürdig sein, soweit dadurch (lebende) Personen geschützt werden.

c) Ein drittes Problem tritt dann auf, wenn der Staat seinen Handlungs*pflichten* als Strafender und unerlaubte Handlungen nach Kräften Ausgleichender nicht unverzüglich genügt. *Rechtsschutz* ist seiner Natur nach immer *sofortiger* Rechtsschutz, weil das Aushalten-Müssen dem Unrecht eine zusätzliche Unrechts-Gestalt gibt. Jede Sekunde dieses Weiter-Ertragen-Müssens ist für den Betroffenen potenziertes Unrecht: Folglich müßte es die oberste Pflicht des strafenden, vor allem aber des tendenziell wiedergutmachen wollenden Staates sein, seine gebotenen Interventionen sofort auf den Weg zu bringen. Vereitelt er die Möglichkeit, seine rechtsstaatlichen Aufgaben *sofort* erledigen zu können, perpetuiert er das Unrecht nicht nur, sondern steigert es. Er versagt damit vor einer seiner elementarsten Befriedungsfunktionen!

d) Das Recht des Einzelnen, zur eigenen Wehrhaftigkeit wissen zu dürfen, was der Staat, ihn selbst betreffend, *Rechtswidriges getan* hat, ist immer ein Vollrecht in dem Sinn, daß es nicht eine Sekunde lang verweigert werden darf, – es stünde allenfalls dawider, was unter b) angedeutet wurde. Wir haben hier einen Fall, in dem der Staat a) selbst das Unrecht geschaffen hat, b) es verbergen will und c) sich als Justiz mit den ersten beiden Aktionen gemein macht, indem diese eine schnelle Remedur verweigert: Oder: Gleich drei Stufen an Unrecht aufeinander gepackt!

3. Doch wenn man von dieser Kernproblematik staatlichen Handelns einmal absieht, irritiert den Rechtslaien besonders die professionelle Gefühllosigkeit der beteiligten Gerichte.

Jedenfalls möchte man – angesichts *dieser* Prozeßgeschichte – jedem/r der beteiligten Richter/innen wünschen, daß sie bei allen sie betreffenden Rechtsstreitigkeiten an ein ähnliches Maß von Intransigenz ihrer Kollegen/-innen stoßen mögen, das sie in diesem Verfahren so freudig unter Beweis gestellt haben. Der Wunsch dürfte in Zukunft noch sicherer in Erfüllung gehen, nachdem die meisten Bundesländer durch eine zunehmende Bachelorisierung des Jura-Studiums in der Sache auch die letzten Ansätze zur Vertiefung struktureller Überlegungen, geschweige denn von Gerechtigkeitsfragen, aus der Ausbildung auszumerzen sich angeschickt haben.[64]

---

[64] Freilich darf nicht verkannt werden, daß die meisten der in der hier thematischen Prozeßgeschichte tätig gewordenen, oder besser: untätig gebliebenen Akteure ihre Ausbildung noch zu den – rückschauend – „goldenen Zeiten" der Juristenausbildung erhalten haben dürften. Das bestätigt mich erneut in meiner alten Forderung, daß niemand Zugang in eine Richterstelle erhalten sollte, der nicht, wie in England, schon mindestens fünf Jahre anwaltlich tätig geworden ist – und so das Elend der Welt – und der Justiz – „von der Graswurzel-Perspektive" her miterlebt hat, so schon immer *Paeffgen*, StV 1999, 625.

Zur Gegenwart und Zukunft des beschleunigten Strafverfahrens

Von *Rudolf Rengier*

I. Zur Vergangenheit des beschleunigten Strafverfahrens

Was die hier nicht näher beleuchtete und in der Zeit vor 1994 gesehene Vergangenheit des beschleunigten Strafverfahrens betrifft, so kann es trotz immer wieder auch geäußerter Kritik auf eine durchaus lange historische Tradition zurückblicken.[1] Getragen von dem Bedürfnis, für Fälle eher geringer Kriminalität ein abgekürztes Verfahren bereitzuhalten, sah schon die Strafprozeßordnung von 1877 eine vereinfachte Erledigungsform vor. Die unruhigen Zeiten der Weimarer Republik und nationalsozialistischen Ära führten mittels verschiedener Notverordnungen von 1924 und nach 1931 zu einer erheblichen Ausdehnung des Anwendungsbereichs. Der Gesetzgeber nutzte die spezielle Verfahrensart nunmehr auch dazu, der als politisch eingestuften sowie auf wirtschaftlichen Gründen beruhenden Kriminalität entgegenzuwirken. Diagnostiziert wurde eine „bis zum Mißbrauch getriebene Ausweitung" des beschleunigten Verfahrens.[2]

Das Vereinheitlichungsgesetz von 1950[3] beschränkte das Verfahren deutlich auf Sachen, in denen eine höhere Strafe als ein Jahr Gefängnis nicht zu erwarten ist (§ 212b Abs. 1 Satz 1 StPO a.F.). Daran hat sich bis heute nichts geändert (§ 419 Abs. 1 Satz 2 StPO). In den 1960er Jahren gerieten im Zusammenhang insbesondere mit den Studentenunruhen erneut politisch motivierte Straftaten von Randalierern und Demonstranten ins Visier von auch in Regierungskreisen befürworteten beschleunigten Strafverfahren und teilweise als „Husarenjustiz" kritisierten „kurzen Prozessen".[4] Die 1950 eingeführten Vorschriften zum be-

---

[1] Zum Folgenden *Zimmermann*, Das beschleunigte Verfahren im Strafprozess, 1962, S. 5 ff.; *Schröer*, Das beschleunigte Strafverfahren gem. §§ 417 ff. StPO, 1998, S. 27 ff.; *Lehmann*, Zur Aburteilung von Demonstranten im beschleunigten Verfahren, DRiZ 1970, 287 ff.; *Dähn*, Möglichkeiten einer verstärkten Anwendung des beschleunigten Verfahrens bei Bagatelldelikten, in: FS für Baumann zum 70. Geburtstag, 1992, S. 349 (352 f.).

[2] *Lehmann*, DRiZ 1970, 287 (288).

[3] Vom 12.9.1950 – BGBl. S. 455 (489 f.).

[4] Dazu *Schünemann*, Das beschleunigte Verfahren im Zwiespalt von Gerechtigkeit und Politik, NJW 1968, 975 f.; *Lehmann*, DRiZ 1970, 287 ff.; *Dähn* (Fn. 1), S. 349 (353); *Schröer* (Fn. 1), S. 49 f.

schleunigten Strafverfahren (§§ 212 bis 212b StPO a.F.) blieben bis 1994 im Wesentlichen unberührt.

II. Der Schritt in die Gegenwart – Das Verbrechensbekämpfungsgesetz von 1994

Die heute relevanten Strafvorschriften haben ihre Gestalt im Wesentlichen durch das Verbrechungsbekämpfungsgesetz vom 28.10.1994 (bezüglich §§ 417 bis 420 StPO)[5] und das Gesetz zur Änderung der Strafprozessordnung vom 17.7.1997 (bezüglich § 127b StPO)[6] erhalten. Mit der Reform wollte der Gesetzgeber die Justiz, die von dem beschleunigten Verfahren „nur sehr zurückhaltend Gebrauch" machte, zu einer stärkeren Nutzung veranlassen und damit insbesondere in einfach gelagerten Fällen eine Aburteilung ermöglichen, die „der Tat möglichst auf dem Fuße folgt". Darüber hinaus sollte die anvisierte häufigere Anwendung die Justiz in stärkerem Umfang als bisher entlasten. Allerdings, so die amtliche Begründung, müsse die Praxis gewisse möglicherweise vorhandene praktische Hemmnisse beseitigen und die personellen, organisatorischen und technischen Voraussetzungen schaffen, die eine kurzfristige Erledigung im beschleunigten Verfahren ermöglichten.[7] Der neue § 127b StPO sei erforderlich, um der Anwendung des Verfahrens gerade bei sog. „reisenden Tätern" wie gewalttätigen Demonstranten mehr Geltung zu verschaffen; dadurch werde eine erhebliche erzieherische und abschreckende Wirkung erzielt.[8] Desgleichen stärke der Beschleunigungseffekt das Vertrauen in den Rechtsstaat, denn die Bevölkerung erwarte, dass zumindest in einfach gelagerten Fällen der Tat die Strafe auf dem Fuße folge.[9]

Jedenfalls mit dem Ziel, die Anwendung beschleunigter Strafverfahren in größerem Umfang zu steigern, ist der Gesetzgeber völlig gescheitert. Die damalige Quote von 4 % (25.324 von 630.171 Strafverfahren), die der Gesetzgeber für erheblich steigerungsfähig hielt,[10] ist im Laufe der Jahre bis heute mehr oder weniger kontinuierlich gesunken. Unabhängig von statistischen Zahlen wurde in der Literatur schon sehr früh prognostiziert, dass sich an der verhältnismäßig geringen Bedeutung des beschleunigten Verfahrens kaum etwas ändern würde.[11] Die in einer Untersuchung von 2009 vorgelegten Zahlen bestätigen für die Jahre 2002 und 2003 Quoten von

---

[5] BGBl. I S. 3186.
[6] BGBl. I S. 1822.
[7] Hierzu BT-Drs. 12/6853, S. 34 ff.
[8] BT-Drs. 13/5743, S. 3.
[9] BT-Drs. 13/2576, S. 3.
[10] BT-Drs. 12/6853, S. 34 f.
[11] So insbesondere *Bürkle*, Die Neuregelung des beschleunigten Verfahrens nach dem Verbrechensbekämpfungsgesetz, Diss. Gießen 1997; zusammenfassend *dies.*, StV 1998, 514 ff.; vgl. ferner *Sprenger*, Fördert die Neuregelung des beschleunigten Verfahrens seine breitere Anwendung?, NStZ 1997, 574 ff.

4 % und belegen für 2004 und 2005 einen Rückgang auf 3,5 bzw. 3,2 %.[12] Danach ist die Quote weiter zurückgegangen; sie liegt z. B. 2007 bei 2,8 %, 2013 bei 2,3 % und 2016 bei 2,5 %.[13]

Offenbar ebenso wenig erfüllt haben sich die in das 1997 eingeführte Institut der Hauptverhandlungshaft (§ 127b StPO) gesetzten Hoffnungen. Diese besondere Haft, die den „schnellen" Prozess auch gegen besondere Tätergruppen (wie reisende, wohnsitzlose und ausländische Straftäter) sichern soll, war von Anfang an umstritten und das Ziel vielfältiger Kritik aus Theorie und Praxis.[14]

Ein Blick auf die statistischen Daten ist durchaus aufschlussreich: In den Jahren 2013 bis 2016 wurde in den beschleunigten Strafverfahren nur ein relativ geringer Anteil der Beschuldigten, nämlich 7,8 %, 7,5 %, 9,4 % bzw. 13,8 % aus der Hauptverhandlungshaft gemäß § 127b StPO vorgeführt.[15] Von 2002 bis 2005 waren es 8,3 %, 7,1 %, 9,1 % bzw. 8,0 %.[16] Noch informativer als diese das gesamte Bundesgebiet erfassenden Zahlen ist die Aufschlüsselung nach Bundesländern und OLG-Bezirken. 2016 entfielen von bundesweit insgesamt 2.241 Hauptverhandlungshaftfällen in Bayern von 718 Fällen alle 718 auf den OLG-Bezirk München (keine Fälle auf die Bezirke Nürnberg und Bamberg), in Niedersachsen von 553 Fällen 494 auf den OLG-Bezirk Celle (und 5 bzw. 54 Fälle auf die Bezirke Braunschweig bzw. Oldenburg) und in Nordrhein-Westfalen von 792 Fällen 655 auf den OLG-Bezirk Köln (und 81 bzw. 56 Fälle auf die Bezirke Düsseldorf bzw. Hamm). Also: 1.867 von bundesweit 2.241 (= 83,3 %) Hauptverhandlungshaftfälle entfallen 2016 auf bloß drei bestimmte OLG-Bezirke. Die Zahl der Anträge auf Verfahren gemäß § 417 StPO liegt 2016 in diesen drei Bezirken bei 5.127; dies entspricht bei bundesweit 16.268 derartigen Anträgen einem Anteil von 31,5 %, der keineswegs gering, freilich erheblich niedriger als der Hauptverhandlungshaftanteil ist.

Selbst innerhalb desselben Bundeslandes ist die ungleiche Verteilung deutlich sichtbar, wie die folgende Auswertung der Statistik von 2016 zeigt:[17]

(1) *Bayern:* Insgesamt sind 5,2 % aller 2016 erledigten Verfahren beschleunigte Strafverfahren. Im OLG-Bezirk München liegt der entsprechende Anteil bei

---

[12] *Wenske*, 10 Jahre Hauptverhandlungshaft (§ 127b II StPO), NStZ 2009, 63 (64).

[13] *Statistisches Bundesamt*, Rechtspflege, Strafgerichte, Fachserie 10, Reihe 2.3 (Gliederungspunkt 2.1 im jeweiligen Jahresband).

[14] *Hellmann*, Die Hauptverhandlungshaft gem. § 127b StPO, NJW 1997, 2145 ff.; *Stintzing/Hecker*, Abschreckung durch Hauptverhandlungshaft? – Der neue Haftgrund des „vermuteten Ungehorsams", NStZ 1997, 569 ff.; *Meyer-Goßner*, Theorie ohne Praxis und Praxis ohne Theorie im Strafverfahren, ZRP 2000, 345 (348 f.); *Meyer-Goßner/Schmitt*, StPO, 60. Aufl. 2017, § 127b Rn. 1 ff.; *Giering*, Haft und Festnahme gemäß § 127b StPO im Spannungsfeld von Effektivität und Rechtsstaatlichkeit, 2005; SK-StPO/*Paeffgen*, 5. Aufl. 2016, § 127b Rn. 8 ff.; *Wenske*, NStZ 2009, 63 ff.

[15] *Statistisches Bundesamt* (Fn. 13).

[16] Auswertung bei *Wenske*, NStZ 2009, 63 (64).

[17] *Statistisches Bundesamt* (Fn. 13).

6,2 %, im Bezirk Nürnberg bei 3,9 % und in Bamberg bei 3,4 %. Hauptverhandlungshaftfälle weisen Nürnberg und Bamberg nicht auf.

(2) *Niedersachsen:* Die Verfahren gemäß § 417 StPO haben insgesamt einen Anteil von 1,5 %. Aufgeschlüsselt nach OLG-Bezirken ergeben sich für Braunschweig 0,3 %, für Celle 2,0 % und für Oldenburg 1,4 %. Während in Braunschweig 20,8 % und in Oldenburg 21,0 % aus der Hauptverhandlungshaft in das Verfahren kommen, sind es in Celle 86,4 %.

(3) *Nordrhein-Westfalen:* Hier sind es 1.902 beschleunigte Verfahren (= 1,0 % aller erledigten Verfahren). Aufgeschlüsselt ergeben sich für Düsseldorf und Hamm 0,6 % bzw. 0,5 % und für Köln 2,4 %. In Hauptverhandlungshaft gelangten 31,3 % (Düsseldorf), 10,8 % (Hamm) und 58,2 % (Köln).

Das Studium der statistischen Daten früherer Jahre[18] bestätigt die erwähnten Zahlen von 2016 aus bundesweiter wie länderspezifischer Sicht mit erstaunlicher Signifikanz, so dass von daher auf weiteres Zahlenmaterial verzichtet werden kann. Nicht in dieses Bild passen allerdings zwei Feststellungen:

Die erste betrifft den OLG-Bezirk Düsseldorf: Bei jährlich jeweils rund 45.000 erledigten Verfahren ist die Zahl beschleunigter Verfahren von 16 (2013) und 33 (2014) auf 253 (2015) und 259 (2016) gestiegen. Aus dem je einen Hauptverhandlungshaftfall von 2013 und 2014 sind nunmehr 155 (2015) und 81 (2016) geworden. Diese Entwicklung hängt mit aktuellen Initiativen zusammen, auf die zurückzukommen sein wird.[19]

Die zweite Feststellung betrifft Berlin. Die Berliner Daten, die den Jubilar besonders interessieren könnten, präsentieren sich bei näherem Hinsehen etwas rätselhaft. Die Statistiken von 2013 bis 2016 sind allerdings unauffällig; denn bei jährlich ca. 40.000 erledigten Verfahren mit einem zwischen 5,7 % und 8,0 % liegenden Anteil von Anträgen auf Entscheidungen im beschleunigten Verfahren sind für 2013 bis 2015 keine und für 2016 dann mit 23 Hauptverhandlungshaftfällen auch nicht viele ausgewiesen. Zur angesprochenen Unklarheit führt erst der weitere Blick zurück: In den Jahren 2010 bis 2012 melden die Statistiken nämlich bei im Übrigen vergleichbaren Größenordnungen mit 692, 761 bzw. 865 Hauptverhandlungshaftfällen erhebliche Anteile (21,6 %, 23,4 % bzw. 38,3 %). Eine Erklärung dafür, wie es zu dem totalen Schwund von 38,3 % im Jahr 2012 auf glatte 0 % in den folgenden Jahren bis 2015 gekommen ist, lässt sich den Statistiken nicht entnehmen. Doch stößt man mehr oder weniger zufällig an anderer Stelle auf Anhaltspunkte dafür, dass die Untersuchungshaft den Platz der Hauptverhandlungshaft eingenommen haben könnte.[20]

---

[18] Stets gemäß *Statistisches Bundesamt* (Fn. 13).
[19] Unten III.1.
[20] Dazu noch unten III.4.

III. Aktuelle Entwicklungen und Berichte

Nachdem sich die Hoffnungen des Gesetzgebers der Jahre 1994 und 1997, dass die Praxis das beschleunigte Verfahren häufiger anwenden werde, nicht erfüllt haben, und die Zahl solcher Verfahren im Lichte der Statistiken eher weiter rückläufig ist, drängt sich die Frage auf, ob sich damit ein Niedergang dieser Verfahrensart andeutet. Die in eine gegenläufige Richtung weisenden erwähnten Zahlen aus Düsseldorf[21] haben mich zu Recherchen veranlasst, die im Ergebnis insbesondere einige Anstrengungen erkennen lassen, das beschleunigte Verfahren mit neuem Leben zu erfüllen. Für die Diskussion de lege lata und de lege ferenda und insoweit auch für den Jubilar, der als Praktiker im Justizministerium Gesetzgebungsprozesse begleitet hat und dem ich diese Zeilen mit herzlichen Glückwünschen widme, scheint mir das gefundene Material interessant genug zu sein, um es im Folgenden verhältnismäßig ausführlich auszubreiten.

1. Nordrhein-Westfalen

a) *Düsseldorf.* Ausgangspunkt ist das seit dem 1. 3. 2015 in Düsseldorf laufende Pilotprojekt „Kurzer Prozess für Kriminelle".[22] Am Düsseldorfer Amtsgericht wurden zwei Richterstellen geschaffen, die ausschließlich für beschleunigte Strafverfahren zuständig sind und mit zwei Richterinnen besetzt wurden. Zielgruppe sind in erster Linie reisende Straftäter und Delinquenten ohne festen Wohnsitz in Deutschland. Zwischen ihrer Festnahme und dem Urteil soll maximal eine Woche liegen. Um die Voraussetzungen dafür zu schaffen, müssen organisatorische Abläufe zwischen Polizei, Staatsanwaltschaft und Gericht abgestimmt werden. Zusammenfassend hat der Justizminister des Landes Nordrhein-Westfalen im August 2015 in einem Bericht der Landesregierung zum Düsseldorfer Pilotprojekt festgestellt, dass nach „allen Erfahrungen der gerichtlichen und staatsanwaltschaftlichen Praxis … die Durchführung beschleunigter Verfahren … einen erheblichen organisatorischen und personellen Mehraufwand verursacht."[23] Neben den beiden Richterstellen wurden auch zwei Stellen für Sonderdezernenten bei der Staatsanwaltschaft geschaffen. Ferner sind Schulungen für Polizeibeamte erforderlich, weil sie als erste einschätzen müssen, ob ein beschleunigtes Verfahren und die Verhängung namentlich der Hauptverhandlungshaft gemäß § 127b StPO in Betracht kommen.[24] Dass „sich einer der vielen reisenden Täter, die zum Stehlen nach Düsseldorf kommen, absetzt, bevor sein Prozess

---

[21] Oben nach Fn. 18.
[22] Bericht des Justizministeriums NRW vom 21. 8. 2015, Landtag Nordrhein-Westfalen, 16. Wahlperiode, Vorlage 16/3144: „Kurzer Prozess für Kriminelle: Positive Bilanz des Pilotprojekts in Düsseldorf – Besonders beschleunigte Verfahren unverzüglich landesweit ausdehnen", S. 3 f. (Suchwort: „16/3144 – Justizministerium NRW").
[23] Bericht Justizministerium NRW (Fn. 22), S. 2.
[24] Link: germany.timesofnews.com/beschleunigte-strafverfahren (11. 8. 2016).

beginnt, muss nicht mehr passieren", weil „die Staatsanwaltschaft von der Festnahme bis zum Prozesstermin Hauptverhandlungshaft erwirken" kann.[25]

Die erste Bilanz nach fünf Monaten fällt sehr positiv aus. In 108 Verfahren wurde gegen 133 Personen die Anordnung der Hauptverhandlungshaft im Sinne von § 127b StPO beantragt. Nur bei 15 Personen wurden die Anträge zumeist wegen fehlender Verhältnismäßigkeit abgelehnt. In den 118 Fällen kam es auch innerhalb einer Woche zu Verurteilungen. Überwiegend wurden Freiheitsstrafen verhängt, und zwar zwischen zwei und elf Monaten (fünf Mal ohne Bewährung). Geldstrafen wurden in Höhen zwischen 20 und 130 Tagessätzen ausgesprochen. „Die organisatorischen Abläufe haben sich nach übereinstimmender Ansicht der beteiligten Behördenleitungen bewährt. Zeugen, Dolmetscher und Verteidiger konnten rechtzeitig geladen werden. Die Beschuldigten zeigten sich vielfach von ihrer Inhaftierung beeindruckt und legten nicht selten in der Hauptverhandlung Geständnisse ab."[26]

Die Bilanz nach einem Jahr weist die Verurteilung von 320 Straftätern am Amtsgericht Düsseldorf im beschleunigten Verfahren aus. Die Bewertung der Behörden fällt unverändert positiv aus. Ein Pressebericht zitiert den zuständigen Oberstaatsanwalt: „Wir wollten die gefühlte Ungerechtigkeit im Bereich der Bagatell-Kriminalität angehen." Der Bericht fährt dann fort: „Ein klassischer Fall ... ist der eines Delinquenten ohne festen Wohnsitz in Deutschland, der in einer Parfümerie Flakons mitgehen lässt und dann von einem Ladendetektiv erwischt wird ... Vor dem März des vergangenen Jahres tat sich die Justiz schwer, Fälle wie diesen zu ahnden, ohne Anschrift waren die Täter schlicht nicht greifbar, U-Haft wäre angesichts des Tatvorwurfs unverhältnismäßig. Ein ungutes Gefühl hat das oft nicht nur bei den Bestohlenen, sondern auch bei den ermittelnden Polizeibeamten ausgelöst ... Bis zum Prozess werden die Beschuldigten in Düsseldorf inhaftiert – die sogenannte Hauptverhandlungshaft sei eine", so wird ein Oberstaatsanwalt zitiert, „verfahrenssichernde Maßnahme, damit wir auch zu einem Urteil kommen, wenn keine Postadresse vorliegt."[27]

Dass solche Justiz in der Bevölkerung insgesamt gut ankommt, ist zu vermuten. „Die Volksseele jubelt." So beginnt jedenfalls ein im Übrigen kritischer Beobachter seinen Kommentar.[28] Dieses „Volksempfinden" veranschaulicht ein Prozessbericht

---

[25] So *Geilhausen/Kannegiesser* (www.rp-online.de), 23. 4. 2015 in ihrem Bericht: „Düsseldorfer Justiz. Kurzer Prozess für Kleinkriminelle" (auch Suchwort).

[26] Bericht Justizministerium NRW (Fn. 22), S. 4; s. ferner den Artikel von *Neubauer* (www.report-d.de), 6. 8. 2015 zur Pressekonferenz der Behördenleitungen: „Düsseldorf macht kurzen Prozess: Polizei, Staatsanwaltschaft und Amtsgericht preisen die Schnelligkeit" (auch Suchwort).

[27] Zum Ganzen *Kober* (www.nrz.de), 10. 3. 2016: „Schnelle Prozesse in Düsseldorf – 320 Straftäter verurteilt" (auch Suchwort).

[28] *Neubauer* (Fn. 26) in seinem dem Artikel angehängten Kommentar mit dem Titel „Justitia ist keine Sprinterin".

über einen der ersten Prozesse nach dem Start des Pilotprojekts.[29] Der Artikel beginnt mit der Überschrift „Beschleunigte Verfahren" und „Richterin Tatjana macht jetzt kurzen Prozess", ein anschließendes Foto von ihr trägt die Unterschrift „Richterin Tatjana H. urteilte ruckzuck", bevor der Reporter schreibt: „Düsseldorf ist kein gutes Pflaster mehr für Ganoven. Hier wird ihnen seit März kurzer Prozess gemacht." Richterin Tatjana H. und eine Kollegin kümmerten sich seitdem um die beschleunigten Verfahren. Berichtet wird über einen der ersten Fälle: „Dieb Levan G. (24) aus Georgien hatte in den Bilker Arkaden ein Handy im Wert von 99 Euro geklaut. Das war erst vor drei Tagen. Dann ging alles ruck, zuck. Der Polizei war klar: Dieser Fall eignet sich. Die zuständige Staatsanwältin beantragte einen Haftbefehl für eine Woche. Levan G. machte nun Bekanntschaft mit einer Zelle. Derweil wurde ein schneller Termin vor Gericht organisiert. Tatjana H. ordnete einen Pflichtverteidiger bei – und am Donnerstag schon der Prozess." Dem angesichts der Beweislage sich aufdrängenden Geständnis fügte der Verteidiger hinzu: „Die Haft hat meinen Mandanten schwer beeindruckt. Er wird sich in Zukunft straffrei führen." Zu 300 Euro Geldstrafe verurteilt, durfte Levan G. zurück in seine Asylunterkunft nach Krefeld. Gegenüber dem Reporter äußerte die Anklägerin: „Hoffentlich spricht sich das unter den Dieben herum, dass ihnen hier ein kurzer Prozess gemacht wird."

In das noch laufende, indes schon positiv bewertete Düsseldorfer Pilotprojekt fiel die Kölner Silvesternacht von 2015/2016. Die Reaktion der Politik ließ nicht lange auf sich warten. Schon 14 Tage später stellte die damalige Ministerpräsidentin (Hannelore Kraft) ein „Maßnahmenpaket für Innere Sicherheit und bessere Integration" vor, das in einem 15-Punkte-Plan unter der Überschrift „Wir stärken die Innere Sicherheit" als Punkt 5 „Schnellere Verfahren. Intensive Nutzung des besonders beschleunigten Strafverfahrens insbesondere in den Großstädten des Landes" vorsieht. Am 23. 2. 2016 wurde bekannt, dass die Landesregierung einen Nachtragshaushalt auf den Weg gebracht hat, der Mittel für 500 neue Polizeistellen und 300 neue Stellen bei Gerichten und Staatsanwaltschaften vorsieht.[30]

b) *Ruhrgebiet.* Vor diesem Hintergrund überrascht es nicht, wenn Ende 2016 berichtet wird, dass beschleunigte Verfahren auch im Ruhrgebiet zunehmen.[31] Im Ruhrgebiet gebe es schon mehrere Gerichte, bei denen sich manche Richter ausschließlich mit beschleunigten Verfahren beschäftigten. Eine entlastende Wirkung, so betont der Direktor des Amtsgerichts Bochum, hätten die zum Beispiel gegen Ladendiebe geführten Schnellverfahren für die Gerichte aber nicht. Manchmal würden die Verfahren, die „häufig noch am Tag der Straftat oder einen Tag später stattfinden, eher noch mehr Aufwand für das Gericht bedeuten." Die besondere Wirkung liege in der Ab-

---

[29] *Kirchner* (www.express.de), 16.4.2015: „Richterin Tatjana macht jetzt kurzen Prozess" (auch Suchwort).
[30] Belege hierzu im Internet mit dem Suchwort „15 Punkte Programm NRW" zu finden.
[31] Zum Nachfolgenden vgl. *Chur* (www.1.wdr.de), 13.12.2016: „Beschleunigte Verfahren im Ruhrgebiet nehmen zu" (auch Suchwort); Landtag Nordrhein-Westfalen, Drs. 16/14072 v. 23.1.2017, S. 1; *Wette* (www.waz.de), 24.10.2016: „Essen bekommt acht weitere Staatsanwälte" (auch Suchwort).

schreckung potentieller Täter; dies bestätige auch das Justizministerium. Mitgeteilt wird auch, dass das Ministerium erst kürzlich 40 neue Staatsanwälte unter anderem in Dortmund, Düsseldorf und Essen eingestellt habe, die sich vorrangig um Schnellverfahren kümmern sollen.

Nach dem Düsseldorfer Amtsgericht war es das Amtsgericht Gelsenkirchen, das gleichsam an zweiter Stelle zum 1.2.2016 auf Initiative des Polizeipräsidiums das beschleunigte Verfahren neu installiert hat.[32] Im Prinzip gehe es, so eine Richterin, um den geständigen Ladendieb oder den Schwarzfahrer. Die Polizei betont, sie möchte ein deutliches Zeichen nach außen setzen, dass sie auch diese Massendelikte ernst nimmt und verfolgt. Dazu passt die folgende Polizeimeldung:[33] „Die zunehmende Zahl an Massendelikten wie zum Beispiel Ladendiebstahl oder Beförderungserschleichung gepaart mit einem hohen Anteil an Tätern, die keinen festen Wohnsitz im Bundesgebiet haben, hat das Erfordernis einer zügigen Strafverfolgung neu in den Focus gerückt." Nach der Installation des besonders beschleunigten Verfahrens sei bereits am 2.2.2016 ein erster Erfolg zu verzeichnen. Ein Rumäne sei am Vortag beim Diebstahl eines Navigationsgeräts vom Ladendetektiv erwischt worden. Nachdem die alarmierten Polizeibeamten festgestellt hätten, dass der Täter in Deutschland keinen festen Wohnsitz habe, sei er festgenommen worden und keine 24 Stunden nach der Tatbegehung vom Amtsgericht Gelsenkirchen zu 100 Tagessätzen à 10 Euro verurteilt worden.

Danach hat sich Duisburg öffentlichkeitswirksam an einem Modellprojekt beteiligt und im Rahmen eines Pressegesprächs in Szene gesetzt. Die Pressemeldungen: „Dem fast vergessenen beschleunigten Verfahren wird nun auch in Duisburg neues Leben eingehaucht. Schnelle Strafe direkt nach der Tat"[34] und „Duisburg greift jetzt härter gegen reisende Diebe und Brutalos durch – Beschleunigte Verfahren eingeführt"[35] signalisieren entschlossenes Handeln. Staatsanwaltschaft und Gericht zeigten sich zuversichtlich, dass das beschleunigte Verfahren das Gerechtigkeitsempfinden der Bürger stärke und Täter abschrecke. Bei der Umsetzung sehe man wenig Probleme, da beide Behörden im Rahmen des Maßnahmenpakets zusätzliche Stellen bekommen hätten.[36] Die örtliche Polizeipräsidentin hob hervor, die Verfahren sollten schneller abgehandelt werden, weil immer mehr Kleinkriminelle auf frischer Tat ertappt würden. Auch sei es immer wieder vorgekommen, dass ein Täter nach einer Tat

---

[32] *Stender* (www.derwesten.de), 18.2.2016: „Die Strafe folgt in Gelsenkirchen auf dem Fuß" (auch Suchwort). Zu weiteren Hinweisen und Links führt das Suchwort „Gelsenkirchen beschleunigtes Verfahren".

[33] Polizei Gelsenkirchen, Pressemitteilung (www.presseportal.de/blaulicht), 3.2.2016: „Besonders beschleunigtes Verfahren – Ladendieb keine 24 Stunden später verurteilt" (auch Suchwort).

[34] *Malsch* (www.waz.de), 7.2.2017: „Justiz in Duisburg setzt auf beschleunigtes Verfahren" (auch Suchwort).

[35] *Migenda* (www.derwesten.de), 7.2.2017: „Beschleunigte Verfahren – Der Westen" (auch Suchwort).

[36] Zum Folgenden *Malsch* (Fn. 34).

habe freigelassen werden müssen und am nächsten Tag schon wieder eine ähnliche Tat begangen habe.[37]

Eine Woche später berichtet der Prozessbeobachter[38] über die ersten drei Verhandlungen unter der Überschrift „Justiz in Duisburg macht Tempo: Drei Verfahren in 55 Minuten". Die beiden ersten Verfahren richteten sich gegen zwei Rumäninnen mit jeweils zweifelhafter Wohnanschrift, die beim Schwarzfahren erwischt und über Nacht festgehalten worden waren. Jede wurde zu einer Geldstrafe in Höhe von 20 Tagessätzen verurteilt. Im dritten Fall hatte ein Rumäne ohne festen Wohnsitz in Deutschland 36 Stunden zuvor in einem Autohof einem Fernfahrer zwei Smartphones gestohlen. Er wurde zu 40 Tagessätzen Geldstrafe verurteilt. Am Ende resümiert der Reporter: Zwei Verfahren „wären ohne beschleunigtes Verfahren wohl ohne Strafe eingestellt worden. Das dritte hätte die Justiz im schlimmsten Falle Jahre beschäftigt, weil der Angeklagte für den Diebstahl wohl nie in normale Untersuchungshaft gekommen wäre und man ihn möglicherweise bis zur Verjährung hätte suchen müssen."

Der Streifzug durch das Ruhrgebiet soll bei der Staatsanwaltschaft Hagen enden, die dank des nach der Kölner Silvesternacht ins Leben gerufenen 15-Punkte-Programms im staatsanwaltlichen Bereich drei neue Kräfte erhalten und damit unter anderem die Bereiche „besonders beschleunigte Verfahren" und „Straftaten reisender Täter" ausgebaut hat. Wir wollen, so sagt ein Oberstaatsanwalt mit Blick auf die Möglichkeit der Hauptverhandlungshaft, „nicht riskieren, dass die Leute nicht zur Hauptverhandlung erscheinen ... Unsere Kundschaft ist gut vernetzt". Dass man als Straftäter ohne festen Wohnsitz bis zum Urteil in Haft genommen werden könne, solle sich schnell herumsprechen, umso größer sei der pädagogische Erfolg.[39]

c) *Neuss.* Am 1. 7. 2017 wurde schließlich im Amtsgericht Neuss das beschleunigte Strafverfahren publikumswirksam eingeführt. Informativ ist die Pressemitteilung der Pressesprecherin, einer Vorsitzenden Richterin am Landgericht:[40]

„Das Amtsgericht Neuss führt bei ausreichendem Tatverdacht in vielen Fällen die Hauptverhandlung noch am selben bzw. nächsten Tag durch. In anderen Fällen erlässt das Amtsgericht einen Hauptverhandlungshaftbefehl und führt die Hauptverhandlung innerhalb höchstens einer Woche nach Festnahme durch ... Das beschleunigte Verfahren in Strafsachen bietet allgemein in geeigneten Fällen zahlreiche Vorteile gegenüber einem ‚normalen' Strafverfahren. Es wirkt spürbar, weil schnell auf den Straftäter ein. Gleichzeitig stellt es präventiv die zügige Strafverfolgung sicher. Es verkürzt in vielen Fällen die Untersuchungshaft. Zudem werden jetzt auch Straftäter mit unklarem Wohnsitz im Bereich der Kleinkri-

---

[37] *Migenda* (Fn. 35).
[38] *Malsch* (www.waz.de), 14. 2. 2017: „Justiz in Duisburg macht Tempo" (auch Suchwort).
[39] Zum Vorstehenden *Schneider* (www.wochenkurier.de), 17. 3. 2017: „Staatsanwaltschaft Hagen: Besonders beschleunigt ab in den Knast" (auch Suchwort).
[40] *Stöve* (www.lg-duesseldorf.nrw.de), 6. 7. 2017: „Einführung des beschleunigten Verfahrens in Strafsachen im Amtsgericht Neuss" (auch Suchwort).

minalität strafrechtlich verfolgt; früher scheiterte in diesen Fällen der Erlass eines Haftbefehls nach § 112 StPO häufig am Erfordernis der Verhältnismäßigkeit."

Freilich: Geeignete Fälle gab es erst einmal nicht. Zur Neusser Premiere für den „kurzen Prozess" kam es erst am 18. 9. 2017. Vor Gericht stand ein 25-jähriger Inder ohne festen Wohnsitz in Deutschland, dem vorgeworfen wurde, am 13. 9. 2017 in einem Neusser Kaufhaus Parfüm im Wert von rund 150 Euro gestohlen zu haben. Der Täter legte ein Geständnis ab und wurde zu einer Geldstrafe von 900 Euro verurteilt. Durchaus bemerkenswert sind die weiteren Informationen zur Vorgeschichte, über die der Artikel informiert: Nachdem der Inder „am 13. September festgenommen wurde, kam er einen Tag später in sogenannte Hauptverhandlungshaft in die Justizvollzugsanstalt Ratingen – auch diese Maßnahme ist Teil des beschleunigten Verfahrens. Das Einsperren von Beschuldigten – bis zu einer Woche ist das möglich –, wenn eine Verhandlung am Tag der Festnahme nicht möglich ist, soll nach Angaben der Staatsanwaltschaft Düsseldorf auch eine abschreckende Funktion haben."[41] Im Übrigen, so ein Amtsrichter, sei der „kurze Prozess" bei Personen ohne Wohnsitz wie dem Inder „absolut sinnvoll". Denn man habe in der Vergangenheit immer wieder Schwierigkeiten gehabt, solche Täter nach einer Tat ausfindig zu machen und Schreiben zuzustellen.

2. Niedersachsen

Aufmerksamkeit verdient die Praxis am Amtsgericht Osnabrück. Sein Präsident kam anlässlich der Vorlage des Jahresberichts für 2015 auch darauf zu sprechen, dass die „Silvesternacht von Köln … die Diskussion über eine möglichst schnelle Antwort des Rechtsstaates auf Straftaten neu befeuert" hat.[42] Man wolle in Zukunft die Möglichkeiten des beschleunigten Verfahrens stärker nutzen. Vorgesehen sei, dass ab 1. 4. 2016 eine halbe richterliche Arbeitskraft für die Schnellverfahren zur Verfügung stehe. In anschaulicher Weise greift der Zeitungsartikel die Funktion des beschleunigten Verfahrens auf und spricht von seiner „harten" Form („Sofort in die Zelle"), soweit es um die Konstellationen geht, die in Nordrhein-Westfalen ihre Wiedergeburt erlebt haben. Der Artikel schreibt:

„Die harte Form des beschleunigten Verfahrens lässt zu, dass Täter sofort eingebuchtet werden und bis zu sieben Tage in der Zelle bleiben. Das ist möglich, wenn am Sachverhalt keine Zweifel bestehen und zu befürchten ist, dass der Täter zu einem späteren Hauptverhandlungstermin nicht erscheint. Das Verfahren bietet damit eine Handhabe gegen reisende Diebesbanden und Täter, die keinen festen Wohnsitz haben oder ohne amtliche Ausweisdokumente in Flüchtlingsunterkünften leben. Hauptverhandlungshaft sagen Juristen dazu."

---

[41] *Janssen* (www.rb-online.de), 19. 9. 2017: „Neusser Premiere für den ‚kurzen Prozess'" (auch Suchwort).

[42] Zu dieser Pressekonferenz s. den Bericht von *Hinrichs* (www.noz.de), 4. 3. 2016: „Osnabrücker Justiz will kurzen Prozess machen" (auch Suchwort).

Zwei anschauliche Beispiele werden angefügt: Zwei Ladendiebe, die am 11. Januar in einem Osnabrücker Geschäft Bekleidung im Wert von 169,98 Euro gestohlen hatten, erwischte die Polizei quasi auf frischer Tat, am 12. Januar ordnete das Gericht Hauptverhandlungshaft an, am 13. Januar legte die Staatsanwaltschaft den Strafantrag vor, am 18. Januar folgten Verhandlung und Verurteilung zu 60 Tagessätzen. Im zweiten Fall folgte die Verurteilung am Tag nach der Tat; ein polizeibekannter Ladendieb ohne festen Wohnsitz wurde wegen gewerbsmäßigen Diebstahls zu fünf Monaten Haft verurteilt.

Der Präsident des AG Osnabrück betonte freilich, dass sich das Schnellverfahren keineswegs gegen Flüchtlinge und Zuwanderer richte. Zielgruppe seien auch die Wiederholungstäter, denen die Justiz damit sehr wirkungsvoll das Geschäft verderben könne. Abgesehen davon „stärkt die schnelle Strafverfolgung das Sicherheitsgefühl der Menschen." Offenbar mit einem gewissen Stolz wird ferner mitgeteilt, dass das Amtsgericht Osnabrück im Jahr 2015 im beschleunigten Verfahren 150 Fälle abgewickelt habe, das seien 9 % aller Anklagen. Damit liege das Amtsgericht nach Hannover auf Platz 2 in Niedersachsen.

Die Bilanz gut ein Jahr später[43] meldet angesichts der seit dem 1.4.2016 bestehenden neuen halben Richterstelle, dass die Menge der im beschleunigten Verfahren behandelten Fälle deutlich zugenommen habe, nämlich von durchschnittlich 130 in den Vorjahren auf 183 im Jahr 2016, also auf etwa ein Zehntel der Anklagen. Der Gerichtssprecher vermeldet: „Das Institut des beschleunigten Verfahrens in Strafsachen wird bei dem Amtsgericht Osnabrück in Zusammenarbeit mit Staatsanwaltschaft und Polizei erfolgreich zur Kriminalitätsbekämpfung genutzt". Neben den als Zielgruppe erneut angesprochenen Wiederholungstätern werden als in Betracht kommende geeignete Taten konkretisierend neben Ladendiebstählen, Verkehrsdelikten und Schwarzfahren auch Fälle häuslicher Gewalt genannt. Denn, so der Präsident des Amtsgerichts anschaulich bereits im März 2016: „Wenn Zeit vergeht, nimmt der familiäre Einfluss auf das Opfer oft zu. Und nichts ist aussagekräftiger als ein blaues Auge, das man noch sieht."[44]

Unter den 183 Fällen beschleunigten Verfahrens von 2016 befinden sich 49 Hauptverhandlungshaftfälle. Prägnant schildert ein Prozessbericht einen konkreten Fall: Ein Ladendieb aus Rumänien hatte „im März in einem Osnabrücker Supermarkt Kaffee und Kleidung im Wert von 137,97 Euro gestohlen ... Auf frischer Tat ertappt, wurde bereits am Folgetag Haftbefehl gegen den damals 33-Jährigen erlassen. Nach sechs Tagen hinter Gittern bekam er sein Urteil: eine Geldstrafe über 120 Tagessätze zu jeweils zehn Euro." Kritisch wird anschließend die unterschiedliche Strafverfolgung in Niedersachsen hinterfragt. Denn der Täter sei nur zwei Tage

---

[43] *Stricker* (www.noz.de), 6.9.2017: „Amtsgericht Osnabrück macht immer öfter kurzen Prozess" (auch Suchwort).
[44] *Hinrichs* (Fn. 42).

vor seinem Beutezug in Osnabrück in Oldenburg schon einmal beim Ladendiebstahl erwischt, dann aber von der dortigen Polizei laufen gelassen worden.[45]

Einen starken Anstieg beschleunigter Verfahren meldet ebenso das Amtsgericht Hannover.[46] Die Zahlen sind von 299 Verfahren im Jahr 2014 auf 362 im Jahr 2015 und 518 im Jahr 2016 gestiegen. Das Verfahren wendet man vor allem bei Personen an, die keinen festen Wohnsitz haben. Der Anstieg wird auch damit begründet, dass Menschen in Flüchtlingsunterkünften zur Gruppe wohnsitzloser Personen zählen. Betont wird gleichermaßen hier, dass das beschleunigte Verfahren eine gute Möglichkeit sei, die Strafe auf dem Fuße folgen zu lassen. Zudem seien die kurzen Prozesse eine Motivation für die Polizei und gut für das Sicherheitsgefühl der Menschen.

Ebenso wie das Amtsgericht preist die Staatsanwaltschaft Hannover anlässlich der Jahresbilanz für 2016 bei einem Medientreffen die 730 beschleunigten Verfahren, die sie in die Wege geleitet habe. „Ladendiebe, Drogendealer, Handtaschenräuber und andere Kleinkriminelle, die bei der Begehung eines Verbrechens ertappt werden, landen unmittelbar nach ihrer Festnahme vor einem Richter." Bei Haftstrafen „geht es für sie direkt aus dem Gerichtssaal in eine Zelle." So etwas spreche sich bei den Tätern herum. Bereits in den Jahren 2013 und 2014 habe man – deutlich vor den Vorfällen in der Kölner Silvesternacht – die sogenannten Antänzer im Visier gehabt. „Durch die beschleunigten Verfahren sei dieses Problem in der Landeshauptstadt massiv eingedämmt worden."[47]

Ein weiterer Pressebericht stellt drei Fälle vor, in denen der Richter kurzen Prozess macht.[48] Im ersten Fall wurde ein 20-jähriger albanischer Drogendealer, dem ein Pflichtverteidiger zur Seite stand, knapp 21 Stunden nach seiner Festnahme vorgeführt und verurteilt. Im zweiten Fall stand ein 27-jähriger Pole wohl ebenfalls wegen am Vortag begangener Taten (Ladendiebstahl, gefährliche Körperverletzung) vor dem Richter. Den Diebstahl gab er zu, bezüglich der gefährlichen Körperverletzung machte er Erinnerungslücken geltend. Daraufhin tat der Richter kund: „Dann machen wir einen Hauptverhandlungshaftbefehl, um den Ladendetektiv befragen zu können." Kaum hatte er dies ausgesprochen, so der Reporter, „da schließen sich beim Angeklagten spontan die Erinnerungslücken", und zwar wie folgt: „Okay, ich gebe alles zu. Bitte bestrafen Sie mich." Der Richter belehrt: „Wir sind hier doch nicht auf dem Polen-Markt in Breslau. Auch ein Geständnis muss glaubhaft sein. Ich brauche weitere Beweismittel. Es ergeht Haftbefehl …". Dann folgt ein letztes Wort des Richters an die Adresse des Angeklagten: „Nutzen Sie die Zeit in der

---

[45] *Stricker* (Fn. 43).

[46] Zum Folgenden s. den Bericht des NDR (www.ndr.de), 8.9.2017: „Mehr beschleunigte Verfahren in Niedersachsen" (auch Suchwort).

[47] Zum Vorstehenden *Morchner* (www.haz.de), 28.2.2017: „730 beschleunigte Verfahren zeigen Wirkung" (auch Suchwort).

[48] Zum Folgenden *Körlin* (www.neuepresse.de), 11.9.2017: „Hannover: Dieser Richter macht kurzen Prozess" (auch Suchwort).

Justizvollzugsanstalt und sagen Sie Ihren Leuten, was passiert, wenn man mir die Hucke volllügen will."

Der dritte Fall hatte einen Ladendiebstahl im Wert von 14,01 Euro, gleichfalls am Vortag begangen, zum Gegenstand. Der offenbar drogensüchtige Angeklagte, ein 38-jähriger Türke, der in Hannover bei seinen Eltern wohnte, gab die Tat zu. Das Bundeszentralregister wies 24 Einträge auf. Bei der Verkündung des dem Antrag der Staatsanwaltschaft entsprechenden Urteils (900 Euro Geldstrafe) betont der Richter die noch einmal eingeräumte „letzte Chance".

3. Schleswig-Holstein

Im April 2016 hat das Amtsgericht Neumünster ein Sonderdezernat Schnellverfahren eingerichtet. Berichtet wurde über den Fall eines Rumänen, der am Montag bei einem Einbruch 250 Euro erbeutet hatte. Wegen der schnellen Entdeckung der Tat konnte der Mann nach kurzer Flucht festgenommen werden. Er kam in Hauptverhandlungshaft und wurde nach drei Tagen zu vier Monaten Freiheitsstrafe mit Bewährung verurteilt. „Hätten wir Sie nicht in Haft genommen, wären Sie längst über alle Berge und nicht hier", begründete der Amtsgerichtsdirektor und Richter das Urteil und das beschleunigte Verfahren. Nach der Verhandlung erläuterte der Direktor, er setze auf die abschreckende Wirkung des beschleunigten Verfahrens, wenn die Strafe auf dem Fuß folge. Man wolle das Procedere nicht nur bei Diebstählen, sondern auch bei Verkehrsverstößen und einfachen Körperverletzungen anwenden. Freilich fügte er hinzu, dass die Täter „wohl ins Umland und auf andere Städte ausweichen" werden.[49]

Der Fall des Rumänen (Anfang November) war das 12. Schnellverfahren seit April 2016. Die Staatsanwaltschaft Kiel strebte daher an, dem beschleunigten Verfahren auch in Kiel mehr Bedeutung zu verschaffen. Ein Pressebericht informiert:

> „Worum geht es? Taschen- oder Ladendiebe aus Osteuropa, die gefasst werden, müssen lediglich ihre Personalien angeben, werden vernommen und wieder frei gelassen. Wenn Monate später die Ladung zum Prozess zugestellt werden soll, sind sie nicht mehr greifbar. Auch deutsche Straftäter ohne festen Wohnsitz entziehen sich vielfach dem Zugriff der Justiz. Für solche Fälle eignet sich das beschleunigte Verfahren, seit 20 Jahren Teil der Strafprozessordnung. Ziel ist es, die Strafe auf dem Fuße folgen zu lassen. Die Täter kommen für die sieben Tage in Haft, in dieser Zeit muss eine Verhandlung organisiert werden."

Doch 9 der 14 Strafrichter in Kiel sprachen sich dagegen aus, ein Sonderdezernat Schnellverfahren einzurichten. Sie schrieben: „Schnellverfahren, um einen in Misskredit geratenen Rechtsstaat zu rehabilitieren, sind Mogelpackungen, die langfristig mehr Schaden anrichten, als ein gutes Rechtsstaatsgefühl zu erzeugen. … Es erschließt sich uns nicht, warum der Bürger mehr Vertrauen in die Justiz gewinnt,

---

[49] *Lipovsek* (www.shz.de), 4.11.2016: „Schnellere Urteile. Tätern wird kurzer Prozess gemacht" (auch Suchwort).

wenn jährlich etwa 12 reisende Ladendiebe im Schnellverfahren verurteilt werden." Die Arbeitsbelastung sei schon jetzt hoch.[50]

Das Präsidium des Amtsgerichts Kiel lehnte es demzufolge ab, im Geschäftsverteilungsplan 2017 eine Sonderzuständigkeit für beschleunigte Verfahren zu schaffen. Daran konnte offenbar auch der Umstand nichts ändern, dass das Amtsgericht Neumünster seit April 2016 immerhin 30 Verfahren gegen reisende Straftäter zum Abschluss gebracht hatte. „Verurteilt wurden überwiegend Täter aus Osteuropa, teilweise waren sie einschlägig vorbestraft. Alle wurden auf frischer Tat ertappt und zur Sicherstellung ihres Prozesses auf richterlichen Beschluss in die sogenannte Hauptverhandlungshaft genommen." Dem steht die Einschätzung des Amtsgerichts Kiel entgegen: „Nicht Laden- und Taschendiebstahl verunsicherten die Bevölkerung, sondern schwerere Straftaten wie Einbruch und Enkeltrickbetrug."[51]

4. Berlin

Die Antwort auf eine schriftliche Anfrage von Abgeordneten zur Entwicklung der beschleunigten Verfahren im Land Berlin von 2009 bis 2014 vermittelt einen aufschlussreichen Einblick in die Berliner Praxis.[52] Unterschieden wird zwischen dem normalen beschleunigten Verfahren und dem besonders beschleunigten Verfahren. Das normale beschleunigte Verfahren komme in der Regel bei Wiederholungstätern zur Anwendung, sofern eine beschleunigte Sanktion angezeigt erscheine; bei häuslicher Gewalt kämen auch Ersttäter in Frage. Die Aufgabe, die Eignung für das beschleunigte Verfahren festzustellen, obliege der Polizei, die den Vorgang mit dem Hinweis „Geeignet für das beschleunigte Verfahren" zu versehen habe und den Vorgang innerhalb von drei Wochen an die Amts- oder Staatsanwaltschaft abgeben müsse.

Bei der speziellen Form des besonders beschleunigten Verfahrens werde der Beschuldigte vom Landeskriminalamt vorgeführt. Insoweit müssten ein dringender Tatverdacht und der Haftgrund Fluchtgefahr (in der Regel bei fehlendem festen Wohnsitz gegeben) vorliegen. Weitere Voraussetzung sei eine Mindeststrafferwartung von 20 Tagessätzen. Schadensrichtwerte seien bei Ersttätern 50 Euro und bei Wiederholungstätern 25 Euro. Bezogen auf das letzte in der Antwort vollständig erfasste Jahr 2013 gab es 2.199 Anträge gemäß § 417 StPO. Davon entfielen 1.235 (= 56,2 %) auf das besonders beschleunigte Verfahren, also auf Beschuldigte ohne festen Wohnsitz. Die vorstehenden Äußerungen sprechen dafür, dass in Berlin, sofern die genannten Voraussetzungen erfüllt sind, alle wohnsitzlosen Verdächtigen gemäß § 112 StPO wegen Fluchtgefahr in Untersuchungshaft genommen werden und eben nicht in

---

[50] Zum Vorstehenden *Gehm* (www.shz.de), 26.11.2016: „Kritik an Sonderdezernat für Schnellverfahren" (auch Suchwort).

[51] Zum Vorstehenden *Geyer* (www.kn-online.de), 5.1.2017: „Kurzer Prozess für Ladendiebe. Beschleunigte Verfahren nur in Kiel abgelehnt" (auch Suchwort).

[52] Abgeordnetenhaus Berlin, Drs. 17/14624.

Hauptverhandlungshaft, von der nirgends die Rede ist. Darin könnte eine Erklärung für den schon angesprochenen ziemlich totalen Schwund der Hauptverhandlungshaftfälle von 2012 auf 2013 und die späteren Jahre liegen.[53]

5. Rheinland-Pfalz

In Rheinland-Pfalz bezog sich eine Kleine Anfrage eines Abgeordneten auf die guten Erfahrungen in Düsseldorf und wollte wissen, wie die Landesregierung dazu stehe. Die Antwort des Ministeriums der Justiz fiel kurz aus. Es habe in Rheinland-Pfalz in den Jahren 2015 und 2016 jeweils 22 beschleunigte Verfahren gegeben. Diskutierte Erfahrungsberichte „stammten ganz überwiegend aus den Großräumen Düsseldorf, Köln und Berlin. Schon aufgrund dieser mit Rheinland-Pfalz nicht vergleichbaren Gegebenheiten drängt sich ein ähnliches Pilotprojekt nicht auf ... Die Landesregierung verkennt auch nicht, dass die Durchführung beschleunigter Verfahren im Vergleich zum Strafbefehlsverfahren einen erheblichen organisatorischen und personellen Mehraufwand verursacht. Insoweit sind der praktischen Anwendung und einer Intensivierung Grenzen gesetzt."[54]

6. Regensburg

Ein abschließender Blick auf Regensburg rundet den Blick auf die aktuellen Entwicklungen ab. Im Rahmen eines „Projekts sichere Altstadt" installierte das Amtsgericht Regensburg Anfang 2014 eine Schnellrichterin für Altstadtkriminalität. Sie ist zuständig für sämtliche Strafverfahren im beschleunigten Verfahren im Altstadtgebiet Regensburg. Als typische Fälle der Altstadtkriminalität werden Vandalismus, Körperverletzungen und Beleidigungen erwähnt.[55] Nach der publikumswirksamen und mit positiver Resonanz aufgenommenen Einrichtung der Stelle kam drei Wochen später die ernüchternde Meldung: „Dumm nur," dass für die Schnellrichterin, „die in der Partyzone Altstadt Delikte schnell und unbürokratisch ahnden soll, ... die Fälle fehlen. Kein Wunder: Kaum ein Fall ist geeignet."[56] Das setzte sich bis Anfang April 2014 fort, als man endlich über zwei Fälle berichten konnte, in denen es um alltägliche Beleidigungen von Polizeibeamten ging. Hervorgehoben wurde, dass der Richter einem 20-Jährigen die Leviten las.[57] Bis Anfang Oktober 2014 standen dann acht Angeklagte vor Gericht. Nun sah der Direktor des Amtsgerichts offenbar

---

[53] Dazu oben II. nach Fn. 19.
[54] Zum Vorstehenden Landtag Rheinland-Pfalz, Drs. 17/2671, S. 1 f.
[55] www.wochenblatt.de, 19. 12. 2013: „Justiz. Altstadtkriminalität wird am Regensburger Amtsgericht jetzt im Schnellverfahren verhandelt" (auch Suchwort).
[56] *Eckl* (www.wochenblatt.de), 23. 1. 2014: „Justiz. Schnellrichterin für die Altstadt: Dumm nur, dass jetzt die Fälle fehlen" (auch Suchwort).
[57] *Hopper* (www.wochenblatt.de), 11. 4. 2014: „Justiz: Gut Ding will Weile haben: Die ersten Schnellverfahren vor Gericht" (auch Suchwort).

die Zeit für eine Pressekonferenz gekommen. Das Schnellverfahren mit dem Ziel „Richterspruch binnen sieben Tagen" wird als „Erfolgsmodell" gepriesen. „Am Wochenende eine Straftat begangen und freitags darauf einen Richterspruch in der Tasche: Das ist derzeit nur in Regensburg möglich." Der Amtsgerichtsdirektor stellte den pädagogischen Effekt der schnellen Strafe in den Vordergrund, wies aber auch auf die der Generalprävention dienende abschreckende Wirkung hin. Ein Staatsanwalt brachte alle Bemühungen so auf den Punkt: „Ich hoffe, die Bürger merken auch, dass sich etwas verbessert". Das Modellprojekt habe das Ziel, der Kriminalität in der Altstadt etwas entgegenzusetzen.[58]

Als Delikte, die sich für die schnelle Abwicklung eignen, werden die Beschädigung von Scheinwerfern und Spiegeln an Autos sowie andere Arten von Vandalismus genannt. Normalerweise gebe es bei solchen Delikten einen Strafbefehl, doch lohne sich der Mehraufwand. Denn: Für den Täter sieht der Strafbefehl „genauso aus wie ein Bußgeldbescheid. Und wenn dann auch noch die Eltern die Strafe zahlen, ist der erzieherische Effekt gleich Null." Der zuständige Richter sieht ebenfalls einen pädagogischen Nutzen: „Die wundern sich, dass es so schnell vor Gericht geht." Doch sieht er den großen personellen Aufwand für relativ geringfügige Delikte mit gemischten Gefühlen.[59]

IV. Zur Zukunft des beschleunigten Verfahrens

Der zur Verfügung stehende Platz lässt es nicht zu, die Zukunft der besonderen Verfahrensart intensiv zu diskutieren. Doch sollen im Folgenden thesenartig zumindest einige Leitlinien formuliert werden, die insbesondere an die geschilderten Wiederbelebungsversuche und sonstigen aktuellen Berichte anknüpfen.

1. Die Justizminister haben sich auf ihrer Frühjahrskonferenz 2015 mit einem Bericht der Länderarbeitsgruppe „Erfahrungen mit dem beschleunigten Verfahren" befasst. Die mit dieser Verfahrensart verbundenen Schwierigkeiten seien, so heißt es in dem Bericht, „jeweils in hohem Maße von den landesspezifischen Organisationsstrukturen und Gegebenheiten vor Ort abhängig." Die Wertungen der §§ 417 ff. StPO stellten sich als Ergebnis eines – die Arbeitsgruppe überzeugenden – „komplexen Abwägungsprozesses des Bundesgesetzgebers" dar. Einen gesetzgeberischen Handlungsbedarf sehe man daher nicht.[60] – Demgegenüber hätte doch, wenn man einerseits erkennt, dass neben dem Strafbefehlsverfahren „kein großer eigenständiger Anwendungsbereich besteht",[61] und man andererseits auf eine Vielfalt von in den

---

[58] Zum Vorstehenden *Baumgartl* (www.mittelbayerische.de), 6.10.2014: „Prozess. Schnellverfahren ist ein Erfolgsmodell" (auch Suchwort).
[59] *Baumgartl* (Fn. 58).
[60] Dazu Bericht Justizministerium NRW (Fn. 22), S. 12.
[61] Bericht Justizministerium NRW (Fn. 22), S. 12.

Ländern etablierten Organisationsmodellen blickt,[62] der Gedanke an Reform-, Vereinheitlichungs- und Präzisierungsbedarf aufkommen können. Immerhin einen Schritt in diese Richtung gehen die Justizminister auf ihrer Frühjahrskonferenz 2016, wo sie sich über die Möglichkeiten des „besonders beschleunigten" Verfahrens (§§ 127b, 417 ff. StPO) „für die Strafverfolgung insbesondere in Ballungszentren sowie punktuell und deliktsbezogen an anderen Kriminalitätsschwerpunkten" unterrichtet haben. In einem Beschluss bekräftigen sie „die Bedeutung einer Strafe, die ‚auf dem Fuße folgt' und die vor allem reisende Straftäter daran hindern kann, Verfahren zu verschleppen oder unterzutauchen, um sich der Strafverfolgung zu entziehen."[63]

2. Insbesondere die folgenden vier Typen haben sich in der Praxis herausgebildet:

(1) Typ 1 ist das Ein- bis Zweitageverfahren nach vorläufiger Festnahme, das die Spanne des § 128 StPO nutzt.

(2) Typ 2 ist das (bis zu) Siebentageverfahren nach vorläufiger Festnahme mit auf höchstens eine Woche befristetem Haftbefehl (§ 127b Abs. 2 StPO). Mit Blick auf Typ 1 und Typ 2 spricht man häufig auch vom „besonders beschleunigten" Verfahren.

(3) Typ 3 ist das länger als eine Woche dauernde Verfahren mit unbefristetem Haftbefehl; hier dient das beschleunigte Verfahren insbesondere dem Zweck, das Verfahren abzuschließen, bevor der Haftbefehl angesichts des Bereichs der Kleinkriminalität unverhältnismäßig zu werden droht.

(4) Von diesen Haftfällen (Typen 1 bis 3) ist Typ 4 mit seinen Nichthaftfällen zu unterscheiden. Gemeint ist das nach dem Abschluss der Ermittlungen mögliche (bis zu) Sechswochenverfahren (§ 418 Abs. 1 Satz 2 StPO) gegen Täter mit festem Wohnsitz.

3. Die Typen 1 und 2 sind wegen ihrer Kürze erheblicher Kritik ausgesetzt.[64] Sie sollten daher nur dort eingesetzt werden, wo die Normalverfahren nicht mit Erfolg durchgeführt werden können. Dies betrifft Verdächtige ohne festen Wohnsitz, und das sind nun einmal häufig Ausländer, hat aber mit Diskriminierung nichts zu tun.[65] Von daher ist der aktuell von Nordrhein-Westfalen ausgehenden Initiative, konsequenter namentlich den Ladendiebstahl wohnsitzloser ausländischer Täter mit

---

[62] Zusammengefasst im Bericht Justizministerium NRW (Fn. 22), S. 4 ff., 13 ff.

[63] Frühjahrskonferenz 2016, Beschluss der Ministerinnen und Minister, TOP II.17 (auch Suchwort).

[64] Neben den Stimmen oben in Fn. 14 siehe *Ambos*, Verfahrensverkürzung zwischen Prozessökonomie und „fair trial", Jura 1998, 281 (289 ff.); *Scheffler*, Das beschleunigte Verfahren als ein Akt angewandter Kriminalpolitik, in: GS für Meurer, 2002, S. 437 ff.

[65] *Ruppert*, in: Wolf (Hrsg.), Kriminalität im Grenzgebiet Band 3, Ausländer vor deutschen Gerichten, 2000, S. 81 (Diskussionsbeitrag); insoweit gegen *Scheffler/Weimer-Hablitzel*, Ausländerdiskriminierung durch Reformen des Strafverfahrens?, in: Wolf, a.a.O., S. 59 ff.

Verfahren gemäß den Typen 1 und 2 zu bekämpfen, die Legitimation nicht abzusprechen.[66] In der Tat befriedigt es nicht, vorläufig festgenommene, nicht sesshafte Laden- und Taschendiebe laufenlassen zu müssen, sofern man annimmt, dass sie auch nicht bis zu einer schnell anberaumten Hauptverhandlung festgehalten werden dürfen.[67] Freilich sollten die nicht sesshaften Täter im Vergleich mit sesshaften Tätern auch nicht benachteiligt werden,[68] und das heißt zumindest: Soweit § 153 StPO reicht, gilt die Vorschrift grundsätzlich auch für wohnsitzlose Ausländer.[69] Hingegen kann man diese Tätergruppe mit § 153a StPO und dem Strafbefehlsverfahren nicht erreichen, da es keine ladungsfähige Anschrift gibt. Auf einem anderen Blatt steht, ob man für das Ein- bis Zweitageverfahren die Zustimmung des Angeklagten voraussetzen[70] und inwieweit ein Pflichtverteidiger bestellt werden sollte[71].

4. Das Institut der Hauptverhandlungshaft hat seine Berechtigung, wenn man sich darauf verständigen kann, dass bei Tätern ohne festen Wohnsitz in der Regel Fluchtgefahr besteht und deshalb auch Untersuchungshaft angeordnet werden könnte.[72] So betrachtet hat die Hauptverhandlungshaft sogar eine positive Seite, denn sie ist anders als die Untersuchungshaft auf eine Woche beschränkt und zwingt daher zu einem zügigen Verfahrensabschluss, der auch dem Schutz des Inhaftierten dient. Soweit man dem Gedanken der Fluchtgefahr folgt, könnte man ein Siebentageverfahren im Sinne des Typs 2 auch mit den normalen Mitteln der Untersuchungshaft installieren. Man bräuchte also, anders als immer wieder angenommen wird,[73] nicht unbedingt das Institut der Hauptverhandlungshaft, um Typ 2 als Verfahrensart gegen wohnsitzlose Straftäter zu installieren. Im Übrigen ist die Schwelle zur Unverhältnismäßigkeit der Untersuchungshaft, wie insbesondere § 113 StPO zeigt, auch im Bereich der leichteren Kriminalität keineswegs sehr hoch. Selbst bei zu erwartenden

---

[66] Vgl. oben III.1.

[67] Vgl. dazu oben nach Fn. 38 und nach Fn. 40.

[68] Vgl. *Artkämper*, Spezifische Probleme aus staatsanwaltschaftlicher Sicht unter besonderer Berücksichtigung des Erkenntnis- und Vollstreckungsverfahrens, in: Wolf (Fn. 65), S. 179 (181).

[69] Möglicherweise nicht beachtet in dem Fall der beiden Rumäninnen oben nach Fn. 38. Dazu auch *Lubitz*, Das beschleunigte Verfahren der StPO und seine rechtstatsächliche Durchführung in Berlin und Brandenburg, 2010, S. 174 ff.; *Scheffler* (Fn. 64), S. 437 (442, 445).

[70] So *Lubitz* (Fn. 69), S. 115 f.; *Tiedemann*, Das beschleunigte Strafverfahren – Eine Untersuchung in Bonn, 2007, S. 65, 210 f.; *Fülber*, Die Hauptverhandlungshaft, 2000, S. 49 ff.; *Jeney*, Vereinfachtes Strafverfahren mit Hauptverhandlung, 2002, S. 28 f.; *Schröer* (Fn. 1), S. 152 f.; s. ferner dazu *Weigend*, Unverzichtbares im Strafverfahrensrecht, ZStW 113 (2001), 271 (295 ff., 299 ff.).

[71] Vgl. zu solchen Fällen oben nach Fn. 29 und nach Fn. 48; dafür nicht zuletzt mit Blick auf § 140 Abs. 2 StPO *Schröer* (Fn. 1), S. 137 ff.; *Lubitz* (Fn. 69), S. 129; *Tiedemann* (Fn. 70), S. 211 ff.

[72] Vgl. oben nach Fn. 52 und oben III.4. zur Berliner Praxis; ferner *Schröer* (Fn. 1), S. 102.

[73] Vgl. oben nach Fn. 38, vor Fn. 39, nach Fn. 40 und nach Fn. 42.

bloßen Geldstrafen soll nach herrschender Meinung die Verhängung der Untersuchungshaft bis zur Dauer einer etwaigen Ersatzfreiheitsstrafe möglich sein.[74]

5. Die Existenz von Typ 3 wird sichtbar, soweit davon die Rede ist, dass das beschleunigte Verfahren auch dazu diene, die Untersuchungshaft zu verkürzen.[75]

6. Zu Typ 4: Ausgehend davon, dass die vereinfachten Erledigungsformen namentlich gemäß den §§ 153, 153a, 407 ff. StPO gegenüber dem beschleunigten Verfahren Vorrang haben, kann man in sesshaften Wiederholungstätern eine für Typ 4 geeignete Tätergruppe sehen,[76] sofern Freiheitsstrafen ohne Bewährung in Betracht kommen oder man glaubt, die möglichst schnelle Konfrontation mit dem Gericht sei spezial- und/oder generalpräventiv besonders effektiv, wie offenbar zum Teil in Fällen von häuslicher Gewalt angenommen wird.[77] Für Einzelfälle mag dies zutreffen. Aber weshalb die im Rahmen des Typs 4 in der Praxis offenbar dominierenden Tätergruppen, nämlich Diebe (oft Fälle der §§ 242, 248a StGB) und Schwarzfahrer,[78] im nicht so viel länger dauernden Normalverfahren nennenswert schlechter ansprechbar wären, erschließt sich nicht.

7. Im Ergebnis spricht daher viel dafür, den Anwendungsbereich des beschleunigten Verfahrens auf die Haftfälle mit den Typen 1 bis 3 zu beschränken und für Nichthaftfälle nicht zu öffnen, ob es nun um den Typ 4 geht oder um andere Modelle wie das in Regensburg im Rahmen des „Projekts sichere Altstadt" kreierte, wo man mit eher gering wiegenden und insgesamt wenigen Straftaten von sesshaften Tätern den „Richterspruch binnen sieben Tage" als „Erfolgsmodell" preist, das der Kriminalität in der Altstadt etwas entgegensetzen soll.[79]

8. Keine Zukunft sollten desgleichen Ein- bis Zweitageverfahren gegen sesshafte Demonstranten, Fußballrowdies und randalierende Straftäter haben. Aktuell scheinen diese Fälle zudem kaum eine Rolle (mehr) zu spielen, dies zu Recht und offenbar auch deshalb, weil sie in der Regel im Sinne des § 417 StPO nicht einfach und geeignet sind.[80]

9. Politik und Justiz sollten vorsichtig sein und mit Blick auf die Schlagkraft der Strafjustiz nicht den Eindruck erwecken, als ob man mit Hilfe des beschleunigten Verfahrens, das leicht feststellbare Kleinkriminalität und dominierend den Laden-

---

[74] *Meyer-Goßner/Schmitt* (Fn. 14), § 112 StPO Rn. 11; *Kulhanek*, StV 2016, 814 (815); KK-StPO/*Graf*, 7. Aufl. 2013, § 113 Rn. 7; *Schröer* (Fn. 1), S. 98 ff.; a.A. *Wenske*, NStZ 2009, 63 (66).

[75] Vgl. oben nach Fn. 40; vgl. ferner *Tiedemann* (Fn. 70), S. 93 ff., 97.

[76] Vgl. oben vor und nach Fn. 43 sowie nach Fn. 52.

[77] Vgl. oben vor Fn. 44 und nach Fn. 52.

[78] Vgl. oben nach Fn. 32; *Lubitz* (Fn. 69), S. 207 ff.

[79] s. oben III.6.

[80] In diesem Sinne jedenfalls mit Blick auf die Fußball-Fan-Kriminalität ein Düsseldorfer Oberstaatsanwalt im Artikel von *Kober* (Fn. 27); auf dieser Linie ebenso der Artikel von *Kreuz* (www.lvz.de), 15.3.2016: „Schnellverfahren sind ein Flop" (auch Suchwort); vgl. ferner *Wenske*, NStZ 2009, 63 (67).

diebstahl im Visier hat, das Sicherheitsgefühl sowie Abschreckungs- und pädagogische Effekte allzu sehr stärken könnte. Schlagworte wie „Kurzer Prozess für Kriminelle"[81] können etwa zu Glaubwürdigkeitsverlusten führen, wenn Schlagzeilen wie „Düsseldorf ist kein gutes Pflaster mehr für Ganoven"[82] und „Duisburg greift jetzt härter gegen reisende Diebe und Brutalos durch"[83] produziert werden, welche die Realität nicht widerspiegeln.

---

[81] Oben bei Fn. 22.
[82] Vgl. oben nach Fn. 29.
[83] Vgl. oben nach Fn. 34.

Die staatliche Selbstbelastungsprovokation

Von *Claus Roxin*

I. Einführung

Die Rechtsfolgen einer durch informelle Ermittlungen staatlich veranlassten Selbstbelastungsprovokation bilden eine der strittigsten und am wenigsten geklärten Fragen des modernen Strafprozessrechts. Klaus Rogall, der verehrte Jubilar und Verfasser einer grundlegenden Monografie zum Thema,[1] konstatierte schon 2008[2] „in den letzten Jahren ein inflationäres Anwachsen der einschlägigen Literatur" und betonte, „dass das wiederholte Aufgreifen der Thematik einer besonderen Rechtfertigung bedarf". Eidam[3], dessen einschlägige Monografie er rezensierte, sah diese Rechtfertigung in der „extreme(n) Unsicherheit über den Schutzumfang und die praktische Handhabung des nemo-tenetur-Prinzips".

Daran hat sich bis heute nichts geändert. Auch eine umfangreiche weitere Rechtsprechung und Literatur haben noch keine eindeutigen Ergebnisse erbracht. Selbst der BGH sagt:[4] „Über Inhalt und Reichweite des nemo-tenetur-Grundsatzes im Einzelnen besteht – zwischen Literatur und Rechtsprechung, aber auch innerhalb der Rechtsprechung – noch keine Einigkeit."

Rogall[5] meint anlässlich einer Besprechung der wichtigen Entscheidung BGHSt 52, 11 ff. (Mallorca-Fall): „Die Rechtslage bleibt … weitgehend im Dunkeln." In seiner aktuellsten Kommentierung[6] heißt es, es sei davon auszugehen, „dass nicht jede gezielte oder ungezielte Verleitung zur Selbstbelastung eine entsprechende Anwendung des § 136a zu rechtfertigen vermag. Vielmehr dürfte diese nur zulässig sein, wenn es sich um eine vernehmungsähnliche Situation handelt. Eine Verständigung

---

[1] *Rogall*, Der Beschuldigte als Beweismittel gegen sich selbst, 1977. Weitere Monografien: *Bosch*, Aspekte des nemo-tenetur-Prinzips aus verfassungsrechtlicher und strafprozessualer Sicht, 1997; *Verrel*, Die Selbstbelastungsfreiheit im Strafverfahren, 2001; *Eidam*, Die strafprozessuale Selbstbelastungsfreiheit am Beginn des 21. Jahrhunderts, 2007; *Mahlstedt*, Die verdeckte Bestrafung des Beschuldigten im Auftrag der Polizei, 2011.

[2] *Rogall*, StV 2008, 219 (219).

[3] *Eidam* (Fn. 1), S. 2.

[4] BGHSt 52, 11 (17), Rn. 21.

[5] *Rogall*, NStZ 2008, 110 (112).

[6] *Rogall*, SK-StPO, Bd. II, §§ 94–36a StPO, 5. Aufl. 2016, § 136a, Rn. 25.

darüber, was eine vernehmungsähnliche Situation ausmacht, ist ... gegenwärtig noch nicht in Sicht."

Diese ungeklärte Rechtslage scheint mir auch gegenwärtig noch den Versuch zu rechtfertigen, etwas mehr Licht in das Dunkel zu bringen. Ich knüpfe dabei an die Rechtsprechung und Literatur der letzten zehn Jahre an, verzichte aber auf eine vollständige Wiedergabe des Diskussionsstandes, der in Rogalls SK-Kommentierung und in der jüngsten Monografie von Mahlstedt[7] umfassend dokumentiert ist. Dabei nehme ich auch meine eigenen bisherigen Darlegungen zum Thema[8] kritisch unter die Lupe und versuche, Gedankengänge aufzunehmen, die zu einer konsensfähigen Lösung führen können.

II. Jede unzulässige Selbstbelastungsprovokation setzt die Beweiserlangung durch einen staatlichen Agenten voraus

Einigkeit besteht zunächst darüber, dass eine zu einem Verwertungsverbot führende Selbstbelastungsprovokation nur in Frage kommt, wenn ein staatlicher „Agent" entsprechende Äußerungen des Verdächtigen entgegengenommen und die Ermittlungsbehörden darüber informiert hat.

Der Begriff des „Agenten", der sich inzwischen auch in der deutschen Literatur durchgesetzt hat, stammt aus dem sog. Allan-Urteil des EGMR[9], der sich dabei auf ein wörtliches Zitat des kanadischen Supreme Court beruft: „Das Schweigerecht ist nur dann verletzt, wenn der Informant als Agent des Staates handelte, als der Beschuldigte die Äußerung gemacht hat."

Ein solcher „Agent" kann ein Verdeckter Ermittler, ein nichtöffentlich operierender Polizeibeamter (NOEP), eine aus der Bevölkerung rekrutierte Vertrauensperson (V-Person) oder ein zur Sachverhaltserforschung im konkreten Fall herangezogener privater „Augenblickshelfer" sein.

Eine spezielle gesetzliche Regelung hat zwar nur der Verdeckte Ermittler (§§ 110a–110c StPO) erfahren, während man die Tätigkeit anderer verdeckter Helfer der Staatsanwaltschaft und der Polizei als durch die Ermittlungsgeneralklauseln der §§ 161, 163 StPO legitimiert ansehen muss.[10] Zwar würde eine konkretisierende gesetzliche Regelung ihrer Befugnisse, die sehr zu wünschen ist, viele Streitigkeiten erledigen. In Ermangelung einer solchen kann aber nicht grundsätzlich bestritten werden, dass die Polizei durch eigene Beamte, aber auch mithilfe von Privatpersonen

---

[7] *Mahlstedt* (Fn. 1).
[8] *Roxin*, zuletzt in NStZ-Sonderheft Miebach, 2009, 41 ff.; *ders.*, NStZ 1999, 149 ff.; *ders.* später: StV 2012, 129 ff.
[9] Hier zitiert nach der deutschen Übersetzung in JR 2004, 128 (129).
[10] Ebenso, wenn auch nicht ohne Zweifel, *Rogall* (Fn. 6), § 136a, Rn. 33.

heimliche Ermittlungen durchführen darf. Denn ohne deren Zulässigkeit lässt sich keine erfolgreiche Verbrechensbekämpfung betreiben. Eine andere Frage ist die nach den Grenzen solcher Befugnisse, die sich gerade im Fall der Selbstbelastungsprovokation mit besonderer Dringlichkeit stellt.

Wird eine Selbstbelastungsprovokation nicht durch einen staatlichen Agenten herbeigeführt, entsteht kein Abgrenzungsproblem. Wenn also jemand in der Untersuchungshaft ohne staatliche Beauftragung von einem Mithäftling ein Geständnis erlangt und an die Ermittlungsbehörden weitergibt, dürfen diese Informationen gegen den Verdächtigen ohne Weiteres verwendet werden.[11]

III. Die „Entlockung" von Beweisen durch einen staatlichen Agenten ist unzulässig, wenn sie sich als „funktionales Äquivalent einer Vernehmung" darstellt

Der EGMR hat im erwähnten Allan-Urteil eine Verletzung des dem Beschuldigten zustehenden Schweigerechts und damit der Grundsätze eines fairen Verfahrens (Art. 6 EMRK) davon abhängig gemacht, dass „der Beweis dem Beschuldigten" durch den staatlichen Agenten „entlockt" wurde.[12] Das ist nach dieser Entscheidung dann der Fall, wenn der Agent durch beharrliche Fragen „die Gespräche unter Umständen gelenkt hat, die als funktionales Äquivalent einer Vernehmung zu betrachten sind"[13].

Davon geht im Wesentlichen – mit vielfältigen Unterschieden in Formulierung und Begründung – auch die deutsche Literatur und Rechtsprechung aus.[14] Rogall verlangt in der anfangs[15] zitierten Kommentarbemerkung „eine vernehmungsähnliche Situation".

Es ist, wie schon erwähnt, Gegenstand lebhaften Streits, was darunter im Einzelnen zu verstehen ist. Immerhin ermöglicht dieses Kriterium aber einige Aussagen darüber, welche verdeckten Ermittlungen jedenfalls erlaubt sind.

Legendenbedingte Täuschungen sind als Voraussetzungen jeder verdeckten Ermittlung selbstverständlich zulässig. Der verdeckt Ermittelnde darf auch aus Äußerungen, die der Verdächtige und Personen aus seiner Umgebung machen, Hinweise zur Überführung des Täters entnehmen. Er darf ferner das Gespräch auf die begangene Tat lenken. Geständnisse oder selbstbelastende Bemerkungen, die bei dieser Gelegenheit gemacht werden, sind ohne Weiteres verwertbar.

---

[11] BGH NStZ 1989, 32 f.
[12] JR 2004, 128 (129).
[13] JR 2004, 128 (130).
[14] Vgl. nur etwa *Sowada*, FS Geppert, 2011, S. 689 (704 ff.).
[15] *Rogall* (Fn. 6).

Problematisch wird die Verwertbarkeit selbstbelastender Äußerungen erst dann, wenn der verdeckt Ermittelnde den Verdächtigen direkt über die Tat und ihre Einzelheiten befragt. Dem Problem, unter welchen Voraussetzungen eine solche Ausforschung ein „funktionales Äquivalent einer Vernehmung" und damit als verbotenes „Entlocken" einer Selbstbelastung zu beurteilen ist, wollen wir uns jetzt zuwenden. Dabei werden neben dem übernationalen fair-trial-Prinzip besonders auch die deutschen Rechtsgrundlagen – also die §§ 136, 136a StPO und der nemo-tenetur-Grundsatz – kritisch zu würdigen sein.

1. Ist die heimliche Ausforschung des Verdächtigen eine Umgehung des § 136 StPO?

Ich hatte bisher diese Meinung vertreten[16] mit der Begründung, dass durch eine solche Befragung der Hinweis auf das Schweigerecht eliminiert und § 136 StPO „ausgehebelt" werde.

Heute sehe ich das anders. Zwar kann die Befragung durch eine verdeckt ermittelnde Person unter noch näher zu kennzeichnenden Voraussetzungen gegen den Grundsatz der Selbstbelastungsfreiheit verstoßen. § 136 StPO enthält aber nur einen Einzelaspekt dieses Grundsatzes. Er behandelt allein offene Vernehmungen und schließt heimliche Ermittlungen keineswegs aus. Was § 136 StPO verhindern will – die irrtümliche Annahme einer Aussagepflicht –, ist bei verdeckten Ermittlungen von vornherein ausgeschlossen. Insofern ist der Entscheidung des Großen Senats[17] also Recht zu geben, wenn er eine Umgehung des § 136 StPO ausdrücklich ablehnt.[18]

2. Können verdeckte Ermittlungen in entsprechender Anwendung des § 136a StPO ein Verwertungsverbot nach sich ziehen?

Eine direkte Anwendung des § 136a StPO auf verdeckte Ermittlungen wird man von vornherein ablehnen müssen. Zwar ergibt sich das nicht aus dem Wortlaut der Vorschrift, wohl aber aus dem gesetzlichen Zusammenhang mit § 136 StPO, der sich allein mit offenen Vernehmungen beschäftigt.[19] Hätte diese Vorschrift auch verdeckte Ermittlungen erfassen sollen, hätte man einen gesetzlichen Hinweis erwarten müssen.

---

[16] *Roxin*, zuletzt im NStZ-Sonderheft Miebach (Fn. 8), 44.

[17] BGHSt 42, 139 (148).

[18] Gegen eine Umgehung des § 136 StPO ausführlich auch *Mahlstedt* (Fn. 1), S. 61–137. Die zahlreichen Anhänger der Umgehungsthese werden in seinem Buch S. 50, Anm. 1, nachgewiesen.

[19] Ebenso *Rogall* (Fn. 6), § 136a, Rn. 22, 23.

Das schließt freilich eine analoge Anwendung des § 136a StPO in bestimmten Fällen verdeckter Ermittlung nicht aus.[20] Sie wird in der Literatur vielfach vorgenommen und ist auch in der Rechtsprechung beliebt.

So sagt der BGH im sog. Zellengenossen-Fall,[21] in dem ein Spitzel im Auftrag der Polizei einen Untersuchungsgefangenen in seiner Zelle ausgehorcht hatte: „Diese Angaben sind unter Verletzung der §§ 136a, 163a Abs. 4 Satz 2 StPO zustande gekommen … Zwar gelten die genannten Vorschriften unmittelbar nur für Vernehmungen. Sie sind aber entsprechend auch auf den Fall anzuwenden, dass die Strafverfolgungsbehörden mit verbotenen Mitteln auf den Beschuldigten einwirken, damit er gegenüber einer Privatperson, die dann als Zeuge vernommen werden soll, bestimmte Angaben zu einer … Tat macht."

Auch im Wahrsagerinnen-Fall[22], in dem eine sich als Wahrsagerin ausgebende Strafgefangene ihren Mitgefangenen Geständnisse entlockte, meint der BGH, „der Schutzzweck des § 136a StPO" gebiete, „in entsprechender Anwendung der Norm ein Verwertungsverbot dann anzunehmen, wenn sich staatliche Behörden die in § 136a StPO umschriebenen Verhaltensweisen Privater zurechnen lassen müssen".

Für eine entsprechende Anwendung des § 136a StPO auf Personen, die in staatlichem Auftrag verdeckt ermitteln, tritt auch Rogall[23] ein, „wenn es sich um eine vernehmungsähnliche Situation handelt". Mahlstedt kommt in seiner Monografie[24] zu dem Ergebnis: „Die verdeckte Befragung des Beschuldigten im Auftrag der Polizei unterfällt der analogen Anwendung von § 136a Abs. 1 Satz 1 StPO." Er lässt aber genügen, dass die Befragung „zielgerichtet" war, und verlangt keine „vernehmungsähnliche Situation".

Diese Lösung hat gegenüber der Entscheidung des Großen Senats den Vorteil der Rechtsklarheit, weil § 136a Abs. 3 Satz 2 StPO ein Verwertungsverbot ausdrücklich vorschreibt (wobei freilich die Voraussetzungen der Analogie immer noch unklar bleiben können). Der Große Senat bezieht sich demgegenüber[25] auf verschiedene Gesichtspunkte: auf einen Beinaheverstoß gegen den nemo-tenetur-Grundsatz, das Rechtsstaatsprinzip und den Grundsatz des fairen Verfahrens und will dies alles gegen die „Pflicht des Rechtsstaates zur effektiven Strafverfolgung" abwägen. Das ist kein Weg, der auf diesem schwierigen Gebiet zur Rechtssicherheit führen kann.[26]

Gleichwohl kann auch eine analoge Anwendung des § 136a StPO nur in einem sehr begrenzten Teilbereich weiterhelfen. Denn eine analoge Anwendung des unmit-

---

[20] Ebenso *Rogall* (Fn. 6), § 136a, Rn. 24.
[21] BGHSt 34, 362 (363).
[22] BGHSt 44, 129 (134).
[23] *Rogall* (Fn. 6), § 136a, Rn. 24–26 (25).
[24] *Mahlstedt* (Fn. 1), S. 246.
[25] BGHSt 42, 139 (156/157).
[26] So auch *Gaede*, JR 2009, 493 (502).

telbar nur auf offene Vernehmungen anwendbaren § 136a StPO kann natürlich nur insoweit in Betracht kommen, wie Methoden angewendet werden, die auch bei offener Vernehmung möglich sind und zur Unverwertbarkeit der erlangten Aussage führen.

Das gilt z. B., wenn ein Geständnis durch die Täuschung herbeigeführt wird, ein Mitbeschuldigter habe schon ein Geständnis abgelegt, der Polizei lägen bereits ausreichende Beweise vor oder das abgefragte Verhalten sei gar nicht strafbar.[27] Auch Rogall sagt,[28] es dürfe „keine Täuschung angewandt werden, die bei offener Vernehmung nach § 136a I, 1 StPO verboten wäre". Entsprechendes gilt für andere in § 136a StPO verbotene Mittel.[29]

Jedoch werden Fälle solcher Art bei verdeckten Ermittlungen selten sein. Die praktisch relevanten Konstellationen, in denen jemand ein Geständnis dadurch erlangt, dass er seine staatliche Beauftragung verschweigt und durch zusätzliche Schwindeleien den Verdächtigen zu vermeintlich vertraulichen Selbstbelastungen veranlasst, sind bei offener Vernehmung von vornherein nicht möglich und daher auch keiner analogen Anwendung des § 136a StPO zugänglich. Es muss also eine andere Lösung gesucht werden.

3. Das Gebot des fairen Verfahrens und die daraus abgeleitete Selbstbelastungsfreiheit als Beurteilungsgrundlagen für staatlich veranlasste verdeckte Ermittlungen

Man sollte sich daher aus dem „dogmatischen Dickicht der §§ 136, 136a"[30] lösen und die Frage allein dahin stellen, unter welchen Voraussetzungen die heimliche Ausforschung durch staatliche Agenten gegen den Grundsatz des fairen Verfahrens (Art. 6 Abs. 1 EMRK) und die daraus abzuleitende Selbstbelastungsfreiheit verstößt. Man gewinnt dadurch zugleich eine übernationale Rechtsgrundlage im Fairnessprinzip und eine durch den nemo-tenetur-Grundsatz gewährleistete Fundierung im deutschen Verfassungsrecht. „Nach ständiger Rechtsprechung ist der nemo-tenetur-Grundsatz in der Menschenwürde, dem Persönlichkeitsrecht und dem Rechtsstaatsprinzip (Art. 1 I, 2 I und 20 III GG) verankert und hat deshalb Verfassungsrang."[31]

Mit dieser Verknüpfung von Fairnessprinzip und nemo-tenetur-Grundsatz weiche ich von der Lehre Rogalls[32] ab. Dieser sieht mit Recht den nemo-tenetur-Grundsatz als „Instrumentalisierungsverbot" an, „was das Eingreifen eines Verwertungsverbots zwingend macht". Er meint dann aber: „Wäre dieser Grundsatz dagegen nicht be-

---

[27] Beispiele bei *Soiné*, NStZ 2010, 596 (598); *Kasiske*, StV 2014, 423 (429).
[28] *Rogall* (Fn. 5), 113; ebenso im SK (Fn. 6), § 136a, Rn. 68.
[29] *Rogall* (Fn. 5), 111 nennt als Beispiel Hypnose und Gewaltanwendung.
[30] *Esser*, JR 2004, 98 (101).
[31] *Roxin/Schünemann*, Strafverfahrensrecht, 28. Aufl. 2014, § 25, Rn. 1.
[32] *Rogall* (Fn. 5), 112.

rührt, sondern wären ‚nur' die Grundsätze eines fairen Verfahrens verletzt, dann bedürften die Folgen eines Verfahrensfehlers genauer Bewertung und Bestimmung im Einzelfall." Einer solchen Einzelfallbeurteilung will er die durch Täuschung herbeigeführte Selbstbelastung unterstellen:[33] „Der Schutz vor Irrtum kann weniger weit als der Schutz vor Zwang reichen."

Ich denke jedoch: Wenn man schon eine rechtsstaatswidrige Aushorchung – auf welche Weise auch immer – durch einen staatlichen Agenten bejaht, kann man nicht leugnen, dass dies die Selbstbelastungsfreiheit beeinträchtigt. Denn der Verdächtige liefert gegen seinen Willen dem Staat die Beweise zu seiner Überführung. Gewiss liegt darin auch ein unfaires Verfahren. Aber das eine schließt das andere nicht aus.

Das Fairnessprinzip ist der übergeordnete Grundsatz, aus dem neben vielen anderen Geboten auch die Selbstbelastungsfreiheit abzuleiten ist. Nicht jeder Fairnessverstoß muss ein Verwertungsverbot nach sich ziehen. Die unfaire Verletzung der Selbstbelastungsfreiheit tut dies aber unstrittig, so dass jede weitere Abwägung ausgeschlossen ist.[34]

Danach bleiben nur noch die konkreten Voraussetzungen einer Verletzung des nemo-tenetur-Grundsatzes zu klären.

a) Zwang oder zwangsähnlicher Druck?

Noch die jüngsten Stellungnahmen zu diesem Problem heben vielfach darauf ab, dass dafür ein durch den staatlichen Agenten ausgeübter zwangsgleicher psychischer Druck ausgeübt werden muss. So stellt Kasiske[35] die Frage, „welches Ausmaß dieser Druck erreichen muss, damit eine Verletzung der Selbstbelastungsfreiheit angenommen werden kann. Unerlaubter Zwang wird dabei erst dann zu bejahen sein, wenn der Beschuldigte in eine Situation gebracht wird, in der er sich aktiven Ausforschungsbemühungen seitens der Behörden nicht mehr ohne Weiteres entziehen kann. Dies liegt insbesondere in Haftsituationen nahe. Einem penetrant nachfragenden Zellengenossen kann man nicht ohne Weiteres ausweichen, sondern ist seinen Ausforschungsbemühungen zwangsläufig mehrere Stunden am Tag ausgesetzt. Daraus kann sich ein beträchtlicher psychischer Druck ergeben, endlich die gewünschten Informationen preiszugeben, schon um endlich in Ruhe gelassen zu werden."

Sowada[36] verlangt für eine Verletzung des nemo-tenetur-Grundsatzes bei verdeckten Ermittlungen neben dem Tätigwerden eines staatlichen Agenten und dem funktionalen Äquivalent einer offenen Vernehmung, dass „die Äußerungen unter Schaffung oder Ausnutzung eines besonderen psychischen Drucks dem Befragten

---

[33] *Rogall* (Fn. 5), 113.
[34] Dazu auch *Kretschmer*, HRRS 2010, 343 (347) m.w.N. in Anm. 31.
[35] *Kasiske* (Fn. 27), 426.
[36] *Sowada* (Fn. 14), S. 722.

‚entlockt' wurden". Er räumt freilich ein, dass „bezüglich der Konturierung des hinreichenden psychischen Drucks ... noch weiterer Klärungsbedarf" bestehe.

Rogall[37] sieht den psychischen Druck schon als Voraussetzung einer Vernehmungsähnlichkeit an und meint, diese hänge jedenfalls auch davon ab, „dass sich der Beschuldigte der Befragung nicht ohne Weiteres entziehen kann ...".

Der Gedanke, dass ein rechtsstaatswidriger Verstoß gegen den nemo-tenetur-Grundsatz bei verdeckten Ermittlungen einen zwangsähnlichen Druck von Seiten des staatlichen „Agenten" voraussetze, geht auf die Rechtsprechung des BGH und des EGMR zurück.

So war in dem Zellengenossen-Fall[38] dem Angeklagten ein Häftling auf die Zelle gelegt worden, der sich, um eigene Vorteile zu erlangen, bereit erklärt hatte, den Beschuldigten auszuhorchen. Der BGH erklärte die Verwendung der auf diese Weise erlangten Informationen für unzulässig. Der Angeklagte sei durch den Spitzel „gezielt Einwirkungen auf die Freiheit seiner Willensentschließung ausgesetzt" worden. „Das ist eine Zwangseinwirkung auf den Gefangenen, die vom Strafverfahrensrecht nicht mehr gedeckt ... ist." Auch in der Wahrsagerinnen-Entscheidung heißt es:[39] „Der von der Untersuchungshaft ausgehende Zwang ... darf nicht dazu missbraucht werden, die Aussage eines Beschuldigten zu beeinflussen."

Nicht anders judiziert der EGMR. Auch im Sachverhalt des Allan-Urteils[40] war ein „Polizeiinformant" (H.) in die Zelle des Verdächtigen gebracht worden. Infolgedessen ging „der Gerichtshof davon aus, dass der Bf. einem solchen psychologischen Druck ausgesetzt gewesen sein muss, der die Freiwilligkeit der Offenbarungen ... eingeschränkt hat". Andererseits wurde im späteren Bykov-Fall[41] die Zulässigkeit einer verdeckten Ausfragung u. a. auch darauf gestützt, dass der Beschwerdeführer „nicht in Untersuchungshaft, sondern auf seinem eigenen Anwesen" ausgefragt wurde. „Folglich ist der Gerichtshof nicht überzeugt, dass die Beweiserlangung durch ein Moment an Zwang oder Druck bemakelt wurde ..."

Es ist aber wenig einleuchtend, die Verletzung eines aus dem Fairnessprinzip abgeleiteten nemo-tenetur-Grundsatzes vor allem auf verdeckte Ermittlungen in der Untersuchungshaft zu konzentrieren und aus diesem Umstand einen die Selbstbestimmungsfreiheit verletzenden Zwang oder psychischen Druck abzuleiten.

Von einem „Zwang" kann von vornherein nicht die Rede sein. Denn dieser setzt mindestens eine Nötigung (also die Drohung mit einem empfindlichen Übel) voraus, für die eine Befragung auch dann nicht ausreicht, wenn sie in der U-Haft stattfindet. So sagt denn auch Sowada,[42] der „(etwas) offenere ... Begriff des ‚besonderen psy-

---

[37] *Rogall* (Fn. 6), § 136a, Rn. 25.
[38] BGHSt 34, 364.
[39] BGHSt 44, 135.
[40] JR 2004, 128 (130).
[41] JR 2009, 514 (518).
[42] *Sowada* (Fn. 14), S. 709.

chischen Drucks'" sei „zur schlagwortartigen Kennzeichnung des Leitgedankens wohl besser geeignet als der Terminus des ‚Zwangs'". Auch Rogall[43] will sich mit einer „nachhaltige(n) Reduktion des Verhaltensspielraums" begnügen, die „nicht einer psychischen Zwangslage entsprechen muss".

Aber auch der „besondere psychische Druck" ist nicht geeignet, die Sachverhalte zu kennzeichnen, bei denen die verdeckte Ausfragung durch einen staatlichen Agenten gegen den nemo-tenetur-Grundsatz verstößt. Es gibt zwei Einwände gegen dieses Kriterium.

Der erste Einwand geht dahin, dass es wenig plausibel ist, bei Fragen eines Spitzels in der Untersuchungshaft die „Freiheit der Willensentschließung" auf Seiten des Befragten als besonders eingeschränkt zu beurteilen. Wenn der Beschuldigte erklärt, er habe mit seinem Verteidiger verabredet, sich zu der Beschuldigung nicht zu äußern, kann er weitere Befragungen jederzeit ausschließen. Es ist also nicht zutreffend, dass der Beschuldigte sich einer Befragung nicht entziehen kann. Wenn Kasiske annimmt, dass der Häftling den Ausforschungen des Spitzels „zwangsläufig mehrere Stunden am Tag" ausgesetzt sei und schließlich die „gewünschte Informationen" preisgebe, „um endlich in Ruhe gelassen zu werden", wird das der Realität nicht gerecht. Jeder Beschuldigte weiß, dass er von einem Mithäftling denunziert werden kann, und wird bei stundenlangen Befragungen misstrauisch werden. Selbst wenn er sich ein solches Verhalten nicht verbietet, kann er weiteren Befragungen auch durch Bestreiten der Tat jederzeit entgegentreten. Ein psychischer Druck zur Ablegung eines Geständnisses lässt sich also allein durch penetrante Befragungen in der Untersuchungshaft schwerlich hervorrufen. Die Erweckung von Argwohn und ein konsequentes Schweigen oder Bestreiten sind eine sehr viel näherliegende Reaktion.

Ein zweiter Einwand betrifft den Umstand, dass selbst bei Annahme eines besonderen psychischen Drucks in den Fällen einer Bespitzelung in der Untersuchungshaft manche Konstellationen, die als klassische Beispiele für eine Verletzung des nemo-tenetur-Grundsatzes genannt werden, sich nicht aus diesem Gesichtspunkt erklären lassen. Der Große Senat nennt selbst[44] „die gezielte Anbahnung eines Liebesverhältnisses, das zur Gewinnung von Informationen ausgenutzt werden soll (‚Romeo-Fälle')". Entsprechendes gilt für den Fall,[45] dass ein Staatsanwalt „sich als Priester verkleidet und dem Beschuldigten auf dessen Bitte hin die Beichte abnimmt". Auch die lebensnähere Situation, dass ein verdeckt ermittelnder „Agent" sich als verteidigungsbereiter Anwalt ausgibt und dem Beschuldigten auf diese Weise ein Geständnis entlockt, lässt sich hier anführen.

---

[43] *Rogall* (Fn. 6), § 136a, Rn. 65.
[44] BGHSt 42, 155.
[45] Dazu *Pawlik*, GA 1998, 378 (385). Der Fall soll in der DDR wirklich vorgekommen sein.

Sowada[46] meint zu solchen Fällen: „Sofern man wegen des fehlenden psychischen Drucks ... hier den nemo-tenetur-Grundsatz nicht für einschlägig erachtet, ergäbe sich das Verwertungsverbot bezüglich der auf diese Weise erlangten Angaben aus der eindeutigen Missachtung des fair-trial-Prinzips." Eine solche liegt freilich vor. Da sie sich aber in einer staatlich manipulierten Selbstbelastung manifestiert, lässt sich schwerlich leugnen, dass auch der aus dem Fairnessprinzip abgeleitete nemo-tenetur-Grundsatz verletzt ist.

b) Täuschung?

Oft wird auch eine Täuschung durch den verdeckt ermittelnden Agenten als Verstoß gegen die Selbstbelastungsfreiheit angesehen. So heißt es im Allan-Urteil[47] des EGMR, „der Schutz vor Selbstbelastung" solle zwar „in erster Linie dazu dienen, den Besch. gegen ... Methoden des Drucks oder des Zwangs zu schützen". Die Selbstbelastungsfreiheit werde aber auch „unterlaufen, wenn die Behörden ... eine Täuschung anwenden, um dem Beschuldigten Geständnisse oder andere belastende Äußerungen zu entlocken, die sie in der Vernehmung nicht erlangen konnten ...".

Gaede[48] sagt: „Wenn die Selbstbelastungsfreiheit dem Beschuldigten ermöglichen soll, über das Schweigerecht frei entscheiden zu können, ... dann muss das Recht auch zur Kenntnis nehmen, dass dem Beschuldigten diese Freiheit nicht nur durch Druck, sondern auch durch Täuschungen entzogen werden kann." Bei Kretschmer[49] lesen wir: „Zwang wie auch Täuschung können gleichermaßen einen Menschen beherrschen... Das verkennen diejenigen, die den Schutz vor Irrtum und den Schutz vor Zwang unterschiedlich bewerten wollen." Eschelbach[50] spricht von einer „Unterbewertung des Täuschungsverbots" und folgert: „Eine Selbstbelastungsprovokation wird beim Einsatz Verdeckter Ermittler nicht durch § 110c StPO legitimiert ... eine gesetzliche Ausnahme vom Täuschungsverbot liegt darin folglich nicht."

Dem steht die Aussage von Rogall[51] entgegen: „Täuschungsfreiheit war nie ein Inhalt von nemo tenetur." Das ist insofern richtig, als legendenbedingte Irrtümer des Verdächtigen jedenfalls den nemo-tenetur-Grundsatz nicht verletzen. Das ergibt sich zum einen aus der ausdrücklichen Zulassung verdeckter Ermittlungen durch § 110c StPO, zum anderen aber auch daraus, dass das Verschweigen der Agenteneigenschaft kein hinreichendes Motiv für eine Selbstbelastung liefert. Dass freilich Täuschungen, die bei offener Vernehmung möglich sind, ebenso bei verdeckten Ermittlungen durch eine analoge Anwendung des § 136a StPO verboten sind, betont

---

[46] *Sowada* (Fn. 14), S. 711.
[47] JR 2004, 128 (130).
[48] *Gaede* (Fn. 26), 498.
[49] *Kretschmer* (Fn. 34), 346.
[50] *Eschelbach*, GA 2015, 545 (553, 554).
[51] *Rogall* (Fn. 5), 112. Ebenso im SK (Fn. 6), vor § 133, Rn. 141.

auch Rogall.⁵² Aber das sind nicht die typischen Fälle, um die es bei verdeckten Ermittlungen geht.

So bleibt nur die Frage, ob nicht eine dritte Art von Täuschungen doch Bestandteil eines Verstoßes gegen die Selbstbelastungsfreiheit sein kann: nämlich die Verwendung von Täuschungen, die in unlauterer Weise zur Selbstbelastung motivieren und dadurch die Aussagefreiheit einschränken. Dem wird unten weiter nachzugehen sein (d).

c) Die Berufung auf das Schweigerecht?

In der Rechtsprechung wird ein Verstoß gegen die Selbstbelastungsfreiheit bei verdeckten Ermittlungen außer an die nachhaltige Befragung des Verdächtigen vielfach auch daran geknüpft, dass der Beschuldigte zuvor von seinem Schweigerecht Gebrauch gemacht hatte.

Schon der Große Senat⁵³ hatte, ohne die Frage entscheiden zu wollen, bei den rechtsstaatlichen Grenzen für den Einsatz von Privatpersonen bei der Deliktsaufklärung an den Fall gedacht, „in dem der Beschuldigte auf Veranlassung der Polizei durch eine Privatperson befragt wurde, obwohl er zuvor in einer Vernehmung ausdrücklich erklärt hatte, keine Angaben zur Sache machen zu wollen".

Spätere Urteile verlangen das ausdrücklich. So beruft sich im Mallorca-Urteil⁵⁴ der 3. Senat schon im Leitsatz zur Begründung des von ihm angenommenen Beweisverwertungsverbotes darauf, dass der Beschuldigte „sich auf sein Schweigerecht berufen hat". Auch in einer Entscheidung des 4. Senats (Fall „Pascal")⁵⁵ heißt es, ein Verdeckter Ermittler dürfe „einen Beschuldigten, der sich auf sein Schweigerecht beruft", nicht beharrlich zu einer Aussage drängen.

Auf denselben Standpunkt stellt sich auch der EGMR in der Allan-Entscheidung.⁵⁶ Hier wird zur Begründung eines Verstoßes gegen die Selbstbelastungsfreiheit u. a. darauf abgestellt, dass der Beschuldigte sich „in der Vernehmung für das Schweigen entschieden hat".

Doch ist dies kein für die Zubilligung eines Verwertungsverbotes relevanter Gesichtspunkt.⁵⁷ Mit Recht sagt *Esser*,⁵⁸ es sei „nicht ersichtlich, warum der Beschuldigte vor der offiziellen Ausübung seines Schweigerechts gegenüber den Strafverfolgungsbehörden einen geringeren oder gar keinen Schutz vor einer gezielten Ausfor-

---

⁵² *Rogall* (oben bei Fn. 28).
⁵³ BGHSt 42, 155.
⁵⁴ BGHSt 52, 11.
⁵⁵ NStZ 2009, 343, Rn. 7.
⁵⁶ JR 2004, 128 (130).
⁵⁷ Vgl. schon *Roxin*, NStZ-Sonderheft Miebach (Fn. 8), 43; *ders.*, NStZ 1997, 18 (20); ebenso *Wolter*, 50 Jahre Bundesgerichtshof, Bd. IV, 2000, S. 963 (976).
⁵⁸ *Esser* (Fn. 30), 106.

schung besitzen soll". Und Gaede[59] ergänzt: „Die Vertragsstaaten der EMRK sollten sich nicht ... eingeladen sehen, das Schweigerecht zu entwerten, indem sie die Vernehmung ... so lange wie möglich aufschieben, um durch V-Mann-Einsätze ungehindert selbstbelastende Aussagen erlangen zu können."

d) Staatlich veranlasster Vertrauensmissbrauch?

Ich hatte schon vor einigen Jahren[60] zu zeigen versucht, dass ein Verstoß gegen die Selbstbelastungsfreiheit bei verdeckten Ermittlungen nicht in einem Zwang oder zwangsähnlichen Druck, sondern in einem durch die Ausforschung bewirkten staatlich veranlassten Vertrauensmissbrauch liegt. Das zeigt schon der für die nachfolgende Rechtsprechung maßgebende Fall des auf die Zelle des Beschuldigten verlegten Polizeispitzels.[61] Hier war der Beschuldigte – wie es in solchen Umständen normal ist – zunächst misstrauisch und wollte sich nicht äußern. Erst als es dem Spitzel gelang, sich durch komplizenhafte Vorschläge „in dessen Vertrauen" einzuschleichen, erzählte „der Angeklagte ihm Einzelheiten über das Tatgeschehen". Es war also das erschlichene Vertrauen und nicht der psychische Druck die Ursache der Selbstbelastung.

Dafür, dass auch die nachfolgende Rechtsprechung trotz verbalen Festhaltens an den Kriterien von Druck und Zwang der Sache nach den staatlich arrangierten Vertrauensmissbrauch als Verstoß gegen den nemo-tenetur-Grundsatz mit einem Verwertungsverbot belegt hat, verweise ich auf meine Belege in der Geppert-Festschrift.

Auch die spätere Judikatur scheint mir den hier verfolgten Ansatz zu bestätigen. Im Fall „Pascal"[62] sagt der 4. Senat, ein Verdeckter Ermittler dürfe „einen Beschuldigten ... nicht unter Ausnutzung eines geschaffenen Vertrauensverhältnisses beharrlich zu einer Aussage drängen". Hier hatte der Verdeckte Ermittler ein Jahr lang vergeblich von der Angeklagten ein Geständnis zu erlangen versucht. Schließlich war es ihm aber gelungen, ein Vertrauensverhältnis herzustellen. So hatte er ihr wahrheitswidrig anvertraut, „er habe im Alter von ca. 20 Jahren seine Schwester getötet, was sonst niemand wisse". „Angesichts der von ihr empfundenen ‚Seelenverwandtschaft' vertraute die Angeklagte" schließlich dem Verdeckten Ermittler an, ihren Sohn Pascal getötet zu haben.

Der 4. Senat sagt: „Die Vorgehensweise ... war ... unzulässig, weil er der Angeklagten unter Ausnutzung des im Verlauf seines fast $1\frac{1}{2}$ Jahre dauernden in der Intensität zunehmenden Einsatzes geschaffenen Vertrauens selbstbelastende Angaben zur Sache entlockt hat ..."

---

[59] *Gaede* (Fn. 26), 497.
[60] *Roxin*, FS Geppert, 2011, S. 549 (558 ff.).
[61] BGHSt 34, 362.
[62] NStZ 2009, 343, Rn. 7, 9.

Von dieser Linie ist freilich der 3. Senat[63] im Jahr 2011 wieder abgewichen (Ehefrauen-Fall). Hier hatte die Frau F eines Mitbeschuldigten sich gegenüber der Polizei bereit erklärt, an der Überführung des Angeklagten mitzuwirken, um ihrem Ehemann die Vergünstigungen des § 31 BtMG zu sichern. Sie wurde daraufhin von der Polizei mit Tonaufnahmegeräten ausgestattet, besuchte den nicht inhaftierten Beschuldigten und fragte ihn nach den Betäubungsmittelgeschäften. Sie wolle wissen, „ob ihr Ehemann die Wahrheit gesagt ... habe. Zudem sicherte sie – ebenfalls wahrheitswidrig – dem Angekl. zu, das Gespräch vertraulich zu behandeln". Der Angeklagte belastete sich in diesem Gespräch. Seine Verurteilung wurde „maßgeblich auf die von der Zeugin gefertigte Gesprächsaufzeichnung gestützt".

Der BGH hält das für rechtens und beruft sich dabei auf das herkömmliche Zwangsparadigma:[64] „Die von der Zeugin aufgezeichneten ... belastenden Angaben sind ... weder durch Zwang noch durch eine psychologischem Druck gleichkommende Täuschung, die eine Verletzung des Rechts des Angekl. zu schweigen begründen könnte, zustande gekommen."

Das ändert aber nichts daran, dass die Selbstbelastung in unfairer Weise durch einen staatlich inszenierten Vertrauensmissbrauch ermöglicht wurde. Der Angeklagte musste annehmen, dass die Zeugin als Frau eines Mittäters auf der Seite des Beschuldigten und nicht der Verfolgungsbehörden stand. Die Vertraulichkeitszusage musste ihm zusätzlich die Gewissheit vermitteln, dass seine Informationen nicht weitergegeben würden. Er musste also eine gerichtlich verwendbare Selbstbelastung für ausgeschlossen halten. Dass das Arrangement eines solchen Szenarios gegen die Selbstbelastungsfreiheit verstößt, scheint mir klar.

Ein Verstoß gegen die Selbstbelastungsfreiheit liegt also immer dann vor, wenn der Staat Umstände schafft, die den Informanten auf die Geheimhaltung seiner Äußerungen vertrauen lassen. Durch staatlich arrangierten Vertrauensmissbrauch belastet er sich selbst, obwohl er davon ausgehen konnte, dass seine Äußerungen nicht weitergetragen würden.

Gerade dieser Umstand ist es, der das Bewusstsein ausschließt, etwas preiszugeben, was an eine behördliche Öffentlichkeit gelangen und ihn dadurch prozessual belasten kann. Daher reicht eine gezielte Frage allein noch nicht ohne Weiteres aus, um einen Verstoß gegen die Selbstbelastungsfreiheit und ein Verwertungsverbot zu begründen. Wenn der als Mithäftling auftretende „Agent" den Zellengenossen schlicht fragt: „Was hast Du denn getan?", muss dieser immer damit rechnen, dass eine wahrheitsgemäße Antwort an die Polizei weitergegeben wird. Daher rührt das mehrfach bekundete anfängliche „Misstrauen" des Verdächtigen. Auch ist nicht recht ersichtlich, warum eine schlichte Frage, die auch ein Nicht-Agent jederzeit stellen könnte, unfair sein soll. Erst die heuchlerische Herstellung eines scheinbaren Vertrauensver-

---

[63] StV 2012, 129 m. Anm. *Roxin*, 131 ff.; ferner *Jäger*, GA 2011, 712 ff.
[64] StV 2012, 130.

hältnisses macht eine Aushorchung unfair und verschleiert dem Verdächtigen die drohende Selbstauslieferung an einen Agenten der Polizei.

Dass solche fairnesswidrigen Selbstbelastungen besonders häufig Untersuchungshäftlinge betreffen, beruht darauf, dass die Behörden zu Menschen, die sich in ihrem Gewahrsam befinden, fingierte Vertrauensbeziehungen leichter aufbauen können als zu Verdächtigen, die in Freiheit leben. So konnte der Spitzel im Zellengenossen-Fall[65] durch das scheinbare Eingehen auf Fluchtpläne, durch den Vorschlag, einen weiteren Raubüberfall durchzuführen und die Schuld für die dem Angeklagten vorgeworfene Tat auf sich zu nehmen, ein zu selbstbelastenden Äußerungen verleitendes Vertrauensverhältnis aufbauen. Die Unfairness liegt in diesem Umstand und nicht in einem von der Haft ausgehenden Zwang.

Auch im Wahrsagerinnen-Fall[66] beruht die Unfairness nicht auf der „von der Untersuchungshaft ausgehenden Zwangswirkung", sondern auf dem Versprechen der „Wahrsagerin", bei schriftlicher Niederlegung des Tatvorganges ein mildes Urteil oder einen Freispruch bewirken zu können.[67]

Natürlich wird das Vertrauen in fast allen Fällen durch Täuschungen erschlichen. Aber es handelt sich dabei nicht um Täuschungen der in § 136a StPO erwähnten Art oder um legendenbedingte Täuschungen. Vielmehr geht es um die oben (III., 3., b) am Ende) erwähnte „dritte Art von Täuschungen". Das sind Täuschungen, die durch Vertrauenserschleichung zur Selbstbelastung motivieren. Sie allein genügen freilich auch noch nicht. Wer auf Grund der freundlichen, vertrauensbildenden Zuwendung von Seiten des „Agenten" diesem von sich aus unbefragt Geständnisse macht, muss diese Äußerungen gegen sich verwerten lassen. Denn es fehlt ein Vertrauensmissbrauch. Dieser entsteht erst dadurch, dass der „Agent" das erschlichene Vertrauen zum Mittel erfolgreicher eigener Ausforschung macht.

Gegen die Selbstbelastungsfreiheit verstoßen mit der Folge eines Verwertungsverbotes auch die oben erwähnten Fälle, in denen ein behördlich eingesetzter Agent dem Verdächtigen selbstbelastende Informationen dadurch entlockt, dass er eine Liebesbeziehung anbahnt, als Priester verkleidet eine Beichte abnimmt oder als Strafverteidiger auftritt. Das sind eindeutige Konstellationen staatlich veranlassten Vertrauensmissbrauchs, die ebenso eindeutig gegen die Selbstbelastungsfreiheit verstoßen, ohne dass Zwang oder psychischer Druck vorliegen. Ein Liebesverhältnis ist in der Regel durch vertrauensvolle Offenheit gekennzeichnet. Bei Priestern und Anwälten ist ein Schweigen gegenüber der Justiz garantierendes Zeugnisverweigerungsrecht sogar gesetzlich festgelegt (§ 53 StPO).

Kasiske[68] hält allerdings den hier unterbreiteten Vorschlag für „wenig geeignet, um erlaubte und unerlaubte Ermittlungstätigkeit voneinander abzugrenzen". Denn

---

[65] BGHSt 34, 362 (363).
[66] BGHSt 44, 129 (137).
[67] BGHSt 44, 129.
[68] *Kasiske* (Fn. 27), 428.

das Tätigwerden verdeckter Ermittler sei „seinem Wesen nach auf Vertrauensmissbrauch angelegt. Ein verdeckter Ermittler kann seinem gesetzlichen Auftrag, Straftaten aufzuklären, regelmäßig nur dadurch nachkommen, dass er durch Täuschung das Vertrauen verdächtiger Personen gewinnt, um so an ermittlungsrelevante Informationen zu gelangen."

Aber der Zweck heiligt nicht die Mittel. Mit einer solchen Begründung ließe sich auch bei einer offenen Vernehmung der Verzicht auf die Belehrung über das Aussageverweigerungsrecht rechtfertigen. Auch ist ein verdeckt Ermittelnder keineswegs zur Erfolglosigkeit verurteilt, wenn er auf eine unter Missbrauch erschlichenen Vertrauens erfolgende direkte Ausforschung verzichten muss. Er kann, wie dargelegt, überall herumhorchen, informatorische und vertrauensunabhängige Fragen stellen und aus eigenem Antrieb erfolgende Äußerungen des Verdächtigen entgegennehmen oder gar provozieren.

Im Übrigen kommt auch Kasiske nicht ohne Rückgriff auf staatlich arrangierten Vertrauensmissbrauch aus. Denn ihm zufolge[69] kann „eine unzulässige Beeinträchtigung der Selbstbelastungsfreiheit ... eintreten, wenn nachhaltige Ausforschungsversuche über einen längeren Zeitraum unternommen werden und der Betroffene aufgrund eines bestehenden Vertrauensverhältnisses den Kontakt zum Provokateur nicht einfach abbrechen kann". Das ist es ja, was ich sage!

Wolter[70] spricht zwar von einer „grundlegenden Überzeugungsstärke" des hier vertretenen Ansatzes, meint aber, dass er „nicht auf jede Lebenswirklichkeit ..." passt, wie auch der Ehefrauen-Fall offenbare. Ich habe jedoch versucht darzutun,[71] dass auch hier ein staatlich veranlasster Vertrauensmissbrauch die Beweiserlangung ermöglicht hat.

IV. Fazit

Damit komme ich zum Ergebnis: Bei verdeckten Ermittlungen liegt ein Verstoß gegen die Selbstbelastungsfreiheit mit der Folge eines Verwertungsverbotes vor, wenn ein staatlicher Agent (1) den Verdächtigen über die Tatbegehung ausfragt (2) und ihm dabei unter Missbrauch eines von ihm geschaffenen scheinbaren Vertrauensverhältnisses Informationen über die Tat und ihren Hergang entlockt (3).

Ich schließe diesen Beitrag mit herzlichen Glückwünschen für Klaus Rogall, dessen grundlegende Arbeiten Wesentliches zur Klärung der hier behandelten Problematik beigetragen haben.

---

[69] *Kasiske* (Fn. 27), 426.
[70] *Wolter*, ZIS 2012, 238 (239).
[71] *Roxin* (oben bei Fn. 63).

Die Eröffnungserklärung des Verteidigers in der strafprozessualen Hauptverhandlung

Rechtsprobleme des § 243 Abs. 5 S. 3 und 4 StPO
— dargestellt an Hand eines szenischen Modells —

Von *Hartmut Schneider*

I. Einleitung

Die Vorschrift des § 243 StPO regelt den Gang der Hauptverhandlung. Sie sieht in Absatz 3 vor, dass der Staatsanwalt den Anklagesatz verliest. Im Anschluss daran verhält sich der Vorsitzende nach § 243 Abs. 4 S. 1 StPO zum Inhalt verständigungsbezogener Erörterungen im Vorfeld der Hauptverhandlung. Erst danach kommt der Angeklagte zum Zuge. Ihm ist gemäß § 243 Abs. 5 S. 2 StPO im Anschluss an die Belehrung über sein Schweigerecht Gelegenheit zu geben, sich zur Sache einzulassen. Ist er dazu bereit, wird er vom Vorsitzenden vernommen. Sodann ist den übrigen Verfahrensbeteiligten die Möglichkeit zu seiner Befragung einzuräumen.

1. Ausgangslage nach „altem Recht"

Vor kurzem noch entsprach dieser Ablauf dem Normalbild des Beginns der strafprozessualen Hauptverhandlung. Allerdings entfalteten Verteidiger bereits in den achtziger Jahren des vorigen Jahrhunderts Bemühungen dahingehend, auf die Verlesung des Anklagesatzes eine Gegenerklärung der Verteidigung folgen zu lassen. Gedanklicher Pate hierfür war das aus dem amerikanischen Strafrecht geläufige opening statement. Das erklärte Ziel dieser Bestrebungen bestand darin, der Verlesung des Anklagesatzes unmittelbar eine Äußerung der Verteidigung folgen zu lassen, um dadurch dem Tatvorwurf von Beginn an professionell und auf Augenhöhe mit der Staatsanwaltschaft entgegen treten zu können.

Obschon eine derartige Intervention gesetzlich nicht vorgesehen war, bestand weitgehend Einigkeit darüber, dass der Vorsitzende den Verteidigern nach § 238 Abs. 1 StPO Gelegenheit zu einer solchen Eröffnungserklärung geben konnte.[1]

---

[1] *Hammerstein*, FS Salger, 1995, S. 296 ff.; *Dahs*, FS Odersky, 1996, S. 329 ff.; *Salditt*, StV 1993, 442, 444; *Becker*, in: Löwe/Rosenberg, StPO, 26. Auflage 2010, § 243 Rn. 53.

Die Reaktion der Gerichte auf Anträge zur Gegenerklärung auf die Verlesung des Anklagesatzes war uneinheitlich. Während zahlreiche Richter solche Ersuchen im Interesse der Vermeidung frühzeitiger Konflikte pragmatisch angingen und grundsätzlich wohlwollend prüften, agierten andere beinhart unter Verweis darauf, dass das Gesetz derartige Erklärungen nicht vorsehe.[2]

2. Neuregelung in § 243 Abs. 5 S. 3 und 4 StPO

Mittlerweile hat der Gesetzgeber durch das am 24. August 2017 in Kraft getretene Gesetz zur effektiveren und praxistauglichen Ausgestaltung des Strafverfahrens klargestellt, dass dem Verteidiger auf dessen Antrag in gesetzlich näher umschriebenen Umfangsverfahren vor Vernehmung des Angeklagten zur Sache das Wort für eine Eröffnungserklärung erteilt werden muss. Diese neuartige Rechtspflicht soll sich in erstinstanzlichen Verfahren vor dem Land- oder Oberlandesgericht aktualisieren, in denen die Hauptverhandlung besonders umfangreich ist und voraussichtlich mehr als zehn Sitzungstage dauern wird.[3] Ungeachtet dessen setzt der Gesetzgeber voraus, dass ein opening statement auch ansonsten statthaft sein kann, sofern der Vorsitzende in Ausübung des ihm zukommenden Ermessens bei der Verhandlungsführung eine Gegenerklärung auf die Verlesung des Anklagesatzes zulässt.[4]

Mit den neuen Vorschriften zur Eröffnungserklärung im Strafverfahren verfolgt der Gesetzgeber das Ziel, das in § 243 Abs. 5 S. 2 StPO verbürgte Beschuldigtenrecht auf umfassendes und zugleich frühzeitiges Gehör dadurch zu stärken, dass dem Angeklagten bei dessen Wahrnehmung professionelle Hilfe zuteil wird.[5] Dem Angeklagten soll auf diese Weise Gelegenheit zur zusammenhängenden Verteidigung geboten werden. Darüber hinaus soll die Eröffnungserklärung als Akt offener Verhandlungsführung zur besseren Strukturierung der Hauptverhandlung beitragen.[6] Hinter dieser dem opening statement zugeschriebenen Orientierungsfunktion verbirgt sich die Erwartung, dass der Verteidiger die aus seiner Sicht maßgebli-

---

Deutlich zurückhaltend indessen *Schneider*, in: Karlsruher Kommentar, StPO, 7. Auflage 2013, § 243 Rn. 33.

[2] Dazu, dass seinerzeit kein Rechtsanspruch auf Worterteilung für ein opening statement bestand, siehe *Becker* (Fn. 1), § 243 Rn. 53; *Schneider* (Fn. 1), § 243 Rn. 33; *Frister*, in: Systematischer Kommentar, StPO, 5. Auflage 2015, § 243 Rn. 41. Abweichend *Salditt*, StV 1993, 442, 443.

[3] Die § 243 Abs. 5 S. 2 StPO angefügte Neuregelung hat folgenden Wortlaut: „Auf Antrag erhält der Verteidiger in besonders umfangreichen Verfahren vor dem Landgericht oder Oberlandesgericht, in denen die Hauptverhandlung voraussichtlich länger als zehn Tage dauern wird, Gelegenheit, vor Vernehmung des Angeklagten für diesen eine Erklärung zur Anklage abzugeben, die den Schlussvortrag nicht vorwegnehmen darf. Der Vorsitzende kann dem Verteidiger aufgeben, die weitere Erklärung schriftlich einzureichen, wenn ansonsten der Verfahrensablauf erheblich verzögert würde; § 249 Abs. 2 S. 1 gilt entsprechend."

[4] BT-Drucks 18/11277, S. 33.

[5] BT-Drucks 18/11277, S. 33.

[6] Näher dazu BT-Drucks 18/11277, S. 33.

chen Gesichtspunkte der Hauptverhandlung herausarbeiten wird, um so zu verdeutlichen, an welchen Stellen der bevorstehenden Beweisaufnahme er intervenieren wird. Dadurch – so die wohl illusionäre Vorstellung des Gesetzgebers – könne auf ein gezieltes Verhandeln der Streitpunkte hingewirkt werden.[7]

Die Vorschriften zur Eröffnungserklärung stellen einen durchaus markanten Eingriff in den Ablauf der Hauptverhandlung dar. Mit ihnen finden parteiprozessuale Elemente Eingang in die Strafprozessordnung, die an dieser Stelle nach der Struktur des bundesdeutschen Strafverfahrens an sich nichts zu suchen haben. Bei Lichte betrachtet erweist sich das opening statement keineswegs als der gleichsam genuin vorgezeichnete Widerpart des von der Staatsanwaltschaft verlesenen Anklagesatzes. Während dieser in seiner nüchternen Fassung allein den Gegenstand der nachfolgenden Beweisaufnahme umreißt und sich beweiswürdigender Erwägungen strikt enthält,[8] bietet die Eröffnungserklärung der Verteidigung erstmals Gelegenheit, auf den argumentativ bislang nicht unterfütterten Anklagevorwurf näher einzugehen. Es ist klar, dass die in Umfangsverfahren nunmehr vorgesehene Eröffnungserklärung nicht allein ein Mittel der Defension ist. Vielmehr bietet sie dem Angeklagten die Chance, über seinen Verteidiger der Anklage uneingeschränkt erstmals offensiv entgegen zu treten. Zudem kann ein episch breites opening statement den Ablauf des Verfahrens nachhaltig stören, indem der Verteidiger durch weitschweifige oder langatmige Ausführungen den Eintritt in die Beweisaufnahme erheblich hinauszögert und dadurch den Sitzungstag sprengt.

Dass Eröffnungserklärungen in dieser Form der Wahrheitsfindung abträglich sein können, ist unbestreitbar. Namentlich ihre breitflächige Anreicherung mit beweiswürdigenden Elementen birgt erhebliche Gefahren.[9] Angesichts dessen war der Gesetzgeber aufgerufen, Vorsorge gegen den dysfunktionalen Einsatz von Eröffnungserklärungen zu treffen. Dieser Aufgabe ist er in § 243 Abs. 5 S. 3 und 4 StPO mit Regelungen zu ihrer inhaltlichen Ausgestaltung und zeitlichen Begrenzung nachgekommen. Freilich steht zu erwarten, dass die Handhabung dieser Vorschriften die Hauptverhandlung vielfach mit Streit zwischen Gericht und Verteidigung belasten wird. Dies ist misslich; denn dadurch droht der vom Gesetzgeber mit Einführung der Eröffnungserklärung erhoffte Zugewinn an Transparenz und Effizienz der Hauptverhandlung sogleich wieder zunichte gemacht zu werden.

Vor diesem vorerst nur mit wenigen groben Strichen skizzierten Hintergrund soll im Folgenden der Versuch unternommen werden, die möglichen Ansatzpunkte für Konflikte rund um das neue Rechtsinstitut der Eröffnungserklärung aufzuarbeiten. Dabei bietet es sich an, die einzelnen Fragestellungen an Hand eines auf illustrativen Beispielsfällen aufbauenden szenischen Modells abzuhandeln.

---

[7] BT-Drucks 18/11277, S. 33.

[8] BGH StV 1988, 282; BGH NJW 1997, 3034, 3036; *Meyer-Goßner*, in: Meyer-Goßner/Schmitt, StPO, 60. Auflage 2017, § 200 Rn. 5; *Wenske* in: Münchener Kommentar, StPO, 2016, § 200 Rn. 19.

[9] Siehe dazu BT-Drucks 18/11277, S. 34.

II. Zur sachgerechten Auslegung
von § 243 Abs. 5 S. 3 und 4 StPO

Im Folgenden geht es um eine fiktive Hauptverhandlung vor dem Landgericht, in der sich die Angeklagten A, B und C gegen den Vorwurf des gemeinschaftlich begangenen besonders schweren Raubes verteidigen müssen. Die Hauptverhandlung ist auf 12 Sitzungstage angesetzt. Sie ist von vornherein konfliktgeladen. Zwischen den Verfahrensbeteiligten kommt in vielerlei Hinsicht Streit auf um das von den Verteidigern sämtlicher Angeklagter eingeforderte Recht zur Abgabe einer Eröffnungserklärung für ihre Mandanten.

1. Obligatorische und fakultative Gelegenheit zur Abgabe einer Eröffnungserklärung

Nach Verlesung des Anklagesatzes meldet sich der Verteidiger des Angeklagten A zu Wort und bittet das Gericht, ihm die Möglichkeit zu einer Gegenerklärung auf die Anklage zu gewähren. Zur Begründung seines Begehrens verweist er auf die prognostizierte Dauer der Hauptverhandlung. Zudem macht er auf die „erschreckende Einseitigkeit des Anklagesatzes" und auf die davon ausgehende Gefahr einer frühzeitigen Festlegung der Schöffen aufmerksam.

Der Sitzungsvertreter der Staatsanwaltschaft tritt dem Begehren der Verteidiger entgegen. Er führt aus, dass die gesetzlich normierten Voraussetzungen für ein opening statement nicht vorlägen. Zwar sei die Hauptverhandlung auf 12 Sitzungstage anberaumt worden; jedoch sei dies nur deswegen geschehen, weil die Verteidiger an sechs Terminen wegen bereits laufender parallel geführter anderer Strafsachen lediglich jeweils am Nachmittag der Verhandlung beiwohnen können. Angesichts dessen sei es ausgeschlossen, die Strafsache als Umfangsverfahren im Sinne des § 243 Abs. 5 S. 3 StPO einzustufen.

Frage: Ist der Vorsitzende verpflichtet, den Verteidigern ein opening statement zu gestatten?

a) Nach vordergründiger Lektüre des § 243 Abs. 5 S. 3 StPO könnte man im vorliegenden Fall der Ansicht zuneigen, dass der Vorsitzende in Ansehung der prognostizierten Verhandlungsdauer von 12 Sitzungstagen ohne Weiteres verpflichtet ist, den Verteidigern des Angeklagten A nach Verlesung des Anklagesatzes und der in § 243 Abs. 4 S. 1 StPO vorgesehenen Mitteilung Gelegenheit zu den von ihnen beantragten Eröffnungserklärungen zu geben. Bei näherem Zusehen wird indessen deutlich, dass ein derart simples Normverständnis rechtlich verfehlt ist. Bei Lichte betrachtet ist die Vorschrift des § 243 Abs. 5 S. 3 StPO dahingehend zu verstehen, dass von einem zur Abgabe von Eröffnungserklärungen berechtigenden Umfangsverfahren nicht bereits dann auszugehen ist, wenn die Hauptverhandlung auf mehr als 10 Sitzungstage anberaumt wurde. Zwar beschreibt die Anzahl der Sitzungstage eine notwendige, nicht jedoch eine hinreichende Bedingung für die Anwendbarkeit der Bestimmung. Hinzukommen muss stets die Einschätzung, dass die Dauer der Hauptverhandlung dem besonderen Umfang der Sache geschuldet ist. Danach besagt allein die Vielzahl der Sitzungstage noch nichts Entscheidendes; denn für sie kann es Gründe geben, die mit dem Umfang der Sache überhaupt nichts zu tun haben.[10] Vielmehr kann für die Anwendbarkeit des § 243 Abs. 5 S. 3 allein der Beweisstoff des konkreten Verfahrens unter Berücksichtigung der Schwierigkeit der abzuhandelnden Rechtsfragen den Ausschlag geben. Zeichnet sich ab, dass die vom Gericht zu Beginn der Hauptverhandlung prognostizierte Beweisaufnahme bei zügigem Verhandeln mehr als zehn volle Sitzungstage mit einer durchschnittlichen Verhandlungsdauer von etwa fünf bis sechs Stunden beanspruchen wird, ist es geboten, nach der vorgenannten Bestimmung zu verfahren. In allen anderen Fällen besteht dazu kein Anlass. Freilich sollte der Vorsitzende die durchschnittliche Dauer eines „vollen" Verhandlungstages nicht allzu engherzig festlegen; denn nach Ansicht des Gesetzgebers soll die Eröffnungserklärung einen wichtigen Beitrag sowohl zur effizienten Verhandlungsführung als auch zur Stärkung der Beschuldigtenrechte liefern.

b) Vor dem Hintergrund dieser Konkretisierung des Anwendungsbereichs von § 243 Abs. 5 S. 3 StPO ist der Vorsitzende im Beispielsfall nicht verpflichtet, den Verteidigern Raum für eine Eröffnungserklärung zu geben. Entscheidend ist, dass nicht der Umfang der Sache, sondern das Zeitbudget der Verteidiger dazu geführt hat, die Hauptverhandlung auf 12 Sitzungstage auszudehnen, obschon bei regulärem, allein am Beweisstoff ausgerichteten Terminieren neun ausgereicht hätten. Dieser Umstand berechtigt den Vorsitzenden, die Anträge der Verteidiger auf Ermöglichung einer Eröffnungserklärung zurückzuweisen.

Der Vorsitzende gibt bekannt, dass er ungeachtet der an sich zutreffenden Ausführungen der Staatsanwaltschaft der Ansicht sei, dass ein opening statement nicht schaden könne, zumal da die Sache nur ganz knapp unterhalb der am Beweisumfang ausgerichteten normativen Relevanzschwelle des § 243 Abs. 5 S. 3 StPO liege. Stelle man zudem in Rechnung, dass den Angeklagten aus der Belastung ihrer Verteidiger grundsätzlich kein verfahrensrechtlicher Nachteil erwachsen dürfe, sei es vorliegend ein Gebot strafprozessualer Fairness, ihnen die Möglichkeit zur Eröffnungserklärung einzuräumen. Gestützt auf diese Überlegungen erteilt der Vorsitzende den Verteidigern der Angeklagten A und B das Wort.

Der Staatsanwalt tritt diesem Vorgehen entgegen. Er meint, dass § 243 Abs. 5 S. 3 StPO die Fälle der Eröffnungserklärung abschließend umschreibe. Daher — so führt er aus — sei eine solche in den hiervon nicht erfassten Konstellationen ausgeschlossen. Er beanstandet die Anordnung des Vorsitzenden. Hilfsweise beantragt er, ihm im Anschluss an die Eröffnungserklärungen der Verteidiger das Wort für eine Replik zu erteilen.

---

[10] Zu denken ist beispielsweise an die Gesundheit des Angeklagten, die ein längeres Verhandeln an einem Sitzungstag nicht zulässt. Ähnlich liegt es, wenn aus Gründen der Belastung des Gerichts mit beschleunigungsbedürftigen Parallelverfahren nur verkürzt verhandelt werden kann.

Frage: Wird die Strafkammer dem Vorsitzenden in die Parade fahren und seine Anordnung nach § 238 Abs. 2 StPO korrigieren?

Da im Verfahren nach § 238 Abs. 2 StPO nicht die Zweckmäßigkeit der angefochtenen Anordnung des Vorsitzenden, sondern lediglich deren Rechtmäßigkeit überprüft werden kann,[11] wird die Strafkammer den Verteidigern der Angeklagten A und B die Eröffnungserklärung nur dann versagen, wenn dafür zwingende Rechtsgründe sprechen. Hierzu in aller Kürze nur so viel:

a) Die Exklusivitätsthese der Staatsanwaltschaft hat bei vordergründiger Betrachtung einiges für sich. Bedenkt man, dass die Strafprozessordnung bislang keine Regelung über eine Gegenerklärung der Verteidigung auf die Verlesung des Anklagesatzes kannte und dass deswegen ein darauf abzielender Antrag vom Vorsitzenden ohne Weiteres zurückgewiesen werden durfte, so scheint es vorstellbar, die Vorschrift des § 243 Abs. 5 S. 3 StPO als eine bewusste Entscheidung des Gesetzgebers über den rechtlich vorgesehenen Einzugsbereich von Eröffnungserklärungen zu begreifen. Danach wären diese nur in den dort näher bezeichneten Umfangsverfahren statthaft. In allen übrigen Fällen wäre der Vorsitzende daran gehindert, der Verteidigung ein opening statement zu ermöglichen. Für die Richtigkeit dieser Rechtsanwendung könnten die Regelungszwecke der Bestimmung in Gestalt der frühzeitigen Ermöglichung einer zusammenhängenden Verteidigung durch professionelle Unterstützung des Angeklagten sowie der Fokussierung der Hauptverhandlung auf die aus Sicht der Verteidigung relevanten Punkte in Ansatz gebracht werden. Sie aktualisieren sich gemeinhin nur in Umfangsverfahren und spielen ansonsten keine nennenswerte Rolle.

b) Dieser restriktiven Sichtweise kann entgegen gehalten werden, dass der Gesetzgeber bei Abfassung von § 243 Abs. 5 S. 3 StPO Eröffnungserklärungen der Verteidigung bereits nach „altem Recht" als statthaft angesehen hat.[12] Ausgehend hiervon lässt sich diese Vorschrift dahingehend einordnen, dass mit ihr nicht etwa das opening statement als solches, sondern lediglich geregelt werden sollte, unter welchen Voraussetzungen eine Rechtspflicht zu seiner Ermöglichung besteht. Vor diesem Hintergrund ist es vorstellbar, der Verteidigung auch jenseits der Fälle des § 243 Abs. 5 S. 3 StPO das Wort zu einer Eröffnungserklärung zu erteilen, sofern dies im Einzelfall sachgerecht erscheint. Ermächtigungsgrundlage hierfür wäre der Fairnessgrundsatz in Verbindung mit § 238 Abs. 1 StPO.

c) Obschon dieses Normverständnis auf einer rechtsdogmatisch durchaus zweifelhaften und argumentativ fragwürdigen Einschätzung der alten Rechtslage beruht, steht gleichwohl zu erwarten, dass es im Sog der durch § 243 Abs. 5 S. 3 StPO entfesselten Dynamik in Richtung Eröffnungserklärung rechtspraktisch Wirkung entfalten wird. Allerdings sollten es die Vorsitzenden nicht zulassen, dass sich diese im

---

[11] BGHSt 1, 322, 325; BGHSt 31, 140, 144 f.; *Schneider* (Fn. 1) § 238 Rn. 19; *Becker* (Fn. 1) § 238 Rn. 30; *Meyer-Goßner* (Fn. 8) § 238 Rn. 17.

[12] Siehe dazu BT-Drucks 18/11277, S. 33.

Gerichtsalltag gleichsam unter der Hand als neue Standardmaßnahme der Verteidigung etabliert. Eine solche Entwicklung gilt es zu verhindern; denn für parteiprozessuale Elemente nach Art des opening statement bietet das gänzlich anders konzipierte deutsche Strafverfahren an sich keinen Raum. Angesichts dessen sollte in den von § 243 Abs. 5 S. 3 StPO nicht erfassten Fällen eine Eröffnungserklärung nur dann zugelassen werden, wenn dafür ein unabweisbares Bedürfnis besteht. Zur Orientierung können die der vorgenannten Norm zugrunde liegenden Regelungsgedanken herangezogen werden. Danach sollte eine Eröffnungserklärung in Verfahren mit relativ umfangreichem Beweisstoff in Betracht gezogen werden; denn unter diesen Umständen kann ernsthaft von einem durch das opening statement zu befriedigenden Bedürfnis nach zusammenhängender Verteidigung oder Strukturierung der Hauptverhandlung die Rede sein. Unabhängig davon ist es erwägenswert, eine Eröffnungserklärung zuzulassen, sofern es dem Verteidiger darum geht, einem auf „Vorverurteilung" hinauslaufenden Kesseltreiben von Massenmedien im Interesse effektiver Schadensbegrenzung an prominenter Stelle entgegen zu wirken. Derartige Interventionen der Verteidigung sind legitim, sofern die Presseberichterstattung strafzumessungsrechtlich den Charakter einer eigenständigen Übelszufügung zu erreichen droht.[13] Derartigen Bösartigkeiten einen Kontrapunkt entgegenzusetzen, liegt im rechtsstaatlichen Interesse.

d) Beurteilt man den Beispielsfall nach den vorgenannten Grundsätzen, liegt das Zulassen von Eröffnungserklärungen eingedenk des überschaubaren Umfangs der Beweisaufnahme bei einem an sich einfach strukturierten Sachverhalt eher fern. An dieser Einschätzung dürfte die geradezu „üppig" erscheinende Terminierung der vergleichsweise „banalen" Strafsache auf 12 Sitzungstage nichts ändern. Freilich kann das Gericht bei Beurteilung der Sachlage mit Blick auf die Gestattung einer Eröffnungserklärung nahezu uneingeschränkt schalten und walten. Eine revisionsgerichtliche Rechtskontrolle muss es deswegen kaum fürchten, weil es schwerlich vorstellbar ist, dass ein Urteil auf einem Zuviel oder Zuwenig an opening statement beruhen kann. Pointiert: Alles, was in einer sachgerecht abgefassten Eröffnungserklärung mitgeteilt werden soll, kann der Angeklagte zu einem späteren Zeitpunkt in die Hauptverhandlung einspeisen, ohne dass dadurch sein Recht auf Verteidigung beschnitten wird oder sonst Schaden nimmt. Ausgehend hiervon ist auch seine Besserstellung durch ein rechtlich nicht indiziertes opening statement faktisch nicht revisibel. Allenfalls über das Befangenheitsrecht könnte der gerichtliche Umgang mit Eröffnungserklärungen Gegenstand einer sinnvollen Verfahrensbeanstandung werden.

Nach alledem steht rechtspraktisch nicht zu erwarten, dass die Strafkammer die Anordnung des Vorsitzenden in ihrem Beschluss nach § 238 Abs. 2 StPO kassieren wird. Nach der durch den Gesetzgeber nahegelegten Rechtsauffassung, dass Eröffnungserklärungen auch jenseits der in § 243 Abs. 5 S. 3 geregelten Fälle statthaft sein können, erscheint deren Zulassung im Beispielsfall rechtlich nicht völlig unvertret-

---

[13] Näher dazu *Fischer*, StGB, 64. Auflage 2017, § 64 Rn. 63.

bar. Ausgehend hiervon muss die Anordnung des Vorsitzenden Bestand haben, selbst wenn die übrigen Richter sie mit guten Gründen für unzweckmäßig erachten sollten.

Frage: Wie wird der Vorsitzende auf den hilfsweise gestellten Antrag des Staatsanwalts reagieren, diesem im Anschluss an die Eröffnungserklärungen der Verteidiger Gelegenheit zu einer Replik zu geben?

a) Das Gesetz sieht eine Replik der Staatsanwaltschaft nicht ausdrücklich vor. Allerdings ist der Gesetzgeber davon ausgegangen, dass der Vorsitzende der Staatsanwaltschaft im Rahmen seiner Sachleitungsbefugnis eine Erwiderung nach pflichtgemäßem Ermessen ermöglichen kann.[14] Hierfür streitet die Idee der Waffengleichheit der Verfahrensbeteiligten in der Hauptverhandlung, hier verstanden als Strukturprinzip rechtsstaatlicher Strafverfahren. Diese auf den Einzelfall abstellende Sichtweise erweist sich als vernünftig. Zwar wird es aus Sicht der Staatsanwaltschaft häufig nicht angezeigt sein, auf ein opening statement mit einer Gegenerklärung zu reagieren. Namentlich dann, wenn der Verteidiger die anstehende Einlassung seines Mandanten in das Zentrum seiner Ausführungen nach § 243 Abs. 5 S. 3 StPO stellt, liegt eine Replik eher fern. Allerdings kann sich eine solche aufdrängen, wenn die Verteidigung die Eröffnungserklärung – etwa in politisch durchwirkten Verfahren nach Art der G20-Prozesse der Hamburger Strafjustiz – ausführlich dazu nutzt, das Vorgehen der Ermittlungsbehörden als einseitig, voreingenommen und sachwidrig zu attackieren. Solche klimaschädlichen Angriffe müssen nicht plump sein; sie können durchaus subtil ausgestaltet werden und nachhaltig Stimmung machen. Ihnen sollte der Staatsanwalt engagiert entgegen treten, weil sie die Gefahr begründen können, dass fortan nicht mehr die Beweislage als solche, sondern vorwiegend das Verhalten der Strafverfolgungsbehörden in den Vordergrund der Hauptverhandlung rückt. Das Mittel der Wahl zur Bekämpfung einer solchen Umwidmung der Hauptverhandlung zu einem Tribunal über das Agieren der Strafverfolgungsbehörden ist die Replik; denn sie verschafft der Staatsanwaltschaft Gelegenheit zur Klarstellung des wirklichen Verfahrensgegenstands.

Muss der Vorsitzende in solchen Fällen eine Replik der Staatsanwaltschaft auf die Eröffnungserklärung der Verteidigung zulassen? Selbstverständlich; denn Waffengleichheit nach Art. 6 Abs. 1 EMRK ist nicht nur ein Menschenrecht, sondern auch ein allgemeines Strukturprinzip des Rechtsstaats, an dem sämtliche Verfahrensbeteiligten partizipieren. Ausgehend hiervon darf der Anklagebehörde das Wort zur Entgegnung auf Ausführungen der Verteidigung nicht versagt werden, sofern ein dahingehendes Interesse nach Lage der Sache nicht ohne Weiteres von der Hand zu weisen ist.

b) Im Beispielsfall wird der Vorsitzende den Antrag des Staatsanwalts auf Worterteilung für eine Replik auf die Eröffnungserklärungen der Verteidiger nicht sogleich bescheiden. Da er deren Inhalt nicht kennt, kann er im Vorhinein nicht beurteilen, ob aus ihnen tatsächlich Anlass für eine Gegenerklärung der Staatsanwalt-

---

[14] BT-Drucks 18/11277, S. 34.

schaft resultiert. Angesichts dessen wird er mitteilen, dass er seine Entschließung dazu einstweilen zurückstellen wird. Dies muss die Staatsanwaltschaft hinnehmen.

2. Intervention gegen Eröffnungserklärungen mit beweiswürdigendem Inhalt

Der Verteidiger des Angeklagten A erhält das Wort zur Eröffnungserklärung. Er legt wortreich dar, dass sich sein Mandant an der angeklagten Straftat gar nicht beteiligt habe. Dabei wendet er sich insbesondere den Aussagen des Tatopfers im Ermittlungsverfahren zu. Als er beginnt, im Detail darzulegen, dass dessen Identifizierung des A als vermeintlichen Mittäter des Raubüberfalls beweisrechtlich ohne jeden Wert sei, weil die Durchführung der dem Wiedererkennen zugrunde liegenden Wahlgegenüberstellung evident fehlerhaft gewesen sei, interveniert der Vorsitzende und ermahnt ihn, solche beweiswürdigenden Ausführungen zu unterlassen. Er weist darauf hin, dass dafür an dieser Stelle kein Raum sei. Da der Verteidiger hiervon ungerührt mit seinen kritischen Ausführungen zur Gegenüberstellung fortfährt, entzieht ihm der Vorsitzende das Wort. Dies beanstandet der Verteidiger mit der Begründung, das Gesetz sehe eine Beschränkung des Inhalts einer Eröffnungserklärung nicht vor. Zudem führt er an, dass in § 243 Abs. 5 StPO die Entziehung des Wortes nicht vorgesehen sei; vielmehr könne ihm der Vorsitzende lediglich aufgeben, das opening statement schriftlich einzureichen, um es so den übrigen Verfahrensbeteiligten über das Selbstleseverfahren zugänglich zu machen.

Frage: Wie wird die Strafkammer entscheiden?

a) Die Strafkammer wird die Anordnung des Vorsitzenden bestätigen. Zur Begründung ihres Beschlusses wird sie anführen, dass der Gesetzgeber mit der Regelung des § 243 Abs. 5 S. 3 Halbs. 2 StPO beweiswürdigende Ausführungen des Verteidigers ausschließen wollte. Danach ist darauf zu achten, dass die Eröffnungserklärung den Schlussvortrag nicht vorwegnimmt. Die Vorschrift besagt, dass der Verteidiger das opening statement nicht dazu nutzen darf, die bislang noch gar nicht erhobenen Beweise nach Aktenlage im Detail zu entfalten und zu würdigen.[15] Ein solches Vorgehen muss in Hauptverhandlungen mit Laienbeteiligung bereits deswegen verhindert werden, weil andernfalls die Unbefangenheit der Schöffen, denen der Akteninhalt gerade zu diesem Zweck gezielt vorenthalten wird, untergraben werden könnte. Ungeachtet dessen widerstreiten frühzeitige beweiswürdigende Darlegungen der sachlogisch vorgezeichneten Interaktion der Verfahrensbeteiligten in der Hauptverhandlung.

Ausgehend hiervon ist der Vorsitzende grundsätzlich gehalten, Beweiswürdigung in der Eröffnungserklärung zu unterbinden. Dahingehende kurze Andeutungen wird er hinnehmen können, sofern sie einen sachgerechten Beitrag zur besseren Strukturierung der Hauptverhandlung leisten und keinen inhaltlichen Tiefgang aufweisen. Breitflächigen beweiswürdigenden Erwägungen muss er hingegen konsequent ent-

---

[15] BT-Drucks 18/11277, S. 34.

gegenwirken, indem er den Verteidiger auf die Unzulässigkeit seines Vorgehens hinweist und ihn abmahnt. Sollte dieser der Aufforderung zu gesetzeskonformem Vortrag nicht nachkommen, muss ihm der Vorsitzende – gestützt auf § 238 Abs. 1 StPO – das Wort entziehen und somit die Eröffnungserklärung definitiv beenden.

b) Demgegenüber geht der Einwand der Verteidigung fehl, bei Verstößen der vorgenannten Art komme ein endgültiger Abbruch der Eröffnungserklärung durch Wortentziehung deswegen nicht in Betracht, weil § 243 Abs. 5 S. 4 StPO als Reaktion hierauf angeblich allein das Umschwenken in das Selbstleseverfahren vorsehe. Diese Sichtweise trifft nicht zu; die vorgenannte Vorschrift normiert keineswegs eine allumfassende Ermächtigung zur Verhinderung sämtlicher Erscheinungsformen dysfunktionaler Ausübung des Erklärungsrechts. Vielmehr gelangt sie nur dann zur Anwendung, wenn der Verteidiger zwar zur Sache, jedoch derart weitschweifig redet, dass der vollständige Vortrag seiner Eröffnungserklärung zu einer erheblichen Verzögerung des Verfahrensablaufs führen würde. In diesen gleichsam selbstverschuldeten Fällen eines zeitlich überbordenden opening statement kann der Vorsitzende zum Zwecke der Beschleunigung der Hauptverhandlung dem Verteidiger aufgeben, den bislang noch nicht präsentierten Teil seiner opulenten Prozesserklärung schriftlich einzureichen, damit die übrigen Verfahrensbeteiligten hiervon durch Selbstlesung Kenntnis nehmen können. Trägt der Verteidiger in der Eröffnungserklärung hingegen nachhaltig Sachfremdes vor oder stellt er in nennenswertem Umfang beweiswürdigende Erwägungen an, so ist die Rechtsgrundlage zur Unterbindung solcher rechtswidrigen Ausführungen durch Wortentziehung allein in § 238 Abs. 1 StPO zu erblicken. Die Bestimmung des § 243 Abs. 5 S. 4 kann nicht einschlägig sein; denn Rechtswidriges will man nicht nur nicht hören, sondern auch nicht lesen.

3. Intervention gegen zeitlich überbordende Eröffnungserklärungen

Der Verteidiger des Angeklagten B nutzt die Eröffnungserklärung zunächst dafür, die Sicht seines Mandanten auf den Fall vorzutragen. Dabei referiert er etwa 20 Minuten lang eine in der „Ich-Form" formulierte detaillierte Einlassung. Im Anschluss daran beginnt er mit der Verlesung einer mindestens 15 Blatt umfassenden Ausarbeitung zum persönlichen Werdegang des B.

An dieser Stelle greift der Vorsitzende ein. Er gibt dem Verteidiger auf, diesen Teil seiner Erklärung schriftlich einzureichen. Hiermit ist dieser nicht einverstanden. Er verweist darauf, dass er zur Sache vorträgt und deswegen nicht unterbrochen werden dürfe. Die Vorgehensweise des Vorsitzenden wäre seiner Ansicht nach lediglich dann statthaft, wenn zuvor eine zeitliche Begrenzung der Eröffnungserklärung abgesprochen worden wäre.

Der Vorsitzende geht darauf vorerst nicht ein. Stattdessen fragt er den Angeklagten B, ob er sich die von seinem Verteidiger vorgetragene Einlassung als eigene Aussage zu eigen machen wolle. Nach bejahender Antwort lässt der Vorsitzende unter näherer Beschreibung der Vorgänge in der Sitzungsniederschrift festhalten, dass sich der Angeklagte zur Sache geäußert habe. Anschließend gibt er dem Staatsanwalt Gelegenheit, zu der Beanstandung des Verteidigers Stellung zu nehmen.

Frage: Bestehen Bedenken gegen das Vorgehen des Vorsitzenden, Angaben aus der Eröffnungserklärung des Verteidigers als Sacheinlassung des Angeklagten zu werten?

a) Das opening statement stellt eine Prozesserklärung des Verteidigers dar. Zwar nimmt er insoweit ein Recht des Angeklagten wahr; jedoch kann diese dem Angeklagten nicht ohne Weiteres als eigene Äußerung zugerechnet werden. Daher hat die Gestattung einer Eröffnungserklärung keinen Einfluss auf die Befugnis des Vorsitzenden, den Angeklagten nach § 243 Abs. 5 S. 2 StPO zur Sache zu vernehmen.[16] Dies gilt selbst dann, wenn der Verteidiger die Eröffnungserklärung inhaltlich und der Form nach als Einlassung seines Mandanten ausgestaltet. Allerdings besteht unter diesen Umständen die Möglichkeit, dass sich der Angeklagte die Ausführungen – ähnlich wie beim Vorliegen einer verschrifteten Einlassung – entweder von sich aus oder auf Nachfrage des Gerichts zu eigen macht und als Aussage gegen sich gelten lassen will.[17] Verhält es sich so, darf der Vorsitzende den solchermaßen in Bezug genommenen Teil der Eröffnungserklärung als Aussage des Angeklagten werten. Diese Vorgänge sind im Protokoll zu vermerken.

b) Ausgehend hiervon ist im Beispielsfall gegen die an B gerichtete Nachfrage des Vorsitzenden an sich nichts zu erinnern. Allerdings ist darauf zu achten, dass der Angeklagte vor deren Beantwortung über sein Schweigerecht nach § 243 Abs. 5 S. 1 StPO belehrt wird. Gleiches gilt, wenn der Verteidiger anregt, derart zu verfahren, und sein Mandant sogleich zu einer bejahenden Äußerung ansetzt. Auch in diesen Konstellationen darf der Vorsitzende die Antwort des Angeklagten erst nach Belehrung entgegen nehmen. Vergisst er dies oder wird er vom Angeklagten gleichsam überholt, ist dessen Aussage in Folge des Verstoßes gegen die vorgenannte Bestimmung fehlerbehaftet. Wird sie dem Urteil gleichwohl zugrunde gelegt, kann dies der Angeklagte mit einer Verfahrensrüge monieren. Derartige Beanstandungen führen grundsätzlich zur Urteilsaufhebung, es sei denn, dass der Angeklagte unbeschadet des Belehrungsdefizits sein Schweigerecht aus § 243 Abs. 5 S. 1 StPO kannte. Bemerkt der Vorsitzende rechtzeitig den Gesetzesverstoß, kann er ihn durch rechtsfehlerfreie Wiederholung des gesamten Verfahrensvorgangs heilen. Freilich muss er dem Angeklagten nunmehr eine „qualifizierte" Belehrung des Inhalts erteilen, dass dieser an seine ursprüngliche Erklärung zur Verwertbarkeit der Ausführungen seines Verteidigers als eigene Einlassung rechtlich nicht gebunden ist und deshalb über sein Aussageverhalten völlig frei erneut disponieren kann.

---

[16] BT-Drucks 18/11277, S. 34.
[17] BT-Drucks 18/11277, S. 34. Zu Einzelheiten über die verschriftete Einlassung des Angeklagten siehe *Schneider* (Fn. 1), § 243 Rn. 51–56.

Frage: Was wird der Staatsanwalt auf die Einwände des Verteidigers gegen die Anordnung des Vorsitzenden, den bislang noch nicht vorgetragenen Teil der Eröffnungserklärung im schriftlichen Verfahren abzuwickeln, ausführen?

a) Die Regelung des § 243 Abs. 5 S. 4 StPO macht deutlich, dass dem Verteidiger bei Wahrnehmung des Rechts auf Abgabe einer Eröffnungserklärung nicht nur inhaltliche, sondern auch zeitliche Grenzen gesetzt sind. Die ihm vom Vorsitzenden eingeräumte Zeit muss auskömmlich bemessen sein. Der für das opening statement gerichtlicherseits veranschlagte Zeitraum darf nicht zu knapp ausfallen. Nachgerade in Umfangsverfahren und in rechtlich kompliziert gelagerten Fällen wird sich eine zusammenhängende Darstellung der für die Verteidigung maßgeblichen Aspekte der Hauptverhandlung nicht auf wenige Minuten beschränken lassen. Dies gilt erst recht, wenn die Verteidigung die Eröffnungserklärung dazu nutzen möchte, vorab auf die anstehende Einlassung des Angeklagten im Detail einzugehen. Andererseits geben die mit dem Rechtsinstitut der Eröffnungserklärung verfolgten Regelungsziele ihre zeitliche Begrenzung vor. Zudem deutet auch die Vorschrift des § 243 Abs. 5 S. 3 Halbs. 2 StPO, wonach die Ausführungen des Verteidigers seinen Schlussvortrag nicht vorwegnehmen dürfen, in diese Richtung. Ausgehend hiervon gilt, dass die Hauptverhandlung durch das opening statement nicht „kopflastig" werden darf.

b) Eine verfahrensübergreifende Festlegung der Höchstdauer eines opening statements ist naturgemäß nicht möglich. Ihre sachgerechte Bemessung hängt von den Umständen des Einzelfalles ab. Als grober Richtwert kann für die in § 243 Abs. 5 S. 3 StPO aufgeführten Umfangsverfahren ein Zeitraum von 30 Minuten in Erwägung gezogen werden. Wesentlich mehr Zeit muss der Verteidigung eher selten zugebilligt werden, zumal da die Eröffnungserklärung keine beweiswürdigenden Ausführungen enthalten darf und sich darauf konzentrieren soll, die aus Sicht des Angeklagten maßgeblichen Punkte der anstehenden Beweisaufnahme zusammenhängend darzulegen. Vor diesem Hintergrund steht zu befürchten, dass diejenigen, die zur Umsetzung der Orientierungsfunktion einer Eröffnungserklärung wesentlich länger als eine halbe Stunde benötigen, entweder kein gedanklich klares Verteidigungskonzept haben oder aber mit ihr andere (gesetzesferne) Ziele verfolgen.

c) Rechtspraktisch steht zu erwarten, dass über die einzelfallspezifische Höchstdauer der Eröffnungserklärung Streit entstehen wird. Der Vorsitzende sollte bemüht sein, die Hauptverhandlung damit nicht zu belasten. Angesichts dessen bietet es sich an, dass er bereits im Vorfeld der Hauptverhandlung mit den Verteidigern Kontakt aufnimmt, um mit ihnen Einzelheiten einer möglichen Eröffnungserklärung zu besprechen. Dazu sollte auch die Staatsanwaltschaft hinzugezogen werden. Im Rahmen der Unterredungen kann nicht nur das „Ob", sondern auch das „Wie lange" einer Erklärung erörtert werden. Dabei sollte der Vorsitzende seinen Standpunkt unmissverständlich deutlich machen; denn letztendlich obliegt ihm die Leitung der Hauptverhandlung. Klare Ansagen sind im Interesse transparenten Vorgehens wünschenswert, damit sich die Verteidigung von vornherein darauf einrichten und ihre Eröffnungserklärung in Kenntnis des zu Erwartenden konzipieren kann. Nach alledem ist ein Kompromiss gewiss erstrebenswert. Er wird sich häufig auch erzielen lassen, sollte aber nicht um jeden Preis gesucht werden; denn mit der Vorschrift des § 243 Abs. 5 S. 4 StPO enthält das Gesetz eine Spezialregelung zur Entschärfung des Konflikts um die Höchstdauer der Eröffnungserklärung

d) Mit § 243 Abs. 5 S. 4 StPO hat der Gesetzgeber eine Handhabe für das Zurückdrängen überlanger Eröffnungserklärungen geschaffen. Danach ist es statthaft, dass der Vorsitzende einen weitschweifig oder sonst viel zu breit vortragenden Verteidiger in seinen Ausführungen nach dem Verstreichen der ihm vorgegebenen Zeit unterbricht und ihn auffordert, den bislang nicht gehaltenen Teil der Erklärung bei Gericht schriftlich einzureichen.

Diese Ausarbeitung wird nicht etwa als Anlage zum Protokoll, sondern zu den Akten genommen. Darüber hinaus ist der Vorsitzende gehalten, ihren Inhalt den übrigen Verfahrensbeteiligten zugänglich zu machen, indem er ihnen Ablichtungen des Schriftstücks überlässt. Die Richter sind nach § 243 Abs. 5 S. 4 Halbs. 2 in Verbindung mit der entsprechend anwendbaren Bestimmung des § 249 Abs. 2 S. 1 StPO verpflichtet, dessen Wortlaut im Wege der Selbstlesung zur Kenntnis zu nehmen. Den anderen Verfahrensbeteiligten steht es frei, sich mit der Urkunde zu beschäftigen.

Mit dieser Regelung wird der im Rechtsinstitut der Eröffnungserklärung genuin begründete Zielkonflikt, einerseits die Stellung des Angeklagten durch Optimierung seines rechtlichen Gehörs zu stärken, andererseits die Hauptverhandlung klarer zu strukturieren und effektiver auszugestalten, nach Maßgabe praktischer Konkordanz gelöst. Den Belangen des Angeklagten wird Rechnung getragen, indem er über seinen Verteidiger Gelegenheit erhält, den in der Hauptverhandlung aus Zeitgründen nicht mehr vorgetragenen Teil der Eröffnungserklärung dem Gericht auf anderem Wege zur Kenntnis zu bringen. Damit ist gewährleistet, dass nichts von dem, was er vorzubringen gedenkt, verloren geht. Dem Interesse des strafverfolgenden Staates an einer konzentrierten und in diesem wohlverstandenen Sinne zügigen Durchführung der Hauptverhandlung wird dadurch entsprochen, dass diese um Inhalte, die dort nicht zwingend abgehandelt werden müssen, entschlackt wird. Dass die Öffentlichkeit zu Beginn der Hauptverhandlung nicht alles über die Sicht der Verteidigung auf die anstehende Hauptverhandlung erfährt, begründet demgegenüber kein rechtlich relevantes Manko. Im Übrigen hat es der Verteidiger in der Hand, die ihm am Herzen liegenden Inhalte durch prägnante, auf das wirklich Wesentliche fokussierte Darlegungen öffentlichkeitswirksam zu transportieren

e) Freilich könnte es nach Lektüre der Gesetzesbegründung zweifelhaft erscheinen, ob § 243 Abs. 5 S. 4 StPO tatsächlich ohne Weiteres auf Fälle überlanger Eröffnungserklärungen zugeschnitten ist. Der Gesetzgeber will sie bei missbräuchlicher Ausübung des Erklärungsrechts zur Anwendung gebracht wissen. Als einschlägiges Beispiel führt er ausschweifende abseitige Erklärungen an, wobei er zur Veranschaulichung seiner Vorstellungen auf Verfahren verweist, in denen die politische Überzeugung des Angeklagten eine Rolle spielt.[18] Eine Beschränkung auf solche oder ähnlich gelagerte Fälle des Missbrauchs von Verfahrensrechten kommt im Wortlaut der Norm indessen nicht zum Ausdruck. Sie wäre auch nicht sachgerecht; denn einem Missbrauch des Erklärungsrechts kann und muss bereits durch Wortentziehung nach § 238 Abs. 1 StPO begegnet werden. Zudem wird der Einzugsbereich der Bestimmung allein durch zeitliche und eben nicht durch inhaltliche Kriterien abgesteckt. Das deutet darauf hin, dass Missbrauchsfragen jenseits zeitlicher Momente im Rahmen des § 243 Abs. 5 S. 4 StPO thematisch keine Rolle spielen. Schlussendlich passt auch das dort vorgesehene schriftliche Verfahren nicht zum Missbrauchsgedanken; denn missbräuchliches Vorbringen muss sich das Gericht weder anhören noch durchlesen, vielmehr kann es einfach ignoriert werden. Im Ergebnis bleibt es also dabei, dass die vorgenannte Vorschrift allein überlange Eröffnungserklärungen im Blick hat.

f) Der Weg in die verschriftete Eröffnungserklärung sollte allerdings nicht vorschnell beschritten werden:

Zunächst einmal bleibt festzuhalten, dass der Vorsitzende rechtlich daran gehindert ist, dem Verteidiger aufzugeben, seine gesamte Eröffnungserklärung schriftlich einzureichen, um so deren mündliche Abgabe in der Hauptverhandlung von vornherein vollständig zu verhindern. Selbst wenn aus anderen Strafverfahren geläufig ist, dass dem Verteidiger die Gabe, sich kurz zu fassen, nicht gegeben ist, darf der Vorsitzende nach dem unmissverständlichen Wortlaut des § 243 Abs. 5 S. 4 StPO nicht sogleich in das schriftliche Verfahren ausweichen. Jedenfalls in den gesetzlich geregelten Fällen der Eröffnungserklärung muss er dem Verteidiger in der Hauptverhandlung das Wort hierzu erteilen.

Darüber hinaus setzt die Abkürzung der mündlich vorgetragenen Eröffnungserklärung voraus, dass ihre vollständige Entgegennahme den Verfahrensablauf erheblich verzögern würde. Davon kann nicht ausgegangen werden, wenn sich – gegebenenfalls auf Nachfrage – abzeichnet, dass der Verteidiger die ihm vom Vorsitzenden bezeichnete Höchstdauer nur um wenige Minuten überschreiten wird. Natürlich sollte der Vorsitzende darauf achten, dass seine Vorgaben eingehalten werden. Flexibilität im Einzelfall ist hingegen angezeigt, sofern erkennbar wird, dass sich der Verteidiger um eine straffe Präsentation seiner Thesen bemüht und dabei die zeitlichen Grenzen nicht aus dem Blick verliert. Daher sollte der Vorsitzende § 243 Abs. 5 S. 4 StPO lediglich in Fällen eines deutlich überbordenden opening statement zur Anwendung bringen; denn allein unter diesen Umständen steht eine erhebliche Verzögerung des ursprünglich konzipierten Verfahrensablaufs zu erwarten. Ein strikteres Vorgehen ist in Umfangsverfahren gegen mehrere Angeklagte angezeigt. Bedenkt man, dass dort zeitliche Überschreitungen eines Verteidigers durchaus rechtlich relevante Fernwirkungen auf das Verhalten der übrigen zeitigen können, wird in solchen Konstellationen die Annahme einer erheblichen Verzögerung des Verfahrens-

---

[18] BT-Drucks 18/11277, S. 34.

ablaufs eher gerechtfertigt sein als in Hauptverhandlungen gegen einen einzigen Angeklagten.

g) Nach alledem wird der Staatsanwalt im Beispielsfall beantragen, die Beanstandungen der Anordnung des Vorsitzenden durch Beschluss nach § 238 Abs. 2 StPO als unbegründet zurückzuweisen. Die These des Verteidigers, die Vorschrift des § 243 Abs. 5 S. 4 StPO müsse auf Sachverhalte des Missbrauchs in Gestalt einer mit sachfremden Ausführungen gespickten Eröffnungserklärung beschränkt bleiben, ist ungeachtet der vom Gesetzgeber hierzu angestellten Überlegungen sachlich unausgewiesen. Gleiches gilt für die Behauptung, die mit § 243 Abs. 5 S. 4 StPO bezweckte Abkürzung einer überlangen Eröffnungserklärung könne allein bei vorheriger Bezeichnung der für sie vom Gericht veranschlagten Höchstdauer in Betracht kommen. Richtig ist daran lediglich, dass der Eintritt in das schriftliche Verfahren nicht überraschend erfolgen darf. Das bedeutet, dass der Vorsitzende in den Fällen des Fehlens einer vorab festgelegten Höchstdauer dem Verteidiger im Verlaufe einer unverhältnismäßig langen Eröffnungserklärung rechtzeitig ankündigen muss, das mündliche Vorbringen demnächst abzubrechen, um den Rest der Darlegungen im Wege der Selbstlesung zur Kenntnis zu nehmen.

4. Fragen der Gleichbehandlung mehrerer Mitangeklagter

Nachdem die Verteidiger der Angeklagten A und B ihr opening statement vorgetragen haben, begehren die Verteidiger V und W des Angeklagten C das Wort, um für ihren Mandanten vorweg etwas zu den entscheidenden Punkten der bevorstehenden Beweisaufnahme auszuführen. Der Vorsitzende reagiert darauf sichtlich unwirsch. Er fragt Verteidiger W, ob er gedenke, einlassungsähnliche Inhalte zu präsentieren, die sich der C gegebenenfalls als eigene Aussage zu eigen machen könne. Als W dies verneint und mitteilt, allein die für ihn maßgeblichen Punkte der Beweisaufnahme ansprechen und zudem der seinen aus Syrien stammenden Mandanten massiv diskriminierenden ausländerfeindlichen Presseberichterstattung entgegen treten zu wollen, gibt ihm der Vorsitzende vor, nicht länger als 10 Minuten zu reden.

Nunmehr interveniert Verteidiger V. Er teilt mit, unabhängig von seinem Kollegen W ein eigenes opening statement zu strafprozessualen Aspekten halten zu wollen. Dafür reklamiert er mindestens 20 Minuten. Der Vorsitzende weist das Anliegen zurück und erklärt, dass V und W klären müssten, wie sie die ihnen gemeinsam zugebilligten 10 Minuten Redezeit untereinander aufteilen.

Damit wollen sich die Verteidiger nicht abfinden. Unter Hinweis darauf, dass sein Kollege für den Angeklagten B 20 Minuten lang sprechen durfte, beantragt W eine Verdoppelung der Höchstdauer der Eröffnungserklärung. Nach Zurückweisung dieses Ersuchens und kurzer Beratung mit seinem Mandanten lehnt W den Vorsitzenden wegen Besorgnis der Befangenheit im Sinne des § 24 Abs. 2 StPO ab. Zur Rechtfertigung verweist er auf die manifeste Ungleichbehandlung der Angeklagten, die sich dem C nicht erschließe und ihm willkürlich erscheine.

Mit ähnlicher Begründung bringt auch Verteidiger V ein Befangenheitsgesuch an. Er stützt den im Namen seines Mandanten erhobenen Vorwurf willkürlicher Rechtsanwendung darauf, dass der abgelehnte Richter nicht für jeden Verteidiger des Angeklagten C eine gesonderte Höchstdauer der Eröffnungserklärung festgelegt, sondern insoweit beide gemeinsam veranschlagt habe. Dies – so führt er aus – sei gänzlich unhaltbar, weil jeder Verteidiger ein gleichsam originäres eigenes Recht auf Abgabe einer Eröffnungserklärung habe.

Der Vorsitzende führt in der nach § 26 Abs. 3 StPO abgegebenen dienstlichen Erklärung aus, dass er den Verteidigern des C weniger Zeit als dem des Angeklagten B zugebilligt habe, weil dieser für seinen Mandanten einlassungstaugliche und deswegen zeitraubende Ausführungen gemacht habe, während jene allein zu prozessualen Umständen Stellung nehmen wollten. Dabei habe er die Absicht des Verteidigers W, sich zu Presseartikeln erklären zu wollen, gänzlich ausgeblendet; denn derartige Auseinandersetzungen sind letztlich verfahrensfremd und gehören nicht in einen Gerichtssaal.

Frage: Bietet das von Verteidiger V angebrachte Befangenheitsgesuch Aussicht auf Erfolg?

a) Besorgnis zur Befangenheit eines Richters im Sinne von § 24 Abs. 2 StPO besteht, wenn ein Grund vorliegt, der bei verständiger Würdigung des Sachverhalts aus der normativen Perspektive eines vernünftigen Angeklagten geeignet ist, dessen Vertrauen in die Unparteilichkeit und Unvoreingenommenheit des Abgelehnten zu erschüttern. Hierzu gibt es eine (vermeintlich) unübersichtliche Kasuistik. Bei näherem Zusehen lassen sich indessen höchstrichterlich geprägte Grundaussagen ausmachen, die Orientierung bieten und leitbildartig verdeutlichen, unter welchen Voraussetzungen ein rechtlich valider Ablehnungsgrund im Sinne des § 24 Abs. 2 StPO ausgemacht werden kann. Danach gilt, dass die fehlerhafte Handhabung des Strafverfahrensrechts die Besorgnis der Befangenheit des solchermaßen angegangenen Richters grundsätzlich nicht zu rechtfertigen vermag, selbst wenn sie sich als unhaltbar erweist.[19] Abweichend ist zu entscheiden, wenn der vom Angeklagten unter dem Signum der Befangenheit gerügte Gesetzesverstoß als offensichtlich fehlsame, abwegige oder gar objektiv willkürliche Rechtsanwendung einzustufen ist.[20]

b) Auf dieser Rechtsgrundlage kann das Befangenheitsgesuch des Verteidigers V nicht durchdringen. Die Strafkammer wird es nach § 27 Abs. 1 StPO ohne Weiteres als unbegründet zurückweisen, weil das monierte Vorgehen des Vorsitzenden rechtskonform ist. Entscheidend ist Folgendes:

Die Befugnis eines Verteidigers zur Abgabe einer Eröffnungserklärung folgt aus dem in § 243 Abs. 5 S. 2 StPO verbürgten Recht seines Mandanten, sich zu Beginn der Hauptverhandlung umfassend zu den gegen ihn erhobenen Vorwürfen zu äußern.

---

[19] *Schmitt*, in: Meyer-Goßner/Schmitt, StPO, 60. Auflage 2017, § 24 Rn. 14a.

[20] Siehe dazu BGH NStZ 1994, 447; BGH NStZ 2010, 342; *Scheuten*, in: Karlsruher Kommentar (Fn. 1), § 24 Rn. 19; *Schmitt* (Fn. 19), § 24 Rn. 14a.

Mithin übt der Verteidiger im Rahmen des § 243 Abs. 5 S. 3 StPO – anders als etwa beim Anbringen von Beweisanträgen – kein eigenes Recht aus. Er nimmt lediglich die allein dem Angeklagten zustehende Möglichkeit der frühzeitigen Äußerung zur Sache in rechtlich modifizierter Weise wahr.[21] Da das Recht des Angeklagten zur Sacheinlassung denklogisch als Einheit begriffen werden muss, ist es denn auch rechtlich statthaft, die vom Vorsitzenden als angemessen gehaltene Höchstdauer der dem Angeklagten zugebilligten Eröffnungserklärung unabhängig davon festzulegen, ob er von einem oder mehreren Rechtsanwälten verteidigt wird. Somit ist gegen die von dem deswegen abgelehnten Vorsitzenden verfügte Höchstdauer der Eröffnungserklärung befangenheitsrechtlich nichts zu erinnern. Dem Angeklagten steht für seine Eröffnungserklärung der vom Gericht bestimmte Zeitraum zur Verfügung; wie er diesen bei Inanspruchnahme mehrerer Verteidiger zur Beförderung seiner Belange nutzt, ist ausschließlich seine Sache. Mithin ist es deren Angelegenheit, sich darin zu fügen und die erforderlichen Absprachen untereinander zu treffen, um gemeinsam für ihren Mandanten das Optimum zu erreichen.

Frage: Kann das von Verteidiger W angebrachte Befangenheitsgesuch, mit dem er die vorgeblich sachwidrige Ungleichbehandlung der Angeklagten B und C rügt, durchdringen?

a) In Verfahren gegen mehrere Angeklagte wegen eines im Kern identischen Tatvorwurfs spricht vieles dafür, deren Verteidiger bei Ausübung des Rechts zur Abgabe von Eröffnungserklärungen gleich zu behandeln. Danach ist es grundsätzlich angezeigt, ihnen gleichermaßen viel Zeit für das opening statement einzuräumen. Eine Ungleichbehandlung kann bei dem zeitlich benachteiligten Angeklagten vielfach die nicht von der Hand zu weisende Befürchtung nähren, dass ihm der Vorsitzende die seinen Mitangeklagten mit einer ausführlicheren Eröffnungserklärung gebotenen Chancen auf gehaltvolle effektive Verteidigung zu Beginn der Hauptverhandlung grundlos und somit willkürlich vorenthalten will. Daher dürfte ein darauf abhebendes Befangenheitsgesuch in der Vielzahl der Fälle durchdringen.

b) Anders gestaltet sich die Rechtslage naturgemäß dann, wenn der Vorsitzende sachliche Gründe für die Ungleichbehandlung von Mitangeklagten bei Handhabung der Regelungen des § 243 Abs. 5 S. 3 StPO anführen kann. Gelingt ihm dies, ist gegen die von vornherein vorgenommene unterschiedliche Bemessung der Höchstdauer der Eröffnungserklärungen befangenheitsrechtlich nichts zu erinnern. Angesichts dessen bleibt in der gebotenen Kürze darauf hinzuweisen, welche Umstände eine zeitliche Differenzierung zwischen den Eröffnungserklärung von Mitangeklagten nicht rechtfertigen können. Hierzu immerhin so viel:

– Allein die Tatsache, dass die Eröffnungserklärungen der Verteidiger mehrerer Mitangeklagter bei identischem Tatvorwurf bis zu einem gewissen Grade inhaltlich einander ähneln können, ist kein tragfähiger Grund, die ersten Angeklagten ausführlich zu Wort kommen zu lassen, während die nachfolgenden unter Verweis

---
[21] Siehe dazu BT-Drucks 18/ 11277, S. 33.

auf sich abzeichnende Wiederholungen entweder von vornherein oder unter Rückgriff auf § 243 Abs. 5 S. 4 StPO kurz gehalten werden. Eine derartige Differenzierung wäre grob fehlerhaft. Aus der Rechtsposition der Angeklagten folgt ihr Anspruch auf strikte Gleichbehandlung bei Wahrnehmung der Chance, ihre Sicht der Dinge über ihre Verteidiger gleich zu Beginn der Hauptverhandlung zusammenhängend vortragen zu lassen. Mögliche Wiederholungen müssen selbst dann hingenommen werden, wenn sie die psychologisch betrachtet nicht gänzlich fernliegende Gefahr begründen, die Sicht der Laienrichter auf immer wieder übereinstimmend vorgetragene Punkte des Strafverfahrens zu verfestigen, obschon diese sachlich überaus zweifelhaft sind und erst durch die anstehende Beweisaufnahme abschließend geklärt werden sollen. Das Erzielen derartiger Effekte durch Lenkung von Vorverständnis und Sinnerwartung kann durchaus legitimes Ziel einer Eröffnungserklärung sein. Ihnen mit einer gehaltvollen Replik entgegen zu wirken, ist Aufgabe der Staatsanwaltschaft.

– Eine Differenzierung zwischen einlassungstypischen Inhalten und sonstigen verfahrensbezogenen Gegenständen einer Eröffnungserklärung ist nicht an tauglichen Kriterien für eine unterschiedliche Bemessung ihrer Dauer ausgerichtet. Ein derartiges Vorgehen ist deswegen verfehlt, weil es allein Angelegenheit des Angeklagten ist, seine Verteidigungsstrategie festzulegen. Dabei steht es ihm frei, ob er sich zur Sache einlässt oder aber ob er schweigt und seine Verteidigung auf andere Weise führt. Angesichts der rechtlichen Gleichwertigkeit beider Formen des Prozessverhaltens darf die Bestimmung der Höchstdauer einer Eröffnungserklärung nicht dazu führen, dass dadurch ein Angeklagter allein wegen des Inhalts seiner angekündigten Ausführungen gegenüber sich anders verteidigenden Mitangeklagten bevorzugt wird.

c) Nach den vorstehenden Überlegungen erweist sich die vom Vorsitzenden auf 10 Minuten festgesetzte Höchstdauer der den Verteidigern des Angeklagten C zugebilligten Eröffnungserklärung in Relation zu seiner „Großzügigkeit" gegenüber dem Mitangeklagten B, dessen Verteidiger knapp 20 Minuten lang vortragen durfte, als rechtsfehlerhaft; denn für diese Ungleichbehandlung gibt es keinen tragfähigen Grund. Gleichwohl wird dieser Rechtsverstoß die von Verteidiger W geltend gemachte Besorgnis der Befangenheit des Vorsitzenden letztendlich nicht rechtfertigen können. Auch wenn man die praktizierte Anwendung des § 243 Abs. 5 S. 3 StPO nicht nur als falsch, sondern sogar als unhaltbar erachtet, dürfte die in diesem befangenheitsrechtlichen Kontext bedeutsame Schwelle zu einer abwegigen oder objektiv willkürlichen Handhabung der Norm noch nicht überschritten sein, zumal da bislang weder einschlägige höchstrichterliche Rechtsprechung noch literarische Stellungnahmen von Gewicht vorliegen und als Orientierungspunkt für eine sachgerechte Ausdeutung der Vorschrift dienen können. Somit zeichnet sich rechtspraktisch ab, dass das von Verteidiger W angebrachte Befangenheitsgesuch nach § 27 Abs. 1 StPO als unbegründet zurückgewiesen wird.

5. Umgang mit schriftlich eingereichten Eröffnungserklärungen

In Befolgung der gegen ihn ergangenen Anordnung überreicht der Verteidiger des Angeklagten B dem Vorsitzenden die schriftliche Ausarbeitung seiner Eröffnungserklärung. Während einer halbstündigen Unterbrechung der Hauptverhandlung liest dieser den Text und stellt fest, dass die Darlegungen an mehreren Stellen längere beweiswürdigende Passagen enthalten. Daraufhin gibt er dem Verteidiger nach Wiedereintritt in die Hauptverhandlung das Schriftstück mit dem Bemerken zurück, dass dieses auf Grund näher gekennzeichneter beweiswürdigender Abschnitte nicht verlesungsfähig sei und deswegen den übrigen Verfahrensbeteiligten nicht zugänglich gemacht werden dürfe. Der Vorsitzende gibt dem Verteidiger auf, einen um die monierten Passagen bereinigten Text einzureichen. Dieser beanstandet die Anordnung und führt aus, dass der Vorsitzende ein verschriftetes opening statement deswegen nicht zensieren dürfe, weil die Strafprozessordnung insoweit keine Regelung getroffen habe. Im Übrigen bestreitet er, dass der schriftliche Teil seiner Eröffnungserklärung beweiswürdigende Partien enthält.

Frage: Wird die nach § 238 Abs. 2 StPO zur Entscheidung aufgerufene Strafkammer die Anordnung des Vorsitzenden bestätigen?

a) Aus der Vorschrift des § 243 Abs. 5 S. 3 Halbs. 2 StPO geht hervor, dass der Verteidiger die Eröffnungserklärung nicht dazu nutzen darf, die erst im Anschluss zu erhebenden Beweise nach Lage der Akten vorweg zu würdigen. Dieses Verbot zielt in erster Linie darauf ab, die normativ wünschenswerte Unbefangenheit der Laienrichter gegenüber den anstehenden Beweiserhebungen zu wahren. Verstößt der Verteidiger hiergegen, muss ihm der Vorsitzende nach vorheriger Abmahnung das Wort entziehen, sofern er zu der Einschätzung gelangt, dass sich jener an die gesetzlichen Vorgaben auch künftig nicht halten werde. Die Botschaft des Gesetzes ist klar und eindeutig: Beweiswürdigung hat in Eröffnungserklärungen nichts zu suchen.

b) Die vorstehende Aussage ist allgemeiner Natur. Sie gilt nicht nur für mündlich vorgetragene, sondern auch für schriftlich abgefasste und bei Gericht eingereichte Eröffnungserklärungen. Die Vorschrift des § 243 Abs. 5 S. 4 StPO ändert daran nichts. Ihr Regelungsziel besteht nicht etwa in einer Erweiterung der Verhaltensspielräume von Verteidigern bei der inhaltlichen Ausgestaltung ihrer Eröffnungserklärungen. Nach Wortlaut und Stellung beschränkt sie sich allein darauf zu bestimmen, wie zu verfahren ist, wenn eine an sich ordnungsgemäß abgefasste Eröffnungserklärung den Zeitrahmen sprengt und dadurch den gesamten Verfahrensablauf erheblich verzögern würde. Angesichts dessen steht außer Zweifel, dass der Vorsitzende beweiswürdigende Passagen in einem verschrifteten opening statement nicht einfach ignorieren darf; vielmehr ist er gehalten, darauf zu reagieren, um dem in § 243 Abs. 5 S. 3 Halbs. 2 StPO normierten Verbot beweiswürdigender Ausführungen sachgerecht Geltung zu verschaffen.

c) Was genau in solchen Konstellationen zu tun ist, verlautbart das Gesetz indessen nicht. Es sind verschiedene Interventionsmöglichkeiten diskutabel: Zum einen wäre daran zu denken, dass der Vorsitzende die beanstandeten Textpassagen eigenmächtig schwärzt und das solchermaßen korrigierte Schriftstück den übrigen Verfahrensbeteiligten zur Selbstlesung überlässt; zum anderen wäre es vorstellbar, den vom Vorsitzenden im Beispielsfall eingeschlagenen Weg zu wählen und die Urkunde dem Verteidiger mit der Anregung zurückzugeben, eine um die beweiswürdigenden Passagen bereinigte neue Eröffnungserklärung einzureichen. Eine dritte Handlungsmöglichkeit des Zurückdrängens beweiswürdigender Erwägungen aus einer schriftlichen Eröffnungserklärung könnte darin bestehen, dass der Vorsitzende die eingereichte Urkunde nach vorheriger Lektüre den Verfahrensbeteiligten ohne jede Änderung zur Selbstlesung aushändigt und dabei darauf hinweist, dass das Gericht die von ihm bezeichneten Teile wegen eines Verstoßes gegen das Verbot beweiswürdigender Ausführungen nicht zur Kenntnis nehmen wird.

d) Würdigt man die vorgestellten Varianten, dürfte sich die letztgenannte Vorgehensweise als rechtlich vorzugswürdig erweisen. Hierzu in aller Kürze nur so viel:

Die Schwärzung einzelner beweiswürdigender Abschnitte der Eröffnungserklärung erscheint deswegen fragwürdig, weil sie auf eine Änderung des Textes hinausläuft, für den nicht der Vorsitzende, sondern ausschließlich der Verteidiger zuständig ist. Im übrigen müssen diese Passagen ohnehin von allen Richtern – also auch den Schöffen – zur Kenntnis genommen werden, wenn der Verteidiger gegen die Schwärzung den nach § 238 Abs. 2 StPO bescheidungsbedürftigen Einwand erhebt, dass sie frei von Beweiswürdigung und somit sachlich korrekt sind.

Die Rückgabe der mit Beweiswürdigung durchsetzten Eröffnungserklärung weist die vorstehend skizzierten Nachteile der Textschwärzung nicht auf; denn sie lässt das Schriftstück unverändert. Allerdings schießt sie über das durch § 243 Abs. 5 S. 3 Halbs. 2 StPO vorgegebene Ziel hinaus, indem sie den Verfahrensbeteiligten den gesamten Wortlaut der Urkunde vorenthält, obschon nur ein Teil des Textes bemakelt ist und aus dem Verfahren herausgehalten werden soll. Diese Form der Bekämpfung beweiswürdigender Ausführungen geht zu weit; denn der Verteidiger hat ein Recht darauf, dass jedenfalls die unbedenklichen Passagen seiner schriftlichen Eröffnungserklärung der Selbstlesung ohne weiteres eigenes Zutun zugeführt werden.

Diesem Anspruch trägt die Hinweisvariante Rechnung. Sie ist aus der Perspektive des Angeklagten auch ansonsten die bestmögliche Lösung des inmitten stehenden Zielkonflikts. Freilich weist sie im Lichte des § 243 Abs. 5 S. 3 Halbs. 2 StPO gewisse Schwächen auf. Sie liegen darin begründet, dass der Hinweis des Vorsitzenden zur begrenzten Lektüre der Erklärung die Laienrichter faktisch nicht daran hindert, das ihnen überlassene Schriftstück vollständig zu lesen und damit auch die beweiswürdigenden Teile zur Kenntnis zu nehmen. Hierin liegt gleichsam der zu entrichtende Preis dafür, dass die Hauptverhandlung durch das Vorgehen nach § 243 Abs. 5 S. 4 StPO gestrafft werden kann. Damit ist die Hinweislösung kein optimales Mittel zur Bekämpfung des dysfunktionalen Einsatzes von Eröffnungserklärungen. Allerdings gilt in eingeschränktem Maße Vergleichbares für das auf § 238 Abs. 1 StPO gestützte Einschreiten gegen bemakelte mündliche Erklärungen; auch dort kann der Vorsitzende den Vortrag beweiswürdigender Ausführungen des Verteidigers zwischen erstmaliger Abmahnung und definitiver Wortentziehung nicht ungeschehen machen. Vielmehr verbleibt ihm in solchen Fällen nichts anderes, als die Verfahrensbeteiligten darauf hinzuweisen, dass das Gericht die beanstandeten Partien der Prozesserklärung nicht berücksichtigen wird. So gesehen ist der vorgenannte Hinweis ein adäquates Mittel, um die mit Beweiswürdigung durchsetzten schriftlichen Eröffnungserklärungen angemessen zu entschärfen. Dass ein derartiges Prozedere auf den ersten Blick fremdartig anmutet und sehr stark an amerikanische Gerichtsprozesse erinnert, kann nicht erstaunen; denn die Eröffnungserklärung ist ein typisches Versatzstück aus dem amerikanischen Parteienprozess, in dem Hinweise an die Jury den Gerichtsalltag prägen.

e) Nach alledem wird die Strafkammer die vom Verteidiger des Angeklagten B beanstandete Anordnung des Vorsitzenden aus den vorstehend angeführten Überlegungen aufheben und veranlassen, dass den Verfahrensbeteiligten die aktuelle schriftliche Fassung der Eröffnungserklärung zugänglich gemacht wird. Gelangt sie zu der Einschätzung, dass einzelne Textpassagen entgegen dem Verbot aus § 243 Abs. 5 S. 3 Halbs. 2 StPO Beweiswürdigung enthalten, wird sie den Vorsitzenden auffordern, darauf hinzuweisen, dass das Gericht diese nicht zur Kenntnis nehmen wird. Gerichtsintern ist es dann Sache des Vorsitzenden sicherzustellen, dass die Laienrichter den Hinweis beherzigen.

6. Befugnis der Nebenklage zur Replik auf eine Eröffnungserklärung

Nachdem der Vertreter des Nebenklägers die Eröffnungserklärungen der Verteidiger angehört hat, begehrt er das Wort zur Replik. Er rechtfertigt sein Ansinnen damit, dass die Verteidiger die Verletzungen seines Mandanten bagatellisiert, ihn unverhältnismäßig aggressiv angegriffen und als „tatterige unzuverlässige Auskunftsperson" in ein schiefes Licht gerückt hätten. Dies wieder gerade zu rücken – so der Nebenklägervertreter – sei seine Aufgabe, zumal da seinem Mandanten ohne sofortigen Widerspruch eine ihm abträgliche Berichterstattung der Presse drohe.

Der Vorsitzende weist den Antrag zurück. Er führt aus, dass eine Replik der Nebenklage auf das opening statement der Verteidigung von Rechts wegen ausgeschlossen sei, und zwar ohne jede Ausnahme. Diese Anordnung beanstandet der Nebenklagevertreter.

Frage: Wird die Strafkammer die angegriffene Anordnung nach § 238 Abs. 2 StPO abändern?

a) Ein Recht des Nebenklägers zur Replik auf eine Eröffnungserklärung der Verteidigung sieht die Strafprozessordnung nicht vor. Allerdings bleibt zu klären, ob der Vorsitzende in Ausübung der Sitzungsleitung nach § 238 Abs. 1 StPO befugt ist, dem Vertreter der Nebenklage eine Erwiderung auf das opening statement der Verteidigung zu gestatten, sofern dafür im Einzelfall besonderer Anlass besteht. Ein solches Vorgehen erscheint bedenkenswert, wenn der Verteidiger in der Eröffnungserklärung die Position des Nebenklägers massiv attackiert und dabei dessen Verletzungen nachhaltig leugnet oder verharmlost. Der schlichte Einwand, dass das Gesetz hierzu nichts Ausdrückliches verlautbart, greift ersichtlich zu kurz. Gesteht man dem Vorsitzenden nach § 238 Abs. 1 StPO die Befugnis zur Ermöglichung einer Replik der Staatsanwaltschaft zu, ist mit Blick auf den Nebenkläger Vergleichbares jedenfalls nicht von vornherein ausgeschlossen. Daher hängt die Beantwortung der aufgeworfenen Frage vor allem davon ab, ob die Rechtsstellung des Nebenklägers mit der Rolle der Staatsanwaltschaft zu Beginn der Hauptverhandlung vor Eintritt in die Beweisaufnahme wertungsmäßig vergleichbar ist.

b) Das Recht der Nebenklage beruht vor allem auf der Überlegung, dass dem durch die Straftat Verletzten Gelegenheit geboten werden soll, im Strafverfahren seine persönlichen Interessen auf Genugtuung zu verfolgen.[22] Dabei agiert der Nebenkläger nicht als „Gehilfe der Staatsanwaltschaft" oder als „beigeordneter Mitkläger". Vielmehr hat er die Rolle eines zusätzlichen eigenständigen Verfahrensbeteiligten inne.[23] Ausgehend hiervon werden ihm nach § 397 Abs. 1 StPO besondere Rechte zur Einwirkung auf den Gang der Hauptverhandlung eingeräumt. Sie dienen allesamt dazu, ihm die bestmögliche Wahrnehmung seiner Belange im Strafprozess zu ermöglichen. Freilich ist der Nebenkläger zur Klageerhebung nicht befugt; er kann das Verfahren nicht selbst, sondern nur neben dem öffentlichen Ankläger betreiben.[24]

Der Gesetzgeber hat die Prozessrechte des Nebenklägers zur Einwirkung auf das Verfahren gezielt auf die in § 397 Abs. 1 S. 3 StPO abschließend aufgezählten Handlungsmöglichkeiten begrenzt.[25] Dort ist eine Gegenerklärung auf das opening statement nicht vorgesehen. Allerdings gilt es zu prüfen, ob eine Befugnis des Nebenklägers zur Replik aus dem in § 397 Abs. 1 S. 4 StPO geregeltem allgemeinen Anhörungsrecht hergeleitet werden kann. Danach ist das Gericht zu dessen Anhörung verpflichtet, sofern auch die Staatsanwaltschaft zu bestimmten Verfahrensvorgängen gehört werden muss. Hierauf aufbauend könnte eine Gegenerklärung des Nebenklägers deswegen erwogen werden, weil auch die Staatsanwaltschaft dazu berechtigt ist, sofern der Vorsitzende ihr diese Möglichkeit nach § 238 Abs. 1 StPO eingeräumt hat. Abgesehen davon, dass auf diesem Wege eine Erwiderung der Nebenklage von vornherein nur in beschränktem Maße erfolgen könnte, erweist sich der gesamte Gedankengang bei Lichte betrachtet als verfehlt. Entscheidend ist, dass eine Replik der Staatsanwaltschaft auf das opening statement der Verteidigung keinen Akt der Wahrnehmung rechtlichen Gehörs, sondern eine Prozesserklärung eigener Art darstellt. Ihre Berechtigung siedelt in dem rein bipolaren Verhältnis von Anklagebehörde und Angeklagtem bei Verteidigung der Anklageschrift durch die Staatsanwaltschaft

---

[22] Siehe dazu statt aller *Meyer-Goßner* (Fn. 8), Vor § 395 Rn. 2.

[23] *Meyer-Goßner* (Fn. 8), Vor § 395 Rn. 2.

[24] *Senge*, in: Karlsruher Kommentar (Fn. 1), § 397 Rn. 1; *Meyer-Goßner* (Fn. 8), Vor § 395 Rn. 2.

[25] Siehe dazu BT-Drucks 10/5305, S. 13; *Senge* (Fn. 24), § 397 Rn. 7.

gegen die daran geübte Kritik des Angeklagten. Da die Nebenklage mit der Anklageschrift als solcher nichts zu schaffen hat, ist es denn auch folgerichtig, ihr die Erwiderung auf eine Eröffnungserklärung der Verteidigung prinzipiell zu versagen. Diese eindeutige Rechtslage darf der Vorsitzende im Übrigen auch nicht durch einen Rückgriff auf § 238 Abs. 1 StPO unterlaufen. Diese Vorschrift ist kein Allheilmittel zur Einebnung vorgegebener Verfahrensstrukturen nach Maßgabe vermeintlich übergeordneter Billigkeitserwägungen; sie dient allein der sachgerechten Leitung der Hauptverhandlung.

c) Im Beispielsfall wird die Strafkammer die beanstandete Entscheidung des Vorsitzenden bestätigen. Daraus resultierende Nachteile in der Außendarstellung muss der Nebenkläger einstweilen hinnehmen, zumal da er im Verlaufe der Hauptverhandlung vielfach Gelegenheit hat, seine Sicht der Dinge in das Verfahren einzubringen.

III. Fazit

Die vorstehend abgehandelten Beispielsfälle zeigen auf, dass die neuen Vorschriften zur Eröffnungserklärung erhebliches Konfliktpotential in sich bergen. Es zeichnet sich schon jetzt ab, dass sie weit weniger als vom Gesetzgeber erhofft zur Entlastung der Hauptverhandlung beitragen werden. Dies liegt vor allem daran, dass Verteidiger eher selten bereit sind, die von ihnen verfolgten Strategien gleich zu Beginn der Hauptverhandlung offen zu legen, um dadurch einen der Orientierung des ansonsten womöglich im Dunkeln tappenden Gerichts dienenden Beitrag für ein gezieltes Verhandeln der verfahrensrelevanten Streitpunkte zu liefern. Im Übrigen wäre das opening statement dafür auch gar nicht nötig; denn nachgerade in Umfangsverfahren kann die Verteidigung derartige Zielsetzungen gleichermaßen effektiv in den nach § 213 Abs. 2 StPO vorgesehenen Unterredungen zur Abstimmung des Ablaufs der Hauptverhandlung deutlich früher verfolgen. In allen übrigen Verfahren kann solches in Rechtsgesprächen nach § 212 StPO geschehen.[26]

Vor diesem Hintergrund drängt sich die Frage auf, wofür Eröffnungserklärungen wirklich gut sind, zumal da sie von beweiswürdigenden Elementen gänzlich freigehalten werden müssen und also auch insoweit der Verteidigung keine weiterführenden Handlungsspielräume bieten können. Eine nüchterne Analyse fördert zu Tage, dass der Mehrwert einer Eröffnungserklärung weitestgehend durch das Momentum der Öffentlichkeit der Hauptverhandlung begründet wird. Die Chance, schon vor Eintritt in die Beweisaufnahme und nicht erst im Schlussvortrag coram publico die eigene Sicht auf das Verfahren darlegen zu können, macht für die Verteidigung den

---

[26] Hinsichtlich möglicher einlassungsorientierter Erklärungsinhalte einer Eröffnungserklärung bleibt festzuhalten, dass diese über eine verschriftete Einlassung des Angeklagten nach § 243 Abs. 5 S. 2 StPO gleichermaßen zeitnah in die Hauptverhandlung eingespeist werden können. Ausgehend hiervon ist ein Vorteil einer solchermaßen ausgerichteten Eröffnungserklärung gegenüber dem herkömmlichen Prozedere nicht auszumachen.

besonderen Charme einer Eröffnungserklärung aus.[27] Pointiert: Das opening statement ist in erster Linie eine Erklärung für die Galerie. Solches zu befördern, mag legitimes Anliegen des Gesetzgebers sein, insbesondere wenn es in einem komplexen Regelungsvorhaben darum geht, gegenläufige Interessen der Protagonisten im Rahmen eines Gesamtpakets auszutarieren. Freilich bleibt es dabei, dass die Eröffnungserklärung der Verteidigung strukturell auf einen Parteienprozess amerikanischer Provenienz zugeschnitten ist und daher im deutschen Strafverfahren einen Fremdkörper darstellt. Die damit einhergehende „Yankeesierung" des Beginns der Hauptverhandlung hätte sich der Gesetzgeber zugunsten systemverträglicher Partizipationsmöglichkeiten des Angeklagten sparen sollen.

---

[27] Siehe dazu – durchaus verstohlen – BT-Drucks 18/11277, S. 33.

Stichworte zum Vierten Paradigma des Strafverfahrens

Von *Bernd Schünemann*

I.

1. Vor einem halben Jahrhundert, ungefähr parallel zur Studien- und Ausbildungszeit unseres Jubilars, feierte die Justizsoziologie eine Dekade lang ihre Hochzeit[1], in der sie die rechtswissenschaftliche Diskussion zu dominieren vermochte. Als ihr teilnehmender Beobachter (anfangs als Rechtsreferendar, später in einer gelegentlichen, aber über das Halbjahrhundert auch quantitativ ins Gewicht fallenden Verteidigertätigkeit) wage ich das Resümee zu ziehen, dass sie zwar viele Äußerlichkeiten des Gerichtsverfahrens, nicht aber den selbstherrlichen Kern der Richterrolle verändert hat – dem Marxschen Verdikt nicht unähnlich, dass die Philosophen die Welt nur unterschiedlich erklärt hätten, es aber drauf ankomme, sie zu verändern[2]. Von den damaligen Aufbruchshoffnungen halb beflügelt, halb geblendet und genau genommen schon wie Hegels Eule der Minerva in die Dämmerung hineinfliegend, habe ich selbst über ungefähr fünfzehn Jahre empirische Untersuchungen zur Psychologie und Soziologie des Strafverfahrens durchgeführt, zunächst zur richterlichen Informationsverarbeitung und danach zu den Urteilsabsprachen. Deren einzelne Befunde (der richterliche inertia- und der Schulterschlusseffekt als Menetekel der Hauptverhandlung[3] sowie die hinter dem Euphemismus der „Verständigung" stehende Zu-

---

[1] Beginnend mit der Monographie von *Rasehorn* alias *Xaver Berra*, Im Paragraphenturm. Eine Streitschrift zur Entideologisierung der Justiz, 1966, 2. Aufl. 1967.

[2] *Marx*, 11. These über Feuerbach.

[3] *Schünemann*, in: Kerner/Kury/Sessar (Hrsg.), Deutsche Forschungen zur Kriminalitätsentstehung und Kriminalitätskontrolle, 1983, S. 1109 ff.; *ders.*, in: Lampe (Hrsg.), Beiträge zur Rechtsanthropologie (Beiheft 22 zur ARSP), 1985, S. 68 ff.; *ders.*, in: Kaiser/Kury/Albrecht (Hrsg.), Kriminologische Forschung in den 80er Jahren, 1988, S. 265 ff.; *ders.*, in: Bierbrauer/Gottwald/Birnbreier-Stahlberger (Hrsg.), Verfahrensgerechtigkeit, 1995, S. 215 ff.; *ders.*, StV 2000, 159 f.; *Schünemann/Bandilla*, Perseverance in Courtroom Decisions, in: Wegener/Lösel/Haisch (Hrsg.), Criminal Behaviour and the Justice System, 1989, S. 181 ff. Zur Erklärung kann man auch den sog. Ankereffekt heranziehen, kraft dessen die erste ausdrückliche Bezifferung einer zunächst unbestimmten Größe (wie der angemessenen Strafe) einen prägenden Einfluss ausübt (eingehend untersucht bei *Englich/Mussweiler/Strack*, Law and Human Behavior, Vol. 29 [6], 2005, 705 ff.; *Englich*, in: Bierhoff/Frey [Hrsg.], Handbuch der Psychologie III, 2006, S. 309 ff.). Auf den dritten zu vermutenden, von mir sog. Kothurn-Effekt (*Schünemann*, StraFo 2015, 177, 181) kann ich im vorliegenden

ckerbrot-und-Peitsche-Realität der Absprachen als Verhöhnung der halbwegs vergleichbare Machtpositionen voraussetzenden Verhandlungsgerechtigkeit[4]) manifestieren das zunehmend unerträglichere Missverhältnis zwischen dem durch sie bewiesenen, strukturell bedingten[5] Neutralitätsdefizit und der buchstäblich ungeheuren, international beispiellosen Machtfülle des deutschen Strafrichters[6]. Das ist (beileibe nicht nur) von mir seit 40 Jahren so oft dargelegt[7], von dem (angesichts der protrahierten Impotenz des Bundestages nahezu die Alleinverantwortung für die Kriminal-

---

Zusammenhang nicht näher eingehen und beschränke mich deshalb auf die Bemerkung, dass er nach meinen Erfahrungen für eine Perversion der richterlichen Aufklärungspflicht verantwortlich ist, die so gut wie ausschließlich zum Nachteil des Angeklagten praktiziert und dadurch letztlich delegitimiert wird.

[4] Zur Verfahrensgerechtigkeit als Gegensatz zur Verteilungsgerechtigkeit grdl. *Thibaut/Walker*, Procedural Justice, New York 1975; instruktiv *Lind* und *Haller/Machura/Bierhoff*, in: Bierbrauer/Gottwald/Birnbreier-Stahlberger (Fn. 3), S. 3 ff., 111 ff.; skeptisch *Röhl*, Rechtssoziologie, 1987, S. 158 ff. Zur Bedingung der Machtgleichheit sogar als Teil des Rechtsbegriffs in der Philosophie Nietzsches s. *Straube*, Zum gemeinsamen Ursprung von Recht, Gerechtigkeit und Strafe usw., 2012. Zu meinen Forschungen zu den Absprachen s. *meinen* Beitrag in FS f. Wolter, 2013, S. 1107 ff. m. zahlr. w.N. in Fn. 4.

[5] Denn der inertia-Effekt folgt aus der sich verstärkenden Kombination von Aktenkenntnis, Eröffnungsbeschluss und inquisitorischer Stellung in der Hauptverhandlung, der Schulterschlusseffekt aus der organisatorischen Verzwirnung von Staatsanwaltschaft und Strafjustiz, und indem die Absprachen wiederum auf der Basis der Akten geführt werden (müssen) und selbst nach gescheiterten Absprachenversuchen derselbe Richter die Hauptverhandlung weiterführt, unterliegt die richterliche Informationsverarbeitung einer durch eine strukturelle Spirale verstärkten und rückgekoppelten Bindung (commitment) an die Ermittlungsakten und damit einer systematischen Verzerrung (bias).

[6] Er entscheidet über die Eröffnung des Hauptverfahrens, welche beispielsweise in den USA einer eigenen Grand Jury vorbehalten ist, prüft hierbei nach der gesamten Aktenlage den Fall in rechtlicher und tatsächlicher Hinsicht und attestiert schon vor Beginn der Hauptverhandlung, dass die Verurteilung wahrscheinlich ist. In der Hauptverhandlung obliegt dem Vorsitzenden und subsidiär dem Gericht nicht nur, wie der amerikanischen Richterbank, die äußere Leitung der Verhandlung und die Entscheidung über Anträge von Staatsanwaltschaft oder Verteidigung, sondern auch die Beibringung und die Erhebung der Beweise (namentlich die Vernehmung von Zeugen und Sachverständigen), die in den USA in den Händen von Staatsanwaltschaft und Verteidigung liegen. Sodann fällt er das Urteil, und zwar sowohl im Schuldspruch (der in den USA der Jury von Laienrichtern vorbehalten ist) als auch den Strafausspruch (für den in den USA wiederum die Berufsrichter zuständig sind). Die durch das Verständigungsgesetz legalisierte Absprachenpraxis hat sogar noch die zentrale Stellung bei der Aushandlung des Verfahrensergebnisses hinzugefügt und ihm damit weitere Machtmittel und Aufgaben übertragen, die in den USA bei Staatsanwaltschaft und Verteidigung liegen. Dabei kann er über die Gewährung einer Verständigungschance nach Belieben entscheiden, besitzt also auch die Schlüsselgewalt nach Art des Petrus *(Salditt)*. Knapp zusammengefasst bei *Roxin/Schünemann*, Strafverfahrensrecht, 29. Aufl. 2017, § 6 Rn. 1a; näher *mein* Beitrag in FS f. Streng, 2017, S. 755 ff.

[7] Statt aller: Schünemann (Hrsg.), Risse im Fundament, Flammen im Gebälk: Zum Zustand des kontinentaleuropäischen Strafverfahrens, 2010.

politik tragenden) Bundesjustizministerium aber so hartnäckig ignoriert worden[8], dass die unablässige Erarbeitung von Reformanalysen und -vorschlägen seitens der Strafprozessrechtswissenschaft an einem toten Punkt angekommen sein dürfte.

2. Schonungslos formuliert, stehen wir am Ende der Agonie des Dritten Strafverfahrensparadigmas, wie ich den im 19. Jahrhundert entstandenen reformierten Strafprozess mit seiner Zentrierung um die den Grundsätzen der Mündlichkeit, Unmittelbarkeit, Öffentlichkeit und Konzentration folgende Hauptverhandlung nennen möchte[9] – nach dem Ersten Paradigma des magischen, ein Gottesurteil als Zentrum aufweisenden Verfahrens des frühen und hohen Mittelalters und dem Zweiten Paradigma des um die Folter als Zentrum entwickelten Inquisitionsverfahrens[10]. Die Hauptverhandlung ist nicht nur durch die bereits angesprochenen, tiefgreifenden Defekte der richterlichen Informationsverarbeitung und Neutralität und ihre galoppierende Schwindsucht zu Gunsten der Urteilsabsprachen, sondern auch durch die Etablierung des Opfer-Prätendenten als nicht an die Wahrheitserforschung gebundene, sondern eigene Interessen verfolgende Prozesspartei, durch die regelmäßige Verwandlung der Öffentlichkeit von einem Kontroll- in ein Demütigungsinstrument, durch die Paralysierung von Unmittelbarkeit und Mündlichkeit bei länger dauernden und damit praktisch bei den meisten Landgerichts-, namentlich den Wirtschaftsstrafprozessen weitestgehend vom Ermittlungsverfahren überwältigt worden, welches von einem der bloßen Verdachtsvorklärung dienenden Vorverfahren zum heimlichen Zentrum des gesamten Strafverfahrens avanciert ist, infolge seiner Verpolizeilichung und Vergeheimdienstlichung aber nicht einmal ansatzweise diejenigen Kautelen aufweist, deretwegen die Hauptverhandlung im reformierten Strafprozess geschaffen worden ist. Vollends seitdem den Strafverfolgungsbehörden die gesamte Palette der modernen Überwachungsmethoden an die Hand gegeben worden ist und nicht nur gleichzeitig die durch die sog. elektronische Fußfessel an sich in den meisten Fällen obsolet gewordene Untersuchungshaft[11] ungeschmälert weiter verhängt, sondern

---

[8] So dass dessen blinde Flecken (zu deren Übertragung sogar auf die von ihm eingesetzten Kommissionen s. *Schünemann*, StraFo 2016, 45 ff.) in einem Zeitalter mit Sinn für Allegorien vermutlich als Porencephalos dargestellt worden wären.

[9] Zur Entstehung dieses Konzepts knapp *Schünemann*, StraFo 2010, 90 f.

[10] Dazu besonders instruktiv *Ignor*, Geschichte des Strafprozesses in Deutschland 1532–1846, 2002; *Koch*, Denunciatio, 2006.

[11] Nämlich in allen Fällen der Untersuchungshaft wegen Fluchtgefahr bei nicht durch ein Netzwerk organisierter Kriminalität zum Untertauchen im Inland fähigen Beschuldigten, also vor allem auch in Wirtschaftsstrafverfahren (siehe dazu mein ebenso beharrliches wie erfolgloses Ceterum Censeo, *Schünemann* [Fn. 6], § 30 Rn. 3, sowie in FS f. Schlothauer, 2018, S. 261 ff.). Zu der häufig schablonenhaften oder gar willkürlichen Erwirkung der Untersuchungshaft durch die Staatsanwaltschaft und der Ineffizienz des formal so bombastischen Rechtsschutzes könnte aus der Praxis leicht ein ganzes Leporello-Register angelegt werden; zu den nicht nur für die gesellschaftliche Existenz, sondern sogar für Leib und Leben immer wieder vorkommenden desaströsen Konsequenzen siehe nur die Fälle des ehemaligen Spitzenmanagers Middelhoff (dazu mein Nachwort in: Middelhoff, A 115 – Der Sturz, 2017, S. 292 ff.) und des ehemaligen Ingolstädter Klinikleiters Fastenmeier (Augsburger Zeitung Nr. 298 vom 29.12.2017, S. 11). Dass der von mir im Text geprägte Begriff der „sozialen

auch durch die erhebliche Ausweitung des Vermögensarrests[12] zu einer Art „sozialer Folter" komplettiert worden ist, befinden wir uns, was die Wehrlosigkeit des beschuldigten Bürgers gegenüber den Inhabern der Staatsmacht[13] anbetrifft, quasi wieder im Jahre 1800.

3. Der 1887 als Rahmen des Dritten Paradigmas geschaffene, auf der Oberfläche erhalten gebliebene Aufbau der Strafprozessordnung steht deshalb heute nur noch als spanische Wand, hinter der sich die Wirklichkeit des Vierten Paradigmas verbirgt: Die Ersetzung der durch die Urteilsabsprachen und die Apotheose des Opfer-Prätendenten strukturell veränderten und durch den inertia- und Schulterschlusseffekt entwesten[14] Hauptverhandlung als Entscheidungszentrum des Strafverfahrens durch ein von den Strafverfolgungsbehörden mit den Mitteln der modernen Überwachungstechnik und notfalls mit der „sozialen Folter" beherrschtes, durch keinerlei Gegengewichte ausbalanciertes Ermittlungsverfahren.

II.

1. Unter den von mir als Minimal-Reformprogramm vorgeschlagenen, hier nicht erneut im Einzelnen zu diskutierenden „12 essentials"[15] liegt in meinen Augen das größte Gewicht bei der erstmals für die Ebene der EU vorgeschlagenen Institution des *Eurodefensors*, die als Abteilung *Rechtsschutz* die Ohnmacht des Beschuldigten in der häufig das Verfahrensergebnis bereits antizipierenden Phase des geheimen Ermittlungsverfahrens kompensieren und als Abteilung *Service* der charakteristischen Schwäche einer zur internationalen Aktion gezwungenen nationalen Verteidigung

---

Folter" auch vom Zweck der Geständniserzwingung her die Kontinuität zum alten Inquisitionsprozess deutlich macht, zeigen die sog. „apokryphen Haftgründe", s. *Münchhalffen*, StraFo 1999, 332 ff; *Theile*, wistra 2005, 327 ff.; *Eidam*, HRRS 2013, 292 ff.; *Schlothauer/Weider/Nobis*, Untersuchungshaft, 5. Aufl. 2016, Rn. 684 ff.

[12] § 111e StPO i.d.F. des Gesetzes zur Reform der strafrechtlichen Vermögensabschöpfung vom 13.4.2017 (BGBl. I, 872), dazu bisher OLG Stuttgart NJW 2017, 3731 m. abl. Anm. *Gubitz/Molkentin*.

[13] Um eine realistische Sicht auf die Probleme des in ausnahmslos individuellen Entscheidungsprozessen stattfindenden Strafverfahrens zu gewinnen, halte ich es für unerlässlich, die in der hegelianischen Philosophie verankerte, aber noch viel ältere Entgegensetzung von Individuum und Staat durch die Entgegensetzung des beschuldigten und machtlosen Individuums mit dem als Staatsanwalt oder Richter machthabenden Individuum zu ersetzen (und deshalb nach den Mindestbedingungen zu fragen, unter denen die Ausübung der furchtbaren Strafgewalt durch Menschen in samtbesetzter Robe gerecht sein kann, s. *Schünemann*, StraFo 2015, 177 ff.).

[14] Wobei es hier nicht der Ort ist, um die seit Jahrzehnten in Gesetzgebung und BGH-Rechtsprechung praktizierte Einschränkung der Verteidigungsrechte zu diskutieren, s. dazu *Roxin/Schünemann* (Fn. 6), § 1 Rn. 7, § 16 Rn. 3, § 24 Rn. 33a, § 51 Rn. 11, § 5 Rn. 47, 60.

[15] *Roxin/Schünemann* (Fn. 6), § 69 Rn. 3 ff.

abhelfen soll[16]. Dass diese Idee ebenso wie alle anderen des „Gesamtkonzepts" bei den Machtkonglomeraten der EU auf taube Ohren gestoßen, vermutlich nicht einmal zur Kenntnis genommen worden ist, hat mich letztlich nicht überrascht, denn sie ist ein Probierstein des liberalen Rechtsstaats und war deshalb in der auf Effizienz erpichten Europäisierung der Strafrechtspflege ein störender Fremdkörper[17]. Diese rechtsstaatliche Insuffizienz der EU kann aber naturgemäß nicht hindern, dass die Figur des Proto- oder Vorausverteidigers jedenfalls in den deutschen Strafprozess zur Wiederherstellung der Verfahrensbalance durch eine prästabilierte Rechtmäßigkeits- und dabei vor allem auch Verhältnismäßigkeitskontrolle bei einem geheimen, namentlich mit geheimdienstlichen Methoden geführten Ermittlungsverfahren eingeführt wird[18] – als geradezu more geometrico abgeleitete Folgerung aus den 3 unbestreitbaren Prämissen, dass die für das Ergebnis eines Strafverfahrens entscheidenden Weichen im Ermittlungsverfahren gestellt werden, dass die Summe der den staatlichen Machthabern in dieser Phase verfügbaren Grundrechtseingriffe der Effektivität der klassischen Folter kaum nachsteht, dass aber die für die Wahrheitsfindung und die Fairness des Verfahrens unerlässlichen Mitwirkungsrechte des Beschuldigten hier im Vergleich zur Hauptverhandlung extrem schwach ausgeprägt sind.

2. Eine detaillierte Ausführung des Stichworts „Protoverteidigung" ist im vorliegenden Rahmen nicht möglich, aber auch entbehrlich, weil es mir zunächst einmal nur darum geht, auf die Notwendigkeit einer Neustrukturierung der Verfahrensrollen aufmerksam zu machen, ohne die die Zerstörung der im Dritten Paradigma angestrebten rechtsstaatlichen Verfahrensbalance nicht aufgefangen werden kann. Wenn man den Entwurf aus dem europäischen „Gesamtkonzept" sozusagen renationalisiert und die ungewohnte Bezeichnung „Protodefensor" durch den Begriff des „Verteidigungstreuhänders" ersetzt, so ergibt sich folgendes Konzept:

---

[16] Siehe Präambel zum Abschnitt „Eurodefensor" im „Entwurf einer Regelung transnationaler Strafverfolgung in der Europäischen Union" der von mir gegründeten, von der EU im AGIS-Programm finanzierten und aus den Professoren *Asp*/Schweden, *Bacigalupo Zapater*/Spanien, *Bitzilekis*/Griechenland, *Farkas*/Ungarn, *Fründe*/Finnland, *Fuchs*/Österreich, *Hefendehl*/Deutschland, *von Hirsch*/Großbritannien, *Kaiafa-Gbandi*/Griechenland, *Militello*/Italien, *Nestler*/Deutschland, *Satzger*/Deutschland, *Schünemann*/Deutschland, *Symeonidou-Kastanidou*/Griechenland und *Szwarc*/Polen unter Mitarbeit von *Hauer*/Deutschland bestehenden Arbeitsgruppe, s. Schünemann (Hrsg.), Ein Gesamtkonzept für die europäische Strafrechtspflege, 2006, S. 49 ff.; zuvor bereits in: Schünemann (Hrsg.), Alternativentwurf europäische Strafverfolgung, 2004, S. 14 ff., und von mir vorgestellt auf der außerordentlichen Dresdener Strafrechtslehrertagung 2003, s. *Schünemann*, ZStW 116 (2004), 376, 388 ff.

[17] Näher dazu meine über mehr als ein Jahrzehnt entstandenen kritischen Aufsätze, s. *Schünemann*, Die Europäisierung der Strafrechtspflege als Demontage des demokratischen Rechtsstaats, 2014, sowie danach noch in StV 2016, 178 ff.

[18] Dass es unser Nachbarland Österreich durch die Figur des „Rechtsschutzbeauftragten" immerhin zu einer Embryonalform des Protoverteidigers gebracht hat (§ 47a öStPO und dazu die Kommentierung von *Reindl-Krauskopf*, in: Fuchs/Ratz, WK StPO, Stand 1.9.2012), wird in der offiziellen Rechtspolitik notorisch ignoriert.

Art. 1: Aufgaben

Der Verteidigungstreuhänder hat die Aufgabe, in heimlich geführten Ermittlungsverfahren durch Wahrnehmung der Verteidigungsinteressen die Verfahrensbalance zu wahren.

Art. 2: Organisation und Aufgabenerfüllung

(1) Der Verteidigungstreuhänder ist eine Bundesanstalt des öffentlichen Rechts, deren Finanzmittel in den Haushalten des Bundes und der Länder zur Verfügung gestellt werden und deren Verwaltungsrat von der Bundesrechtsanwaltskammer besetzt wird.

(2) Der Verteidigungstreuhänder beschäftigt die erforderliche Anzahl von Beamten, die seine Aufgaben in den einzelnen Strafverfahren wahrnehmen. An ihrer Spitze steht der Direktor.

(3) Solange das jeweilige Verfahren heimlich geführt wird, sind der Direktor, die weiteren Beamten und die Mitglieder des Verwaltungsrats zur Verschwiegenheit gegenüber jedermann verpflichtet.

(4) Danach sind sie zur Auskunft gegenüber dem Beschuldigten berechtigt und verpflichtet.

(5) Der Verteidigungstreuhänder nimmt seine Aufgaben in völliger Unabhängigkeit wahr und unterliegt nur der Kontrolle durch den Bundestag. Zu diesem Zweck erstattet der Verwaltungsrat jährlich dem Bundestag einen Bericht über die Tätigkeit des Verteidigungstreuhänders und ist dem Bundestag auf Anforderung zu Stellungnahmen und Erläuterungen verpflichtet.

(6) Die Aufgabenerfüllung steht im pflichtgemäßen Ermessen des Verteidigungstreuhänders.

Art. 3: Die Verfahrensrechte

Solange das Ermittlungsverfahren heimlich geführt wird,

(1) ist der Verteidigungstreuhänder von solchen Verfahrensvorgängen zu informieren, in denen eine Telefonüberwachung, eine Abhörmaßnahme in Wohnräumen oder der Einsatz von verdeckten Ermittlern oder V-Leuten angeordnet werden sollen. Er hat das Recht zur Stellungnahme, insbesondere zur Geltendmachung eines Vorbehalts der Unvereinbarkeit mit dem Gesetz einschließlich des Verhältnismäßigkeitsgrundsatzes. Er kann ferner gegen die Anordnung oder Durchführung dieser Ermittlungsmaßnahmen dieselben Rechtsbehelfe ergreifen, die auch dem Beschuldigten zustünden;

(2) hat der Verteidigungstreuhänder das Recht zur beobachtenden Teilnahme an allen förmlichen Vernehmungen.

III.

1. Eine entsprechende Rollendifferenzierung halte ich auch auf der Seite der Strafverfolgungsbehörden für geboten. Als Vorbild könnte die nach dem Bundesstrafprozessrecht der USA bestehende Möglichkeit dienen, für das Ermittlungsverfahren einen „Special Counsel" zu bestellen, wenn die Untersuchung durch einen Bundesstaatsanwalt oder eine Abteilung des Justizministeriums (Department of Justice) einen Interessenkonflikt für das Ministerium auslösen würden oder andere au-

ßerordentliche Umstände vorliegen, so dass es im öffentlichen Interesse liegt, dass ein Außenstehender die Verantwortung in der Sache übernimmt[19]. Dieser Sonderstaatsanwalt führt das Verfahren sodann weitgehend unabhängig, wenn auch unter einer Art Rechtsaufsicht des Justizministers (Attorney General), der seinerseits dem Congress verantwortlich ist.[20] In Deutschland hat diese Prozessrolle durch die Figur des Sonderstaatsanwaltes Kenneth Starr in der Clinton-Lewinsky-Affäre eine zweifelhafte Berühmtheit erlangt, weil man dem hier sehr beliebten Präsidenten Clinton seine (im Unterschied zu Kennedy schon während seiner Amtszeit notorischen) sexuellen Eskapaden gerne nachsah[21] und nicht begriff, dass es um die Konsequenzen eines von ihm während der Amtszeit geleisteten Meineides ging. In der Fachdiskussion sprechen sich dagegen zahlreiche, womöglich schon die Mehrheit bildende Stimmen für eine der Richterstellung nahekommende, generelle Unabhängigkeit des Staatsanwalts aus[22], was in meinen Augen wegen der Zuordnung der Staatsanwaltschaft zur Exekutive jedoch zu weit geht und auch wegen der Beschränkung der Weisungsbefugnis durch das Legalitätsprinzip im Normalfall unnötig ist[23]. Die amerikanische Mittellösung hat deshalb einiges für sich, falls sich Fallgruppen identifizieren lassen, in denen die Weisungsabhängigkeit typischerweise zur Beeinträchtigung der Objektivität führt.

2. In der Tat lassen sich mindestens 2 Fallgruppen angeben, in denen eine suboptimale Amtswaltung der Landes- oder Bundesstaatsanwaltschaft zu besorgen ist. Es geht einmal um die (sei es durch Selbstmord, sei es durch Mord) herbeigeführten Todesfälle im politischen Bereich. Ich nenne exemplarisch die Fälle von Baader, Enslin und Raspe, Oktoberfestattentat, Barschel, Herrhausen und Rohwedder, Grams und Möllemann sowie zuletzt Mundlos und Böhnhardt.[24] Der andere Bereich wird von

---

[19] Titel 28 Abschnitt 6 § 600.1 des Code of Federal Regulations (CFR).

[20] Zu Einzelheiten s. §§ 600.6–600.9 CFR.

[21] Während der frühere FDP-Wirtschaftsminister Brüderle für eine von der „Betroffenen" erst nach einem Jahr öffentlich gemachte Bemerkung an einer Nachtbar, seine Gesprächspartnerin verfüge über eine für die modisch gewordene Oktoberfesttracht passende Figur, eine Art Medienostrakismus erleben musste. Wenn man dieses Niveau der deutschen Medienlandschaft neben das Beispiel des Bundestages stellt, von dessen 631 Abgeordneten in der 18. Legislaturperiode bei der Abstimmung über die „Ehe für alle" 623 anwesend waren, bei der sogleich anschließenden über das für die Meinungsfreiheit der gesamten Gesellschaft höchst prekäre Netzwerkdurchsetzungsgesetz nur noch 50, so muss man sich freilich fragen, ob es noch irgendeinen Sinn macht, sich über Probleme des Rechtsstaats in dieser Republik den Kopf zu zerbrechen.

[22] Dazu eingehend m.z.w.N. *Carsten/Rautenberg*, Die Geschichte der Staatsanwaltschaft in Deutschland bis zur Gegenwart, 3. Aufl. 2016, S. 492 ff.

[23] *Schünemann*, GS f. Weßlau, 2016, S. 351, 361 f.

[24] Vgl. dazu *Aust*, Der Baader-Meinhof-Komplex, 1985; *Weidenhammer*, Selbstmord oder Mord?, 1988; *Chaussy*, Oktoberfest. Ein Attentat, 1985/2014; *Wille*, Ein Mord, der keiner sein durfte, 2001; *Wisnewski/Landgraeber/Sieker*, Das RAF-Phantom, 2008; LG Bonn, Urt. v. 29.9.1998 Az. 1 O 274/96 (juris); *Bauszus*, Focus-online v. 5.6.2013; Thüringer Landtag Drucksache 5/8080 v. 16.7.2014, Bericht des Untersuchungsausschusses 5/1 „Rechtsterrorismus und Behördenhandeln"; zu der in diesem Bereich hohen Letalitätsrate von Beschul-

den aktuellen Kriegshandlungen Deutschlands oder auf deutschem Gebiet gebildet, die allesamt in völkerrechtlicher wie in innerstaatlicher Hinsicht rechtlich äußerst prekär sind[25] und deshalb gewöhnlich mit euphemistischen Wendungen wie „humanitäre Interventionen" o. ä. verharmlost werden. Mit dem weit weniger camouflierten Realitätssinn der USA, der sich etwa auch in der treffenden Bezeichnung „plea bargaining" gegenüber dem verschwiemelten Terminus „Verständigung" in § 257c StPO zeigt, wird für solche Fälle deutlich von einem „Interessenkonflikt" gesprochen, der natürlich nicht im „Staat" als Inbegriff der Rechtsordnung, wohl aber zwischen den verschiedenen Teilhabern des um die Idee des Staates herum gruppierten Machtkonglomerats auftreten kann.

3. Freilich kann die konkrete amerikanische Lösung auch nicht recht überzeugen, denn wenn der Justizminister über die Einsetzung des Sonderstaatsanwalts und dessen Auswahl entscheidet, kann leicht der Bock zum Gärtner gemacht werden. Eine bessere Lösung könnte darin bestehen, dass eine hinreichend qualifizierte Minderheit des Parlaments die Einsetzung verlangen kann und über die Auswahl der Person mitentscheidet, beispielsweise durch ein begrenztes Veto. Als Vorbild könnte das Recht zur Einsetzung parlamentarischer Untersuchungsausschüsse herangezogen oder sogar bei strafrechtlich relevanten Sachverhalten und laufenden Ermittlungsverfahren hierauf reduziert werden. Denn die Erfahrung mit einer parallel zu einem Strafverfahren laufenden parlamentarischen Enquête haben gezeigt, dass der Einsatz eines parlamentarischen Untersuchungsausschusses als typisches Instrument der Parteipolitik die Wahrheitsfindung in einem parallel laufenden strafrechtlichen Ermittlungsverfahren erheblich beeinträchtigen kann.[26] Ferner ist es natürlich mit dem Einsetzen eines unabhängigen Staatsanwalts nicht getan, solange nicht dafür gesorgt wird, dass der von ihm benötigte Polizeiapparat korrekt und loyal arbeitet und nicht etwa für die Ermittlungen notwendige Spuren beseitigt. Wenn die Nackenhaut von Baader oder die Festplatte von Max Strauß auf dem Weg zur kriminaltechnischen Untersuchung verschwinden, wenn die Asservate vom Oktoberfestattentat von der Bundesanwaltschaft vernichtet werden und die abgerissene Hand nicht mehr aufzufinden ist oder wenn schließlich das Wohnmobil von Mundlos und Böhnhardt in einer jede präzise Analyse vereitelnden Weise vom Fundort abtransportiert wird, kann auch ein Sonderstaatsanwalt nicht mehr viel bewirken. Die Schaffung eines eigenen Straftatbestandes der Beseitigung von Tatspuren wäre deshalb eine notwendige, aber bei weitem nicht hinreichende Ergänzungsmaßnahme, um der Institution des Sonderstaatsanwalts zur Bereinigung von Interessenkonflikten innerhalb des staatlichen Machtapparats Effizienz zu verleihen.

---

digten und Zeugen exemplarisch am Beispiel des Oktoberfestattentats *Ganser*, NATO-Geheimarmeen in Europa, 13. Aufl. Zürich 2016, S. 324.

[25] Nachw. b. *Roxin/Schünemann* (Fn. 6), § 3 Rn. 29.
[26] *Schünemann*, FS f. Ostendorf, 2015, S. 817 ff.

IV.

1. Die dritte und vielleicht wichtigste Ausdifferenzierung der Rollenstruktur sehe ich im Bereich des erkennenden Gerichts bei den Laienbeisitzern. Abermals kann ich hierzu nur Stichworte geben. Die ganz überwiegend und nach meinen Erfahrungen mit Recht herrschende Skepsis, ob die Figur des Schöffen überhaupt irgendeine rechtsstaatlich positive Funktion ausübt[27], kann mit einem Schlage beschwichtigt werden, wenn man zumindest für einen der beiden Schöffen die Qualifikation zum Richteramt oder noch besser dessen Zulassung als Rechtsanwalt vorschreibt. Die im 19. Jahrhundert einmal für das Schöffengericht Pate stehende Idee, dass die Schöffen als Ersatz der Geschworenen ein Residuum der Volksgerichtsbarkeit darstellen könnten, entbehrt heute jeder Plausibilität. Doch bleibt der Schöffe an sich wegen der ihm nicht gewährten Aktenkenntnis[28] und seines fehlenden Einbaus in den Justizapparat sowohl gegen den inertia- als auch gegen den Schulterschluss-Effekt gefeit, weshalb man ihn nur noch gegen die Überwältigung durch das Prestige und die Rabulistik des rechtskundigen Richters zu schützen braucht, um die durch diese Effekte beeinträchtigte Neutralität der Richterbank wiederherzustellen. Und genau das kann durch die Berufung von Juristen, noch besser von Rechtsanwälten zum Schöffenamt in einfacher Weise garantiert werden.

2. Mit dieser Evolution der Rolle der Laienrichter durch die Nutzung des Sachverstandes von Rechtsanwälten muss es hier sein Bewenden haben. Dass ein gelegentliches Hospitieren von (dazu abgeordneten) Berufsrichtern in Anwaltskanzleien die in meinen Augen zunehmende Engstirnigkeit dieser Profession aufbrechen könnte, wäre bei einer anderen Gelegenheit zu verfolgen.

V.

Im zweiten Teil meiner Überlegungen möchte ich noch einen Blick auf diejenigen Felder werfen, auf denen sich die praktische Unzulänglichkeit des Dritten Paradigmas als erstes gezeigt und die deshalb eine Art Rammbock für dessen Zerstörung gebildet haben, nämlich das Verfahren gegen die organisierte Kriminalität (im Folgenden: OK) und das Wirtschaftsstrafverfahren.

1. a) Die Notwendigkeit eines neuen Prozessmodells zur Bekämpfung der organisierten Kriminalität ist im Kern eine Frage der notwendigen Modernisierung des Strafverfahrens, denn die organisierte Kriminalität tritt uns als Ergebnis einer Modernisierung des rechtsgüterverletzenden Verhaltens entgegen.[29] Die Netzwerke

---

[27] Nachw. b. *Roxin/Schünemann* (Fn. 6), § 6 Rn. 17.
[28] *Roxin/Schünemann* (Fn. 6), § 6 Rn. 17, § 46 Rn. 6.
[29] Zwar hat es organisierte Gruppen, die die staatliche Rechtsordnung nicht anerkennen und gerade daraus ihre materiellen Ressourcen gewinnen, bis vor etwa 250 Jahren in großer Zahl gegeben, etwa in Form der bis zur Mitte des 18. Jahrhunderts existierenden Räuberbanden. Doch waren damals die gegen sie durchgeführten Strafverfahren höchst einfach, denn

der modernen OK befinden sich nicht, wie früher bei den Räuberbanden, in den Wäldern, sondern in der Gesellschaft selbst und können in der Regel nur mit geheimdienstlichen Methoden sichtbar gemacht werden. Viele einzelne Beiträge der Mitglieder der organisierten und auf kriminelle Handlungen ausgerichteten Gruppe sind auch äußerlich völlig unauffällig, so dass ohne eine Aufklärung des Gesamtzusammenhanges und damit zumindest eines großen Teils der Netzwerkbeziehungen ein strafrechtlicher Vorwurf nicht einmal formuliert und weder ein Ermittlungsprogramm für das Ermittlungsverfahren noch ein in der Hauptverhandlung zu errichtendes Beweisgebäude festgelegt werden kann.[30] Die Konsequenzen bestehen in einer Amalgamierung des repressiven Strafverfahrens mit der präventiven polizeilichen Überwachung und in einer immer weiteren Ausdehnung der geheimdienstlichen Spionage in ganze Lebensbereiche[31] mit dem vorläufigen Höhepunkt der erst vor kurzem auf einem Schleichweg auch in den Strafprozess eingeführten sog. online-Durchsuchung.[32] Hierdurch werden die Beweise gewissermaßen in Echtzeit erhoben; die Inhaber der Staatsmacht schleichen sich in die innerste Persönlichkeit des Beschuldigten ein, die sich beim Durchschnittsbürger heutzutage in seinem PC materialisiert; und altmodische Grundrechtsgewährleistungen wie etwa das Schweigerecht des Beschuldigten verlieren jegliche Bedeutung, wenn die Tat und ihr Eingeständnis unter laufender Überwachung zu Protokoll gegeben werden.

b) Dass eine derartige Zusammenziehung von Tat, Beweis und Geständnis in eine einzige technische Aufzeichnung mit dem Dritten Paradigma des hauptverhandlungszentrierten Strafverfahrens schlechterdings nichts mehr zu tun hat, bedarf keiner weiteren Darlegung. Es wäre anmaßend zu glauben, ein gleichwohl den Anforderungen des Rechtsstaats genügendes Viertes Paradigma in einem kurzen Beitrag entwickeln zu können. Mein Vorschlag des Verteidigungstreuhänders kann nur ein

---

wenn man die Banden fasste, geschah dies normalerweise in flagranti und damit aufgrund einer klaren Beweislage.

[30] Freilich gilt das natürlich nur für die in großem Format auftretende, wirklich gefährliche organisierte Kriminalität, namentlich die den Rauschgifthandel und den Menschenhandel organisierenden Mafiagruppen, Waffenschmuggelringe, internationale Organisationen zur Hinterziehung der Umsatzsteuer, terroristische Organisationen, Netzwerke der Geheimdienste zur Industriespionage, koordinierte Gruppen zur Durchführung gigantischer Spekulationen an den internationalen Börsen im Bereich von Rohstoffen, Edelmetallen und Währungen. Die in RiStBV Anl. E Nr. 2.1 gegebene, mit Recht vielfach kritisierte Definition der organisierten Kriminalität ist dagegen viel extensiver und erfasst so weite Bereiche der ganz gewöhnlichen Kriminalität, dass man von ihr nicht auf die Notwendigkeit eines neuen Prozessmodells schließen kann.

[31] Vgl. nur *Park*, Wandel des klassischen Polizeirechts zum neuen Sicherheitsrecht, 2013; *Bäcker*, Kriminalpräventionsrecht, 2015; *Brodowski*, Verdeckte technische Überwachungsmaßnahmen im Polizei- und Strafverfahrensrecht, 2016; *Rottmeier*, Kernbereich privater Lebensgestaltung und strafprozessuale Lauschangriffe, 2017.

[32] Die Einfügung des neuen § 100b StPO durch Art. 3 des Gesetzes zur effektiveren und praxistauglicheren Ausgestaltung des Strafverfahrens vom 24. August 2017 (BGBl. I, 3202) geht nicht auf den Regierungsentwurf, sondern erst auf einen Beschluss des Rechtsausschusses zurück und reduzierte dadurch die öffentliche Auseinandersetzung auf ein Minimum.

allererster Schritt sein. Was von einer offiziellen Rechtspolitik zu halten ist, die nicht einmal solche ersten Schritte auch nur diskutiert, will ich nicht wiederholen.

2. Anders, aber nicht weniger fundamental ist der notwendige Paradigmenwechsel bei Wirtschaftsstrafverfahren. Dass sie im Dritten Paradigma nicht mehr bewältigt werden können, hat keinen qualitativen, sondern einen freilich unüberwindlichen quantitativen Grund.

a) Die mindestens enorme, häufig abnorme Komplexität der Wirtschaftsstrafverfahren scheint zwar auf den ersten Blick eine Kompensation der eingangs aufgeführten, die Objektivität der richterlichen Tatsachenfeststellung beeinträchtigenden inertia- und Schulterschlusseffekte bereits auf der qualitativen Ebene noch viel schwieriger zu machen als im allgemeinen Strafverfahren. Aber eine solche Schlussfolgerung wäre in meinen Augen voreilig, weil die größte informationsdeformierende Kraft der genannten Effekte, also gewissermaßen ihre Domäne, in der Beurteilung der Glaubwürdigkeit von Zeugen und der Interpretation ihrer oft mehrdeutigen Aussagen liegt, so dass sie in Wirtschaftsstrafverfahren wegen der hier typischen Dominanz des Urkundenbeweises ihr größtes Wirkungsfeld einbüßen.

b) Entscheidend ist vielmehr der quantitative Gesichtspunkt, den ich in die These von dem exponentiell wachsenden Zeitbedarf bei der Rekonstruktion von Wirklichkeit fassen möchte. So mag etwa eine (behauptete) Vergewaltigung oder ein Einbruchsdiebstahl eine Stunde dauern. Für die Beweisaufnahme darüber benötigt man mindestens einen Tag, in Deutschland in dem spektakulären Kachelmann-Fall sogar ein Jahr. Um die Umstände vollständig aufzuklären, die über ein Jahr lang zu der Insolvenz eines großen Unternehmens führen, würde man vermutlich in einer Hauptverhandlung 10 Jahre benötigen. Und um die globale Finanzkrise aufzuklären, die ja in unverantwortlichen Massenspekulationen mit wertlosen Papieren nach Art eines globalen Glücksspiels bestanden hat[33], würde man vielleicht ein Jahrhundert benötigen. Als das Dritte Paradigma geschaffen wurde, waren derartige Prozesse weder geläufig noch voraussehbar, so dass man dessen Schöpfern keinen Vorwurf wegen ihrer fehlenden Berücksichtigung machen kann. Es geht vielmehr auch hier um die notwendige Anpassung des Strafrechts und des Strafverfahrens an die Veränderung, konkret die Modernisierung des rechtsgüterverletzenden Verhaltens, die in einer entsprechenden Modernisierung bestehen muss, bei der aber eben das rechtsstaatliche Niveau nicht preisgegeben werden darf, sondern in einer modernisierten Form realisiert werden muss – konkret also darum, ob und ggf. wie man den in der die Wirtschaftskriminalität betreffenden Strafrechtspflege tätigen Juristen, vor allem den Richtern, einen prozessualen Rahmen schaffen kann, innerhalb dessen

---

[33] Die strafgerichtliche Aufarbeitung hat durchweg mit Einstellungen gem. § 153a StPO geendet, die rechtswissenschaftliche Aufarbeitung hält trotz des Zeitablaufes weiterhin an, s. *Schünemann*, in: ders. (Hrsg.), Die sogenannte Finanzkrise – Systemversagen oder global organisierte Kriminalität?, 2010, S. 71 ff.; *Kasiske*, in: Schünemann (Hrsg.), Die sogenannte Finanzkrise (usw.), S. 13 ff.; *ders.*, ZRP 2011, 137 ff.; *Löwer*, Die strafrechtliche Aufarbeitung der Wirtschafts- und Finanzkrise, 2017; *Höft*, Strafrechtliche Aufarbeitung der Finanzkrise, im Druck.

sie die Komplexität der Wirklichkeit in einer angemessenen Zeit, in rechtsstaatlichen Form und mit hinreichenden Garantien für die Wahrheitsfindung bewältigen können. Im Zentrum stehen die Monsterverfahren, über deren Probleme man schon in der Weimarer Zeit diskutiert hat und denen beispielsweise vor über 40 Jahren der Deutsche Juristentag 1974 im Strafrecht gewidmet war, dem weitere zum selben oder ähnlichen Thema folgten[34]. Was die Gesetzgebung hierzu seitdem angeboten hat, bildet ein weiteres „Wetterzeichen für den Untergang der deutschen Rechtskultur"[35], denn die auf Verfahrensbeschleunigung abzielenden punktuellen Eingriffe des Gesetzgebers in die Architektur der Strafprozessordnung haben, wenn sie überhaupt ein Problem gelöst haben, in der Regel dafür ein anderes, meist noch gravierenderes erzeugt. So hat etwa die unablässige Ausdehnung der Unterbrechungsmöglichkeiten und der hierfür geltenden Pausenzeiten in § 229 StPO dazu geführt, dass die vom Gesetz in § 261 StPO geforderte Gründung der Hauptverhandlung auf den im Gedächtnis reproduzierbaren Inbegriff der Hauptverhandlung faktisch abgeschafft worden ist und das Urteil in Wahrheit auf interne, den Prozessbeteiligten nicht zugängliche[36] und hoch lückenhafte Notizen der Richter oder, noch schlimmer, auf diskretes Nachschlagen in den Ermittlungsakten gestützt werden muss. Ein anderes Beispiel: Die Einführung des Selbstleseverfahrens (§ 249 Abs. 2 StPO) hat dem Gericht die Möglichkeit verschafft, in eine Fülle beiläufiger Dokumente einige wenige prozessentscheidende Urkunden einzuschmuggeln, von deren ausschlaggebender Bedeutung der Angeklagte und seine Verteidigung nicht selten erst in den schriftlichen Urteilsgründen überrascht werden[37]. Nicht ohne Pikanterie ist, dass der auf diese Weise hinter die Urlaubspläne von Richtern zurücktretende und die Unterwanderung eines effizienten rechtlichen Gehörs befördernde Beschleunigungsgrundsatz in der Judikatur von BGH und Bundesverfassungsgericht nichtsdestotrotz eine schlagkräftige Waffe bleibt, um Einschränkungen der Verteidigungsrechte zu begründen[38].

c) Die von mir anderweitig geforderten „12 essentials"[39] können sicherlich eine Abmilderung des quantitativen Dilemmas der Wirtschaftsstrafverfahren, aber keine definitive Lösung bewirken. Für geradezu kontraproduktiv halte ich dagegen die gegenwärtig so vielfach propagierte Etablierung eines Unternehmensstraf-

---

[34] Nachw. b. *Roxin/Schünemann* (Fn. 6), § 16 Rn. 7.
[35] Dazu am Beispiel der Absprachen *meine* gleichnamige Broschüre, 2005.
[36] BGH StV 2010, 228, 229 (Tz. 20, juris).
[37] In dieser Hinsicht hätte es eine (freilich begrenzte) Verbesserung bedeutet, wenn sich der Vorschlag Nr. 14.5 der „Expertenkommission" durchgesetzt hätte, das Selbstleseverfahren durch die Pflicht des Gerichts zur Mitteilung des wesentlichen Inhalts der betreffenden Urkunden zu verbessern (dazu *Schünemann*, StraFo 2016, 45, 52), aber nicht einmal das findet sich im Gesetz zur effektiveren und praxistauglicheren Ausgestaltung des Strafverfahrens vom 17. August 2017 wieder.
[38] Vgl. nur *Roxin/Schünemann* (Fn. 6), S. 4, 89 m.w.N.
[39] *Roxin/Schünemann* (Fn. 13).

rechts.⁴⁰ Während ich auf deren materiellrechtliche Aporien hier nicht eingehen kann⁴¹, möchte ich in aller Kürze darlegen, dass der Zug meines Erachtens unter prozessualen Aspekten genau in die umgekehrte Richtung fahren muss. Denn die bis heute gesetzlich brachliegende, aber schlechthin ausschlaggebende Ressource für eine Bewältigung des Komplexitätsproblems in Wirtschaftsstrafsachen liegt in einem Einbau unternehmensinterner Ermittlungen in das staatliche Strafverfahren⁴², was aber vom Staat naturgemäß nur verlangt werden kann, wenn er das Unternehmen von jeder strafrechtlichen oder strafrechtsähnlichen Verantwortlichkeit befreit. In materiell-strafrechtlicher Hinsicht wäre damit auch gar nichts verloren, sondern umgekehrt endlich ein schon bei der heutigen Bußgeldhaftung Ärgernis erregender innerer Widerspruch beseitigt: Weil das nur im Denkmodell der Androhungsgeneralprävention konstruierbare und legitimierbare Strafrecht für die Verhängung einer Sanktion allein wegen einer in der Vergangenheit vorgekommenen Rechtsgutverletzung deren Vermeidbarkeit durch das zu sanktionierende Subjekt voraussetzt, fällt jede repressive Sanktionierung eines Kollektivs auf das archaische Weltbild des persischen Großkönigs Xerxes zurück und ist deshalb ebenso ungerecht wie töricht. Zu den hierzu zur Genüge ausgetauschten Argumenten möchte ich nur noch hinzufügen, dass eine gegen das Unternehmen verhängte Geldsanktion diesem einen entsprechenden Schadensersatzanspruch gegen sein schuldiges Organ verschafft, dessen Durchsetzung das Organ also doppelt bestrafen, für das Unternehmen aber zu einem Nullsummenspiel führen und dadurch die ganze Veranstaltung ad absurdum führen würde. Um dies zu vermeiden, müssten Unternehmensstrafen in einer Höhe verhängt werden, die einen Regress beim Organ von vornherein ausschlösse. Das würde, von der fehlenden materiellrechtlichen Legitimierbarkeit solcher Strafen ganz abgesehen, ab ovo ein Blockadeinteresse des Unternehmens erzeugen und dadurch die quantitativen Hürden noch weiter steigern.

d) An dieser Stelle berühren sich deshalb die speziellen Desiderate des Wirtschaftsstrafverfahrens mit der modernen Entwicklung des Ermittlungsverfahrens zum Zentrum des Strafverfahrens. Wenn die Aufklärung des objektiven Tatbestandes in Wirtschaftsstrafsachen schon im Ermittlungsverfahren abschließend geleistet werden können soll, setzt dies auf der einen Seite eine aktive Mitwirkung der Verteidigung im Sinne des partizipatorischen oder kompensatorischen Ermittlungsverfahrens und natürlich ab einer gewissen Schwelle auch die Einbeziehung des Ge-

---

⁴⁰ Obwohl dieses Thema seit sechs Jahrzehnten mit immer wieder dem gleichen (negativen) Ergebnis diskutiert worden ist, hat der erneute Vorstoß eines ehrgeizigen Landesjustizministers in kaum mehr als 2 Jahren eine Legion an Publikationen, eine Ankündigung im Koalitionsvertrag vom 7.2.2018 (Zeile 5912 ff.) und einen „von der Volkswagen-Stiftung großzügig unterstützen" „Kölner Entwurf eines Verbandssanktionengesetzes" (NZWiSt 2018, 1 ff.) gezeitigt.

⁴¹ Abgewogen der *Jubilar* in GA 2015, 260 ff.; *mein* Standpunkt findet sich in GA 2015, 279 ff. und in ZIS 2014, 1 ff.

⁴² Auch dieses äußerst intrikate Thema ist in exponentiellem Wachstum begriffen, vgl. nur Rübenstahl/Tsambikakis (Hrsg.), Internal Investigations, 2012; w.N. b. *Roxin/Schünemann* (Fn. 6), § 25 Rn. 14.

richts voraus, auf der anderen Seite aber auch eine aktive Mitarbeit des Unternehmens selbst. Realistisch ist das aber nur, wenn das Unternehmen nicht als Quasi-Beschuldigter, sondern als Ermittlungshilfsperson der Staatsanwaltschaft in das Verfahren förmlich eingebaut wird, so wie es in den „Internal Investigations" in den spektakulären Prozessen der letzten Jahre zunehmend der Fall gewesen ist[43], aber nach der geltenden Rechtslage ja gerade nicht erzwungen werden kann.

e) Die Ausgestaltung eines derartigen „Ermittlungsverbundes" geht über die vorliegend nur zu leistenden Stichworte weit hinaus. Es geht dabei ohne Zweifel um ein wahrhaft neues, Viertes Paradigma des Strafverfahrens. Dass die damit intendierte Umgestaltung nicht nur des Ermittlungsverfahrens, sondern des gesamten Strafverfahrens mit dem Verfolgungsinteresse des Staates durchaus vereinbar wäre, ist mir nicht zweifelhaft. Die frühe Mitwirkung der Verteidigung wäre hier anders als bei der ordinären Kriminalität faktisch möglich und normativ angebracht, weil die dafür erforderlichen, nicht unbeträchtlichen Finanzmittel in der Wirtschaft normalerweise zur Verfügung stehen und weil die in ordinären Strafverfahren drohende Beseitigung aller Beweismittel wegen der in der Regel umfassend dokumentierten Unternehmenstätigkeit und der Möglichkeit, alle Dokumente mithilfe des Unternehmens frühzeitig sicherzustellen, allenfalls in geringem Umfange zu besorgen ist. Wenn das Unternehmen selbst als beliehener Unternehmer an der Sachverhaltsaufklärung mitwirkt, folgt daraus eo ipso die Aussagefreiheit der beschuldigten Mitarbeiter, die gegenwärtig ein zentrales und schwer lösbares Problem darstellt.[44] Am Ende des Ermittlungsverfahrens könnte dann entweder ein echter Konsens über das Ermittlungsergebnis mit Verzicht auf eine zusätzliche Hauptverhandlung stehen oder ein den objektiven Tatbestand betreffender Feststellungsbeschluss des Gerichts, an den sich für den subjektiven Tatbestand eine konzentrierte Hauptverhandlung anschließen würde.

f) Es versteht sich, dass ich die Einzelheiten einer Mitwirkungspflicht des Unternehmens bei der Sachverhaltsaufklärung hier nicht diskutieren kann. Wegen der unterschiedlichen Vertrauenswürdigkeit der für das betroffene Unternehmen handelnden Organe wäre ein Wahlrecht der Staatanwaltschaft vorzusehen, ob sie die Verpflichtung und (partielle) Delegation überhaupt vornehmen will. Eine entsprechende Pflicht des Unternehmens wäre wohl nur bei Körperschaften i.e.S. zu statuieren, also bei Aktiengesellschaften und GmbHs ab einer bestimmten Größe, vielleicht auch bei körperschaftlich organisierten großen Personengesellschaften, wobei diejenigen Unternehmensorgane, die selbst Beschuldigte wären, von der Vertretung bei der Leistung der Aufklärungshilfe ausgeschlossen wären. Von der Abschaffung pönaler Unternehmenssanktionen bliebe natürlich die Einziehung der Tatvorteile unberührt, die

---

[43] Nachw. Fn. 42.
[44] Nachw. Fn. 42.

schon heute aufgrund der zutreffenden Intuition der Praxis den wesentlichen Teil der Verbandsgeldbuße ausmacht.[45]

VI.

Wer nur Stichworte gibt, sollte auf eine Zusammenfassung verzichten. Deshalb statt ihrer: Ad multos annos!

---

[45] So entfielen im Fall der MAN von den 150,6 Mio. Euro nur 0,6 Mio. auf den Sanktionszweck, 150 Mio. auf den Zweck der Gewinnabschöpfung, siehe *Taschke*, NZWiSt 2012, 94.

Zum zähen Ringen der Gerichte um den Umgang mit staatlich provozierten Straftaten

Von *Gerhard Seher* und *Beatrice Grothe-Meumann*

Einleitung

Die Aufklärung von Straftaten kann es erfordern, im Kreise der Verdächtigen heimlich zu ermitteln. Vor allem in Zirkeln der organisierten Kriminalität ist es mit den üblichen, offenen Instrumenten der Straftatverfolgung kaum möglich, die verschworenen und verschwiegenen Strukturen so weit aufzubrechen, dass verwertbare Informationen gewonnen werden können. § 110a StPO hat für den Einsatz Verdeckter Ermittler eine gesetzliche Grundlage geschaffen. Häufig werden auch V-Leute angeworben – Privatpersonen, die der kriminellen Szene in aller Regel näher stehen als den Staatsorganen –, weil man sich von ihnen mit geringerem Aufwand einen mindestens ebenso großen Aufklärungsnutzen verspricht.

Immer wieder aber gehen diese *heimlichen Ermittler* (so seien Verdeckte Ermittler und V-Personen hier gemeinschaftlich benannt) über ihren anfänglichen Auftrag, bereits begangene Straftaten aufzuklären, hinaus, indem sie – mehr oder weniger aktiv – in die Begehung *neuer* Taten involviert sind. Eine wachsende Zahl solcher Fälle beschäftigt seit langem die Gerichte, und gerade in letzter Zeit häufen sich die höchstgerichtlichen Judikate, in denen es um derartige Tatprovokationen geht. Der Europäische Gerichtshof für Menschenrechte (EGMR) hat in seiner vielbeachteten Entscheidung Furcht vs. Deutschland[1] strenge Maßstäbe dafür gesetzt, wann wegen einer Straftat verurteilt werden darf, die durch das Handeln heimlicher Ermittler (mit) initiiert worden ist. Das Bundesverfassungsgericht (BVerfG) hat sich danach in einem Kammerbeschluss ebenfalls zu dieser Problematik geäußert[2], und verschiedene Strafsenate des Bundesgerichtshofes (BGH) ringen mit- und gegeneinander um eine einheitliche und menschenrechtskonforme Position zur Rechtmäßigkeit von Tatprovokationen und zur Aburteilung provozierter Straftaten.[3]

---

[1] EGMR, Urt. v. 23.10.2014 – Az. 54648/09 (Furcht vs. Deutschland) = NStZ 2015, 412.

[2] BVerfG, 2. Kammer des Zweiten Senats, Beschl. v. 18.12.2014 – Az. 2 BvR 209/14, 2 BvR 240/14, 2 BvR 262/14 = NJW 2015, 1083.

[3] Nach dem soeben erwähnten Urteil des EGMR ergingen drei Entscheidungen verschiedener Strafsenate des BGH: BGH, Beschl. v. 19.5.2015 – Az. 1 StR 128/15 = NStZ 2015, 541 (1. Senat); BGH, Urt. v. 10.6.2015 – Az. 2 StR 97/14 = NStZ 2016, 52 (2. Senat); BGH, Beschl. v. 19.1.2016 – Az. 4 StR 252/15 = NStZ 2016, 232 (4. Senat).

Die Vielstimmigkeit dieses Rechtsprechungskonzertes fordert eine kritische Bestandsaufnahme heraus – vor allem angesichts einer vordringenden Stimmung in der wissenschaftlichen Literatur, die der Praxis der Tatprovokation distanziert gegenübersteht.[4] Die folgenden Überlegungen werden in einem dreischrittigen Gedankengang entfaltet: Zunächst ist der gesetzliche Rahmen abzustecken, innerhalb dessen das Handeln heimlicher Ermittler nach deutschem Strafverfahrensrecht zulässig ist. Der zweite Abschnitt bezieht auch die EMRK mit ein und analysiert, ausgehend von den Judikaten des EGMR, den diffusen Stand der Rechtsprechung des Bundesverfassungsgerichts und des BGH. Auf der Grundlage dieser Bestandsaufnahme kann schließlich im dritten Abschnitt ausgelotet werden, wann und warum eine Tatprovokation rechtswidrig ist und welche Rechtsfolgen dieser Befund nach sich ziehen sollte.

I. Der gesetzliche Auftrag heimlicher Ermittler und seine Grenzen

Handlungen heimlicher Ermittler greifen typischerweise in geschützte Rechtspositionen der von ihnen ausgeforschten Personen ein – jedenfalls in das Recht auf informationelle Selbstbestimmung, das tangiert ist, sobald der Betroffene Informationen preisgibt, ohne zu wissen, dass Staatsorgane die Preisgabe initiiert haben und die Informationen verwerten wollen.[5] Damit bedürfen solche Handlungen einer gesetzlichen Ermächtigung. Interessant ist dabei hier allein die Frage, ob solche Ermächtigungen auch die Provokation einer neuen Straftat abdecken.

1. Bestehende und fehlende gesetzliche Ermächtigungen

Einsätze Verdeckter Ermittler sind ausschließlich in § 110a der *Strafprozessordnung* geregelt. Ihre Tätigkeit ist damit gesetzessystematisch dem *repressiven* Polizeihandeln zugeordnet: Sie „dürfen zur Aufklärung von Straftaten eingesetzt werden". Aber das Gesetz begrenzt zugleich ihren Einsatz auf diese Aufgabe, indem es weitere Zielsetzungen oder Handlungsermächtigungen nicht nennt.

Auf eine gesetzliche Ermächtigung für den Einsatz von *V-Personen* hat der Gesetzgeber dagegen bekanntermaßen verzichtet. Ihm erschienen die §§ 161, 163 Abs. 1 StPO als ausreichende Grundlage für die Entscheidung der Strafverfolgungs-

---

[4] Der Jubilar, dem dieser Beitrag mit allen guten Wünschen zugeeignet sei, hat sich mehrfach fundiert zu den hier besprochenen Fragen geäußert. Die im Folgenden gegebenen Hinweise auf die Schriften von Klaus Rogall zeigen, wie prägnant – und bis heute wegweisend – er zum Phänomen staatlicher Tatprovokation Stellung genommen hat.

[5] BVerfGE 65, 1, 41 ff.; 118, 168, 184; Schmidt-Bleibtreu/*Hofmann*/Hennecke, GG, 14. Aufl. 2018, Art. 2 Rn. 16; Sachs/*Murswiek*, GG, 7. Aufl. 2014, Art. 2 Rn. 72 f.; von Münch/*Kunig*, GG, 6. Aufl. 2012, Art. 2 Rn. 38; *Ipsen*, Staatsrecht II, 20. Aufl. 2017, Rn. 320.

behörden, sich privater Informanten zu bedienen.[6] Dass diese Annahme sich als unzureichend erwiesen hat, ist in der Literatur *common sense*. Nur zwei Aspekte aus der langen Diskussion sind hier von Interesse:

a) Der Gesetzgeber meinte, dass V-Personen strafverfahrensrechtlich nur als Zeugen relevant seien[7]; damit hat er jedoch allein die spätere Verwertung der von ihnen erlangten Informationen im Blick gehabt, nicht aber ihre vorherigen Handlungen zum Zwecke der Informationsbeschaffung – und bei letzteren macht es einen gravierenden Unterschied, ob eine beliebige Privatperson *als solche* eine Information erlangt, die sie hernach im Zeugenstand in das Strafverfahren einführt, oder ob eine Person von den Ermittlungsbehörden bewusst so auf einen Verdächtigen angesetzt wird, dass ihre Handlungen den Behörden wie eigene Ermittlungen *zugerechnet* werden.[8] Eine V-Person ist verfahrensrechtlich eine Art verlängerter Arm der Strafverfolgungsorgane – und damit etwas wesentlich anderes als ein zufälliger privater Zeuge.[9]

b) Erstaunlich ist auch der Umstand, dass §§ 161, 163 StPO zur Legitimation des Einsatzes von V-Personen teilweise als tragfähig erachtet werden[10], obwohl in keiner der beiden Normen davon die Rede ist, dass sich die Ermittlungsbehörden zur Aufklärung von Straftaten auch Privatpersonen bedienen dürfen: Die Staatsanwaltschaft ist nach § 161 Abs. 1 StPO befugt, Ermittlungen „selbst vorzunehmen oder durch die Behörden und Beamten des Polizeidienstes vornehmen zu lassen", und § 163 Abs. 1 StPO wiederholt diese Befugnis in ähnlicher Formulierung für die Behörden und Beamten des Polizeidienstes.[11] Gewiss ist damit nicht gesagt, dass es unzulässig wäre, private Hilfspersonen heranzuziehen; aber die Reichweite ihrer Befugnisse muss sehr eng begrenzt sein, weil jegliche Ermächtigung zu Eingriffen in grundrechtlich geschützte Rechtspositionen der von ihnen ausgehorchten Tatverdächtigen fehlt.

Angesichts dieser deutlichen Spannungen zwischen der kargen Gesetzeslage und der Großzügigkeit, mit der gleichwohl der Einsatz von V-Personen von den Gerichten für zulässig erachtet wird, verwundert es nicht, dass zahlreiche und namhafte Stimmen in der Literatur eine spezielle gesetzliche Grundlage fordern.[12] Zu diesem Er-

---

[6] s. BT/Drucks. 12/989, S. 41.

[7] BT/Drucks. 12/989, S. 41.

[8] Zur Zurechenbarkeit der Handlungen von V-Personen an die Strafverfolgungsorgane s. BGH StV 2000, 57, 61; BGH NJW 2001, 2981.

[9] *Rogall*, NStZ 2000, 489, 492 hat prägnant dargelegt, wie verfehlt die legislative These ist, eine V-Person sei lediglich in der Funktion als Zeuge von Bedeutung.

[10] s. etwa Meyer-Goßner/*Schmitt*, Strafprozessordnung, 60. Aufl. 2017, § 163 Rn. 34a f.

[11] Dass es dabei nur heißt, sie seien befugt, „Ermittlungen jeder Art vorzunehmen", ohne dass das Wort „selbst" aus § 161 Abs. 1 StPO wiederkehrt, wird kaum ausreichen, um darin eine legislative Ermächtigung zu erkennen, rechtlich belastende Formen von Ermittlungen auch durch Privatpersonen vornehmen zu lassen.

[12] s. die Plädoyers des Jubilars: *Rogall*, JZ 1996, 260, 264; *ders.*, NStZ 1996, 451 sowie *ders.*, ZStW 110 (1998), 732, 739; außerdem schon *Fezer*, JZ 1995, 972; *Duttge*, JZ 1996, 556,

gebnis gelangt auch Esser in seinem aktuellen Gutachten in der Expertenkommission des BMJV zur effektiven und praxistauglichen Ausgestaltung des Strafverfahrens.[13] Vor allem mit Blick auf das Prinzip des Gesetzesvorbehalts, demzufolge alle für die Bürger wesentlichen Entscheidungen – insbesondere in Fällen mit Grundrechtsbezug – vom Gesetzgeber selbst getroffen und verantwortet werden müssen[14], erachtet er eine gesetzliche Ermächtigungsgrundlage für den Einsatz von V-Personen jedenfalls dann für erforderlich, wenn deren Handlungen mit einem Eingriff in ein Grundrecht verbunden sind.[15] Und das dürfte bei fast allen ihrer Aktionen der Fall sein, denn selbst die passive Entgegennahme von Äußerungen des Beschuldigten greift in dessen Recht auf informationelle Selbstbestimmung ein, weil er nicht weiß, dass seine Äußerungen gegenüber der V-Person mittelbar von den Strafverfolgungsorganen abgefragt werden.[16]

2. Tatprovokation als Auftragserfüllung oder -überschreitung?

Die vage oder gar fehlende gesetzliche Regelung für den Einsatz heimlicher Ermittler ist hier nur insoweit von Belang, als diese Personen neue Straftaten provozieren. Noch vor der Frage, wann man zutreffend von einer „Tatprovokation" sprechen kann und wann eine solche rechtswidrig ist[17], lässt sich die deutsche Gesetzeslage daraufhin betrachten, ob sie überhaupt Einwirkungen heimlicher Ermittler abdeckt, die zur Begehung einer neuen Straftat führen.

Hierfür ist entscheidend, dass alle einschlägigen Normen (§§ 110a, 161 und 163 StPO) der Strafprozessordnung entstammen. Daher knüpfen sie ausdrücklich und ausschließlich an die „Aufklärung" bzw. das „Erforschen von Straftaten" an. Anlass für den Einsatz eines heimlichen Ermittlers muss daher der Verdacht einer bereits begangenen Straftat sein – und deren Aufklärung sein Ziel. Damit sind Zweck

---

563; und aktuell SK-StPO/*Jäger*, 5. Aufl. 2016, § 110a Rn. 3 f.; *Roxin/Schünemann*, Strafverfahrensrecht, 29. Aufl. 2017, § 37 Rn. 9.

[13] s. Bundesministerium der Justiz und für Verbraucherschutz (Hrsg.), Bericht der Expertenkommission zur effektiveren und praxistauglicheren Ausgestaltung des allgemeinen Strafverfahrens und des jugendgerichtlichen Verfahrens vom 13.10.2015, S. 83 (http://www.bmjv.de/DE/Themen/FokusThemen/ReformStPO/ReformStPO_node.html; zuletzt aufgerufen am 8.1.2018).

[14] „Wesentlichkeitstheorie", s. BVerfGE 33, 303, 345 f.; BVerfGE 45, 393, 399; *Fezer*, JZ 1995, 972.

[15] *Esser*, Erforderlichkeit einer gesetzlichen Regelung für den Einsatz von V-Personen, S. 13, in: BMJV-Expertenkommission zur effektiveren und praxistauglicheren Ausgestaltung des allgemeinen Strafverfahrens und des jugendgerichtlichen Verfahrens, Anlagenband I – Gutachten, S. 57 (s. den Link in Fn. 13).

[16] Vgl. *Tyszkiewicz*, Tatprovokation als Ermittlungsmaßnahme, 2014, S. 80 ff., insbes. S. 96 f.

[17] Dazu genauer u. III. 1.

und Grenzen seiner Tätigkeit explizit umrissen.[18] Wenn also heimliche Ermittler in irgendeiner Weise die Begehung *neuer* Straftaten fördern, bewegen sie sich *prima facie* jenseits ihres legalen Handlungsspielraums.[19]

Gleichwohl haben höchste Gerichte seit Jahrzehnten regelmäßig mit Fällen zu tun, in denen der Einsatz heimlicher Ermittler eine neue Straftat bewirkt hatte. Diese Richtungsänderung von der Aufklärung zur Provokation von Straftaten erscheint auf den ersten Blick als erstaunliche Missachtung rechtsstaatlicher Eingriffsgrenzen. Allerdings gibt es zumindest zwei Gründe, aus denen es durchaus naheliegt, dass es im Rahmen verdeckter Ermittlungen recht häufig, vielleicht sogar systematisch zur Provokation neuer Straftaten kommt.

a) Speziell in Aktionsfeldern der organisierten Kriminalität hält die Rechtsprechung Tatprovokationen als *generalpräventive Maßnahme* für sinnvoll, um künftige Straftaten solcher Täter zu verhindern, die ohnehin jederzeit bereit sind, gleichartige Straftaten zu begehen („Zukunftsverdacht").[20] Dieser Gedanke spielt vor allem bei Betäubungsmitteldelikten eine Rolle, die ja typischerweise wiederholt begangen werden.[21] Lässt sich hier jemand wegen einer beweisbaren Straftat aus dem deliktischen Verkehr ziehen – so das Kalkül –, kann dadurch verhindert werden, dass er künftig weitere Straftaten dieser Art begeht. Diese Strategie liefert wohl einen guten Grund für Tatprovokationen – aber sie argumentiert nicht *repressiv:* Es soll um die Verhinderung *künftiger* Straftaten gehen, also eine Aufgabe, die polizeirechtlich zu legitimieren ist. Eine Handlungsermächtigung aus dem Strafprozessrecht kann insoweit nicht greifen.[22]

Folgerichtig existieren in den Polizeigesetzen Regelungen, die einen vorbeugenden Einsatz heimlicher Ermittler zulassen.[23] Diese erlauben aber nur scheinbar eine

---

[18] Dies hat der Jubilar bereits im Jahre 1987, als die Einführung des jetzigen § 110a StPO diskutiert wurde, sehr deutlich gemacht: Der Lockspitzeleinsatz solle nur zur Bekämpfung Organisierter Kriminalität, „nicht jedoch zur Verfolgung der provozierten Tat für zulässig erklärt werden". Die Straftatprovokation müsse „stets auf die Verfolgung und Ahndung von Straftaten gerichtet sein ..., die der provozierten Tat vorausgingen" (*Rogall*, JZ 1987, 847, 852).

[19] Ebenso und mit Blick auf den Richtervorbehalt, der nur Anordnungen zur Aufklärung eines bereits bestehenden Tatverdachts gestatte, *Sinn/Maly*, NStZ 2015, 379, 382.

[20] BGH NJW 2000, 1123, 1127; BGHSt 47, 44, 47 f. – Zum Begriff des „Zukunftsverdachts" *Tyszkiewicz* (Fn. 16), S. 196.

[21] So ist es gewiss kein Zufall, dass ca. 75 Prozent aller Einsätze heimlicher Ermittler BtM-Delikte betreffen (s. *Tyszkiewicz* [Fn. 16], S. 28).

[22] Daher irrt BGH NJW 2000, 1123, 1127 fundamental damit, dass ein solcher Lockspitzeleinsatz „allein unter Rückgriff auf straf- und strafverfahrensrechtliche Rechtsgrundlagen und Lösungsmöglichkeiten zu behandeln" sei: Die Zulässigkeit präventiv ausgerichteter heimlicher Ermittlungen ist zwingend allein nach der präventiven Gesetzeslage zu beurteilen.

[23] s. etwa § 26 Abs. 1 ASOG (Berlin): „Die Polizei kann personenbezogene Daten durch
 1. Personen, deren Zusammenarbeit mit ihr Dritten nicht bekannt ist (V-Personen),
 2. Polizeivollzugsbeamte, die unter einer Legende eingesetzt werden (Verdeckte Ermittler),

Provokation neuer Straftaten, denn sie haben den Verdacht zur Voraussetzung, dass eine Straftat von erheblicher Bedeutung begangen werden *soll* – und das bedeutet, dass hinsichtlich dieser neuen Straftat bereits ein prognostischer (Anfangs-)Verdacht bestanden haben muss, *bevor* der heimliche Ermittler eingesetzt wird.[24] Diese Konstellation kann jedoch niemals hinsichtlich einer Tat bestehen, die erst *nachfolgend* durch den heimlichen Ermittler initiiert wird. Mithin erstreckt sich die polizeirechtliche Ermächtigung gerade nicht auf Fälle der Tatprovokation.

b) Repressiv ist dagegen eine andere Erwägung orientiert: Um herauszufinden, ob der Verdächtige eine bestimmte Straftat begangen *hat*, kann es hilfreich sein, ihn in eine neue, gleichartige Tat zu verstricken. Wer beispielsweise auf Anfrage innerhalb kurzer Zeit größere Mengen Heroin beschaffen kann und sich mit den einschlägigen Schwarzmarktpreisen präzise auskennt, hat wahrscheinlich schon seit längerem engen Kontakt zu Dealern oder ist selbst als solcher aktiv. Dies kann als Indiz in einem Ermittlungsverfahren wegen früherer Taten des Handeltreibens mit Betäubungsmitteln wertvoll sein.[25] In dieser Fallkonstellation wird man der Provokation einer neuen Straftat als Maßnahme zur Aufklärung früherer Taten eine ermittlungstaktische Legitimität nicht absprechen können, so dass sich die heimlichen Ermittler im Rahmen ihrer repressiven Ermächtigung bewegen.[26]

Mit diesem Befund sind allerdings die wichtigen Fragen eher gestellt als geklärt: Wie intensiv muss die Einwirkung auf den späteren neuen Straftäter sein, damit eine „Tatprovokation" vorliegt, und wann ist sie rechtswidrig? Und welche Konsequenzen sind aus der Feststellung zu ziehen, es liege eine rechtswidrige Tatprovokation vor? Darüber streiten verschiedene höchste Gerichte in mittlerweile zugespitzter Weise.

II. Stand und Standpunkte höchstgerichtlicher Rechtsprechung zu Straftatprovokationen

Ganz unabhängig von gesetzlichen Ermächtigungsgrundlagen sind sich nationale und internationale höchste Gerichte einig, dass der Einsatz von Verdeckten Ermittlern und V-Personen auf verschiedenen Feldern vor allem der schweren bzw. Orga-

---

erheben über die in § 25 Abs. 2 Satz 1 Nr. 1 und 2 genannten Personen, wenn Tatsachen die Annahme rechtfertigen, dass eine Straftat von erheblicher Bedeutung begangen werden soll, und dies zur vorbeugenden Bekämpfung dieser Straftaten erforderlich ist." – In anderen Bundesländern existieren vergleichbare Regelungen, s. etwa Art. 33 I Nr. 3, Art. 35 BayPAG, §§ 11, 12 Abs. 1 Hamb PolDVG, §§ 19 Abs. 1, 20 Abs. 1 PolG NRW.

[24] Vgl. Pewestorf/*Söllner*/Tölle, Polizei- und Ordnungsrecht, 2. Aufl. 2017, § 26 ASOG Rn. 9.

[25] s. Furcht vs. Deutschland (Fn. 1), Rn. 51.

[26] Dazu grundlegend und mit differenzierenden Wertungen *Tyszkiewicz* (Fn. 16), S. 142 ff.

nisierten Kriminalität unverzichtbar ist.[27] Die Uneinigkeit beginnt dort, wo es um die Grenzen des Erlaubten geht. Am Übergang von der als erlaubt geltenden Beschattung, Ausforschung und Informationssammlung hin zur aktiven Steuerung des überwachten Beschuldigten in eine vom heimlichen Ermittler gewünschte Richtung stellt sich die Weiche zwischen der Aufklärung bereits begangener Taten und der Einwirkung auf künftiges kriminelles Verhalten. Die Standpunkte des EGMR und des BGH differieren sowohl hinsichtlich dieser Grenzziehung zwischen erlaubter Ausforschung und verbotener Tatprovokation als auch hinsichtlich der prozessualen Konsequenzen einer verbotenen Tatprovokation. Das BVerfG nimmt eine zurückhaltende Mittelposition ein, die erstaunlich farblos bleibt.

1. Zum Stand der Rechtsprechung des EGMR

Ursprünglich untersuchte der EGMR, ob und wann heimliche Ermittlungen das Recht des Betroffenen auf Achtung des Privatlebens (Art. 8 Abs. 1 EMRK) verletzen.[28] Aber spätestens seit der grundlegenden Entscheidung Teixeira vs. Portugal vom 9. 6. 1998 hat sich der Fokus von der materiellen Rechtsposition der Privatsphäre auf das prozessuale Recht auf ein faires Verfahren aus Art. 6 Abs. 1 EMRK verschoben. Das ist ein bemerkenswerter Wechsel der Blickrichtung, denn Fragen des fairen Verfahrens stellen sich erst, wenn es um die Ahndung der Straftat geht, die infolge der Einwirkung eines heimlichen Ermittlers begangen wurde. Wann die Initiierung einer neuen Straftat im Lichte der EMRK als rechtswidrig einzustufen ist, mutiert dadurch zur Vorfrage der in den Mittelpunkt gerückten Untersuchung, ob ein Strafverfahren noch als „fair" angesehen werden kann, wenn in ihm Beweismittel verwendet werden, die durch eine Tatprovokation erlangt wurden.

a) Kriterien einer rechtswidrigen Tatprovokation

Zunächst kommt es also darauf an, wo die Grenze zwischen einer – im Rahmen des Erlaubten erfolgten – verdeckten Ermittlung und einer rechtswidrigen Tatprovokation zu ziehen ist. Die Konvention schweigt dazu, so dass der Gerichtshof selbst kasuistisch einen Maßstab entwickelt hat, den er als „*substantive test of incitement*" bezeichnet und in der aktuellsten Entscheidung zur Tatprovokation – Furcht vs. Deutschland – gründlich ausformuliert hat.[29] Dieser „Test" nimmt gleichermaßen Verhaltensweisen des heimlichen Ermittlers und des Beschuldigten in den Blick.

---

[27] s. für den EGMR: EGMR Urt. v. 25. 6. 1992 – Az. 17/1991/269/340 (Lüdi vs. Schweiz) = NJW 1992, 3088, 3089; EGMR, Urt. v. 5. 2. 2008 – Az. 74420/01 (Ramanauskas vs. Litauen) = NJW 2009, 3565, 3566 (Rn. 54); Furcht vs. Deutschland (Fn. 1), Rn. 47; – für das BVerfG: BVerfGE 57, 250, 284; – für den BGH: BGHSt 32, 115, 121 f.; BGH StV 2000, 57.
[28] Lüdi vs. Schweiz (Fn. 27), Rn. 40.
[29] Furcht vs. Deutschland (Fn. 1), Rn. 48 ff.

Auf Seiten des heimlichen Ermittlers kommt es darauf an, ob dieser sich gegenüber dem späteren Straftäter „weitgehend passiv" verhalten, insbesondere keinen Druck auf ihn ausgeübt hat, die neue Straftat zu begehen. Letzteres sei jedenfalls dann nicht der Fall, wenn er von sich aus Kontakt zum späteren Straftäter aufnimmt, ein Angebot trotz anfänglicher Ablehnung erneuert, ihn mit Preisen ködert, die den Marktwert der Rauschmittel übersteigen, oder ihm Entzugserscheinungen vorspiegelt, um sein Mitleid zu erregen.[30] Es reiche aus, dass die betroffene Person zu einer Straftat verleitet wird, die sie anderenfalls nicht begangen hätte, und dies gerade zur Feststellung der Tat im Zuge einer Strafverfolgung erfolgen soll.[31] In diesem Zusammenhang betont der EGMR, dass es auch verboten sei, jemanden in die Falle eines Scheinkaufs zu locken („*entrapment*").[32] Schließlich sei Aufgabe der Polizei nicht die Provokation von Straftaten, sondern deren Verhinderung und Untersuchung.[33] Großen Wert legt der Gerichtshof auch darauf, dass der Einsatz heimlicher Ermittler im Rahmen fester gesetzlicher Grenzen erfolgt und nachvollziehbaren Regeln und Garantien, wie z. B. einem klaren und vorhersehbaren Verfahren[34], unterworfen ist.[35] Auch müsse der Lockspitzel hinreichend eng durch die auftraggebende Strafverfolgungsbehörde überwacht werden.[36]

Auf Seiten des später Beschuldigten kommt es vor allem auf zwei Aspekte an: Eine Hinwirkung auf die Begehung einer Straftat gilt immer als verboten, wenn gegen ihn zu Beginn der heimlichen Einwirkung noch kein Anfangsverdacht bestand[37], und umgekehrt sieht der EGMR keine (verbotene) Tatprovokation, wenn der Beschuldigte vorab schon tatgeneigt war und die fragliche Straftat auf seine Eigeninitiative hin zustande gekommen ist.[38]

Fasst man beide Elemente zusammen, lässt sich die Anstiftung eines zuvor noch nicht Tatgeneigten als Prototyp der „Tatprovokation" erkennen – wobei der EGMR diesen Begriff stets für ein *konventionswidriges* heimliches Handeln verwendet, in Abgrenzung zu als *erlaubt* qualifizierten „verdeckten Ermittlungsmethoden".[39]

---

[30] Furcht vs. Deutschland (Fn. 1), Rn. 50–52 in Zusammenfassung früherer Judikate.

[31] Ramanauskas vs. Litauen (Fn. 27), Rn. 55; Furcht vs. Deutschland (Fn. 1), Rn. 48.

[32] EGMR, Urt. v. 26.10.2006 – Az. 59696/00 (Khudobin vs. Russland), Rn. 137; EGMR, Urt. v. 4.11.2010 – Az. 18757/06 (Bannikova vs. Russland), Rn. 35.

[33] Furcht vs. Deutschland (Fn. 1), Rn. 48.

[34] Khudobin vs. Russland (Fn. 32), Rn. 135; Ramanauskas vs. Litauen (Fn. 27), Rn. 53.

[35] EGMR, Urt. v. 9.6.1998 – Az. 44/1997/828/1034 (Teixeira vs. Portugal) = NJW 1999, 47, 48, Rn. 36; Ramanauskas vs. Litauen (Fn. 27), Rn. 54, 60; Furcht vs. Deutschland (Fn. 1), Rn. 47.

[36] Bannikova vs. Russland (Fn. 32), Rn. 49; Furcht vs. Deutschland (Fn. 1), Rn. 53.

[37] Dies hat der Gerichtshof bereits in Teixeira vs. Portugal (Fn. 35), Rn. 38 betont.

[38] s. EGMR, Urt. v. 6.5.2003 – Az. 73557/01 (Sequeira vs. Portugal).

[39] s. zu dieser Terminologie Furcht vs. Deutschland (Fn. 1), Rn. 49.

b) *Rechtsfolgen einer rechtswidrigen Tatprovokation*

Ist das Verhalten eines heimlichen Ermittlers als Tatprovokation einzustufen, stellt sich die Folgefrage, welche prozessualen Konsequenzen sich aus dem Verdikt der Konventionswidrigkeit ergeben. Insoweit äußert sich der EGMR verhalten. Diese Zurückhaltung ist gewiss richtig, denn dem Gerichtshof kommt nicht die Rolle einer übergeordneten Auslegungsinstanz für alle nationalen Straf- und Strafverfahrensrechtsordnungen der Mitgliedsstaaten des Europarates zu. Konsequent überlässt er deshalb die Entscheidung über die Zulassung von Beweismitteln den nationalen Rechtsordnungen.[40] Ebenso verweist er die Entscheidung darüber, wie ein Verstoß gegen Art. 6 Abs. 1 EMRK durch eine Tatprovokation im nachfolgenden Strafverfahren kompensiert werden kann, in das Ermessen nationalen Rechts.[41]

Allerdings gibt er sehr deutliche Hinweise darauf, wie die Standards europäischer Menschenrechte *mindestens* zu wahren sind. In der Entscheidung Furcht vs. Deutschland heißt es explizit:

> „Damit ein Verfahren im Sinne von Artikel 6 Abs. 1 der Konvention fair ist, müssen alle als Ergebnis polizeilicher[42] Provokation gewonnenen Beweismittel ausgeschlossen werden oder aber ein Verfahren mit vergleichbaren Konsequenzen muss greifen."[43]

Diese Aussage enthält zunächst ein dezidiertes Beweisverwertungsverbot. Dann aber verwässert der EGMR seine klare Anordnung durch den letzten Satzteil, dem gemäß auch ein „Verfahren mit vergleichbaren Konsequenzen" („*procedure with similar consequences*") den Vorgaben der EMRK genüge. Diese Klausel wirft Unklarheiten auf, die sich in der deutschen Rechtsprechung, die auf das Urteil in der Sache Furcht vs. Deutschland antwortet, allzu deutlich widerspiegeln.

Was ist mit einem „Verfahren mit vergleichbaren Konsequenzen" gemeint, das an die Stelle eines kategorischen Verwertungsverbotes treten kann? Das Wort „*procedure*" deutet jedenfalls nicht auf eine andere Verfahrensart hin, die einen Strafprozess ersetzen könnte, denn es existiert keine Alternative für die staatliche Ahndung der provozierten Straftat. Gemeint ist vielmehr eine gerichtliche „Vorgehensweise"[44] hinsichtlich der konventionswidrig erlangten Beweismittel *innerhalb des Strafverfahrens*.

---

[40] Teixeira vs. Portugal (Fn. 35), Rn. 34; Ramanauskas vs. Litauen (Fn. 27), Rn. 52; Furcht vs. Deutschland (Fn. 1), Rn. 46.

[41] Furcht vs. Deutschland (Fn. 1), Rn. 62 mit Nachweisen zu früheren Entscheidungen des EGMR.

[42] Die Aussage bezieht sich explizit nur auf Fälle *polizeilicher* Tatprovokation, weil es im Fall Furcht vs. Deutschland um Verdeckte Ermittler ging. Sie gilt aber gleichermaßen für V-Personen und andere private Lockspitzel, weil und soweit deren Einsatz von den Ermittlungsbehörden angeordnet wurde und er diesen daher zugerechnet wird; s. dazu o. bei Fn. 8.

[43] Furcht vs. Deutschland (Fn. 1), Rn. 64 unter Verweis auf frühere Judikate.

[44] Zu dieser normalsprachlichen Bedeutung von „procedure" s. https://de.langenscheidt.com/englisch-deutsch/procedure (aufgerufen am 19.12.2017).

Aber welche Vorgehensweise außer einem Beweisverwertungsverbot ist denkbar? Im deutschen Strafverfahren gegen Furcht wurde der Umstand, dass der Angeklagte (gegen den zu Beginn der heimlichen Ermittlung kein Tatverdacht bestanden hatte) zu der Betäubungsmitteltat verleitet worden war, strafmildernd berücksichtigt.[45] Diesen Weg der Kompensation lehnt der EGMR aber mit der – eigenartig vorsichtigen – Formulierung ab, er sei „nicht davon überzeugt, dass selbst eine erhebliche Milderung der Strafe ... als ein Verfahren mit vergleichbaren Konsequenzen ... angesehen werden kann".[46] Damit erteilt er der Strafzumessungslösung des BGH eine Absage.[47] Diese wird aber sogleich scheinbar wieder abgeschwächt, indem der Gerichtshof beklagt, aus den Strafzumessungserwägungen des Landgerichts sei nicht ersichtlich, wie hoch die eingeräumte Strafmilderung sei.[48] Dies nimmt allerdings nur Bezug auf die schon von BGH StV 2000, 57 erhobene Forderung, das Maß der zur Kompensation gewährten Strafmilderung sei „gesondert zum Ausdruck zu bringen" – und spielt damit keine Rolle mehr, wenn ein Strafnachlass gar keine geeignete Kompensation darstellt.

Welche Prozesshandlungen ansonsten als „Vorgehensweise mit vergleichbaren Konsequenzen" gelten könnten, teilt der EGMR nicht mit. Das ist einerseits angemessen, um nicht zu weitgehende Vorgaben für die nationalen Strafrechtsordnungen zu machen; andererseits aber lässt der Gerichtshof die nationalen Gerichte mit der Unsicherheit zurück, welche „Vorgehensweisen" jenseits eines Beweisverwertungsverbotes konventionsgemäß sein können.

2. Die aktuelle Position des Bundesverfassungsgerichts

Wenn sich das Bundesverfassungsgericht mit heimlichen Ermittlungen, auch mit Fällen der Tatprovokation, beschäftigt, muss es hinsichtlich der einschlägigen Verfassungsprinzipien anders ansetzen als der EGMR, denn während dieser auf Art. 6 Abs. 1 EMRK als selbstständig formuliertes Recht auf ein faires Verfahren zugreifen kann, fehlt eine entsprechende Regelung im Grundgesetz. Hier musste dieses Recht nachträglich in Art. 20 Abs. 3 GG (Rechtsstaatsprinzip) i.V.m. dem Freiheitsrecht aus Art. 2 Abs. 2 Satz 2 GG, in krassen Fällen verstärkt durch Art. 1 Abs. 1 GG (Verbot, den Menschen zum bloßen Objekt eines staatlichen Verfahrens herabzuwürdigen), verortet werden.[49]

Dies hat zur Folge, dass das BVerfG Verstöße gegen die Verfahrensfairness nicht – wie der EGMR – isoliert betrachtet und bewertet, sondern stets einer Abwägung mit verschiedenen Ausprägungen des Rechtsstaatsprinzips unterwirft. Zu diesen gehören

---

[45] Referiert in Furcht vs. Deutschland (Fn. 1), Rn. 16, 67.

[46] Furcht vs. Deutschland (Fn. 1), Rn. 69.

[47] So auch die Interpretationen bei *Sinn/Maly*, NStZ 2015, 379, 382; *Pauly*, StV 2015, 411; *Petzsche*, JR 2015, 88; *Meyer/Wohlers*, JZ 2015, 761, 764 und *Mitsch*, NStZ 2016, 57.

[48] Furcht vs. Deutschland (Fn. 1), Rn. 70.

[49] s. BVerfGE 38, 105, 111; 57, 250, 274 f.; 122, 248, 271; 133, 168, 200.

aber auch gegenläufige Verfassungswerte, insbesondere eine *funktionstüchtige Strafrechtspflege*.[50] Für eine durchgreifende Verletzung des Rechts auf ein faires Verfahren verlangt das BVerfG eine „Gesamtschau auf das Verfahrensrecht", aus der sich für den Einzelfall ergibt, dass „rechtsstaatlich zwingende Folgerungen nicht gezogen worden sind oder rechtsstaatlich Unverzichtbares preisgegeben wurde".[51] Dieser enge und zugleich schwammige Prüfungsmaßstab hat es dem BVerfG bisher stets ermöglicht, Entscheidungen des BGH zu Tatprovokationen als verfassungsgemäß aufrecht zu erhalten.

Den aktuellen Stand der Erwägungen des BVerfG spiegelt der Kammerbeschluss vom 18. 12. 2014 wider, der nach der „Furcht"-Entscheidung des EGMR erging.[52] Beinahe skandalös ist, dass dieser Fall einer besonders hartnäckigen Provokation[53] nicht dem Zweiten Senat vorgelegt wurde, weil die maßgeblichen verfassungsrechtlichen Fragen „bereits geklärt" seien[54] – obwohl hier zum ersten Mal das Urteil des EGMR in der Sache Furcht vs. Deutschland zu berücksichtigen war und der zu entscheidende „Extremfall" in den Augen der Kammer sogar die Annahme eines Verfahrenshindernisses „nahelegte".[55] Wieviele verfassungsrechtliche Fragen dringend der Klärung harren, zeigen sodann die langen Ausführungen der Kammer – die entbehrlich gewesen wären, wenn der Sache tatsächlich keine „grundsätzliche verfassungsrechtliche Bedeutung" zugekommen wäre (§ 93a Abs. 1 lit. a) BVerfGG).[56]

Zunächst lehnt die Kammer für den konkreten Fall ein Verfahrenshindernis ab, weil der zur Tat Provozierte bei Beginn der heimlichen Maßnahmen nicht unverdächtig war und während der langwierigen Tatplanung durchaus auch Eigeninitiative ge-

---

[50] BVerfGE 47, 239, 250; 122, 248, 272; 133, 200 f.

[51] BVerfG NJW 2015, 1083, 1084 (Rn. 31) mit Verweis auf die insoweit etablierte Rechtsprechung des Gerichts.

[52] BVerfG NJW 2015, 1083.

[53] Ein V-Mann „bearbeitete" den späteren Täter von Anfang November 2009 bis Mitte August 2011, bevor es zur Einfuhr einer großen Menge Kokain kam. Von Anfang an bot ein Verdeckter Ermittler an, das Rauschgift aus dem Hafenbereich herauszuschaffen – womit dem Täter ein schwieriges Hindernis abgenommen wurde. Wenn der Täter, teilweise über Monate hinweg, keinerlei Initiativen zeigte, drängte der V-Mann, die Sondierungen für das Drogengeschäft wieder aufzunehmen. Und der Täter war während der gesamten eindreiviertel Jahre in kein anderes Kokaingeschäft verwickelt; Ermittlungen in diese Richtung fanden nicht einmal statt. Der einzige Sinn aller staatlichen bzw. staatlich zurechenbaren Aktivitäten bestand darin, das neue „Geschäft" zu realisieren.

[54] BVerfG, 2. Kammer des 2. Senats, Beschl. v. 18. 12. 2014, Rn. 28 (insoweit in NJW 2015, 1083 nicht abgedruckt).

[55] BVerfG NJW 2015, 1983, 1084 (Rn. 35).

[56] Dieses Vorgehen der 2. Kammer, erst eine Erheblichkeit des Falles zu verneinen, um dann doch umfangreiche und komplexe verfassungsrechtliche Überlegungen anzustellen, ähnelt auf unrühmliche Weise der Unsitte der Kammern des BVerfG, eine Verfassungsbeschwerde als unzulässig abzulehnen und gleichwohl lange Ausführungen zur potentiellen Begründetheit zu machen, die der Jubilar bereits im Jahre 2000 treffend gebrandmarkt hatte (*Rogall*, NStZ 2000, 490 ff.).

zeigt habe.⁵⁷ Es folgt die wichtige – und im Ergebnis enttäuschende – Auseinandersetzung mit der *Furcht*-Entscheidung des EGMR. Dass „der Staat unbescholtene Bürger nicht zu Straftaten verleiten darf" und „die Ermittlungsbehörden ... Straftaten verfolgen, nicht sie verursachen" sollen⁵⁸, bleibt ein bloßes Lippenbekenntnis, denn sogleich wendet sich die Kammer vom „dogmatischen Ansatz des Gerichtshofs" ab, lobt stattdessen die „Vorteile" der vom EGMR explizit verworfenen Strafzumessungslösung und lässt es ausreichen, dass die Fachgerichte im vorliegenden Fall den Verstoß gegen Art. 6 Abs. 1 EMRK ausdrücklich festgestellt und mit einem „konkret bezifferten Strafnachlass" kompensiert hatten.⁵⁹ Immerhin schließt der Beschluss mit dem Hinweis an die Strafgerichte, sie hätten im Lichte der Rechtsprechung des EGMR „zukünftig" ein Verwertungsverbot bezüglich der unmittelbar durch die rechtsstaatswidrige Tatprovokation gewonnenen Beweise „zu erwägen".⁶⁰

Eine eindeutige und wegweisende Positionierung des BVerfG zu den beiden zentralen Fragen steht also nach wie vor aus: Welche Konsequenzen sind daraus zu ziehen, dass der Staat überhaupt nicht die Aufgabe hat, Straftaten herbeizuführen? Und wie ist die Klausel des EGMR in deutsches Verfahrensrecht zu transformieren, dass jedes durch die Provokation entstandene Beweismittel ausgeschlossen oder auf eine andere Weise prozediert werden müsse, die „vergleichbare Konsequenzen" hat?

3. Windungen und Wendungen der BGH-Rechtsprechung

Seit Anfang der 1980er Jahre haben sich die Strafsenate des BGH wiederholt mit Verurteilungen befasst, die auf Tatprovokationen aufgrund heimlicher Ermittlungshandlungen beruhten. Dabei kommt es auf zwei Aspekte an: den gegenüber dem EGMR abweichenden Begriff einer Tatprovokation sowie – vor allem – die aktuellen, nach dem Urteil des EGMR in der Sache vs. Deutschland ergangenen Entscheidungen zu den Rechtsfolgen einer rechtswidrigen Provokation.

a) Kriterien einer rechtswidrigen Tatprovokation

Sofern heimliche Ermittlungen in rechtmäßiger Weise zur Begehung einer neuen Straftat führen, stellen sich keine Fragen hinsichtlich deren späterer Aburteilung. Es kommt also darauf an, wann Handlungen von Lockspitzeln als rechtswidrig einzustufen sind. Insoweit zieht der BGH seit jeher großzügigere Grenzen als der EGMR. Während letzterer jegliche Einwirkung auf einen anfangs Unverdächtigen sowie die Anstiftung eines bereits Beschuldigten als konventionswidrig qualifi-

---

⁵⁷ BVerfG NJW 2015, 1083, 1084 (Rn. 38).
⁵⁸ BVerfG NJW 2015, 1083, 1085 (Rn. 43).
⁵⁹ BVerfG NJW 2015, 1083, 1085 f. (Rn. 45 und 49).
⁶⁰ BVerfG, Beschl. v. 18.12.2014, Az. 2 BvR 209/14, 2 BvR 240/14, 2 BvR 262/14, Rn. 54; dieser wichtige Schlussgedanke ist erstaunlicherweise weder in NJW 2015, 1083 noch in NStZ 2016, 49 mit abgedruckt.

ziert[61], erlaubt das deutsche Rechtsstaatsprinzip – wie es vom BGH und vom BVerfG derzeit interpretiert wird – deutlich intensivere Beeinflussungen: Zunächst erstreckt der BGH den relevanten Tatverdacht über eine begangene Straftat hinaus auch auf die Bereitschaft zur künftigen Begehung von Straftaten[62] und verschiebt damit zulässige heimliche Ermittlungen weit ins präventive Feld hinein. Zudem gestattet er aktive Einwirkungen auf die Willensbildung des Auszuforschenden, solange sie nur im Verhältnis zum Anfangsverdacht nicht „unvertretbar übergewichtig" sind.[63] Mit dieser ebenso etablierten wie sprachlich verunglückten Formulierung soll eine Relation zwischen dem Ausmaß des bestehenden Tatverdachts, der Intensität der Einflussnahme und den eigenen, „nicht fremdgesteuerten" Aktivitäten des Betroffenen hergestellt werden.[64] Das bedeutet nichts anderes als dass gegenüber einem schon Verdächtigen anstiftende – teilweise sogar massiv drängende – Handlungen als erlaubt gelten. Der BGH beharrt also auf seiner vom EGMR abweichenden Position.

b) Rechtsfolgen einer rechtswidrigen Tatprovokation

Dass eine rechtswidrige Tatprovokation Auswirkungen auf das nachfolgende Strafverfahren haben muss, hat der BGH schon früh festgestellt.[65] Welche prozessuale Folge aber angemessen ist – die Annahme eines Verfahrenshindernisses oder eine Strafmilderung – ist bis heute unter den Strafsenaten ungeklärt. Diese Auseinandersetzung vollzieht sich vor allem zwischen dem 1. und dem 2. Strafsenat.

Der 1. Strafsenat hat sich stets gegen die Annahme eines Verfahrenshindernisses ausgesprochen.[66] Stattdessen favorisiert er spätestens seit 1987 eine Berücksichtigung der Rechtsstaatswidrigkeit im Wege einer Strafmilderung („Strafzumessungslösung").[67] Auf diesem Standpunkt beharrt der Senat auch angesichts der Entscheidung des EGMR in der Sache Furcht vs. Deutschland. Ein Verfahrenshindernis komme verfassungsrechtlich nur in dem „Extremfall" in Betracht, dass gegen den Angeklagten noch kein Anfangsverdacht bestand und er durch das Verhalten der Ermittlungsbehörden lediglich als „Objekt der staatlichen Ermittlungsbehörden einen

---

[61] s. dazu o. II. 1. a).

[62] BGHSt 45, 321, 336 f.; 47, 44, 47 f.

[63] BGH NStZ 2016, 52, 55 (Rn. 24); zuvor bereits BGH NStZ 2014, 277, 279; BGH NJW 1984, 2300; BGHSt 32, 345, 346 f.

[64] BGH NStZ 2016, 52, 55 (Rn. 24); zuvor bereits BGH NStZ 1984, 78, 79; BGHSt 32, 345, 346 f.

[65] BGH NJW 1980, 1761; BGH StV 1981, 163.

[66] Zur Begründung heißt es, dass Verfahrenshindernisse an Tatsachen anknüpfen müssten; die Frage aber, ob ein Lockspitzel den Tatentschluss des Angeklagten unter Überschreitung der rechtsstaatlichen Grenzen beeinflusst hat, sei das Ergebnis eines Werturteils, das erst nach vollständiger Durchführung des Verfahrens gefällt werden könne; s. BGH NJW 1984, 2300, 2301.

[67] BGH NStZ 1988, 550; bestätigt durch BGH StV 1989, 518; BGH StV 1994, 368, 369; BGH NStZ 1995, 516 und BGHSt 45, 321, 327.

vorgefertigten Tatplan ohne eigenen Antrieb ausgeführt hätte" – was der Senat für den konkreten Fall verneint.[68] Da er außerdem hinreichende Darlegungen zu einer rechtswidrigen Tatprovokation in der Revisionsbegründung vermisst, sieht er keinen Anlass, zu der Frage alternativer Rechtsfolgen Stellung zu beziehen.[69]

Der 2. Senat wählt den entgegengesetzten Weg. Schon im Jahre 1981 erörterte er erstmals die Option eines Verfahrenshindernisses: Der Staat verhalte sich widersprüchlich und arglistig, wenn er mit Hilfe eines im Auftrag oder mit Billigung staatlicher Behörden tätigen Lockspitzels den Täter vom Weg des Rechts abbringe, um ihn dann durch die nachfolgende Verurteilung wieder auf den rechten Weg zurückzuführen.[70]

Nach einigem Schwanken zwischen der Annahme eines Verfahrenshindernisses und der Anwendung der Rechtsfolgenlösung nahm der 2. Senat am 10. Juni 2015 das Urteil des EGMR im Fall Furcht vs. Deutschland zum Anlass, die „Strafzumessungslösung" explizit aufzugeben; und er setzt fort:

> „Die gebotene Berücksichtigung der Rechtsprechung des Europäischen Gerichtshofs für Menschenrechte ... führt nach Ansicht des Senats dazu, dass jedenfalls in den Fällen [besonders hartnäckiger Tatprovokation] ein Verfahrenshindernis zur Kompensation der Konventionsverletzung erforderlich ist ..."[71]

Dieses Urteil nimmt die Rechtsprechung des EGMR ernst. Interessant sind die Erwägungen, mit denen der 2. Strafsenat sodann die vom EGMR eigentlich favorisierte Lösung über ein Beweisverwertungsverbot abweist: Einerseits liefe dieses Verbot in all den Fällen ins Leere, in denen die provozierte Tat durch andere unmittelbare Tatzeugen bewiesen oder aufgrund eines Geständnisses des Angeklagten abgeurteilt werden kann, und zum anderen könne es für die Feststellung einer rechtsstaatswidrigen Tatprovokation gerade erforderlich sein, die durch die Lockspitzel beigesteuerten Beweise vollständig zu erheben.[72]

---

[68] BGH NStZ 2015, 541, 543 (Rn. 11 und 18).

[69] Der 3., 4. und 5. Strafsenat waren sich zunächst einig und folgten im Grundsatz der Strafzumessungslösung – meist ohne in den Entscheidungen alternative Rechtsfolgen auch nur zu diskutieren (BGH NStZ 2000, 207, 208 [3. Senat]; BGH BGH NStZ 1995, 506, 507; BGH NStZ 1999, 501; BGH NStZ 2010, 504 [jeweils 4. Senat]; BGH NStZ 2008, 39, 40 [5. Senat]). – Wie sich der 4. Senat nach der EGMR-Entscheidung in der Sache Furcht positioniert, ist noch nicht absehbar, denn in seinem Beschluss vom 19. 1. 2016 hat er die streitgegenständliche Tatprovokation als rechtmäßig angesehen, so dass er keinen Anlass hatte, sich zur Rechtsfolgenseite zu äußern (BGH NStZ 2016, 232).

[70] BGH NJW 1981, 1626, 1627.

[71] BGH NStZ 2016, 52, 55 (Rn. 38) (Einfügung durch die Autoren).

[72] BGH NStZ 2016, 52, 56 (Rn. 52 und 51).

III. Eine kohärente Konzeption zur Straftatprovokation und ihren Rechtsfolgen

Es zeigt sich, wie schwammig und uneinheitlich die deutsche Rechtsprechung trotz der dezidierten Vorgaben des EGMR immer noch ist – obwohl nach der Entscheidung Furcht vs. Deutschland nicht weniger als vier höchstgerichtliche Spruchkörper über Tatprovokationen zu befinden hatten. Klärungsbedarf besteht sowohl hinsichtlich der Grenzen einer erlaubten Tatprovokation als auch mit Blick auf die Rechtsfolgen einer verbotenen Provokation in dem Strafverfahren gegen den zur Tat gelockten Angeklagten.

1. Ein adäquater Begriff der rechtswidrigen Tatprovokation

Der EGMR hält – vereinfacht gesagt – jede Anstiftung zu einer Straftat, die der Beschattete ansonsten nicht begangen hätte, für konventionswidrig. Die Begründung dafür findet sich vor allem in der Feststellung, es sei nicht die Aufgabe des Staates, Straftaten hervorzubringen, sondern diese zu verhindern bzw. aufzuklären.[73] Obwohl die höchsten deutschen Gerichte diese Feststellung uneingeschränkt teilen, übernehmen sie die klare Haltung des EGMR nicht, sondern arbeiten weiterhin mit dem schwammigen Maßstab, ob die tatanreizenden Handlungen des heimlichen Ermittlers in Relation zum bestehenden Tatverdacht und den Eigenaktivitäten des Täters „unvertretbar übergewichtig sind".[74] Dieser Maßstab nimmt Anleihen am allgemeinen Verhältnismäßigkeitsprinzip, ohne aber erkennbar zu machen, warum hier überhaupt eine Abwägung eröffnet sein soll. Es bleibt unberücksichtigt, dass gesetzliche Ermächtigungen beinahe flächendeckend fehlen und Tatprovokationen daher fast immer rechtswidrig sind.[75] Rechtswidriges Staatshandeln kann aber nicht dadurch zu einem erlaubten mutieren, dass es nicht außer Verhältnis zu verdächtigen Dispositionen und Verhaltensweisen des Beschuldigten steht.

Das Handeln des Staates hat stets auf der Seite des Rechts zu stehen; seine Macht hat er zur *Eindämmung* von Kriminalität einzusetzen. Kriminalität ist etwas Externes, dem Staat Entgegenstehendes. Wenn der Staat aber in zurechenbarer Weise Straftaten selbst generiert, erscheint Kriminalität plötzlich als staatsinduziertes Ereignis. Damit pervertiert der Staat seine Zwecke.[76] Und daher haftet der provozierten Tat schon im Moment ihrer Begehung ein *materieller Makel* an: Es handelt sich um staatsgelenktes Unrecht – ein mit dem Begriff eines *Rechts*-Staates unvereinbarer Vorgang.

---

[73] s. o. II. 1. a).

[74] s. o. bei Fn. 63.

[75] Es sei denn, sie dienen allein dem Auffinden von Indizien für eine bestimmte, bereits begangene Straftat; s. o. I. 2. b).

[76] Es ist daher völlig konsequent, dass es weder repressive noch präventive Ermächtigungen für die staatlich initiierte Provokation neuer Straftaten gibt.

Daraus ergibt sich zwingend, dass sich das EGMR-Konzept einer rechtswidrigen Tatprovokation exakt in ein richtig verstandenes Rechtsstaatsprinzip einfügt: Stiftet der Staat (oder eine von ihm gelenkte Privatperson) jemanden zu einer Straftat an, die dieser sonst nicht begangen hätte, ist dies verfassungswidrig. Auf eine abstrakte Geneigtheit des Täters, gleichartige Straftaten zu begehen, oder die Intensität eines schon bestehenden Tatverdachts kann es nicht ankommen.

2. Rechtsstaatsgemäße Rechtsfolgen einer rechtswidrigen Tatprovokation

Dieses Konzept der Rechtswidrigkeit einer Tatprovokation muss auf das Strafverfahren gegen den Täter durchschlagen – und zwar nicht erst bei der Strafzumessung. Dass die *Strafzumessungslösung* keine Option ist, ergibt sich nicht nur aus dem hinreichend klaren Verdikt des EGMR und dessen gebotener Einpassung in das deutsche Strafverfahrensrecht im Rahmen methodisch vertretbarer Gesetzesauslegung[77], sondern vor allem aus dem soeben formulierten Befund, dass die Entstehung der Straftat als rechtsstaatswidrig einzustufen ist. Die Gesetzgebungsbefugnis für das Strafrecht (Art. 74 Abs. 1 Nr. 1 GG) umfasst nicht den Zweck, die Bürger zu einer Straftat zu verführen, nur um diese dann aburteilen zu können. Ist der Staat selbst Urheber einer Straftat, fehlt ihm die verfassungsrechtliche Autorität, wegen dieser Tat einen Schuldvorwurf erheben zu können. Schon deshalb kann keinerlei Bestrafung stattfinden.[78]

Geradezu verfehlt wäre bei diesem Ansatz ein *Beweisverwertungsverbot*, wie es der EGMR primär als adäquate Konsequenz vorschlägt, denn dieses berührt weder die Befugnis, schuldig zu sprechen, noch verhindert es eine Bestrafung.[79]

---

[77] Zu diesem Maßstab für die Einbeziehung der Rechtsprechung des EGMR in das einfache deutsche Gesetzesrecht grundlegend BVerfGE 111, 307, 329.

[78] Dies kann aber nicht durch ein *Absehen von Strafe* aufgrund einer „Reduktion des staatlichen Strafanspruchs auf Null" umgesetzt werden, wie es *Sinn/Maly*, NStZ 2015, 379, 382 vorgeschlagen haben, denn es entfällt nicht erst – auf Strafzumessungsseite – die Bestrafungsbefugnis, sondern bereits – materiell-rechtlich – die Befugnis, schuldig zu sprechen.

[79] Dass ein Beweisverbot darüber hinaus im deutschen Strafverfahren eher kontraproduktiv wäre, hat der 2. Strafsenat in seiner Entscheidung vom 10. Juni 2015 (BGH NStZ 2016, 52, 56 [Rn. 51 f.]) überzeugend dargelegt: Es kommt ja gerade darauf an, die Beweismittel, die durch den heimlichen Ermittler erzeugt wurden, gerichtlich zu würdigen, um feststellen zu können, ob die Tat auf rechtsstaatswidrige Weise herbeigeführt worden ist. – Insoweit gegenläufig *Pauly*, StV 2015, 411, 413; *Petzsche*, JR 2015, 88, 89 und ausführlich *Meyer/Wohlers*, JZ 2015, 761 ff.; letztere gehen davon aus, dass der EGMR auf ein umfassendes Verbot auch mittelbar kontaminierter Beweismittel abzielt und ein Verwertungsverbot daher *de facto* einem Verfahrenshindernis gleichkäme (a.a.O., S. 762 und 765). Dass die deutschen Gerichte aber die *fruit-of-the-poisonous-tree*-Doktrin anerkennen werden, erscheint recht unwahrscheinlich – und dieser Ansatz entkräftet auch das Argument des 2. Senats nicht, dass alle Beweise der heimlichen Ermittler ja gerade verwertet werden müssen, um die Rechtswidrigkeit ihrer Handlungen nachzuweisen.

Es kommt vielmehr nur eine solche Rechtsfolge in Betracht, die auf den eigentlichen Makel des Tatgeschehens antwortet: seine materielle Verfassungswidrigkeit aufgrund des rechtsstaatswidrigen Agierens der Strafverfolgungsorgane. Das scheint für die Annahme eines *Verfahrenshindernisses* zu sprechen, das nun vom 2. Strafsenat als „regelmäßige Folge einer rechtsstaatswidrigen Tatprovokation" vertreten wird.[80] Dabei geht der 2. Senat aber davon aus, dass ein Verfahrenshindernis „an die provozierte Tat selbst" anknüpfe.[81] Das ist jedoch nach dem gängigen Verständnis dieses Begriffs nicht der Fall. Selbst wenn man mit Meyer-Goßner zwischen Befassungs- und Bestrafungsverboten unterscheidet und eine „unzulässige Tatprovokation" bei den letzteren verortet[82], bleibt sie dort ein Fremdkörper. Alle anderen Fälle – fehlender Strafantrag, Verjährung, Amnestie, Verhandlungsunfähigkeit – setzen eine strafwürdige Tat voraus, die aufgrund *nachträglicher* Umstände nicht bestraft werden darf. Davon unterscheidet sich die rechtsstaatswidrige Tatprovokation grundlegend, denn bei ihr geht es schon um eine rechtsstaatlich unverfolgbare Tat*begehung*.[83] Auf sie passt der prozessuale Begriff des Verfahrenshindernisses nicht, denn hier ist nicht nur die Bestrafung des Täters für eine an sich strafwürdige Tat unmöglich, sondern es fehlt bereits an einem Tatgeschehen, das der Rechtsstaat dem Täter vorwerfen dürfte. Vorzugswürdig ist daher die Bildung einer neuen Kategorie der *materiellen Nichtverfolgbarkeit* der Tat.[84]

In genau diese Richtung zielte Rogall bereits vor 30 Jahren, als er in der damaligen Debatte um eine gesetzliche Regelung von V-Mann-Einsätzen forderte: „Der Lockspitzeleinsatz sollte ... nur zur Verfolgung der kriminellen Organisation, nicht jedoch zur Verfolgung der provozierten Tat für zulässig erklärt werden. ... Die provozierte Tat muss als sachlicher Verfolgungsgegenstand ausscheiden!"[85] Es ist nun wirklich an der Zeit, dass sich die höchsten deutschen Gerichte dem anschließen.

---

[80] BGH, Urt. v. 10.6.2015 – Az. 2 StR 97/14 – Rn. 56 (insoweit in NStZ 2016, 52 nicht mit abgedruckt).

[81] BGH (Fn. 80), Rn. 54.

[82] *Meyer-Goßner*/Schmitt, StPO, 60. Aufl. 2017, Einleitung, Rn. 143.

[83] Dies betont zu Recht auch *Roxin*, FS Kreuzer, 2. Aufl. 2009, S. 675, 693.

[84] Es bleibt die Frage, auf welchem Wege die Straflosigkeit des rechtswidrig zur Tat Provozierten auszusprechen ist. Da es materielle Gründe sind, die einen Schuldspruch (als staatlichen Tadel gegenüber dem Täter) verhindern, kommt nur ein *Freispruch* in Betracht. In diese Richtung argumentiert bereits *Steinberg*, Richterliche Gewalt und individuelle Freiheit, 2010, S. 111, und die von *Roxin* (Fn. 83), S. 675, 693 favorisierte Konstruktion über einen Strafausschließungsgrund führt im Prozess zu demselben Ergebnis.

[85] *Rogall*, JZ 1987, 847, 852 mit Fn. 89; dem schon im Original gesetzten Ausrufezeichen ist an wünschenswerter Entschiedenheit nichts hinzuzufügen.

Digitalisierung, Big Data und das Strafverfahren

Von *Tobias Singelnstein*

Ich habe Klaus Rogall während meiner Zeit an der Freien Universität Berlin kennen und schätzen gelernt – zunächst Ende der 1990er Jahre als Student, der seine Vorlesungen besuchte, später dann auch als Kollege in der strafrechtlichen Fachgruppe. Insbesondere sein Wirken im Strafprozessrecht hat mich dabei stets nachhaltig beeindruckt, obwohl wir bei sich überschneidenden inhaltlichen Interessen häufig unterschiedlicher Meinung waren. Einerseits hat Klaus Rogall die Probleme des Verfahrensrechts in seinen Veröffentlichungen stets mit einer ganz besonderen Präzision und einem höchst bemerkenswerten Tiefgang bearbeitet. Andererseits wandelte er wenig auf ausgetretenen Pfaden, sondern nahm sich insbesondere neuerer Fragestellungen an. So erkannte und thematisierte er als einer der ersten die Konsequenzen, welche die Themenbereiche informationelle Selbstbestimmung und Datenschutz für das Strafverfahren haben würden. Während die diesbezüglichen verfassungsrechtlichen Anforderungen in Wissenschaft und Praxis lange übersehen wurden, setzte er sich mit ihnen auseinander und zeigte die Folgen für den Strafprozess konsequent auf. Seine im Rahmen dessen entwickelten Befunde haben die diesbezügliche Debatte erheblich geprägt – zugleich hat die stetig fortschreitende technische Entwicklung zahlreiche neue Fragestellungen hervorgebracht, auf die hier ein Schlaglicht geworfen werden soll.

I. Einführung

Die Digitalisierung ist in vollem Gange. Obgleich der Umstieg auf digitale Technologien die meisten gesellschaftlichen Bereiche schon seit längerer Zeit erfasst hat, scheint das Potenzial dieser fortschreitenden Entwicklung schier unerschöpflich und nimmt deren Geschwindigkeit immer noch zu.[1] Waren Computer und elektronische Datenverarbeitung (EDV) in den 1980er Jahren noch eine seltene und besondere Technik, sind Notebook, Tablet und Smartphone heute allgegenwärtige Alltagsgegenstände, die gewaltige Mengen an Informationen über uns und unser Leben enthalten. Auf diesem Weg hat die digitale Technik praktisch alle Lebensbereiche und jeden Winkel unseres Daseins erreicht: Sie beherrscht das moderne Auto, regelt unsere Kommunikation, verwaltet unsere Konten, lässt uns die Haustechnik aus der

---

[1] *Rehak*, Bürgerrechte & Polizei/Cilip 114, 2017, S. 13 (S. 13 ff.).

Ferne bedienen, unsere Vitaldaten überwachen und moderne Kühlschränke bestellen eigenständig sich dem Ende neigende Lebensmittel nach.[2] Führt man sich diese Entwicklung im Detail vor Augen, scheint es kaum übertrieben von einer „digitalen Revolution" zu sprechen. Dies gilt nicht nur, weil die beschriebene Entwicklung praktisch unser gesamtes Leben betrifft, sondern weil sie dessen verschiedene Bereiche auch sehr grundlegend verändert, zu massiven Erleichterungen führt und bislang Unmögliches möglich macht.

Eine gesellschaftliche Sphäre, die von der Digitalisierung bislang vermeintlich in nur vergleichsweise geringem Umfang betroffen war, ist der Strafprozess. Selbstverständlich gehören Computer und EDV auch hier nicht erst seit gestern zum Alltag. Aber in vielerlei Hinsicht stemmte sich das Strafverfahren lange gegen seine Technologisierung und tut es zum Teil noch heute. Augenfälliges Beispiel hierfür ist die beinahe anachronistisch anmutende Papierakte, die zwischen den Beteiligten des Strafverfahrens versandt und herumgereicht wird, deren Ende nun allerdings besiegelt scheint: Zum 1. Januar 2018 hat der Gesetzgeber die elektronische Akte als mögliche Form der Aktenführung im Strafverfahren eingeführt (§§ 32 ff., 496 ff. StPO).[3] Deutlich weiter fortgeschritten ist die Rolle moderner Technik für den Strafprozess schon im Bereich von Ermittlungsmaßnahmen und Datenauswertung. Die Digitalisierung hat diesbezüglich in der jüngeren Vergangenheit Schritte gemacht, die für das Strafverfahren von herausragendem Interesse sind. Der technologische Fortschritt hat nicht nur dazu geführt, dass heute in praktisch allen Lebensbereichen personenbezogene Daten gespeichert werden – vom Smartphone über das Kfz bis zum Kühlschrank. Neuere Methoden der Datenauswertung ermöglichen es zudem auch, sehr umfangreiche Datenbestände – Stichwort Big Data – auszuwerten und damit nutzbar zu machen.[4]

Es liegt auf der Hand, dass diesen Entwicklungen einerseits ein erhebliches Potential für eine Vereinfachung und effektivere Gestaltung des Strafverfahrens zukommt, während sie andererseits für ganz erhebliche tatsächliche wie rechtliche Herausforderungen sorgen. Alleine die Einführung der elektronischen Akte kann mittelfristig die Aktenführung, die Akteneinsicht, den Austausch von Akten und die Aktenaufbewahrung grundlegend und massiv erleichtern. Gleichzeitig erfordern die Allgegenwärtigkeit von Daten und die einfachen Möglichkeiten ihrer Abschöpfung eine entsprechende juristische Einhegung. Vor diesem Hintergrund hatte das Bundesverfassungsgericht bekanntlich bereits 1983 in seinem Volkszählungsurteil das Recht auf informationelle Selbstbestimmung aus der Taufe gehoben. Danach darf der Bürger grundsätzlich selbst entscheiden, ob und wie persönliche Lebenssachver-

---

[2] s. auch *Bächle*, Digitales Wissen, Daten und Überwachung, 2016, S. 171 f.

[3] Gesetz zur Einführung der elektronischen Akte in der Justiz und zur weiteren Förderung des elektronischen Rechtsverkehrs v. 05.07.2017, BGBl I, S. 2208 ff.

[4] *Hoffmann-Riem*, in: Hoffmann-Riem (Hrsg.), Big Data – Regulative Herausforderungen, 2018, S. 11 (S. 19 ff.).

halte offenbart werden⁵, so dass staatliche Informationseingriffe rechtfertigungsbedürftig sind. Die Erhebung und Verarbeitung personenbezogener Daten sind nur zulässig, wenn sie in einem überwiegenden Allgemeinwohlinteresse erfolgen und eine Rechtsgrundlage dies gestattet.⁶

Obgleich das Strafverfahren praktisch eine institutionalisierte Form der Verarbeitung personenbezogener Daten darstellt, hat es vergleichsweise lange gedauert, bis der seit 1983 geltende verfassungsrechtliche Maßstab in Debatte und Praxis des Strafverfahrens Berücksichtigung gefunden hat.⁷ Datenerhebungseingriffe haben vor allem und erst in den 1990er Jahren eine gesetzliche Regelung gefunden. Bereichsspezifische Regelungen zur Datenverarbeitung hat die StPO erst durch das StVÄG 1999 erhalten. Der bestehende Status quo muss gleichwohl als ungenügend bezeichnet werden. Insbesondere bedarf die StPO eines kohärenten Systems von Regelungen zur Datenerhebung und Datenverwendung, das die verschiedenen Formen der Verarbeitung und Verwendung umfassend regelt.⁸ Der bestehende datenschutzrechtliche Rahmen bedarf dringend der Modernisierung⁹ auch über die Umsetzung der EU-Richtlinie 2016/680/EU hinaus, die die polizeiliche und justizielle Datenverarbeitung im Rahmen der Verhütung und Verfolgung von Straftaten zum Gegenstand hat.¹⁰

II. Digitalisierung im Strafverfahren

Im Strafverfahren bzw. – weiter betrachtet – im Bereich sozialer Kontrolle durch Polizei und Strafverfolgungsbehörden insgesamt zeigen sich die Auswirkungen der Digitalisierung mittlerweile an ganz unterschiedlichen Stellen. Für Diskussionen haben in den vergangenen Jahren etwa die audiovisuelle Dokumentation von Vernehmungen sowie die Möglichkeiten der Aufzeichnung und Übertragung von Gerichtsverhandlungen gesorgt.¹¹ Im Folgenden sollen einige weitere besonders relevante Bereiche und Entwicklungen herausgegriffen und beleuchtet werden.

---

⁵ BVerfGE 65, 1 (41 f., 45); von Münch/Kunig/*Kunig*, Grundgesetz, Kommentar, 6. Aufl. 2012, Art. 2 GG Rn. 38; *Roßnagel/Nebel*, DuD 2015, S. 455 (S. 457).

⁶ BVerfGE 65, 1 (46); 100, 313 (360).

⁷ s. indes schon *Rogall*, Informationseingriff und Gesetzesvorbehalt im Strafprozess, 1992.

⁸ Zusammenfassend SK-StPO/*Weßlau*, Vor § 474 Rn. 42 ff.; s. auch bereits *Hassemer*, in: Institut für Kriminalwissenschaften Frankfurt a.M. (Hrsg.), Vom unmöglichen Zustand des Strafrechts, 1995, S. 101 (S. 114 ff.).

⁹ *Hoffmann-Riem* (Fn. 4), S. 11 (S. 49 ff.); MüKo-StPO/*Singelnstein*, Vor § 474 Rn. 68 ff.

¹⁰ *Schwichtenberg*, DuD 2016, S. 605 (S. 607 ff.).

¹¹ Dazu *Gerson*, KriPoZ 2017, S. 376 (S. 377 ff.).

1. Ermittlungsmaßnahmen

Einer der ersten Bereiche, in dem die Auswirkungen der Digitalisierung zu beobachten waren, ist der der Ermittlungsmaßnahmen. Seit Anfang der 1990er Jahre eröffnete der technische Fortschritt erstens bei bereits bestehenden Befugnissen – allen voran die Telekommunikationsüberwachung nach §§ 100a ff. StPO – neue Möglichkeiten und neue Formen der Umsetzung in der Praxis.[12] Zweitens wurden zahlreiche neue Befugnisse für technikgestützte Ermittlungsmaßnahmen in der StPO eingeführt.[13] Um nur ein Beispiel zu geben, das die Ermittlungspraxis grundlegend verändert hat, sei auf die Bedeutung von Standortdaten mobiler Endgeräte verwiesen. Verkehrsdatenerhebung und Funkzellenabfrage nach § 100g StPO gehören heute zum Standard strafrechtlicher Ermittlungen.[14] Mit Hilfe der „stillen SMS" können gezielte Bewegungsprofile erstellt und Observationen aus der Distanz durchgeführt werden.[15]

Drittens führt die zunehmende Bedeutung gespeicherter Daten[16] im Bereich der Ermittlungsmaßnahmen auch dazu, dass den einzelnen Eingriffen eine wesentlich stärkere Intensität innewohnt. Mit den einschlägigen Maßnahmen können heute viel mehr Daten erhoben und Informationen gewonnen werden als früher[17], insbesondere durch die Beschlagnahme von Computern oder die Auswertung von mobilen Endgeräten nach §§ 94 ff. StPO. Auf diesem Wege können Polizei und Strafverfolgungsbehörden heute faktisch einen umfassenden Überblick über das gesamte Leben einer Person erlangen.[18] Viertens schließlich können die erhobenen Daten wegen der Möglichkeiten der Datenverarbeitung wesentlich leichter und effizienter auch zu weiteren Zwecken verwendet werden, was die Eingriffstiefe weiter verstärkt.[19]

Zusammengenommen hat die Digitalisierung im Bereich der Ermittlungsmaßnahmen somit zu einer massiven Ausweitung sowohl der technischen Möglichkeiten als auch der rechtlichen Befugnisse geführt.[20] Ein Schwerpunkt dieser technikgestützten Ermittlungsmaßnahmen liegt auf heimlichen Eingriffen, die also ohne Kenntnis des Betroffenen durchgeführt werden. Dies ist problematisch, weil heimliche Maßnahmen aus verfassungsrechtlicher Sicht gegenüber offen durchgeführten

---

[12] s. auch *Warken*, NZWiSt 2017, S. 289 (S. 289 ff.).
[13] Überblick bei *Singelnstein*, NStZ 2012, S. 593.
[14] Vgl. *Derin*, Bürgerrechte & Polizei/Cilip 114, 2017, S. 3 (S. 4 ff.); *Meister*, Netzpolitik.org 2017/5/23, https://netzpolitik.org/2017/funkzellenabfrage-letztes-jahr-landeten-handydaten-aller-berliner-alle-elf-tage-bei-der-polizei (zuletzt abgerufen am 24.02.2018).
[15] s. zu Zahlen für die Bundesbehörden BT-Drucks. 18/13205, S. 6.
[16] *Rehak*, Bürgerrechte & Polizei/Cilip 114, 2007, S. 13 (S. 14 ff.).
[17] *Warken*, NZWiSt 2017, S. 329 (S. 332 f.).
[18] s. näher *Singelnstein*, NStZ 2012, S. 593 (S. 602 ff.).
[19] *Schwabenbauer*, Heimliche Grundrechtseingriffe, 2013, S. 163 ff.; *Singelnstein*, NStZ 2012, S. 593 (S. 605 f.).
[20] s. etwa *Warken*, NZWiSt 2017, S. 329 (S. 333 ff.).

Maßnahmen eine begründungsbedürftige Ausnahme darstellen[21], dieses Regel-Ausnahme-Verhältnis durch die bestehende Praxis aber infrage gestellt ist. In der Praxis zeigt sich zudem, dass die aus der besonderen Eingriffsintensität heimlicher Maßnahmen resultierenden besonderen rechtlichen Anforderungen von den Strafverfolgungsbehörden nicht hinreichend beachtet werden. In besonderem Maße gilt das für die verfassungsrechtlich fundierte Benachrichtigungspflicht gemäß § 101 Abs. 4 StPO, die in der Praxis häufig nicht befolgt wird.[22] Dies nimmt den Betroffenen dieser intensiven Grundrechtseingriffe die Möglichkeit, Rechtsschutz in Anspruch zu nehmen. Nicht zuletzt hat der Bedeutungszuwachs technikgestützter Ermittlungsmaßnahmen zu einer weiteren Stärkung der Rolle der Polizei im Strafverfahren geführt.[23] Das für die Maßnahmen notwendige technische Equipment und das dazugehörige Know-how sind stets nur bei der Polizei vorhanden, deren Tätigkeit in diesem Bereich daher praktisch nur schwer zu kontrollieren ist.

2. Polizeiliche Datenbanken

Ein weiterer Bereich staatlicher Sozialkontrolle, in dem die Entwicklung der Digitalisierung bereits seit langer Zeit eine Rolle spielt, sind polizeiliche Datenbanken, in denen personenbezogene Daten zur Gefahrenabwehr aber auch zur Strafverfolgung gespeichert werden. Denkt man an die Vision Horst Herolds, des ehemaligen BKA-Präsidenten, handelt es sich vermutlich sogar um den ersten Bereich staatlicher Sozialkontrolle, in dem Digitalisierung eine nachhaltige Wirkung gezeigt hat. Dies ist bis heute so.

Einschlägige Datenbanken werden in Deutschland vor allem von der Polizei geführt. Zwar verfügt auch die Justiz über eigene Datenbanksysteme und Dateien und es lässt sich gleiches auch von den Geheimdiensten sagen – wenngleich über deren Datenbanken wenig bekannt ist. Die in der Praxis bedeutsamsten Datensammlungen verwaltet jedoch die Polizei. Dieser steht erstens die am besten ausgebaute bundesweite Infrastruktur für diese Zwecke zur Verfügung. Zweitens richtet sich daher die Speicherung und Verwendung auch von Daten aus der Strafverfolgung in der Praxis zumeist nach Polizeirecht, §§ 483 Abs. 3, 484 Abs. 4 StPO. Drittens schließlich werden die polizeilichen Datenbanksysteme in der Praxis wohl am intensivsten genutzt und haben auch am ehesten unmittelbare Folgen.[24]

---

[21] Vgl. BVerfGE 124, 43 (62 ff.).

[22] s. etwa *Berliner Beauftragte für Datenschutz und Informationsfreiheit*, Abschlussbericht zur datenschutzrechtlichen Überprüfung des Einsatzes von Stillen SMS in strafrechtlichen Ermittlungsverfahren 2016/7/28, 2017, S. 13 f.; *Kahmen*, Die Vorschriften zur Benachrichtigungspflicht gemäß § 101 IV-VI StPO und ihre praktische Umsetzung, 2017.

[23] Allgemein zur „Verpolizeilichung" des Ermittlungsverfahrens bspw. *Schoreit*, StV 1989, S. 449; *Albrecht*, StV 2001, S. 416 (S. 417 ff.); *Schünemann*, ZStW 114 (2002), S. 1 (S. 14 ff.).

[24] *Eisenberg/Kölbel*, Kriminologie, 7. Aufl. 2017, § 29 Rn. 53 ff.

Insgesamt bestehen bei der Polizei hunderte von Dateien und Datenbanken mit unterschiedlichen Funktionen.[25] Neben neueren Modellen der Vernetzung wie der Anti-Terror-Datei[26] und themenbezogenen Dateien sind dies vor allem die polizeilichen Verbundsysteme, die sowohl auf der Ebene der Länder als auch auf Bundesebene betrieben werden, insbesondere das bundesweite Verbundsystem INPOL. Hier werden nach bestimmten Kriterien personenbezogene Daten, die bei der polizeilichen Arbeit und im Rahmen der Strafverfolgung anfallen, eingespeist und zusammengeführt und stehen sodann für zukünftige Abfragen zur Verfügung.[27]

Welche Bedeutung gerade diesen polizeilichen Datensammlungen und der Zusammenführung erhobener Datenbestände zukommt, zeigt die Neufassung des Bundeskriminalamtsgesetzes (BKAG)[28], die im Mai 2018 in Kraft getreten ist. Das BKAG spielt für die polizeiliche Datenverarbeitung eine zentrale Rolle, da das Bundeskriminalamt in diesem Bereich als Zentralstelle fungiert. Im vormals geltenden BKAG – §§ 8, 7 Abs. 11 und 34 BKAG a.F. i.V.m. der jeweiligen Errichtungsanordnung – war eine Speicherung von Daten über den Anlasszweck hinaus im Hinblick auf den verfassungsrechtlich begründeten Zweckbindungsgrundsatz nur getrennt in verschiedenen Dateien mit bestimmten Zweckvorgaben zulässig.[29] Im Gegensatz dazu sieht das nunmehr geltende BKAG einen einheitlichen Informationsbestand vor, der nicht mehr weiter zwischen verschiedenen Verwendungszwecken differenziert.[30] Die damit verbundene Zusammenführung der gespeicherten Daten dient der zwar nachvollziehbaren Prämisse, eine bessere Vernetzung bestehender Daten zu erreichen. Zusammen mit der Befugnis zur zweckübergreifenden Weiterverarbeitung nach § 16 BKAG n.F. wird so indes eine verfassungsrechtlich höchst bedenkliche Möglichkeit zur nahezu unbegrenzten Nutzung personenbezogener Daten im Rahmen der Aufgaben des Bundeskriminalamts geschaffen.[31]

Welche massiven Auswirkungen die Speicherung personenbezogener Daten in den polizeilichen Systemen haben kann, wurde für die breite Öffentlichkeit beim G20-Gipfel im Juli 2017 in Hamburg deutlich. Während des Gipfels entzog das

---

[25] Überblick in BT-Drucks. 17/14810 sowie bei *Petri*, in: Lisken/Denninger (Hrsg.), Handbuch des Polizeirechts, 5. Aufl. 2012, G. Rn. 63 ff.

[26] Speziell zur Vernetzung von Sicherheitsbehörden BeckOK-DatenschutzR/*Albers*, 23. Edition, Stand: 01.02.2018, Grundlagen, Polizei und Nachrichtendienst, Rn. 103 ff.

[27] BeckOK-DatenschutzR/*Albers* (Fn. 26), Rn. 73 f.; *Graulich*, in: Schenke/Graulich/Ruthig (Hrsg.), Sicherheitsrecht des Bundes, 2014, § 11 BKAG Rn. 1 ff.; *Petri* (Fn. 25), G. Rn. 113 f., 120, 477 ff.; *Rehak*, Bürgerrechte & Polizei/Cilip 114, 2007, S. 13 (S. 16 ff.); s. auch BT-Drucks. 18/8533, S. 1 ff.

[28] Gesetz zur Neustrukturierung des BKAG v. 01.06.2017, BGBl I, S. 1354 ff.

[29] s. *Bäcker*, Verfassungsblog 2017/6/08, https://dx.doi.org/10.17176/20170608-215340.

[30] BT-Drucks. 18/11163, S. 75 ff.; kritisch dazu bereits Stellungnahme des Bundesbeauftragten für den Datenschutz und die Informationsfreiheit v. 10.03.2017 zum Gesetzesentwurf, Drucksache des Innenausschusses 18(4)806 A, S. 2 ff.

[31] Vgl. dazu *Bäcker* (Fn. 29), auch zum systematischen Problem zwischen den §§ 12, 16, 18 und 19 des neuen BKAG.

BKA insgesamt 32 Journalistinnen und Journalisten die zuvor erteilte Akkreditierung für das Pressezentrum. Jedenfalls in einem Teil der Fälle gingen diese Entscheidungen auf Eintragungen in polizeilichen Datenbanken zurück. Später stellte sich heraus, dass die Eintragungen teilweise rechtswidrig waren – weil sie gar nicht hätten aufgenommen werden dürfen bzw. wieder hätten gelöscht werden müssen. In anderen Fällen wurde deutlich, dass der Eintragung relativ banale Umstände zugrunde lagen, die wegen der Eintragung in der Datenbank dann für die betroffenen Journalisten aber mit massiven Folgen verbunden waren.[32]

Auf diesem Weg hat der Vorgang beim G20-Gipfel ein Schlaglicht auch darauf geworfen, welche Probleme und Missstände im Bereich polizeilicher Datenbanken bestehen. Auf der einen Seite erfolgt eine Aufnahme in die Datenbank mitunter recht schnell. Dies ist nicht nur individuellen Fehlern der bearbeitenden Beamten geschuldet, sondern liegt auch an den recht weitgehenden Rechtsgrundlagen, die solche Eintragungen beispielsweise auch nach Freisprüchen und Verfahrenseinstellungen ermöglichen. Auf der anderen Seite führt ein Eintrag in den polizeilichen Datenbanken in der polizeilichen Praxis mitunter relativ undifferenziert zu einem grundlegend anderen Umgang mit dem Betroffenen. Insbesondere wird häufig nicht mehr individuell geprüft, was der Anlass für die Eintragung war und was dies für den aktuellen Anlass der Datenabfrage tatsächlich bedeutet.

In der Praxis werden immer wieder auch Fälle bekannt, in denen Daten aufgrund erlaubter Verhaltensweisen, z. B. von Versammlungsanmeldungen, und ohne konkreten Anfangsverdacht bzw. Gefahrenlage an Sicherheitsbehörden weitergegeben werden. In den seltenen Fällen, in denen diese Weitergabe gerichtlich überprüft werden, werden diese zwar regelmäßig für rechtswidrig erklärt.[33] Das Dunkelfeld von derartigen Speicherungen, von denen Betroffene nicht erfahren, dürfte aber groß sein.

3. Software zur Auswertung

Neben der Vielfalt gespeicherter Daten und den Möglichkeiten ihrer Erhebung hat die Digitalisierung sodann neue technische Möglichkeiten zur Auswertung auch sehr großer Datenbestände hervorgebracht.[34] In den vergangenen Jahren haben die Strafverfolgungsbehörden begonnen, sich diese Techniken zu Nutze zu machen, um die stetig zunehmenden Datenmengen möglichst gewinnbringend verwenden zu können. Hierfür benötigen Polizei und Staatsanwaltschaft Auswertungstools, die sie

---

[32] https://www.heise.de/newsticker/meldung/G20-Akkreditierungsentzug-Kritik-an-rechtswidrigen-Eintraegen-in-BKA-Datei-3816862.html (zuletzt abgerufen am 24.02.2018); ZD-Aktuell 2017, 05752.

[33] s. etwa VG Lüneburg 1 A 334/15 (unveröffentlicht), Pressemitteilung des VG Lüneburg Nr. 2/2018 v. 18.01.2018.

[34] *Bäcker*, in: Hoffmann-Riem (Hrsg.), Big Data – Regulative Herausforderungen, 2018, S. 167 (S. 167 f.).

in der Regel nicht selbst entwickeln, sondern von privaten Anbietern zukaufen.[35] Mittlerweile stellen verschiedene Software-Anbieter Programme zur Verfügung, die (auch) Massendaten, die durch Ermittlungsmaßnahmen im Rahmen der Strafverfolgung erlangt wurden, einerseits darstellen und präsentieren können. Auf diese Weise können etwa umfangreiche Datenbestände aus Telekommunikationsüberwachungen gemäß §§ 100a ff. StPO aufbereitet und besser ausgewertet werden. Andererseits und darüber hinaus sind verschiedene dieser Softwarelösungen aber auch in der Lage, ganz unterschiedliche Arten von Daten aus sehr verschiedenen Ermittlungsmethoden für eine solche forensische Auswertung zusammenzuführen, miteinander zu verknüpfen und so einer neuartigen Form der Auswertung zuzuführen.[36] Dank der immer weiter voranschreitenden Digitalisierung können die Behörden dabei auf eine immer breitere Datenbasis zurückgreifen.

Die mit der Digitalisierung entstandenen neuen Möglichkeiten der Auswertung personenbezogener Daten funktionieren umso besser, je mehr und je unterschiedlichere Daten zur Verfügung stehen. Das daraus folgende Interesse an einer Sammlung möglichst umfangreicher Datenbestände steht in Widerspruch zu den Anforderungen aus dem Verhältnismäßigkeitsprinzip, dem Erfordernis der Verfahrenserheblichkeit, dem Prinzip der Datensparsamkeit und dem Zweckbindungsgrundsatz.[37] Technisch ist mit den Programmen etwa ohne weiteres auch die Verarbeitung von Daten aus verschiedenen Verfahren möglich, zum Beispiel für Strukturermittlungen.[38] Verfassungsrechtlich betrachtet handelt es sich hierbei indes um eine Zweckänderung, die als neuerliche Beeinträchtigung des Rechts auf informationelle Selbstbestimmung aus Art. 2 Abs. 1 i.V.m. Art. 1 Abs. 1 GG einer Rechtsgrundlage bedarf. Das somit bestehende Spannungsverhältnis zwischen neuen technischen Möglichkeiten und verfassungsrechtlichen Anforderungen – das sich auch bei der im folgenden beschriebenen Einführung der elektronischen Aktenführung im Strafverfahren zeigt – ist auf einfachrechtlicher Ebene bislang in keinem Gebiet des Sicherheitsrechts hinreichend erfasst.[39]

4. Elektronische Akte und elektronischer Rechtsverkehr

Ein weiteres Spielfeld der Digitalisierung im Kontext des Strafverfahrens stellen der elektronische Rechtsverkehr und die elektronische Aktenführung dar. Auch in diesem Bereich gilt indes, dass sich die neuen technischen Möglichkeiten im Vergleich zu anderen Rechtsgebieten nur langsam durchsetzen. Insbesondere hat der Ge-

---

[35] s. dazu BT-Drucks. 17/14714, S. 12 ff.; 18/8533, S. 1 ff.; 19/505, S. 9 ff.

[36] s. dazu auch *König/Voigt*, in: Herzog u. a. (Hrsg.), Rechtsstaatlicher Strafprozess und Bürgerrechte – Gedächtnisschrift für Edda Weßlau, 2016, S. 181.

[37] Zu den Grundsätzen und den Zwecksetzungen der Polizei BeckOK-DatenschutzR/*Albers* (Fn. 26), Rn. 53 ff.

[38] Vgl. *König/Voigt* (Fn. 36), S. 181.

[39] *Bäcker* (Fn. 34), S. 167 (S. 169 ff.).

setzgeber erst zum 1. Januar 2018 die elektronische Aktenführung als mögliche Form der Aktenführung in der StPO geregelt (§§ 32 ff., 496 ff. StPO).[40] Die elektronische Akte besteht zunächst nur als mögliche Alternative zur Papierform neben dieser bisher üblichen Form der Aktenführung. Verpflichtend wird die elektronische Form der Aktenführung erst mit Beginn des Jahres 2026.[41] Bis dahin hat die Justiz Zeit, die notwendigen technischen Voraussetzungen zu schaffen und erste Erfahrungen im Umgang mit der elektronischen Akte zu sammeln.

Auch bei der elektronischen Akte im Strafverfahren zeigt sich der bereits beschriebene Konflikt zwischen den zunehmenden technischen Möglichkeiten aufgrund der Digitalisierung einerseits und den bestehenden verfassungsrechtlichen Vorgaben aus dem Recht auf informationelle Selbstbestimmung andererseits. Durch die elektronische Aktenführung entsteht bei der Justiz ein immenser Bestand personenbezogener Daten, bei dem eine umfassende Durchsuchung und Auswertung jedenfalls technisch ohne weiteres möglich wäre.[42] Die verfassungsrechtlichen Anforderungen des Grundrechts auf informationelle Selbstbestimmung ziehen diesen Möglichkeiten jedoch deutliche Grenzen. Insbesondere der Zweckbindungsgrundsatz begrenzt die weitere Verwendung der bei den Sicherheitsbehörden gespeicherten Daten.[43] Der Gesetzgeber hat bei der Regelung zur elektronischen Akte im Strafverfahren die grundsätzliche Problematik der systematischen und maschinellen Auswertbarkeit zwar erkannt und versucht, den Zugriff auf den entstehenden Datenbestand auf das verfassungsrechtlich zulässige Maß zu begrenzen. Die Regelung ist aber nicht besonders detailliert ausgefallen und es bleibt offen, ob und wie die Einhaltung der knappen Vorgaben umgesetzt und dies kontrolliert wird.[44] Die Auswirkungen der Neuregelung werden sich daher erst in der Praxis zeigen.

Neben der elektronischen Aktenführung hat in der jüngeren Vergangenheit vor allem das „besonderes elektronisches Anwaltspostfach" (beA) für Diskussionen gesorgt, dass ein zentrales Element für den elektronischen Rechtsverkehr darstellt. Seit dem 1. Januar 2018 sind Rechtsanwälte nach § 31a BRAO verpflichtet, ein beA empfangsbereit zu halten und Zustellungen darüber zur Kenntnis zu nehmen. Hierbei handelt es sich um eine Einrichtung, die die sichere Online-Kommunikation von Anwälten mit Justiz, Behörden und untereinander ermöglichen soll.[45] Für das Strafverfahren ist dieser Teil des elektronischen Rechtsverkehrs seit dem 1. Januar 2018 in §§ 32a, 32b StPO geregelt.

---

[40] Gesetz zur Einführung der elektronischen Akte in der Justiz und zur weiteren Förderung des elektronischen Rechtsverkehrs v. 05.07.2017, BGBl I, S. 2208 ff.

[41] MüKo-StPO/*Singelnstein*, Vor § 496 Rn. 1 ff.

[42] BT-Drucks. 18/9416, S. 69 f.; dazu *König/Voigt* (Fn. 36), S. 181.

[43] Zum verfassungsrechtlichen Hintergrund vgl. MüKo-StPO/*Singelnstein*, Vor § 474 Rn. 9 ff.

[44] Vgl. *König/Voigt* (Fn. 36), S. 181; MüKo-StPO/*Singelnstein*, Vor § 496 Rn. 4 f.

[45] Detailliert dazu *Siegmund*, NJW 2017, 3134.

Die technische Entwicklung und Umsetzung des beA, mit der die Bundesrechtsanwaltskammer (BRAK) das französische Softwareunternehmen Atos beauftragt hatte, stellt sich indes bis heute als schwierig und umstritten dar. Bereits bei der Entwicklung zeigten sich diverse technische Schwierigkeiten und kurz vor Beginn der Nutzungspflicht am 1. Januar 2018 musste das Postfach gar auf unbestimmte Zeit vom Netz genommen werden, weil das verwendete Sicherheitszertifikat gravierende Sicherheitslücken aufwies.[46] IT-Experten haben zudem auch tiefgreifende Bedenken gegenüber der verwendeten Verschlüsselungstechnologie geltend gemacht.[47] Diese Probleme zeigen, dass die Digitalisierung des Strafprozesses angesichts der Komplexität der Sachlage und der besonderen Vertraulichkeit der betroffenen Daten große Risiken birgt, denen mit einem technisch wie verfassungsrechtlich fundierten datenschutzrechtlichen Bewusstsein begegnet werden muss.

III. Von der Disziplinierung zur Kontrolle

Allerdings führt die Digitalisierung nicht nur zu neuen Möglichkeiten und Herausforderungen für das Strafverfahren und das Strafrecht. Sie stellt es auch infrage. Dies ist nicht alleine den durch die Digitalisierung geschaffenen Möglichkeiten geschuldet, sondern steht mit einem gesellschaftlichen Wandel in Verbindung, der Hand in Hand mit den neuen Techniken zu einer grundlegenden Veränderung sozialer Kontrolle führt.

1. Gesellschaftlicher Wandel

Für die Spät- bzw. Postmoderne werden von den Wirtschafts- und Sozialwissenschaften recht grundlegende gesellschaftliche Veränderungen diagnostiziert. Die Globalisierung der Produktions- und Marktbeziehungen, die Flexibilisierung der Arbeits- und Sozialverhältnisse, die Privatisierung staatlicher Aufgaben, der Umbau des Wohlfahrtsstaates und weitgehende soziokulturelle Veränderungen haben eine Ausdifferenzierung der sozialen Lagen und eine zunehmende soziale Desintegration bewirkt.[48] Diese Entwicklung führt in verschiedener Weise zu einer stärkeren Individualisierung wie auch zu einer zunehmenden gesellschaftlichen Verunsicherung. Dem Einzelnen stehen heute deutlich weitergehende individuelle Freiheiten zur Verfügung, zugleich ist er aber auch viel stärker auf sich selbst gestellt als früher, ist ihm die Verantwortung für eine erfolgreiche Gestaltung des eigenen Lebens unter den gegebenen gesellschaftlichen Bedingungen übertragen.

---

[46] Presseerklärung der BRAK Nr. 15 v. 27.12.2017; s. auch MMR-Aktuell 2018, 402444.
[47] https://heise.de/-3944406 (zuletzt abgerufen am 24.02.2018).
[48] *Singelnstein/Stolle*, Die Sicherheitsgesellschaft, 3. Aufl. 2012, S. 17 ff.

Damit einhergehend konstatiert die sozialwissenschaftliche Kriminologie einen grundlegenden Wandel auch im Bereich sozialer Kontrolle.[49] Wollte man diesen mit den Begriffen zweier großer Denker bezeichnen, so ist es der Übergang von der Disziplinargesellschaft, wie Michel Foucault sie beschrieben hat, zur Kontrollgesellschaft von Gilles Deleuze.[50] Für erstere war bis hin zum Wohlfahrtsstaat westlicher Prägung kennzeichnend, dass die Einhaltung sozialer Normen mittels Disziplinierung durchgesetzt wurde. Dort wo Normverstöße festzustellen waren, wurden diese durch strafende Disziplinierung geahndet, um den Täter zu bessern und der Gesellschaft die Normgeltung zu demonstrieren. Das Strafrecht steht paradigmatisch hierfür, indem es auf Verstöße gegen die als zentral angesehenen sozialen Normen der Gesellschaft reagiert. Das Disziplinarmodell geht davon aus, dass eine umfassende und permanente Kontrolle der Normbeachtung weder möglich noch nötig ist. Es setzt vielmehr auf die symbolische Wirkung der Disziplinierung im Einzelfall und den Umstand, dass die Überwachung der Normeinhaltung zwar nicht umfassend stattfindet, aber jederzeit möglich ist.[51]

Die Kontrollgesellschaft hingegen begnügt sich nicht damit, einen Normverstoß zu sanktionieren, wenn er bereits eingetreten ist. Anspruch ist vielmehr die Vorbeugung von Verstößen durch eine permanente, das Individuum einbeziehende Kontrolle. Anstatt eine bestimmte Norm zu setzen und deren Beachtung zu verlangen, werden die Einzelnen durch Teilhabe, Wettbewerb und Weiterbildung dazu veranlasst, sich selbst mess- und verwaltbar zu halten. Entscheidend ist nicht mehr das Bestrafen der Übertretung festgelegter Normen, sondern das Managen der sich in einer Gesellschaft faktisch bietenden Normativität mit dem Ziel, die Abweichung statistisch erfassbar und berechenbar zu machen.[52] Der sozialkontrollierende Eingriff beabsichtigt in der Kontrollgesellschaft folglich nicht in erster Linie die Besserung nach begangener Straftat. Die Intervention wird stattdessen in das Vorfeld verlagert und dient der Messung und Prävention abweichenden Verhaltens, interessiert sich also für den nur potentiellen Täter.[53] Das Konzept von Schuld verliert an Bedeutung; Abweichung wird stattdessen schon in der Form von Risiken erfasst, die bearbeitet und minimiert werden sollen.

Das Strafrecht in seiner klassischen Form steht diesem Wandel – und wenn man so will, dem Zeitgeist – entgegen.[54] Das kann man *innerhalb* des Strafrechts beobach-

---

[49] Überblick bei *Eisenberg/Kölbel*, Kriminologie (Fn. 24), § 43 Rn. 2 ff.; *Klimke/Legnaro*, in: Klimke/Legnaro (Hrsg.), Politische Ökonomie und Sicherheit, 2013, S. 18 ff.; prominent *Garland*, Kultur der Kontrolle, 2008, S. 151 ff.; zuletzt *Garland*, Punishment & Society 2018, S. 8.

[50] *Bächle* (Fn. 2), S. 158 ff.

[51] s. *Garland*, Kultur der Kontrolle (Fn. 49), S. 81 ff.; *Lemke*, Eine Kritik der politischen Vernunft, 1997, S. 190; *Prömmel*, KrimJ 2002, S. 242.

[52] *Bächle* (Fn. 2), S. 164 ff.

[53] *Kunz/Singelnstein*, Kriminologie – eine Grundlegung, 7. Aufl. 2016, § 22 Rn. 10 ff.; *Zedner*, Theoretical Criminology, 2007, S. 261.

[54] Dazu *Singelnstein*, in: Brunhöber (Hrsg.), Strafrecht im Präventionsstaat, 2014, S. 41.

ten, wo informelle Formen der Verfahrenserledigung in den vergangenen zwei bis drei Jahrzehnten massiv an Bedeutung gewonnen haben. Anklage und Hauptverhandlung stellen heute eine Ausnahmesituation dar, während der absolute Großteil anklagefähiger Strafverfahren im Wege des Strafbefehlsverfahrens oder durch Opportunitätseinstellungen erledigt wird. Noch deutlicher zeigt sich die Veränderung jedoch außerhalb des Strafrechts an der zunehmenden Bedeutung neuerer Form sozialer Kontrolle.[55] Hierzu gehören etwa die Videoüberwachung, die vielfältigen Formen situativer Kriminalprävention, aber etwa auch das Netzwerkdurchsetzungsgesetz, dass die soziale Kontrolle innerhalb sozialer Medien an die privaten Diensteanbieter delegiert.

2. Technische Möglichkeiten

Diese Entwicklungen wären ohne Digitalisierung nicht denkbar. Erst die neuen technischen Möglichkeiten bringen im Zusammenwirken mit den gesellschaftlichen Veränderungen die beschriebenen neueren Formen sozialer Kontrolle hervor. Wie verschiedene Ansätze in der Techniksoziologie herausgearbeitet haben, ist die Technik dabei nicht bloßes Hilfsmittel einer ohnehin in Gang gesetzten Entwicklung. Die technischen Möglichkeiten und Instrumente sind vielmehr ihrerseits konstitutiv für den Wandel. Wohin sich die Gesellschaft, soziale Kontrolle und die Strafverfolgung im Besonderen entwickeln, wird auch durch die technischen Möglichkeiten bestimmt, die hierfür zur Verfügung stehen.[56]

Dies zeigt sich zum einen ganz konkret bei den strafprozessualen Ermittlungsmaßnahmen, wo die neuen Formen und Mengen von Daten gänzlich neue Ermittlungsmöglichkeiten liefern.

Zum anderen aber lassen die neuen Möglichkeiten der Datenauswertung den Traum von der vorbeugenden Verbrechensbekämpfung realer erscheinen. Die Prävention von abweichendem Verhalten ist im Konzept sozialer Kontrolle keineswegs eine neue Vorstellung. Lange Zeit dominierte dabei neben den Strafzwecken der Spezialprävention und Generalprävention, die mittelbar präventiv wirken sollen, die Vorstellung von einer sozialpolitischen Gestaltung der Gesellschaft als allgemeiner Präventionsmaßnahme. In den vergangenen Jahrzehnten hat hingegen ein Verständnis von Prävention an Bedeutung gewonnen, dass nicht allgemein gesellschaftliche Bedingungen abweichenden Verhaltens beeinflussen, sondern in konkreten Risikosituationen intervenieren will.[57] Diese Formen werden häufig unter den Begriff der sekundären Prävention gefasst, können aber auch als Präemption bezeichnet wer-

---

[55] s. schon *Garland*, Kultur der Kontrolle (Fn. 49), S. 306 ff.
[56] Überblick bei *Paul/Egbert*, KrimJ 2017, S. 87 (S. 88 ff.).
[57] Umfassend *Pütter*, Bürgerrechte & Polizei/Cilip 86, 2007, S. 3; s. auch *Eisenberg/Kölbel*, Kriminologie (Fn. 24), § 29 Rn. 63 ff.

den.[58] Ein solches Konzept ist indes abhängig davon, entsprechende Risiken identifizieren zu können. Ebenso wie der Wiederholungstäter als Figur erst möglich wurde, nachdem Tatverdächtige mit Fingerabdrücken u. ä. wiederholt identifiziert werden konnten und ihre Daten festgehalten wurden, ist eine konkrete kriminalpräventive Intervention erst möglich, wenn entsprechende Risiken zuverlässig bestimmt werden können. Indes ist eine zuverlässige Prognose von Straftaten methodisch höchst anspruchsvoll und bislang kaum zuverlässig möglich.

Die Techniken der Massendatenauswertung versprechen nun, dies zu ändern. Paradigmatisch hierfür steht das sogenannte „predictive policing".[59] Unter diesem Stichwort werden Ansätze zusammengefasst, die versprechen, durch eine softwaregestützte, algorithmenbasierte Analyse von Massendaten die Begehung von Straftaten voraussehbar und damit vermeidbar zu machen. Auf diese Weise soll es möglich werden, für Orte oder Personen Risikoprofile zu erstellen, an denen sich die polizeiliche Einsatztätigkeit ausrichten kann.[60] Während solche Systeme in den USA bereits weit entwickelt sind – dort werden etwa vielfältige Datenquellen wie Kriminalstatistiken, Wohnorte verurteilter Straftäter, die Infrastruktur der Umgebung, soziale Medien wie Twitter und Facebook, sozioökonomische Daten und sogar das Wetter in die Auswertung einbezogen – wird die Technik in Deutschland bislang noch in sehr beschränkter Form eingesetzt. Insbesondere werden Orte, Zeiten und Begehungsarten von Wohnungs- und Kfz-Einbrüchen ausgewertet und anhand dessen die Risiken für weitere Einbruchsdelikte für bestimmte Gegenden in der näheren Zukunft berechnet. Theoretische Grundlage dessen ist der near-repeat-Ansatz, dem zu Folge sich Einbruchsdelikte oft innerhalb kurzer Zeit in derselben Gegend wiederholen. So wenig beeindruckend diese Art von Vorhersage in ihrer jetzigen Form erscheinen mag, so offensichtlich ist doch ihr Entwicklungspotential.[61]

IV. Zusammenfassung

Die Digitalisierung der Gesellschaft ist weiter in vollem Gange. Sie wird auch das Strafverfahren grundlegend verändern – wenngleich die Entwicklung hier noch weit von der Geschwindigkeit entfernt ist, die sie in anderen gesellschaftlichen Bereichen hat. Von den vorstehend beleuchteten Bereichen kommt dabei vor allem dem Strukturwandel des Strafverfahrens zentrale Bedeutung zu. Spätestens wenn die elektronische Akte und der elektronische Rechtsverkehr ab 2026 Regelfall sind, wird die

---

[58] s. *Bröckling*, in: Bröckling/Krasmann/Lemke (Hrsg.), Glossar der Gegenwart, 2004, S. 210.
[59] s. dazu schon *Gless*, in: Herzog u. a. (Hrsg.), Rechtsstaatlicher Strafprozess und Bürgerrechte – Gedächtnisschrift für Edda Weßlau, 2016, S. 165; *Meinicke*, K&R 2015, S. 377.
[60] Umfassend hierzu *Singelnstein*, NStZ 2018, S. 1; s. auch *Paul/Egbert*, KrimJ 2017, S. 87 (S. 95 f.).
[61] s. näher *Belina*, MschrKrim 2016, S. 85 (S. 87 ff.); *Singelnstein*, NStZ 2018, S. 1 (S. 2 ff.).

Digitalisierung des Strafverfahrens noch einmal deutlich an Geschwindigkeit aufnehmen und Veränderungen hervorbringen, die sich heute kaum absehen lassen.

Zugleich verlieren Strafrecht und insbesondere das Strafverfahren im herkömmlichen Sinne durch die Digitalisierung an Bedeutung. Die beschriebene gesellschaftliche Entwicklung führt in Verbindung mit den durch die Digitalisierung eröffneten technischen Möglichkeiten dazu, dass an die Stelle des disziplinierten Zugriffs auf das Individuum zunehmend Techniken einer präventiven Kontrolle treten. Dies führt sowohl innerhalb des Strafrechts zu Veränderungen, als auch zu einer stärkeren Bedeutung verschiedener präventiver Formen der Kriminalintervention außerhalb des Strafrechts.

Zur Reichweite der Unschuldsvermutung

Von *Thomas Weigend*

In seinen umfangreichen Vorbemerkungen vor § 133 StPO im Systematischen Kommentar zur Strafprozessordnung, in denen Klaus Rogall die wesentlichen rechtsstaatlichen Prinzipien des Strafverfahrensrechts meisterhaft zusammenfasst, bezeichnet er die in Art. 6 Abs. 2 EMRK niedergelegte Unschuldsvermutung[1] als „eine notwendige Bedingung der Offenheit der Entscheidungsfindung im Strafverfahren".[2] Sie verpflichte den Gesetzgeber, „die Rechtsstellung des Beschuldigten so auszugestalten, dass sich dessen Unschuld in jeder Lage des Verfahrens noch herausstellen kann."[3] Damit bezeichnet Rogall treffend den Kern der Unschuldsvermutung. Aus ihrer Funktion lassen sich einige konkrete Vorgaben für Gesetzgebung und Rechtsprechung ableiten: So darf etwa das Gericht vor dem endgültigen Urteilsspruch weder verbal die Schuld des Angeklagten feststellen noch Maßnahmen gegen ihn treffen, die nur mit der Annahme seiner Schuld begründet werden können.[4]

Der Europäische Gerichtshof für Menschenrechte (EGMR), der sich in zahlreichen Entscheidungen die Interpretation der Unschuldsvermutung hat angelegen sein lassen, ist jedoch keineswegs bei diesem unbezweifelbaren Kern der Vermutung stehen geblieben. Er hat aus ihr vielmehr weitere Folgerungen gezogen und sie über das Strafverfahren hinaus ausstrahlen lassen.[5] Im Folgenden soll ein Überblick über diese Entwicklung gegeben (I.) und dann eine abschließende Bewertung (II.) vorgenommen werden. Den Beitrag widme ich Klaus Rogall mit den besten Glückwünschen zum Geburtstag in herzlicher langjähriger Verbundenheit.

I. Aspekte der Unschuldsvermutung in der Rechtsprechung des EGMR

Der EGMR versteht die Unschuldsvermutung als ein wesentliches Element des fairen Verfahrens, das in Art. 6 Abs. 1 EMRK garantiert ist. Ohne eine exakte Aus-

---

[1] Art. 6 Abs. 2 EMRK: „Everyone charged with a criminal offence shall be presumed innocent until proved guilty according to law."

[2] *Rogall*, in: Wolter (Hrsg.), SK-StPO, 5. Aufl. 2016, vor § 133 Rn. 75.

[3] *Rogall*, in: SK-StPO (Fn. 2), vor § 133 Rn. 76.

[4] *Rogall*, in: SK-StPO (Fn. 2), vor § 133 Rn. 76.

[5] Eingehende Darstellung mit zahlreichen Nachweisen bei *Esser*, in: Löwe/Rosenberg, 26. Aufl. 2012, Art. 6 EMRK Rn. 445 ff.

legung des Wortlauts von Art. 6 Abs. 2 EMRK vorzunehmen, hat der Gerichtshof einige Aspekte herausgearbeitet, die er als praktische Konsequenzen der Unschuldsvermutung ansieht.[6]

So versteht der EGMR etwa das Postulat, dass die Anklagebehörde dem Beschuldigten seine Schuld nachweisen muss, als ein Element der Unschuldsvermutung.[7] Die Verbindung zwischen der Unschuldsvermutung und dem Satz *in dubio pro reo* ergibt sich zwar nicht aus dem Wortlaut von Art. 6 Abs. 2 EMRK, da dort nur davon die Rede ist, dass die Vermutung für den Angeklagten gilt „until proved guilty according to law", ohne dass etwas über Art und Maß des Schuldnachweises gesagt ist. Nach den Traditionen sowohl des französischen Rechts[8] als auch der anglo-amerikanischen Rechtsordnungen[9] liegt der Kern der Unschuldsvermutung jedoch gerade in der Festlegung, dass die Anklage die Beweislast trägt und der Angeklagte nur verurteilt werden darf, wenn seine Schuld *beyond a reasonable doubt* bewiesen worden ist.[10] Daher wird auch die Frage, inwiefern das Gesetz bei Vorliegen bestimmter Sachverhalte Schuldvermutungen aufstellen darf, unter der Rubrik „Unschuldsvermutung" diskutiert.[11]

1. Schutz vor Schuldbehauptungen während des Strafverfahrens

a) Verbot von verbalen Schuldzuweisungen ohne Verurteilung

Einen Aspekt der Unschuldsvermutung sieht der EGMR darin, dass staatliche Organe einen nicht verurteilten Verdächtigen in der Öffentlichkeit, speziell gegenüber Medienvertretern, nicht als „Täter" oder „Schuldigen" einer Straftat bezeichnen dürfen.[12] Dabei muss keine formale Schuldfeststellung erfolgen; es soll schon einen Ver-

---

[6] Siehe den Überblick in EGMR (Große Kammer), Allen v. UK, 25424/09, Urt. v. 12.7.2013, § 93.

[7] EGMR, Barberà, Messegué and Jabardo v. Spain, 10590/83, Urt. v. 6.12.1988, § 77 („The burden of proof is on the prosecution, and any doubt should benefit the accused"); Telfner v. Austria, 33501/96, Urt. v. 20.3.2001, § 15.

[8] Siehe *Desportes/Lazerges-Cousquer*, Traité de Procédure Pénale, 4. Aufl. 2015, Rn. 237, 551.

[9] Siehe dazu *Gray*, New Criminal Law Review 20 (2017), 569; ferner *Ashworth*, International Journal of Evidence and Proof 10 (2006), 241.

[10] Ähnlich sprechen auch *Roxin/Schünemann*, Strafverfahrensrecht, 28. Aufl. 2014, § 11 Rn. 1 davon, dass der *in-dubio*-Satz den „Kernbestand" der Unschuldsvermutung ausmache; übereinstimmend *Gropp*, JZ 1991, 804, 806. Dagegen *Stuckenberg*, Untersuchungen zur Unschuldsvermutung, 1998, S. 522 ff.; *Weigend*, Criminal Law and Philosophy 8 (2014), 285, 291 f.

[11] Eingehend *Gray*, New Criminal Law Review 20 (2017), 569, 585 ff.; aus der Rechtsprechung des EGMR siehe die im Ergebnis allerdings unklare Entscheidung Salabiaku v. France, 10519/83, Urt. v. 7.10.1988.

[12] Grundlegend EGMR, Allenet de Ribemont v. France, 15175/89, Urt. v. 10.2.1995, §§ 35 ff., 41 (hohe Polizeioffiziere bezeichneten den Bf. schon zu Beginn der Ermittlungen als Anstifter zum Mord); siehe auch EGMR, Daktaras v. Lithuania, 42095/98, Urt. v. 10.10.2000,

stoß gegen Art. 6 Abs. 2 EMRK darstellen „that there is some reasoning suggesting that the court or the official in question regards the accused as guilty".[13] Allerdings sind die staatlichen Organe dabei nur für ihre eigenen Äußerungen verantwortlich; eine unmittelbare Geltung der Unschuldsvermutung für die Medien nimmt der Gerichtshof nicht an.[14]

Der EGMR sieht, wie die genannte Rechtsprechung zeigt, die Unschuldsvermutung nicht nur dann als verletzt an, wenn staatliche Organe einen bloß Verdächtigen als Schuldigen *behandeln*, sondern bereits dann, wenn sie ihn verbal (ausdrücklich oder indirekt) als Täter *bezeichnen*. Dieser Grundsatz gilt auch für gerichtliche Entscheidungen, die im Zusammenhang mit einem Strafverfahren ergehen. Grundlegend hierzu ist das Urteil Minelli v. Switzerland aus dem Jahr 1983:[15] Der Beschwerdeführer Minelli war in einem Privatanklageverfahren wegen Verleumdung angeklagt. Nachdem vor einer Hauptverhandlung bereits Verjährung eingetreten war, musste das Kantonsgericht nur über die Verteilung der Kosten entscheiden. Es bürdete Minelli einen Teil der Kosten mit der Begründung auf, dass er ohne Eintritt der Verjährung sehr wahrscheinlich verurteilt worden wäre. Der EGMR sah darin eine Verletzung der Unschuldsvermutung.[16] Der Verstoß gegen Art. 6 Abs. 2 EMRK wurde dabei nicht darin gesehen, *dass* der Beschwerdeführer die Kosten des Verfahrens teilweise tragen musste, sondern allein in der Begründung, die das Gericht für seine Entscheidung gab.

aa) Begründung der Verfahrenseinstellung

In späteren Entscheidungen stellte der EGMR stärker auf die Wortwahl der staatlichen Stelle ab; sprach etwa ein Gericht in der Begründung einer Entscheidung nur von einem starken Verdacht oder einer hohen Verurteilungswahrscheinlichkeit, so sollte darin noch kein Verstoß gegen Art. 6 Abs. 2 EMRK liegen.[17]

---

§§ 41 ff.; Y.B. et autres v. Turquie, 48173/99, Urt. v. 28.10.2004, §§ 43 ff. Weitere Nachweise bei *Esser*, in: Löwe/Rosenberg (Fn. 5), Art. 6 EMRK Rn. 485 ff.

[13] EGMR, Nešťák v. Slovakia, 65559/01, Urt. v. 27.2.2007, § 88; siehe auch EGMR, Craxi v. Italie, 34896/97, Urt. v. 5.12.2002, §§ 98 ff.

[14] Siehe EGMR, Natsvlishvili and Togonidze v. Georgia, 9043/05, Urt. v. 29.4.2014, § 105 (Journalisten hatten die Festnahme des Bf. gefilmt; keine Verletzung der Unschuldsvermutung).

[15] EGMR, Minelli v. Switzerland, 8660/79, Urt. v. 25.7.1983, §§ 37 f.

[16] „In this way the Chamber of the Assize Court showed that it was satisfied of the guilt of Mr. Minelli"; EGMR, Minelli v. Switzerland, 8660/79, Urt. v. 25.7.1983, § 38.

[17] Siehe etwa EGMR, Englert v. Germany, 10282/83, Urt. v. 25.8.1987, §§ 34 ff.; Lutz v. Germany, 9912/82, Urt. v. 25.8.1987, §§ 58 ff. *Rogall*, in: SK-StPO (Fn. 2), vor § 133 Rn. 76 meint, diese Rechtsprechung sei nicht unproblematisch, da sie zu einer „gekünstelt wirkenden Unterscheidung zwischen einer (zulässigen) ‚Umschreibung der Verdachtslage' und einer unzulässigen (echten) ‚Schuldzuweisung'" nötige. Kritisch auch *Kühl*, NJW 1984, 1264, 1268; *Demko*, HRRS 2007, 285, 289 f.

Erheblich war die Ausdrucksweise der staatlichen Behörde in mehreren Fällen, in denen eine Staatsanwaltschaft das Strafverfahren wegen Verjährung der Taten eingestellt und sich in der Begründung der Entscheidung zur Täterschaft des Beschuldigten geäußert hatte. Die Betroffenen wandten sich danach jeweils nach Straßburg und forderten finanziellen Schadensersatz wegen Verletzung der Unschuldsvermutung.

In einem Fall aus dem Jahre 2012[18] verneinte der Gerichtshof eine Verletzung von Art. 6 Abs. 2 EMRK, obwohl das rumänische Gericht in seiner Entscheidung, mit der es das Verfahren gegen den Beschwerdeführer wegen Verjährung einstellte, zunächst in klaren Worten festgestellt hatte, dass er die ihm vorgeworfenen, im einzelnen bezeichneten Betrugstaten und Urkundenfälschungen tatsächlich begangen hatte. Zur Begründung meinte der EGMR lakonisch, dass das Gericht zwar auch sogleich die Verjährung hätte feststellen können, dass die Reihenfolge, in der die Voraussetzungen der Entscheidung geprüft werden, jedoch Sache der einzelnen Mitgliedstaaten sei.[19]

In einem späteren, ganz ähnlich gelagerten Fall hatte der Beschwerdeführer größeren Erfolg. In der Sache Peltereau-Villeneuve v. Suisse[20] war ein katholischer Priester sexueller Verfehlungen mit Abhängigen beschuldigt. Die Genfer Staatsanwaltschaft stellte das Strafverfahren gegen den Verdächtigen wegen Verjährung der vorgeworfenen Taten ein, allerdings nicht ohne zuvor festzustellen, dass er die Vergehen gegenüber mindestens zwei Opfern tatsächlich („*bel et bien*") begangen habe.[21] Daraufhin sah sich der Beschwerdeführer negativen Presseberichten sowie einem kirchlichen Disziplinarverfahren ausgesetzt. Der EGMR sprach ihm eine Entschädigung von 12.000 Euro zu. Die Staatsanwaltschaft habe die Unschuldsvermutung verletzt; sie hätte sich auf die Feststellung eines Verdachts gegen den Beschuldigten beschränken müssen.[22]

In anderen Fällen der Verfahrenseinstellung bemühte sich der Gerichtshof um eine sensible Grenzziehung zwischen verbotener Schuldbehauptung und erlaubter Verdachtserklärung. In dem Ausgangsverfahren des Falles Marziano v. Italie aus dem Jahre 2002[23] wurden dem Beschwerdeführer sexuelle Handlungen an seiner kleinen Tochter vorgeworfen. Der italienische Untersuchungsrichter stellte das Verfahren ein, da die Angaben des im Zeitpunkt des Verfahrens neunjährigen Mädchens

---

[18] EGMR, Constantin Florea v. Roumanie, 21534/05, Urt. v. 19.6.2012.

[19] EGMR, Constantin Florea v. Roumanie, 21534/05, Urt. v. 19.6.2012, § 56: „… la Cour rappelle que c'est, en principe, aux juridictions internes de veiller au bon déroulement de leurs propres procédures, le droit à un procès équitable n'exigeant pas l'examen des moyens dans un certain ordre."

[20] EGMR, Peltereau-Villeneuve v. Suisse, 60101/09, Urt. v. 28.10.2014.

[21] EGMR, Peltereau-Villeneuve v. Suisse, 60101/09, Urt. v. 28.10.2014, § 35.

[22] EGMR, Peltereau-Villeneuve v. Suisse, 60101/09, Urt. v. 28.10.2014, § 35. Ähnlich die Entscheidung EGMR, Caraian v. Romania, 34456/07, Urt. v. 23.6.2015, § 76.

[23] EGMR, Marziano v. Italie, 45313/99, Urt. v. 28.11.2002.

wegen ihrer teilweisen Widersprüchlichkeit nicht als Grundlage für eine Verurteilung des Angeklagten nach einer Hauptverhandlung ausreichen würden. Der Richter stellte in seinem Beschluss fest, dass die Zeugin nach seiner Auffassung nicht lüge, sondern in Bezug auf die sexuellen Handlungen des Angeschuldigten die Wahrheit sage.[24] Diese Ausführungen sah der Beschwerdeführer als Verletzung von Art. 6 Abs. 2 EMRK an. Der EGMR war anderer Ansicht: Der Richter habe begründen müssen, weshalb er das Verfahren einstellte, und es war daher notwendig, dass er sich mit der Frage der Verurteilungswahrscheinlichkeit auseinandersetzte. Seine Ausführungen hätten lediglich das Bestehen eines Tatverdachts gegen den Beschwerdeführer begründet.[25]

bb) Inzidente Feststellungen der Schuld

Anders liegen die Dinge, wenn ein Gericht eine Entscheidung (notwendigerweise) darauf stützt, dass der Betroffene eine Straftat begangen habe, derentwegen er jedoch (noch) nicht in einem Strafverfahren verurteilt wurde. So gelangte der EGMR zu einer Verurteilung Deutschlands wegen des Verfahrens beim Widerruf einer Strafaussetzung zur Bewährung. Das Strafvollstreckungsgericht kann nach §§ 453, 462a Abs. 1 StPO die Bewährungsaussetzung nach § 56f Abs. 1 Nr. 1 StGB im schriftlichen Verfahren widerrufen, wenn der Verurteilte in der Bewährungszeit eine Straftat begeht und dadurch zeigt, dass sich die Erwartung, die der Strafaussetzung zugrunde lag, nicht erfüllt hat. In dieser Vorgehensweise sieht der EGMR eine Verletzung der Unschuldsvermutung: Auch wenn die Strafvollstreckungskammer den Verurteilten vor dem Widerruf anhört und sich durch eine eigene Beweiserhebung vom Vorliegen der Anlasstat für den Widerruf überzeugt, liegt doch keine formale Verurteilung aufgrund einer Hauptverhandlung vor; die unter Bewährung stehende Person[26] darf daher nach Meinung des Gerichtshofs nicht wegen der neuen Tat als schuldig bezeichnet und behandelt werden.[27]

Das Bundesverfassungsgericht hat diese Rechtsprechung in einer Kammer-Entscheidung akzeptiert, allerdings einen Widerruf der Strafaussetzung für den Fall eines glaubhaften Geständnisses der neuen Tat durch den Verurteilten auch ohne gesonderte strafgerichtliche Verurteilung als vereinbar mit der Unschuldsvermutung angesehen.[28] Dieser Auffassung hat der EGMR nicht ausdrücklich widersprochen; er sah jedoch die Unschuldsvermutung in einem Fall als verletzt an, in dem der Ver-

---

[24] EGMR, Marziano v. Italie, 45313/99, Urt. v. 28.11.2002, § 16: In dem Beschluss hieß es u.a.: „... l'on n'estime pas que les déclarations [de X] soient fausses, mais l'on considère que quand la mineure affirme que son père lui a léché [son sexe] elle dit une chose vraie."

[25] EGMR, Marziano v. Italie, 45313/99, Urt. v. 28.11.2002, §§ 30 f.

[26] Bei dieser und ähnlichen Fallgestaltungen stellt sich die Vorfrage, ob die Unschuldsvermutung nach dem Abschluss eines Strafverfahrens durch Schuldspruch überhaupt noch anwendbar ist; siehe dazu unten 2.b)aa).

[27] EGMR, Böhmer v. Germany, 37568/97, Urt. v. 3.10.2002, §§ 65 ff.

[28] BVerfG NStZ 2005, 204.

urteilte eine während der Bewährungszeit begangene Straftat zunächst gestand, das Geständnis aber nach anwaltlicher Beratung zurücknahm; das Strafvollstreckungsgericht widerrief die Bewährungsaussetzung aufgrund des ursprünglichen Geständnisses.[29] Dass der Beschwerdeführer anschließend wegen der Anlasstat rechtskräftig verurteilt wurde, änderte nach der (insoweit konsequenten) Auffassung des EGMR nichts an der Menschenrechtsverletzung. Wie schon in früheren Entscheidungen verstand der EGMR das Verbot inzidenter Schuldfeststellungen hier auch insofern als Element des *fair trial,* als spätere Gerichtsverfahren gegen den Betroffenen nicht durch frühere Äußerungen eines Gerichts bezüglich seiner Schuld beeinflusst werden sollen.[30]

Auch in diesen Fällen hängt die Frage einer Menschenrechtsverletzung häufig von Nuancen der Fallgestaltung und der sprachlichen Fassung der angegriffenen gerichtlichen Entscheidung ab. So verneinte der EGMR einen Verstoß gegen Art. 6 Abs. 2 EMRK im Jahre 2014 in einem Fall, in dem das deutsche Strafvollstreckungsgericht die Gewährung einer Strafrestaussetzung für einen wegen Mordes zu lebenslanger Haft verurteilten Täter wegen dessen fortbestehender Gefährlichkeit abgelehnt hatte.[31] Zur Begründung bezog sich das Gericht auf das Gutachten eines psychiatrischen Sachverständigen, der die Gefährlichkeit des Beschwerdeführers u. a. aus einer von diesem während einer Vollzugslockerungsmaßnahme begangenen Gewalttat ableitete. Obwohl der Beschwerdeführer wegen dieser Tat in einem Strafverfahren sogar freigesprochen worden war, verneinte der EGMR einen Verstoß gegen die Unschuldsvermutung, da das Strafvollstreckungsgericht das Gutachten des Sachverständigen nur in indirekter Rede wiedergegeben und sich die Feststellung der Tatbegehung nicht ausdrücklich zu eigen gemacht hatte.[32] Angesichts solcher an Spitzfindigkeit grenzender Differenzierungen kann man kaum der Ansicht der beiden dissentierenden Richter widersprechen, dass der Ausgang der Menschenrechtsverfahren in diesen Fällen dem Zufall überlassen werde.[33]

cc) Berücksichtigung nicht verurteilter Straftaten bei der Strafzumessung

Ähnliche Fragen wie bei dem Widerruf einer Straf(rest)aussetzung zur Bewährung wegen neuer Straftaten stellen sich auch bei der Strafzumessung, sofern das Gericht eine Strafschärfung auf die Begehung von Straftaten stützt, derentwegen es den Angeklagten nicht förmlich verurteilt hat. Mit dieser Fallgestaltung hatte sich der

---

[29] EGMR, El Kaada v. Germany, 2130/10, Urt. v. 20.11.2015, §§ 58 f., 63.

[30] EGMR, Mokhov v. Russia, 28245/04, Urt. v. 4.3.2010, § 28; El Kaada v. Germany, 2130/10, Urt. v. 20.11.2015, § 42.

[31] EGMR, Müller v. Germany, 54963/08, Urt. v. 27.3.2014.

[32] EGMR, Müller v. Germany, 54963/08, Urt. v. 27.3.2014, §§ 51 f.

[33] EGMR, Müller v. Germany, 54963/08, Urt. v. 27.3.2014, dissenting opinion of judges DeGaetano and Yudkivska, § 2: „to speak of ‚unfortunate language used' and then to distinguish between unfortunate language that is in violation of the presumption of innocence and unfortunate language which is not merely shoves the problem into the realm of the aleatory."

EGMR in seinem Anfang 2018 ergangenen Urteil Bikas v. Germany[34] zu beschäftigen. Die Anklage hatte dem Beschwerdeführer 300 Fälle sexueller Nötigung eines geistesschwachen Opfers vorgeworfen. Da die Angaben der Geschädigten über Zeit und Ablauf der Einzeltaten unklar waren, stellte das Gericht kurz vor dem Ende der Hauptverhandlung das Verfahren wegen aller bis auf vier Einzelfälle nach § 154 Abs. 2 StPO ein und verurteilte den Angeklagten wegen dieser vier Fälle zu einer Freiheitsstrafe. Bei der Bemessung der Strafe berücksichtigte das Gericht auch 50 der eingestellten Taten, von deren Vorliegen es aufgrund der Beweisaufnahme überzeugt war, wenn es sie auch zeitlich nicht genau zuordnen konnte; über diese Möglichkeit hatte das Gericht den Angeklagten vor der Teileinstellung informiert.[35] Der EGMR stellte dazu zunächst fest, dass die Unschuldsvermutung auch die Funktion habe, die Betroffenen davor zu schützen, dass aus Tatvorwürfen, bezüglich derer das Strafverfahren eingestellt wurde, negative Folgen für sie gezogen werden.[36] Allerdings könnten die staatlichen Autoritäten in Fällen der Verfahrenseinstellung ohne Schuldnachweis der Unschuldsvermutung dadurch gerecht werden, dass sie sich einer formellen Feststellung der Schuld bezüglich dieser Taten enthalten.[37] In dem Fall des Beschwerdeführers ließ sich allerdings schwerlich leugnen, dass das deutsche Gericht die Schuld des Angeklagten auch bezüglich der eingestellten 50 Taten bejaht hatte; anderenfalls hätte es diese Taten ja nicht bei der Strafzumessung zu dessen Lasten berücksichtigen dürfen. Dennoch verneinte der EGMR (nach seinen Prämissen etwas überraschend) eine Verletzung von Art. 6 Abs. 2 EMRK. Zur Begründung führte er aus, dass das Landgericht den Angeklagten eigentlich auch wegen der 50 Taten für schuldig befunden habe, wenn auch nicht in einer Weise, die nach dem deutschen Beweisrecht für einen Schuldspruch ausgereicht hätte.[38] Daher könne die Feststellung der Überzeugung von der Begehung der 50 Taten am Ende einer vollständigen Hauptverhandlung für die Belange der EMRK als Schuldspruch anerkannt werden.[39] Dabei verweist der EGMR, ganz gegen seine sonstige Gewohnheit, auf die Regelung des nationalen deutschen Rechts, die die Vorgehensweise des Landgerichts erlaube, und überdies auf die Interessen des Opferschutzes.[40] Der Fall zeigt erneut, dass es dem EGMR schwer fällt, sein Postulat „keine Schuldzuweisung ohne vorherige Verurteilung" konsequent durchzuhalten.

---

[34] EGMR, Bikas v. Germany, 76607/13, Urt. v. 25.1.2018.

[35] Siehe zu dieser Vorgehensweise bei der Strafzumessung BGHSt 30, 147; 31, 302; *Fischer*, StGB, 65. Aufl. 2018, § 46 Rn. 41 m.w.N.; krit. *Stuckenberg*, StV 2007, 655.

[36] EGMR, Bikas v. Germany, 76607/13, Urt. v. 25.1.2018, § 43.

[37] EGMR, Bikas v. Germany, 76607/13, Urt. v. 25.1.2018, § 44.

[38] Der EGMR verweist insbesondere auf BVerfGE 74, 358 sowie auf den Beschluss 2 BvR 366/10 v. 5.4.2010, BVerfGK 17, 223.

[39] EGMR, Bikas v. Germany, 76607/13, Urt. v. 25.1.2018, § 58: „The Court considers that, in these circumstances, the applicant was found guilty, in substance, also of the fifty further offences, to which a different standard of proof was applied. That standard of proof was sufficient, under domestic law, for taking these offences into account in the sentencing process, but not for formally convicting the applicant thereof."

[40] EGMR, Bikas v. Germany, 76607/13, Urt. v. 25.1.2018, §§ 59 f.

Es drängt sich der Eindruck auf, dass die Entscheidung über das Vorliegen einer Menschenrechtsverletzung in schwierigen Grenzfällen vielleicht auch von der personellen Zusammensetzung der jeweiligen Kammer des Gerichtshofs abhängt.

b) Schuldzuweisungen gegenüber Dritten?

Eine Frage von großer praktischer Tragweite hatte der EGMR in dem Verfahren Karaman v. Germany[41] zu entscheiden: Darf ein Gericht in einem Urteil gegen A positiv die Schuld eines nicht in das Verfahren einbezogenen Tatbeteiligten B feststellen, oder verletzt dies die Unschuldsvermutung zu Lasten des B? In dem Ausgangsfall warf die deutsche Staatsanwaltschaft den Angeklagten die Beteiligung an einem betrügerischen System vor, das aus der Türkei gesteuert wurde. Das Gericht verurteilte die Angeklagten und nahm in seinem Urteil mehrfach darauf Bezug, dass der Beschwerdeführer – gegen den in Deutschland und der Türkei in derselben Sache noch Strafverfahren anhängig waren – Hintermann und Drahtzieher der Betrugstaten sei. An sich waren damit die Voraussetzungen einer Verletzung der Unschuldsvermutung erfüllt: Das Gericht stellte die Schuld des Beschwerdeführers (als „Drahtzieher") bezüglich der abgeurteilten Taten fest, bevor er verurteilt war und ohne dass er sich gegen den Vorwurf verteidigen konnte; erschwerend kam hinzu, dass diese Feststellungen in einem Strafurteil geeignet waren, die unbefangene Beurteilung des Falles durch das später über den Beschwerdeführer entscheidende Gericht zu beeinträchtigen.[42]

In einer klugen und ausgewogenen Entscheidung räumte der EGMR dieses Problem ein, erkannte aber auch an, dass die zunächst entscheidende Strafkammer gehalten war, die Umstände der Tat und die jeweilige Verantwortlichkeit der Tatbeteiligten aufzuklären und in der Begründung ihres Urteils gegen die Angeklagten darzulegen.[43] Im Ergebnis verneinte der Gerichtshof eine Verletzung der Unschuldsvermutung mit der (allerdings etwas dünnen) Begründung, dass die Strafkammer in ihrer Entscheidung den Beschwerdeführer immer als „gesondert Verfolgten" bezeichnet und damit zum Ausdruck gebracht habe, dass seine Schuld noch nicht feststehe.[44] Beherzigenswert ist jedenfalls der Hinweis des EGMR, dass die Strafgerichte in solchen Fällen ihre Ausführungen zur Schuld Dritter möglichst „schlank" gestalten und auf das Notwendige beschränken sollten.[45]

---

[41] EGMR, Karaman v. Germany, 17103/10, Urt. v. 27.2.2014.
[42] EGMR, Karaman v. Germany, 17103/10, Urt. v. 27.2.2014, §§ 42 ff.
[43] EGMR, Karaman v. Germany, 17103/10, Urt. v. 27.2.2014, § 64.
[44] EGMR, Karaman v. Germany, 17103/10, Urt. v. 27.2.2014, § 69.
[45] EGMR, Karaman v. Germany, 17103/10, Urt. v. 27.2.2014, § 64.

2. Schutz des Freigesprochenen

Ist die Frage der Schuld eines Verdächtigen noch nicht gerichtlich geklärt, bewahrt ihn die Unschuldsvermutung – wie gezeigt – davor, dass staatliche Organe ihn bereits als schuldig bezeichnen oder behandeln. Noch deutlich weiter reicht der Schutz durch Art. 6 Abs. 2 EMRK nach der Rechtsprechung des Straßburger Gerichtshofs dann, wenn jemand von dem Vorwurf einer Straftat rechtskräftig freigesprochen wurde:

> „… the presumption of innocence means that where there has been a criminal charge and criminal proceedings have ended in an acquittal, the person who was the subject of the criminal proceedings is innocent in the eyes of the law and must be treated in a manner consistent with that innocence. To this extent, therefore, the presumption of innocence will remain after the conclusion of criminal proceedings in order to ensure that, as regards any charge which was not proven, the innocence of the person in question is respected."[46]

Die Fortwirkung eines Freispruchs erstreckt sich auf alle Verfahren, in denen das Gericht das freisprechende Urteil oder die dort verwendeten Beweismittel zu berücksichtigen, auf die Beteiligung des Freigesprochenen an den früher angeklagten Handlungen einzugehen oder die Hinweise auf dessen Schuld zu kommentieren hat.[47] In all diesen Fällen muss der Betroffene in einer Weise behandelt werden, die mit seiner Unschuld vereinbar ist. Zur Begründung für diese weitreichende Erstreckung der Unschuldsvermutung über ein laufendes Strafverfahren hinaus verweist der Gerichtshof nur sehr allgemein auf die Notwendigkeit sicherzustellen, dass die Unschuldsvermutung „practical and effective" ist; ohne einen solchen ausgedehnten Schutz bestünde die Gefahr, dass das Recht aus Art. 6 Abs. 2 EMRK „theoretical and illusory" bliebe.[48] Der Schutz durch die Unschuldsvermutung überschneidet sich hier, wie der Gerichtshof anerkennt,[49] mit dem Schutz des Persönlichkeitsrechts, den Art. 8 EMRK gewährleistet.

a) Verurteilende Ausführungen in freisprechenden Urteilen

Der extensive Schutz eines freigesprochen Angeklagten beginnt bereits mit dem freisprechenden Urteil selbst. Der Beschwerdeführer in der Leitentscheidung zu dieser Frage, Cleve v. Germany,[50] war wegen sexueller Handlungen an seiner kleinen Tochter angeklagt. Die Bekundungen des Mädchens als Zeugin erlaubten es dem Gericht jedoch nicht, einzelne sexuelle Übergriffe zeitlich und örtlich so zu konkretisieren, dass eine hinreichend exakte Grundlage für eine Verurteilung gegeben war. In der Begründung des freisprechenden Urteils hieß es: „So geht die Kammer im Er-

---

[46] EGMR, Allen v. UK, 25424/09, Urt. v. 12.7.2013, § 103.
[47] EGMR, Allen v. UK, 25424/09, Urt. v. 12.7.2013, § 104.
[48] EGMR, Allen v. UK, 25424/09, Urt. v. 12.7.2013, § 94.
[49] EGMR, Allen v. UK, 25424/09, Urt. v. 12.7.2013, § 94.
[50] EGMR, Cleve v. Germany, 48144/09, Urt. v. 15.1.2015.

gebnis davon aus, dass das von der Zeugin geschilderte Kerngeschehen einen realen Hintergrund hat, nämlich dass es tatsächlich zu sexuellen Übergriffen des Angeklagten zu Lasten seiner Tochter in seinem Auto gekommen ist…"[51] Auf diesen Satz stützte der freigesprochene Angeklagte seine Beschwerde, mit der er eine Verletzung von Art. 6 Abs. 2 EMRK rügte. Und er bekam in Straßburg Recht.

Der EGMR erinnerte zunächst an seine ständige Rechtsprechung, wonach Tenor und Gründe eines Urteils eine Einheit bilden; daher könne die Unschuldsvermutung auch durch die Begründung eines freisprechenden Urteils verletzt werden.[52] Im zu beurteilenden Fall erkannte der EGMR zwar an, dass die Strafkammer in dem inkriminierten Satz nicht von Tatbestandsmerkmalen des § 174 StGB gesprochen, sondern nur den untechnischen Begriff „sexuelle Übergriffe" verwendet hatte.[53] Die Kammer habe aber die Aussage in eindeutiger und unbedingter Weise formuliert, so dass dem Leser des Urteils der Eindruck vermittelt werde, dass der Beschwerdeführer tatsächlich schuldig sei, seine Tochter sexuell missbraucht zu haben.[54] Damit habe das Gericht dem Tenor seiner Entscheidung widersprochen.[55]

Diese Entscheidung des EGMR vermag weder im Ergebnis noch in der Begründung zu überzeugen. Zwar kann man sich durchaus Fälle vorstellen, in denen ein Gericht dem Angeklagten mit der linken Hand (in der Urteilsbegründung) nimmt, was es mit ihm mit der rechten Hand (im freisprechenden Tenor) gegeben hat.[56] Doch selbst wenn man ein solches Vorgehen als Verletzung der Unschuldsvermutung ansehen möchte, kann man der Strafkammer im Fall Cleve keinen Vorwurf machen: Sie ist – ähnlich wie der Richter in dem oben besprochenen Fall Marziano v. Italie – lediglich ihrer Verpflichtung nachgekommen, die festgestellten Tatsachen im Urteil mitzuteilen (§ 267 Abs. 5 S. 1 StPO). Auch die Unschuldsvermutung kann ein Gericht nicht dazu zwingen, das, was sich nach seiner auf den Inbegriff der Hauptverhandlung gestützten Überzeugung tatsächlich abgespielt hat, nur als Möglichkeit im

---

[51] EGMR, Cleve v. Germany, 48144/09, Urt. v. 15.1.2015, § 13.

[52] EGMR, Cleve v. Germany, 48144/09, Urt. v. 15.1.2015, §§ 34, 36, 41. Siehe dazu auch schon EGMR, Adolf v. Austria, 8269/78, Urt. v. 26.3.1982, §§ 38 f.; Rushiti v. Austria, 28389/95, Urt. v. 21.3.2000, §§ 30 f.; Stavropoulos v. Grèce, 35522/04, Urt. v. 27.9.2007, § 38. Insoweit zustimmend *Rostalski*, HRRS 2015, 315, 318 ff.

[53] EGMR, Cleve v. Germany, 48144/09, Urt. v. 15.1.2015, § 60.

[54] EGMR, Cleve v. Germany, 48144/09, Urt. v. 15.1.2015, § 61: „However, the Regional Court's finding ‚that the accused actually carried out sexual assaults on his daughter in his car' is phrased in a straightforward and unconditional manner. Read in the context of the charges against the applicant of serious sexual abuse of his daughter mostly in his car, it cannot but convey to the reader of the judgment that the applicant was in fact guilty of having sexually abused his daughter."

[55] EGMR, Cleve v. Germany, 48144/09, Urt. v. 15.1.2015, § 64. Ähnlich wie der EGMR hatte schon früher *Kühl*, Unschuldsvermutung, Freispruch und Einstellung, 1983, S. 23, in der Unschuldsvermutung ein Verbot „strafähnlicher Diskriminierung" durch die Gründe eines freisprechenden Urteils gesehen; der Freigesprochene brauche die ausdrückliche Aufrechterhaltung eines Tatverdachts nicht hinzunehmen.

[56] *Stuckenberg*, StV 2016, 5, 7.

Konjunktiv wiederzugeben. Außerdem behauptete die Strafkammer in der zitierten Passage nicht, der Angeklagte habe eine Straftat begangen – „sexuelle Übergriffe" waren damals von keinem Straftatbestand erfasst –, so dass es an einem Vorwurf strafbaren Verhaltens gegenüber dem Beschwerdeführer fehlte.[57]

Mit der Frage einer Rechtsverletzung durch die Formulierung der Urteilsgründe einer freisprechenden Entscheidung hat sich auch der Bundesgerichtshof 2015 in seiner Entscheidung im Fall Mollath befasst.[58] Das Landgericht hatte den Angeklagten vom Vorwurf der gefährlichen Körperverletzung mit der Begründung freigesprochen, dass er die Tat zwar begangen habe, dass er zur Tatzeit aber möglicherweise schuldunfähig gewesen sei. Die Revision des Freigesprochenen, der die Begehung der angeklagten Tat bestritt, verwarf der BGH mangels Beschwer als unzulässig. Er hielt in dieser Entscheidung an seiner Rechtsprechung fest, wonach sich die Beschwer des Revisionsführers aus dem Tenor einer Entscheidung ergeben müsse.[59] Nur „in seltenen Ausnahmefällen" könne ein freisprechendes Urteil durch die Art seiner Begründung Grundrechte verletzen,[60] nämlich wenn Ausführungen in der Urteilsbegründung „– für sich genommen – den Angeklagten so schwer belasten, dass eine erhebliche, ihm nicht zumutbare Beeinträchtigung eines grundrechtlich geschützten Bereichs festzustellen ist, die durch den Freispruch nicht aufgewogen wird."[61] In diesem Zusammenhang setzte sich der BGH auch mit der *Cleve*-Entscheidung des EGMR auseinander.[62] Er sah jedoch im Fall Mollath zu Recht keine Beeinträchtigung der Unschuldsvermutung, da das Gericht sich in der Hauptverhandlung eine Überzeugung sowohl vom Tatgeschehen als auch vom psychischen Zustand des Angeklagten verschafft habe und der Tenor der Entscheidung genau diese Überzeugung reflektiere.[63]

b) Schuldzuweisungen in nicht-strafrechtlichen Entscheidungen nach Freispruch

aa) Verwaltungsrechtliche Verfahren

Der umfassende Schutz freigesprochener Beschuldigter gegen Schuldzuweisungen erstreckt sich nach Auffassung des EGMR auch auf spätere nicht-strafrechtliche

---

[57] Zutr. *Rostalski*, HRRS 2015, 315, 324.

[58] BGH NJW 2016, 728.

[59] Siehe schon BGHSt 7, 153; 13, 75; 16, 374. Weitere Nachweise, auch zu Gegenstimmen in der Literatur, bei *Meyer-Goßner*/Schmitt, StPO, 59. Aufl. 2016, vor § 296 Rn. 11 ff.

[60] Vgl. BVerfGE 6, 7, 9; 28, 151, 160.

[61] BGH NJW 2016, 728 Rn. 23.

[62] BGH NJW 2016, 728 Rn. 26 ff.

[63] BGH NJW 2016, 728 Rn. 33. Mit Recht weist der BGH darauf hin, dass das Landgericht zur rechtsfehlerfreien Anwendung des § 20 StGB gehalten war, den für erwiesen erachteten Tatablauf und den Zustand des Angeklagten zu diesem Zeitpunkt im Urteil darzulegen. Insoweit zust. auch *Grosse-Wilde/Stuckenberg*, StV 2016, 784, 787.

Verfahren. Dabei stellt sich allerdings zunächst die Vorfrage, ob Art. 6 Abs. 2 EMRK auf solche Nach-Verfahren überhaupt anwendbar ist; die Norm bezieht sich ja ersichtlich auf die Rechte eines Beschuldigten in einem laufenden Strafverfahren. In ständiger Rechtsprechung vertritt der EGMR hierzu die Meinung, dass ein Betroffener sich auch nach dem Abschluss des gegen ihn gerichteten Strafverfahrens auf die Unschuldsvermutung stützen könne, solange in einem Folgeverfahren noch ein Bezug zu dem früheren Strafverfahren besteht.[64] Diese Ausdehnung des Schutzbereichs sei notwendig, damit die Unschuldsvermutung „praktisch und effektiv" bleibe.[65]

In Verwaltungsverfahren, die nachteilige Rechtsfolgen (Geldbußen, Entzug von Erlaubnissen usw.) an die Begehung von Straftaten knüpfen, darf die Behörde daher nach der Rechtsprechung des EGMR einem Freigesprochenen weder einen Rechtsnachteil wegen der Begehung der früher angeklagten Straftat auferlegen noch in ihrer Entscheidung Zweifel an seiner Unschuld äußern.[66] Dies gilt auch dann, wenn der Freispruch im Strafverfahren nur nach dem Zweifelssatz erfolgt ist.[67] Diese strikten Rechtsfolgen beruhen darauf, dass der EGMR einen Freispruch im Strafverfahren nicht als bloße Verneinung einer (nach den Regeln des Strafverfahrens) bewiesenen Schuld, sondern als positive Deklaration der „Unschuld" des Angeklagten versteht.[68] Allerdings erkennt der Gerichtshof die Selbständigkeit disziplinarischer Verfahren aufgrund deren besonderer (auch präventiver) Zielsetzung an, so dass er eine disziplinarische Verurteilung auch nach einem strafgerichtlichen Freispruch akzeptiert.[69]

---

[64] Siehe EGMR, Allen v. UK, 25424/09, Urt. v. 12.7.2013, § 104; Müller v. Germany, 54963/08, Urt. v. 27.3.2014, § 34 m.w.N.; Bikas v. Germany, 76607/13, Urt. v. 25.1.2018, § 31.

[65] EGMR, Allen v. UK, 25424/09, Urt. v. 12.7.2013, § 104.

[66] EGMR, Vassilios Stavropoulos v. Grèce, 35522/04, Urt. v. 27.9.2007, § 38: „Une fois l'acquittement devenu définitif – même s'il s'agit d'un acquittement au bénéfice du doute conformément à l'article 6 § 2 – l'expression des doutes de culpabilité, y compris ceux tirés des motifs de l'acquittement, ne sont pas compatibles avec la présomption d'innocence." Ähnlich EGMR, Rushiti v. Austria, 28389/95, Urt. v. 21.3.2000, § 31; Kapétanios et autres v. Grèce, 3453/12, Urt. v. 30.4.2015, § 88.

[67] EGMR, Vassilios Stavropoulos v. Grèce, 35522/04, Urt. v. 27.9.2007, § 38.

[68] Siehe EGMR, Kapétanios et autres v. Grèce, 3453/12, Urt. v. 30.4.2015, § 85: „En somme, la présomption d'innocence signifie que si une accusation en matière pénale a été portée et que les poursuites ont abouti à un acquittement, la personne ayant fait l'objet de ces poursuites est considérée comme innocente au regard de la loi et doit être traitée comme telle."

[69] Vgl. EGMR, Vanjak v. Croatia, 29889/04, Urt. v. 14.1.2010, §§ 69 ff.; Sikic v. Croatia, 9143/08, Urt. v. 15.7.2010, §§ 54 f. (in diesen Fällen erfolgte allerdings kein Freispruch, sondern die Strafverfahren wurden eingestellt).

bb) Entscheidung über Haftentschädigung

Fragen bezüglich der Unschuldsvermutung kann auch das Verlangen eines Freigesprochenen nach Entschädigung für die im Verfahren erlittene Haft aufwerfen. Auch hier wirkt die Unschuldsvermutung nach Meinung des EGMR fort und schützt den Betroffenen davor, dass in den Gründen der Entscheidung über die Haftentschädigung seine Unschuld in Frage gestellt wird.

In der Sache Sekanina v. Austria war der Beschwerdeführer durch ein Geschworenengericht von dem Vorwurf, seine Ehefrau getötet zu haben, freigesprochen worden. Er stützte seine Beschwerde beim EGMR darauf, dass das österreichische Gericht anschließend die Gewährung von Haftentschädigung mit der Begründung abgelehnt hatte, dass sich aus den Verfahrensakten trotz des Freispruchs noch Verdachtsmomente gegen den Beschwerdeführer ergäben.[70] Der EGMR gab der Beschwerde statt: Sobald ein Freispruch rechtskräftig geworden ist, sei es keinem Gericht gestattet, noch Zweifel an der Unschuld des Freigesprochenen zum Ausdruck zu bringen.[71] Dabei übersah der EGMR allerdings, dass das österreichische Gericht nach dem anwendbaren Gesetz gezwungen war, sich mit der Frage eines fortbestehenden Verdachts auseinanderzusetzen. Denn nach § 2 Abs. 1 lit. b des Strafrechtlichen Entschädigungsgesetzes vom 8.7.1969[72] war die Voraussetzung für die Gewährung einer Haftentschädigung nicht nur, dass der frühere Häftling freigesprochen wurde, sondern auch, dass „der Verdacht, daß der Geschädigte diese Handlung begangen habe, entkräftet … ist". Einige Jahre später zeigte der Gerichtshof in seiner Entscheidung Allen v. UK größeres Verständnis für die Erfordernisse des nationalen Rechts: Nunmehr sah er keine Verletzung der Unschuldsvermutung darin, dass das Gericht – wie vom englischen Recht verlangt – die Frage erörterte, ob die ursprüngliche Verurteilung der später freigesprochenen Beschwerdeführerin eine „miscarriage of justice" gewesen sei.[73]

cc) Zivilrechtliche Entscheidung über Schadensersatz für den Verletzten

Probleme schafft das strikte Verbot, einen Freispruch durch spätere Ausführungen in Zweifel zu ziehen, insbesondere bei Schadensersatzklagen des Verletzten gegen den vom Strafgericht freigesprochenen Verdächtigen. Der EGMR hatte mehrfach mit solchen Fällen aus Norwegen zu tun. Dort zeigt sich das Problem des (fehlenden) Zusammenspiels zwischen straf- und zivilrechtlicher Entscheidung in besonders markanter Weise, da die straf- und die zivilrechtliche Seite eines Falles häufig in einem gemeinsamen Verfahren erledigt werden. Dabei entscheidet über die strafrechtliche Verantwortlichkeit eine Geschworenenkammer, während die zivilrechtli-

---

[70] EGMR, Sekanina v. Austria, 13126/87, Urt. v. 25.8.1993.
[71] EGMR, Sekanina v. Austria, 13126/87, Urt. v. 25.8.1993, § 30.
[72] Bundesgesetzblatt für die Republik Österreich 1969, S. 1455.
[73] EGMR, Allen v. UK, 25424/09, Urt. v. 12.7.2013, § 134.

che Haftung – bei der die Wahrscheinlichkeit, dass die Haftungsvoraussetzungen gegeben sind, zur Verurteilung genügt – allein von Berufsrichtern beurteilt wird.

In den norwegischen Fällen[74] ging es jeweils um Anklagen wegen Sexualdelikten. Die Geschworenen sprachen die Angeklagten von den Vorwürfen frei; die Berufsrichter gewährten den Klägerinnen im anschließenden zivilrechtlichen Teil des Verfahrens Schadensersatz wegen ihrer immateriellen Beeinträchtigung durch die sexuellen Handlungen der Beklagten. Der Gerichtshof knüpfte zunächst an seine oben [aa)] dargelegte Auffassung von der Nachwirkung der Unschuldsvermutung nach einem Freispruch an. Er sah jedoch das Problem, dass ein Freispruch bei konsequenter Fortführung seiner Rechtsprechung dem Verletzten jede Möglichkeit nähme, wegen des betreffenden Vorfalls Schadensersatz zu erlangen, was auch einen Widerspruch zu der in Art. 6 Abs. 1 EMRK enthaltenen Rechtsschutzgarantie für den Verletzten bedeutet hätte. Der EGMR bejahte daher grundsätzlich die Unabhängigkeit des zivilrechtlichen Verfahrens und gestattete auch die Verwendung von Beweismitteln aus dem Strafverfahren für die Klärung der zivilrechtlichen Haftung.[75] Eine Ausnahme machte er jedoch für ausdrückliche Feststellungen der strafrechtlichen Tatschuld des Freigesprochenen in dem zivilrechtlichen Urteil; durch solche Behauptungen werde der Fortbestand des Freispruchs unterminiert und somit die Unschuldsvermutung verletzt.[76]

Auch hier hängt also das Vorliegen eines Verstoßes gegen Art. 6 Abs. 2 EMRK nach der Rechtsprechung von Details der Wortwahl des Zivilgerichts ab. So verneinte der EGMR eine Verletzung der Unschuldsvermutung in der Entscheidung Ringvold v. Norway, wo das norwegische Gericht in der Zivilsache neue Beweise erhoben und im Urteil die gegenüber einer strafrechtlichen Verurteilung niedrigeren Beweisanforderungen betont hatte.[77] Dagegen bejahte der Gerichtshof in dem gleichzeitig entschiedenen Fall Y v. Norway eine Menschenrechtsverletzung mit der Begründung, dass das norwegische Gericht in dem zivilrechtlichen Urteil geschrieben hatte, es sei „clearly probable", dass der Beklagte die Taten, deren er angeklagt war, begangen habe.[78] Noch schwerer verständlich ist die Annahme einer Verletzung von Art. 6

---

[74] EGMR, Ringvold v. Norway, 34964/97, Urt. v. 11.2.2003; Y v. Norway, 56568/00, Urt. v. 11.2.2003; Orr v. Norway, 31283/04, Urt. v. 15.5.2008.

[75] EGMR, Ringvold v. Norway, 34964/97, Urt. v. 11.2.2003, § 38; Y v. Norway, 56568/00, Urt. v. 11.2.2003, § 41.

[76] EGMR, Ringvold v. Norway, 34964/97, Urt. v. 11.2.2003, § 38: „If the national decision on compensation were to contain a statement imputing criminal liability to the respondent party, this would raise an issue falling within the ambit of Article 6 § 2 of the Convention." Ebenso EGMR, Y v. Norway, 56568/00, Urt. v. 11.2.2003, § 42; Allen v. UK, 25424/09, Urt. v. 12.7.2013, §§ 101, 123.

[77] EGMR, Ringvold v. Norway, 34964/97, Urt. v. 11.2.2003, §§ 17–19.

[78] Das norwegische Gericht hatte formuliert: „Considering the evidence adduced in the case as a whole, the High Court finds it clearly probable that [the applicant] has committed the offences against Ms T. with which he was charged"; EGMR, Y v. Norway, 56568/00, Urt. v. 11.2.2003, § 44. Der EGMR meinte, dass diese Formulierung Zweifel an der Richtigkeit des

Abs. 2 EGMR in der späteren Entscheidung Orr v. Norway.[79] Dort hatte das norwegische Gericht bei der Entscheidung über die Zivilklage der vergewaltigten Frau mehrfach hervorgehoben, dass für ein Obsiegen der Klägerin ein geringeres Beweismaß erforderlich sei als für eine Verurteilung im Strafverfahren, und sich im Übrigen darauf beschränkt, die festgestellten Tatsachen, die für das Vorliegen einer Vergewaltigung durch den Beklagten sprachen, aufzuführen.[80] Schon hierin sah eine Mehrheit der Kammer des EGMR eine unzulässige Äußerung von Zweifeln an der Richtigkeit des vorangegangenen Freispruchs.[81]

II. Probleme des extensiven Verständnisses der Unschuldsvermutung

Blickt man speziell auf die zuletzt behandelten Fallgruppen der „Schuldzuweisungen" nach einem Freispruch zurück, so drängt sich der Eindruck auf, dass der EGMR noch keine klare und begründete Linie für seine Beurteilung von Einzelfällen hat finden können. Immer wieder muss der Gerichtshof diffizile linguistische Analysen mitgliedstaatlicher Urteile vornehmen, um über das Vorliegen einer Menschenrechtsverletzung entscheiden zu können;[82] und Urteile des EGMR in ähnlich liegenden Fällen widersprechen einander in kaum erklärlicher Weise. Außerdem stellt der Gerichtshof mit seiner strengen Rechtsprechung die mitgliedstaatlichen Gerichte vor ein spezielles Dilemma: Sie sind einerseits durch staatliches (Verfassungs-)Recht gehalten, ihre Entscheidungen eingehend zu begründen und dabei auch die Tatsachen anzugeben, auf denen ihre rechtlichen Schlussfolgerungen beruhen;[83] andererseits verbietet ihnen der EGMR, bestimmte Vokabeln zu verwenden und insbesondere nach einem Freispruch überhaupt auf Tatsachen Bezug zu nehmen, die auf eine strafrechtliche Schuld des Angeklagten hinweisen könnten. Damit werden die Gerichte

---

Freispruchs gesät habe; er sprach dem Beschwerdeführer deshalb Schadensersatz in Höhe von 20.000 Euro zu.

[79] EGMR, Orr v. Norway, 31283/04, Urt. v. 15.5.2008.

[80] Das norwegische Gericht hatte geschrieben: „Against the background of the majority's finding that it has been established that on the balance of probabilities it was clearly probable that [the applicant], by the use of violence [vold] has gained [tiltvunget seg] sexual intercourse with [Ms C.], the conditions for making an award of compensation have been fulfilled"; zitiert in EGMR, Orr v. Norway, 31283/04, Urt. v. 15.5.2008, § 9.

[81] EGMR, Orr v. Norway, 31283/04, Urt. v. 15.5.2008, §§ 51 f.; dagegen mit Recht die abweichenden Voten der Richter Jebens und Nicolaou. Siehe auch die Kritik bei *Grosse-Wilde/Stuckenberg*, StV 2016, 784, 787.

[82] In seiner umfassenden Aufarbeitung des Standes der Rechtsprechung in Allen v. UK, 25424/09, Urt. v. 12.7.2013, § 126 muss der Gerichtshof selbst – etwas ratlos – feststellen: „In all cases and no matter what the approach applied, the language used by the decision-maker will be of critical importance in assessing the compatibility of the decision and its reasoning with Article 6 § 2 (…). However, when regard is had to the nature and context of the particular proceedings, even the use of some unfortunate language may not be decisive."

[83] *Rostalski*, HRRS 2015, 315, 324.

mindestens zu linguistischer Akrobatik gezwungen, im schlimmeren Fall aber dazu veranlasst, aus Furcht vor einer Beanstandung aus Straßburg unehrliche Urteilsbegründungen zu verfassen.

Besonders problematisch sind die vom EGMR unter der Ägide der Unschuldsvermutung den Gerichten umgehängten Maulkörbe dann, wenn die Beweislage mit Blick auf das Aussageverhalten von (oft kindlichen) Opfer-Zeugen zu würdigen ist.[84] Gerade wenn das Gericht zu dem Ergebnis kommt, dass die Beweislage für eine Verurteilung des Angeklagten nicht ausreicht, ist es besonders wichtig, dem als Verletzten identifizierten Zeugen in der Urteilsbegründung deutlich zu machen, dass das Gericht den Angeklagten nicht deshalb freispricht, weil es den Zeugen für einen Lügner hält. Genau diesen Weg einer einfühlsamen und rücksichtsvollen Begründung eines freisprechenden Urteils versperrt jedoch der EGMR, indem er dem Gericht jede Bestätigung der Glaubhaftigkeit einer belastenden Zeugenaussage verbietet, wenn das Urteil letztlich auf Freispruch lautet.

Diese inhärenten Schwächen und misslichen Konsequenzen der in diesem Beitrag zusammengestellten Rechtsprechung sind jedoch nur Symptome für zwei tiefer liegende Probleme. Die erste Schwierigkeit, auf die bereits Stuckenberg hingewiesen hat,[85] betrifft in erster Linie die Freispruchsfälle: Hier überdehnt der EGMR den Begriff der „Unschuld", indem er ihn, prozessrechtlich naiv, mit der faktischen Nicht-Begehung der Tat durch den Betroffenen gleichsetzt. Im Gegensatz zu der offensichtlich bei den Richtern des EGMR vorhandenen Vorstellung enthält ein Freispruch (gleichgültig, ob aus tatsächlichen oder „rechtlichen" Gründen) jedoch nicht die positive Feststellung, dass der Angeklagte mit der Tat nichts zu tun, sie jedenfalls nicht schuldhaft begangen habe. Ein Freispruch besagt lediglich, dass die Voraussetzungen für eine Verurteilung (insbesondere die volle Überzeugung des Gerichts von der Schuld des Angeklagten) zum Urteilszeitpunkt nicht gegeben waren. Allenfalls an eine solche, eng begrenzte Feststellung der Nicht-Schuld könnten Gerichte oder andere staatliche Organe für die Zukunft gebunden sein.

Aber selbst eine solche Bindung ist zweifelhaft. Das zweite Problem in der Rechtsprechung des EGMR liegt nämlich in der übermäßigen *zeitlichen* Ausdehnung der Reichweite der Unschuldsvermutung. Nach dem Wortlaut von Art. 6 Abs. 2 EMRK soll „everyone charged with a criminal offence" als unschuldig angesehen werden. Die Wirkung der Unschuldsvermutung endet daher, wie sich schon aus der Norm selbst ergibt, mit dem (vom Gericht festgestellten) Beweis der Schuld („until proved guilty according to law"); sie endet aber auch dann, wenn die „charge", d. h. der offizielle Vorwurf, eine Straftat begangen zu haben,[86] auf andere Weise erledigt ist, etwa durch einen Freispruch des Angeklagten. Diese zeitliche Begrenzung des

---

[84] Ein plastisches Beispiel für dieses Dilemma des Tatgerichts zeigt sich in der Entscheidung EGMR, Cleve v. Germany, 48144/09, Urt. v. 15.1.2015.

[85] *Stuckenberg*, StV 2016, 5, 8; *Grosse-Wilde/Stuckenberg*, StV 2016, 784, 787.

[86] Zu dieser Definition der „charge" siehe EGMR, Deweer v. Belgium, 6903/75, Urt. v. 27.2.1980, §§ 41 ff.; siehe auch *Esser*, in: Löwe/Rosenberg (Fn. 5), Art. 6 EMRK Rn. 92 ff.

Schutzbereichs ist auch materiell sinnvoll, da sie der prozessualen Funktion der Unschuldsvermutung entspricht: Sie soll den Verdächtigten davor bewahren, dass die staatlichen Organe vorschnell den psychologisch naheliegenden Schluss von dem Bestehen eines Verdachts auf sein tatsächliches Schuldigsein ziehen; die Frage der Schuld soll vielmehr in der Schwebe bleiben, bis in einem ordnungsgemäßen Strafverfahren der Beweis der Schuld nach den anwendbaren beweisrechtlichen Regeln geführt (dann Verurteilung) oder nicht geführt (dann Freispruch) worden ist.[87] In diesem Sinne dient die Unschuldsvermutung der Erhaltung der Autonomie des Strafverfahrens als eines kommunikativen und damit ergebnisoffenen Vorgangs.[88]

Der EGMR spricht der Unschuldsvermutung demgegenüber eine weitere Funktion zu: Nach einem Freispruch soll sie den ehemaligen Angeklagten davor schützen, dass die Frage seiner Schuld erneut aufgeworfen und seine (vermeintlich) festgestellte „Unschuld" in Frage gestellt wird. Daran mag durchaus ein schützenswertes Interesse einer freigesprochenen Person bestehen. Dabei handelt es sich aber nicht um eine Frage seiner Rechte im Strafverfahren, wie sie Art. 6 EMRK regelt, sondern um den Schutz seiner Persönlichkeit gegen unberechtigte Vorwürfe; dieses Interesse wird allerdings von der EMRK nicht ausdrücklich (wohl aber von Art. 17 IPbpR) geschützt.[89]

Gerade die nur sehr vage mit dem Hinweis auf deren „Effektivität" begründete[90] Ausdehnung der Unschuldsvermutung auf die Zeit nach dem Abschluss des Strafverfahrens und in nicht-strafrechtliche Verfahren hat, wie wir gesehen haben, zu großen Friktionen und Anwendungsproblemen geführt. Der EGMR wäre daher gut beraten, in weiser richterlicher Selbstbeschränkung den Anwendungsbereich des Art. 6 Abs. 2 EMRK auf dessen berechtigten Kern zurückzuführen und die Frage möglicher Nachwirkungen eines Freispruchs der Gestaltung durch die Mitgliedstaaten zu überlassen.

---

[87] Näher hierzu *Weigend*, Criminal Law and Philosophy 8 (2014), 285, 287.
[88] So *Stuckenberg* (Fn. 10), S. 530; ähnlich bereits *Hassemer*, StV 1984, 38, 40.
[89] Siehe *Esser*, in: Löwe/Rosenberg (Fn. 5), Art. 8 EMRK Rn. 4, 166 f.
[90] Siehe EGMR, Allen v. UK, 25424/09, Urt. v. 12.7.2013, § 94.

Der strafprozessuale Zugriff auf Unterlagen aus internen Untersuchungen

Von *Wolfgang Wohlers*

Klaus Rogall hat mit seiner tiefschürfenden Kommentierung der §§ 53, 53a StPO wertvolle und bleibende Beiträge zur Durchdringung des Zeugnisverweigerungsrechts der Berufsgeheimnisträger geleistet. Dass Zeugnisverweigerungsrechte leerlaufen können, wenn sie nicht durch Beschlagnahmeverbote abgesichert werden und deshalb, wie der Jubilar zu Recht hervorhebt, beide Institute als eine „Sinneinheit" zu verstehen sind,[1] zeigt sich derzeit besonders deutlich an der Problematik des strafprozessualen Zugriffs auf Unterlagen aus unternehmensintern durchgeführten Ermittlungen, die in den letzten Jahrzehnten eine recht große und offenbar immer noch wachsende Bedeutung erfahren haben.[2] Ein wesentlicher Treiber dieser Entwicklung ist die nun auch in Kontinentaleuropa angekommene Compliance-Kultur:[3] Unternehmen sehen sich nicht nur aus verschiedenen Gründen gezwungen, mit den Strafverfolgungsbehörden zu kooperieren,[4] sondern sind unter bestimmten Voraussetzungen sogar verpflichtet, potenziell strafrechtlich relevante Daten schon im Vorfeld und unabhängig von der Einleitung konkreter Ermittlungsverfahren zu erheben und abrufbereit zu dokumentieren.[5] Interne Untersuchungen, die an die Stelle des

---

[1] SK-StPO/*Rogall*, 4. Aufl. 2014, Vor § 48 Rn. 145.

[2] *Godenzi*, Private Beweisbeschaffung im Strafprozess, 2008, S. 15 ff.; *Nestler*, in: Knierim/Rübenstahl/Tsambikakis (Hrsg.), Internal Investigations. Ermittlungen im Unternehmen, 2. Aufl., 2016, 1/37; *Salvenmoser/Schreier*, in: Achenbach/Ransiek (Hrsg.), Handbuch Wirtschaftsstrafrecht, 4. Aufl., 2015, Kapitel 15 Rn. 1; *Stoffer*, Wie viel Privatisierung „verträgt" das strafprozessuale Ermittlungsverfahren?, 2016, S. 497 ff.; *Winkler*, Das Vertrauensverhältnis zwischen Anwalt und Mandant, 2014, S. 238.

[3] Vgl. *Momsen*, ZIS 2011, 508 ff.; *Stoffer* (Fn. 2), S. 497; zur Compliance als zentraler Topos des modernen Wirtschaftsstrafrechts vgl. *Wessing*, FS Volk, 2009, S. 867 ff.; *Sieber*, FS Tiedemann, 2008, S. 449 ff.; *Wohlers*, Unternehmensstrafrecht und Compliance, in: Hess/Hopt/Sieber/Starck (Hrsg.), Unternehmen im globalen Umfeld, 2017, S. 239 ff., insbesondere S. 245 f., 299 f.; kritisch zur Übertragbarkeit des aus den USA stammenden Instituts der internen Untersuchungen: *Minoggio*, Unternehmensverteidigung, 3. Aufl., 2016, § 2 Rn. 108 ff.

[4] *Stoffer* (Fn. 2), S. 498; *Zerbes*, ZStW 125 (2013), 551 (552 f.); kritisch und relativierend *Hart-Hönig*, FS Schiller, 2014, S. 284 ff. und 307 ff.

[5] Vgl. *Ballo*, NZWiSt 2013, 46 f.; *Erb*, FS Kühne, 2013, S. 173; *Gercke*, FS Wolter, 2013, S. 933 f.; *Jahn/Kirsch*, StV 2011, 151 (152); *Kempf*, in: Kempf/Lüderssen/Volk (Hrsg.), Unternehmensstrafrecht, 2012, S. 356 f.; *Momsen*, ZIS 2011, 508 (512); *Neuhaus*, in: Kempf/Lüderssen/Volk (Hrsg.), Die Finanzkrise, das Wirtschaftsstrafrecht und die Moral, 2010, S. 349; *Raum*, StraFo 2012, 395 f.; zu den Offenbarungs- und Meldepflichten gegenüber un-

bzw. neben das staatliche Ermittlungsverfahren treten, haben in einigen Fällen für erhebliches Aufsehen gesorgt.[6] Interne Untersuchungen dieser Art stellen aber wohl immer noch nicht den Standard-, sondern eher den Ausnahmefall dar. Der häufigste Grund dafür, dass ein Unternehmen eine interne Untersuchung durchführt bzw. in Auftrag gibt, ist doch immer noch der, dass das Unternehmen Informationen über möglicherweise zivil-, aufsichts- und/oder strafrechtlich relevante Vorkommnisse zu erhalten sucht, um dann auf dieser Grundlage eine rechtliche Beratung in Anspruch nehmen und/oder angemessene rechtliche Schritte einleiten zu können.[7]

Interne Untersuchungen wecken mehr oder weniger zwangsläufig Begehrlichkeiten bei den Strafverfolgungsbehörden,[8] die durch den Zugriff auf die – gerade bei der Durchführung durch spezialisierte Anwaltskanzleien oder die Forensic Services der großen Beratungsunternehmen – in der Regel bereits mundgerecht aufbereiteten Erkenntnisse[9] in nicht unerheblichem Umfang Zeit und Ressourcen sparen können.[10] Das Interesse der betroffenen Unternehmen geht demgegenüber dahin, die für die Einschätzung der eigenen Handlungsoptionen relevanten Erkenntnisse zu gewinnen, gleichzeitig aber möglichst weitgehend die Hoheit über diese Erkenntnisse zu behalten.[11] Als ein Instrument, um dieses Ziel zu erreichen, kann es sich anbieten, die internen Untersuchungen unter dem Schutz des Anwaltsgeheimnisses durchzuführen.[12] Während die Unternehmen und vor allem die beteiligten Anwaltskanzleien das Anwaltsgeheimnis im Sinne eines die Vertrauensbeziehung zum Mandanten umfassend schützenden Attorney-Client-Privilege verstehen wollen, das dem deutschen Recht jedenfalls vor der Einführung des § 160a StPO nicht bzw. nur für den Sonderfall der Verteidigung bekannt war,[13] tendieren die Strafverfolgungsbehörden und

---

ternehmensexternen Stellen vgl. *Hart-Hönig*, FS Schiller, 2014, S. 298 ff.; *Pelz*, FS Wessing, 2015, S. 608 ff.

[6] Zum Fall Siemens vgl. *Ambos*, Beweisverwertungsverbote, 2010, S. 125 ff.; *Bittmann/Molkenbur*, wistra 2009, 373; *Jahn*, StV 2009, 41 ff., *Momsen*, ZIS 2011, 508 (510 f.), *Taschke*, in: Rotsch (Hrsg.), Criminal Compliance vor den Aufgaben der Zukunft, 2013, S. 65.

[7] Vgl. *Hartwig*, in: Moosmayer/Hartwig (Hrsg.), Interne Untersuchungen, 2012, S. 8 ff.; *Kasiske*, NZWiSt 2014, 262 f.; *Minoggio* (Fn. 3), § 12 Rn. 5 ff.; *Momsen*, in: Rotsch (Hrsg.), Criminal Compliance vor den Aufgaben der Zukunft, 2013, S. 50 ff.; *Sarhan*, wistra 2017, 336; *Schuster*, NZWiSt 2012, 28 (29); vgl. auch *Taschke*, StV 2007, 495 (498 f.); *ders.*, in: Rotsch (Fn. 6), S. 66 ff.

[8] *Gercke*, FS Wolter, 2013, S. 936; vgl. auch *De Lind van Wijngaarden/Egler*, NJW 2013, 3549.

[9] Vgl. *Jahn*, ZWH 2013, 1 (6) unter Bezugnahme auf *Wehnert*, StraFo 2012, 253 (254); *dies.*, in: Kempf/Lüderssen/Volk (Hrsg.), Ökonomie versus Recht im Finanzmarkt?, 2011, S. 138; vgl. auch *Wessing*, WiJ 2012, 1 (4).

[10] Vgl. *Kottek*, wistra 2017, 9; *Stoffer* (Fn. 2), S. 499; *Zerbes*, ZStW 125 (2013), 551 (553 f.); kritisch hierzu, insbesondere im Hinblick auf die Aufweichung des Anfangsverdachts als Schwelle für strafprozessuale Ermittlungen, *Schiller*, in: Kempf/Lüderssen/Volk (Hrsg.), Unternehmensstrafrecht, 2012, S. 336 f. und 340 ff.

[11] *Anders*, wistra 2014, 329 (330); *Godenzi* (Fn. 2), S. 40.

[12] *Gropp/Stadler*, in: Moosmayer/Hartwig (Fn. 7), S. 22 f., 30 f.; *Winkler* (Fn. 2), S. 239.

[13] *Mark*, ZWH 2012, 8 f.

auch die mit dieser Frage befassten Strafgerichte eher dahin, den Umfang des Anwaltsgeheimnisses auf den Bereich der eigentlichen Rechtsberatung zu beschränken, mit der Folge, dass die durch interne Untersuchungen zutage geförderten Erkenntnisse dem Zugriff der Strafverfolgungsbehörden in weitem Umfang offenstehen.

Ausgehend von den ersten einschlägigen Entscheidungen des LG Hamburg[14] und des LG Mannheim[15] hatte sich die Diskussion zunächst auf die Frage konzentriert, ob der Schutz von Unterlagen aus internen Untersuchungen über § 97 StPO oder aber – alternativ oder subsidiär – über § 160a StPO erfolgt und wie weit dieser konkret geht. Die eigentlich naheliegende Frage, ob bzw. unter welchen Voraussetzungen die durch interne Untersuchungen zu Tage geförderten Erkenntnisse durch das Berufsgeheimnis der Verteidigerin bzw. des Verteidigers geschützt werden, ist erst seit kurzem zu einem Thema geworden.[16] Geht man davon aus, dass die aus internen Untersuchungen stammenden schriftlichen Unterlagen „Verteidigungsunterlagen" sind, wären diese nicht nur dann geschützt, wenn sie sich im Gewahrsam der Verteidigung befinden, sondern auch dann, wenn sie sich im Gewahrsam des Unternehmens befinden.[17] Und der Schutz würde auch dann greifen, wenn die Unterlagen im Vorfeld der Mandatierung der Verteidigung durch das Unternehmen und/oder von der Verteidigung im Vorfeld der Einleitung eines Ermittlungsverfahrens erstellt worden sind.

I. „Unternehmensverteidigung" als Verteidigung im Sinne der §§ 137 ff. StPO

Das deutsche Strafrecht kennt die Strafbarkeit des Unternehmens derzeit (noch) nicht.[18] Auch schon nach geltendem Recht können aber gegen Unternehmen durchaus substantielle Ordnungsbußen nach § 30 OWiG verhängt werden.[19] Praktisch relevant ist dies insbesondere in den Fällen, in denen die Leitungsorgane eines Unter-

---

[14] Beschluss v. 15.10.2010 – 608 Qs 18/10 = StV 2011, 148 mit Anm. *Jahn/Kirsch* und Anm. *Bauer*, StV 2012, 277 = NJW 2011, 942 mit Anm. *Gräfin v. Galen* = NZWiSt 2012, 26 mit Anm. *Schuster* = CCZ 2011, 155 mit Anm. *Fritz* = GWR 2011, 169 mit Bespr. *Szensy*.

[15] Beschluss v. 3.7.2012 – 24 Qs 1/12 = StV 2013, 616 = NStZ 2012, 713 mit Anm. *Jahn/Kirsch* = NZWiSt 2012, 424 mit Anm. *Schuster* = CCZ 2013, 78 mit Bespr. *Milde*.

[16] Vgl. insbesondere LG Braunschweig NStZ 2016, 308 (309) sowie LG Gießen wistra 2012, 409 (410); für eine Darstellung der einschlägigen Rechtsprechung vgl. *Greeve*, FG Feigen, 2014, S. 61 f.

[17] Vgl. BGHSt 44, 46 (48 f.); LG Gießen wistra 2012, 409; LG Mainz NStZ 1986, 473; *Dahs*, GS Meyer, 1990, S. 62 ff.; *Schäfer*, FS Hanack, 1999, S. 83 f.; *Welp*, FS Gallas, 1973, S. 413 ff.

[18] *Leitner*, FS Wessing, 2015, S. 147; *Wessing*, WiJ 2012, 1 (2); zur Diskussion vgl. die Beiträge von *Beckemper*, *Ransiek* und *Schmitz*, in: Kempf/Lüderssen/Volk (Hrsg.), Unternehmensstrafrecht, 2012; zur Diskussion im Zusammenhang mit dem Gesetzesentwurf des Landes NRW vgl. *Momsen*, FS Rössner, 2015, S. 888 ff.; *Wohlers*, ZGR 2016, 364 ff.

[19] Vgl. *Jahn/Kirsch*, NZWiSt 2013, 29; *Knierim/Schröder*, in: Knierim et al. (Fn. 2), 16/35; *Minoggio* (Fn. 3), § 7 Rn. 9 ff.

nehmens ein Aufsichtsverschulden trifft (§ 130 i.V.m. § 30 OWiG). Außerdem können materielle Vorteile, die einem Unternehmen aus Anlass einer von natürlichen Personen begangenen Straftat zugeflossen sind, eingezogen werden (§§ 73 ff. StGB).[20] Strafprozessual folgt aus alldem, dass Unternehmen nach geltendem deutschem Recht zwar nicht Beschuldigte eines Strafverfahrens sein können,[21] dass sie aber als Einziehungsbeteiligte (vgl. §§ 430 ff. StPO) und als Adressaten einer Geldbuße (vgl. § 444 StPO) am Strafverfahren beteiligt sein können.[22]

Für die Einziehungsbeteiligten bestimmt § 434 Abs. 1 Satz 1 StPO, dass diese sich „in jeder Lage des Verfahrens auf Grund einer schriftlichen Vollmacht durch einen Rechtsanwalt oder eine andere Person, die als Verteidiger gewählt werden kann, vertreten lassen" kann. In Satz 2 der Norm wird dann die entsprechende Anwendung der für die Wahlverteidigung geltenden Vorschriften angeordnet, zu denen unter anderem eben auch § 148 StPO gehört,[23] aus dem sich dann der umfassende Schutz der dem Berufsgeheimnis der Verteidigung unterfallenden Unterlagen inklusive der vom Mandanten selbst zur Vorbereitung der Verteidigung hergestellten Unterlagen ergibt.[24] Für die Unternehmen, denen die Festsetzung einer Unternehmensgeldbuße droht, ordnet § 444 Abs. 2 Satz 2 StPO die Geltung des § 434 StPO und damit dann unter anderem auch die Geltung des § 148 StPO an. Obwohl § 148 StPO in § 434 Abs. 1 Satz 2 StPO nur für „entsprechend anwendbar" erklärt wird, ist der Gewährleistungsbereich der gleiche wie bei der Verteidigung eines Beschuldigten.[25]

Die Vertretung der Interessen des Unternehmens, für die nach § 434 StPO die Bestimmungen über die Verteidigung entsprechende Geltung haben, hat sich seit einiger Zeit unter dem Etikett der „Unternehmensverteidigung"[26] zu einem eigenständi-

---

[20] Vgl. hierzu *Knierim/Schröder*, in: Knierim et al. (Fn. 2), 16/30 ff.; *Minoggio* (Fn. 3), § 3 Rn. 5 ff.; *Imme Roxin*, in: Kempf/Lüderssen/Volk (Hrsg.), Unternehmensstrafrecht, 2012, S. 37 ff.; *Wohlers*, in: Hess et al. (Fn. 3), S. 286 ff.; zur Neugestaltung des Einziehungsrechts vgl. *Schilling/Janke*, in: Knierim et al. (Fn. 2), 17/3 ff.

[21] *Rütters/Schneider*, GA 2014, 160 (162).

[22] *Leitner*, FS Wessing, 2015, S. 148 f.; *Oesterle*, Die Beschlagnahme anwaltlicher Unterlagen und ihre Bedeutung für die Compliance-Organisation von Unternehmen, 2016, S. 27 f.; *Wessing*, ZWH 2012, 6 f.; *ders.*, WiJ 2012, 1 (3 f.).

[23] *Gercke*, FS Wolter, 2013, S. 937; *Jahn/Kirsch*, NZWiSt 2013, 29; *Jahn*, ZWH 2013, 1 (3); *Rütters/Schneider*, GA 2014, 160 (164 f.); *Schneider*, NStZ 2016, 309 (311); *Taschke*, FS Hamm, 2008, S. 762; *Wessing*, ZWH 2012, 6 (7); *ders.*, WiJ 2012, 1 (5); *ders.*, FG Feigen, 2014, S. 338 f.

[24] *Gercke*, FS Wolter, 2013, S. 937 f.; *Hart-Hönig*, FS Schiller, 2014, S. 289; *Klengel/Buchert*, NStZ 2016, 383 (384 f.); *Mehle/Mehle*, NJW 2011, 1639; *Taschke*, FS Hamm, 2008, S. 762 f.; vgl. auch SK-StPO/*Wohlers*, 5. Aufl. 2016, § 148 Rn. 28 ff.; SK-StPO/*Wohlers/Greco*, 5. Aufl. 2016, § 97 Rn. 87 ff., jeweils m.w.N.

[25] *Oesterle* (Fn. 22), S. 265 ff.; *Wessing*, WiJ 2012, 1 (5); *ders.*, FS Mehle, 2009, S. 679 f.; *ders.*, FG Feigen, 2014, S. 339; vgl. auch *Sahan*, in: Rotsch (Hrsg.), Criminal Compliance vor den Aufgaben der Zukunft, 2013, S. 136.

[26] Zur Entstehung des Unternehmensverteidigers als eines eigenständigen Typus von Strafverteidigung vgl. *Taschke*, FS Volk, 2009, S. 801 ff.; *ders.*, FS Wessing, 2015, S. 123 ff.

gen Tätigkeitsfeld entwickelt.[27] Der Schutz des entsprechend anwendbaren Verteidigungsprivilegs nach § 148 StPO[28] greift jedenfalls dann, wenn ein Ermittlungsverfahren eingeleitet und die Beteiligung des Unternehmens als Einziehungsbeteiligter angeordnet worden ist (vgl. § 431 Abs. 3 StPO). Das Gleiche gilt dann, wenn gegen das Unternehmen eine Unternehmensgeldbuße festzusetzen ist (vgl. § 444 Abs. 1 Satz 1 StPO).[29] Die Frage ist, was für den Zeitraum vor Erlass der Anordnung gilt. Praktisch relevant ist dies, weil die Anordnung nach §§ 431 Abs. 3, 444 Abs. 1 StPO üblicherweise erst relativ spät im Verfahren erfolgt, nämlich im Anschluss an die Anklageerhebung oder die Beantragung eines Strafbefehls.[30] Weil aber das Bedürfnis von Unternehmen, sich (straf-)rechtlich beraten zu lassen, spätestens dann entsteht, wenn ein Ermittlungsverfahren gegen eigene Mitarbeiter eingeleitet worden ist, in der Regel aber sogar schon zu einem früheren Zeitpunkt, nämlich dann, wenn die Unternehmensleitung davon erfährt, dass möglicherweise eine Straftat aus dem Unternehmen heraus begangen worden sein könnte,[31] hängt der Schutz der ab diesem Zeitpunkt entstandenen Unterlagen davon ab, ob die rechtliche Beratung in den Zeiträumen vor Erlass der Anordnung nach §§ 431 Abs. 3, 444 Abs. 1 StPO auch schon dem Schutz der § 434 i.V.m. § 148 StPO unterfällt.

1. Unternehmensverteidigung im Vorfeld der Anordnung nach §§ 431 Abs. 3, 444 Abs. 1 StPO

Das LG Bonn steht in ständiger Rechtsprechung auf dem Standpunkt, dass das besondere Beschlagnahmeprivileg für Verteidigungsunterlagen nur dann in Betracht kommen könne, wenn kumulativ „gegen den Beschuldigten ein Ermittlungsverfahren eingeleitet ist und zwischen dem Beschuldigten und dem Verteidiger ein Verteidigungsverhältnis besteht".[32] In der Literatur ist darauf hingewiesen worden, dass die Begründung der Beschuldigteneigenschaft ohne Bezug zu einem Strafverfahren nicht denkbar sei; das Strafverfahren sei nach der gesetzlichen Konzeption (vgl.

---

[27] Vgl. *Groß*, FG Feigen, 2014, S. 69 ff.; *Wessing*, FS Mehle, 2009, S. 665 ff. sowie *Jahn*, ZWH 2012, 477 ff.; *ders.*, ZWH 2013, 1 (2 ff.).

[28] *Wessing*, FS Mehle, 2009, S. 678 f.; vgl. auch *Jahn/Kirsch*, StV 2011, 151 (153) sowie *Schuster*, NZWiSt 2012, 28 (29); *ders.*, NZWiSt 2012, 431 (432).

[29] *Frank/Vogel*, NStZ 2017, 313 (315); *Oesterle* (Fn. 22), S. 239; *Schneider*, NStZ 2016, 309 (311).

[30] *Knierim/Schröder*, in: Knierim et al. (Fn. 2), 16/33; *Minoggio* (Fn. 3), § 4 Rn. 16; *Momsen/Grützner*, DB 2011, 1792 (1797); *Oesterle* (Fn. 22), S. 237 f.; *Rütters/Schneider*, GA 2014, 160 (163/164).

[31] So auch *Oesterle* (Fn. 22), S. 239 ff.

[32] LG Bonn, Beschl. v. 21.6.2012 – 27 Qs 2/12 = NZWiSt 2013, 21 (24/25) mit abl. Anm. *Jahn/Kirsch*; zu weiteren, unpublizierten Entscheidungen des LG Bonn vgl. *Polley/Kuhn/Wegmann*, KSzW 2012, 206 (209 f.); ablehnend gegenüber dem LG Bonn *Leitner*, FS Wessing, 2015, S. 151 f.; zustimmend dagegen *Thum*, HRRS 2012, 535 (537 ff.); vgl. auch LG Mainz NStZ 1986, 473 (474); LG Stuttgart NStE Nr. 12 zu § 97 StPO und hierzu *Oesterle* (Fn. 22), S. 201 ff.

§§ 55, 60 Nr. 2 StPO) von einem Inkulpationsakt abhängig.[33] Diese Argumentation verkennt allerdings, dass es der StPO vornehmlich darum geht, die Zwangsbefugnisse des Staates zu reglementieren, nicht aber darum festzulegen, wann der Bürger Vorsorge für seine etwaige Verteidigung treffen darf.[34] Aus dem Umstand, dass bestimmte (Verfahrens-)Rechte, wie z. B. die Akteneinsicht und auch die Teilhaberechte erst gewährt werden können, wenn ein Verfahren eingeleitet worden ist,[35] lässt sich nicht ableiten, dass der Beschuldigte erst mit der Einleitung eines Strafverfahrens damit beginnen darf, sich auf die Option vorzubereiten, sich gegen einen Strafvorwurf verteidigen zu müssen.

Dass es sachgerecht ist, den Schutzbereich des § 148 StPO nicht an die offizielle Einleitung des Strafverfahrens zu knüpfen, ergibt sich im Wesentlichen aus drei Gründen: (1) ist die frühzeitige Konsultation notwendig, um die Effektivität der Verteidigung sicherzustellen; (2) dürfen der Beschuldigte und seine Verteidigung nicht auf Passivität oder bloße Reaktion beschränkt werden; und (3) ist das Vorliegen des Beschuldigtenstatus für den Betroffenen nicht erkennbar und es besteht diesbezüglich ein gewisser Ermessensspielraum der Strafverfolgungsorgane, von dessen Ausübung die Frage des Schutzes nicht abhängig sein darf.[36]

Tatsächlich setzt sich auch in der Praxis mehr und mehr der Standpunkt durch, dass auch Mitteilungen und Aufzeichnungen geschützt sind, die zum Zweck der späteren Verteidigung zu einem Zeitpunkt erstellt worden sind, als der den Beschuldigtenstatus begründende Inkulpationsakt noch nicht erfolgt war.[37] Das LG Braunschweig hat festgehalten, die Einleitung eines Ermittlungsverfahrens gegen den Betroffenen sei „keine notwendige Voraussetzung, da eine schützenswerte Vertrauensbeziehung zur Vorbereitung einer Verteidigung auch dann bestehen kann, wenn dieser lediglich befürchtet, es werde zukünftig ein Ermittlungsverfahren gegen ihn geführt werden."[38] Gerade bei komplexen Wirtschafts- und Steuerstrafverfahren könne „bereits die eigenständige – unabhängig von den Ermittlungen der Strafverfolgungsbehörden vorgenommene – Aufarbeitung des Sachverhalts ein wesentliches

---

[33] *Schneider*, NStZ 2016, 309 (312); vgl. auch *Oesterle* (Fn. 22), S. 210 f., 219 ff.; *Thum*, HRRS 2012, 535 (539).

[34] Vgl. *Frank/Vogel*, NStZ 2017, 313 (317).

[35] *Knierim/Schröder*, in: Knierim et al. (Fn. 2), 16/50; *Oesterle* (Fn. 22), S. 229 f.

[36] LG Gießen wistra 2012, 409 (410); LG Hamburg, Beschl. v. 17. 8. 2016 – 618 Qs 30/16 = StraFo 2016, 463 (464 f.) mit zust. Anm. *Mehle/Mehle*; *de Lind van Wijngaarden/Egler*, NJW 2013, 3549 (3553); *Wessing*, ZWH 2012, 6 (9 f.); vgl. auch *Mehle/Mehle*, StraFo 2016, 466 (467).

[37] LG Hamburg StraFo 2016, 463 (465) mit zust. Anm. *Mehle/Mehle*; so auch bereits LG Frankfurt StraFo 2004, 239 (240); LG Gießen wistra 2012, 409 (410); *Hart-Hönig*, FS Schiller, 2014, S. 291 f.; *Jahn*, ZWH 2013, 1 (6); *Leitner*, FS Wessing, 2015, S. 150 ff.; *Mehle/Mehle*, NJW 2011, 1639 (1640 f.); *Polley/Kuhn/Wegmann*, KSzW 2012, 206 (211 f.); vgl. auch *Frank/Vogel*, NStZ 2017, 313 (315).

[38] Zustimmend *Klengel/Buchert*, NStZ 2016, 383 (385), *Queling/Bayer*, NZWiSt 2016, 417 (418 f.); vgl. auch bereits LG Gießen wistra 2012, 409 (410) sowie *Gercke*, FS Wolter, S. 938 f.; *de Lind van Wijngaarden/Egler*, NJW 2013, 3549 (3553).

Element zur Vorbereitung einer wirksamen Verteidigung darstellen, ohne dass bereits konkrete Verteidigungsstrategien erörtert werden müssen".[39] Dies ist auch deshalb überzeugend, weil es nicht nur darum gehen kann, einem erhobenen Strafbarkeitsvorwurf entgegenzutreten, sondern sinnvollerweise möglichst schon die Einleitung eines Ermittlungsverfahrens zu verhindern ist.[40]

Weitgehend unstreitig ist nunmehr wohl die Erstreckung des Schutzbereichs auf die Fallgestaltungen, in denen sich die Einleitung des Verfahrens gegen das Unternehmen „objektiv abzeichnet", was dann der Fall sein soll, wenn tatsachenbasierte Anhaltspunkte vorliegen, die „eine Einziehungs- oder Verfallsanordnung beziehungsweise eine Verbandsgeldbuße als möglich erscheinen lassen".[41] Tatsächlich wird man aber noch einen Schritt weiter gehen müssen und mit dem LG Gießen darauf abstellen, dass „der Rechtsanwalt aus gutem Grund seine Tätigkeit materiell als Verteidigung ansehen darf".[42] Dies ist schon dann der Fall, wenn die nicht ganz fernliegende Befürchtung besteht, dass gegen eine juristische Person im Sinne von §§ 430 ff., 444 StPO vorgegangen werden könnte.[43] Anzunehmen ist dies jedenfalls dann, wenn konkrete Anhaltspunkte dafür bestehen, dass der von Seiten eines Mitarbeiters im vermeintlichen Interesse des Unternehmens begangene Verstoß zugleich eine Pflichtverletzung des Unternehmens belegt oder es um einen Fall geht, in dem „die ‚Früchte' der Tat dem Unternehmen zugutegekommen sind, z. B. in Form von Aufträgen, illegitimen Bevorzugungen oder ersparten Aufwendungen infolge von Bestechungen".[44] Liegen diese Voraussetzungen vor, dann kommt es nicht auf den Zeitpunkt der Verdachtsschöpfung und/oder den Inkulpationsakt an, sondern allein auf die Erteilung des Mandats.[45] Dies alles kann zwar nicht allein mit dem Verweis auf „das allgegenwärtige Compliance-Klima" begründet werden;[46] wenn es aber unstreitig (und zu Recht) so ist, dass der natürliche Beschuldigte sich Aufzeichnungen

---

[39] LG Braunschweig, Beschl. v. 21.7.2015 – 6 Qs 116/15 = NStZ 2016, 308 (309) mit Anm. *Schneider*; zustimmend *Frank/Vogel*, NStZ 2017, 313 (316); *Klengel/Buchert*, NStZ 2016, 383 (386).

[40] *Jahn*, ZWH 2013, 1 (5); *Taschke*, FS Hamm, 2008, S. 758; *Wessing*, WiJ 2012, 1 (2, 4); *ders.*, FS Mehle, 2009, S. 666 f.; *ders.*, FG Feigen, 2014, S. 336.

[41] *Oesterle* (Fn. 22), S. 239 ff.; *Schneider*, NStZ 2016, 309 (311).

[42] LG Gießen wistra 2012, 409 (410); kritisch *Rütters/Schneider*, GA 2014, 160 (161) Fn. 15: Es bleibe unklar, wann dies der Fall sei; *Jahn/Kirsch*, NStZ 2012, 718 (720) gehen davon aus, dass „die fachliche Spezialisierung des beauftragten Anwalts – etwa eines Fachanwalts für Strafrecht – für eine entsprechende Widmung spricht" (vgl. auch *Jahn/Kirsch*, NZWiSt 2013, 28 (30)).

[43] LG Braunschweig NStZ 2016, 308 (309) mit insoweit abl. Anm. *Schneider*; LG Gießen wistra 2012, 409 (410); *Schmid/Wengenroth*, NZWiSt 2016, 404 (408), vgl. auch *Wessing*, ZWH 2012, 6 (10); *ders.*, WiJ 2012, 1 (4).

[44] *Klengel/Buchert*, NStZ 2016, 383 (386).

[45] *Jahn/Kirsch*, NZWiSt 2013, 28 (30).

[46] Insoweit zutreffend *Schneider*, NStZ 2016, 309 (311) gegen *Jahn/Kirsch*, NZWiSt 2013, 28 (30).

im Vorfeld der Strafuntersuchung machen darf,[47] dann muss man dies auch einem Unternehmen zugestehen, das als Nebenbeteiligter vor möglicherweise erheblichen Beeinträchtigungen seiner Interessen steht und das mehr noch als der individuelle Beschuldigte darauf angewiesen ist, zunächst einmal Nachforschungen anzustellen und deren Ergebnisse für das kollektive Gedächtnis des Unternehmens zu dokumentieren.[48] Die damit befürwortete Ausweitung des zeitlichen Schutzes führt im Übrigen zu keinen unhaltbaren Zuständen, wenn und soweit man den Schutz sachlich auf das zur Vorbereitung der Verteidigung relevante beschränkt.[49]

2. Der sachliche Umfang des Beschlagnahmeschutzes für „Verteidigungsunterlagen"

Der Beschlagnahmeschutz des § 148 StPO erfasst neben den Mitteilungen zwischen dem Verteidiger und seinem Mandanten auch die sog. Verteidigungsunterlagen, d. h. die Unterlagen, die der Verteidiger zum Zweck der Verteidigung erstellt, als auch Unterlagen, die der Mandant zur Vorbereitung seiner Verteidigung angefertigt hat.[50] Diese Verteidigungsunterlagen sind auch dann beschlagnahmefrei, wenn sie sich im Gewahrsam des Mandanten befinden.[51] Dies muss in gleicher Weise auch für den Nebenbeteiligten gelten, für den § 148 StPO entsprechende Anwendung erfährt.[52]

Es ist aber zu beachten, dass auch § 148 StPO nur die Freiheit der Kommunikation zum Zweck der Verteidigung schützt.[53] Hieraus folgt, dass die geschützten Unterlagen einen hinreichenden Bezug zur Verteidigung aufweisen müssen.[54] Weder reicht die bloße Bezeichnung als Verteidigungsunterlage aus, noch vermag das Vermischen von Gegenständen und Unterlagen mit Verteidigungsunterlagen den Schutz der erst-

---

[47] Vgl. SK-StPO/*Wohlers* (Fn. 24), § 148 Rn. 27 ff. sowie die Nachweise unten Fn. 50 f.

[48] Vgl. *Klengel/Buchert*, NStZ 2016, 383 (386); *Frank/Vogel*, NStZ 2017, 313 (316 f.); *Oesterle* (Fn. 22), S. 32 ff.; *Polley/Kuhn/Wegmann*, KSzW 2012, 206 (210 f.); *Rütters/Schneider*, GA 2014, 160 (165 ff.).

[49] So auch bereits LG Gießen wistra 2012, 409 (410); *Dahs*, GS Meyer, 1990, S. 67.

[50] BGHSt 44, 46 (48 ff.); BGH NJW 1973, 2035 (2036 f.); LG Bonn NZWiSt 2013, 21 (24); LG Braunschweig NStZ 2009, 308 (309); LG Hamburg StraFo 2016, 463 (464) mit Anm. *Mehle/Mehle*; LG München NStZ 2001, 612; *Schneider*, NStZ 2016, 309 (311).

[51] BGHSt 44, 46 (50 f.); LG Bonn NZWiSt 2013, 21 (24); LG Hamburg StraFo 2016, 463 (464) mit Anm. *Mehle/Mehle*; *Frank/Vogel*, NStZ 2017, 313 (316); *Polley/Kuhn/Wegmann*, KSzW 2012, 206 (207, 209); *Rütters/Schneider*, GA 2014, 160 (161); *Sahan*, in: Rotsch (Fn. 25), S. 135 f.

[52] Vgl. *Rütters/Schneider*, GA 2014, 160 (170 f.); *Wessing*, ZWH 2012, 6 (9).

[53] BVerfGE 46, 1 (12); 49, 24 (48); BVerfG NJW 2010, 1740 (1741); BGH NJW 1973, 2035 (2036); SK-StPO/*Wohlers* (Fn. 24), § 148 Rn. 29.

[54] BVerfG NJW 2010, 1740 (1741); BVerfG NStZ 2002, 377; BGHSt 44, 46 (48); *Wessing*, ZWH 2012, 6 (8).

genannten zu begründen.⁵⁵ Zur Verteidigungsunterlage wird ein Schriftstück, wenn es zum Zwecke der Ausübung von Verteidigungsrechten bzw. für die rechtliche Beratung erstellt worden ist; der Umstand allein, dass es zum Gegenstand einer Besprechung mit dem Verteidiger und/oder einer rechtlichen Bewertung durch denselben geworden ist, reicht nicht aus.⁵⁶

Entscheidend ist, ob es sich bei den in Frage stehenden Unterlagen der Sache nach um Verteidigungsunterlagen handelt oder nicht. Dass eine Gemengelage von Zivil- und Strafverfahren besteht, ändert nichts daran, dass Verteidigungsunterlagen geschützt sind.⁵⁷ Auch Schriftstücke, die „zunächst zur Wahrung der Interessen des Betroffenen in einem Zivilprozess gefertigt" worden sind, können zu Verteidigungsunterlagen werden.⁵⁸ Diese Einordnung ist allerdings praktisch gesehen weitgehend irrelevant, weil auf die entsprechenden Schriftstücke in der Regel anderweitig zugegriffen werden kann, z. B. durch die Beiziehung der Akten des Zivilprozesses. Höchst relevant ist dagegen, dass Unterlagen, die im Rahmen einer die Verteidigung vorbereitenden internen Untersuchung erstellt werden, auch dann den Status von Verteidigungsunterlagen haben, wenn sie in hohem Maße beweisrelevant sind, wie z. B. Untersuchungsberichte, die Mängel des unternehmensinternen Compliance-Systems aufzeigen.⁵⁹

Das LG Mannheim hat in diesem Zusammenhang das Szenario an die Wand gemalt, dass so auch für die Beweisführung unverzichtbare Dokumente vor dem Zugriff der Strafverfolgungsbehörden geschützt werden können.⁶⁰ Insoweit ist zunächst einmal darauf hinzuweisen, dass die Berichte, die im Rahmen interner Untersuchungen erstellt werden, den Strafverfolgungsbehörden ohne die internen Untersuchungen gar nicht zur Verfügung stehen würden.⁶¹ Verweigert man den Zugriff auf diese Unterlagen, besteht die einzige Verzögerung/Erschwerung des staatlichen Ermittlungsverfahrens darin, dass die Strafverfolgungsorgane die entsprechenden Untersuchungen und Auswertungen selbst durchführen müssen – was indes der Struktur des Strafverfahrens als staatliches Untersuchungsverfahren nicht widerspricht, sondern ent-

---

⁵⁵ BVerfG NStZ 2002, 377; BGHSt 44, 46 (50); KG Berlin NJW 1975, 354 (355); LG Gießen wistra 2012, 409 (410); *Greeve*, FG Feigen, 2014, S. 63; SK-StPO/*Wohlers* (Fn. 24), § 148 Rn. 29.

⁵⁶ LG Bonn NZWiSt 2013, 21 (27); a.A. *Frank/Vogel*, NStZ 2017, 313 (316) für E-Mails, die an einen Ombudsmann gerichtet sind; vgl. auch *Queling/Bayer*, NZWiSt 2016, 417 (419).

⁵⁷ LG München NStZ 2001, 612; LG Hamburg StraFo 2016, 463 (464 f.) mit zust. Anm. *Mehle/Mehle*; a.A. noch LG Bonn NZWiSt 2013, 21 (25 f.) mit dem vom BVerfG NJW 2010, 1740 (1741) sowie OLG Dresden NStZ 1998, 535 (535/536) übernommenen Argument, dass der Anwendungsbereich der Norm dann „ins Uferlose führen" würde; kritisch hierzu bereits *Oesterle* (Fn. 22), S. 233 ff.

⁵⁸ *Mehle/Mehle*, StraFo 2016, 466 (467).

⁵⁹ *Hart-Hönig*, FS Schiller, 2014, S. 290 f.

⁶⁰ LG Mannheim NStZ 2012, 713 (715 f.).

⁶¹ *Schuster*, NZWiSt 2012, 431 (434).

spricht.[62] Hinzu kommt, dass als Verteidigungsunterlagen nur die Arbeitsprodukte aus der Mandatsarbeit geschützt werden, wie Gutachten, Auswertungen usw. – und dies unabhängig davon, ob diese vor oder nach dem Entstehen des Mandatsverhältnisses entstanden sind.[63] Verteidigungsunterlagen sind aber nur Dokumente, die erst nach der Tat entstanden sind.[64] Unterlagen, die bereits vor der Tat entstanden sind, haben den Status von Beweismitteln[65] und verlieren diesen Status auch nicht dadurch, dass sie zu Verteidigungsunterlagen umgewidmet werden.[66]

Buchhaltungsbelege, sonstige Geschäftsunterlagen oder der Schriftverkehr mit Kunden des Unternehmens[67] sollen zwar nach verbreiteter Auffassung beschlagnahmefrei sein, wenn und solange ein Berufsgeheimnisträger sie für die Erfüllung seiner Funktion benötigt, z. B. für die Erstellung der Jahresabschlüsse und/oder der Steuererklärung.[68] Tatsächlich wird man dies aber allenfalls für die – wohl eher seltenen – Fälle anerkennen müssen, in denen der Berufsgeheimnisträger zwingend darauf angewiesen ist, mit den Originalen zu arbeiten.[69] Auch in diesen Fällen wird man es den Strafverfolgungsbehörden aber nicht verwehren können, für sich Fotokopien zu erstellen bzw. erstellen zu lassen. Andersherum sind Fotokopien, die sich beim Berufsgeheimnisträger befinden, grundsätzlich beschlagnahmefrei; eine Ausnahme gilt nur für die Fälle, in denen die Fotokopien an die Stelle der Originale treten, weil diese verschollen sind oder versteckt bzw. vernichtet wurden. Auf Missbrauchsargumentationen, die praktisch gesehen nicht nur nicht verifizierbar, sondern in der Regel auch eher zweifelhaft sind,[70] muss bei alledem nicht zurückgegriffen werden: Sind konkrete Anhaltspunkte dafür vorhanden, dass sich bestimmte beschlagnahmefähige Unterlagen im Gewahrsam des Berufsgeheimnisträgers befinden, wird man ein Herausgabeverlangen als zulässig ansehen müssen; verweigert der Berufsgeheimnisträger die Herausgabe, muss gegebenenfalls nach §§ 138a ff. StPO vorgegangen werden.[71]

---

[62] *Ballo*, NZWiSt 2013, 46 (52).

[63] SK-StPO/*Wohlers/Greco*, 5. Aufl. 2016, § 97 Rn. 91 m.w.N. zum Streitstand.

[64] *Dahs*, GS Meyer, 1990, S. 61; *Mehle/Mehle*, NJW 2011, 1639 (1640 f.).

[65] *Hart-Hönig*, FS Schiller, 2014, S. 290; SK-StPO/*Wohlers/Greco* (Fn. 63), § 97 Rn. 93.

[66] LG Mainz NStZ 1986, 473 (474); *Mehle/Mehle*, NJW 2011, 1639 (1641/1642).

[67] *Ballo*, NZWiSt 2013, 46 (51 f.); *Dahs*, GS Meyer, 1990, S. 71, vgl. auch *Erb*, FS Kühne, 2013, S. 180 ff. sowie *Görtz-Leible*, Die Beschlagnahmeverbote des § 97 Abs. 1 StPO im Lichte der Zeugnisverweigerungsrechte, 2000, S. 270 ff.

[68] LG Saarbrücken NZWiSt 2013, 153 mit Anm. *Kirsch*.

[69] Vgl. auch schon *Dahs*, GS Meyer, 1990, S. 71; *ders.*, in: AG Strafrecht des DAV (Hrsg.), Wahrheitsfindung und ihre Schranken, 1989, S. 137.

[70] SK-StPO/*Wohlers/Greco* (Fn. 63), § 97 Rn. 92. m.w.N.; vgl. auch *Haffke*, NJW 1975, 808 (810 f.).

[71] Vgl. SK-StPO/*Wohlers/Greco* (Fn. 63), § 97 Rn. 93; vgl. auch SK-StPO/*Wohlers* (Fn. 24), § 148 Rn. 29.

II. Der Schutz von Erkenntnissen aus internen Ermittlungen, die nicht in den Anwendungsbereich der „Unternehmensverteidigung" fallen

Zu klären bleibt, was für interne Untersuchungen gilt, die nicht auf eine spätere Verteidigung bezogen sind, sondern die bestimmte Sachverhalte entweder rein zukunftsbezogen abklären oder aber eine rechtliche Beratung in aufsichtsrechtlicher oder zivilrechtlicher Hinsicht vorbereiten sollen.[72] Gleiches gilt für die Fälle, in denen zwar ein strafrechtlich relevantes Verhalten der Mitarbeiter im Raum steht, bei denen aber weder eine Beteiligung des Unternehmens als Einziehungsbeteiligte noch die Festsetzung einer Geldbuße gegen das Unternehmen in Betracht kommt. Hier – und nur hier – stellt sich dann die Frage, ob und, wenn ja, unter welchen Voraussetzungen sich ein Beschlagnahmeschutz aus § 97 und/oder § 160a StPO ergeben kann.

§ 97 Abs. 1 Nr. 3 StPO begründet ein Beschlagnahmeverbot für „andere Gegenstände ..., auf die sich das Zeugnisverweigerungsrecht der in § 53 Abs. 1 Satz 1 Nr. 1 bis 3b Genannten erstreckt". Da die Norm jedenfalls vom Wortlaut her – anders als Abs. 1 Nr. 1 und 2 – nicht voraussetzt, dass es um das Verhältnis des Beschuldigten zu einem Berufsgeheimnisträger gehen muss,[73] könnten Unterlagen aus internen Untersuchungen, die nicht unter das Privileg der Verteidigung fallen, jedenfalls über § 97 Abs. 1 Nr. 3 StPO geschützt sein – wenn und soweit sie sich im Gewahrsam des Berufsgeheimnisträgers befinden.[74] Anders liegt es allerdings dann, wenn man – mit der wohl noch immer vorherrschend vertretenen Auffassung – davon ausgeht, dass auch § 97 Abs. 1 Nr. 3 StPO nur Unterlagen erfasst, die im Verhältnis des Beschuldigten zu einem anderen Berufsgeheimnisträger als seinem Verteidiger entstanden sind.[75] Folgt man dieser Auffassung, ist § 97 Abs. 1 StPO auf interne Untersuchungen, die nicht von bzw. im Auftrag der Unternehmensverteidigung durchgeführt werden, nicht anwendbar und es kommt darauf an, ob sich subsidiär ein Beschlagnahmeverbot aus § 160a StPO ergeben kann. Dies wäre dann abzulehnen, wenn man in § 97

---

[72] Vgl. LG Braunschweig NStZ 2016, 308 (309) bezüglich eines Revisionsberichtes; zustimmend *Klengel/Buchert*, NStZ 2016, 383 (386).

[73] Vgl. *Gercke*, FS Wolter, 2013, S. 941 f.

[74] *Ehrenberg*, Die Verschwiegenheit der Angehörigen rechtsberatender, steuerberatender und wirtschaftsprüfender Berufe, 2012, S. 271; *Gercke*, FS Wolter, 2013, S. 945; *Mehle/Mehle*, NJW 2011, 1639; *Rütters/Schneider*, GA 2014, 160 (161); *Sahan*, in: Rotsch (Fn. 25), S. 135; *Schneider*, NStZ 2016, 309 (310 f.); *Schuster*, NZWiSt 2012, 431 (434); *Wessing*, ZWH 2012, 6 (7); vgl. auch *Thum*, HRRS 2012, 535 (536); a.A. *Oesterle* (Fn. 22), S. 286 ff.; *ders.*, StV 2016, 118 (120 ff.).

[75] OLG Celle NJW 1965, 362 (363); LG Hamburg StV 2011, 148 (149) mit insoweit zust. Besprechung *Szesny*, GWR 2011, 169; LG Mannheim NStZ 2012, 713 (717 f.); LG Bonn NZWiSt 2013, 21 (25); LG Bochum NStZ 2016, 500 mit zust. Anm. *Sotelsek* und Anm. *Schmid/Wengenroth*, NZWiSt 2016, 404; *Ehrenberg* (Fn. 74), S. 262 ff.; *Goeckenjan*, FS Samson, 2010, S. 654 f.; *Schneider*, NStZ 2016, 309 (310); *Wessing*, FS Mehle, 2009, S. 676 ff.; *Wimmer*, FS Imme Roxin, 2012, S. 543; *Winkler* (Fn. 2), S. 97 ff.; SK-StPO/*Wohlers/Greco* (Fn. 63), § 97 Rn. 84a; SK-StPO/*Wolter/Greco*, 5. Aufl. 2016, § 160a Rn. 48a.

StPO eine abschließende Spezialregelung für den Zugriff auf körperliche Gegenstände sieht.[76] Anders wäre es dann, wenn man § 160a StPO jedenfalls dann für anwendbar hält, wenn § 97 StPO einen Fall von seinem Anwendungsbereich her gar nicht erfassen kann[77] oder wenn § 160a StPO stets dann für anwendbar erachtet wird, wenn § 97 StPO nicht zu einem Beschlagnahmeverbot führt.[78]

Nach einer verbreitet vertretenen Auffassung soll der Anwendungsbereich des § 97 Abs. 1 Nr. 3 StPO parallel zu den Nr. 1 und 2 interpretiert werden.[79] Demgegenüber verweisen die Vertreter der Gegenauffassung auf den von § 97 Abs. 1 Nr. 1 und 2 StPO abweichenden Wortlaut des Abs. 1 Nr. 3 sowie darauf, dass der Gesetzgeber einen akzessorischen Umgehungsschutz für das Zeugnisverweigerungsrecht des Berufsgeheimnisträgers nach § 53 StPO habe schaffen wollen.[80] *Jahn* verweist ergänzend noch auf eine verfassungskonforme Auslegung, die sich aus der Berufsausübungsfreiheit des Rechtsanwalts und der Freiheit der Advokatur herleiten lassen soll.[81] Bei näherer Betrachtung lassen sich indes weder aus dem Wortlaut der Norm noch aus dessen Systematik durchschlagende Argumente für die eine oder die andere Auffassung ableiten[82] und die Entstehungsgeschichte des § 97 StPO spricht im Ergebnis eher dafür, dass § 97 StPO allein das Verhältnis des Beschuldigten zu seinen rechtlichen Beratern privilegiert.[83] Es kann und soll nicht in Frage ge-

---

[76] LG Hamburg StV 2011, 148 (151); *Schneider*, NStZ 2016, 309 (310); vgl. auch SK-StPO/*Wolter/Greco* (Fn. 75), § 160a Rn. 48a sowie *Jahn/Kirsch*, NStZ 2012, 718 (719); *Jahn*, ZIS 2011, 453 (459 f.); ablehnend *Bertheau*, StV 2012, 303 (306).

[77] *Ballo*, NZWiSt 2013, 46 (50); *Erb*, FS Kühne, 2013, S. 176; *Gercke*, FS Wolter, 2013, S. 941; *Jahn/Kirsch*, StV 2011, 151 (154); vgl. auch *Schmid/Wengenroth*, NZWiSt 2016, 404 (407); *Winkler* (Fn. 2), S. 105.

[78] *Ballo*, NZWiSt 2013, 46 (49 f.); *Bertheau*, StV 2012, 303 (306); *Gräfin von Galen*, NJW 2011, 945; *Raum*, StraFo 2012, 395 (399); *Sahan*, in: Rotsch (Fn. 25), S. 143 ff.; *Schuster*, NZWiSt 2012, 28 (30); *ders.*, NZWiSt 2012, 431 (432 f.); abl. LG Bochum, Beschl. v. 16.3.2016 – II-6 Qs 1/16 = NStZ 2016, 500 (502) mit zust. Anm. *Sotelsek* = NZWiSt 2016, 401 mit Anm. *Schmid/Wengenroth*; *Haefcke*, CCZ 2014, 39 (41); *Schneider*, NStZ 2016, 309 (310); vgl. auch *de Lind van Wijngaarden/Egler*, NJW 2013, 3549 (3552); ablehnend – aus systematischen Erwägungen heraus – *Oesterle* (Fn. 22), S. 189 ff.; *ders.*, StV 2016, 118 (119).

[79] OLG Celle NJW 1965, 362 (363); LG Hamburg StV 2011, 148 (149); vgl. auch LG Hamburg StV 2011, 148 (150) sowie LG Bochum NStZ 2016, 500 f. mit zust. Anm. *Sotelsek* und Anm. *Schmid/Wengenroth*, NZWiSt 2016, 404 und Bespr. *Szesny*, CCZ 2017, 25 (27), mit einer Ausnahme für sog. „mandatsähnliche Vertrauensverhältnisse".

[80] *Bock/Gerhold*, in: Knierim et al. (Fn. 2), 5/37 ff.; *Jahn/Kirsch*, StV 2011, 151 (153); *Jahn*, ZIS 2011, 453 (455 ff.); vgl. auch *Fritz*, CCZ 2011, 155 (157 f.); *Gräfin v. Galen*, NJW 2011, 945; *Sahan*, in: Rotsch (Fn. 25), S. 138; *Szesny*, CCZ 2017, 25 (26 f.); *Zerbes*, ZStW 125 (2013), 551 (562 f.); kritisch zu dieser Argumentation *Bauer*, StV 2012, 277 (278).

[81] *Jahn*, ZIS 2011, 453 (458 f.); *Queling/Bayer*, NZWiSt 2016, 417 (421); kritisch hierzu *Oesterle* (Fn. 22), S. 62 ff.

[82] Vgl. *Ehrenberg* (Fn. 74), S. 263 f.; *Winkler* (Fn. 2), S. 96 f.

[83] *Ehrenberg* (Fn. 74), S. 264 f.; Petra Schmitt, Die Berücksichtigung der Zeugnisverweigerungsrechte nach §§ 52, 53 StPO bei den auf Beweisgewinnung gerichteten Zwangsmaßnahmen, 1993, S. 117; *Winkler* (Fn. 2), S. 98 f.; a.A. *Jahn*, ZIS 2011, 453 (456).

stellt werden, dass es bei den Beschlagnahmeverboten des § 97 StPO letztlich darum geht, das Zeugnisverweigerungsrecht bestimmter Berufsgeheimnisträger ergänzend abzusichern.[84] Es ist aber auch zu beachten, dass nicht nur Zeugnisverweigerungsrechte die Wahrheitsfindung erschweren, sondern auch Beschlagnahmeverbote – und diese wohl sogar stärker als Zeugnisverweigerungsrechte. Deshalb verbietet es sich, die Erstreckung des Beschlagnahmeverbots schlicht aus der Existenz eines Zeugnisverweigerungsrechts abzuleiten. Stattdessen muss der Umfang des Beschlagnahmeverbots[85] selbständig bestimmt und legitimiert werden, was eine differenzierende Lösung, die dem als Verteidiger tätigen Rechtsanwalt einen besonderen Schutz gewährt, nicht per se als inadäquat erscheinen lässt.[86] Letztlich ist dies eine Entscheidung, die der Gesetzgeber zu treffen hat und die er durch die §§ 97, 160a StPO auch getroffen hat. Und in diesem Zusammenhang ist es dann auch nicht unerheblich, dass der Gesetzgeber sich veranlasst sah, eine als bestehend anerkannte Zwei-Klassen-Gesellschaft durch die Schaffung des § 160a StPO aufzuheben. Dies bedeutet dann aber, dass es diese Zwei-Klassen-Gesellschaft offenbar gegeben hat, was dann wiederum für die enge Auslegung des § 97 StPO spricht. Aus alledem folgt, dass ein Beschlagnahmeverbot für Unterlagen aus internen Untersuchungen, die nicht für die Zwecke der Unternehmensverteidigung durchgeführt worden sind, jedenfalls nicht auf § 97 StPO gestützt werden kann.

Damit stellt sich dann die Frage, ob sich ein entsprechendes Beschlagnahmeverbot aus § 160a StPO ergibt.[87] Wenn man davon ausgeht, dass § 97 StPO seinem Regelungsgehalt nach allein auf den Schutz der Vertrauenssphäre zwischen dem Beschuldigten und Berufsgeheimnisträgern beschränkt ist, steht die Regelung in § 160a Abs. 5 StPO, dass § 97 StPO „unberührt" bleibt, nur dann einem Beschlagnahmeverbot entgegen, wenn man gleichzeitig auch noch davon ausgeht, dass es sich bei § 97 StPO um eine Regelung handelt, die den Zugriff auf körperliche Gegenstände abschließend regelt.[88] Gegen diesen Standpunkt spricht, dass der Gesetzgeber unbestreitbar die Intention hatte, den Schutz des Anwaltsgeheimnisses zu stärken. Dass die derzeitige Regelung des § 160a StPO nicht wirklich gelungen ist, lässt sich aber ebenso wenig bestreiten.[89] Dies zeigt sich insbesondere daran, dass man der Intention

---

[84] Vgl. *Ehrenberg* (Fn. 74), S. 266.

[85] Dieser war auch historisch gesehen nicht deckungsgleich mit den entsprechenden Zeugnisverweigerungsrechten, vgl. *Görtz-Leibel* (Fn. 67), S. 207 ff.; *Schmitt* (Fn. 83), S. 26 ff.

[86] *Ehrenberg* (Fn. 74), S. 268 f.; vgl. auch BVerfG NStZ-RR 2004, 83 (84); *Görtz-Leible* (Fn. 67), S. 214 ff.; *Winkler* (Fn. 2), S. 114 f.; zur Sonderstellung der Beziehung des Beschuldigten zu seiner Verteidigung vgl. *Schmitt* (Fn. 83), S. 177 ff.

[87] Befürwortend *Bock/Gerhold*, in: Knierim et al. (Fn. 2), 5/68 sowie die oben in Fn. 77 f. genannten Autoren; ablehnend SK-StPO/*Wolter/Greco* (Fn. 75), § 160a Rn. 48a; vgl. auch *Oesterle* (Fn. 22), S. 189 ff.; *Rütters/Schneider*, GA 2014, 160 (173 ff.); *Winkler* (Fn. 2), S. 113 ff.

[88] Vgl. die Nachweise in Fn. 76.

[89] Zur Kritik an der unausgegorenen Regelung des § 160a StPO vgl. SK-StPO/*Wolter/ Greco* (Fn. 75), § 160a Rn. 1 ff.

des Gesetzgebers nur dadurch gerecht werden kann, dass man bei der Interpretation des § 160a StPO zu der gewundenen Konstruktion Zuflucht nimmt, nach der § 160a StPO zwar keine Regelung für Beschlagnahmen enthalten soll, die damit eigentlich mögliche Beschlagnahme dann aber nicht durchsetzbar sein soll, weil man davon ausgeht, dass § 160a StPO einer Durchsuchung entgegenstehe und dies – jedenfalls im Falle eines bewussten Verstoßes – ein Verwertungsverbot für dennoch erlangte Unterlagen begründen soll.[90] Letztlich ist auch dies nur ein (weiterer) Beleg dafür, dass es sich bei § 160a StPO um eine missglückte Regelung handelt.

Die Frage, unter welchen Voraussetzungen bzw. in welchen Grenzen die Vertraulichkeitssphäre zwischen nicht selbst beschuldigten Personen und ihren Rechtsberatern vor Zugriffen der Strafverfolgungsorgane geschützt sein soll, bedarf einer klaren gesetzlichen Regelung. Der Gesetzgeber hat zu entscheiden, welchen Stellenwert er der Berufsausübungsfreiheit des Rechtsanwalts und den Geheimhaltungsinteressen der betroffenen Mandanten zuerkennen will. Er hat hierbei auch zu berücksichtigen, dass die Anerkennung von Beschlagnahmeprivilegien nicht nur die bisher vor allem aus der Warte der Strafverfolgungsorgane geäußerten Bedenken im Hinblick auf eine Gefährdung der Wahrheitsfindung als Folge einer interessegelenkten Steuerung des Strafverfahrens durch die in keiner Weise zur Unparteilichkeit verpflichteten Unternehmen begründet,[91] sondern z. B. auch die Verteidigungsinteressen von Mitarbeitern eines Unternehmens betreffen kann.[92] Wenn sich der Gesetzgeber der Regelung des § 160a StPO nochmals annimmt, wird er auch die Grenzen zu bestimmen haben, die gewährleisten, dass die Anwaltskanzlei zu keinem Beweismittelasyl wird.[93] Zugriffe, die bei der Verteidigung möglich sind,[94] müssen auch bei sonstigen Berufsgeheimnisträgern möglich sein. Ein in diesem Sinne sachlich eingegrenztes Beschlagnahmeprivileg muss sowohl den legitimen Interessen der Anwaltschaft und ihrer Mandanten als auch den Interessen der Strafverfolgungsorgane – und der in das Strafverfahren involvierten Mitarbeiter von Unternehmen – angemessen Rechnung tragen.

Anzumerken bleibt noch, dass selbst eine überzeugende Regelung des zwangsweisen Zugriffs auf die im Rahmen interner Untersuchungen erstellten Unterlagen noch nicht alle Probleme löst. Ungelöst bleibt vor allem das Problem, dass sich ein Unternehmen dazu entscheiden kann, die im Rahmen interner Untersuchungen

---

[90] Vgl. *Winkler* (Fn. 2), S. 117 ff., 246 f., 257; zur Kritik an diesem „absurd" anmutenden Ergebnis: *Erb*, FS Kühne, 2013, S. 178.

[91] So insbesondere LG Mannheim NStZ 2012, 713 (715 f.); vgl. auch *Erb*, FS Kühne, 2013, S. 180 f.; *Sarhan*, wistra 2017, 336 (338 ff.); vgl. aber auch *Oesterle* (Fn. 22), S. 176 ff.

[92] *Erb*, FS Kühne, 2013, S. 180 f.; *Wehnert*, StraFo 2012, 253 (254 und 258); vgl. auch *Momsen*, FS Rössner, 2015, S. 875 sowie *Stoffer* (Fn. 2), S. 499 ff., die zutreffend darauf hinweisen, dass privat geführte Ermittlungsverfahren die schützenden Förmlichkeiten des Strafprozesses in Frage stellen; zu den Grenzen der Ermittlungsbefugnis bei internen Ermittlungen vgl. *Ruhmannseder*, FS Imme Roxin, 2012, S. 503 ff.

[93] Vgl. *Bock/Gerhold*, in: Knierim et al. (Fn. 2), 5/68.

[94] Vgl. hierzu oben Abschnitt I.2.

gewonnenen Erkenntnisse den Strafverfolgungsbehörden „freiwillig" zugänglich zu machen. Zwar sind Unternehmen rechtlich nicht zur Kooperation verpflichtet, die Wahl der Option zur Kooperation ist aber anscheinend der Regelfall, weil Kooperation unter medialen und auch wirtschaftlichen Gesichtspunkten häufig als die bessere, manchmal wohl auch als die einzige Option erscheint.[95] Die aus der Sicht der betroffenen Mitarbeiter entscheidende Frage ist dann die, ob ein Verwertungsverbot für etwaige selbstbelastende Äußerungen in den vorausgegangenen „Interviews"[96] besteht. Wenn und soweit man die Geltung des Nemo-tenetur-Grundsatzes bei Äußerungen gegenüber nicht-staatlichen Stellen verneint,[97] ist dies – vorbehaltlich etwaiger selbständiger Verwertungsverbote[98] – nicht der Fall. Anders liegt es dann, wenn man die Grundsätze der Gemeinschuldner-Entscheidung des BVerfG auf die Fallgestaltungen der internen Untersuchung überträgt[99] oder wenn man meint, das Handeln der die interne Untersuchung durchführenden Personen dem Staat zurechnen zu kön-

---

[95] Vgl. *Momsen*, FS Rössner, 2015, S. 879; *ders.*, in: Rotsch (Fn. 25), S. 61 ff.; *Imme Roxin*, StV 2012, 116 (117 f.); *Wimmer*, FS Imme Roxin, 2012, S. 538.

[96] Zu den Rahmenbedingungen, unter denen diese Befragungen durchgeführt werden und die den Begriff des „Interviews" als eher unpassend erscheinen lassen, vgl. nur *Amelung*, in: Forum Strafverteidigung et al. (Hrsg.), Strafverteidigung und Inquisition, 6. Dreiländerforum Strafverteidigung, 2017, S. 65 ff. mit einer eindrücklichen Schilderung der im Fall Siemens zur Anwendung gekommenen Vernehmungstechnik; zur von der h.M. angenommenen Aussagepflicht der betroffenen Mitarbeiter vgl. *Bittman/Molkenbur*, wistra 2009, 373 (375 f.); *Fritz*, CCZ 2011, 156 (157); *Göpfert/Merten/Siegrist*, NJW 2008, 1703 (1705 f.); *Greco/Caracas*, NStZ 2015, 7; *Haefcke*, CCZ 2014, 39 f.; *Klengel/Buchert*, NStZ 2016, 383 (384); *Momsen/Grützner*, DB 2011, 1792 (1795); *Imme Roxin*, StV 2012, 116 (118 f.); *Stoffer* (Fn. 2), Rn. 919 ff.; *Taschke*, in: Rotsch (Fn. 6), S. 70 f.; *Theile*, StV 2011, 381 (383 f.); *Wastl/Litzka/Pusch*, NStZ 2009, 68 (70); *Wehnert*, StraFo 2012, 253 (256); *Wimmer*, FS Imme Roxin, 2012, S. 540 f.; vgl. auch die Darstellung bei *Leitner*, FS Schiller, 2014, S. 433 ff.; a.A. *Bauer*, StraFo 2012, 488 (489 f.); *ders.*, StV 2012, 277 (278 f.); vgl. auch *Imme Roxin*, StV 2012, 116 (121); *Tscherwinka*, FS Imme Roxin, 2012, S. 526 ff.; *Zerbes*, ZStW 125 (2013), 551 (557 ff.); kritisch hierzu *Greco/Caracas*, NStZ 2015, 7 (9) mit dem Hinweis darauf, dass jedenfalls der faktische Druck bleibt; so auch *Gercke*, FS Wolter, 2013, S. 934; *Pfordte*, FS 25 Jahre AG Strafrecht des DAV, 2009, S. 754.

[97] So LG Hamburg StV 2011, 148 (151) mit abl. Anm. *Gräfin v. Galen*, NJW 2011, 945; *Dann/Schmidt*, NJW 2009, 1851 (1852 f.); *Wimmer*, FS Imme Roxin, 2012, S. 549; für einen Überblick über den Meinungsstand vgl. *Greeve*, FG Feigen, 2014, S. 54 f.; kritisch *Stoffer* (Fn. 2), Rn. 943 ff.

[98] Vgl. *Pfordte*, FS 25 Jahre AG Strafrecht des DAV, 2009, S. 754 ff.; *Greeve*, FG Feigen, 2014, S. 63 ff.; *Stoffer* (Fn. 2), S. 526 ff.

[99] Vgl. *Kasiske*, NZWiSt 2014, 262 (266); *Kirsch*, in: Kempf/Lüderssen/Volk (Hrsg.), Unternehmensstrafrecht, 2012, S. 366 f.; *Kottek*, wistra 2017, 9 (12 f.); *Imme Roxin*, StV 2012, 116 (120); *Sarhan*, wistra 2015, 449 (451 ff.); *Schiller*, in: Kempf/Lüderssen/Volk (Fn. 10), S. 340; *Stoffer* (Fn. 2), Rn. 955 ff.; tendenziell befürwortend auch *Jahn*, StV 2009, 41 (44); eher skeptisch *Greco/Caracas*, NStZ 2015, 7 (11 f.). Für eine Ableitung aus dem fair trial-Grundsatz: *Knauer/Buhlmann*, AnwBl 2010, 387 (390 ff.); *Knauer/Gaul*, NStZ 2013, 192 (193 f.); vgl. auch *Jahn/Kirsch*, NZWiSt 2013, 28 (31); *Momsen*, ZIS 2011, 508 (512 ff.), *Momsen/Grützner*, DB 2011, 1792 (1795); kritisch hierzu *Greco/Caracas*, NStZ 2015, 7 (10).

nen.[100] Diese Problematik, für die der Jubilar in SK-StPO, 5. Aufl. 2016, Vor § 133 Rn. 140 mögliche Lösungsansätze aufgezeigt hat, kann vorliegend nicht weiter vertieft werden, sondern muss einer gesonderten Publikation vorbehalten bleiben.

---

[100] Vgl. *Anders*, wistra 2014, 329 (333); *Greco/Caracas*, NStZ 2015, 7 (12 ff.); *Godenzi* (Fn. 2), S. 175 ff.; *Kasiske*, NZWiSt 2014, 262 (263 f.); *Kottek*, wistra 2017, 9 (14 ff.); *Stoffer* (Fn. 2), S. 321 ff., 514 ff.; *Wastl/Litzka/Pusch*, NStZ 2009, 68 (70 f.); *Zerbes*, ZStW 125 (2013), 551 (568 ff.); vgl. auch *Jahn*, StV 2009, 41 (45 f.); *Momsen*, ZIS 2011, 508 (514 ff.).

Normative und sachlogische Stufenverhältnisse im System der Entscheidungsregeln bei alternativer Tatfeststellung

Gesetzesbindung – Gesetzesvorrang – Gesetzesregelung

Von *Jürgen Wolter*

I. Würdigung

Fünf Gründe haben mich bewogen, eine Festschrift für Klaus Rogall zu initiieren und mit Ulrich Stein, dem neben uns dritten Schüler von Hans-Joachim Rudolphi, auf Anhieb einen das Werk tragenden Mitstreiter zu finden.[1] Anstelle eines Vortrags sei das durchaus beitragsverlängernd erläutert: Zum einen sind es der von Anbeginn an besondere Zusammenhalt und die gegenseitige Wertschätzung der drei „Rudolphi-Schüler".[2] – Ein zweiter Grund liegt in meinem jahrzehntelangen Zusammenwirken mit Klaus Rogall beim SK-StPO („Systematischen Kommentar zur Strafprozessordnung" – schon abgesehen vom „Systematischen Kommentar zum Strafgesetzbuch" SK-StGB[3]). Wir haben den SK-StPO 1984, vor fast 35 Jahren, auf meine Initiative (erneut auch in meiner Eigenschaft als „Erstschüler" von Rudolphi[4]) mit Wolfgang Frisch und Ellen Schlüchter – und selbstverständlich zusammen mit unserem Lehrer als dem Wegbereiter und Miturheber des SK-StGB ab 1972 – in Bonn begründet.[5] Es

---

[1] Zu den weiteren Mitherausgebern *Luís Greco* und *Christian Jäger* sogleich im Text.

[2] Es war für *Ulrich Stein* selbstverständlich, die Last des geschäftsführenden Herausgebers zu tragen. Wir drei Rudolphi-Schüler haben schon immer einen freundschaftlichen und „arbeitsteiligen" Umgang gepflegt. So habe ich als „erster Schüler" (unten Fn. 4) die Symposien zum 50. Und 60. Geburtstag von *H.-J. Rudolphi* organisiert (1984: die Beiträge sind im Zusammenhang unveröffentlicht; 1994: Wolter [Hrsg.], Zur Theorie und Systematik des Strafprozeßrechts, 1995, mit einer bahnbrechenden Abhandlung von *Rogall* zu den Beweisverboten, S. 113–160). *Klaus Rogall* war dann „folgerichtig" der geschäftsführende Herausgeber der Rudolphi-Festschrift 2004. Und seit 2003/2004 bis heute kommentieren wir drei auch in der Nachfolge von *Rudolphi* im SK-StGB.

[3] Vgl. Fn. 2 a.E.

[4] Näher Fn. 2. Wobei ich *K. Rogall* sehr dankbar dafür bin, dass er mich stets entgegenkommend als „Erstschüler" akzeptiert hat, obwohl ich, vor meiner Habilitation in Bonn im Jahr 1979, bei *Rudolphis* Lehrer *Claus Roxin* promoviert hatte. Erg. Fn. 8.

[5] Schon als Assistenten von *H.-J. Rudolphi* in der Zeit von 1974–1978 waren wir früh mit der Redaktionsarbeit am SK-StGB befasst. Erg. unten Fn. 15.

war eher dem „familiären" Rahmen des Symposiums zum 50. Geburtstag von H.-J. Rudolphi zu verdanken und nicht allein dem Roman „1984" und dem bahnbrechenden Volkszählungsurteil des BVerfG vom Jahreswechsel 1983/1984 zuzuschreiben, dass wir ihn davon überzeugen konnten, die eigentlich unzumutbare Last eines zweiten Systematischen Kommentars mitzutragen.

Heute, ein „halbes Leben" später, betreut Klaus Rogall ca. 1.800 Druckseiten allein im SK-StPO – ein Sechstel des Großkommentars von 11.000 Seiten. Nimmt man den SK-StGB ab 2003/2004 (ca. 700 Seiten)[6], den KK-OWiG (knapp 500 Seiten) und die jeweiligen Vorauflagen dieser drei Werke hinzu, so entstammen der Feder des Jubilars grob geschätzt 8.000 Druckseiten an Kommentierungen (gegenwärtig allein 3.000 Seiten) – schon in sich eine schier unglaubliche Leistung! Und als Herausgeber des SK-StPO wie des SK-StGB (seit 2005) bin ich auf einen solch' unermüdlichen, zuverlässigen und renommierten Garanten der Werke schlechterdings „angewiesen".

Drittens – wegen meiner Eigenschaft als Herausgeber und Schriftleiter von Goltdammer's Archiv für Strafrecht im Ausgangspunkt vergleichbar – ist Klaus Rogall auch „Ständiger Mitarbeiter" und deshalb Autor der Zeitschrift.[7] – Nicht zuletzt, das ist schon der vierte Grund, ist die Freie Universität Berlin wohl so strukturiert, dass die Habilitation eines „eigenen" Schülers ausgeschlossen oder doch die Ausnahme ist. Umso mehr mussten und wollten als weitere Herausgeber der Festschrift diejenigen Kollegen von Klaus Rogall zusammenwirken, die ihm schon angesichts der genannten Werke (SK; GA) wissenschaftlich besonders nahestehen. Dazu gehören vor allen Christian Jäger und Luís Greco.[8] Beide sind ebenfalls Ständige Mitarbeiter und wichtige Autoren von GA. Und beide sind – wie Klaus Rogall mit mir – Mitverfasser sowohl des SK-StPO wie zugleich des SK-StGB (dabei inzwischen teilweise in der direkten Nachfolge von Rudolphi[9]).

Der letzte und wissenschaftlich ausschlaggebende Grund für den Anstoß zu dieser Festschrift liegt aber in dem Werdegang und dem Gesamtwerk von Klaus Rogall. Es ist schon – unabhängig vom SK-StPO/SK-StGB – angesichts des Schriftenverzeichnisses (mit Schwerpunkten bei strafprozessualen Ermittlungsmethoden, Beweisverboten, Zeugenschutz und Geheimsphäre, aber auch beim Umweltstrafrecht) erstaunlich, dass er rund zehn Jahre (1978 – 1987) ertrag- und erfolgreich im Bundesministerium der Justiz als Referent gewirkt und sich *zugleich* 1986 an der Universität Bonn habilitiert hat. Zu den Erfolgen der Habilitation gehört der rasche Ruf an die Univer-

---

[6] Vgl. Fn. 2.

[7] Ständiger Mitarbeiter ab 2009; *K. Rogall* hat für GA bisher vier Abhandlungen und sechs Rezensionen geschrieben.

[8] Die übrigens – wie *Rudolphi* und ich selbst – ebenfalls bei *C. Roxin* promoviert haben (vgl. Fn. 4). Insofern mag bei den Herausgebern der Festschrift bis zu einem gewissen Grad auch die „Wissenschaftsfamilie Roxin-Rudolphi", die freilich keine „Schule" ist, aufscheinen (vgl. noch Fn. 9).

[9] Wobei *C. Jäger* im SK-StGB wichtige Ursprungspartien von *H.-J. Rudolphi* (Vor § 1, §§ 1, 2; §§ 22 – 24 StGB) betreut, während *L. Greco* – z. Zt. namentlich im SK-StPO – immer mehr an meine Stelle tritt.

sität zu Köln (1987). Zu den Erfolgen im BMJ zählen – neben Gesetzentwürfen zum Umweltstrafrecht, der Mitarbeit am 16. und 17. Strafrechtsänderungsgesetz[10] und der Schaffung von rechtlichen Grundlagen für die Rasterfahndung, die polizeiliche Beobachtung, den Einsatz von Verdeckten Ermittlern und V-Leuten[11] – vor allem der völlig eigenständige Entwurf der sog. Schleppnetzfahndung von 1986 (§ 163d StPO).[12] Mag diese Vorschrift dann auch in der Praxis weitgehend überflüssig (geworden) sein, mag sie auch mit der damaligen weiten, an § 108 StPO angelehnten Zufallsfundregelung (heute enger: § 477 StPO) ihre grundrechtsschützenden Ziele nicht vollauf erreicht haben[13]: Sie war und ist bis heute – in Umsetzung auch des bahnbrechenden Volkszählungsurteils – das vielfach wortwörtliche Vorbild für zahlreiche (auch) grundrechtsschützende Ermittlungsbefugnisse in der StPO (vgl. neben den §§ 98a–98c StPO die §§ 100c–100i, 110a–110c, 163e, 163f StPO; zum Teil auch die §§ 100e, 161, 477 StPO). Vieles von der damaligen Gesetzgebungsarbeit konnte dann auch in die Kommentierungen beim SK-StPO einfließen.

Neben die Gesetzgebungskunst von Klaus Rogall tritt also seit jeher seine Kommentierungskunst (wobei man aus dem SK-StGB – 9. Auflage – die §§ 19–21 StGB[14], aus dem SK-StPO – 5. Auflage, schon klassisch seit der 1. Auflage von 1987 – die Vorbemerkungen vor §§ 133–136a StPO und aus dem KK-OWiG – 5. Auflage – die Erläuterungen Vor § 1 Rn. 21–49 zur Wahlfeststellung im Ordnungswidrigkeitenrecht zwar nicht wahllos, aber doch nur stellvertretend für Vieles herausgreifen mag). Und es ist nicht zuletzt diese Verbindung von Gesetzgebungsarbeit und wissenschaftlicher Erläuterung, die das hier gewählte Thema beflügelt hat: Gesetzesvorschlag für normative und sachlogische Stufenverhältnisse im System von Entscheidungsregeln bei alternativer Tatfeststellung.[15]

---

[10] Dazu *Rogall*, NJW 1980, 751 ff.

[11] Wobei die notwendige Gesetzesgrundlage für den Einsatz von V-Leuten immer noch fehlt. *K. Rogall* war freilich an der Anlage D des RiStBV beteiligt.

[12] Dazu *Rogall*, NStZ 1986, 385.

[13] Näher SK-StPO/*Wolter*, Band III, 5. Aufl. 2016, § 163d Rn. 1 ff. und Vorauflagen.

[14] Dazu jüngst *Hettinger*, GA 2018, 91 f.

[15] Ich selbst bearbeite die Wahlfeststellung (nach meiner Dissertation über „Alternative und eindeutige Verurteilung auf mehrdeutiger Tatsachengrundlage im Strafrecht" von 1972) für das Strafrecht seit der 7. Aufl. 2007 des SK-StGB (z.Zt. 9. Aufl. 2016, Anh. zu § 55) – und der wissenschaftliche Gleichklang mit *K. Rogall* bei seiner ordnungswidrigkeitsrechtlichen Bearbeitung ist schon bemerkenswert. Bemerkenswert ist aber auch der Standort der strafrechtlichen Kommentierung im Anschluss an die Konkurrenzen, d.h. nach den §§ 52–55 StGB im 3. Titel: Zwar gibt es durchschlagende Berührungspunkte der Wahlfeststellungslehre mit der Konkurrenzlehre (näher SK-StGB/*Wolter*, Band II, 9. Aufl. 2016, Anh. zu § 55 Rn. 27, 11–14, 16; *ders.*, GA 2016, 316, 323 ff. = Libertas N°5, 2016, 138 ff. [in span. Sprache] – u.a. zur Einordnung der Wahlfeststellungsfälle als *strafprozessuale Entscheidungsregeln* im „materiellen Gewand"; *ders.*, GA 2013, 271, 282 m. Fn. 67; näher unten III. 1.); und deshalb beinhaltet der nachfolgende Gesetzesvorschlag unter dem neuen Titel 3a. „Strafbemessung bei alternativen Taten" mit Bedacht die §§ 55a–55c StGB-E. Aber der Ursprung dieser folgerichtigen Platzierung bleibt kurios: Mitten im Druck der 1. Aufl. des SK-StGB Ende 1974 (auch damals als Buch; drucktechnisch bis Weihnachten 1974 gediehen bis ca. § 37 StGB)

II. Grundlagen

1. Geklärter Grundfall der Wahlfeststellung (gesetzesalternative Verurteilung und Großer Senat); prozessuale Entscheidungsregel statt Art. 103 Abs. 2 GG

Das eigentliche Thema (Gesetzesregelung auch für die normativen und sachlogischen Stufenverhältnisse) beschreitet vielfach Neuland. Demgegenüber ist zum (jedenfalls allgemeingesetzlich bisher ebenfalls ungeregelten[16]) Grundfall der Wahlfeststellung, der sog. gesetzesalternativen Verurteilung, inzwischen nahezu alles gesagt. Und nach der Entscheidung des Großen Senats für Strafsachen im Jahr 2017[17] ist insoweit auch fast alles geklärt oder doch höchstrichterlich festgeschrieben. Nachgerade sämtliche Argumente sind ausgetauscht. Ich selbst kommentiere im SK-StPO die Wahlfeststellung im Anhang zu § 55 StGB (dabei durchaus im „Vorbereitungsstadium" der Entscheidung[18]) und habe anderenorts einen (Teil-)Gesetzesvorschlag für den Bereich des gesetzesalternativen Urteils unterbreitet.[19] Dieses Teilthema könnte nach dem Votum des Großen Senats sogar ohne eine gesetzliche Regelung zur Ruhe kommen, auch wenn Folgeentscheidungen des BVerfG[20] und des EGMR[21] nicht ausgeschlossen scheinen.

Die gesetzesalternative Verurteilung als Teil- und Grundfall der Wahlfeststellung (z. B.: Diebstahl oder Hehlerei) ist in ständiger höchstrichterlicher Rechtsprechung –

---

stellten wir in der Redaktion das völlige Fehlen einer Wahlfeststellungskommentierung fest. Da die §§ 1, 2 drucktechnisch „vorüber" und ohnehin ein problematischer Standort – vgl. den nachfolgenden Text – waren, habe ich wegen der Nähe zu den Konkurrenzen für die Wahlfeststellung einen „Anhang zu § 55" vorgeschlagen und wurde prompt – mit einem Zeitfenster von wenigen Tagen „zwischen den Jahren 1974 und 1975" – mit einem Kommentierungs-Entwurf beauftragt. Das Werk sollte im Mai 1975 im Rahmen der Strafrechtslehrertagung in Göttingen herauskommen und ist dann auch zeitgerecht erschienen (ich habe noch heute *H.-J. Rudolphi* mit mehreren Exemplaren der giftgrünen Bücher in der Hand vor Augen). Seitdem hat die Wahlfeststellung im Anhang zu § 55 StGB ihren angestammten Ort, der auch keinen weiteren Platzhalter hat, aber schon von *Nüse* GA 1953, 22, 41 vorgeschlagen worden war (der freilich – anders als hier – von einer „materiellen Wahlfeststellungstheorie" ausgegangen ist; weit. Nachw. bei *Wolter*, a.a.O., S. 282 Rn. 30).

[16] Vgl. aber spezialgesetzlich § 323a Abs. 1 StGB.

[17] BGH NJW 2017, 2842 ff. m. Anm. *Jahn*, NJW 2017, 2846; *Stuckenberg*, StV 2017, 815 ff.; *Kudlich*, JA 2017, 870 f.; vgl. auch (krit.) BeckOK-StGB/*v. Heintschel-Heinegg*, 37. Ed. v. 1.2.2018, § 1 Rn. 43.

[18] Vgl. die Nachw. in Fn. 15 und sodann die Zitate bei BGH (GS) NJW 2017, 2842 ff. (Rn. 14 f., 21 f., 24, 34); jüngst *Wolter*, Festschrift für Mir Puig, 2017, S. 417 ff.; vgl. auch *ders.*, Festschrift für Paeffgen, 2015, S. 287, 295 ff.

[19] *Wolter*, GA 2013, 271, 282, 285; erg. unten Fn. 47.

[20] *Stuckenberg*, StV 2017, 815, 816; *Lindner*, ZIS 2017, 311, 323 Fn. 133; *Pohlreich*, ZStW 128 (2016), 676, 681; BeckOK-StPO/*Eschelbach*, 29. Ed. v. 1.1.2018, § 261 Rn. 47.17; SK-StGB/*Wolter* (Rn. 15), Anh. zu § 55 Rn. 10.

[21] BeckOK-StPO/*Eschelbach* (Fn. 20), § 261 Rn. 47.17 m. Blick auf Art. 6 Abs. 2, 7 Abs. 1 Satz 1 EMRK; *Gaede*, Festschrift für Neumann, 2017, S. 811, 814.

von den Vereinigten Strafsenaten des RG vom Mai 1934[22] bis hin zum Großen Senat für Strafsachen des BGH vom Mai 2017 (mit Ausnahme zweier Vorlagebeschlüsse des 2. Strafsenats mit dem diesen Vorlagen entsprechenden Schrifttum[23]) – bei rechtsethischer und psychologischer (hier sog. normativer) Vergleichbarkeit der alternativen Straftaten zulässig: Vorrang der gesetzesalternativen Verurteilung bei normativer Vergleichbarkeit der Taten vor dem Freispruch in wechselseitiger Anwendung der in sich unangefochtenen Grund-Entscheidungsregel in dubio pro reo[24] (*1. strafprozessuale Entscheidungsregel zur Wahlfeststellung*[25]).

Entgegen den Vorlagebeschlüssen des 2. Senats, aber mit den anderen vier Strafsenaten des BGH[26] und nunmehr mit dem Großen Senat für Strafsachen (auf dessen bindende Linie jüngst auch der 2. Senat in der Ausgangssache eingeschwenkt ist[27]) sowie mit zahlreichen Stimmen in der Lehre verstößt die gesetzesalternative Verurteilung mithilfe der bezeichneten Entscheidungsregel nicht gegen das Gesetzlichkeitsprinzip nach Art. 103 Abs. 2 GG, § 1 StGB (die materielle Einschränkung der normativen Vergleichbarkeit hebt den prozessualen Charakter nicht auf, sondern bildet eine Zulässigkeitsvoraussetzung innerhalb der bezeichneten prozessualen Entscheidungsregel[28]); nicht gegen die Unschuldsvermutung[29] (schon wegen des Erfordernisses der „exklusiven Alternativität" der Taten[30]) und das Schuldprinzip; nicht gegen den Vorbehalt des Gesetzes, das Bestimmtheitsgebot, das Analogieverbot und die Gewaltenteilung (die alternativen Straftatbestände stehen vielmehr als solche

---

[22] RGSt 68, 257 ff.

[23] 1. Vorlagebeschluss (BGH StV 2016, 212) – nach Anfragebeschluss BGH NStZ 2014, 392 ff.; 2. Vorlagebeschluss BeckRS 2016, 113 380 – nach Rücknahme des ersten Beschlusses am 9.8.2016; dazu *Brodowski*, StV 2017, 818 ff.; in dieser Richtung auch *Frister*, StV 2014, 584; *Freund/Rostalski*, JZ 2015, 164; *Kotsoglou*, ZStW 127 (2015), 334, 357 ff.; *Haas*, HRRS 2016, 190 ff.; ferner AG Duisburg-Hamborn bei *Kudlich*, JA 2017, 788, 871; SK-StPO/*Velten*, Band V, 5. Aufl. 2016, § 261 Rn. 103–105; vgl. noch die Nachw. unten in Fn. 28, 29, 31, 33, 34 und bei *Gaede*, Festschrift für Neumann (Fn. 21), S. 811, 813 Fn. 21; unten Fn. 27 zur endgültigen Entscheidung des 2. Senats.

[24] BGH (GS) NJW 2017, 2842, 2843 (Nr. 15).

[25] BGH (GS) NJW 2017, 2842, 2843 (Nr. 14); RGSt 68, 157, 262; näher SK-StGB/*Wolter* (Fn. 15), Anh. zu § 55 Rn. 17 m. Nachw.; *ders.*, GA 2013, 271, 273; *Stuckenberg*, ZIS 2014, 461, 462 ff.; KK-OWiG/*Rogall*, 5. Aufl. 2018, Vor § 1 Rn. 34.

[26] BGH (1. Senat) NStZ-RR 2014, 308; BGH (4. Senat) NStZ-RR 2014, 40; BGH (3. Senat) NStZ-RR 2015, 39; BGH (5. Senat) NStZ-RR 2014, 307; vgl. auch *Stuckenberg*, ZIS 2014, 461 ff.; *Schuhr*, NStZ 2014, 437 ff.; SK-StGB/*Wolter* (Fn. 15), Rn. 18.

[27] BGH (2. Senat) NStZ-RR 2018, 47 ff.

[28] BGH (GS) NJW 2017, 2842, 2844 (Nr. 21); MüKo-StGB/*Schmitz*, Band 1, 3. Aufl. 2017, Anh. § 1 Rn. 16; a.A. *Mitsch*, JR 2017, 8, 10; scharf abl. *Gaede*, Festschrift für Neumann (Fn. 21), S. 811, 818.

[29] BGH (GS) NJW 2017, 2842, 2844 (Rn. 22); BGH (3. Senat) NStZ-RR 2015, 39; anders AnwK-StGB/*Gaede*, 2. Aufl. 2015, § 1 Rn. 51; *Haas*, HRRS 2018, 190, 194 ff.; *Pohlreich*, ZStW 128 (2016), 707 ff. Insofern liegt auch kein Verdachtsurteil vor (LK/*Dannecker*, Band 1, 12. Aufl. 2007, Anh. § 1 Rn. 18; BGH [GS] a.a.O.).

[30] Vgl. auch *Wolter*, Festschrift für Mir Puig (Fn. 18), S. 417, 427.

von Gesetzes wegen im Vorhinein fest³¹; zudem wird mangels Tatbestandslücke auch keine dritte Norm durch Verschleifung bzw. durch Rückgriff auf einen Rumpftatbestand geschaffen³²); die gesetzesalternative Verurteilung verstößt auch nicht gegen das Erfordernis einer konkreten Strafzumessung (vielmehr erfolgt die „Bestrafung aus dem konkret mildesten Gesetz")³³; und schließlich auch nicht gegen die Strafzwecke des Schuldausgleichs und der Prävention (es besteht kein Feststellungserfordernis bezüglich der Verletzung einer bestimmten Verhaltensnorm)³⁴.

2. Art. 20 Abs. 3 GG; Richterrecht vor Gesetzesvorrang bei Auffangtatbeständen

a) Das einschränkende Merkmal der normativen (rechtsethischen und psychologischen) Vergleichbarkeit wäre andererseits von Art. 103 Abs. 2 GG – stünde er denn zu Gebote – gar nicht erfordert;³⁵ vielmehr folgt eine solche Beschränkung, unabhängig von einer Gesetzesbindung, erst aus dem Rechtsstaatsprinzip nach Art. 20 Abs. 3 GG³⁶ mit seiner Ausgleichsfunktion für Rechtssicherheit und Gerechtigkeit nach Maßgabe des Verhältnismäßigkeitsprinzips (und dann auch aus den Grundsätzen der richterlichen Rechtsfortbildung).³⁷

b) Entgegen dem 2. Senat gilt aber auch kein „Gesetzesvorrang" bei Auffangtatbeständen (etwa §§ 261, 246 StGB) – schon weil man mit ihrer Hilfe eine gerechte Strafe i.S. von Art. 20 Abs. 3 GG erst gar nicht erreichen könnte. Ohnehin hatte der Gesetzgeber bei der Reform der §§ 246, 261 StGB nicht die Lösung von Wahlfest-

---

³¹ BGH (GS) 2017, 2842, 2844 (Rn. 19); BGH NStZ-RR 2014, 40; vgl. auch *Ceffinato*, Jura 2014, 655, 664. Insofern ist auch Art. 104 Abs. 1 S. 1 GG gewahrt (vgl. aber auch BeckOK-StPO/*Eschelbach* [Fn. 20], § 261 Rn. 47.17).

³² BGH (GS) NJW 2017, 2842, 2843 (Rn. 18); 3., 4., 1. Strafsenat des BGH (Fn. 26); *Wolter*, GA 2013, 271, 276; MüKo-StGB/*Schmitz* (Fn. 28), Anh. § 1 Rn. 16; anders *Gaede*, Festschrift für Neumann (Fn. 21), S. 811, 818 f.

³³ BGH NStZ-RR 2015, 41; vgl. auch RGSt 68, 257, 263; BGH NStZ-RR 2015, 39; BGH NStZ-RR 2014, 307, 308 (vgl. noch Fn. 26) im Übrigen bleibt auch sonst (bei eindeutigen Verurteilungen) das Urteil hinter dem wahren Schuldumfang zurück: BGH (GS) NJW 2017, 2842, 2846 (Rn. 36); *Stuckenberg*, ZIS 2014, 461, 470; dagegen aber auch eindrucksvoll BeckOK-StPO/*Eschelbach* (Fn. 20), § 261 Rn. 27, 47.19; vgl. noch *Pohlreich*, ZStW 128 (2016), 676, 696 ff.

³⁴ KK-OWiG/*Rogall* (Fn. 25), Vor § 1 Rn. 22; *Wolter*, Festschrift für Mir Puig (Fn. 18), S. 417, 427; SK-StGB/*ders.* (Fn. 15), Anh. zu § 55 Rn. 20 ff. m. Nachw.; vgl. aber (u.a.) auch *Frister*, StV 2014, 584, 585 zur positiven Generalprävention; ferner *Wagner*, ZJS 2014, 436, 442 f.; *Kotsoglou*, ZStW 127 (2015), 334, 349 Fn. 67, 351 Fn. 71.

³⁵ BGH (3. Senat) NStZ-RR 2015, 39; *Schuhr*, NStZ 2014, 437, 439; KMR/*Stuckenberg* (Stand: Januar 2018), § 261 Rn. 149.

³⁶ SK-StGB/*Wolter* (Fn. 15), Anh. zu § 55 Rn. 17, 18 m. Nachw.; *ders.*, GA 2016, 316, 322; BGH (5. Senat) NStZ-RR 2014, 307, 308; KK-OWiG/*Rogall* (Fn. 25), Vor § 1 Rn. 22.

³⁷ BGH (GS) NJW 2017, 2842, 2844 (Nr. 14, 24).

stellungsproblemen im Sinn.³⁸ Die Bestrafung aus dem Auffangdelikt der Geldwäsche beispielsweise, die im Einzelfall eine deutlich geringere Strafdrohung aufweist³⁹, tritt nach § 261 Abs. 9 Satz 2 StGB zurück, wenn eine Wahlfeststellung aus den (alternativen) Vortaten wegen normativer Vergleichbarkeit dieser Straftatbestände zulässig ist. Insoweit gilt nicht der Vorrang des Gesetzes, sondern (hier sogar kraft Gesetzes) der Vorrang des Richterrechts (der richterlichen Rechtsfortbildung) und damit – als *2. Entscheidungsregel zur Wahlfeststellung* – der Vorrang der alternativen Verurteilung auf der mehrdeutigen Tatsachengrundlage normativ vergleichbarer Ausgangstaten (d.h. bei alternativer Schuld- und Tatfeststellung) vor der eindeutigen Verurteilung auf der eindeutigen Tatsachengrundlage eines Auffangtatbestandes.

3. Empfehlung einer allgemeinen gesetzlichen Regelung; Aufhebung von § 323a Abs. 1 StGB

Mag das unter 1. und 2. Bezeichnete (Zulässigkeit der gesetzesalternativen Verurteilung; kein Gesetzesvorrang) nach der Entscheidung des Großen Senats auch grundsätzlich geklärt sein (mit Ausnahme der hinreichenden Eingrenzung der rechtsethischen und psychologischen Vergleichbarkeit⁴⁰ – unten III. 2., 3.), so gibt es weitere Probleme bei der Wahlfeststellung, die bisher ungelöst sind bzw. denen man kein hinreichendes Augenmerk schenkt – angesichts anderer Vorlegungsfragen zwangsläufig auch der Große Senat nicht. Dies gilt zunächst – nicht einmal „überraschenderweise" – für das Fehlen einer generellen gesetzlichen Regelung. Ein solches „Wahlfeststellungsgesetz" ist mangels Einschlägigkeit von Art. 103 Abs. 2 GG (oben 1.) zwar nicht zwingend erforderlich; aber es ist dringend angezeigt, weil es angesichts der bezeichneten „Grenzenlosigkeit des Gesetzlichkeitsprinzips" für sämtliche Wahlfeststellungsfälle (oben 2.) eine bestimmte und maßgebende Hürde für die Verurteilung errichten könnte. Nicht ohne Grund hatte der Generalbundesanwalt vor dem Großen Senat – in der Sache übereinstimmend mit dem grenzenlosen § 2b StGB a.F. (1935)⁴¹ – für eine uneingeschränkte Zulassung der Wahlfeststellung

---

³⁸ BGH (GS) NJW 2017, 2842, 2844 (Rn. 27, 33); BGHSt 61, 245; vgl. auch BGH NJW 2000, 3725; *Wolter*, Festschrift für Mir Puig (Fn. 18), S. 417, 421; MüKo-StGB/*Schmitz* (Fn. 28), Anh. § 1 Rn. 23.

³⁹ So würde man in dem Ausgangsfall des 2. Senats (Fn. 23, 27) über § 261 StGB allenfalls auf ein Drittel oder die Hälfte der jeweiligen Höchststrafen kommen; dazu *Wolter*, Festschrift für Mir Puig (Fn. 18), S. 417, 422; vgl. aber auch *Pohlreich*, ZStW 128 (2016), 676, 712. Es geht hier also nicht nur um die Vermeidung ungerechtfertigter Freisprüche, sondern auch um die Verhinderung von der Gerechtigkeit zuwiderlaufenden Strafabschlägen; vgl. aber auch BeckOK-StPO/*Eschelbach* (Fn. 20), § 261 Rn. 47.25.

⁴⁰ Das Merkmal will der Große Senat beibehalten (NJW 2017, 2842, 2845 [Nr. 34]); zur Kritik unten III. 3. b).

⁴¹ „Steht fest, dass jemand gegen eines von mehreren Strafgesetzen verstoßen hat, ist aber eine Tatfeststellung nur wahlweise möglich, so ist der Täter aus dem mildesten Gesetz zu

(ohne gesetzliche Regelung) plädiert.[42] Und die Einzelregelung in § 323a Abs. 1 letzter Halbsatz StGB hat längst sogar die *gesetzliche* Probe aufs Exempel gemacht (Strafbarkeit trotz fehlender normativer Vergleichbarkeit oder Abstufbarkeit von Rauschtat und Vollrausch).[43]

Ein allgemeines Wahlfeststellungsgesetz mit einer näheren Ausformung der normativen Vergleichbarkeit ist auch um deswillen naheliegend, weil die höchstrichterliche Rechtsprechung in ihren Einzelentscheidungen zur rechtsethischen und psychologischen Vergleichbarkeit zum Teil inkonsequent und deshalb ungerecht erscheint[44] und weil dann Einzelregelungen wie der bezeichnete § 323a Abs. 1 letzter Halbsatz StGB (mit gesetzlichem Anlass) gesetzlich aufgehoben werden könnten.[45] Nicht zuletzt wäre auch dem Umstand Rechnung getragen, dass sich diejenigen Stimmen mehren, die das Gesetzlichkeitsprinzip auch auf das Strafprozessrecht erstrecken[46] (wobei die unter 1. benannten Grenzen nach Art. 20 Abs. 3 GG dennoch ihre Gültigkeit behielten).

4. Unvollständigkeit und Unbestimmtheit der bisherigen Gesetzesvorschläge

Die bisherigen Gesetzesvorschläge sind freilich kritisch zu beurteilen. Ausformulierte Vorschläge sind entweder zu unbestimmt oder zumindest unvollständig (auch der eigene).[47] Sie definieren und erläutern nicht hinreichend die normative (rechtsethische und psychologische) Vergleichbarkeit bei dem Grundfall der gesetzesalternativen Verurteilung (was dann auch zu der genannten Uneinheitlichkeit in der Rechtsprechung beiträgt). Hier sollte man aus Gründen der Bestimmtheit eine genauere gesetzliche Definition und zusätzlich entweder Regelbeispiele im Gesetzes-

---

bestrafen" (erg. unten Fn. 77); zu einer vergleichbaren Regelung in Indien *Stuckenberg*, ZIS 2014, 461, 466 f.

[42] Vgl. auch *Nüse*, GA 1953, 33, 39; *E. v. Hippel*, NJW 1963, 1535.

[43] Vgl. aber auch BGH 32, 48, 57 zum „normativ-ethischen Stufenverhältnis"; krit. SK-StGB/*Wolter* (Fn. 15), Anh. zu § 55 Rn. 53 m. Nachw.

[44] Zu Beispielen SK-StGB/*Wolter* (Fn. 15), Anh. zu § 55 Rn. 69, 80: §§ 263–266 StGB zulässig (BGH GA 1970, 24); §§ 266–259 StGB unzulässig (BGHSt 15, 267). Zu dem weiteren Phänomen der instanzgerichtlichen „Fiktion einer eindeutigen Tatsachengrundlage" unten III. 1. a) m. Fn. 84.

[45] Vgl. aber *Lindner*, ZIS 2017, 311, 322, der § 323a StGB eher als Vorbild sieht.

[46] Dazu *Jahn*, NJW 2017, 2846; dagegen *Gaede*, Festschrift für Neumann (Fn. 21), S. 811, 815.

[47] Krit. zu meinem Vorschlag in GA 2013, 271, 282 (§ 55a StGB-E) *Stuckenberg*, ZIS 2014, 461, 472; *Lindner*, ZIS 2017, 311, 323 Fn. 26; *Ceffinato*, Jura 2014, 655, 665; *Pohlreich*, ZStW 128 (2016), 676, 705; *Wagner*, ZJS 2014, 436, 442; ferner *Freund/Rostalski*, JZ 2015, 164, 166 Fn. 15 (wobei nach diesen Autoren selbst ein makelloser „§ 55a StGB" den Verstoß gegen Art. 103 Abs. 2 GG [dagegen freilich oben 1.] nicht ausräumen würde; ebenso *Frister*, StV 2014, 584, 585); vgl. aber auch KK-OWiG/*Rogall* (Fn. 25), Vor § 1 Rn. 34 („beachtlicher Vorschlag").

text oder Beispiele in der Gesetzesbegründung erwägen (unten III. 2. a], 3. a]). Die bisherigen (nichteigenen) Gesetzesvorschläge berücksichtigen grundsätzlich auch nicht die sog. „Tatsachenalternativität" (uneidliche Falschaussage in erster oder in zweiter Instanz – näher unten III. 3. a]) und dann auch nicht das hier sog. „sachlogische Stufenverhältnis" (Falschaussage in erster oder Meineid in zweiter Instanz). Sie berücksichtigen, definieren und erläutern aber vor allem nicht die umstrittenen normativen Stufenverhältnisse, die spätestens nach BGHSt 55, 148 (Vortatbeteiligung – § 138 StGB) ihre dogmatische Weihe erhalten haben.

5. Normative Stufenverhältnisse

Bei den normativen Stufenverhältnissen ist es zumindest auf den ersten Blick befremdlich, dass auch die Gegner der klassischen Wahlfeststellung (oben 1.) die Verurteilung aus der „minderen Tat" eines normativen Stufenverhältnisses zulassen (diskutiert werden neben Begehung – unechte Unterlassung sowie Vortatbeteiligung – echte Unterlassung nach § 138 StGB u. a. mittelbare Täterschaft – Anstiftung; Absicht – unbewusste Fahrlässigkeit), obwohl hier eine Wahlfeststellung (etwa zwischen Mord/Totschlag und der minderen Tat der unbewusst fahrlässigen Tötung) mangels normativer Vergleichbarkeit der Taten ausgeschlossen wäre – und vor allem, obwohl auch hier die von den Gegnern der Wahlfeststellung stets geforderte *eindeutige Schuldfeststellung*[48] gerade nicht, zumindest nicht vollständig, vorliegt (näher sogleich unten 6.). Im ersten Zugriff handelt es sich bei der dann befürworteten „*analogen* Anwendung von in dubio pro reo"[49] bzw. der Zulassung von „in dubio pro reo *im weiteren Sinne*"[50] um eine „verkappte/verkürzte Wahlfeststellung"[51] und dann auch um eine mehrdeutige Schuldfeststellung – und dies sogar bei normativer Unvergleichbarkeit der Taten! Zu Lasten des Betroffenen wird so eine Umkehrung des eigentlichen in dubio-Satzes (vgl. entsprechend unten 7. a] bei den sachlogischen Stufenverhältnissen) sowie *zugleich* eine Außerkraftsetzung der Wahlfeststellungsregeln zugelassen.

Wie kann man nun aber die bezeichneten Widersprüchlichkeiten auflösen? Welche Kriterien eines normativen Stufenverhältnisses können die normative Vergleichbarkeit – als das bei der gesetzesalternativen Verurteilung (Wahlfeststellung) nach

---

[48] BGH (2. Senat) NStZ 2014, 396 (1. Vorlagebeschluss); BeckRS 2016, 113380 Nr. 44, 63 (2. Vorlagebeschluss) m. Hinw. auf *Freund/Rostalski* JZ 2015, 164 ff.; *dies.* JZ 2015, 716, 717 f.; ferner *Freund*, Festschrift für Wolter, 2013, S. 35, 45 ff. bei Täterschaftsformen und unterschiedlichen Qualifikationen; vgl. auch BeckOK-StPO/*Eschelbach* (Fn. 20), § 261 Rn. 47.15, 47.20, 47.23 (erg. Fn. 58); *Endruweit*, Die Wahlfeststellung und die Problematik der Überzeugungsbildung ..., 1973, S. 343.
[49] Etwa BGHSt 23, 203, 206 f.; BGHSt 43, 41, 53 f.; MüKo-StGB/*Schmitz* (Fn. 28), Anh. § 1 Rn. 35; krit. deshalb *Fuchs*, NJW 1970, 1053; *ders.*, GA 1964, 66; *Löhr*, JuS 1976, 716.
[50] Vgl. BGHSt 55, 148, 151; SK-StGB/*Wolter* (Fn. 15), Anh. zu § 55 Rn. 51 m. Nachw.
[51] Vgl. auch *Stuckenberg*, Festschrift für Wolter (Fn. 48), S. 661, 664; SK-StGB/*Wolter* (Fn. 15), Anh. zu § 55 Rn. 16.

Art. 20 Abs. 3 GG zwingende rechtsstaatliche Erfordernis und als die nach dem Großen Senat unabdingbare Einschränkung bei der richterlichen Rechtsfortbildung – ersetzen, ihr Fehlen ausgleichen? Müssen die gestuften Taten stattdessen *zugleich* normativ vergleichbar sein, wie z. B. „Anstiftung oder Beihilfe" (mit einem dann allein noch erstrebten Vorrang der eindeutigen vor der alternativen Verurteilung – dazu auch unten 9.). Genügt die Identität des Erfolgsunrechts und eine Abstufbarkeit des Handlungsunrechts?[52] Besteht überhaupt das Erfordernis einer eindeutigen Schuldfeststellung (unten 6.)? Und gilt überhaupt – bei normativer Unvergleichbarkeit der Straftatbestände – eine *3. strafprozessuale Entscheidungsregel zur Wahlfeststellung:* Vorrang der eindeutigen Verurteilung aus der „minderen Tat" eines normativen Stufenverhältnisses bei alternativer Schuld- und Tatfeststellung (d. h. aus dem Gesetz, aus dem die nach den jeweiligen Tatumständen mildere Strafe entnommen wird, in den genannten Beispielen also aus den Gesetzen zur Unterlassung; Nichtanzeige; Anstiftung; unbewussten Fahrlässigkeit) vor einem Freispruch wegen normativer (rechtsethischer und psychologischer) Unvergleichbarkeit der Taten?[53] Und: Wie kann man das gesetzlich verankern (dazu nachfolgend die §§ 55a Abs. 1, 55b Nr. 2 StGB-E)?

6. Alternative statt eindeutige Schuld- und Tatfeststellungen: normative Stufenverhältnisse und Postpendenzfeststellungen

a) Bei allem ist es erneut zumindest auf den ersten Blick befremdlich, dass der 5. Strafsenat des BGH bei der Alternative „Vortatbeteiligung (eines Nichtanzeigeverpflichteten) oder Nichtanzeige geplanter Straftaten nach § 138 StGB" (d. h. bei – wie der 5. Senat hervorhebt – „eindeutiger Verurteilung auf mehrdeutiger Tatsachengrundlage" wegen eines normativen Stufenverhältnisses) ausführt, dass die „vom 3. Senat erwogene Verurteilung im Wege der sog. Präpendenzfeststellung zum selben Ergebnis führen würde".[54] Dies lässt zumindest die notwendige und grundlegende Unterscheidung von eindeutigen Verurteilungen auf *eindeutiger* Tatsachengrundlage und eindeutigen Urteilen bei *alternativer* Schuld- und Tatfeststellung vermissen.[55] Die nachfolgenden Gesetzesvorschläge beschränken sich jeden-

---

[52] Vgl. etwa BGHSt 55, 148, 151 m. Hinw. auf *Wolter*, Wahlfeststellung und in dubio pro reo, 1987, S. 64 ff.; weit. Nachw. bei KK-OWiG/*Rogall* (Fn. 25), Vor § 1 Rn. 42, u. a. *Jescheck/Weigend* AT, 5. Aufl. 1996, § 16 II 2; Schönke/Schröder/*Eser/Hecker*, StGB, 29. Aufl. 2014, § 1 Rn. 85 ff. (h.M.).

[53] So ansatzweise SK-StGB/*Wolter* (Fn. 15), Anh. zu § 55 Rn. 51.

[54] BGHSt 55, 148, 153.

[55] Näher: Ist der Angeklagte in der einen Alternative als Vortatbeteiligter nicht zur Anzeige verpflichtet (etwa auch dann, wenn die Wahl von Tat-Verhinderungsmaßnahmen nicht von seinen Informationen abhängen kann; dazu SK-StGB/*Stein*, 8. Aufl. 2006, § 138 Rn. 15; insgesamt enger *Stuckenberg*, FS Wolter [Fn. 48], S. 661, 666 ff., 677 f.), dann bleibt nur – anstelle einer mangels normativer Vergleichbarkeit abzulehnenden Wahlfeststellung (SK-StGB/*Stein*, a.a.O., § 138 Rn. 35) und damit eines Freispruchs – die Begründung eines normativen Stufenverhältnisses (grundsätzlich einschränkend *Stuckenberg* a.a.O.; KK-OWiG/

falls (von der alternativen Verurteilung bei der ungleichartigen Wahlfeststellung wie „Diebstahl oder Hehlerei" abgesehen) durchweg auf *eindeutige* Verurteilungen auf *alternativer* (mehrdeutiger) Tatsachengrundlage, d.h. bei alternativer Schuld- und Tatfeststellung (verkürzt): „Steht fest, dass jemand durch eine von *mehreren* Taten eines von mehreren Strafgesetzen oder dasselbe Strafgesetz (*mehrmals*) verletzt hat, ist die Tatfeststellung aber nur alternativ möglich (vgl. wörtlich § 55a Abs. 1 und 2 StGB-E – unten III. 2. a]).

b) *Postpendenz- und Präpendenzfeststellungen* beinhalten demgegenüber eindeutige Verurteilungen auf *eindeutiger* Tatsachengrundlage, d.h. mit *eindeutiger* Schuld- und Tatfeststellung[56] (im Zuge der eindeutig feststellbaren „Nachtat" der Hehlerei steht nicht fest, ob der Angeklagte die Diebesbeute von einem anderen erlangt hat, d.h. ob er ggf. *Alleintäter* statt Mittäter des Diebstahls war;[57] der Tatvorgang der Hehlerei ist identisch und steht nicht alternativ im Raum, sondern eindeutig fest). Es liegt hier nicht anders als bei dem Rückgriff auf Auffangtatbestände (oben 2.)[58] oder bei *ein und demselben* Diebstahl, bei dem allein offen ist, ob der Dieb bei *diesem einen* Tatvorgang eine Waffe bei sich geführt hat; ebenfalls nicht anders als beim tauglichen Versuch (als *demselben* Tatvorgang), bei dem lediglich die (zurechenbare) Vollendung tatsächlich ungeklärt bleibt; oder nicht anders als bei *demselben* Unterlassen, bei dem sich die Garantenstellung nicht aufklären lässt (§§ 212, 13 – § 323c StGB). In solchen Fällen greift schon die Grund-Entscheidungsregel „in dubio pro reo" bei *eindeutiger* Tatsachengrundlage ein, die mit *alternativen* Schuld- und Tatfeststellungen nichts zu tun hat (vgl. noch unten 7., 9.).

c) Eine andere (*alternative*) Schuld- und Tatfeststellungslage findet sich hingegen bei *normativen Stufenverhältnissen* (etwa bei Begehung – [unechter] Unterlassung; unmittelbarer Täterschaft – Anstiftung; Vortatsbeteiligung eines Nichtanzeigeverpflichteten – § 138 StGB). Hier handelt es sich um zwei „normativ abgestufte", sachlich und zeitlich unterschiedliche (alternative) Tatvorgänge – unabhängig davon, ob ein Strafgesetz oder mehrere Gesetze betroffen sind. Deshalb kommt allein eine (eindeutige) Verurteilung auf *mehrdeutiger* Tatsachengrundlage (d.h. mit alternativer Schuld- und Tatfeststellung) in Betracht. – Im Grundansatz sind also Postpendenz-

---

Rogall [Fn. 25], Vor § 1 Rn. 26, 42): eindeutige Verurteilung auf *mehrdeutiger* Tatsachengrundlage. Ist der Angeklagte in der Alternative der Vortatbeteiligung hingegen zur Anzeige verpflichtet, kommt eine Postpendenzfeststellung in Betracht: entweder § 138 StGB als an sich subsidiäre Tat (SK-StGB/*Stein*, a.a.O., § 138 Rn. 15) oder aber dieselbe Nichtanzeige: eindeutige Verurteilung auf *eindeutiger* Tatsachengrundlage.

[56] Vgl. noch einmal Fn. 55 a.E. Dabei gehen die Postpendenzfeststellungen den Wahlfeststellungen vor (so BGH – 2. Senat – NStZ-RR 2018, 49, 50).

[57] Dazu BGH (5. Senat) BeckRS 2013, 00509; vgl. auch BGH (2. Senat) NStZ-RR 2018, 49, 50 und NStZ-RR 2018, 47, 48 f. (in der Ausgangssache der Vorlagebeschlüsse).

[58] Wobei § 261 StGB auch den Alleintäter als Vortäter „zulässt" und wobei *Eschelbach* insoweit mit der „eindeutigen Schuldfeststellung" grundsätzlich Recht hat (ZAP 2014, 1041, 1042); vgl. aber oben Fn. 48.

feststellungen und Auffangtatbestände einerseits sowie normative Stufenfeststellungen andererseits strikt zu unterscheiden.[59]

d) Und deshalb ist es dogmatisch nicht zu begründen, aber auch systematisch verfehlt, bei der Zulassung von auf *Alternativitäten* beruhenden Verurteilungen stets eine „*eindeutige Schuldbestimmung*" zu fordern.[60] Der BGH unterscheidet erst gar nicht – wie bemerkt – hinreichend zwischen eindeutigen Verurteilungen auf eindeutiger Schuld- und Tatsachengrundlage (Präpendenz- und Postpendenzfeststellungen, ferner Auffangtatbestände) und eindeutigen Urteilen bei alternativer Schuld- und Tatfeststellung (normative Stufenverhältnisse). Die Befürworter einer stets eindeutigen Schuldbestimmung halten ihre Forderung auch nicht durch, wenn sie die Wahlfeststellung bei Modalitäten innerhalb eines Straftatbestands (etwa bei § 224 StGB) zulassen.[61] Auch das führt aber zu einer eindeutigen Verurteilung mit *alternativer* Schuld- und Tatfeststellung, schon abgesehen davon, dass es vielfach gesetzgeberischer Zufall ist, ob der Gesetzgeber sich für Modalitäten innerhalb desselben Straftatbestandes oder für verschiedene Tatbestände entscheidet.[62] Dann freilich müsste auch das normative Stufenverhältnis von Totschlag durch Tun oder durch (unechtes) Unterlassen in die „eindeutigen" Schuldfeststellungen einbezogen werden, schon, weil auch hier – wie bei dem genannten § 224 StGB – derselbe Straftatbestand (§ 212 StGB) betroffen ist; das ginge jedoch vollends an der Sache vorbei. Auch insoweit handelt es sich um zeitlich verschiedene Tatvorgänge mit unterschiedlicher Schuld- und Tatfeststellung.[63]

Darüber hinaus scheint es inkonsequent, auch die „gleichartige Wahlfeststellung" unter dem Aspekt eindeutiger Schuldfeststellung zuzulassen (Falschaussage in erster

---

[59] Auch von daher ist die frühere Lehre von den „Auffangtatbeständen" (BGHSt 17, 210 für das Fahrlässigkeitsdelikt; BayObLGSt 1966, 137 für die Beihilfetat; vgl. auch BGH 5 StR 44/66 bei BGH GA 1967, 183 für § 227 gegenüber §§ 211/212 StGB; BGHSt 9, 397 und BGH NJW 1975, 2250 für § 330a StGB a.F. [§ 323a StGB n.F.]) nicht nur zum Teil überflüssig, sondern dogmatisch verfehlt. Auch insoweit sollte es freilich damals auf eine normative (rechtsethische und psychologische) Vergleichbarkeit nicht ankommen (BeckOK-StPO/ *Eschelbach* [Fn. 20], § 261 Rn. 47 m. Hinw. auf BGHSt 17, 210, 212).

[60] Nachw. in Fn. 48.

[61] *Stuckenberg*, StV 2017, 815, 816; *ders.*, ZIS 2014, 461, 469 f.; vgl. auch BGH (GS) NJW 2017, 2842, 2844 (Rn. 20).

[62] BGH (Fn. 61); SK-StGB/*Wolter* (Fn. 15), Anh. zu § 55 Rn. 16.

[63] Normative Stufenverhältnisse mit alternativer Schuld- und Tatfeststellung sind darüber hinaus auch bei einem einzigen objektiven (äußeren) Tatvorgang denkbar (etwa bei der Alternativität Mord/Totschlag und unbewusst fahrlässiger Tötung). Abgesehen davon, dass es sich hier um alternative Straftatbestandsverwirklichungen (§§ 211/212 – § 222 StGB) handelt, auf die es aber letztlich nicht ankommt, sind hier zumindest zwei *innere* Tatvorgänge mit zeitlich unterschiedlichen Schuldschwerpunkten und dann auch Tatfeststellungen gegeben. Noch deutlicher ergibt sich das bei dem normativen Stufenverhältnis von unmittelbarer Täterschaft und Anstiftung, da hier auch die alternativen äußeren Tatvorgänge differieren. Die Aufteilung in zwei Vorschriften (§§ 25, 26 StGB) ist angesichts derselben Strafdrohung zudem nicht zwingend (dies insgesamt auch gegen *Freund*, Festschrift für Wolter [Fn. 48], S. 35, 45 ff. – erg. oben Fn. 48).

oder zweiter Instanz), weil auch hier unterschiedliche Taten mit alternativer Schuld festgestellt werden – auch wenn erneut eine *eindeutige* Verurteilung (alternativ) aus *einem* Straftatbestand erfolgt.[64]

Beiläufig: Es ist auch nicht einzusehen, weshalb gesetzesalternative Verurteilungen und normative Stufenverhältnisse mit je verschiedenen Straftatbeständen im Grundansatz (Verurteilungsmöglichkeit unter je engen Voraussetzungen) völlig unterschiedlich behandelt werden sollen. Beide Male mag der Erfolgsunwert gleich sein (Betrug oder Computerbetrug einerseits; Vorsatz- oder Fahrlässigkeitsdelikt andererseits); beide Male geht es hier um verschiedene Straftatbestände; und beide Male fehlt es so an einer bestimmten Straftatbestandsverwirklichung und dann auch an einer eindeutigen Schuldbestimmung.

e) Im Übrigen kommt es auf eine eindeutige Schuldfeststellung von vornherein nicht an – selbst unter dem Regime des Art. 103 Abs. 2 GG nicht, das die Gegner der (ungleichartigen) Wahlfeststellung errichten wollen. Das Gesetzlichkeitsprinzip lässt nämlich die Frage offen, ob eine Entscheidung eindeutig (z. B. Stufenverhältnis) oder alternativ (ungleichartige Wahlfeststellung) getroffen werden kann, vor allem auch, ob die eindeutige Verurteilung auf alternativer Tatsachengrundlage (normative Stufenverhältnisse; gleichartige Wahlfeststellung) oder auf eindeutiger Grundlage (Auffangtatbestand; Postpendenzfeststellung) beruht; ein Aspekt des Schuldprinzips ist von vornherein nicht betroffen.[65] Dies gilt dann umso mehr bei strafprozessualen Entscheidungsregeln.

7. Sachlogische Stufenverhältnisse

a) Sinngemäßes wie unter 5., 6. zu den normativen Stufenverhältnissen gilt bei den sachlogischen Stufenverhältnissen (etwa bei Qualifikationen/Privilegierungen – Grundtatbeständen), d.h. in Fällen der Spezialität, in denen das eine Strafgesetz das andere begriffsnotwendig umfasst. Ist aus tatsächlichen Gründen (mangels Protokollierung und Erinnerung) allein ungeklärt, ob der Täter in *derselben* Gerichtsverhandlung im Rahmen seiner durchgehenden falschen Aussage einen (Mein-)Eid geschworen hat, so wird er mit Hilfe der genannten Grund-Entscheidungsregel in dubio pro reo (oben 6. b]) eindeutig auf eindeutiger Tatsachengrundlage und mit eindeutiger Schuld- und Tatfeststellung wegen Falschaussage verurteilt. Beziehen sich die Zweifel hingegen (praxisrelevant) auf *zwei* Gerichtsverhandlungen (Meineid in zweiter Instanz oder Falschaussage in erster Instanz), so liegt ein Fall der alternativen Schuld- und Tatfeststellung vor (ggf. eindeutige Verurteilung wegen Falschaussage auf alternativer Tatsachengrundlage) – mit allen weiteren strafprozessualen Konsequenzen (z. B. Erfordernisse der Tatidentität nach § 264 StPO und der „exklusiven

---

[64] Etwa *Stuckenberg*, StV 2017, 815, 816.
[65] BGH (3. Senat) NStZ-RR 2015, 39 m. Hinw. auf *Wolter*, GA 2013, 274 ff.; *ders.*, Festschrift für Mir Puig (Fn. 18), S. 417, 427; vgl. noch *Stuckenberg*, ZIS 2014, 461, 468; aber auch *Freund/Rostalski*, JZ 2015, 164, 168; *Bauer*, wistra 2014, 475, 477.

Alternativität"; besondere Urteilsformel usf.).⁶⁶ Dabei darf wiederum nicht unberücksichtigt bleiben, dass eine eigentliche Wahlfeststellung zwischen Meineid und Falschaussage (ebenso wie ggf. zwischen Mord und Totschlag) mangels normativer Vergleichbarkeit der Taten entfiele.

Bei genauerem Hinsehen reduziert man bei diesem sachlogischen Stufenverhältnis die Alternative Meineid mit Hilfe der bezeichneten Grund-Entscheidungsregel in dubio pro reo (oben 6. b]) auf eine Falschaussage und trifft sodann mit Blick auf die andere alternative Falschaussage eine gleichartige Wahlfeststellung mit bloßer Tatsachenalternativität (Falschaussage entweder in erster oder in zweiter Instanz; eindeutige Verurteilung auf alternativer Tatsachengrundlage). Ähnlich liegt es bei zwei alternativen Diebstählen mit unterschiedlichen Sachen zu verschiedenen Zeiten, wobei die eine Tat mit einer Waffe begangen worden sein kann:⁶⁷ eindeutige Verurteilung wegen einfachen Diebstahls bei alternativer Schuld- und Tatfeststellung.

Dasselbe Ergebnis könnte man freilich erzielen, wenn man § 154 und § 153 StGB oder die §§ 244–242 StGB *direkt* miteinander ins sachlogische Verhältnis setzt und so den Umweg über die „gleichartige Wahlfeststellung" ausspart; aber dann würde man die *alternative* Tat- und Schuldfeststellung übergehen, sich den Weg zu weiteren „Kombinationen" verbauen (unten 8.) und dem zentralen Einwand gegen diese Rechtsfigur grundlos aus dem Weg gehen (sogleich unter b]).

b) Denn auch insoweit wird – ähnlich wie schon bei den normativen Stufenverhältnissen (oben 5.) – entgegengehalten, dass man hier den in-dubio-pro-reo-Grundsatz (i.S. der Grund-Entscheidungsregel) in sein Gegenteil verkehrt, wenn man mit ihm trotz normativer Unvergleichbarkeit der Ausgangstaten (§§ 154–153; §§ 244–242 StGB; ggf. auch §§ 211–212 StGB) die Voraussetzungen einer „zulässigen Wahlfeststellung" (d.h. hier einer gleichartigen Wahlfeststellung) schafft.⁶⁸ Aber dieser Einwand verschlägt auch hier nichts. Vielmehr wird mit Hilfe der unumstrittenen Grund-Entscheidungsregel in dubio pro reo (in jedem Meineid – d.h. in der einen Alternative – steckt begriffslogisch vollumfänglich eine uneidliche Falschaussage als Grundtatbestand) allein dem ebenfalls von Niemandem angefochtenen Wahlfeststellungsfall der sog. reinen „Tatsachenalternativität" (Falschaussage in erster oder aber in zweiter Instanz) Raum gegeben. Es kann den Täter nicht entlasten, dass er das eine Mal ggf. sogar einen Meineid geleistet, im Diebstahlsfall einmal sogar eine Waffe bei sich geführt oder darüber hinaus (in einer Ausweitung dieses Falles) gar Raubmittel angewendet hat (so dass das Ergebnis nicht nur bei der Alternativität § 244–§ 242 StGB, sondern auch bei der Alternative § 249–§ 242 StGB standhielte). Dem Täter geschieht auch kein „Unrecht", weil er in der Urteilsformel

---

⁶⁶ SK-StGB/*Wolter* (Fn. 15), Anh. zu § 55 Rn. 28.

⁶⁷ Hier hat man, anders als im Meineidsfall, nicht die Schwierigkeit, dass eine Tat (d.h. eine Aussage) sogar straflos (eine wahre Aussage) gewesen sein kann; dazu *Wolter*, GA 2013, 271, 283 f.

⁶⁸ *Jakobs*, GA 1971, 261 m. Fn. 21; *Deubner*, JuS 1962, 22 Fn. 25; vgl. auch *Küper*, NJW 1976, 1829; *Tröndle*, JR 1974, 134.

allein wegen des Grunddelikts verurteilt und daraus auch bestraft wird (näher § 55a Abs. 1 Satz 1, Abs. 2, § 55b Nr. 3 StGB-E; § 267a Abs. 1 Satz 2 StPO-E; vgl. auch § 55c StGB-E und nachfolgend 8.).

Bei den *sachlogischen* Stufenverhältnissen lässt sich also – im Ergebnis weitgehend unangefochten – als *(4.) Entscheidungsregel zur Wahlfeststellung* festhalten: Vorrang der eindeutigen Verurteilung aus der „minderen Tat" (oben 5.) eines sachlogischen Stufenverhältnisses bei alternativer Schuld- und Tatfeststellung vor einem Freispruch wegen normativer Unvergleichbarkeit der Taten.

8. Beschränkte alternative Schuld- und Tatfeststellungen („kombinierte Wahlfeststellungen/Stufenfeststellungen")

a) Angesichts der letzten beiden Beispiele unter 7. b) (§§ 154–153; §§ 249–242) ist es befremdlich, dass die „*kombinierte Wahlfeststellung*", d. h. Fälle mit beschränkten alternativen Tatfeststellungen (etwa: bei der Alternative Raub–Hehlerei nach den §§ 249–259 StGB wird der Raub mit Hilfe der Grund-Entscheidungsregel in dubio pro reo reduziert auf den Diebstahl, um damit eine gesetzesalternative Verurteilung nach den §§ 242–259 StGB zu ermöglichen[69]), strikt abgelehnt wird; erneut ist hier (wie bei den sachlogischen und normativen Stufenverhältnissen unter 5., 7.) von der Verkehrung des in dubio pro reo-Grundsatzes zu Lasten des Täters die Rede (Schaffung der Voraussetzungen einer zulässigen Wahlfeststellung trotz normativer Unvergleichbarkeit der Ausgangstaten).[70] Dabei geschieht auch hier nichts wesentlich anderes als bei der unter 7.a) behandelten Alternativität von Meineid und uneidlicher Falschaussage in zwei Instanzen. Der Raub wird auf seinen begriffslogisch zwingend enthaltenen Grundtatbestand des Diebstahls reduziert und mit der normativ vergleichbaren Hehlerei in ein Wahlfeststellungsverhältnis gesetzt. Die Zulassung der Wahlfeststellung bei Diebstahl oder Hehlerei entspricht der fast einhelligen Rechtsprechung bis hin zum Großen Senat und dem überwiegenden Schrifttum; sie genügt den Anforderungen des Art. 20 Abs. 3 GG (Gerechtigkeit des Urteils); und sie belastet den Täter selbst bei alternativer Urteilsformel (§ 267a Abs. 1 Satz 1 StPO-E) nicht maßgebend, da er bei seinem alternativen Diebstahl ggf. sogar Raubmittel angewendet hat und da er ohnehin um seine Tat (*Raub* oder Hehlerei) weiß.[71]

---

[69] So *Jescheck/Weigend*, AT (Fn. 52), § 16 II; *Küper*, Probleme der Hehlerei bei ungewisser Vortatbeteiligung, 1989, S. 80 ff.; *ders.*, NJW 1976, 1829; Schönke/Schröder/*Eser/Hecker* (Fn. 52), § 1 Rn. 102; *Eser*, JA 1973, 676; *Otto*, Festschrift für Peters, 1974, S. 373, 391; SK-StGB/*Wolter* (Fn. 15), Anh. zu § 55 Rn. 81 m. Fn. 358 und Nachw.; ähnlich BGH NStZ 2000, 473: bei der Alternativität der §§ 242, 243 Abs. 1 Nr. 3 – §§ 260 Abs. 1, 260a Abs. 1 StGB wird die 2. Alternative auf § 260 Abs. 1 Nr. 1 StGB verkürzt; anders noch BGHSt 21, 152 zu den §§ 249–259 StGB.

[70] *Deubner*, JuS 1962, 22; *Eschenbach*, Jura 1994, 308; vgl. auch *Hruschka*, NJW 1973, 1805; *Tröndle*, JR 1974, 134.

[71] BGH (GS) NJW 2017, 2842, 2844 (Rn. 22) m. Hinw. auf *Wolter*, GA 2013, 271, 276; vgl. auch *Stuckenberg*, StV 2017, 815, 817; MüKo-StGB/*Schmitz* (Fn. 28), Anh. § 1 Rn. 19.

Der einzige Unterschied zur Verurteilung bei sachlogischem Stufenverhältnis (§ 154– § 153 StGB) ist, dass die Reduktion bei § 249– § 259 StGB zu einer „ungleichartigen" (§ 242– § 259 StGB) statt zu einer „gleichartigen" Wahlfeststellung (§ 153– § 153 StGB) führt. Denn gleich bleibt auch der Umstand, dass beide Male eine gesetzesalternative Verurteilung aus den *Ausgangstaten* mangels normativer Vergleichbarkeit nicht in Betracht kommt. Auch alle weiteren Wahlfeststellungsvoraussetzungen müssen in beiden Fällen weiterhin gegeben sein (exklusive Alternativität; Tatidentität). Insofern kann man schon jetzt von einer *5. Entscheidungsregel zur Wahlfeststellung* ausgehen: Vorrang der (eindeutigen bzw. der alternativen) Verurteilung mit „kombinierter (beschränkter) Wahlfeststellung" vor dem Freispruch wegen normativer Unvergleichbarkeit der Ausgangstaten.

b) Die „kombinierte (beschränkte) Wahlfeststellung" zu a) sollte wegen des anhaltenden Streits zumindest in der Literatur nicht nur gesetzlich geregelt (§ 55c StGB-E), sondern auch (im Falle der Anerkennung normativer Stufenverhältnisse) deutlich verbreitert werden (Ausdehnung der genannten 5. Entscheidungsregel). So kann die begriffslogische Reduktion mit Hilfe der Grund-Entscheidungsregel in dubio pro reo z. B. auch zu einem normativen Stufenverhältnis (statt zur gleichartigen oder ungleichartigen Wahlfeststellung) führen (*„kombinierte [beschränkte] Stufenfeststellung"*). Dies gilt etwa bei der Alternative Mord–unbewusst fahrlässige Tötung, sofern man § 211 StGB als Qualifikation des Totschlags ansieht. Hier wird § 211 StGB auf einen (absichtlichen) Totschlag reduziert und dieser mit der unbewusst fahrlässigen Tötung in ein normatives Stufenverhältnis gesetzt (eindeutige Verurteilung wegen fahrlässiger Tötung mit alternativer Schuld- und Tatfeststellung). Weitere Beschränkungen bzw. Kombinationen bleiben denkbar und sollten dann auch gesetzlich geregelt werden.[72]

c) Selbstverständlich könnte man – in weiterer Ausdehnung der 5. Entscheidungsregel – in verschiedenen Varianten auch unvergleichbare *ideal- oder realkonkurrie-*

---

[72] So ist z.B. in der letztgenannten Konstellation (§ 211 StGB – unbewusst fahrlässige Tötung) auch dann die eindeutige Verurteilung aus § 222 StGB mit alternativer Schuld- und Tatfeststellung zu erwägen, wenn man mit der Rechtsprechung Mord und Totschlag nicht sachlogisch als Qualifikation und Grundtatbestand, sondern normativ als eigenständige Delikte einordnet; ein normatives Stufenverhältnis (§ 212– § 222 StGB) wird dann durch eine normative Abstufung (§ 211– § 212 StGB) ermöglicht. Von der dogmatischen und systematischen Einordnung von Mord und Totschlag sollte das gerechte Ergebnis (fahrlässige Tötung statt Freispruchs wegen der einer Wahlfeststellung ausschließenden Unvergleichbarkeit der Straftatbestände) ohnehin nicht abhängen. In anderen Fällen könnte auch eine normative Abstufung (§ 316 Abs. 1 – § 316 Abs. 2 StGB) eine Wahlfeststellung ermöglichen (§ 316 Abs. 2 StGB – § 21 Abs. 1 Nr. 2, Abs. 2 StVG; dazu SK-StGB/*Wolter* [Fn. 15], Anh. zu § 55 Rn. 81; vgl. i. Erg. auch OLG Hamm NJW 1982, 192 m. krit. Anm. *Schulz*, JuS 1974, 635 ff.). Bei allem sind auch Doppelungen diskutabel: Bei der einen Alternative wird z.B. § 250 über § 249 auf § 242 StGB reduziert und mit einer Hehlerei (ungleichartige Wahlfeststellung) oder einem anderen Diebstahl (gleichartige Wahlfeststellung) ins Verhältnis gesetzt usf. Dies alles soll hier nicht mehr im Einzelnen verfolgt werden. Der neue § 55c StGB-E (unten III. 2.) lässt derartige Verurteilungen zumindest grundsätzlich zu.

rende Straftaten in Wegfall bringen.⁷³ Im „Kern" hat sich der Täter stets, wenn auch nur bei *alternativer* Schuld- und Tatfeststellung, strafbar gemacht und zumindest eine der Straftaten (ggf. vollumfänglich oder reduziert) auch wirklich begangen (auch dazu § 55c StGB-E). Der Rechtsgedanke des § 154a StPO liegt nahe – mag der Wegfall hier auch zu Lasten des Betroffenen gehen.

9. Vorrang der eindeutigen vor der alternativen Verurteilung bei alternativer Schuld- und Tatfeststellung

Nach allem (5.–8.) entpuppt sich auch der Streit um den Vorrang der Wahlfeststellung vor der eindeutigen Verurteilung auf alternativer Tatsachengrundlage zum Teil als Scheinproblem (auch das kann ein Gesetzesvorschlag aufklären). Zunächst ist eine Lösung nach den unter 5.–8. beschriebenen Regeln anzustreben. Eine Vorrangsfrage stellt sich dabei insoweit nicht, als bei sachlogischen Stufenverhältnissen (§§ 154–153 StGB; §§ 211–212 StGB) oder bei normativen Stufenverhältnissen (§ 212–Absicht oder § 222–unbewusste Fahrlässigkeit) eine Wahlfeststellung wegen normativer Unvergleichbarkeit der Taten (ebenso wie ein Freispruch wegen des ungerechten Ergebnisses) ausscheidet. Es bleibt dann zwangsläufig beim „Vorrang" der Stufenverhältnisse (*eindeutige* Verurteilungen auf alternativer Tatsachengrundlage). Ist hingegen eine Wahlfeststellung (*alternative* Verurteilung auf alternativer Tatsachengrundlage) zulässig, dann sollte das gleichermaßen begründbare Stufenverhältnis den eigentlichen Vorrang besitzen⁷⁴ – dies um deswillen, weil in der Urteilsformel allein die mindere Tat genannt wird (wenn auch mit dem Zusatz der alternativen Tatfeststellung – zur Urteilsformel und zum Vorrang vgl. § 267a Abs. 1 Satz 2 StPO-E) und weil damit die Urteilssicherheit und Urteilsgerechtigkeit noch stärker betont werden als bei einer Wahlfeststellung. Damit ergibt sich als 6. und letzte *Entscheidungsregel* der „Vorrang des Stufenverhältnisses vor der Wahlfeststellung auf je alternativer Tatsachengrundlage" bzw. genauer: der Vorrang der eindeutigen Verurteilung aus der minderen Tat eines normativen oder sachlogischen Stufenverhältnisses vor der jeweiligen alternativen Verurteilung bei normativer Vergleichbarkeit der Taten.

---

⁷³ Etwa § 259 – §§ 242, 133, 274 StGB; zum Wegfall der §§ 133, 274 StGB vgl. auch BGHSt 15, 266; *Wolter* (Fn. 15), S. 79; ferner BGH GA 1970, 24.

⁷⁴ Meine bisherige Auffassung gebe ich hiermit ausdrücklich auf (vgl. noch SK-StGB/ *Wolter* [Fn. 15], Anh. zu § 55 Rn. 41, 47 m. Nachw.; auch BGH NStZ-RR 2015, 40, 41); wie hier schon früher SK-StGB/*Rudolphi*, 29. Lief. zu Band I, 1998, Anh. zu § 55 Rn. 22 zum normativen Stufenverhältnis; ferner BGHSt 55, 148, 152; MüKo-StGB/*Schmitz* (Fn. 28), Anh. § 1 Rn. 48; KK-OWiG/*Rogall* (Fn. 25), Vor § 1 Rn. 40. Erg. oben Fn. 56 zur vom vorliegenden Thema nicht erfassten Postpendenzfeststellung.

10. Die sechs Entscheidungsregeln im System alternativer Schuld- und Tatfeststellungen

Vor der Darlegung der Gesetzesvorschläge seien noch einmal die sechs Entscheidungsregeln im Zusammenhang genannt, die sich für das Gericht in einem Wahlfeststellungsgesetz für jeweils alternative Schuld- und Tatfeststellungen widerspiegeln müssen:

(1) Vorrang der (gesetzes-)alternativen Verurteilung bei normativer Vergleichbarkeit der Taten – vor dem Freispruch in wechselseitiger Anwendung der Grund-Entscheidungsregel in dubio pro reo (oben 1.)

(2) Vorrang der alternativen Verurteilung auf der mehrdeutigen Tatsachengrundlage normativ vergleichbarer Ausgangstaten vor der eindeutigen Verurteilung auf der eindeutigen Tatsachengrundlage eines Auffangtatbestandes (Richterrecht vor Gesetzesvorrang – oben 2.)

(3), (4), (6) Vorrang der eindeutigen Verurteilung aus der minderen Tat eines normativen Stufenverhältnisses (3) oder eines sachlogischen Stufenverhältnisses (4) vor dem Freispruch wegen normativer Unvergleichbarkeit der Taten (sowie jeweils auch [6] vor der alternativen Verurteilung bei Vergleichbarkeit der Taten); oben 5.–7., 9.

(5) Vorrang der eindeutigen bzw. der alternativen Verurteilung in Fällen der Kombination von (1), (3), (4) vor dem Freispruch wegen normativer Unvergleichbarkeit der Ausgangstaten (oben 8.).

III. Gesetzesvorschlag mit Begründung (§§ 55a–55c StGB-E; § 267a StPO-E)

1. Gesetzesbegründung (Allgemeines)

a) Die Gesetzesvorschläge setzen die sechs Entscheidungsregeln (II. 10.) im StGB und in der StPO um. Mit Recht betonen Rogall und Stuckenberg, dass *sämtliche* Entscheidungsregeln in ein Wahlfeststellungsgesetz gegossen werden sollten.[75] Die Vorschriften ergänzen (deshalb) meinen Teil-Vorschlag in GA 2013, 282, 285 f. – dort allein zur ungleichartigen und gleichartigen Wahlfeststellung gemäß den §§ 55a StGB-E, 267a StPO-E; die damaligen weiteren Vorschläge zu den §§ 200, 207, 265, 266 StPO-E haben freilich insgesamt (auch im Wortlaut) Bestand. Bei den Wahlfeststellungen, bei den (neuen) Stufenfeststellungen (normativen und sachlogischen Stufenverhältnissen) und bei den Vorrangregeln werden aus Gründen der Bestimmtheit (erweiterte) Legaldefinitionen, (Regel-)Beispiele in der Gesetzesbe-

---

[75] KK-OWiG/*Rogall* (Fn. 25), Vor § 1 Rn. 34; *Stuckenberg*, ZIS 2014, 461, 471.

gründung sowie zusätzliche Regelungen für die Urteilsformeln in sämtlichen Ausgangsfällen vorgeschlagen.

b) Die Regelungen gehören – ungeachtet ihres insgesamt prozessualen Charakters („Entscheidungsregeln") – im Wesentlichen in den *Allgemeinen Teil des Strafgesetzbuches* (§§ 55a–55c StGB-E) – ebenso wie die nahe verwandten Konkurrenzen (§§ 52–55 StGB), ferner der Strafantrag (§§ 77 ff. StGB) und die Verjährung (§§ 78 ff. StGB). Sie sind allesamt Prozessrechtsinstitute im materiellen Gewand.[76] Bei den §§ 55a–55c StGB-E geht es im Ausgangspunkt um die „Strafbemessung bei alternativen Taten"; vergleichbar betreffen die Konkurrenzen die „Strafbemessung bei mehreren Gesetzesverletzungen". Die §§ 55a–55c StGB-E werden durch § 267a StPO-E zu den (ggf. vorrangigen) Urteilsformeln und zu den Urteilsgründen bei alternativen Tatfeststellungen ergänzt (vgl. auch § 260 Abs. 5 Satz 2 StPO bezüglich der Konkurrenzen).[77]

c) Die nunmehr angestrebte *Gesamt*lösung im Allgemeinen Teil des StGB (und in der StPO) besitzt Vorteile gegenüber vielfach angeregten *Teillösungen im Besonderen Teil*. Selbstverständlich mag man den § 259 StGB erneut dem jetzigen § 261 StGB anpassen,[78] so dass der *Allein*vortäter auch Nachtäter sein könnte (Erweiterung von Auffangtatbeständen[79] und Postpendenzfeststellungen). Aber das betrifft dann erst gar nicht das hier behandelte Thema der „alternativen Tatfeststellungen" (oben II. 6.);[80] und das führt auch zu ungerechter (unverhältnismäßig geringer) Bestrafung (oben II. 2.). Selbstverständlich könnte man auch Diebstahl, Unterschlagung und Betrug als typische (Vor-)Taten zusammenfassen bzw. entsprechende Nachtaten in den Vortaten aufgehen lassen (*Generaltatbestände*)[81] – oder aber auch alternative Taten in vorhandene BT-Vorschriften einfügen (*Spezialtatbestände*)[82]. Aber: Das bringt keine Lösung in vielfältigen anderen Deliktsbereichen. Das „verführt" zudem zu rechtsstaatlich unhaltbaren Regelungen wie § 323a Abs. 1 StGB (zur Kritik oben II. 3.). Und das geht vielfach auf Kosten der Tatbestandsbestimmtheit und damit zu Lasten des stets so hochgehaltenen Gesetzlichkeitsprinzips. Die nach Art. 20 Abs. 3 GG „ausgleichend" zu lösenden alternativen Tatfeststellungen sind der Preis für die durchaus rigide Tatbestandsbestimmtheit

---

[76] Näher *Wolter*, GA 2016, 316, 318 ff. m. Nachw.

[77] Insoweit vergleichbar § 2b StGB a.F. (Wortlaut oben Fn. 41) und § 267b StPO a.F. (Wortlaut bei *Wolter* [Fn. 15], S. 22 Fn. 36) – Gesetze vom 28.6.1935 (RGBl. I, S. 839, 844).

[78] Vgl. *Stuckenberg*, StV 2017, 815, 818.

[79] Allg. oben II. 6. m. Fn. 55, 58; *Pohlreich*, ZStW 128 (2016), 676, 711 f.; *Frister*, StV 2014, 584, 586.

[80] Auch hilft es nicht, wenn hinter der Alternativität zwei völlig unabhängige („fremde") Täter stehen (oben II. 6. b]).

[81] Näher *Endruweit* (Fn. 48), S. 315 ff., 320; krit. *Wolter*, Festschrift für Mir Puig (Fn. 18), S. 417, 421.

[82] Nach *Lindner*, ZIS 2017, 311, 322 soll § 323a StGB ein denkbares Vorbild sein!

nach Art. 103 Abs. 2 GG.[83] Ein klares Wahlfeststellungsgesetz befreit die Instanzgerichte auch von der mannigfachen Versuchung einer fingierten eindeutigen Tatfeststellung[84] und damit auch von der Gefahr zwar „bestimmter", aber ungerechter Entscheidungen.

d) Die Regelungen im AT (§§ 55a–55c StGB-E) im Anschluss an die Konkurrenzen[85] erhalten einen eigenen Titel (*3a. Titel. Strafbemessung bei alternativen Taten*), da es sich (nunmehr) um mehrere Vorschriften handelt und ein gewisser Abstand zu den vielfach parallelen, aber doch eigenständigen §§ 52–55 StGB gewahrt werden soll. Die Titelüberschrift setzt sich auch vom 3. Titel bei den Konkurrenzen („Strafbemessung bei mehreren *Gesetzes*verletzungen") ab, da es sich z. B. bei der gleichartigen Wahlfeststellung um mehrere Taten, jedoch um dasselbe Strafgesetz handelt, so dass man den 3. Titel für die Konkurrenzen benennen sollte: „Strafbemessung bei mehreren Taten".

e) Der hier durchgängig verwendete Begriff „*Taten*" ist dabei grundsätzlich i. S. von „Straftaten" zu verstehen (so wörtlich sogar die §§ 53, 54 StGB; vgl. aber auch die Überschriften „Tateinheit, Tatmehrheit"). Die „Taten" („Straftaten") stehen im nachfolgenden Regelungstext im Gegensatz zu „Strafgesetzen" bzw. „Gesetzen" (vgl. auch § 52 StGB; §§ 55a, 55b Nr. 3 StGB-E). Das ist, schon ungeachtet der gleichartigen Wahlfeststellung (§ 55a Abs. 2 StGB-E), z. B. bei der Alternative Meineid-Falschaussage (dazu §§ 55a, 55b Nr. 3 StGB-E) dann von Belang, wenn die konkret tatbezogene mildeste Strafe (§§ 154, 158 StGB) nicht aus dem „mildesten Strafgesetz"[86] (§ 153 StGB) entnommen wird. Verurteilt wird vielmehr gemäß dem („anzuwendenden" – vgl. § 267a Abs. 1 S. 2 StPO-E) Gesetz, aus dem nach den jeweiligen Tatumständen die mildeste Strafe entnommen wird („mindere Tat").

f) Darüber hinaus finden sich (oben II. 6.) – in Anlehnung an die insoweit parallelen §§ 2b StGB a.F., 267b StPO a.F. von 1935[87] und an das geltende StGB – die Begriffe „alternative Tatfeststellung" und „eindeutige Tatfeststellung" (vgl. auch die §§ 55a StGB-E, 267a Abs. 2 StPO-E), ferner die Begriffe „Tatumstände"

---

[83] *Bauer*, wistra 2014, 475, 476; KK-OWiG/*Rogall* (Fn. 25), Vor § 1 Rn. 22; SK-StGB/*Wolter* (Fn. 15), Anh. zu § 55 Rn. 1.

[84] RGSt 68, 257, 258; *Endruweit* (Fn. 48), S. 35, 320; *Pohlreich*, ZStW 128 (2016), 676, 679 f.; SK-StGB/*Wolter* (Fn. 15), Anh. zu § 55 Rn. 2; *ders.*, Festschrift für Mir Puig (Fn. 18), S. 417, 420; vgl. auch *Stuckenberg*, ZIS 2014, 461, 472.

[85] Zur Begründung schon oben Fn. 15; vgl. neben *Nüse*, GA 1953, 33, 41: *Mannheim*, ZStW 44, 440; *Rumpf*, Schriften des Vereins Recht und Wissenschaft: Der Strafrichter, Band II Heft 2, 1913, S. 147, 197; *Kindhäuser*, StGB, 4. Aufl. 2010 (jetzt 6. Aufl. 2015), Vor § 52 Rn. 42 ff.! Dabei werden im Folgenden durchaus „Parallel"-Regelungen verwendet (etwa ungleichartige und gleichartige Tateinheit nach § 52 Abs. 1 StGB; Nebenstrafenregelung in den §§ 52 Abs. 4 Satz 2, 53 Abs. 4 StGB; vgl. auch den „spiegelverkehrten" § 52 Abs. 2 Satz 1 StGB; ferner § 54 Abs. 1 Satz 3 StGB – dazu unten 3. a]).

[86] Vgl. aber § 2b StGB a.F. von 1935 (oben Fn. 41, 77); zumindest missverständlich *Wolter* GA 2013, 271, 282.

[87] Dazu oben Fn. 41, 77.

(§ 55a StGB-E) bzw. „Umstände der Strafbemessung" (§ 55b Nr. 1 StGB-E; vgl. auch die §§ 46 ff. StGB).[88] – Der Begriff „normatives Stufenverhältnis" ist inzwischen in Rechtsprechung und Lehre „eingebürgert", ebenso der Begriff „sachlogisches Stufenverhältnis".[89]

2. Gesetzesvorschläge (mit Regel-Beispielen)

a) StGB

Dritter Titel. Strafbemessung bei mehreren Taten

§§ 52–55 [wie bisher]

3a. Titel. Strafbemessung bei alternativen Taten

§ 55a Strafbemessung

(1) [1]Steht fest, dass jemand durch eine von mehreren Taten eines von mehreren Strafgesetzen verletzt hat, ist aber die Tatfeststellung nur alternativ möglich, so wird die Strafe bei normativer Vergleichbarkeit oder bei normativem oder sachlogischem Stufenverhältnis der Taten (§ 55b) gemäß dem Gesetz bestimmt, das nach den Tatumständen die mildeste Strafe zulässt. [2]Auf Nebenstrafen, Nebenfolgen und Maßnahmen (§ 11 Abs. 1 Nr. 8) muss oder kann entsprechend erkannt werden, wenn sämtliche Strafgesetze sie vorschreiben oder zulassen.

(2) Steht fest, dass jemand durch eine von mehreren Taten dasselbe Strafgesetz verletzt hat, ist aber die Tatfeststellung nur alternativ möglich, so wird die Strafe gemäß diesem Gesetz nach den Tatumständen bestimmt, die die mildeste Strafe zulassen.

§ 55b Begriffe

Im Sinne des § 55a Abs. 1 Satz 1 ist gegeben:[90]

1. die normative Vergleichbarkeit der alternativen Taten, wenn sie sich im Erfolgsunrecht, im Handlungsunrecht und in der Schuld unter Berücksichtigung der gesetzlichen Merk-

---

[88] Die „Sprachenvielfalt" namentlich bei den Begriffen „Tat" und „Straftat" im StGB (u. a. §§ 1–13, 15–18, 22, 25, 44, vielfach bei den §§ 46–78b), in der StPO (z. B. §§ 154 ff., 158, 200, 266) und im GG (Art. 103 Abs. 2, 3) kann hier nicht weiter entflochten werden.

[89] BGHSt 55, 148, 151; BGHSt 32, 48, 57 („normativ-ethisches Stufenverhältnis"); SK-StGB/*Wolter* (Fn. 15), Anh. zu § 55 Rn. 44 ff. je m. Nachw.; BGHSt 32, 48, 57 („begrifflich-logisches Stufenverhältnis"); SK-StGB/*Wolter* (Fn. 15), Anh. zu § 55 Rn. 39 („begriffslogisches [sachlogisches] Stufenverhältnis").

[90] Vgl. für die nachfolgenden (Regel-)Beispiele (Fn. 91–93) die umfassenden Nachw. zum (zum Teil uneinheitlichen) Meinungsstand bei SK-StGB/*Wolter* (Fn. 15), Anh. zu § 55 Rn. 66–68, 75–80 („normative Vergleichbarkeit"); Rn. 44 ff. („normative Stufenverhältnisse"); Rn. 39 ff. („sachlogische Stufenverhältnisse"), ferner die Nachw. oben II. 5.–9. Die (Regel-)Beispiele könnten – nicht vorzugswürdig – auch in das Gesetz integriert werden (sogleich unter 3. b]).

male sowie sinngemäß von Umständen der Strafbemessung einschließlich benannter Strafänderungsgründe entsprechen (Tattypus)[91]

2. das normative Stufenverhältnis der alternativen Taten, wenn sie im Erfolgsunrecht unter Berücksichtigung der Verletzung oder Gefährdung desselben Rechtsgutsträgers gleich, im Handlungsunrecht und in der Schuld, unbeschadet Nr. 3, nur graduell unterscheidbar sind (Subsidiarität)[92]

3. das sachlogische Stufenverhältnis der alternativen Taten, wenn das von der einen Tat verletzte Strafgesetz das von der anderen verletzte Gesetz begriffsnotwendig umfasst (Spezialität)[93].

§ 55c Strafbemessung bei Beschränkung alternativer Taten

Die Strafe wird auch dann gemäß § 55a bestimmt, wenn für diesen Zweck alternative Taten entsprechend § 55b Nr. 2, 3 auf einen normativ oder sachlogisch umfassten Teil zurückgeführt oder konkurrierende Taten (§§ 52, 53) unberücksichtigt gelassen werden[94].

b) StPO

§ 267 Urteilsgründe bei eindeutiger Tatfeststellung

[wie bisher]

§ 267a Urteilsformel und Urteilsgründe bei alternativer Tatfeststellung

(1) ¹Wird der Angeklagte gemäß § 55a Abs. 1 Satz 1 erste Variante des Strafgesetzbuches alternativ verurteilt, so ist er in der Urteilsformel der alternativen Verletzung sämtlicher Strafgesetze schuldig zu sprechen. ²Wird der Angeklagte in den übrigen Fällen des § 55a des Strafgesetzbuches eindeutig verurteilt, so ist er in der Urteilsformel unter Anführung dieser Vorschrift der Verletzung des anzuwendenden Strafgesetzes schuldig zu sprechen; die eindeutige Verurteilung geht einer alternativen Verurteilung nach Satz 1 vor.

(2) ¹Die Urteilsgründe müssen angeben, welche Strafgesetze (Absatz 1 Satz 1) oder welches Strafgesetz (Absatz 1 Satz 2) als verletzt in Betracht kommen. ²Sie müssen ferner anführen, welche Tatsachen die alternative Tatfeststellung ergeben. ³Sie müssen sich

---

[91] „Ein Tattypus ist in der Regel gegeben bei den Alternativen Raub–räuberische Erpressung; Betrug–betrügerischer Diebstahl; Veruntreuung–sachbezogene Untreue; Landesverrat–Verrat illegaler Geheimnisse; Steuerhinterziehung–Steuerhehlerei; (schwerer) Diebstahl–(schwere) Hehlerei und bei weiteren Alternativen in Ansehung namentlich der §§ 243–244a, 247, 248a, 260, 260a, 263 Abs. 4, 263 Abs. 2, 266b."

[92] „Subsidiarität ist in der Regel gegeben bei den Alternativen Absicht–unbewusste Fahrlässigkeit; Begehung–unechte Unterlassung (namentlich nichtanzeigepflichtige Straftatbeteiligung–Nichtanzeige geplanter Straftaten); unmittelbare Täterschaft/Mittäterschaft–Anstiftung; Anstiftung–Beihilfe."

[93] „Spezialität ist in der Regel gegeben bei den Alternativen Qualifikation–Grundtatbestand (namentlich Meineid–uneidliche Falschaussage; Mord–Totschlag); Grundtatbestand–Privilegierung; bedingter Vorsatz–bewusste Fahrlässigkeit; unechte–echte Unterlassung; Mittäterschaft–Beihilfe."

[94] Dazu oben II. 8. m. Beispiel und Nachw. in Fn. 73.

auch darüber aussprechen, aus welchen Gründen eine eindeutige Tatfeststellung nicht möglich ist. ⁴Im Übrigen gilt § 267 Abs. 1–4, 6 sinngemäß.

(3) Sieht das Gericht entgegen einem in der Hauptverhandlung gestellten Antrag von einer Verurteilung gemäß Absatz 1 ab, so müssen die Gründe dafür angegeben werden.

3. Gesetzesbegründung (Einzelheiten)

a) § 55a StGB-E

§ 55a Abs. 1 Satz 1 macht im Eingang Anleihen bei (dem freilich uferlosen) § 2b StGB a.F. von 1935.[95] Der Passus „steht fest" (auch in Absatz 2) stellt i.S. der „exklusiven Alternativität" klar, dass eine zusätzliche straflose Alternative ausscheidet.[96] Der Begriff „mildeste Strafe" zeigt, dass auch mehr als zwei Alternativen gegeben sein dürfen[97] (vgl. auch § 55a Abs. 1 Satz 2 StGB-E, § 267a Abs. 1 Satz 1 StPO-E: „*sämtliche* Strafgesetze").

Die mildeste Strafe ist nach *§ 55a Abs. 1 erste Variante* („ungleichartige Wahlfeststellung") „nach den jeweiligen *Tatumständen*", d.h. in konkreter Betrachtungsweise, zu bestimmen (vgl. auch § 54 Abs. 1 Satz 3 StGB). Je nachdem können in dem einen Fall die §§ 242, 243 Abs. 1 Satz 2 Nr. 3 StGB, das andere Mal der alternative § 260 Abs. 1 Nr. 1 StGB das *anzuwendende Strafgesetz* sein, obwohl die §§ 242, 243 StGB die abstrakt milderen Gesetze sind. Auch nach *§ 55a Abs. 1 Satz 1 zweite und dritte Variante* (normative und sachlogische Stufenverhältnisse) ist gemäß dem Strafgesetz zu verurteilen, aus dem die nach den jeweiligen Tatumständen mildeste Strafe entnommen wird („mindere Tat"); dies kann mit Blick auf § 158 StGB ausnahmsweise auch einmal § 154 StGB anstelle des abstrakt milderen § 153 StGB sein (oben 1. e]).

Die Regelung in *§ 55a Abs. 1 Satz 2* zu den Nebenstrafen, Nebenfolgen und Maßnahmen empfiehlt sich (vgl. auch die §§ 52 Abs. 4 Satz 2, 53 Abs. 4 StGB)[98], wäre jedoch bei einem angestrebten schlanken Gesetz nicht zwingend.

§ 55a Abs. 2 („gleichartige Wahlfeststellung") ist dagegen notwendig, auch wenn man 1935 auf eine Regelung innerhalb von § 2b StGB a.F. und später 1936/1939 auf eine Umsetzung zweier StGB-Entwürfe[99] verzichtet hat, „weil der Richter auch so zu einer Verurteilung gelangen konnte"[100]. (Aber) auch insoweit gelten die „exklusive

---

[95] Wortlaut oben Fn. 41.
[96] SK-StGB/*Wolter* (Fn. 15), Anh. zu § 55 Rn. 29 f.; erg. aber oben Fn. 67.
[97] *Wolter*, GA 2013, 271, 282.
[98] Vgl. *Nüse*, GA 1953, 33, 42; in der Sache übereinstimmend RGSt 68, 257, 263; BGH Urt. vom 30.6.1965 – 2 StR 221/65.
[99] Wortlaut und Quellen bei *Wolter*, GA 2013, 271, 283 Fn. 71.
[100] Näher *Wolter* (Fn. 15), S. 26 ff.

Alternativität" („Steht fest...")[101] und Besonderheiten bei der Urteilsformel (dazu § 267a Abs. 1 Satz 2 StPO-E) – schon abgesehen von den Grenzen der Tatidentität nach § 264 StPO. Und hier kommt erneut die Unterscheidung von „Tat" und „Strafgesetz" zum Tragen (oben 1. e]).

b) § 55b StGB-E

Nr. 1 (normative Vergleichbarkeit) unternimmt die Kombination von genauerer Definition im Gesetzestext und Beispielen in der Gesetzesbegründung. Entsprechende (Regel-)Beispiele im Gesetzestext sind denkbar[102], verhindern aber ein „schlankes Gesetz". Ohnehin hat der Gesetzgeber bei Nr. 1 (ebenso bei Nr. 2 und 3) einen weiten Gestaltungsspielraum.

Dass auch das *Handlungsunrecht* berücksichtigt werden muss, bezeichnet Rogall[103] mit Recht als Mindestkonsens. Hinzu tritt die zumindest das Handlungsunrecht umspannende *Schuld* (wobei die umstrittene – und fehlende[104] – Schuldbegleitung des *Erfolgsunrechts* hier bewusst offen gehalten wird). Die Regelung geht laut Definition von einem jeweiligen „*Tattypus*" aus.[105] Die Bestimmung des Tattypus vermeidet mit der „Berücksichtigung der *gesetzlichen Merkmale*" der drei bezeichneten Kategorien (Erfolgsunrecht, Handlungsunrecht, Schuld) sowie „sinngemäß von *Umständen der Strafbemessung einschließlich benannter Strafänderungsgründe*" den Rückgriff auf nicht mehr strafbarkeitsbegründende, nicht tatbestandsspezifische (ggf. auch nicht mehr „strafzumessungstypische") Abstraktionen. Dazu zählen die unspezifischen Angriffe „auf das Vermögen i.w.S." mit der bloßen Vermögensschädigung als Unrechtsbasis (etwa §§ 263–266 StGB)[106] oder die Angriffe auf die schlichte „Verfügungsfreiheit" (z.B. §§ 263–253 StGB)[107].

Ausformungen von Tattypen (genauer: Tat- und Strafbemessungstypen) finden sich – gesetzlich oder strafzumessungsrechtlich – in Grundformen oder mithilfe

---

[101] SK-StGB/*Wolter* (Fn. 15), Anh. zu § 55 Rn. 28, 35 f.

[102] Vgl. auch *Kröpil*, JR 2015, 116, 121.

[103] KK-OWiG/*Rogall* (Fn. 25), Vor § 1 Rn. 29; vgl. auch *Fleck*, GA 1966, 336; *Jescheck/Weigend*, AT (Fn. 52), § 16 III 3; *Küper*, NJW 1977, 1332; Schönke/Schröder/*Eser/Hecker* (Fn. 52), § 1 Rn. 75, 100.

[104] Dazu *Wolter*, Objektive und personale Zurechnung von Verhalten, Gefahr und Verletzung in einem funktionalen Straftatsystem, 1981, S. 25 ff., 127 ff., 357.

[105] Vgl. auch BGH (GS) NJW 2017, 2842, 2846 (Rn. 34), der mit Bezug auf meine Dokumentation von ca. 400 höchstrichterlichen Entscheidungen von 1934–1986 (*Wolter*, Wahlfeststellung und in dubio pro reo, 1987, S. 172–206) mit Recht hervorhebt, „dass sich in langjähriger Praxis typische Fallgruppen in positivem wie negativem Sinn herausgebildet haben"; in dieser Richtung und zum Folgenden auch Schönke/Schröder/*Eser/Hecker* (Fn. 52), § 1 Rn. 103.

[106] Dazu auch oben Fn. 44.

[107] Wobei die Erpressung (§§ 253–242 StGB – dazu auch BGH DRiZ 1972, 30; §§ 253–263 StGB – gegen Wahlfeststellung auch *Küper*, NJW 1977, 1332) ohnehin aus dem Verbund von vermögensrechtlichen Tattypen herausfällt (vgl. den nachfolgenden Text).

von Qualifikationen, Regelbeispielen und anderen benannten Strafänderungsgründen z. B. in den §§ 243, 244, 244a, 247, 248a, 260, 260a, 263, 263a, 266 StGB (mit Rücksicht auf Geringwertigkeit, Angehörigenverhältnis, Gewerbsmäßigkeit, Bandenmitgliedschaft usf.). Schon die Grundformen sind vielfach i.S. von „Untergruppen" gesetzlich vertypt, wie Raub – räuberische Erpressung (mit demselben Handlungsunrecht); Betrug – Trickdiebstahl; Veruntreuung – Sachuntreue; Betrug – Computerbetrug. Diese Delikte „entsprechen" sich im Erfolgs- und Handlungsunrecht wie in der Schuld. – Der Begriff „*entsprechen*" ist § 13 Abs. 1 StGB entlehnt und eröffnet den notwendigen Spielraum (vgl. auch § 13 Abs. 2 StGB, der trotz „Entsprechung" eine Strafmilderung zulässt). – Dafür, dass auch „einfache" Umstände der Strafbemessung mit gesetzlichen Merkmalen in ein Entsprechungsverhältnis gesetzt werden können, spricht der Rechtsgedanke des § 46 Abs. 3 StGB. – Den Passus „unter Berücksichtigung der gesetzlichen Merkmale sowie sinngemäß von Umständen der Strafbemessung einschließlich benannter Strafänderungsgründe" zum Zwecke der Verschlankung des Gesetzes wegzulassen, empfiehlt sich aus Gründen der Bestimmtheit nicht (das gilt sinngemäß auch für Nr. 2).

Wesentlich bei aller Konkretisierung des Tattypus ist, zumindest eine weitreichende Ergebnisnähe mit der höchstrichterlichen Rechtsprechung und ihrem Merkmal der „rechtsethischen und psychologischen Vergleichbarkeit"[108] zu bewahren und die Zulässigkeit der Wahlfeststellung namentlich zwischen Diebstahl und Hehlerei (einschließlich ihrer Qualifikationen und benannten Strafänderungsgründe) in der Gesetzesbegründung herauszuheben.[109] Diese Alternativität macht ohnehin ca. die Hälfte aller Fälle in der Praxis aus; die Wahlfeststellung wird dabei ausnahmslos für zulässig gehalten; zwei Drittel aller Entscheidungen betreffen die Eigentums- und Vermögensdelikte; Freisprüche kommen hier auch jenseits der §§ 242–259 StGB so gut wie nicht vor.[110] Diese Hauptalternativität lehnt sich zudem an die anerkannte Wahlfeststellbarkeit von Steuerhinterziehung und Steuerhehlerei an.[111] Es gilt andererseits, eine Formel gesetzlich zu verankern und Beispiele in der Gesetzesbegründung zu benennen, die die Alternativitäten der §§ 242–259, ggf. auch der §§ 244 (243)–260, §§ 244a–260a StGB, wenn auch als Grenzfälle, aber noch im Einklang mit Art. 20 Abs. 3 GG, als zulässig einfängt, andererseits tattypusferne Deliktsalternativen (etwa die genannten §§ 263–266, 253–263 StGB, auch die §§ 253–266, 253–242 StGB) – insbesondere mit unspezifischen Angriffen auf

---

[108] Krit. zu diesem Merkmal, das der Große Senat beibehält (oben Fn. 40), allein in jüngerer Zeit aber u. a. *Pohlreich*, ZStW 128 (2016), 676, 702; MüKo-StGB/*Schmitz* (Fn. 28), Anh. § 1 Rn. 63 f.; BeckOK-StPO/*Eschelbach* (Fn. 20), § 261 Rn. 26; BeckOK-StGB/*v. Heintschel-Heinegg* (Fn. 17), § 1 Rn. 43; SK-StGB/*Wolter* (Fn. 15), Anh. zu § 55 Rn. 69 ff., je m. Nachw.

[109] Der Große Senat (BGH NJW 2017, 2842, 2844 [Rn. 34]) hebt die Ähnlichkeit der Wertungsgesichtspunkte und dann auch der Ergebnisse im Vergleich mit dem Schrifttum hervor.

[110] *Wolter* (Fn. 105), S. 207.

[111] BGHSt 4, 129; BGH NJW 1974, 805; OLG Dresden NStZ-RR 1999, 371; Schönke/Schröder/*Eser*/*Hecker* (Fn. 52), § 1 Rn. 104.

das Vermögen oder die Verfügungsfreiheit und zum Teil im Gegensatz zur Rechtsprechung – aussperrt. Insgesamt mag neben der Praxishäufigkeit auch helfen, dass es sich namentlich bei den §§ 242–259 StGB um „typische" Vor- und Nachtaten handelt, die früher sogar wegen ihres Näheverhältnisses zu einem Tatbestand zusammengefasst waren, und dass der Grundsatz der Tatbestandsbestimmtheit den Auseinanderfall der Tatbestände und damit die alternative Tatfeststellung begünstigt hat. Dem wird hier freilich nicht durch eine BT-Reform (oben 1. c]), sondern durch übergreifende Regelungen im Allgemeinen Teil gegengesteuert.

Nr. 2 (normative Stufenverhältnisse) versucht, wie Nr. 3 und Nr. 1, ebenfalls die Kombination von spezifischer gesetzlicher Definition und Beispielen in der Gesetzesbegründung. Sie folgt dem Grundsatz der *Subsidiarität*. Der Ausgangspunkt ist nach dem BGH und Stimmen in der Lehre weitreichend geklärt („ein gegen dasselbe Rechtsgut gerichteter, in der Intensität abgestufter Angriff")[112]. Um an die Begriffe in Nr. 1 anzuschließen (Erfolgsunrecht, Handlungsunrecht und Schuld der alternativen Taten), um eine vollumfängliche Festlegung für die Rechtsgutslehre zu vermeiden – aber sie auch „ins Spiel" zu bringen („*unter* [bloßer] *Berücksichtigung* desselben *Rechtsgutsträgers*") –, freilich auch, um das umstrittene, aber zu befürwortende normative Stufenverhältnis von Vortatbeteiligung und § 138 StGB (oben II. 5., 6.) ausdrücklich zu erfassen (mit der Verletzung oder alternativ ggf. nur der Gefährdung der betroffenen Rechtsgüter), wird der Passus „unter Berücksichtigung der Verletzung *oder Gefährdung*" vorgeschlagen. Das „Opfer" muss jedenfalls ganz regelmäßig identisch sein, („derselbe Rechtsgutträger"), mag es auch Ausnahmen geben („unter Berücksichtigung").

Es gilt, eine Formel gesetzlich zu verankern und Beispiele in der Gesetzesbegründung zu bezeichnen, die diese Alternativität von Vortatbeteiligung und Nichtanzeige als Grenzfall noch einfängt. Beim *Erfolgsunrecht* gelangt man so zur „*Gleichheit*" (nicht: Identität). Den Passus „unter Berücksichtigung der Verletzung oder Gefährdung desselben Rechtsgutsträgers" zum Zwecke der Verschlankung des Gesetzes wegzulassen, empfiehlt sich aus Gründen der Bestimmtheit wiederum nicht. Beim *Handlungsunrecht* ist entscheidend, dass man bei § 138 StGB wertend von einer „Vorstufe der Teilnahme"[113] und einer „abgeschwächten Garantiepflicht" (nicht: Garantenpflicht)[114] sprechen kann und auf diese Weise eine gewisse Parallele zu anerkannten normativen Stufenverhältnissen besitzt (etwa unmittelbare Täterschaft – Anstiftung; Anstiftung – Beihilfe; Begehung – unechte Unterlassung).

Die (nur) „*graduelle Abstufbarkeit*" des Handlungsunrechts („unbeschadet Nr. 3") ergibt zusammen mit der „Gleichheit" des Erfolgsunrechts die „Subsidiarität" der alternativen Taten. Sie ist von solchem Gewicht (zur Fragestellung oben II. 5.), dass sie die regelmäßig fehlende normative Vergleichbarkeit nach Nr. 1 aus-

---

[112] Vgl. die Nachw. in Fn. 52; unklar *Ceffinato*, Jura 2014, 655, 662 (eine Art Vermischung von Nr. 1 und 2).

[113] BGHSt 55, 148, 151 f.

[114] SK-StGB/*Stein* (Fn. 55), § 138 Rn. 2a.

zugleichen vermag (diese Unvergleichbarkeit liegt in den genannten Beispielen, abgesehen von Anstiftung – Beihilfe, durchweg vor).

Nach § 267a Abs. 1 Satz 2 zweiter Halbsatz StPO-E geht in dem Ausnahmefall der normativen Vergleichbarkeit der alternativen Taten die eindeutige Verurteilung entsprechend Nr. 2 (bzw. auch entsprechend Nr. 3) aus Gründen der Urteilsgerechtigkeit – mit Konsequenzen für die Urteilsformel – einer alternativen Verurteilung entsprechend Nr. 1 vor.

Nr. 3 (sachlogische Stufenverhältnisse): Das für die *Spezialität* (namentlich Qualifikation – Grundtatbestand) in der Gesetzesbegründung genannte Beispiel „Mord-Totschlag" gehört – falls man der Lehre von der Eigenständigkeit der Tatbestände folgt – bereits zu Nr. 2. – Zu § 267a Abs. 1 Satz 2 zweiter Halbsatz StPO-E (Vorrang der eindeutigen Verurteilung) ist entsprechend auf die Begründung zu Nr. 2 am Ende zu verweisen.

c) § 55c StGB-E

Angesichts der Beispiele unter II.8. kann sich die angestrebte „Strafe ... gemäß § 55a" auf die Fälle von Absatz 1 wie von Absatz 2 beziehen. Für die Rückführung auf normative oder sachlogische „mindere Taten" gilt § 55b Nr. 2 oder 3 entsprechend.

d) § 267a StPO-E

Die Überschrift „*Urteilsformel und Urteilsgründe bei alternativer Tatfeststellung*" legt eine Erweiterung der Überschrift bei § 267 StPO nahe („§ 267 Urteilsgründe bei eindeutiger Tatfeststellung"). Die alternative Fassung der Urteilsformel nach *§ 267a Abs. 1 Satz 1* entspricht der h.M.[115] Sie bemakelt den Angeklagten angesichts der enggefassten Voraussetzungen der normativen Vergleichbarkeit von alternativen Straftaten und mit Blick auf sein Wissen um die definitive Begehung einer dieser Taten nicht maßgebend. Sie gibt die notwendige Sicherheit bei der Ermittlung von (strafzumessungsrelevanten) Rückfallvoraussetzungen und fördert die Führung des Bundeszentralregisters. – Es gilt sodann § 267a Abs. 2.

Die eindeutige Fassung der Urteilsformel nach *§ 267a Abs. 1 Satz 2 erster Halbsatz* für *alle* weiteren Fälle des § 55a ist neu:[116] Die eindeutige Verurteilung bei alternativen Tatfeststellungen (normative und sachlogische Stufenverhältnisse; gleichartige Wahlfeststellung) hat allein aus dem „anzuwendenden Strafgesetz" zu erfolgen, freilich mit dem Zusatz „§ 55a StGB". Bei dem Stufenverhältnis von Mord und Totschlag lautet die Urteilsformel dann insoweit: „Der Angeklagte wird wegen Tot-

---

[115] U. a. RGSt 68, 257, 261; BGH NJW 1952, 114; vgl. auch BGHSt 15, 66; BGHSt 25, 186. Weit. Nachw. bei SK-StGB/*Wolter* (Fn. 15), Anh. zu § 55 Rn. 82.

[116] Nur im Zusammenhang mit der *alternativen* Verurteilung *Nüse*, GA 1953, 33, 42; vgl. auch KMR/*Stuckenberg* (Fn. 35), § 261 Rn. 136; KK-StPO/*Ott*, 7. Aufl. 2013, § 260 Rn. 35.

schlags ... verurteilt (§ 212 Abs. 1, § 55a des Strafgesetzbuches) ..." Eine weitere Spezifizierung (§ 55a Abs. 1 Satz 1 zweite bzw. dritte Variante, Abs. 2) ist – ungeachtet § 260 Abs. 5 Satz 1 StPO – nicht erforderlich. – Es bleiben dann wiederum die Konsequenzen nach § 267a Abs. 2.

§ 267a Abs. 1 Satz 2 zweiter Halbsatz gebietet bei (seltener) gleichzeitiger Zulässigkeit von Wahlfeststellung und Stufenverhältnis den Vorrang der *eindeutigen* Verurteilung auf alternativer Tatsachengrundlage mit entsprechender Urteilsformel (zur Begründung oben II.9.).

§ 267a Abs. 2, 3 kombiniert Regelungen des § 267b StPO a.F. von 1935[117] und meines Gesetzesvorschlags in GA 2013, 285. – *§ 267a Abs. 2 Satz 4* ist im Vergleich zu § 267b StGB a.F. neu und entlastet den Text von Absatz 2. – *§ 267 Abs. 3* bezieht sich auch auf die Formen *eindeutiger* Verurteilung nach Absatz 1 Satz 2, da sie sich ebenfalls auf alternative Tatfeststellungen (mit besonderer Urteilsformel) gründen.

IV. Ausblick: Ausland und höchste Gerichte (Tribunal Supremo in Spanien; EGMR; BVerfG; BGH)

Zusammengefasst verweisen die vorstehenden Leitlinien, Entscheidungsregeln und Gesetzesvorschläge – auf dem Hintergrund der Entscheidung des Großen Senats für Strafsachen des BGH – auf einen zu gerechten Verurteilungen (oder Freisprüchen) führenden Mittelweg nach Art. 20 Abs. 3 GG: zwischen der unbegrenzten Zulassung (Generalbundesanwalt beim BGH; StGB Indien) und der strikten Ablehnung der gesetzesalternativen Verurteilung auf mehrdeutiger Tatsachengrundlage (2. Strafsenat des BGH). Sie verwerfen dabei zugleich den ungerecht milde Strafen eröffnenden Rückzug auf Auffangtatbestände (kein „Gesetzesvorrang" z.B. der §§ 261, 246 StGB) und auf entsprechende Postpendenzfeststellungen (mit der Folge „eindeutiger Verurteilungen auf *eindeutiger* Tatsachengrundlage"). Vielmehr favorisieren sie angesichts der *alternativ* gegebenen Schuld- und Tatfeststellungen – im Rang noch „vor" der gesetzesalternativen Verurteilung – eine Vielfalt von „eindeutigen Verurteilungen auf *mehrdeutiger* Tatsachengrundlage" (normative und sachlogische Stufenverhältnisse [BGH] sowie – umstrittene [zum Teil BGH] – Kombinationen aller genannten Rechtsinstitute gemäß § 55c StGB-E). Ein Wahlfeststellungsgesetz wie hier vorgeschlagen – am ehesten also im Allgemeinen Teil des StGB (mit Ergänzungen in der StPO) – ist durch das Gesetzlichkeitsprinzip (nach Art. 103 Abs. 2 GG und entsprechenden ausländischen Regelungen) nicht geboten (Großer Senat für Strafsachen des BGH), jedoch im Sinne von prozessualen Entscheidungsregelungen dringend empfehlenswert. Es vermeidet – stets unvollständige und „verwässernde" – Eingriffe in den Besonderen Teil des StGB und wahrt so die verfassungsrechtlich gebotene Tatbestandsbestimmtheit. Es verhindert zugleich die Desavouierung der normativen Vergleichbarkeit (anders z.B. § 323a Abs.1 StGB).

---

[117] Zum Gesetz vgl. Fn. 77.

Und es vermeidet oder verringert – mehr noch als bloße Leitlinien und Entscheidungsregeln – die den Angeklagten im Einzelfall ungerecht belastenden instanzgerichtlichen „Fiktionen einer eindeutigen Tatsachengrundlage" (ein Phänomen im Inland wie noch stärker im Ausland ohne vergleichbare Wahlfeststellungsdogmatik[118]). Es wäre ein unverhoffter Gewinn dieser Abhandlung, wenn nach dem Großen Senat für Strafsachen des BGH auch die höchsten Gerichte ausländischer Staaten ohne „Wahlfeststellungstradition" (etwa in Lateinamerika) oder Staaten mit in die Justizpraxis drängenden Wahlfeststellungsproblemen (z. B. beim Tribunal Supremo in Spanien[119]) diese Leitlinien und Entscheidungsregeln aufnehmen und wenn ggf. der EGMR und das BVerfG (dazu oben II. 1.) die angestrebte Balance zwischen Urteilssicherheit und Urteilsgerechtigkeit sowie zwischen Gesetz und Recht (Art. 20 Abs. 3 GG) entsprechend absichern würden.

V. Widmung

Ich widme diese – unsere wissenschaftliche Arbeit gleichermaßen betreffende – Studie Klaus Rogall, dem „Mitschüler" von H.-J. Rudolphi ab 1974, dem Mitgestalter der Rudolphi-Symposien von 1984 und 1994, dem Mitbegründer und Mitverfasser des SK-StPO (ab) 1984, dem Mitautor des SK-StGB ab 2003/2004, dem Mitherausgeber der Rudolphi-Festschrift von 2004, dem „Ständigen Mitarbeiter" von GA ab 2009 und sohin dem „Ständigen Weggefährten" über 45 Jahre hinweg – in enger wissenschaftlicher und alter freundschaftlicher Verbundenheit.

---

[118] Zum Ausland SK-StGB/*Wolter* (Fn. 15), Anh. zu § 55 Rn. 108; *Endruweit* (Fn. 48), S. 312 ff., je m. Nachw.

[119] Dazu *Wolter*, Festschrift für Mir Puig (Fn. 18), S. 417, 419 f., 427 m. Hinw. auf mehrere Entscheidungen.

Die Berufung in der Türkei

Von *Feridun Yenisey*

Der Strafprozess ist eines der Forschungsgebiete des Jubilars, der nicht nur im deutschen Recht zu Hause ist, sondern dessen Interesse auch dem ausländischen Recht und dem Kontakt mit ausländischen Kollegen gilt. So hat er einen Aufsatz zu den Beweisverboten im Vorentwurf einer türkischen Strafprozessordnung von 1999 geschrieben.[1] Im Jahr 2015 hat er an der Bahçeşehir-Universität in Istanbul einen Vortrag über *„Das Beweisverbot des § 252 StPO"* gehalten, der seinen Zuhörern in guter Erinnerung geblieben ist. Darum sei ihm heute mit allen guten Wünschen für weitere Schaffenskraft ein Beitrag über ein Problem gewidmet, das die türkische Lehre und Praxis derzeit besonders beschäftigt.

I. Ordentliche und außerordentliche Rechtsmittel im Strafverfahren

In der Türkei hat man die Berufung zu ersten Male im Jahre 1879 nach dem französischen Vorbild der Strafprozessordnung von 1808 unter den Namen *istinaf* eingeführt. Sie wurde jedoch im Jahre 1924 abgeschafft, weil nicht in ausreichendem Maße geeignete Richter vorhanden waren.[2] Obwohl in der Zeit der Republik 1929 die deutsche Strafprozessordnung von 1879 übernommen wurde, wurde der Abschnitt über die Berufung jedoch nicht mitübernommen. Dadurch wurde das Revisionsgericht in Ankara *(Yargıtay)* das alleinige Rechtmittelgericht gegen alle Urteile in der Türkei, das dadurch unerträglich belastet wurde. Wenn die tatsächlichen Feststellungen in einem Urteil kontrolliert werden sollen, dann ist es unbedingt notwendig, dass die Gerichte zwei Tatsacheninstanzen haben.

Als Abhilfe für die Überlastung der Straf- und Zivilsenate des Revisionsgerichts hat man zuerst deren Zahl vervielfacht, aber bald auch viele Versuche zur Wiedereinführung der Berufung unternommen. Da die Wiedereinführung der Berufung all-

---

[1] *Rogall*, Klaus, Vorentwurf einer türkischen Strafprozeßordnung von 1999. Das Beweisrecht, insbesondere die Beweisverbote, in: Ceza Hukuku Reformu, Umut Vakfı Yayınları, Istanbul 2001, S. 189. – Für sprachliche Unterstützung danke ich Frau Dr. Dr. h.c. Silvia Tellenbach.

[2] *Yenisey*, Feridun, Ceza Muhakemesinde İstinaf ve Tekrar Kabulü Sorunu, Istanbul 1979, S. 34. Das Gesetz von 1879 hatte damals Schöffen im Berufungsgericht vorgesehen, die für zwei Jahre im Amt blieben (*Bıçak*, Vahit, Suç Muhakemesi Hukuku, Ankara 2010, S. 171). Nach der Gründung der Republik wurden Schöffen in der Gerichtsbarkeit abgeschafft.

mählich zu einer Voraussetzung für den Beitritt der Türkei in die EU geworden war,[3] hat der Gesetzgeber die endgültige Entscheidung darüber schließlich im Jahre 2004 getroffen und das Rechtsmittel der Berufung im Strafverfahrensgesetz geregelt, das am 1.6.2005 in Kraft getreten ist. Die Berufungsgerichte wurden als Regionalgerichte[4] *(bölge adliye mahkemesi)*, und das Rechtsmittel selbst wiederum als *istinaf* bezeichnet.[5]

Bis 2004 gab es in der Türkei kein Gerichtverfassungsgesetz.[6] Nunmehr regelt das Gesetz über die Gerichte erster Instanz und der regionalen ordentlichen Gerichte (Gesetz Nr. 5235 vom 26.9.2004) die Gründung und Aufgaben der ordentlichen Zivil- und Strafgerichte, sowie der regionalen Berufungsgerichte. Diese bestehen zurzeit in sieben Regionen.[7] Die örtliche Zuständigkeit dieser Gerichte wird nach Einholung der Zustimmung des Hohen Rats der Richter und Staatsanwälte vom Justizministerium bestimmt.[8] Jede Strafkammer beim regionalen Berufungsgericht hat ihre eigene materielle Zuständigkeit, eingeteilt nach der Art der Straftatbestände.

Die Versammlung der Vorsitzenden der Strafkammern bestimmt jedes Jahr die zuständigen Strafkammern je nach der Art der Straftat. Zum Beispiel ist im Bezirk Istanbul die Strafkammer Nr. 1 zuständig für Totschlag usw.

Weil aber der Kassationshof die alleinige Herrschaft über das Rechtsmittelsystem nicht verlieren wollte, wurden die Bestimmungen über die Berufung und die Errichtung der Berufungsgerichte bis zum 20. Juli 2016 suspendiert. Während der Zeit der Suspendierung wurden die aufgehobenen Bestimmungen des alten, aufgehobenen Strafprozessgesetzes weiterhin angewendet; heute, ein Jahr nach der tatsächlichen Einführung der Berufung, sind diese alten Regelungen noch immer gültig für Urteile, die vor dem 20. Juli 2016 ergangen sind.[9] Nur die erstinstanzlichen Urteile, die nach diesem Datum verkündet worden sind, können zuerst mit der Berufung und dann mit der Revision angefochten werden, falls diese zulässig ist.

Somit existieren heute ordentliche und außerordentliche Rechtsmittel in der Türkei. Als *ordentliche Rechtsmittel* kennt die türkische StPO die Beschwerde (§§ 267 ff.), die Berufung (§§ 272 ff.) und die Revision (§§ 286 ff.).

---

[3] *Ünsal*, Cengiz, Ceza Muhakemesinde İstinaf, 2. Aufl., Ankara 2016, S. 119.

[4] Der Entwurf von 1952 nannte die Berufungsgerichte Obergerichte (*üst mahkemeler*) (*Özbek/Doğan/Bacaksız/Tepe*, Ceza Muhakemesi Hukuku, 10. Aufl., Ankara 2017, S. 734).

[5] Die Bestimmungen zur Berufung finden sich in deutscher Sprache demnächst in: *Arslan*, Mehmet, Die türkische Strafprozessordnung vom 4. Dezember 2004 nach dem Stand vom 6. Januar 2017. Deutsche Übersetzung und Einführung, Freiburg/Berlin 2017.

[6] Zahlreiche Entwürfe (1932, 1952, 1963, 1975, 1977 und 1978) haben verschiedene Modelle vorgestellt, wurden aber nicht Gesetz (*Yenisey*, 1979 [Fn. 2], S. 109).

[7] Nach vielen Diskussionen (*Parlar/Sekmen*, Ceza ve Hukuk Muhakemesinde İstinaf ve Temyiz, 2. Aufl., Ankara 2017, S. 99) wurden die regionalen Berufungsgerichte in Antalya, Ankara, Erzurum, Gaziantep, Istanbul, Izmir und Samsun gegründet.

[8] *Meran*, Necati, Ceza Yargılamasında İstinaf ve Temyiz, Ankara 2016, S. 82.

[9] *Öztürk/Tezcan/Erdem/Gezer/Kırıt/Özaydın/Akcan/Tütüncü*, Nazari ve Uygulamalı Ceza Muhakemesi Hukuku Ders Kitabı, 10. Aufl., Ankara 2016, S. 698; § 8 Gesetz Nr. 5320.

Die Revision ist ein unverzichtbares Rechtmittel für die homogene Anwendung der Strafrechtsvorschriften in einem Land. In der Türkei, wo die Berufungsgerichte nicht vorhanden waren, haben die Senate des Revisionsgerichts die Berufungsfunktion wahrgenommen und, obwohl es gegen die Prinzipien des modernen Strafverfahrens verstößt, hat das Revisionsgericht begonnen, die tatsächlichen Feststellungen auf Grund der Akten zu kontrollieren. Die Erfahrung in der Türkei beweist, dass wenn kein die tatsächlichen Feststellungen kontrollierender Mechanismus vorhanden ist, das Revisionsgericht seine Kontrolle in diese Richtung erweitert. Dieser Umstand aber verdirbt das System des Gesetzes. Die erhöhte Zahl der Senate des Revisionsgerichts machte es notwendig, das Institut der „verbindlichen Vereinheitlichung von abweichenden Entscheidungen" *(içtihadı birleştirme)* zu errichten, um die Abweichungen zwischen den Entscheidungen der Senate ausgleichen zu können.

Außerdem können rechtskräftige Entscheidungen und Urteile in der Türkei mit verschiedenen *außerordentlichen Rechtsmitteln* angefochten werden.[10] Dabei finden sich systemwidrige Regelungen, die unter dem Druck der Arbeitslast des Kassationshofes zustande gekommen sind, und meines Erachtens nunmehr abgeschafft werden sollten.[11]

Es existiert eine *außerordentliche Beschwerde in Revisionsverfahren* gegen die rechtskräftigen Entscheidungen des Strafsenats des Kassationshofes (§ 308 *Ceza Muhakemesi Kanunu = Strafprozessgesetz,* im Folgenden CMK).[12] Eine außerordentliche Anfechtung der rechtskräftigen Entscheidungen der Berufungsgerichte war dagegen ursprünglich nicht vorgesehen.[13] Die übliche Gewohnheit einer Kontrolle nach der Rechtskraft hat sich dann aber auch in der Berufung durchgesetzt und so wurde 2017 durch das Gesetz Nr. 7035 eine *außerordentliche Beschwerde der Oberstaatsanwaltschaft beim Berufungsgericht* eingeführt (§ 308/A CMK), deren Einzelheiten ich unten behandeln werde.

Ein weiteres außerordentliches Rechtsmittel im türkischen Recht ist die *Aufhebung des Urteils zugunsten des Gesetzes* (kanun yararına bozma; § 309 CMK). Diese besteht in einem Antrag des Justizministers an einen Strafsenat des Kassationshofes auf eine außerordentliche Revisionsprüfung gegen Entscheidungen und Urteile, die ohne eine berufungs- oder revisionsgerichtliche Kontrolle rechtskräftig geworden sind.[14] Die Praktiker wollen diese Ausnahme noch erweitern und auch gegen Urteile der Berufungsgerichte anwenden.[15]

---

[10] *Yenisey,* 1979 (Fn. 2), S. 49.

[11] *Yenisey/Nuhoğlu,* Ceza Muhakemesi Hukuku, 5. Aufl., Ankara 2017, S. 992.

[12] *Arslan* ist der Meinung, dass das Revisionsgericht sogar die Tatfragen im außerordentlichen Rechtsweg kontrollieren sollte (*Arslan,* Çetin, Yargıtay Cumhuriyet Başsavcılığı İtirazı, Ceza Hukuku Dergisi, Yıl 2 Sayı 5, 2007, S. 130).

[13] Das später in Kraft getretene mildere Gesetz ist in der Türkei auch auf rechtskräftige Urteile anwendbar (§ 98/1 CGİK = Gesetz über Vollzug von Strafen und Maßnahmen der Besserung und Sicherung). Diese Regelung bewirkt eine weitere Durchbrechung der Rechtskraft.

[14] *Meran,* 2016 (Fn. 8), S. 399.

Das letzte außerordentliche Rechtsmittel ist die *Wiederaufnahme des Verfahrens* (§ 311 CMK). Wenn gegen rechtskräftige Entscheidungen des Berufungsgerichts ein Antrag auf die Wiederaufnahme des Verfahrens gestellt worden ist, entscheidet darüber das Berufungsgericht, ohne Mitwirkung der vorherigen Richter (§ 23/3 CMK). Hier gibt es eine Besonderheit, die über den angemessenen Rahmen einer Wiederaufnahme des Verfahrens hinausgeht: Obwohl eine Gesetzesänderung kein Wiederaufnahmegrund ist (§ 315 CMK), führen Änderungen im materiellen Strafrecht zugunsten des Verurteilten nach der Rechtskraft in der Türkei zu einem Anpassungsverfahren (§ 9 Ges. Nr. 5252 vom 4. November 2004). In solchen Fällen hat das Berufungsgericht die Aufgabe, die neue Strafe festzusetzen.

Als *Rechtsbehelfe* kommen in Betracht, die *Wiedereinsetzung in den vorigen Stand* (für Fristversäumnis § 40 CMK, bei Urteilen, die in Abwesenheit des Angeklagten ergangen sind, bei gleichzeitiger Einlegung von Berufung § 274 CMK, bzw. Revision § 292 CMK), *die Verfassungsbeschwerde* (Art. 148/3 Verfassung, § 50/2 Verfassungsgerichtsgesetz), und die *Individualbeschwerde* beim Europäischen Gerichtshof für Menschenrechte (§ 311/1-f CMK).

II. Die Einlegung der Berufung

1. Zulässigkeit

Mit einigen Ausnahmen bei geringfügigen Sanktionen ist die Berufung gegen fast alle Urteile von Gerichten erster Instanz zulässig, die Strafen und Maßregeln der Besserung und Sicherung betreffen.[16] Die Entscheidungen über die Aussetzung der Verkündung des Urteils sind dagegen mit der Beschwerde anfechtbar (§ 231/12 CMK); das Urteil selbst wird hier erst dann verkündet und berufungsfähig, wenn der Angeklagte der Aussetzung nicht zustimmt, oder er eine neue Tat begeht.[17] Diese Regelung, die eine Kontrolle fast aller Urteile durch die Berufungsgerichte beabsichtigt, weicht von dem deutschen System ab, das eine zweite Tatsacheninstanz mit einer neuen Hauptverhandlung nach einem oft summarischen Verfahren beim Amtsgericht vor Augen hat und die Berufung bei schweren Strafsachen nicht zulässt.[18]

---

[15] Einschränkungen dabei befürwortet *Kaymaz*, Ceza Muhakemesinde İstinaf, Ankara 2017, S. 288.

[16] *Yenisey*, 1979 (Fn. 2), S. 122.

[17] *Öztürk u. a.*, 2016 (Fn. 9), S. 685.

[18] Der Gesetzgeber hat dabei auch beabsichtigt, die Arbeitslast der Schwurgerichte zu verringern (*Şahin/Göktürk*, Ceza Muhakemesi Hukuku II, 6. Aufl., Ankara 2017, S. 263).

Gerichtliche Entscheidungen, die eine Grundlage für das Urteil bilden und eigenständig nicht anfechtbar sind, können zusammen mit dem Urteil mit der Berufung angefochten werden (§ 272/2 CMK).[19] Diese Regelung gilt auch für die Revision (§ 287 CMK).[20]

Die Bestimmungen in speziellen Gesetzen außerhalb der Strafprozessordnung, die vor dem Inkrafttreten der Berufung 2016 als Rechtsmittel gegen Entscheidungen der ersten Instanz die *Revision* vorgesehen hatten, werden nunmehr als *Berufung* verstanden (§ 285 CMK).[21]

Wenn ein Gesetz die Anfechtung eines Urteils ausgeschlossen hat, dann ist dieses Urteil mit der Verkündung rechtskräftig (§ 272/3 CMK).[22] Die Berufung ist ausgeschlossen bei einer Verurteilung zu einer Geldstrafe bis einschließlich 3.000 TL (ca. 676 Euro, Stand 1.11.2017) und Freispruch bei Straftaten, die im Höchstmaß mit einer Geldstrafe von nicht mehr als 500 Tagessätzen bedroht sind (§ 272/3 CMK).[23] Eine Berufung gegen Geldstrafen, die aus einer Freiheitsstrafe umgewandelt wurde, ist aber zulässig. Eine Annahmeberufung wie im deutschen Recht existiert in der Türkei nicht.

Es gibt in der Türkei ferner eine automatische Prüfung des Urteils bei Verurteilungen, die eine Freiheitsstrafe von fünfzehn Jahren oder darüber zur Folge haben (§ 272/1 CMK). Diese Durchbrechung des Prinzips „keine Klage ohne Antrag", war schon seit 1929 für die Revision vorgesehen, weil damals die Zahl der Rechtsanwälte nicht ausreichend war, um auch in schweren Fällen jedem Angeklagten/Verurteilten qualifizierten Rechtsbeistand zu gewährleisten. Sie wurde nun bei der Revision gestrichen, aber im Berufungsverfahren eingeführt; das bedeutet eine Erweiterung der Beschuldigtenrechte, weil sie eine erneute Tatsachenüberprüfung enthält.

Die Revision ist zulässig, wenn die Revisionsgründe, die zur Aufhebung des Urteils führen sollen, im Revisionsantrag angegeben (§ 294 CMK) und begründet sind (§ 295 CMK). Die Generalstaatsanwaltschaft beim Kassationshof prüft dieses Begehren und erstellt einen Bericht über die Rechtslage (§ 297/3 CMK). Der zuständi-

---

[19] Falls eine Entscheidung, die in der Hauptverhandlung ergehen sollte, außerhalb der Hauptverhandlung ergeht, beeinflusst dieser Fehler die Anfechtbarkeit der Entscheidung nicht (*Ünver/Hakeri*, Ceza Muhakemesi Hukuku, 13. Aufl., Ankara 2017, S. 746).

[20] *Sarıgül*, Ali Tanju, Ceza Muhakemesinde İstinaf, 3. aktualisierte Aufl., Ankara 2017, S. 19.

[21] Der Strafsenat beim Kassationshof ist für Straftaten hoher Richter als erstinstanzliches Gericht zuständig. Das Urteil dieses Strafsenats wird nach bestehender Regelung mit der Revision bei der Generalversammlung des Kassationshofes angefochten. Die Praktiker wollen die Regelung in § 285 CMK, die von einer erstinstanzlichen Zuständigkeit spricht, eng auslegen, und keine Berufung zulassen.

[22] Solche Urteile, gegen die kein Rechtsmittel vorgesehen ist, können mit dem außerordentlichen Rechtsmittel des § 309 CMK angefochten werden (*Sarıgül*, 2017 [Fn. 20], S. 20).

[23] Bei „*offences of minor character*" ist dies keine Verletzung der Menschenrechte, wie Zusatzprotokoll 7 zur Europäischen Menschenrechtskonvention bestimmt (*Sarıgül*, 2017 [Fn. 20], S. 20).

ge Strafsenat beim Kassationshof verwirft den Revisionsantrag durch Beschluss, wenn er keine Revisionsgründe enthält (§ 298 CMK). Die Prüfung des Strafsenats ist auf die angefochtenen Revisionsgründe begrenzt: das Urteil wird abgesehen von absoluten Revisionsgründen (§ 289 CMK) nur dann aufgehoben, wenn diese Gründe entscheidungserheblich waren (§ 302/2 CMK). Rechtsfehler, die von dem Revisionsführer nicht gerügt worden sind, können in das Revisionsurteil nur als Hinweis für spätere Entscheidungen einfließen (§ 302/3 CMK).

Das türkische Recht hat die Regelung der deutschen StPO über die Sprungrevision nicht angenommen.[24]

Im Gegensatz zur Revision hat der Gesetzgeber keine Berufungsgründe beschrieben. Aus dem Wesen der Berufung geht aber hervor, dass verfahrens- oder materiellrechtliche Fehler der ersten Instanz, fehlende Beweismittel und fehlerhafte Beweiswürdigung einen Anfechtungsgrund bilden können.[25] Der Angeklagte und der Nebenkläger sind nicht verpflichtet, die Berufung zu begründen (§ 273/4 CMK). Das Berufungsgericht sollte aber Argumente, Rechtsauffassungen und Beweisanregungen der Parteien immer berücksichtigen. Der Staatsanwalt beim Gericht erster Instanz muss seinen Antrag begründen, das Berufungsgericht ist aber an die Gründe der Staatsanwaltschaft nicht gebunden.[26] Der Berufungsantrag des Staatsanwalts wird an die Betroffenen zugestellt, die sich binnen sieben Tagen dazu äußern können (§ 273/5 CMK).

2. Berufungsfrist und Beteiligte

Die Berufung des *Angeklagten* wird innerhalb von sieben Tagen nach der Verkündung (§ 273/1 CMK) und wenn der Angeklagte nicht zugegen war, nach der Zustellung des Urteils (§ 273/2 CMK) bei dem Gericht erster Instanz eingereicht. Diese Frist und alle Einzelheiten für eine Anfechtung müssen schon im Urteil aufgeführt sein (§ 232/6 CMK). Die unentschuldigte Versäumung der Frist führt zur Rechtskraft.[27]

Eine der Zulässigkeitsvoraussetzungen der Berufungseinlegung ist eine Beschwer. Eine solche setzt nicht unbedingt eine Verurteilung voraus. Dem Angeklagten kann auch aus der Begründung eines Freispruchs ein Nachteil erwachsen.[28] Auch das Absehen von Strafe (§ 223/3-a CMK) kann angefochten werden.[29]

---

[24] *Yenisey*, 1979 (Fn. 2), S. 129.

[25] *Öztürk u. a.*, 2016 (Fn. 9), S. 685.

[26] *Öztürk u. a.*, 2016 (Fn. 9), S.687.

[27] *Öztürk/Tezcan/Erdem/Gezer/Kırıt/Özaydın/Akcan/Tütüncü*, Ana Hatlarryla Ceza Muhakemesi Hukuku, 3. Aufl., Ankara 2016, S. 533.

[28] *Yenisey*, 1979 (Fn. 2), S. 150; *Özbek u. a.*, 2017 (Fn. 4), S. 736.

[29] *Sarıgül*, 2017 (Fn. 20), S. 32.

Der *Verteidiger* und der *Vertreter* des Verletzten können auch selbständig Berufung einlegen, aber nicht gegen den ausdrücklichen Willen des Betroffenen (§ 261 CMK).[30] Der Pflichtverteidiger, der während des Verfahrens in der ersten Instanz bestellt ist, bleibt bis zur Rechtskraft des Urteils beauftragt (§ 150 CMK).[31]

Der *Staatsanwalt* erster Instanz ist bei der Berufungseinlegung von seiner Behörde unabhängig und darf auch ohne Zustimmung der Staatsanwaltschaft das Urteil anfechten.[32] Diese Regelung steht im Gegensatz zum Verfahren bei der Anklage; die Anklageschrift des Staatsanwalts wird zunächst innerhalb der Staatsanwaltschaft geprüft und zugelassen. Es gibt überdies eine Besonderheit bei der Berufungseinlegung des *Staatsanwalts* in Amtsgerichtssachen. Da in der Hauptverhandlung vor Amtsgerichten die Staatsanwaltschaft zur Personalersparnis nicht vertreten wird, können die Staatsanwälte bei Schwurgerichten gegen Urteile der Amtsgerichte in deren Bezirk binnen sieben Tagen nach dem Eingang der Entscheidung bei der örtlichen Staatsanwaltschaft Berufung einlegen (§ 273/3 CMK).

Das Opfer aller Straftaten (diese Tatbestände sind im türkischen Recht nicht begrenzt) und diejenigen Personen, die durch die Tat indirekt[33] geschädigt worden sind, sind berechtigt, als Nebenkläger aufzutreten (§ 237 CMK). Der *Nebenkläger* darf ein Urteil nur zu Ungunsten des Angeklagten und nur dann anfechten, wenn er während der Hauptverhandlung als Nebenkläger zugelassen worden war, sein Antrag abgelehnt, oder darüber keine Entscheidung getroffen wurde.[34]

3. Wirkungen der Berufungseinlegung

Die Einlegung der Berufung hemmt die Rechtskraft des Urteils (Suspensiveffekt), § 275/1 CMK, und die Urteilsgründe werden den Betroffenen, sofern nicht schon vorher geschehen, binnen sieben Tagen ab Kenntnisnahme des Gerichts von der Anfechtung zugestellt § 275/2 CMK.

Die Berufungseinlegung darf nicht von bestimmten Voraussetzungen abhängig gemacht werden, und führt zu einer vollen Überprüfung des Urteils; eine Berufungsbeschränkung ist im türkischen Recht nicht vorgesehen.[35]

---

[30] Der Angeklagte muss laut der Entscheidung des Kassationshofes über die Vereinheitlichung der Rechtsprechung vom 20.10.1975, Nr. 1975/7–9, diesen Willen schon vorher ausdrücklich erklärt haben (*Sarıgül*, 2017 [Fn. 20[, S. 36).

[31] *Yenidünya/İçer*, Ceza Muhakemesi Hukuku, Ankara 2016, S. 779.

[32] *Sarıgül*, 2017 (Fn. 20), S 38.

[33] Das wird etwa bei engen Familienangehörigen des Opfers anerkannt; vgl. dazu *Sarıgül*, 2017 (Fn. 20), S. 40.

[34] *Adalet Bakanlığı Eğitim Dairesi Başkanlığı*, Ceza Muhakemesinde İstinaf, Ankara 2016, S. 166.

[35] Auch in der Lehre wird die Ansicht vertreten, dass die Berufung nicht beschränkbar sein soll (*Öztürk u.a.*, 2016 [Fn. 9], S. 689).

Das Gericht erster Instanz prüft zuerst die Zulässigkeitsvoraussetzungen und verwirft den Berufungsantrag durch einen Beschluss, falls die gesetzliche Frist von sieben Tagen abgelaufen ist, oder das Urteil nicht anfechtbar ist, oder falls der Berufungsführer nicht dazu berechtigt ist (§ 276/1 CMK). Dieser kann binnen sieben Tagen nach der Zustellung des verwerfenden Beschlusses die Entscheidung des Berufungsgerichts[36] beantragen, was die Vollstreckung des Urteils jedoch nicht hemmt (§ 276/2 CMK).

Wenn der Antrag zulässig ist, sendet das Gericht erster Instanz die Akten nach der Einholung von Stellungnahmen[37] der Gegenparteien (§ 277/1 CMK) an das regionale Berufungsgericht (§ 277/2 CMK).[38] Auf diese Weise entsteht die zweite Wirkung der Berufungseinlegung: die Anrufung des Berufungsgerichts (Devolutiveffekt).

Als höchste Dauer für Untersuchungshaft ist im Gesetz zwei Jahre vorgesehen, die auf bis zu drei Jahre für schwere Straftaten und (seit der Änderung 2017 durch das Dekret (KHK) 694) fünf Jahre in Terrorismussachen verlängert werden kann (§ 102/2 CMK). Diese Regelung bringt eine weitere Diskussion mit sich, wie man mit der Fortdauer der Untersuchungshaft für die Zeitspanne zwischen der Berufungseinlegung und der Vorlage der Akten an das Berufungsgericht verfahren und welche Behörde über die Haftdauer entscheiden sollte.[39] Obwohl manche Meinungen dafür plädieren, dass diese unerträglich lange Zeit mit der Berufungseinlegung von Anfang an neu beginnen und also noch länger sein soll, bin ich der Meinung, dass die Frist in der Berufungsinstanz weiterlaufen soll und zunächst das erstinstanzliche Gericht (§ 108/3 CMK) auch nach Berufungseinlegung, und das Berufungsgericht ab Aktenvorlage nach § 277/2 CMK für die Haftprüfung zuständig sein sollte. Das Berufungsgericht darf den Untersuchungshäftling auch entlassen (§ 104 CMK).

4. Vorlage der Akten an das Berufungsgericht

Bei der ursprünglichen Fassung dieser Bestimmung war vorgesehen, dass die Akten zuerst an die Oberstaatsanwaltschaft beim regionalen Berufungsgericht geschickt werden sollten. Die Staatsanwaltschaft sollte dann die Akten daraufhin prüfen, ob alle gesetzlich vorgesehenen Zustellungen erfolgt sind, ob zusätzliche Ermittlungen notwendig sind, oder ob es fehlende Dokumente oder Beweismittel gibt und sollte dann einen Bericht über die Lage der Sache anfertigen.[40] Dieser Bericht sollte dann an die Parteien zur Stellungnahme zugestellt werden. Diese Regelung, die den

---

[36] Dieser Rechtsweg ist keine Beschwerde im technischen Sinne (*Sarıgül* 2017 [Fn. 20], S. 85; *Öztürk u.a.*, 2016 (Fn. 9), S. 702).

[37] *Öztürk u.a.*, 2016 (Fn. 27), S. 542.

[38] Zusammen mit den Akten, werden auch die Videoaufnahmen an das Berufungsgericht geschickt, die während der Hauptverhandlung aufgenommen wurden (*Centel/Zafer*, Ceza Muhakemesi Hukuku, 14. Aufl., Istanbul 2017, S. 838).

[39] *Adalet Bakanlığı*, 2016 (Fn. 34), S. 67.

[40] *Sarıgül*, 2017 (Fn. 20), S. 96.

revisionsrechtlichen Bestimmungen ähnlich ausgestaltet war, wurde erheblich kritisiert.[41] Der Gesetzgeber hat dann diese Phase durch ein Dekret (KHK Nr. 674, bestätigt durch das Gesetz Nr. 6758 vom 10.11.2016) völlig abgeschafft. Nunmehr gehen die angefochtenen Akten direkt an das regionale Berufungsgericht. Dort werden die Sachen gemäß Geschäftsverteilungsplan an die zuständigen Strafkammern verteilt (§ 278 CMK).

Die Strafkammer unternimmt eine Vorprüfung der Sache anhand der Akten und entscheidet durch Beschluss. Zuerst wird geprüft, ob die Strafkammer örtlich und sachlich zuständig ist. Wenn es sich herausstellt, dass das Gericht unzuständig ist, wird die Sache an das zuständige Gericht verwiesen (§ 279/1-a CMK). Dann werden die Zulässigkeitsvoraussetzungen geprüft, ob das Urteil anfechtbar, der Betroffene berechtigt und die Frist gewahrt ist. Falls diese Feststellung negativ ist, wird die Berufung durch einen mit Beschwerde anfechtbaren Beschluss verworfen (§ 279/1-b CMK).

5. Prüfung und Entscheidung anhand der Akten

Nach der Zulässigkeitsentscheidung wird eine Prüfung in der Sache vorgenommen, um Fehler hinsichtlich des materiellen Rechts oder Strafverfahrensrechts im Urteil zu entdecken, die anhand von Akten und den Akten beigelegten Beweismitteln *in camera* stattfindet (§ 280/1 CMK).

Um zu ermöglichen, dass auch in diesem Stadium des Verfahrens weitere Fehler geltend gemacht werden können, ist den Beteiligten das Recht der Beweisanregung eingeräumt. Außerdem kann der Berufungsführer seine Argumente zu einer fehlerhaften Anwendung des Verfahrensrechts (Verfahrensrüge) oder zu einer falschen Rechtsanwendung auf den festgestellten Sachverhalt (Sachrüge) vortragen und begründen. Um den einfachen Aufbau der Berufung nicht zu komplizieren, ist die Tätigkeit des Gerichts nicht auf die angegebenen Punkte beschränkt. So werden die Schwierigkeiten beseitigt, die durch die Teilrechtskraft entstehen würden.

Die Strafkammer verwirft den Berufungsantrag als unbegründet, wenn sich zeigt, dass das Urteil der ersten Instanz prozessual und materiell-rechtlich fehlerfrei ist, dass die Beweise oder die Verfahrenshandlungen lückenlos sind und dass die Beweiswürdigung korrekt vorgenommen worden ist (§ 280/1-a CMK).

Die Strafkammer darf auch Fehler berichtigen und den Berufungsantrag als unbegründet verwerfen, wenn diese Fehler zu denjenigen gehören, die auch in der Revision vom Kassationshof berichtigt werden können (§ 280/1-a CMK). Wenn die Strafkammer die Meinung des anfechtenden Staatsanwalts teilt und die Untergrenze der Strafe als angemessen erachtet, so wird der Rechtsfehler berichtigt und dieselbe Entscheidung getroffen (§ 280/1-b CMK). Wenn die Sache eingestellt werden soll, oder ein Fehler bei der Verhängung von Maßnahmen der Besserung und Sicherung

---

[41] *Centel/Zafer*, 2017 (Fn. 38), S. 838.

gemacht worden ist, und keine weiteren tatsächlichen Ermittlungen des Sachverhalts nötig sind, so darf die Strafkammer Rechtsfehler ebenfalls berichtigen und die Berufung als unbegründet verwerfen (§ 280/1-c CMK). *Öztürk* ist der Meinung, dass dabei das Verschlechterungsverbot gilt.[42]

Die zweite mögliche Entscheidung kann die Aufhebung[43] des erstinstanzlichen Urteils sein, wenn folgende absolute Revisionsgründe (§ 289 CMK) vorliegen, die also schon in der Berufungsinstanz durchschlagen:

a) gesetzeswidrige Besetzung des Gerichts,

b) Mitwirkung eines Richters am Urteil, der von der Ausübung des Richteramtes kraft Gesetzes ausgeschlossen ist

c) oder der wegen begründeter Zweifel an seiner Unparteilichkeit abgelehnt wurde, wenn der Ablehnungsantrag gesetzeswidrig verworfen wurde,

d) gesetzeswidrige Annahme der sachlichen oder örtlichen Zuständigkeit des Gerichts[44],

e) Durchführung der Hauptverhandlung in Abwesenheit der gesetzlich vorgeschriebenen Personen,

f) Verletzung der Öffentlichkeit der Hauptverhandlung,

g) fehlerhafte Begründung des Urteils,

h) entscheidungserhebliche Beschränkung der Verteidigung durch einen gerichtlichen Beschluss, und

i) Beruhen des Urteils auf rechtswidrig erlangten Beweisen (§ 280/1-d CMK).

Diese Entscheidung des Berufungsgerichts kann nicht mit der Revision angefochten werden (§ 286/1 CMK). Ferner darf das Gericht erster Instanz nicht auf seiner ersten Entscheidung beharren[45] (§ 284 CMK), und muss nach Anhörung der Parteien in der Sache neu verhandeln (§ 307 CMK).[46]

Die Aufhebung und Zurückverweisung eines erstinstanzlichen Urteils gemäß § 280/1-d CMK ist der Berufung wesensfremd, und wird Verzögerungen verursachen.[47] Nach der einjährigen Anwendung des Rechtsmittels der Berufung in der Tür-

---

[42] *Öztürk u. a.*, 2016 (Fn. 9), S. 713.

[43] *Özbek u. a.*, 2017 (Fn. 4), S. 742.

[44] Wenn der Erstrichter seine Zuständigkeit zu Unrecht angenommen hat, wird auch in Deutschland das Urteil aufgehoben und an das zuständige Gericht verwiesen (§ 328/2 StPO).

[45] Die Gerichte erster Instanz haben kein ‚Beharrungsrecht' gegen Beschlüsse und Urteile des Berufungsgerichts (§ 284 CMK). Das Berufungsgericht darf aber gegenüber der Aufhebung des Urteils im Revisionsverfahren, auf seiner ursprünglichen Entscheidung beharren (§ 307/3 CMK). Dann geht die Sache an die Generalversammlung des Kassationshofes und dessen Entscheidung ist endgültig (*Özbek u. a.*, 2017 [Fn. 4], S. 746).

[46] *Adalet Bakanlığı*, 2016 (Fn. 34), S. 164.

[47] *Öztürk u. a.*, 2016 (Fn. 9), S. 712.

kei ist es auffallend, dass die Aufhebung und Verweisung an die erste Instanz die beliebteste Entscheidung ist.[48] Am häufigsten wird die fehlerhafte Begründung des Urteils (§ 289/1-g CMK) als Aufhebungsgrund angegeben.

Bei Verfahrenshindernissen kann das Berufungsgericht ein Einstellungsurteil fällen, sofern nicht ein Freispruch vorrangig ist (§ 223/9 CMK). Eine Einstellung durch Beschluss außerhalb der Hauptverhandlung ist auch möglich, wenn ein Verfahrenshindernis wie Verjährung der Tat oder Tod[49] des Angeklagten bereits feststeht, wobei das erstinstanzliche Urteil nicht aufgehoben wird; das Berufungsurteil tritt vielmehr an dessen Stelle.

Im Revisionsrecht wird die Aufhebung des Urteils zugunsten des Angeklagten auf die Mitangeklagten erstreckt, die keine Revision eingelegt haben (§ 306 CMK).[50] Diese Regelung galt zunächst nicht für die Berufung.[51] Der Gesetzgeber hat 2017 jedoch auf Wunsch der Praktiker eine ähnliche Bestimmung für die Berufung eingeführt: sind die Entscheidungen gemäß den ersten zwei Absätzen von § 280 CMK zugunsten des Angeklagten ausgefallen, so finden sie, wenn sie sinngemäß zutreffen, auch für die übrigen Angeklagten Anwendung, die keine Berufung eingelegt haben (§ 280/3 CMK).

Eine mögliche Entscheidung kann schließlich die Eröffnung einer erneuten Hauptverhandlung und deren Vorbereitung sein, wenn entscheidungserhebliche Fehler vorhanden sind (§ 280/1-e CMK). Erst diese Entscheidung eröffnet die zweite Tatsacheninstanz im eigentlichen Sinn. Dabei schließt die türkische Regelung der Berufung eine umfassende Neuverhandlung der Sache nicht aus, zieht aber den Weg der Beschränkung auf eine ergänzende Beweisaufnahme vor.

III. Berufungshauptverhandlung

1. Vorbereitung der Hauptverhandlung

Der Vorsitzende des Strafsenats oder ein beauftragtes Mitglied des Gerichts bestimmt den Tag der Hauptverhandlung im Berufungsverfahren nach den Bestimmungen für die erste Instanz (§§ 175 ff. CMK) und veranlasst die Ladungen. Die Zeugen,

---

[48] In der Lehre wird die Ansicht vertreten, dass das Berufungsgericht als zweite Instanz nicht aufheben, sondern in der Sache selbst neu entscheiden soll (*Öztürk*, 2016 [Fn. 9], S. 676).

[49] Die revisionsrechtliche Rechtsprechung hatte bisher verlangt, dass im Falle des Todes des Angeklagten das Urteil aufzuheben war und das Verfahren von dem erkennenden Gericht einzustellen war.

[50] Das Fehlen einer Erstreckungswirkung der Aufhebung im Berufungsverfahren wurde kritisiert und im Rahmen der Rechtspolitik auf die Einführung einer solchen Regelung im Berufungsverfahren plädiert (*Öztürk u. a.*, 2016 [Fn. 9], S. 713). So wurde das Gesetz im Jahre 2017 dementsprechend geändert.

[51] *Centel/Zafer*, 2017 (Fn. 38), S. 841.

die der Angeklagte benannt hat, sollten zur Berufungshauptverhandlung geladen werden.[52] Das Gericht beschließt die Anhörung von weiteren erforderlichen Zeugen und Sachverständigen oder die Einnahme des Augenscheins (§ 281/2 CMK).

Es wurde vorher diskutiert, ob das Berufungsgericht schon während der Vorbereitungsphase der Hauptverhandlung Zeugen vernehmen, oder einen Augenschein vornehmen darf, oder ob das nur während der Hauptverhandlung geschehen darf. Eine Änderung vom 20. Juli 2017 durch das Gesetz Nr. 7035 hat nunmehr klargestellt, dass dies möglich ist, und dass das Berufungsgericht zusätzliche Zeugen oder Sachverständige laden darf, falls deren Anhörung in der Hauptverhandlung für erforderlich erachtet wird (§ 282/1-d und e CMK).

2. Ausnahmeregelungen in der Hauptverhandlung

In einer Berufungshauptverhandlung werden abgesehen von einigen Ausnahmen[53] die Regelungen über die Hauptverhandlung und Urteilsfindung angewendet, die für die erste Instanz gelten (§ 282/1 CMK).

Nachdem die Berufungshauptverhandlung gemäß den allgemeinen Vorschriften begonnen hat, trägt der Berichterstatter seinen Bericht vor (§ 282/1-a CMK). Der Bericht hat die Funktion, auf die streitigen Fragen aufmerksam zu machen. Deswegen sollte er nicht als Teil der Berufungsakten betrachtet werden.

Obwohl eine völlige Neuverhandlung im Berufungsverfahren nicht unbedingt vorgesehen ist,[54] sollen entscheidungserhebliche Tatsachen aber durch Beweisaufnahme gewonnen werden, nicht durch den Vortrag des Berichterstatters. Falls nach dem erstinstanzlichen Urteil während der Vorbereitung der Berufungshauptverhandlung neue Beweise erhoben worden sind, hat der Berichterstatter auch über diese Beweise zu berichten.[55]

Nachfolgend wird das Urteil des erstinstanzlichen Gerichts und dessen Begründung erläutert (§ 282/1-b CMK), dann die Protokolle der Zeugenaussagen und Augenscheinseinnahmen sowie die Sachverständigengutachten (§ 282/1-c CMK).

Ursprünglich war eine Verlesung aller zuvor erwähnten Dokumente vorgesehen, was aber durch das Gesetz Nr. 7035 vom 20. Juli 2017 zu einer Erläuterung umgewandelt worden ist. Beweise und Dokumente, die in der Vorbereitungsperiode der Berufungshauptverhandlung gesammelt wurden, sowie die Protokolle der Zeugenvernehmungen, Augenscheinseinnahmen und die eingeholten Sachverständigengutachten werden jedoch verlesen (§ 282/1-d CMK). Das Berufungsgericht darf den Augenschein einnehmen[56], Sachverständige beauftragen[57], Untersuchungshaft

---

[52] *Öztürk u.a.*, 2016 (Fn. 9), S. 714.
[53] *Yenidünya/İçer*, 2016 (Fn. 31), S. 801.
[54] *Öztürk u.a.*, 2016 (Fn. 9), S. 716.
[55] *Öztürk u.a.*, 2016 (Fn. 9), S. 716.
[56] *Adalet Bakanlığı*, 2016 (Fn. 34), S. 119.

oder Überwachung der Telekommunikation anordnen[58] und neue und zusätzliche Zeugen hören, falls deren Anhörung in der Hauptverhandlung für erforderlich erachtet wird (§ 282/1-d und e CMK). In der Berufungshauptverhandlung wird jedoch nur über die streitigen Beweismittel neu verhandelt,[59] und nicht alle Zeugen der ersten Instanz werden noch einmal gehört.

Man darf die Zeugen auch durch eine Video-Konferenz vernehmen, wenn die Voraussetzungen der Vernehmung durch den ersuchten Richter erfüllt sind (Verhindertsein am Erscheinen in der Hauptverhandlung für längere Zeit wegen Krankheit oder großer Entfernung; § 180/1 CMK). Eine audiovisuelle Zeugenvernehmung unter Mitwirkung eines Experten ist auch zulässig unter dem Aspekt des Zeugenschutzes, wenn die dringende Gefahr eines schwerwiegenden Nachteils für das Wohl des Zeugen besteht (§ 236/3 CMK).

Nach den allgemeinen Bestimmungen muss der Angeklagte in der Berufungshauptverhandlung vor dem erkennenden Gericht noch einmal gehört werden.[60] Die Anwesenheit des Angeklagten ist erforderlich für die Gewinnung eines persönlichen Eindrucks, der für eine etwaige Strafzumessung notwendig ist. Die Vernehmung des Angeklagten unter Einsatz von Videotechnologie durch Direktübertragung ist leider nunmehr unbegrenzt zulässig; das Dekret (KHK) Nr. 694 von 2017 hat die Videovernehmung des Angeklagten, der sich im Inland befindet (§ 196/4 CMK), nämlich unabhängig von der in mancher Hinsicht vergleichbaren Vernehmung durch den ersuchten Richter geregelt; dabei hat es die dort bestehende Zulässigkeitsvoraussetzung, dass die Mindeststrafdrohung für die vorgeworfene Tat unter fünf Jahren Freiheitsstrafe liegen muss, nicht erwähnt.

Bei der ursprünglichen Fassung des Gesetzes war vorgesehen, dass der Angeklagte, der auf freiem Fuß ist, in der Hauptverhandlung erscheinen musste. Wenn er unentschuldigt nicht kam, wurde sein Berufungsantrag verworfen (§ 281/1 Satz 2 CMK). Diese Bestimmung wurde für verfassungswidrig erklärt[61] und wenig später durch das Gesetz Nr. 7035 vom 20. Juli 2017 gestrichen.

Die deutsche Regelung über die sofortige Verwerfung der Berufung des Nebenklägers[62] bei seinem Nichterscheinen bei Beginn der Hauptverhandlung (§ 401/3 StPO) existiert im türkischen Gesetz (§ 242 CMK) nicht.

---

[57] *Adalet Bakanlığı*, 2016 (Fn. 34), S. 121.
[58] *Adalet Bakanlığı*, 2016 (Fn. 34), S. 67.
[59] *Öztürk u. a.*, 2016 (Fn. 9), S. 715.
[60] *Yenisey*, 1979 (Fn. 2), S. 184.
[61] Entscheidung vom 14. 6. 2017, E. 2017/49, K. 2017/113; RG 11. 8. 2017, Nr. 30151.
[62] *Sarıgül*, 2017 (Fn. 20), S. 43.

3. Das Urteil des Berufungsgerichts

Das Berufungsgericht hat am Ende der Hauptverhandlung zwei Entscheidungsmöglichkeiten: es kann zum einen die Berufung als unbegründet verwerfen, wenn sich herausstellt, dass das Urteil der ersten Instanz doch fehlerfrei ist (§ 280/2 Halbsatz 1 CMK). Die zweite Möglichkeit kommt in Frage, wenn das angefochtene Urteil tatsächliche oder rechtliche Fehler enthält, und diese Fehler entscheidungserheblich sind. In solchen Fällen wird das Urteil am Ende der Hauptverhandlung aufgehoben und ein neues Urteil gefällt (§ 280/2 Halbsatz 2 CMK). Die Strafe darf aber nicht verschärft werden, wenn nur der Angeklagte Berufung eingelegt hat oder nur zu seinen Gunsten Berufung eingelegt worden ist (§ 283 CMK).[63]

Das Berufungsgericht darf die anhängigen Verfahren aus unterschiedlichen erstinstanzlichen Gerichten im Bezirk des Berufungsgerichts verbinden. Eine Verbindung mit Verfahren auswärtiger Berufungsgerichte ist nicht zulässig.

Bei einer Veränderung des rechtlichen Gesichtspunktes gegenüber der erstinstanzlichen Verurteilung muss das Berufungsgericht mit einem entsprechenden Hinweis (§ 226 CMK) und Bestimmung einer angemessenen Zeit für die Vorbereitung der Verteidigung, ein neues Urteil fällen, und sollte die Sache nicht zurückverweisen.

Das Gesetz über die Gerichtsorganisation sieht eine Regelung für die Beseitigung des Problems vor, dass die regionalen Berufungsgerichte die Gesetze in einer voneinander abweichenden Weise anwenden. Wenn eine ständige[64] abweichende Rechtsanwendung zwischen verschiedenen Strafkammern desselben Bezirks stattfindet, so sorgt der Vorsitzende des Berufungsgerichts für eine einheitliche Praxis von Amts wegen oder auf Antrag der Parteien (§ 38/1 Gesetz Nr. 5235 vom 26. 9. 2004). Falls abweichende rechtskräftige Entscheidungen bei verschiedenen regionalen Berufungsgerichten ergangen sind, so kann die Staatsanwaltschaft beim Berufungsgericht (§ 40 Gesetz Nr. 5235) oder das Gremium der Vorsitzenden der Berufungsgerichte eine vereinheitlichende Entscheidung des Kassationshofes durch Vorlage eines begründeten Antrags anregen (§ 35 Gesetz Nr. 5235).[65]

Es wird auch vorgeschlagen, alle Entscheidungen der regionalen Berufungsgerichte elektronisch allen Strafkammern zugänglich zu machen und periodische Tagungen zu veranstalten, um gemeinsame Rechtsauffassungen zu erarbeiten.[66]

---

[63] Das Berufungsgericht darf die Bezeichnung der Straftat zu ungunsten des Angeklagten ändern, ohne die Strafe zu verschärfen (*Özbek u. a.*, 2017 (Fn. 4), S. 708). Das Verbot der *reformatio in peius* gilt nicht für die Aussetzung der Verkündung des Urteils, da das Urteil noch nicht gesprochen ist (*Ünver/Hakeri*, 2017 [Fn. 19], S. 765).

[64] Eine gelegentliche abweichende Rechtsanwendung bildet keinen Grund für die Herbeiführung einer Entscheidung des Kassationshofs zur Vereinheitlichung, und die abweichenden Entscheidungen müssen rechtskräftig sein (*Kaymaz*, 2017 [Fn. 15], S. 290). *Kaymaz* hat die Sorge, dass sehr viele Anträge gestellt werden könnten, und schlägt vor, diesbezüglich ein Amt nach österreichischem Modell zu errichten (*Kaymaz*, 2017 [Fn. 15], S. 291).

[65] *Parlar/Sekmen*, 2017 (Fn. 7), S. 105.

[66] *Adalet Bakanlığı*, 2016 (Fn. 34).

Im Falle der Unzulässigkeit oder Unbegründetheit der Berufung wird das Urteil der ersten Instanz rechtskräftig und von der Staatsanwaltschaft bei diesem Gericht vollstreckt. Von Anfang an war es aber streitig, ob die rechtskräftigen Urteile des Berufungsgerichts, die im Anschluss an eine Hauptverhandlung gefällt worden sind, von der Staatsanwaltschaft beim Gericht erster Instanz, oder von der Staatsanwaltschaft beim Berufungsgericht vollstreckt werden sollten. Die Meinung, die die Staatsanwaltschaft beim erstinstanzlichen Gericht für zuständig hielt, gewann die Diskussion.

4. Außerordentliche und ordentliche Anfechtung des Berufungsurteils

Gegen die rechtskräftigen Entscheidungen der Strafkammern kann die Oberstaatsanwaltschaft beim regionalen Berufungsgericht von Amts wegen oder auf Antrag binnen 30 Tagen nach dem Eingang der Entscheidung bei ihm eine sogenannte „Beschwerde" bei der Strafkammer einlegen, die die Entscheidung getroffen hat. Wenn aber ein Urteil des Berufungsgerichts ohne rechtzeitige Anfechtung mit der Revision rechtskräftig geworden ist, kann die Staatsanwaltschaft beim Berufungsgericht es nicht beanstanden (§ 308/A CMK).[67]

Bei Beanstandungen zugunsten des Angeklagten ist keine Frist vorgesehen. Obwohl der Anfechtungsgrund „Rechtswidrigkeit" ist, prüft die Strafkammer die „Beschwerde" in kurzer Zeit, ohne durch die angegebenen Punkten gebunden zu sein, in rechtlicher und tatsächlicher Hinsicht.[68] Wenn der Antrag begründet ist oder im erstinstanzlichen Urteil ein absoluter Revisionsgrund vorliegt, berichtigt die Strafkammer die Entscheidung, indem sie die rechtskräftige Entscheidung aufhebt und in der Sache erneut entscheidet.[69] Diese Entscheidung kann, falls zulässig, mit der Revision angefochten werden (§ 286 CMK). In den anderen Fällen wird der Antrag verworfen. Verwerfende Entscheidungen sind unanfechtbar (§ 308/A CMK).

Die Möglichkeit der Revision gegen Berufungsurteile ist begrenzt. Grundsätzlich ist sie möglich bei Verurteilungen zu Freiheitsstrafen von mehr als fünf Jahren und Freispruch von Angeklagten wegen einer Straftat, die mit mehr als zehn Jahren Freiheitsstrafe bedroht ist (§ 286/2-a,-b,-g CMK). Berufungsurteile, in denen es um niedrigere Strafen geht, sind nicht revisionsfähig. Gleichwohl zählt das Gesetz in höchst kasuistischer Weise zahlreiche Einzelfälle auf, in denen eine Revision nicht zulässig ist.[70]

---

[67] *Kaymaz*, 2017 (Fn. 15), S. 283.
[68] *Kaymaz*, 2017 (Fn. 15), S. 285.
[69] *Kaymaz*, 2017 (Fn. 15), S. 287.
[70] Vgl. den Katalog des § 286/2-a bis 286/2-i CMK.

IV. Fazit nach einem Jahr

Die Wiedereinführung der Berufung war ein sehr heikles Problem in der Türkei, und es gibt noch immer viele Gegner der Berufung, die behaupten, die Berufung werde das Verfahren verzögern. Dieses Argument ist gerechtfertigt im Bereich der schweren Kriminalität, wo ja schon in der ersten Instanz mit mehr Aufwand die Tatsachen geprüft werden, anders als in der massenhaft zu erledigenden mittleren und kleinen Kriminalität. Andererseits ist aber zu bedenken, dass dann, wenn die tatsächlichen Feststellungen grundsätzlich nicht auf ihre Richtigkeit kontrolliert werden können, sich das Revisionsgericht gezwungen fühlt, sie zu überprüfen; somit entsteht eine Art von erweiterter Revision. Innerhalb eines Rechtmittelsystems, bei dem nur die Überprüfung von Rechtsfragen zulässig ist, ist die Prüfung der tatsächlichen Feststellungen rechtswidrig, auch wenn sie nur anhand der Akten durchgeführt wird. Eine solche Prüfung ist auch nicht wünschenswert, da sie eine Rückkehr zum schriftlichen Inquisitionsprozess bedeuten würde. Wir werden in der kommenden Zeit beobachten, ob das Revisionsgericht seine gewohnte umfassende Prüfung der tatsächlichen Feststellungen aufgeben oder die alte Übung weiter führen wird.

Im Bereich der mittelschweren und leichten Kriminalität hat sie sich bisher bewährt. In einem Strafverfahrenssystem, welches die materielle Wahrheit erforscht, ist die Kontrolle von tatsächlichen Feststellungen unentbehrlich. Im Bereich der kleinen und mittelschweren Kriminalität ist die Berufung für die Überprüfung der tatsächlichen Feststellungen sachgemäß und angemessen. Im Bereich dieser Kriminalität kann man auf diese Weise das erste Verfahren einfach und möglichst beschleunigt durchführen. Als der Kassationshof das einzige Rechtsmittelgericht war und jährlich circa 600.000 Sachen bearbeiten musste, verzögerten sich die Rechtsmittelverfahren wegen langer Wartezeiten, was sich besonders gravierend in der häufig sehr langen Dauer der Untersuchungshaft widerspiegelte, die in der Türkei ja auch bei mittelschwerer Kriminalität nicht selten ist.[71] Die Aufhebungsquote in der Revisionsinstanz lag um 60 %, was für die erste Instanz zu einer zusätzlichen hohen Arbeitsbelastung führt. Da das Berufungsgericht aber (absolute Revisionsgründe ausgenommen) in der Sache selbst entscheidet, wird die Arbeitslast der Revision in der Zukunft insgesamt weniger.[72] Deswegen sollte man die außerordentlichen Rechtsmittel, die in der Türkei wegen des Nichtvorhandenseins der Berufung eingeführt worden waren, nunmehr abschaffen. Meines Erachtens ist das Strafverfahren in sich ein geschlossenes System. Eine Reform nur im Rahmen der Rechtsmittelvorschriften kann nicht erfolgreich sein.

---

[71] *Öztürk u. a.*, 2016 (Fn. 9), S. 677.
[72] *Öztürk u. a.*, 2016 (Fn. 9), S. 678.

Schriftenverzeichnis

I. Kommentare

Systematischer Kommentar zur Strafprozessordnung und zum Gerichtsverfassungsgesetz. Kommentierung der §§ 48–71, 73–93 und 133–136a StPO, jew. mit Vorbemerkungen, seit der Begründung des Loseblattwerkes 1987; Kommentierung der §§ 111a–111p StPO seit 1998. Gegenwärtiger Stand: Band I (§§ 1–93 StPO), 5. Aufl., Köln (Heymanns) 2018; Band II (§§ 94–136a StPO), 5. Aufl., Köln (Heymanns) 2016.

Systematischer Kommentar zum Strafgesetzbuch. Kommentierung der §§ 17, 19–21 mit Vorbemerkungen, 33 und 35 StGB seit der 9. Aufl.; Kommentierung der §§ 145d, 164, 165, 166–168 mit Vorbemerkungen, 185–200 mit Vorbemerkungen, 218–219b mit Vorbemerkungen, 298–302 mit Vorbemerkungen und 356–358 StGB seit der 39. Ergänzungslieferung zur 7./ 8. Aufl. der Loseblattausgabe im Juni 2004. Gegenwärtiger Stand: Band I (§§ 1–37 StGB), 9. Aufl., Köln (Heymanns) 2017; Band III (§§ 80–173 StGB), 8. Aufl., Köln (Heymanns) 2003 ff.; Band IV (§§ 174–241a StGB), 9. Aufl., Köln (Heymanns) 2017; Band V (§§ 242–301 StGB), 8. Aufl., Köln (Heymanns) 2003 ff.; Band VI (§§ 303–358 StGB), 9. Aufl., Köln (Heymanns) 2016.

Karlsruher Kommentar zum Gesetz über Ordnungswidrigkeiten. Kommentierung der §§ 1–7 und 111–117 OWiG, jeweils mit Vorbemerkungen, seit der 1. Aufl. 1989 und der §§ 9, 30 und 130 OWiG seit der 2. Aufl. 2000. Gegenwärtiger Stand: 5. Aufl., München (Beck) 2018.

II. Monografien

Der Beschuldigte als Beweismittel gegen sich selbst. Ein Beitrag zur Geltung des Satzes „Nemo tenetur seipsum prodere" im Strafprozeß. Schriften zum Prozeßrecht, Bd. 49, 124 S., Berlin (Duncker & Humblot) 1977 (Dissertation).

Hans Dahs, Taschenbuch des Strafverteidigers. 2. Aufl., Köln (O. Schmidt) 1979 (Mitbearbeitung).

Grundfragen eines strafrechtlichen Schutzes der Privatheit. Habilitationsschrift (Universität Bonn) 1985.

Die Strafbarkeit von Amtsträgern im Umweltbereich. 320 S., Berlin (Schmidt) 1991.

Informationseingriff und Gesetzesvorbehalt im Strafprozeßrecht. XII, 120 S., Tübingen (Mohr) 1992.

III. Aufsätze

Die Mißachtung der Verbots der Selbstbelastung im geltenden und kommenden Abgabenrecht. Zeitschrift für Rechtspolitik 1975, S. 278–281.

Die Augenscheinseinnahme an zeugnisverweigerungsberechtigten Personen. Monatsschrift für Deutsches Recht 1975, S. 813–814.

Zur Verwertbarkeit der Aussage einer noch nicht beschuldigten Person. Monatsschrift für Deutsches Recht 1977, S. 978–980.

Der „Verdächtige" als selbständige Auskunftsperson im Strafprozeß. Neue Juristische Wochenschrift 1978, S. 2535–2538.

Gegenwärtiger Stand und Entwicklungstendenzen der Lehre von den strafprozessualen Beweisverboten. Zeitschrift für die gesamte Strafrechtswissenschaft 91 (1979), S. 1–44.

Die verschiedenen Formen des Veranlassens fremder Straftaten. Goltdammer's Archiv für Strafrecht 1979, S. 11–26.

Zur Auslegung der Entgeltklausel in § 184 Abs. 1 Nr. 7 StGB. Juristenzeitung 1979, S. 715–717.

Der neue strafrechtliche Schutz der staatlichen Geheimsphäre. Neue Juristische Wochenschrift 1980, S. 751–753.

Das Gesetz zur Bekämpfung der Umweltkriminalität. Juristenzeitung-Gesetzgebungsdienst 1980, S. 101–115.

Stillstand oder Fortschritt in der Strafrechtsreform? Zeitschrift für Rechtspolitik 1982, S. 124–131.

Die Verletzung von Privatgeheimnissen (§ 203 StGB) – Aktuelle Probleme und ungelöste Fragen. Neue Zeitschrift für Strafrecht 1983, S. 1–9.

Moderne Fahndungsmethoden im Lichte gewandelten Grundrechtsverständnisses. Goltdammer's Archiv für Strafrecht 1985, S. 1–27.

Die Novellierung der Strafprozeßordnung – Zur Frage legislativer Konsequenzen aus dem Volkszählungsurteil des Bundesverfassungsgerichts. Schriftenreihe der Polizeiführungsakademie 1985, S. 137–162.

Dogmatische und kriminalpolitische Probleme der Aufsichtspflichtverletzung in Betrieben und Unternehmen (§ 130 OWiG). Zeitschrift für die gesamte Strafrechtswissenschaft 98 (1986), S. 573–623.

Frontalangriff auf die Bürgerrechte oder notwendige Strafverfolgungsmaßnahme? – Zur Regelung der sog. Schleppnetzfahndung in § 163d StPO. Neue Zeitschrift für Strafrecht 1986, S. 385–392.

Strafprozeßuale Grundlagen und legislative Probleme des Einsatzes Verdeckter Ermittler im Strafverfahren. Juristenzeitung 1987, S. 847–853.

Hypothetische Ermittlungsverläufe im Strafprozeß. Neue Zeitschrift für Strafrecht 1988, S. 385–393.

Gegenwartsprobleme des Umweltstrafrechts. Festschrift der Rechtswissenschaftlichen Fakultät zur 600-Jahr-Feier der Universität zu Köln, 1988, S. 505–529.

Strafverteidigung und die Verpolizeilichung des Ermittlungsverfahrens durch Informationstechnologien. In: Sicherheitsstaat und Strafverfolgung, Schriftenreihe der Strafverteidigervereinigungen, 1989, S. 97–121.

Der Augenscheinsgehilfe im Strafprozeß. Gedächtnisschrift für Karlheinz Meyer, 1990, S. 391–412.

Informationseingriff und Gesetzesvorbehalt im Strafprozeßrecht. Zeitschrift für die gesamte Strafrechtswissenschaft 103 (1991), S. 907–956.

Le droit pénal applicable aux déchets en République Fédérale Allemande. Revue Internationale de Droit Comparé 1992, S. 145–181.

Das Notwehrrecht des Polizeibeamten – BayObLGSt 1991, 141. Juristische Schulung 1992, S. 551–559.

Grundprobleme des Abfallstrafrechts. Neue Zeitschrift für Strafrecht 1992, S. 360–364 und S. 561–567.

Der Einfluß des Verfassungsrechts und der Institute des Menschenrechtsschutzes auf das Strafprozeßrecht. In: Uniwersytet Śląski (Hrsg.), Problemy Prawa Karnego, Schriftenreihe der Universitat Kattowitz, Kattowitz 1993, S. 9–27.

Die Rolle des Ermittlungsverfahrens in der Bundesrepublik Deutschland. In: Eser/Kaiser (Hrsg.), Zweites Deutsch-Ungarisches Kolloquium über Strafrecht und Kriminologie, 1995, S. 75–116.

Die Duldung im Umweltstrafrecht. Neue Juristische Wochenschrift 1995, S. 922–925.

Die Verwaltungsakzessorietät des Umweltstrafrechts – Alte Streitfragen, neues Recht –. Goltdammer's Archiv für Strafrecht 1995, S. 299–319.

Beweisverbote im System des deutschen und des amerikanischen Strafverfahrensrechts. In: Wolter (Hrsg.), Zur Theorie und Systematik des Strafprozeßrechts, 1995, S. 113–160.

Die Auswirkungen des neuen Kreislaufwirtschafts- und Abfallgesetzes auf das Umweltstrafrecht. Festschrift für Karlheinz Boujong, 1996, S. 807–827.

Über die Folgen der rechtswidrigen Beschaffung des Zeugenbeweises im Strafprozeß. Juristenzeitung 1996, S. 944–955.

Probleme des Umweltstrafrechts in Deutschland. In: Hirsch/Hofmański/Pływaczewski/Roxin (Hrsg.), Neue Erscheinungsformen der Kriminalität in ihrer Auswirkung auf das Straf- und Strafprozeßrecht, 1996, S. 171–207.

Strafe als Mittel der Abschreckung. In: B. Zöller (Hrsg.), Mit Strafen leben?, 1997, S. 236–252.

Legenden und Skripts – Zur Lage des Umweltstrafrechts. Zeitschrift für Umweltrecht 1997, S. 35–69.

Justizmord? Todesstrafe im Strafrecht. In: Boulanger/Heyes/Hanfling (Hrsg.), Zur Aktualität der Todesstrafe, 1997, S. 51–68.

Die Vergabe von Vomitivmitteln als strafprozessuale Zwangsmaßnahme. Neue Zeitschrift für Strafrecht 1998, S. 66–68.

Questioni fondamentali in tema di divieti probatori. L'Indice Penale 1998, S. 1065–1102.

Grundsatzfragen der Beweisverbote. In: Höpfel/Huber (Hrsg.), Beweisverbote in Ländern der EU und vergleichbaren Rechtsordnungen, 1999, S. 119–148.

„Abwägungen" im Recht der Beweisverbote. Festschrift für Ernst-Walter Hanack, 1999, S. 293–309.

Zur Lehre von den Beweisverboten. Anmerkungen zum gegenwärtigen Diskussionsstand. Festschrift für Gerald Grünwald, 1999, S. 523–547.

Beleidigung und Indiskretion. Festschrift für Hans Joachim Hirsch, 1999, S. 665–692.

Die strafrechtliche Organhaftung. In: Amelung (Hrsg.), Individuelle Verantwortung und Beteiligungsverhältnisse bei Straftaten in bürokratischen Organisationen des Staates, der Wirtschaft und der Gesellschaft, 2000, S. 145–182.

Die Bewältigung von Systemkriminalität. 50 Jahre Bundesgerichtshof – Festgabe aus der Wissenschaft, 2000, S. 383–438.

Umweltschutz durch Strafrecht – eine Bilanz. In: Dolde (Hrsg.), Umweltrecht im Wandel, 2001, S. 795–835.

Vorentwurf einer türkischen Strafprozeßordnung von 1999: Das Beweisrecht, insbesondere die Beweisverbote. In: Ceza Hukuku Reformu, 2001, S. 189–203.

Justizmord? Todesstrafe im Strafrecht. In: Boulanger/Heyes/Hanfling (Hrsg.), Zur Aktualität der Todesstrafe, 2. Aufl. 2002, S. 45–63.

Verwertungsverbote im Besteuerungsverfahren. Festschrift für Peter Rieß, 2002, S. 951–982.

Das Untersuchungsausschussgesetz des Bundes und seine Bedeutung für das Straf- und Strafverfahrensrecht. Gedächtnisschrift fur Dieter Meurer, 2002, S. 449–481.

Rasterfahndung in Zeiten des Terrorismus. Gedächtnisschrift für Ellen Schlüchter, 2002, S. 611–645.

Behördengutachten im Strafverfahren. Festschrift für Karl Heinz Gössel, 2002, S. 511–527.

Artenschutz für Medienmitarbeiter? Das neue Zeugnisverweigerungsrecht der Presse. Festschrift für Ernst-Joachim Lampe, 2003, S. 805–837.

Das Verwendungsverbot des § 393 II AO. Festschrift für Günter Kohlmann, 2003, S. 465–498.

Principles of Criminal Procedure and their Application in Disciplinary Procedures. International Revue of Penal Law 74 (2003), S. 925–958.

Bemerkungen zur Aussageerpressung. Festschrift für Hans-Joachim Rudolphi, 2004, S. 511–542.

Die akustische Wohnraumüberwachung nach dem Urteil des Bundesverfassungsgerichts vom 3. März 2004. Zeitschrift für Gesetzgebung 2005, S. 164–181.

Die DNA-Analyse im Strafverfahren – eine endlose Geschichte. Festschrift für Friedrich-Christian Schroeder, 2006, S. 691–717.

Das Beweisverbot des § 252 StPO. Festschrift für Harro Otto, 2007, S. 973–998.

Ist der Abschuss gekaperter Flugzeuge widerrechtlich? Neue Zeitschrift für Strafrecht 2008, S. 1–5.

Beweiserhebungs- und Beweisverwertungsverbote im Spannungsfeld zwischen den Garantien des Rechtsstaates und der effektiven Bekämpfung von Kriminalität und Terrorismus. Juristenzeitung 2008, S. 818–830.

Kernbereichsmystik im Strafverfahren. Festschrift für Gerhard Fezer, 2008, S. 61–86.

Irrtümer und Missverständnisse beim strafprozessualen Recht der Zeugnisverweigerung. Festschrift für Ulrich Eisenberg, 2009, S. 583–608.

Erweiterung des Beschlagnahmeschutzes bei Mandatsträgern. Neue Zeitschrift für Strafrecht – Sonderheft fur Klaus Miebach, 2009, S. 37–41.

A nova regulamentação da vigilância das telecomunicações na Alemanha. In: Fernanda Palma / Silva Dias / de Sousa Mendes (Hrsg.), 2.° Congresso de Investigação Criminal Lisboa 2009, 2010, S. 117–143.

Zur Zulässigkeit einer heimlichen akustischen Überwachung von Ehegattengesprächen in der Untersuchungshaft. HRRS 2010, S. 289–295.

Bemerkungen zum Versuch der Beteiligung. Festschrift für Ingeborg Puppe, 2011, S. 859–885.

Grund und Grenzen der „qualifizierten" Belehrung im Strafprozess. Festschrift für Klaus Geppert, 2011, S. 519–547.

Country Report Germany. In: Gobert/Pascal (Hrsg.), European Developments in Corporate Criminal Liability, London & New York 2011, S. 334–342.

Adversatorisches Vorverfahren? In: Schroeder/Kudratov (Hrsg.), Das strafprozessuale Vorverfahren in Zentralasien zwischen inquisitorischem und adversarischem Modell, Frankfurt a.M. 2012, S. 193–212.

Die Beschuldigtenstellung im Strafverfahren – Objektivismus und Subjektivismus bei der Statusbegründung. Festschrift für Wolfgang Frisch, 2013, S. 1199–1232.

Die Behandlung von sogenannten Beinahetreffern bei Reihengentests nach § 81 h StPO. Juristenzeitung 2013, S. 874–880.

Geheimnisverrat durch Bundesminister? Eine Nachlese zur Edathy-Affaire. Festschrift für Bernd Schünemann, 2014, S. 661–674.

Die Selbstbelastungsfreiheit vor neuen Herausforderungen. Festschrift für Werner Beulke, 2015, S. 975–988.

Kriminalstrafe gegen juristische Personen? Goltdammer's Archiv für Strafrecht 2015, S. 260–266.

Totgesagte leben länger! – Zur Aufgabe der Interessentheorie durch den BGH –. Festschrift für Hans-Ullrich Paeffgen, 2015, S. 361–376.

Die erste Vernehmung des Beschuldigten. Kukuk Köprüsü (Rechtsbrücke) 9 (2015), S. 157–173.

Der Notwehrexzess – ein Schuldprivileg. Gedächtnisschrift für Edda Weßlau, 2016, S. 529–550.

Die bußgeldrechtliche Verantwortlichkeit von juristischen Personen und Personenvereinigungen nach § 30 OWiG. Ad Legendum 2017, S. 1–7.

IV. Entscheidungsanmerkungen

Unwirksame Einwilligung zu einer umfassenden Zahnextraktion – Anmerkung zum Urteil des BGH v. 22.02.1978 – 3 StR 372/77. Neue Juristische Wochenschrift 1978, S. 2344–2345.

Beobachtung eines Liebespaares – Anmerkung zum Beschluss des BayObLG v. 25.04.1980 – RReg 3 St 140/78. Neue Zeitschrift für Strafrecht 1981, S. 102–103.

Offenbaren von Drittgeheimnissen durch Amtsträger – Anmerkung zum Beschluss des OLG Köln v. 30.11.1982 – 3 Zs 126/82. Neue Zeitschrift für Strafrecht 1983, S. 413–414.

Veröffentlichung von Schriftstücken aus einem Strafverfahren – Anmerkung zum Vorlagebeschluss des AG Hamburg v. 09.03.1984 – 146 – 344/83. Neue Zeitschrift für Strafrecht 1984, S. 267–268.

Zeugnisverweigerungsrecht des Arztes – Anmerkung zum Urteil des BGH v. 20.02.1985 – 2 StR 561/84. Neue Zeitschrift für Strafrecht 1985, S. 374–375.

Unzulässige Abwesenheitsverhandlung im Falle der Beurlaubung – Anmerkung zum Urteil des BGH v. 15.01.1985 – 1 StR 680/84. Strafverteidiger 1985, S. 354–355.

Verwertungsverbot für Anhörung durch Arbeitgeber – Anmerkung zum Beschluss des OLG Karlsruhe v. 06.09.1988 – 1 Ss 68/88. Neue Zeitschrift für Strafrecht 1989, S. 288.

Geltung der §§ 138a ff. StPO für Pflichtverteidiger – Anmerkung zum Beschluss des OLG Düsseldorf v. 10.02.1988 – 3 Ws 72/88. Juristische Rundschau 1989, S. 252–254.

Videoüberwachung der Wohnungstür eines Verdächtigen – Anmerkung zum Urteil des BGH v. 14.05.1991 – 1 StR 699/90. Neue Zeitschrift für Strafrecht 1992, S. 45–48.

Unzulässigkeit nachteiliger Schlüsse aus dem Gebrauch des Auskunftverweigerungsrechts gem. § 55 StPO – Anmerkung zum Urteil des BGH v. 26.03.1992 – 5 StR 122/92. Juristische Rundschau 1993, S. 380–382.

Zur alternativen Kausalität – Anmerkung zum Urteil des BGH v. 30.03.1993 5 StR 720/92. Juristenzeitung 1993, S. 1066–1068.

Zum Einsatz verdeckter Ermittler – Anmerkung zum Urteil des BGH v. 07.03.1995 – 1 StR 685/94. Juristenzeitung 1996, S. 261–264.

Einsatz eines verdeckten Ermittlers – Anmerkung zum Urteil des BGH v. 06.02.1996 – 1 StR 544/95. Neue Zeitschrift für Strafrecht 1996, S. 451–452.

Vernehmung eines Beschuldigten als Zeugen – Anmerkung zum Beschluss des BGH v. 28.02.1997 – StB 14/96. Neue Zeitschrift für Strafrecht 1997, S. 399–400.

Zur Rechtsgrundlage für längerfristige Observationen – Anmerkung zum Urteil des BGH v. 29.01.1998 – 1 StR 511/97. Juristenzeitung 1998, S. 796–799.

Wirksamkeit des Rechtsmittelverzichts bei notwendiger Verteidigung – Anmerkung zum Beschluss des HansOLG Hamburg v. 31.01.1996 – 1 Ws 29/96. Strafverteidiger 1998, S. 643–645.

Verwertungsverbot für Befragung durch V-Person – Anmerkung zu den Kammer-Beschlüssen des BVerfG v. 01.03.2000 – 2 BvR 2017 und 2039/94. Neue Zeitschrift für Strafrecht 2000, S. 489–493.

Selbstbelastungsfreiheit und vernehmungsähnliche Befragung durch verdeckten Ermittler – Anmerkung zum Urteil des BGH v. 26.07.2007 – 3 StR 104/07. Neue Zeitschrift für Strafrecht 2008, S. 110–113.

Zur Zulässigkeit einer Feststellung gem. § 111i Abs. 2 StPO – Anmerkung zum Urteil des BGH v. 04.12.2014 – 4 StR 60/14. Juristenzeitung 2015, S. 473–476.

V. Rezensionen und kleinere Beiträge

Stillstand oder Fortschritt in der Strafrechtsreform? Entgegnung auf Döring, Zeitschrift für Rechtspolitik 1982, 304. Zeitschrift für Rechtspolitik 1983, S. 56.

Buchbesprechung: E. Trube-Becker, Gewalt gegen das Kind, Heidelberg 1982. Goltdammer's Archiv für Strafrecht 1983, S. 189–190.

Buchbesprechung: G. Roos, Entkriminalisierungstendenzen im Besonderen Teil des Strafrechts, Frankfurt a.M./Bern 1981. Goltdammer's Archiv für Strafrecht 1983, S. 478–480.

Buchbesprechung: K. Geppert, Die arztliche Schweigepflicht im Strafvollzug, Berlin/New York 1983. Goltdammer's Archiv für Strafrecht 1984, S. 340–343.

Buchbesprechung: 7. Ergänzungslieferung zu H.-J. Sack, Umweltschutz-Strafrecht, Kommentar. Juristische Rundschau 1985, S. 128.

Buchbesprechung: J. Steindorf, Umwelt-Strafrecht, Sonderausgabe der Kommentierung aus dem Leipziger Kommentar zum Strafgesetzbuch. Juristische Rundschau 1987, S. 218–219.

Buchbesprechung: 9. Ergänzungslieferung zu H.-J. Sack, Umweltschutz-Strafrecht, Kommentar. Juristische Rundschau 1988, S. 40–41.

Buchbesprechung: K. Vogelgesang, Grundrecht auf informationelle Selbstbestimmung? Goltdammer's Archiv für Strafrecht 1989, S. 319–322.

Buchbesprechung: K. Wasserburg, Der Schutz der Persönlichkeit im Recht der Medien. Goltdammer's Archiv für Strafrecht 1989, S. 434–436.

Buchbesprechung: 5. und 6. Ergänzungslieferung zur 3. Auflage von H.-J. Sack, Umweltschutz-Strafrecht, Kommentar. Juristische Rundschau 1992, S. 524–525.

Literaturbericht: Strafprozeßrecht. Zeitschrift für die gesamte Strafrechtswissenschaft 105 (1993), S. 588–607.

Buchbesprechung: Karlsruher Kommentar zur Strafprozeßordnung und zum Gerichtsverfassungsgesetz mit Einführungsgesetz, 3. Aufl. 1993. Neue Juristische Wochenschrift 1994, S. 1399–1400.

Buchbesprechung: 7. Ergänzungslieferung zur 3. Auflage von H.-J. Sack, Umweltschutz-Strafrecht, Kommentar. Juristische Rundschau 1994, S. 526.

Buchbesprechung: 8. Ergänzungslieferung zur 3. Auflage von H.-J. Sack, Umweltschutz-Strafrecht, Kommentar. Juristische Rundschau 1995, S. 175.

Buchbesprechung: H. Schneider, Grund und Grenzen des strafrechtlichen Selbstbegünstigungsprinzips auf der Basis eines generalpräventiv-funktionalen Schuldmodells, Berlin 1991. Strafverteidiger 1996, S. 63–68.

Buchbesprechung: M. Nothhelfer, Die Freiheit von Selbstbezichtigungszwang, Heidelberg 1989. Strafverteidiger 1996, S. 68–70.

Buchbesprechung: R. Störmer, Dogmatische Grundlagen der Verwertungsverbote, Marburg 1992. Strafverteidiger 1996, S. 513–519.

Buchbesprechung: 1. und 2. Ergänzungslieferung zur 4. Auflage von H.-J. Sack, Umweltschutz-Strafrecht, Kommentar. Juristische Rundschau 1997, S. 394–395.

Literaturbericht: Strafprozeßrecht. Zeitschrift für die gesamte Strafrechtswissenschaft 110 (1998), S. 732–764.

Nachruf auf Hermann Blei. Neue Juristische Wochenschrift 1999, S. 3541–3542.

Besprechung der 4. und 5. Ergänzungslieferung zur 4. Auflage von H.-J. Sack, Umweltschutz-Strafrecht, Kommentar. Juristische Rundschau 1999, S. 306–307.

Bericht über das Vorkolloquium der AIDP zu Thema III: Die Prinzipien des Strafprozesses und ihre Anwendung im Disziplinarverfahren (Santiago de Chile, 21.–26. 9. 2003). Zeitschrift für die gesamte Strafrechtswissenschaft 116 (2004), S. 251–255.

Buchbesprechung: L. Eidam, Die strafprozessuale Selbstbelastungsfreiheit am Beginn des 21. Jahrhunderts, Frankfurt a.M. 2007. Strafverteidiger 2008, S. 219–222.

Buchbesprechung: Michael Pawlik, Der Terrorist und sein Recht, München 2008. Goltdammer's Archiv für Strafrecht 2009, S. 375–379.

Autorenverzeichnis

Albrecht, Anna H., Dr., Juniorprofessorin an der Universität Potsdam

Beulke, Werner, Dr., em. o. Professor an der Universität Passau

Dalakouras, Theoharis, Dr., o. Professor an der Demokritos-Universität Thrakien

Dölling, Dieter, Dr., o. Professor an der Rupert-Karls-Universität Heidelberg

Drenkhahn, Kirstin, Dr., o. Professorin an der Freien Universität Berlin

Dreßing, Harald, Dr., apl. Professor an der Rupert-Karls-Universität Heidelberg, Leiter Forensische Psychiatrie im Zentralinstitut für Seelische Gesundheit, Mannheim

Eisenberg, Ulrich, Dr., em. o. Professor an der Freien Universität Berlin

Frisch, Wolfgang, Dr. Dres. h.c., em. o. Professor an der Albert-Ludwigs-Universität Freiburg

Frister, Helmut, Dr., o. Professor an der Heinrich-Heine-Universität Düsseldorf

Gless, Sabine, Dr., o. Professorin an der Universität Basel

Gössel, Karl Heinz, Dr., em. o. Professor an der Friedrich-Alexander-Universität Erlangen-Nürnberg

Greco, Luís, Dr., o. Professor an der Humboldt-Universität zu Berlin

Grothe-Meumann, Beatrice, Dipl.-Jur., Freie Universität Berlin

Haas, Volker, Dr., Professor an der Rupert-Karls-Universität Heidelberg

Herzog, Felix, Dr., o. Professor an der Universität Bremen

Hoffmann-Holland, Klaus, Dr., o. Professor und Vizepräsident der Freien Universität Berlin

Hoven, Elisa, Dr., Juniorprofessorin an der Universität zu Köln, Privatdozentin an der Friedrich-Alexander-Universität Erlangen-Nürnberg

Hoyer, Andreas, Dr., o. Professor an der Christian-Albrechts-Universität Kiel

Jäger, Christian, Dr., o. Professor an der Friedrich-Alexander-Universität Erlangen-Nürnberg

Kraatz, Erik, Dr., Professor an der Hochschule für Wirtschaft und Recht, Berlin, Privatdozent an der Freien Universität Berlin

Kretschmer, Joachim, Dr., Dozent an der Türkisch-Deutschen Universität Istanbul, Privatdozent an der Freien Universität Berlin

Kudlich, Hans, Dr., o. Professor an der Friedrich-Alexander-Universität Erlangen-Nürnberg

Lampe, Ernst-Joachim, Dr., em. o. Professor an der Universität Bielefeld

Li, Qian, Dr., Dozentin an der Tianjin-Universität

Meyer, Frank, Dr., LL.M. (Yale), o. Professor an der Universität Zürich

Miebach, Klaus, Dr., Richter am Bundesgerichtshof a.D., Wachtberg-Pech

Mitsch, Wolfgang, Dr., o. Professor an der Universität Potsdam

Momsen, Carsten, Dr., o. Professor an der Freien Universität Berlin

Montenbruck, Axel, Dr., em. Professor an der Freien Universität Berlin

Paeffgen, Hans-Ullrich, Dr., em. o. Professor an der Rheinischen Friedrich-Wilhelms-Universität Bonn

Rengier, Rudolf, Dr., o. Professor an der Universität Konstanz

Roxin, Claus, Dr. Dres. h.c., em. o. Professor an der Ludwig-Maximilians-Unversität München

Sangenstedt, Christof, Dr., Ministerialrat im Bundesministerium für Umwelt, Naturschutz und nukleare Sicherheit, Berlin

Schall, Hero, Dr., em. o. Professor an der Universität Osnabrück

Schneider, Hartmut, Bundesanwalt, Honorarprofessor an der Freien Universität Berlin

Schünemann, Bernd, Dr. Dres. h.c., em. o. Professor an der Ludwig-Maximilians-Universität München

Seher, Gerhard, Dr., o. Professor an der Freien Universität Berlin

Singelnstein, Tobias, Dr., o. Professor an der Ruhr-Universität Bochum

Stein, Ulrich, Dr., Professor an der Westfälischen Wilhelms-Universität Münster

Ünver, Yener, Dr. Dr. h.c., o. Professor an der Özyeğin-Universität Istanbul

Velten, Petra, Dr., o. Professorin an der Johannes-Kepler-Universität Linz

Wang, Shizou, LL.M., em. o. Professor und LL.D. Supervisor an der Peking-Universität

Washington, Sarah Lisa, Dipl.-Jur., LL.M. (Columbia), wissenschaftliche Mitarbeiterin an der Freien Universität Berlin

Weigend, Thomas, Dr., em. o. Professor an der Universität zu Köln

Wohlers, Wolfgang, Dr., o. Professor an der Universität Basel

Wolff, Heinrich Amadeus, Dr., o. Professor an der Universität Bayreuth

Wolter, Jürgen, Dr., em. o. Professor an der Universität Mannheim

Wolters, Gereon, Dr., o. Professor an der Ruhr-Universität Bochum

Yenisey, Feridun, Dr., o. Professor an der Bahçeşehir-Universität Istanbul

Zöller, Mark A., Dr., o. Professor an der Universität Trier